Liebe Leserinnen und Leser,

wir kochen, um zu essen. Aber warum backen wir? Das tun wir, um uns etwas zu gönnen. Wer einen Muffin oder ein Stück Tarte Tatin genießt, der nimmt sich frei vom Alltag, schwelgt in etwas Süßem zwischen den Mahlzeiten und freut sich daran, auch mal mit den Fingern zuzulangen oder mit vollem Mund zu reden.

Wahre Kuchengenießer backen am liebsten selbst, und das mit Freude und Leidenschaft. Denn was für andere Mühe und Arbeit ist, ist für diese Frauen (und immer mehr Männer) schon der Anfang der Entspannung. Dann ziehen sie sich mit einem neu entdeckten Rezept in die Küche zurück und konzentrieren sich aufs Spiel von Mehl, Butter, Ei und Zucker, um das Ergebnis am Ende in aller Ruhe dem Backofen zu überlassen. Inzwischen denken sie darüber nach, wie sie es beim nächsten Mal noch ein bisschen besser machen können. Was auch heißen kann: ein bisschen einfacher und ein bisschen schneller.

Für solche Leute haben wir dieses Buch gemacht: Menschen, die auf der Suche nach „dem" Rezept für ihren Lieblingskuchen sind, die neue Ideen für ihre Kaffeetafel wollen oder die endlich mal selbst etwas backen möchten. BACKEN! DAS GELBE VON GU ist eine Sammlung von 888 ausgesuchten Rezepten aus dem reichen Erfahrungsschatz unserer Backautoren – vom Sandkuchen bis zum Krautstrudel und vom Brioche bis zur Käsesahne mit Mango. Und für all jene, die gerne backen, denen es aber nicht einfach und schnell genug gehen kann, gibt es auf Seite 455 eine Übersicht über alle Blitzrezepte in diesem Buch.

Wir können Ihnen dabei garantieren, dass alle Rezepte ausprobiert wurden, bis das Ergebnis uns zufrieden gestellt hat. Und wir haben viel dafür getan, dass auch Ihnen das leicht gelingt: Wie schon in unserem Bestseller KOCHEN! DAS GELBE VON GU setzen wir auf eine klare klassische Ordnung: von süß bis pikant und von simpel bis üppig, wobei die Gebäcke immer nach Teigarten zusammengefasst sind. Im reichen Anhang finden Sie das wirklich Wichtige zu den Grundzutaten und -teigen, ergänzt durch das ausführliche Glossar, die Backtipps, die Pannenhilfe für alle Fälle und das große Register. Verfasst hat dies die langjährige GU-(Back-)Autorin Christina Kempe, begleitet von Co-Autor Sebastian Dickhaut und GU-Redakteurin Monika Greiner.

Und noch etwas haben wir von KOCHEN! übernommen: Es gibt keine Bilder. Die Fotos wurden eingespart zugunsten einer größeren Zahl von erstklassigen Rezepten, die wir begeisterten Bäckerinnen und Bäckern zu einem wirklich guten Preis weitergeben wollen – damit viele davon profitieren können. Backen und genießen Sie!

Mit herzlichen Grüßen

Ihre GU-Redaktion KOCHEN & VERWÖHNEN

Damit Sie rasch zu Ihren Rezepten kommen, haben wir auf ein bei Nachschlagewerken bewährtes System gesetzt – das Griffregister. Dank der Griffmarken rechts und bei den einzelnen Kapiteln können Sie sich damit schnell zum Gesuchten durchblättern: einfach Daumen drauf und los!

!

DER INHALT

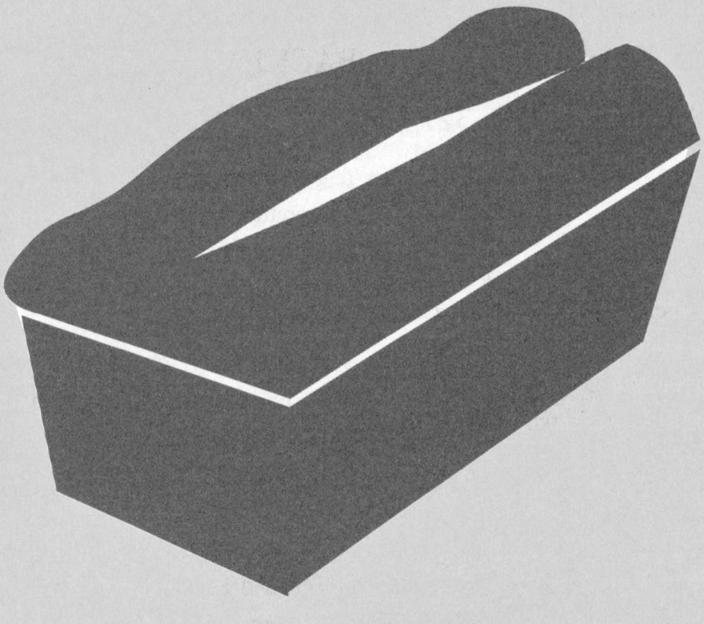

KUCHEN

Ein guter Kuchen ist die Kür und Pflicht des Backens zugleich. Er ist süßer, wonniger und selig machender als das tägliche Brot und damit immer etwas Besonderes. Aber er ist auch ein Muss am Wochenende oder zum Kindergeburtstag, den man sich ohne Kuchen eigentlich gar nicht denken kann. Kurz gesagt: Wer Kuchen backen kann, hat's immer gut. Und wird dann auch mit dem übrigen Backen wenig Schwierigkeiten haben.

Kinder mögen Kuchen. Er ist ihnen lieber als Brot – natürlich – und oft lieber als Torte. Tatsächlich: Wenn wir uns an die satte und intensive Süße der Kindheit erinnern, gelingt uns das am besten über Mutters Schokoladenkuchen oder Omas Gugelhupf, die regelmäßig ihren Duft durch unser Haus sandten – während es Schwarzwälder Kirsch oder Prinzregententorte nur alle Feiertage gab, wenn wir frisch gewaschen an der Kaffeetafel zu sitzen hatten. Brot ist Alltag, Torte ist Festtag, die Kuchen aber machen unseren Alltag zum Fest. Wie damals immer samstagnachmittags, wenn ein paar Teller und Tassen auf den Tisch kamen, um den sich die Familie und auch mal ein paar Freunde versammelten, in ihrer Mitte eine Platte mit Kuchenstücken. Die konnte man einfach in die Hand nehmen, davon abbeißen, sie einstippen, wieder hinlegen oder damit rumsausen. So ist es bis heute geblieben: Wenn wir uns mal jung und sorglos fühlen wollen, gehen wir in den Coffee-Shop zu Cookies und Cheesecake. Die Torte im Konditorei-Café ist für Sonn- und Feiertage reserviert.

Kuchen ist einfach gut

Das gilt übrigens auch fürs Kuchenbacken. Bei manchen Rezepten vergehen zwischen der Idee und dem Genuss keine zwei Stunden, bei unseren Blitzrezepten (siehe Seite 455) oft keine sechzig Minuten. Für eingefleischte Spontanköche und notorische Kuchenkäufer ist das zwar immer noch eine lange Vorlaufzeit, doch passionierte Zuckerbäcker mit einem Sinn fürs Praktische (also die Leserinnen und Leser dieses Buches) wissen die Vorteile der Kuchen gegenüber den Torten zu schätzen. Vorteil Nummer 1: Butter, Eier, Mehl und Zucker sind eigentlich immer im Haus, und viel mehr braucht es nicht, um einen Schokoladen- oder Streuselkuchen zu zaubern. Vorteil Nr. 2: Kuchenmachen geht relativ rasch von der Hand, denn während des Gehens eines Hefeteigs oder des Backens eines Rührteigs hat man Zeit für andere Dinge. Danach wird höchstens noch glasiert und minimal verziert, was bei einer Torte schon anders ist. Allerdings kann bei ihr durch ordentlich süße Sahne und eine nette Optik noch mancher Kunstfehler verdeckt werden; ein Kuchen muss von selbst überzeugen durch lockeren bis saftigen Teig, vollen Geschmack und die richtige Kruste. Dafür muss er nicht unbedingt eine Schönheit sein. Gerade deswegen sind Kuchen ideal zum Üben und Motivieren für Jungbäcker. Wer das Kuchenbacken einmal raus hat, wird immer wieder damit Erfolg haben. Denn Vorteil Nr. 3 ist: Mit guten Kuchen hält man sich in Erinnerung, wird vielleicht gar geliebt dafür. Und diese Liebe lässt sich sogar verlängern. Vor allem die Klassiker aus Rührteig, aber auch ein Christstollen oder Früchtebrot (lockeres Hefegebäck dagegen nicht) können gut verpackt im Kühlen mehrere Woche halten und im Aroma reifen. Das ist der vierte Vorteil des Kuchens.

Bevor es an die Details geht, noch ein Hinweis: Dieses Kapitel handelt vor allem von Kuchen, die ohne Früchte gebacken bzw. vollendet werden, da Obstkuchen ihre eigenen Regeln wie auch Genießer haben und damit ein eigenes Kapitel im Anschluss bekommen. Zunächst nehmen wir uns der puren Kuchen aus besten Grundzutaten an, die oft von einem bestimmten Aroma, einer Art der Zubereitung oder einer Form geprägt werden. Sie lassen sich in drei Gruppen einteilen: die Brot-Kuchen, die Schnitten-Kuchen und die Torten-Kuchen. Mehr dazu auf der nächsten Seite.

Was ist …

… ein Napfkuchen? Kuchen vor allem aus Rühr-, Hefe- oder Quark-Öl-Teig, der in einer Napfform gebacken wird, die durch ihre spezielle Form (abgerundeter Boden, konisch, ein „Kamin" in der Mitte) auch das Durchbacken von hohen, kompakten Kuchen möglich macht, beispielsweise Gugelhupf und Marmorkuchen.

… ein Rodonkuchen? Ähnlich wie Napfkuchen, doch ist die Form hier breiter statt höher – oft eine Springform mit speziellem welligem Boden rund um den breiteren Schornstein. Wird meist mit Rührteig gemacht und auch Kranzkuchen genannt.

… ein Stollen, Strudel, Striezel? Stollen: schwerer Hefe- oder Quark-Öl-Teig mit kandierten bzw. getrockneten Früchten, Nüssen, Marzipan oder anderem angereichert, geformt, gebacken und anschließend „gereift". Strudel: Früchte, Quark, Nüsse oder Samen wie Mohn werden zum Teil gebunden, in hauchdünn ausgezogenen Strudelteig gerollt und gebacken, meist warm mit süßer Sauce serviert. Striezel: österreichisch für geflochtenes Gebäck aus Hefeteig (Hefezopf).

… ein Becher- oder Tassenkuchen? In englischsprachigen Ländern werden Backzutaten statt in Gramm gewogen traditionell in Bechern oder Tassen („cups") abgemessen. Um auf eine Küchenwaage verzichten zu können, wird neuerdings auch bei uns mit Bechern und Tassen „gewogen". Den Becher erhält man von den Zutaten, z. B. Sahne oder Quark, das Maß ist dann eben 200 g oder 250 g.

… Fertigkuchen? Gibt es tiefgekühlt (passabel, wenn frisch aufgebacken), in Folie oder Glas (indiskutabel) sowie halbfertig aus der Tüte zum Anrühren – je mehr frische Zutaten dazukommen, desto besser, nur warum macht man ihn dann nicht gleich ganz selbst?

Die Brot-Kuchen

Was haben Sandkuchen, Rehrücken, Gugelhupf und Hefezopf mit einem Laib Brot gemeinsam? Sie werden aus wenigen Grundzutaten mehr oder weniger locker in Form gebacken, um dann in Scheiben geschnitten und serviert zu werden. Deswegen nennen wir sie die „Brot-Kuchen", die gerne ohne viel Aufwand und Drumherum zu einer Tasse Kaffee oder Tee aus der Hand genossen werden, so wie man sein Brot zum Frühstück oder zur Vesper nimmt. Sie werden meist aus saftigem Rührteig oder luftigem Hefteig gebacken – da steht dann der fette Schokokuchen fürs Roggenbrot und der lockere Hefezopf fürs Baguette.

Die Schnitten-Kuchen

Die „Schnitte" ist das illustrierte Brot unter den Kuchen – belegt, geschnitten und mundgerecht serviert. Entsprechend zum Butterbrot gibt es den Butterkuchen als Grundform: Hefeteig aufs Blech gerollt, mit Butter bestrichen und mit Zucker bestreut, dann gebacken, geschnitten und möglichst frisch gegessen – der pure Genuss! Kann auch zum Marmeladebrot werden (z. B. mit Aprikosen im Teig), vielleicht noch etwas Quark dazu und das Ganze dann noch gratinieren – fertig ist die Quark-Aprikosen-Streusel-Schnitte. Viele klassische Schnitten-Kuchen bestehen aus Hefeteig und werden am besten frisch verspeist. Gehaltvoller und haltbarer werden sie mit Rührteig oder Quark-Öl-Teig, auf die nach dem Backen noch Früchte, Creme oder Glasur kommen können wie etwa bei den Donauwellen.

Die Torten-Kuchen

Manche Kuchen werden ihrem Namen nur noch wenig gerecht, weil sie mit ihrer runden Form und mit all ihrer Fülle und Üppigkeit den Torten schon recht nahe kommen – wie der Käsekuchen etwa. Und manche von ihnen tragen dann auch schon einen anderen Namen wie die nach Konditorenart kunstvoll geflochtene Linzer Torte, die am Ende aber doch eher wie ein großes gutes Plätzchen schmeckt. Ihre Basis ist wie bei vielen Torten-Kuchen und Tartes (dazu mehr bei den Obstkuchen) der Mürbteig, der einer saftigen Füllung oder einem cremigen Belag guten Halt geben kann. Aber auch ein reicher Topfenrahmstrudel oder eine fruchtige Biskuitrolle hat das Zeug zu einem echten Torten-Kuchen.

Teig machen

Butter rühren

Beim Rührteig ist es zuerst die Butter, die gerührt wird – so lange, bis sie cremig, fast schaumig und hell ist. Je weicher sie ist, desto leichter rührt sie sich (dazu die Butter mind. 45–60 Minuten zuvor in Stücke schneiden und in die Küche stellen!). Im Laufe des Rührens lässt man den Zucker langsam einrieseln, was der Butter mehr Substanz gibt. Völlig auflösen, wie in vielen Rezepten gefordert, muss er sich nicht, jedoch sollte er gut aufgenommen sein. Eier werden zimmerwarm (also mit der Butter aus dem Kühlschrank nehmen!) und nacheinander untergerührt (das vorherige soll aufgenommen sein). Sollte die Masse „grießeln", kann sie im Wasserbad wieder glatt gerührt werden.

Eier schlagen

Für Biskuit werden zimmerwarme Eier oder Eigelbe schaumig geschlagen. Für den Handbetrieb sind ein runder Schlagkessel aus Metall oder festem Kunststoff sowie ein Schneebesen mit vielen weichen Speichen ideal. Damit die Eier aus dem Handgelenk kräftig schlagen, dann nach und nach Zucker einrieseln lassen, bis er einigermaßen aufgelöst ist. Maschinell entweder mit dem Handrührgerät und passenden Rührbesen durch die Schüssel kreisen oder dies von einer Küchenmaschine erledigen lassen. Für Eischnee die sauber getrennten Eiweiße mit den gründlich gereinigten Geräten (Fett verhindert die Schneebildung) ebenso schaumig schlagen. 1 Prise Salz hilft dabei. Zucker einrieseln lassen, sobald der Schnee fest zu werden beginnt. Ist er schnittfest und glänzt er, ist er fertig. Eischnee wird mit einem gelochten Kochlöffel oder einem Schneebesen unter Masse oder Teig gehoben – ein Drittel einrühren, den Rest locker unterheben, dabei bis zum Boden vorstoßen.

Mehl einarbeiten

Bei Biskuit oder Rührteig wird das Mehl am Ende mit so wenig Bewegungen wie möglich untergezogen, da es sonst durch sein Quellen den Teig zu schwer und zäh macht. Hier ist es am sichersten, nicht mehr mit der Maschine zu arbeiten, sondern mit einem gelochten Kochlöffel, der in groben Zügen das Mehl nach und nach (Rührteig) oder auf einmal (Biskuit) unterzieht – oft gemeinsam mit dem Eischnee. Auch hier gilt: Bodensatz nicht vergessen und am Ende lieber ein paar Unregelmäßigkeiten zulassen, statt eine glatte, aber zu feste Masse zu haben. Beim Hefeteig ist das Mehl von Anfang an im Spiel und muss am Ende lange und glatt verknetet werden, um dem Teig seine Struktur zu geben. Für klassischen Mürbteig wird das Mehl mit allen anderen trockenen Zutaten vermischt und dann mit eiskalten Butterstückchen auf dem Brett gehackt oder in der Schüssel mit der Küchenmaschine so kurz wie möglich krümelig geknetet und schließlich schnell zur glatten Masse geformt.

Der gelbe GU-Kummerkasten

Was kann ich tun, wenn sich mein Kuchen nicht aus der Form lösen lässt? *Um es gar nicht so weit kommen zu lassen, sollte die Form innen keine Kratzer haben, vor allem wenn sie beschichtet ist. Dann gründlich und komplett, vor allem in Ecken und Kanten, mit weicher Butter ausstreichen und befüllen. Beim Auslegen mit Backpapier darauf achten, dass das Papier glatt aufliegt. Den Kuchen nach dem Backen immer 5–10 Minuten ruhen lassen, dann löst er sich besser. Eventuell jetzt am oberen Rand rundum mit einem stumpfem Messer oder einem Teelöffelstiel entlangfahren, sodass sich der Kuchen dort vom Formrand trennt. Gitter auflegen und mit der Form wenden. Rutscht der Kuchen nun nicht von selbst aus der Form, diese samt Gitter leicht aufstoßen. Auch ein kalt angefeuchtetes Tuch auf der Form verspricht Erfolg. Hilft alles nichts, den Kuchen wieder wenden und ganz mit Messer oder Löffelstiel vom Rand lösen, dann nochmals wenden. Springformböden mit der Palette lösen.*

1. Sandkuchen

SCHNELL | PREISWERT
Für 1 Kastenform (30 cm Länge)
Zubereitungszeit: 30 Min.
Backzeit: 50 Min.

5 Eier • 220 g Zucker • 1 Prise Salz • 1 Päckchen Vanillezucker • abgeriebene Schale von 1/2 unbehandelten Zitrone • 275 g weiche Butter oder Margarine • 150 g Mehl (Type 405) • 150 g Speisestärke • 1 TL Backpulver
Außerdem: Fett und Semmelbrösel für die Form • Zitronen- oder Schokoladenglasur nach Belieben

– Die Form einfetten und mit Bröseln ausstreuen. Den Backofen auf 175° (Umluft 150°) vorheizen.
– Die Eier mit dem Zucker, Salz, Vanillezucker und der Zitronenschale schaumig rühren. Die Butter oder Margarine unterrühren und das Mehl mit Speisestärke und Backpulver dazusieben. Den Teig 4 Min. durchrühren. In die Form füllen und im Ofen (Mitte) 15 Min. backen.
– Hat der Kuchen eine hellbraune Farbe bekommen, den Teig mit einem nassen Messer längs leicht einschneiden (dadurch kann sich der Teig gleichmäßig ausdehnen). Nun in 35 Min. fertig backen.
– Den Kuchen nach Belieben mit einer Zitronen- oder Schokoladenglasur bestreichen.

2. Joghurtkuchen

BECHERKUCHEN
Für 1 Kastenform (26 cm Länge)
Zubereitungszeit: 30 Min.
Backzeit: 1 Std.

1 Becher (200 g) Vollmilch-Joghurt • 2 Becher (240 g) Zucker • 3 Becher (240 g) Mehl (Type 405) • 1 Becher (150 ml) Sonnenblumenöl • 3 Eier • 1 Päckchen Backpulver • 1 Päckchen Vanillezucker • 1 Prise Salz • abgeriebene Schale von 1/2 unbehandelten Zitrone
Außerdem: Fett und Mehl für die Form

– Den Backofen auf 175° (Umluft 150°) vorheizen. Die Form fetten und mit Mehl ausstäuben.
– Den Joghurt in eine Schüssel füllen, den Becher ausspülen, gut trocknen und den Zucker, das Mehl und das Öl damit abmessen. Dann die Zutaten mit den Eiern, dem Backpulver, dem Vanillezucker, dem Salz und der Zitronenschale in die Schüssel füllen und mit den Schneebesen des Handrührgeräts etwa 5 Min. auf höchster Stufe rühren.
– Den Teig in der vorbereiteten Form glatt streichen. Im Backofen (unten oder Mitte) etwa 1 Std. backen.

3. Mandel-Sandkuchen

GELINGT LEICHT
Für 1 Kastenform (26 cm Länge)
Zubereitungszeit: 45 Min.
Backzeit: 1 Std.

4 Eier • 1 Prise Salz • 250 g weiche Butter • 250 g Zucker • 100 g gemahlene Mandeln • 100 g Speisestärke • 200 g Mehl (Type 405)
Außerdem: Butter und gemahlene Mandeln für die Form • Puderzucker nach Belieben

– Die Eier trennen. Die Eiweiße mit dem Salz zu steifem Schnee schlagen und in den Kühlschrank stellen.
– Die Form fetten und mit Mandeln ausstreuen. Den Backofen auf 170° (Umluft 150°) vorheizen.
– Die Butter mit dem Zucker schaumig rühren und nach und nach die Eigelbe untermischen. Die Mandeln und löffelweise das mit der Speisestärke gemischte Mehl unterrühren.
– Den Eischnee unter den Teig heben und diesen in die Form füllen. Im Backofen auf der mittleren Schiene etwa 1 Std. backen.
– Den Kuchen auf einem Kuchengitter auskühlen lassen und nach Belieben mit Puderzucker besieben.

4. Rumkuchen

SCHNELL GEMACHT
Für 1 Kastenform (26 cm Länge)
Zubereitungszeit: 35 Min.
Backzeit: 1 Std.

180 g weiche Butter • 200 g Zucker • 5 Eier • 250 g Mehl (Type 405) • 80 g Maismehl • 1 Päckchen Backpulver • 2 1/2 Schnapsgläser Rum (5 cl) • je 2 EL Zitronen- und Orangensaft • abgeriebene Schale von je 1/2 unbehandelten Zitrone und Orange
Außerdem: Butter und Mehl für die Form

– Die Form mit Butter ausstreichen und mit Mehl ausstäuben. Backofen auf 190° (Umluft 170°) vorheizen.
– Die Butter mit dem Zucker schaumig rühren und nacheinander die Eier unterrühren. Das Mehl mit dem Maismehl und dem Backpulver vermischen und unter das Butter-Zucker-Gemisch geben. Löffelweise Rum, Zitronen- und Orangensaft sowie Zitronen- und Orangenschale unter den Teig mischen. Den Teig in die Kastenform füllen und den Kuchen im Ofen (Mitte) etwa 1 Std. backen. Den Kuchen auf einem Kuchengitter auskühlen lassen.

TIPP

Wenn Sie vorn auf das Reibeisen ein Stück Pergamentpapier pressen, ehe Sie Zitronen- oder Orangenschale abreiben, lässt es sich danach mühelos säubern.

5. Zitronenkuchen

FEINER KLASSIKER | SCHMECKT KINDERN
Für 1 Kastenform (30 cm Länge)
Zubereitungszeit: 30 Min.
Backzeit: 45 Min.

200 g weiche Butter • 180 g Zucker • 4 Eier • abgeriebene Schale von 2 großen unbehandelten Zitronen • 250 g Mehl (Type 405) • 125 g Speisestärke • 1 Prise Salz • 1/2 Päckchen Backpulver
Außerdem: Butter und Mehl für die Form • 200 g Puderzucker • 2–3 EL Zitronensaft

– Den Backofen auf 180° (Umluft 160°) vorheizen. Die Form fetten und mit Mehl bestäuben.
– Die Butter schaumig schlagen, Zucker unterrühren. Eier und die Zitronenschale dazugeben. Mehl, Speisestärke, Salz und Backpulver mischen und nach und nach unterrühren. (Falls der Teig zu fest wird, also nicht mehr vom Löffel fallen will, einige Löffel Milch dazugeben.)
– Den Teig in die Form füllen und glatt streichen. Im Ofen (unten) ungefähr 45 Min. backen.
– Den Kuchen in der Form 5–10 Min. ruhen lassen, dann stürzen und auf einem Kuchengitter auskühlen lassen. Nach dem Erkalten den Puderzucker mit dem Zitronensaft glatt und glänzend verrühren, auf dem Kuchen verstreichen.

6. Marmorkuchen

DER KLASSIKER | GELINGT LEICHT
Für 1 Gugelhupfform
Zubereitungszeit: 45 Min.
Kühlzeit: 2 Std.
Backzeit: 1 Std.

2 EL Kakaopulver • 60 g Puderzucker • 3 EL Vanillezucker • 1 TL gemahlener Zimt • 1 EL fein gemahlener Kaffee • 2 EL Rum nach Belieben • 50 g fein gemahlene Mandeln • 250 g weiche Butter • 200 g Zucker • 3 Eier • 4 Eigelbe • 250 g Mehl (Type 405) • 2 TL Backpulver
Außerdem: Butter für die Form • 120 g Puderzucker • 2 EL Rum

– Das Kakaopulver mit Puderzucker, 1 EL Vanillezucker, Zimt, Kaffee, Rum und den Mandeln verrühren und zugedeckt etwa 2 Std. in den Kühlschrank stellen.
– Die Form gut fetten. Den Backofen auf 190° (Umluft 170°) vorheizen.
– Die Butter mit dem Zucker schaumig rühren, nach und nach die ganzen Eier, die Eigelbe und den restlichen Vanillezucker untermischen. Das Mehl mit dem Backpulver mischen und löffelweise unter die Masse rühren.
– Knapp ein Drittel des Teigs abnehmen und mit der dunklen Mischung aus dem Kühlschrank verrühren. Beide Teige schichtweise in die Form füllen. Einen Löffelstiel durch den Teig ziehen, sodass sich die Schichten etwas mischen, dann den Kuchen im Backofen (Mitte) etwa 1 Std. backen.
– Den fertigen Kuchen auf ein Kuchengitter stürzen und auskühlen lassen. Puderzucker, Rum (oder 2 EL Wasser) und so viel Wasser verrühren, dass eine zähflüssige Masse entsteht. Den Kuchen mit der Glasur bestreichen.

7. Mooskuchen

RAFFINIERT GEMACHT
Für 1 Backblech
Zubereitungszeit: 1 Std.
Ruhezeit: 20 Min.
Backzeit: 30 Min.

Für den Teig: 300 g weiche Butter • 300 g Zucker • 6 Eigelbe • 250 g saure Sahne • 3 EL Kakaopulver • 1 gestrichener TL Natron • 350 g Mehl (Type 405)

***Für das »Moos«:** 125 g Kokosfett • 6 Eiweiße • 1 Prise Salz • 3 EL Puderzucker • 3–4 TL fein gemahlener Kaffee*
***Außerdem:** Backtrennpapier fürs Blech • Kakaopulver nach Belieben zum Bestäuben*

– Den Backofen auf 210° (Umluft 190°) vorheizen. Das Backblech mit Backpapier auslegen.
– Für den Teig die Butter mit dem Zucker und den Eigelben schaumig rühren. Nach und nach saure Sahne untermischen und esslöffelweise den Kakao, das Natron und das Mehl unterrühren. Es soll ein zähflüssiger Teig entstehen.
– Den Teig auf das Blech geben, glattstreichen und im Backofen (Mitte) etwa 30 Min. backen. Den Teig vom Blech stürzen und auskühlen lassen.
– Für das »Moos« das Kokosfett bei schwacher Hitze schmelzen und wieder abkühlen lassen.
– Die Eiweiße mit dem Salz steif schlagen. Den gesiebten Puderzucker einrieseln lassen. Das noch flüssige Fett unterrühren. Den Eischnee auf den kalten Boden streichen und gleichmäßig mit dem Kaffee bestreuen.
– Den Kuchen etwa 20 Min. möglichst kühl ruhen lassen. Während dieser Zeit färbt sich der Eischnee grün. Den Kuchen nach Belieben mit Kakao bestäuben und in Stücke schneiden.

8. Königskuchen

FÜR GÄSTE
Für 1 Kastenform (28 cm Länge)
Zubereitungszeit: 1 Std.
Quellzeit: 30 Min.
Backzeit: 1–1 1/2 Std.

125 g Korinthen • 2 EL Rum (oder Obstsaft) • 250 g weiche Butter • 250 g Zucker • 6 Eier • 50 g gehäutete gemahlene Mandeln • 4 bittere gemahlene Mandeln • Salz • 50 g sehr klein gehacktes Zitronat • 175 g Mehl (Type 405) • 75 g Speisestärke
***Außerdem:** Butter und gemahlene Mandeln für die Form • Pergamentpapier • 2 EL Puderzucker zum Bestäuben*

– Die Korinthen heiß waschen, abtropfen und dann im Rum quellen lassen. Butter mit dem Zucker schaumig rühren. Die Eier trennen und die Eigelbe nach und nach mit den Mandeln unter die Buttermasse rühren.
– Die Form fetten und mit Mandeln ausstreuen. Den Backofen auf 160° (Umluft 140°) vorheizen.
– Die Eiweiße mit 1 Prise Salz zu schnittfestem Eischnee schlagen. Die Korinthen mit dem Rum, dem Zitronat, dem Mehl und der Speisestärke unter den Teig ziehen. Den Eischnee darauf geben und mit dem Rührlöffel unterheben.
– Den Teig in die Form füllen und im Backofen (Mitte) 1–1 1/2 Std. backen. Nach etwa 1 Std. den Kuchen mit Pergamentpapier bedecken, falls er bereits zu braun sein sollte.
– Den Kuchen bei geöffneter Tür im Backofen abkühlen lassen, auf ein Kuchengitter stürzen und mit dem Puderzucker besieben.

TIPP
Königskuchen lässt sich gut in einer Blechdose aufbewahren. Er hält sich etwa 1 Woche frisch.

9. Quark-Napfkuchen

SAFTIG | PREISWERT
Für 1 Napfkuchenform
Zubereitungszeit: 1 Std.
Backzeit: 1 Std.

400 g Quark (20 %) • 100 g Rosinen • 4 EL Rum (nach Belieben Saft oder Wasser) • abgeriebene Schale und Saft von 1 unbehandelten Zitrone • 250 g weiche Butter • 125 g Zucker • 3 Eier • 2 Prisen Salz • 400 g Mehl (Type 405) • 50 g Speisestärke • 1/2 Päckchen Backpulver
***Außerdem:** Fett und Semmelbrösel für die Form • 150 g Aprikosenkonfitüre • 200 g Puderzucker • 25 g gehackte Pistazien*

– Den Quark in einem Sieb abtropfen lassen. Die Rosinen in dem Rum einweichen. Die Form fetten und mit Bröseln ausstreuen. Den Backofen auf 180° (Umluft 160°) vorheizen.
– Die Butter mit dem Zucker und den Eiern (1 TL vom Eiweiß für die Glasur aufheben) schaumig rühren. Das Salz, die Zitronenschale und 3 EL des Zitronensafts zufügen. Das Mehl mit der Speisestärke und dem Backpulver sieben und dazugeben. Den Quark und die Rosinen gründlich untermengen.

– Den Quarkteig in die Form füllen und im Ofen (Mitte) 1 Std. backen.
– Den Kuchen in der Form abkühlen lassen, dann auf eine Kuchenplatte stürzen. Die Aprikosenkonfitüre aufkochen. Größere Fruchtstücke eventuell mit dem Mixer pürieren oder durch ein Sieb streichen. Die heiße Glasur mit einem Kuchenpinsel mehrmals auf den Kuchen streichen und fest werden lassen.
– Den Puderzucker sieben und mit dem restlichen Zitronensaft und dem übrigen Eiweiß zu einem zähflüssigen Guss verrühren. Den Kuchen damit überziehen und anschließend den oberen Rand rundum mit den Pistazien bestreuen.

10. Luftiges Früchtebrot

GEHALTVOLL
Für 1 Kastenform (26 cm Länge)
Zubereitungszeit: 45 Min.
Ziehzeit: 30 Min.
Backzeit: 1 Std.

100 g Zitronat • 100 g getrocknete Feigen • 50 g getrocknete Datteln • je 75 g Korinthen und Rosinen • 3 EL Rum • 125 g weiche Butter • 125 g Zucker • 5 Eier • 100 g Mehl (Type 405) • 3 TL Backpulver • 125 g gehackte Mandeln • 125 g gemahlene Haselnüsse • 2 Msp. gemahlener Zimt • abgeriebene Schale von 1/2 unbehandelten Zitrone
Außerdem: Backtrennpapier für die Form • 200 g Puderzucker • 3 EL Zitronensaft • 50 g kandierte Früchte

– Den Backofen auf 180° (Umluft 160°) vorheizen. Die Form mit Backpapier auslegen. Zitronat, Feigen und die entsteinten Datteln in Würfel schneiden. Die Früchte mit gewaschenen Korinthen und Rosinen in einer Schüssel mit dem Rum beträufeln, durchziehen lassen.
– Die Butter schaumig rühren. Den Zucker und nach und nach die Eier zufügen. Das Mehl mit dem Backpulver mischen und unter die Schaummasse ziehen. Die Mandeln, Haselnüsse und die Rumfrüchte mit dem Zimt und der Zitronenschale unter den Teig mischen.
– Den Teig in die Form füllen, glatt streichen und 1 Std. im Ofen (Mitte) backen.
– Den Puderzucker mit dem Zitronensaft verrühren. Das Früchtebrot damit überziehen und mit den kandierten Früchten garnieren.

11. Orangen-Nuss-Kuchen

GELINGT LEICHT
Für 1 Kastenform (26 cm Länge)
Zubereitungszeit: 45 Min.
Backzeit: 1 Std.

3 Eier • 1 Prise Salz • 200 g weiche Butter • 250 g Zucker • 250 g gemahlene Haselnüsse • 3–4 EL Milch • 50 g fein gehacktes Orangeat • 2 TL Backpulver • 250 g Mehl (Type 405)
Außerdem: Butter und gemahlene Haselnüsse für die Form • 4 EL Orangenmarmelade • 100 g Puderzucker • 2–3 EL frisch gepresster Orangensaft

– Die Eier trennen. Eiweiße mit dem Salz steif schlagen und in den Kühlschrank stellen. Die Form gut mit der Butter fetten und mit den Nüssen ausstreuen. Den Backofen auf 170° (Umluft 150°) vorheizen.
– Die Butter mit dem Zucker schaumig rühren, nach und nach die Eigelbe untermischen. Die Nüsse, die Milch, das Orangeat und das mit dem Backpulver gemischte Mehl unterrühren. Den Eischnee unter den Teig heben.
– Den Teig in die Form füllen und im Backofen (Mitte) etwa 1 Std. backen. Den Kuchen auf einem Kuchengitter auskühlen lassen.
– Die Marmelade erhitzen, durch ein Sieb streichen und den Kuchen damit überziehen. Die Marmelade antrocknen lassen. Dann den Puderzucker mit so viel Orangensaft verrühren, dass eine zähflüssige Glasur entsteht. Die Glasur mit einem Pinsel auf die Marmelade streichen.

12. Marmorierter Orangenkuchen

VOLLWERTIG
Für 1 Kastenform (26 cm Länge)
Zubereitungszeit: 45 Min.
Backzeit: 1 Std.

250 g Weizenvollkornmehl • 2 TL Backpulver • 1/2 TL gemahlene Vanille • 150 g weiche Butter • 250 g Honig • 4 Eier • je 100 g gemahlene Haselnusskerne und gehäutete Mandeln • abgeriebene Schale von 2 unbehandelten Orangen • 2 TL Kakaopulver • Saft von 1 Orange • 2 EL Cointreau (Orangenlikör)
Außerdem: Butter für die Form

– Den Backofen auf 180° (Umluft 160°) vorheizen. Die Form gut mit Butter ausstreichen.
– Das Mehl mit dem Backpulver und der Vanille mischen. Die Butter mit 100 g Honig schaumig rühren. 3 Eier und das Mehl nach und nach untermischen. Den Teig in die Form füllen und glatt streichen.
– Die gemahlenen Haselnüsse und die Mandeln mit der Orangenschale, dem restlichen Honig, dem übrigen Ei und dem Kakao verrühren. Die Nussmasse auf den Teig geben und mit einer Gabel spiralförmig untermischen.
– Den Kuchen auf der mittleren Schiene in etwa 1 Std. goldbraun backen. Den Kuchen noch 5 Min. im abgeschalteten Backofen stehen lassen.
– Den Orangensaft mit dem Cointreau verrühren. Den Kuchen gleichmäßig mit dem Saft bepinseln und in der Form auskühlen lassen.
– Der Orangenkuchen bleibt in einer geschlossenen Blechdose bei kühler Lagerung etwa 1 Woche frisch.

13. Komtesskuchen

NICHT GANZ EINFACH
Für 1 Kastenform (30 cm Länge)
Zubereitungszeit: 1 Std.
Backzeit: 1 Std.
Ruhezeit: 1 Tag

250 g weiche Butter • 200 g Zucker • abgeriebene Schale von 1 unbehandelten Orange • 5 Eier • 250 g Mehl (Type 405) • 100 g Speisestärke • 3 TL Backpulver
Für die Glasur: Saft von 1 Orange • 3 Schnapsgläser (6 cl) Aprikosenlikör oder Cointreau (Orangenlikör) • 200 g Blockschokolade • 100 g Zartbitter-Schokoladen-Fettglasur
Außerdem: Butter und Semmelbrösel für die Form

– Den Backofen auf 200° (Umluft 180°) vorheizen. Die Form gut einfetten und mit Semmelbröseln ausstreuen.
– Die Butter schaumig rühren. Den Zucker, die Orangenschale und nach und nach die Eier zufügen. Das Mehl mit der Speisestärke und dem Backpulver mischen; esslöffelweise untermengen.
– Den Teig in die Kuchenform füllen, glatt streichen und den Kuchen im Ofen (unten) etwa 1 Std. backen.
– Den Kuchen auf ein Kuchengitter stürzen und 24 Std. ruhen lassen.
– Den Orangensaft mit dem Likör mischen. Den Kuchen der Länge nach 5-mal durchschneiden. Die Kuchenscheiben mit der Flüssigkeit tränken.
– Die Blockschokolade mit der Fettglasur im Wasserbad schmelzen lassen und jede Kuchenscheibe damit bestreichen. Den Kuchen wieder zusammensetzen und die Oberfläche mit der restlichen Schokoladenglasur überziehen. Den Kuchen auf einer Seite liegen lassen, bis die Glasur ganz fest geworden ist.

14. Zitronenkuchen mit zweierlei Guss

SCHMECKT KINDERN
Für 1 Backblech
Zubereitungszeit: 1 Std. 20 Min.
Backzeit: 25 Min.

6 Eier • 150 g Butter • 200 g Zucker • 1 Päckchen Vanillezucker • 1 Prise Salz • 150 g Mehl (Type 405) • 100 g Speisestärke • 1/2 Päckchen Backpulver • Saft und abgeriebene Schale von 2 unbehandelten Zitronen
Für den Guss: Saft und abgeriebene Schale von 1 unbehandelten Zitrone • 100 g Puderzucker • 100 g Zartbitter-Kuvertüre
Außerdem: Backtrennpapier fürs Blech

– Die Eier trennen, Eiweiße beiseite stellen. Die Butter schmelzen und lauwarm abkühlen lassen. Den Backofen auf 200° (Umluft 180°) vorheizen. Das Backblech mit dem Backpapier auslegen.
– Eigelbe mit Zucker, Vanillezucker und Salz schaumig rühren. Die Butter unterrühren.
– Mehl, Speisestärke und Backpulver dazusieben. Die Zitronenschale und den Zitronensaft gründlich unter den Teig mischen.
– Die Eiweiße steif schlagen, 1 TL davon für den Guss beiseite stellen, den Rest unter den Teig heben. Den Teig gleichmäßig auf das Blech streichen und im Ofen (Mitte) 25 Min. backen. Auskühlen lassen.
– Für den Guss die Zitronenschale und den Zitronensaft mit dem Puderzucker und dem übrigen steif geschlagenen Eiweiß verrühren. Die Kuvertüre grob hacken und im heißen Wasserbad schmelzen lassen.
– Auf eine Kuchenhälfte die Zitronenglasur, auf die andere Hälfte die Kuvertüre streichen oder Linien ziehen. Den Guss fest werden lassen und den Kuchen in Stücke schneiden.

15. Bananenkuchen

BLITZREZEPT
Für 1 Backblech
Zubereitungszeit: 15 Min.
Backzeit: 15 Min.

250 g weiche Butter • 220 g Zucker • 4 Eier • 3–4 reife Bananen • 350 g Mehl (Type 405) • 1 TL Backpulver
Außerdem: Butter fürs Backblech • Puderzucker zum Bestreuen

– Den Backofen auf 200° (Umluft 180°) vorheizen. Das Backblech gut fetten.
– Die Butter mit dem Zucker schaumig rühren. Die Eier nach und nach unterrühren. Die Bananen schälen, mit einer Gabel zerdrücken, dazugeben und kräftig durchrühren. Das Mehl mit dem Backpulver unter den Teig mischen.
– Den Teig gleichmäßig auf dem Backblech verteilen. Den Kuchen im Backofen (Mitte) 15 Min. backen. Herausnehmen, in 20 Stücke teilen und noch heiß mit Puderzucker bestreuen.

16. Bananenkranz

RAFFINIERT
Für 1 Kranzkuchenform
Zubereitungszeit: 25 Min.
Backzeit: 1 Std. 20 Min.

250 g Margarine • 150 g Zucker • 1 Prise Salz • 5 Eigelbe • 15 g geriebener kandierter Ingwer • 75 g Kokosraspel • abgeriebene Schale von 1 unbehandelten Zitrone • 3 Bananen • 4 EL Zitronensaft • 1 Schnapsglas Rum (2 cl) • 250 g Mehl (Type 405) • 1 Päckchen Backpulver • 5 Eiweiße
Außerdem: Margarine für die Form • 200 g Puderzucker • 4 EL Zitronensaft

– Die Form mit Margarine fetten. Den Backofen auf 175° (Umluft 160°) vorheizen.
– Margarine mit dem Zucker und dem Salz schaumig rühren. Nacheinander die Eigelbe, den Ingwer, die Kokosraspel und die Zitronenschale unterrühren.
– Die Bananen schälen, würfeln, mit dem Zitronensaft und dem Rum beträufeln und unter die Schaummasse heben. Das Mehl mit dem Backpulver darüber sieben und unter die Masse rühren.
– Die Eiweiße zu steifem Schnee schlagen und unter den Teig heben. Den Teig in die Kranzkuchenform füllen, glatt streichen und im Ofen (unten) etwa 1 Std. 20 Min. backen.
– Kuchen auf einem Kuchengitter auskühlen lassen. Den gesiebten Puderzucker mit dem Zitronensaft zu einer zähflüssigen Glasur verrühren und den Kuchen damit überziehen.

17. Bananenkuchen mit Rumsauce

SCHNELL ZU MACHEN
Für 1 Kastenform (25 cm Länge)
Zubereitungszeit: 30 Min.
Backzeit: 1 Std.

Für den Teig: 200 g Zucker • 125 g Butter • 4 Eier • 175 g Mehl (Type 405) • 1 TL Backpulver • 1 Päckchen Vanillezucker • 1 Prise Salz • 3 reife Bananen
Für die Sauce: 4 EL Zucker • 250 g Sahne • 1 Vanilleschote • 4 Eigelbe • 2 Schnapsgläser Rum (4 cl)
Außerdem: Butter und Semmelbrösel für die Form

– Den Backofen auf 180° (Umluft 160°) vorheizen. Die Form mit Butter fetten und mit den Semmelbröseln ausstreuen.
– Den Zucker (2 EL aufheben) mit der Butter und den Eiern schaumig rühren. Mehl und Backpulver dazusieben, den Vanillezucker und das Salz unterrühren. Die Bananen schälen und mit den 2 EL Zucker fein zerdrücken. Das Mus unter den Teig rühren.
– Den Teig in die Kastenform füllen und glatt streichen. Im Ofen (Mitte) 1 Std. backen. Herausnehmen und auf einem Kuchengitter auskühlen lassen.
– Inzwischen für die Sauce den Zucker in einem Topf hellbraun karamellisieren lassen. Die Sahne dazugießen und köcheln lassen, bis sich das Karamell aufgelöst hat. Etwas abkühlen lassen.
– Die Vanilleschote auskratzen, das Mark mit den Eigelben und dem Rum in ein zweites Töpfchen geben und in ein heißes Wasserbad setzen. Nun unter ständigem Rühren mit dem Schneebesen die Karamellsahne dazugießen, bis die Sauce cremig ist. Bis zum Servieren kalt stellen.
– Den Kuchen mit der Sauce möglichst frisch verzehren.

18. Nuss-Sandkuchen

GELINGT LEICHT
Für 1 Kastenform (30 cm Länge)
Zubereitungszeit: 30 Min.
Backzeit: 1 Std. 10 Min.

Für den Teig: 175 g weiche Butter • 150 g Zucker • 1 EL Vanillezucker • 2 Eigelbe • 2 Eier • 150 g Mehl (Type 405) • 100 g Speisestärke • 1 TL Backpulver
Für die Nussmasse: 2 Eiweiße • 100 g Zucker • 100 g gemahlene Haselnüsse • 75 g gemahlene Walnüsse • 1 EL Zitronensaft
Außerdem: Backtrennpapier für die Form • Alufolie

– Den Backofen auf 180° (Umluft 160°) vorheizen. Die Form mit Backpapier auslegen.
– Die Butter schaumig rühren. Den Zucker mit dem Vanillezucker untermischen. Eigelbe mit den ganzen Eiern unter die Buttermasse rühren. Das Mehl mit der Speisestärke und dem Backpulver mischen und hinzufügen. Den Teig in die Form füllen.
– Die Eiweiße zu steifem Schnee schlagen, den Zucker dabei einrieseln lassen. Die gemahlenen Nüsse und den Zitronensaft untermengen. In den Rührteig der Länge nach eine breite Rille ziehen und die Nussmasse hineingeben.
– Den Kuchen im Ofen (unten) etwa 1 Std. 10 Min. backen, eventuell nach 45 Min. mit Alufolie abdecken, damit er nicht zu braun wird.
– Den Nuss-Sandkuchen im abgeschalteten Backofen noch etwa 10 Min. ruhen lassen, dann aus der Form nehmen und auf einem Kuchengitter auskühlen lassen.

19. Fetter Nusskuchen

GEHALTVOLLER KLASSIKER
Für 1 Kastenform (30 cm Länge)
Zubereitungszeit: 1 1/2 Std.
Backzeit: 50 Min.

200 g Vollmilch-Schokolade • 200 g gemahlene Haselnüsse • 6 Eier • 130 g Mehl (Type 405) • 1 TL Backpulver • 1 TL gemahlener Zimt • 200 g weiche Butter • 250 g Zucker • 1 Prise Salz
Außerdem: Butter für die Form • 200 g Haselnussglasur

– Den Backofen auf 200° (Umluft 180°) vorheizen. Die Form gut ausbuttern.
– Die Schokolade grob raspeln und mit den Nüssen vermischen. Die Eier trennen. Das Mehl mit dem Backpulver und dem Zimt mischen.
– Die Butter mit dem Zucker cremig rühren, dann nach und nach die Eigelbe darunter rühren. Die Nuss-Schoko-Mischung unter die Buttermasse mengen, die Mehlmischung locker unterrühren. Die Eiweiße mit Salz steif schlagen und unterheben.
– Den Teig in die Form füllen. Den Kuchen im Ofen (Mitte) 20–25 Min. backen. Dann die Temperatur auf 150° (Umluft 130°) reduzieren und den Kuchen weitere 20–25 Min. backen.
– Den fertigen Kuchen 5–10 Min. in der Form ausdampfen lassen, dann auf ein Gitter stürzen und über Nacht auskühlen lassen.
– Die Glasur nach Packungsaufschrift erhitzen und über den Kuchen gießen. Den Nusskuchen 15 Min. in den Kühlschrank stellen und dann servieren.

20. Haselnusskuchen

GUT VORZUBEREITEN
Für 1 Kastenform (25 cm Länge)
Zubereitungszeit: 50 Min.
Ruhezeit: 2–3 Tage
Backzeit: 1 Std.

150 g weiche Butter • 200 g Zucker • 4 Eier • 50 g Speisestärke • 100 g Mehl (Type 405) • 3/4 Päckchen Backpulver • 1 Prise Salz • 300 g gemahlene Haselnüsse • 100 g Schokoladentröpfchen
Außerdem: Butter und Semmelbrösel für die Form • 200 g weiße Kuvertüre • Alufolie

– Den Backofen auf 175° (Umluft 160°) vorheizen. Die Form fetten und mit Semmelbröseln ausstreuen.
– Die Butter mit dem Zucker und den Eiern schaumig rühren. Die Speisestärke mit dem Mehl, dem Backpulver, dem Salz, den Haselnüssen und den Schokoladentröpfchen gründlich unterrühren.
– Den Teig in die Form füllen, glatt streichen und im Ofen (Mitte) 1 Std. backen. Gut auskühlen lassen, in Alufolie wickeln und 2–3 Tage im Kühlschrank durchziehen lassen.
– Vor dem Anschneiden die Kuvertüre im heißen Wasserbad schmelzen, den Kuchen damit überziehen.

TIPPS

- Statt der Schokoladentröpfchen können Sie auch gehackte Zartbitter-Schokolade nehmen.
- Lassen Sie den Haselnusskuchen unbedingt 2–3 Tage ruhen, nur so schmeckt er wirklich gut.

21. Walnusskuchen

SCHNELL GEMACHT
Für 1 Backblech
Zubereitungszeit: 30 Min.
Backzeit: 30 Min.

200 g weiche Butter • 300 g Zucker • 10 Eier • 200 g Mehl (Type 405) • 1 Päckchen Backpulver • 100 g Zartbitter-Kuvertüre • 250 g gehackte Walnüsse
Außerdem: Backtrennpapier fürs Blech • 100 g Zartbitter-Kuvertüre

– Den Backofen auf 180° (Umluft 160°) vorheizen. Das Backblech mit Backpapier auslegen.
– Butter mit der Hälfte des Zuckers schaumig rühren. Die Eier trennen, die Eiweiße beiseite stellen. Eigelbe nach und nach in die Butter-Zucker-Masse rühren. Das Mehl mit dem Backpulver vermischen und dazugeben, den Teig gut verrühren und auf das Blech streichen.
– Die Eiweiße sehr steif schlagen, dabei nach und nach den restlichen Zucker einrieseln lassen. Die Kuvertüre fein hacken und mit den Nüssen unter den Eischnee heben. Diese Masse auf den Teig streichen. Den Kuchen im Ofen (Mitte) 30 Min. backen, auskühlen lassen.
– Die Kuvertüre im Wasserbad schmelzen lassen und noch flüssig in einen kleinen Gefrierbeutel füllen. Eine winzige Ecke abschneiden und die herauslaufende Schokolade über den Kuchen träufeln. Zum Servieren den Nusskuchen nach Belieben in Rauten schneiden.

22. Vollkorn-Möhren-Kuchen

VOLLWERTIG | SAFTIG
Für 1 Springform (26 cm Ø)
Zubereitungszeit: 40 Min.
Backzeit: 40 Min.

150 g brauner Zucker • 2 Eier • 250 ml Sonnenblumenöl • 200 g Vollkornmehl • 1 TL Backpulver • 2 TL gemahlener Zimt • 1/2 TL Salz • 350 g Möhren • 50 g Honig • 1 Hand voll grob gehackte Walnüsse
Für den Guss: 200 g Puderzucker • 2 EL Butter • 4 EL Zitronensaft
Außerdem: Butter und Semmelbrösel für die Form

– Den Backofen auf 175° (Umluft 160°) vorheizen. Die Form fetten und mit Bröseln ausstreuen.
– Zucker und Eier mit den Schneebesen des Handrührgeräts schaumig rühren. Das Öl im dünnen Strahl unterschlagen. Das Mehl mit dem Backpulver dazusieben, dann Zimt und Salz unterrühren.
– Die Möhren schälen und grob reiben. Zusammen mit dem Honig und den Nüssen unter den Teig mengen. In die Form füllen und im Ofen (Mitte) 40 Min. backen. Auskühlen lassen.
– Für den Guss den Puderzucker sieben. Die Butter schmelzen lassen. Alles zusammen mit dem Zitronensaft zu einer dickflüssigen Masse verrühren. Mit einem Backpinsel den fertigen Kuchen damit bestreichen.

TIPP

Besonders lecker sieht der Kuchen aus, wenn Sie ihn mit kandierter Orangenschale bestreuen.

23. Ottilienkuchen

GELINGT LEICHT
Für 1 Kastenform (30 cm Länge)
Zubereitungszeit: 1 Std.
Backzeit: 1 Std.

250 g weiche Butter • 200 g Zucker • 1 EL Vanillezucker • 1 Prise Salz • 4 Eier • 1 EL Rum • 200 g Mehl (Type 405) • 50 g Speisestärke • 1 gestrichener TL Backpulver • 100 g Zartbitter-Schokolade • 100 g gehackte Mandeln • 50 g gewürfeltes Zitronat
Für den Überzug: 3 EL Aprikosenkonfitüre • 100 g Zartbitter-Kuvertüre • 2 EL Mandelblättchen
Außerdem: Fett und Semmelbrösel für die Form

– Den Backofen auf 180° (Umluft 160°) vorheizen. Die Form mit Butter fetten, mit Semmelbröseln ausstreuen.
– Die Butter schaumig rühren. Nach und nach den Zucker, den Vanillezucker, das Salz, die Eier und den Rum unterrühren. Das Mehl mit der Speisestärke und

dem Backpulver mischen und unter die Schaummasse mengen. Den Teig gut verrühren.
– Die Schokolade grob raspeln und mit den Mandeln und dem Zitronat unter den Teig ziehen. Den Teig in die Form füllen, glatt streichen und den Kuchen auf der unteren Schiene im Backofen 1 Std. backen. Etwas abkühlen lassen, dann auf ein Kuchengitter stürzen.
– Die Aprikosenkonfitüre in einem kleinen Töpfchen erwärmen, durch ein Sieb streichen und den Kuchen damit bestreichen. Die Kuvertüre schmelzen, den Kuchen damit überziehen und auf die weiche Glasur die Mandelblättchen streuen.

24. Gewürzkuchen mit Rum

BLITZREZEPT
Für 1 Kastenform (30 cm Länge)
Zubereitungszeit: 20 Min.
Backzeit: 1 Std.

200 g weiche Butter • 250 g Zucker • 2 EL Vanillezucker • 4 Eier • 200 g gemahlene Haselnüsse • 1 TL gemahlener Zimt • je 1 Msp. gemahlene Gewürznelken und Ingwerpulver • 250 g Mehl (Type 405) • 3 TL Backpulver • 2 EL Rum
Außerdem: Butter und Semmelbrösel für die Form

– Den Backofen auf 200° (Umluft 180°) vorheizen. Die Form fetten und mit Semmelbröseln ausstreuen.
– Die Butter mit dem Zucker und dem Vanillezucker schaumig rühren. Nach und nach die Eier und die gemahlenen Nüsse sowie Zimt, Nelken und Ingwer untermischen. Das Mehl mit dem Backpulver mischen und esslöffelweise mit dem Rum unter die Schaummasse mengen.
– Den Teig in die Kuchenform füllen, glatt streichen und im Ofen (Mitte) 1 Std. backen. Auskühlen lassen.

TIPPS

• Diesen klassischen Kuchen können Sie ebenso mit Vollkornmehl herstellen. Dann brauchen Sie eventuell etwas mehr Rum.
• Bevor Sie den Gewürzkuchen aufschneiden, sollte er mindestens 1 Tag ruhen. In dieser Zeit zieht er gut durch und kann sein leckeres Aroma voll entfalten.

25. Ricotta-Mandel-Kuchen

BLITZREZEPT
Für 1 Springform (26 cm Ø)
Zubereitungszeit: 15 Min.
Backzeit: 40 Min.

150 g weiche Butter • 150 g Zucker • 200 g Ricotta (italienischer Frischkäse) • Saft und abgeriebene Schale von 1/2 unbehandelten Zitrone • 6 Eier • 150 g gehäutete gemahlene Mandeln
Außerdem: Fett für die Form • Puderzucker

– Die Form fetten. Den Backofen auf 180° (Umluft 160°) vorheizen.
– Die Butter mit 130 g Zucker und Ricotta glatt rühren. Den Zitronensaft und die Zitronenschale unterrühren. Die Eier trennen. Die Eiweiße mit dem restlichen Zucker steif schlagen. Die Eigelbe unter die Ricottamasse rühren. Den Eischnee und die Mandeln vorsichtig unter die Ricottacreme heben.
– Die Masse in die Form füllen. Im Ofen (Mitte) in 40 Min. goldbraun backen. Mit Puderzucker bestäuben.

26. Krokantkuchen

SCHNELL | GELINGT LEICHT
Für 1 Backblech
Zubereitungszeit: 30 Min.
Backzeit: 45 Min.

300 g weiche Butter oder Margarine • 250 g Zucker • 6 Eier • 300 g gemahlene Mandeln • 250 g Mehl (Type 405) • 1 Päckchen Backpulver • 1/8 l Milch • 4 EL Mandellikör oder 8 Tropfen Bittermandelöl
Für den Belag: 200 g Mandelstifte • 100 g Zucker • 125 g Butter
Außerdem: Butter fürs Blech

– Den Backofen auf 200° (Umluft 180°) vorheizen. Das Backblech fetten.
– Die Butter oder Margarine mit den Schneebesen des Handrührgeräts sehr schaumig rühren. Den Zucker und die Eier dazugeben und weiterschlagen, bis die Masse sehr hell und cremig ist.
– Die Mandeln mit dem Mehl und dem Backpulver vermischen. Dann mit der Milch und dem Mandellikör

oder dem Bittermandelöl unter den Teig rühren. Den Teig auf das vorbereitete Blech streichen.
– Zuerst die Mandelstifte auf den Teig streuen, darüber den Zucker verteilen. Zum Schluss die Butter in kleinen Flöckchen darauf setzen. Den Kuchen im heißen Backofen (Mitte) in etwa 45 Min. goldbraun backen.

27. Schoko-Mandel-Kuchen

BLITZREZEPT
Für 1 Springform (26 cm Ø)
Zubereitungszeit: 15 Min.
Backzeit: 40 Min.

200 g Zartbitter-Schokolade • 2 EL Sahne • 3 Eier • 100 g Butter • 100 g Zucker • 150 g gemahlene Mandeln
Außerdem: Butter für die Form • Puderzucker

– Den Backofen auf 160° (Umluft 140°) vorheizen, die Form fetten. Schokolade in Stücke brechen, mit Sahne unter Rühren bei mittlerer Hitze schmelzen lassen.
– Die Eier trennen, die Eiweiße steif schlagen. Die Butter mit dem Zucker und den Eigelben cremig schlagen. Die geschmolzene Schokolade einrühren. Die Mandeln mit dem Eischnee vorsichtig vermischen und unter die Schokoladenmasse heben.
– Die Masse in die Form füllen, im Ofen (unten) 40 Min. backen. Auskühlen lassen, mit Puderzucker bestäuben.

TIPP
Statt der Mandeln können Sie für diesen Kuchen auch Haselnüsse oder Kokosflocken nehmen.

28. Schoko-Pinienkern-Kuchen

RAFFINIERT KOMBINIERT
Für 1 Springform (26 oder 28 cm Ø)
Zubereitungszeit: 35 Min.
Backzeit: 45 Min.

200 g Zartbitter-Schokolade • 250 g Butter • 6 Eier • 1 EL Saft und abgeriebene Schale von 1 unbehandelten Zitrone • 120 g Zucker • 50 g Pinienkerne • 2 EL Speisestärke
Außerdem: Butter und Mehl für die Form • Puderzucker und Kakaopulver

– Den Backofen auf 180° (Umluft 160°) vorheizen. Die Form fetten und mit Mehl ausstäuben.
– Die Schokolade in Stücke brechen und mit der Butter im Topf bei mittlerer Hitze schmelzen. Dabei immer wieder umrühren.
– Die Eier trennen. Die Eiweiße gut steif schlagen. Dabei den Zitronensaft dazugeben (er macht den Schnee fester) und kühl stellen.
– Die Eigelbe mit dem Zucker und der Zitronenschale mischen. Mit den Schneebesen des Handrührgeräts so lange kräftig durchrühren, bis die Masse schaumig ist und hell cremig aussieht. Nach und nach die Butter-Schoko-Masse und die Pinienkerne unterrühren.
– Den Eischnee auf die Schokomasse geben, die Speisestärke darüber sieben. Alles mit dem Schneebesen locker untereinander mischen.
– Den Teig in die Form füllen und im Ofen (Mitte) etwa 45 Min. backen. In der Form kurz stehen lassen, herauslösen und auskühlen lassen. Mit Puderzucker und Kakao bestäuben.

29. Nubiertorte

GELINGT LEICHT
Für 1 Springform (26 cm Ø)
Zubereitungszeit: 1 Std.
Backzeit: 1 Std.

100 g Halbbitter-Schokolade • 160 g weiche Butter • 175 g Zucker • 8 Eier • 2 EL Vanillezucker • 150 g gemahlene Mandeln • 30 g Semmelbrösel • 1 Prise Salz
Außerdem: Butter für die Form • 200 g Zartbitter-Kuvertüre • 4 EL gehackte Pistazienkerne

– Die Springform fetten. Den Backofen auf 175° (Umluft 160°) vorheizen.
– Die Schokolade in Stücke brechen und im heißen Wasserbad schmelzen lassen. Die Butter mit dem Zucker schaumig rühren. Die Eier trennen und die Eigelbe nach und nach unter die Buttermasse ziehen. Die zerlassene Schokolade, den Vanillezucker, die Mandeln und Semmelbrösel unterrühren. Die Eiweiße mit dem Salz zu steifem Schnee schlagen und unter die Schaummasse heben.

– Den Teig in die Form füllen und im Backofen (Mitte) etwa 1 Std. backen. Die Torte abkühlen lassen.
– Die Kuvertüre im heißen Wasserbad schmelzen und die Oberfläche und den Rand der Torte damit bestreichen. Auf die noch weiche Kuvertüre Pistazien streuen.

30. Schokoladenstreuselkuchen

GELINGT LEICHT
Für 1 Springform (26 cm Ø)
Zubereitungszeit: 40 Min.
Backzeit: 50 Min.

Für den Teig: 75 g Butter • 75 g Zucker • 1 EL Vanillezucker • 1 Ei • abgeriebene Schale von 1 unbehandelten Zitrone • Saft von 1/2 Zitrone • 150 g Mehl (Type 405) • 50 g Speisestärke • 2 TL Backpulver • 3–4 EL Milch • 3 EL Aprikosenmarmelade • 500 g Aprikosen
Für die Streusel: 150 g Mehl (Type 405) • 25 g Kakaopulver • 100 g Zucker • 1 EL Vanillezucker • 100 g weiche Butter
Außerdem: Butter für die Form • 1 EL Puderzucker

– Die Form mit Butter ausstreichen. Den Backofen auf 200° (Umluft 180°) vorheizen.
– Die Butter schaumig rühren. Zucker, Vanillezucker, Ei, Zitronenschale und Zitronensaft zufügen. Das Mehl mit der Speisestärke, dem Backpulver und der Milch in die Schaummasse rühren. Den Teig in die Form füllen.
– Die Marmelade mit 1 EL heißem Wasser glatt rühren und auf den Teig streichen. Die Aprikosen waschen, halbieren, entsteinen und auf den Kuchen legen.
– Für die Streusel alle Zutaten locker vermengen und die Streusel über die Früchte streuen. Den Kuchen im Ofen (Mitte) 50 Min. backen, noch 10 Min. im abgeschalteten Backofen stehen lassen. Auskühlen lassen und mit dem Puderzucker bestreuen.

31. Amaretti-Cake

SAFTIG | GELINGT LEICHT
Für 1 Kastenform (30 cm Länge)
Zubereitungszeit: 25 Min.
Backzeit: 50 Min.

100 g Zartbitter-Schokolade • 100 g Amarettini (Mandelmakronen) • 200 g Mehl (Type 405) • 2 TL Backpulver • 1/2 TL gemahlener Zimt • 2 TL Kakaopulver • 200 g Butter • 150 g Zucker • 3 Eier • 1/8 l doppelt starker Kaffee
Außerdem: Butter für die Form

– Den Backofen auf 180° (Umluft 160°) vorheizen. Die Form ausfetten.
– Die Schokolade grob hacken. Die Amarettini in einen Beutel geben und mit dem Nudelholz zerbröseln. Beides mit Mehl, Backpulver, Zimt und Kakaopulver mischen.
– Butter und Zucker mit den Schneebesen des Handrührgeräts schaumig schlagen. Die Eier nach und nach unterrühren.
– Die Mehlmischung und den Kaffee nach und nach abwechselnd löffelweise unter die Schaummasse rühren. Den Teig in die Form füllen und glatt streichen. Im Ofen (Mitte) in etwa 50 Min. braun backen.

32. Schokoladen-Sandkuchen

PREISWERT | GELINGT LEICHT
Für 1 Napfkuchenform
Zubereitungszeit: 20 Min.
Backzeit: 1 Std.

175 g weiche Butter • 200 g Zucker • 1 EL Vanillezucker • 2 EL Rum (nach Belieben) • 1 Prise Salz • 5 Eier • 250 g Mehl (Type 405) • 50 g Speisestärke • 2 TL Backpulver • 100 g Schokoladenpulver
Für den Überzug: 2 EL Aprikosenmarmelade • 150 g Zartbitter-Schokoladen-Fettglasur
Außerdem: Butter und Semmelbrösel für die Form

– Den Backofen auf 180° (Umluft 160°) vorheizen. Die Form mit Butter fetten und mit Semmelbröseln ausstreuen.
– Die Butter schaumig rühren. Den Zucker, den Vanillezucker, den Rum, das Salz und nach und nach die Eier untermischen. Das Mehl mit der Speisestärke, dem Backpulver und dem Schokoladenpulver mischen und esslöffelweise unter die Schaummasse rühren.
– Den Schokoladenteig in die Form füllen und den Kuchen im Ofen (Mitte) 1 Std. backen.
– Die Aprikosenmarmelade erhitzen. Den Kuchen auf ein Kuchengitter stürzen, mit Marmelade bestreichen und abkühlen lassen.
– Die Schokoladenglasur im Wasserbad schmelzen lassen und den Kuchen damit überziehen.

33. Tiroler Schokoladenkuchen

GELINGT LEICHT
Für 1 Kastenform (30 cm Länge)
Zubereitungszeit: 45 Min.
Backzeit: 1 Std.

150 g Zartbitter-Schokolade • 200 g weiche Butter • 200 g Zucker • 6 Eier • 125 g Mehl • 1 TL Backpulver • 200 g gemahlene Mandeln • 2 EL Rum
Außerdem: Butter und Semmelbrösel für die Form • 200 g Schokoladen-Fettglasur

– Den Backofen auf 180° (Umluft 160°) vorheizen. Die Form mit Butter ausstreichen und mit Semmelbröseln ausstreuen. Die Schokolade grob raspeln.
– Die Butter schaumig rühren, dabei nach und nach den Zucker einrieseln lassen. Die Eier trennen. Die Eigelbe nach und nach unter die Buttermasse mischen. Das Mehl mit dem Backpulver vermengen, auf die Schaummasse sieben, mit den gemahlenen Mandeln und der geraspelten Schokolade unterrühren. Die Eiweiße zu steifem Schnee schlagen und mit dem Rum unter den Teig ziehen.
– Den Teig in die Form füllen, glatt streichen und im Ofen (Mitte) 1 Std. backen. Den Kuchen im abgeschalteten Backofen 10 Min. ruhen lassen.
– Schokoladenkuchen auf ein Kuchengitter stürzen. Die Fettglasur im Wasserbad schmelzen (siehe Tipp) und den Kuchen damit überziehen.

TIPP
Achten Sie darauf, dass beim Schmelzen im Wasserbad kein Wasser in die warme Fettglasur gelangt. Die Glasur wird dann unbrauchbar. Deshalb lieber ein höheres Gefäß verwenden.

34. Schokoladentorte

GANZ EINFACH
Für 1 Springform (24 cm Ø)
Zubereitungszeit: 50 Min.
Backzeit: 35 Min.

250 g Zartbitter-Kuvertüre • 6 Eigelbe • 100 g Zucker • 3 EL Speisestärke • 1/2 Päckchen Backpulver • 100 g gemahlene Mandeln • 2 EL Rum (nach Belieben) • 240 g weiche Butter • 4 Eiweiße • 2 Prisen Salz
Für die Glasur: 150 g Zartbitter-Kuvertüre • 100 g Puderzucker • 1 EL Butter
Außerdem: Butter und Biskuit- oder Zwiebackbrösel für die Form • Alufolie

– Die Form mit Butter fetten und mit den Bröseln ausstreuen. Backofen auf 175° (Umluft 160°) vorheizen. Die Kuvertüre in kleine Stücke schneiden und unter Rühren mit 2 EL Wasser im heißen Wasserbad schmelzen lassen.
– Die Eigelbe mit dem Zucker schaumig rühren. Nach und nach die geschmolzene Kuvertüre unterrühren. Die Speisestärke und das Backpulver dazusieben, die Mandeln und den Rum unterrühren. Nun die Butter in kleinen Stückchen gut unterarbeiten.
– Die Eiweiße mit 2 Prisen Salz steif schlagen und unter den Teig heben. Den Teig in die Form füllen und mit Alufolie abdecken. Im Ofen (Mitte) etwa 35 Min. backen, die Mitte soll weich, aber die Ränder fest sein.
– Den noch warmen Kuchen aus der Form auf eine Platte schieben. Die Kuvertüre im Wasserbad schmelzen lassen. Puderzucker mit wenig Wasser zu einem dicken Brei rühren, zusammen mit der Butter zur Kuvertüre geben und geschmeidig rühren. Die Torte gleichmäßig damit überziehen.

35. Rehrücken

BERÜHMTES REZEPT
Für 1 Rehrückenform
Zubereitungszeit: 1 Std.
Backzeit: 1 Std.

125 g Zwieback • 100 g weiche Butter • 150 g Zucker • 4–5 Eier (je nach Größe) • 100 g gemahlene Mandeln • 2 EL Mehl (Type 405) • 1/2 Päckchen Backpulver • 100 g Zartbitter-Schokolade • 2 EL Rum
Für die Glasur: 100 g Zartbitter-Schokolade • 25 g Kokosfett • 50 g Mandelstifte
Außerdem: Butter und Semmelbrösel für die Form

– Den Backofen auf 180° (Umluft 160°) vorheizen. Die Form gut mit Butter ausstreichen und mit Semmelbröseln ausstreuen.
– Die Zwiebäcke zwischen Folie mit einem Nudelholz fein zerdrücken oder in der Mandelmühle fein mahlen. Die Butter schaumig rühren. Den Zucker langsam ein-

rieseln lassen. Die Eier nacheinander untermischen. Die gemahlenen Mandeln, das Zwiebackmehl, das Mehl und das Backpulver hinzufügen. Die Schokolade fein raspeln und mit dem Rum unter den Teig ziehen.

– Teig in die Form füllen und den Kuchen im Ofen (Mitte) 1 Std. backen. Den Kuchen auf ein Kuchengitter stürzen und auskühlen lassen.

– Für die Glasur die Schokolade raspeln und mit dem Kokosfett schmelzen. Den Kuchen damit überziehen und mit den Mandelstiften spicken. Den Schokoguss fest werden lassen.

36. American Brownie Cake
(Amerikanischer Schokoladenkuchen)

SAFTIG | SCHNELL
Für 1 Springform (28 cm Ø)
Zubereitungszeit: 35 Min.
Backzeit: 50 Min.

200 g Butter • 7 EL Kakaopulver • 220 g Mehl (Type 405) • 1 TL Backpulver • 280 g Zucker • 1/2 TL Salz • 1 Vanilleschote • 2 Eier • 150 g saure Sahne
Für die Glasur: 200 g Puderzucker • 50 g Butter • 7 TL Kakaopulver
Außerdem: Butter für die Form

– Den Backofen auf 175° (Umluft 160°) vorheizen. Die Form mit Butter fetten.

– Die Butter in einem Topf schmelzen lassen, den Kakao und 1/8 l Wasser unterrühren.

– Mehl und Backpulver in eine Schüssel sieben, mit dem Zucker und Salz vermischen. Die Vanilleschote längs aufschlitzen, das Mark herauskratzen und dazugeben.

– Die Kakaobutter, Eier und Sahne gründlich mit dem Mehl verrühren. Den Teig in die Form füllen und im Ofen (Mitte) 45–50 Min. backen. Anschließend auskühlen lassen.

– Für die Glasur den Puderzucker mit 5 EL Wasser verrühren. Die Butter schmelzen lassen, den Kakao und den Puderzucker dazugeben und alles gründlich verrühren. Den Kuchen mit der Glasur bestreichen.

TIPP
Nur etwas für Erwachsene: Jedes Stück Kuchen mit ein wenig Eierlikör übergießen.

37. Torta caprese (Schokoladenkuchen)

SPEZIALITÄT VON CAPRI
Für 1 Springform (26 cm Ø)
Zubereitungszeit: 35 Min.
Backzeit: 1 1/4 Std.

250 g Zartbitter-Kuvertüre • 400 g gehäutete Mandeln • 50 g Butterkekse (ersatzweise 3 gehäufte EL Mehl Type 405) • 10 Eier • 250 g Zucker • 250 g weiche Butter • 1 Gläschen Rum (nach Belieben)
Außerdem: Butter und Mehl für die Form • Puderzucker und 1 Prise gemahlener Zimt zum Bestäuben

– Den Backofen auf 180° (Umluft 160°) vorheizen. Die Springform mit Butter fetten und mit Mehl ausstäuben. Die Kuvertüre, die Mandeln und die Kekse sehr fein hacken.

– Die Eier trennen. Die Eigelbe und den Zucker mit den Schneebesen des Handrührgeräts schaumig rühren, dann die Butter zugeben und weiterrühren.

– Nach und nach die zerkleinerten Zutaten zufügen. Eventuell den Rum untermischen. Die Eiweiße steif schlagen und vorsichtig unterheben.

– Den Teig in die Form geben und im Ofen (Mitte) etwa 1 1/4 Std. backen. Den Kuchen etwas auskühlen lassen, auf eine Tortenplatte stürzen und mit einer Mischung aus Puderzucker und Zimt bestäuben.

TIPP
Dieser Mandel-Schokoladen-Kuchen wird auf Capri im Sommer besonders gern als Nachtisch serviert. Meist gibt es dazu sahniges Vanilleeis, aber auch erfrischendes Zitroneneis oder Schokoladeneis passen sehr gut dazu.

38. Schneller Schokokuchen

SCHNELL | LEICHT ZU MACHEN
Für 1 Kastenform (etwa 28 cm Länge)
Zubereitungszeit: 30 Min.
Backzeit: 1 Std.

200 g Butter oder Margarine • 150 g Vollmilch-Schokolade • 200 g Zucker • 1 Prise Salz • 1 TL gemahlener Zimt • 200 g gemahlene Haselnüsse •

300 g Mehl (Type 405) • 1 Päckchen Backpulver • 4 Eier • 1/8 l kalter starker Kaffee
Außerdem: Butter und Mehl für die Form

– Den Backofen auf 175° (Umluft 160°) vorheizen. Die Form fetten und mit Mehl bestäuben.
– Die Butter oder Margarine bei schwacher Hitze zerlassen, abkühlen lassen. Die Schokolade in kleine Stücke hacken.
– In einer Schüssel den Zucker, das Salz, den Zimt, die Haselnüsse, das Mehl und das Backpulver gründlich vermischen. Die Eier verquirlen und mit dem Kaffee unter die Zuckermischung rühren. Die Schokolade und das zerlassene Fett unterrühren.
– Den Teig in die Form füllen und glatt streichen. Im Ofen (Mitte) etwa 1 Std. goldbraun backen. Den Kuchen aus der Form stürzen und abkühlen lassen.

39. Kaffeekuchen

LEICHT ZU MACHEN
Für 1 Napfkuchenform
Zubereitungszeit: 45 Min.
Backzeit: 1 Std.

125 g weiche Butter • 250 g Zucker • 6 Eier • 125 g gemahlene Mandeln • 1 TL gemahlener Zimt • 1/4 TL gemahlene Nelken • 1/8 l gekochter Mokka oder Espresso • 4 cl Kaffeelikör nach Belieben • 300 g Mehl (Type 405) • 1 Päckchen Backpulver • 1 Prise Salz
Außerdem: Butter und Semmelbrösel für die Form • 125 g Vollmilch-Kuvertüre • Puderzucker

– Den Backofen auf 180° (Umluft 160°) vorheizen. Die Form fetten und mit Semmelbröseln ausstreuen.
– Die Butter mit dem Zucker cremig rühren. Die Eier trennen, die Eiweiße beiseite stellen. Eigelbe, Mandeln, Zimt, Nelkenpulver, Mokka und Likör zur Buttermasse geben. Das Mehl und Backpulver dazusieben, den Teig gut verrühren. Die Eiweiße mit dem Salz steif schlagen und unterheben.
– Den Teig in die Form füllen und im Ofen (Mitte) 1 Std. backen. In der Form auskühlen lassen und auf ein Kuchengitter stürzen.
– Die Kuvertüre hacken und im heißen Wasserbad schmelzen lassen. Mit einem Löffel über den Kuchen träufeln. Nach Belieben mit Puderzucker bestäuben.

TIPP
Um Abwechslung in diesen Rührkuchen zu bringen, den Teig dritteln. Unter einen Teil kommen dann gehackte Nüsse, unter den zweiten Teil Rosinen und 1 EL Rum, unter den dritten Teil kleine Schokoladentröpfchen. Die einzelnen Teige werden, senkrecht durch doppelt gefaltetes Backtrennpapier getrennt, in die Form gefüllt und gebacken. So bekommt jeder sein Lieblingsstück.

40. Margaretenkuchen

BERÜHMT | ETWAS TEURER
Für 1 Margareten- oder Springform (26 cm Ø)
Zubereitungszeit: 30 Min.
Backzeit: 45–60 Min.

6 Eier • 1/2 Vanilleschote • 200 g weiche Butter • 100 g Marzipan-Rohmasse • abgeriebene Schale von 1 unbehandelten Zitrone • 1 Prise Salz • 150 g Zucker • 120 g Mehl (Type 405) • 80 g Speisestärke
Für den Überzug: 100 g Aprikosenkonfitüre • 100 g Puderzucker • 1 EL Zitronensaft • 3 EL Arrak nach Belieben
Außerdem: Butter und gemahlene Mandeln für die Form

– Die Form fetten und mit den Mandeln ausstreuen. Den Backofen auf 190° (Umluft 170°) vorheizen. Die Eier trennen. Die Vanilleschote längs aufschlitzen und das Mark herauskratzen.
– Die Butter mit der Marzipan-Rohmasse schaumig rühren. Die Eigelbe mit der Zitronenschale und dem Vanillemark unterrühren.
– Die Eiweiße mit dem Salz flaumig schlagen, den Zucker einrieseln lassen und so lange weiterschlagen, bis der Eischnee steif ist und glänzt. Dann unter die Buttermasse heben.
– Mehl mit der Speisestärke mischen, darüber sieben und rasch unterheben. Den Teig in die Form füllen und im Backofen (Mitte) 45–60 Min. backen. Den Kuchen auf ein Kuchengitter stürzen.
– Die Konfitüre erhitzen, den Kuchen damit bestreichen und auskühlen lassen. Puderzucker mit dem Zitronensaft, 1 EL Wasser und dem Arrak (oder insgesamt 4 EL Wasser) verrühren und auf den Kuchen streichen.

41. Marzipan-Mandel-Schnitten

ETWAS TEURER | GEHT SCHNELL
Zutaten für 1 Backblech
Zubereitungszeit: 45 Min.
Backzeit: 30 Min.

Für den Teig: 150 g Butter • 6 Eier • 250 g Zucker • 1 Prise Salz • abgeriebene Schale von 1 unbehandelten Zitrone • 350 g Mehl (Type 405) • 1 Päckchen Backpulver • 6 EL Milch
Für den Belag: 150 g Butter • 100 g Crème fraîche • 150 g Zucker • 1 Prise Salz • 1 EL Vanillezucker • 200 g Marzipan-Rohmasse • 2 EL Cognac • 400 g Mandelblättchen
Außerdem: Butter fürs Blech

– Den Backofen auf 200° (Umluft 180°) vorheizen. Die Fettpfanne des Backofens gut mit Butter ausstreichen.
– Für den Teig Butter schmelzen und wieder abkühlen lassen. Die Eier mit Zucker, Salz und Zitronenschale schaumig rühren. Butter, Mehl, Backpulver und Milch unterrühren. Den Teig auf dem Blech verteilen, glatt streichen und im Ofen (Mitte) 15 Min. backen.
– Für den Belag die Butter mit der Crème fraîche, dem Zucker, dem Salz und dem Vanillezucker kurz aufkochen lassen. Die Marzipan-Rohmasse würfeln und mit dem Cognac mischen. Die Butter-Zucker-Masse unterrühren, zuletzt die Mandelblättchen unterheben.
– Die Mandelmasse auf den vorgebackenen Kuchen streichen und den Kuchen weitere 15 Min. backen. Auskühlen lassen, dann in 24 Stücke schneiden.

42. Marzipankuchen

BLITZREZEPT
Für 1 Springform (26 cm Ø)
Zubereitungszeit: 15 Min.
Backzeit: 55 Min.

100 g Marzipan-Rohmasse • 6 Eier • 250 g Butter • 250 g Zucker • 1 TL gemahlener Zimt • 100 g gemahlene Mandeln • 100 g Weizenvollkornmehl • 100 g Mehl (Type 405)
Außerdem: Butter für die Form

– Den Backofen auf 200° (Umluft 180°) vorheizen. Die Form fetten. Die Marzipan-Rohmasse klein schneiden.
– Die Eier mit Butter, Zucker, Zimt und der Marzipan-Rohmasse schaumig rühren. Die gemahlenen Mandeln und die beiden Mehlsorten nur kurz untermischen.
– Den Teig in die Springform füllen und den Kuchen im Backofen (Mitte) 55 Min. backen.

43. Pistazien-Napfkuchen

SCHNELL GEMACHT
Für 1 Rosen- oder Springform (22 cm Ø)
Zubereitungszeit: 30 Min.
Backzeit: 1 Std.

Für die Marzipanwürfel: 120 g Marzipan-Rohmasse • 100 g geschälte gemahlene Pistazien • 1 EL Arrak
Für den Teig: 250 g Butter • 250 g Zucker • 5 Eigelbe • 1 Prise Salz • 1 EL Arrak • 5 Eiweiße • 180 g Mehl (Type 405) • 140 g Speisestärke • 1 TL Backpulver
Für die Glasur: 100 g Schokoladen-Fettglasur • 25 g gehackte Pistazien
Außerdem: Butter und Semmelbrösel für die Form

– Den Backofen auf 180° (Umluft 160°) vorheizen. Die Form fetten und mit Semmelbröseln ausstreuen.
– Die Marzipan-Rohmasse mit den Pistazien und dem Arrak verkneten, 1 cm dick ausrollen und würfeln.
– Die Butter mit der Hälfte des Zuckers, den Eigelben, dem Salz und dem Arrak schaumig rühren. Die Eiweiße mit dem restlichen Zucker zu steifem Schnee schlagen und unter die Eigelbmasse heben.
– Das Mehl mit der Speisestärke, dem Backpulver und den Marzipanwürfeln unterheben. Den Teig in die Form füllen, im Ofen (Mitte) 50–60 Min. backen. Auf einem Kuchengitter auskühlen lassen.
– Die Fettglasur im Wasserbad schmelzen. Den Kuchen damit überziehen, mit den Pistazien bestreuen.

44. Ananas-Marzipan-Kuchen

GELINGT LEICHT | ETWAS TEURER
Für 1 Kastenform (28 cm Länge)
Zubereitungszeit: 30 Min.
Backzeit: 50 Min.

200 g Marzipan-Rohmasse • 150 g weiche Butter • 150 g Zucker • 1 TL Vanillezucker • 3 Eier • 300 g Mehl (Type 405) • 50 g Speisestärke • 2 TL Back-

pulver • 2 Scheiben Ananas (aus der Dose)
Für die Glasur: 1 EL Kokosfett • 100 g Zartbitter-Schokolade • 1 Scheibe kandierte Ananas
Außerdem: Butter und Semmelbrösel für die Form

– Den Backofen auf 200° (Umluft 180°) vorheizen. Die Form fetten und mit Semmelbröseln ausstreuen.
– Die Marzipan-Rohmasse in Stückchen schneiden, mit Butter, Zucker und Vanillezucker schaumig rühren. Nach und nach die Eier zufügen. Das Mehl mit der Speisestärke und dem Backpulver mischen und esslöffelweise unter den Teig mengen. Die Ananasscheiben aus der Dose klein schneiden und unterheben.
– Den Teig in die Form füllen und im Ofen (Mitte) in 50 Min. goldbraun backen. Dann noch 10 Min. im abgeschalteten Backofen stehen lassen. Den Kuchen auf ein Kuchengitter stürzen und auskühlen lassen.
– Das Kokosfett zerlassen und die Schokolade in Stückchen darin schmelzen lassen. Den Kuchen damit überziehen. Die kandierte Ananasscheibe in Stückchen schneiden und den Kuchen damit garnieren.

45. Maronenkuchen

BLITZEREZEPT
Für 1 Springform (24 cm Ø)
Zubereitungszeit: 15 Min.
Backzeit: 30 Min.

3 Eier • 1 Prise Salz • 180 g Zucker • 150 g weiche Butter • 600 g Maronenpüree (aus der Dose) • 2 EL Kirschwasser (nach Belieben)
Außerdem: • Butter für die Form • 1 TL Kakaopulver • 1 EL Puderzucker

– Den Backofen auf 200° (Umluft 180°) vorheizen. Die Form mit Butter fetten.
– Die Eier trennen. Die Eiweiße mit dem Salz steif schlagen, zum Schluss 30 g Zucker einrieseln lassen. Die Butter mit dem restlichen Zucker und den Eigelben schaumig schlagen. Das Maronenpüree mit dem Kirschwasser zugeben und alles zu einer cremigen Masse verrühren. Den Eischnee vorsichtig unterheben und in die Form füllen.
– Den Kuchen im Backofen (Mitte) 30 Min. backen. In der Form etwas auskühlen lassen. Das Kakaopulver mit dem Puderzucker mischen. Den Kuchen aus der Form lösen und damit bestäuben.

46. Mohn-Kokos-Kuchen

RAFFINIERT KOMBINIERT
Für 1 Kastenform (25 cm Länge)
Zubereitungszeit: 35 Min.
Backzeit: 1 Std. 10 Min.

250 g Mohnsamen • 200 g weiche Butter oder Margarine • 200 g Zucker • 1 Päckchen Vanillezucker • abgeriebene Schale von 1/2 unbehandelten Zitrone • 6 Eier • 100 g Mehl (Type 405) • 2 gestrichene TL Backpulver
Für die Kokosmasse: 2 Eiweiße • 120 g Zucker • 125 g Kokosflocken • Saft von 1/2 Zitrone
Außerdem: Butter und Mehl für die Form

– Den Backofen auf 175° (Umluft 160°) vorheizen. Die Form fetten und mit Mehl ausstäuben. Den Mohn in einer Mohnmühle oder im elektrischen Zerhacker sehr fein mahlen.
– Die Butter oder Margarine sehr schaumig rühren. Zucker, Vanillezucker, die Zitronenschale und die Eier hinzufügen und dick-cremig schlagen.
– Das Mehl mit dem Backpulver und dem Mohn mischen und mit einem Rührlöffel gleichmäßig unter die Schaummasse ziehen. Den Teig in die vorbereitete Form füllen und glatt streichen. Im Ofen (Mitte) etwa 30 Min. backen.
– Die Eiweiße sehr steif schlagen, den Zucker dabei langsam einrieseln lassen. Die Kokosflocken und den Zitronensaft unterheben.
– Den Mohnkuchen aus dem Backofen nehmen. Die Oberfläche der Länge nach gut 3 cm tief einschneiden und die Kokosmasse in den Einschnitt füllen. Den Kuchen in etwa 40 Min. fertig backen.

47. Burgenländischer Mohnkuchen

OHNE MEHL | GELINGT LEICHT
Für 1 Springform (24 cm Ø)
Zubereitungszeit: 30 Min.
Backzeit: 1 Std.

4 Eier • 125 g Butter • 100 g Puderzucker • 50 g Zitronat • 50 g Zucker • 150 g gemahlener Mohn
Außerdem: Butter und Mehl für die Form • Puderzucker zum Bestäuben

– Den Backofen auf 180° (Umluft 160°) vorheizen. Die Form mit Butter fetten und mit Mehl ausstreuen.
– Die Eier trennen. Die Butter mit dem Puderzucker und den Eigelben schaumig rühren. Zitronat in kleine Würfel schneiden und zufügen. Die Eiweiße zu steifem Schnee schlagen, dabei den Zucker einrieseln lassen. Den Eischnee und den Mohn nach und nach unter die Buttermasse ziehen.
– Den Teig in die Form füllen, glatt streichen und im Backofen (Mitte) 1 Std. backen. Den Mohnkuchen in der Form auskühlen lassen, danach stürzen und mit Puderzucker bestäuben.

48. Rotweinkuchen

LAKTOSEFREI
Für 1 Backblech (etwa 33 x 33 cm)
Zubereitungszeit: 15 Min.
Backzeit: 50 Min.

6 Eier • 350 g laktosefreie Margarine • 300 g Zucker • 2 Päckchen Vanillezucker • 350 g Mehl (Type 405) • 1 Päckchen + 1 TL Backpulver • 1 TL gemahlener Zimt • 150 ml Rotwein • 100 g Raspelschokolade (Zartbitter)
Für den Guss: 200 g Puderzucker • 6 EL Rotwein
Außerdem: laktosefreie Margarine fürs Blech

– Den Backofen auf 175° (Umluft 160°) vorheizen. Ein Backblech dünn mit Margarine fetten.
– Die Eier trennen, die Eiweiße kalt stellen. Die Eigelbe mit der Margarine, dem Zucker und dem Vanillezucker schaumig rühren. Das Mehl mit dem Backpulver und Zimt mischen, über die Eicreme sieben und unterrühren. Nach und nach den Rotwein unterrühren. Die Raspelschokolade unter den Teig heben.
– Die Eiweiße steif schlagen. Den Eischnee vorsichtig unter den Teig ziehen. Den Teig auf dem Blech verstreichen und im Ofen (Mitte) etwa 50 Min. backen.
– Den Puderzucker mit dem Rotwein glatt rühren. Den Kuchen noch warm mit dem Guss überziehen.

TIPP
Wenn Sie nicht unter Laktoseintoleranz leiden, können Sie für den Kuchen auch andere Margarine oder Butter verwenden.

49. Eierlikör-Gugelhupf

SUPER SAFTIG
Für 1 Gugelhupfform
Zubereitungszeit: 30 Min.
Backzeit: 1 Std. 10 Min.

5 Eier • 180 g Puderzucker • 2 Päckchen Vanillezucker • 1 Prise Salz • 1/4 l Eierlikör • 1/4 l Pflanzenöl • 150 g Speisestärke • 100 g Mehl (Type 405) • 1 Päckchen Backpulver
Außerdem: Butter für die Form • Puderzucker

– Den Backofen auf 180° (Umluft 160°) vorheizen. Die Form mit Butter fetten.
– Die Eier mit Puderzucker, Vanillezucker und Salz in einer Schüssel mit den Schneebesen des Handrührgeräts dick und schaumig schlagen. Noch weiterschlagen, dabei den Eierlikör dazugießen. Dann nach und nach das Öl dazugießen, 2 Min. lang weiterschlagen.
– Die Speisestärke mit dem Mehl und Backpulver vermischen und über die Eierlikörmasse stäuben. Mit einem Schneebesen vorsichtig unter die Masse ziehen.
– Teig in die Form füllen, im Ofen (Mitte) 60–70 Min. backen. Den Kuchen 5–10 Min. in der Form ausdampfen lassen, auf ein Kuchengitter stürzen und auskühlen lassen. Vor dem Servieren den Puderzucker fein darüber sieben.

50. Eierlikör-Sahne-Kuchen

OHNE MEHL | FÜR GÄSTE
Für 1 Springform (26 cm Ø)
Zubereitungszeit: 30 Min.
Backzeit: 35 Min
Kühlzeit: 1 Std.

5 Eier • 80 g Zucker • 1 Päckchen Vanillezucker • 80 g weiche Butter • 200 g gemahlene Haselnüsse • 100 g geraspelte Schokolade • 2 EL Rum • 1 TL Backpulver • 1 Prise Salz
Außerdem: Butter für die Form • 600 g Sahne • etwas Sahnesteif (bei Bedarf) • 100 ml Eierlikör

– Den Backofen auf 200° (Umluft 180°) vorheizen. Die Springform fetten.
– Die Eier trennen. Die Eigelbe mit Zucker, Vanillezucker und Butter schaumig schlagen. Nüsse, Schoko-

lade, Rum und Backpulver untermischen. Die Eiweiße mit Salz steif schlagen und unter den Teig heben, in die Form füllen, im Ofen (Mitte) 30–35 Min. backen.
– Den Kuchenboden aus der Form nehmen und auskühlen lassen. Die Sahne eventuell mit Sahnesteif sehr steif schlagen. Die Hälfte etwa fingerdick auf den Boden auftragen. Die andere Hälfte in einen Spritzbeutel füllen und an der Kante des Bodens einen wellenförmigen, etwa 1/2 cm hohen Rand spritzen.
– Schließlich den Eierlikör vorsichtig oben auf den Sahnebelag gießen und den Kuchen 1 Std. kühl stellen.

51. Konfettikuchen

BLITZREZEPT
Für 1 Springform (24 cm Ø)
Zubereitungszeit: 15 Min.
Backzeit: 45 Min.

4 Eier • 250 g weiche Butter • 200 g Zucker • 350 g Apfelmus • 1 Fläschchen Bittermandelaroma • 250 g Mehl (Type 405) • 2 TL Backpulver
Für die Glasur: 150 g Puderzucker • 3–4 EL Zitronensaft • Dekor-Konfetti (Fertigprodukt, Backregal)
Außerdem: Butter für die Form

– Den Backofen auf 180° (Umluft 160°) vorheizen. Die Form fetten.
– Die Eier mit der Butter und dem Zucker verquirlen. Das Apfelmus und das Bittermandelaroma untermischen, dann das Mehl und das Backpulver nur kurz unterrühren. Den Teig in die Form füllen und im Ofen (Mitte) 45 Min. backen. Leicht abkühlen lassen.
– Den Puderzucker mit dem Zitronensaft zu einem glatten Guss verrühren. Den Kuchen damit bestreichen und mit den Dekor-Konfetti bestreuen.

52. Zucchinikuchen mit Zitronenglasur

SAFTIG | RAFFINIERT
Für 1 Springform (28 cm Ø)
Zubereitungszeit: 50 Min.
Backzeit: 1 Std.

125 g weiche Butter • 150 g brauner Zucker • 75 g weißer Zucker • 3 Eier • 125 g Naturjoghurt • 300 g Mehl (Type 405) • 2 TL Backpulver • 3 EL Kakaopulver • 1 TL gemahlener Zimt • 1/2 TL Salz • 1/2 TL Fünfgewürzpulver (Asia-Laden) • 3 EL Schokoladenstreusel • 400 g Zucchini
Für die Glasur: 4 EL Zitronensaft • 200 g Puderzucker • 2 EL Butter
Außerdem: Butter und Semmelbrösel für die Form

– Den Backofen auf 175° (Umluft 160°) vorheizen. Die Springform fetten und mit Bröseln ausstreuen.
– Die Butter mit dem Zucker schaumig rühren. Nach und nach die Eier und den Joghurt unterrühren.
– In einer zweiten Schüssel das Mehl mit Backpulver, Kakao, Zimt, Salz, Fünfgewürzpulver und Schokoladenstreuseln vermengen und unter die Eiermasse rühren.
– Die Zucchini schälen, raspeln und in den Teig rühren. Den Teig in die Form füllen und den Kuchen im Ofen (Mitte) 1 Std. backen.
– Für die Glasur den Zitronensaft mit dem Puderzucker verrühren. Die Butter schmelzen lassen und unterrühren. Die Glasur mit einem Backpinsel auf den fertigen Kuchen streichen.

53. Donauwellen

KLASSIKER
Für 1 Backblech
Zubereitungszeit: 1 Std.
Backzeit: 40 Min.
Kühlzeit: 1 1/2 Std.

Für den Teig: 250 g Butter • 200 g Zucker • 1 Päckchen Vanillezucker • 6 Eier • 350 g Mehl (Type 405) • 1 TL Backpulver • 3 EL Milch • 2 EL Kakaopulver
Für den Belag: 2 Gläser Sauerkirschen (à 700 g Inhalt) • 1 Päckchen Vanille-Puddingpulver (zum Kochen) • 500 ml Milch • 2 EL Zucker • 100 g Puderzucker • 2 EL Eierlikör (ersatzweise Sahne) • 2 Tropfen Bittermandelöl
Für den Guss: 75 g Kokosfett • 100 g Vollmilch-Schokolade • 100 g Noisette-Schokolade
Außerdem: Butter fürs Blech • 1 EL Kakaopulver zum Bestäuben

– Den Backofen auf 175° (Umluft 160°) vorheizen. Das Backblech fetten.
– Butter, Zucker und Vanillezucker schaumig schlagen, die Eier nacheinander unterrühren. Mehl mit Back-

pulver mischen und unterrühren. Die Hälfte des Teigs auf das Backblech streichen. Die andere Hälfte mit Milch und Kakaopulver verrühren. Gleichmäßig auf dem hellen Teig verstreichen.
– Die Kirschen in einem Sieb abtropfen lassen und auf dem Teig verteilen. Im Ofen (Mitte) 40 Min. backen. Auskühlen lassen.
– Das Puddingpulver mit 100 ml Milch und dem Zucker verrühren. Die übrige Milch erhitzen, das Puddingpulver einrühren, nach Packungsangabe kochen und abkühlen lassen. Puderzucker, Eierlikör und Bittermandelöl unterrühren. Den Kuchen mit der Puddingcreme bestreichen und 1 Std. kühl stellen.
– Für den Guss das Kokosfett und die Schokolade in Stücke brechen, im Wasserbad unter Rühren schmelzen lassen. Leicht abkühlen lassen und den Kuchen damit gleichmäßig überziehen. Creme und Schokoladenguss sollten sich möglichst nicht vermischen.
– Mit einer Gabel wellenförmige Linien in den Schokoladenguss ziehen. Fest werden lassen. Den Kuchen mit Kakaopulver bestäuben.

TIPPS

- **Den Schokoladenguss kann man auch mit Halbbitter-Schokolade oder Zartbitter-Kuvertüre zubereiten. Das verleiht den Donauwellen gleich ein anderes Aroma.**
- **Für Schneewittchenkuchen backen Sie den Kuchen wie beschrieben. Statt mit Schokolade bestreichen Sie ihn gleichmäßig mit einem Guss, den Sie aus 2 Päckchen rotem Tortenguss und 500 ml Kirschsaft nach Packungsangabe bereiten.**

54. Nuss-Müsli-Schnitten

BLITZREZEPT
Für 1 Backblech
Zubereitungszeit: 15 Min.
Backzeit: 25 Min.

250 g weiche Butter • 200 g Honig oder brauner Zucker • 4 Eier • 100 g Knusper-Müsli • 150 g gemahlene Haselnüsse • 2 EL Sonnenblumenkerne • 1 EL gehackte Kürbiskerne • 150 g Weizenvollkornmehl • 1 TL Backpulver
Außerdem: Butter fürs Blech • Zuckerschrift (aus der Tube)

– Den Backofen auf 180° (Umluft 160°) vorheizen. Das Backblech fetten.
– Butter mit Honig oder braunem Zucker verrühren, die Eier dazugeben und untermengen. Müsli mit Nüssen und Kernen mischen und unter die Eiercreme rühren.
– Das Mehl mit dem Backpulver mischen und unterheben. Den Teig auf das Backblech streichen und im Ofen (Mitte) 20–25 Min. backen.
– Noch heiß in etwa 12 Schnitten schneiden. Als Dekoration mit Zuckerschrift beliebige Figuren, Linien oder Namen aufmalen.

55. Osterlamm

BLITZREZEPT
Für 1 Lammbackform (800 ml Inhalt)
Zubereitungszeit: 15 Min.
Backzeit: 45 Min.

80 g weiche Butter • 80 g Zucker • 2 Eier • abgeriebene Schale von 1 unbehandelten Zitrone • 80 g gemahlene Mandeln • 80 g Mehl (Type 405) • 80 g Speisestärke • 1 TL Backpulver
Außerdem: Fett für die Form • Puderzucker

– Den Backofen auf 180° (Umluft 160°) vorheizen. Die Backform fetten.
– Die Butter mit Zucker, Eiern und Zitronenschale schaumig rühren. Die Mandeln untermischen, Mehl, Speisestärke und Backpulver nur kurz unterrühren.
– Den Teig in die Lammbackform füllen und im Ofen (unten) 45 Min. backen. Den Kuchen aus der Form lösen und dick mit Puderzucker bestäuben.

56. Arabischer Honigkuchen

RAFFINIERT
1 Springform (28 cm Ø)
Zubereitungszeit: 20 Min.
Backzeit: 30 Min.

Für den Teig: 75 g Margarine oder Butter • 3 Eier • 125 g Zucker • 1 Päckchen Vanillezucker • 3 EL Sahne • 150 g Mehl (Type 405) • 1/2 Päckchen Backpulver

Für die Füllung: 100 g Margarine oder Butter • je 80 g Zucker und Honig • 2 EL Sahne • 150 g Mandelblättchen • 1/2 TL gemahlener Zimt • abgeriebene Schale von 1/2 unbehandelten Orange
Außerdem: Butter oder Margarine für die Form

– Eine Springform fetten. Den Backofen auf 200° (Umluft 180°) vorheizen.
– Für den Teig die Margarine oder Butter schmelzen lassen. Die Eier mit dem Zucker und dem Vanillezucker schaumig rühren. Das abgekühlte Fett und die Sahne unter die Eimasse rühren. Das Mehl mit dem Backpulver darüber sieben und unterheben. Den Teig in die Springform füllen, glatt streichen und im Ofen (Mitte) 10–12 Min. backen.
– Für die Füllung die Margarine oder Butter in einem Topf zerlassen, Zucker, Honig, Sahne, Mandelblättchen, Zimt und Orangenschale zugeben und unter Rühren alles einmal aufkochen lassen.
– Den Kuchen aus dem Backofen nehmen, die Füllung aufstreichen und den Kuchen weitere 12–15 Min. backen. Den Kuchen aus der Form lösen und auf einem Kuchengitter auskühlen lassen.

57. Griechischer Honigkuchen

SUPER EINFACH
Für 1 Backblech
Zubereitungszeit: 1 Std.
Backzeit: 30 Min.

6 EL Olivenöl • 60 g Margarine oder Butter • 140 g Honig (muss nicht der teuerste sein) • 350 g Mehl (Type 405) • 1 1/2 Päckchen Backpulver • 250 g Grieß • 1/2 TL gemahlene Muskatnuss • Saft von 4 Zitronen • abgeriebene Schale von 2 unbehandelten Zitronen • 450 ml Milch • 6 Eiweiße • 1 Prise Salz
Außerdem: 4 EL Sesamsamen • 110 g Honig • Backtrennpapier fürs Backblech

– Den Ofen auf 200° (Umluft 180°) vorheizen. Ein tiefes Backblech mit Backpapier auslegen.
– Das Öl, die Margarine oder Butter und den Honig schmelzen lassen. Das Mehl mit dem Backpulver, dem Grieß und dem Muskat mischen.
– Vom Zitronensaft 8 EL abnehmen, den Rest mit der Zitronenschale und der Milch in die warme Honigmischung rühren. Dann die Mehlmischung unterrühren. Die Eiweiße mit Salz steif schlagen und unter den Teig ziehen.
– Den Teig auf dem Blech glatt streichen, mit Sesam bestreuen und im Ofen (Mitte) 25–30 Min. backen. Mit einem Zahnstocher einstechen. Den Honig und Zitronensaft verrühren und über den noch heißen Kuchen verteilen. Über Nacht stehen lassen.

58. Honig-Mandel-Kuchen

SCHNELL | WÜRZIG
Für 1 Kastenform (30 cm Länge)
Zubereitungszeit: 30 Min.
Backzeit: 1 Std.

250 g Honig • 150 g brauner Zucker • 150 g Sahne • 1 TL gemahlener Zimt • 1/2 TL gemahlene Nelken • 1 Prise gemahlene Muskatblüte (Macis) • 150 g fein gemahlene Mandeln • 500 g Mehl (Type 405) • 1 Päckchen Backpulver • 3 Eier
Außerdem: Backtrennpapier für die Form

– Den Backofen auf 175° (Umluft 160°) vorheizen. Die Backform mit Backpapier auskleiden.
– Honig mit Zucker und Sahne in einen breiten Topf füllen und bei mittlerer Hitze unter Rühren erwärmen. So lange rühren, bis der Zucker geschmolzen ist. Vom Herd nehmen und abkühlen lassen.
– Die Gewürze mit den Mandeln, dem Mehl und dem Backpulver mischen. Die Eier mit der abgekühlten Honigmasse verrühren.
– Die Mehlmischung nach und nach unterrühren. Den Teig in die Kastenform füllen und im Ofen (Mitte) 1 Std. backen.
– Den Kuchen aus dem Backofen nehmen und in der Form auskühlen lassen. Auf ein Kuchengitter stürzen und das Backpapier entfernen.

TIPPS

• Sie können den Kuchen auch mit Weizenvollkornmehl zubereiten. Dann geben Sie zusätzlich noch 2 EL Milch oder Sahne in den Teig.
• Der Geschmack wird noch intensiver, wenn Sie die abgeriebene Schale von 1 unbehandelten Orange in den Teig rühren.

59. Panforte di Siena (Gewürzkuchen)

AUS DER TOSKANA
Für 1 flache Form (rund oder eckig, je nach Oblaten)
Zubereitungszeit: 1 1/4 Std.
Backzeit: 30 Min.

100 g gehäutete Mandeln • 100 g geschälte Haselnüsse • 100 g Walnusskerne • 150 g getrocknete Feigen • 150 g gemischte kandierte Früchte • 1/2 TL gemahlener Zimt • je 1 Prise gemahlene Nelken, gemahlener Koriander und Ingwer, geriebene Muskatnuss (oder Muskatblüte) • 150 g Puderzucker • 100 g Honig • 1–2 EL Mehl (Type 405)
Außerdem: Butter für die Form • Oblaten zum Auslegen der Form • Puderzucker und gemahlener Zimt zum Bestäuben

– Den Backofen auf 150° (Umluft 130°) vorheizen. Die Form mit der Butter einstreichen und mit den Oblaten auslegen.
– Mandeln, Haselnüsse und Walnusskerne in einer Pfanne unter Rühren kurz anrösten. Abkühlen lassen, grob hacken und in eine Schüssel füllen. Die Feigen und kandierten Früchte in Würfelchen schneiden, unter die Nüsse mischen. Die Gewürze dazugeben.
– Den Puderzucker und den Honig in einer Schüssel aus Metall mischen, die Schüssel ins Wasserbad setzen. Bei schwacher Hitze die Masse ständig rühren, bis sie schmilzt und Fäden zieht. Dann vom Herd nehmen und unter Rühren etwas abkühlen lassen. Die Honigmasse unter die Nussmischung rühren und das Mehl untermengen. Den Teig in die Form füllen und 2 cm hoch glatt streichen.
– Im Backofen (Mitte) etwa 30 Min. backen. Abkühlen lassen, mit einer Mischung aus Puderzucker und Zimt dünn bestäuben. In Stücke schneiden.

60. Käsekuchen vom Blech

SPEZIALITÄT AUS DEN USA
Für 1 tiefes Backblech
Zubereitungszeit: 45 Min.
Kühlzeit: 1 Std.
Backzeit: 1 3/4 Std.

Für den Mürbteig: 325 g Mehl (Type 405) • 125 g Zucker • abgeriebene Schale von 1 unbehandelten Zitrone • 1 Ei • 175 g weiche Butter oder Margarine
Für den Belag: 1,75 kg Sahnequark • 300 g Zucker • 5 EL Mehl • abgeriebene Schale von 2 unbehandelten Orangen • 6 Eier • 4 Eigelbe • 6 EL Zitronensaft • 150 g Rosinen
Außerdem: Butter fürs Blech

– Mehl mit Zucker, der Zitronenschale, dem Ei und dem Fett verkneten, etwa 1 Std. kalt stellen.
– Den Backofen auf 200° (Umluft 180°) vorheizen. Die Fettpfanne fetten.
– Vom Teig knapp ein Sechstel beiseite legen. Den Rest dünn auf der Fettpfanne ausrollen, mehrmals einstechen. Im Ofen (Mitte) in etwa 20 Min. goldgelb backen. Aus dem Ofen nehmen, etwas abkühlen lassen.
– Den Sahnequark mit dem Zucker, Mehl, der Orangenschale, den Eiern, den Eigelben und dem Zitronensaft glatt rühren.
– Aus dem restlichen Teig lange dünne Stränge rollen und rings um die Teigplatte als 3–4 cm hohen Rand andrücken. Die Rosinen auf dem Teig verteilen. Die Quarkmasse darauf streichen.
– Den Kuchen weitere 15 Min. backen. Die Temperatur auf 100° (Umluft 80°) reduzieren und den Kuchen in 60–70 Min. fertig backen.

61. Limetten-Frischkäse-Tarte

ERFRISCHEND
Für 1 Tarte- oder Springform (26 cm Ø)
Zubereitungszeit: 25 Min.
Kühlzeit: 1 Std.
Backzeit: 1 Std.

Für den Mürbteig: 75 g gemahlene Mandeln • 250 g Mehl (Type 405) • 150 g weiche Butter • 75 g Puderzucker • 1 Prise Salz
Für den Belag: 250 g Quark (20 % Fett) • 250 g Frischkäse • 180 g Zucker • 1 Päckchen Vanille-Puddingpulver • 4 Eier • abgeriebene Schale und Saft von 2 unbehandelten Limetten
Außerdem: Fett für die Form • Mehl für die Arbeitsfläche • feine Limettenschalenstreifen und 75 g gehackte Pistazien zum Bestreuen

– Die Mandeln in einer Pfanne ohne Fett anrösten, abkühlen lassen. Mit Mehl, Butter, Puderzucker und

Salz zu einem Mürbteig verkneten und für ca. 1 Std. in den Kühlschrank stellen. Den Backofen auf 180° (Umluft 160°) vorheizen. Die Tarteform einfetten.
– Quark, Frischkäse, Zucker, Puddingpulver und Eier mit den Schneebesen des Handrührgeräts verrühren. Limettenschale und -saft unter die Quarkmasse rühren.
– Den Teig auf bemehlter Arbeitsfläche ausrollen und die Form damit auslegen, den Boden mit einer Gabel mehrmals einstechen. Die Quarkmasse einfüllen und im Backofen (unten) etwa 1 Std. backen. Abkühlen lassen und mit Limettenschale und Pistazien bestreuen.

TIPP

Schön sieht es auch aus, wenn man die Tarte nach dem Backen mit in Scheiben geschnittenen Erdbeeren kreisförmig überlappend belegt.

62. Quarkkuchen mit Nüssen und Eierlikör

SUPER SAFTIG | BRAUCHT ETWAS ZEIT
Für 1 Backblech
Zubereitungszeit: 45 Min.
Kühlzeit: 30 Min.
Ruhezeit: 15 Min.
Backzeit: 50 Min.

Für den Mürbteig: 250 g Mehl (Type 405) • 3 EL Speisestärke • 150 g kalte Butter • 100 g Zucker
Für den Belag: 750 g Quark (Magerstufe oder 20 % Fett) • 200 g weiße Kuvertüre • 4 Eier (Größe L) • 100 g Zucker • 2 Päckchen Vanillezucker • 100 g weiche Butter • 2 Prisen Salz • 200 ml Eierlikör • 150 ml Milch • abgeriebene Schale und 3 EL Saft von 1 unbehandelten Zitrone • 6 EL Mehl (Type 405) • 2 EL Speisestärke • 1/2 Päckchen Backpulver • 1 Tasse gehackte Nüsse
Außerdem: Butter für das Backblech • flüssige Butter und Zucker zum Bestreichen •

– Für den Mürbteig die Zutaten verkneten. Den Teig zu einer Kugel formen, in Klarsichtfolie wickeln und 30 Min. kühl stellen.
– Den Backofen auf 180° (Umluft 160°) vorheizen. Das Backblech mit Butter fetten. Den Quark in einem Sieb abtropfen lassen.
– Den Teig auf dem Blech ausrollen und im Ofen (Mitte) 15 Min. backen. Die Kuvertüre schmelzen, auf den Boden streichen und abkühlen lassen. Den Backofen nicht ausschalten.
– Die Eier trennen. Die Eigelbe mit Zucker und Vanillezucker schaumig rühren. Butter, Salz, Eierlikör, Milch, Zitronenschale und Zitronensaft unterrühren. Mit Mehl, Speisestärke, Backpulver, Quark und Nüssen verrühren.
– Die Eiweiße steif schlagen und unter die Quarkmasse heben. Auf dem Teigboden verstreichen, 10 Min. backen. Aus dem Ofen nehmen und mit einem Messer den Kuchenrand vom Blech ablösen. 10 Min. weiterbacken, aus dem Ofen nehmen und 15 Min. ruhen lassen. Bei 175° (Umluft 160°) den Kuchen in 15 Min. fertig backen. Mit etwas flüssiger Butter bestreichen und mit Zucker bestreuen.

63. Quarkkuchen mit Mohn

NICHT GANZ LEICHT ZU MACHEN
Zutaten für 1 Springform (28 cm Ø)
Zubereitungszeit: 1 Std.
Quellzeit: 30 Min.
Backzeit: 1 1/4 Std.

Für den Mürbteig: 250 g Mehl (Type 405) • 1 Msp. Backpulver • 1 Eigelb • 150 g Butter • 50 g Zucker • 1 EL Vanillezucker
Für die Mohnmasse: 75 g Rosinen • 2 EL Rum • 250 g gemahlener Mohn • 125 g Zucker • abgeriebene Schale von 1/2 unbehandelten Zitrone • 1/2 TL gemahlener Zimt • 50 g weiche Butter • 1/8 l Milch
Für die Quarkmasse: 500 g Quark (20 % Fett) • 125 g Zucker • 2 Eier • 2 EL Zitronensaft • 100 g Crème fraîche • 2 gehäufte EL Speisestärke
Außerdem: Butter für die Form • 1 Eigelb zum Bepinseln

– Für den Teig das Mehl mit dem Backpulver, dem Eigelb, der Butter, dem Zucker und dem Vanillezucker rasch zu einem geschmeidigen Mürbteig verkneten. Den Teig kühl stellen.
– Für die Mohnmasse Rosinen heiß waschen, trockentupfen und mit dem Rum übergießen. Den Mohn mit dem Zucker, der Zitronenschale, dem Zimt und der Butter mischen. Die Milch erhitzen und über den Mohn gießen. Die Masse zugedeckt quellen lassen.

– Den Backofen auf 180° (Umluft 160°) vorheizen. Die Form fetten.
– Den Quark mit dem Zucker verrühren. Eier trennen. Die Eiweiße zu steifem Schnee schlagen. Die Eigelbe mit dem Zitronensaft, der Crème fraîche und der Speisestärke unter den Quark mischen. Den Eischnee unterheben.
– Den Mürbteig dünn ausrollen. Die Springform damit auslegen, einen 3 cm hohen Rand formen.
– Die Rosinen unter die Mohnmasse mengen und die Masse in die Form füllen, den Quark darüber verteilen. Den Kuchen auf der unteren Schiene 1 1/4 Std. backen. Nach 30 Min. das Eigelb mit 1 EL Wasser verquirlen und den Kuchen damit bepinseln.

64. Käsekuchen mit Streuseln

GELINGT LEICHT
Für 1 Springform (28 cm Ø)
Zubereitungszeit: 50 Min.
Backzeit: 1 Std.

Für die Streusel: 250 g Mehl (Type 405) • je 125 g Zucker und Butter • 1 EL Vanillezucker • 1 Eigelb • abgeriebene Schale von 1/2 unbehandelten Zitrone
Für die Quarkmasse: 1 kg Schichtkäse oder Magerquark • 125 g weiche Butter • 150 g Zucker • 4 Eier • 1 Eiweiß • 1 EL Vanillezucker • abgeriebene Schale von 1/2 unbehandelten Zitrone • 2 EL Grieß
Außerdem: Butter und Grieß für die Form

– Das Mehl mit dem Zucker, der Butter, dem Vanillezucker, dem Eigelb und der Zitronenschale rasch verkneten und zu Streuseln reiben.
– Den Backofen auf 200° (Umluft 180°) vorheizen. Die Springform buttern und mit Grieß ausstreuen.
– Zwei Drittel der Streusel auf den Boden der Springform geben und leicht andrücken. Die restlichen Streusel kühl stellen.
– Den Schichtkäse oder Quark auf ein Küchentuch geben und damit etwas auspressen. Die Butter mit dem Zucker schaumig rühren. Eier trennen, Eiweiße steif schlagen. Die Eigelbe unter die Buttermasse mischen. Den Vanillezucker, die Zitronenschale, den Quark und den Grieß unter die Buttermasse rühren, den Eischnee unterheben. Die Quarkmasse in die Form geben und glatt streichen, mit den restlichen Streuseln bedecken.
– Den Kuchen im Ofen (Mitte) 1 Std. backen.

65. Russischer Zupfkuchen

KLASSIKER
Für 1 Backblech
Zubereitungszeit: 35 Min.
Backzeit: 40 Min.

Für den Mürbteig: 250 g weiche Butter • 200 g Zucker • 2 Eier • 450 g Mehl (Type 405) • 2 TL Backpulver • 3 EL Kakaopulver
Für den Belag: 100 g Butter • 750 g Magerquark • 200 g Puderzucker • 1 EL Zitronensaft • 3 Eier • 1 Päckchen Vanille-Puddingpulver (zum Kochen)
Außerdem: Butter fürs Blech • Mehl für die Arbeitsfläche

– Den Backofen auf 175° (Umluft 160°) vorheizen. Das Backblech fetten.
– Die Butter und den Zucker schaumig schlagen. Die Eier unterrühren. Das Mehl mit dem Backpulver und dem Kakaopulver mischen, unter den Teig kneten. Zwei Drittel des Teigs auf der Arbeitsfläche ausrollen, auf das Backblech legen.
– Für den Belag die Butter zerlassen. Den Quark mit dem Puderzucker, Zitronensaft, Eiern und Puddingpulver cremig rühren. Die Butter unterziehen.
– Die Creme auf dem Teig verstreichen. Den restlichen Teig in kleine Stücke zupfen und auf der Quarkmasse verteilen. Im Ofen (Mitte) 35–40 Min. backen.

66. Mailänder Quarktorte

AUS ITALIEN
Für 1 Springform (26 cm Ø)
Zubereitungszeit: 1 Std.
Backzeit: 1 Std.

Für den Mürbteig: 125 g weiche Butter • 1 Ei • 75 g Zucker • 1 Prise Salz • 350 g Mehl (Type 405) • 1 gestrichener TL Backpulver • etwas Milch
Für die Füllung: 500 g Magerquark • 150 g Zucker • 2 Eier • 1 Päckchen Vanille-Puddingpulver (zum Kochen) • 3 EL Rum (nach Belieben)
Außerdem: Backtrennpapier für die Form • 4 EL Himbeerkonfitüre

– Die Form mit Backpapier auslegen. Den Backofen auf 180° (Umluft 160°) vorheizen.

– Für den Teig die Butter mit dem Ei, dem Zucker und dem Salz schaumig rühren. Das Mehl mit dem Backpulver mischen und unterkneten, wenn nötig, etwas Milch zufügen. Die Hälfte des Teigs auf der bemehlten Arbeitsfläche ausrollen und den Boden und den Rand der Form damit auslegen.
– Für die Füllung den Quark mit dem Zucker und den Eiern verrühren, das Puddingpulver und den Rum untermischen. Die Creme in die Form füllen.
– Den restlichen Teig ausrollen, mit der Konfitüre bestreichen und zusammenrollen. Die Rolle in etwa 1/2 cm dicke Scheiben schneiden, diese auf die Quarkcreme legen.
– Die Torte im Backofen (Mitte) etwa 1 Std. backen. Wenn nötig, mit Backpapier abdecken. Eventuell mit erhitzter Konfitüre bestreichen.

67. Fiadoni (Frischkäsekuchen)

RAFFINIERTER ITALIENER
Für 1 Springform (24 cm Ø)
Zubereitungszeit: 30 Min.
Abtropfzeit: 4 Std.
Ruhezeit: 30 Min.
Backzeit: 1 Std.

***Für den Belag:** 500 g Brocciu (frischer Schafkäse, ersatzweise 350–400 g Ricotta) • 2 Eier (Größe S) • 100 g Zucker • abgeriebene Schale von 1 unbehandelten Zitrone*
***Für den Mürbteig:** 25 g kalte Butter • 125 g Mehl (Type 405) • 60 g Zucker • 1 Prise Salz • 1 kleines Eigelb • etwa 2 EL Crème fraîche*
***Außerdem:** Butter für die Form*

– Für den Belag den Käse etwa 4 Std. im Sieb abtropfen lassen (oder in Küchenpapier einschlagen), bis er trocken ist und etwa 250 g wiegt. Die Backform fetten, den Backofen auf 200° (Umluft 180°) vorheizen.
– Für den Mürbteig die kalte Butter mit Mehl, Zucker, Salz und Eigelb verkrümeln. So viel Crème fraîche unterkneten, bis der Teig glatt ist. Den Teig ausrollen und die Form damit auskleiden, dabei einen 2 cm hohen Rand formen. Teig 30 Min. im Kühlen ruhen lassen.
– Den Teig im Backofen (Mitte) etwa 10–15 Min. vorbacken. Inzwischen den Brocciu mit einer Gabel auflockern. Eier, Zucker und Zitronenschale darunter schlagen. Die Käsemasse auf dem Teig glatt streichen und den Kuchen im Backofen bei 175° (Umluft 160°) 35–45 Min. backen, bis der Belag goldgelb aufgegangen und trocken ist. Im offenen, ausgeschalteten Backofen abkühlen lassen. Dann den Fiadoni lauwarm servieren.

68. Tarte au goumeau
(Eierrahmkuchen)

GANZ EINFACH | FRANZÖSISCH
Für 1 Springform (26 cm Ø)
Zubereitungszeit: 25 Min.
Ruhezeit: 30 Min.
Backzeit: 30 Min.

***Für den Mürbteig:** 100 g kalte Butter • 200 g Mehl (Type 405) • 60 g Zucker • 1 Prise Salz • 5 EL Milch*
***Für den Belag:** 2 Eier • 100 g Zucker • 1 Prise Salz • 100 g Crème fraîche • etwa 1/8 l Milch • 1 EL Orangenblütenwasser*
***Außerdem:** Butter für die Form*

– Den Backofen auf 200° (Umluft 180°) vorheizen. Die Backform fetten.
– Butter in dünne Scheiben schneiden, mit Mehl, Zucker und Salz verkrümeln. Nur so viel Milch darunter kneten, bis der Teig glatt ist. Teig ausrollen und die Form damit auskleiden, dabei einen 2 cm hohen Rand formen. Teig etwa 30 Min. im Kühlschrank ruhen lassen.
– Den Teig im Backofen (Mitte) 5–10 Min. vorbacken. Inzwischen Eier, Zucker, Salz, Crème fraîche, Milch und Orangenblütenwasser mit den Schneebesen des Handrührgeräts verrühren. Eiermasse über den Teig gießen und den Kuchen im Ofen in etwa 30 Min. goldgelb backen, bis die Eiermasse um das Doppelte aufgegangen ist. Den Eierrahmkuchen lauwarm servieren .

69. Zimtkuchen mit Mandeln

SCHMECKT WARM UND KALT
Für 1 Springform (26 cm Ø)
Zubereitungszeit: 35 Min.
Kühlzeit: 2 Std.
Backzeit: 1 Std.

250 g Mehl (Type 405) • 125 g Margarine oder Butter • 225 g Zucker • 1 Prise Salz • 3 Eier • 125 g Sahne • 1/8 l Milch • 1 Prise Salz • 1 TL gemahlener Zimt •

1/2 TL Backpulver • 200 g gemahlene Mandeln • 4 geriebene Zwiebäcke • 50 g fein gehacktes Zitronat
Außerdem: Fett für die Form • Mehl für die Arbeitsfläche • 500 g getrocknete Erbsen und Pergamentpapier zum Blindbacken

– Mehl mit Margarine oder Butter, 75 g Zucker und Salz verkneten. Mürbteig in Alufolie gewickelt 2 Std. im Kühlschrank ruhen lassen. Den Backofen auf 175–200° (Umluft 160–180°) vorheizen, die Form fetten.
– Teig auf der bemehlten Arbeitsfläche ausrollen, die Form damit auslegen, einen 2 cm hohen Rand formen. Boden mehrmals einstechen, mit Pergament belegen, Erbsen darauf verteilen. Im Ofen (Mitte) 10 Min. vorbacken. Aus dem Ofen nehmen, die Erbsen und das Pergament entfernen.
– Die Eier mit Sahne, Milch, übrigem Zucker, Salz, Zimt und dem Backpulver verrühren. Mandeln, Zwiebackbrösel und Zitronat unterrühren.
– Die Füllung auf den Kuchenboden streichen. Ist der Teigrand zu hoch, bis zur Höhe der Füllung abschneiden. Den Kuchen weitere 45–50 Min. backen. Den Kuchen aus der Form lösen und auf einem Kuchengitter auskühlen lassen.

70. Schwedischer Mazarinkuchen

BERÜHMT
Für 1 Springform (24 cm Ø)
Zubereitungszeit: 30 Min.
Kühlzeit: 2 Std.
Backzeit: 45 Min.

Für den Mürbteig: 1 Vanilleschote • 150 g weiche Butter • 40 g Zucker • 1 Prise Salz • 2 Eigelbe • 200 g Mehl (Type 405)
Für den Belag: 125 g weiche Butter • 125 g Puderzucker • 2 Eier • 125 g gehäutete gemahlene Mandeln • abgeriebene Schale von 1 unbehandelten Zitrone • 20 g Mehl (Type 405)
Außerdem: Butter für die Form • Folie

– Die Vanilleschote längs aufschlitzen, das Mark herauskratzen, mit der Butter, dem Zucker, Salz und den Eigelben verrühren. Das Mehl darüber sieben, alles zu einem Mürbteig verkneten. In Folie gewickelt 2 Std. im Kühlschrank ruhen lassen. Den Backofen auf 200° (Umluft 180°) vorheizen, die Form fetten.
– Die Butter mit dem gesiebten Puderzucker und den Eiern schaumig rühren. Löffelweise die Mandeln, die Zitronenschale und das Mehl unterrühren.
– Den Mürbteig ausrollen. Boden und Rand einer Springform damit auslegen. Die Füllung auf den Boden streichen und den Kuchen im Ofen (Mitte) 45 Min. backen. Die Torte in der Form auskühlen lassen.

71. Krümelkuchen

SCHNELL GEMACHT
Für 1 Springform (26 cm Ø)
Zubereitungszeit: 25 Min.
Backzeit: 50 Min.

200 g weiche Butter • 200 g Zucker • 1 Ei • abgeriebene Schale von 1 unbehandelten Zitrone • 500 g Mehl (Type 405) • 1 TL Backpulver • 450 g Sauerkirschkonfitüre oder Aprikosenmarmelade • 50 g gehäutete gemahlene Mandeln
Außerdem: Butter für die Form • 4 EL Puderzucker

– Den Backofen auf 175–200° (Umluft 160–180°) vorheizen, die Form fetten.
– Die Butter mit dem Zucker schaumig rühren. Das Ei und die Zitronenschale unterrühren. Das Mehl mit dem Backpulver sieben und einige Löffel von der Mehlmischung unter die Buttermasse rühren. Den Rest des Mehls darüber schütten und rasch mit den Fingerspitzen zu Krümeln verarbeiten.
– Die Hälfte des Teigs in die Springform füllen, leicht in die Form drücken. Die Konfitüre darüber streichen. Den restlichen Teig mit den Mandeln mischen und über die Konfitüre krümeln.
– Den Kuchen im Ofen (Mitte) 50 Min. backen, dann auf einem Kuchengitter abkühlen lassen und mit dem Puderzucker besieben.

72. Linzer Torte

KLASSIKER
Für 1 Springform (26 cm Ø)
Zubereitungszeit: 35 Min.
Backzeit: 40 Min.

250 g Mehl (Type 405) • 250 g gemahlene Mandeln • 250 g Zucker • 1 TL Kakaopulver • 1/2 TL gemahlener

Zimt • 1/3 TL gemahlene Nelken • 4 Eigelbe • 250 g Butter • 300 g Himbeerkonfitüre
Außerdem: Fett für die Form • Mehl für die Arbeitsfläche • 1 Eigelb • 1 EL Milch

– Den Backofen auf 175° (Umluft 160°) vorheizen, die Backform fetten.
– Mehl, Mandeln, Zucker, Kakao, Zimt und Nelken mischen. In die Mitte eine Vertiefung drücken, die Eigelbe und die Butter in Flöckchen hineingeben. Alles zu einem glatten Teig verarbeiten. Zwei Drittel des Teigs auf der bemehlten Arbeitsfläche 2 cm dick ausrollen, in die Form legen. Die Konfitüre darauf verstreichen.
– Den restlichen Teig ausrollen, einen 2 cm breiten Streifen ausschneiden. Den Rest mit einem Teigrädchen oder Messer in 1 cm breite Streifen schneiden. Die Torte gitterartig damit belegen. Den breiteren Streifen wie einen Ring außen herumlegen, leicht andrücken.
– Eigelb mit Milch verquirlen. Das Teiggitter und den Rand damit bestreichen. Den Kuchen im Ofen (Mitte) 40 Min. backen.

TIPP

Statt der Himbeerkonfitüre schmecken auch Johannisbeer- und Quittengelee oder Hagebuttenkonfitüre sehr gut.

73. Pekannusskuchen

AUS AMERIKA
Für 1 Obstkuchenform (26 cm Ø)
Zubereitungszeit: 30 Min.
Ruhezeit: 1 Std.
Backzeit: etwa 1 Std.

Für den Mürbteig: 300 g Mehl (Type 405) • 200 g Butter • 100 g Puderzucker • 1 Ei • 1 Msp. Salz
Für die Füllung: 400 g frische Pekannüsse • 4 Eier • 200 g brauner Zucker (Farinzucker) • 1 Vanilleschote • 30 g Mehl (Type 405)
Außerdem: Backtrennpapier für die Form • Hülsenfrüchte zum Blindbacken • Mehl für die Arbeitsfläche • Folie • 12 Pekannusshälften

– Das Mehl auf die Arbeitsfläche sieben und in die Mitte eine Mulde drücken. Die Butter in Stücken, den Puderzucker, Ei und Salz hineingeben. Vermischen, dabei etwas Mehl mit einarbeiten. Mit einem großen Messer das Mehl vom Rand zur Mitte schieben und grob vermengen. Das Messer mit beiden Händen fassen und die Masse zu Krümeln hacken. Diese rasch zusammenkneten, dabei immer von außen zur Mitte hin drücken. Alles verkneten, bis der Teig glatt ist. Knetet man zu lange, wird die Butter zu warm und der Teig brüchig.
– Den Teig zu einer Kugel formen, in Folie hüllen und mindestens 1 Std. im Kühlschrank ruhen lassen. Den Backofen auf 180° (Umluft 160°) vorheizen. Die Form mit Backpapier auslegen.
– Teig gleichmäßig ausrollen und in die Form legen. Den Rand andrücken, den überstehenden Teig abschneiden. Mit Backpapier belegen, Hülsenfrüchte einfüllen. Im Ofen (Mitte) 15 Min. backen. Hülsenfrüchte und Backpapier entfernen, auskühlen lassen.
– Für die Füllung die Pekannüsse knacken (es sollen 200 g Nusskerne übrig bleiben) und fein mahlen. Die Eier in einer Schüssel mit dem Zucker und dem ausgekratzten Mark der Vanilleschote verrühren. Die gemahlenen Pekannüsse und das gesiebte Mehl untermischen. Die Masse auf dem Teig verteilen und die Oberfläche glatt streichen. Mit den halbierten Pekannüssen dekorieren. Kuchen im Ofen in etwa 50 Min. fertig backen.

TIPP

Wird der Mürbteigboden nicht vorgebacken, bleibt der Teig weicher und man merkt kaum den Übergang zur Füllung.

74. Engadiner Nusstorte

SPEZIALITÄT AUS DER SCHWEIZ
Für 1 Springform (26 oder 28 cm Ø)
Zubereitungszeit: 45 Min.
Kühlzeit: 1 Std.
Backzeit: 45 Min.

Für den Mürbteig: 350 g Mehl (Type 405) • 1 Prise Salz • 1 Ei • 80 g Puderzucker • 175 g kalte Butter
Für die Füllung: 350 g Walnusskerne • 200 g Zucker • 250 g Sahne • 50 g Honig • abgeriebene Schale und 1 EL Saft von 1 unbehandelten Zitrone
Außerdem: Fett für die Form • Frischhaltefolie • 1 Eigelb • 1 EL Milch

– Den Backofen auf 180° (Umluft 160°) vorheizen, die Form fetten.

– Mehl, Salz, Ei, Puderzucker und Butter kräftig zusammenkneten. In Folie verpackt 1 Std. kühlen.

– Walnusskerne nicht zu fein hacken. Zucker in einen Topf schütten und auf die heiße Herdplatte stellen. Warten, bis er am Rand anfängt, flüssig zu werden. Dann die Hitze etwas reduzieren und so lange gut rühren, bis der Zucker flüssig und hellbraun ist. Die Sahne, den Honig und den Zitronensaft dazugeben und weiterrühren, bis der Zucker wieder dickflüssig wird. Das kann 15 Min. dauern. Nüsse und Zitronenschale zugeben, abkühlen lassen.

– Vom Teig knapp zwei Drittel zwischen zwei Lagen Klarsichtfolie rund ausrollen, die Form damit auslegen und einen ungefähr 3 cm hohen Rand formen. Den restlichen Teig zum Deckel ausrollen, mit einer Gabel mehrmals einstechen.

– Die Nussmasse auf den Teig streichen. Den Teigdeckel auf die Füllung legen und am Rand andrücken. Eigelb mit Milch verrühren, den Teigdeckel damit bepinseln. Die Nusstorte im Ofen (Mitte) etwa 45 Min. backen. Abkühlen lassen.

TIPP

Lassen Sie den Kuchen in Alufolie gewickelt mindestens 2 Tage lang ruhen! Dadurch wird er immer besser.

75. Walnusskuchen mit Kruste

ETWAS SCHWIERIGER
Für 1 Springform (24 cm Ø)
Zubereitungszeit: 45 Min.
Kühlzeit: 1 1/2 Std.
Backzeit: 50 Min.

Für den Mürbteig: 250 g Mehl (Type 405) • 150 g Butter • 120 g Zucker • 5 Eigelbe • 1 Vanilleschote • 1 Msp. Salz
Für die Füllung: 250 g Walnusskerne • 150 g brauner Zucker (Farinzucker) • 40 g zerlassene Butter
Für die Glasur: 1 Eiweiß • 30 g Zucker zum Bestreuen
Außerdem: Fett für die Form • Mehl für die Arbeitsfläche • Folie • Puderzucker zum Bestreuen • Zucker • Walnusskerne

– Für den Mürbteig das Mehl sieben und in die Mitte eine Mulde drücken. Die Butter in Stückchen schneiden und mit dem Zucker, den Eigelben, dem ausgekratzten Mark der Vanilleschote und dem Salz in die Mulde geben. Alles zu einem Teig verarbeiten. Den Teig in Folie wickeln und mindestens 1 Std. im Kühlschrank ruhen lassen.

– Den Backofen auf 190° (Umluft 170°) vorheizen, die Form fetten.

– Für die Füllung die Walnusskerne in der Küchenmaschine fein hacken, dabei den braunen Zucker einrieseln lassen. Die zerlassene Butter zugießen und alles zu groben Krümeln verarbeiten.

– Für den Boden zwei Drittel des Teigs auf einer bemehlten Arbeitsfläche 4 mm dick ausrollen. Die Form damit auslegen, dabei einen Rand formen. Die Füllung auf dem Teig verteilen.

– Restlichen Teig ausrollen, über die Form legen und die Teigoberfläche mit dem Teigrand fest zusammendrücken, überstehenden Teig abschneiden. In die Mitte der Oberfläche einige Löcher stechen, damit der entstehende Dampf entweichen kann. Den Kuchen 30 Min. im Kühlschrank ruhen lassen.

– Den Kuchen aus dem Kühlschrank nehmen und im Ofen (Mitte) 15 Min. backen, dann die Temperatur auf 180° (Umluft 160°) reduzieren und in 25–30 Min. hellbraun backen.

– In der Zwischenzeit das Eiweiß mit einer Gabel leicht schaumig schlagen. Den Kuchen aus dem Ofen nehmen, sofort die Oberfläche mit dem Eiweiß bestreichen und gleichmäßig mit dem Zucker bestreuen. Anschließend den Kuchen weitere 5 Min. backen, bis die Oberfläche schön knusprig ist.

– Den Kuchen auskühlen lassen und leicht mit Puderzucker bestreuen. Zum Garnieren etwas Zucker in einer kleinen Kasserolle schmelzen. Die Walnusskerne eintauchen, herausnehmen und auf die Torte legen.

TIPPS

- **Diese Torte bringt den Eigengeschmack der Walnüsse besonders gut zur Geltung. Sie ist nicht so süß wie ihre berühmte Verwandte, die „Engadiner Nusstorte", bei der die Nüsse mit Karamell gebunden werden.**
- **Das Rezept ist für eine Form von 24 cm Ø gedacht, kann aber auch auf zwei kleine Torten von 18 cm Ø verteilt werden.**

76. Pommerscher Mandelkringel

SPEZIALITÄT
Für 12 Portionen
Zubereitungszeit: 1 Std.
Ruhezeit: 30 Min.
Backzeit: 1 Std.

Für den Mürbteig: 250 g Mehl (Type 405) • 50 g Speisestärke • 1 TL Backpulver • 4 EL Milch • 120 g Zucker • 1 Prise Salz • 100 g Butter
Für die Füllung: 2 Eier • 100 g Zucker • 1 Päckchen Vanillezucker • 200 g gemahlene Mandeln • etwas Milch
Außerdem: Fett fürs Blech • Mehl für die Arbeitsfläche • 100 g Puderzucker

– Mehl, Speisestärke und das Backpulver in eine Backschüssel sieben. In die Mitte eine Vertiefung drücken und die Milch hineingießen. Zucker und Salz einstreuen. Butter in kleinen Stückchen auf dem Mehl verteilen. Alles rasch zu einem glatten Teig verarbeiten. Mit einem Tuch abdecken und 30 Min. ruhen lassen.
– Den Backofen auf 200° (Umluft 180°) vorheizen. Ein Backblech einfetten.
– Eier mit Zucker und Vanillezucker schaumig rühren. Nach und nach die Mandeln untermischen. Milch dazugießen, sodass eine gut streichfähige Masse entsteht.
– Den Teig auf der bemehlten Arbeitsfläche zu einem langen Rechteck (50–60 cm) ausrollen. Mit der Mandelmasse bestreichen und längs aufrollen.
– Die Mandelrolle auf dem Blech zu einem Kringel (Kranz) formen. Im Ofen (Mitte) etwa 1 Std. backen, auskühlen lassen.
– Den Puderzucker mit 2 EL heißem Wasser verrühren und den abgekühlten Kringel damit bestreichen.

77. Ostertorte aus Kampanien

SPEZIALITÄT AUS ITALIEN
Für 1 Springform (26 cm Ø)
Zubereitungszeit: 35 Min.
Kühlzeit: 2 Std.
Quellzeit: 15 Min.
Backzeit: 50 Min.

Für den Mürbteig: 300 g Mehl (Type 405) • 200 g Butter • 100 g Zucker • 1 Eigelb
Für den Belag: 2 Tassen Milchreis • 1 l Milch • 175 g Zucker • 2 EL Butter • 4 Eier • 125 g Quark • 75 g gehacktes Zitronat • 1/4 TL gemahlener Zimt • je 1 TL abgeriebene Schale von 1 unbehandelten Zitrone und Orange
Außerdem: Fett für die Form • 2 EL Puderzucker • 1 Msp. gemahlener Zimt

– Aus dem Mehl, der Butter, dem Zucker und dem Eigelb einen Mürbteig kneten und zugedeckt 2 Std. im Kühlschrank ruhen lassen.
– Reis waschen und abtropfen lassen. Milch mit dem Zucker und der Butter zum Kochen bringen, den Reis einrühren und auf dem Herd 15 Min. quellen lassen.
– Topf vom Herd nehmen. Die Eier mit dem Quark, dem Zitronat, dem Zimt, der Zitronen- und der Orangenschale verrühren. Alles unter den Reis mischen. Den Backofen auf 200° (Umluft 180°) vorheizen. Die Form fetten.
– Zwei Drittel des Mürbteigs ausrollen. Den Boden und Rand der Form damit auslegen und die Quark-Reis-Masse darauf füllen. Den Rest des Teigs ausrollen, mit einem Teigrädchen in Streifen schneiden und die Torte damit gitterartig belegen. Im Ofen (Mitte) etwa 50 Min. backen.
– Den Puderzucker mit dem Zimt mischen und die ausgekühlte Torte damit besieben.

78. Topfenstrudel

BERÜHMTES REZEPT
Für 2 Strudel
Zubereitungszeit: 1 1/2 Std.
Ruhezeit: 30 Min.
Backzeit: 40 Min.

Für den Strudelteig: 260 g Mehl (Type 405) • 1/4 TL Salz • 1 Ei • 3 EL Öl
Für die Füllung: 50 g Rosinen • 2 cl Rum (nach Belieben) • 150 g weiche Butter • 150 g Zucker • 1 Päckchen Vanillezucker • abgeriebene Schale von 1/2 unbehandelten Zitrone • 5 Eier • 500 g Quark (20 % Fett) • 200 g saure Sahne • 6 EL Mehl • 4 EL Zwiebackbrösel
Für die Eiermilch: 350 ml Milch • 3 Eier • 4 EL Zucker • 1 Päckchen Vanillezucker
Außerdem: Mehl zum Ausrollen • Butter für die Form • 100 g zerlassene Butter zum Bestreichen

– Aus Mehl, dem Salz, Ei, 120 ml lauwarmem Wasser und 2 EL Öl den Teig kneten und mit dem übrigen Öl bestreichen. Eine Schüssel mit heißem Wasser ausspülen, darüber stülpen und 30 Min. ruhen lassen. Die Rosinen nach Belieben in Rum einweichen.
– Butter mit 50 g Zucker, Vanillezucker und Zitronenschale schaumig rühren. Die Eier trennen, Eigelbe zur Buttermasse rühren. Die Eiweiße mit dem restlichen Zucker steif schlagen. Quark, Sahne, Mehl und Rosinen mit der Buttermasse verrühren, Eischnee unterheben.
– Den Teig teilen, auf zwei bemehlten Geschirrtüchern zu großen Rechtecken ausrollen, mit den Handrücken dünn ausziehen (siehe auch Seite 419). Den Ofen auf 180° (Umluft 160°) vorheizen, eine große Form fetten.
– Beide Teige mit flüssiger Butter bestreichen und mit den Zwiebackbröseln bestreuen. Je die Hälfte der Quarkfüllung darauf verteilen, dabei ringsum einen Rand freilassen. Die Teigränder einschlagen und den Teig aufrollen. Mit der Naht nach unten beide Strudel nebeneinander in die Form gleiten lassen und mit Butter bestreichen. Im Ofen (Mitte) 20 Min. backen.
– Die Milch erwärmen. Eier, Zucker und Vanillezucker mit dem Schneebesen einrühren. Über den Strudel gießen und in 20 Min. fertig backen, zwischendurch mit Butter bestreichen. Warm mit Vanillesauce servieren.

79. Einfacher Butterkuchen

AUS SACHSEN | GELINGT LEICHT
Für 1 Backblech
Zubereitungszeit: 45 Min.
Backzeit: 30 Min.

Für den Teig: 300 g Magerquark • 6 EL Milch • 7 EL Öl • 50 g Zucker • 1 TL abgeriebene Schale von 1 unbehandelten Zitrone • 1 Prise Salz • 400 g Mehl (Type 405) • 1 Päckchen Backpulver
Für den Belag: 100 g Sahne • 200 g Zucker • 2 TL gemahlener Zimt • 100 g Butter • 100 g grob gemahlene Mandeln
Außerdem: Butter fürs Blech • Mehl für die Arbeitsfläche

– Den Backofen auf 200° (Umluft 180°) vorheizen. Das Backblech mit Butter fetten.
– Den Quark abtropfen lassen, dann mit der Milch, dem Öl, dem Zucker, der Zitronenschale und dem Salz in einer Schüssel verrühren. Das Mehl mit dem Backpulver über die Quarkmasse sieben, unter den Quark mischen, zuletzt unterkneten.
– Den Teig auf einer leicht bemehlten Arbeitsfläche in Größe des Backblechs ausrollen und auf das Blech legen. Mit dem Kochlöffelstiel in gleichmäßigen Abständen kleine Vertiefungen in den Teig drücken. Den Teig mit der Sahne bestreichen. Den Zucker mit dem Zimt mischen und über den Teig streuen. Die Butter in Flöckchen in die Vertiefungen geben und die Mandeln über den Kuchen streuen. Den Kuchen im Ofen (Mitte) 30 Min. backen.
– Kuchen noch auf dem Blech in 16 Stücke schneiden und diese auf einem Kuchengitter abkühlen lassen.

80. Mohnkuchen mit Streuseln

LEICHT ZU MACHEN
Für 1 Backblech
Zubereitungszeit: 50 Min.
Quellzeit: 10 Min.
Backzeit: 45 Min.

Für den Belag: 250 g gemahlener Mohn • 3/8 l Milch • 100 g Zucker • abgeriebene Schale von 1 unbehandelten Zitrone • 25 g Butter • 1 Ei • 50 g Speisestärke • 100 g Marzipan-Rohmasse
Für die Streusel: 200 g weiche Butter • 250 g Mehl (Type 405) • 50 g abgezogene gemahlene Mandeln • 200 g Zucker • 1 Prise Salz • 1/2 TL gemahlener Zimt
Für den Teig: 150 g Magerquark • 5 EL Milch • 6 EL Öl • 75 g Zucker • 1 Prise Salz • 1 EL Vanillezucker • 300 g Mehl (Type 405) • 1 Päckchen Backpulver
Außerdem: Butter fürs Blech

– Mohn mit 1/4 l Milch, dem Zucker, der Zitronenschale und der Butter aufkochen, in 10 Min. bei schwacher Hitze ausquellen lassen.
– Das Ei in Eigelb und Eiweiß trennen. Die Speisestärke mit dem Eigelb und der restlichen Milch verrühren, unter die Mohnmasse mischen und einmal aufkochen lassen. Das Marzipan würfeln, mit dem Eiweiß zu einer glatten Paste vermengen und unter den Mohn rühren. Die Mohnmasse abkühlen lassen.
– Ein Backblech gut mit Butter ausstreichen. Den Backofen auf 200° (Umluft 180°) vorheizen. Für die Streusel alle Zutaten mischen und zerkrümeln.
– Für den Teig den Quark abtropfen lassen, dann mit der Milch, dem Öl, dem Zucker, dem Salz, dem Vanille-

zucker und der Hälfte des Mehls verrühren. Das restliche Mehl mit dem Backpulver mischen und unterkneten. Den Quarkteig auf dem Backblech ausrollen, die Ränder etwas hochziehen. Die Mohnmasse darauf glatt streichen, die Streusel darüber streuen.
– Den Kuchen im Ofen (Mitte) in 45 Min. goldbraun backen und im abgeschalteten Backofen noch 10 Min. stehen lassen.

81. Marzipan-Kokos-Kuchen

EXKLUSIV
Für 1 Backblech
Zubereitungszeit: 1 Std.
Backzeit: 30 Min.

Für den Teig: 350 g Mehl • 1/2 Päckchen Backpulver • 6 EL Öl • 4–5 EL Milch • 50 g Zucker • 200 g gut abgetropfter Schichtkäse
Für den Belag: 200 g Marzipan-Rohmasse • 200 g Butter • 200 g Crème fraîche • 200 g Zucker • 2 EL Vanillezucker • 300 g Kokosflocken
Außerdem: Butter fürs Blech

– Das Backblech fetten. Den Backofen auf 200° (Umluft 180°) vorheizen.
– Das Mehl mit dem Backpulver, dem Öl, der Milch und dem Zucker verkneten, dabei löffelweise den Schichtkäse unterarbeiten.
– Den Teig auf dem Backblech verteilen und im Backofen (Mitte) etwa 15 Min. backen. Den Backofen nicht ausschalten.
– Das Marzipan würfeln. Die Butter mit der Crème fraîche, dem Zucker und dem Vanillezucker aufkochen, vom Herd nehmen und das Marzipan unterrühren, bis es sich völlig aufgelöst hat.
– Die Kokosflocken unter die Buttermasse rühren, den Kuchen damit bestreichen und in weiteren 15 Min. fertig backen.

TIPPS

- **Kuchen aus Quark-Öl-Teig sollten Sie noch am Backtag verzehren.**
- **Verwenden Sie für Quark-Öl-Teig möglichst frischen Quark, sonst bekommt der Kuchen einen säuerlichen Geschmack.**

82. Gemischter Nusskuchen

RAFFINIERT | GEHALTVOLL
Für 1 Backblech
Zubereitungszeit: 1 Std.
Backzeit: 35 Min.

Für den Teig: 350 g Mehl (Type 405) • 1/2 Päckchen Backpulver • 6 EL Öl • 4–5 EL Milch • 50 g Zucker • 200 g gut abgetropfter Schichtkäse
Für den Belag: 100 g Butter • 250 g Zucker • 200 g Sahne • je 150 g gehackte Haselnüsse, Mandeln und Walnüsse • 100 g sehr fein gehacktes Orangeat
Außerdem: Butter fürs Blech • Mehl für die Arbeitsfläche

– Das Backblech fetten. Den Backofen auf 200° (Umluft 180°) vorheizen.
– Das Mehl mit dem Backpulver auf einer Arbeitsfläche mischen, in die Mitte eine Mulde drücken. Öl und Milch in die Mulde geben, den Zucker darüber streuen und alles verkneten, dabei löffelweise den Schichtkäse unterarbeiten. Eventuell noch etwas Milch zugeben.
– Den Teig auf der bemehlten Arbeitsfläche in Größe des Backblechs ausrollen und auf das Blech legen.
– Die Butter in einem Topf zerlassen, den Zucker unter Rühren darin karamellisieren lassen, Sahne hinzufügen und etwa 5 Min. bei schwacher Hitze kochen. Die Nüsse und das Orangeat unterrühren, etwa 5 Min. leicht kochen und abkühlen lassen.
– Die Nussmasse auf den Kuchenboden streichen und diesen im Backofen (Mitte) 30–35 Min. backen.

TIPP

Der Kuchen ist sehr gehaltvoll. Deshalb sollten Sie ihn in möglichst kleinen Stücken servieren.

83. Gefüllter Nusskranz

GELINGT LEICHT
Für 1 Backblech
Zubereitungszeit: 40 Min.
Backzeit: 50 Min.

Für den Teig: 250 g Schichtkäse (ersatzweise Quark, 20 % Fett) • 6 EL Milch • 1 Ei • 1/8 l Öl •

100 g Zucker • 1 EL Vanillezucker • 1 Prise Salz • 425 g Mehl (Type 405) • 1 Päckchen Backpulver
Für die Füllung: 100 g fein gehacktes Orangeat • 250 g gehackte Haselnüsse • abgeriebene Schale von 1/2 unbehandelten Zitrone • 50 g Zucker • 4 EL Sahne • 100 g Marzipan-Rohmasse
Außerdem: Butter fürs Blech • Mehl für die Arbeitsfläche • 1 Eigelb • 1 EL Sahne

– Den Schichtkäse etwas abtropfen lassen, dann mit der Milch, dem Ei, dem Öl, dem Zucker, dem Vanillezucker und dem Salz verrühren. Das Mehl mit dem Backpulver mischen, löffelweise unter die Quarkmasse mengen, zuletzt den Teig gut durchkneten.
– Für die Füllung das Orangeat mit den Nüssen, der Zitronenschale, dem Zucker und 4 EL Sahne mischen. Das Marzipan in dünne Scheiben schneiden.
– Den Backofen auf 180° (Umluft 160°) vorheizen. Ein Backblech mit Butter ausstreichen.
– Auf einer bemehlten Arbeitsfläche den Teig zu einem 80 x 20 cm langen Streifen ausrollen. Das Marzipan der Länge nach auf die Mitte des Teigstreifens legen, die Nussmasse darauf verteilen. Den Teig von beiden Seiten über der Füllung zusammenklappen und andrücken. Die Teigrolle mit der »Naht« nach unten auf das Backblech legen, einen Kranz formen und die Enden fest zusammendrücken.
– Das Eigelb mit der Sahne verquirlen, den Kranz damit bestreichen und zickzackförmig mit einer Küchenschere einschneiden. Den Nusskranz im Ofen (Mitte) in etwa 50 Min. goldgelb backen.

84. Osterkranz

FÜR GÄSTE
Für 1 Backblech
Zubereitungszeit: 15 Min.
Backzeit: 20 Min.

200 g Magerquark • 6 EL Milch • 6 EL Öl • 1 Ei • 80 g Zucker • 1 Päckchen Vanillezucker • 400 g Mehl (Type 405) • 1 Päckchen Backpulver
Außerdem: Butter fürs Blech • Mehl für die Arbeitsfläche • 1 Eigelb • 1 EL Milch • 3 EL Sesamsamen

– Den Backofen auf 180° (Umluft 160°) vorheizen. Das Backblech fetten. Den Quark mit Milch, Öl, Ei, Zucker und Vanillezucker verrühren. Das Mehl mit dem Backpulver mischen. Die Hälfte des Mehls unterrühren, dann das restliche Mehl unterkneten.
– Den Teig dritteln. Die Teigstücke auf einer bemehlten Arbeitsfläche zu 50 cm langen Rollen formen. Die Rollen zu einem Zopf flechten (siehe auch Seite 419), anschließend zu einem Kranz zusammenlegen und auf das Backblech legen.
– Das Eigelb mit der Milch verrühren, den Kranz damit einpinseln und mit Sesam bestreuen. Im Ofen (Mitte) in 20 Min. goldbraun backen.

85. Lockerer Quarkstollen

WAS BESONDERES
Für 1 Backblech
Zubereitungszeit: 35 Min.
Ruhezeit: 20 Min.
Backzeit: 1 Std.

500 g Mehl (Type 405) • 1 Päckchen Backpulver • 250 g Schichtkäse oder trockener Quark • 2 Eier • 150 g Zucker • 1 Päckchen Vanillezucker • 1 Prise Salz • 125 g Butter • 100 g gehackte Mandeln • 100 g Rosinen • je 50 g klein gehacktes Zitronat und Orangeat
Außerdem: Butter und Mehl fürs Blech • Mehl für die Arbeitsfläche • 4 EL zerlassene Butter • 6 EL Puderzucker

– Ein Backblech mit Butter bestreichen und mit Mehl bestäuben. Den Backofen auf 200° (Umluft 180°) vorheizen.
– Mehl mit dem Backpulver auf ein Backbrett sieben, in die Mitte eine Vertiefung drücken und den Schichtkäse oder Quark, die Eier, den Zucker, den Vanillezucker und das Salz hineingeben. Die Butter in Flöckchen auf den Mehlrand schneiden und die gehackten Mandeln darüber streuen.
– Die Rosinen heiß waschen. Das Zitronat und das Orangeat mit den Rosinen zum Mehl geben. Alles zu einem trockenen festen Teig verkneten und diesen zugedeckt 20 Min. ruhen lassen.
– Den Teig dann auf einer bemehlten Arbeitsfläche zu einem Stollen formen (siehe auch Seite 419), auf das Blech legen und im Ofen (unten) 1 Std. backen.
– Den Quarkstollen mit der zerlassenen Butter bestreichen und mit dem Puderzucker besieben.

86. Einfacher Vollkorn-Biskuit

GELINGT LEICHT
Für 1 Backblech
Zubereitungszeit: 25 Min.
Backzeit: 25 Min.

4 Eier • 100 g Zucker • abgeriebene Schale von 1 unbehandelten Zitrone • 80 g Weizenvollkornmehl (fein gemahlen, Reformhaus oder Bioladen) • 80 g Braunhirse (fein gemahlen, Reformhaus oder Bioladen) • 1 TL Backpulver
Außerdem: Backtrennpapier fürs Blech

– Die Eier trennen. In einer Rührschüssel Eiweiße und 2 EL kaltes Wasser mit den Schneebesen des elektrischen Handrührgeräts steif schlagen. Den Zucker langsam einrieseln lassen und weiterrühren, bis der Eischnee glänzt.
– Das Handrührgerät auf niedrigste Stufe stellen, unter Rühren Eigelbe und Zitronenschale zugeben. Weizenvollkornmehl, Hirse und Backpulver vermischen und vorsichtig unter die Masse heben.
– Ein tiefes Backblech mit Backpapier auslegen, den Teig darauf verteilen und glatt streichen.
– Das Backblech auf die mittlere Schiene des kalten Backofens schieben. Ofen auf 180° (Umluft 160°) stellen und den Kuchen 25 Min. backen, bis er leicht gebräunt ist. Herausnehmen, abkühlen lassen und nach Belieben weiterverarbeiten – zum Beispiel zu einer Roulade.

TIPPS

- **Für kleine Kuchen lässt sich das Teigrezept ganz einfach halbieren und – mit Alufolie abgetrennt – auf der Hälfte eines Blechs backen.**
- **Für eine feine „Resteverwertung“: Biskuit-Reste grob hacken, in Dessertschüsselchen geben und mit Orangensaft beträufeln. Mit Mascarponecreme und Früchten zu einem schnellen „Trifle“-Dessert schichten.**
- **Weil dieser Biskuit so einfach ist, können ihn auch ungeübte Papas und Mamas oder „Kinder-Bäcker“ backen. Er ist schön leicht und zudem gesund, da er aus Vollkorn- und Hirsemehl besteht. Weizen, aus ganzem Korn vermahlen, ist reich an B-Vitaminen und Mineralstoffen, und Hirse ist das Getreide mit dem höchsten Eisengehalt.**
- **Der Teig ist also eine gute Grundlage für sämtliche Backvorhaben: Obstkuchenböden, Figurenkuchen oder Motivtorten. Beim Thema Süßes zum Geburtstag kann man ruhig mal ein Auge zudrücken: An diesem besonderen Tag ist Zucker erlaubt!**

87. Biskuitroulade mit Marmelade

GEROLLTER KLASSIKER
Für 1 Backblech
Zubereitungszeit: 35 Min.
Backzeit: 10 Min.
Ruhezeit: 1 Std.

Für den Teig: 8 Eigelbe • 100 g Zucker • 4 Eiweiße • 80 g Mehl (Type 405) • 20 g Speisestärke
Für die Füllung: 375 g Sahne • 200 g Preiselbeermarmelade
Außerdem: Backtrennpapier für die Form

– Den Backofen auf 240° (Umluft 220°) vorheizen. Ein Backblech vollständig mit Backpapier auslegen.
– Die Eigelbe und die Hälfte des Zuckers mit den Schneebesen des elektrischen Handrührgeräts gut schaumig rühren. Die Eiweiße flaumig schlagen, unter ständigem Schlagen langsam den restlichen Zucker einrieseln lassen und so lange weiterschlagen, bis der Eischnee gut steif ist.
– Den Eischnee bergartig auf die Eigelbmasse füllen. Das Mehl mit der Speisestärke über den Eischnee sieben und beides mit einem Rührlöffel vorsichtig unterheben.
– Die Biskuitmasse gleichmäßig auf das Backpapier streichen. Das Backblech in den Backofen auf die mittlere Schiene schieben und die Teigplatte 8–10 Min. backen. Sie ist fertig, wenn sie goldgelb ist.
– Die Teigplatte auf ein Küchentuch stürzen und das Backpapier abziehen. Die Teigplatte locker mit einem feuchten Tuch bedecken und abkühlen lassen.
– Für die Füllung die Sahne steif schlagen und mit der Preiselbeermarmelade vermischen. Die abgekühlte Biskuitplatte damit bestreichen und mit Hilfe des Tuchs zu einer Roulade formen. Im Kühlschrank etwa 1 Std. ruhen lassen. Vor dem Servieren nach Belieben noch mit Puderzucker bestreuen und kleine Sahnetupfen auf die Rolle spritzen.

88. Saftiger Orangenkuchen

GANZ EINFACH
Für 1 Springform (26 oder 28 cm Ø)
Zubereitungszeit: 1 Std.
Ruhezeit: 10 Min.
Backzeit: 25 Min.

Für den Teig: 4 Eier • 70 g Zucker • abgeriebene Schale von 1 unbehandelten Orange • 80 g Grieß • 1/8 l frisch gepresster Orangensaft (von ungefähr 3 Orangen) • 1 Prise Salz • 100 g Mehl (Type 405)
Zum Tränken: 1/8 l frisch gepresster Orangensaft (siehe oben) • 70 g Zucker
Außerdem: Butter und Backtrennpapier für die Form

– Die Eier trennen. Die Eigelbe mit dem Zucker und der Orangenschale dickschaumig schlagen. Den Grieß mit dem Orangensaft in die Eigelbmasse rühren und 10 Min. beiseite stellen.
– Den Backofen auf 190° (Umluft 170°) vorheizen. Die Form am Rand buttern, den Boden mit dem Backpapier belegen.
– Die Eiweiße mit Salz steif schlagen. Den Eischnee auf die Eigelbmasse häufen, das Mehl darüber sieben, mit dem Schneebesen vorsichtig unterheben. Den Teig in die Form füllen, glatt streichen und im Ofen (Mitte) 20–25 Min. backen.
– Inzwischen zum Tränken den Orangensaft und den Zucker so lange kochen, bis ein dickflüssiger Sirup entstanden ist.
– Den Kuchen nach dem Backen 5–10 Min. in der Form ausdampfen lassen, auf eine Platte stürzen. Den Kuchen so lange mit dem warmen Sirup bestreichen, bis er ihn komplett aufgenommen hat.

89. Spanischer Mandelkuchen

BLITZREZEPT
Für 1 Springform (26 cm Ø)
Zubereitungszeit: 15 Min.
Backzeit: 30 Min.

6 Eier • 1 Prise Salz • 200 g Puderzucker • 2 Päckchen Bourbon-Vanillezucker • abgeriebene Schale von 1 unbehandelten Zitrone • 1/2 TL gemahlener Zimt • 200 g gehäutete gemahlene Mandeln
Außerdem: Fett für die Form • Puderzucker zum Bestreuen

– Den Backofen auf 175° (Umluft 160°) vorheizen, die Form einfetten.
– Die Eier trennen, Eiweiße mit dem Salz steif schlagen. Die Eigelbe mit dem Puderzucker cremig rühren, Vanillezucker, Zitronenschale und Zimt zugeben. Den Eischnee und die gemahlenen Mandeln vorsichtig mit der Eigelbcreme vermischen.
– Die Masse in die Form füllen. Im Backofen (Mitte) 30 Min. backen. Vor dem Servieren dick mit Puderzucker bestreuen.

TIPP
Statt mit Zitronenschale können Sie den Kuchen auch mit Orangenschale zubereiten.

90. Walliser Nusskuchen

LEICHT ZU MACHEN
Für 1 Kastenform (30 cm Länge)
Zubereitungszeit: 50 Min.
Backzeit: 50 Min.

1/2 EL Butter • 100 g fein gehackte Walnusskerne • 200 g Zucker • 50 g Zwieback • 6 Eier • 150 g gemahlene Walnusskerne • 150 g gemahlene Haselnusskerne • 2 gestrichene TL Backpulver
Außerdem: Backtrennpapier für die Form • 1 Becher Haselnuss-Fettglasur • 8 Walnusskernhälften

– Die Butter in einer Pfanne zerlassen. Die gehackten Walnusskerne zufügen und unter Wenden rösten. Mit 1/2 EL Zucker bestreuen, leicht karamellisieren, dann aus der Pfanne nehmen und abkühlen lassen. Die Zwiebäcke zwischen Folie mit einem Nudelholz zerbröseln.
– Die Form mit Backpapier auslegen. Den Backofen auf 180° (Umluft 160°) vorheizen.
– Die Eier schaumig rühren. Den übrigen Zucker dabei einrieseln lassen, die gemahlenen Wal- und Haselnüsse dazugeben. Das Zwiebackmehl mit dem Backpulver mischen und mit den gehackten Walnüssen unter den Teig mengen.
– Teig in die Form füllen, glatt streichen. Den Kuchen im Ofen (Mitte) etwa 50 Min. backen.

– Den Nusskuchen im abgeschalteten Backofen noch 10 Min. stehen lassen, dann aus der Form stürzen und abkühlen lassen.
– Die Glasur im Wasserbad schmelzen. Den Kuchen damit überziehen, mit den Walnusshälften garnieren.

91. Spanische Vanilletorte

KLASSIKER
Für 1 Rosenform (26 cm Ø)
Zubereitungszeit: 30 Min.
Backzeit: 45–60 Min.

250 g Marzipan-Rohmasse • 150 g Zucker • 1 Vanilleschote • 1 Prise Salz • 1 Ei • 6 Eigelbe • 6 Eiweiße • 150 g Mehl (Type 405) • 50 g Speisestärke • 60 g gehackte Blockschokolade
Außerdem: Butter für die Form • 200 g Schokoladen-Fettglasur • 20 g gehackte Pistazien

– Die Form mit Butter fetten. Den Backofen auf 190° (Umluft 170°) vorheizen.
– Die Marzipan-Rohmasse mit der Hälfte des Zuckers, dem ausgekratzten Mark der Vanilleschote, dem Salz, dem Ei und den Eigelben schaumig rühren. Die Eiweiße mit dem restlichen Zucker zu steifem Schnee schlagen und unter die Marzipan-Eigelb-Masse ziehen. Das Mehl mit der Stärke über die Eimasse sieben und unterheben. Zuletzt die Schokolade unter die Masse mischen.
– Die Masse in die Form füllen und die Oberfläche glatt streichen. Die Torte im Ofen auf der zweiten Schiene von unten 45–60 Min. backen, dann in der Form etwas abkühlen lassen, auf ein Kuchengitter stürzen und erkalten lassen.
– Die Schokoladen-Fettglasur im Wasserbad schmelzen, die Torte damit überziehen und die Pistazien auf die noch weiche Glasur streuen.

92. Kokoskuchen

RAFFINIERT
Für 1 Backblech
Zubereitungszeit: 35 Min.
Backzeit: 40 Min.

Für den Teig: 6 Eigelbe • 200 g Zucker • 1 Päckchen Vanillezucker • Saft und abgeriebene Schale von 1 unbehandelten Zitrone • 125 g Weichweizengrieß • 75 g gehäutete gemahlene Mandeln • 4 Eiweiße • 1 Prise Salz
Für die Kokosmasse: 4 Eiweiße • 175 g brauner Zucker • 700 g Kokosraspel
Außerdem: Butter fürs Blech

– Die Eigelbe mit dem Zucker, dem Vanillezucker, dem Zitronensaft und der Zitronenschale mit den Schneebesen des Handrührgeräts zu einer hellen schaumigen Creme schlagen. Den Grieß mit den Mandeln mit einem Teigspatel sorgfältig unterheben.
– Den Backofen auf 175° (Umluft 160°) vorheizen, das Backblech fetten. Eiweiße mit dem Salz zu sehr steifem Schnee schlagen, unter die Mandelmasse ziehen. Alles auf das Blech gießen und glatt streichen.
– Für die Kokosmasse die Eiweiße sehr steif schlagen. Den braunen Zucker und die Kokosraspel unterziehen. Die Kokosmasse teelöffelweise auf den Teig setzen. Nicht zu dicht nebeneinander, da die Masse tief in den Teig einsinkt.
– Den Kuchen im Backofen (Mitte) in etwa 40 Min. goldbraun backen.

93. Buttermilch-Kokos-Kuchen

BLITZREZEPT
Für 1 Backblech
Zubereitungszeit: 20 Min.
Backzeit: 30 Min.

Für den Teig: 3 Eier • 250 g Zucker • 400 g Buttermilch • 150 g Kokosflocken • 400 g Mehl (Type 405) • 1 Päckchen Backpulver
Für den Belag: 50 g Butter • 50 g Zucker • 150 g Sahne
Außerdem: Butter fürs Blech

– Den Backofen auf 200° (Umluft 180°) vorheizen, das Backblech fetten.
– Die Eier mit dem Zucker cremig schlagen. Die Buttermilch und 100 g Kokosflocken dazugeben und gut unterrühren. Das Mehl mit Backpulver mischen und unter den Teig heben. Den Teig auf das Backblech geben und glatt streichen. Die restlichen Kokosflocken darüber streuen. Im Ofen (Mitte) 20 Min. backen.
– Inzwischen die Butter, den Zucker und die Sahne in einem Topf aufkochen, 2 Min. bei mittlerer Hitze

köcheln lassen. Den Kuchen aus dem Ofen nehmen, die Sahnemischung mit einem Löffel auf der Oberfläche des Kuchens verteilen. Den Kuchen wieder in den Backofen schieben und noch etwa 10 Min. weiterbacken, bis die Oberfläche goldbraun ist.

TIPP

Statt der beschriebenen Art können Sie den Teig auf das Backblech geben und ohne die übrigen Kokosflocken backen. Für den Belag wie oben beschrieben Butter mit Zucker und Sahne aufkochen, jetzt die Kokosflocken dazugeben. Nach 20 Min. Backzeit die Kokosmasse gleichmäßig aufstreichen und den Kuchen in 15–20 Min. fertig backen.

94. Napoleonkuchen

GEHALTVOLL | GELINGT LEICHT
Für 1 Rehrücken- oder Kastenform (30 cm Länge)
Zubereitungszeit: 30 Min.
Backzeit: 55 Min.

6 Eigelbe • 200 g Zucker • 6 Eiweiße • 100 g Mehl (Type 405) • 50 g Speisestärke • 50 g Kakaopulver • 80 g gehackte Mandeln • 1/2 TL gemahlener Zimt • 1/4 TL gemahlene Nelken • 1 Prise Salz • 2 EL Cognac • 80 g Butter
Außerdem: Butter und Semmelbrösel für die Form • 100 g Schokoladen-Fettglasur • 2 EL gehackte Pistazien

– Die Rehrücken- oder Kastenform mit Butter fetten und mit Semmelbröseln ausstreuen. Den Backofen auf 200° (Umluft 180°) vorheizen.
– Die Eigelbe mit 50 g Zucker schaumig rühren. Die Eiweiße mit dem restlichen Zucker zu Schnee schlagen und auf die Eigelbmasse gleiten lassen.
– Das Mehl mit der Speisestärke und dem Kakao sieben, mit den Mandeln, dem Zimt, dem Nelkenpulver und dem Salz mischen und mit dem Eischnee sowie dem Cognac unter die Eigelbmasse heben. Die Butter zerlassen und lauwarm unter den Teig ziehen.
– Den Teig in die Form füllen, glatt streichen und im Ofen (unten) etwa 55 Min. backen. Den Kuchen auf einem Kuchengitter abkühlen lassen.
– Die Schokoladenglasur im Wasserbad schmelzen, den Kuchen damit überziehen und die Pistazien auf die noch weiche Glasur streuen.

95. Rüeblitorte

KLASSIKER AUS DER SCHWEIZ
Für 1 Springform (26 cm Ø)
Zubereitungszeit: 1 Std.
Backzeit: 50 Min.
Ruhezeit: 1 Tag

300 g Möhren • 5 Eier • 200 g Zucker • 2 EL Vanillezucker • 300 g gemahlene Mandeln • 1 TL gemahlener Zimt • 1 Msp. gemahlene Nelken • 1 Msp. geriebene Muskatnuss • 1 Schnapsglas Rum (2 cl)
Für die Dekoration: 100 g Marzipan-Rohmasse • 250 g Puderzucker • einige Tropfen rote Speisefarbe • 6 Pistazien • etwa 2 EL Zitronensaft
Außerdem: Butter und Semmelbrösel für die Form

– Den Backofen auf 200° (Umluft 180°) vorheizen. Die Springform gut mit Butter einfetten und mit Semmelbröseln ausstreuen.
– Die Möhren schälen und fein raspeln. Eier trennen, die Eigelbe mit dem Zucker und dem Vanillezucker schaumig rühren. Die Eiweiße steif schlagen. Die Möhren, die Mandeln, die Gewürze und den Rum unter die Eigelbcreme mischen, den Eischnee unterziehen. Den Teig in die Form füllen. Die Torte im Ofen (Mitte) 50 Min. backen, herausnehmen und 1 Tag ruhen lassen.
– Marzipan mit 50 g Puderzucker verkneten, tropfenweise die Farbe untermischen, 12 Möhrchen modellieren, die Pistazien hineinstecken. Übrigen Puderzucker und Zitronensaft zu einem Guss verrühren und die Torte damit überziehen. Mit den Möhrchen dekorieren.

96. Kartoffelkuchen

RAFFINIERT KOMBINIERT
Für 1 Springform (26 cm Ø)
Zubereitungszeit: 40 Min.
Backzeit: 30 Min.

300 g Pellkartoffeln vom Vortag • 200 g Mehl (Type 405) • 1 Päckchen Backpulver • 50 g Butter • 3 Eier • 130 g Zucker • 3 Prisen Salz • abgeriebene

Schale von 1 unbehandelten Zitrone • 1/2 TL gemahlener Zimt • 4 EL Rosinen
Außerdem: Butter und Semmelbrösel für die Form • 50 Butter • Zucker zum Bestreuen

– Den Backofen auf 180° (Umluft 160°) vorheizen. Die Form fetten und mit den Bröseln ausstreuen.
– Die Kartoffeln schälen und in eine Schüssel reiben. Das Mehl mit dem Backpulver dazusieben. Die Butter, die Eier, den Zucker, Salz, die Zitronenschale, Zimt und Rosinen hinzufügen und alles zu einem glatten Teig verarbeiten. Den Kartoffelteig in die Form füllen und im Ofen (Mitte) 30 Min. backen.
– Die Butter zerlassen und den fertigen, noch warmen Kuchen damit bestreichen, mit Zucker bestreuen. Dazu schmeckt am besten ein Milchkaffee.

97. Kürbiskuchen

GUT VORZUBEREITEN
Für 1 Springform (26 cm Ø)
Zubereitungszeit: 1 Std.
Backzeit: 1 Std.

1 Stück Kürbis (800 –1000 g, ungeputzt) • 1 walnussgroßes Stück frischer Ingwer • knapp 1/2 l Orangensaft • 200 g brauner Zucker • 1/2 TL Salz • 1 Msp. gemahlene Nelken • etwas geriebene Muskatnuss • 5 Eier • 1/2 TL gemahlener Zimt • 150 g Mehl (Type 405) • 1 TL Backpulver • 200 g gemahlene Mandeln • 2 EL Kürbiskerne
Außerdem: Butter und Semmelbrösel für die Form

– Den Kürbis schälen, das weiche Innere und die Kerne entfernen. Das Fruchtfleisch in Stücke schneiden. Den Ingwer schälen und fein würfeln.
– Den Orangensaft mit 1 EL Zucker, Salz, Nelkenpulver, Muskat und Ingwer in einem Topf aufkochen. Den Kürbis darin in 15–20 Min. weich kochen. In einem Sieb abtropfen lassen, pürieren und etwas abkühlen lassen.
– Die Springform fetten und mit Bröseln ausstreuen. Den Backofen auf 180° (Umluft 160°) vorheizen.
– Die Eier trennen, Eiweiße beiseite stellen. Eigelbe mit dem restlichen Zucker und Zimt schaumig rühren. Mehl, Backpulver, Mandeln und Kürbismus mit den Eigelben verrühren. Die Eiweiße steif schlagen und unterheben. Die Masse in die Form füllen, die Kürbiskerne darüber streuen. Im Ofen (Mitte) 1 Std. backen.

TIPP
Richtig gut schmeckt der Kuchen, wenn er 1–2 Tage durchgezogen ist.

98. Zitronenschnitten

FÜR GÄSTE | SCHNELL GEMACHT
Für 1 Backblech
Zubereitungszeit: 25 Min.
Auftauzeit: 20 Min.
Backzeit: 15 Min.

300 g TK-Blätterteig • 100 g Zucker • 200 g gehäutete gemahlene Mandeln • 1 Eigelb • Saft von 2 Zitronen • abgeriebene Schale von 1 unbehandelten Zitrone
Außerdem: Mehl für die Arbeitsfläche • 1 Eigelb • 2 EL Zitronengelee

– Die Blätterteigscheiben nebeneinander legen und auftauen lassen. Den Backofen auf 225° (Umluft 200°) vorheizen. Das Backblech kalt abspülen.
– Blätterteigscheiben auf einer bemehlten Arbeitsfläche zu doppelter Länge ausrollen. 2 Teigplatten nebeneinander auf das Backblech legen. Zucker, Mandeln, Eigelb, Zitronensaft und Zitronenschale mischen und auf die Teigplatten streichen. Die Teigränder mit verquirltem Eigelb bestreichen und die beiden anderen Teigplatten darauf legen. Die Ränder leicht zusammendrücken, die Oberfläche mit dem restlichen Eigelb bestreichen und mehrmals mit einer Gabel einstechen. Im Ofen (Mitte) 10–15 Min. backen.
– Zitronengelee glatt rühren, das heiße Gebäck damit bestreichen. Nach dem Erkalten in 8 Stücke teilen.

99. Reiskuchen Baronesse

RAFFINIERT KOMBINIERT
Für 1 Springform (28 cm Ø)
Zubereitungszeit: 40 Min.
Auftauzeit: 20 Min.
Quellzeit: 30 Min.
Backzeit: 25 Min.

150 g TK-Blätterteig • 250 g Milchreis • 1 l Milch • 500 g Sahne • 1 Prise Salz • 2 Päckchen Vanillezucker

• 4 Eigelbe • 1/2 Tasse Zwiebackbrösel • je 3 EL klein gehacktes Zitronat und Orangeat • je 100 g klein gewürfelte kandierte rote und gelbe Kirschen • 50 g gemahlene Mandeln • 50 g Korinthen
Außerdem: 500 g getrocknete Hülsenfrüchte zum Blindbacken • 5 Eigelbe • 3 EL Zucker

– Den Blätterteig auftauen lassen. Den Reis mit der Milch, der Sahne, dem Salz und dem Vanillezucker bei schwacher Hitze 30 Min. quellen, dann erkalten lassen.
– Den Backofen auf 180° (Umluft 160°) vorheizen. Die Springform mit kaltem Wasser abspülen. Den Blätterteig dünn ausrollen, Rand und Boden der Form damit auslegen. Den Teigboden mehrmals mit einer Gabel einstechen und 15 Min. im Kühlscshrank ruhen lassen. Auf den Teigboden die Hülsenfrüchte (zum Blindbacken) füllen und im Ofen (Mitte) 10 Min. vorbacken. Die Hülsenfrüchte herausschütten.
– Den Reis mit den Eigelben, den Zwiebackbröseln, dem Zitronat und Orangeat mischen und die Hälfte davon auf den vorgebackenen Teigboden streichen.
– Die Kirschen, die Mandeln und die Korinthen mit dem restlichen Reis mischen und diesen auf die erste Reisschicht streichen. Die Eigelbe mit dem Zucker verquirlen, über den Kuchen gießen und diesen nun bei 200° (Umluft 180°) nochmals 15 Min. backen.

100. Nussstrudel mit Blätterteig

MACHT WAS HER
Für 1 Backblech
Zubereitungszeit: 30 Min.
Auftauzeit: 20 Min.
Ruhezeit: 15 Min.
Backzeit: 45 Min.

600 g TK-Blätterteig • 2 Eigelbe • 80 g Zucker • 50 g Butter • 200 g gemahlene Walnüsse • 100 g Biskuitbrösel • 1/2 TL gemahlener Zimt • abgeriebene Schale von 1/2 unbehandelten Zitrone • 1 Schnapsglas Rum (2 cl) • 50 g Rosinen • 3–4 EL Milch
Außerdem: 1 Eigelb zum Bestreichen

– Den Blätterteig bei Raumtemperatur auftauen lassen. Für die Füllung die Eigelbe mit dem Zucker schaumig rühren. Die Butter schmelzen lassen und mit den Nüssen, den Biskuitbröseln, dem Zimt, der Zitronenschale, dem Rum und den Rosinen mit der Eigelb-Zucker-Masse mischen und so viel Milch zugeben, dass eine feste Füllung entsteht.
– Ein Backblech mit kaltem Wasser abspülen. Den Backofen auf 220° (Umluft 200°) vorheizen.
– Die Blätterteigscheiben aufeinanderlegen und zu einer Platte von etwa 40 x 45 cm ausrollen. Mit einem Teigrädchen rundum jeweils einen dünnen Teigstreifen abschneiden. Die Füllung auf der Mitte des Teigblattes verteilen. Die Ränder der Teigplatte mit verquirltem Eigelb bestreichen und über die Füllung schlagen.
– Die Teigstreifen mit Eigelb bestreichen und auf den Strudel legen. Die Teigstreifen gut andrücken. Den Strudel auf das Blech legen und 15 Min. an einem kühlen Ort ruhen lassen. Dann den Strudel im Ofen (Mitte) 45 Min. backen.

101. Rosinenstuten

GUT ZUM FRÜHSTÜCK
Für 1 Kastenform (30 cm Länge)
Zubereitungszeit: 30 Min.
Gehzeit: 1 3/4 Std.
Backzeit: 40 Min.

1/4 l Milch • 125 g Rosinen • 500 g Mehl (Type 405) • 1/2 Würfel frische Hefe (20 g) oder 1 Tütchen Trockenhefe • 50 g Zucker • 100 g weiche Butter oder Margarine • 1 Ei • 1 Prise Salz
Außerdem: Fett für die Form • 1 Eigelb • 2 EL Sahne oder Milch

– Die Milch lauwarm erhitzen. Die Rosinen mit 3 EL Milch beträufeln und ziehen lassen.
– Das Mehl in eine Schüssel füllen. Eine Mulde in die Mitte drücken, die Hefe hineinbröckeln oder streuen. Den Zucker und die übrige Milch hinzufügen. Mit etwas Mehl und der Hefe verrühren. Den Vorteig zugedeckt an einem warmen Ort etwa 30 Min. gehen lassen. Das Fett, das Ei und das Salz zum Teig geben. Alles kräftig durchschlagen. Zugedeckt nochmals 45 Min. gehen lassen.
– Die Kastenform ausfetten. Den Backofen auf 200° (Umluft 180°) vorheizen.
– Den Teig durchkneten, dabei die Rosinen einarbeiten. Zu einem länglichen Laib formen und in die Kastenform legen. Das Eigelb mit der Sahne oder Milch verquirlen. Den Stuten damit bestreichen, nochmals etwa 30 Min. gehen lassen. Den Stuten im Ofen (unten) in 30–40 Min. goldbraun backen.

102. Gugelhupf

KLASSIKER
Für 1 große Gugelhupf- oder Napfkuchenform
Zubereitungszeit: 50 Min.
Gehzeit: 2 Std.
Backzeit: 45 Min.

500 g Mehl (Type 405) • 100 g Zucker • 1 Päckchen Vanillezucker • 2 Prisen Salz • 1 Würfel frische Hefe (42 g) • 1/4 l lauwarme Milch • 120 g Rosinen • 2 cl Rum oder Kirschwasser (nach Belieben) • 3 Eier • 2 Eigelbe • 200 g weiche Butter
Außerdem: 1 EL Butter und Semmelbrösel für die Form • 16–18 gehäutete Mandeln (je nach Anzahl der Rillen der Gugelhupfform) • Puderzucker

– Das Mehl in eine Schüssel sieben, Zucker, Vanillezucker und Salz dazumischen. Die Hefe in etwas Milch auflösen, zum Mehl geben und mit etwas Mehl verrühren. Vorteig 30 Min. zugedeckt an einem warmen Ort gehen lassen.
– Die Rosinen in Rum oder Kirschwasser einweichen. Nach und nach die Eier und Eigelbe sowie die restliche Milch unter den Teig kneten. Dann die Butter in kleinen Stückchen unterkneten. Zum Schluss die Rosinen untermengen und den Teig so lange schlagen, bis er geschmeidig ist. Zudecken und 30 Min. gehen lassen.
– Die Kuchenform mit Butter fetten und mit Bröseln ausstreuen. In jede Bodenrille eine Mandel legen und den Teig in die Form füllen, nochmals 1 Std. gehen lassen. Den Backofen auf 200° (Umluft 180°) vorheizen.
– Den Gugelhupf im Ofen (Mitte) in 45 Min. goldbraun backen. Abkühlen lassen und aus der Form stürzen. Nach Belieben mit Puderzucker bestäuben, die Mandeln sollten zu sehen sein.

103. Panettone

BERÜHMTES REZEPT
Für 1 Panettone-Form oder hohen Tontopf (18 cm Ø)
Zubereitungszeit: 30 Min.
Gehzeit: 1 1/4 Std.
Backzeit: 1 1/2 Std.

650 g Mehl (Type 405) • 1 1/4 Würfel frische Hefe (50 g) • 150 g Zucker • 1/4 l lauwarme Milch • 200 g Butter • 5 Eigelbe • 1 gehäufter TL Salz • 1 Prise geriebene Muskatnuss • abgeriebene Schale von 1 unbehandelten Zitrone • 100 g gehacktes Zitronat • 50 g gehacktes Orangeat • 150 g Rosinen
Außerdem: Pergamentpapier und Butter für die Form

– Den Topf mit gefettetem Pergamentpapier auslegen. Das Mehl in eine Schüssel sieben, in die Mitte eine Vertiefung drücken. Die Hefe hineinbröckeln und mit etwas Zucker, der Milch und etwas Mehl verrühren. Vorteig 15 Min. an einem warmen Ort gehen lassen.
– Die zerlassene Butter, den restlichen Zucker, die Eigelbe, die Gewürze und die Zitronenschale mit dem Vorteig und dem gesamten Mehl so lange schlagen, bis der Teig Blasen wirft. Den Teig 30 Min. gehen lassen.
– Das Zitronat, das Orangeat und die Rosinen unterkneten, den Teig zu einer Kugel formen, in den Topf legen und weitere 30 Min. gehen lassen.
– Den Backofen auf 200° (Umluft 180°) vorheizen. Den Kuchen mit einem Messer oder einer Küchenschere kreuzweise einschneiden und im Ofen (Mitte) etwa 1 1/2 Std. backen. Den Kuchen im Topf etwas abkühlen lassen, auf ein Kuchengitter stürzen und völlig erkalten lassen. Dann das Pergamentpapier abziehen.

104. Berliner Napfkuchen

FÜR GÄSTE
Für 1 Gugelhupfform (24 cm Ø)
Zubereitungszeit: 35 Min.
Gehzeit: etwa 1 Std.
Backzeit: 50 Min.

300 g Mehl (Type 405) • 1/3 Würfel frische Hefe (15 g) • knapp 1/8 l lauwarme Milch • 100 g Zucker • 175 g Butter • 1 Prise Salz • 3 Eier • abgeriebene Schale von 1 unbehandelten Zitrone • 200 g Korinthen
Außerdem: Butter und Semmelbrösel für die Form • 100 g Schokoladen-Fettglasur • 2 EL Pinienkerne

– Das Mehl in eine Schüssel sieben und in die Mitte eine Vertiefung drücken. Die Hefe hineinbröckeln, mit der Milch, etwas Zucker und etwas Mehl verrühren, zugedeckt an einem warmen Ort 15 Min. gehen lassen.
– Die Butter zerlassen und mit dem restlichen Zucker, dem Salz, den Eiern, der Zitronenschale, dem gesamten Mehl und dem Hefevorteig verrühren. Den Teig so lange schlagen, bis er Blasen wirft. Dann weitere 30 Min. gehen lassen.

– Die Form mit Fett ausstreichen und mit Semmelbröseln ausstreuen. Die gewaschenen Korinthen unter den Hefeteig kneten, den Teig in die Form füllen und weitere 20 Min. gehen lassen.
– Den Backofen auf 200° (Umluft 180°) vorheizen. Den Kuchen im Ofen (Mitte) 50 Min. backen.
– Die Fettglasur im Wasserbad schmelzen. Den Kuchen damit überziehen und die Pinienkerne sanft in die noch weiche Glasur drücken.

105. Früchte-Gugelhupf

MACHT EINDRUCK
Für 1 Gugelhupfform (22 cm Ø) oder
3 kleine Gugelhupfformen (je 16 cm Ø)
Zubereitungszeit: 45 Min.
Quellzeit: 1 Std.
Gehzeit: 1 Std. 35 Min.
Backzeit: 45 Min. (kleine Formen 30 Min.)

je 40 g gewürfeltes Zitronat und Orangeat • 40 g gewürfelte rote Belegkirschen • 40 g Rosinen • 2 cl Rum • 500 g Mehl (Type 405) • 1 Würfel frische Hefe (40 g) • 1/8 l Milch • 180 g Butter • 120 g Zucker • 2 Eigelbe • 3 Eier • 1/2 TL Salz • 1 Msp. geriebene Muskatnuss • abgeriebene Schale von 1 unbehandelten Zitrone
Außerdem: Butter und Semmelbrösel für die Form • Puderzucker zum Bestreuen

– Die Früchte mit dem Rum übergießen, abdecken und 1 Std. quellen lassen.
– Das Mehl in eine Schüssel geben, in die Mitte eine Mulde drücken, die Hefe hineinbröckeln, mit der Milch auflösen. Den Ansatz mit Mehl bestäuben, mit einem Tuch zudecken und an einem warmen Ort etwa 15 Min. gehen lassen, bis sich Risse zeigen.
– Die zerlassene Butter mit Zucker, Eigelben, Eiern, Salz, Muskatnuss und Zitronenschale zum Vorteig geben und alles zusammenmischen. Mit den Händen den Teig schlagen, bis er glatt und glänzend ist, Blasen wirft und sich von der Schüsselwand löst. Die Schüssel mit einem Tuch zudecken, den Teig an einem warmen Ort gehen lassen, bis er das Doppelte des Volumens erreicht hat. Das ist etwa nach 30 Min. der Fall.
– Die Form (oder die Formen) mit der Butter dünn ausstreichen und mit Bröseln ausstreuen. Die Früchte abtropfen lassen und unter den Teig kneten. Den Teig erneut zugedeckt 20 Min. gehen lassen. In die vorbereitete Form füllen (für die kleinen Formen den Teig dritteln und einfüllen), die Oberfläche glatt streichen und nochmals auf das Doppelte des Volumens gehen lassen (30 Min.).
– Den Backofen auf 200° (Umluft 180°) vorheizen. Den Kuchen im Ofen (unten) etwa 45 Min. backen (die kleinen Formen nur 30 Min.). Sollte die Oberfläche zu schnell bräunen, mit einem gefalteten Backpapier abdecken.
– Den Kuchen aus dem Ofen nehmen, abkühlen lassen, aus der Form lösen und mit Puderzucker bestreuen.

106. Butterkuchen

BRAUCHT ETWAS ZEIT
Für 1 Backblech
Zubereitungszeit: 40 Min.
Gehzeit: 1 Std. 10 Min.
Backzeit: 25 Min.

Für den Teig: 250 g Mehl (Type 405) • 1/2 Würfel frische Hefe (20 g) • 1 EL Zucker • 1/8 l lauwarme Milch • 2 Eigelbe • 1 Prise Salz • 50 g weiche Butter
Für den Belag: 200 g Butter • 200 g Zucker
Außerdem: Backtrennpapier fürs Blech • Mehl für die Arbeitsfläche

– Für den Teig das Mehl in eine Schüssel sieben, eine Mulde hineindrücken, Hefe hineinbröckeln und diese mit etwas Zucker, Milch und Mehl verrühren. Vorteig zugedeckt an einem warmen Ort 20 Min. gehen lassen.
– Die restliche Milch, den übrigen Zucker, die Eigelbe, das Salz und die Butter mit dem Hefevorteig und dem gesamten Mehl verkneten und den Teig schlagen, bis er Blasen wirft und sich vom Schüsselrand löst. Den Teig zugedeckt 30 Min. gehen lassen, bis er sein Volumen fast verdoppelt hat.
– Das Blech mit Backpapier auslegen. Den Teig auf einer leicht bemehlten Arbeitsfläche ausrollen und auf das Blech legen. In gleichmäßigen Abständen mit einem Kochlöffelstiel Vertiefungen in den Teig drücken. Für den Belag die Butter in Stückchen in die Vertiefungen geben. Den Zucker über den Kuchen streuen.
– Den Kuchen etwa 20 Min. gehen lassen. In der Zwischenzeit den Backofen auf 180° (Umluft 160°) vorheizen. Den gegangenen Kuchen im Ofen (Mitte) in etwa 25 Min. goldgelb backen.

107. Schneller Rahmkuchen

SCHNELL | PREISWERT
Für 1 Backblech
Zubereitungszeit: 30 Min.
Gehzeit: 50 Min.
Backzeit: 25 Min.

Für den Teig: 250 g Mehl (Type 405) • 1/2 Würfel frische Hefe (20 g) • 1 EL Zucker • knapp 1/8 l lauwarme Milch • 2 Eigelbe • Salz • 50 g weiche Butter
Für den Belag: 50 g Mehl (Type 405) • 200 g Sahne • 100 ml Milch • 3 Eigelbe • 100 g Zucker • 1 TL gemahlener Zimt
Außerdem: Butter fürs Blech • Mehl für die Arbeitsfläche

– Für den Teig das Mehl in eine Schüssel sieben, eine Mulde hineindrücken, die Hefe hineinbröckeln und mit etwas Zucker, Milch und Mehl einen Vorteig bereiten. Diesen 20 Min. an einem warmen Ort gehen lassen. Dann übrige Zutaten mit dem Vorteig und dem Mehl verkneten, zugedeckt weitere 20 Min. gehen lassen.
– Den Backofen auf 210° (Umluft 190°) vorheizen, das Backblech fetten. Den Hefeteig auf der leicht bemehlten Arbeitsfläche dünn ausrollen, auf das Blech legen und rundherum einen etwa 3 cm hohen Rand formen. Den Teig zugedeckt weitere 10 Min. gehen lassen.
– Inzwischen für den Belag das Mehl mit wenig kaltem Wasser glatt rühren und mit der Sahne, der Milch, den Eigelben und dem mit dem Zucker gemischten Zimt verquirlen.
– Den Belag auf den Kuchen träufeln und diesen im Ofen (Mitte) in etwa 25 Min. goldgelb backen.

108. Streuselkuchen

KLASSIKER | GELINGT LEICHT
Für 1 Backblech
Zubereitungszeit: 45 Min.
Gehzeit: 1 Std. 10 Min.
Backzeit: 25 Min.

Für den Teig: 250 g Mehl (Type 405) • 1/2 Würfel frische Hefe (20 g) • 1 EL Zucker • knapp 1/8 l lauwarme Milch • 2 Eigelbe • Salz • 50 g weiche Butter
Für den Belag: 200 g Mehl (Type 405) • 50 g gemahlene Mandeln • 200 g Zucker • 150 g weiche Butter
Außerdem: Backtrennpapier fürs Blech • Mehl für die Arbeitsfläche

– Für den Teig das Mehl in eine Schüssel sieben, eine Mulde hineindrücken, die Hefe hineinbröckeln und mit etwas Zucker, Milch und Mehl einen Vorteig rühren. Diesen etwa 20 Min. gehen lassen. Dann alle Zutaten für den Teig verkneten. Den Teig zugedeckt noch einmal etwa 30 Min. gehen lassen.
– Das Backblech mit Backpapier auslegen. Den Teig auf der leicht bemehlten Arbeitsfläche oder auf einem Küchentuch in Größe des Blechs ausrollen und auf das Blech legen. Noch einmal etwa 20 Min. gehen lassen.
– Backofen auf 190° (Umluft 170°) vorheizen. Für den Belag das Mehl, die Mandeln, den Zucker und die Butter vermengen und mit den Fingerspitzen zu Streuseln verarbeiten. Streusel auf den Teig streuen und den Kuchen im Ofen (Mitte) in 20–25 Min. goldbraun backen.

TIPP
Streuselkuchen ist ein sehr beliebter „Kuchenklassiker“. Sie können ihn noch verfeinern, indem Sie Johannisbeerkonfitüre auf den Teig streichen und dann die Streusel darauf streuen.

109. Streuselkuchen mit Quarkcreme

BRAUCHT ETWAS ZEIT
Für 1 Backblech
Zubereitungszeit: 50 Min.
Gehzeit: 1 Std.
Backzeit: 30 Min.

Für den Teig: 1/2 Würfel frische Hefe (20 g) • 75 g Zucker • 1/4 l Milch • 500 g Mehl (Type 405) • 75 g weiche Butter • 1 Prise Salz
Für den Belag: 2 Eier • 500 g Magerquark • 100 g Zucker • 25 g Speisestärke • 100 g Rosinen
Für die Streusel: 200 g Mehl (Type 405) • 50 g gemahlene Mandeln • 100 g Zucker • 150 g Butter
Außerdem: Mehl für die Arbeitsfläche • Butter fürs Blech

– Die Hefe zerbröckeln, mit 1 TL Zucker und etwas Milch verrühren und 15 Min. gehen lassen.

– 250 g Mehl in einer Schüssel mit dem Hefeansatz, der übrigen Milch, der Butter, dem restlichen Zucker und dem Salz mischen. Den Rest des Mehls unterkneten, eventuell zusätzlich Mehl hinzufügen. Den Teig 45 Min. an einem warmen Ort zugedeckt gehen lassen.
– Die Eier in Eigelbe und Eiweiße trennen. Den Quark mit dem Zucker, den Eigelben und der Speisestärke mischen. Eiweiße steif schlagen, mit den gewaschenen Rosinen unter die Quarkmasse ziehen.
– Den Hefeteig nochmals gut durchkneten und auf einer bemehlten Arbeitsfläche in Blechgröße ausrollen. Das Backblech fetten und den Teig darauf legen, die Quarkmasse darauf streichen. Den Backofen auf 200° (Umluft 180°) vorheizen.
– Das Mehl mit Mandeln, Zucker und Butter vermengen, zu Streuseln reiben und über den Teig streuen. Den Kuchen im Ofen (Mitte) 30 Min. backen, im abgeschalteten Backofen noch 10 Min. stehen lassen.

110. Kleckselkuchen

RAFFINIERT
Für 1 Backblech
Zubereitungszeit: 1 Std.
Gehzeit: 1 Std.
Backzeit: 45 Min.

Für den Teig: 400 g Mehl (Type 405) • 1 Würfel frische Hefe (42 g) • 1/8 l lauwarme Milch • 100 g Zucker • 150 g Margarine oder Butter • 2 Prisen Salz
Für die Mohnmasse: 1/4 l Milch • 3 EL Butter • 5 EL Grieß • 250 g gemahlener Mohn • 150 g Zucker • 2 EL Rum nach Belieben
Für die Quarkmasse: 3 Eigelbe • 50 g Butter • 100 g Zucker • 2 Päckchen Vanillezucker • 4 EL Milch • 500 g Magerquark • 1 EL Speisestärke • abgeriebene Schale von 1 unbehandelten Zitrone • 3 EL Zitronensaft • 4 EL Rosinen
Für den Apfelbelag: 3–4 Äpfel (z. B. Boskop) • 3 EL Zitronensaft
Außerdem: Mehl für die Arbeitsfläche • Backtrennpapier fürs Blech • 50 g Butter

– Für den Teig das Mehl in eine Schüssel sieben, in die Mitte eine Mulde drücken. Die Hefe hineinbröckeln und mit 4 EL Milch, 1 TL Zucker und etwas Mehl vom Rand zu einem Vorteig verrühren. Zugedeckt 20 Min. an einem warmen Ort gehen lassen.
– Das Fett, die restliche Milch, den restlichen Zucker und das Salz dazugeben. Alles gut durchkneten und zugedeckt erneut 40 Min. gehen lassen.
– Für die Mohnmasse Milch, Butter und Grieß unter Rühren aufkochen und 5 Min. quellen lassen. Mohn, Zucker und Rum unterrühren.
– Für die Quarkmasse die Eigelbe mit Butter, Zucker und Vanillezucker schaumig rühren. Milch, Quark, Speisestärke, Zitronenschale, Zitronensaft und die Rosinen unterrühren.
– Den Teig auf der bemehlten Arbeitsfläche ausrollen. Das Blech mit Backpapier auslegen, den Teig darauf legen. Den Backofen auf 180° (Umluft 160°) vorheizen.
– Die Äpfel schälen, in Spalten schneiden, mit Zitronensaft vermengen. Nacheinander Quark- und Mohnmasse auf dem Teig verteilen, die Apfelspalten dazwischen legen. Im Ofen (Mitte) 45 Min. backen. Die Butter schmelzen lassen und den Kuchen damit bestreichen.

111. Mandelkuchen

VOLLWERTIG
Für 1 Obstkuchenform (30 cm Ø)
Zubereitungszeit: 30 Min.
Gehzeit: etwa 40 Min.
Backzeit: 30 Min.

Für den Teig: 1/4 l lauwarme Milch • 1 Würfel frische Hefe (42 g) • 60 g Zuckerrohrgranulat oder brauner Zucker • 1 Prise Salz • 1 Ei • 500 g Vollkornweizenmehl • 60 g Butter • abgeriebene Schale von 1 unbehandelten Zitrone
Für den Belag: 100 g Butter • 200 g gehäutete, grob gehackte Mandeln • 40 g Zuckerrohrgranulat oder brauner Zucker • 10 EL Milch • abgeriebene Schale von 1 unbehandelten Zitrone • 1 TL gemahlener Zimt
Außerdem: Butter und Semmel- oder Biskuitbrösel für die Form • Mehl für die Arbeitsfläche

– Mit der Küchenmaschine oder dem Handrührgerät die Milch, die Hefe, das Zuckerrohrgranulat oder den braunen Zucker, das Salz sowie das Ei miteinander verrühren. Das Mehl einrühren, die Butter in Flöckchen und die abgeriebene Zitronenschale zufügen. Alles mit den Knethaken 2–3 Min. verkneten – so lange, bis der Teig glänzt und sich gut vom Schüsselrand löst. Sollte der Teig zu fest sein, noch 1 EL Milch einrühren. Den Teig mit Mehl bestäuben und an einem warmen Ort

zugedeckt 20–30 Min. gehen lassen, bis sich sein Volumen etwa verdoppelt hat.
– In der Zwischenzeit die Butter in einer Pfanne zerlassen und die gehackten Mandeln darin kurz rösten. Das Zuckerrohrgranulat oder den braunen Zucker sowie die Milch einrühren und alles köcheln lassen, bis eine streichfähige Masse entstanden ist. Zitronenschale und Zimt unterrühren und die Mandelmasse etwas abkühlen lassen.
– Die Form gut mit Butter ausstreichen und mit Bröseln ausstreuen, überschüssige Brösel wieder entfernen. Den Teig auf einer bemehlten Arbeitsfläche noch einmal durchkneten, in die Form geben und mit den Händen überall gleichmäßig dick verteilen. Den Teigboden in der Form noch einmal 10 Min. zugedeckt gehen lassen.
– Den Backofen auf 190° (Umluft 170°) vorheizen. Die abgekühlte Mandelmasse auf dem Teigboden verteilen und glatt streichen. Kuchen im Ofen (Mitte) 25–30 Min. backen.

112. Quark-Nougat-Kuchen

BRAUCHT ETWAS ZEIT
Für 1 Backblech
Zubereitungszeit: 50 Min.
Ruhezeit: 1 1/4 Std.
Backzeit: 50 Min.

Für den Teig: 400 g Mehl (Type 405) • 1 Würfel frische Hefe (42 g) • 1/8 l lauwarme Milch • 80 g Zucker • 100 g weiche Butter • 2 Prisen Salz
Für den Belag: 1 Päckchen Vanille-Puddingpulver (zum Kochen) • 1/4 l Milch • 175 g Zucker • 6 Eier • 2 Päckchen Vanillezucker • 750 g Magerquark • abgeriebene Schale von 1 unbehandelte Zitrone • 3 EL Zitronensaft • 100 g Rosinen • 100 g gemahlene Mandeln • 2 Prisen Salz
Außerdem: Fett fürs Blech • Mehl für die Arbeitsfläche • 200 g Nussnougat

– Das Mehl in eine Schüssel sieben, in die Mitte eine Mulde drücken. Hefe in 4 EL warme Milch bröckeln und mit 1 TL Zucker in die Mulde gießen. Mit etwas Mehl vom Rand zu einem Vorteig verrühren und 30 Min. zugedeckt an einem warmen Ort gehen lassen.
– Die Butter, die restliche Milch, den Zucker und das Salz dazugeben und gründlich durchkneten. Abgedeckt 45 Min. zugedeckt gehen lassen.
– Die Hälfte des Puddingpulvers nach Packungsaufschrift mit Milch und Zucker kochen und sofort kühl stellen.
– Die Eier trennen, Eiweiße beiseite stellen. Eigelbe mit restlichem Zucker und Vanillezucker schaumig rühren. Quark, Zitronenschale und Zitronensaft, Rosinen, Mandeln, gekochten Pudding und restliches Puddingpulver zufügen und alles gründlich verrühren. Die Eiweiße mit Salz steif schlagen und unter die Quarkmasse heben.
– Den Backofen auf 180° (Umluft 160°) vorheizen, das Backblech fetten. Den Hefeteig durchkneten und auf Blechgröße ausrollen. Auf das Blech legen, die Quarkmasse darauf verteilen. Im Ofen (Mitte) etwa 50 Min. backen, dann den Kuchen etwas abkühlen lassen.
– Die Nougatmasse im heißen Wasserbad schmelzen lassen, auf dem gebackenen Kuchen verstreichen und auskühlen lassen.

TIPPS

• Rosinen sind getrocknete Weinbeeren. Helle Sorten sind oft geschwefelt, um die helle Farbe zu erhalten und die Haltbarkeit zu erhöhen. Auch werden sie mit Öl behandelt, damit sie nicht zusammenkleben. Schwefel und Öl lassen sich durch Waschen in warmem Wasser entfernen. Geschwefelte Rosinen sind gekennzeichnet.
• Korinthen sind entstielte, getrocknete rote Weinbeeren. Sie sind immer ungeschwefelt und kommen fast nur aus Griechenland.

113. Dresdner Eierschecke

BERÜHMTES REZEPT
Für 20–25 Stück
Zubereitungszeit: 1 Std.
Gehzeit: 30 Min.
Backzeit: 1 Std. 20 Min.

Für den Teig: 400 g Mehl (Type 405) • 1 Würfel frische Hefe (42 g) • 1/4 l lauwarme Milch • 80 g Zucker • 80 g Butter • 1 Prise Salz • 1 Ei
Für den Belag: 1 kg Quark (20 % Fett) • 100 g Zucker • 1 Päckchen Vanillezucker • 2 Eigelbe • abgeriebene Schale von 1 unbehandelten Zitrone • etwas Zitronensaft • 1 Prise Salz • 100 g Mandelblättchen • 50 g Rosinen oder Korinthen

Für die Puddingmasse: 1/2–3/8 l Milch • 250 g Butter • 100 g Zucker • 80 g Vanille-Puddingpulver (zum Kochen) • 4 Eier • 2 Eiweiße
Außerdem: 70 g Butter fürs Blech und zum Bestreichen • 50 g Zucker

– Das Mehl in eine Schüssel sieben. In die Mitte eine Mulde drücken, die Hefe hineinbröckeln und mit der Hälfte der Milch und des Zuckers vermengen. Zugedeckt etwa 20 Min. an einem warmen Ort gehen lassen.
– Die Butter zerlassen, mit der restlichen Milch, dem übrigen Zucker, Salz und dem Ei vermischen, zum Teig geben. Mit den Knethaken des Handrührgeräts sehr gut durchschlagen, erneut 10 Min. ruhen lassen.
– Für den Quarkbelag den Quark mit Zucker, Vanillezucker, den Eigelben, etwas abgeriebener Zitronenschale, einigen Spritzern Zitronensaft und 1 Prise Salz schaumig rühren. Die Mandelblättchen unterheben.
– Für die Puddingmasse Milch mit Butter und Zucker erhitzen, das in etwas kalter Milch angerührte Puddingpulver einrühren. Die Puddingmasse aufkochen und abkühlen lassen. Den Backofen auf 175° (Umluft 160°) vorheizen, das Backblech fetten.
– Teig in der Größe des Blechs ausrollen, auf das Blech legen. Mit Quarkmasse bestreichen, Rosinen darüber streuen. Eier trennen, die Eigelbe unter die abgekühlte Puddingmasse rühren. Alle Eiweiße steif schlagen, vorsichtig unterheben, die Creme auf den Quark streichen. Im Ofen (Mitte) etwa 1 Std. 20 Min. backen. Mit zerlassener Butter bestreichen, mit Zucker bestreuen.

114. Bienenstich

FÜR FREUNDE | BRAUCHT ETWAS ZEIT
Für 1 Backblech
Zubereitungszeit: 40 Min.
Gehzeit: etwa 1 Std.
Backzeit: 30 Min.

Für den Teig: 1 Würfel frische Hefe (42 g) • 50 g Zucker • gut 1/4 l lauwarme Milch • 500 g Mehl (Type 405) • 50 g weiche Butter • 2 Eier
Für die Mandelkruste: 125 g Butter • 150 g Zucker • 200 g feine Mandelstifte
Für die Creme: 4 Blätter weiße Gelatine • 1 Ei • 1 Prise Salz • 200 ml Milch • 100 g Sahne • 100 g Puderzucker • 1 TL gemahlene Vanille • 50 g Speisestärke
Außerdem: Butter fürs Blech

– Die Hefe zerbröckeln, mit etwas Zucker und Milch verrühren, zugedeckt an einem warmen Ort 15–20 Min. gehen lassen.
– Mehl mit restlicher Milch, übrigem Zucker, Butter, Eiern und Hefeansatz verrühren und den Teig schlagen, bis er Blasen wirft. Zugedeckt 30 Min. gehen lassen.
– Für die Mandelkruste die Butter zerlassen und mit dem Zucker und den Mandelstiften mischen. Das Backblech fetten und den Teig darauf ausrollen. Die Mandelmasse darauf streichen und den Kuchen noch einmal etwa 15 Min. gehen lassen. Inzwischen den Backofen auf 200° (Umluft 180°) vorheizen.
– Den Kuchen im Ofen auf der mittleren Schiene in etwa 30 Min. goldbraun backen. Abkühlen lassen.
– Inzwischen für die Creme die Gelatine in kaltem Wasser einweichen. Das Ei trennen und das Eiweiß mit dem Salz steif schlagen. Die Milch mit Sahne, Puderzucker, Vanille und kalt angerührter Speisestärke unter Umrühren einmal kräftig aufkochen. Die Creme vom Herd nehmen, die ausgedrückte Gelatine darin auflösen und abkühlen lassen. Das Eigelb unter die Creme rühren und den Eischnee unterheben.
– Den Bienenstich halbieren und beide Platten quer durchschneiden. Die Creme auf die unteren Platten streichen und die oberen darauf setzen.

115. Hefezopf

BRAUCHT ETWAS ZEIT
Für 1 Backblech
Zubereitungszeit: 50 Min.
Gehzeit: 50 Min.
Backzeit: 35 Min.

500 g Mehl (Type 405) • 1/2 Würfel frisch Hefe (20 g) oder 1 Tütchen Trockenhefe • 60 g Zucker • knapp 1/4 l lauwarme Milch • 1 Prise Salz • abgeriebene Schale von 1/4 unbehandelten Zitrone • 1 Ei • 60 g weiche Butter oder Margarine
Außerdem: Mehl für die Arbeitsfläche • Butter fürs Blech • 1 Eigelb • 1 EL Milch • eventuell Puderzucker zum Bestäuben

– Aus Mehl, Hefe, Zucker, Milch, Salz, Zitronenschale, Ei und dem Fett einen Hefeteig kneten und 20 Min. an einem warmen Ort ruhen lassen.
– Den Hefeteig auf wenig Mehl durchkneten, dann in drei gleich große Stücke teilen. Jedes Stück zu einem

etwa 30 cm langen Strang rollen. Die Stränge an einem Ende zusammendrücken und zu einem Zopf flechten (siehe auch Seite 419). Das Backblech fetten, den Zopf darauf legen. Noch einmal etwa 30 Min. gehen lassen.
– Inzwischen den Backofen auf 200° (Umluft 180°) vorheizen. Das Eigelb mit der Milch verquirlen, den Zopf damit bepinseln.
– Den Hefezopf im Ofen (unten) in etwa 35 Min. goldgelb backen. Nach Belieben mit Puderzucker bestäuben.

116. Rosenkuchen

RAFFINIERT | BRAUCHT ETWAS ZEIT
Für 1 Springform (28 cm Ø)
Zubereitungszeit: 50 Min.
Gehzeit: 1 Std. 20 Min.
Backzeit: 55 Min

120 g Rosinen • 3–4 EL Rum (nach Belieben)
Für den Teig: 400 g Mehl (Type 405) • 1 Würfel frische Hefe (42 g) • 50 g Zucker • 200 ml lauwarme Milch • 2 Eier • 1 Päckchen Vanillezucker • 2 Prisen Salz • 1 TL abgeriebene Schale von 1 unbehandelten Zitrone • 100 g weiche Butter
Für die Füllung: 100 g Marzipan-Rohmasse • 60 g brauner Zucker • 100 g gemahlene Mandeln oder Haselnüsse • je 1/4 TL gemahlene Nelken und gemahlener Zimt
Außerdem: Mehl für die Arbeitsfläche • Fett und Semmelbrösel für die Form • 4 EL Aprikosenkonfitüre

– Die Rosinen nach Belieben in Rum einweichen und zugedeckt zur Seite stellen. Das Mehl in eine Schüssel sieben, in die Mitte eine Mulde drücken. Hefe hineinbröckeln, mit 1 TL Zucker, 5 EL Milch und etwas Mehl vom Rand verrühren, 20 Min. an einem warmen Ort gehen lassen.
– Die Eier trennen, Eiweiße beiseite stellen. Eigelbe, übrige Milch, Zucker, Vanillezucker, Salz, Zitronenschale und Butter zum Teig geben und alles gründlich verkneten. Den Teig 40 Min. zugedeckt gehen lassen.
– Für die Füllung Marzipan und Eiweiße miteinander vermengen, Zucker, Mandeln, Gewürze und Rosinen dazugeben. Teig auf bemehlter Arbeitsfläche 1/2 cm dick zu einem Rechteck ausrollen. Die Füllung darauf verstreichen und den Teig von der Längsseite her aufrollen.
– Den Backofen auf 180° (Umluft 160°) vorheizen. Die Form fetten und mit Bröseln ausstreuen. Aus der Teigrolle etwa 14 Scheiben (3 cm dick) schneiden. Diese mit der Schnittfläche nach oben kreisförmig in die Form setzen und 20 Min. zugedeckt gehen lassen.
– Den Kuchen im Backofen (Mitte) 55 Min. backen. Die Aprikosenkonfitüre erwärmen und den Kuchen damit bestreichen.

117. Mohnrolle

MACHT WAS HER
Für 1 Backblech
Zubereitungszeit: 30 Min.
Gehzeit: 1 Std.
Backzeit: 30 Min.

Für den Teig: 1 Päckchen Trockenhefe • 80 g Zucker • 1/8 l lauwarme Milch • 1 Prise Salz • 1/2 Päckchen geriebene Orangenschale • 350 g Mehl (Type 405) • 75 g weiche Butter • 1 Ei
Für die Füllung: 100 ml Milch • 250 g gemahlener Mohn • 70 g Zucker • 1/2 Päckchen geriebene Orangenschale • 75 g weiche Butter • 1 Ei • 75 g Rosinen oder Rum-Rosinen • 50 g gehackte Mandeln
Außerdem: Backtrennpapier fürs Blech • Mehl für die Arbeitsfläche • 5 EL Aprikosenkonfitüre • 4 EL Mandelblättchen

– Die Hefe mit 1 TL Zucker und der Milch verrühren. Salz, Orangenschale und Mehl in einer Schüssel mischen. Hefemilch, den restlichen Zucker, die Butter und das Ei dazugeben und alles zu einem glatten Teig verkneten. An einem warmen Ort abgedeckt 45 Min. gehen lassen.
– Inzwischen für die Füllung die Milch erhitzen und über den Mohn gießen. Den Zucker, die Orangenschale, Butter, Ei, Rosinen und Mandeln darunter mischen.
– Backofen auf 200° (Umluft 180°) vorheizen. Das Blech mit Backpapier auslegen. Den Teig auf einer bemehlten Arbeitsfläche zu einem Quadrat (ca. 40 x 40 cm) ausrollen. Den Mohn darauf streichen, einen 2 cm breiten Rand frei lassen.
– Die Teigränder einschlagen, den Teig aufrollen und mit der Naht nach unten auf das Blech legen, 15 Min. ruhen lassen. Die Teigoberfläche mit einer Gabel 12-mal einstechen. Die Rolle im Ofen (Mitte) 30 Min. backen.
– Die Konfitüre in einem Topf erwärmen und durch ein Sieb streichen, den noch warmen Kuchen damit überziehen. Mit den Mandelblättchen bestreuen. Auskühlen lassen.

118. Marzipanzopf

FÜR GÄSTE
Für 1 Backblech
Zubereitungszeit: 35 Min.
Gehzeit: 1 Std. 10 Min.
Backzeit: 40 Min.

Für den Teig: 500 g Mehl (Type 405) • 3/4 Würfel frische Hefe (30 g) • 1/4 l lauwarme Milch • 80 g Butter • 50 g Zucker • 1 Prise Salz
Für die Füllung: 200 g Marzipan-Rohmasse • 2 Eiweiße • 2 EL Zucker • 150 g gehäutete gemahlene Mandeln • 1 Schnapsglas Rum (2 cl)
Außerdem: Butter fürs Blech • Mehl für die Arbeitsfläche • 4 EL Puderzucker • 2 EL Zitronensaft

– Ein Backblech fetten. Das Mehl in eine Schüssel sieben und in die Mitte eine Vertiefung drücken. Die Hefe hineinbröckeln, mit der Milch und etwas Mehl verrühren und zugedeckt 15 Min. an einem warmen Ort gehen lassen. Die Butter zerlassen und mit dem Zucker, dem Salz, dem gesamten Mehl und dem Hefevorteig verrühren. Den Teig so lange schlagen, bis er Blasen wirft. Zugedeckt weitere 30 Min. gehen lassen.
– Das Marzipan mit den Eiweißen, dem Zucker, den Mandeln und dem Rum mischen. Den Teig auf einer bemehlten Arbeitsfläche 50 x 40 cm ausrollen, mit der Füllung bestreichen und längsseitig aufrollen. Die Rolle der Länge nach halbieren, zu einem Zopf drehen und auf dem Backblech 25 Min. gehen lassen. Inzwischen den Backofen auf 220° (Umluft 200°) vorheizen.
– Den Zopf im Ofen (Mitte) 40 Min. backen. Den Puderzucker mit dem Zitronensaft und etwas Wasser verrühren und den noch heißen Zopf damit glasieren.

119. Mohn-Walnuss-Striezel

VOLLWERTIG
Für 1 Kastenform (28 cm Länge)
Zubereitungszeit: 45 Min.
Gehzeit: 45 Min.
Backzeit: 30 Min.

Für den Teig: 200 g Weizenvollkornmehl • je 25 g Buchweizen- und Sojamehl • abgeriebene Schale von 1/2 unbehandelten Zitrone • 1/2 Würfel frische Hefe (20 g) • 50 g flüssiger Honig • 1/8 l Milch
Für die Füllung: 150 g Walnusskerne • 125 g gemahlener Mohn • 1 Msp. gemahlener Zimt • 125 g flüssiger Honig • 4 EL Milch • 25 g Butter
Außerdem: Mehl für die Arbeitsfläche • Fett für die Form • 25 g Butter • 3 EL Aprikosenkonfitüre

– Für den Teig das gesamte Mehl mit der Zitronenschale mischen, in die Mitte die Hefe bröckeln, mit 50 g Honig, der Milch und etwas Mehl verrühren. Den Hefevorteig 15 Min. zugedeckt an einem warmen Ort gehen lassen.
– Das Mehl mit dem Hefevorteig verkneten und den Teig nochmals 30 Min. gehen lassen.
– Einige Walnüsse zum Garnieren beiseite legen. Die übrigen Walnüsse für die Füllung fein mahlen, mit dem Mohn und dem Zimt mischen und mit dem Honig und der Milch aufkochen. Den Topf vom Herd nehmen und die Hälfte der Butter untermischen. Die Füllung unter gelegentlichem Rühren etwas abkühlen lassen.
– Den Teig auf bemehlter Arbeitsfläche etwa 30 x 40 cm groß ausrollen, mit der Füllung bestreichen, von der schmalen Seite her aufrollen und einmal der Länge nach durchschneiden.
– Den Backofen auf 200° (Umluft 180°) vorheizen. Die Form gut fetten. Die beiden Teigstücke umeinanderwickeln und mit der Teigseite nach unten in die Form legen. Kuchen mit der zerlassenen Butter bestreichen und im Ofen (Mitte) 30 Min. backen.
– Den Striezel im abgeschalteten Backofen noch etwa 10 Min. stehen lassen, dann mit der Konfitüre bestreichen, mit den Nüssen garnieren und in der Form auskühlen lassen.

120. Bremer Osterklaben

BERÜHMT
Für 1 Laib und 1 Kastenform (30 cm Länge)
Zubereitungszeit: 45 Min.
Gehzeit: 1 1/2 Std.
Backzeit: 2 Std. 20 Min.

750 g Mehl (Type 405) • 1 3/4 Würfel frische Hefe (70 g) • 100 g Zucker • 1/4 l lauwarme Milch • 400 g Butter • 1 Päckchen Vanillezucker • je 1 TL Salz und gemahlener Kardamom • 700 g Rosinen • 150 g gehäutete gehackte Mandeln • 125 g gehacktes Zitronat • Saft und Schale von 1 unbehandelten Zitrone
Außerdem: Butter für Form und Blech • 50 g Puderzucker

– Den Bremer Osterklaben können Sie als Kastenbrot und als Laib backen. Das folgende Rezept bietet beide Möglichkeiten. Kastenform und Backblech fetten.
– Mehl in eine Schüssel sieben, eine Mulde eindrücken. Hefe hineinbröckeln, mit Zucker und Milch zu einem Vorteig verrühren. Zugedeckt an einem warmen Ort 20 Min. gehen lassen.
– Die Butter schmelzen lassen, mit Vanillezucker, Salz und Kardamom verrühren. Das Buttergemisch mit dem Vorteig und dem ganzen Mehl zu einem lockeren Hefeteig schlagen. Rosinen heiß waschen und trocknen lassen. Mandeln, Zitronat, Saft und Schale der Zitrone und Rosinen unter den Teig mengen. Den Hefeteig zugedeckt weitere 40 Min. gehen lassen.
– Den Teig halbieren. Einen Teil in die gefettete Kastenform füllen, glatt streichen und 15 Min. gehen lassen.
– Den Backofen auf 190° (Umluft 170°) vorheizen. Den Teig (unten) etwa 1 Std. 10 Min. backen. Auf ein Kuchengitter stürzen, auskühlen lassen.
– Die zweite Hälfte des Hefeteigs zu einem länglichen Laib formen, auf das Backblech legen und ebenfalls 15 Min. gehen lassen. Den Laib im Ofen auf der zweiten Schiene von unten etwa 1 Std. 10 Min. backen. Dann auskühlen lassen und mit Puderzucker besieben.

TIPP

Aus dem gleichen Teig können Sie auch Osterbrötchen backen. Wiegen Sie von dem Hefeteig 40–50 g schwere Stücke ab und rollen Sie diese zu Kugeln. Auf das Backblech legen, etwas breit drücken und zugedeckt 15 Min. gehen lassen. Zweimal mit Eigelb bestreichen, Hagelzucker darüber streuen und die Brötchen bei 220° (Umluft 200°) 25–30 Min. backen.

121. Christstollen

FÜR WEIHNACHTEN
Für 2 Stollen
Zubereitungszeit: 1 Std.
Gehzeit: 2 Std. 20 Min.
Backzeit: 60–80 Min.

1,2 kg Mehl (Type 405) • 2 1/2 Würfel frische Hefe (100 g) • 3/8 l lauwarme Milch • 100 g Zucker • 2 Eier • 1 Vanilleschote • abgeriebene Schale von 1 unbehandelten Zitrone • 1/2 TL Salz • 400 g Butter • 350 g Rosinen • 100 g gehäutete gehackte Mandeln • 100 g gehacktes Zitronat • 50 g gehacktes Orangeat • 1 Schnapsglas Rum (2 cl)
Außerdem: Backtrennpapier und Butter fürs Blech • 150 g Butter • 150 g Zucker

– Ein Backblech mit Backpapier belegen und dieses mit Butter bestreichen.
– 1 kg Mehl in eine Schüssel sieben und eine Mulde in die Mitte drücken. Die Hefe hineinbröckeln und mit der Milch, etwas Zucker und etwas Mehl verrühren. Vorteig zugedeckt 20 Min. an einem warmen Ort gehen lassen.
– Den restlichen Zucker mit Eiern, ausgekratztem Mark der Vanilleschote, Zitronenschale und Salz verrühren, mit dem ganzen Mehl und dem Vorteig zu einem Hefeteig verarbeiten, 40 Min. zugedeckt gehen lassen.
– Die Butter mit dem übrigen Mehl verkneten, unter den Hefeteig arbeiten und den Teig noch einmal 30 Min. gehen lassen. Die Rosinen heiß waschen, auf Küchenpapier trockentupfen und mit den gehackten Mandeln, dem Zitronat und Orangeat mischen. Mit dem Rum übergießen und zugedeckt durchziehen lassen. Dann die Fruchtmischung rasch unter den Teig kneten und diesen noch einmal 30 Min. gehen lassen.
– Aus dem Hefeteig 2 längliche Laibe formen und leicht ausrollen, sodass sie in der Mitte dünner als an den Rändern sind. Teig längs einmal zusammenklappen (siehe auch Seite 419), auf das Backblech legen und zugedeckt weitere 20 Min. gehen lassen. Die Stollen müssen deutlich an Volumen gewinnen. Backofen auf 200–210° (Umluft 180–190°) vorheizen. Die Stollen 60–80 Min. (Mitte) backen, noch heiß mit zerlassener Butter bestreichen und dick mit dem Zucker bestreuen.

122. Mandelstollen

BRAUCHT ETWAS ZEIT
Für 2 Stollen
Zubereitungszeit: 40 Min.
Gehzeit: 1 Std. 50 Min.
Backzeit: 60–80 Min.

1 kg Mehl (Type 405) • 2 Würfel frische Hefe (80 g) • 1/4 l lauwarme Milch • 150 g Zucker • 350 g Butter • 1 Päckchen Vanillezucker • 1/2 TL Salz • 250 g gehäutete gehackte Mandeln • 250 g gehacktes Zitronat
Außerdem: Backtrennpapier und Butter fürs Backblech

– Ein Backblech mit Backpapier belegen und dieses mit Butter bestreichen. Das Mehl in eine Schüssel sieben und eine Mulde in die Mitte drücken. Die Hefe hineinbröckeln und mit der Milch, etwas Zucker und etwas Mehl verrühren. Den Vorteig zugedeckt 20 Min. an einem warmen Ort gehen lassen.
– Den restlichen Zucker mit der Butter, dem Vanillezucker und dem Salz verrühren und mit dem Mehl und dem Vorteig zu einem Hefeteig verarbeiten. Noch einmal 40 Min. zugedeckt gehen lassen.
– Die Mandeln und das Zitronat unter den Teig arbeiten. Den Teig erneut 30 Min. gehen lassen, formen (siehe Seite 419), auf das Blech setzen und wieder 20 Min. zugedeckt gehen lassen. Backofen auf 200–210° (Umluft 180–190°) vorheizen. Den Stollen im Ofen (Mitte) 60–80 Min.backen.

123. Stollen mit Nussfüllung

FÜR GÄSTE
Für 2 Stollen
Zubereitungszeit: 45 Min.
Gehzeit: 1 1/2 Std.
Backzeit: 60–80 Min.

1 kg Mehl (Type 405) • 1 3/4 Würfel frische Hefe (70 g) • 1/4 l lauwarme Milch • 120 g Zucker • 3 TL Vanillezucker • 1/2 TL Salz • 350 g Butter • 250 g geschälte gehackte Haselnüsse • 100 g fein gehacktes Zitronat
Für die Füllung: 200 g ungeschälte gemahlene Haselnüsse • 3 Eiweiße • 100 g Zucker • 3 cl Rum
Außerdem: Butter fürs Blech • Alufolie • 150 g Butter zum Bestreichen • 150 g Zucker zum Bestreuen

– Für den Teig das Mehl in eine Schüssel sieben und in die Mitte eine Mulde drücken. Die Hefe hineinbröckeln mit der lauwarmen Milch, etwas Zucker und wenig Mehl vom Rand verrühren. Den Ansatz mit Mehl bestäuben. Mit einem Tuch zudecken und an einem warmen Ort 20 Min. gehen lassen.
– Den restlichen Zucker mit Vanillezucker, Salz und Butter in Stücken zufügen und alles zu einem glatten Teig schlagen. Zudecken, weitere 30 Min. gehen lassen. Haselnüsse und Zitronat zufügen und rasch unter den Teig kneten. Weitere 15–20 Min. zugedeckt gehen lassen.
– Für die Füllung gemahlene Haselnüsse, Eiweiße, Zucker und Rum verrühren und durchziehen lassen. Den Teig halbieren und jedes Teigstück zu einem 30 cm langen Strang formen. Mit dem Rollholz in der Mitte flacher rollen. Den Teig an den kurzen Seiten etwas einschlagen, eine lange Seite zu etwa zwei Drittel über die andere klappen (siehe auch Seite 419). Dabei die Haselnussfüllung jeweils als Strang in die Mitte der Teigplatten setzen. Das Blech fetten, die Stollen darauf legen. Damit sie beim Backen nicht auseinander laufen, eine Manschette aus doppelt gefalteter Alufolie rundherum legen. Stollen zugedeckt 20 Min. gehen lassen.
– Den Backofen auf 200° (Umluft 180°) vorheizen. Die Stollen im Ofen auf der unteren Schiene 60–80 Min. backen. Herausnehmen, noch warm mit zerlassener Butter bestreichen und mit Zucker bestreuen.

124. Mohnstollen

FÜR FESTTAGE
Für 1 Stollen
Zubereitungszeit: 45 Min.
Gehzeit: 1 1/4 Std.
Quellzeit: 10 Min.
Backzeit: 45 Min.

500 g Mehl (Type 405) • 3/4 Würfel frische Hefe (30 g) • 50 g Zucker • 1/4 l lauwarme Milch • 2 Eier • 150 g Butter • 35 g gehäutete gehackte Mandeln • 15 g gehäutete gehackte bittere Mandeln • abgeriebene Schale von 1 unbehandelten Zitrone • 1 Prise Salz
Für die Füllung: 250 g gemahlener Mohn • 1/2 l Milch • 1 Päckchen Vanille-Puddingpulver (zum Kochen) • 1 EL Butter • 1 Eigelb • 100 g Zucker
Außerdem: Butter fürs Blech • Mehl für die Arbeitsfläche • 200 g Puderzucker • 1 Eiweiß • Saft von 1 Zitrone • 2 EL geröstete Mandelblättchen

– Ein Backblech mit Butter bestreichen. Das Mehl in eine Schüssel sieben und eine Vertiefung in die Mitte drücken. Die Hefe hineinbröckeln und mit 1 EL Zucker, der Milch und etwas Mehl zu einem Vorteig verrühren. Ein wenig Mehl darüber stäuben und zugedeckt an einem warmen Ort 15 Min. gehen lassen.
– Eier, restlichen Zucker, Butter, Mandeln, Zitronenschale und Salz auf dem Mehl verteilen, alles mit dem Vorteig gut verkneten. Den Teig schlagen, bis er Blasen wirft und weitere 40 Min. zugedeckt gehen lassen.
– Den Mohn mit 3/8 l Milch aufkochen und 10 Min. quellen lassen. Das Puddingpulver mit der restlichen Milch, der Butter, dem Eigelb und dem Zucker ver-

rühren, zur Mohnmasse geben und einmal unter Rühren aufkochen, dann abkühlen lassen.
– Den Hefeteig auf einer bemehlten Fläche zu einer Platte von 1 cm Dicke ausrollen. Die Mohnfüllung gleichmäßig darauf verstreichen, beide Längsseiten zweimal von außen nach innen einschlagen und einen Stollen formen (siehe auch Seite 419). Den Stollen auf das Backblech legen und weitere 20 Min. gehen lassen. Den Backofen auf 220° (Umluft 200°) vorheizen.
– Den Stollen im Ofen (unten) 35–45 Min. backen. Den Puderzucker sieben und mit dem Eiweiß und dem Zitronensaft verrühren. Den warmen Stollen damit bestreichen und auf die noch weiche Glasur die gerösteten Mandelblättchen streuen.

125. Birnenbrot (Kletzenbrot)

FRUCHTIGER KLASSIKER
Für 1 Birnenbrot
Zubereitungszeit: 1 Std.
Gehzeit: 1 Std. 20 Min.
Quellzeit: 12 Std.
Backzeit: 1 Std.

350 g getrocknete Birnen • 150 g getrocknete Feigen • 100 g getrocknete Pflaumen ohne Stein • 250 g Mehl (Type 405) • 1/2 Würfel frische Hefe (20 g) • 80 g Zucker • 1/4 TL Salz • 1 TL gemahlener Zimt • 1/4 TL gemahlene Nelken • abgeriebene Schale von 1 unbehandelten Zitrone • 60 g gehackte Mandeln • 80 g geschälte Haselnusskerne
Außerdem: Butter fürs Blech

– Birnen, Feigen und Pflaumen über Nacht im Wasser einweichen. Gut abtropfen lassen, 1/8 l der Flüssigkeit abmessen, leicht erwärmen. Die Früchte grob würfeln.
– Mehl sieben und eine Mulde in die Mitte drücken. Die Hefe hineinbröckeln und mit einem Teil der lauwarmen Flüssigkeit auflösen. Mit etwas Mehl bestäuben und zugedeckt an einem warmen Ort 10 Min. gehen lassen.
– Mit der restlichen Flüssigkeit, dem Zucker, Salz, Gewürzen und Zitronenschale zu einem glatten Teig verarbeiten. Zugedeckt noch einmal 10–15 Min. gehen lassen.
– Den Teig mit Trockenfrüchten, Mandeln und Haselnüssen verkneten. Zu einem länglichen Laib formen, auf ein leicht gefettetes Blech setzen, zugedeckt etwa 1 Std. gehen lassen. Den Backofen auf 180° (Umluft 160°) vorheizen. Das Brot im Ofen (Mitte) etwa 1 Std. backen.

126. Stollen mit Marzipanfüllung

FÜR FESTTAGE
Für 1 Stollen
Zubereitungszeit: 1 Std.
Gehzeit: 1 Std. 40 Min.
Backzeit: 1 Std.

550 g Mehl (Type 405) • 1 Würfel frische Hefe (42 g) • 100 g Zucker • 1/8 l lauwarme Milch • 225 g weiche Butter • 2 Päckchen Vanillezucker • 1 Prise Salz • je 1 Prise gemahlene Nelken und Muskatblüte • abgeriebene Schale von 1/2 unbehandelten Zitrone • 50 g Mandelstifte • 75 g Rosinen • 75 g Marzipan-Rohmasse • 3 EL Puderzucker

– Mehl in eine Schüssel sieben, eine Vertiefung hineindrücken. Die Hefe hineinbröckeln und mit 1 EL Zucker, der Milch und etwas Mehl zu einem Vorteig verrühren. Ein wenig Mehl darüber stäuben und zugedeckt an einem warmen Ort 15 Min. gehen lassen.
– Dann mit 100 g Butter, übrigem Zucker, Vanillezucker, Salz, Gewürzen und Zitronenschale verkneten, bis der Teig Blasen wirft, und 40 Min. zugedeckt gehen lassen.
– Teig auf wenig Mehl mit Mandelstiften und Rosinen verkneten, leicht flachdrücken und länglich formen. Marzipan zu einer langen Rolle formen und darauf legen, eine Teigseite darüber schlagen (siehe auch Seite 419). Backblech fetten, Stollen darauf legen, nochmals 45 Min. gehen lassen. Backofen auf 175° (Umluft 160°) vorheizen.
– Den Stollen im Ofen (unten) in etwa 1 Std. goldbraun backen. Übrige Butter zerlaufen lassen, den heißen Stollen damit bestreichen. Nach dem Abkühlen mit Puderzucker bestäuben.

127. Käsekuchen ohne Boden

BLITZREZEPT
Für 1 Springform (26 cm Ø)
Zubereitungszeit: 15 Min.
Backzeit: 50 Min.

150 g Butter • 200 g Zucker • 4 Eier • 1 Vanilleschote • 6 EL feiner Grieß • 500 g Quark • 500 g Frischkäse
Außerdem: Fett für die Form

– Den Backofen auf 180° (Umluft 160°) vorheizen, die Form fetten.

– Butter mit dem Zucker schaumig rühren, Eier nach und nach darunter schlagen. Das Mark aus der Vanilleschote kratzen und mit Grieß, Quark und Frischkäse unter die Eischaummasse rühren. Quarkmasse in die Form füllen. Im Ofen (Mitte) etwa 50 Min. backen.

128. Frischkäsekuchen

BLITZREZEPT
Für 1 Springform (26 cm Ø)
Zubereitungszeit: 15 Min.
Backzeit: 1 1/2 Std.

12 Scheiben Zwieback • 50 g weiche Butter • 3 EL Zucker • 6 Eier • 600 g Doppelrahm-Frischkäse • 150 g Zucker • 200 g saure Sahne • 1 1/2 TL abgeriebene Schale von 1 unbehandelten Zitrone • 1 1/2 EL Zitronensaft • 4 EL Speisestärke • 1 TL Backpulver
Außerdem: Butter für die Form

– Eine Springform fetten, den Backofen auf 150° (Umluft 130°) vorheizen.
– Den Zwieback zu Bröseln zerdrücken. Die Brösel mit der Butter und dem Zucker verkneten und als Boden in die Springform drücken. Die Eier trennen, die Eiweiße zu steifem Schnee schlagen. Den Frischkäse mit den Eigelben, dem Zucker, der sauren Sahne, der Zitronenschale, dem Zitronensaft, der Speisestärke und dem Backpulver verrühren. Den Eischnee unterheben.
– Käsemasse auf den Zwiebackboden streichen, Kuchen im Ofen (Mitte) 1 1/2 Std. backen. Der Kuchen ist fertig, wenn die Mitte fest, aber noch elastisch ist.
– Den Rand des Kuchens sofort nach dem Backen mit einem spitzen Messer von der Springform lösen.

129. Kirschkuchen mit Ricotta und Amaretti

MACHT WAS HER
Für 1 Springform (24 cm Ø)
Zubereitungszeit: 1 Std.
Backzeit: 1 Std.

Für den Teig: 150 g Amaretti • 75 g weiche Butter
Für den Belag: 500 g Sauerkirschen • 4 Eier • 1 Prise Salz • 75 g Zucker • 100 g Sahne • 500 g Ricotta • 5 EL Hartweizengrieß
Für die Kruste: 50 g Butter • 50 g Zucker • 100 g Sahne • 100 g gehackte Mandeln
Außerdem: Gefrierbeutel • Pergamentpapier

– Amaretti in einem Gefrierbeutel mit dem Nudelholz zerdrücken und mit der Butter verkneten. Die Masse gleichmäßig auf den Boden der Form drücken.
– Die Kirschen waschen, entstielen und entsteinen. Die Eier trennen, die Eiweiße mit dem Salz zu steifem Schnee schlagen. Den Zucker mit der Sahne verrühren. Den Ricotta mit den Eigelben, dem Grieß und der Sahne mischen, die Kirschen mit dem Eischnee unterheben und alles in die Form füllen. Den Backofen auf 180° (Umluft 160°) vorheizen.
– Für die Kruste die Butter in einer Pfanne schmelzen, den Zucker darin auflösen, die Sahne zufügen und unter ständigem Rühren einmal aufkochen. Die Mandeln in die Sahne rühren, die Masse abkühlen lassen und auf der Käsecreme verteilen.
– Den Kuchen im Ofen (Mitte) etwa 1 Std. backen. Gegen Ende der Backzeit, wenn nötig, den Kuchen mit Pergamentpapier bedecken.

130. Zebra-Käsekuchen

RAFFINIERT
Für 1 Springform (26 cm Ø)
Zubereitungszeit: 45 Min.
Backzeit: 1 Std. 10 Min.
Ruhezeit: 12–14 Std.

175 g Butterkekse • 3 EL Kakaopulver • 80 g Butter • 200 g Zartbitter-Schokolade • Saft von 1 Orange • 3 EL Orangenlikör • 750 g Magerquark • 250 g Mascarpone • 1 Tütchen flüssiges Vanille-Aroma • 150 g Zucker • 4 Eier
Außerdem: Gefrierbeutel • Fett für die Form

– Den Backofen auf 180° (Umluft 160°) vorheizen, die Form fetten. Die Kekse in einen Gefrierbeutel geben, mit dem Nudelholz zerbröseln und mit Kakao mischen. Butter schmelzen, mit den Bröseln vermengen. Auf den Boden der Form drücken, im Ofen (Mitte) 10 Min. backen, abkühlen lassen und die Temperatur des Ofens auf 160° (Umluft 140°) reduzieren.
– Schokolade zerbröckeln und in Orangensaft in einem Topf unter Rühren schmelzen. Vom Herd nehmen und den Likör unterrühren.

– Quark, Mascarpone und Vanille-Aroma in eine Schüssel geben, Zucker nach und nach mit den Schneebesen des Handrührgeräts unterrühren. Die Eier einzeln zugeben, kurz unterrühren. Die Quarkmasse halbieren, unter eine Hälfte die Schokolade rühren.
– Die Hälfte der weißen Quarkcreme auf dem Keksboden verteilen, dann einen Klecks dunkle Creme in die Mitte geben und kreisförmig nach außen verteilen, dabei die weiße Schicht nicht vollständig verdecken. Die beiden Cremes abwechselnd in Lagen darauf geben (es bildet sich ein hübsches spiralförmiges Muster an der Oberfläche). Im Ofen (unten) etwa 1 Std. 10 Min. backen. Abkühlen lassen und über Nacht im Kühlschrank fest werden lassen.

131. New York Cheesecake

AMERIKANISCH GEBACKEN
Für 1 Springform (24 cm Ø)
Zubereitungszeit: 1 1/4 Std.
Ruhezeit: 12 Std.
Backzeit: 2 Std.

Für den Boden: 125 g knusprige Kekse (z. B. Vollkorn-Butterkekse) • 2 EL Butter • 1/2 Päckchen Vanillezucker
Für die Füllung: 600 g Doppelrahm-Frischkäse • 180 g Zucker • 50 g Mehl (Type 405) • 4 Eier • 1 Vanilleschote • abgeriebene Schale von 2 unbehandelten Zitronen und 1/2 unbehandelten Orange • 100 g Sahne
Für den Belag: 250 g Crème fraîche • 4 EL Zucker • 1 Päckchen Vanillezucker • Puderzucker
Außerdem: Gefrierbeutel • Fett für die Form • Backtrennpapier

– Die Kekse in einem Gefrierbeutel mit dem Nudelholz zerbröseln und in eine Schüssel füllen. Butter schmelzen lassen und mit dem Vanillezucker unter die Brösel mischen. Die Springform fetten und die Brösel hineingeben, gut andrücken und 30 Min. in den Kühlschrank stellen. Den Backofen auf 180° (Umluft 160°) vorheizen.
– Frischkäse, Zucker und Mehl verrühren, die Eier unterschlagen. Das ausgekratzte Mark aus der Vanilleschote, die Zitronen- und Orangenschale unter die Masse rühren. Die Sahne steif schlagen und unterheben.
– Aus dem Backpapier einen Streifen von 80 cm Länge schneiden, 2-mal in der Höhe falten. Als erhöhten Rand rundum in die Springform legen. Die Masse auf den Boden gießen und den Kuchen im Ofen (unten) 15 Min. backen. Die Hitze auf 150° (Umluft 130°) reduzieren und weitere 1 3/4 Std. backen. Den Backofen mindestens 1 Std. nicht öffnen, sonst fällt der Kuchen zusammen.
– 20 Min. vor Backzeitende die Crème fraîche mit Zucker und Vanillezucker verrühren. Auf dem Kuchen verstreichen und fertig backen. Den Ofen ausschalten und den Kuchen über Nacht darin stehen lassen. Das Papier ablösen und den Kuchen mit Puderzucker bestreuen.

132. Kalter Hund

KINDER-KLASSIKER
Für 1 Kastenform (26 cm Länge)
Zubereitungszeit: 45 Min.
Kühlzeit: 4 Std.

250 g Kokosfett • 2 Eier • 100 g Zucker • 1 EL Vanillezucker • 50 g Instant-Kakaopulver • 4 EL Milch • 50 g grob gemahlene Mandeln • 300 g Butterkekse
Außerdem: Alufolie oder Backtrennpapier für die Form

– Das Kokosfett bei schwacher Hitze zerlassen. Die Eier mit Zucker, Vanillezucker, Kakao und Milch verquirlen. Das lauwarme Fett mit den Mandeln untermischen.
– Die Form mit Alufolie oder Backpapier auslegen und mit einer dünnen Schicht Schokocreme bedecken. Eine Lage Butterkekse hineingeben, mit Creme bestreichen, eine weitere Schicht Kekse darauf geben. So fortfahren, bis alle Kekse und die ganze Creme aufgebraucht sind. Die Masse mit einem Teller beschweren, im Kühlschrank in 4 Std. fest werden lassen.
– Den Kekskuchen aus der Form nehmen, das Papier oder die Folie abziehen und den »kalten Hund« in 1 cm dicke Scheiben schneiden.
– Den Kekskuchen im Kühlschrank aufbewahren, er bleibt dann mindestens 1 Woche frisch.

TIPP

Für Erwachsene können Sie in die Creme statt Milch Rum geben. Der Zucker lässt sich durch 200 g Puderzucker ersetzen.

OBSTKUCHEN

Was kann einem Apfel, einer Erdbeere oder einer Zwetschge eigentlich Besseres passieren, als in einem Rührkuchen, auf einem Biskuitboden oder zwischen Strudelblättern zu landen? Und was kann einem Kuchen eigentlich besser bekommen, als eine ordentliche Portion frische Früchte? Denn die bringen nicht nur Saft und Süße ins Gebäck, sie holen auch die Sonne in die Backstube – und damit die Aromen der Jahreszeiten ins Haus.

Schon im Kapitel zuvor sprachen wir vom Zauber, den ein gutes Stück Kuchen schaffen kann. Sind dann noch Früchte dabei, wird alles noch ein bisschen magischer: ein flaumiger Biskuit, auf dem die ersten süßen Erdbeeren aus dem Garten schweben, nur leicht bewölkt von einem Tupfer Schlagsahne; ein satter Rührkuchen, in dem sich von der Sommersonne beschwipste Kirschen verstecken; ein Zwetschgendatschi, auf dem der Zucker noch knirscht; eine erfrischende Zitronentarte, die einen heil durch einen grauen Wintertag bringt – all das sind Lieblingskuchen, die einem besonders nahe am Herzen liegen.

Solche Obstkuchen geben dem Backen seinen Rhythmus im Jahreslauf, der fester scheint als beim Kochen. Denn während wir ohne langes Zögern im Winter Spaghetti mit Tomatensauce genießen und im Herbst nichts gegen Erbsen im Reis haben, schmeckt Erdbeerkuchen nur von Frühling bis Frühsommer und Apfelstrudel erst dann, wenn es wieder kalt ist. So verbinden uns Obstkuchen mit den Jahreszeiten, mit ihren Stimmungen und mit wiederkehrenden, ganz persönlichen Festtagen – und genau darin liegt ihre Magie.

Die Heißgeliebten der Saison

Statt mit einer Tabelle der Früchte der Saison, lässt sich der Jahreslauf für den Kuchenbäcker mit den passenden Kuchen zur passenden Zeit erklären:
– Im **Frühling** geht es herrlich leicht und zart los, zum Beispiel mit Erdbeerschnitten (Rezept Nr. 219), Erdbeer-Kokos-Torte (247) oder Rhabarberkuchen vom Blech (244).
– Den Übergang zum **Sommer** samt Saft und Sonne kann ein Kuchen mit ersten Süßkirschen in Biskuit (148) oder ein Stachelbeertörtchen (258) weisen, bevor es in die Vollen geht: mit Heidelbeer-Quark-Kuchen (185), Johannisbeer-Tarte (186), Aprikosen-Mohn-Streusel (201), Brombeerkuchen mit Guss (242) oder mit einer Joghurt-Pfirsisch-Torte (248). Und wenn das Licht langsam golden wird und man sich dem Herbst nähert, ist die beste Zeit für den Zwetschgendatschi (240).
– Im **Herbst** ist das Kuchenobst Nr. 1 der Apfel. Er ist in vielen Sorten und zahlreichen Geschmacksrichtungen zu haben. Und genauso vielfältig sind die Rezepte dafür – vom Apfelkuchen mit Cidre (164) bis zum gedeckten Apfelkuchen (172), von der Tarte Tatin (168) bis zum Apple Pie (173). Schon ein bisschen früher kommt die Zeit für die beschwipste Birnentorte (175) oder den Trauben-Vollkorn-Kuchen (191).
– Wer im **Winter** sein Obst nicht nur getrocknet und kandiert im Christstollen genießen will, backt mit Südfrüchten und Exoten: Kumquat-Orangen-Kuchen (158), versunkener Ananaskuchen (161), Kakikuchen (205) oder Bananentorte (228) etwa.

Wie man's bäckt, so schmeckt's

Bei aller Magie, Saison hin oder her, da ist ja auch noch der ganz besondere Geschmack, den Früchte ins Gebäck bringen – saftige Süße und erfrischende Säure, die im Teig ihre feste Basis bekommen. Und je nachdem wie das geschieht, entwickeln sie ihre Aromen. Manche Früchte tun das am besten beim Backen mitten im Teig oder obenauf, andere sind so zart und saftig, dass sie erst nach dem Backen aufgelegt werden. Mehr dazu auf der nächsten Doppelseite.

Was ist …

… Beerenobst? Alles, was umgangssprachlich auf „-beere" endet, was allerdings ganz botanisch gesehen nicht immer korrekt ist. So sind z. B. Erdbeeren Sammelnussfrüchte, Him- und Brombeeren Sammelsteinfrüchte, dagegen Heidel- und Johannisbeeren (aber auch Paprika und Tomaten) Beerenfrüchte. Wichtiges Merkmal: Die Samen sind immer von drei fleischigen Schichten umgeben.

… Kernobst? Hier liegen die Samen in einem fünfteiligen, aus der Blüte entstandenen Samengehäuse im Inneren, umgeben von festem Fleisch. Apfel, Birne und Quitte sind Kernobst.

… Steinobst? Früchte, die in der Mitte einen harten Kern (Stein) haben, der von einer fleischigen Schicht umgeben ist, die wiederum von einer dünnen Haut ummantelt wird. Steinobst sind Aprikosen, Pfirsiche, Nektarinen, Mirabellen, Reineclauden, Kirschen, Pflaumen, Zwetschgen. Der Samen liegt im Inneren des Kerns – und kann auch „Frucht" sein wie bei der Mandel oder Walnuss. Das Fleisch wäre hier der „grüne Mantel", den man vorm Verkauf entfernt.

… eine Südfrucht? Ursprünglich alle Früchte, die aus dem mediterranen bis tropischen Süden zu uns kommen. Heute werden vor allem die Altbekannten unter ihnen so genannt, wie Ananas, Banane, Melone, Zitrone, Orange, Clementine, Feige. Der eher rare Rest läuft unter „Exoten" wie Mango, Papaya, Kumquat, Kiwi, Passionsfrucht.

… konserviertes Obst? Eigentlich kann man fast alle Früchte frisch genießen. Doch weil sie empfindlich sind und ihre Saison haben, werden sie konserviert. Nicht zu süße Früchte aus Glas und Dose (Ananas, Aprikose, Birne, Kirsche, Pfirsich) taugen zum Mitbacken, zur Not zum Belegen. Gut: gute Früchte selber einmachen. Besser: warten, bis gute Früchte frisch zu haben sind.

Kuchen, Datschis und Wähen

Die simpelste und oft überzeugendste Verbindung von Obst und Kuchen ist, die Früchte gleich in den Teig zu packen oder zu drücken. Das geht vor allem dann gut, wenn sie beim Backen nicht zu viel Saft abgeben. Wie Äpfel und Birnen, Aprikosen und Kirschen sowie nicht zu reife Zwetschgen. Aber auch etwas festere Beeren wie Johannis-, Heidel- oder Stachelbeeren eignen sich dafür. Sie werden meist in Rührteig gesteckt wie beim klassischen Apfel- oder Kirschkuchen oder auf Hefeteig gelegt wie beim Zwetschgendatschi vom Blech, aber auch bei einer Aprikosenwähe.

Tartes und Strudel

Edler und ein bisschen aufwändiger wird es, wenn Früchte und Teig beim Backen getrennt bleiben – also Birnen auf einer Tarte karamellisiert werden oder Äpfel sich in einem Strudel zu Aromagranaten verwandeln. Hier muss das Obst seinen Saft sammeln und bei sich behalten, wobei eine Extra-Portion gemahlener Nüsse, Mandeln oder Brösel sowie ein süßer Eierguss helfen. Bei einer Tarte ist fast immer Mürbteig die Basis, der oft in der Form vorgebacken wird. Beim Strudel wird der nach ihm benannte Teig mit den Händen hauchdünn ausgezogen und dann samt Füllung wieder eingerollt. Seltener werden Tartes und Strudel mit Blätterteig zubereitet.

Böden und Torten

In Richtung Torte bewegen sich die Obstkuchenböden, auf die erst nach dem Backen die Früchte kommen – vor allem frische Beeren, die zu weich und saftig zum Backen, roh aber gerade richtig zum Anbeißen sind. Doch auch Exotisches wie Banane, Kiwi, Mango oder Papaya kann nach dem Schälen auf die Böden gelegt werden, fein sind auch vollreife aromatische Früchte wie Ananas, Aprikosen, Pfirsiche und Kirschen. Klassisch ist ein Biskuitboden, auf dem das Obst oft noch mit einem klaren Guss aus Saft und Stärke seine Form behält, die feinere Version sind Früchte mit Sahne auf Baiser. Und auch Mürbteig kann eine Basis für solche „Kuchen" sein, die sich mit Cremes als Füllung und Bindung oder gar mit einer Haube aus gebackenem Eischnee ruhig schon mal Torte nennen dürfen. Oder Törtchen, wenn sie in der kleinen Form vorgebacken und anschließend belegt oder gefüllt werden.

Mit Früchten backen

Früchte kaufen

Reife Früchte schmecken am besten, allerdings sind sie auch am empfindlichsten. Wer also in der Saison Früchte in den Einkaufskorb legt, die aus der Nähe oder zumindest aus dem eigenen Land stammen, wird eher Gutes kaufen. Denn solches Obst darf länger am Baum oder Strauch reifen und kommt relativ frisch auf den Markt. Ausnahme: der Winter, wenn bei uns wenig zu holen ist, während am Mittelmeer und in den Tropen die Südfrüchte und besonders die Exoten gerade fein schmecken. Viele Exoten reifen dazu beim Transport und zu Hause noch nach. Solche „klimakterischen" Früchte sind: Banane, Feige, Kiwi, Mango, Nektarine, Papaya, Passionsfrucht und Pfirsich, aber auch Apfel, Birne, wilde Heidelbeere und Zwetschge. Nicht nachreifend sind Ananas, Brombeere, Erdbeere und Himbeere, Kirsche, Traube und alle Zitrusfrüchte.

Früchte aufbewahren

Nur sehr empfindliche Früchte wie Beeren sollten grundsätzlich in den Kühlschrank, Steinfrüchte wenigstens an sehr heißen Tagen oder wenn sie nicht am selben Tag gegessen werden. Dazu das Obst aus Tüten und Schalen holen, auf Tellern oder ähnlichem ausbreiten und abdecken, damit sie nicht nach Kühlschrank schmecken. Vor dem Genießen für 30–60 Minuten in die Küche stellen, damit sie in der Wärme wieder Aroma entfalten können – das gilt auch für mit frischem Obst belegte Kuchen. Robusteres Obst wie Äpfel und Birnen braucht und mag den Kühlschrank nicht. Südfrüchte und Exoten können in ihm viel Aroma verlieren (Melonen) oder sogar verderben (Mango, Ananas, Banane). Zimmertemperatur bekommt ihnen am besten. Achtung: Klimakterische Früchte treiben sich gegenseitig zum Reifen und die nichtklimakterischen zum Verderben an – also getrennt aufbewahren. Das gilt ganz besonders für Äpfel.

Früchte vorbereiten

Erst wenn die Früchte zum Einsatz kommen, werden sie gewaschen und dann sofort geputzt und geschnitten, damit nichts von den empfindlichen Aromen verloren geht. Früchte auch immer gut trockentupfen, bevor entgrünt, entsteint oder geschält wird. Letzteres bei Äpfeln, Birnen und Bananen so spät wie möglich tun, damit sie nicht braun werden. Ein wenig (!) Zitronensaft hilft ebenfalls, dies zu verhindern. Dann die Früchte nach Rezept schneiden, reiben, pürieren oder garen. All das sollte direkt vor dem Backen, Belegen oder Verzieren geschehen, damit das Obst sein Aroma, seine Konsistenz und seinen Saft behält.

Der gelbe GU-Kummerkasten

Was tun, wenn der Obstkuchen tropft? *Das lässt sich durch die Obstwahl verhindern: Weiche Früchte, die viel Wasser enthalten, eignen sich nicht zum Mitbacken, da sie wie überreife Früchte zu viel Saft abgeben. Daher wird Zwetschgendatschi mit noch relativ festen Zwetschgen gebacken. Außerdem: Jedes Entkernen, Putzen und Zerkleinern lässt die Säfte fließen, dies daher so sparsam und so kurz vorm Backen oder Belegen wie möglich tun. Und zur Not trockentupfen, bevor die Früchte in oder auf den Kuchen kommen. Kirschen, Apfel- und Rhabarberstücke oder ähnliches in Mehl gewendet, geben im Teig weniger Saft ab. Gemahlene Nüsse oder Mandeln, Semmelbrösel oder auch Puddingpulver auf dem Teig binden den Saft zum Beispiel im Strudel und saugen ihn bei Obstkuchenböden auf. Noch besser kann man die gebackenen Böden durch Oblaten, Eiswaffeln, Marzipan, eine feste Creme, eine dünne Schicht Marmelade oder Schokolade unterm Obst abdichten. Ein Guss als Abschluss hält hier zusätzlich den Saft in der Frucht. Die Verwendung von TK-Früchten vermeiden.*

133. Einfacher Apfelkuchen

GANZ LEICHT ZU MACHEN
Für 1 Backblech
Zubereitungszeit: 1 Std.
Backzeit: 30 Min.

4–5 Äpfel (Cox Orange, Boskop) • 1 Becher Sahne (200 g) • 1 Becher Zucker • 1 Päckchen Vanillezucker • 3 Eier • 2 Becher Mehl (Type 405) • 3/4 Päckchen Backpulver • abgeriebene Schale von 1 unbehandelten Zitrone • 2 Prisen Salz
Für den Belag: 100 g Butter • 100 g Mandelblättchen • 3/4 Becher Zucker • 4 EL Milch
Außerdem: Backtennpapier fürs Blech

– Äpfel schälen, vierteln und die Kerngehäuse entfernen, in Spalten schneiden. Backblech mit Backpapier auslegen. Backofen auf 200° (Umluft 180°) vorheizen.
– Die Sahne in eine Schüssel gießen, den Becher säubern und abtrocknen. Zucker abmessen und mit Vanillezucker und Eiern zur Sahne geben, schaumig rühren. Nun Mehl mit dem Becher abmessen und mit Backpulver, Zitronenschale und Salz unterrühren. Den Teig auf das Blech streichen, mit den Apfelspalten belegen.
– Im Ofen (Mitte) 10 Min. backen. In der Zwischenzeit die Butter erhitzen und die Mandeln darin leicht anbräunen. Zucker abmessen, einrühren und mit der Milch aufschäumen lassen. Den Kuchen aus dem Ofen nehmen, den Mandelbelag darauf verteilen und in 15–20 Min. fertig backen.

TIPP
Der Kuchen schmeckt auch mit abgetropften Kirschen aus dem Glas – und sogar ohne Obst, dann etwas mehr Mandeln und Butter nehmen.

134. Apfeltorte mit Marzipan

SCHMECKT KINDERN
Für 1 Springform (28 cm Ø)
Zubereitungszeit: 1 Std.
Backzeit: 45 Min.

1 kg Äpfel • Saft und abgeriebene Schale von 1 unbehandelten Zitrone • 2 Msp. gemahlener Zimt • 100 g Walnusskerne • 100 g Zucker • 2 Päckchen Vanillezucker • 2 Prisen Salz • 100 g Marzipan-Rohmasse • 120 g weiche Butter • 4 Eier • 4 EL Sahne • 250 g Mehl (Type 405) • 1/2 Päckchen Backpulver • 2 EL Puderzucker
Außerdem: Fett und Semmelbrösel für die Form

– Die Äpfel schälen, vierteln und das Kerngehäuse entfernen. Apfelviertel an der Oberseite mehrmals leicht einschneiden. Den Zitronensaft über die Äpfel träufeln. Mit dem Zimt bestäuben, mischen und zugedeckt zur Seite stellen. Die Walnusskerne vierteln.
– Den Backofen auf 200° (Umluft 180°) vorheizen. Die Springform fetten und mit Bröseln ausstreuen.
– Zucker, Vanillezucker, Salz, Marzipan und Zitronenschale verkneten. Butter, Eier und Sahne zufügen und alles mit den Schneebesen des Handrührgeräts schaumig rühren. Mehl und Backpulver dazusieben, alles gut verrühren.
– Den Teig in die Form geben und die Apfelviertel mit der eingeschnittenen Seite nach oben eng und leicht überlappend im Kreis auflegen. Die Walnussviertel darauf verteilen und den Kuchen im Ofen (Mitte) 45 Min. backen. Zum Schluss die Oberhitze auf höchste Stufe stellen, den Puderzucker über den fertigen Kuchen sieben und in 3–4 Min. leicht karamellisieren lassen.

TIPPS
- **Anstelle von Nüssen können Sie den Kuchen mit in Rum eingeweichten Rosinen oder Korinthen bestreuen.**
- **Statt mit Puderzucker bestreichen Sie den noch heißen Kuchen mit erwärmtem Apfelgelee.**

135. Apfelkuchen mit Kokosraspeln

RAFFINIERT KOMBINIERT
Für 1 Backblech
Zubereitungszeit: 1 Std.
Backzeit: 40 Min.

200 g weiche Butter • 200 g Zucker • 2 Päckchen Vanillezucker • 3 Prisen Salz • 4 Eier • 350 g Mehl (Type 405) • 1/2 Päckchen Backpulver • 4–5 EL Milch • abgeriebene Schale von 1 unbehandelten Zitrone • 1 EL Zitronensaft • 150 g Kokosraspel • 2 kg säuer-

liche Äpfel • 100 g gemahlene Mandeln • 150 g Puderzucker
Außerdem: Backtrennpapier fürs Blech

– Die Äpfel schälen, vierteln, das Kerngehäuse entfernen und die Apfelviertel in Spalten schneiden. Den Backofen auf 220° (Umluft 190°) vorheizen. Das Blech mit Backpapier auslegen.
– Butter, die Hälfte Zucker, Vanillezucker und 2 Prisen Salz in eine Schüssel geben. 3 Eier trennen, Eiweiße beiseite stellen. Die Eigelbe und das ganze Ei zur Butter-Zucker-Mischung geben, die Masse schaumig rühren. Das Mehl mit dem Backpulver dazusieben. Milch, Zitronenschale und 70 g Kokosraspel unterrühren.
– Den Teig auf dem Blech verstreichen, mit den Mandeln bestreuen und dicht mit den Apfelspalten belegen. Mit dem restlichen Zucker bestreuen und im Ofen (Mitte) vorerst 15 Min. backen.
– Inzwischen die Eiweiße mit 1 Prise Salz und dem Puderzucker steif schlagen. Den Zitronensaft und die restlichen Kokosflocken unterheben. Diesen Guss auf den Äpfeln verstreichen, die Backofentemperatur auf 180° (Umluft 170°) zurückschalten und den Kuchen in 20–25 Min. fertig backen.

TIPPS

• Der Apfel ist die bei uns am meisten gegessene Kernfrucht. Allein in Europa gibt es mehrere tausend Sorten. Äpfel sollten kühl, dunkel und luftig gelagert werden. Roh lassen sie sich nicht einfrieren. Für Kuchen können sie in Wasser blanchiert tiefgekühlt werden.
• Zum Backen eignen sich festfleischige, säuerliche Sorten wie Boskop, Cox Orange, Glockenapfel, Grafensteiner und Jonathan am besten.

136. Gestürzte Birnentorte

BLITZREZEPT
Für 1 beschichtete Springform (24 cm Ø)
Zubereitungszeit: 20 Min.
Backzeit: 25 Min.

200 g Zucker • 3 Birnen • 100 g weiche Butter • 2 Eier • 100 g Mehl (Type 405) • 1/4 TL Backpulver • 2 EL Mandelblättchen

– 100 g Zucker mit 3 EL Wasser in einer beschichteten Pfanne ohne Rühren aufkochen. Dann bei mittlerer Hitze unter gelegentlichem Rühren köcheln lassen, bis ein hellbrauner Karamell entsteht. In die Form gießen. Den Backofen auf 200° (Umluft 180°) vorheizen.
– Die Birnen schälen, vierteln, dabei das Kerngehäuse entfernen. Viertel längs in schmale Spalten schneiden und in die Form legen.
– Die Butter mit dem restlichen Zucker und den Eiern zu einer cremigen Masse rühren. Das Mehl mit dem Backpulver mischen und unterheben. Den Teig gleichmäßig über den Birnen verteilen. Im Ofen (Mitte) 25 Min. backen.
– Den Kuchen aus dem Ofen nehmen, etwas abkühlen lassen. Den Rand vorsichtig ablösen, Kuchen auf eine Platte stürzen und den Rand mit den Mandelblättchen bestreuen.

TIPPS

• Der Kuchen schmeckt lauwarm mit Vanilleeis oder Schlagsahne vorzüglich.
• Anstelle der frischen Birnen können Sie auch Birnen aus der Dose nehmen. Mit Küchenpapier gut trockentupfen und in Spalten schneiden.

137. Birnenkuchen mit Schmandguss

SUPER SAFTIG
Für 1 tiefes Backblech
Zubereitungszeit: 1 1/2 Std.
Backzeit: 55 Min.

1,5 kg reife, aber noch feste Birnen • Saft und abgeriebene Schale von 2 unbehandelten Zitronen • 200 g Marzipan-Rohmasse • 150 g Zucker • 2 Päckchen Vanillezucker • 2 Prisen Salz • 150 g weiche Butter • 8 Eier • 6 EL Sahne • 300 g Mehl (Type 405) • 3/4 Päckchen Backpulver • 200 g gehackte Mandeln • 3 EL Puderzucker • 1 EL Speisestärke • 300 g Schmand
Außerdem: Backtrennpapier fürs Blech

– Die Birnen vierteln, das Kerngehäuse herausschneiden und die Birnenviertel schälen. Je nach Größe längs in 2–3 Spalten schneiden. Mit 2 EL Zitronensaft beträufeln, durchmengen und zur Seite stellen.

– Das Marzipan mit Zucker, Vanillezucker und Salz verkneten. Die Butter in Stückchen und die Hälfte der Zitronenschale mit den Schneebesen des Handrührgeräts unterrühren. Das Blech mit Backpapier auslegen.
– 5 Eier und die Sahne nach und nach unter den Teig rühren. Mehl und Backpulver dazusieben, mit den Mandeln zu einem glatten Teig vermengen. Gleichmäßig auf dem Blech verteilen, mit den Birnen belegen.
– Für den Guss restlichen Zitronensaft und übrige Zitronenschale, Puderzucker und Stärke verrühren. Den Schmand und die restlichen Eier mit dem Schneebesen unterarbeiten. Den Guss auf den Birnen verteilen.
– Das Blech in den kalten Backofen (Mitte) schieben, bei 200° (Umluft 180°) 55 Min. backen.

138. Einfacher Pflaumenkuchen

GANZ LEICHT ZU MACHEN
Für 1 Springform (26 cm Ø)
Zubereitungszeit: 45 Min
Backzeit: 1 Std.

200 g weiche Butter • 200 g Zucker • 2 Päckchen Vanillezucker • 1 Prise Salz • 4 Eier • 250 g Mehl (Type 405) • 1 EL Speisestärke • 1/2 Päckchen Backpulver • 1 kg Pflaumen oder Zwetschgen
Außerdem: Fett und Semmelbrösel für die Form • gemahlener Zimt und Zucker zum Bestreuen

– Die Butter mit Zucker, Vanillezucker, Salz und Eiern schaumig rühren. Mehl, Speisestärke und Backpulver dazusieben, alles gut verrühren.
– Den Backofen auf 200° (Umluft 180°) vorheizen. Die Form fetten und mit Bröseln ausstreuen. Die Pflaumen waschen, halbieren und entsteinen. Die Hälften nochmals halbieren und vorsichtig unter den Teig mengen. Teig in die Form füllen. Im Ofen (Mitte) 55–60 Min. backen, bei Bedarf mit Alufolie abdecken.
– Den noch warmen Kuchen mit einer Zucker-Zimt-Mischung bestreuen. Schlagsahne dazu servieren.

TIPP
Den Kuchen mit Zimtstreuseln backen. Dafür 150 g Mehl, 150 g Zucker, 1 TL gemahlenen Zimt und 75 g Butter zu Streuseln verkneten. Auf den Pflaumen verteilen und wie beschrieben backen.

139. Beerenkuchen vom Blech

FÜR GÄSTE | SOMMERLICH
Für 1 Backblech
Zubereitungszeit: 35 Min.
Backzeit: 35 Min.

Für den Teig: 150 g weiche Butter • 140 g Zucker • 3 TL Vanillezucker • 5 Eier • 2 cl Apricot Brandy • 50 g gemahlener Mohn • 150 g gehäutete gemahlene Mandeln • 200 g Mehl (Type 405) • 2 gestrichene TL Backpulver
Für den Belag: 250 g Aprikosen • 700 g gemischte Beeren (z. B. rote und schwarze Johannisbeeren, Brombeeren, Heidelbeeren, Stachelbeeren)
Außerdem: Butter und Semmelbrösel fürs Blech • 100 g passierte Aprikosenkonfitüre • 50 g gehobelte geröstete Mandeln

– Das Backblech fetten, mit Semmelbrösel bestreuen. Den Backofen auf 200° (Umluft 180°) vorheizen.
– Für den Teig die Butter cremig rühren, nach und nach Zucker und Vanillezucker unterrühren, dann die Eier und den Brandy. Mohn, Mandeln, Mehl und Backpulver vermischen und unter die Buttermasse rühren. Den Teig auf das Backblech streichen.
– Für den Belag die Aprikosen mit kochendem Wasser überbrühen, häuten, halbieren, entsteinen. Die Beeren verlesen und putzen. Alle Beeren in einem Sieb unter fließendem Wasser waschen, abtropfen lassen. Die Aprikosen und die Beeren auf dem Teig verteilen.
– Im Ofen (Mitte) 30–35 Min. backen. Die Konfitüre erhitzen und den Kuchen damit bestreichen. Mit Mandelblättchen bestreuen.

140. Himbeer-Schokoladen-Kuchen

BRAUCHT ZEIT | GELINGT LEICHT
Für 1 Springform (26 cm Ø)
Zubereitungszeit: 1 Std.
Backzeit: 35 Min.
Ruhezeit: 4–6 Std.

125 g weiche Butter • 100 g Zucker • 4 Eier • 1 Prise Salz • 100 g Zartbitter-Schokolade • 150 g gemahlene Haselnüsse • 100 g Mehl (Type 405) • 3 EL Kakaopulver • 2 TL Backpulver • 500 g Himbeeren •

5 EL Himbeersirup • 200 g Sahne • 1 EL Vanillezucker • 3 EL Puderzucker
Außerdem: Butter und Zwiebackbrösel für die Form

– Butter mit dem Zucker schaumig rühren. Eier trennen und Eiweiße mit dem Salz zu steifem Schnee schlagen. Eigelbe nach und nach unter die Buttermasse rühren.
– Den Backofen auf 180° (Umluft 160°) vorheizen. Die Form fetten und mit den Bröseln ausstreuen.
– Die Schokolade im heißen Wasserbad schmelzen und mit den Nüssen in den Teig rühren. Das Mehl mit dem Kakao und dem Backpulver mischen und mit dem Eischnee unterheben. Den Teig in die Form füllen und im Backofen (Mitte) etwa 30–35 Min. backen. Dann den Kuchen 4–6 Std. ruhen lassen.
– Die Himbeeren abbrausen und abtropfen lassen. Vom kalten Kuchen etwa ein Viertel horizontal abschneiden und zerbröseln. Den Rest mit dem Sirup tränken und mit den Himbeeren belegen.
– Die Sahne mit dem Vanillezucker steif schlagen und über die Himbeeren streichen. Brösel darüber streuen und mit dem Puderzucker besieben.

141. Schwarzer Johannisbeerkuchen

GELINGT LEICHT
Für 1 Backblech
Zubereitungszeit: 45 Min.
Backzeit: 40 Min

500 g schwarze Johannisbeeren (frisch oder eingefroren) • 250 g weiche Butter • 200 g Zucker • 2 Päckchen Vanillezucker • 4 Eier • 1 Prise Salz • abgeriebene Schale von 1 unbehandelten Zitrone • 400 g Mehl (Type 405) • 1 Päckchen Backpulver • 1/8 l Milch • 1/4 l Eierlikör • 400 g Sahne
Außerdem: Fett und Semmelbrösel fürs Blech • Gefrierbeutel

– Die Beeren abspülen und von den Rispen streifen. Den Backofen auf 180° (Umluft 160°) vorheizen. Das Blech fetten und mit Bröseln bestreuen.
– Die Butter mit Zucker und 1 Päckchen Vanillezucker verrühren. Nach und nach Eier, Salz und Zitronenschale unterrühren. Mehl und Backpulver dazusieben, Milch und Johannisbeeren unter den Teig mengen.
– Die Teigmasse auf dem Blech verstreichen und im Ofen (Mitte) 40 Min. backen. Auskühlen lassen.
– Etwa die Hälfte des Eierlikörs mit einem Backpinsel auf dem Kuchen verstreichen. Unmittelbar vor dem Servieren die Sahne mit dem zweiten Päckchen Vanillezucker steif schlagen und gleichmäßig auf dem Kuchen verstreichen.
– Den restlichen Eierlikör in einen kleinen Gefrierbeutel füllen, eine winzige Ecke abschneiden und mit dem Likör ein Gittermuster über die Sahne ziehen.

TIPPS

• Es gibt rote, weiße und schwarze Johannisbeeren. Sie werden Anfang Juni bis Ende August angeboten.
• Rote Johannisbeeren sind säuerlich und erfrischend. Sie eignen sich gut zum Rohessen, aber auch für Desserts, Gelee und Gebäck. Unverzichtbar sind sie für die Rote Grütze.
• Weiße Johannisbeeren werden seltener angeboten. Sie schmecken genauso wie rote und eignen sich ebenso gut für Most und Konfitüre.
• Schwarze Johannisbeeren sind transportempfindlicher als die roten. Sie enthalten ungewöhnlich viel Vitamin C und andere für die Gesundheit wertvolle Stoffe.

142. Stachelbeerkuchen

GELINGT LEICHT
Für 1 Backblech
Zubereitungszeit: 45 Min.
Backzeit: 40 Min.

1 kg grüne Stachelbeeren • 1 Päckchen Vanillezucker • 2 EL gemahlene Mandeln • 125 g Marzipan-Rohmasse • 250 g weiche Butter • 200 g Zucker • 6 Eier • 450 g Mehl (Type 405) • 1 TL Backpulver • 1/8 l Milch • 100 g Puderzucker
Außerdem: Butter fürs Blech

– Stachelbeeren putzen, waschen und leicht trockentupfen. Die Beeren mehrfach mit einer Nadel oder einem Holzstäbchen einstechen, damit sie beim Backen nicht zu sehr aufplatzen. Die Stachelbeeren mit dem Vanillezucker und den Mandeln vermischen.
– Das Backblech fetten. Den Backofen auf 180° (Umluft 160°) vorheizen.

– Das Marzipan mit Butter und Zucker kräftig zu einer glatten Masse verrühren. Die Eier nach und nach unter ständigem Rühren dazugeben.
– Das Mehl mit Backpulver mischen und abwechselnd mit der Milch zu dem Teig geben. Den Teig auf das Blech geben, die Stachelbeeren darüber verteilen. Im Ofen (Mitte) 40 Min. backen.
– Den fertigen Kuchen mit Puderzucker bestäuben.

TIPP

Stachelbeeren können weiß-gelb oder rot, glatt oder behaart sein und dünne zarte oder feste dicke Schalen haben. Sie sind saftig säuerlich, werden aber mit zunehmender Reife immer süßer. Roh schmecken sie sehr gut, sie eignen sich aber auch für Kompott, Marmelade und als Kuchenbelag. Blanchiert lassen sie sich gut einfrieren.

143. Stachelbeer-Nuss-Kuchen

RAFFINIERT KOMBINIERT
Für 1 Springform (26 cm Ø)
Zubereitungszeit: 40 Min.
Backzeit: 50 Min.

500 g Stachelbeeren (oder Kapstachelbeeren) • 1 EL Zitronensaft • 2 EL Puderzucker • 150 g weiche Butter • 150 g Zucker • 4 Eier • 1 Prise Salz • abgeriebene Schale von 1 unbehandelten Zitrone • 300 g gemahlene Haselnüsse • 150–200 g Puderzucker • 1 Eiweiß
Außerdem: Butter und Zwiebackbrösel für die Form

– Die Stachelbeeren waschen und abtropfen lassen (Kapstachelbeeren aus den Hüllblättern lösen). Die Beeren rundherum mit einer Nadel einstechen. Zitronensaft und Puderzucker mischen und die Beeren darin wenden. Den Backofen auf 180° (Umluft 160°) vorheizen. Die Form fetten und mit Bröseln ausstreuen.
– Die Butter bis auf 1 EL mit dem Zucker schaumig rühren. Die Eier trennen. Die Eiweiße mit dem Salz steif schlagen. Nach und nach die Eigelbe und die Zitronenschale unter die Buttermasse rühren. Den Eischnee darüber füllen, die Nüsse darauf streuen und beides unter den Teig heben.
– Den Teig in die Form füllen und die Beeren darauf verteilen. Den Kuchen im Backofen (Mitte) etwa 50 Min. backen. Auskühlen lassen.
– Die übrige Butter zerlassen, aber nicht erhitzen. Den gesiebten Puderzucker mit dem Eiweiß verrühren, die abgekühlte Butter tropfenweise untermischen und den Kuchen mit der Glasur überziehen.

144. Preiselbeerbombe

BLITZREZEPT
Für 1 Springform (26 cm Ø)
Zubereitungszeit: 20 Min.
Backzeit: 25 Min.

3 Eier • 200 g Schmand • 200 g Zucker • 250 g Mehl (Type 405) • 2 TL Backpulver • 400 g Sahne • 400 g Preiselbeeren
Außerdem: Fett oder Backtrennpapier für die Form

– Den Backofen auf 180° (Umluft 160°) vorheizen. Die Form fetten oder den Boden mit Backpapier auslegen.
– Die Eier mit dem Schmand und dem Zucker schaumig schlagen. Das Mehl und das Backpulver nur kurz unterrühren. Den Teig in die Form füllen und im Ofen (Mitte) 25 Min. backen. Auskühlen lassen.
– Den Kuchen aushöhlen, dabei aber einen 2 cm breiten Rand stehen lassen. Das Ausgehöhlte in Krümel zerkleinern. Die Sahne steif schlagen, die Preiselbeeren und Krümel untermischen. Die Masse in den Kuchen füllen. Bis zum Servieren kalt stellen.

TIPPS

• Der Schmand macht diesen Teig besonders lecker und saftig. Sie können ihn aber auch durch Sahne oder Sauerrahm ersetzen.
• Die Füllung schmeckt auch mit abgetropften Kirschen aus dem Glas, Mandarinen aus der Dose oder mit klein geschnittenem Mangofruchtfleisch.
• Aromatisieren Sie den Teig mit 1/2 Fläschchen Butter-Vanille-Aroma oder mit dem ausgekratzten Mark von 1 Vanilleschote.
• Auch die abgeriebene Schale einer unbehandelten Zitrone oder Orange gibt dem Teig eine feine Note.

145. Einfacher Kirschkuchen

BLITZREZEPT
Für 1 Backblech
Zubereitungszeit: 15 Min.
Backzeit: 25 Min.

2 Gläser Schattenmorellen (à 370 g Abtropfgewicht) • 5 Eier • 250 g weiche Butter • 250 g Zucker • 250 g Mehl (Type 405) • 1 TL Backpulver • 1 Prise Salz • 2–3 EL Kirschwasser (nach Belieben) • Hagelzucker zum Bestreuen
Außerdem: Backtrennpapier fürs Blech

– Die Kirschen in einem Sieb gut abtropfen lassen. Die Eier trennen, die Eiweiße beiseite stellen. Die Eigelbe mit Butter und Zucker schaumig rühren. Mehl, Backpulver, Salz und das Kirschwasser darunter rühren.
– Den Backofen auf 200° (Umluft 180°) vorheizen. Das Blech mit Backpapier auslegen.
– Die Kirschen unter den Teig mengen. Zum Schluss die Eiweiße steif schlagen und unter den Teig heben. Die Masse auf dem Blech verstreichen und mit Hagelzucker bestreuen. Im Ofen (Mitte) 25 Min. backen.

TIPPS

• Diesen Kuchen können Sie mit Ihren Vorräten variieren: Eingemachte Zwetschgen, Aprikosen oder Pfirsiche (auch aus der Dose) eignen sich ebenfalls gut als Belag.
• Immer schmeckt Schlagsahne dazu! Wenn Sie Mandellikör im Haus haben und keine Kinder mitessen: 2 EL unter die Sahne rühren, das Mandelaroma passt wunderbar zu den Kirschen.

146. Sauerkirschkuchen

LEICHT ZU MACHEN
Für 1 Backblech
Zubereitungszeit: 25 Min.
Backzeit: 50 Min.

1,5 kg Sauerkirschen • 250 g Butter oder Margarine • 250 g Zucker • 2 Prisen Salz • 4 Eier • abgeriebene Schale von 1 unbehandelten Zitrone • 300 g Mehl (Type 405) • 100 g Speisestärke • 3/4 Päckchen Backpulver • 5 EL saure Sahne • 100 g gestiftelte Mandeln
Außerdem: Backtrennpapier oder Fett und Semmelbrösel fürs Blech • 50 g Zucker zum Bestreuen

– Die Kirschen in einem Sieb abspülen, entstielen und entsteinen.
– Die Butter mit dem Zucker, dem Salz, den Eiern und der Zitronenschale mit den Schneebesen des Handrührgeräts schaumig rühren. Nach und nach Mehl, Speisestärke, Backpulver und saure Sahne unterrühren.
– Das Blech mit Backpapier auslegen oder fetten und mit Bröseln bestreuen. Teig darauf verstreichen und die Kirschen gleichmäßig darauf verteilen. Mit Mandeln bestreuen und in den kalten Ofen (Mitte) schieben. Bei 200° (Umluft 180°) 50 Min. backen. Den fertigen Kuchen mit Zucker bestreuen und auskühlen lassen.

OBST-
KUCHEN

TIPPS

• Statt Zucker schmeckt auch eine Glasur auf dem Kuchen: Dafür 20 g Pflanzenfett schmelzen und abkühlen lassen. Mit 150 g Puderzucker und 2 EL Zitronensaft verrühren und mit einem Backpinsel auf dem Kuchen verstreichen.
• Es gibt Süß- und Sauerkirschen. Sie sind reich an Vitaminen der B-Gruppe und an Vitamin C.
• Süßkirschen sind ab Mai erhältlich. Achten Sie auf regionaltypische Sorten, dann können Sie sicher sein, dass Sie ausgereifte, aromatische Früchte bekommen – ohne lange Transportwege.
• Süßkirschen halten bei kühler Lagerung maximal 2 Wochen und schmecken am besten frisch.
• Sauerkirschen halten bis zu 10 Tagen. Sie eignen sich gut fürs Kompott- und Saftmachen.

147. Kirsch-Tarte

BLITZREZEPT
Für 1 Tarteform (28 cm Ø)
Zubereitungszeit: 15 Min.
Backzeit: 30 Min.

1 Glas Kirschen (370 g Abtropfgewicht) • 150 g Butter • 3 Eier • 250 g Zucker • 100 g Mehl • 50 g gehäutete gemahlene Mandeln • 40 g Mandelblättchen • 1 TL Puderzucker
Außerdem: Fett für die Form

– Die Form fetten. Den Backofen auf 180° (Umluft 160°) vorheizen. Die Kirschen abtropfen lassen.
– Die Butter schmelzen. Die Eier mit Zucker cremig schlagen, Mehl und Mandeln unterrühren. Die flüssige Butter unterheben. Den Teig in die Form füllen, die Kirschen darauf verteilen.
– Den Kuchen im Ofen (Mitte) 30 Min. backen. Nach 15 Min. die Mandelblättchen mit dem Puderzucker vermischen und auf dem Kuchen verteilen. Lauwarm mit Eis oder Schlagsahne servieren.

148. Blankenhainer Kirschkuchen

SCHILLERS LIEBLINGSKUCHEN
Für 1 Springform (28 cm Ø)
Zubereitungszeit: 20 Min.
Backzeit: 40 Min.

6 Eier • 200 g Zucker • 1 Prise Salz • 200 g Mehl (Type 405) • 1 TL gemahlener Zimt • 150 g gemahlene Mandeln • 500 g frische entsteinte Süßkirschen (ersatzweise Kirschen aus dem Glas)
Außerdem: Butter für die Form • Hagelzucker zum Bestreuen (ersatzweise Zucker)

– Den Backofen auf 175° (Umluft 160°) vorheizen. Die Springform fetten.
– Die Eier trennen, Eigelbe mit dem Zucker schaumig rühren. In einer zweiten Schüssel die Eiweiße mit dem Salz zu steifem Schnee schlagen. Das Mehl zum Eigelb sieben, den Zimt unterrühren. Zuerst vorsichtig den steif geschlagenen Eischnee und dann die Mandeln unterheben. Die Kirschen einrühren.
– Den Teig in die Form füllen. Im Ofen (Mitte) 40 Min. backen. Den Kuchen mit dem Hagelzucker bestreuen.

149. Gâteau basque aux cerises
(Kirschkuchen aus dem Baskenland)

SAFTIG-SÜSS | GELINGT LEICHT
Für 1 Springform (20–22 cm Ø)
Zubereitungszeit: 1 Std.
Backzeit: 40 Min.
Kühlzeit: 2–3 Std.

Für den Teig: 1/2 Vanilleschote • 2 Eigelbe • 1 Prise Salz • 100 g Zucker • 120 g weiche Butter • 1 EL Rum • 100 g Mehl (Type 405) • 1 TL Backpulver • 50 g fein gemahlene Mandeln
Für die Füllung: 2 Eigelbe • 50 g Zucker • 1 EL Speisestärke • 200 ml Milch • 150–200 g kleine schwarze Kirschen (ersatzweise Sauerkirschen) • 1 Ei (Größe S)
Außerdem: Butter für die Form

– Die Form mit Butter fetten. Für den Teig die Vanilleschote längs aufschneiden, das Mark herauskratzen. Eigelbe mit Salz, Zucker, Vanillemark, Butter und Rum cremig schlagen. Mehl, Backpulver und Mandeln mischen und unter die Eigelbmasse rühren. Zwei Drittel des Teigs in die Form füllen, am Rand 3–4 cm hoch streichen, etwa 30 Min. mit dem restlichen Teig kühlen.
– Inzwischen für die Füllung die Eigelbe mit 30 g Zucker schaumig schlagen. 10 g Zucker mit der Speisestärke und 3 EL Milch glatt rühren und unter die Eigelbmasse schlagen. Restliche Milch mit restlichem Zucker bei mittlerer Hitze aufkochen, unter Rühren auf die Eimasse gießen. Im Topf bei schwacher Hitze steif rühren. Die Crème pâtissière sofort im eiskalten Wasserbad abkühlen.
– Den Backofen auf 200° (Umluft 180°) vorheizen. Kirschen waschen, trockentupfen, entstielen und entsteinen. Die Creme auf den Teig streichen, Kirschen darauf verteilen. Den restlichen Teig darüber geben und zusammen mit dem Teigrand glatt streichen. Das Ei verquirlen, den Teig damit bestreichen. Dann mit einer Gabel Musterstreifen ziehen. Im Ofen (Mitte) 30–40 Min. backen. Im offenen, ausgeschalteten Backofen auskühlen lassen. Zimmerwarm servieren.

150. Brauner Kirschkuchen

LEICHT ZU MACHEN | PREISWERT
Für 1 Springform (26 cm Ø)
Zubereitungszeit: 30 Min.
Backzeit: 50 Min.

2 Gläser Sauerkirschen (à 370 g Abtropfgewicht) • 1 EL Kirschwasser (nach Belieben) • 100 g Zartbitter-Schokolade • 4 Eier • 1 Prise Salz • 200 g Butter • 180 g Zucker • 1 TL Schokoladenpulver • 100 g Mehl (Type 405) • 100 g gemahlene Haselnüsse • 1 TL Backpulver
Außerdem: Fett für die Form • 1 EL Puderzucker zum Bestäuben

– Den Backofen auf 180° (Umluft 160°) vorheizen, die Form fetten. Die Sauerkirschen in einem Sieb abtropfen lassen, nach Belieben mit Kirschwasser marinieren.
– Schokolade hacken und im Wasserbad schmelzen. Eier trennen, Eiweiße mit Salz steif schlagen. Butter, Zucker und Schokoladenpulver schaumig rühren, Schokolade und Eigelbe unterrühren. Mehl mit Haselnüssen und Backpulver mischen, zusammen mit dem Eischnee dazugeben und locker untermischen.
– Den Teig in die Form füllen, die Kirschen darauf verteilen. Den Kuchen im Ofen (Mitte) 50 Min. backen. Herausnehmen und in der Form auskühlen lassen.
– Den Kirschkuchen aus der Form nehmen und mit Puderzucker bestäuben.

TIPPS

• Anstatt Sauerkirschen können Sie den Kuchen auch mit Birnen oder Aprikosen aus der Dose zubereiten.
• 150 g Puderzucker mit 1 TL Kirschwasser oder Zitronensaft und eventuell etwas Wasser glatt rühren. Den Kuchen mit der Glasur überziehen.

151. Kirsch-Haferflocken-Kuchen

BLITZREZEPT
Für 1 Backblech
Zubereitungszeit: 15 Min.
Backzeit: 40 Min.

1 kg Süßkirschen • 300 g weiche Butter • 250 g Zucker • 1 EL Vanillezucker • 4 Eier • abgeriebene Schale von 1 unbehandelten Zitrone • 250 g feine Haferflocken • 200 g Weizenvollkornmehl • 1 TL Backpulver • 1 Schnapsglas Rum (2 cl) • 2 EL grobe Haferflocken • 50 g Kokosraspel
Außerdem: Butter für die Form

– Den Backofen auf 200° (Umluft 180°) vorheizen. Das Backblech mit Butter ausstreichen. Kirschen waschen, trockentupfen, entstielen und entsteinen.
– Butter mit 200 g Zucker und Vanillezucker schaumig rühren. Nacheinander die Eier und die Zitronenschale unter die Buttermasse mischen. Die feinen Haferflocken mit Mehl und Backpulver vermengen und esslöffelweise mit dem Rum unter die Eier-Butter-Masse rühren.
– Den Teig auf das Backblech geben und glatt streichen, die Kirschen darauf verteilen. Die groben Haferflocken mit dem übrigen Zucker und den Kokosraspeln mischen und über die Kirschen streuen.
– Den Kuchen im Backofen (Mitte) in 35–40 Min. goldgelb backen. Kirschkuchen noch warm mit einem in kaltes Wasser getauchten Messer in 20 Stücke schneiden, auf einem Kuchengitter auskühlen lassen.
– Dazu schmeckt cremig geschlagene Vanillesahne.

152. Rhabarberkuchen

SCHNELL | SÜSSSAUER
Für 1 Springform (24 cm Ø)
Zubereitungszeit: 20 Min.
Marinierzeit: 10 Min.
Backzeit: 45 Min.

500 g Rhabarber • 1 Päckchen Vanillezucker • 100 g weiche Butter • 80 g Zucker • 2 Eier • 1 TL abgeriebene Schale von 1 unbehandelten Orange • 100 g Mehl (Type 405) • 1 Msp. Backpulver • 50 g gemahlene Haselnüsse • 50 g Haselnussblättchen • 2 EL Puderzucker
Außerdem: Butter für die Form

– Den Rhabarber waschen, entfädeln oder schälen und in 1 cm lange Stücke schneiden. Rhabarber mit Vanillezucker bestreuen und zugedeckt 10 Min. stehen lassen. Dann in einem Sieb abtropfen lassen, Saft auffangen.
– Den Backofen auf 180° (Umluft 160°) vorheizen, die Springform fetten.
– Die Butter mit Zucker, den Eiern, 1 EL Rhabarbersaft und der Orangenschale cremig rühren. Das Mehl mit Backpulver und den gemahlenen Haselnüssen mischen, zum Teig geben und unterrühren.
– Den Teig in die Form füllen, den Rhabarber darauf verteilen. Die Haselnussblättchen mit dem Puderzucker vermischen und über den Kuchen streuen. Den Kuchen im Ofen (unten) 45 Min. backen.

TIPPS

• Statt der Haselnüsse kann man gemahlene Mandeln und Mandelblättchen verwenden.
• Rhabarber ist eigentlich ein Gemüse, es werden die Blattstiele verwendet. Er schmeckt

je nach Sorte erfrischend säuerlich oder auch ein wenig herber.
• Die Stangen sollten fest, saftig und nicht zu dick sein. Sie kommen ohne die Blätter in den Handel, weil diese zu viel Oxalsäure enthalten. Ab Mitte bis Ende Juni (nach der Blüte) steigt auch in den Stangen der Oxalsäuregehalt auf ein gesundheitsschädliches Maß, dann sollte Rhabarber nicht mehr verzehrt werden. Gicht- und Rheumageplagte sollten wegen des Oxalgehalts gar keinen Rhabarber essen.

153. Rhabarberkuchen mit Baiser

RAFFINIERT
Für 1 Springform (26 cm Ø)
Zubereitungszeit: 50 Min.
Backzeit: 45 Min.

600 g Rhabarber • 5 Eier • 150 g weiche Butter • 325 g Zucker • 1 Päckchen Vanillezucker • 150 g Mehl (Type 405) • 75 g Speisestärke • 2 TL Backpulver • 1 Prise Salz • 1 TL Zitronensaft
Außerdem: Butter für die Form

– Den Backofen auf 180° (Umluft 160°) vorheizen, die Form fetten. Den Rhabarber waschen, putzen und die Fäden abziehen. Die Stangen in etwa 3 cm lange Stücke schneiden. 3 Eier trennen, die Eiweiße beiseite stellen, 2 Eigelbe anderweitig verwenden.
– Butter mit 150 g Zucker und Vanillezucker schaumig rühren. Nach und nach 2 ganze Eier und 1 Eigelb unterrühren. Das Mehl sieben und mit der Speisestärke und dem Backpulver mischen, esslöffelweise unter die Schaummasse rühren.
– Teig in die Form füllen, die Rhabarberstücke leicht hineindrücken und den Kuchen im Ofen (Mitte) etwa 25 Min. backen. Den Backofen nicht ausschalten.
– Die 3 Eiweiße mit Salz und dem übrigen Zucker zu schnittfestem Schnee schlagen, zum Schluss den Zitronensaft dazugeben. Den Eischnee auf den vorgebackenen Kuchen streichen. Oder den Eischnee in einen Spritzbeutel mit Sterntülle Nr. 12 füllen und auf den Rhabarber ein Gitter spritzen, den Rand mit Rossetten verzieren.
– Den Kuchen im Ofen (Mitte) in 15–20 Min. goldgelb backen. Herausnehmen und auskühlen lassen.

154. Aprikosenwähe

BLITZREZEPT
Für 1 Wähen- oder Springform (28 cm Ø)
Zubereitungszeit: 20 Min.
Backzeit: 40 Min.

150 g weiche Butter • 100 g brauner Zucker • 3 Eier • 150 g Weizenvollkornmehl • 50 g gemahlene Mandeln • 1 Msp. Backpulver • 1 Dose Aprikosen (490 g Abtropfgewicht) • 200 g Crème fraîche • 2 Eigelbe • 50 g brauner Zucker oder Puderzucker
Außerdem: Fett für die Form

– Den Backofen auf 180° (Umluft 160°) vorheizen, die Form fetten. Die Butter mit dem Zucker und den Eiern schaumig schlagen. Das Mehl mit den Mandeln und dem Backpulver mischen und unterrühren. Den Teig in der Form verteilen.
– Die Aprikosen aus der Dose gut abtropfen lassen und auf dem Teig verteilen. Die Crème fraîche mit den Eigelben und dem Zucker kräftig verrühren und über die Aprikosen gießen. Den Kuchen im Ofen (Mitte) 40 Min. backen.

TIPPS
• Sie können statt der Aprikosen auch Pfirsiche, Birnen oder Sauerkirschen aus dem Glas oder aus der Dose nehmen.
• Streuen Sie vor dem Backen 1 EL Sonnenblumenkerne auf die Aprikosenwähe.

155. Aprikosenkuchen

GELINGT LEICHT
Für 1 Backblech
Zubereitungszeit: 45 Min.
Backzeit: 45 Min.

1 kg Aprikosen • 200 g weiche Butter • 100 g Zucker • 175 g Mehl (Type 405) • 100 g Speisestärke • 2 TL Backpulver • 3 Eier
Für den Belag: 2 Eier • 1 Prise Salz • 100 g Zucker • 2 EL Vanillezucker • 25 g Mehl (Type 405) • 50 g Speisestärke • 3 EL Puderzucker
Außerdem: Butter fürs Blech

– Die Aprikosen waschen, trockentupfen, halbieren und entsteinen. Den Backofen auf 200° (Umluft 180°) vorheizen, das Backblech fetten.
– Butter mit Zucker schaumig rühren, Mehl und Stärke mit Backpulver mischen. Nacheinander die Eier und löffelweise die Mehlmischung unter die Butter rühren.
– Den Teig auf dem Backblech glatt streichen und die Aprikosen mit der Rundung noch oben darauf legen. Den Kuchen im Ofen (Mitte) etwa 30 Min. backen. Den Backofen nicht ausschalten.
– Für den Belag die Eier trennen. Die Eiweiße mit dem Salz steif schlagen. Die Eigelbe mit dem Zucker und dem Vanillezucker schaumig rühren. Das Mehl und die Speisestärke mischen und mit dem Eischnee unter die Eigelbmasse heben. Die Biskuitmasse auf die Aprikosen streichen, den Kuchen in etwa 15 Min. fertig backen und mit dem Puderzucker bestäuben.

156. Nektarinen-Kokos-Torte

FÜR GÄSTE
Für 1 Springform (26 cm Ø)
Zubereitungszeit: 1 Std.
Kühlzeit: 4 Std.
Backzeit: 20 Min.

3/4 l Pfirsichnektar • 500 g Nektarinen • 2 Eier • 115 g Puderzucker • 125 g weiche Butter • 100 g Speisestärke • 100 g Mehl (Type 405) • 1 Prise Backpulver • 2 EL Rum oder Milch
Für den Belag: 6 EL Kokosflocken • 50 g Speisestärke • 40 g Puderzucker • 4 Blatt weiße Gelatine • 60 ml Kokoscreme (aus der Dose, im Asienladen oder gut sortierten Supermarkt zu bekommen) • 200 g Sahne
Außerdem: Butter für die Form • 8 Johannisbeerrispen als Dekoration

– Den Backofen auf 220° (Umluft 200°) vorheizen, die Springform fetten. Den Pfirsichnektar erhitzen, die Nektarinen waschen, halbieren und entkernen. Die Fruchthälften in dem Saft in 10 Min. gar ziehen lassen. Herausnehmen und in Spalten schneiden.
– Die Eier mit dem gesiebten Puderzucker und der Butter schaumig rühren. Die Speisestärke mit Mehl und Backpulver darüber sieben und unterrühren, Rum oder Milch einrühren. Den Teig in die Form füllen und im Ofen (Mitte) 15–20 Min. backen. Auf einem Gitter auskühlen lassen, Formrand lösen.
– Die Kokosflocken in einer fettfreien Pfanne goldgelb rösten. Vom Pfirsichsud 1/2 l abmessen, 6 EL davon mit der Speisestärke und mit dem Puderzucker glatt rühren. Sud zum Kochen bringen, die Speisestärke einrühren und die Creme einmal aufkochen lassen.
– Die Gelatine 5 Min. in kaltem Wasser einweichen, ausdrücken und in der heißen Creme auflösen. Die Kokoscreme und die Hälfte der Kokosflocken einrühren. Die Creme etwa 2 Std. kühl stellen.
– Sahne steif schlagen und unter die Creme heben. Den Springformrand wieder um den Tortenboden legen, die Creme auf den Teig streichen, 2 Std. kühl stellen.
– Den Springformrand entfernen, Nektarinenspalten auf die Creme legen und den Tortenrand mit Kokosflocken bestreuen. Die Torte mit Johannisbeerrispen garnieren.

TIPP
Sie können die Früchte auch mit einem klaren Tortenguss überziehen.

OBST-KUCHEN

157. Mandarinenkuchen

BLITZREZEPT
Für 1 Springform (26 cm Ø)
Zubereitungszeit: 15 Min.
Backzeit: 40 Min

2 Dosen Mandarinen (à 175 g Abtropfgewicht) • 200 g weiche Butter • 3 Eier • 150 g Zucker • 100 g saure Sahne • 250 g Mehl (Type 405) • 50 g Speisestärke • 1/2 Päckchen Backpulver
Außerdem: Fett für die Form • Puderzucker zum Bestäuben

– Den Backofen auf 200° (Umluft 180°) vorheizen, die Springform einfetten. Die Mandarinen in einem Sieb gut abtropfen lassen.
– Die Butter mit den Eiern und dem Zucker schaumig rühren. Die saure Sahne und die Mandarinen untermischen, die Früchte dürfen dabei zerfallen. Das Mehl, die Speisestärke und das Backpulver mischen und kurz unterrühren.
– Den Teig in die Form füllen und im Ofen (Mitte) 40 Min. backen. Auskühlen lassen. Mit Puderzucker bestreut servieren.

158. Kumquat-Orangen-Kuchen

EXOTISCH
Für 1 Springform (26 cm Ø)
Zubereitungszeit: 45 Min.
Backzeit: 45 Min.

2 unbehandelte Orangen • 100 g Zucker • 6 Eier • 150 g weiche Butter • 150 g Quark • 150 g grob gehackte Haselnüsse • 100 g zartbittere Raspel-Schokolade • 15 Kumquats • 3 EL Orangenlikör (z. B. Cointreau) nach Belieben • 100 g Puderzucker
Außerdem: Butter und Semmelbrösel für die Form

– Orangen heiß abwaschen, trockenreiben. Die Schale mit einem scharfen kleinen Messer dünn abschälen und klein schneiden, den Saft auspressen. Die Schalen mit 2 EL Zucker und 3 EL Saft 3 Min. einkochen lassen.
– Den Backofen auf 180° (Umluft 160°) vorheizen, die Form fetten und mit Bröseln ausstreuen.
– Die Eier trennen, die Eiweiße steif schlagen. Eigelbe, Zucker (2 EL aufheben) und Butter cremig rühren. Den Quark, die Nüsse und die Schokolade unterrühren. Die Orangenschale mit dem Sirup und den Eischnee sorgfältig unter den Quark heben. Den Teig in die Form füllen und im Ofen (Mitte) 30–35 Min. backen.
– Kumquats waschen, in dünne Scheibchen schneiden, dabei Enden und Kerne entfernen. 4 EL Orangensaft, restlichen Zucker, Orangenlikör und die Kumquats 3–4 Min. in einem Topf köcheln lassen. Beiseite stellen.
– Den fertigen Kuchen noch 10 Min. im ausgeschalteten Backofen ruhen lassen. In der Form ganz auskühlen lassen und auf eine Kuchenplatte geben.
– Die Kumquats in einem Sieb abtropfen lassen. Den Puderzucker mit etwas Sud dickflüssig anrühren und auf dem Kuchen verstreichen. Die Kumquatscheiben rundherum in den noch weichen Guss drücken. Fest werden lassen und den Kuchen kühl servieren.

159. Mangokuchen

GANZ LEICHT ZU MACHEN
Für 1 Springform (26 cm Ø)
Zubereitungszeit: 25 Min.
Backzeit: 35 Min.

1 große, reife Mango • 3 Eier • 200 g weiche Butter • 150 g Zucker • 50 g Walnusskerne (ersatzweise Mandeln oder Haselnüsse) • 200 g Mehl (Type 405) • 1/2 Päckchen Backpulver
Für den Guss: 2 Eier • 200 g Schmand • 3 EL Puderzucker
Außerdem: Butter für die Form

– Den Backofen auf 200° (Umluft 180°) vorheizen, die Springform fetten.
– Die Mango schälen und das Fruchtfleisch vom Stein lösen, dabei in Scheiben schneiden.
– Die Eier mit der Butter und dem Zucker dickschaumig rühren. Die Walnusskerne untermischen, dann das Mehl und das Backpulver nur kurz unterrühren. Den Teig in die Springform füllen und das Mangofruchtfleisch darauf verteilen. Den Kuchen im Ofen (Mitte) 15 Min. vorbacken.
– Für den Guss die Eier mit dem Schmand und dem Puderzucker gründlich verrühren und gleichmäßig über den Kuchen gießen. Noch 20 Min. weiterbacken.

TIPPS

• Statt der frischen Mango können Sie auch Früchte aus der Dose verwenden. Oder einmal Aprikosen, Pfirsiche, Nektarinen, Äpfel, Birnen, Rhabarber oder Beeren statt Mango nehmen.
• Wer keinen Schmand für den Guss zu Hause hat, verwendet Sahne, saure Sahne oder Crème fraîche. Der Kuchen schmeckt auch ohne Guss.
• Mangos können sehr unterschiedlich aussehen. Die Farbe variiert von Grün-gelb über Orange bis Rot, die Form von rund bis birnenförmig. Mangos werden unreif geerntet und reifen bei Zimmertemperatur nach. Die reifen Früchte sind sehr druckempfindlich.

160. Kokos-Ananas-Kuchen

FÜR GÄSTE
Für 1 Springform (28 cm Ø)
Zubereitungszeit: 50 Min.
Backzeit: 40 Min.

Für den Teig: 50 g weiche Butter • 50 g Zucker • 1 EL abgeriebene Schale von 1 unbehandelten Zitrone • 2 Eier • 1 Prise Salz • 150 g Mehl (Type 405) • 50 g Speisestärke • 1 TL Backpulver

Für den Belag: 1 Ananas • Saft von 1 Zitrone • 150 g Butter • 150 g Zucker • 3–4 EL Milch • 150 g Kokosflocken
Außerdem: Backtrennpapier für die Form

– Die Butter mit dem Zucker schaumig rühren. Die Zitronenschale und nach und nach die Eier sowie das Salz unter die Buttermasse ziehen. Das Mehl mit der Speisestärke und dem Backpulver mischen und unter den Teig mengen.
– Die Form mit Backpapier auslegen. Den Backofen auf 190° (Umluft 170°) vorheizen. Für den Belag die Ananas schälen, in Scheiben schneiden und die Scheiben vierteln, die holzige Mitte entfernen.
– Den Teig in die Form füllen, mit der Ananas belegen und den Zitronensaft darüber träufeln. Die Butter mit dem Zucker und der Milch unter Umrühren aufkochen lassen, die Kokosflocken hineinrühren und alles noch einmal aufkochen lassen.
– Die Kokosmasse auf die Ananas streichen und den Kuchen im Backofen (Mitte) 35–40 Min. backen.

TIPP
Am besten schmeckt der Kuchen mit frischer Ananas. Sie können aber auch Dosenfrüchte verwenden, nur sollten Sie dann die Zuckermenge für den Belag stark reduzieren!

161. Versunkener Ananaskuchen

VOLLWERTIG
Für 1 Springform (28 cm Ø)
Zubereitungszeit: 40 Min.
Backzeit: 40 Min.

150 g Weizenvollkornmehl • je 50 g Hirse- und Buchweizenmehl • 25 g Maisstärkepuder • 1 gestrichener TL gemahlener Anis • 2 TL Backpulver • 100 g geschälte Sesamsamen • 100 g Zartbitter-Schokolade • 150 g weiche Butter • 150 g flüssiger Honig • 4 Eier • 1 Ananas (knapp 1 kg) • 3 EL Ahornsirup • Saft von 1/2 Limette
Außerdem: Butter für die Form

– Den Backofen auf 180° (Umluft 160°) vorheizen, die Springform fetten.
– Das Mehl mit Stärkepuder, Anis, Backpulver und 50 g Sesam mischen. Die Schokolade grob raspeln und zum Mehl geben. Butter und Honig schaumig rühren, die Eier und die Mehlmischung abwechselnd nach und nach unterrühren. Den Teig in die Form füllen, glatt streichen und mit dem restlichen Sesam bestreuen.
– Die Ananas vierteln, schälen und den harten Strunk in der Mitte herausschneiden. Das Fruchtfleisch in Stücke schneiden, diese auf dem Teig verteilen und etwas hineindrücken. Den Kuchen im Ofen (Mitte) 40 Min. backen, dann noch 10 Min. im abgeschalteten Backofen stehen lassen.
– Den Ahornsirup mit dem Limettensaft verrühren. Die Sirupmischung gleichmäßig über dem Kuchen verteilen. In der Form auskühlen lassen.

162. Apfeltarte mit Rahmguss

SAFTIG-SÜSS
Für 1 Tarteform (30 cm Ø)
Zubereitungszeit: 45 Min.
Backzeit: 30 Min.

Für den Blitz-Blätterteig: 200 g Mehl • 2 Prisen Salz • 150 g kalte Butter in Flöckchen
Für den Belag: 6 gleich große Äpfel (etwa 600 g) • 1 EL Zitronensaft • 2 Eigelbe • 50 g Puderzucker • 150 g Crème fraîche • 2 EL Quitten- oder Apfelgelee
Außerdem: Fett für die Form • Mehl für die Arbeitsfläche

– Den Backofen auf 200° (Umluft 180°) vorheizen, die Form fetten und kühl stellen.
– Mehl mit Salz in eine Schüssel sieben. Butter darauf verteilen, 4–5 EL kaltes Wasser zugeben und rasch zu einem glatten Teig verkneten. Den Teig auf bemehlter Arbeitsfläche dünn ausrollen, die Form damit auskleiden. Kühl stellen.
– Die Äpfel schälen, vierteln und das Kerngehäuse entfernen. Apfelviertel jeweils in drei Spalten schneiden, mit Zitronensaft mischen.
– Eigelbe, Puderzucker und Crème fraîche verrühren. Die Creme auf dem Teigboden verstreichen. Die Apfelspalten dachziegelartig, leicht überlappend darauf verteilen. Im Ofen (Mitte) 20 Min. backen.
– Das Gelee erwärmen, die Äpfel damit bestreichen. Den Kuchen in 10 Min. fertig backen. Leicht abgekühlt aus der Form lösen, auf einem Gitter auskühlen lassen.

163. Apfelkuchen mit Mandelstiften

FÜR GÄSTE
Für 1 Springform (24 cm Ø)
Zubereitungszeit: 40 Min.
Ruhezeit: 30 Min.
Backzeit: 45 Min.

Für den Mürbteig: 200 g Mehl (Type 405) • 1 Prise Salz • 150 g kalte Butter • 1 Eigelb
Für die Füllung: 850 g feines Apfelmus • 1 Päckchen Vanille-Puddingpulver (zum Kochen) • 350 g säuerliche Äpfel • 80 g Aprikosenkonfitüre • 2 cl Apricot-Brandy • 30 g gestiftelte Mandeln
Außerdem: Butter für die Form • Folie

– Den Backofen auf 200° (Umluft 180°) vorheizen, die Form fetten.
– Das Mehl auf eine Arbeitsfläche sieben und in die Mitte eine Mulde drücken. Das Salz, 2 EL kaltes Wasser sowie die Butter in kleinen Stückchen und das Eigelb hineingeben.
– Mehl, Butter, Salz und Eigelb mit den Fingern oder einer Gabel vermischen, dabei etwas Mehl mit einarbeiten. Mit einem großen Messer das Mehl vom Rand zur Mitte hin schieben und grob vermengen. Das Messer mit beiden Händen fassen und die Masse zu feinen Krümeln hacken.
– Die Krümel mit beiden Händen rasch zusammenkneten, dabei immer von außen zur Mitte hin drücken. Alles verkneten, bis der Teig glatt ist. Knetet man zu lang, wird die Butter zu warm und der Teig brüchig. Den Teig in Folie einschlagen und 30 Min. im Kühlschrank ruhen lassen. Dann den Teig etwa 1/2 cm dick ausrollen, die Form damit auslegen, dabei einen 4 cm hohen Rand formen und festdrücken. Den Boden mit einer Gabel mehrmals einstechen.
– Für die Füllung 4–5 EL Apfelmus mit dem Puddingpulver verrühren. Das restliche Apfelmus unterrühren und auf dem Kuchenboden verteilen.
– Die Äpfel schälen und vierteln, das Kerngehäuse entfernen, die Äpfel in Scheiben schneiden. Kranzförmig auf dem Boden verteilen. Aprikosenkonfitüre erhitzen, passieren und mit dem Brandy verrühren. Mit einem Pinsel die Äpfel damit bestreichen, die Mandelstifte darüber streuen.
– Den Kuchen im Ofen (Mitte) 45 Min. backen. Leicht abkühlen lassen, aus der Form nehmen und auf einem Kuchengitter, eventuell über Nacht, stehen lassen.

TIPPS

• Zum Backen von saftigen Apfelkuchen eignen sich leicht säuerliche Apfelsorten am besten, wie beispielsweise Cox Orange oder Boskop.
• Den Kuchen nach Belieben vor dem Servieren mit Puderzucker bestreuen.

164. Apfelkuchen mit Cidre

RAFFINIERT | MIT ALKOHOL
Für 1 Springform (26 cm Ø)
Zubereitungszeit: 45 Min.
Kühlzeit: 1 Std.
Backzeit: 1 Std.

Für den Teig: 250 g Mehl (Type 405) • 125 g kalte Butter oder Margarine • 80 g Zucker • 1 Ei
Für den Belag: 1 kg säuerliche Äpfel (Boskop oder Jonathan) • 2–3 EL Zitronensaft • 3/4 l Cidre (Apfelwein) oder Apfelmost • 200 g Zucker • 2 Päckchen Vanille-Puddingpulver (zum Kochen) • 400 g Sahne • 2 Päckchen Vanillezucker • 2 gehäufte EL Kakaopulver
Außerdem: Fett für die Form • Folie • Mehl für die Arbeitsfläche

– Das Mehl, das klein geschnittene Fett, den Zucker und das Ei auf die Arbeitsfläche häufen. Mit einem großen Messer fein bröselig hacken, dann alles rasch zu einem glatten Teig verkneten. In Folie wickeln und etwa 1 Std. kalt stellen.
– Inzwischen die Äpfel schälen, vierteln und vom Kerngehäuse befreien. Die Apfelstücke würfeln und mit etwas Zitronensaft beträufeln. Cidre oder Apfelmost mit Zucker und Puddingpulver, wie auf der Packung beschrieben, zubereiten. Nach Belieben mit mehr Zucker abschmecken. Den Backofen auf 175° (Umluft 160°) vorheizen, die Springform fetten.
– Den Teig auf einer leicht bemehlten Arbeitsfläche etwas größer als die Springform ausrollen. Die Form damit auslegen, dabei einen 4–5 cm hohen Rand hochdrücken. Die Äpfel mit der Puddingmasse verrühren und auf dem Teigboden verteilen.
– Den Kuchen im Ofen (unten) 50–60 Min. backen. Den Apfelkuchen auf ein Kuchengitter setzen. Die Sahne mit dem Vanillezucker sehr steif schlagen, auf dem Kuchen verstreichen. Dick mit Kakao bestäuben.

165. Apfel-Gitterkuchen

GELINGT LEICHT | SCHNELL
Für 1 Springform (26 cm Ø)
Zubereitungszeit: 35 Min.
Kühlzeit: 2 Std.
Backzeit: 1 Std.

Für den Teig: 300 g Mehl (Type 405) • 200 g Butter • 175 g Zucker • 1 Ei • abgeriebene Schale von 1 unbehandelten Zitrone
Für den Belag: 1 kg säuerliche Äpfel • Saft von 1 Zitrone • 50 g Rosinen • 50 g Zucker • 1/2 TL gemahlener Zimt • 2 Eier • 3 EL Milch • 1 EL Zucker • 1 EL Vanille-Puddingpulver (zum Kochen)
Außerdem: Butter für die Form

– Mehl, Butter, Zucker, Ei und Zitronenschale verkneten. Teig zugedeckt 2 Std. kühl stellen. Inzwischen die Äpfel schälen, vierteln, vom Kerngehäuse befreien und Äpfel in dünne Scheiben schneiden. Mit Zitronensaft, Rosinen, Zucker und dem Zimt mischen.
– Backofen auf 200° (Umluft 180°) vorheizen, die Form fetten. Etwa zwei Drittel des Teiges ausrollen, Boden und Rand der Springform damit auslegen, Teigboden mehrmals mit einer Gabel einstechen, Äpfel darauf verteilen. Übrigen Teig in schmale Streifen schneiden.
– Die Eier mit der Milch, dem Zucker und dem Puddingpulver verquirlen und über die Äpfel gießen. Die Teigstreifen gitterartig darüber legen.
– Den Kuchen im Ofen (Mitte) 50–60 Min. backen, dann in der Form etwas abkühlen lassen. Zum völligen Auskühlen auf ein Kuchengitter legen.

166. Elsässer Apfelkuchen

KLASSIKER
Für 1 Obstkuchenform (26 cm Ø)
Zubereitungszeit: 35 Min.
Kühlzeit: 2 Std.
Backzeit: 1 Std. 10 Min.

Für den Teig: 200 g Mehl (Type 405) • 100 g Butter • 1 Eigelb • 30 g Zucker • 1 Msp. Salz
Für den Belag: 500–750 g säuerliche Äpfel • 2 EL Zitronensaft • 100 g Zucker • 3 Eier • 1 Vanilleschote • 125 g Sahne
Außerdem: Butter für die Form • Alufolie

– Das gesiebte Mehl mit der Butter, dem Eigelb, dem Zucker, dem Salz und 2 EL kaltem Wasser verkneten. Den Teig in Alufolie gewickelt 2 Std. im Kühlschrank ruhen lassen.
– Die Äpfel schälen, vierteln und das Kerngehäuse entfernen. Die Apfelviertel gleichmäßig längs einschneiden und mit dem Zitronensaft bestreichen. Den Backofen auf 200° (Umluft 180°) vorheizen. Die Obstkuchenform mit glattem Rand fetten.
– Den Teig 4 mm dick ausrollen und die Form damit auslegen. Den Boden mit einer Gabel mehrmals einstechen und mit den Apfelvierteln belegen. Kuchen im Ofen auf der zweiten Schiene von unten 35 Min. backen.
– Den Zucker mit den Eiern schaumig rühren. Die Vanilleschote aufschlitzen, das Mark herauskratzen und mit der Sahne unter die Eimasse mischen. Den Kuchen damit übergießen und weitere 25–35 Min. backen.
– Den Apfelkuchen in der Form etwas abkühlen lassen, zum völligen Auskühlen auf ein Kuchengitter legen.

167. Steyrischer Apfelkuchen

AUS ÖSTERREICH
Für 1 Backblech
Zubereitungszeit: 40 Min.
Kühlzeit: 1 Std.
Backzeit: 30 Min.

Für den Teig: 600 g Mehl (Type 405) • 1 Päckchen Backpulver • 200 g Butter • 50 g Zucker • 1/2 TL Salz • 1/4 l Milch
Für den Belag: 1 1/2 kg Äpfel • 6 EL Zitronensaft • abgeriebene Schale von 1 unbehandelten Zitrone • 125 g Zucker • 1 TL gemahlener Zimt • 100 g Rosinen • 100 g gehackte Haselnüsse • 200 g Aprikosenmarmelade • 100 g Puderzucker
Außerdem: Butter fürs Blech

– Das Mehl mit dem Backpulver, der Butter, dem Zucker, dem Salz und der Milch verkneten und zugedeckt 1 Std. im Kühlschrank ruhen lassen.
– Die Äpfel schälen, das Kerngehäuse entfernen und die Äpfel grob raspeln. Mit 4 EL Zitronensaft und der Zitronenschale, dem Zucker, dem Zimt, den Rosinen und den Nüssen mischen.
– Den Backofen auf 200° (Umluft 180°) vorheizen, das Backblech fetten. Etwa zwei Drittel des Teiges ausrollen, Boden und Rand des Backblechs damit auslegen, die

Apfelmischung darauf streichen. Restlichen Teig ausrollen, in Streifen schneiden und diese als Gitter über den Kuchen legen. Kuchen im Ofen (Mitte) 30 Min. backen.
– Teiggitter mit der erhitzten Marmelade bestreichen. Den Puderzucker mit dem übrigen Zitronensaft verrühren und das Gitter glasieren. Den abgekühlten Kuchen in 30 Stücke teilen.

168. Tarte Tatin

(Gestürzter Apfelkuchen)

AUS FRANKREICH
Für 1 kupferne Backform (22–24 cm Ø;
ersatzweise 1 Pfanne und 1 Tarte-Form)
Zubereitungszeit: 45 Min.
Kühlzeit: 1 Std.
Backzeit: 40 Min.

***Für den Teig:** 100 g kalte Butter • 150 g Mehl (Type 405) • 25 g Zucker • 1 Prise Salz • 1 Eigelb (Größe S) • 1 EL Milch*
***Für den Belag:** 6 süßsaure Kochäpfel (1 kg, z. B. Reine des Reinettes) • 40 g Butter • 75 g Zucker*
***Außerdem:** Frischhaltefolie • 150 g kalte Crème fraîche (ersatzweise Sahne und 1 EL Puderzucker)*

– Die kalte Butter in dünne Scheiben schneiden und mit Mehl, Zucker und Salz verkrümeln. Mit Eigelb und Milch zu einem glatten Teig kneten. Den Teig auf einer Frischhaltefolie in einer Größe von etwa 26 cm Ø ausrollen. Teigplatte auf der Folie etwa 30 Min. im Kühlschrank ruhen lassen.
– Inzwischen Äpfel schälen, vierteln und entkernen. Den Backofen auf 200° (Umluft 180°) vorheizen. In der kupfernen Backform (oder in der Pfanne) Butter und 1 EL Zucker goldgelb schmelzen lassen. Apfelviertel kreisförmig darin verteilen, mit dem restlichen Zucker bestreuen. Äpfel im Ofen in 10–15 Min. goldgelb karamellisieren, einmal wenden. (Äpfel aus der Pfanne anschließend in der Tarte-Form kreisförmig anordnen.)
– Teigplatte auf die heißen Äpfel geben, Folie abziehen. Teigrand an der Form entlang um die Äpfel legen. Sofort im Ofen (Mitte) 30–40 Min. backen, bis der Teig goldbraun ist. Im ausgeschalteten Backofen bei offener Tür etwa 5 Min. abkühlen lassen.
– Den Kuchen herausnehmen, eine feuerfeste Kuchenplatte auf die Backform geben, umdrehen (»stürzen«). Nach etwa 30 Sek. haben sich die Äpfel vom Formboden gelöst. Dann die Form entfernen und die Tarte noch etwa 15 Min. abkühlen lassen.
– Kalte Crème fraîche (oder mit Puderzucker steif geschlagene Sahne) in Portionsschälchen zur lauwarmen Tarte reichen. Dazu wird ein Quincy, ein feiner Weißwein aus dem Cher, serviert.

169. Elsässer Apfelweinkuchen

GUT VORZUBEREITEN
Für 1 Springform (28 cm Ø)
Zubereitungszeit: 45 Min.
Backzeit: 1 1/2 Std.
Kühlzeit: 1 Tag

***Für den Teig:** 125 g Butter oder Margarine • 125 g Zucker • 1 Ei • 250 g Mehl (Type 405) • 1 TL Backpulver*
***Für die Füllung:** 1,5 kg Äpfel (Boskop, Cox Orange) • 1 Päckchen Vanillezucker • 2 Päckchen Vanille-Puddingpulver (zum Kochen) • 3/4 l Apfelwein (ersatzweise Weißwein oder Apfelsaft mit etwas Calvados) • 200 g Zucker*
***Außerdem:** Mehl für die Arbeitsfläche • Fett und Semmelbrösel für die Form • 200 g Sahne • 1 Päckchen Vanillezucker*

– Die Butter oder Margarine mit dem Zucker und dem Ei verrühren. Das Mehl und das Backpulver dazusieben und alles zu einem Mürbteig verkneten. Auf einer bemehlten Arbeitsfläche ausrollen. Die Form fetten und mit den Semmelbröseln ausstreuen. Den Teig einlegen, die Ränder etwas hochdrücken und den Boden mit einer Gabel mehrmals einstechen. Teig kühl stellen.
– Die Äpfel schälen, vierteln und das Kerngehäuse entfernen. Die Äpfel in etwa 1 cm kleine Würfel schneiden, mit dem Vanillezucker vermischen. Das Puddingpulver in etwas Apfelwein anrühren, den restlichen Wein mit dem Zucker aufkochen. Das Puddingpulver unter Rühren in den Wein gießen, kurz aufkochen lassen.
– Den Backofen auf 160° (Umluft 140°) vorheizen. Die Apfelstückchen auf dem Teig verteilen, mit Puddingmasse begießen und glatt streichen. Den Kuchen im Ofen (Mitte) 1 1/2 Std. backen. Dann den Kuchen 1 Tag kühl stellen und durchziehen lassen.
– Vor dem Servieren die Sahne mit dem Vanillezucker steif schlagen und entweder auf dem Kuchen verstreichen oder in Rosetten darauf spritzen.

170. Apfel-Marzipan-Tarte

BLITZREZEPT
Für 1 Springform (26 cm Ø)
Zubereitungszeit: 15 Min.
Backzeit: 50 Min.

250 g Mehl (Type 405) • 250 g weiche Butter • 150 g Zucker • 1 Eigelb • 100 g Marzipan-Rohmasse • 4–5 säuerliche Äpfel
Außerdem: Fett für die Form

– Den Backofen auf 200° (Umluft 180°) vorheizen, die Springform fetten.
– Das Mehl mit der Butter, dem Zucker und dem Eigelb verkneten. In die Springform geben und mit den Händen gleichmäßig glatt drücken.
– Das Marzipan in dünne Scheiben schneiden und gleichmäßig auf dem Teig verteilen. Die Äpfel schälen, vierteln, das Kerngehäuse entfernen. Die Äpfel in Spalten schneiden, den Teig damit belegen. Im Ofen (Mitte) 50 Min. backen.

TIPP
Die Tarte nach dem Backen am besten sofort mit erwärmtem, glatt gerührtem Apfel- oder Quittengelee, mit Orangenmarmelade oder Aprikosenkonfitüre bestreichen.

171. Apfelkuchen mit Streuseln

SAFTIG-SÜSS
Für 1 Springform (26 cm Ø)
Zubereitungszeit: 1 Std.
Backzeit: 30 Min.

Für den Teig: 250 g Mehl (Type 405) • 80 g gemahlene Mandeln • 100 g Zucker • 150 g Butter
Für die Füllung: 1 kg säuerliche Äpfel • 50 g Zucker • 2 Gewürznelken • 1 Zimtstange • 250 g Magerquark • 5 EL Honig • 2 Eigelbe • 50 g Speisestärke

– Für den Teig das Mehl mit den Mandeln und dem Zucker mischen, die Butter in Flöckchen darüber schneiden und alles zu Streuseln verkneten. Die größere Hälfte der Streusel in die Form geben und gleichmäßig andrücken, dabei auch einen Rand formen. In den Kühlschrank stellen (auch die restlichen Streusel).
– Inzwischen für die Füllung die Äpfel schälen, vierteln, die Kerngehäuse entfernen und die Apfelviertel längs halbieren. Die Äpfel mit dem Zucker, den Nelken und der Zimtstange zugedeckt bei schwacher Hitze etwa 5 Min. dünsten und in einem Sieb abkühlen lassen. Den Sud dabei auffangen.
– Den Backofen auf 200° (Umluft 180°) vorheizen. Den Quark mit dem Honig und den Eigelben verrühren. Die Speisestärke mit wenig kaltem Wasser anrühren und mit dem Sud der Äpfel unter den Quark mischen.
– Die Quarkmasse auf den Kuchenboden geben, die Äpfel darauf verteilen und die übrigen Streusel darüber streuen. Den Kuchen im Backofen (Mitte) etwa 30 Min. backen.

OBST-KUCHEN

172. Gedeckter Apfelkuchen

ETWAS SCHWIERIGER
Für 1 Springform (26 cm Ø)
Zubereitungszeit: 1 Std.
Backzeit: 50 Min.

Für den Teig: 350 g Mehl (Type 405) • 50 g gemahlene Haselnüsse • 250 g Butter • 100 g Zucker
Für die Füllung: 100 g Rosinen • 4 EL Rum (oder Apfelsaft) • 750 g säuerliche Äpfel (z. B. Boskop) • 50 g Zucker
Für die Glasur: 2 EL Aprikosenkonfitüre • 5 EL Puderzucker • 2 EL Zitronensaft
Außerdem: Butter für die Form • Pergamentpapier

– Für den Teig das Mehl mit den Nüssen mischen, auf eine Arbeitsfläche schütten, die Butter in Flöckchen geschnitten darauf verteilen, den Zucker darüber streuen und alle Zutaten rasch verkneten. Den Teig zugedeckt in den Kühlschrank stellen.
– Für die Füllung die Rosinen heiß waschen, abtropfen lassen und in einer großen Schüssel mit Rum tränken. Die Äpfel schälen, vierteln, von den Kerngehäusen befreien, würfeln und mit den Rosinen und dem Zucker mischen.
– Den Backofen auf 200° (Umluft 180°) vorheizen, die Form fetten.
– Zwei Drittel des Teigs in Größe der Form ausrollen, den Boden und den Rand der Form damit auslegen und die Äpfel einfüllen.

– Den übrigen Teig ebenfalls rund ausrollen, um das Nudelholz legen und über die Füllung breiten. Die Teigränder gut zusammendrücken und die Teigdecke mit einem Holzspießchen mehrmals einstechen, damit Dampf einweichen kann.
– Den Kuchen im Ofen (Mitte) etwa 50 Min. backen. Wenn nötig, nach etwa 30 Min. mit Pergamentpapier bedecken.
– Den Kuchen auf ein Kuchengitter gleiten lassen. Für die Glasur Konfitüre erhitzen, durch ein Sieb streichen, auf dem Kuchen verteilen und trocknen lassen. Den Puderzucker mit dem Zitronensaft und wenig Wasser verrühren und den Kuchen damit glasieren.

173. Apple Pie

KLASSIKER | ETWAS SCHWIERIGER
Für 1 Pie- oder Obstkuchenform (24 cm Ø)
Zubereitungszeit: 30 Min.
Kühlzeit: 1 Std.
Backzeit: 45 Min.

250 g Mehl (Type 405) • 150 g kalte Butter • 2 EL Zucker • 1 Prise Salz • 750 g säuerliche Äpfel (Boskop) • Saft und abgeriebene Schale von 1 unbehandelten Zitrone • 25 g kandierter Ingwer • 1 TL gemahlener Zimt • 3 EL Zucker • 1 EL Speisestärke • 3 EL Aprikosenkonfitüre
Außerdem: Butter für die Form

– Das Mehl mit der Butter in Stückchen, dem Zucker und dem Salz verkneten. 2–3 EL eiskaltes Wasser hinzufügen, sodass ein geschmeidiger fester Mürbteig entsteht. Den Teig zugedeckt 1 Std. kühl stellen.
– Die Äpfel schälen, achteln, vom Kerngehäuse befreien und in dünne Scheibchen schneiden. Die Zitronenschale und den Zitronensaft zu den Äpfeln geben. Den Ingwer klein hacken und mit dem Zimt, dem Zucker und der Speisestärke unter die Äpfel mischen. Backofen auf 200° (Umluft 180°) vorheizen, die Form fetten.
– Den Teig in eine etwas größere und eine kleinere Portion teilen. Den größeren Teil ausrollen, die Form damit auslegen und den Boden mehrmals mit einer Gabel einstechen. Überstehenden Teig abschneiden und den Rand mit kaltem Wasser bepinseln. Die Apfelmasse einfüllen. Den restlichen Teig ebenfalls ausrollen, als Deckel auf die Apfelmasse setzen und die Ränder festdrücken, dabei mit Daumen und Zeigefinger einen welligen Rand formen. Aus dem übrigen Teig Ornamente ausstechen, mit kaltem Wasser bepinseln und die Pie damit verzieren.
– In der Mitte des Teigdeckels ein kleines Loch ausschneiden, damit der Dampf entweichen kann. Die Pie im Ofen (Mitte) in 45 Min. goldgelb backen. Noch heiß mit der erhitzten Konfitüre überziehen.

174. Birnenkuchen mit Vanillecreme

MACHT WAS HER
Für 1 Obstkuchenform (24 cm Ø)
Zubereitungszeit: 45 Min.
Ruhezeit: 1 Std.
Backzeit: 45 Min.

Für den Teig: 375 g Mehl (Type 405) • 190 g Butter • 130 g gesiebter Puderzucker • 1/2 Msp. Salz • 1 Eigelb
Für die Vanillecreme: 1/4 l Milch • 1/4 Vanilleschote • 2 Eigelbe • 60 g Zucker • 20 g Speisestärke
Für den Belag: 1 kg Birnen (ohne Druckstellen!) • Saft von 1 Zitrone • 100 g Zucker
Für den Guss: 50 g Marzipan-Rohmasse • 2 Eier • 100 g Sahne • 30 g Zucker
Außerdem: Folie • Butter für die Form • Mehl für die Arbeitsfläche • gehackte Pistazien und Puderzucker zum Bestreuen

– Das Mehl auf eine Arbeitsfläche sieben und in die Mitte eine Mulde drücken. Die Butter, den Puderzucker, das Salz sowie das Eigelb hineingeben. Alles mit den Fingern oder einer Gabel vermischen, dabei etwas Mehl vom Rand mit einarbeiten.
– Mit einem großen Messer das Mehl vom Rand zur Mitte hin schieben und grob vermengen. Das Messer mit beiden Händen fassen und die Masse zu feinen Krümeln hacken. Die Krümel mit beiden Händen rasch zusammenkneten, dabei immer von außen zur Mitte hin drücken. Alles verkneten, bis der Teig glatt ist. Knetet man zu lang, wird die Butter zu warm und der Teig brüchig. Den Teig zu einer Kugel formen, in Folie wickeln und 1 Std. im Kühlschrank ruhen lassen.
– Die Form fetten. Den Teig auf einer bemehlten Arbeitsfläche etwas größer ausrollen als die Form und diese damit auslegen. Den Rand etwas überstehen lassen und mit einer Gabel Rillen hineindrücken.
– Für die Vanillecreme die Milch mit der aufgeschlitzten Vanilleschote aufkochen. Schote herausnehmen und

das Mark in die heiße Milch kratzen. Die Vanillemilch warm stellen.

– Eigelbe, Zucker und Stärke mit dem Schneebesen zuerst leicht vermischen, dann etwas kräftiger schlagen. Die Eigelbmasse cremig, aber nicht schaumig rühren. Die noch heiße Vanillemilch nach und nach zur Masse gießen, dabei ständig rühren.

– Die Creme in einen Topf umfüllen. Unter ständigem Rühren vorsichtig so lange erhitzen, bis die Creme leicht angedickt auf dem Kochlöffel liegen bleibt. (Sie darf nicht kochen!) Die Creme durch ein feines Sieb passieren; falls sich kleine Klümpchen gebildet haben, werden diese so entfernt. Die Vanillecreme in die Form füllen und gleichmäßig verteilen, glatt streichen.

– Die Birnen schälen, halbieren und das Kerngehäuse entfernen. 1 l Wasser mit Zitronensaft und Zucker aufkochen und die Birnen einige Minuten darin köcheln lassen. Die Früchte in einem Sieb gut abtropfen lassen. Die abgetropften Birnenhälften dicht nebeneinander auf die Vanillecreme setzen.

– Den Backofen auf 190° (Umluft 170°) vorheizen. Für den Guss die Marzipan-Rohmasse mit 1 Ei cremig rühren. Dann erst das zweite Ei einarbeiten. Sahne und Zucker unterrühren und alles gut vermengen. Den Guss gleichmäßig über den Kuchen gießen und ihn im Ofen (Mitte) 40–45 Min. backen.

– Den Kuchen auskühlen lassen. Vor dem Servieren mit Pistazien bestreuen und mit Puderzucker bestäuben.

175. Beschwipste Birnentorte

SAFTIG-SÜSS | MIT ALKOHOL
Für 1 Springform (26 cm Ø)
Zubereitungszeit: 45 Min.
Marinierzeit: 1 Std.
Backzeit: 1 Std.

750 g vollreife Birnen • Saft und abgeriebene Schale 1 unbehandelten Zitrone • 5 Gläschen Birnenschnaps (100 ml) • 300 g Mehl (Type 405) • 150 g Margarine oder Butter • 90 g Zucker • 1 Prise Salz • 1 Ei (Größe L) • etwas Birnensaft nach Belieben • 1 1/2 EL Speisestärke • 2 EL Puderzucker
Außerdem: Fett und Semmelbrösel für die Form • Mehl für die Arbeitsfläche

– Die Birnen schälen, halbieren, das Kerngehäuse entfernen und die Birnenhälften in ein Schüsselchen legen. Rundum mit Zitronensaft beträufeln, den Schnaps zugießen und zugedeckt 1 Std. marinieren.

– Den Backofen auf 200° (Umluft 180°) vorheizen. Die Form fetten und mit Bröseln ausstreuen.

– Für den Mürbteig das Mehl in eine Schüssel sieben. Mit dem Fett, dem Zucker (1 EL abnehmen), Salz, der Zitronenschale und dem Ei zu einem glatten Teig verkneten. Auf einer bemehlten Arbeitsfläche ausrollen, einige Streifen für die Dekoration abrädeln. Teig in die Form legen und dabei einen 2 cm hohen Rand andrücken. Im Ofen (Mitte) 15 Min. vorbacken. Dann die Temperatur auf 175° (Umluft 160°) reduzieren.

– Die Birnen abtropfen lassen und den Teigboden damit belegen. Die Marinade auf 1/8 l mit Wasser (oder Birnensaft) auffüllen und mit Speisestärke und dem restlichen Zucker verrühren. Über die Birnen gießen. Die Teigstreifen gitterförmig darauf legen und den Kuchen weitere 30 Min. backen. Nun die Temperatur auf 225° (Umluft 200°) hochschalten und den Kuchen in 15 Min. fertig backen. Nach dem Abkühlen mit Puderzucker bestäuben und mit Schlagsahne servieren.

OBST-KUCHEN

TIPPS

• Birnen schmecken süßer als Äpfel, enthalten aber nicht mehr Zucker, sondern weniger Säure. Sie sind vielseitig verwendbar, gerne auch in Kombination mit pikanten Zutaten wie luftgetrocknetem Schinken oder Roquefort.
• In Zuckersirup blanchiert, lassen sie sich gut einfrieren, roh nicht. Birnen vertragen sich bestens mit Gewürzen wie Zimt, Vanille und Ingwer. Sehr fein schmecken sie auch mit säuerlichen Beeren wie Preiselbeeren.

176. Quittenkuchen mit Baiser

RAFFINIERT
Für 1 Springform (26 cm Ø)
Zubereitungszeit: 1 Std.
Kühlzeit: 30 Min.
Backzeit: etwa 30 Min.

Für den Teig: 230 g Mehl (Type 405) • 2 EL Speisestärke • 125 g kalte Butter • 100 g Zucker
Für den Belag: 1 kg Quitten • 3/8 l Weißwein (ersatzweise Birnensaft) • 1 EL abgeriebene Schale von

1 unbehandelten Zitrone • 2 Nelken • 100 g Zucker
Außerdem: Butter für die Form • 100 g gehackte Hasel- oder Walnüsse • 4 Eiweiße • 150 g Zucker

– Die Form fetten. Für den Teig das Mehl mit Speisestärke, Butter und Zucker verkneten. Den Teig ausrollen, in die Form legen und dabei einen Rand hochziehen. Den Teigboden mehrmals mit einer Gabel einstechen, die Form 30 Min. in den Kühlschrank stellen.
– Die Quitten mit einem kräftigen Messer vierteln, schälen und das Kerngehäuse herausschneiden. Die Quittenviertel in Spalten schneiden.
– Den Wein mit der Hälfte der Zitronenschale, den Nelken und dem Zucker aufkochen. Portionsweise die Quitten in 12 Min. nicht ganz gar, also noch bissfest kochen. Im Sieb gut abtropfen lassen. Den Backofen auf 200° (Umluft 180°) vorheizen.
– Die Hälfte der Nüsse auf den Teig streuen und im Ofen (unten) 20 Min. vorbacken. Mit den Quittenspalten belegen, die restlichen Nüsse darüber streuen.
– Die Eiweiße mit dem Zucker steif schlagen. Zum Schluss noch die übrige Zitronenschale untermischen und den Eischnee auf den Quitten verteilen. Den Kuchen im Ofen (Mitte) 10–12 Min. backen, bis das Baiser goldgelb ist. Lauwarm mit Walnusseis servieren.

TIPPS

• Reife Quitten haben einen zitronenähnlichen Duft und schmecken sehr herb. Sie werden eigentlich immer gekocht, weil sie dann erst ihr Aroma entfalten. Sie enthalten viel Vitamin C und reichlich Pektin, den wichtigsten Gelierstoff.
• Quitten werden zu Gelee, Quittenmus und Konfekt verarbeitet und eignen sich für Gebäck. Sie lassen sich roh und gekocht einfrieren.

177. Pflaumen-Streusel-Kuchen

GELINGT LEICHT
Für eine Obstkuchenform (30 cm Ø)
Zubereitungszeit: 1 Std.
Backzeit: 1 Std.

Für den Teig: 200 g Butter • 150 g Zucker • 1 Prise Salz • 3 EL Vanillezucker • 1 Ei • 400 g Mehl (Type 405)
Für die Füllung: 800–900 g Pflaumen • 100 g Hagelzucker
Außerdem: Butter für die Form • 3 EL Puderzucker zum Bestreuen

– Für den Teig die Butter zerlassen, aber nicht erhitzen, und mit dem Zucker, dem Salz, dem Vanillezucker, dem Ei und 200 g Mehl verrühren. Das übrige Mehl über den Teig schütten und alles mit den Händen zu Streuseln verarbeiten.
– Die Form fetten. Den Backofen auf 180° (Umluft 160°) vorheizen. Gut die Hälfte der Streusel in die Form schütten und leicht andrücken, sodass ein Kuchenboden und ein etwa 3 cm hoher Rand entstehen.
– Die Pflaumen waschen, halbieren, entsteinen und mit der Rundung nach unten auf den Teigboden legen. Den Hagelzucker darüber streuen, übrige Streusel locker auf den Pflaumen verteilen.
– Den Kuchen im Backofen (Mitte) in gut 1 Std. goldgelb backen. Den abgekühlten Kuchen mit dem Puderzucker bestreuen.

TIPP

Eine gute Kuchen-„Idee" für die Zeit, in der Pflaumen preiswert angeboten werden (Ende Juli bis Ende August). Dann sind sie wirklich reif und saftig und schmecken am besten.

178. Zwetschgenkuchen

GANZ LEICHT ZU MACHEN
Für 1 Spring- oder Obstkuchenform (26 cm Ø)
Zubereitungszeit: 50 Min.
Kühlzeit: 2 Std.
Backzeit: 30 Min.

300 g Mehl (Type 405) • 200 g Butter • 100 g Zucker • 1 Ei • 1 kg Zwetschgen • 2 EL Hagelzucker
Außerdem: Fett für die Form • Mehl für die Arbeitsfläche • Folie

– Das Mehl auf ein Backbrett sieben und die Butter in Flöckchen darauf verteilen. Den Zucker über das Mehl streuen und das Ei in die Mitte geben. Mit möglichst kühlen Händen alle Zutaten rasch zu einem glatten Mürbteig verkneten. Den Teig in Folie eingewickelt

2 Std. im Kühlschrank ruhen lassen. Inzwischen die Zwetschgen waschen, entsteinen und so einschneiden, dass sie noch zusammenhängen.
– Den Backofen auf 200° (Umluft 180°) vorheizen, die Form fetten.
– Den Teig auf einer bemehlten Fläche ausrollen und Boden und Rand der Springform damit auslegen. Den Teigboden mehrmals mit einer Gabel einstechen und mit den Zwetschgen rosettenförmig belegen.
– Den Kuchen im Ofen (Mitte) 20–30 Min. backen, dann auf einem Kuchengitter abkühlen lassen. Den Hagelzucker über die Zwetschgen streuen.

179. Zwetschgenwähe

BERÜHMTES REZEPT
Für 1 Springform (28 cm Ø)
Zubereitungszeit: 50 Min.
Kühlzeit: 30 Min.
Backzeit: 35 Min.

250 g Mehl (Type 405) • 50 g Zucker • 1 Msp. Salz • 100 g Butter • 2 TL Essig • 1 kg Zwetschgen • 125 g Sahne • 2 Eier • 1 Msp. gemahlener Zimt
Außerdem: Butter für die Form • Folie • Mehl für die Arbeitsfläche

– Das Mehl mit 1 EL Zucker, dem Salz, der Butter in Flöckchen, 8 EL kaltem Wasser und dem Essig mit den Knethaken des Handrührgeräts vermengen, dann mit möglichst kühlen Händen rasch zu einem glatten Mürbteig kneten. Den Teig in Folie gewickelt 30 Min. kühl stellen.
– Die Springform mit Butter fetten. Den Backofen auf 220° (Umluft 200°) vorheizen.
– Den Teig auf einer bemehlten Arbeitsfläche rund ausrollen. Den Boden der Form damit auskleiden, einen 2 cm hohen Rand formen. Die Zwetschgen waschen, halbieren und entsteinen. Mit der Wölbung nach unten gleichmäßig dicht und rosettenförmig auf den Teigboden legen.
– Den Kuchen im Backofen auf der mittleren Schiene 10 Min. backen.
– Die Sahne mit den Eiern, dem restlichen Zucker und dem Zimt verrühren, über die Zwetschgen gießen und den Kuchen in weiteren 25 Min. fertig backen. Die abgekühlte Zwetschgenwähe nach Belieben kurz vor dem Servieren mit Hagelzucker bestreuen.

180. Mürber Erdbeerkuchen

RAFFINIERT GEMACHT
Für 1 Obstkuchenform (28 cm Ø)
Zubereitungszeit: 50 Min.
Backzeit: 25 Min.

250 g Mehl (Type 405) • 100 g Zucker • 1 Prise Salz • 125 g Butter • 1 Eiweiß • 2 EL Erdbeerkonfitüre • 1 kg möglichst kleine Erdbeeren • 4 EL Mascarpone • 3 EL Puderzucker
Außerdem: Butter für die Form • Mehl für die Arbeitsfläche • Tortenguss oder Schlagsahne nach Belieben

– Das Mehl auf eine Arbeitsfläche sieben und eine Mulde hineindrücken. Den Zucker, das Salz, die Butter in Flöckchen und das Eiweiß dazugeben. Alles rasch zu einem glatten Teig verkneten.
– Den Backofen auf 200° (Umluft 180°) vorheizen, die Form fetten. Den Teig auf der leicht bemehlten Arbeitsfläche gut in Größe der Form ausrollen und den Boden und den Rand der Form damit auslegen. Überstehenden Rand abschneiden und den Boden mehrmals mit einer Gabel einstechen.
– Den Kuchenboden im Backofen (Mitte) in etwa 25 Min. goldgelb backen und abkühlen lassen.
– Die Konfitüre leicht erhitzen, durch ein Sieb streichen, auf dem Teigboden verteilen und gut trocknen lassen. Die Erdbeeren waschen, entkelchen und abtropfen lassen. Ein Drittel zerdrücken, mit dem Mascarpone und dem Puderzucker verrühren.
– Die Creme kurz vor dem Servieren auf den Kuchenboden streichen. Die restlichen Erdbeeren in Scheiben schneiden und fächerförmig darauf legen. Nach Belieben können Sie den Kuchen mit Tortenguss überziehen oder mit Sahne verzieren.

181. Erdbeer-Quark-Kuchen

SUPER SAFTIG
Für 1 Springform (24 cm Ø)
Zubereitungszeit: 40 Min.
Kühlzeit: 2 Std.
Backzeit: 1 Std. 10 Min.

Für den Teig: 250 g Mehl (Type 405) • 125 g Butter • 100 g Zucker • 1 Eigelb
Für den Belag: 250 g Quark • 100 g Zucker •

1 Päckchen Vanille-Puddingpulver (zum Kochen) • abgeriebene Schale von 1 unbehandelten Zitrone • 4 Eier • 250 g Sahne • 500 g Erdbeeren
Außerdem: Butter für die Form • Mehl für die Arbeitsfläche • Folie • 1 Päckchen roter Tortenguss

– Das gesiebte Mehl mit der Butter, dem Zucker und dem Eigelb verkneten. Den Teig in Folie gewickelt 2 Std. im Kühlschrank ruhen lassen. Den Backofen auf 200° (Umluft 180°) vorheizen, die Form fetten.
– Den Teig auf einer bemehlten Arbeitsfläche ausrollen und Boden und Rand der Springform damit auslegen. Den Kuchenboden mehrmals mit einer Gabel einstechen und im Ofen (Mitte) 10 Min. backen.
– Den Quark mit dem Zucker, dem Puddingpulver, der Zitronenschale und den Eiern verrühren. Die Sahne steif schlagen und unterheben. Die Quarkmasse auf den Kuchenboden füllen und 1 Std. backen, dann etwas abkühlen lassen.
– Die Erdbeeren waschen, abtropfen lassen, halbieren und auf die Quarkfüllung legen. Den Tortenguss nach Vorschrift zubereiten, die Erdbeeren damit überziehen.

182. Brombeerkuchen

MACHT WAS HER
Für 1 Springform (26 cm Ø)
Zubereitungszeit: 45 Min.
Kühlzeit: 20 Min.
Backzeit: 1 Std.

Für den Teig: 375 g Weizenmehl (Type 550) • 1 Prise Salz • 1 EL Zucker • 250 g kalte Butter • 20–50 ml Eiswasser
Für die Füllung: 500 g Brombeeren • 3 EL Speisestärke • Saft und abgeriebene Schale von 1 unbehandelten Zitrone • 100 g Zucker • 1 EL Butter
Außerdem: Fett für die Form • Mehl für die Arbeitsfläche • 1 Eigelb und 2 TL Milch zum Bestreichen

– Für den Teig das Mehl, das Salz und den Zucker in einer großen Schüssel mischen. Die Butter in kleine Würfel schneiden und mit den Händen unter das Mehl arbeiten (wie für Streusel). Die Butterstückchen dürfen noch spürbar sein. Eiswasser darüber spritzen und unterarbeiten, bis der Teig geschmeidig wird. Möglichst wenig kneten, auch jetzt dürfen noch Butterstückchen sichtbar sein. Eine Kugel formen, falls nötig, noch etwas Wasser zum Teig geben. Den Teig 20 Min. in den Kühlschrank stellen. Die Form fetten.
– Inzwischen für die Füllung die Beeren verlesen. Die Stärke mit dem Zitronensaft glatt rühren, dann mit den Beeren, der Zitronenschale und dem Zucker mischen. Die Beeren 10–15 Min. Saft ziehen lassen.
– Den Backofen auf 180° (Umluft 160°) vorheizen. Teig auf einer bemehlten Arbeitsfläche zu zwei dünnen Böden von je etwa 35 cm Ø ausrollen. Einen Boden in die Form legen, die Ränder nicht beschneiden. Die Füllung hineingießen, die Butter in Flöckchen darauf verteilen. Teigdeckel darauf legen und die Ränder zusammendrücken.
– Eigelb und Milch verquirlen, Teig damit bestreichen. Mit einer Gabel einige Luftlöcher in die Teigdecke stechen. Den Kuchen im Ofen (Mitte) 1 Std. backen.

TIPPS

• Brombeeren sind als Wildfrüchte und Zuchtbrombeeren erhältlich. Wildfrüchte sind meist kleiner und aromatischer. Sie werden oft aus Osteuropa importiert. Die besten Zuchtbrombeeren kommen ab Mitte August auf den Markt.
• Brombeeren sind auch kühl gelagert nur wenige Tage haltbar. Sie lassen sich gut einfrieren. Sie schmecken frisch sehr fein, ergeben aber auch aromatische Konfitüren, Gelees und Füllungen.

183. Heidelbeer-Mandel-Torte

GELINGT LEICHT
Für 1 Springform (26 cm Ø)
Zubereitungszeit: 1 Std.
Kühlzeit: 30 Min.
Backzeit: 40 Min.

Für den Teig: 200 g Butter • 200 g Zucker • 1 Prise Salz • 2 Eier • abgeriebene Schale von 1 unbehandelten Zitrone • je 1 Msp. gemahlene Nelken und gemahlener Zimt • 200 g gehäutete gemahlene Mandeln • 200 g Mehl (Type 405)
Für die Füllung: 50 g weiche Butter • 75 g Zucker • 2 EL Himbeergeist • 1 EL Zitronensaft • 150 g gemahlene Mandeln • 1 Eiweiß • 300 g Heidelbeeren • 1 Eigelb

Außerdem: Fett für die Form • 2 EL schwarzes Johannisbeergelee

– Die Form fetten. Die Butter mit dem Zucker und dem Salz schaumig rühren. Nach und nach die Eier, die Gewürze, die Mandeln und das Mehl untermischen. Die Form mit der Hälfte des Teigs auslegen.
– Restlichen Teig mit etwas Mehl verkneten. Wiederum die Hälfte davon zu einer dünnen Rolle formen und daraus einen 2 cm hohen Teigrand bilden. Alles 30 Min. kühl stellen
– Den Backofen auf 200° (Umluft 180°) vorheizen. Für die Füllung die Butter mit dem Zucker, dem Himbeergeist, dem Zitronensaft und den Mandeln verrühren. Das Eiweiß steif schlagen und unterheben. Die Mandelmasse auf den Teigboden streichen und mit den Heidelbeeren belegen. Den restlichen Teig ausrollen, 1 cm breite Streifen ausrädeln, diese von der Mitte zum Rand hin auf die Torte legen und mit dem Eigelb bepinseln.
– Die Torte im Ofen (Mitte) 40 Min. backen. Das Gelee verrühren und auf die heißen Beeren streichen.

TIPP

• Die aromatischen Waldheidelbeeren kommen häufig aus Osteuropa, Sie können sie von Juni bis September auch selbst in Nadelwäldern und Heidelandschaften sammeln. Die druckempfindlichen Beeren müssen schnell verarbeitet werden. Bewahren Sie sie möglichst kühl auf. Sie lassen sich gut einfrieren.
• Kulturheidelbeeren sind größer, besser haltbar und transportfähig, haben aber weniger Aroma. Der blaue Farbstoff sitzt bei ihnen in der Schale und löst sich erst beim Kochen heraus.

184. Heidelbeerkuchen mit Baiser

FÜR GÄSTE
Für 1 Springform (26 cm Ø)
Zubereitungszeit: 40 Min.
Kühlzeit: 1–2 Std.
Backzeit: 25 Min.

250 g Mehl (Type 405) • 1 Prise Salz • 125 g Butter • 1 Ei • 1 Päckchen Vanillezucker • 120 g Zucker • 450 g Heidelbeeren • 1 EL Speisestärke • 4 EL Stachelbeermarmelade • 3 Eiweiße • 6 EL Puderzucker
Außerdem: Butter für die Form

– Das gesiebte Mehl mit Salz, Butter, Ei, Vanillezucker und 100 g Zucker verkneten. Den Mürbteig 1–2 Std. zugedeckt im Kühlschrank ruhen lassen.
– Die Heidelbeeren waschen, verlesen und abtropfen lassen. Die Speisestärke mit kaltem Wasser anrühren und mit dem übrigen Zucker aufkochen. Die Heidelbeeren unterheben, alles erkalten lassen.
– Den Backofen auf 180° (Umluft 160°) vorheizen, die Form fetten. Den Teig ausrollen, den Boden und Rand der Form damit auslegen. Den Boden mehrmals mit einer Gabel einstechen und im Ofen (Mitte) 20 Min. backen.
– Abgekühlten Boden mit der Marmelade bestreichen und mit den Heidelbeeren füllen. Die Eiweiße mit dem gesiebten Puderzucker steif schlagen. Mit dem Spritzbeutel ein Gitter über die Beeren spritzen. Baisermasse im Ofen (oben) überbacken, bis sie leicht gebräunt ist.

185. Heidelbeer-Quark-Kuchen

SUPER SAFTIG
Für 1 Springform (26 cm Ø)
Zubereitungszeit: 45 Min.
Kühlzeit: 30 Min.
Backzeit: 1 Std.

Für den Teig: 230 g Mehl (Type 405) • 2 EL Speisestärke • 125 g kalte Butter • 75 g Zucker
Für den Belag: 500 g Heidelbeeren • 8–10 Mandelmakronen • 500 g Quark (20 % Fett) • 100 g Zucker • Saft und Schale von 1/2 unbehandelten Zitrone • 2 EL Speisestärke • 4 Eier • 1 Prise Salz
Außerdem: Fett für die Form • 2 EL Puderzucker zum Bestreuen

– Die Form fetten. Mehl, Speisestärke, Butter und Zucker rasch verkneten. Den Teig ausrollen und in die Form legen, dabei einen Rand hochziehen. Den Boden mit einer Gabel mehrmals einstechen und 30 Min. in den Kühlschrank stellen.
– Den Backofen auf 200° (Umluft 180°) vorheizen. Die Heidelbeeren waschen, verlesen und abtropfen lassen. Die Makronen mit einem Nudelholz zermahlen. Den Quark mit Zucker, Zitronensaft, Zitronenschale und

der Speisestärke in eine Schüssel geben. 2 ganze Eier und 2 Eigelbe gründlich unterrühren. Die Eiweiße mit dem Salz steif schlagen und unter den Quark heben.
–Die Makronenbrösel auf den Teig streuen, darauf die Heidelbeeren verteilen. Nun die Quarkmasse darauf streichen und den Kuchen im Ofen (unten) 40 Min. backen. Dann auf die mittlere Schiene setzen und in 15–20 Min. fertig backen. In der Form auskühlen lassen und vor dem Servieren mit Puderzucker bestreuen.

186. Johannisbeer-Tarte

MACHT WAS HER
Für 1 Tarteform (28 cm Ø)
Zubereitungszeit: 30 Min.
Kühlzeit: 1 Std.
Backzeit: 30 Min.

Für den Teig: 220 g Mehl (Type 405) • 110 g kalte Butter • 50 g gesiebter Puderzucker • 1 Prise Salz • 1 Eigelb
Für den Belag: 500 g rote Johannisbeeren • 3 Eier • 100 g Zucker • 125 g Sahne
Außerdem: Butter für die Form • Mehl für die Arbeitsfläche • Folie • Puderzucker zum Bestreuen

– Das Mehl auf eine Arbeitsfläche sieben und in die Mitte eine Mulde drücken. Die Butter in Stücken, den Puderzucker, das Salz sowie das Eigelb hineingeben. Alles mit den Fingern oder einer Gabel vermischen, dabei etwas Mehl vom Rand mit einarbeiten.
– Mit einem großen Messer das Mehl vom Rand zur Mitte schieben und grob vermengen. Das Messer mit beiden Händen fassen und die Masse zu feinen Krümeln hacken. Die Krümel mit beiden Händen rasch zusammenkneten, dabei immer von außen zur Mitte hin drücken. Alles verkneten, bis der Teig glatt ist. Knetet man zu lang, wird die Butter zu warm und der Teig brüchig. Den Teig zu einer Kugel formen, in Folie wickeln und 1 Std. im Kühlschrank ruhen lassen.
– Die Form fetten. Den Teig auf der leicht bemehlten Arbeitsfläche zu einer entsprechend großen, runden Platte ausrollen. Die Form damit auslegen und rundum andrücken, den überstehenden Rand abschneiden und den Teigboden mehrmals mit einer Gabel einstechen.
– Den Backofen auf 190° (Umluft 170°) vorheizen. Die Johannisbeeren von den Rispen streifen, waschen und auf Küchenpapier abtropfen lassen. Die Beeren auf dem Teig verteilen. Die Eier mit dem Zucker und der Sahne verrühren und über die Johannisbeeren gießen. Den Kuchen im Ofen (Mitte) etwa 30 Min. backen.
– Den Kuchen abkühlen lassen, bis er nur noch lauwarm ist. Dann aus der Form nehmen und mit Puderzucker bestreuen.

187. Johannisbeer-Baiser

SÜSSSAUER
Für 1 Backblech
Zubereitungszeit: 40 Min.
Kühlzeit: 2 Std.
Backzeit: 40 Min.

Für den Teig: 375 g Mehl (Type 405) • 190 g kalte Butter • 130 g Puderzucker • 1 Eigelb • 1 EL Milch
Für den Belag: 300 g gemahlene Haselnüsse • 150 g Zucker • 2 cl brauner Rum • 1/4 TL gemahlener Zimt • 3–4 Eiweiße
Für den Baiser: 800 g rote Johannisbeeren • 4 Eiweiße • 200 g Zucker
Außerdem: Folie • Butter fürs Blech

– Das Mehl auf eine Arbeitsfläche sieben und in die Mitte eine Mulde drücken. Die Butter in Stückchen, Puderzucker, Eigelb und Milch hineingeben und alle Zutaten mit den Händen rasch zu einem Teig verkneten. Zu einer Kugel formen, in Folie wickeln und 2 Std. kühl ruhen lassen.
– Das Backblech fetten. Den Teig in Blechgröße gleichmäßig dick ausrollen und auf das Backblech legen. Mit einer Gabel mehrmals einstechen.
– Den Backofen auf 220° (Umluft 200°) vorheizen. Für den Belag die Haselnüsse mit Zucker, Rum, Zimt und 3 Eiweißen zu einer streichfähigen Masse verrühren. Nach Bedarf das vierte Eiweiß untermengen. Die Masse auf dem Teig verstreichen. Den Kuchen im Ofen (Mitte) etwa 20 Min. vorbacken, herausnehmen und auskühlen lassen.
– Die Johannisbeeren in einem Sieb unter fließendem Wasser kurz waschen, abtropfen lassen und vorsichtig von den Rispen streifen.
– Für die Baisermasse die Eiweiße steif schlagen, dabei nach und nach den Zucker einrieseln lassen. Die Beeren unterheben und die Masse auf den vorgebackenen, ausgekühlten Boden streichen. Den Kuchen bei 190° (Umluft 170°) im Ofen in 20 Min. fertig backen.

TIPP
Sie können auch alle Zutatenmengen halbieren, auf die Milch verzichten und den Kuchen in einer Springform von 26 cm Ø backen. Beim Auskleiden der Form mit dem Teig einen etwa 3 cm hohen Rand formen.

188. Roter Johannisbeerkuchen

FÜR GÄSTE
Für 1 Springform (26 cm Ø)
Zubereitungszeit: 45 Min.
Backzeit: etwa 30 Min.

***Für den Teig:** 150 g Butter • 25 g Zucker • 1 Päckchen Vanillezucker • 250 g Mehl (Type 405) • 1 Prise Salz • 1 EL Speisestärke • 1 TL Backpulver • 1 Ei*
***Für den Belag:** 1 Päckchen Vanille-Puddingpulver (zum Kochen) • 200 g Zucker • gut 1/4 l Milch • 5 Blatt weiße Gelatine • 3 Eier • 10 g Butter • 300 g rote Johannisbeeren*
***Außerdem:** Fett und Semmelbrösel für die Form*

– Backofen auf 200° (Umluft 180°) vorheizen. Die Form fetten, mit Bröseln ausstreuen. Butter mit allen Zutaten zu einem glatten Teig verkneten. Den Teig ausrollen, in die Form legen und im Ofen (Mitte) 20 Min. backen.
– Das Puddingpulver mit 50 g Zucker und der Milch nach Packungsanweisung kochen. Gelatine in kaltem Wasser einweichen, ausdrücken, in den Pudding rühren. Die Eier trennen, Eiweiße beiseite stellen. Eigelbe und Butter unter den Pudding ziehen, kalt stellen.
– Den Pudding mit der Gelatine leicht andicken lassen. Die Johannisbeeren waschen, abzupfen, abtrocknen und unter den Pudding heben. Die Eiweiße mit dem restlichen Zucker steif schlagen. Den Pudding auf den Kuchenboden streichen und dann das Eiweiß darauf geben. Im Ofen (Mitte) 12 Min. backen, bis das Baiser eine schöne goldbraune Farbe bekommen hat.

TIPP
Tiefgekühlte Beeren brauchen nicht aufgetaut zu werden. Dann aber den Kuchenboden vorher mit Semmelbröseln, gemahlenen Nüssen oder Mandeln bestreuen, damit er nicht durchweicht.

189. Stachelbeerkuchen mit Baiserhaube

SCHNELL GEMACHT
Für 1 Springform (26 cm Ø)
Zubereitungszeit: 30 Min.
Backzeit: 45 Min.

125 g weiche Butter • 230 g Zucker • 3 Eigelbe • 250 g Mehl (Type 405) • 500 g Stachelbeeren • 3 Eiweiße • 50 g gemahlene Mandeln
***Außerdem:** Fett für die Form • Mehl für die Arbeitsfläche*

– Den Backofen auf 180° (Umluft 160°) vorheizen, die Form fetten. Die Butter mit 80 g Zucker und Eigelben cremig rühren, das Mehl hinzufügen und alles zu einem glatten Teig verkneten. Den Teig auf einer bemehlten Arbeitsfläche ausrollen, die Form damit auskleiden und in den Kühlschrank stellen.
– Stachelbeeren putzen, waschen und trockentupfen. Danach die Beeren mehrfach mit einer Nadel oder einem Holzstäbchen einstechen, damit sie beim Backen nicht zu sehr aufplatzen. Die Beeren auf dem Teigboden verteilen. Im Ofen (Mitte) 20 Min. backen.
– Inzwischen die Eiweiße mit dem übrigen Zucker zu Schnee schlagen, die Mandeln unterheben. Die Baisermasse mit einem Löffel auf den Stachelbeeren verteilen, dabei die Spitzen mit dem Löffel etwas nach oben ziehen. Den Kuchen in 20–25 Min. fertig backen.

TIPP
Anstelle der Stachelbeeren passen auf den Kuchen auch Johannisbeeren oder Rhabarber.

190. Traubenkuchen

SCHMECKT WARM UND KALT
Für 1 Obstkuchenform (18 cm Ø)
Zubereitungszeit: 40 Min.
Kühlzeit: 1 Std.
Backzeit: 50 Min.

***Für den Teig:** 110 g Mehl (Type 405) • 75 g Butter • 20 g Puderzucker • 1 Eigelb • 1 Prise Salz • 1/4 Vanilleschote*

Für den Belag: 250 g kleine grüne Weintrauben (ohne Kerne) • 250 g saure Sahne (10 % Fett) • 1 Ei • 30 g Zucker • 1/4 Vanilleschote
Außerdem: Folie • Backpapier und Hülsenfrüchte zum Blindbacken • 1 Eigelb zum Bestreichen • Puderzucker zum Bestreuen • geeiste Trauben zum Garnieren (siehe Seite 423)

– Für den Mürbteig Mehl auf die Arbeitsfläche sieben, in die Mitte eine Mulde drücken. Die Butter in Stücken, Puderzucker, Eigelb, das Salz und das ausgekratzte Mark der Vanilleschote hineingeben. Die Zutaten zunächst mit einer Gabel zerdrücken, dann mit einem großen, breiten Messer zu feinen Krümeln hacken. Erst jetzt alles mit den Händen zu einem glatten Teig verkneten. Dabei rasch arbeiten, damit der Teig nicht zu warm wird. Er gerät sonst brüchig und lässt sich nicht mehr so gut verarbeiten. Den Teig in Folie wickeln und 1 Std. im Kühlschrank ruhen lassen.
– Den Backofen auf 190° (Umluft 170°) vorheizen. Den Mürbteig auf das Rollholz wickeln und über einer Tortenbodenform abrollen. Den Rand mit einem Teigrest andrücken, überstehende Teigränder abschneiden. Mit einer Gabel den Teigboden mehrmals einstechen.
– Das Backpapier auf den Teig legen. Die Form mit getrockneten Hülsenfrüchten füllen, den Boden im Ofen (Mitte) etwa 10 Min. vorbacken. Die Form herausnehmen, das Backpapier und die Hülsenfrüchte entfernen. Den Teigboden mit dem verquirlten Eigelb bestreichen und nochmals 5 Min. backen.
– Die Trauben gründlich waschen, gut abtropfen lassen und abzupfen. Den vorgebackenen Teigboden gleichmäßig damit belegen. Die saure Sahne, das Ei, den Zucker und das ausgekratzte Mark der Vanilleschote gut miteinander verrühren und gleichmäßig über die Trauben verteilen. Bei 200° (Umluft 180°) im Ofen (Mitte) etwa 35 Min. backen.
– Aus dem Ofen nehmen und mit viel Puderzucker bestreuen. Den Kuchen unter dem vorgeheizten Grill gratinieren, bis ein guter Teil des Puderzuckers karamellisiert ist. Mit den gezuckerten Trauben garnieren.

TIPP

Frisch aus dem Ofen und noch warm serviert, schmeckt dieser Kuchen mit knusprigem Teig und Trauben unter einem feinen Sauerrahmguss besonders gut.

191. Trauben-Vollkorn-Kuchen

VOLLWERTIG
Für 1 Springform (26 cm Ø)
Zubereitungszeit: 1 1/4 Std.
Kühlzeit: 1 Std.
Backzeit: 50 Min.

75 g weiche Butter • 3 EL Honig • 2 Eigelbe • 200 g Weizenvollkornmehl • 75 g gemahlene Haselnüsse • 2 EL Sesamsamen • 500 g grüne Weintrauben (ohne Kerne) • 4 Eier • 250 g Mascarpone (ersatzweise Crème fraîche) • 1 EL Vollkornweizengrieß • 100 g Zuckerrübensirup • Saft und abgeriebene Schale von 1 unbehandelten Zitrone
Außerdem: Butter für die Form

– Die Butter mit dem Honig und den Eigelben verrühren. Das Mehl mit den Nüssen und dem Sesam mischen, esslöffelweise unter die Buttermasse rühren, zuletzt unterkneten; der Teig soll geschmeidig und fest sein. Den Mürbteig zugedeckt 1 Std. kühl stellen.
– Die Trauben waschen, abtrocknen und abzupfen. Die Eier in Eigelbe und Eiweiße trennen. Die Eigelbe mit Mascarpone, Grieß, Sirup, Zitronensaft und -schale verrühren. Die Eiweiße steif schlagen und unterziehen.
– Backofen auf 180° (Umluft 160°) vorheizen. Die Form leicht mit Butter ausstreichen. Teig ausrollen, die Form damit auskleiden, einen 3 cm hohen Rand formen. Die Käsecreme einfüllen, die Weintrauben hineinstreuen. Den Kuchen im Ofen (Mitte) 50 Min. backen.

192. Wiener Kirschtorte

AUS ÖSTERREICH
Für 1 Springform (26 cm Ø)
Zubereitungszeit: 40 Min.
Kühlzeit: 2 Std.
Backzeit: etwa 1 1/2 Std.

Für den Mürbteig: 100 g Butter • 60 g Zucker • 150 g Mehl (Type 405)
Für den Rührteig: 100 g Butter • 200 g Zucker • 6 Eigelbe • abgeriebene Schale von 1 unbehandelten Zitrone • 1 Msp. Salz • 6 Eiweiße • 150 g Mehl (Type 405) • 150 g Speisestärke • 1/2–1 Päckchen Backpulver • 450 g Sauerkirschen (aus dem Glas)
Außerdem: 4 EL Puderzucker zum Bestreuen • Folie

– Die Butter mit dem Zucker verrühren. Das Mehl darüber sieben, alles zu einem Mürbteig verkneten und diesen in Folie eingewickelt 2 Std. im Kühlschrank ruhen lassen.
– Den Backofen auf 220° (Umluft 200°) vorheizen. Den Teig ausrollen und den Boden einer Springform damit auslegen. Den Boden mit einer Gabel mehrmals einstechen und im Ofen (Mitte) 15 Min. vorbacken.
– Für den Rührteig die Butter mit der Hälfte des Zuckers, den Eigelben, der Zitronenschale und dem Salz schaumig rühren. Die Eiweiße mit dem restlichen Zucker steif schlagen und unter die Eigelbmasse heben. Das Mehl mit der Speisestärke und dem Backpulver mit der Eimasse mischen.
– Den Rührteig auf den Mürbteigboden füllen und die abgetropften Kirschen auf dem Teig verteilen. Den Kuchen bei 190° (Umluft 170°) weitere 70–80 Min. auf der zweiten Schiene von unten backen. Abgekühlt mit dem Puderzucker besieben.

193. Tarte aux marrons et cerises
(Maronen-Kirsch-Kuchen)

MACHT WAS HER
Für 1 Tarteform (30 cm Ø)
Zubereitungszeit: 45 Min.
Kühlzeit: 30 Min.
Backzeit: 1 Std.

Für den Teig: 225 g Mehl (Type 405) • 120 g kalte Butter • 2 Päckchen Vanillezucker • 1 Prise Salz
Für den Belag: 500 g Kirschen (eventuell auch Sauerkirschen, dann 20–30 g mehr Zucker nehmen) • 250 g gekochte vakuumverpackte Maronen • 100 g Sahne • 70 g Zucker • 2 Päckchen Vanillezucker • 150 g Crème fraîche • 3 Eier
Außerdem: Frischhaltefolie

– Das Mehl mit der Butter in kleinen Stücken, dem Vanillezucker, dem Salz und ca. 2 EL eiskaltem Wasser zu einem glatten, geschmeidigen Teig verkneten.
– Den Teig zu einer Kugel formen und zwischen zwei Lagen Frischhaltefolie rund und dünn ausrollen. Die Form mit dem Teig auskleiden, dabei einen Rand hochziehen. Die Kuchenform für 30 Min. ins Tiefkühlfach stellen.
– Inzwischen die Kirschen waschen, entstielen und entsteinen. Den Backofen auf 180° (Umluft 160°) vorheizen. Die Maronen zerkrümeln und im Mixer mit der Sahne fein pürieren. Mit dem Zucker, dem Vanillezucker und der Crème fraîche verrühren, nach und nach die Eier untermischen.
– Den Teig im Ofen (Mitte) etwa 10 Min. vorbacken. Dann die Kirschen auf dem Teigboden verteilen und mit der Maronencreme bedecken.
– Den Kuchen wieder in den Backofen stellen und etwa weitere 50 Min. backen, bis die Creme fest und leicht gebräunt ist.

194. Cherry-Pie **(Pie mit Kirschen)**

KLASSIKER AUS DEN USA
Für 1 Pie- oder Springform (24 cm Ø)
Zubereitungszeit: 30 Min.
Kühlzeit: 1 Std.
Backzeit: 30 Min.

Für den Teig: 300 g Mehl (Type 405) • 1 Prise Salz • 75 g Puderzucker • 175 g kalte Butter • 2 Eigelbe
Für den Belag: 2 Gläser Schattenmorellen (à 350 g Abtropfgewicht) • 1 EL Vanille-Puddingpulver (zum Kochen) • 7 EL Zucker • 100 g Mandelstifte
Außerdem: Fett für die Form • Mehl für die Arbeitsfläche

– Das Mehl in eine Schüssel sieben, das Salz und den Puderzucker untermischen. Die Butter in Flöckchen dazugeben und alles rasch zu Bröseln zerreiben. Nacheinander die Eigelbe und 4–6 EL Eiswasser zugeben und zu einem geschmeidigen, glatten Teig verkneten. Den Teig 1 Std. in den Kühlschrank stellen.
– Kirschen in ein Sieb gießen, dabei den Saft auffangen. Puddingpulver mit 5 EL Zucker und 5 EL Kirschsaft verrühren. 1/2 l Kirschsaft aufkochen, das Puddinggemisch dazugeben und 1 Min. kochen. Topf vom Herd nehmen und die Mandeln und die Kirschen unterrühren.
– Den Backofen auf 200° (Umluft 180°) vorheizen, die Form fetten. Etwa drei Fünftel des Teigs auf einer bemehlten Arbeitsfläche ausrollen, in die Form legen und die Kirschenfüllung darauf geben.
– Den restlichen Teig ausrollen, als Deckel darauf legen und an den Rändern festdrücken. Den Deckel 8-mal sternförmig einschneiden und mit dem restlichen Zucker bestreuen Die Pie im Ofen (Mitte) 25–30 Min. backen.

195. Tarte aux mirabelles
(Mirabellenkuchen)

AUS LOTHRINGEN
Für 1 Springform (26 cm Ø)
Zubereitungszeit: 50 Min.
Kühlzeit: 2 Std.
Backzeit: 30 Min.

250 g Mehl (Type 405) • 125 g weiche Butter • 1 Eigelb • 1 TL Zucker • 1 Prise Salz • 500 g Mirabellen • 75 g Puderzucker
Außerdem: Butter für die Form • Mehl für die Arbeitsfläche

– Das Mehl auf ein Backbrett sieben. In die Mitte eine Mulde drücken. Butter, Eigelb, Zucker und Salz hineingeben, mit 2 EL Wasser anfeuchten und alles mit den Fingerspitzen miteinander verkneten. Wenn nötig, noch etwas Wasser zugeben, damit der Teig geschmeidig, jedoch nicht weich wird. Mit dem Kneten aufhören, sobald das gesamte Mehl aufgenommen ist. Aus dem Teig eine Kugel formen, etwa 2 Std. kühl ruhen lassen.
– Inzwischen die Mirabellen waschen, trockentupfen und im Ganzen entsteinen. Den Backofen auf 230° (Umluft 210°) vorheizen, die Form fetten.
– Den Teig auf einer bemehlten Arbeitsfläche ausrollen und die Form damit auskleiden. Den Teig mit einer Gabel einstechen. Die Früchte darauf verteilen und mit dem Puderzucker bestäuben. Den Kuchen im Ofen (Mitte) etwa 15 Min. backen. Die Hitze auf 200° (Umluft 180°) reduzieren und in etwa 15 Min. fertig backen.

196. Vollwertkuchen mit Steinobst

VOLLWERTIG
Für 1 Springform (26 cm Ø)
Zubereitungszeit: 30 Min.
Kühlzeit: 30 Min.
Backzeit: 35 Min.

Für den Teig: 150 g weiche Butter • 100 g brauner Zucker • 1 Ei • 50 g gehäutete, fein gemahlene Mandeln • 2–3 EL Sahne • 1 Prise Salz • 1 Prise gemahlener Zimt • 1 TL abgeriebene Schale von 1 unbehandelten Zitrone • 300 g fein gemahlener Dinkel • 1/2 TL Backpulver • 30 g Sonnenblumenkerne • 25 g Vollkornhaferflocken
Für den Belag: 500 g Steinobst (z. B. Kirschen, Pflaumen oder Aprikosen)
Außerdem: Folie • Butter für die Form

– In einer Schüssel die weiche Butter mit dem Zucker cremig rühren, das Ei einarbeiten. Die gemahlenen Mandeln einrühren. Die Sahne, das Salz, den Zimt und die Zitronenschale unterrühren. Das Dinkelmehl mit dem Backpulver mischen, auf die Masse geben und alles mit den Fingern zu einem krümeligen Teig verreiben. Den Teig mit Folie bedecken und 30 Min. in den Kühlschrank stellen.
– Den Backofen auf 190° (Umluft 170°) vorheizen. Die Form fetten und mit der Hälfte der Sonnenblumenkerne ausstreuen. Zwei Drittel des Teigs auf einer bemehlten Arbeitsfläche auswellen und die Form damit auskleiden, dabei einen etwa 1 cm hohen Rand formen. Die Haferflocken auf den Teigboden streuen.
– Die Früchte waschen, abtropfen lassen, entstielen und entsteinen. Gleichmäßig auf dem Kuchenboden verteilen. Das restliche Drittel des Teigs als Streusel darüber bröseln und mit den restlichen Sonnenblumenkernen bestreuen.
– Im Ofen (Mitte) in etwa 35 Min. goldbraun backen. Möglichst ofenfrisch und noch lauwarm servieren.

197. Augsburger Rhabarbertorte

FÜR GÄSTE
Für 1 Springform (24 cm Ø)
Zubereitungszeit: 1 Std.
Backzeit: 1 Std. 10 Min.

Für den Teig: 160 g Mehl (Type 405) • 60 g Zucker • 80 g Butter • 1 Msp. gemahlener Zimt • 1 Prise Salz • 1 Eiweiß
Für den Belag: 800 g junger Rhabarber • 4 EL Zucker • abgeriebene Schale von 1 unbehandelten Zitrone • 5 Eiweiße • 180 g gesiebter Puderzucker • 120 g gemahlene Mandeln

– Mehl, Zucker, Butter, Zimt, Salz und Eiweiß verkneten. Die Form mit dem Teig auslegen, dabei einen Rand formen. In den Kühlschrank stellen.
– Den Rhabarber waschen, schälen, in etwa 2 cm lange Stücke schneiden, mit Zucker und Zitronenschale mischen und auf den Teigboden legen. Den Backofen auf 175° (Umluft 160°) vorheizen.

– Die Eiweiße steif schlagen, dabei nach und nach den Puderzucker einrieseln lassen. Die Mandeln unterheben und die Masse auf dem Rhabarber verteilen.
– Die Torte im Backofen (unten) etwa 1 Std. 10 Min. backen, dann abkühlen lassen. Nach Belieben mit Schlagsahne verzieren.

TIPP

Exquisit: Probieren Sie die Torte einmal statt mit Rhabarber mit frischer Ananas!

198. Mürber Rhabarberkuchen

SÜSSSAUER
Für 1 Backblech
Zubereitungszeit: 40 Min.
Kühlzeit: 2 Std.
Backzeit: 40 Min.

Für den Teig: 500 g Mehl (Type 405) • 250 g Butter • 250 g Zucker • 2–3 Eigelbe
Für den Belag: 2 kg Rhabarber • 3 Eiweiße • 150 g Zucker
Außerdem: Alufolie oder Pergamentpapier • Mehl für die Arbeitsfläche

– Das Mehl auf ein Backbrett sieben. Die Butter in Flöckchen darauf verteilen, den Zucker darüber streuen, die Eigelbe in die Mitte geben. Die Zutaten mit möglichst kühlen Händen rasch zu einem Mürbteig verkneten. Den Teig in Alufolie oder Pergamentpapier gewickelt 2 Std. kühl ruhen lassen.
– Den Rhabarber waschen, schälen und in etwa 5 cm lange Stücke schneiden. Den Backofen auf 200° (Umluft 180°) vorheizen.
– Teig auf einer bemehlten Fläche in Backblechgröße ausrollen. Das Teigblatt locker zusammenrollen, auf das Blech legen und wieder auseinander rollen. Mehrmals mit einer Gabel einstechen. Den Teigboden dicht mit Rhabarber belegen. Kuchen im Ofen (Mitte) 30 Min. backen, herausnehmen. Den Ofen nicht aussschalten.
– Die Eiweiße zu steifem Schnee schlagen, dabei den Zucker langsam einrieseln lassen. Die Baisermasse in einen Spritzbeutel mit Sterntülle füllen und gleichmäßig diagonal auf den Kuchen spritzen. Das Baisergitter im Ofen (Mitte) 10 Min. überbacken, bis es leicht gebräunt ist. Den Kuchen etwas abkühlen lassen, in Stücke schneiden, vom Backblech nehmen und auf einem Kuchengitter völlig auskühlen lassen.

TIPPS

- **Haben Sie keinen Spritzbeutel zur Hand, dann verstreichen Sie die Baisermasse mit einem breiten Spatel oder Messer auf dem Rhabarber.**
- **Statt mit Rhabarber können Sie den Kuchen auch mit Johannisbeeren, Stachelbeeren oder Heidelbeeren belegen.**
- **Ist Ihnen die Fruchtsäure des Rhabarbers zu intensiv ist, so streuen Sie noch 2–3 EL Hagelzucker über die Früchte.**

199. Rhabarber-Apfel-Schnitten mit Vanillecreme

BRAUCHT ETWAS ZEIT
Für 1 Backblech
Zubereitungszeit: 1 1/2 Std.
Kühlzeit: 1 Std.
Backzeit: 35 Min.

Für den Teig: 400 g Mehl (Type 405) • 1 TL Backpulver • 1 Ei • 125 g Zucker • 1 Prise Salz • 250 g Butter
Für den Belag: 2 kg Rhabarber • 1 kg Äpfel • 250 g Zucker • je 1/2 TL gemahlener Zimt und gemahlener Koriander • 1 EL Semmelbrösel
Für den Guss: 2 Päckchen roter Tortenguss • 4 gestrichene EL Zucker
Für die Vanillecreme: 4 Blätter weiße Gelatine • 1/2 l Milch • 1 1/2 Päckchen Vanille-Puddingpulver (zum Kochen) • 3 EL Zucker • 250 g Sahne
Außerdem: Alufolie • Butter fürs Blech • Mehl für die Arbeitsfläche

– Das Mehl mit Backpulver, Ei, Zucker, Salz und Butter in Flöckchen mit den Knethaken des Handrührgeräts vermengen, dann mit den Händen rasch zu einem glatten Teig verkneten. Den Teig zu einer Kugel formen, in Folie wickeln und 1 Std. kühl stellen.
– Den Rhabarber waschen, schälen und in 2 cm lange Stücke schneiden. Die Äpfel schälen, vierteln, vom Kerngehäuse befreien und in Scheibchen schneiden. Die Früchte in einem Topf mit dem Zucker, dem Zimt

und dem Koriander mischen. 1/8 l Wasser zufügen und die Früchte im geschlossenen Topf etwa 5 Min. dünsten. Das Kompott in einem Sieb abtropfen lassen, dabei den Saft auffangen.

– Das Backblech fetten. Den Backofen auf 225° (Umluft 200°) vorheizen.

– Den Teig auf einer bemehlten Arbeitsfläche in Backblechgröße ausrollen, mit etwas Mehl bestäuben, zusammenrollen und auf das Backblech legen. Mit einer Gabel mehrmals einstechen. Die „offene Seite" des Backblechs mit einem doppelt gefalteten Streifen Alufolie abschließen.

– Den Teig im Ofen (Mitte) 5 Min. vorbacken, dann mit den Semmelbröseln bestreuen. Das Kompott auf dem Mürbteig verteilen. Kuchen auf der mittleren Schiene etwa 30 Min. backen und abkühlen lassen.

– Den aufgefangenen Obstsaft mit Wasser auf 1/2 l auffüllen und den Tortenguss nach Packungsanweisung mit dem Zucker und dem Saft zubereiten. Den Guss gleichmäßig über das Kompott verteilen und erstarren lassen.

– Für die Vanillecreme die Gelatine 10 Min. in kaltem Wasser einweichen. 6 EL Milch mit dem Puddingpulver und dem Zucker verrühren. Die restliche Milch zum Kochen bringen. Das angerührte Puddingpulver untermischen, den Pudding nochmals aufwallen und unter Rühren abkühlen lassen.

– Die Sahne steif schlagen. Gelatine gut ausdrücken und in einem Töpfchen bei sehr schwacher Hitze unter Rühren auflösen, 2 EL Schlagsahne untermengen und diese Mischung unter die übrige Schlagsahne ziehen.

– Die Schlagsahne mit dem Schneebesen unter den Vanillepudding heben. Die Creme in einen Spritzbeutel mit großer Sterntülle füllen und diagonal ein Gitter auf den Kuchen spritzen.

200. Aprikosenkuchen mit Sahneguss

FÜR GÄSTE
Für 1 Pie- oder Springform (26 cm Ø)
Zubereitungszeit: 40 Min.
Kühlzeit: 1 Std.
Backzeit: 45 Min.

Für den Mürbteig: 300 g Mehl (Type 405) • 200 g Butter • 100 g Puderzucker • 1 Eigelb • 1/4 TL Salz
Für den Belag: 600 g Aprikosen (ohne Druckstellen!) • 1 Ei • 100 g Sahne • 50 g Zucker
Außerdem: Alufolie • Backpapier und Hülsenfrüchte zum Blindbacken • 50 g grob gehackte Mandeln • Puderzucker zum Bestreuen

– Für den Teig das Mehl auf eine Arbeitsfläche sieben und in die Mitte eine Mulde drücken. Die Butter in Stückchen, Puderzucker, Eigelb und Salz hineingeben. Mit einer Gabel oder den Fingern vermischen, dabei etwas Mehl einarbeiten. Mit einer Palette das Mehl von außen zur Mitte schieben, bis die Zutaten grob vermengt sind. Alles zu feinen Krümeln hacken. Mit den Händen mehr drücken als kneten, bis ein glatter Teig entsteht. Den Teig zu einer Kugel formen, luftdicht in Folie wickeln und 1 Std. im Kühlschrank ruhen lassen.

– Den Backofen auf 200° (Umluft 180°) vorheizen. Den Teig 3 mm dick ausrollen und in die Form legen. Mit den Fingern den Rand andrücken, überstehende Teigränder abschneiden. Das Backpapier auf den Teig legen, die Hülsenfrüchte einfüllen. Den Teig im Ofen (Mitte) 15 Min. blindbacken, dann Backpapier und Hülsenfrüchte entfernen.

– Inzwischen die Aprikosen waschen, abtrocknen, halbieren und die Steine entfernen. Für die Eier-Sahne-Mischung das Ei, die Sahne und den Zucker verquirlen.

– Die Aprikosen mit der Wölbung nach oben dicht nebeneinander auf den vorgebackenen Teig legen und mit der Eier-Sahne-Mischung übergießen. Den Kuchen im Ofen 20 Min. bei 190° (Umluft 170°) backen.

– Herausnehmen, Mandeln auf dem Kuchen verteilen und den Teigrand mit Alufolie abdecken. In weiteren 10 Min. fertig backen. Den Kuchen nach Belieben mit Puderzucker bestreuen.

201. Aprikosen-Mohn-Streusel

BLITZREZEPT
Für 1 Springform (26 cm Ø)
Zubereitungszeit: 20 Min.
Backzeit: 50 Min.

600 g Aprikosen • 250 g weiche Butter • 150 g Zucker • 1 Ei • 300 g Mehl (Type 405) • 200 g Schmand • 250 g backfertige Mohnmischung (Backregal)
Außerdem: Fett für die Form

– Die Aprikosen waschen, abtropfen lassen, halbieren und entsteinen. Den Backofen auf 180° (Umluft 160°) vorheizen, die Springform fetten.

– Die Butter mit dem Zucker, dem Ei und 250 g Mehl verkneten. Die Hälfte des Teigs in die Form drücken. Das restliche Mehl zur anderen Hälfte des Teigs geben. Den Teig zwischen den Fingern zu Streuseln verkneten.
– Den Schmand auf den Teigboden streichen. Die Mohnmischung darauf verteilen, die Aprikosenhälften darauf setzen und die Streusel darüber streuen. Den Kuchen im Ofen (Mitte) 50 Min. backen.

TIPPS

- **Statt frischer Früchte können Sie auch Aprikosen aus der Dose verwenden.**
- **Der Kuchen schmeckt auch mit Pfirsichen, Äpfeln und Birnen köstlich.**
- **Den Schmand können Sie einmal durch Crème fraîche ersetzen.**

202. Pfirsichkuchen mit Mandeln

BRAUCHT ETWAS ZEIT
Für 1 Springform (26 cm Ø)
Zubereitungszeit: 1 Std.
Kühlzeit: 30 Min.
Backzeit: 40 Min.

Für den Teig: 250 g Mehl (Type 405) • 50 g Speisestärke • 50 g gemahlene Mandeln • 1 Ei • 175 g weiche Butter • 1 Prise Salz • 100 g Zucker • 1 EL Vanillezucker
Für den Belag: 1 kg Pfirsiche • 50 g Zucker • 50 g Mandelblättchen
Für die Creme: 2 Eier • 100 g Zucker • 1 EL Vanillezucker • 200 g Crème fraîche • abgeriebene Schale von 1/2 unbehandelten Zitrone • 50 g Speisestärke
Außerdem: Butter für die Form

– Das Mehl mit der Speisestärke und den Mandeln in eine Schüssel geben. Das Ei, die Butter, das Salz, den Zucker und Vanillezucker zufügen. Alles schnell zu einem glatten Teig kneten und diesen 30 Min. in den Kühlschrank legen.
– Die Pfirsiche kurz in kochend heißes Wasser tauchen, häuten, halbieren und entsteinen. 1/4 l Wasser mit 50 g Zucker zum Kochen bringen. Die Pfirsiche darin sanft 15 Min. köcheln, dann abtropfen lassen. Den Backofen auf 180° (Umluft 160°) vorheizen, die Form fetten.
– Den Teig in der Form verteilen und den Rand etwa 2 cm hoch andrücken. Den Teigboden im Backofen (Mitte) 15 Min. vorbacken. Die Pfirsichhälften auf den Boden legen und mit den Mandelblättchen bestreuen.
– Die Eier trennen. Die Eigelbe mit dem Zucker und Vanillezucker schaumig rühren. Die Crème fraîche, die Zitronenschale und die Speisestärke untermischen. Die Eiweiße steif schlagen, unter die Schaummasse ziehen. Die Masse über den Pfirsichen verteilen, glatt streichen und den Kuchen in weiteren 25 Min. fertig backen.
– Den Pfirsichkuchen kurz abkühlen lassen, dann aus der Form lösen und auf einem Kuchengitter völlig auskühlen lassen.

203. Pfirsich-Vanillecreme-Kuchen

BLITZREZEPT
Für 1 Springform (26 cm Ø)
Zubereitungszeit: 15 Min.
Backzeit: 55 Min.

1 Dose Pfirsiche (470 g Abtropfgewicht) • 300 g Mehl (Type 405) • 200 g weiche Butter • 150 g Zucker • 1 Eigelb • 1 Päckchen backfeste Puddingcreme (ohne Kochen) • 1/4 l Milch
Außerdem: Fett für die Form

– Den Backofen auf 200° (Umluft 180°) vorheizen, die Springform fetten. Die Pfirsiche abtropfen lassen.
– Das Mehl mit Butter, Zucker und Eigelb verkneten. Den Teig in die Springform geben und mit den Händen gleichmäßig glatt drücken, dabei einen Rand formen.
– Die Puddingcreme mit der Milch nach Packungsanweisung aufschlagen. Die Creme auf den Mürbteig streichen und die Pfirsichhälften darauf verteilen. Den Pfirsichkuchen im Ofen (Mitte) 55 Min. backen.

204. Knuspriger Pfirsichkuchen

GELINGT LEICHT
Für 1 Obstkuchenform (24 cm Ø)
Zubereitungszeit: 50 Min.
Kühlzeit: 30 Min.
Backzeit: 1 Std.

3 Eier • 250 g Mehl (Type 405) • 1 Msp. Backpulver • 150 g Butter • 125 g Zucker • 100 g gemahlene

Mandeln • 1 EL Zitronensaft • 3 EL Rum • 500 g vollreife Pfirsiche • 50 g gehackte Mandeln • 3 EL Aprikosenkonfitüre
Außerdem: Butter für die Form

– Die Eier trennen. Aus Mehl, Backpulver, Butter, 50 g Zucker und 1 Eigelb mit kalten Händen rasch einen geschmeidigen Teig kneten und 30 Min. kühl stellen.
– Die Eiweiße steif schlagen. Gemahlene Mandeln mit übrigen Eigelben, restlichem Zucker, Zitronensaft und 2 EL Rum verrühren. Den Eischnee unterheben.
– Backofen auf 180° (Umluft 160°) vorheizen, die Form fetten. Mürbteig ausrollen, die Form damit auskleiden, dabei einen Rand formen. Den Teig im Ofen 25 Min. (Mitte) vorbacken. Die Pfirsiche mit kochend heißem Wasser überbrühen, häuten, halbieren und entsteinen.
– Die Mandelmasse auf den Boden füllen, den Kuchen 15 Min. backen. Die Pfirsiche in die Mandelmasse drücken, den Kuchen in weiteren 20 Min. fertig backen.
– Die gehackten Mandeln in einer trockenen Pfanne goldbraun rösten. Die Konfitüre mit dem übrigen Rum verrühren, unter Rühren erhitzen, den warmen Kuchen damit bepinseln. Die Mandeln darüber streuen.

205. Kakikuchen

ETWAS TEURER | EXOTISCH
Für 1 Springform (26 cm Ø)
Zubereitungszeit: 50 Min.
Kühlzeit: 30 Min.
Backzeit: 20 Min.

Für den Teig: 175 g Mehl (Type 405) • 50 g gemahlene Mandeln • 75 g Puderzucker • 100 g kalte Butter
Für den Belag: 100 g weiche Butter • 2 EL Eierlikör • 1 EL Puderzucker • 2 EL Vanillezucker • 4–5 Kakifrüchte • 4 EL Aprikosenkonfitüre • 1 EL Orangenlikör • 200 g Sahne • 1 EL Zucker • 1 EL gehackte Pistazien
Außerdem: Butter für die Form • Mehl für die Arbeitsfläche

– Das Mehl mit Mandeln und Puderzucker mischen. Die Butter in Stückchen darauf verteilen, alles rasch mit kalten Händen zu einem geschmeidigen Teig kneten. Zugedeckt im Kühlschrank 30 Min. ruhen lassen.
– Den Backofen auf 200° (Umluft 160°) vorheizen. Den Boden der Springform leicht mit Butter ausstreichen.
– Den Teig auf einer bemehlten Arbeitsfläche ausrollen. Die Teigplatte in die Form legen und einen etwa 2 cm hohen Rand formen. Den Teig im Ofen (Mitte) 20 Min. backen. Anschließend den Boden in der Form abkühlen lassen.
– Die Butter mit Eierlikör, Puderzucker und Vanillezucker schaumig rühren. Die Creme auf den Boden streichen. Die Kakifrüchte schälen, in dünne Spalten schneiden und auf die Creme legen. Die Konfitüre mit dem Likör verrühren, kurz erhitzen, wieder etwas abkühlen lassen und die Kakispalten damit glasieren.
– Die Sahne mit dem Zucker steif schlagen und vor dem Servieren auf die Torte spritzen. Die gehackten Pistazien darüber streuen.

206. Orangen-Tarte

GELINGT LEICHT
Für 1 Tarte- oder Springform (24 cm Ø)
Zubereitungszeit: 1 Std.
Kühlzeit: 30 Min.
Backzeit: 45 Min.

Für den Teig: 250 g Mehl (Type 405) • 100 g Puderzucker • 150 g Butter • 1 Prise Salz • abgeriebene Schale von 1 unbehandelten Zitrone
Für die Creme: 50 g weiche Butter • 2 Eier • 75 g Zucker • Saft und abgeriebene Schale von 1 unbehandelten Orange • 1 EL Speisestärke
Für den Belag: 3–4 Orangen • 2 EL Orangenmarmelade • 1–2 EL Orangenlikör
Außerdem: Butter für die Form

– Aus den Zutaten für den Teig und 2 EL eiskaltem Wasser rasch einen geschmeidigen Teig kneten und diesen zugedeckt 30 Min. kühl stellen.
– Den Backofen auf 200° vorheizen, die Form leicht fetten. Den Teig ausrollen, die Form damit auskleiden und im Ofen 15 Min. (Mitte) backen.
– Die Butter schaumig rühren, Eier und Zucker zufügen. Orangensaft und -schale mit der Speisestärke unter die Buttercreme mischen. Den Kuchen mit der Creme bestreichen und noch einmal 15 Min. backen.
– Die Orangen so schälen, dass auch die weiße Haut entfernt ist, in dünne Scheiben schneiden und diese auf die Creme legen. Die Tarte 10–15 Min. überbacken.
– Die Marmelade mit dem Likör glatt rühren, die heißen Fruchtscheiben damit überglänzen.

207. Zitronen-Tarte

GANZ LEICHT ZU MACHEN
Für 1 Tarte- oder Springform (28 oder 30 cm Ø)
Zubereitungszeit: 35 Min.
Kühlzeit: 1 Std.
Backzeit: 1 Std.

Für den Teig: 200 g Mehl (Type 405) • 50 g Zucker • 1 Päckchen Vanillezucker • abgeriebene Schale von 1/2 unbehandelten Zitrone • 100 g kalte Butter • 1 Eigelb
Für die Füllung: 4 Eier • 1 Eigelb • 200 g Zucker • Saft und abgeriebene Schale von 2 1/2 unbehandelten Zitronen • 125 g Sahne • 1 EL Puderzucker
Außerdem: Pergamentpapier und getrocknete Hülsenfrüchte zum Blindbacken • Klarsichtfolie

– Das Mehl mit Zucker, Vanillezucker und Zitronenschale mischen. Butter in kleinen Stückchen und das Eigelb darauf geben. Alles mit kühlen Händen zu einem glatten Teig verkneten.
– Teig zwischen zwei Lagen Klarsichtfolie etwas größer als die Form ausrollen und die ungefettete Form damit auskleiden, am Rand 2–3 cm hochziehen. In der Form 1 Std. kühl stellen.
– Den Backofen auf 180° (Umluft 160°) vorheizen. Den Boden mit einer Gabel ein paarmal einstechen. Das Pergamentpapier zuschneiden, in die Form legen, mit einer Lage Hülsenfrüchte beschweren. Den Teig im Ofen (Mitte) 10 Min. vorbacken.
– Für die Füllung die ganzen Eier, das Eigelb und den Zucker schaumig schlagen, Zitronensaft und -schale unterrühren. Die Sahne steif schlagen, mit dem Schneebesen unterheben.
– Hülsenfrüchte und Papier vom Teig nehmen. Die Zitronencreme auf den Teig gießen und die Tarte wieder in den Ofen schieben. Bei 150° (Umluft 130°) ungefähr 50 Min. backen. Die Tarte soll nicht braun werden, aber die Creme fest. In der Form abkühlen lassen.

TIPP
Vor dem Servieren eine dünne Schicht Puderzucker darüber stäuben. Oder den Puderzucker über die Tarte sieben, unter den Backofengrill schieben und ungefähr 1 Min. bräunen – Vorgang beobachten, der Zucker verbrennt leicht!

208. Aprikosen-Stachelbeer-Kuchen

SOMMERLICH | SCHNELL
Für 1 Springform (28 cm Ø)
Zubereitungszeit: 30 Min.
Backzeit: 45 Min.

150 g Quark (20 % Fett) • 125 g Zucker • abgeriebene Schale von 1 unbehandelten Zitrone • 1 Prise Salz • 6 EL Öl • 4 EL Milch • 300 g Mehl (Type 405) • 1 Päckchen Backpulver • 500 g vollreife Aprikosen • 250 g Stachelbeeren
Außerdem: Butter und Semmelbrösel für die Form • Mehl für die Arbeitsfläche

– Den Quark im Sieb gut abtropfen lassen, dann mit dem Zucker, der Zitronenschale, dem Salz, dem Öl und der Milch verrühren. Das Mehl mit dem Backpulver mischen, esslöffelweise unter den Teig ziehen, zuletzt unterkneten.
– Den Backofen auf 200° (Umluft 180°) vorheizen. Die Form gut fetten und mit Semmelbröseln ausstreuen. Den Teig auf einer bemehlten Arbeitsfläche ausrollen, in die Form legen und einen 2 cm hohen Rand formen.
– Die Aprikosen waschen, abtrocknen, halbieren, entsteinen, mit der Wölbung nach oben in die Form geben. Die Stachelbeeren ebenfalls waschen, abtrocknen, in die Zwischenräume verteilen und leicht in den Teig drücken. Den Kuchen im Ofen (Mitte) 45 Min. backen.

209. Aprikosenkuchen mit Marzipan

GELINGT LEICHT
Für 1 Backblech
Zubereitungszeit: 45 Min.
Backzeit: 40 Min.

125 g Magerquark • 325 ml Milch • 5 EL Öl • 75 g Zucker • 250 g Mehl (Type 405) • 3 TL Backpulver • 1/2 Päckchen Vanille-Puddingpulver (zum Kochen) • 1 TL Speisestärke • 50 g Marzipan-Rohmasse • 750 g Aprikosen • 100 g Aprikosenkonfitüre • 50 g Mandelblättchen
Außerdem: Öl fürs Blech

– Den gut abgetropften Quark mit 5 EL Milch, dem Öl und dem Zucker (bis auf 1 EL) verrühren. Das Mehl mit dem Backpulver mischen, die Hälfte davon unter die

OBST-KUCHEN

Quarkmasse rühren, den Rest unterkneten. Den Backofen auf 200° (Umluft 180°) vorheizen, ein Backblech mit Öl bestreichen.
– 4 EL Milch mit dem Puddingpulver, dem übrigen Zucker und der Speisestärke verrühren. Die übrige Milch zum Kochen bringen. Das angerührte Puddingpulver hineingießen, einmal aufkochen lassen, den Pudding vom Herd nehmen und das Marzipan darin auflösen. Abkühlen lassen.
– Den Teig auf dem Blech ausrollen, mit dem Pudding bestreichen. Die Aprikosen waschen, abtropfen lassen, halbieren, entsteinen und auf den Kuchen legen. Im Ofen (unten) 45 Min. backen.
– Den Kuchen mit der erhitzten Konfitüre bestreichen und die Mandelblättchen darüber streuen.

210. Pfirsich-Quark-Kuchen

BRAUCHT ETWAS ZEIT
Für 1 Springform (26 cm Ø)
Zubereitungszeit: 1 Std.
Backzeit: 1 Std.

500 g Quark (20 % Fett) • 3 EL Milch • 3 EL Öl • 125 g Zucker • 200 g Mehl (Type 405) • 2 TL Backpulver • 100 g Sahne • 2 EL Vanillezucker • 3 Eier • 1 EL Speisestärke • 2 EL Grieß • 500 g Pfirsiche
Außerdem: Butter für die Form

– Den Quark im Sieb abtropfen lassen. 75 g Quark mit der Milch, dem Öl und 25 g Zucker verrühren. Das Mehl mit dem Backpulver mischen, unter die Quarkmasse rühren, zuletzt unterkneten.
– Die Form gut fetten. Den Teig ausrollen und die Form damit auskleiden, einen 3 cm hohen Rand bilden. Den Backofen auf 200° vorheizen.
– Sahne mit übrigem Zucker und dem Vanillezucker mischen. Die Eier trennen. Die Eigelbe unter die Sahne rühren, die Eiweiße steif schlagen. Die Speisestärke mit dem Grieß mischen und mit dem übrigen Quark unter die Eigelbmasse mengen. Den Eischnee unterziehen.
– Die Pfirsiche kurz in kochend heißes Wasser legen, häuten, halbieren und entsteinen. Ein Drittel der Quarkmasse in die Springform füllen. Die Pfirsichhälften darauf legen und mit der übrigen Quarkmasse bedecken. Den Kuchen im Ofen (unten) 1 Std. backen, im abgeschalteten Backofen 10 Min. stehen lassen.

211. Ananaskuchen mit Sahneguss

SCHNELL | GELINGT LEICHT
Für 1 Obstkuchenform (26 cm Ø)
Zubereitungszeit: 30 Min.
Backzeit: 40 Min.

75 g Magerquark • 2 EL Milch • 3 EL Öl • 125 g Zucker • 1 Prise Salz • 200 g Mehl (Type 405) • 2 TL Backpulver • 1 Ananas (knapp 1 kg) • 2 Eier • 1/2 TL abgeriebene Schale 1 unbehandelten Zitrone • 250 g saure Sahne
Außerdem: Butter für die Form • Mehl für die Arbeitsfläche

– Den Backofen auf 200° (Umluft 180°) vorheizen. Die Springform mit Butter fetten.
– Den abgetropften Quark mit der Milch, dem Öl, 50 g Zucker, dem Salz, 150 g Mehl und dem Backpulver zuerst mit den Knethaken des Handrührgeräts und dann mit den Händen zu einem glatten Teig kneten.
– Zwei Drittel des Teigs auf einer bemehlten Arbeitsfläche ausrollen, den Springformboden damit auslegen, aus dem restlichen Teig eine Rolle drehen und den Kuchenrand daraus formen.
– Die Ananas vierteln, schälen, den harten Strunk in der Mitte entfernen, das Fruchtfleisch in Stücke schneiden.
– Die Eier trennen. Die Eigelbe mit dem restlichen Zucker und der Zitronenschale schaumig schlagen, abwechselnd das restliche Mehl und die saure Sahne untermischen. Die Eiweiße zu steifem Schnee schlagen und unter die Eigelbcreme ziehen.
– Die Ananasstücke auf dem Kuchenboden verteilen, den Guss darüber geben. Den Kuchen im Ofen (Mitte) 40 Min. backen. 5 Min. abkühlen lassen, aus der Form lösen und auf einem Kuchengitter auskühlen lassen.

212. Ländlicher Zwetschgenstrudel

MACHT WAS HER
Für 1 Strudel
Zubereitungszeit: 1 Std.
Ruhezeit: 1 Std.
Backzeit: 40 Min.

Für den Teig: 1 EL Schweineschmalz • 1 Ei • 1 Prise Salz • 250 g Mehl (Type 405)
Für den Belag: 1 kg Zwetschgen • 140 g Butter •

100 g Semmelbrösel • 5 EL Zucker • 1/2 Tasse Puderzucker
Außerdem: Butter oder Margarine fürs Blech

– Ein Backblech fetten. Das Schmalz zerlassen und mit 1/2 Tasse lauwarmem Wasser, dem Ei und dem Salz verquirlen. Nach und nach das gesiebte Mehl untermengen und aus allen Zutaten einen glatten Teig kneten. Den Teig zu einer Kugel formen und mit einer Schüssel bedeckt 1 Std. ruhen lassen.
– Die Zwetschgen waschen, entsteinen und vierteln. Den Strudelteig auf einem großen bemehlten Tuch möglichst dünn ausrollen. Den Teig anschließend von der Mitte aus über beide Handrücken nach allen Seiten dehnen, bis er papierdünn ist (siehe auch Seite 419). Reißt der Teig dabei ein, die Risse sofort fest zusammengedrücken. Den ausgezogenen Teig aufs Tuch zurücklegen. Den Backofen auf 200° (Umluft 180°) vorheizen.
– Die Butter zerlassen, 2 EL davon zurückbehalten, den Rest mit den Semmelbröseln mischen und zwei Drittel des Teigs mit dem Butter-Brösel-Gemisch bestreichen. Die Zwetschgen gleichmäßig darauf verteilen und mit dem Zucker bestreuen. Den unbelegten Teig mit etwas Butter bestreichen und den Strudel durch Anheben des Tuches von der belegten Seite her zu einer Rolle formen.
– Den Strudel auf das Backblech legen, mit der restlichen Butter bestreichen und im Ofen auf der zweiten Schiene von unten 40 Min. backen. Den Strudel mit dem Puderzucker bestreuen und heiß servieren.

213. Klassischer Apfelstrudel

BERÜHMT | ETWAS SCHWIERIGER
Für 1 Strudel
Zubereitungszeit: 1 1/2 Std.
Ruhezeit: 30 Min.
Backzeit: 45 Min.

200 g Mehl (Type 405) • 1 Ei • 1 EL Öl • 1 Prise Salz • 60 g Rosinen • 2 EL Rum • 140 g Butter • 80 g Semmelbrösel • 1 1/2 kg säuerliche Äpfel (z. B. Boskop oder Gravensteiner) • etwa 100 g Zucker • 1 TL gemahlener Zimt
Außerdem: Öl zum Bestreichen • Mehl für die Arbeitsfläche • Puderzucker zum Bestreuen

– Mehl hügelartig auf eine Arbeitsfläche sieben, in die Mitte eine Mulde drücken. Ei hineinschlagen, Öl und Salz zufügen. Alles von außen nach innen zu einem glatten Teig verkneten. Dabei nach und nach etwa 3 EL lauwarmes Wasser dazugießen, bis der Teig von mittelfester Konsistenz ist. Den Strudelteig mit dem Handballen etwa 15 Min. durchkneten, bis er seidig glänzt. Teig zu einer Kugel formen, mit Öl bestreichen, unter einer umgestülpten Schüssel etwa 30 Min. ruhen lassen.
– Inzwischen Rosinen waschen, trockentupfen, mit Rum beträufeln und zugedeckt beiseite stellen. 40 g Butter in einer Pfanne erhitzen, die Semmelbrösel darin unter Rühren goldbraun rösten, dann auskühlen lassen. Äpfel schälen, von den Kerngehäusen befreien und in ganz dünne Scheibchen hobeln oder schneiden. Zucker auf einem Teller mit Zimt vermischen. (Wenn die Äpfel sehr sauer sind, etwas mehr Zucker verwenden.)
– Auf einen Tisch ein großes Tuch legen, fein mit Mehl bestreuen. Den Teig darauf so dünn wie möglich ausrollen. Dann den Strudelteig mit beiden bemehlten Handrücken vorsichtig anheben und langsam von der Mitte nach außen ziehen, bis er papierdünn ist (siehe auch Seite 419). Die dicken Teigkanten wegschneiden.
– 100 g Butter in einer Pfanne zerlassen. Ein Backblech dünn damit bestreichen, den Rest zum Bestreichen des Teigs beiseite stellen. Den Backofen auf 200° (Umluft 180°) vorheizen.
– Geröstete Semmelbrösel auf etwa zwei Drittel des Teigs streuen, dabei an den beiden Seiten (den späteren Strudelenden) einen etwa 3 cm breiten Rand frei lassen. Das freie Teigdrittel mit zerlassener Butter bestreichen. Apfelscheiben auf den Bröseln verteilen, Zimtzucker und Rosinen darüber streuen. Seitenränder einschlagen, damit die Fülle nicht auslaufen kann. Das Tuch anheben und den Strudel zum freien Drittel hin einrollen. Den Strudel mit der Nahtstelle nach unten, eventuell in U-Form, auf das gefettete Backblech gleiten lassen.
– Den Apfelstrudel mit zerlassener Butter bepinseln und im Ofen (Mitte) in 35–45 Min. goldbraun backen. Den Strudel während der Backzeit etwa alle 10 Min. mit zerlassener Butter bestreichen. Den Apfelstrudel in 4–5 cm breite Stücke schneiden und mit Puderzucker bestreut am besten noch warm servieren.

TIPP

Für einen Wachauer Marillenstrudel verwenden Sie anstelle der Äpfel 1 1/2 kg entkernte, halbierte Marillen (Aprikosen), dann die Rosinen und den Rum weglassen. Backzeit: etwa 45 Min.

214. Apfelstrudel in Milch gebacken

FÜR FREUNDE
Für 1 Strudel
Zubereitungszeit: 1 1/2 Std.
Ruhezeit: 30 Min.
Backzeit: 1 Std.

Für den Teig: 250 g Mehl (Type 405) • 1 Ei • 3 EL Öl • 1 Prise Salz
Für die Füllung: 1,5 kg feste, säuerliche Äpfel (z. B. Boskop) • abgeriebene Schale von 1 unbehandelten Zitrone • 3–4 EL Zitronensaft • 70 g Zucker • 1 TL gemahlener Zimt • 100 g Rosinen (in Wasser eingeweicht) • 200 g saure Sahne
Außerdem: Mehl zum Ausrollen • 50 g Butter • etwa 100 ml Milch (max. 1/8 l) • Puderzucker zum Bestreuen

– Für den Teig das Mehl auf das Backbrett häufen, eine Mulde in die Mitte drücken. Das Ei, 2 EL Öl und die Prise Salz hineingeben. Vom Rand her die Zutaten mischen und zu einem glatten Teig kneten, dabei nach und nach etwa 100 ml lauwarmes Wasser dazuträufeln.
– Einige Minuten sehr kräftig durchkneten, bis der Teig elastisch ist. Mit einem großen Messer glatt durchschneiden: sind wellenförmige Linien sichtbar, hat der Teig die richtige Konsistenz. Zur Kugel formen, mit dem restlichen Öl bestreichen und etwa 30 Min. unter einer angewärmten Schüssel ruhen lassen.
– Für die Füllung die Äpfel vierteln und schälen, die Kerngehäuse entfernen. Apfelviertel in feine Scheibchen schneiden, in eine Schüssel geben. Zitronenschale und Zitronensaft zu den Äpfeln geben, Zucker und Zimt gleichmäßig untermischen.
– Ein großes Küchentuch mit Mehl bestäuben. Teigkugel in die Mitte legen, mit einem bemehlten Nudelholz dünn ausrollen. Nun mit beiden Handrücken unter die Teigdecke fassen und den Teig vorsichtig, ohne dass er dabei Löcher bekommt, nach allen Richtungen hauchdünn ausziehen (siehe auch Seite 419).
– Den Backofen auf 200° (Umluft 180°) vorheizen. Eine Reine (Bräter) mit der Hälfte der Butter ausstreichen. Die Rosinen abtropfen lassen und mit den Äpfeln mischen. Den Teig dünn mit saurer Sahne bestreichen, die Ränder frei lassen. Die Äpfel auf der Sahne verteilen, die Teigränder einschlagen.
– Das Küchentuch an einer der Schmalseiten anheben und den Strudel schwungvoll aufrollen. Mit Hilfe des Tuches U-förmig in die Reine legen. Die restliche Butter zerlassen und den Strudel damit bestreichen. 100 ml Milch aufkochen und angießen.
– Den Strudel im Ofen (Mitte) etwa 1 Std. backen, häufig mit Milch aus der Reine begießen. Die Milch wird während der Backzeit völlig aufgesogen, eventuell noch etwas mehr zugießen. Den fertigen Strudel mit Puderzucker bestäuben und servieren.

215. Schneller Apfelstrudel

KLASSIKER MAL ANDERS
Für 1 Strudel
Zubereitungszeit: 1 Std.
Auftauzeit: 15 Min.
Backzeit: 1 Std.

450 g TK-Blätterteig • 6 EL Rosinen • 2–3 EL Rum (ersatzweise Apfelsaft oder Wasser) • 800 g Äpfel (z. B. Cox Orange, Boskop) • Saft und abgeriebene Schale von 1 unbehandelten Zitrone • 6 EL Zucker • 1/2 TL gemahlener Zimt • 6 EL gehackte Walnüsse • 6 EL Crème fraîche • 1–2 Eigelbe
Außerdem: Mehl für die Arbeitsfläche • Backtrennpapier fürs Blech • Puderzucker zum Bestäuben

– Die Blätterteigplatten nebeneinander bei Zimmertemperatur auftauen lassen. 5 Platten aufeinander legen und auf einem bemehlten Küchentuch sehr dünn zu einem Rechteck ausrollen.
– Die Rosinen im Rum einweichen. Die Äpfel schälen, vierteln, das Kerngehäuse entfernen und die Apfelviertel in feine Scheibchen schneiden. Die Äpfel mit 3 EL Zitronensaft und der Zitronenschale, Zucker, Zimt, den Rosinen und Nüssen vermengen. Den Backofen auf 180° (Umluft 160°) vorheizen. Das Blech mit Backpapier auslegen.
– Die Teigmitte mit Crème fraîche und 3 cm Teigrand mit Eigelb bestreichen. Die Äpfel auf dem Teig verteilen, die Teigränder einschlagen und den Teig mit Hilfe des Tuches aufrollen (siehe auch Seite 419).
– Den Strudel mit der Naht nach unten auf das Blech legen. Restlichen Blätterteig etwas ausrollen und mit einem Herzausstecher Herzen ausstechen. Die Unterseite mit Eigelb bestreichen und den Strudel damit verzieren. Restliches Eigelb darüber verstreichen. Den Strudel im Ofen (Mitte) 1 Std. backen. Mit Puderzucker bestäuben, dazu Vanillesauce servieren.

216. Aprikosenstrudel

BLITZREZEPT
Für 1 Strudel
Zubereitungszeit: 15 Min.
Backzeit: 25 Min.

1 Dose Aprikosen (460 g Abtropfgewicht) • 100 g Amarettini • 100 g Butter • 1 Paket ausgerollter Blätterteig (Kühlregal, 25 x 42 cm) • 1 Päckchen Vanillezucker
Außerdem: Puderzucker

– Die Aprikosen abtropfen lassen, danach in schmale Spalten schneiden. Die Amarettini fein zerbröseln. Den Backofen auf 200° (Umluft 180°) vorheizen. Die Butter schmelzen lassen, das Blech mit etwas Butter einfetten.
– Blätterteig mit gut der Hälfte der Butter bestreichen. Vanillezucker und Amarettini auf den Teig streuen, dabei die Ränder frei lassen. Die Aprikosen darauf verteilen. Die Ränder einschlagen und den Teig von der Schmalseite her aufrollen (siehe auch Seite 419).
– Den Strudel auf das Backblech legen, mit der restlichen Butter bestreichen. Im Ofen (Mitte) in 25 Min. goldbraun backen. Mit Puderzucker bestäuben.

217. Knusprige Aprikosen-Tarte

BLITZREZEPT
Für 1 Tarte-Form (26 cm Ø)
Zubereitungszeit: 20 Min.
Auftauzeit: 15 Min.
Backzeit: 40 Min.

300 g TK-Blätterteig • 1 große Dose Aprikosen (500 g Abtropfgewicht) • 150 g saure Sahne • 1 Ei • 3 EL flüssiger Honig • 2 EL Mandelblättchen
Außerdem: Butter und Semmelbrösel für die Form

– Die Teigplatten auftauen lassen, die Aprikosen im Sieb abtropfen lassen. Saure Sahne mit Ei und Honig verrühren. Den Backofen auf 220° (Umluft 200°) vorheizen. Die Form fetten, mit Semmelbröseln ausstreuen.
– Den Blätterteig zu einem Kreis von etwa 34 cm Ø ausrollen und in die Tarteform legen. Den überstehenden Rand abschneiden und daraus Dreiecke schneiden. Diese so an den Teig in der Form anbringen, dass der Rand Strahlen bekommt.
– Die Sahne-Honig-Mischung auf den Teigboden gießen, die Aprikosenhälften mit der Wölbung nach oben fächerförmig darauf anordnen, die Mandelblättchen darüber streuen. Die Aprikosentarte im Ofen (unten) in 30–40 Min. goldbraun backen.

218. Rhabarber-Tarte

BLITZREZEPT
Für 1 Tarte-Form (30 cm Ø)
Zubereitungszeit: 15 Min.
Backzeit: 25 Min.

750 g Rhabarber • 1 EL Johannisbeergelee • 1 Paket ausgerollter Blätterteig (Kühlregal, 32 cm Ø) • 2 Eigelbe • 100 g Puderzucker • 200 g Schmand • 2 EL gemahlene Mandeln
Außerdem: Fett für die Form

– Den Rhabarber waschen, schälen und klein würfeln. Das Johannisbeergelee erwärmen und gut mit dem Rhabarber vermischen. 5 Min. ziehen lassen, danach in einem Sieb abtropfen lassen, dabei den Saft auffangen.
– Den Backofen auf 200° (Umluft 180°) vorheizen. Die Form fetten, mit dem Teig auslegen und kühl stellen.
– Die Eigelbe mit Puderzucker, Rhabarbersaft und Schmand cremig rühren. Die Mandeln auf den Blätterteig streuen, den Rhabarber darauf verteilen und die Eiercreme darüber gießen.
– Den Kuchen im Ofen (Mitte) 25 Min. backen. Herausnehmen, auskühlen lassen.

219. Erdbeerschnitten

SCHMECKT KINDERN IM SOMMER
Für 1 Backblech
Zubereitungszeit: 45 Min.
Auftauzeit: 15 Min.
Ruhezeit: 1–2 Std.
Backzeit: 15 Min.

1 Packung TK-Blätterteig (450 g) • 2 Päckchen Mandel-Puddingpulver (zum Kochen) • 1 l Milch • 250 g Zucker • 6 Blatt weiße Gelatine • 200 g Sahne • 1 kg Erdbeeren • 2 Päckchen roter Tortenguss • 1/2 l Saft (Johannisbeer-, Kirsch- oder ein anderer Fruchtsaft)

– Teigplatten nebeneinander auftauen lassen und leicht überlappend zu einem ganzen Rechteck ausrollen. Den Backofen auf 225° (Umluft 200°) vorheizen.
– Das Blech mit Wasser einpinseln, den Teig darauf legen, mit einer Gabel mehrmals einstechen und im Ofen (Mitte) 15 Min. backen.
– Inzwischen den Pudding mit Milch und 100 g Zucker nach Packungsanweisung kochen. Die Gelatine einweichen, ausdrücken und unter den Pudding rühren.
– Die Sahne steif schlagen. Wenn der Pudding zu gelieren beginnt, die Sahne unterheben. Die Creme auf dem Teig verstreichen.
– Die Erdbeeren waschen, putzen, halbieren und auf der Creme verteilen. Tortenguss mit übrigem Zucker und dem Saft aufkochen, über die Beeren geben. Vor dem Servieren 1–2 Std. kalt stellen, danach zerteilen.

TIPPS

• Die Erdbeere wird „die Königin des Beerenobstes" genannt. Die Handelsklassen sagen nur etwas über Größe und äußeren Zustand aus, nichts jedoch über den Geschmack. Bevorzugen Sie kleine, dunkle Sorten.
• Erdbeeren sind sehr druck- und wasserempfindlich, darum sollten Sie sie nur kurz und vorsichtig waschen und gut abtropfen lassen.
• Im Kühlschrank halten sich Erdbeeren nur 1 Tag, sie lassen sich aber, gezuckert oder auch pur, gut einfrieren.

220. Far aux pruneaux
(Backpflaumenkuchen)

BRAUCHT ETWAS ZEIT
Für 1 Keramikform (24 cm Ø)
Zubereitungszeit: 25 Min.
Quellzeit: 2 Std.
Ruhezeit: 15 Min.
Backzeit: 45 Min.

150 g Backpflaumen (ca. 12 Stück) • 1/2 l frisch gekochter schwarzer Tee • abgeriebene Schale von 1 unbehandelten Zitrone • 1 Zimtstange (5–6 cm) • 330 ml Milch • 100 g Zucker • 3–4 Eier • Salz • 75 g Mehl • 1/2 Vanilleschote • 1–2 cl Rum
Außerdem: Butter und Mehl für die Form

– Die Backpflaumen abbrausen. Im heißen Tee mit der Zitronenschale und Zimtstange 1–2 Std. quellen lassen.
– Milch mit Zucker erwärmen. In einer Schüssel Eier und Salz verquirlen, Mehl und die Milch dazugeben und alles zu einem glatten Teig rühren. Mit dem herausgekratzten Mark der Vanilleschote und dem Rum verfeinern. Den Teig etwa 15 Min. ruhen lassen.
– Backofen auf 225° (Umluft 200°) vorheizen. Die Form fetten und mit Mehl bestäuben. Pflaumen aus dem Tee nehmen, trockentupfen, am Stielende etwas einritzen und vorsichtig entsteinen. Pflaumen in der Form gleichmäßig verteilen. Den Teig langsam über die Pflaumen gießen, damit die Pflaumen an ihrem Platz bleiben.
– Im Ofen (Mitte) 8–10 Min. backen, dann bei 175° (Umluft 160°) etwa 35 Min. weiterbacken, bis der Teig goldgelb aufgegangen ist. Im ausgeschalteten Ofen bei offener Backofentür etwa 30 Min. abkühlen lassen. Den Kuchen in Portionsstücke schneiden und lauwarm oder zimmerwarm servieren.

221. Himbeer-Baiserkuchen

BRAUCHT ZEIT
Für 1 Baiserboden (26 cm Ø)
Zubereitungszeit: 35 Min.
Trockenzeit: 8 Std.

1/4 l Eiweiß (von etwa 8 Eiern) • 200 g Zucker • 150 g Puderzucker • 30 g Speisestärke • 500 g Himbeeren • 250 g Sahne • 2 EL Zucker • 1 Schnapsglas Cognac (2 cl)
Außerdem: Backtrennpapier fürs Blech

– Ein Backblech mit Backpapier auslegen. Den Backofen auf 100° (Umluft 80°) vorheizen.
– Die Eiweiße steif schlagen und unter ständigem Rühren den Zucker einrieseln lassen. Den Puderzucker mit der Speisestärke über den Eischnee sieben und unterheben. Die Baisermasse in einen Spritzbeutel mit großer Lochtülle füllen. Auf das Blech spiralförmig einen runden Boden von 26 cm Ø spritzen. Den Rand des Bodens aus aneinander gereihten Baisertupfen bilden.
– Den Baiserboden etwa 8 Std. im Backofen (Mitte) trocknen lassen, dabei die Ofentür mit einem Kochlöffel spaltbreit offen halten.
– Den Boden aus dem Backofen nehmen, das Backpapier abziehen und den Boden erkalten lassen.

– Die Himbeeren verlesen, falls nötig waschen und abtropfen lassen. Die Sahne mit dem Zucker steif schlagen und den Cognac unterrühren. Den Baiserboden dick mit der Cognacsahne bestreichen und mit den Himbeeren belegen. Sofort servieren!

222. Fruchtcreme-Kuchen

OHNE BACKEN | SCHMECKT KINDERN
Für 1 Kuchen mit Biskuitboden vom Bäcker
Zubereitungszeit: 15 Min.
Kühlzeit: 3 Std.

1 Biskuitboden (Fertigprodukt) • 500 g Erdbeeren • 3 EL Erdbeerkonfitüre • 100 ml Milch • 100 g weiße Schokolade • 400 g Doppelrahm-Frischkäse • 1 EL Puderzucker • 300 g Sahne

– Den Biskuitboden mit einem Tortenring umschließen. Die Erdbeeren verlesen, waschen und putzen. Mit 2 EL Erdbeerkonfitüre im Mixer pürieren.
– Die Milch erwärmen, die Schokolade darin auflösen und leicht abkühlen lassen. Den Frischkäse mit dem Puderzucker und der Schokolade cremig rühren. Die Sahne steif schlagen und unterziehen.
– Den Biskuitboden mit der restlichen Konfitüre bestreichen. Die Hälfte der Creme mit dem Fruchtpüree vermischen. Mit einem Löffel abwechselnd die weiße Creme und die Fruchtcreme auf dem Boden verteilen und mit dem Löffel spiralenförmig ineinander ziehen. Die Torte 3 Std. kühlen.

223. Erdbeerkuchen

BLITZREZEPT
Für 1 Springform (26 cm Ø)
Zubereitungszeit: 20 Min.
Backzeit: 15 Min.

3 Eier • 150 g Zucker • 150 g Schmand • 200 g Mehl (Type 405) • 250 g Erdbeeren • 1 Päckchen Puddingcreme (ohne Kochen) • 1/4 l Milch
Außerdem: Backtrennpapier für die Form • gehackte Pistazien zum Bestreuen

– Den Boden der Springform mit Backpapier auslegen und in die Springform einspannen. Den Backofen auf 190° (Umluft 170°) vorheizen. Die Eier trennen, Eiweiße mit dem Zucker steif schlagen, die Eigelbe mit dem Schmand dickschaumig schlagen. Den Eischnee unter die Schaummasse heben, Mehl nur kurz untermischen. Die Masse in die Springform füllen und im Ofen (Mitte) 15 Min. backen. Den Boden abkühlen lassen.
– Inzwischen die Erdbeeren verlesen, waschen, putzen und die Früchte nach Belieben halbieren oder in Scheiben schneiden. Die Puddingcreme mit der Milch nach Packungsanweisung zu einer Creme aufschlagen. Die Creme sofort auf den Biskuitboden streichen und die Erdbeeren darauf verteilen. Den Erdbeerkuchen mit Pistazien bestreuen.

OBST-
KUCHEN

TIPPS

- **Sie können auch einen fertigen Biskuit-Tortenboden mit der Creme bestreichen und mit den Erdbeeren belegen.**
- **Ersetzen Sie den Schmand einmal durch Sahne, sie macht den Teig auch saftig.**
- **Wenn Sie keine Puddingcreme im Haus haben, schlagen Sie 250 g Sahne mit etwas Zucker oder Vanillezucker steif, streichen die Sahne auf den Biskuitboden und legen die Erdbeeren darauf.**

224. Himbeerkuchen

OHNE BACKEN | SCHMECKT KINDERN
Für 1 Kuchen mit Biskuitboden vom Bäcker
Zubereitungszeit: 20 Min.
Kühlzeit: 1 Std.

1 Schoko-Biskuitboden (Fertigprodukt, Wiener Boden) • 2 EL Aprikosen- oder Himbeerkonfitüre • 400 g Frischkäse mit Joghurt (ersatzweise Doppelrahm-Frischkäse) • 50 g Zucker • 1 EL Himbeersirup • 1 Päckchen Himbeer-Puddingpulver (ohne Kochen) • 200 g Sahne • 500 g Himbeeren • 1 Päckchen roter Tortenguss • 1/4 l roter Fruchtsaft • 2 EL Kokosflocken

– Den Biskuitboden auf eine Tortenplatte legen und mit Konfitüre bestreichen.
– Den Frischkäse mit Zucker, Himbeersirup und Puddingpulver verrühren. Die Sahne steif schlagen und unter die Käsecreme heben. Die Creme auf dem Tortenboden verteilen.

– Die Himbeeren verlesen und falls nötig waschen und trockentupfen, auf die Creme legen.
– Tortenguss nach Packungsaufschrift mit Fruchtsaft zubereiten und gleichmäßig über den Himbeeren verteilen. Den Rand mit Kokosflocken bestreuen. Den Kuchen etwa 1 Std. kühl stellen.

225. Himbeer-Käsesahne-Torte

FÜR GÄSTE | OHNE BACKEN
Für 1 Torte mit Biskuitboden vom Bäcker (28 cm Ø)
Zubereitungszeit: 15 Min.
Kühlzeit: 3 Std.

300 g Himbeeren (frisch, ersatzweise tiefgekühlt) • 1 Päckchen Tortencreme Käsesahne (Fertigprodukt, Backregal) • 500 g Sahne • 500 g Quark • 1 heller Wiener Boden (Fertigprodukt)
Außerdem: Puderzucker zum Bestreuen

– Himbeeren verlesen, falls nötig waschen und trockentupfen. Die Tortencreme mit der Sahne, dem Quark und 200 ml Wasser nach Packungsaufschrift zubereiten.
– Den Biskuitboden 2-mal quer durchschneiden, damit 3 Böden entstehen. Einen Boden in die Springform legen. Etwa 200 g Himbeeren darauf verteilen und die Creme darüber gießen.
– Den zweiten Biskuitboden auf die Käsesahne setzen und die Torte mindestens 3 Std. in den Kühlschrank stellen. Den dritten Biskuitboden einfrieren und für einen anderen Kuchen verwenden.
– Die Torte mit den restlichen Himbeeren garnieren und dick mit Puderzucker bestreuen

226. Himbeerherz

FÜR BESONDERE ANLÄSSE
Für 1 Herzform (1 l Inhalt)
Zubereitungszeit: 40 Min.
Backzeit: 30 Min.

40 g Butter • 3 Eier • 150 g Zucker • 50 g gehäutete, fein gemahlene Mandeln • 50 g Mehl (Type 405) • 500 g Himbeeren • 2 EL Himbeersirup • 100 g Crème fraîche • 100 g weiße Schokolade • 400 g Sahne • 1 Päckchen Sahnesteif
Außerdem: Fett für die Form • Puderzucker

– Den Backofen auf 180° (Umluft 160°) vorheizen, die Herzform einfetten.
– Butter schmelzen. Die Eier trennen, Eiweiße steif schlagen, dabei 50 g Zucker einrieseln lassen. Eigelbe mit restlichem Zucker cremig rühren. Mandeln mit dem Mehl mischen und mit dem Eischnee unter die Eigelbcreme heben, flüssige Butter unterziehen. Den Teig in die Form füllen, im Ofen (Mitte) 30 Min. backen. Herausnehmen und abkühlen lassen.
– Die Himbeeren verlesen, 200 g Himbeeren mit Sirup pürieren und durch ein Sieb streichen. Crème fraîche erwärmen, Schokolade klein hacken, dazugeben und schmelzen lassen. Das Himbeerpüree einrühren.
– Kuchen aus der Form stürzen, quer halbieren. Sahne mit Sahnesteif steif schlagen, Schokoladen-Himbeer-Masse nach und nach unter die Sahne rühren.
– Die Himbeercreme auf einen Boden geben, 100 g Himbeeren darüber streuen. Den anderen Boden aufsetzen, mit Puderzucker bestäuben. Übrige Beeren in der Kuchenmitte herzförmig auflegen. Die Torte bis zum Servieren kühl stellen.

TIPP

Auch fein: 300 g Himbeeren mit 2 EL Himbeersirup pürieren und mit der Schokocreme verrühren. Biskuitherz durchschneiden, mit zwei Dritteln der Creme füllen, zusammensetzen und rundherum mit übriger Creme bestreichen. Den Kuchen mit kleinen Marzipanherzen verzieren.

227. Geschlupfter Apfelkuchen

EINFACH | SCHNELL
Für 1 Springform (26–28 cm Ø)
Zubereitungszeit: 25 Min.
Backzeit: 1 Std.

800 g säuerliche Äpfel (z. B. Boskop) • 2–3 EL Zitronensaft • 2 Päckchen Vanillezucker • 3 Eier • 100 g Zucker • 1 Prise Salz • 120 g Mehl (Type 405) • 1 TL Backpulver • 6 EL Öl
Außerdem: Fett für die Form • 50 g Butter • Puderzucker, Zucker oder Hagelzucker zum Bestreuen

– Die Äpfel schälen, vierteln, entkernen und in Spalten schneiden. Mit Zitronensaft beträufeln und mit Vanille-

zucker bestreuen. Den Backofen auf 200° (Umluft 180°) vorheizen, die Form fetten.
– Die Eier in eine Schüssel schlagen, Zucker und Salz zufügen und mit den Schneebesen des Handrührgeräts schaumig rühren. Mehl und Backpulver nach und nach einrühren, das Öl schnell und kräftig dazurühren.
– Den Teig in die Springform füllen. Die Apfelspalten so darauf verteilen, dass der Teig ganz bedeckt ist. Im Backofen (Mitte) etwa 1 Std. backen. Der Kuchen ist fertig, wenn die zwischen den Äpfeln hervor»geschlupften« Teigspitzen goldbraun gebacken sind.
– Die Butter zerlassen und den Kuchen damit bestreichen. Mit dem Puderzucker, Zucker oder Hagelzucker bestreuen.

228. Bananentorte

VOLLWERTIG
Für 1 Springform (26 cm Ø)
Zubereitungszeit: 1 3/4 Std.
Backzeit: 25 Min.

***Für den Teig:* 4 Eier • 100 g Zuckerrohrgranulat • 100 g Weizenvollkornmehl • 25 g Kakaopulver • 1 TL Backpulver • 1 TL gemahlener Zimt**
***Für den Belag:* 500 g Bananen • 50 g Butter • 100 g Honig • 100 g Reismehl • 1/2 TL gemahlener Zimt • 2 EL Rum • 400 g Sahne • 50 g Zuckerrohrgranulat • 1 Msp. gemahlene Vanille • 1 Messlöffel Biobin • 50 g Bananenchips • 6 Belegkirschen • 50 g Zartbitter-Schokolade-Raspel**
***Außerdem:* Backtrennpapier für die Form**

– Den Backofen auf 200° (Umluft 180°) vorheizen. Die Form mit Backpapier auslegen.
– Die Eier trennen, die Eigelbe mit Zuckerrohrgranulat und 2 EL warmem Wasser schaumig schlagen. Das Mehl mit dem Kakao, dem Backpulver und dem Zimt mischen, unter den Schaum heben. Die Eiweiße steif schlagen und ebenfalls unterziehen. Den Teig in die Form füllen und im Ofen (Mitte) 25 Min. backen. Auskühlen lassen, dann einmal quer durchschneiden.
– Die geschälten Bananen in Scheiben schneiden. 1/4 l Wasser mit der Butter und dem Honig zum Kochen bringen, mit dem Reismehl und den Bananen unter ständigem Rühren 5 Min. kochen lassen.
– Den Topf vom Herd nehmen, den Zimt und den Rum unter die Bananenmasse rühren, auf den unteren Boden streichen und abkühlen lassen. Die Sahne mit dem übrigen Zuckerrohrgranulat, der Vanille und dem Biobin steif schlagen. Etwa ein Drittel davon auf die Füllung streichen, den oberen Boden darauf setzen. Die Torte mit der restlichen Sahne überziehen. Mit Bananenchips, Kirschen und Schokoraspeln verzieren.

OBST-
KUCHEN

229. Nektarinentorte

ERFRISCHEND | PREISWERT
Für 1 Springform (24 cm Ø)
Zubereitungszeit: 40 Min.
Kühlzeit: 1 1/4 Std.
Backzeit: 20 Min.

2 Eier • 100 g Zucker • 50 g Mehl (Type 405) • 1 EL flüssige Butter • 300 g Aprikosenkonfitüre • 1 EL Aprikosenlikör (nach Belieben) • 250 g Mascarpone • 50 g Puderzucker • 1 kg Nektarinen • 1 EL gehackte Pistazien • Butter für die Form

– Den Backofen auf 200° (Umluft 180°) vorheizen, die Backform fetten.
– Die Eier trennen, die Eiweiße steif schlagen, dabei den Zucker nach und nach einrieseln lassen. Die Eigelbe dazugeben und noch 2 Min. weiterrühren. Das Mehl und die flüssige Butter unterheben. Den Teig in die Form füllen, im Ofen (Mitte) 20 Min. backen.
– Den Boden aus der Form lösen und auf eine Platte setzen. Die Aprikosenkonfitüre erwärmen und durch ein Sieb streichen. Nach Belieben mit Aprikosenlikör verrühren. Den Boden mit 2 EL Konfitüre bestreichen.
– Mascarpone mit Puderzucker und 2 EL Konfitüre cremig rühren. Die Creme auf dem Boden verteilen, glatt streichen und 15 Min. kühl stellen. Die Nektarinen waschen, halbieren, entsteinen, in Spalten schneiden.
– Nektarinenspalten kreisförmig auf die Creme legen. Restliche Konfitüre erneut kurz erwärmen und die Nektarinen damit überziehen. Mit Pistazien bestreuen. Die Torte 1 Std. im Kühlschrank durchziehen lassen.

TIPP

Nektarinen sind eine Kreuzung zwischen Pfirsich und Pflaume. Sie schmecken im Obstsalat, als Kuchenbelag, zu Quark und Speiseeis. Sie lassen sich entkernt und gezuckert gut einfrieren.

230. Trauben-Vanillecreme-Torte

RAFFINIERT KOMBINIERT
Für 1 Springform (26 cm Ø)
Zubereitungszeit: 40 Min.
Kühlzeit: 2 Std.
Backzeit: 15 Min.

3 Eier • 90 g Zucker • 50 g gemahlene Walnüsse • 50 g Mehl (Type 405) • 500 g grüne Weintrauben (ohne Kerne) • 400 ml Traubensaft • 1 EL Zucker • 1 Päckchen Vanille-Puddingpulver (zum Kochen) • 200 g Sahne • 200 g Schmand • 50 g Puderzucker
Außerdem: Butter für die Form

– Den Backofen auf 200° (Umluft 180°) vorheizen, die Form fetten. Die Eier trennen. Eiweiße steif schlagen, den Zucker und die Eigelbe nach und nach dazugeben. Die Walnüsse mit dem Mehl mischen und vorsichtig unterheben. Masse in die Form füllen, im Ofen (Mitte) 15 Min. backen. Herausnehmen und abkühlen lassen.
– Die Weintrauben waschen und halbieren. Den Traubensaft mit Zucker und Puddingpulver mischen, unter Rühren aufkochen lassen und noch 1 Min. weiterrühren. Pudding etwas abkühlen lassen. Den Biskuitboden auf eine Platte setzen und mit einem Tortenring umschließen. Die Hälfte des Puddings auf dem Boden verstreichen, mit der Hälfte der Trauben belegen, Sahne steif schlagen. Schmand mit Puderzucker verrühren, übrige Puddingmasse nach und nach einrühren, die Sahne unterheben.
– Die Masse über den Trauben verteilen und glatt streichen. Die Torte 1 Std. in den Kühlschrank stellen, danach mit den übrigen Trauben belegen. Kühl stellen. Vorm Servieren den Tortenring vorsichtig lösen.

231. Quarktorte Winzerart

LEICHT ZU MACHEN
Für 1 Springform (26 cm Ø)
Zubereitungszeit: 35 Min.
Ruhezeit: 2 Std.
Backzeit: 30 Min.

Für den Teig: 4 Eier • 120 g Zucker • 120 g Mehl (Type 405) • 60 g Speisestärke • 1 TL Backpulver
Für die Füllung: 500 g Quark (20 % Fett) • 2 Eigelbe • 150 g Zucker • Saft von 1 Zitrone • 6 Blätter weiße Gelatine • 250 g Sahne • je 300 g grüne und blaue Weintrauben • 1 Päckchen klarer Tortenguss • 100 g Mandelblättchen
Außerdem: Butter für die Form

– Den Backofen auf 200° (Umluft 180°) vorheizen, den Boden der Form fetten.
– Die Eier trennen. Die Eigelbe mit 2 EL warmem Wasser und der Hälfte des Zuckers schaumig rühren. Die Eiweiße mit dem restlichen Zucker steif schlagen und unter die Eigelbmasse heben. Das Mehl mit der Speisestärke und dem Backpulver darüber sieben und unterrühren. Den Teig in die Form füllen und im Ofen (Mitte) 25–35 Min. backen, dann den Biskuitboden mindestens 2 Std. ruhen lassen.
– Den Quark mit den Eigelben, dem Zucker und dem Zitronensaft verrühren. Die Gelatine einweichen, dann in wenig heißem Wasser auflösen. Sahne steif schlagen und mit der Gelatine unter den Quark heben.
– Den Biskuitboden einmal quer durchschneiden. Den Boden mit der Hälfte der Creme bestreichen, den zweiten Boden aufsetzen, die restliche Creme darauf verteilen, mit den Trauben belegen. Diese mit Tortenguss (nach Packungsvorschrift zubereitet) überziehen. Den Rand mit Mandelblättchen bestreuen.

232. Obstsalat-Torte

SCHMECKT KINDERN | SAFTIG
Für 1 Springform (26 cm Ø)
Zubereitungszeit: 45 Min.
Backzeit: 30 Min.

Für den Teig: 4 Eier • 150 g Zucker • 125 g Mehl (Type 405) • 1 TL Backpulver • 1 TL gemahlener Zimt • 25 g Kakaopulver • 1 Prise Salz
Für die Füllung: 800 g Sahne • 4 Päckchen Sahnesteif • 2 Päckchen Vanillezucker • 1 Dose Obstsalat (460 g Abtropfgewicht) • 2 Bananen • 3 EL Zitronensaft • Eierlikör nach Belieben • Schokostreusel
Außerdem: Fett für die Form

– Den Backofen auf 180° (Umluft 160°) vorheizen, die Springform fetten. Eier trennen, die Eiweiße mit 6 EL Wasser und Salz steif schlagen. Die Eigelbe mit Zucker, Mehl, Backpulver, Zimt und Kakao vorsichtig mit dem Schneebesen unterheben. Teig in die Form geben und im Ofen (Mitte) 30 Min. backen. Auskühlen lassen.

– Das Obst abtropfen lassen, Tortenboden einmal quer durchschneiden. 600 g Sahne mit 3 Päckchen Sahnesteif und 1 Päckchen Vanillezucker steif schlagen. Obst unter die Sahne heben und die Obst-Sahne-Masse auf einen Boden geben. Den zweiten Boden darauf legen.
– 200 g Sahne mit 1 Päckchen Sahnesteif und 1 Päckchen Vanillezucker steif schlagen. Damit die ganze Torte bestreichen.
– Die Bananen schälen, quer in Scheiben schneiden und mit Zitronensaft beträufeln, die Torte damit verzieren. Wenn keine Kinder mitessen in der Mitte der Torte mit dem Esslöffelrücken ein paar Vertiefungen eindrücken und diese mit ein wenig Eierlikör füllen. Die Torte mit Schokostreuseln bestreuen.

233. Aida-Torte

FÜR GÄSTE
Für 1 Springform (26 cm Ø)
Zubereitungszeit: 45 Min.
Ruhezeit: 2 Std.
Backzeit: 30 Min.

***Für den Teig:** 4 Eier • 140 g Zucker • abgeriebene Schale von 1/2 unbehandelten Zitrone • 120 g Mehl (Type 405) • 60 g Speisestärke • 1 TL Backpulver*
***Für die Füllung:** 100 g Nougat • 100 g Marzipan-Rohmasse • 1 Schnapsglas Kirschwasser (2 cl) • 1 EL Puderzucker • 100 g Aprikosenkonfitüre • 50 g geröstete Mandelblättchen • 4 Tassen gemischte Früchtewürfel (roh) • 1 Päckchen klarer Tortenguss*
***Außerdem:** Butter für die Form*

– Den Backofen auf 190° (Umluft 170°) vorheizen, den Boden einer Springform fetten.
– Eier trennen, die Eigelbe mit der Hälfte des Zuckers, 2 EL warmem Wasser und der Zitronenschale schaumig rühren. Die Eiweiße mit dem restlichen Zucker steif schlagen und unter die Eigelbmasse heben. Das Mehl mit der Speisestärke und dem Backpulver sieben und unter den Teig ziehen. Diesen in die Springform füllen und im Ofen (Mitte) 30 Min. backen. Den Biskuit aus der Form stürzen, mindestens 2 Std. ruhen lassen.
– Den Boden zweimal quer durchschneiden. Das Nougat im Wasserbad schmelzen lassen, einen Boden damit bestreichen, den zweiten darauf setzen.
– Das Marzipan mit dem Kirschwasser, 2 EL Wasser und dem Puderzucker verrühren und den zweiten Tortenboden damit bestreichen. Den dritten Boden darauf setzen, Oberfläche und Rand der Torte mit der Konfitüre bestreichen, den Rand mit Mandelblättchen bestreuen. Die Torte mit den Früchten belegen. Den Guss nach Vorschrift kochen, etwas abkühlen lassen und das Obst damit überziehen.

OBST-
KUCHEN

234. Birnen-Sahne-Torte

FÜR GÄSTE | SUPER SAFTIG
Für 1 Springform (26 cm Ø)
Zubereitungszeit: 1 Std.
Ruhezeit: 2 Std.
Backzeit: 35 Min.

***Für den Teig:** 6 Eier • 150 g Zucker • 100 g Mehl (Type 405) • 30 g Speisestärke • 50 g Kakaopulver • 50 g gehäutete gemahlene Mandeln • 50 g Butter*
***Für die Füllung:** 1 kg Birnen • 110 g Zucker • Saft von 1 Zitrone • 500 g Sahne • 200 g Johannisbeergelee*
***Außerdem:** Butter für die Form • 50 g geröstete Mandelblättchen • 8 kandierte Kirschen*

– Den Backofen auf 190° (Umluft 170°) vorheizen, den Boden der Springform fetten.
– Die Eier trennen, die Eigelbe mit einem Drittel des Zuckers schaumig rühren. Die Eiweiße mit dem restlichen Zucker steif schlagen und unter die Eigelbmasse heben. Das Mehl mit der Speisestärke und dem Kakao sieben, mit den gemahlenen Mandeln mischen und nach und nach unter die Eimasse ziehen. Die Butter zerlassen und lauwarm unter den Teig rühren. Den Teig in die Springform füllen, glattstreichen und im Ofen (Mitte) 25–35 Min. backen. Biskuit zum Abkühlen auf ein Kuchengitter stürzen. Den Tortenboden mindestens 2 Std. ruhen lassen.
– Die Birnen schälen, achteln und vom Kerngehäuse befreien. 1 l Wasser mit 50 g Zucker und dem Zitronensaft zum Kochen bringen und die Birnenachtel darin zugedeckt etwa 10 Min. köcheln lassen. Danach in einem Sieb abtropfen und erkalten lassen.
– Den Biskuit zweimal quer durchschneiden. Die Sahne mit dem restlichen Zucker steif schlagen. Zwei der Tortenböden mit dem Johannisbeergelee bestreichen und mit den Birnenachteln belegen (16 Birnenachtel für die Dekoration zurückbehalten).
– Die Hälfte der Schlagsahne auf den Birnenspalten verteilen und die beiden Böden aufeinander setzen. Den

dritten Boden darauf setzen, die Torte dick mit Schlagsahne überziehen und diese schön glatt streichen. Den Rand der Torte mit den Mandelblättchen bestreuen.
– Die restliche Schlagsahne in einen Spritzbeutel mit Sterntülle füllen. 16 Tortenstücke in der Sahneschicht markieren und auf jedes 1 Rosette spritzen. Jede Rosette mit 1 Birnenspalte und 1/2 Kirsche belegen.

TIPP

Wenn Sie einen Biskuitboden in einzelne Lagen zerschneiden wollen brauchen Sie dazu ein langes, dünnes Messer. Messer bis zur Mitte des Tortenbodens führen. Dann wird der Boden gedreht, bis die oberste Schicht rundum abgeschnitten ist. Oder Sie legen einen Zwirn um den Tortenrand und ziehen diesen langsam zu, bis die Schicht abgetrennt ist. Siehe auch Seite 422.

235. Himbeer-Sahnequark-Torte

BRAUCHT ETWAS ZEIT
Für 1 Springform (26 cm Ø)
Zubereitungszeit: 1 1/4 Std.
Backzeit: 30 Min.
Ruhezeit: mindestens 6 Std.

Für den Teig: 6 Eier • 1 Prise Salz • 150 g Zucker • 175 g Mehl (Type 405) • 75 g Speisestärke • 2 TL Backpulver
Für die Füllung: 50 g Mandelblättchen • 6 Blätter weiße Gelatine • 250 g Magerquark • abgeriebene Schale von 1/2 unbehandelten Zitrone • 3 EL Ahornsirup • 2 EL Vanillezucker • 500 g Sahne • 1 EL Zitronensaft • 600 g Himbeeren • 3 EL Puderzucker • 4 EL Himbeermarmelade • 2 EL Himbeergeist
Außerdem: Butter und Semmelbrösel für die Form • 25 g gehackte Pistazien

– Den Backofen auf 180° (Umluft 160°) vorheizen. Den Boden der Form fetten, mit Semmelbröseln ausstreuen.
– Die Eier trennen, die Eiweiße mit dem Salz zu steifem Schnee schlagen. Die Eigelbe mit dem Zucker schaumig rühren, bis sich der Zucker völlig aufgelöst hat. Den Eischnee auf die Eigelbcreme füllen. Das Mehl mit der Speisestärke und Backpulver darüber sieben, beides unter die Eigelbcreme ziehen.
– Die Biskuitmasse in die Form füllen, glatt streichen und im Ofen (Mitte) in 30 Min. goldgelb backen. Den Boden im abgeschalteten Backofen 5 Min. ruhen, in der Form 10 Min. abkühlen lassen. Auf ein Kuchengitter stürzen, mindestens 6 Std. ruhen lassen.
– Mandelblättchen unter Wenden in einer trockenen Pfanne goldbraun rösten und abkühlen lassen. Die Gelatine 10 Min. in kaltem Wasser einweichen. Den Quark mit der Zitronenschale, dem Ahornsirup und dem Vanillezucker verrühren. Die Sahne steif schlagen, 100 g Schlagsahne unter den Quark heben.
– Zitronensaft mit 2 EL Wasser erhitzen, die gut ausgedrückte Gelatine darin auflösen. Unter die Hälfte der flüssigen Gelatine nach und nach den Quark mischen. Die übrige Gelatine langsam mit der Sahne vermengen.
– Himbeeren verlesen, falls nötig waschen und trockentupfen und 250 g mit dem Puderzucker pürieren. Ein Drittel der Sahne in einen Spritzbeutel mit Sterntülle füllen, übrige Sahne mit dem Himbeerpüree mischen.
– Den Biskuit einmal durchschneiden. Die Marmelade mit dem Himbeergeist glatt rühren, den unteren Boden damit bestreichen, dann die Quarkmasse darauf verteilen. Den Deckel darauf legen und leicht andrücken.
– Oberfläche und Rand der Torte mit Himbeersahne überziehen, den Rand mit den Mandelblättchen bedecken. Die Beeren auf der Torte anordnen, 16 Sahnerosetten darauf spritzen und diese mit den gehackten Pistazien bestreuen. Die Torte kühl stellen.

TIPP

Soll die Torte etwas höher werden, backt man einen dünnen Mürbteigboden, bestreicht diesen mit Marmelade und setzt den Biskuit darauf.

236. Schnelle Orangentorte

SCHNELL | ERFRISCHEND
Für 1 Torte mit Biskuitboden vom Bäcker (26 cm Ø)
Zubereitungszeit: 20 Min.
Kühlzeit: 1 Std.

450 ml Orangensaft • 2 EL Zucker • 1 Päckchen Vanille-Puddingpulver (zum Kochen) • 1 heller Biskuitboden (Fertigprodukt) • 2 EL Orangenkonfitüre • 5 Orangen • 1 EL Puderzucker • 200 g Sahne • 1 Päckchen klarer Tortenguss • 1 EL gehackte Pistazien

– 200 ml Orangensaft mit dem Zucker erhitzen. Das Puddingpulver mit 2 EL Wasser verrühren, in die heiße Flüssigkeit geben, unter Rühren aufkochen. Danach den Pudding abkühlen lassen.
– Inzwischen den Biskuitboden mit Orangenkonfitüre bestreichen. Die Orangen schälen, dabei die weiße Haut mit entfernen. Die Früchte quer in dünne Scheiben schneiden, auf eine Platte legen und mit Puderzucker bestäuben.
– Die Sahne steif schlagen, den abgekühlten Orangenpudding esslöffelweise unterrühren. Die Creme gleichmäßig auf Biskuitboden und -rand verstreichen.
– Den Kuchen mit Orangenscheiben leicht überlappend belegen. Für den Tortenguss übrigen Orangensaft mit dem Tortengusspulver verrühren und nach Packungsanweisung zubereiten. Den Tortenguss gleichmäßig über die Orangenscheiben gießen. Den Tortenrand mit Pistazien bestreuen. Die Orangentorte im Kühlschrank mindestens 1 Std. durchziehen lassen.

237. Mango-Kiwi-Käsesahne

ETWAS TEURER
Für 1 Springform (28 cm Ø)
Zubereitungszeit: 1 1/4 Std.
Backzeit: 20 Min.
Kühlzeit: 3–4 Std.

Für den Teig: 3 Eier • 50 g Zucker • 1 EL Vanillezucker • 50 g Mehl (Type 405) • 25 g Speisestärke • 25 g gemahlene Haselnüsse
Für die Füllung: 12 Blätter weiße Gelatine • 500 g Magerquark • 250 g Mascarpone • 100 g Zucker • 150 g Vollmilchjoghurt • 2 Schnapsgläser Eierlikör (4 cl) • abgeriebene Schale und Saft von 1 unbehandelten Zitrone • 400 g Sahne • 2 EL Amaretto • 1 große Mango • 4 Kiwis
Außerdem: Backtrennpapier für die Form

– Den Backofen auf 180° (Umluft 160°) vorheizen, die Form mit Backpapier auslegen.
– Die Eier trennen, die Eiweiße steif schlagen. Eigelbe mit dem Zucker und dem Vanillezucker schaumig rühren. Das Mehl mit der Speisestärke und den Nüssen mischen, über die Eigelbmasse geben. Den Eischnee darüber häufen und alles locker unter die Eigelbmasse heben. Den Teig in die Form füllen und im Ofen (Mitte) 20 Min. backen. In der Form auskühlen lassen.
– Die Gelatine 5 Min. in kaltem Wasser einweichen. Den abgetropften Quark mit dem Mascarpone, dem Zucker, dem Joghurt und dem Eierlikör verrühren. Die Zitronenschale in die Quarkmasse geben.
– Den Zitronensaft mit 2 EL Wasser erhitzen und die ausgedrückte Gelatine darin auflösen. Die Quarkmasse langsam hinzufügen, in den Kühlschrank stellen und halbfest werden lassen. Die Sahne steif schlagen und unter den Quark ziehen.
– Inzwischen den Biskuit in der Form mit dem Amaretto beträufeln. Die Mango schälen und in Achteln von dem Stein schneiden. Die Kiwis schälen und der Länge nach halbieren. 7 Kiwihälften und 7 Mangoachtel abwechselnd auf den Tortenboden verteilen, Quarkmasse darüber glatt streichen. Die Torte im Kühlschrank in 3–4 Std. fest werden lassen.

238. Exoten-Torte

FÜR GÄSTE
Für 1 Springform (24 cm Ø)
Zubereitungszeit: 45 Min.
Kühlzeit: 2 Std.
Backzeit: 15 Min.

125 g Mehl (Type 405) • 60 g Butter • 50 g Puderzucker • 1/2 TL Vanillezucker • 1 Prise Salz • 1 Eigelb • 2 EL Aprikosenkonfitüre • 1 fertiger Biskuitboden (24 cm Ø) • 1/4 l Milch • 1/2 Päckchen Vanille-Puddingpulver (zum Kochen) • 2 EL Zucker • 4 Scheiben Ananas • 2 Kiwis • 1 Mango • 5 Belegkirschen • 50 g geröstete Mandelblättchen

– Das Mehl mit der Butter, dem Puderzucker, dem Vanillezucker, dem Salz und dem Eigelb verkneten und zugedeckt 2 Std. im Kühlschrank ruhen lassen.
– Den Backofen auf 220° (Umluft 200°) vorheizen. Den Teig ausrollen und den Boden der Form damit auslegen. Den Mürbteig im Ofen (Mitte) 15 Min. backen, dann mit der erhitzten Konfitüre bestreichen und den Biskuitboden darauf setzen.
– Aus der Milch, dem Puddingpulver und dem Zucker nach Packungsanleitung einen Pudding bereiten. Die Oberfläche und den Rand der Torte mit dem Pudding bestreichen und erkalten lassen.
– Das Obst schälen, in Streifen oder Stücke schneiden und auf der Torte verteilen. Den Tortenrand mit den gerösteten Mandelblättchen bestreuen.

239. Zwetschgenkuchen vom Blech

LEICHT ZU MACHEN
Für 1 Backblech
Zubereitungszeit: 45 Min.
Gehzeit: 40 Min.
Backzeit: 35 Min.

300 g Mehl (Type 405) • 1 Päckchen Trockenhefe • 50 g Zucker • 150 ml lauwarme Milch • 50 g Butter • 1 Ei • 2 kg Zwetschgen
Außerdem: Fett fürs Blech • Mehl für die Arbeitsfläche • 3 EL Hagelzucker • 1/2 TL gemahlener Zimt

– Mehl und Trockenhefe in einer Schüssel mischen. Zucker, Milch, Butter in Flöckchen und Ei zufügen und schnell zu einem glatten Teig verkneten. Zugedeckt 30 Min. gehen lassen. Zwetschgen waschen, halbieren und entsteinen, die Hälften längs einschneiden.
– Den Backofen auf 200° (Umluft 180°) vorheizen, das Blech fetten. Den Hefeteig auf bemehlter Arbeitsfläche noch einmal durchkneten, auf dem Blech ausrollen und die Ränder etwas hochziehen. Zwetschgen dachziegelartig darauf verteilen, den Teig 10 Min. gehen lassen.
– Den Kuchen im Ofen (Mitte) 35 Min. backen, herausnehmen und mit Hagelzucker und Zimt bestreuen.

TIPP
Zwetschgenkuchen mit Nuss-Streuseln: 100 g Mehl mit 100 g gemahlenen Haselnüssen mischen. 180 g Butter in Flöckchen und 180 g Zucker dazugeben und alles zwischen den Händen zu Streuseln verarbeiten. Den Kuchen vor dem Backen mit den Streuseln bestreuen.

240. Zwetschgendatschi

KLASSIKER AUS SÜDDEUTSCHLAND
Für 1 Backblech
Zubereitungszeit: 40 Min.
Gehzeit: 1 1/4 Std.
Backzeit: 30 Min.

Für den Hefeteig: 500 g Mehl (Type 405) • 3/4 Würfel frische Hefe (30 g) • 1/4 l lauwarme Milch • 40 g Butter • 1 Ei • 50 g Zucker • 1/4 TL Salz
Für den Belag: 1,5 kg Zwetschgen
Für die Streusel: 350 g Mehl (Type 405) • 200 g Zucker • 200 g Butter
Außerdem: Butter fürs Blech • 50 g Mandelblättchen

– Das Mehl in eine Schüssel sieben und in die Mitte eine Mulde drücken. Die Hefe hineinbröckeln und mit der Milch auflösen. Den Vorteig mit etwas Mehl bestäuben. Die Schüssel mit einem Tuch bedecken und an einem warmen Ort etwa 15 Min. gehen lassen.
– Die Butter zerlassen und zum Vorteig geben, das Ei, den Zucker und Salz zufügen. Alles zu einem trockenen Teig verschlagen, bis er sich von der Schüsselwand löst. Erneut zudecken und weitere 45 Min. gehen lassen, bis der Teig das doppelte Volumen hat.
– Die Zwetschgen waschen, abtrocknen, halbieren und die Steine herauslösen. Die Hälften vierteln, dabei aber nicht ganz durchschneiden, damit sie noch zusammenhängen. Nur so lassen sie sich dachziegelartig auflegen.
– Das Backblech fetten, den Backofen auf 200° (Umluft 180°) vorheizen. Den Teig ausrollen, auf das Blech legen, mehrmals mit einer Gabel einstechen und mit den Zwetschgen belegen.
– Für die Streusel Mehl, Zucker und Butter vermengen, zwischen den Fingern krümelig reiben, mit Mandeln über den Zwetschgen verteilen. Den Datschi weitere 15 Min. gehen lassen, dann im Ofen (Mitte) 20–30 Min. backen. Herausnehmen und auskühlen lassen.

TIPP
Warten Sie für einen echten Zwetschgendatschi bis August. Dann gibt's „Datschi-Zwetschgen". Sie sind süß und dennoch trocken, damit sie sich gut aufschneiden lassen.

241. Zwetschgenkuchen mit Quark

MEHR ALS SAFTIG
Für 1 tiefes Backblech
Zubereitungszeit: 1 Std.
Gehzeit: 40 Min
Backzeit: 1 Std.

Für den Hefeteig: 400 g Mehl (Type 405) • 2 Prisen Salz • 60 g Zucker • 80 g Butterschmalz • 1 Würfel frische Hefe (42 g)

Für den Belag: 2,5 kg Zwetschgen • 10 Löffelbiskuits oder 6 Zwiebäcke
Für den Guss: 750 g Magerquark • 125 g Zucker • 2 Prisen Salz • 60 g Speisestärke • 250 g Crème fraîche • abgeriebene Schale von 1 unbehandelten Zitrone • 5 Eier
Außerdem: Gefrierbeutel • Butter fürs Blech • 100 g Zucker und 2 TL gemahlener Zimt zum Bestreuen

– Mehl in eine Schüssel sieben, in die Mitte eine Mulde drücken, Salz und Zucker auf dem Mehlrand verteilen. Butterschmalz schmelzen und leicht abkühlen lassen. Die Hefe in 1/8 l lauwarmes Wasser bröckeln, in die Mehlmulde gießen. Das Schmalz dazugeben und alles zu einem glatten Teig verarbeiten. Zugedeckt an einem warmen Ort 30 Min. gehen lassen.
– Die Zwetschgen waschen, halbieren und entsteinen. Biskuits oder Zwiebäcke in einen Gefrierbeutel geben und mit dem Nudelholz zerkrümeln.
– Für den Guss den Quark gut abtropfen lassen. In einer Schüssel mit Zucker, Salz, Speisestärke, Crème fraîche, Zitronenschale und den Eiern gründlich verrühren.
– Das Blech gut fetten, den Backofen auf 200° (Umluft 180°) vorheizen. Den Teig noch einmal durchkneten, auf dem Blech ausrollen. Mit einer Gabel mehrmals einstechen und die Biskuitkrümel darauf streuen. Den Teig erneut 10 Min. gehen lassen.
– Die Zwetschgen dachziegelartig auf den Teig legen, den Quarkguss gleichmäßig darüber streichen. Den Kuchen im Ofen (Mitte) 1 Std. backen. Zucker und Zimt mischen, den warmen Kuchen damit bestreuen.

242. Brombeerkuchen mit Guss

BRAUCHT ETWAS ZEIT
Für 1 Backblech
Zubereitungszeit: 1 Std.
Gehzeit: 30 Min.
Backzeit: 1 Std.

Für den Hefeteig: 400 g Mehl (Type 405) • 200 ml Milch • 1 Päckchen Trockenhefe • je 50 g Butter und Zucker • 1 Ei • 1 Prise Salz • abgeriebene Schale von 1/2 unbehandelten Zitrone
Für den Belag: 1 kg Brombeeren
Für den Guss: 5 Eier • 500 g Magerquark • 150 g Crème fraîche • 150 g Zucker • 1 Päckchen Vanille-Puddingpulver (zum Kochen) • 50 g Mandelblättchen
Außerdem: Butter fürs Blech • 2 EL Puderzucker • 1/2 TL gemahlener Zimt

– Für den Hefeteig die gesamten Zutaten gut verkneten, 30 Min. an einem warmen Ort gehen lassen. Inzwischen die Brombeeren waschen und trocken tupfen.
– Den Backofen auf 180° (Umluft 160°) vorheizen, das Backblech fetten. Den Hefeteig auf dem Blech ausrollen, die Brombeeren darüber verteilen.
– Die Eier trennen. Die Eigelbe mit dem Quark, der Crème fraîche, dem Zucker und dem Puddingpulver verrühren. Die Eiweiße steif schlagen und unter den Quark ziehen. Quarkmasse über die Beeren streichen, die Mandelblättchen darüber streuen. Den Kuchen im Ofen (Mitte) 1 Std. backen.
– Den Puderzucker mit dem Zimt mischen und über den Kuchen sieben.

243. Heidelbeerkuchen

LEICHT ZU MACHEN
Für 1 Backblech
Zubereitungszeit: 40 Min.
Gehzeit: 1 1/4 Std.
Backzeit: 30 Min.

Für den Hefeteig: 300 g Mehl (Type 405) • 1/2 Würfel frische Hefe (21 g) • 150 ml lauwarme Milch • 20 g Butter • 1 Ei • 30 g Zucker • 1 Prise Salz
Für den Belag: 1 kg Heidelbeeren
Für die Streusel: 350 g Mehl (Type 405) • 200 g Zucker • 1/2 TL gemahlener Zimt • 200 g zerlassene Butter
Außerdem: Butter fürs Blech • Puderzucker zum Bestreuen

– Das Mehl in eine Schüssel sieben und in die Mitte eine Mulde drücken. Hefe hineinbröckeln und mit der Milch auflösen, Vorteig mit etwas Mehl bestäuben. Mit einem Tuch bedeckt an einem warmen Ort etwa 15 Min. gehen lassen, bis die Oberfläche Risse zeigt.
– Die Butter zerlassen und zum Vorteig geben. Das Ei, den Zucker und das Salz zufügen. Von der Mitte aus mit dem Mehl zu einem trockenen Teig verschlagen, bis er glatt ist und sich von der Schüsselwand löst. Erneut zudecken und weitere 45 Min. gehen lassen, bis der Teig das doppelte Volumen erreicht hat. Inzwischen die Heidelbeeren verlesen, waschen und gut abtropfen lassen.

– Den Backofen auf 220° (Umluft 200°) vorheizen, das Blech fetten. Den Hefeteig in der Größe des Blechs ausrollen, auf das Blech legen und mehrmals mit einer Gabel einstechen. Die Heidelbeeren auf den Teig legen.
– Für die Streusel Mehl, Zucker, Zimt und Butter vermengen und zwischen den Fingern krümelig reiben, gleichmäßig über die Heidelbeeren verteilen. Den Kuchen noch einmal etwa 15 Min. gehen lassen, dann im Ofen (Mitte) 30 Min. backen. Vor dem Servieren mit Puderzucker besieben.

TIPP

Den Belag des Streuselkuchens können Sie nach Lust und Laune variieren. Verwenden Sie am besten Obst, das es gerade frisch gibt.

244. Saftiger Rhabarberkuchen vom Blech

SÜSSSAUER
Für 1 tiefes Backblech
Zubereitungszeit: 50 Min.
Gehzeit: etwa 1 Std.
Backzeit: 1 Std.

Für den Teig: 400 g Mehl (Type 405) • 1 Würfel frische Hefe (42 g) • 1/8 l warme Milch • 100 g Zucker • 150 g Margarine oder Butter • 2 Prisen Salz • abgeriebene Schale von 1 unbehandelten Zitrone
Für den Belag: 120 g Zwieback • 75 g Butter • 2 Päckchen Vanillezucker • 100 g gehackte Mandeln • 1,5 kg Rhabarber • 5 Eier • 200 g Crème fraîche • 200 g Sahne • 200 g Zucker
Außerdem: Backtrennpapier fürs Blech • Gefrierbeutel

– Das Mehl in eine Schüssel sieben, in die Mitte eine Mulde drücken. Die Hefe in 4 EL Milch bröckeln, mit 1 TL Zucker verrühren, in die Mulde gießen und den Ansatz an einem warmen Ort 20 Min. gehen lassen.
– Margarine oder Butter, die restliche Milch, übrigen Zucker, Salz und Zitronenschale zum Vorteig geben und alles kräftig kneten. Den Teig mit Mehl bestäuben und zugedeckt weitere 45 Min. gehen lassen.
– Den Backofen auf 200° (Umluft 180°) vorheizen. Das Backblech mit dem Backpapier auslegen. Den Zwieback in einem Gefrierbeutel mit dem Nudelholz zerkrümeln. Die Butter erhitzen und den Zwieback darin anrösten. Vom Herd nehmen und den Vanillezucker und die Mandeln untermischen.
– Rhabarber waschen, entfädeln und in 2 cm große Stücke schneiden. Die Eier mit Crème fraîche, Sahne und Zucker verquirlen.
– Den Teig noch einmal durchkneten und auf dem Blech ausrollen. Die Ränder hochdrücken und den Boden mit einer Gabel mehrmals einstechen.
– Zuerst den Zwieback, dann den Rhabarber auf dem Teig verteilen, den Eierguss darüber gießen. Den Kuchen im Ofen (Mitte) 1 Std. backen. Nach Belieben mit etwas Zucker bestreuen.

245. Aprikosenkuchen vom Blech

SCHMECKT KINDERN
Für 1 Backblech
Zubereitungszeit: 50 Min.
Gehzeit: etwa 1 Std.
Backzeit: 40 Min.

Für den Teig: 500 g Mehl (Type 405) • 30 g frische Hefe • 1/4 l lauwarme Milch • 80 g Butter • 1 Ei • 1 Prise Salz • 2 EL Zucker
Für den Belag: 1 kg Aprikosen • 500 g Quark • 3 Eier • 2 EL Speisestärke • Saft und abgeriebene Schale von 1/2 unbehandelten Zitrone • 3 EL Zucker • 2 EL Mandelblättchen
Außerdem: Butter fürs Blech

– Das Mehl in eine Schüssel sieben. In die Mitte eine Mulde drücken und die zerbröckelte Hefe mit der Milch und etwas Mehl darin verrühren. Den Vorteig 15 Min. zugedeckt an einem warmen Ort gehen lassen.
– Die Butter zerlassen, auf den Mehlrand gießen und mit Ei, Salz, Zucker, Mehl und Hefevorteig verrühren. Den Teig schlagen, bis er Blasen wirft, dann zugedeckt noch einmal 30 Min. gehen lassen.
– Ein Backblech fetten, den Backofen auf 220° (Umluft 200°) vorheizen. Die Aprikosen waschen, halbieren und entsteinen. Quark mit Eiern, Speisestärke, Zitronensaft, Zitronenschale und dem Zucker verrühren.
– Den Hefeteig ausrollen und auf das Backblech legen, den Quark darauf streichen. Mit den Aprikosen belegen und die Mandeln darüber streuen. Den Kuchen weitere 20 Min. gehen lassen, dann im Ofen (Mitte) 35–40 Min. backen.

246. Mandarinen-Frischkäse-Torte

SCHMECKT KINDERN
Für 1 quadratische Form (20 x 20 cm)
Zubereitungszeit: 35 Min.
Kühlzeit: 6 Std.

4–6 EL flüssige Butter • 75 g Amaretti • 2 EL Zucker • 6 Blatt weiße Gelatine • 500 g Doppelrahm-Frischkäse • 150 g Joghurt • 125 g Puderzucker • 1 Päckchen Amaretto-Bittermandelaroma • 4 EL Zitronensaft • 250 g Sahne • 2 Dosen Mandarinen (à 175 g Abtropfgewicht) • 40 g gehackte Pistazien • 1 Päckchen klarer Tortenguss
Außerdem: Frischhaltefolie und Butter für die Form

– Die Form überlappend mit Frischhaltefolie auskleiden und den Boden dünn mit Butter bestreichen. Die Kekse fein reiben, mit Zucker und Butter mischen und auf den Boden der Form drücken. Die Form kühl stellen.
– Die Gelatine 5 Min. in kaltem Wasser einweichen. Den Frischkäse mit Joghurt, Puderzucker, Mandelaroma und Zitronensaft glatt rühren. Die Gelatine gut ausdrücken, bei schwacher Hitze auflösen. Die abgekühlte, aber noch flüssige Gelatine mit der Frischkäsecreme verrühren.
– Die Sahne steif schlagen und unter die Creme heben. Mandarinen abtropfen lassen, Saft auffangen. Knapp die Hälfte der Creme auf den Tortenboden streichen. Die Hälfte der Mandarinen darauf legen, mit der Creme bedecken. Übrige Mandarinen auf der Torte verteilen, mit einigen Pistazien verzieren. Torte 6 Std. kühl stellen.
– Die Torte mit Hilfe der Folie aus der Form heben. Den Tortenrand mit den restlichen Pistazien bestreuen. Den Tortenguss nach Anweisung mit 1/4 l des Mandarinensafts zubereiten und die Mandarinen damit überziehen.

247. Erdbeer-Kokos-Torte

RAFFINIERT KOMBINIERT
Für 1 Springform (26 cm Ø)
Zubereitungszeit: 30 Min.
Kühlzeit: 1 Std.

250 g Kokos-Zwieback • 100 g Marzipan-Rohmasse • 100 g Butter • 300 g Crème fraîche • 500 g Erdbeeren • 50 g Kokosflocken
Außerdem: Butter für die Form • Gefrierbeutel

– Die Springform mit der Butter ausstreichen. Den Zwieback in einen Gefrierbeutel geben und mit dem Nudelholz zerbröseln. Die Marzipan-Rohmasse mit der Butter schaumig schlagen, Zwiebackbrösel unterrühren.
– Die Teigmasse in die Springform drücken, den Teig mit Crème fraîche bestreichen. Die Erdbeeren waschen, putzen und darauf verteilen. Die Torte mit den Kokosflocken bestreuen und 1 Std. kühl stellen.

TIPPS

• Nette Alternative: Crème fraîche mit einem Spritzbeutel auf den Rand des Bodens spritzen. Erdbeeren in die Mitte setzen und alles mit Kokosflocken bestreuen.
• Vielleicht möchten Sie einfaches Marzipan einmal selbst herstellen: Mandeln und Puderzucker zu gleichen Teilen abwiegen. Die Mandeln mit kochend heißem Wasser überbrühen und etwas ziehen lassen, dann die Kerne aus den Häuten drücken. Gehäutete Mandeln portionsweise mit dem Puderzucker im elektrischen Zerhacker fein mahlen und anschließend zu einem festen Teig mixen. Unter den gesamten Teig mit den Händen einige Tropfen Rosenwasser und Bittermandelöl kneten. In Folie gewickelt ist das Marzipan einige Wochen haltbar.

248. Joghurt-Pfirsich-Torte

SCHNELL | GUT VORZUBEREITEN
Für 1 Springform (24 cm Ø)
Zubereitungszeit: 15 Min.
Kühlzeit: 3 Std.

8 Blatt weiße Gelatine • 1 Dose Pfirsiche (470 g Abtropfgewicht) • 100 g Löffelbiskuits • 300 g Sahne • 100 ml Pfirsichnektar • 4 EL Zitronensaft • 300 g Joghurt • 100 g Zucker

– Die Gelatine in etwas kaltem Wasser 5 Min. einweichen. Die Pfirsiche abtropfen lassen, dabei den Saft auffangen. Die Löffelbiskuits nebeneinander in die Springform legen. Die Pfirsiche darauf verteilen, eine Pfirsichhälfte beiseite stellen.
– Die Sahne steif schlagen. Pfirsichnektar mit Zitronensaft erhitzen, nicht kochen, die Gelatine darin auflösen.

OBST-KUCHEN

Joghurt mit Zucker verquirlen und die Saft-Gelatine-Mischung unterrühren, dann die Sahne unterheben.
– Die Masse über die Pfirsiche gießen und den Kuchen 3 Std. in den Kühlschrank stellen. Vor dem Servieren die restliche Pfirsichhälfte in Spalten schneiden und die Tortenmitte damit garnieren.

249. Johannisbeer-Joghurt-Torte

SCHNELL | OHNE BACKEN
Für 1 Springform (24 cm Ø)
Zubereitungszeit: 30 Min.
Kühlzeit: 2 1/4 Std.

250 g Mürbteig-Kekse oder Löffelbiskuits • 100 g weiche Butter • 500 g Johannisbeeren • 100 g Puderzucker • 4 Blatt weiße Gelatine • Saft von 1 Zitrone • 300 g Sahne • 300 g Sahnejoghurt • 12 Kapstachelbeeren
Außerdem: Butter für die Form • Gefrierbeutel

– Die Form fetten. Die Kekse in einen Gefrierbeutel füllen, mit dem Nudelholz fein zerbröseln. Die Brösel mit der Butter verkneten. Den Boden der Springform damit auskleiden und kühl stellen.
– Die Johannisbeeren waschen, mit einer Gabel von den Rispen streifen. Ein Drittel davon mit 30 g Puderzucker im Mixer pürieren und durch ein Sieb streichen. Übrige Beeren mit 20 g Puderzucker bestäuben, beiseite stellen.
– Die Gelatine einweichen. Zitronensaft und Johannisbeerpüree in einem Topf erwärmen. Die Gelatine darin auflösen und 15 Min. in den Kühlschrank stellen.
– Die Sahne steif schlagen, Sahnejoghurt mit dem restlichen Puderzucker und dem Johannisbeerpüree unterrühren. Die Creme auf den Boden geben, die Torte 1 Std. kühl stellen. Johannisbeeren und Kapstachelbeeren darauf verteilen, noch einmal 1 Std. kühl stellen. Vor dem Servieren den Tortenrand vorsichtig entfernen.

TIPP

Statt der Kekse 100 g Cornflakes in einem Gefrierbeutel zerbröseln. 100 g Schokolade mit 10 g Kokosfett im Wasserbad schmelzen und die Cornflakes unterrühren. Den Boden der Springform dünn mit Öl bestreichen, die Masse einfüllen und im Kühlschrank fest werden lassen.

250. Kirsch-Käse-Kuchen

VOLLWERTIG
Für 1 Springform (24 cm Ø)
Zubereitungszeit: 1 Std.
Backzeit: 1 Std.

Für den Teig: 150 g Vollkornflakes • 75 g weiche Butter
Für den Belag: 500 g Sauerkirschen • 4 Eier • 1 Prise Salz • 75 g Zuckerrohrgranulat • 100 g Sahne • 500 g Schichtkäse • 5 EL Vollkorngrieß
Für die Kruste: 50 g Butter • 50 g Zuckerrohrgranulat • 100 g Sahne • 100 g Sonnenblumenkerne
Außerdem: Fett für die Form • Gefrierbeutel • Pergamentpapier

– Die Form fetten, den Backofen auf 180° (Umluft 160°) vorheizen. Die Cornflakes in einem Gefrierbeutel mit der Kuchenrolle zerdrücken, dann mit der Butter verkneten. Die Masse auf den Boden der Form drücken.
– Die Kirschen waschen, entstielen und entsteinen. Die Eier trennen, die Eiweiße mit dem Salz steif schlagen. Zuckerrohrgranulat mit der Sahne verrühren. Schichtkäse, Eigelbe, Grieß und Sahne mischen, Kirschen und Eischnee unterheben, alles in die Form füllen.
– Für die Kruste die Butter zerlassen, das Granulat darin auflösen, die Sahne zufügen, unter Rühren einmal aufkochen. Sonnenblumenkerne in die Sahne rühren, die Masse abkühlen lassen und auf der Käsecreme verteilen.
– Kuchen im Ofen (Mitte) etwa 1 Std. backen. Wenn nötig, den Kuchen mit Pergamentpapier bedecken.

251. Fruchtige Minitörtchen

BLITZREZEPT
Für 12 Törtchen mit Mürbteig- oder Biskuitböden vom Bäcker (je 12 cm Ø)
Zubereitungszeit: 15 Min.

600 g Johannisbeeren • 1 Päckchen Vanillezucker • 250 g Crème fraîche • 1 EL Puderzucker • 2 EL Himbeersirup • 1 Päckchen Dessert-Vanillesauce (kalt gerührt) • 12 Mürbteig- oder Biskuitteig-Törtchen (fertig, Supermarkt oder Bäcker) • 200 ml Johannisbeersaft • 1 Päckchen klarer Tortenguss

– Die Johannisbeeren waschen, mit einer Gabel von den Rispen streifen und mit Vanillezucker vermischen.

Crème fraîche mit Puderzucker, 1 EL Himbeersirup und Vanillesauce cremig rühren. Creme auf den Törtchen verteilen, mit Johannisbeeren belegen.
– Johannisbeersaft mit 1 EL Sirup und Tortengusspulver in einem Topf verrühren, unter Rühren zum Kochen bringen. Den Guss über den Johannisbeeren verteilen. Törtchen kühl stellen, mit geschlagener Sahne servieren.

252. Beerentörtchen

FRUCHTIG | ERFRISCHEND
Für 8 Törtchen mit Mürbteigböden vom Bäcker (je 9 cm Ø)
Zubereitungszeit: 40 Min.

400 g Beeren (Himbeeren, Brombeeren, Erdbeeren, Blaubeeren) • abgeriebene Schale von 1 unbehandelten Zitrone • 150 g Zartbitter-Kuvertüre • 200 g Doppelrahm-Frischkäse • 3 EL Zitronenmarmelade • 1 TL Zitronensaft • 8 fertige Mürbteig-Törtchen • Saft von 1 Orange • 1 Päckchen klarer Tortenguss • 2 EL Zucker

– Die Beeren waschen und putzen, große Beeren (z.B. Erdbeeren) halbieren oder vierteln. Mit der Zitronenschale mischen und in einem Sieb abtropfen lassen, dabei den ablaufenden Saft auffangen.
– Kuvertüre im heißen Wasserbad schmelzen und die Törtchen damit auspinseln, trocknen lassen. Den Frischkäse mit der Marmelade und dem Zitronensaft verrühren und die Törtchen damit füllen. Die Beeren auf der Frischkäsecreme verteilen.
– Den aufgefangenen Beerensaft mit dem Orangensaft und 1/4 l Wasser mischen. Aus Tortengusspulver, Saft und Zucker nach Packungsanweisung einen Guss herstellen und die Törtchen damit überziehen.

253. Kleine Obsttörtchen

LEICHT ZU MACHEN
Für 12–14 Törtchenformen (12 cm Ø)
Zubereitungszeit: 1 Std.
Kühlzeit: 30 Min.
Backzeit: 15 Min.

100 g Mehl (Type 405) • 4 EL Speisestärke • 1/2 TL Backpulver • 50 g weiche Butter • 7 EL Puderzucker • 1 Ei • 1 Prise Salz • 500 g gemischtes Obst wie Erdbeeren, Johannisbeeren, Stachelbeeren, Blaubeeren, Brombeeren, Himbeeren, Trauben, Pfirsiche, Aprikosen, Kiwis, Ananas • 400 g Sahne • 1 Päckchen Vanillezucker • 1 EL Amaretto oder Rum (nach Belieben)
Außerdem: Butter für die Förmchen • Frischhaltefolie • Mehl für die Arbeitsfläche

OBST-
KUCHEN

– Aus Mehl, Speisestärke, Backpulver, Butter, 5 EL Puderzucker, Ei und Salz einen Teig kneten. Zur Kugel formen, in die Folie wickeln und 30 Min. kühl stellen. Die Törtchenformen ausfetten, den Backofen auf 200° (Umluft 180°) vorheizen.
– Den Teig auf einer bemehlten Arbeitsfläche dünn zur passenden Größe ausrollen und die Förmchen damit auskleiden. Den Boden mit einer Gabel mehrmals einstechen, den überstehenden Rand abschneiden. Im Backofen (Mitte) 15 Min. backen, dann aus den Förmchen nehmen und auskühlen lassen.
– Das Obst waschen, putzen, zerteilen und auf die Törtchenböden verteilen. Die Sahne mit dem restlichen Puderzucker und Vanillezucker steif schlagen, nach Belieben Amaretto oder Rum unterziehen. In einen Spritzbeutel füllen und dekorativ auf die Törtchen spritzen.

TIPP

Wenn Sie nur wenige Backförmchen besitzen, einfach die Böden nacheinander in den Ofen schieben. Die Törtchen können gut auf Vorrat gebacken werden. In einer Blechdose halten sie sich etwa 1 Woche frisch. Bei Bedarf brauchen sie dann nur noch belegt zu werden.

254. Erdbeer-Mandel-Törtchen

GELINGT LEICHT
Für 12 Törtchenformen (12 cm Ø)
Zubereitungszeit: 1 1/2 Std.
Kühlzeit: 1 Std.
Backzeit: 20 Min.

Für den Teig: 250 g Mehl (Type 405) • 1 Msp. Backpulver • 100 g gemahlene Mandeln • 150 g Butter • 100 g Zucker • 1 Prise Salz • 1 Eigelb

Für den Belag: 750 g Erdbeeren • 5 EL Erdbeerkonfitüre • 1 EL Himbeergeist • 240 g Sahne • 100 g Zartbitter-Schokolade • 1 EL gehackte Pistazien
Außerdem: Butter für die Förmchen

– Mehl, Backpulver, Mandeln, Butter in Stückchen, Zucker, Salz und Eigelb rasch zu einem geschmeidigen Mürbteig verkneten. Zugedeckt 1 Std. kühl stellen.
– Den Backofen auf 180° (Umluft 160°) vorheizen, die Förmchen fetten.
– Die Erdbeeren waschen, trockentupfen und von den Stielen zupfen, große Früchte halbieren. Die Konfitüre durch ein Sieb streichen, mit dem Himbeergeist verrühren und kurz erhitzen. 200 g Sahne steif schlagen.
– Den Teig dünn ausrollen, die Förmchen damit auskleiden. Die Törtchen in 15–20 Min. im Ofen (Mitte) goldbraun backen, auskühlen lassen.
– Die Schokolade im Wasserbad schmelzen lassen, mit der übrigen Sahne verrühren. Die abgekühlten Törtchen innen mit der flüssigen Schokolade ausstreichen. Die Erdbeeren einfüllen und mit der Konfitüre einpinseln. Die Schlagsahne auf die Törtchen spritzen, mit den Pistazien bestreuen.

255. Beerenschiffchen

BRAUCHT ETWAS ZEIT
Für 12 Schiffchenformen
Zubereitungszeit: 1 Std. 10 Min.
Kühlzeit: 1 Std.
Backzeit: 20 Min.

Für den Teig: 250 g Mehl (Type 405) • 100 g Puderzucker • 50 g gemahlene Mandeln • 100 g Butter • 1 Eigelb
Für die Füllung: 250 g Himbeeren • 1/8 l Milch • 1 gehäufter TL Speisestärke • 1 1/2 EL Zucker • 2 Eigelbe • 1/2 Vanilleschote • 2 Schnapsgläser Eierlikör (4 cl) • 125 g Sahne
Außerdem: Butter für die Förmchen

– Aus den Zutaten rasch einen geschmeidigen Mürbteig kneten und diesen zugedeckt 1 Std. in den Kühlschrank stellen. Inzwischen die Himbeeren verlesen, waschen und trockentupfen. Die Förmchen fetten.
– Den Backofen auf 180° (Umluft 160°) vorheizen. Den Mürbteig dünn ausrollen und die Förmchen mit dem Teig auskleiden. Die Schiffchen im Ofen (Mitte) in 15–20 Min. goldbraun backen.
– Die Milch zum Kochen bringen. Die Speisestärke kalt anrühren, mit 1 EL Zucker mischen und in die Milch rühren. Die Creme kurz aufkochen lassen, dann vom Herd nehmen und die Eigelbe untermengen. Das Mark der Vanilleschote herauskratzen und mit dem Eierlikör unter die Creme rühren. Die Creme abkühlen lassen.
– Die Sahne mit dem restlichen Zucker steif schlagen. Die Creme und die Beeren in die Schiffchen füllen, mit Sahnetupfen verzieren.

256. Himbeertörtchen auf Mandelcreme

SCHÖN FÜRS BÜFFET
Für 10–12 Törtchenformen (10 cm Ø)
Zubereitungszeit: 40 Min.
Ruhezeit: 1–2 Std.
Backzeit: 20 Min.

Für den Teig: 400 g Mehl (Type 405) • 110 g Puderzucker • 1/4 TL Salz • 200 g Butter • 1 Eigelb
Für den Belag: 300 ml Milch • 60 g Zucker • 1 Msp. Salz • 2 Eigelbe • 30 g Speisestärke • 2 Eiweiße • 150 g Marzipan-Rohmasse • 80 g gehäutete gemahlene Mandeln • 400 g Himbeeren
Außerdem: Folie • Mehl für die Arbeitsfläche • Backtrennpapier und Hülsenfrüchte zum Blindbacken • Puderzucker zum Bestreuen

– Das Mehl auf eine Arbeitsfläche sieben und in die Mitte eine Mulde drücken. Den Puderzucker, das Salz sowie die Butter und das Eigelb hineingeben. Butter, Zucker, Salz und Eigelb mit den Fingern oder einer Gabel vermischen, dabei etwas Mehl mit einarbeiten.
– Mit einer Palette oder einem großen Messer das Mehl vom Rand zur Mitte hin schieben und grob vermengen. Palette oder Messer mit beiden Händen fassen und die Masse zu feinen Krümeln hacken.
– Die Krümel dann mit den Händen rasch zusammenkneten, dabei immer von außen zur Mitte hin drücken. Alles verkneten, bis der Teig glatt ist. Knetet man zu lang, wird die Butter zu warm und der Teig brüchig. Den Teig in Folie wickeln und 1–2 Std. im Kühlschrank ruhen lassen.
– Den Backofen auf 220° (Umluft 200°) vorheizen. Den Teig auf einer bemehlten Arbeitsfläche dünn ausrollen

und die Törtchen-Förmchen damit auslegen, dabei die Teigränder an die Formen drücken und die überstehenden Ränder abschneiden. Mit einer Gabel den Boden mehrmals einstechen. Das Backpapier auf den Teig legen und die Hülsenfrüchte einfüllen. Im Ofen (Mitte) 10 Min. backen, dann die Hülsenfrüchte und das Backpapier entfernen.
– Für die Creme die Milch mit einem Viertel des Zuckers und dem Salz zum Kochen bringen. Die Eigelbe mit der Speisestärke verrühren und einige Löffel von der warmen Milch darunter rühren. Diese Mischung unter ständigem Rühren mit einem Schneebesen in die köchelnde Milch rühren, bis diese bindet. Kräftig durchrühren und die Creme einige Male aufwallen lassen. Dann die Eiweiße zu steifem Schnee schlagen, dabei den restlichen Zucker einlaufen lassen. Den steifen Eischnee unter die köchelnde Creme rühren und sofort vom Herd nehmen.
– Die Marzipan-Rohmasse mit 2–3 Löffeln der heißen Creme streichfähig verrühren. Nach und nach die restliche Creme darunter geben, es sollen keine Klümpchen vorhanden sein. Zuletzt die gemahlenen Mandeln unterrühren. Die Mandelcreme in die Förmchen verteilen und glatt streichen.
– Die Himbeeren verlesen, putzen, nebeneinander auf die Creme setzen und dick mit Puderzucker bestreuen. Die Törtchen unter dem vorgeheizten Grill gratinieren, bis ein guter Teil des Puderzuckers karamellisiert ist.

257. Kirschtörtchen

FÜR GÄSTE
Für 12 Törtchenformen (8 cm Ø)
Zubereitungszeit: 40 Min.
Ruhezeit: 2 Std.
Backzeit: 35 Min.

Für den Teig: 125 g weiche Butter • 100 g Puderzucker • 1 TL Vanillezucker • 1 Prise Salz • 1 Eigelb • 250 g Mehl (Type 405) • 1–2 EL Milch
Für den Belag: 1 Glas Sauerkirschen (450 g Abtropfgewicht) • 125 g Sahne • 1/8 l Milch • 50 g Butter • 1 Ei • 1 Eigelb • 20 g Speisestärke • 1 Prise Salz • 2 TL Zucker
Außerdem: Folie

– Die Butter mit dem gesiebten Puderzucker, dem Vanillezucker, dem Salz und dem Eigelb verrühren. Das Mehl darüber sieben, alles mit der Milch zu einem Teig verkneten und in Folie gewickelt 2 Std. im Kühlschrank ruhen lassen.
– Den Backofen auf 200° (Umluft 180°) vorheizen. Den Teig dünn ausrollen und die Förmchen damit auslegen. Im Ofen (Mitte) 10 Min. backen, dann aus dem Backofen nehmen, aber in der Form lassen.
– Die Kirschen abtropfen lassen und die Törtchen dicht damit belegen. Die Sahne, die Milch, die Butter, das Ei, das Eigelb, die Speisestärke, das Salz und den Zucker in einem Topf mischen und unter Rühren aufkochen lassen. Die Creme über die Kirschen geben.
– Die Törtchen weitere 20–25 Min. (Mitte) backen. Die Törtchen in den Förmchen etwas abkühlen lassen, dann auf einem Kuchengitter völlig auskühlen lassen.

OBST-
KUCHEN

258. Stachelbeertörtchen

BRAUCHT ZEIT
Für 10 Törtchenformen (8 cm Ø)
Zubereitungszeit: 45 Min.
Kühlzeit: 2 Std.
Backzeit: 10 Min.

Für den Teig: 160 g Mehl (Type 405) • 100 g Butter • 60 g Zucker • 1 Prise Salz • 2 EL saure Sahne • 2 Eigelbe
Für den Belag: 500 g Stachelbeeren • 6 EL Zucker • 6 EL Cognac • 1/2 Päckchen Vanille-Puddingpulver (zum Kochen) • 1/4 l Milch • 4 EL Sahne • 4 EL Puderzucker • 4 Eiweiße • 150 g Puderzucker

– Mehl, Butter, Zucker, Salz, saure Sahne und Eigelbe rasch zu einem Mürbteig verkneten und zugedeckt 2 Std. kühl stellen. Die Stachelbeeren putzen und waschen, dann mit dem Zucker und dem Cognac zugedeckt so lang kochen, bis sie platzen.
– Den Backofen auf 200° (Umluft 180°) vorheizen. Das Puddingpulver mit 2 EL Milch anrühren. Aus der restlichen Milch, Sahne und Puderzucker nach Packungsanweisung einen Pudding kochen, erkalten lassen.
– Teig 3 mm dick ausrollen, Förmchen damit auslegen und die Törtchen im Ofen (Mitte) 10 Min. backen.
– Die abgekühlten Törtchen mit der Vanillecreme füllen und mit den Beeren belegen. Die Eiweiße mit dem Puderzucker steif schlagen, ein Baisergitter über die Beeren spritzen. Das Baiser bei 250° (Umluft 230°) und leicht geöffneter Backofentür kurz überbacken.

259. Elsässer Apfeltörtchen

GELINGT LEICHT
Für 12 Törtchenformen (12 cm Ø)
Zubereitungszeit: 1 1/2 Std.
Kühlzeit: 1 Std.
Backzeit: 25 Min.

Für den Teig: 250 g Mehl (Type 405) • 125 g Butter • 100 g Puderzucker • 1 Prise Salz • Schale von 1/2 unbehandelten Zitrone • 50 g gemahlene Haselnüsse • 1 Eigelb
Für die Füllung: 500 g kleine säuerliche Äpfel • 150 g Crème fraîche • 2 Eier • 50 g Zucker • 1 EL Vanillezucker • 2 EL Zitronensaft • 2 EL Puderzucker
Außerdem: Butter für die Formen

– Alle Zutaten für den Mürbteig rasch mit kühlen Händen verkneten, den Teig zu einer Kugel formen und zugedeckt 1 Std. kühl stellen. Die Äpfel schälen, vierteln, entkernen und in Spalten schneiden.
– Die Crème fraîche mit den Eiern, dem Zucker, dem Vanillezucker und dem Zitronensaft verrühren. Den Backofen auf 225° (Umluft 200°) vorheizen. Die Förmchen leicht mit Butter ausstreichen.
– Den Teig dünn ausrollen, die Förmchen damit auskleiden, die Äpfel hineinfüllen. Die Törtchen 5 Min. im Ofen (Mitte) backen. Die Temperatur des Backofens auf 180° (Umluft 160°) reduzieren. Sahnecreme über die Äpfel gießen, die Törtchen in 20 Min. fertig backen. Die Törtchen mit dem Puderzucker bestreuen.

260. Schwedische Apfeltörtchen

FÜR GÄSTE
Für 8 Törtchenformen mit Zackenrand (6 cm Ø)
Zubereitungszeit: 35 Min.
Kühlzeit: 1 Std.
Backzeit: 30 Min.

130 g Mehl (Type 405) • 1/4 TL Backpulver • 5 EL Butter • 60 g Puderzucker • 1 Ei • 1 1/2 Tassen Apfelmus • 2 EL geröstete gemahlene Mandeln
Außerdem: Butter für die Förmchen • Mehl für die Arbeitsfläche • 4 EL Puderzucker zum Bestreuen

– Die Förmchen fetten. Das Mehl mit dem Backpulver auf ein Backbrett sieben und mit der Butter in Flöckchen, dem Puderzucker und dem Ei verkneten. Zugedeckt 1 Std. im Kühlschrank ruhen lassen. Den Backofen auf 180° (Umluft 160°) vorheizen.
– Das Apfelmus mit den Mandeln verrühren. Zwei Drittel des Mürbteigs auf einer bemehlten Arbeitsfläche etwa 6 mm dick ausrollen, 8 Kreise etwas größer als die Förmchen ausstechen und die Förmchen damit auslegen. In jedes Förmchen etwa 2 EL Apfelmus geben. Den restlichen Mürbteig nur 3 mm dick ausrollen, mit einem leeren Förmchen 8 Deckel ausstechen und die Ränder mit kaltem Wasser bestreichen. Die Teigdeckel auf die gefüllten Förmchen legen und an den Rändern gut andrücken.
– Die Törtchen im Ofen (Mitte) 20–30 Min. backen. Die noch heißen Törtchen mit einem Messer am Rand lockern, aber in den Förmchen auskühlen lassen. Die Törtchen vor dem Servieren mit dem Puderzucker bestreuen.

261. Torteletts mit Johannisbeeren

VOLLWERTIG
Für 8 Törtchenformen (10 cm Ø)
Zubereitungszeit: 45 Min.
Kühlzeit: 15 Min.
Backzeit: 20 Min.

Für den Teig: 200 g Weizenvollkornmehl • je 25 g Buchweizen- und Hirsemehl • 1 TL Backpulver • 1 Msp. gemahlener Zimt • 100 g kalte Butter • 100 g flüssiger Honig • 1 Ei
Für den Belag: 250 g rote Johannisbeeren • 50 g Nussmus • 75 g flüssiger Honig • 200 g Sahne
Außerdem: Butter für die Formen

– Mehl, Backpulver, Zimt, Butter in Flöckchen, Honig und Ei verkneten. Den Mürbteig 15 Min. ruhen lassen.
– Den Backofen auf 200° (Umluft 180°) vorheizen, die Förmchen fetten. Den Teig in 8 gleich große Stücke teilen, Kugeln formen und ausrollen. Die Förmchen damit auslegen, die Teigränder abschneiden. Die Törtchen in 15–20 Min. im Ofen (Mitte) goldbraun backen.
– Johannisbeeren waschen und von den Rispen zupfen. Das Nussmus mit Honig glatt rühren, die Beeren unterheben; einige Beeren zum Garnieren zurückbehalten. Die Sahne steif schlagen, drei Viertel davon mit den Beeren vermengen. Die Törtchen mit der Beerensahne füllen, mit Johannisbeeren und Sahnetupfen garnieren.

262. Himbeertörtchen mit Pistaziensahne

GELINGT LEICHT
Für 1 Backblech
Zubereitungszeit: 50 Min.
Backzeit: 20 Min.

Für den Teig: 125 g Magerquark • 5 EL Milch • 5 EL Öl • 50 g Zucker • 1 EL Vanillezucker • 1 Prise Salz • 250 g Mehl (Type 405) • 3 TL Backpulver
Für den Belag: 2 Blätter weiße Gelatine • 1 Eigelb • 50 g Zucker • 125 g Magerquark • 200 g Sahne • 400 g Himbeeren • 2 EL gehackte Pistazien
Außerdem: Butter fürs Blech

– Den Backofen auf 200° (Umluft 180°) vorheizen, das Backblech fetten.
– Den Quark abtropfen lassen, mit der Milch, dem Öl, dem Zucker, dem Vanillezucker und dem Salz glatt rühren. Das Mehl mit dem Backpulver unter die Quarkmasse kneten. Teig 1/2 cm dick ausrollen, 8 Scheiben von 10 cm Ø ausstechen und auf das Blech legen. Im Ofen in 20 Min. (Mitte) goldgelb backen.
– Die Gelatine in kaltem Wasser einweichen. Das Eigelb mit dem Zucker schaumig rühren, den Quark zufügen. Die Gelatine ausdrücken, in einem Töpfchen langsam erwärmen, 2 EL der Quarkmasse in die geschmolzene Gelatine rühren und diese unter den Quark mengen.
– Die Sahne steif schlagen, die Hälfte davon unter den Quark ziehen. Den Quark auf die abgekühlten Teigscheiben streichen. Die Himbeeren auf die Törtchen legen. Die übrige Sahne um die Himbeeren spritzen und mit den Pistazien bestreuen.

263. Hippentörtchen mit Obst

RAFFINIERT | NICHT GANZ EINFACH
Für etwa 20 Stück
Zubereitungszeit: 1 1/2 Std.
Backzeit: 10 Min.

Für den Teig: 125 g weiche Butter oder Margarine • 125 g Zucker • 1/2 Päckchen Vanillezucker • 4 Eiweiß • 150 g Mehl (Type 405)
Für die Füllung: 1/4 l Milch • 2 gestrichene EL Speisestärke • 75 g Zucker • abgeriebene Schale und etwas Saft von 1/2 unbehandelten Zitrone • 250 g Sahne • 500 g gemischtes Obst (z. B. Himbeeren, Ananas, Aprikosen, Erdbeeren, rote und schwarze Johannisbeeren) • Puderzucker zum Bestäuben • 1 EL gehackte Pistazienkerne
Außerdem: Butter fürs Blech

– Den Backofen auf 175° (Umluft 160°) vorheizen, das Blech fetten. Das Fett mit den Schneebesen des Handrührgeräts sehr schaumig rühren. Zucker, Vanillezucker und Eiweiße zufügen, alles auf höchster Stufe schlagen, bis die Masse sehr schaumig ist. Mehl darüber sieben und mit einem Rührlöffel sorgfältig unterheben.
– Jeweils 1 EL Teig auf das Blech geben und zu einem Kreis von etwa 8 cm Ø ausstreichen. In den Backofen (Mitte) schieben und 8–10 Min. backen. Die Teigkreise sollen innen hell und außen leicht gebräunt sein.
– Die Teigkreise sofort mit einer Palette vom Blech lösen und nacheinander vorsichtig aber schnell in eine große Tasse drücken, sodass kleine Schalen entstehen. Jeweils herausnehmen und abkühlen lassen. Sollte der Teig zwischendurch zu kühl werden und brechen, das Blech noch einmal kurz in den Ofen schieben, bis der Teig wieder heiß ist.
– Für die Creme von der Milch 4 EL abnehmen, die Speisestärke damit glatt rühren. Die restliche Milch mit Zucker und Zitronenschale zum Kochen bringen. Die Stärkemischung einrühren, einmal aufkochen lassen und vom Herd nehmen. Mit etwas Zitronensaft abschmecken, zum Abkühlen in eine Schüssel füllen. Diese in eine größere, mit Eiswürfeln gefüllte Schüssel stellen. Die Creme nun unter Rühren abkühlen lassen.
– Die Sahne steif schlagen. Einen Teil zum Garnieren beiseite stellen, den Rest sorgfältig unter die Creme ziehen. Bis zum Servieren in den Kühlschrank stellen. Das Obst waschen, schälen, von Stielen und Rispen oder auch Kernen befreien, großes Obst zerkleinern.
– Die Hippenschüsselchen mit je 1 gehäuften EL Creme füllen. Mit dem Obst belegen und dick mit Puderzucker überstäuben. Mit der übrigen Sahne und den gehackten Pistazien garnieren.

TIPP

Hippen sind ein zartes Waffelgebäck, das aus relativ flüssigem Teig gebacken wird. Dieser wird dünn auf das Blech gestrichen und nach dem Backen geformt – entweder als Schüsselchen oder auch als Rolle oder Tüte.

TORTEN

Jetzt wird es üppig – wir kommen zu den Lieblingen der Kaffeetafel und den Meisterstücken der Patisserie. Wer sich entscheidet, eine Torte zu machen, der weiß, was er tut. Und er hat auch ein wenig zu tun. Doch wie schön ist das: der Duft frischen Biskuits in der Küche, ein Schwelgen in Sahne und Butter beim Tortenbauen, die Hingabe ans Detail beim Verzieren, schließlich der ganz große Genuss am Schluss. Diät? Falsches Kapitel!

Wann darf eine Torte eine Torte sein? Schon dann, wenn sie ein feinerer Kuchen ist? Oder erst, wenn sie sich satt und gefüllt über mehrere Etagen erhebt? Wenn sie üppig verziert ist? Oder reicht es nicht einfach, alles, was sich Torte nennt, auch Torte sein zu lassen? Warum ist dann eine Linzer Torte keine, eine Sachertorte aber schon? Und warum stehen Cremeschnitten und Sahnerouladen in diesem Kapitel, die Apfeltorte aber unter Obstkuchen? Und was ist eigentlich mit den Tartes?

Genuss in aller Üppigkeit

Eine Torte ist in erster Linie ... üppig. Das kann die Füllung sein, wie bei der Buttercremetorte, oder es kann die Zubereitung sein wie bei der Grillage-Torte. Es kann der Aufbau sein wie bei der Charlotte Royal oder der Joghurt-Krokant-Torte, es kann die Verzierung sein wie bei der Schwarzwälder Kirschtorte. Und es kann alles zusammen sein wie bei einer Hochzeitstorte. Oder es ist schlicht innere Üppigkeit, die einen süßen Brocken zur Torte macht – so wie es die aus nicht viel mehr als Butter, Ei und Schokolade bestehende Sachertorte ist. Dass zu ihr „der Schlag“ (Sahne oder besser noch Obers) einfach dazugehört, macht sie erst recht zur Torte, denn die unterscheidet sich vom Kuchen auch durch dieses Extra an Sahne oder Creme.

In der französischen Patisserie galten klassische Torten übrigens eher als Dessert denn als gute Stücke zum Kaffee. Nur warum gibt es dann beim Franzosen immer Apfeltarte (keine Torte) und Schokoladenkuchen (auch keine Torte) als Nachtisch? Da halten wir uns lieber an unsere Kaffeetafel mit Schwarzwälder Kirsch und Frankfurter Kranz oder auch mal Erdbeer-Sahne-Baiser und Piña-Colada-Torte. Das sind doch Torten! Und eine Zitronenschnitte oder eine Biskuitroulade mit Zitronensahne sind es auch.

Wie eine Torte entsteht

Torten werden immer in mehreren Arbeitsgängen zubereitet. Zuerst werden der oder die Böden gebacken. Oft ist das Biskuit, der nach dem völligen Auskühlen meistens noch waagerecht geteilt wird, um dazwischen die Füllungen aufnehmen zu können. Er kann mit Butter, Schokolade, Nüssen oder Ähnlichem angereichert sein. Besonders üppig wird es, wenn Rührteigböden statt Biskuit das Ganze zusammenhalten. Auch ein Mürbteigboden ist eine klassische Tortenbasis – entweder solo als feste Unterlage für Biskuit oder in Stücke geteilt als Krönung. Böden und Verzierungen aus Blätterteig, Brandteig oder Baiser gehören ebenso zu vielen Torten.

Stehen die Böden bereit, werden sie „gefüllt“, also mit einer Füllung zusammengesetzt. Konfitüre kann da als süßer „Kleber“ wirken und Früchte können Frische bringen. Doch das wichtigste ist das Cremige: Schlagsahne, eine samtige Creme, auch mal Pudding, Quark, Frischkäse oder Kombinationen daraus (mehr dazu unter „Was ist ...?“ auf der nächsten Seite). Damit wird solch eine klassische Torte oft noch rundum glatt bestrichen und passend zu ihrem Inhalt verziert. Dann das Ganze im Kühlschrank durchkühlen lassen – schon kann der Kaffee gekocht werden. Inzwischen stellen wir Ihnen auf den nächsten Seiten die wichtigsten Arten der Torten und ihre Füllungen vor.

Was ist …

… Creme Chantilly? Schlichte Schlagsahne – gezuckert und mit Vanille(zucker) aromatisiert.

… Canache? Kuvertüre wird mit Sahne erhitzt und darin geschmolzen, dies nach dem Abkühlen wie Schlagsahne schaumig aufschlagen. Kann mit Alkohol, Butter, Nüssen usw. angereichert werden. Für Füllungen, Trüffelmasse für Pralinen.

… Patisserie-Creme? Auch Konditoren-Creme genannt. Klassisch aus Milch, Ei(gelb), Mehl und Zucker gekocht als Basis für Füllungen und Desserts. In einfacher Form wie Pudding nur mit Stärke ohne Ei gebunden. Oft mit Vanille aromatisiert.

… Englische Creme? In England Custard genannt und Basis für feine Desserts, Saucen und Füllungen ohne Mehl oder Stärke. Wie bei einem Sabayon werden Milch, Eigelb und Zucker über Wasserdampf dickcremig gerührt.

… Buttercreme? Butter wird mit Zucker schaumig geschlagen und dann mit Eierschaum (üppig), englischer Creme (sehr fein), guter Patisserie-Creme (fein), einfacher Patisserie-Creme (gut) oder Pudding (o.k.) verrührt. Für Buttercremetorten.

… Bayerische Creme? Für die „Bavaroise“ werden wie bei Englischer Creme Milch, Ei und Zucker über Dampf dickschaumig geschlagen und mit Gelatine gebunden. Beginnt die Masse zu stocken, kommt geschlagene Sahne dazu. Für eine Mousse wird die Flüssigkeit weggelassen, oft binden hier nur Eigelbe, Kuvertüre oder Butter.

… Krem? Eigentlich nur deutsch für Creme (z. B. Eiskrem). Wird aber nur von strengen Bäckern und Sprachwächtern verwendet. Nicht in diesem Buch.

Die Sahnetorten

Sie sind „die“ Torten schlechthin in der heutigen Zeit, in der die schweren, üppigen und manchmal komplizierten Cremes der hohen Patisserie nicht mehr so gefragt sind. Ihre Böden bestehen oft aus lockerem Biskuit, seltener aus Rührteig, manchmal auch aus Blätterteig oder Baiser. Oft sind noch Früchte in oder unter der Füllung, die außer Sahne auch Quark, Joghurt und andere Milchprodukte enthalten kann. Sicher die berühmteste Sahnetorte ist die Schwarzwälder Kirschtorte.

Die Cremetorten

Mehr Geschmack, aber auch mehr Wucht kommt in eine Torte, wenn sie mit einer Creme gefüllt wird, die durch Eigelbe, Stärke, Mehl oder Gelatine gebunden und eventuell noch mit Butter zur Buttercreme angereichert werden kann. Die Cremes werden eher dünn zwischen mehreren Böden aufgetragen, wobei die besonders schweren Cremes nur zum Rundum-Anstrich gedacht sind. Sie machen Torten stabiler als Sahne und können auch Aromen besser aufnehmen. Besonders fein und lecker sind Torten, in denen Creme und Sahne kombiniert werden.

Die Spezialtorten

Sie können Sahnetorten wie auch Cremetorten sein und durch ihre Form oder Zubereitung besonders auffallen – wie etwa die runde Kuppeltorte, die aus Rouladenscheiben geformte Charlotte, auch die Roulade selbst oder die Grillage-Torte mit ihren zahlreichen knusprigen Böden. Oft sind es Kreationen von Konditoren einer Region oder Stadt, die berühmt geworden sind: wie die Saint-Honoré-Torte oder der Frankfurter Kranz. Und manchmal sind es auch ganz persönliche Erfindungen aus der eigenen Backstube. Etwas ganz Spezielles sind Eis- oder Kühlschranktorten – Torten aus der Kälte –, bei denen manchmal noch nicht mal ein Boden gebacken werden muss, man also ganz ohne Ofen auskommt. Die berühmteste hier ist die Philadelphia-Torte, inzwischen in vielen schönen Rezeptvarianten herumgereicht. Und zuletzt gibt es da noch die „Portionstorten“ – Schnitten und Törtchen, die wie richtige Torten gemacht werden, nur eben in Portionsgröße.

Füllungen für Torten machen

Sahne schlagen

Je fetter die Sahne, desto besser lässt sie sich schlagen. Ideal sind 30 % Fett und mehr. Die Sahne muss gut gekühlt sein – ist es die Schüssel auch, wird die Schlagsahne besonders luftig. Das gelingt mit etwas Übung am besten per Hand in einer Metallschüssel mit gewölbtem Boden und einem weichen Schneebesen, der viel Speichen besitzt: Schüssel in die Spüle setzen und aus dem Handgelenk heraus den Besen kräftig schlagen. Zieht er bleibende Furchen in die Sahne und bildet sie stehende Spitzen, ist die Sahne steif genug. Weiteres Schlagen würde sie zu Butter machen. Auch beim Arbeiten mit dem Handrührgerät (in einer weiten Schüssel die Rührbesen kreisen lassen), am besten gegen Ende per Hand weiter schlagen, damit die Schlagsahne nicht plötzlich zu buttrig wird.

Creme aufschlagen

Für Englische oder Bayerische Creme werden Eigelbe, Zucker und Milch über Wasserdampf dickcremig bis zur Bindung geschlagen. Dazu Milch erhitzen und Eigelb und Zucker in einer Metallschüssel mit gewölbtem Boden mit Schneebesen oder Handrührgerät hellschaumig schlagen. Milch nach und nach einrühren und die Schüssel in einen Topf mit siedendem Wasser hängen, ohne dass sie dieses berührt. Darin die Masse so lange schlagen, bis sie bindet. Test: Holzlöffel eintauchen, Rückseite anblasen. Schlägt die Masse dicke Wellen (ähnlich einer Rose), ist sie gebunden bzw. „zur Rose aufgeschlagen". Nun unter Rühren abkühlen lassen. Geht auch mit Wein statt Milch.

Creme kochen

Für klassische Patisserie-Creme wird Ei mit Zucker schaumig gerührt, nun kommt Mehl dazu und am Ende die erwärmte Milch. Dies bei mittlerer Hitze unter stetem Rühren zum Kochen bringen und 5 Minuten bei kleiner Hitze kochen. Wird Stärke verwendet, diese mit Eigelb (für einfache Creme bzw. Pudding weglassen) und etwas kalter Milch anrühren. Kochende Milch vom Herd ziehen, Stärke einrühren und unter Rühren 1 Minute kochen.

Buttercreme herstellen

Hierzu wird zimmerwarme Süßrahmbutter mit Puderzucker hellschaumig geschlagen und mit einer Creme vermischt, die genauso warm sein muss. Ganz fein, aber üppig wird es, wenn die Creme nur mit Zucker aufgeschlagenes Ei ist (wie oben im Wasserbad und dann kalt gerührt), ansonsten kann es auch Englische oder Patisserie-Creme oder schlicht Pudding sein.

TORTEN

Der gelbe GU-Kummerkasten

Hilfe, meine Creme gerinnt! Was jetzt? *Kommt darauf an, was es für eine ist. Wird sie erhitzt und besteht nur aus Eigelb und Flüssigkeit, sofort vom Herd damit und am besten einen Schluck Flüssigkeit zum Abkühlen dazu, denn dem Ei ist es zu heiß geworden, sodass es zu Rührei wurde. Ist davon nicht zu viel entstanden, am besten alles durch ein feines Sieb geben und noch mal mit Extra-Eigelb anfangen. Dabei auf ständiges Rühren und nicht zu hohe Temperatur achten. Zur Sicherheit kann ein wenig Stärke von Anfang an mit aufgeschlagen werden. Auch bei Buttercreme ist die Gefahr am geringsten, wenn Butter und eine mit Stärke gebundene Creme verrührt werden. Dabei wichtig: Süßrahmbutter verwenden, die wie die Creme zimmerwarm sein sollte. Ein Esslöffel weiches Pflanzenfett in der Butter schützt ebenfalls vorm Gerinnen. Am besten ist es, die Creme nach und nach unter die Butter zu rühren. Gerinnt sie trotzdem, wird das Ganze sacht über dem Wasserbad gerührt und erwärmt, bis es wieder glatt ist. Oder etwas warme flüssige Butter bzw. Pflanzenfett einrühren.*

264. Einfache Käsesahnetorte

KAFFEETAFEL-KLASSIKER
Für 1 Tortenring (26 cm Ø)
Zubereitungszeit: 45 Min.
Kühlzeit: 3 Std.
Backzeit pro Backblech: 15 Min.

Für den Mürbteig: 210 g Mehl (Type 405) • 1 Eigelb • 60 g Puderzucker • 120 g Butter
Für die Käsesahnecreme: 4 Eigelbe • 200 g Zucker • 1 Prise Salz • abgeriebene Schale von 1 unbehandelten Zitrone • 1/4 l Milch • 7 Blatt weiße Gelatine • 500 g abgetropfter Quark • 500 g Sahne
Außerdem: Butter fürs Blech • Puderzucker zum Besieben

– Das Mehl für die Böden sieben und in die Mitte eine Mulde drücken. Das Eigelb, den Puderzucker und die in Stücke geschnittene Butter hineingeben. Die Zutaten mit einem Messer oder einer Palette hacken, bis das Mehl vollständig untergearbeitet ist. Alles rasch verkneten, zur Kugel formen und in Folie wickeln. Den Teig mindestens 1 Std. im Kühlschrank ruhen lassen.
– Den Backofen auf 200° (Umluft 180°) vorheizen. Das Backblech fetten. Aus dem Teig 2 Böden (je 26 cm Ø) ausrollen, auf das Blech legen und im Ofen (Mitte) nach Sicht hellbraun backen. Das dauert etwa 10 Min. Einen Boden sofort in 12 oder 16 Stücke schneiden, die Böden eventuell zurecht schneiden, auskühlen lassen.
– Für die Creme Eigelbe, Zucker, Salz und Zitronenschale in einer Kasserolle verrühren. Milch zugießen, gut umrühren, auf den Herd stellen und die Masse bei mittlerer Hitze unter ständigem Rühren erhitzen.
– Parallel dazu die Gelatine in kaltem Wasser einweichen. Die Creme so lange erhitzen, bis sie leicht angedickt auf dem Löffel liegenbleibt. Die Gelatine in der Creme auflösen und diese durch ein feines Sieb seihen. Den Quark durch ein Sieb in eine Schüssel passieren und die noch warme Creme in Portionen zugießen. Jede Cremeportion mit einem Schneebesen sorgfältig unter den Quark rühren. Die Sahne steif schlagen und vorsichtig unter die Quarkmasse ziehen.
– Den ganzen Mürbeteigboden in einen Tortenring (26 cm Ø) legen. Die Käsesahne-Creme darauffüllen und die Oberfläche glatt streichen. Die Torte für 2 Std. in den Kühlschrank stellen. Erst dann den in Stücke geschnittenen Boden auflegen und die Torte mit Puderzucker besieben.

265. Käsesahnetorte mit Aprikosen

KLASSIKER MIT FRUCHT
Für 1 Tortenring (26 cm Ø)
Zubereitungszeit: 1 Std.
Kühlzeit: 3 Std.
Backzeit pro Backblech: 15 Min.

Für den Mürbteig: 210 g Mehl (Type 405) • 1 Eigelb • 60 g Puderzucker • 120 g Butter
Für das Aprikosenkompott: 700 g Aprikosen • 1/4 l trockener Weißwein • 160 g Zucker • 4 cl Aprikosengeist
Für die Käsesahnecreme: 4 Eigelbe • 200 g Zucker • 1 Prise Salz • abgeriebene Schale von 1 unbehandelten Zitrone • 1/4 l Milch • 7 Blatt weiße Gelatine • 500 g abgetropfter Quark • 500 g Sahne
Außerdem: Butter fürs Blech • Puderzucker zum Besieben

– Das Mehl für die Böden sieben und in die Mitte eine Mulde drücken. Das Eigelb, den Puderzucker und die in Stücke geschnittene Butter hineingeben. Die Zutaten mit einem Messer oder einer Palette hacken, bis das Mehl vollständig untergearbeitet ist. Alles rasch verkneten, zur Kugel formen und in Folie wickeln. Den Teig mindestens 1 Std. im Kühlschrank ruhen lassen.
– Den Backofen auf 200° (Umluft 180°) vorheizen. Das Backblech fetten. Aus dem Teig 2 Böden (je 26 cm Ø) ausrollen, auf das Blech legen und im Ofen (Mitte) nach Sicht hellbraun backen. Das dauert etwa 10 Min. Einen Boden sofort in 12 oder 16 Stücke schneiden, die Böden eventuell zurecht schneiden, auskühlen lassen.
– Die Aprikosen blanchieren und häuten. Die Früchte halbieren und den Stein entfernen. Wein und Zucker unter Rühren aufkochen, bei reduzierter Hitze 2–3 Min. köcheln lassen. Den Aprikosengeist einrühren. Die Früchte in die heiße Flüssigkeit legen und in dieser erkalten lassen. Herausnehmen und die Aprikosen gut abtropfen lassen.
– Für die Creme Eigelbe, Zucker, Salz und Zitronenschale in einer Kasserolle verrühren. Milch zugießen, gut umrühren, auf den Herd stellen und die Masse bei mittlerer Hitze unter ständigem Rühren erhitzen.
– Parallel dazu die Gelatine in kaltem Wasser einweichen. Die Creme so lange erhitzen, bis sie leicht angedickt auf dem Löffel liegenbleibt. Die Gelatine in der Creme auflösen und diese durch ein feines Sieb seihen. Den Quark durch ein Sieb in eine Schüssel passieren und die noch warme Creme in Portionen zugießen. Jede

Cremeportion mit einem Schneebesen sorgfältig unter den Quark rühren. Die Sahne steif schlagen und vorsichtig unter die Quarkmasse ziehen.
– Einen Tortenring um den ganzen Tortenboden stellen und etwas Creme gleichmäßig darauf verteilen. Die Früchte mit der Schnittfläche nach unten darauf setzen, dabei einen Rand frei lassen. Restliche Creme darüber verteilen und glatt streichen.
– Die Torte zusammen mit der Unterlage 2–3 cm anheben und auf die Arbeitsfläche fallen lassen – dadurch entweichen vorhandene Luftbläschen in der Füllung. Die Torte für 2 Std. in den Kühlschrank stellen. Danach den in Stücke geschnittenen Boden auflegen und die Torte mit Puderzucker besieben.

266. Heidelbeer-Sahne-Torte

WAS BESONDERES
Für 1 Springform (26 cm Ø)
Zubereitungszeit: 45 Min.
Kühlzeit: 3 Std.
Marinierzeit: 30 Min.
Backzeit: 15 Min.

***Für den Mürbteig:** 80 g Butter • 40 g Zucker • 1 Prise Salz • 1 Eigelb • 160 g Mehl (Type 405)*
***Für die Füllung:** 500 g Heidelbeeren • 1 Schnapsglas Orangenlikör (2 cl) • 8 Blatt weiße Gelatine • 500 g Sahne • 50 g Zucker*
***Außerdem:** Butter für die Form • Alufolie • 100 g geröstete Mandelblättchen*

– Aus den Zutaten für den Teig einen Mürbteig kneten und diesen zugedeckt 1 Std. im Kühlschrank ruhen lassen.
– Die Heidelbeeren waschen, abtropfen lassen und mit dem Likör 30 Min. durchziehen lassen. Den Backofen auf 220° (Umluft 200°) vorheizen.
– Die Springform fetten. Den Mürbteig ausrollen und die Form damit auslegen. Den Teigboden im Ofen (Mitte) etwa 15 Min. backen und in der Form auskühlen lassen.
– Gelatine in kaltem Wasser einweichen, ausdrücken und in wenig Wasser im Wasserbad auflösen. Die Sahne mit dem Zucker steif schlagen, die Gelatine und drei Viertel der Heidelbeeren unterheben.
– Den Rand der Springform mit Alufolie auslegen. Die Heidelbeersahne auf den Teig füllen, die restlichen Heidelbeeren darauf verteilen und die Torte für etwa 2 Std. in den Kühlschrank stellen.
– Dann den Rand der Torte mit den gerösteten Mandelblättchen bestreuen.

267. Exotische Quarktorte

BRAUCHT ETWAS ZEIT
Für 1 Springform (26 cm Ø)
Zubereitungszeit: 1 1/2 Std.
Kühlzeit: 2 1/2 Std.
Backzeit: 30 Min.

***Für den Mürbteig:** 200 g Mehl (Type 405) • 125 g kalte Butter oder Margarine • 75 g Zucker • 1 Prise Salz • 1 Ei*
***Für die Füllung:** 4 Mandarinen • 250 g Ananasscheiben (aus der Dose) • 1 reife Sharonfrucht • nach Belieben 2 EL Orangenlikör • 8 Blatt weiße Gelatine • 500 g Sahnequark • knapp 70 ml Milch • 75 g Zucker • 250 g Sahne*
***Außerdem:** Folie • Butter für die Form • Backtrennpapier und 750 g Hülsenfrüchte zum Blindbacken • 1 Sternfrucht (Karambole), 14 Kapstachelbeeren und 40 g ungesalzene Pistazienkerne zum Verzieren*

– Das Mehl auf die Arbeitsfläche häufen. Das Fett in kleine Stücke schneiden und daraufsetzen. 75 g Zucker, das Salz und das Ei in die Mitte geben. Alles mit einem großen Messer fein bröselig hacken, dann mit den Händen rasch zu einem Mürbteig verkneten.
– Den Teig in Folie wickeln und etwa 1 Std. im Kühlschrank ruhen lassen. Den Backofen auf 200° (Umluft 180°) vorheizen. Die Springform fetten.
– Den Teig auf etwas Mehl durchkneten und zu einer großen runden Platte von etwa 30 cm Ø ausrollen. Die Springform damit auslegen, dabei einen etwa 5 cm hohen Rand hochdrücken. Den Teig mit Backpapier belegen, die Hülsenfrüchte einfüllen.
– Den Boden im Backofen (Mitte) in etwa 30 Min. goldgelb backen. Die Hülsenfrüchte herausschütten (Sie können sie immer wieder zum Blindbacken verwenden) und das Papier vorsichtig entfernen. Dann den Boden aus der Form lösen und auskühlen lassen.
– Für die Füllung die Mandarinen schälen, dabei auch die weiße Haut abschneiden. Die einzelnen Filets mit einem Messer zwischen den Häutchen herausschneiden. Die Ananas und die geschälte Sharonfrucht in kleine

Stückchen schneiden. Die Früchte nach Belieben in einer Schüssel mit dem Orangenlikör beträufeln und ziehen lassen, bis die Creme fertig ist.
– Die Gelatine etwa 10 Min. in kaltem Wasser einweichen. Den Sahnequark mit der Milch und dem Zucker verrühren. Die Gelatine ausdrücken, im warmen Wasserbad auflösen und mit 2–3 EL Quarkmasse verrühren. Diese Mischung dann rasch unter die übrige Quarkcreme rühren. Etwa 30 Min. kalt stellen, bis sie anfängt fest zu werden.
– Die Sahne sehr steif schlagen. Zuerst die Sahne, dann die Früchte unter die Quarkcreme heben. Auf den Mürbteigboden füllen, die Oberfläche darf dabei ruhig etwas unregelmäßig sein.
– Sternfrucht waschen, in dünne Scheiben schneiden und den Tortenrand damit belegen. Auf der Oberfläche die gedachten Stücke mit je 1 Kapstachelbeere belegen. Die Pistazien nach Belieben grob oder fein hacken und in die Tortenmitte streuen. Die Torte vor dem Servieren mindestens 1 Std. kalt stellen.

268. Joghurt-Limetten-Torte

ERFRISCHEND
Für 1 Springform (26 cm Ø)
Zubereitungszeit: 1 Std.
Kühlzeit: 2–3 Std.
Backzeit: 25 Min.

600 g griechischer Joghurt • 150 g Mehl (Type 405) • 100 g Zucker • 1 Prise Salz • 1 Ei • 100 g Butter • 100 g Mandelblättchen
Für die Joghurtcreme: 5 Blatt weiße Gelatine • 3 unbehandelte Limetten • 4 Eier • 100 g Zucker
Außerdem: Folie • Fett und Semmelbrösel für die Form • Mehl für die Arbeitsfläche • 150 g Zitronengelee zum Bestreichen • 1 Packung Löffelbiskuits (100 g) • Backtrennpapier • 100 g Zitronat

– Den Joghurt in einem feinen Sieb sehr gut abtropfen lassen. Das Mehl auf die Arbeitsfläche sieben, in die Mitte eine Mulde drücken. Den Zucker, das Salz und das Ei hineingeben. Mit der Butter und den Mandelblättchen zu einem glatten Teig verkneten. In Folie 30 Min. kühlen.
– Den Backofen auf 200° (Umluft 180°) vorheizen. Die Form fetten und nur den Boden mit Bröseln ausstreuen. Den Teig auf einer bemehlten Arbeitsfläche ausrollen, in die Form legen und mit einer Gabel einstechen. Im Ofen (Mitte) 25 Min. backen. Auskühlen lassen.
– Die Gelatine in kaltem Wasser einweichen. Die Limettenschale abreiben, den Saft auspressen. Die Eier trennen. Die Eigelbe mit dem Zucker, Limettenschale und -saft aufschlagen. Die Gelatine tropfnass bei schwacher Hitze auflösen. Die Gelatine und den abgetropften Joghurt unter die Eicreme ziehen.
– Das Zitronengelee auf den Tortenboden streichen. Dicht mit den Löffelbiskuits belegen. Aus Backpapier einen hohen Papierrand schneiden und zwischen Teig- und Formrand schieben (damit sich Creme und Metall nicht berühren). Die Eiweiße steif schlagen und unter die leicht stockende Joghurtcreme heben. Die Creme auf den Biskuits verstreichen und die Torte 2–3 Std. durchkühlen lassen.
– Papier entfernen, das Zitronat in feine Streifchen schneiden und den Tortenrand damit garnieren.

269. Rieslingtorte

MACHT EINDRUCK
Für 1 Tortenring (26 cm Ø)
Zubereitungszeit: 1 Std.
Kühlzeit: 3 Std.
Backzeit pro Backblech: 12 Min.

Für den Teig: 150 g Mehl (Type 405) • 20 g Kakaopulver • 1 Eigelb • 2 EL Milch • 75 g Butter • 75 g Zucker • 75 g gehäutete geriebene Mandeln
Für die Weincreme: 8 Blatt weiße Gelatine • 4 Eigelbe • 160 g Zucker • 3/8 l Riesling • abgeriebene Schale und Saft von 1 unbehandelten Zitrone • Saft von 1 Orange • 250 g Sahne
Außerdem: Folie • Butter für die Bleche • Mehl für die Arbeitsfläche • Puderzucker zum Besieben

– Für den Teig das Mehl mit dem Kakao sieben und in die Mitte eine Mulde drücken. Das Eigelb und die Milch hineingeben. Die Butter in grobe Stücke schneiden und mit dem Zucker und den Mandeln darüber verteilen. Alles zu feinen Krümeln hacken und diese von außen nach innen schnell zu einem glatten Teig kneten. Zu einer Kugel formen, in Folie wickeln und mindestens 1 Std. im Kühlschrank ruhen lassen.
– Den Backofen auf 200° (Umluft 180°) vorheizen, die Backbleche fetten. Den Teig auf der bemehlten Arbeits-

fläche 3–4 mm dick ausrollen und 2 Böden von 26 cm Ø ausstechen, auf 2 Backbleche legen und mehrmals mit einer Gabel einstechen. Im Ofen (Mitte) 10–12 Min. backen. Falls notwendig, die beiden Böden in der Größe noch zurecht schneiden. Den schöneren der beiden Böden dann sofort in 16 Stücke schneiden und mit Puderzucker besieben.

– Für die Weincreme die Gelatine in kaltem Wasser einweichen. Die Eigelbe mit dem Zucker verrühren. In eine Kasserolle geben und den Riesling, die abgeriebene Zitronenschale sowie den Zitronen- und Orangensaft zufügen. Bis kurz vor dem Siedepunkt erhitzen, damit die Eigelbe leicht abbinden, und dann vom Herd nehmen. Die ausgedrückte Gelatine unter Rühren in der heißen Creme auflösen.

– Die Sahne steif schlagen. Mit dem Schneebesen ganz locker unter die Weincreme heben, sobald diese zu stocken beginnt.

– Den Tortenring um den ganzen Mürbteigboden stellen, die Weincreme einfüllen und glatt streichen. Im Kühlschrank in etwa 2 Std. fest werden lassen. Die Stücke des vorgeschnittenen Bodens darauf legen. Nach Belieben die Torte mit Trauben garnieren und mit Puderzucker besieben.

TIPP

Die Weinsorte ist letztlich ausschlaggebend dafür, wie die Weincreme schmeckt. Für eine gute Weißweincreme ist ein deutscher Riesling fast unschlagbar. Seine deutliche Frucht gibt der Creme den gewünschten Charakter, und der wird nicht einmal durch die Säure der Zitrone und den Orangensaft beeinträchtigt.

270. Erdbeer-Käsekuchen

FÜR FORTGESCHRITTENE
Für 1 Springform (24 cm Ø)
Zubereitungszeit: 1 1/2 Std.
Kühlzeit: 2 Std.
Backzeit: 20 Min.

Für den Mürbeteig: 180 g Mehl (Type 405) • 65 g Puderzucker • 95 g Butter • 1 Eigelb
Für das Rotweingelee: 1/4 l Rotwein • 1/2 TL Agar-Agar • 1/2 TL gemahlener Zimt • 40 g Zucker
Für die Frischkäsecreme: 4 Blatt weiße Gelatine • 2 Eigelbe • abgeriebene Schale von 1/2 unbehandelten Zitrone • 100 g Zucker • 1 Prise Salz • 1/8 l Milch • 250 g Sahne • 250 g Frischkäse (20 % Fett i. Tr.)
Außerdem: Folie • Backtrennpapier • Linsen zum Blindbacken • 500 g Erdbeeren • Kakaopulver

– Für den Teig das Mehl auf eine Arbeitsfläche sieben, in die Mitte eine Mulde drücken und den Puderzucker, die in grobe Stücke geschnittene Butter und das Ei hineingeben. Alles mit einem Messer zu Krümeln hacken, dann rasch zu einem Mürbteig kneten. In Folie gewickelt mindestens 30 Min. kühl ruhen lassen.

TORTEN

– Den Backofen auf 200° (Umluft 180°) vorheizen. Den Boden der Springform zum Blindbacken mit Backpapier auslegen.

– Den Teig zu einem Kreis von 27 cm Ø ausrollen, in die Form legen. Dabei einen 1,5 cm Rand formen und leicht festdrücken. Teigboden mit einer Gabel einstechen. Backpapier einlegen, Linsen einfüllen und den Mürbteigboden im Ofen (Mitte) etwa 20 Min. blindbacken. Den Boden in der Form auskühlen lassen, dann Backpapier und Linsen herausnehmen.

– Für das Rotweingelee 3 EL Rotwein mit dem Agar-Agar verrühren. Den restlichen Rotwein mit Zimt und Zucker erhitzen, den gelösten Agar-Agar unterrühren und die Mischung etwa 2 Min. köcheln lassen. Das Rotweingelee etwas abkühlen lassen.

– In der Zwischenzeit die Erdbeeren waschen und putzen. Die Früchte vierteln und den vorgebackenen Boden damit belegen. Das Rotweingelee mit einem Esslöffel gleichmäßig über die Erdbeeren verteilen. In den Kühlschrank stellen und das Gelee in etwa 30 Min. fest werden lassen.

– Für die Frischkäsecreme die Gelatine in kaltem Wasser einweichen. Die Eigelbe, die Zitronenschale, den Zucker, das Salz und die Milch verrühren und auf einem warmen Wasserbad so lange mit einem Holzlöffel verrühren, bis die Mischung eine cremige Konsistenz erhält. Vom Wasserbad nehmen und die ausgedrückte Gelatine darin auflösen.

– Die Sahne steif schlagen. Den Frischkäse in einer Schüssel mit der Eigelbcreme verrühren und die geschlagene Sahne vorsichtig unterheben. Den Boden aus dem Kühlschrank nehmen, die Frischkäsemasse auf dem erstarrten Gelee verteilen und glatt streichen.

– Die Torte für weitere 2 Std. in den Kühlschrank stellen. Herausnehmen, vorsichtig aus der Form lösen und mit einer dichten Schicht Kakaopulver besieben.

271. Zitronentorte mit Baiserhaube

ERFRISCHEND
Für 1 Pieform (26 cm Ø)
Zubereitungszeit: 1 Std.
Kühlzeit: 1 Std.
Backzeit: 30 Min.

Für den Mürbteig: 220 g Mehl (Type 405) • 110 g Butter • 50 g Puderzucker • 1 Eigelb • 1 Msp. Salz
Für die Zitronencreme: 1/4 l Milch • 30 g Zucker • 3 Eigelbe • 30 g Speisestärke • Saft von 1 Zitrone • abgeriebene Schale von 2 unbehandelten Zitronen
Für die Baisermasse: 5 Eiweiße • 150 g Zucker • 100 g Puderzucker
Außerdem: Folie • Backtrennpapier und Hülsenfrüchte zum Blindbacken

– Für den Teig das Mehl in eine Schüssel sieben und in die Mitte eine Mulde drücken. Die Butter in Stücken, den Puderzucker, das Eigelb und das Salz hineingeben und zu einem Mürbeteig verarbeiten. Den Teig zu einer Kugel formen, in Folie wickeln und mindestens 1 Std. im Kühlschrank ruhen lassen.
– Den Backofen auf 190° (Umluft 170°) vorheizen. Den Teig ausrollen und die Kuchenform damit auslegen. Die Ränder andrücken und den überstehenden Teig abschneiden. Das Backpapier auf den Teig legen, die Hülsenfrüchte einfüllen und den Teig im Ofen (Mitte) etwa 15 Min. blind backen. Die Hülsenfrüchte und das Papier entfernen und den Boden in noch 10–15 Min. hellbraun fertig backen.
– Für die Zitronencreme die Milch mit dem Zucker aufkochen. Die Eigelbe mit der Speisestärke verrühren, 1–2 EL der heißen Milch darunter rühren, dann die Eimasse in die Milch gießen und unter ständigem Rühren mit dem Schneebesen die Milch einige Male aufwallen lassen, bis sie gebunden ist. Zitronensaft und Zitronenschale unterrühren.
– Parallel zur Zitronencreme die Eiweiße in einer völlig fettfreien Schüssel zu Schnee schlagen, dabei den Zucker einrieseln lassen und weiterschlagen, bis ein steifer, schnittfester Eischnee entstanden ist. Mit einem Holzspatel den gesiebten Puderzucker unterheben. Die Hälfte dieses Eischnees auf dem Herd mit dem Schneebesen unter die Zitronencreme rühren und das Ganze nochmals aufwallen lassen.
– Die heiße Zitronencreme auf den gebackenen Mürbeteigboden geben und die Oberfläche glatt streichen. Den restlichen Eischnee auf die Torte streichen und die Oberfläche mit einem Tortenmesser wellenförmig aufrauen. Unter dem Grill oder bei Oberhitze im noch vorgeheizten Ofen überbacken, bis der Schnee hellbraun ist. Herausnehmen und auskühlen lassen.

TIPP
Aus dem angegebenen Teig können Sie auch kleine Zitronentörtchen backen. Die Menge reicht für 12 Förmchen von 8–10 cm Ø.

272. Vanille-Cremeschnitten

FÜR GÄSTE
Für 8 Cremeschnitten
Zubereitungszeit: 1 Std.
Auftauzeit: 20 Min.
Kühlzeit: 2 Std.
Backzeit: 18 Min.

Für den Teig: 300 g TK-Blätterteig • 200 g Puderzucker • 1–2 EL Zitronensaft
Für die Creme: 4 Eiweiße • 150 g Puderzucker • 1/2 l Milch • 4 Eigelbe • 1 1/2 Päckchen Vanille-Puddingpulver (zum Kochen) • 30 g Zucker • Mark von 1 Vanilleschote
Außerdem: Alufolie

– Blätterteig 30–60 Min. auftauen lassen. Backofen auf 220° (Umluft 200°) vorheizen. Teigplatten aufeinander legen und zu einem Rechteck von 30 x 50 cm ausrollen. Auf ein mit kaltem Wasser abgespültes Backblech legen, mit einer Gabel dicht einstechen, 15 Min. ruhen lassen.
– Die Teigplatte im Ofen (Mitte) 12–18 Min. backen. Die Platte längs halbieren und auskühlen lassen.
– Den gesiebten Puderzucker mit 1–2 EL Wasser und dem Zitronensaft verrühren, eine Teigplatte damit bestreichen und in acht gleich große Stücke schneiden. Die zweite Teigplatte auf Alufolie legen und die Folienränder rund herum 4 cm hochklappen.
– Die Eiweiße mit dem Puderzucker steif schlagen. 4 EL Milch mit den Eigelben, dem Puddingpulver, dem Zucker und der Vanille verquirlen, mit der übrigen Milch in eine Kasserolle geben und einige Male aufkochen lassen. Den Eischnee unterziehen, ganz kurz aufkochen, dann abkühlen lassen.

– Die Creme auf die Teigplatte in der Alufolie streichen, die glasierten Stücke darauf legen und im Kühlschrank in 2 Std. fest werden lassen, danach durchschneiden.

273. Muttertagsherzen

IN LIEBE FÜR MAMI
Für 2 Herzen (4 Portionen)
Zubereitungszeit: 15 Min.
Auftauzeit: 15 Min.
Backzeit: 20 Min.

360 g TK-Blätterteig (4 Scheiben) • etwas Zucker • 200 g Erdbeeren • 200 g Sahne • 2 Päckchen Vanillezucker • Mandelblättchen
Außerdem: Backtrennpapier fürs Blech

– Den Blätterteig auftauen lassen. Das Backblech mit Backpapier auslegen. Den Backofen auf 200° (Umluft 180°) vorheizen.
– Je 2 Teigplatten übereinander legen und daraus je 1 Quadrat von ca. 20 x 20 cm Größe ausrollen. Aus den Quadraten 2 Herzen ausschneiden, mit Wasser bepinseln und mit Mandeln bestreuen. Etwas Zucker darüber streuen, im Ofen (Mitte) 15–20 Min. backen.
– Die Erdbeeren waschen, putzen und längs in Scheiben schneiden. Die Sahne mit Vanillezucker steif schlagen. Die abgekühlten Herzen quer durchschneiden, den Boden mit Sahne bestreichen, mit Erdbeeren belegen und dann den Deckel aufsetzen.

274. Orangen-Quarktorte

RAFFINIERT KOMBINIERT
Für 1 Springform oder Tortenring (26 cm Ø)
Zubereitungszeit: 1 Std.
Auftauzeit: 15 Min.
Ruhezeit: 30 Min.
Backzeit pro Backblech: 12 Min.

300 g TK-Blätterteig
Für die Quarkcreme: 7 Blatt weiße Gelatine • 3 Eigelbe • 120 g Zucker • 1 Msp. Salz • Schale und Saft (1/8 l) von 3 unbehandelten Orangen • 50 g Würfelzucker • 1/8 l Milch • 400 g Schichtkäse • 500 g Sahne
Für den Zuckerguss: Saft von 1 Orange (30 ml) • 80 g Puderzucker
Außerdem: Mehl für die Arbeitsfläche • Backtrennpapier fürs Blech • 12 Orangenfilets zum Garnieren

– Den Blätterteig auftauen, grob würfeln und auf der bemehlten Arbeitsfläche wieder zu einem glatten Teig kneten. So geht er beim Backen nicht zu stark auf. Halbieren und zu 2 Böden von je 28 cm Ø ausrollen. Die Backbleche mit Backpapier auslegen und die Böden darauf legen, mehrmals mit einer Gabel einstechen. 30 Min. ruhen lassen.
– Den Backofen auf 220° (Umluft 200°) vorheizen. Die Böden im Ofen (Mitte) 10–12 Min. hellbraun backen. Dabei „schnurren" die Böden auf etwa 26 cm Ø zusammen.
– Für die Quarkcreme die Gelatine in etwas kaltem Wasser einweichen. Die Eigelbe mit dem Zucker in einer Kasserolle verrühren. Das Salz zugeben. Die Schale der unbehandelten, gewaschenen Orangen mit dem Würfelzucker oder einer feinen Reibe sorgfältig abreiben und zugeben. Den Orangensaft und die Milch zugießen, mit einem Schneebesen kräftig durchrühren. Unter ständigem Rühren bis kurz vor dem Siedepunkt erhitzen. Die Gelatine ausdrücken und darin unter Rühren auflösen.
– Den Schichtkäse in eine Schüssel geben, die leicht abgekühlte Creme darübergießen und sofort kräftig mit dem Schneebesen zu einer glatten Creme durchrühren. Die Sahne steif schlagen und schnell unter die noch fast lauwarme Quarkcreme rühren.
– Einen Boden in eine Springform legen oder mit einem Tortenring umstellen und die Creme einfüllen. Im Kühlschrank in etwa 2 Std. vollständig erstarren lassen. Für den Guss den Saft mit dem Puderzucker zu einer dünnflüssigen Glasur rühren und damit den zweiten Boden bestreichen. Trocknen lassen und dann in 12 Stücke teilen.
– Die Torte aus der Form oder dem Ring lösen, den vorgeschnittenen Boden als Oberfläche darauf verteilen. Mit den Orangenfilets den Kuchen garnieren.

TIPPS

• Für das Aroma der Orangencreme ist auch die Schale der Orangen wichtig, weshalb diese unbehandelt sein muss. Damit nur die äußere Schale in die Creme kommt, kann man sie statt mit einer Reibe mit Würfelzucker abreiben. Das ist zwar mühsam, garantiert aber, dass wirklich

nichts von der leicht bitteren weißen Unterhaut den Wohlgeschmack der Creme stört.
• Für die Orangenfilets schneiden Sie die Schale einer Orange mit einem kleinen Messer von oben nach unten in Segmenten ab. Die Orange drehen, an den Häuten mit dem Messer einschneiden und die Filets herausheben.

275. Holländer Kirschtorte

KLASSIKER AUS HOLLAND
Für 1 Springform (26 cm Ø)
Zubereitungszeit: 1 Std.
Auftauzeit: 15 Min.
Kühlzeit: 1 Std.
Ruhezeit: 30 Min.
Backzeit: 12 Min.

400 g TK-Blätterteig
Für die Füllung: 1 Glas Sauerkirschen mit Saft (450 g Fruchteinwaage) • 1 Msp. gemahlener Zimt • 100 g Zucker • 3 TL Speisestärke • 750 g Sahne
Für die Glasur: 60 g Johannisbeerkonfitüre • 80 g Fondant oder Eiweißglasur
Außerdem: Mehl • Folie • Backtrennpapier fürs Blech

– Der Blätterteig für diese Torte darf nicht zu stark aufgehen. Deshalb den Teig auftauen lassen, in 8–10 Stücke schneiden und auf einer bemehlten Unterlage wieder zusammenkneten. Auf diese Weise werden seine gleichmäßigen Teig- und Fettschichten zerstört, er kann nicht mehr so stark aufgehen. Den Teig in 3 Stücke teilen, in Folie wickeln und 1 Std. im Kühlschrank ruhen lassen.
– Den Backofen auf 220° (Umluft 200°) vorheizen. 3 Backbleche mit Backpapier auslegen. Jedes Teigstück zu einem runden Boden von mindestens 28 cm Ø ausrollen, jeweils auf ein Backblech legen, mehrmals einstechen und 30 Min. ruhen lassen. Im Ofen (Mitte) in 10–12 Min. hellbraun backen. Dabei werden die Böden etwas kleiner, sodass sie etwa 26 cm Ø erreichen. Wenn nötig, die Böden noch zurecht schneiden.
– Die Kirschen abtropfen lassen. Den aufgefangenen Saft mit Zimt und der Hälfte des Zuckers aufkochen. Die mit etwas Wasser angerührte Speisestärke einrühren und kurz aufkochen lassen. Die Kirschen, bis auf 12, zugeben und abkühlen lassen. Die Sahne mit dem restlichen Zucker steif schlagen.
– Einen Boden in die Form legen, dünn mit Sahne bestreichen. Mit einem Spritzbeutel (Lochtülle Nr. 12) 4 Sahneringe aufspritzen. Die Sauerkirchen gleichmäßig zwischen die Sahneringe einlegen. Den zweiten Boden auflegen, leicht andrücken.
– Eine zweite Sahneschicht bis zur Höhe des oberen Springformrandes einfüllen, sorgfältig glatt streichen. Den Ring der Springform vorsichtig abnehmen und den Rand der Torte ringsherum gleichmäßig mit Sahne einstreichen.
– Den letzten Boden auf der Unterseite mit heißer Konfitüre bestreichen, trocknen lassen und dünn mit Fondant glasieren. Glasur antrocknen lassen und den Boden mit einem langen, feuchten Messer in einzelne Tortenstücke schneiden. Ganz zum Schluss den vorgeschnittenen Boden aufsetzen und leicht andrücken. Mit Kirschen und Sahne garnieren.

TIPP
Herrlich knusprig sind die Böden, sahnig fruchtig die Füllung. Ob der Ursprung dieser Sahnetorte wirklich in Holland liegt, bleibt dahingestellt. Jedenfalls gehört sie zum Repertoire jeder feinen Konditorei in Deutschland.

276. Aprikosen-Weincreme-Torte

FÜR FORTGESCHRITTENE | BRAUCHT ZEIT
Für 1 Tortenring (24 cm Ø)
Zubereitungszeit: 1 Std.
Auftauzeit: 15 Min.
Kühlzeit: 3 1/2 Std.
Backzeit: 20 Min.

250 g TK-Blätterteig
Für das Aprikosenkompott: 500 g Aprikosen • 125 g Zucker • Saft von 1/2 Zitrone • 1 cl Amaretto
Für die Weincreme: 7 Blatt weiße Gelatine • 1/8 l Vin Santo (siehe Tipp) • 80 g Zucker • Saft von 1 Orange • 3 Eigelbe • 375 g Sahne
Für die Baiserhaube: 4 Eiweiße • 200 g Zucker
Außerdem: Mehl für die Arbeitsfläche • Backtrennpapier fürs Blech • 100 g gehobelte geröstete Mandeln

– Den Blätterteig auftauen lassen. Auf einer bemehlten Arbeitsfläche zu einem runden Boden von 28 cm Ø aus-

rollen. Das Backblech mit Backpapier auslegen, den Teig darauf legen und mehrmals mit einer Gabel einstechen. 30 Min. kühl ruhen lassen.
– Den Backofen auf 200° (Umluft 180°) vorheizen. Den Boden im Ofen (Mitte) in etwa 15–20 Min. hellbraun backen. Dabei »schnurrt« er etwas zusammen. Wenn nötig, den Boden mit Hilfe des Tortenrings in der richtigen Größe zuschneiden.
– Die Aprikosen für das Kompott blanchieren, häuten, halbieren und entsteinen. Zucker, 200 ml Wasser und Zitronensaft in einem Topf 2–3 Min. köcheln lassen. Die Früchte einlegen und in 8–10 Min. weich kochen. Das Kompott vom Herd nehmen und den Amaretto einrühren. Die abgekühlten Früchte in einem Sieb gut abtropfen lassen.
– Für die Weincreme die Gelatine in kaltem Wasser einweichen. Vin Santo, Zucker, Orangensaft und Eigelbe in einem Topf gut miteinander verrühren. Unter ständigem Rühren vorsichtig erwärmen und die Creme so lange erhitzen, bis sie leicht angedickt auf dem Kochlöffel liegen bleibt (das nennt man die Creme »zur Rose abziehen«). Sie darf dabei jedoch keinesfalls zu kochen beginnen.
– Die Creme durch ein feines Sieb passieren, um eventuell vorhandene Klümpchen zu entfernen. Die Sahne steif schlagen. Die ausgedrückte Gelatine in der noch warmen Creme auflösen. Diese abkühlen lassen, bis sie leicht zu gelieren beginnt, dann die geschlagene Sahne unterheben.
– Den Blätterteigboden auf eine Tortenplatte legen und mit dem Tortenring umschließen. Etwa ein Drittel der Creme gleichmäßig darauf verteilen. Die Aprikosenhälften mit der Wölbung nach oben darauf setzen. Die restliche Creme einfüllen und glatt streichen.
– Die Torte etwa 3 Std. im Kühlschrank kühl stellen. Anschließend vorsichtig den Tortenring abnehmen. Für die Baiserhaube die Eiweiße in einer völlig fettfreien Schüssel mit 50 g Zucker steif schlagen, den restlichen Zucker einrieseln lassen und weiterschlagen, bis der Eischnee schnittfest ist.
– Etwa zwei Drittel des Eischnees in einen Spritzbeutel mit Lochtülle Nr. 10 füllen und etwa 2 cm große Tupfen nebeneinander auf die Tortenoberfläche spritzen. Mit dem restlichen Baiser den Rand der Torte einstreichen. Im vorgeheizten Ofen bei Oberhitze oder unter dem Grill überbacken, bis die Spitzen der Tupfen hellbraun sind. Den Rand der Torte mit den gerösteten Mandelblättchen bestreuen, einige davon auch auf die Oberfläche streuen.

TIPP

Vin Santo, der Dessertwein aus der Toskana, verleiht dieser Torte ihr besonderes Aroma. Ist Vin Santo nicht erhältlich, können Sie die Torte selbstverständlich auch mit vergleichbaren Dessertweinen zubereiten, etwa mit Marsala, Madeira, weißem Port oder einem Cream Sherry.

277. Grillage-Torte (Krokant-Torte)

ETWAS SCHWIERIGER
Für 1 Springform (26 cm Ø)
Zubereitungszeit: 20 Min.
Backzeit: 1 1/2 Std.

1/4 l Eiweiß (von 8–9 Eiern) • 350 g Zucker • 2 EL Zitronensaft • 250 g gemahlene Haselnüsse • 75 g Speisestärke • 400 g Kuvertüre • 3 Blatt weiße Gelatine • 400 g Sahne • 2 EL Vanillezucker
Außerdem: Backtrennpapier

– Den Backofen auf 180° (Umluft 160°) vorheizen. Die Form mit Backpapier auslegen.
– Die Eiweiße schaumig schlagen, den Zucker einrieseln lassen und zu schnittfestem Eischnee schlagen. Dann den Zitronensaft, die Nüsse und die Speisestärke unterheben.
– Ein Fünftel der Teigmasse in die Form streichen und im Ofen (unten) in 15 Min. zu einem nussigen Krokantboden backen. Nacheinander 5 Tortenböden herstellen.
– Den letzten Boden noch heiß wie eine Torten in 12 gleichgroße Stücke schneiden. Die Böden und Stücke sehr gut auskühlen lassen.
– Die Kuvertüre im Wasserbad schmelzen lassen, die 12 Stücke und die 4 Böden dünn damit überziehen. Auf 1 Tortenboden 12 Stücke markieren.
– Die Gelatine einweichen. Die Sahne mit dem Vanillezucker steif schlagen. Die ausgedrückte Gelatine bei schwacher Hitze auflösen, mit 2 EL Schlagsahne verrühren und unter die Sahne mischen. Drei Viertel der Schlagsahne auf den 3 nicht markierten Tortenböden verteilen. Die Böden zusammensetzen, den markierten Boden als letzten obendrauf legen und andrücken.
– Die Torte nach der Markierung mit 12 großen Sahnetupfen garnieren. Die geschnittenen Stücke wie einen Propeller schräg dazwischen anordnen.

278. Biskuitroulade mit Zitronensahne

GELINGT LEICHT
Für 1 Roulade
Zubereitungszeit: 45 Min.
Backzeit: 10 Min.

Für den Teig: 4 Eiweiße • 100 g Zucker • 1 Prise Salz • 1 EL Vanillezucker • 8 Eigelbe • je 50 g Mehl (Type 405) und Speisestärke
Für die Füllung: 500 g Sahne • 5 EL Zitronensaft • abgeriebene Schale von 1/2 unbehandelten Zitrone • 50 g Zucker
Außerdem: Backtrennpapier fürs Blech • 2 EL Zucker • 2 EL Puderzucker

– Den Backofen auf 200° (Umluft 180°) vorheizen. Ein Backblech mit Backpapier auslegen.
– Die Eiweiße mit Zucker, Salz und Vanillezucker sehr steif schlagen. Die Eigelbe unter den Eischnee ziehen. Das Mehl mit der Speisestärke mischen und locker mit dem Schneebesen untermengen.
– Den Teig auf das Backblech streichen und im Ofen (Mitte) in 10 Min. goldgelb backen. Die Biskuitplatte auf ein mit Zucker bestreutes Küchentuch stürzen und mit einem feuchten Tuch bedecken.
– Die Sahne mit dem Zitronensaft und der Zitronenschale steif schlagen, dabei den Zucker einrieseln lassen.
– Das feuchte Küchentuch entfernen. Die Zitronensahne auf dem Biskuit glattstreichen. Den Biskuit mit Hilfe des darunter liegenden Küchentuchs aufrollen. Die Roulade mit dem Puderzucker besieben.

279. Biskuitroulade mit Himbeersahne

SCHNELL GEMACHT
Für 1 Roulade
Zubereitungszeit: 30 Min.
Backzeit: 10 Min.

Für den Teig: 4 Eier • 1 Prise Salz • 150 g Zucker • 1 EL Vanillezucker • je 75 g Mehl (Type 405) und Speisestärke
Für die Füllung: 400 g Sahne • 1 EL Zucker • 200 g Himbeeren
Außerdem: Backtrennpapier fürs Blech • 2 EL Zucker

– Den Backofen auf 220° (Umluft 200°) vorheizen. Ein Backblech mit Backpapier auslegen.
– Die Eier in Eigelbe und Eiweiße trennen. Die Eiweiße mit dem Salz und 75 g Zucker schnittfest schlagen.
– Eigelbe mit dem restlichen Zucker und dem Vanillezucker schaumig schlagen. Das Mehl mit der Speisestärke auf die Eigelbmasse sieben, mit dem Eischnee unter die Eigelbmasse ziehen. Den Teig auf das Backblech streichen.
– Den Biskuit im Ofen (oben) in 8–10 Min. goldgelb backen. Ein großes feuchtes Küchentuch mit Zucker bestreuen und die Biskuitplatte darauf stürzen. Das Backpapier abziehen. Die Platte mit Hilfe des Tuchs aufrollen.
– Die Sahne mit dem Zucker steif schlagen, die Hälfte in einen Spritzbeutel füllen. Die Himbeeren waschen, trockentupfen, einige zum Garnieren beiseite legen. Die restlichen Beeren unter die Schlagsahne mischen. Die Biskuitplatte aufrollen, mit der Himbeersahne füllen und wieder zusammenrollen. Die Roulade mit der Schlagsahne bespritzen und mit den zurückbehaltenen Himbeeren verzieren.

280. Biskuitschnitten mit Pfirsichsahne

GELINGT LEICHT
Für 1 Roulade
Zubereitungszeit: 35 Min.
Kühlzeit: 1 Std.
Backzeit: 10 Min.

Für den Teig: 4 Eier • 100 g Zucker • 1 EL Vanillezucker • 100 g Mehl (Type 405) • 25 g Speisestärke
Für die Füllung: 500 g vollreife Pfirsiche • 1 Schnapsglas Cointreau (2 cl) • 1 Vanilleschote • 2 EL Zucker • 400 g Sahne
Außerdem: Backtrennpapier fürs Blech • Alufolie

– Den Backofen auf 220° (Umluft 200°) vorheizen. Ein Backblech mit Backpapier auslegen.
– Die Eier in Eigelbe und Eiweiße trennen. Die Eigelbe mit 4 EL kaltem Wasser, Zucker und Vanillezucker schaumig rühren. Die Eiweiße steif schlagen, auf die Eigelbmasse geben, mit dem Mehl und der Speisestärke unterheben. Den Teig auf das Backblech streichen.
– Den Biskuit im Ofen (Mitte) 10 Min. backen und dann auf ein feuchtes Küchentuch stürzen. Das Back-

papier abziehen und die Teigplatte mit Hilfe des Tuchs aufrollen.
– Die Pfirsiche mit einer Gabel mehrmals einstechen, mit kochend heißem Wasser überbrühen und häuten. Die Pfirsiche bis auf 1 Hälfte sehr fein hacken und mit dem Cointreau beträufeln.
– Das Mark aus der Vanilleschote kratzen und mit dem Zucker zur Sahne geben. Die Sahne steif schlagen, 5 gehäufte EL beiseite stellen und den Rest mit dem Pfirsichpüree mischen. Den Biskuit aufrollen, mit der Pfirsichsahne bestreichen und wieder zusammenrollen.
– Roulade in Alufolie gewickelt im Tiefkühlfach 1 Std. durchkühlen lassen, dann in 10 Scheiben schneiden, mit Pfirsichspalten und Sahnetupfen garnieren.

281. Schokoroulade mit Kirschen

LEICHT ZU MACHEN
Für 1 Roulade
Zubereitungszeit: 45 Min.
Kühlzeit: 1 Std.
Backzeit: 10 Min.

Für den Teig: 4 Eier • 75 g Zucker • 75 g Mehl (Type 405) • 50 g Speisestärke • 50 g Schokoladenpulver
Für die Füllung: 3 Blatt weiße Gelatine • 500 g dunkle Süßkirschen • 350 g Mascarpone • 50 g Zucker • 2 EL Zitronensaft • 200 g Sahne
Außerdem: Backtrennpapier fürs Blech • Zucker • 50 g Zartbitter-Schokolade zum Bestreuen

– Den Backofen auf 220° (Umluft 200°) vorheizen. Ein Backblech mit Backpapier auslegen.
– Die Eier in Eigelbe und Eiweiße trennen. Die Eigelbe mit 3 EL Wasser und dem Zucker schaumig rühren. Die Eiweiße steif schlagen, mit dem Mehl, der Speisestärke und dem Schokoladenpulver auf die Eigelbmasse geben und unterheben. Den Teig auf das Backblech streichen und im Ofen (Mitte) 10 Min. backen.
– Gelatine in kaltem Wasser einweichen. Die Kirschen waschen, abtrocknen, entsteinen, dann fein hacken und mit dem Mascarpone und dem Zucker mischen. Den Zitronensaft erhitzen. Die gut ausgedrückte Gelatine darin auflösen, unter die Kirschcreme mischen.
– Den Biskuit auf ein mit Zucker bestreutes Küchentuch stürzen. Das Papier abziehen und die Teigplatte mit Hilfe des Küchentuchs aufrollen.
– Die Sahne steif schlagen, 3 EL unter die halbfeste Kirschcreme mischen. Den Biskuit mit der Creme bestreichen, aufrollen und 1 Std. kühl stellen.
– Die Roulade mit der Schlagsahne bestreichen. Die Schokolade darüber raspeln.

282. Kokosbiskuitrolle mit Schokofüllung

SCHNELL | PREISWERT
Für 1 Roulade
Zubereitungszeit: 20 Min.
Kühlzeit: 1 Std.
Backzeit: 15 Min.

Für den Teig: 6 Eier • 100 g Zucker • 100 g Kokosflocken
Für die Füllung: 100 g weiße Schokolade • 400 g Sahne • 1 Päckchen Sahnesteif • 200 g Magerquark • 50 g Puderzucker
Außerdem: Backtrennpapier fürs Blech • Zucker • 1 EL Kokosflocken zum Bestreuen

– Den Backofen auf 200° (Umluft 180°) vorheizen. Ein Backblech mit Backpapier auslegen.
– Für den Biskuit die Eier trennen. Die Eiweiße steif schlagen, dabei nach und nach die Hälfte des Zuckers einrieseln lassen. Den restlichen Zucker mit den Eigelben cremig rühren. Die Kokosflocken und den Eischnee hinzufügen und vorsichtig vermischen. Den Teig auf das Backblech streichen und im Ofen (Mitte) in 12–15 Min. backen.
– Ein Küchentuch mit etwas Zucker bestreuen. Die Biskuitplatte darauf stürzen und das Backpapier abziehen. Die Rolle mit Hilfe des Tuchs aufrollen und auskühlen lassen.
– Für die Füllung die weiße Schokolade in kleine Stücke brechen. 100 g Sahne erwärmen, die Schokolade darin auflösen. Die restliche Sahne mit dem Sahnesteif steif schlagen.
– Den Quark mit dem Puderzucker und der aufgelösten Schokolade verrühren und esslöffelweise in die geschlagene Sahne einrühren.
– Die Biskuitplatte aufrollen, zwei Drittel der Creme darauf verstreichen und wieder zusammenrollen. Die Roulade mit der restlichen Creme bestreichen und mit Kokosflocken bestreuen. Dann die Rolle im Kühlschrank mindestens 1 Std. durchkühlen lassen.

283. Fruchtige Sahneroulade

FÜR GÄSTE
Für 1 Roulade
Zubereitungszeit: 45 Min.
Kühlzeit: 1 Std.
Backzeit: 10 Min.

Für den Teig: 6 Eigelbe • 80 g Zucker • 1 Msp. Salz • 1/2 TL abgeriebene Schale von 1 unbehandelten Zitrone • 4 Eiweiße • 70 g Mehl (Type 405) • 20 g Speisestärke
Für die Frucht-Sahne-Creme: 2 Orangen • 1 Limette • 2 Maracujas • abgeriebene Schale von 1 unbehandelten Orange • 120 g Zucker • 5 Blatt weiße Gelatine • 20 ml brauner Rum • 375 g Sahne
Außerdem: Backtrennpapier fürs Blech • Puderzucker zum Besieben • Erdbeeren zum Garnieren

– Den Backofen auf 230° (Umluft 210°) vorheizen. Ein Backblech (36 x 42 cm) mit Backpapier auslegen.
– Für den Biskuit die Eier trennen. Die Eigelbe mit einem Viertel des Zuckers, dem Salz und der Zitronenschale schaumig rühren. Die Eiweiße zu sehr steifem, schnittfestem Schnee schlagen, dabei den restlichen Zucker einrieseln lassen. Die Eigelbmasse unter den Eischnee heben. Das Mehl und die Stärke mischen, darüber sieben und unterziehen.
– Die Biskuitmasse gleichmäßig auf das Backblech streichen. Im Ofen (Mitte) in 8–10 Min. hellbraun backen. Herausnehmen, den Biskuit am Papierrand sofort vom Blech ziehen, auf ein leicht angefeuchtetes Tuch stürzen, mit einem feuchten Tuch bedecken und abkühlen lassen.
– Orangen und Limette auspressen. Das Fruchtfleisch der Maracujas auslösen und zusammen mit dem Saft und der Orangenschale aufkochen. Mit dem Zucker 3–4 Min. weiterkochen, dann durch ein Sieb passieren.
– Für die Sahnecreme die eingeweichte und gut ausgedrückte Gelatine unter Rühren in dem Fruchtsaft auflösen. Den Rum zugießen und etwas abkühlen lassen. Die Sahne steif schlagen und mit dem Schneebesen vorsichtig unterheben.
– Vom Biskuit das Papier abziehen, die Creme gleichmäßig darauf verstreichen, etwas fest werden lassen und den Biskuit von der Längsseite her aufrollen. 1 Std. kühl stellen. Die Roulade mit Puderzucker besieben, (mit einem glühenden Draht ein Muster einbrennen), in Scheiben schneiden und mit Erdbeeren dekorieren.

TIPP
Die gefüllte Biskuitroulade ist – schön dekoriert – ein optimales Dessert, wenn Sie einmal viele Gäste haben, denn sie reicht für 10 Personen.

284. Biskuitroulade mit Preiselbeerfüllung

GANZ EINFACH
Für 1 Roulade
Zubereitungszeit: 30 Min.
Kühlzeit: 1 Std.
Backzeit: 15 Min.

Für den Teig: 6 Eier • 100 g Zucker • 100 g Buchweizenmehl
Für die Füllung: 400 g Sahne • 1 Päckchen Sahnesteif • 3 EL Preiselbeerkonfitüre • 1 EL Puderzucker
Außerdem: Backtrennpapier fürs Blech

– Den Backofen auf 200° (Umluft 180°) vorheizen. Das Backblech mit Backpapier auslegen.
– Die Eier trennen, die Eiweiße steif schlagen. Die Eigelbe mit dem Zucker cremig rühren, das Buchweizenmehl und den Eischnee vorsichtig unterheben.
– Den Teig auf das Backblech geben und glatt streichen. Im Ofen (Mitte) 12–15 Min. backen. Herausnehmen, auf ein Küchentuch stürzen und auskühlen lassen.
– Sahne mit Sahnesteif steif schlagen, Preiselbeerkonfitüre und Puderzucker unterrühren. Die Sahne auf die Biskuitplatte geben und diese mit Hilfe des Tuchs aufrollen. Die Roulade mindestens 1 Std. kühl stellen.

285. Brombeer-Schokoschnitten

RAFFINIERT KOMBINIERT
Für 12–16 Schnitten
Zubereitungszeit: 1 Std.
Kühlzeit: 24 Std.
Backzeit: 15 Min.

Für die Creme: 500 g Sahne • Mark von 1/2 Vanilleschote • 150 g Kuvertüre • 4 cl brauner Rum
Für den Schokoladenteig: 50 g Kuvertüre • 80 g Butter • 1 Prise Salz • 5 Eier • 100 g Zucker • 80 g Mehl (Type 405)

Für den Brombeersirup: 250 g Brombeeren • 150 g Zucker • 1 EL Zitronensaft • 4 cl Brombeerlikör • 2 cl brauner Rum
Außerdem: Backtrennpapier fürs Blech • 50 g geraspelte Kuvertüre • 1 EL Kakaopulver • 150 g Sahne • etwas Zucker • 16 Brombeeren

– Für die Creme die Sahne mit dem Vanillemark aufkochen Die zerkleinerte Kuvertüre unterrühren und unter Rühren in der Sahne schmelzen lassen; sie darf dabei nicht mehr aufkochen. Die Creme mit dem Mixstab glatt rühren. Abkühlen lassen, zudecken und für 24 Std. in den Kühlschrank stellen.
– Den Backofen auf 200° (Umluft 180°) vorheizen. Das Backblech mit Backpapier auslegen.
– Für den Schokoladenbiskuit die Kuvertüre schmelzen. Die weiche Butter mit dem Salz schaumig rühren und die Kuvertüre zufügen. So lange rühren, bis sich die Kuvertüre vollständig mit der Butter verbunden hat. Eier trennen, nacheinander die Eigelbe einarbeiten. Die Eiweiße mit dem Zucker nicht ganz steif schlagen und unterziehen. Mehl sieben, einrieseln lassen und unterheben. Die Masse gleichmäßig aufs Backblech streichen. Im Ofen (Mitte) 12–15 Min. backen, stürzen.
– Brombeeren mit Zucker, 2 EL Wasser und Zitronensaft unter Rühren zum Kochen bringen und etwa 20 Min. köcheln lassen. Durch ein feines Sieb passieren. Den Sirup auffangen, abkühlen lassen und mit dem Likör und dem Rum verrühren.
– Das Backpapier von dem abgekühlten Schokoladenbiskuit abziehen und diesen längs in 3 gleichmäßige Streifen von jeweils 10 cm Breite schneiden. Die gekühlte Schokoladensahne mit dem Handrührgerät aufschlagen und den Rum zufügen.
– Einen Biskuitstreifen mit etwas Brombeersirup bepinseln und eine Schicht Creme aufstreichen. Zweiten Streifen auflegen, bepinseln und mit Creme bestreichen. Den letzten Streifen auflegen und tränken. Alles ringsum mit der restlichen Creme einstreichen, mit der geraspelten Kuvertüre bestreuen, mit Kakaopulver besieben. In 12–16 Stücke schneiden. Zur Dekoration die Sahne mit etwas Zucker steif schlagen und jede Schnitte mit 1 Sahnetupfer und 1 Brombeere garnieren.

TIPP
Die Schokoladencreme bereiten Sie am besten am Vortag zu, da sie gut gekühlt sein muss.

286. Schokoschnitten Rigó Jancsi

BRAUCHT ZEIT
Für 1 Backblech
Zubereitungszeit: 2 1/2 Std.
Kühlzeit: 1–2 Std.
Backzeit: 25 Min.

Für den Teig: 60 g Butter • 50 g Halbbitter-Schokolade • 3 EL Kakao • 8 Eier • 150 g Puderzucker • 1 Prise Salz • 2 EL gemahlene Haselnüsse • 80 g Mehl (Type 405)
Für die Füllung: 375 g Sahne • 200 g Halbbitter-Schokolade • Mark 1 Vanilleschote • 4 EL Rum nach Belieben
Für die Glasur: 100 g Halbbitter-Kuvertüre • 80 g Puderzucker • 1 EL Butter
Außerdem: Backtrennpapier fürs Blech

– Den Backofen auf 180° (Umluft 160°) vorheizen. Das Backblech mit Backpapier auslegen. Die Butter schmelzen lassen, die Schokolade hineinbröckeln und den Kakao unterrühren.
– Die Eier trennen. Eiweiße beiseite stellen. Die Eigelbe mit 50 g Puderzucker cremig rühren und die Schokoladenmasse unterziehen. Die Eiweiße mit dem restlichen Puderzucker und dem Salz steif schlagen. Die Haselnüsse trocken anrösten. Zur Schokomasse geben, das Mehl darüber sieben und den Eischnee unterheben. Die Masse auf das Blech streichen und im Ofen (Mitte) 25 Min. backen. Auskühlen lassen.
– Die Sahne erwärmen, die Schokolade darin cremig schmelzen. Das Vanillemark dazugeben und 1–2 Std. kühl stellen. Mit dem Schneebesen locker aufschlagen und den Rum unterziehen. Die Teigplatte längs teilen und die Creme auf eine Hälfte streichen. Die andere Hälfte darauf setzen und wieder kühl stellen.
– Für die Glasur Kuvertüre mit 2 EL Wasser schmelzen lassen, Puderzucker und Butter zugeben und unter Rühren auflösen. Abkühlen lassen und die Torte damit überziehen. In 4–5 cm große Quadrate schneiden, dabei das Messer immer wieder in heißes Wasser tauchen.

TIPP
Dieses Rezept ist benannt nach einem ungarischen Zigeunerprimas, der angeblich mit seiner Geige die Herzen der Frauen betörte.

287. Casanova-Schnitten

SCHNELL GEMACHT
Für 12 Schnitten
Zubereitungszeit: 30 Min.
Ruhezeit: 2 Std.
Backzeit: 5 Min.

Für den Teig: 8 Eigelbe • 100 g Zucker • 4 Eiweiße • 80 g Mehl (Type 405) • 20 g Speisestärke • 100 g geriebene Haselnüsse
Für die Buttercreme: 1/2 l Milch • 4 EL Zucker • 1 Päckchen Vanille-Puddingpulver (zum Kochen) • 250 g Butter • 2 Schnapsgläser Cognac (4cl)
Außerdem: Backtrennpapier fürs Blech • 1/2 Glas Johannisbeerkonfitüre • 3 EL Krokantstreusel • 12 Belegkirschen

– Den Backofen auf 240–250° (Umluft 220–230°) vorheizen. Ein Backblech mit Backpapier auslegen.
– Die Eigelbe mit der Hälfte des Zuckers schaumig rühren. Die Eiweiße mit dem restlichen Zucker steif schlagen und unter die Eigelbe heben. Mehl und Speisestärke darüber sieben, mit den Haselnüssen unterziehen.
– Den Teig auf das Blech streichen und im Ofen (Mitte) 5 Min. backen. Die Teigplatte stürzen, das Papier abziehen. Den Teig 2 Std. ruhen lassen, dann in drei gleich große Rechtecke schneiden.
– Aus Milch, Zucker und Puddingpulver einen Pudding bereiten. Die Butter schaumig rühren und mit dem abgekühlten Pudding und dem Cognac mischen.
– Zwei Biskuitlagen mit Konfitüre und Buttercreme bestreichen. Alle Böden übereinander legen, den Block rundum mit Creme bestreichen und mit Krokantstreuseln bestreuen. In 12 Schnitten teilen, mit Creme und Kirschen verzieren.

288. Mango-Charlotte

BRAUCHT ETWAS ZEIT
Für 1 Form mit gewölbtem Boden (2 l Inhalt)
Zubereitungszeit: 2 Std.
Ruhezeit: 1–2 Std.
Backzeit: 8 Min.

Für den Teig: 4 Eier • 100 g Zucker • 1 Päckchen Vanillezucker • 1 Prise Salz • 80 g Mehl (Type 405) • 2 EL Speisestärke
Für die Füllung: 2 reife Mangos • 2 EL Zitronensaft • 1 Vanilleschote • 1/4 l Milch • 6 Blatt weiße Gelatine • 4 Eigelbe • 100 g Zucker • 250 g Sahne
Außerdem: Backtrennpapier fürs Blech • 1 EL Zucker • 6 EL Aprikosenkonfitüre • Klarsichtfolie

– Den Backofen auf 220° (Umluft 200°) vorheizen. Ein Backblech mit Backpapier auslegen.
– Die Eier trennen. Die Eigelbe mit 60 g Zucker, dem Vanillezucker, Salz und 2 EL Wasser schaumig rühren. Mehl und Speisestärke dazusieben. Die Eiweiße mit dem restlichen Zucker steif schlagen. Zwei Drittel des Eischnees mit der Eigelbmasse verrühren, den Rest unterheben.
– Den Teig auf das Blech streichen. Im Ofen (Mitte) 8 Min. backen. Ein Küchentuch mit Zucker bestreuen, den Biskuit darauf stürzen. Das Papier abziehen und 4 EL Konfitüre darauf streichen. Längs fest aufrollen.
– Die Mangos schälen, Fruchtfleisch klein würfeln, mit Zitronensaft beträufeln. Die Vanilleschote aufschlitzen, das Mark herauskratzen und mit der Schote in der Milch aufkochen lassen. Die Gelatine in kaltem Wasser einweichen. Die 4 Eigelbe mit dem Zucker im heißen Wasserbad schaumig rühren. Die Milch (Vanilleschote entfernen) langsam mit dem Schneebesen unter die Eigelbe rühren bis die Creme dicklich wird. Die Gelatine ausdrücken und unterrühren.
– Die Schüssel in ein kaltes Wasserbad stellen. Sahne steif schlagen und mit den Mangowürfeln unter die Creme mengen. Charlotteform mit Klarsichtfolie auskleiden. Biskuitrolle in knapp 1 cm dünne Scheiben schneiden und die Form dicht damit auslegen. Über den Rand ragende Scheiben abschneiden. Creme einfüllen und mit Biskuitscheiben belegen. 1–2 Std. kühl stellen. Charlotte stürzen, Folie entfernen und die Chalotte mit erwärmter Aprikosenkonfitüre bestreichen.

289. Charlotte royal

NICHT GANZ EINFACH
Für 1 Form mit gewölbtem Boden (2 l Inhalt)
Zubereitungszeit: 1 Std.
Backzeit: 8 Min.

Für den Teig: 4 Eigelbe • 125 g Zucker • 1 Päckchen Vanillezucker • 1 Prise Salz • 4 Eiweiße • 100 g Mehl (Type 405) • 1 TL Backpulver • 1 Päckchen Vanille-Puddingpulver (zum Kochen)

Für die Füllung: 6 Blatt weiße Gelatine • 1/4 l Weißwein • 100 g Zucker • 1 EL Zitronensaft • 250 g Sahne
Außerdem: Butter und Backtrennpapier fürs Blech und die Form • 500 g Kirschkonfitüre • geschlagene Sahne zum Verzieren • 6 kandierte Kirschen

– Ein Backblech mit gefettetem Backpapier auslegen, die Form ausfetten. Den Backofen auf 230° (Umluft 210°) vorheizen.
– Die Eigelbe mit der Hälfte des Zuckers, Salz und dem Vanillezucker schaumig rühren. Die Eiweiße mit 3–4 EL Wasser zu steifem Schnee schlagen, dabei den restlichen Zucker unterrühren.
– Dann den Eischnee locker unter die Eigelbmasse heben. Mehl, Back- und Puddingpulver darüber sieben und vorsichtig unterziehen. Biskuitteig gleichmäßig auf das Blech streichen und im Ofen (Mitte) 5–8 Min. backen. Den Biskuit mit Konfitüre bestreichen, aufrollen und abkühlen lassen.
– Die Roulade in dünne Scheiben schneiden und die Form damit auslegen. Die Gelatine in kaltem Wasser einweichen. Den Wein mit dem Zucker und dem Zitronensaft erhitzen und die ausgedrückte Gelatine darin auflösen. Die Sahne steif schlagen. Wenn die Creme zu gelieren beginnt, die Sahne unterziehen. Die Weincreme in die Form füllen, mit den restlichen Rouladenscheiben bedecken und die Creme erstarren lassen.
– Die Charlotte auf eine Platte stürzen, mit Sahnerosetten und halbierten Kirschen garnieren.

290. Wölkchen-Torte

FÜR GÄSTE
Für 1 Springform (26 cm Ø)
Zubereitungszeit: 1 Std.
Kühlzeit: 2–3 Std.
Backzeit: 30 Min.

Für den Teig: 4 Eier • 100 g Zucker • 1 Prise Salz • 1 TL abgeriebene Schale von 1 unbehandelten Zitrone • 100 g Mehl (Type 405) • 2 EL Speisestärke • 1/2 TL Backpulver
Für die Füllung: 600 g Sahne • 200 g weiße Schokolade • 2 Päckchen Sahnesteif • 100 g Kokosraspel • 2 cl Orangen- oder Kokoslikör
Außerdem: Fett und Mehl für die Form

– Den Backofen auf 175° (Umluft 160°) vorheizen. Den Boden der Springform einfetten und mit Mehl bestäuben. Die Eier trennen. Die Eigelbe mit 80 g Zucker, dem Salz, der Zitronenschale und 1 EL lauwarmem Wasser zu einer dicklichen Creme aufschlagen.
– Die Eiweiße mit dem restlichen Zucker steif schlagen. Ein Drittel des Eischnees unter das Eigelb rühren, den anderen Teil unterheben. Das Mehl mit der Speisestärke und dem Backpulver mischen und dazusieben, alles gut vermengen. Den Teig in die Form füllen, glatt streichen und im Ofen (Mitte) 25–30 Min. backen. Gut auskühlen lassen.
– 200 g Sahne in einem kleinen Topf erwärmen, die Schokolade hineinbröckeln, schmelzen und wieder abkühlen lassen. Den ausgekühlten Biskuitteig so durchschneiden, dass ein dünner Boden (etwa ein Drittel des gesamten Bodens) verbleibt. Diesen Boden auf eine Kuchenplatte legen. Die restlichen zwei Drittel des Bodens mit den Fingern klein zupfen und in eine große Schüssel geben.
– Die restliche Sahne mit Sahnesteif steif schlagen. Die kalte Schokoladensahne ebenfalls mit dem Handrührgerät steif schlagen. Sahne, Kokosraspel (davon jeweils einige Löffel für die Dekoration aufheben), Schokolade und Likör mit den Biskuitflocken vermischen. Die Masse kuppelartig auf den Teigboden häufeln, mit der restlichen Sahne bestreichen und mit den Kokosraspeln bestreuen. 2–3 Std. kühl stellen.

291. Joghurt-Krokant-Torte

FÜR BESONDERE ANLÄSSE
Für 1 Springform (24 cm Ø)
Zubereitungszeit: 1 Std.
Ruhezeit: 12–16 Std.
Kühlzeit: 1–2 Std.
Backzeit: 45 Min.

Für den Mandelkrokant: 80 g Zucker • 80 g geröstete, grob gehackte Mandeln
Für den Teig: 5 Eigelbe • 50 g gemahlene Mandeln • 120 g Zucker • Mark von 1 Vanilleschote • 1 Msp. gemahlener Zimt • 1 TL abgeriebene Schale von 1 unbehandelten Zitrone • 1 Prise Salz • 5 Eiweiße • 80 g Mehl (Type 405) • 20 g zerlassene Butter
Für die Joghurtcreme: 8 Blatt weiße Gelatine • 5 cl Orangensaft • abgeriebene Schale von 1 unbehandelten Orange • 1 TL Orangenblütenwasser • 90 g Zucker •

TORTEN

375 g Sahne • 200 g Joghurt (3,5 % Fett)
Außerdem: etwas Pflanzenöl für die Marmorplatte und das Rollholz • Backtrennpapier für die Form • Zesten von 1/2 unbehandelten Orange

– Für den Krokant den Zucker in einer Stielkasserolle unter Rühren zu hellbraunem Karamell schmelzen. Die gerösteten Mandeln schnell unterrühren und die Kasserolle vom Herd nehmen. Den heißen, noch formbaren Krokant auf eine geölte Marmorplatte schütten, mit einem geölten Rollholz etwa 1 cm dick ausrollen und erkalten lassen. Die Hälfte des Krokants in einer Nussmühle fein reiben. Den restlichen Krokant zerstoßen (siehe Tipp).
– Die Springform mit Backpapier auslegen. Den Backofen auf 180° (Umluft 160°) vorheizen.
– Für den Teig die Eigelbe, die Mandeln, 20 g Zucker, das Vanillemark, den Zimt, die Zitronenschale und das Salz in einer Schüssel schaumig rühren. Die Eiweiße in einer fettfreien Schüssel zu Schnee schlagen, den restlichen Zucker einrieseln lassen und weiter zu sehr steifem Schnee schlagen. Mehl sieben und mit dem gemahlenen Krokant vermischen. Den Eischnee vorsichtig unter die Eigelbmasse heben und die Krokant-Mehl-Mischung sowie die Butter unterziehen. Die Masse in die Springform füllen und glatt streichen. Im Ofen (Mitte) 40–45 Min. backen.
– Herausnehmen und den Mandelbiskuit 5 Min. in der Form abkühlen lassen. Mit einem Messer vorsichtig den Rand lösen und den Boden vollständig auskühlen lassen. Über Nacht ruhen lassen. Den Tortenboden am nächsten Tag zweimal quer durchschneiden, sodass 3 Böden entstehen.
– Für die Joghurtcreme die Gelatine in kaltem Wasser einweichen. Orangensaft, Orangenschale, Orangenblütenwasser und Zucker in einem Topf erwärmen, bis der Zucker geschmolzen ist. Die Gelatine gut ausdrücken, im Orangensirup auflösen und etwas abkühlen lassen. Die Sahne steif schlagen. Den Joghurt in einer Schüssel mit dem Sirup gut verrühren und die Sahne unterheben.
– Zwei der Böden gleichmäßig mit je einem Drittel der Joghurtcreme bestreichen und so lange kühl stellen, bis die Creme zu erstarren beginnt. Die Böden aufeinander setzen, den dritten Boden darauf setzen. Oberfläche sowie Rand der Torte mit der restlichen Creme bestreichen und diese fest werden lassen. Die Torte ringsum gut mit dem zerstoßenen Krokant bestreuen. Die Oberfläche mit den Orangenzesten garnieren.

TIPP

Krokant ist eine Verbindung aus geschmolzenem Zucker und Nüssen, meist werden Mandeln dafür verwendet. Gestoßener Krokant wird durch Zerschlagen einer ausgerollten und ausgekühlten Krokantplatte mit Hilfe eines Fleischklopfers hergestellt. Dafür Krokant mit einem Ring umstellen, damit die Teilchen nicht umherspringen, oder in einen Gefrierbeutel füllen.

292. Fruchtige Coconut-Torte

EXOTISCH
Für 1 Springform (24 cm Ø)
Zubereitungszeit: 1 Std.
Kühl- und Ruhezeit: 12 Std.
Backzeit: 25 Min.

Für den Teig: 4 Eigelbe • 100 g Zucker • 3 Eiweiße • 100 g Mehl (Type 405) • 20 g Speisestärke • 20 g Kakaopulver
Für die Füllung: 4 Blatt weiße Gelatine • 2 kleine Mangos • 2 EL Weißwein • 2 Eigelbe • 50 g Zucker • 400 g Sahne • Kokosraspel von 1/2 Kokosnuss
Außerdem: Fett für die Form

– Den Boden der Springform ausfetten. Den Backofen auf 200° (Umluft 180°) vorheizen. Eigelbe mit der Hälfte des Zuckers schaumig rühren. Eiweiße mit dem restlichen Zucker steif schlagen und mit dem Mehl, der Stärke und dem Kakao unter die Eigelbcreme heben.
– Biskuitmasse in die Form füllen und im Ofen auf der zweiten Schiene von unten 25 Min. backen. Tortenboden 6–12 Std. ruhen lassen, dann quer halbieren.
– Für die Füllung Gelatine in kaltem Wasser einweichen. Mangos schälen und klein würfeln. Wein mit Eigelben und Zucker verrühren und aufkochen lassen, vom Herd nehmen. Gelatine ausdrücken, in der Weinmischung auflösen. Mangowürfel dazugeben, einige für die Garnitur beiseite stellen. Sahne steif schlagen, eine Hälfte unter die Weincreme ziehen, Rest kühl stellen.
– Unteren Tortenboden in den Springformrand setzen. Mit der Weincreme bestreichen, zweiten Boden darauf setzen, Creme erstarren lassen.
– Torte aus der Form nehmen, mit übriger Sahne einhüllen und Sahnetupfen aufspritzen. Mit Kokosraspeln und beiseite gestellten Mangowürfeln garnieren.

293. Kokostorte mit Vanillecreme

BRAUCHT ETWAS ZEIT
Für 1 Springform (24 cm Ø)
Zubereitungszeit: 1 1/2 Std.
Ruhezeit: 12–16 Std.
Marinierzeit: 1 Std.
Backzeit: 40 Min.

Für den Biskuit: 50 g frisches Kokosnuss-Fruchtfleisch • 6 Eigelbe • 120 g Zucker • 1 Prise Salz • 6 Eiweiße • 100 g Mehl (Type 405) • 100 g Biskuitbrösel
Zum Tränken: 50 g Zucker • 2 cl Orangenlikör • 2 cl brauner Rum
Für die Vanillecreme: 1/2 l Milch • 1 Vanilleschote, längs aufgeschnitten • 180 g Zucker • 3 Eigelbe • 45 g Speisestärke • 3 Eiweiße
Zum Garnieren: 250 g frisches Kokosnuss-Fruchtfleisch • grüne Marzipanblätter • 1 Cocktailkirsche
Außerdem: Backtrennpapier für die Form

– Das Kokosnuss-Fruchtfleisch ganz fein reiben (siehe Tipp). Die Form mit Backpapier auslegen, den Backofen auf 190° (Umluft 170°) vorheizen.
– Für den Biskuit die Eigelbe mit der Hälfte des Zuckers und dem Salz schaumig rühren. Die Eiweiße zu Schnee schlagen, dabei den restlichen Zucker einrieseln lassen und weiterschlagen, bis ein absolut schnittfester Schnee entstanden ist.
– Das Mehl mit den Biskuitbröseln und den frisch geriebenen Kokosnussraspeln mischen. Den Eischnee unter die Eigelbmasse ziehen und die Mehlmischung darunter heben.
– Die Biskuitmasse in die Form geben, die Oberfläche glatt streichen. Im Ofen (Mitte) 40 Min. backen. Den Biskuit über Nacht ruhen lassen. Dann zweimal durchschneiden, sodass 3 Böden entstehen.
– 2 Böden zur Seite legen, den dritten in Würfel schneiden und diese in eine Schüssel geben. Den Zucker mit 2 EL Wasser aufkochen, 2–3 Min. sprudelnd kochen und abkühlen lassen. Orangenlikör und Rum zufügen. Damit die Biskuitwürfel tränken und zugedeckt mindestens 1 Std. durchziehen lassen.
– Für die Creme die Milch mit der Vanilleschote und etwa einem Drittel des Zuckers aufkochen, die Vanilleschote herausnehmen, das Mark auskratzen und wieder in die Milch geben.
– Die Eigelbe mit der Speisestärke und 2–3 EL der heißen Milch verrühren. Die angerührte Speisestärke unter Rühren in die kochende Milch gießen. Mehrmals aufwallen lassen.
– Die Eiweiße zu steifem Schnee schlagen, dabei den restlichen Zucker einrieseln lassen. Den Eischnee vorsichtig unter die Vanillecreme rühren. Von der heißen Creme ein Viertel zur Seite stellen, den Rest gut mit den getränkten Biskuitwürfeln vermengen.
– Diese Mischung auf den ersten Biskuitboden geben und glatt streichen. Den zweiten Boden darauf setzen, die Torte mit der restlichen Creme bestreichen und abkühlen lassen. Großzügig und dicht mit den Kokosraspeln bestreuen und nach Wunsch garnieren.

TIPPS

• Solche Torten ohne Butter oder Sahne sind deshalb in warmen Ländern höchst beliebt, weil sie keiner extremen Kühlung bedürfen. Diese Biskuittorte ist mit einer leichten Vanillecreme gefüllt und daher ein Genuss an sommerheißen Tagen.
• Für die Kokosraspeln müssen Sie die Kokosnuss öffnen. Die harte Schale der Kokosnuss hat 3 „Augen“. Mit einem spitzen Gegenstand schlagen Sie zwei davon auf. Die Kokosmilch in ein Gefäß auslaufen lassen. Die harte Schale mit einem Hammer sprengen und stückweise abbrechen. Mit einem scharfen Messer entfernen Sie die dünne Haut vom Fruchtfleisch, lösen das Fruchtfleisch heraus und reiben es ganz fein.

294. Vanilletorte

FÜR FORTGESCHRITTENE
Für 1 Tortenring (26 cm Ø)
Zubereitungszeit: 1 Std.
Kühlzeit: 1 Std.
Backzeit pro Backblech: 5 Min.

Für die Biskuitmasse: 7 Eier • 120 g Zucker • 100 g Mehl (Type 405) • 50 g Speisestärke • 50 g zerlassene, lauwarme Butter
Für die Vanillecreme: 2 Blatt weiße Gelatine • 210 g Zucker • 40 g Speisestärke • 4 Eigelbe • 1/2 l Milch • 1/2 Vanilleschote • 3 Eiweiße
Für die Schokoglasur: 340 g Zartbitter-Kuvertüre • 300 g Sahne • 40 g Butter • 1 EL Zucker

Außerdem: Backtrennpapier • Aprikosenkonfitüre • 125 g Sahne, mit 20 g Puderzucker steif geschlagen • Marzipanblüten zum Garnieren

– Für den Biskuit Eier und Zucker auf dem warmen Wasserbad schaumig schlagen, bis sich der Zucker gelöst hat. Die Masse darf dabei jedoch nur lauwarm werden. 5–8 Min. kalt schlagen, bis die Masse cremig ist und deutlich an Volumen zugenommen hat. Mehl und Speisestärke auf Pergamentpapier sieben, langsam auf die Eimasse rieseln lassen und vorsichtig mit einem Holzspatel unterziehen. Die Butter in dünnem Strahl zugießen und ebenfalls unterziehen.
– Den Backofen auf 200° (Umluft 180°) vorheizen. Auf dem Backpapier 4 Kreise von 26 cm Ø aufzeichnen. Die Biskuitmasse gleichmäßig auf den Kreisen verstreichen und die Böden nacheinander im Ofen (Mitte) etwa 5 Min. backen. Sofort vom Papier nehmen und mit Hilfe des Tortenrings in Form schneiden.
– Für die Vanillecreme die Gelatine in kaltem Wasser einweichen. 60 g Zucker mit der Stärke, den Eigelben und einem Viertel der Milch verrühren. Die restliche Milch in einer Kasserolle mit weiteren 60 g Zucker und der aufgeschnittenen Vanilleschote sowie dem ausgeschabten Mark aufkochen. Die Eigelbmischung unter kräftigem Rühren in die heiße Milch gießen, einige Male aufwallen lassen, bis die Creme gebunden und der Stärkegeschmack verschwunden ist. Vom Herd nehmen und die gut ausgedrückte Gelatine unter Rühren darin auflösen.
– Den restlichen Zucker mit 30 ml Wasser bei 116–118° »zum Ballen kochen«, das heißt so lange kochen, bis ein Tropfen des Sirups sich zwischen zwei mit Eiswasser angefeuchteten Fingern zu einer weichen Kugel rollen lässt. Parallel dazu die Eiweiße zu steifem Schnee schlagen, den heißen Zuckersirup in dünnem Strahl einlaufen lassen und langsam unterschlagen. Die heiße Vanillecreme über den Eischnee gießen und mit einem Holzspatel vorsichtig unterziehen.
– Den Tortenring um einen der Böden legen, ein Drittel der Creme darauf verteilen. Den nächsten Boden auflegen und wieder mit Creme bestreichen, mit dem dritten Boden ebenso verfahren. Mit dem vierten Boden abschließen und die Torte für 30 Min. durchkühlen lassen. Die Oberfläche mit erhitzter Aprikosenkonfitüre bestreichen und wieder kühl stellen.
– Die Kuvertüre für die Schokoladenglasur auf dem Wasserbad schmelzen. Die Sahne, die Butter und den Zucker mischen, mäßig erhitzen, zur Kuvertüre gießen und alles glatt rühren. Die Torte gleichmäßig mit der leicht abgekühlten so genannten Canache-Glasur überziehen. Kleine Sahnetupfer aufspritzen und die Torte nach Wunsch dekorieren.

TIPPS

• Ist diese feine Torte einmal fertig gestellt, sollte sie nicht mehr allzu lange stehen, denn ganz frisch schmecken Creme und Schokoladenglasur am besten.
• Die Biskuitböden können 1 Tag im Voraus gebacken werden. Sie halten sich sehr gut, wenn sie, in Alufolie verpackt, kühl und trocken aufbewahrt werden. Zudem lassen sich Böden vom Vortag besser schneiden.

295. Malakofftorte

ALTWIENER BERÜHMTHEIT
Für 1 Springform oder 1 Tortenring (26 cm Ø)
Zubereitungszeit: 2 Std.
Kühlzeit: 1 Std.
Backzeit: 45 Min.

Für die Löffelbiskuits: 6 Eigelbe • 130 g Zucker • 4 Eiweiße • 60 g Speisestärke • 70 g Mehl (Type 405) • Puderzucker zum Besieben
Für den Biskuitboden: 2 Eier • 1 Eigelb • 50 g feiner Zucker • 1 Msp. abgeriebene Schale von 1 unbehandelten Zitrone • 50 g Mehl (Type 405) • 10 g Speisestärke • 30 g Butter
Für die Creme: 6 Blatt weiße Gelatine • 50 ml Milch • 90 g Zucker • 2 Eigelbe • 1 Prise Salz • Mark von 1 Vanilleschote • 2 cl Orangenlikör • 2 Eiweiße • 500 g Sahne • 2 cl Rum • 2 cl Läuterzucker
Zum Garnieren: 250 g Sahne • 1 EL Zucker • 80 g geröstete, gehobelte Mandeln • Zesten von 1 unbehandelten Orange
Außerdem: Backtrennpapier fürs Blech

– Für die Löffelbiskuits die Eigelbe mit einem Viertel des Zuckers schaumig rühren, der Zucker muss völlig aufgelöst sein. Die Eiweiße zu Schnee schlagen, dabei den restlichen Zucker einrieseln lassen. Die Speisestärke unter den steifen Eischnee ziehen. Dann die schaumig gerührten Eigelbe unterheben und zum Schluss das

gesiebte Mehl. Bei dem gesamten Vorgang ist es wichtig, dass die Masse steif bleibt und nicht an Volumen verliert, weil die Löffelbiskuits sonst beim Backen die Form nicht halten.
– Den Backofen auf 180° (Umluft 160°) vorheizen. Das Backblech mit 10 cm breiten Backpapierstreifen auslegen. Die Biskuitmasse in einen Spritzbeutel mit Lochtülle Nr. 7 füllen und „Löffel" mit zungenförmigen Enden aufspritzen. Den Puderzucker in ein kleines Sieb geben und die Biskuits besieben. Im Ofen (Mitte) 8–10 Min. backen. Die Löffelbiskuits vom Papier lösen. Dafür die Backpapierstreifen über die Kante einer Blechdose oder eines Tischs ziehen. So lösen sich die Biskuits von selbst, ohne zu brechen. Auskühlen lassen.
– Für den Biskuitboden Eier, Eigelb, Zucker und die Zitronenschale warm schlagen. Dafür die Kasserolle in ein Gefäß mit warmem – nicht kochendem – Wasser stellen und die Eier darin bei schwacher Hitze aufschlagen. Kasserolle vom Wasserbad nehmen. In 5–8 Min. kalt schlagen, bis die Masse cremig ist. Das Mehl und die Speisestärke langsam einrieseln lassen und unterziehen. Die Butter schmelzen, in einem dünnen Strahl einlaufen lassen und unterziehen. Einen Tortenring auf Backpapier stellen, die Masse einfüllen und gleichmäßig glatt streichen.
– Den Biskuit in 30–35 Min. bei 190° im Ofen (Mitte) backen. Den leicht ausgekühlten Boden stürzen, indem man ihn vom Blech nimmt, dieses mit Mehl bestäubt und den Boden mit der Oberseite nach unten wieder darauflegt. Das Papier vorsichtig abziehen und den Boden aus dem Ring lösen. Zum Aufbau der Torte mit einem Tortenring oder dem Ring einer Springform von 26 cm Ø umstellen.
– Für die Creme die Gelatine in kaltem Wasser einweichen. Die Milch mit der Hälfte des Zuckers, den Eigelben, dem Salz und dem Mark der Vanilleschote unter Rühren im Wasserbad bis »zur Rose abziehen«, das heißt, mit dem Kochlöffel so lange bewegen, bis die Creme beginnt, dickflüssig zu werden. Sie soll auf dem Kochlöffel liegen bleiben und beim Daraufblasen sollen sich Kringel zeigen. Vom Herd nehmen, den Likör dazugeben und kalt rühren.
– Die Eiweiße mit dem restlichen Zucker zu steifem Schnee schlagen, auch die Sahne steif schlagen. Zuerst den Eischnee unter die Creme ziehen, dann die Sahne. Von der Creme eine Schicht auf den Biskuitboden streichen. Darauf eine Schicht Löffelbiskuits legen.
– Den Rum mit dem Läuterzucker verrühren und die Löffelbiskuits damit beträufeln. Am besten geht dies mit einem Pinsel. Eine weitere Schicht Creme darüber streichen, erneut Löffelbiskuits darüber legen und mit Rum und Läuterzucker beträufeln. Die restliche Creme darüberstreichen und die Torte im Kühlschrank mindestens 1 Std. fest werden lassen.
– Für die Verzierung die Sahne mit dem Zucker steif schlagen, die Torte aus dem Ring lösen und damit einstreichen. 16 Stücke auf der Torte markieren, jeweils eine Sahnerosette aufspritzen und mit einem halben Löffelbiskuit garnieren. Rand und Oberfläche mit gerösteten und gehobelten Mandeln bestreuen und die Orangenzesten auflegen.

TIPP

Diese Biskuittorte kennt man in Österreich schon seit dem vorigen Jahrhundert, sie ist eine echte Altwiener Kreation. Früher wurde sie sehr oft mit Buttercreme gefüllt, Schlagsahne ist aber viel leichter. Am besten schmeckt sie mit selbst gebackenen Löffelbiskuits, denn die industriell gefertigten sind zu hart im Verhältnis zu der lockeren Creme. Die Löffelbiskuits vor dem Backen am besten mit Puderzucker besieben, dann bekommen sie eine krosse Oberfläche und bleiben innen schön weich.

296. Pfirsichtorte Uncle Sam

SAFTIG
Für 1 Springform (26 cm Ø)
Zubereitungszeit: 45 Min.
Ruhezeit: 12–16 Std.
Backzeit: 35 Min.

Für den Teig: 4 Eigelbe • 130 g Zucker • 1/4 TL gemahlener Zimt • 4 Eiweiße • 60 g Mehl (Type 405) • 40 g Speisestärke • 40 g Kakaopulver
Für die Füllung: 500 g Sahne • 60 g Zucker • 30 g Kakaopulver • 1/2 Dose Pfirsichhälften • 2 EL Maraschinolikör
Für den Schokoladenüberzug: 200 g Blockschokolade • 225 g Puderzucker • 2 EL Butter
Außerdem: Fett für die Form • 1 EL gehackte Pistazien

– Den Boden einer Springform fetten. Den Backofen auf 200° (Umluft 180°) vorheizen. Die Eigelbe mit

40 g Zucker und dem Zimt schaumig rühren. Eiweiße steif schlagen, dabei übrigen Zucker einrieseln lassen. Mehl und Speisestärke mischen und mit dem Kakao und dem Eischnee unter die Eigelbmasse heben. Den Biskuitteig in die Form füllen, glatt streichen und im Ofen (Mitte) 35 Min. backen. Den Tortenboden über Nacht ruhen lassen, dann zweimal durchschneiden.
– Die Sahne mit 40 g Zucker schlagen. Ein Drittel der Sahne mit dem restlichen Zucker und dem Kakao verrühren, auf einen Tortenboden streichen und den zweiten darauf legen.
– Pfirsiche in Spalten schneiden und auf den zweiten Boden legen. Das zweite Sahnedrittel mit dem Likör mischen und auf die Pfirsiche streichen. Den dritten Boden darauf legen und die Torte rundherum mit der restlichen Sahne bestreichen.
– Die Schokolade schmelzen lassen, mit dem Puderzucker, 6 EL Wasser und der Butter verrühren und die Torte damit überziehen. Die Torte mit Sahne, Pfirsichstücken und Pistazien verzieren.

297. Kiwitorte

ETWAS TEURER
Für 1 Springform (26 cm Ø)
Zubereitungszeit: 20 Min.
Ruhezeit: 24 Std.
Kühlzeit: 1 1/2 Std.
Backzeit: 30 Min.

***Für den Biskuit:** 6 Eier • 1 Prise Salz • 150 g Zucker • 100 g Mehl (Type 405) • 50 g Speisestärke • 75 g Schokoladenpulver • 1 TL Backpulver*
***Für die Füllung:** 9 Blatt weiße Gelatine • 4 Kiwis • 50 g Puderzucker • 600 g Sahne • 1 EL Vanillezucker*
***Außerdem:** Butter und Semmelbrösel für die Form • 25 g Mandelblättchen zum Bestreuen • 3 EL Rum (6 cl) zum Tränken • 1 Kiwi*

– Den Backofen auf 180° (Umluft 160°) vorheizen. Den Boden der Springform mit Butter bestreichen und mit Semmelbröseln ausstreuen.
– Die Eier trennen. Die Eiweiße mit dem Salz cremig schlagen, die Hälfte des Zuckers einrieseln lassen und den Eischnee sehr steif schlagen.
– Die Eigelbe mit 2 EL Wasser und dem restlichen Zucker schaumig rühren, den Eischnee darüber häufen. Das Mehl mit der Speisestärke, dem Schokoladenpulver und dem Backpulver mischen, über den Eischnee sieben und alles mit einem Spatel unter die Eigelbmasse ziehen.
– Den Teig in die Form füllen und den Biskuit im Ofen (Mitte) 30 Min. backen. Den Biskuit aus der Form lösen und 24 Std. ruhen lassen, dann zweimal durchschneiden.
– Für die Creme die Gelatine in kaltem Wasser 10 Min. einweichen. Die Kiwis schälen und fein hacken oder mit dem Mixer pürieren. Den Puderzucker unter das Fruchtpüree mischen und erhitzen. Die Sahne mit dem Vanillezucker steif schlagen. Die Gelatine bei schwacher Hitze unter ständigem Rühren flüssig werden lassen, in eine Schüssel füllen und esslöffelweise die Schlagsahne untermengen. Ein Drittel der Sahne in den Kühlschrank geben. Die übrige Sahne mit dem abgekühlten Fruchtpüree mischen. Die Kiwisahne 30 Min. kalt stellen.
– Die Mandelblättchen in einer trockenen Pfanne goldbraun rösten. Jeden Tortenboden mit Rum beträufeln. Den unteren und den mittleren Boden mit der Kiwisahne bestreichen, die Böden aufeinander setzen. Die Torte mit Schlagsahne überziehen. Die restliche Sahne in einen Spritzbeutel mit Sterntülle füllen und Tupfen auf die Oberfläche spritzen. Die abgekühlten Mandelblättchen in die Mitte streuen. Die Kiwi schälen und in Scheiben schneiden, die Scheiben vierteln und auf die Sahnerosetten setzen.
– Die Torte bis zum Servieren in den Kühlschrank stellen, aber nicht lange aufbewahren, da der geschätzte leicht herbe Geschmack sonst zu stark wird.

298. Jägertorte

WEIDMANNS LIEBLING | BRAUCHT ZEIT
Für 1 Springform (26 cm Ø)
Zubereitungszeit: 45 Min.
Ruhezeit: 12–16 Std.
Backzeit: 45 Min.

***Für den Teig:** 6 Eier • 180 g Zucker • 200 g gemahlene Mandeln • 1 EL Mehl (Type 405) • 1/2 Päckchen Backpulver*
***Für die Füllung:** 1 Dose Pfirsiche (ca. 460 g Abtropfgewicht) • 1 Päckchen heller Tortenguss • 400 g Sahne • 2 Päckchen Vanillezucker • 2 Päckchen Sahnesteif*
***Außerdem:** Backtrennpapier für die Form • 100 g Nuss-Krokant*

– Die Springform mit Backpapier auslegen. Den Backofen auf 180° (Umluft 160°) vorheizen.
– Die Eier trennen, Eiweiße beiseite stellen. Die Eigelbe mit Zucker schaumig schlagen. Mandeln, Mehl und Backpulver unterrühren. Die Eiweiße steif schlagen und unter den Teig heben.
– Den Teig in die Springform füllen und im Ofen (Mitte) 45 Min. backen. Über Nacht ruhen lassen, dann den Boden einmal quer durchschneiden und mit den Pfirsichen belegen. Eine Pfirsichhälfte für die Dekoration beiseite stellen. Den Tortenguss mit dem Pfirsichsaft nach Packungsanleitung zubereiten und auf dem Obst verteilen.
– Die Sahne mit Vanillezucker und Sahnesteif steif schlagen. Zwei Drittel der Sahne auf dem Obst verstreichen, den zweiten Boden aufsetzen und die restliche Sahne darauf glatt streichen. Die Pfirsichhälfte in die Mitte der Torte legen und die Torte dick mit Nuss-Krokant bestreuen.

299. Käsesahnetorte mit Mango

ETWAS TEURER
Für 1 Springform (28 cm Ø)
Zubereitungszeit: 1 1/4 Std.
Kühlzeit: 4–5 Std.
Backzeit: 20 Min.

***Für den Teig:** 3 Eier • 50 g Zucker • 1 EL Vanillezucker • 50 g Mehl (Type 405) • je 25 g Speisestärke und gemahlene Haselnüsse*
***Für die Füllung:** 12 Blatt weiße Gelatine • 500 g Magerquark • 250 g Mascarpone • 100 g Zucker • 1 Becher Vollmilchjoghurt • 2 Schnapsgläser Eierlikör (4cl) • Saft und abgeriebene Schale von 1 unbehandelten Zitrone • 400 g Sahne • 2 EL Amaretto • 1 große Mango • 4 Kiwis*
***Außerdem:** Backtrennpapier für die Form*

– Den Backofen auf 180° (Umluft 160°) vorheizen. Den Boden der Form mit Backpapier auslegen.
– Die Eier trennen, die Eiweiße zu steifem Schnee schlagen. Die Eigelbe mit dem Zucker und dem Vanillezucker schaumig rühren. Das Mehl mit der Speisestärke und den Nüssen mischen und mit dem Eischnee locker unter die Eigelbmasse ziehen. Den Biskuitteig in die Form füllen, glatt streichen und im Ofen (Mitte) etwa 20 Min. backen.
– Die Gelatine in kaltem Wasser einweichen. Den Quark abtropfen lassen. Den Quark mit dem Mascarpone, dem Zucker, dem Joghurt und dem Eierlikör verrühren. Die Zitronenschale in die Quarkmasse reiben.
– Den Zitronensaft mit 2 EL Wasser erhitzen und die ausgedrückte Gelatine darin unter Rühren auflösen; die Quarkmasse langsam hinzufügen und im Kühlschrank halb fest werden lassen. Die Sahne steif schlagen und unterziehen.
– Den Biskuit aus der Form nehmen, Papier ablösen. Mit Amaretto beträufeln, wieder in die Form geben.
– Die Mango schälen und in Achteln vom Stein lösen. Die Kiwis schälen und längs halbieren. 7 Kiwihälften und 7 Mangoachtel abwechselnd auf dem Tortenboden verteilen. Die Quarkmasse darüber glatt streichen, im Kühlschrank in 3–4 Std. fest werden lassen. Die restliche Mango und Kiwi in Scheiben schneiden und die Torte damit verzieren.

TORTEN

300. Schachbrett-Torte

RAFFINIERT
Für 1 Torte mit Biskuitboden vom Bäcker (26 cm Ø)
Zubereitungszeit: 30 Min.

1 Schokoladen-Biskuitboden (Fertigprodukt, Wiener Boden)
***Für die Füllung:** 4 EL Orangenlikör • 1/8 l Milch • 700 g Quark • 150 g Zucker • abgeriebene Schale und Saft von je 1 unbehandelten Zitrone und Orange • 6 Blatt weiße Gelatine • 500 g Sahne*
***Zum Verzieren:** 16 Stückchen Orange • 8 kandierte Kirschen • 1 TL gehackte Pistazien*
***Außerdem:** 1 EL Schokoladenstreusel zum Bestreuen*

– Den Tortenboden zweimal durchschneiden und jeden Boden mit dem Likör beträufeln. Zwei der Böden in 2 cm breite Ringe schneiden.
– Die Milch mit Quark, Zucker sowie Saft und Schale von Orange und Zitrone im Wasserbad schaumig rühren. Die Gelatine in kaltem Wasser einweichen, ausdrücken und in wenig warmem Wasser auflösen. Mit der steif geschlagenen Sahne unter den Quark rühren.
– Den Tortenboden dünn mit der Creme bestreichen, den ersten Kuchenring – in Größe des Bodens – darauf setzen und eine Schicht Creme darüber streichen. Abwechselnd kleinere und größere Ringe aufeinander setzen und mit Creme ausfüllen.

– Die Torte mit Creme überziehen. Die Oberfläche mit gespritzten Rosetten, Orangenstückchen, halbierten Kirschen und Pistazien verzieren. Den Rand mit Schokostreuseln bestreuen.

301. Schwarzwälder Kirschtorte

DER TORTEN-KLASSIKER
Für 1 Springform (26 cm Ø)
Zubereitungszeit: 1 Std.
Ruhezeit: 12–16 Std.
Backzeit: 35 Min.

Für den Teig: 7 Eier • 250 g Zucker • 60 g Butter • 150 g Mehl (Type 405) • 50 g Speisestärke • 50 g Kakaopulver
Für die Füllung: 1 Glas Sauerkirschen mit Saft (450 g Abtropfgewicht) • 100 g Zucker • 1/2 Zimtstange • 2 gehäufte TL Speisestärke • 750 g Sahne
Zum Tränken und Dekorieren: 6 cl Kirschwasser • 4 cl Läuterzucker • 150 g Halbbitter-Schokolade
Außerdem: Backtrennpapier für die Form

– Den Backofen auf 190° (Umluft 170°) vorheizen. Die Form mit Backpapier auslegen.
– Für den Biskuitteig die Eier mit dem Zucker im Wasserbad lauwarm schlagen. Herausheben und die Masse etwa 8 Min. kalt schlagen, bis sie cremig geworden ist. In der Zwischenzeit die Butter erwärmen. Das Mehl, die Speisestärke und das Kakaopulver sieben und unter die Eiermasse heben. Zum Schluss die flüssige, warme Butter langsam unterziehen. Die Masse in die Form füllen und die Oberfläche glatt streichen. Im Ofen (Mitte) 30–35 Min. backen. Über Nacht auskühlen lassen.
– Für die Füllung die Sauerkirschen abseihen. 1/4 l des aufgefangenen Safts mit 40 g Zucker und der Zimtstange aufkochen, die Stange herausnehmen. Die Speisestärke mit etwas kaltem Wasser anrühren und die Flüssigkeit damit binden. Einige Male kräftig aufkochen lassen. 16 Kirschen für die Garnitur zurückbehalten, die restlichen Kirschen zu dem aufgekochten Saft geben und vorsichtig umrühren, damit sie nicht zerdrückt werden. Erneut aufwallen lassen, vom Herd nehmen und auskühlen lassen.
– Den Biskuitboden zweimal quer durchschneiden, sodass 3 Böden entstehen. Die Sahne mit dem restlichen Zucker steif schlagen. Zum Tränken der Biskuitböden Kirschwasser und Läuterzucker mischen.
– Den ersten Boden mit Sahne bestreichen, 4 Sahneringe mit Lochtülle Nr. 10 aufbringen. In die Zwischenräume die Kirschen dicht einlegen, Sahne darüber streichen. Den zweiten Boden auflegen, tränken, darauf eine Sahneschicht geben und den dritten Boden darauf legen; diesen ebenfalls tränken. Die Torte oben und an den Rändern gleichmäßig dick mit Sahne bestreichen. Dann die Torte mit Schokoladenspänen und -röllchen, Sahnerosetten und Kirschen garnieren.
– Für die Schokoladenspäne von dem Schokoladenblock mit einem scharfen Messer feine Stücke abschaben, dabei das Messer nicht zu schräg halten, damit nicht ganze Schokoladenstücke herausbrechen. Für die Röllchen die Schokolade im Wasserbad schmelzen und mit einer Palette oder einem Messer hauchdünn auf eine glatte Arbeitsplatte – am besten Marmor – streichen und »fast« fest werden lassen; sie darf auf keinen Fall hart sein. Einen Spachtel im flachen Winkel ansetzen, auf die Unterlage drücken und jeweils 2–3 cm vorschieben. Die Röllchen kühlen und fest werden lassen, dann die Torte damit bestreuen.

TIPP
Diese klassische Sahnetorte aus Schokoladenbiskuit hat internationale Berühmtheit erlangt. „Blackforest“ steht inzwischen weltweit für gute Torten, obwohl die Kuchen in den fernen Kontinenten oft nicht mehr viel mit der guten, alten „Schwarzwälder“ zu tun haben.

302. Schwarzbrottorte

GELINGT LEICHT | RAFFINIERT
Für 1 Springform (26 cm Ø)
Zubereitungszeit: 40 Min.
Kühlzeit: 1 Std.
Backzeit: 40 Min.

Für den Teig: 200 g Roggenvollkornbrot (Schwarzbrot) • 150 g Mandeln • 6 Eier • 200 g Zucker • 1 TL Backpulver • 1 EL Mehl (Type 405) • 2 EL Kirschwasser
Für die Füllung: 400 g Sahne • 25 g Zucker • 400 g entsteinte Sauerkirschen
Außerdem: Butter für die Form

– Das Schwarzbrot klein würfeln und in einer Pfanne unter ständigem Wenden rösten, aber nicht bräunen. Die Brotwürfel abkühlen lassen.
– Die Mandeln mahlen, die Eier trennen. Die Eigelbe schaumig schlagen, langsam den Zucker einrieseln lassen. Das Backpulver mit dem Mehl mischen, mit den Brotwürfeln, den Mandeln und dem Rum oder Kirschwasser unter die Schaummasse ziehen. Die Eiweiße zu steifem Schnee schlagen und unter den Teig heben.
– Den Backofen auf 200° (Umluft 180°) vorheizen. Die Form gut mit Butter ausstreichen. Den Teig hineinfüllen und im Ofen (Mitte) 40 Min. backen. Den Kuchen auskühlen lassen.
– Die Sahne mit dem Zucker sehr steif schlagen. Den Tortenboden einmal durchschneiden. 2 EL Schlagsahne auf den unteren Boden streichen, die Kirschen darauf verteilen, einige Kirschen zum Garnieren zurückbehalten. Den zweiten Boden darauf legen und mit zwei Dritteln der Schlagsahne überziehen.
– Die restliche Sahne mit einem Spritzbeutel auf die Tortenoberfläche spritzen. Die Torte mit Kirschen garnieren, kühl stellen und möglichst bald servieren.

303. Bananentorte

VOLLWERTIG
Für 1 Springform (26 cm Ø)
Zubereitungszeit: 45 Min.
Ruhezeit: 12–16 Std.
Backzeit: 25 Min.

Für den Teig: 4 Eier • 100 g Zuckerrohrgranulat • 100 g Weizenvollkornmehl • 25 g Kakaopulver • je 1 TL Backpulver und gemahlener Zimt
Für die Füllung: 500 g Bananen • 50 g Butter • 100 g Honig • 100 g Reismehl • 1/2 TL Zimtpulver • 2 EL Rum • 400 g Sahne • 50 g Zuckerrohrgranulat • 1 Msp. gemahlene Vanille • 1 Messlöffel Biobin (Johannisbrotkernmehl, aus dem Reformhaus)
Für die Verzierung: 50 g Bananenchips • 6 Belegkirschen • 50 g Zartbitter-Schokolade
Außerdem: Backtrennpapier für die Form

– Den Backofen auf 200° (Umluft 180°) vorheizen. Die Form mit Backpapier auslegen.
– Die Eier trennen, die Eigelbe mit dem Zuckerrohrgranulat und 2 EL warmem Wasser schaumig schlagen. Das Mehl mit dem Kakao, dem Backpulver und dem Zimt mischen, unter die Eimasse heben. Die Eiweiße steif schlagen und ebenfalls unterziehen.
– Den Teig in die Form füllen und glatt streichen. Die Torte 25 Min. backen und über Nacht auskühlen lassen, dann einmal durchschneiden.
– Die geschälten Bananen in Scheiben schneiden. 1/4 l Wasser mit der Butter und dem Honig zum Kochen bringen, mit dem Reismehl und den Bananen unter ständigem Rühren 5 Min. kochen lassen. Den Topf vom Herd nehmen, den Zimt und den Rum unter die Bananenmasse rühren, auf den unteren Boden streichen und abkühlen lassen.
– Die Sahne mit dem Zuckerrohrgranulat, der Vanille und dem Biobin steif schlagen, etwa ein Drittel davon auf die Füllung streichen. Den oberen Boden darauf setzen. Die Torte mit der restlichen Sahne bestreichen und den Banenchips und Kirschen verzieren. Die Schokolade raspeln und die Torte damit bestreuen.

304. Himbeer-Sahne-Torte

MACHT WAS HER
Für 1 Springform (26 cm Ø)
Zubereitungszeit: 1 Std.
Kühlzeit: 3–4 Std.
Backzeit: 35 Min.

Für den Mürbteig: 100 g Butter oder Margarine • 50 g Zucker • 150 g Mehl (Type 405)
Für den Biskuitteig: 8 Eigelbe • 100 g Zucker • 4 Eiweiße • 80 g Mehl (Type 405) • 20 g Speisestärke • 40 g Kakaopulver
Für die Füllung: 1 Paket TK-Himbeeren • 1 Schnapsglas Himbeergeist (2 cl) • 4 Blatt weiße Gelatine • 500 g Sahne • 70 g Zucker
Für die Verzierung: 250 g Sahne • 1 EL Zucker • 20 g geröstete Mandelblättchen
Außerdem: Alufolie • Backtrennpapier fürs Backblech • Zucker

– Die Butter oder die Margarine mit dem Zucker verkneten. Das Mehl darüber sieben und alles zu einem geschmeidigen Mürbteig verarbeiten. Den Teig zu einer Kugel formen und in Alufolie gewickelt 2 Std. im Kühlschrank ruhen lassen.
– Ein Backblech mit Backpapier auslegen. Den Backofen auf 220–230° (Umluft 200–210°) vorheizen. Die Eigelbe mit der Hälfte des Zuckers schaumig rühren.

Die Eiweiße mit dem restlichen Zucker zu steifem Schnee schlagen und unter die Eigelbmasse ziehen. Das Mehl mit der Stärke und dem Kakao darüber sieben und unterziehen. Den Teig auf das Blech streichen und im Ofen (Mitte) 10–15 Min. backen. Dann auf ein mit Zucker bestreutes Tuch stürzen, das Papier abziehen und die Biskuitplatte mit einem feuchten Tuch bedeckt auskühlen lassen.

– Die Hitze auf 190° (Umluft 170°) reduzieren. Den Mürbteig ausrollen und den Boden einer Springform damit auslegen. Im Ofen (Mitte) 15–20 Min. backen. Den Teigboden in der Form auskühlen lassen.

– Die Himbeeren nach Vorschrift auftauen lassen. 200 g Himbeeren mit einer Gabel leicht zerdrücken und mit dem Himbeergeist mischen. Die restlichen Himbeeren zugedeckt aufbewahren.

– Die Gelatine in wenig kaltem Wasser einweichen, ausdrücken und im Wasserbad unter ständigem Rühren auflösen. Die Sahne mit dem Zucker steif schlagen. Die abgekühlte Gelatine und die zerdrückten Himbeeren unter die Sahne mischen. Die Biskuitplatte gleichmäßig mit der Himbeersahne bestreichen und der Länge nach in 5 cm breite Streifen schneiden. Einen der Streifen zu einem Röllchen formen und in die Mitte des Mürbteigbodens in der Springform legen. Die übrigen Biskuitstreifen vorsichtig im Kreis um das mittlere Röllchen legen, bis die ganze Form gefüllt ist.

– Kuchen im Kühlschrank etwa 1–2 Std. fest werden lassen. Die Sahne mit dem Zucker steif schlagen. Die Torte aus der Form lösen, auf eine Platte legen und rundum gleichmäßig mit der Sahne bestreichen.

– Die restliche Sahne in einen Spritzbeutel mit kleiner Sterntülle füllen und die Torte mit Girlanden und Rosetten verzieren. Die Rosetten mit den restlichen Himbeeren belegen, mit Mandelblättchen bestreuen.

305. Zitronentorte

BRAUCHT ZEIT
Für 2 Springformen (24 cm Ø)
Zubereitungszeit: 1 1/4 Std.
Kühlzeit: 12 Std.
Ruhezeit: 2 Std.
Backzeit pro Form: 25 Min.

Für die Creme: abgeriebene Schale von 1 unbehandelten Zitrone • Saft von 2 Zitronen • 125 g Zucker • 2 1/2 TL Speisestärke • 400 g Sahne
Für den Teig: 4 Eier • 1 Prise Salz • 200 g Zucker • je 100 g Mehl (Type 405) und Speisestärke • 1 TL Backpulver
Für das Baiser: 4 Eiweiße • 200 g Zucker
Außerdem: Butter für die Formen • 50 g Mandelblättchen zum Bestreuen

– Zuerst die Füllung vorbereiten: Dafür die Zitronenschale mit dem Zitronensaft mischen und mit Wasser auf 1/8 l Flüssigkeit auffüllen. Den Saft mit dem Zucker vermengen und zum Kochen bringen. Die Speisestärke mit 3 EL kaltem Wasser verrühren, unter den Zitronensaft rühren und diesen noch einmal aufkochen lassen. Die abgekühlte Zitronencreme über Nacht zugedeckt im Kühlschrank erkalten lassen.

– Für den Teig die Eier trennen, die Eiweiße mit Salz und 50 g Zucker steif schlagen. Die Eigelbe mit 5 EL warmem Wasser und dem restlichen Zucker schaumig rühren. Mehl, Speisestärke und Backpulver mit dem Eischnee unterheben.

– Für das Baiser die Eiweiße zu steifem Schnee schlagen, dabei den Zucker einrieseln lassen.

– Den Backofen auf 180° (Umluft 160°) vorheizen. Den Boden von 2 gleich großen Springformen mit Butter bestreichen. Jede Form mit einer Hälfte des Teigs füllen. Die Baisermasse in 1 cm Abstand zum Rand darauf streichen. Die Mandelblättchen darüber streuen.

– Die Böden im Backofen (Mitte) 25 Min. backen. Die Tortenböden auf einem Kuchengitter erkalten lassen.

– Für die Creme die Sahne steif schlagen und unter die Zitronencreme ziehen. Einen Tortenboden auf eine Platte legen, zwei Drittel der Creme darauf streichen, den zweiten Boden darauf legen und etwas andrücken. Die Ränder dick mit der restlichen Creme bestreichen.

– Die Torte gut 2 Std. durchziehen lassen. Sie schmeckt, kühl aufbewahrt, auch noch am nächsten Tag sehr gut.

TIPP

Ohne viel Aufwand lässt sich die Torte für die festliche Kaffeetafel nach Belieben verzieren: Den Rand und die Oberfläche der Zitronentorte mit zusätzlich 40 g goldbraun gerösteten, abgekühlten Mandelblättchen bestreuen und 12 Sahnerosetten mit dem Spritzbeutel darauf setzen. Bis zur Mitte hin eingeschnittene, hauchdünne Zitronenscheiben zu Spiralen drehen und leicht in die Sahnetupfen drücken.

306. Schokoladensahne-Torte

GELINGT LEICHT
Für 1 Springform (24 cm Ø)
Zubereitungszeit: 1 Std.
Ruhezeit: 24 Std.
Kühlzeit: 1–2 Std.
Backzeit: 40 Min.

***Für den Teig:** 4 Eier • 1 Prise Salz • 200 g Zucker • je 100 g Mehl (Type 405) und Speisestärke • 1 TL Backpulver*
***Für die Füllung:** 4 Blatt weiße Gelatine • 400 g Sahne • 2 EL Zucker • 400 g Pfirsichmarmelade*
***Für die Verzierung:** 2 EL Schokoladenpulver • 100 g Schokoladenstreusel*
***Außerdem:** Backtrennpapier für die Form*

– Die Eier trennen, die Eiweiße mit dem Salz und 50 g Zucker steif schlagen. Die Eigelbe mit 5 EL warmem Wasser und dem restlichen Zucker schaumig rühren. Das Mehl mit der Speisestärke und dem Backpulver mischen, über die Eigelbmasse sieben und mit dem Eischnee unterheben.
– Den Backofen auf 150° (Umluft 130°) vorheizen. Die Form mit Backpapier auslegen. Die Biskuitmasse in die Form füllen, glatt streichen und im Ofen (Mitte) bei 150° 10 Min. backen, dann die Hitze auf 180° (Umluft 160°) erhöhen und weitere 30 Min. backen. Den Biskuitboden 1 Tag ruhen lassen, dann zweimal durchschneiden.
– Die Gelatine 10 Min. in kaltem Wasser einweichen. Die Sahne mit dem Zucker steif schlagen. Die ausgedrückte Gelatine in einem Töpfchen bei schwacher Hitze auflösen, mit 3 EL Sahne mischen, in eine Schüssel geben und langsam die gesamte Schlagsahne unterziehen. Etwas Schlagsahne in einen Spritzbeutel füllen und kühl stellen.
– Auf die beiden unteren Tortenböden die Pfirsichmarmelade streichen und dann die Hälfte der Schlagsahne darauf verteilen. Dann die 3 Böden aufeinander setzen.
– Das Schokoladenpulver mit dem Mixer unter die restliche Sahne schlagen. Den Rand und die Oberseite der Torte damit gleichmäßig überziehen, den Rand zusätzlich mit Schokoladenstreuseln garnieren. Auf die Oberfläche mit Sahne Rosetten setzen.
– Die Torte 1–2 Std. kühl stellen, dann erst anschneiden. Sie schmeckt frisch am besten.

307. Wachauer Schokoladentorte

AUS ÖSTERREICH
Für 1 Springform (26 cm Ø)
Zubereitungszeit: 1 Std.
Ruhezeit: 24 Std.
Backzeit: 35 Min.

***Für den Teig:** 150 g Mandeln • 100 g Zartbitter-Schokolade • 7 Eier • 125 g Zucker • 1 EL Speisestärke • 1/2 Päckchen Backpulver • 100 g Zartbitter-Kuvertüre • 2 EL Rum*
***Für die Füllung:** 4 Blatt weiße Gelatine • 500 g Sahne • 1 EL Vanillezucker*
***Außerdem:** Backtrennpapier für die Form • 12 Schokoladenblättchen*

– Den Backofen auf 180° (Umluft 160°) vorheizen. Den Boden und Rand der Form mit Backpapier auslegen.
– Die Mandeln und die Schokolade fein reiben. 4 Eier trennen. Die ganzen Eier mit den Eigelben schaumig rühren, den Zucker, die Speisestärke und das Backpulver einrieseln lassen und untermengen.
– Die Eiweiße steif schlagen. Den Eischnee, die Mandeln und die Schokolade unter die Eigelbmasse heben. Den Teig in die Form streichen und im Ofen (unten) 35 Min. backen. Die Torte auskühlen und 1 Tag ruhen lassen, dann zweimal durchschneiden.
– Die Kuvertüre im Wasserbad schmelzen, die Teigdecke damit überziehen und 12 Stücke markieren. Die beiden anderen Tortenböden mit dem Rum beträufeln.
– Die Gelatine einweichen. Die Sahne mit dem Vanillezucker steif schlagen. Die ausgedrückte Gelatine bei schwacher Hitze auflösen, Sahne langsam unterziehen. Die Schlagsahne auf die Böden streichen. Die Torte zusammensetzen. Mit den Schokoblättchen garnieren.

308. Schokoladen-Trüffel-Torte

ETWAS SCHWIERIGER
Für 1 Springform (26 cm Ø)
Zubereitungszeit: 1 1/2 Std.
Kühlzeit: 24 Std.
Backzeit: 40 Min.

***Für den Teig:** 100 g Halbbitter-Schokolade • 50 g Butter • 120 g Puderzucker • 5 Eigelbe • 5 Eiweiße • 120 g Mehl (Type 405) • 50 g gemahlene Mandeln*

Für die Canache-Creme: 550 g Sahne • 150 g Halbbitter-Kuvertüre • 2 cl Cognac
Zum Beträufeln der Böden: 50 g Zucker • 1 TL Zitronensaft • 2 cl Grand Marnier • 4 cl Cognac
Außerdem: Butter und Brösel für die Form • 150 g Halbbitter-Kuvertüre für die Schokoröllchen • 150 g dunkles Kakaopulver zum Besieben

– Die Schokolade für den Biskuit hacken, in einem warmen Wasserbad schmelzen und warm halten. Die Butter in einer Schüssel mit einem Drittel des Puderzuckers und den Eigelben schaumig rühren. Die lauwarme Kuvertüre unterrühren.
– Die Eiweiße mit dem restlichen Puderzucker steif schlagen. Zusammen mit dem gesiebten Mehl und den Mandeln locker unter die Schokoladenmasse heben.
– Den Backofen auf 180° (Umluft 160°) vorheizen. Den Boden der Springform mit Butter bestreichen und mit Bröseln ausstreuen. Die Biskuitmasse einfüllen, glatt streichen und im Ofen (Mitte) 30–40 Min. backen. Herausnehmen und den Biskuit am besten über Nacht auskühlen lassen.
– Für die Canache-Creme die Sahne in einer Kasserolle aufkochen und die zerkleinerte Kuvertüre zufügen. Unter ständigem gleichmäßigem Rühren die Kuvertüre in der heißen Sahne schmelzen, dann den Cognac einrühren. Die Creme mit dem Mixstab homogenisieren, abkühlen lassen, zudecken und am besten 24 Std. in den Kühlschrank stellen. Kurz vor der Fertigstellung der Torte die Creme mit dem Handrührgerät aufschlagen.
– Aus der Kuvertüre Schokoladenröllchen herstellen. Dazu die Kuvertüre schmelzen und hauchdünn ausstreichen und beinahe fest werden lassen und mit einem Messer Streifen einritzen. Einen Spachtel in flachem Winkel ansetzen und quer zu den parallel geritzten Streifen Röllchen abschaben. Die Röllchen kühl stellen. Nach dem Durchkühlen lassen sie sich in den eingeritzten Linien auseinander brechen.
– Zum Beträufeln des Bodens Zucker und 80 ml Wasser 2–3 Min. kochen, dann vom Herd nehmen. Zitronensaft, Grand Marnier und Cognac einrühren. Den Biskuit vom Vortag mit einem Messer vom Rand lösen, aus der Form nehmen und zweimal quer durchschneidenen, sodass sich 3 Böden ergeben.
– Einen Boden auf die Tortenunterlage legen, mit einem Drittel der Grand-Marnier-Mischung beträufeln und ein Drittel der Canache-Creme darauf verstreichen. Den zweiten Boden auflegen, ebenso mit der Flüssigkeit beträufeln und die Creme darauf verteilen. Den dritten und letzten Boden auflegen, mit der restlichen Flüssigkeit beträufeln. Die Oberfläche und den Rand der Torte mit der restlichen Creme bestreichen. Die Torte rundum mit Schokoröllchen bestreuen und 30 Min. kühl stellen. Vor dem Servieren mit Kakaopulver besieben.

309. Tiramisu-Quarktorte

ITALIENISCH CREMIG | MIT ALKOHOL
Für 1 Springform (24 cm Ø)
Zubereitungszeit: 30 Min.
Ruhezeit: 12–16 Std.
Backzeit: 40 Min.

Für den Teig: 150 g Mehl (Type 405) • 3 TL Kakaopulver • 6 Eier • 250 g Zucker • 100 ml Espresso • 100 ml Amaretto
Für die Füllung: 500 g Mascarpone • 125 g Magerquark • 1/8 l Eierlikör • 3 EL Zucker • 200 g Sahne
Außerdem: Fett für die Form • 3 EL Kakaopulver

– Den Backofen auf 175° (Umluft 150°) vorheizen. Die Form fetten. Mehl und Kakao vermischen. Die Eier trennen und die Eiweiße steif schlagen, Zucker, Eigelbe und 1 EL Wasser mit den Schneebesen des Handrührgeräts cremig rühren. Erst die Mehl-Kakao-Mischung, dann den Eischnee vorsichtig unterheben. Den Teig in die Form füllen und im Ofen (Mitte) 40 Min. backen. Herausnehmen und über Nacht abkühlen lassen.
– Am nächsten Tag den Kuchen quer halbieren. Espresso und Amaretto verrühren und die Schnittseiten beider Kuchenhälften damit tränken.
– Den Mascarpone mit Magerquark, Eierlikör und dem Zucker gut verrühren. Die Sahne steif schlagen und vorsichtig unterheben. Die Hälfte der Masse auf einen der Böden streichen und den zweiten Boden darauf setzen. Die übrige Masse auf dem Rand und auf der Oberfläche verteilen. Die Creme glatt streichen und dick mit Kakaopulver bestreuen.

TIPP

Bevor Sie die Torte anschneiden, sollten Sie sie möglichst noch 1–2 Std. kühl stellen. So zieht sie besser durch und der Geschmack des Amaretto und Espresso kommt voll zur Geltung.

310. Pessach-Torte

BLITZREZEPT
Für 1 Springform (26 cm Ø)
Zubereitungszeit: 15 Min.
Backzeit: 45 Min.

Für den Teig: 3 Eier • 150 g Zucker • 150 g gemahlene Mandeln
Für die Füllung: 150 g Sahne • 1 EL Puderzucker • 1 EL Instant-Kaffeepulver • 1 TL Weinbrand nach Belieben
Außerdem: Backtrennpapier für die Form • 1 Tüte Mokka-Schoko-Bohnen zum Verzieren

– Den Backofen auf 175° (Umluft 160°) vorheizen. Die Springform mit Backpapier auslegen.
– Eier und Zucker schaumig schlagen und die Mandeln unterheben. Die Mandelmasse in die Springform füllen und im Ofen (Mitte) 45 Min. backen. Abkühlen lassen.
– Die Sahne mit Puderzucker, Instant-Kaffee und nach Belieben Weinbrand steif schlagen, auf der Torte glatt streichen. Torte mit Mokka-Schoko-Bohnen verzieren.

311. Mokkasahnetorte

FÜR FESTTAGE
Für 1 Springform (26 cm Ø)
Zubereitungszeit: 50 Min.
Backzeit: 35 Min

Für den Teig: 5 Eier • 150 g Zucker • 2 EL Instant-Kaffeepulver • 30 g Mehl (Type 405) • 30 g Speisestärke • 1 TL Backpulver • 200 g gemahlene Mandeln
Für die Füllung: 9 EL Kaffeelikör (ersatzweise starker Kaffee) • 4 EL Instant-Kaffeepulver • 800 g Sahne • 50 g Zucker
Außerdem: Backtrennpapier für die Form • 100 g geraspelte Mokkaschokolade •

– Backofen auf 175° (Umluft 150°) vorheizen. Die Form mit Backpapier auslegen.
– Die Eier trennen. Eiweiße steif schlagen, dabei 150 g Zucker nach und nach zugeben. 2 EL Kaffeepulver in 2 EL heißem Wasser auflösen und mit den Eigelben nach und nach unter den Eischnee rühren. Mehl, Stärke, Backpulver und Mandeln mischen und unter die Eimasse heben.
– Den Teig in die Form füllen, glatt streichen und im Ofen (Mitte) 30–35 Min. backen. Herausnehmen, auskühlen lassen und aus der Form lösen. Die abgekühlte Torte zweimal durchschneiden. Alle drei Schichten mit dem Likör tränken.
– Das Kaffeepulver in 1 EL heißem Wasser auflösen. Die Sahne mit dem Zucker steif schlagen und das aufgelöste Kaffeepulver unterziehen. Die Hälfte der Sahne gleichmäßig auf dem unteren und mittleren Boden verstreichen, die Böden aufeinander setzen. Mit der restlichen Sahne die Torte überziehen und mit Mokkaschokolade bestreuen.

312. Amaretti-Torte

SCHNELL | RAFFINIERT
Für 1 Springform (26 cm Ø)
Zubereitungszeit: 30 Min.
Kühlzeit: 1–2 Std.
Backzeit: 30 Min.

Für den Teig: 3 Eier • 100 g Zucker • 65 g Mehl (Type 405) • 1 TL Backpulver • 1 Päckchen Schokoladen-Puddingpulver (zum Kochen)
Für die Füllung: 400 g Sahne • 1 Päckchen Vanillezucker • 2 Päckchen Sahnesteif • 200 g Amaretti
Außerdem: Backtrennpapier für die Form • 4 EL Schokostreusel zum Verzieren

– Den Backofen auf 200° (Umluft 180°) vorheizen. Die Springform mit Backpapier auslegen.
– Die Eier mit dem Zucker schaumig rühren. Das Mehl mit dem Backpulver und dem Schokoladen-Puddingpulver mischen und unter den Eierschaum rühren.
– Den Teig in die Form füllen, glatt streichen und im Ofen (Mitte) 30 Min. backen. Herausnehmen und auskühlen lassen. Den Tortenboden einmal quer durchschneiden.
– Die Sahne mit Vanillezucker und Sahnesteif steif schlagen. Drei Viertel der Amaretti in einen Gefrierbeutel geben und grob zerkleinern. Die Amarettibrösel mit der Sahne verrühren und auf den unteren Kuchenboden streichen.
– Den Kuchendeckel aufsetzen, mit Puderzucker bestäuben und mit den restlichen Amarettiplätzchen und Schokostreuseln verzieren. Den Kuchen 1–2 Std. kühl stellen und gut durchziehen lassen.

313. Gâteau grenoblois
(Nusstorte nach Grenobler Art)

GUT VORZUBEREITEN
Für 1 Springform (26 cm Ø)
Zubereitungszeit: 35 Min.
Kühlzeit: 12–16 Std.
Backzeit: 1 Std.

Für den Teig: 250 g Walnusskerne • 100 g Butter • 150 g Zucker • 3 Eigelbe • 100 g Mehl (Type 405) • 1 TL Backpulver • 5 Eiweiße • 2 cl Rum nach Belieben
Für die Sahnecreme: 1/4 l Milch • 1/2 Vanilleschote • 2 sehr frische Eigelbe • 50 g Zucker • 25 g Mehl (Type 405) • 125 g eiskalte Sahne • 50 g Puderzucker
Außerdem: Butter für die Form • Puderzucker nach Belieben zum Bestreuen

– Backofen auf 175° (Umluft 150°) vorheizen. Von den Walnusskernen 8–10 Hälften zum Garnieren beiseite stellen. 100 g der Walnüsse klein hacken, die restlichen fein mahlen. Die Form fetten, mit 1 EL der gemahlenen Nüsse ausstreuen.
– Butter mit Zucker schaumig rühren. Mit Eigelben, gehackten Nüssen, Mehl und Backpulver verrühren. Die Eiweiße in einem fettfreien Gefäß steif schlagen. Mit einem Spatel vorsichtig unter den Teig heben. Den Teig in die Kuchenform füllen. Sofort im Backofen (Mitte) 45–60 Min. backen. Den Kuchen aus der Form nehmen, auskühlen lassen.
– In einem hohen Topf die Milch mit der Vanilleschote erhitzen. Die Eigelbe in einer Schüssel mit Zucker und Mehl schaumig schlagen. Die heiße Milch unter Rühren langsam auf die Eimasse gießen. In den Topf umfüllen und bei schwächster (!) Hitze in 3–5 Min. dickcremig schlagen. Etwa 1 Std. abkühlen lassen. Die eiskalte Schlagsahne mit dem Puderzucker steif schlagen, vorsichtig unter die kalte Vanillecreme heben.
– Biskuit quer in drei Scheiben schneiden. Nach Belieben mit Rum beträufeln. Ein Viertel der Vanillecreme auf die unterste Biskuitscheibe streichen. Zweite Scheibe darauf legen und wieder mit einem Viertel der Creme bestreichen. Mit der dritten Scheibe wiederholen. Restliche Creme am Tortenrand glatt streichen. Den Cremerand mit den gemahlenen Nüssen bestreuen. Die Torte mit Walnusskernhälften garnieren und nach Belieben mit Puderzucker bestäuben. Mindestens 12 Std. kühl stellen, dann kalt servieren.

314. Nusstorte

GEHALTVOLL
Für 1 Springform (26 cm Ø)
Zubereitungszeit: 45 Min.
Ruhezeit: 24 Std.
Backzeit: 1 1/4 Std.

Für den Teig: 225 g Zucker • 10 Eigelbe • 250 g gemahlene Haselnüsse • 3 EL Semmelbrösel • 3 gemahlene bittere Mandeln • 10 Eiweiße • 150 g Zucker
Für die Füllung: 3 Eiweiße • 75 g Zucker • 1 EL gemahlene Haselnüsse • 600 ml Milch • 2 Päckchen Vanille-Puddingpulver (zum Kochen) • 3 Eigelbe
Für den Belag: 200 g Marzipan-Rohmasse • 300 g Puderzucker • 3–4 EL Zitronensaft • 22 Walnusskerne
Außerdem: Butter für die Form

– Den Boden der Springform fetten. Den Backofen auf 190° (Umluft 170°) vorheizen.
– Zucker mit Eigelben schaumig rühren, Haselnüsse, Semmelbrösel und Mandeln zugeben. Die Eiweiße mit dem Zucker steif schlagen, unterheben. Den Teig in die Form füllen und im Ofen (Mitte) 1 Std. 15 Min. backen. 24 Std. kühl ruhen lassen, danach quer halbieren.
– Für die Füllung die Eiweiße mit 50 g Zucker steif schlagen und die Haselnüsse unterheben. Aus der Milch, dem restlichen Zucker und dem Puddingpulver einen Pudding kochen, die verquirlten Eigelbe einrühren, den Eischnee unter den noch heißen Pudding rühren. Die Torte mit der abgekühlten Creme füllen.
– Das Marzipan mit 100 g Puderzucker verkneten, rund ausrollen und leicht auf die Torte drücken. Den restlichen Puderzucker mit Zitronensaft verrühren, die Torte damit glasieren. Mit den Walnusskernen verzieren.

315. Sachertorte

DER KLASSIKER AUS WIEN
Für 1 Springform (22 cm Ø)
Zubereitungszeit: 40 Min.
Backzeit: 50 Min.

Für den Teig: 120 g Halbbitter-Kuvertüre • 100 g Butter • 110 g Puderzucker • 5 Eigelbe • Mark von 1/2 Vanilleschote • 4 Eiweiße • 50 g Mehl (Type 405)

• 120 g sehr fein geriebene Mandeln
Für die Schokoladenglasur: 300 g Zucker •
100 g Halbbitter-Kuvertüre • 60 g Kakaopulver
Außerdem: Butter und Brösel für die Form •
200 g Aprikosenkonfitüre

– Für den Schokoladenbiskuitteig die Kuvertüre im warmen Wasserbad schmelzen und warm halten. Die Butter in einer entsprechend großen Schüssel mit einem Drittel des Puderzuckers und den Eigelben schaumig rühren. Das Vanillemark und die lauwarme Kuvertüre unterrühren. Die Eiweiße mit dem restlichen Zucker steif schlagen und mit dem gesiebten Mehl und den Mandeln locker unterheben.
– Den Backofen auf 180° (Umluft 160°) vorheizen. Nur den Boden – nicht den Rand – der Springform mit Butter ausfetten und mit Bröseln ausstreuen. Die Masse einfüllen, die Oberfläche glatt streichen. Im Ofen (Mitte) 40–50 Min. backen. Auskühlen lassen.
– Für die Schokoladenglasur den Zucker, die klein geschnittene Kuvertüre und das Kakaopulver in einer Kasserolle mit 1/8 l Wasser mischen und »bis zum starken Faden« kochen. Dieser Punkt ist erreicht, wenn die Glasur Fäden zieht. Vom Herd nehmen, in eine Schüssel gießen und mit einem Holzspatel die Glasur ständig in Bewegung halten, bis sie dickflüssig wird – der Fachmann nennt dies »tablieren«.
– Den ausgekühlten Schokoladenbiskuit einmal durchschneiden, den einen Boden mit der Hälfte der Aprikosenkonfitüre bestreichen, den anderen darauf setzen. Die restliche Konfitüre mit 2–3 EL Wasser einige Minuten kochen, passieren und damit die ganze Torte gleichmäßig einstreichen. Auf ein Kuchengitter setzen, mit der Schokoladenglasur gleichmäßig überziehen und trocknen lassen. Die Original-Sachertorte wird nicht weiter verziert, sondern präsentiert sich in ihrer dunklen Schönheit.

316. Altwiener Schokoladentorte

AUS ÖSTERREICH
Für 1 Springform (26 cm Ø)
Zubereitungszeit: 40 Min.
Kühlzeit: 12–16 Std.
Backzeit: 40 Min.

Für den Teig: 8 Eigelbe • 1 Päckchen Vanillezucker •
1 Prise Salz • 150 g Zucker • 8 Eiweiße • 100 g
Biskuitbrösel • 100 g geriebene Zartbitter-Schokolade
• 100 g gemahlene Haselnüsse • 2 Schnapsgläser
Sherry (4 cl)
Für die Glasur: 100 g geriebene Zartbitter-Schokolade •
1 Ei • 200 g Puderzucker • 60 g Kokosfett
Außerdem: Butter für die Form • 300 g Aprikosenkonfitüre

– Den Boden einer Springform mit Butter fetten. Den Backofen auf 180° (Umluft 160°) vorheizen.
– Die Eigelbe mit dem Vanillezucker, dem Salz und der Hälfte des Zuckers schaumig rühren. Die Eiweiße zu steifem Schnee schlagen, den restlichen Zucker nach und nach einrieseln lassen und gut unterrühren. Es soll ein schnittfester Eischnee entstehen. Den Eischnee unter die Eigelbmasse heben.
– Die Biskuitbrösel mit der geriebenen Schokolade und den Haselnüssen mischen und unterziehen. Teig in die Springform füllen, glatt streichen und im Ofen (Mitte) 30–40 Min. backen. Den Tortenboden auf ein Kuchengitter stürzen und über Nacht abkühlen lassen. Den Tortenboden zweimal durchschneiden und jeden Boden mit Sherry tränken.
– Zwei Tortenböden mit der verrührten Konfitüre bestreichen und aufeinander setzen, den dritten Tortenboden darauf legen. Die geriebene Schokolade im Wasserbad schmelzen und wieder abkühlen lassen. Die Schokolade mit dem Ei und Puderzucker verrühren. Das Kokosfett schmelzen lassen und tropfenweise unter die Schokoladenmasse ziehen. Sie soll cremig sein.
– Die Glasur über die Oberfläche und den Rand der Torte streichen, dabei mit einem breiten Messer ein wellenartiges Muster auf der Oberfläche anbringen. Die Glasur muss völlig getrocknet sein, ehe die Torte angeschnitten wird.

TIPPS

• Der Clou der Altwiener Schokoladentorte ist der zarte Schokoladenbiskuit und die Schokoladenglasur.
• Wenn Sie einmal besonders ausgiebig süß schlemmen möchten, füllen Sie die Torte zusätzlich noch mit Marzipan. Dafür 200 g Marzipan-Rohmasse mit 100 g gesiebtem Puderzucker verkneten und zu zwei dünnen Böden ausrollen. Die Marzipanböden auf die Aprikosenmarmelade legen und die Torte zusammensetzen.

317. Altwiener Punschtorte

AUS ÖSTERREICH
Für 1 Springform (24 cm Ø)
Zubereitungszeit: 20 Min.
Ruhezeit: 2 Tage
Backzeit: 45 Min.

Für den Teig: 6 Eier • 100 g Zucker • 150 g Mehl (Type 405) • 75 g Speisestärke • 2 TL Backpulver
Für die Füllung: 2 Schnapsgläser Rum (4 cl) • 300 g Aprikosenkonfitüre • 25 g Zucker • Saft von 2 Orangen • Saft von 1 Zitrone
Für die Glasur: 200 g Puderzucker • 1 Schnapsglas Rum (2 cl) • 1/2 TL Kakaopulver
Außerdem: Backtrennpapier für die Form

– Den Backofen auf 180° (Umluft 160°) vorheizen. Die Form mit Backpapier auslegen.
– Die Eier trennen, die Eiweiße steif schlagen. Eigelbe mit dem Zucker schaumig rühren, Eischnee, Mehl, Speisestärke und Backpulver unterziehen. Den Teig in die Form füllen, im Ofen (Mitte) 45 Min. backen. 1 Tag ruhen lassen, dann zweimal durchschneiden.
– Den mittleren Boden in 2 cm große Würfel schneiden, die Böden mit 2 cl Rum beträufeln und mit 200 g Konfitüre bestreichen.
– Den unteren Boden wieder in den Springformrand geben. 2 cl Rum mit den Säften, 50 g Konfitüre und dem Zucker aufkochen lassen. Die Biskuitwürfel untermischen. Die Füllung auf den Tortenboden geben, den oberen Boden leicht darauf drücken. Die Torte 1 Std. mit einem Brettchen beschwert ruhen lassen, dann mit der restlichen erwärmten Konfitüre überziehen.
– Den Puderzucker mit dem Rum mischen, 2 EL Guss mit dem Kakao verrühren. Die Torte glasieren, dann den Kakaoguss spiralförmig auf die Torte spritzen und mit einem Messer Linien von innen nach außen ziehen.

318. Kartoffeltorte

SPEZIALITÄT | GELINGT LEICHT
Für 1 Springform (26 cm Ø)
Zubereitungszeit: 40 Min.
Backzeit: 50 Min.

Für den Teig: 300 g gekochte Kartoffeln vom Vortag • 125 g Haselnusskerne • 75 g Rosinen • 2 EL Rum • 4 Eier • 200 g Zucker • 100 g Mehl (Type 405) • 50 g Speisestärke • 2 TL Backpulver • abgeriebene Schale von 1 unbehandelten Zitrone • 1/2 TL gemahlener Zimt
Für die Glasur: 200 g Puderzucker • 2 EL Rum • 3 EL Johannisbeergelee
Außerdem: Butter und Semmelbrösel für die Form • 8 Marzipankartoffeln zum Verzieren

– Die Kartoffeln schälen und durch die Kartoffelpresse drücken oder auf der Rohkostreibe reiben. Die Nüsse mahlen. Die Rosinen heiß waschen, trockentupfen und mit dem Rum beträufeln.
– Eier trennen, die Eigelbe mit dem Zucker schaumig rühren. Das Mehl, die Speisestärke und das Backpulver mischen und mit der Zitronenschale, dem Zimt, den Kartoffeln, den Nüssen und den Rosinen unter die Schaummasse mengen. Die Eiweiße steif schlagen und unterziehen.
– Den Backofen auf 200° (Umluft 180°) vorheizen. Die Form mit Butter fetten und mit Semmelbröseln ausstreuen. Den Teig in die Form füllen und glatt streichen. Die Torte im Ofen (Mitte) 50 Min. backen, dann noch 10 Min. im abgeschalteten Backofen stehen lassen.
– Den Puderzucker mit dem Rum und 1 EL Wasser glatt rühren. Die Torte zuerst mit dem Gelee und dann mit dem Guss überziehen. Die Torte mit Marzipankartoffeln garnieren.

319. Orangentorte

FÜR GÄSTE
Für 1 Springform (24 cm Ø)
Zubereitungszeit: 30 Min.
Ruhezeit: 6 1/2 Std.
Backzeit: 40 Min.

Für den Teig: 5 Eier • 140 g Zucker • abgeriebene Schale und Saft von 1 unbehandelten Orange • 140 g gemahlene Mandeln • 85 g Mehl (Type 405)
Für die Füllung: 3 Blatt weiße Gelatine • 125 g weiche Butter • 100 g Puderzucker • Schale und Saft von 1 unbehandelten Orange • 125 g Sahne
Außerdem: Butter und 2 EL gemahlene Mandeln für die Form • Schokoraspel • kandierte Orangen

– Den Backofen auf 160° (Umluft 140°) vorheizen. Die Form fetten und mit den Mandeln ausstreuen. Für den Teig die Eier trennen und die Eigelbe mit dem

Zucker schaumig rühren. Die Orangenschale und den Orangensaft sowie die Mandeln untermischen und etwa 30 Min. ruhen lassen.

– Die Eiweiße steif schlagen. Das Mehl unter den Teig mengen und den Eischnee unterheben. In die Form füllen und im Backofen (Mitte) in 30–40 Min. goldgelb backen. Mindestens 6 Std. ruhen lassen.

– Für die Creme die Gelatine in reichlich kaltem Wasser einweichen. Die Butter mit dem Puderzucker und der übrigen Orangenschale verrühren.

– Restlichen Orangensaft erhitzen, die ausgedrückte Gelatine darin auflösen. Die Sahne steif schlagen. Sobald der Saft zu gelieren beginnt, diesen rasch esslöffelweise mit der Sahne unter die Butter rühren.

– Den Tortenboden quer halbieren, einen Teil der Creme auf einen Boden streichen, den zweiten darauf legen und mit Creme überziehen. Die Torte mit der restlichen Creme, Schokoraspeln und kandierten Orangen (oder Orangenachteln) verzieren.

320. Buttercremetorte

KAFFEETAFEL-KLASSIKER
Für 1 Springform (26 cm Ø)
Zubereitungszeit: 45 Min.
Ruhezeit: 24 Std.
Backzeit: 40 Min.

Für den Teig: 5 Eier • 1 Prise Salz • 250 g Zucker • je 125 g Mehl (Type 405) und Speisestärke • 1 TL Backpulver
Für die Füllung: 100 g gehäutete Mandeln • 125 g Zucker • 5 Eigelbe • 250 g weiche Butter • 400 g Erdbeermarmelade
Außerdem: Backtrennpapier für die Form • 50 g geröstete Mandelblättchen zum Bestreuen • 50 g Zartbitter-Schokolade

– Die Eier trennen, die Eiweiße mit dem Salz und 50 g Zucker steif schlagen. Die Eigelbe mit 5 EL warmem Wasser und dem restlichen Zucker schaumig rühren, das Mehl mit der Speisestärke, dem Backpulver und dem Eischnee unterheben.

– Den Backofen auf 150° (Umluft 130°) vorheizen. Die Form mit Backpapier auslegen. Die Biskuitmasse einfüllen und 10 Min. backen; bei 180° (Umluft 160°) in weiteren 30 Min. fertig backen. Dann 15 Min. im abgeschalteten Backofen stehen lassen. 1 Tag ruhen lassen.

– Die Mandeln sehr fein mahlen. Den Zucker mit 100 ml Wasser sirupartig einkochen lassen. Die Eigelbe schaumig schlagen. Den Sirup untermischen, mit den Mandeln unter die Butter rühren.

– Den Boden zweimal durchschneiden. Die 2 unteren Böden mit Marmelade und dünn mit Buttercreme bestreichen. Die Böden aufeinander setzen und die Torte mit der Creme überziehen. Den Rand mit den Mandelblättchen, die Oberfläche mit geraspelter Schokolade bedecken.

321. Torte Madame Pompadour

TORTEN

GELINGT LEICHT | BRAUCHT ZEIT
Für 1 Springform (26 cm Ø)
Zubereitungszeit: 40 Min.
Ruhezeit: 2–3 Std.
Kühlzeit: 1–2 Std.
Backzeit: 30 Min.

Für den Teig: 6 Eigelbe • 120 g Zucker • 150 g geriebene Mandeln • 50 g Mehl (Type 405) • 4 Eiweiße • 1 Prise Salz
Für die Füllung: 1/2 l Milch • Mark von 1 Vanilleschote • 50 g Speisestärke • 5 Eigelbe • 100 g Zucker • 1 Päckchen Vanillezucker • 250 g Butter
Außerdem: Butter und Mehl für die Form • 50 g geröstete Mandelblättchen zum Bestreuen

– Den Boden einer Springform fetten und mit Mehl ausstäuben. Den Backofen auf 180° (Umluft 160°) vorheizen. Die Eigelbe mit 2 EL heißem Wasser und 90 g Zucker cremig rühren. Die Mandeln und das Mehl unterziehen. Die Eiweiße mit dem restlichen Zucker und dem Salz steif schlagen und unterheben.

– Den Teig in die Form füllen und im Ofen (Mitte) 25–30 Min. backen. Auskühlen lassen. Nach mindestens 2 Std. Ruhezeit zweimal durchschneiden.

– Die Milch mit der Vanille aufkochen. Die Speisestärke mit wenig kaltem Wasser anrühren, in die Milch rühren und aufkochen lassen. Die Eigelbe mit dem Zucker und dem Vanillezucker verquirlen und mit der abgekühlten Milch mischen. Die Butter schaumig rühren und die Vanillecreme löffelweise unterziehen.

– Zwei Böden mit jeweils einem Viertel der Creme bestreichen, alle Böden aufeinander setzen. Die Torte mit Creme überziehen und mit Mandelblättchen bestreuen. Die Torte 1–2 Std. kalt stellen.

322. Granny's Cremetorte

OMAS LIEBLING
Für 1 Springform (24 cm Ø)
Zubereitungszeit: 50 Min.
Ruhezeit: 24 Std.
Backzeit: 35 Min.

Für den Teig: 6 Eigelbe • 140 g Zucker • 2 EL Rum • 6 Eiweiße • 100 g Mehl (Type 405) • 30 g Speisestärke • 50 g Kakaopulver • 50 g gemahlene Mandeln
Für die Füllung: 1/2 l Milch • 2 Eigelbe • 1 Päckchen Schokoladen-Puddingpulver (zum Kochen) • 120 g Zucker • 200 g Butter • 4 EL Kirschlikör • 80 g fein geriebene Kuvertüre
Außerdem: Butter für die Form • 12 kandierte Kirschen • 2 EL Schokoladenspäne

– Den Boden einer Springform fetten. Den Backofen auf 200° (Umluft 180°) vorheizen.
– Die Eigelbe mit dem Zucker und dem Rum schaumig rühren. Die Eiweiße steif schlagen und unter die Eimasse heben. Das Mehl mit der Speisestärke und dem Kakao sieben und mit den Mandeln unterziehen. Den Teig in die Form füllen und 35 Min. backen. Den Boden 24 Std. ruhen lassen, dann zweimal durchschneiden.
– Aus der Milch, den Eigelben, dem Puddingpulver und dem Zucker einen Pudding kochen und abkühlen lassen. Die Butter schaumig rühren, löffelweise erst den kalten Pudding, dann den Likör und die Kuvertüre unterrühren.
– Die Tortenböden mit Creme bestreichen, aufeinander setzen und rundum mit Creme überziehen. 12 Cremerosetten aufspritzen, mit Kirschen und Schokoladenspänen verzieren.

323. Dobostorte

BERÜHMTHEIT AUS UNGARN
Für 1 Tortenring (26 cm Ø)
Zubereitungszeit: 1 Std.
Kühlzeit: 1–2 Std.
Backzeit pro Backblech: 10 Min.

Für den Teig: 9 Eigelbe • 220 g Puderzucker • 9 Eiweiße • 180 g Mehl (Type 405) • 50 g Butter
Für die Schokoladen-Buttercreme: 300 g Butter • 1/2 l Milch • 3 Eigelbe • 45 g Speisestärke • 250 g Zucker • Mark von 1/2 Vanilleschote • 50 g Kakaopulver • 120 g Kuvertüre
Für die Karamellglasur: 1 TL Butter • 150 g Zucker • einige Tropfen Zitronensaft
Außerdem: Backtrennpapier • Butter

– Die Eigelbe mit dem Puderzucker schaumig rühren. Die Eiweiße sehr steif schlagen und mit dem Mehl unter die Eimasse heben. Die Butter schmelzen und unterrühren.
– Den Backofen auf 220° (Umluft 200°) vorheizen. Auf 7 Stück Backpapier Kreise von 26 cm Ø zeichnen. Die Biskuitmasse in gleichen Portionen darauf verteilen und glatt streichen. Jeden Boden auf ein Backblech legen und so schnell wie möglich nacheinander etwa 10 Min. backen. Unbedingt »nach Sicht« backen, da die dünnen Böden schnell verbrennen können. Sofort vom Blech nehmen. Mit Hilfe des Tortenrings die Böden in Form schneiden und auskühlen lassen.
– Für die Buttercreme die Butter schaumig rühren. 2 EL Milch mit den Eigelben und der Speisestärke verrühren. Die restliche Milch mit dem Zucker, dem Vanillemark und dem Kakao aufkochen. Die angerührte Speisestärke unter ständigem Rühren zugeben und einmal aufwallen lassen. Abkühlen lassen, durch ein Sieb streichen und nach und nach unter die schaumige Butter rühren. Die Kuvertüre im warmen Wasserbad schmelzen und zur Creme geben.
– Einen Boden mit der vom Papier abgezogenen Seite nach unten auf eine Tortenunterlage legen und etwas Creme aufstreichen. Einen weiteren Boden mit der Papierseite nach oben möglichst genau auflegen und fest andrücken. Das Papier abziehen. Erneut eine Schicht Creme darauf verstreichen. So weiterverfahren, bis 6 Böden aufeinander geschichtet sind; den schönsten Boden für die Karamelldecke zurückbehalten. Die Torte rundherum gleichmäßig dünn mit der restlichen Creme bestreichen und im Kühlschrank in 1–2 Std. fest werden lassen.
– Für die Decke die Butter zerlaufen lassen, den Zucker und den Zitronensaft untermengen und unter Rühren zu hellem Karamell schmelzen. Den warmen Karamell zügig und gleichmäßig mit einer Palette auf dem zurückbehaltenen Boden verstreichen.
– Die Decke mit einem langen Tortenmesser in 16 Stücke teilen. Das Messer vor jedem Schnitt durch ein Stück Butter ziehen. Die karamellisierte Decke vorsichtig von der Unterlage lösen und Stück für Stück auf die Torte legen.

324. Prinzregententorte

BERÜHMTER KLASSIKER
Für 1 Springform (28 cm Ø)
Zubereitungszeit: 2 1/2 Std.
Ruhezeit: 12–16 Std.
Kühlzeit: 1–2 Std.
Backzeit pro Form: 25 Min.

Für den Teig: 8 Eier (Größe L) • 125 g Zucker • 150 g Mehl (Type 405) • 2 EL Speisestärke • 1 1/2 TL Backpulver
Für die Füllung: 1/2 l Milch • 1 Päckchen Vanille-Puddingpulver (zum Kochen) • 8 EL Zucker • 300 g weiche Butter • 3 EL Kakao • 100 g Nuss-Nougatcreme (aus dem Glas)
Für den Belag: 3–4 EL Rum nach Belieben • 200 g Marzipan-Rohmasse • 1 EL Puderzucker • 4 EL Kakaopulver • 16 Krokantecken
Außerdem: Butter für die Form

– Den Backofen auf 200° (Umluft 180°) vorheizen, die Form fetten. Die Eier mit dem Zucker und 6 EL lauwarmem Wasser schaumig rühren. Das Mehl, die Speisestärke und das Backpulver dazusieben und einen glatten Teig rühren. Die Hälfte der Teigmenge in eine gefettete Form füllen, glatt streichen und im Ofen (Mitte) 25 Min. backen. Ebenso den zweiten Boden backen. Über Nacht ruhen lassen.
– 4 EL von der Milch abnehmen, damit das Puddingpulver zusammen mit 6 EL Zucker anrühren. Die restliche Milch zum Kochen bringen und einen Pudding kochen, dann abkühlen lassen. Die Butter mit dem Kakao cremig schlagen, mit der Nuss-Nougatcreme vermischen und gut unter den Pudding arbeiten. Jeden Tortenboden mit einem langen Messer sorgfältig drei- bis viermal waagerecht durchschneiden.
– 1/4 l Wasser mit den restlichen 2 EL Zucker kurz durchkochen, nach Belieben den Rum dazugeben und damit die einzelnen Böden tränken. Die Tortenböden mit Buttercreme bestreichen und aufeinander setzen. Obersten Boden und die Ränder ebenfalls bestreichen.
– Das Marzipan mit 1 EL Puderzucker verkneten, auf Tortengröße ausrollen und auf die Torte legen. Etwas andrücken und überstehendes Marzipan abschneiden. Die Torte im Kühlschrank in 1–2 Std. fest werden lassen.
– Die Torte gleichmäßig mit dem Kakaopulver bestäuben und 16 Stücke markieren. Auf jedes Stück eine Krokantecke legen.

325. Zuger Kirschtorte

FÜR GÄSTE | BRAUCHT ZEIT
Für 1 Springform (24 cm Ø)
Zubereitungszeit: 1 1/4 Std.
Ruhezeit: 10–16 Std.
Kühlzeit: 1–2 Std.
Backzeit: 1 Std.

Für den Biskuitboden: 4 Eier • 2 Eigelbe • 125 g Zucker • 90 g Mehl (Type 405) • 40 g Speisestärke • 70 g flüssige Butter
Für die Buttercreme: 150 g Butter • 2 Eier • 1 Eigelb • 100 g Zucker • 2 cl Kirschwasser
Für die Japonaisböden: 4 Eiweiße • 150 g Zucker • 100 g geröstete, geriebene Mandeln • 2 EL Speisestärke • 50 g Puderzucker
Zum Tränken: 10 cl Läuterzucker • 10 cl Kirschwasser
Außerdem: Backtrennpapier • Mandelblättchen zum Bestreuen • Puderzucker zum Bestäuben • kandierte Kirschen nach Belieben

– Den Backofen auf 190° (Umluft 170°) vorheizen. Die Eier, Eigelbe und den Zucker in einer Kasserolle warm schlagen, das heißt auf einem warmen, nicht kochenden Wasserbad schaumig aufschlagen. Die Kasserolle vom Wasserbad nehmen und kalt schlagen, bis die Masse cremig ist. Mehl und die Speisestärke langsam darunter rieseln lassen und unterheben. Die Butter schmelzen und in einem dünnen Strahl einlaufen lassen und einarbeiten. Den Teig in die Form streichen und im Ofen (Mitte) 30–35 Min. backen. Den Boden über Nacht ruhen lassen.
– Für die Buttercreme die Butter in einer Schüssel schaumig rühren. Die Eier, das Eigelb und den Zucker in einer Kasserolle auf dem Wasserbad warm aufschlagen. Aus dem Wasserbad nehmen, in Eiswasser setzen und weiterschlagen, bis die Masse wieder kalt ist. Unter ständigem Rühren portionsweise unter die Butter rühren. Das Kirschwasser einrühren.
– Für die Japonaisböden die Eiweiße in einer Schüssel weißschaumig schlagen. Etwas Zucker zugeben und steif schlagen. Nach und nach restlichen Zucker darunter schlagen, bis er aufgelöst ist. Der Eischnee muss schnittfest sein. Die Mandeln mit der Speisestärke und dem Puderzucker vermischen und gut untermelieren, die Masse dabei aber nicht zu lange bearbeiten.
– Den Backofen auf 160° (Umluft 140°) vorheizen. Auf Backpapier 2 Kreise von 24 cm Ø zeichnen und die

TORTEN

Masse mit der Winkelpalette aufstreichen. Im Ofen (Mitte) in etwa 30 Min. hellbraun backen, dabei die Ofentür einen Spalt offen lassen, damit der Dampf entweichen kann. Böden noch warm mit einem scharfen, spitzen Messer auf die Größe der Springform schneiden.
– Zum Tränken den Läuterzucker mit dem Kirschwasser mischen. Einen Japonaisboden mit der Buttercreme bestreichen. Die obere Kruste des Biskuitbodens abschneiden. Kräftig mit dem Kirschsirup tränken und mit dieser Seite nach unten auf den Japonaisboden legen. Die andere Seite tränken und eine dünne Schicht Buttercreme gleichmäßig darauf streichen. Den zweiten Japonaisboden auflegen. Die Torte oben und am Rand mit der restlichen Creme einstreichen, den Rand mit Mandelblättchen bestreuen.
– Die zusammengesetzte Torte 1–2 Std. kühlen. Die Oberfläche mit Puderzucker bestäuben, mit einem Messerrücken das traditionelle Rautenmuster eindrücken und nach Belieben mit kandierten Kirschen garnieren.

326. Bananentorte mit Schokoladensahne

BRAUCHT ZEIT
Für 1 Springform (24 cm Ø)
Zubereitungszeit: 1 Std.
Trockenzeit: 8–10 Std.
Kühlzeit: 1 Std.
Backzeit pro Backblech: 5 Min.

Für die Japonaisböden: 5 Eiweiße • 160 g Zucker • 65 g geröstete gemahlene Mandeln • 65 g geröstete Kokosraspel • 25 g Mehl (Type 405) • 50 g Puderzucker • 1/2 TL Vanillezucker
Für die Schokoladensahne: 550 g Sahne • 150 g Halbbitter-Kuvertüre • 2 cl brauner Rum
Außerdem: Backtrennpapier für die Bleche • 650 g Bananen für die Füllung • 60 g geröstete Kokosraspel zum Bestreuen • etwas Kakao zum Besieben • 1/2 Banane • 1 Cocktailkirsche

– Zwei Bleche mit Backpapier auslegen und darauf 3 Kreise von 24 cm Ø aufzeichnen. Den Backofen auf 190° (Umluft 170°) vorheizen.
– Für die Japonaisböden die Eiweiße schaumig-weiß schlagen. Zunächst wenig Zucker einrieseln lassen und den Schnee steif schlagen. Den restlichen Zucker einrieseln lassen und weiterschlagen, bis sich die Kristalle aufgelöst haben. Die Mandeln, die Kokosraspel, das gesiebte Mehl und den mit Vanillezucker vermischten Puderzucker so vorsichtig unter den Eischnee heben, dass dieser möglichst wenig an Volumen verliert.
– Die Masse auf die vorgezeichneten Kreise verteilen und glatt streichen. Im Ofen (Mitte) etwa 5 Min. vorbacken. Die Hitze auf 50° (Umluft 30°) reduzieren und die Japonaisböden über Nacht im Ofen trocknen lassen.
– Für die Schokoladensahne die Sahne in einer Kasserolle aufkochen, die Hitze reduzieren und die zerkleinerte Kuvertüre darin unter ständigem Rühren schmelzen. Rum zugießen und die Kasserolle vom Herd nehmen. Die Schokoladensahne mit dem Mixer homogenisieren und über Nacht in den Kühlschrank stellen.
– Die Japonaisböden vorsichtig vom Papier lösen und auskühlen lassen. Die Schokoladensahne steif schlagen. Einen Boden auf eine Tortenunterlage setzen und etwas Schokoladen-Sahne-Creme darauf verstreichen.
– Die Bananen für die Füllung schälen, quer in etwa 1 1/2 cm breite Scheiben schneiden und gleichmäßig auf der Creme verteilen. Die Bananen mit einer dünnen Schicht Creme bedecken. Den zweiten Boden auflegen und nur mit Creme bestreichen. Mit dem dritten Boden – Unterseite nach oben – abdecken und die Torte für 1 Std. in den Kühlschrank stellen.
– Einen Springformboden auflegen und die Torte an dessen Rand entlang glattschneiden. Die Oberfläche und den Rand mit der restlichen Creme bestreichen, ringsum mit Kokosraspeln bestreuen. Die Oberfläche mit Kakao besieben.
– Die Banane zur Dekoration in 1/2 cm dicke Scheiben schneiden und mit Zitronensaft beträufeln, damit die Scheiben nicht braun werden. Die Torte mit Bananenscheiben und der Cocktailkirsche verzieren.

TIPP

Die Japonaisböden bestehen aus einer Baisermasse mit hohem Anteil an fein geriebenen Mandeln. Sie sind nicht schwierig herzustellen, verlangen allerdings ein wenig Zeit. Denn sie werden nur kurz vorgebacken und trocknen dann über Nacht im Ofen weiter. Damit der in dieser Zeit entstehende Dampf entweichen kann, empfiehlt es sich, die Ofentür einen Spalt offen zu lassen. Das geht ganz einfach, indem Sie einen Kochlöffel in die Tür klemmen.

327. Baisertorte Lucull

FÜR FORTGESCHRITTENE
Für 1 Springform (24 cm Ø)
Zubereitungszeit: 40 Min
Trockenzeit pro Backblech: 3 Std.

Für die Japonaisböden: 6 Eiweiße • 200 g Zucker • 80 g Puderzucker • 1 EL Speisestärke • 80 g geriebene Haselnüsse
Für die Füllung: 375 g Sahne • 1 EL Zucker
Außerdem: Backtrennpapier fürs Backblech • 100 g Blockschokolade • Alufolie • 1 TL Kakaopulver

– Ein Backblech mit Backpapier auslegen und 2 Kreise von 24 cm Ø mit Bleistift darauf zeichnen. Den Backofen auf 110° (Umluft 90°) vorheizen.
– Eiweiße mit dem Zucker zu steifem Schnee schlagen. Den gesiebten Puderzucker mit Speisestärke und Haselnüssen mischen, unter den Eischnee heben. Auf jeden Kreis ein Viertel der Baisermasse streichen und 3 Std. im Backofen (Mitte) trocknen lassen. Die Backofentür dabei mit Hilfe eines Kochlöffelstiels einen Spalt offen halten. Danach die beiden anderen Böden backen.
– Die Schokolade im Wasserbad schmelzen, dünn auf Alufolie (24 x 30 cm) streichen. Erkalten lassen, Folie abziehen und die Schokolade in 10 Streifen (3 cm breit) zerschneiden. 8 Streifen auf 8 cm Länge schneiden, die restlichen auf 6 cm. Sahne mit Zucker steif schlagen. Baiserböden damit bestreichen und aufeinander setzen.
– Die Torte mit der Sahne überziehen und mit Sahnerosetten bespritzen. Die Sahne mit dem Kakao besieben. Die längeren Schokoladenstreifen als Rosette auf die Torte legen, die kürzeren um den Rand.

328. Kaffeetorte

EXKLUSIV | MIT ALKOHOL
Für 1 Springform (18 cm Ø)
Zubereitungszeit: 1 Std.
Backzeit: 50 Min.

Für die Japonaisböden: 6 Eiweiße • 80 g Zucker • 130 g fein geriebene Mandeln • 80 g Puderzucker • 20 g Mehl (Type 405) • 100 g gehobelte Mandeln
Für die Kaffeecreme: 1/2 l Milch • 10 g Instant-Kaffeepulver • 120 g Zucker • 4 Eigelbe • 40 g Speisestärke • 300 g Butter • 30 g Puderzucker • 4 cl Kaffeelikör
Zum Garnieren: 60 g gehobelte, geröstete Mandeln • 125 g geschlagene Sahne • Schokoladenröllchen
Außerdem: Backtrennpapier für die Bleche

– Für die Japnaisböden die Eiweiße zu steifem Schnee schlagen, den Zucker langsam einrieseln lassen und so lange weiterschlagen, bis ein schnittfester Eischnee entstanden ist. Die geriebenen Mandeln mit dem Puderzucker und dem Mehl vermischen und vorsichtig unter den Eischnee heben, damit er möglichst wenig an Volumen verliert.
– Den Backofen auf 150° (Umluft 130°) vorheizen. Die Backbleche mit Backpapier auslegen und darauf 6 Böden von 18 cm Ø vorzeichnen. Die Japonaismasse darauf verteilen und möglichst glatte Böden aufstreichen. Mit den gehobelten Mandeln bestreuen und beide Bleche übereinander in den Ofen schieben. Die Ofentür einen Spalt offen lassen, damit die Feuchtigkeit abziehen kann. Die Böden in 40–50 Min. ganz leicht hellbraun backen.
– Für die Kaffeecreme die Milch mit dem Kaffeepulver und dem Zucker zum Kochen bringen. Die Eigelbe mit der Speisestärke verrühren, 2–3 EL von der heißen Milch unterrühren. Unter ständigem Rühren mit einem Schneebesen in die kochende Milch einrühren, bis die Milch bindet. Kräftig rühren und einige Male aufkochen lassen. Die Creme in eine Schüssel umfüllen, die Oberfläche mit Puderzucker besieben, damit sich keine Haut bilden kann, und erkalten lassen. Die Butter mit dem Puderzucker schaumig rühren. Nach und nach die abgekühlte Creme und den Kaffeelikör unterrühren.
– Die Böden vorsichtig vom Papier lösen. Den ersten Boden auf eine Tortenunterlage legen, Kaffeecreme darauf geben und mit einer Palette verstreichen. Den zweiten Boden passgenau auflegen, ebenfalls mit Creme bestreichen und mit dem dritten Boden abdecken. Die Torte in Form schneiden. Dafür einen Topfdeckel auf die Torte drücken und die Ränder glatt schneiden. Mit den restlichen Böden ebenso verfahren. Die Torten mit der restlichen Creme einstreichen und mit den Mandeln bestreuen. Nach Wunsch mit Sahne und Schokoladenröllchen garnieren.

TIPPS

• Die Japonaismasse ist besonders leicht und der Makronenmasse ähnlich, besteht sie doch nur aus Eiweiß, Zucker und Mandeln. Sie wird

TORTEN

bei sehr niedriger Temperatur gebacken. Das Rezept ist für 2 Torten von etwa 18 cm Ø berechnet, die jeweils für 6–8 Portionen reichen.
• Torten mit den empfindlichen Japonaisböden sollten unbedingt frisch gegessen werden, möglichst noch am selben Tag, da die Böden sonst zu viel Feuchtigkeit aufnehmen und dadurch ihre Knusprigkeit verlieren.

329. Erdbeer-Sahne-Baisertorte

ETWAS SCHWIERIGER
Für 2 Baisertorten (18–20 cm Ø)
Zubereitungszeit: 1 Std.
Marinierzeit: 30 Min.
Trockenzeit: 10 Std.

Für das Baiser: 8 Eiweiße • 250 g Zucker • 200 g Puderzucker • 30 g Speisestärke
Für die Füllung: 400 g Erdbeeren • 30 g Puderzucker • 2 cl brauner Rum • 750 g Sahne • 35 g Zucker • Mark von 1/2 Vanilleschote
Außerdem: Backtrennpapier für die Bleche • Kakaopulver zum Besieben

– Für die Baisermasse die Eiweiße in einer völlig fettfreien Schüssel zu Schnee schlagen, dabei den Zucker einrieseln lassen und weiterschlagen, bis ein absolut schnittfester Eischnee entstanden ist. Den Puderzucker mit der Speisestärke darüber sieben und mit einem Holzspatel unterheben, bis keine Klümpchen mehr sichtbar sind.
– Den Backofen auf 50° vorheizen. Drei Backbleche mit Backpapier auslegen und mit einem Bleistift insgesamt 8 Ringe von 18 oder 20 cm Ø vorzeichnen. Die Baisermasse in einen Spritzbeutel mit Lochtülle Nr. 11 füllen. Für jede Torte je 1 Boden aus eng aneinander liegenden Kreisen sowie 2 große einzelne Ringe spritzen. Dann mit Sterntülle Nr. 8 zwei Gitter als Deckel spritzen.
– Die Backbleche mit genügend Abstand in den Ofen schieben und die Ofentür mit Hilfe eines Kochlöffels geöffnet halten, damit die Feuchtigkeit vollständig entweichen kann. Die Baiserstücke über Nacht im warmen Ofen lassen, damit sie vollständig durchtrocknen. Vorsichtig vom Papier lösen.
– Die Erdbeeren putzen, waschen und trockentupfen. Die Früchte je nach Größe halbieren oder vierteln. In eine Schüssel geben, mit Puderzucker besieben, mit dem Rum beträufeln und 30 Min. durchziehen lassen.
– Die Sahne mit dem Zucker und dem Vanillemark steif schlagen. Ein Viertel davon in einen Spritzbeutel mit Lochtülle Nr. 5 oder 6 füllen und damit die Baiserringe auf den Böden befestigen. Die restliche Sahne mit den vorbereiteten Erdbeeren mischen und die Baiser-Hülle damit füllen. Die Oberfläche glatt streichen und zum Abschluss das Baisergitter aufsetzen. Mit Kakaopulver besieben und nach Wunsch garnieren.

TIPP

Für dieses feine Rezept werden Ringe aus Baiser auf einen Baiserboden gesetzt, die sozusagen als Behälter für die Schlagsahne mit Früchten dienen. Die feinste Füllung ist sicher die mit Walderdbeeren, aber sie schmeckt auch mit Himbeeren, Heidelbeeren oder Brombeeren sehr gut. Nur richtig reif sollten die Früchte sein, damit sie die nötige Süße mitbringen.

330. Gefüllte Zitronenschnitten

RAFFINIERT | ERFRISCHEND
Für 1 Backform (20 x 25 cm)
Zubereitungszeit: 45 Min.
Kühlzeit: 30 Min.
Backzeit: 35 Min.

Für den Teig: 150 g weiche Butter oder Margarine • 150 g Puderzucker • 3 Eier • abgeriebene Schale von 2 unbehandelten Zitronen (die Filets für die Füllung verwenden) • 150 g Mehl (Type 405) • 2 gestrichene TL Backpulver
Für die Füllung: 400 g Sahne • 100 g Puderzucker • 6 Blatt weiße Gelatine • 2 Zitronen (siehe oben)
Außerdem: Butter für die Form • Puderzucker, kandierte Zitronen und Melisse zum Verzieren

– Den Backofen auf 175° (Umluft 150°) vorheizen, die Form mit Butter fetten.
– Für den Teig das Fett schaumig schlagen. Den Puderzucker und die Eier unterschlagen. Die Zitronenschale unterrühren, Mehl mit dem Backpulver unterrühren. Den Teig in die Form füllen und glatt streichen, im Ofen (unten) in etwa 35 Min. goldgelb backen.

– Für die Füllung die Sahne mit dem Puderzucker verrühren. Die Gelatine in kaltem Wasser einweichen, ausdrücken und im warmen Wasserbad auflösen. Unter die Sahne rühren, etwa 30 Min. kühl stellen.
– Die Zitronen schälen, filetieren. Die Sahnecreme aufschlagen. Zwei Drittel der Zitronenfilets unterheben.
– Den Teigboden quer durchschneiden. Die Creme auf einem Boden verteilen. Die obere Platte in 12 Stücke schneiden und auflegen, dick mit Puderzucker überstäuben. Mit den restlichen Zitronenfilets, kandierten Zitronen und Melisseblättchen belegen.

331. Clowntorte

SCHMECKT KINDERN
Für 1 Springform (24 cm Ø)
Zubereitungszeit: 25 Min.
Backzeit: 55 Min.

***Für den Teig:** 1/2 Dose Aprikosen (240 g Abtropfgewicht) • 200 g weiche Butter • 3 Eier • 200 g Zucker • 100 g Vanillejoghurt • 300 g Mehl (Type 405) • 1/2 Päckchen Backpulver*
***Zum Garnieren:** 300 g Sahne • Zuckerschrift (aus der Tube, Backregal) • runde Praline*
***Außerdem:** Fett für die Form*

– Den Backofen auf 180° (Umluft 160°) vorheizen. Die Springform fetten. Die Aprikosen abtropfen lassen und klein schneiden.
– Die Butter mit den Eiern und dem Zucker schaumig rühren. Den Joghurt und die Aprikosenstücke untermischen. Das Mehl und das Backpulver nur kurz unterrühren. Den Teig in die Springform füllen. Den Kuchen im Ofen (Mitte) 55 Min. backen, dann auf einem Kuchengitter auskühlen lassen.
– Die Sahne steif schlagen und den Kuchen damit rundherum bestreichen. Mit Zuckerschrift Augen, Clownmund und Haare aufmalen. Als Nase eine dicke, runde Praline in die Mitte der Torte setzen.

TIPPS
- **Der Teig schmeckt auch mit Mandarinen, Pfirsichen, Mangos und Birnen lecker.**
- **Statt Vanillejoghurt kann man auch Naturjoghurt, Schmand oder Sahne verwenden.**

332. Möhrentorte

SCHMECKT KINDERN
Für 1 Springform (24 cm Ø)
Zubereitungszeit: 30 Min.
Backzeit: 40 Min.

***Für den Teig:** 5 Eier • 200 g Zucker • 1 TL gemahlener Zimt • 1 Gläschen Möhrenbrei (Babykost, 190 g) • 100 g Schmand • 100 g gemahlene Mandeln • 100 g Mehl (Type 405) • 1 TL Backpulver*
***Für die Creme:** 400 g Doppelrahm-Frischkäse • 8 EL Milch • 2 EL Zucker • 2 Päckchen Vanillezucker*
***Außerdem:** Marzipanmöhren (Fertigprodukt, Backregal) zum Garnieren*
***Außerdem:** Fett für die Form*

– Den Backofen auf 180° (Umluft 160°) vorheizen, die Springform fetten.
– Die Eier mit dem Zucker und dem Zimt dickschaumig schlagen. Möhrenbrei und Schmand zugeben, dann die Mandeln, das Mehl und das Backpulver nur kurz unterrühren. Den Teig in die Springform füllen und im Ofen (Mitte) 40 Min. backen.
– Den Frischkäse mit der Milch, dem Zucker und dem Vanillezucker verquirlen und den Kuchen damit bestreichen. Mit Marzipanmöhren garniert servieren.

TIPPS
- **Mischen Sie statt Möhrenbrei 350 g geraspelte Möhren unter den Teig.**
- **Die Nüsse können Sie nach Belieben tauschen: statt Mandeln mal Haselnüsse, Cashewkerne, Pinienkerne oder Walnüsse nehmen.**

333. Ostertorte

SCHMECKT KINDERN
Für 1 Backform (24 cm Ø)
Zubereitungszeit: 25 Min.
Kühlzeit: 3 Std.
Backzeit: 20 Min.

***Für den Teig:** 100 g weiche Butter • 2 Eier • 80 g Zucker • Saft von 1/2 Zitrone • 100 g Mehl (Type 405) • 1 TL Backpulver*

Für die Creme: 8 Blatt weiße Gelatine • 250 g Sahne • 100 ml Zitronensaft • 500 g Quark (20 %) • 180 g Zucker
Für den Guss: 1 Päckchen roter Tortenguss • 2 EL Zucker • 1/4 l Maracuja- oder Orangensaft
Außerdem: Fett für die Form • bunte Schaumzuckereier oder Marzipaneier • Kokosraspel

– Den Backofen auf 200° (Umluft 180°) vorheizen. Die Springform fetten. Die Butter mit den Eiern, dem Zucker und dem Zitronensaft verquirlen. Das Mehl und das Backpulver nur kurz unterrühren. Den Teig in die Springform füllen und im Ofen (Mitte) 15–20 Min. backen. Den Kuchen in der Form abkühlen lassen.
– Die Gelatine in kaltem Wasser einweichen. Die Sahne steif schlagen. Den Zitronensaft erwärmen und die ausgedrückte Gelatine darin auflösen. Den Quark mit dem Zucker verquirlen, erst die Sahne, dann die Gelatine unterrühren. Die Masse auf den Kuchen in der Form geben, in 3 Std. im Kühlschrank fest werden lassen.
– Den Tortenguss mit Zucker und Saft nach Packungsanleitung zubereiten. Etwas abkühlen lassen und gleichmäßig in die Springform auf die feste Quarkmasse gießen. Fest werden lassen. Die Torte rundherum mit Ostereiern und Kokosraspeln verzieren.

TIPP

Belegen Sie den Tortenboden mit Obst nach Wahl, bevor Sie die Quarkmasse einfüllen.

334. Schneewittchentorte

SCHMECKT KINDERN
Für 1 Springform (28 cm Ø)
Zubereitungszeit: 45 Min.
Kühlzeit: 2 Std.
Backzeit: 45 Min.

Für den Teig: 1 Glas Schattenmorellen (350 g Abtropfgewicht) • 150 g weiche Butter • 150 g Zucker • 1 Päckchen Vanillezucker • 3 Eier • 200 g Mehl • 1/2 Päckchen Backpulver • 3 EL Nuss-Nougatcreme (aus dem Glas)
Für die Creme: 375 g Quark • 400 g Sahne • 2 Päckchen Sahnesteif • 3 EL Zucker • 1 Päckchen Vanillezucker
Für den Guss: 20 g Vollmilch-Schokolade • 2 Päckchen roter Tortenguss
Außerdem: Fett für die Form • Folie

– Den Backofen auf 180° (Umluft 160°) vorheizen, die Form fetten. Die Kirschen gut abtropfen lassen, den Saft aufheben.
– Butter mit Zucker und Vanillezucker cremig rühren. Mit den Eiern schaumig rühren. Das Mehl mit dem Backpulver dazusieben und gut unterrühren.
– Eine Hälfte des Teiges in die Form füllen. Die andere Hälfte mit der Nuss-Nougatcreme verrühren und auf dem Teig verstreichen. Die Kirschen auf dem Teig verteilen. Den Boden im Ofen (Mitte) 45 Min. backen. Auskühlen lassen, den Ring der Springform abnehmen.
– Den Quark abtropfen lassen. Die Sahne mit Sahnesteif, Zucker und Vanillezucker steif schlagen. Die Sahne unter den Quark heben.
– Den Boden auf eine Tortenplatte legen, den Ring der Springform wieder schließen. Die Quarkmasse auf dem Boden verstreichen. Mit Folie abgedeckt 1 Std. kühl stellen.
– Die Schokolade schmelzen. Den Tortenguss mit dem Sauerkirschsaft nach Packungsanweisung kochen. Den Guss noch heiß auf der Torte verteilen, Schokolade in den Guss tropfen und sofort mit einem Holzstäbchen zu Linien auseinander ziehen. 1 Std. kühl stellen, erst dann den Ring entfernen.

335. Rolo-Torte

RAFFINIERT
Für 1 Springform (26 cm Ø)
Zubereitungszeit: 45 Min.
Kühlzeit: 12 Std.
Backzeit: 45 Min.

Für den Teig: 1 große Dose Birnen (420 g Abtropfgewicht) • 60 g Butter • 125 g Zucker • 3 Eier • 1 Fläschchen Rum-Aroma • 3 EL gemahlene Mandeln • 100 g Mehl (Type 405) • 1 TL Backpulver
Für die Füllung: 600 g Sahne • 3 Rollen Rolo (Süßigkeit, Supermarkt) • 3 Päckchen Sahnesteif
Außerdem: Backtrennpapier für die Form • 50 g Schokostreusel • 1 Rolle Rolo

– Die Springform mit Backpapier auslegen. Den Backofen auf 175° (Umluft 160°) vorheizen.

– Die Birnen abtropfen lassen. Die Butter mit dem Zucker und den Eiern schaumig rühren. Das Rum-Aroma und die Mandeln dazugeben und unterrühren. Das Mehl und das Backpulver sieben und unter die Masse rühren. Teig in die Springform füllen. Die Birnen auf dem Teig verteilen und den Kuchen im Ofen (Mitte) 45 Min. backen. Auskühlen lassen.
– Die Sahne mit 3 Rollen Rolos kurz aufkochen, bis sich die Rolos aufgelöst haben. Abkühlen lassen und die Masse über Nacht in den Kühlschrank stellen.
– Am nächsten Tag die Rolo-Sahne mit dem Sahnesteif steif schlagen. Die Rolo-Sahne auf der Torte verteilen und glatt streichen. Die Torte mit den Schokostreuseln und den restlichen Rolos garnieren.

336. Wellentorte

LEICHT ZU MACHEN
Für 1 Springform (28 cm Ø)
Zubereitungszeit: 1 Std.
Kühlzeit: 2–3 Std.
Backzeit pro Form: 25 Min.

Für den Teig: 125 g weiche Butter • 325 g Zucker • 4 Eier • 150 g Mehl (Type 405) • 2 gestrichene TL Backpulver • 20 g Mandelblättchen
Für die Füllung: 120 g Zucker • Saft von 3 Zitronen • 3 TL Vanille-Puddingpulver (zum Kochen) • 400 g Sahne • 2 Päckchen Sahnesteif
Außerdem: Butter und Backtrennpapier für die Form

– Den Backofen auf 175° (Umluft 160°) vorheizen. Die Backform leicht fetten und mit Backpapier auskleiden (so verrutscht das Papier nicht).
– Die Butter und 125 g Zucker cremig rühren. Die Eier trennen, Eiweiße beiseite stellen. Eigelbe mit 3 EL Wasser zur Butter geben, das Mehl und Backpulver dazusieben und alles zu einem glatten Teig verrühren.
– Eiweiße mit 200 g Zucker steif schlagen, Mandelblättchen unterheben. Die Hälfte des Teigs in die Form füllen, die Hälfte Eischnee darauf verstreichen. Im Ofen (Mitte) 25 Min. backen, vorsichtig vom Formboden lösen, auf einem Kuchengitter auskühlen lassen. Den zweiten Boden ebenso backen und auskühlen lassen.
– 1/8 l Wasser mit 100 g Zucker aufkochen. Den Zitronensaft mit dem Puddingpulver anrühren. In das kochende Wasser rühren, aufkochen lassen und den Pudding ganz auskühlen lassen.
– Die Sahne mit dem restlichen Zucker und dem Sahnesteif steif schlagen. Sahne mit dem kalten Pudding vermengen. Die Creme auf dem (weniger schönen) Teigboden verstreichen und mit dem zweiten Boden bedecken. Die Torte bis zum Servieren für mindestens 2–3 Std. in den Kühlschrank stellen.

337. Zitronen-Baisertorte

ERFRISCHEND
Für 1 Springform (26 cm Ø)
Zubereitungszeit: 40 Min.
Kühlzeit: 6 Std.
Backzeit pro Form: 15 Min.

Für den Teig: 250 g Zucker • 4 Eigelbe • 125 g weiche Butter • abgeriebene Schale von 1/2 unbehandelten Zitrone • Salz • 2 EL Zitronensaft • 1 Päckchen Vanillezucker • 150 g Mehl (Type 405) • 1 TL Backpulver
Für die Baisermasse: 4 Eiweiße • 1 Prise Salz • 1 TL Zitronensaft • 250 g Puderzucker • 60 g Mandelblättchen
Für die Füllung: 150 ml Weißwein (ersatzweise Wasser) • 100 g Zucker • 2 1/2 TL Speisestärke • 3 Blatt weiße Gelatine • abgeriebene Schale von 1/2 unbehandelten Zitrone • 6–8 EL Zitronensaft • 500 g Sahne
Außerdem: Butter für die Form • Zestenstreifen von 1 unbehandelten Zitrone

– Den Backofen auf 180° (Umluft 170°) vorheizen, die Form fetten.
– 125 g Zucker mit 4 Eigelben und der Butter schaumig rühren, Zitronenschale zum Teig geben. Salz, 2 EL Zitronensaft und den Vanillezucker einrühren. Mehl mit Backpulver über den Teig sieben, unterrühren. Die Hälfte des Teiges in die Form füllen.
– Eiweiße mit etwas Salz, 1 TL Zitronensaft und Puderzucker zu Schnee schlagen. Die Hälfte der Baisermasse auf den Tortenboden streichen, mit der Hälfte der Mandelblättchen bestreuen und 12–15 Min. backen. Abkühlen lassen. Den zweiten Boden ebenso mit dem restlichen Teig, der Baisermasse und den Mandelblättchen backen.
– Für die Füllung den Weißwein mit dem restlichen Zucker aufkochen. Die Speisestärke mit etwas Wasser glatt rühren und in den Wein einrühren. Kurz aufkochen lassen. Die Gelatine in kaltem Wasser ein-

weichen, ausdrücken und unter Rühren in der heißen Creme auflösen. Die abgeriebene Zitronenschale zur Creme geben, den Zitronensaft mit der Creme mischen und kühl stellen.
– Sahne steif schlagen und unter die leicht abgekühlte Creme heben. Gut die Hälfte der Creme auf einen Tortenboden streichen, den zweiten Boden darauf setzen. Die Torte mit den Zitronenzesten garnieren. Die Torte 6 Std. kühl stellen.

338. Mandel-Mokkatorte

FÜR GÄSTE
Für 1 Springform (26 cm Ø)
Zubereitungszeit: 40 Min.
Kühlzeit: 1–2 Std.
Backzeit pro Form: 10 Min.

Für den Teig: 150 g weiche Butter • 150 g Zucker • 2 Eier • 1 Prise Salz • 150 g Mehl (Type 405) • 100 g Speisestärke • 2 TL Backpulver • 3 EL Milch • 100 g Mandelblättchen
Für die Füllung: 1/2 Päckchen gemahlene weiße Gelatine • 600 g Sahne • 5 TL Instant-Kaffeepulver • 2 EL Vanillezucker • 4 TL Zucker
Außerdem: Butter für die Form • 16 Mokkabohnen

– Den Backofen auf 250° (Umluft 230°) vorheizen, die Form fetten. Die Butter mit dem Zucker schaumig schlagen. 1 Ei trennen, das Eigelb mit dem ganzen Ei, dem Salz, dem Mehl, der Speisestärke, dem Backpulver und der Milch unter die Buttermasse rühren. Das Eiweiß verquirlen.
– Ein Viertel des Teigs in die Form streichen, mit etwas Eiweiß und 25 g Mandelblättchen bedecken. Auf der unteren Schiene in 10 Min. goldgelb backen. 3 weitere Böden auf die gleiche Weise backen. 1 Tortenboden davon in 16 Stücke schneiden.
– Die Gelatine mit 3 EL kaltem Wasser verrühren, quellen lassen. Die Sahne mit dem Kaffeepulver, dem Vanillezucker und dem Zucker steif schlagen. Die Gelatine bei schwacher Hitze auflösen und unter die Schlagsahne ziehen.
– Die Tortenböden jeweils mit Schlagsahne bestreichen und aufeinander schichten. Die letzte Sahneschicht mit den Tortenstücken belegen. Mit den Mokkabohnen verzieren. Die Torte im Kühlschrank in 1–2 Std. fest werden lassen.

339. Mohntorte mit Preiselbeersahne

TASSEN-TORTE
Für 1 Springform (24 cm Ø)
Zubereitungszeit: 1 Std.
Ruhezeit: 4–12 Std.
Backzeit: 35 Min.

Für den Teig: 3 Eier • 1 Prise Salz • 125 g weiche Butter • 1 Tasse Zucker • 1 Tasse Mehl (Type 405) • 2 Päckchen Backpulver • 1 Tasse gemahlener Mohn
Für die Füllung: 3 Blatt rote Gelatine • 450 g Preiselbeerkompott • 125 g Sahne
Außerdem: Backtrennpapier für die Form • 250 g Sahne

– Den Backofen auf 200° (Umluft 180°) vorheizen. Die Springform mit Backpapier auslegen. Dazu das Papier auf den Boden der Form legen, den Rand darauf setzen und schließen, überstehendes Papier abreißen.
– Für den Teig die Eier trennen. Die Eiweiße mit Salz zu steifem Schnee schlagen und kühl stellen. Die Butter mit dem Zucker und den Eigelben weißschaumig rühren. Das Mehl mit dem Backpulver und dem Mohn mischen. Alles unter die Buttermasse rühren, den Eischnee unterheben und den Teig in die Form füllen. Den Tortenboden im Backofen (Mitte) etwa 35 Min. backen und mindestens 4, besser 12 Std., ruhen lassen.
– Für die Füllung die Gelatine in reichlich kaltem Wasser etwa 10 Min. quellen lassen. Den Tortenboden einmal quer durchschneiden.
– Das Kompott abtropfen lassen, dabei den Saft auffangen. Einige Beeren zum Garnieren beiseite legen. Den Saft erhitzen und vom Herd nehmen. Die Gelatine ausdrücken, unter Umrühren in dem Saft auflösen und mit den Preiselbeeren mischen.
– Um den unteren Tortenboden einen Tortenring legen. Sahne steif schlagen, mit den Preiselbeeren mischen, auf den unteren Tortenboden gießen. Den zweiten Boden darauf legen und die Torte in den Kühlschrank stellen.
– Kurz vor dem Servieren den Tortenring entfernen. Die übrige Sahne steif schlagen, die Torte damit überziehen und mit den zurückbehaltenen Beeren garnieren.

TIPPS

• Ganz wichtig zum Gelingen dieses Rezeptes ist, dass Sie zum Abmessen der Zutaten immer dieselbe Tasse verwenden.

• Wenn Sie keinen Mohn mögen, können Sie ihn durch gemahlene Mandeln oder Haselnüsse ersetzen. Statt mit Preiselbeerkompott können Sie die Sahne auch mit Johannisbeerkompott oder Stachelbeerkompott mischen.
• Besonders raffiniert schmeckt die Torte, wenn Sie die Garnitur und die Sahne mit Kapstachelbeeren veredeln. Die rohen Beeren für die Sahnemischung nur klein schneiden und die Sahne mit farbloser Gelatine steifen. Frische Beeren zum Garnieren nehmen. Allerdings wird die Torte so etwas teurer!

340. Baumkuchentorte

BRAUCHT ETWAS ZEIT
Für 1 Springform (24 cm Ø)
Zubereitungszeit: 2 Std
Backzeit pro Teigschicht: 5 Min.

Für den Teig: 250 g weiche Butter oder Margarine • 200 g Zucker • 1 Päckchen Vanillezucker • 1 Prise Salz • 5 Eier • 125 g Speisestärke • 125 g Mehl (Type 405) • 75 g gemahlene Mandeln • 2 Tropfen Bittermandelöl • je 1 kräftige Prise gemahlener Zimt und gemahlene Nelken • 2 EL Rosenwasser (Orientladen, Backregal)
Für den Überzug: 6–8 EL Orangenlikör • 100 g Aprikosenkonfitüre • 200 g Marzipan-Rohmasse • 75 g Puderzucker • 200 g Halbbitter-Kuvertüre oder Schokoladenglasur
Außerdem: Fett für die Form • eventuell weiße Kuvertüre

– Das Fett mit dem Zucker, dem Vanillezucker und dem Salz mit den Schneebesen des Handrührgerätes oder in der Küchenmaschine sehr schaumig rühren. Die Eier nach und nach dazugeben. Die Creme weiterschlagen, bis sie sehr hell und schaumig ist. Die Speisestärke mit dem Mehl und den Mandeln vermischen. Mit dem Bittermandelöl, den Gewürzen und dem Rosenwasser mit einem Rührlöffel unter den Teig rühren.
– Den Backofen auf 250° (Umluft 230°) vorheizen, die Springform einfetten.
– 2 EL Teig hineingeben und mit einem Teigschaber ganz dünn verstreichen. In den heißen Backofen (oben) schieben und in 4–5 Min. goldgelb backen. Wiederum 2 EL Teig auf die schon gebackene Schicht geben, dünn verstreichen und backen. Auf diese Weise nach und nach Teigschichten backen, bis der Teig verbraucht ist.
– Den Kuchen aus der Springform lösen und auf ein Kuchengitter setzen. Die Oberfläche mehrmals mit einem Zahnstocher einstechen. Die Torte mit dem Orangenlikör beträufeln und abkühlen lassen.
– Die Aprikosenmarmelade erhitzen, glatt rühren und durch ein Sieb streichen, damit grobe Fruchtstückchen zurückbleiben. Die Torte damit bestreichen.
– Die Marzipan-Rohmasse mit 50 g Puderzucker verkneten. Mit dem übrigen Puderzucker die Arbeitsfläche besieben. Das Marzipan darauf zu einem Kreis von gut 30 cm Ø dünn ausrollen, auf die Torte legen. Das Marzipan an der Oberfläche und am Rand leicht andrücken. Überstehendes Marzipan glatt schneiden.
– Die Kuvertüre grob hacken, bei schwacher Hitze im Wasserbad schmelzen. Die Torte gleichmäßig damit überziehen, Guss trocknen lassen. Wer möchte, verziert die Torte noch mit flüssiger weißer Kuvertüre. Kühl und trocken aufbewahrt, hält die Torte 10–14 Tage.

341. Marzipantorte

ETWAS SCHWIERIGER | BRAUCHT ZEIT
Für 1 Springform (28 cm Ø)
Zubereitungszeit: 1 Std.
Kühlzeit: 1–2 Std.
Backzeit pro Teigschicht: 5 Min.
Ruhezeit: 7 Tage

Für das Marzipan: 50 g Pistazien • 300 g Mandeln • 200 g Marzipan-Rohmasse • 100 g Puderzucker
Für den Teig: 10 Eier • 500 g weiche Butter • 500 g Puderzucker • geriebene Schale von 1 ungespritzten Zitrone • je 125 g Mehl und Speisestärke • 200 g Zitronenmarmelade
Für den Überzug: 50 Puderzucker • 100 g Marzipan-Rohmasse • 200 g Zartbitter-Kuvertüre
Außerdem: Butter für die Form • 25 g Pistazien

– Die Pistazien fein mahlen. Die Mandeln mit kochend heißem Wasser überbrühen, etwas abkühlen lassen und aus der Haut drücken. Dann trocknen lassen, reiben und ebenfalls fein mahlen.
– Das Marzipan in Stückchen schneiden, mit dem Puderzucker und den gemahlenen Pistazien verkneten. Das Pistazienmarzipan in 4 Portionen beiseite legen.

– Den Backofen auf 250° (Umluft 230°) vorheizen, die Springform fetten. Die Eier trennen. Die Butter mit dem gesiebten Puderzucker schaumig rühren. Nach und nach die Eigelbe und die Zitronenschale zufügen. Das Mehl mit Speisestärke und Mandeln mischen. Die Eiweiße zu steifem Schnee schlagen und mit der Mandel-Mehl-Mischung unter die Buttermasse heben.
– 2 EL Teig in die Form geben und mit dem Kuchenpinsel auseinander streichen. Die Teigschicht im Ofen (oben) in 5 Min. goldgelb backen.
– Wiederum 2 EL Teig auf der gebackenen Schicht verteilen und goldgelb backen, ebenfalls die dritte Teigschicht. Darauf 1 EL Zitronenmarmelade verteilen, einen Teil des Pistazienmarzipans zwischen Klarsichtfolie in Größe der Form ausrollen und auf die Marmelade legen. Darauf 2 EL Teig glatt streichen. Die Schicht wiederum 5 Min. backen.
– Es folgen wieder 3 Schichten Teig, darauf die Füllung aus Zitronenmarmelade und Marzipan. Die Torte in diesem Rhythmus fertig backen, bis der gesamte Teig und das Pistazienmarzipan aufgebraucht sind.
– Die Torte etwas abkühlen lassen, dann aus der Form lösen und auf einem Kuchengitter 1–2 Std. auskühlen lassen. Die Torte ringsherum mit der übrigen Zitronenmarmelade bestreichen.
– Für den Überzug das Marzipan mit dem Puderzucker verkneten. Eine dünne Scheibe für die Oberfläche der Torte und einen breiten Streifen in Größe des Tortenrands ausrollen und ausschneiden, mit Hilfe von Klarsichtfolie auf und um die Torte legen. Die Kuvertüre im Wasserbad schmelzen lassen, die Torte damit von der Mitte aus gleichmäßig überziehen. Die restlichen Pistazien grob hacken und auf die Torte streuen.
– Torte mit Alufolie umhüllen, vor dem Anschneiden mindestens 7 Tage in den Kühlschrank stellen.

342. Walnusstorte

VOLLWERTIG
Für 1 Springform (28 cm Ø)
Zubereitungszeit: 1 Std.
Kühlzeit: 1–2 Std.
Backzeit: 35 Min.

Für den Teig: 100 g geröstete Walnusskerne • 250 g Weizenvollkornmehl • 25 g Kakaopulver • 2 TL Backpulver • 200 g weiche Butter • 200 g Honig • 4 Eier • 1 Schnapsglas Rum (2 cl)
Zum Füllen und Belegen: 100 g Walnusskerne • 100 g Weizenvollkornmehl • je 1/2 TL gemahlener Zimt und gemahlene Vanille • 100 g Honig • 100 g Butter • 1/4 l Milch • 2 Schnapsgläser Walnusslikör (4 cl)
Für den Überzug: 100 g Walnusskerne • 400 g Sahne • 2 EL Zuckerrohrgranulat • 1/2 TL gemahlene Vanille • 16 Walnusskernhälften
Außerdem: Butter für die Form

– Den Backofen auf 180° (Umluft 160°) vorheizen, die Form fetten.
– Die Nüsse fein reiben, mit dem Mehl, dem Kakao und dem Backpulver mischen. Die Butter mit dem Honig schaumig schlagen. Die Mehlmischung, die Eier und den Rum abwechselnd unterrühren. Den Teig in die Form füllen und im Ofen (Mitte) 35 Min. backen.
– Für die Füllung die Nüsse grob hacken und mit dem Mehl rösten. Die Gewürze, den Honig, die Butter und die Milch untermischen, so lange unter Rühren kochen lassen, bis die Masse fest ist.
– Den Tortenboden einmal durchschneiden und mit 1 Schnapsglas Likör beträufeln. Den restlichen Likör unter die Füllung rühren und diese auf den unteren Tortenboden streichen. Die zweite Kuchenplatte darauf setzen und etwas andrücken. Die Torte 1–2 Std. auskühlen lassen.
– Für den Überzug die Nüsse fein mahlen. Die Sahne mit dem Zuckerrohrgranulat und der Vanille steif schlagen und die Nüsse unterheben. Die Torte mit der Nusssahne überziehen; mit den Walnusskernen belegen.

343. Frankfurter Kranz

BERÜHMTES REZEPT
Für 1 Kranzform (26 cm Ø)
Zubereitungszeit: 1 Std. 35 Min.
Kühlzeit: 1–2 Std.
Backzeit: 50 Min.

Für den Teig: 250 g weiche Butter • 150 g Zucker • 5 Eier • 1 EL Zitronensaft • 350 g Mehl (Type 405) • 150 g Speisestärke • 1 Päckchen Backpulver
Für die Füllung: 250 g weiche Butter • 200 g Puderzucker • 2 Eigelbe • 2 EL Vanillezucker • 200 g Marzipan-Rohmasse • 2 EL Orangenlikör • 225 g Orangenkonfitüre
Für den Krokant: 25 g Butter • 125 g gehackte Mandeln • 50 g Zucker

Außerdem: Butter und Semmelbrösel für die Form • kandierte Kirschen als Verzierung

– Den Backofen auf 180° (Umluft 160°) vorheizen. Die Form mit Butter ausstreichen und mit Semmelbröseln ausstreuen.
– Für den Teig die Butter mit dem Zucker schaumig rühren. Die Eier und den Zitronensaft hinzufügen. Das Mehl mit der Speisestärke und dem Backpulver mischen und unter die Schaummasse ziehen. Den Teig in die Form füllen und im Ofen (Mitte) 50 Min. backen. Den Kuchen im abgeschalteten Backofen noch 10 Min. stehen, dann 1–2 Std. auskühlen lassen.
– Für die Creme die Butter schaumig rühren. Den Puderzucker, die Eigelbe und den Vanillezucker untermischen. Die Marzipanmasse mit dem Likör und etwas Wasser streichfähig machen.
– Für den Krokant die Butter erhitzen, die Mandeln und den Zucker darin unter Rühren goldbraun karamellisieren, dann erkalten lassen.
– Den Kranz dreimal durchschneiden. Den Boden mit einem Drittel der Buttercreme, den mittleren Teil mit der Konfitüre und den oberen Teil mit dem Marzipan bestreichen. Den Kranz zusammensetzen und mit Buttercreme und dem Krokant überziehen. Mit Cremetupfen und kandierten Kirschen garnieren.

344. Hochzeitstorte

EIN HOCH AUF DIE LIEBE!
Für 1 Springform (26 cm Ø)
Zubereitungszeit: 1 Std. 20 Min.
Backzeit: 45 Min.

Für den Teig: 250 g weiche Butter • 125 g Zucker • 1 EL Vanillezucker • 4 Eier • je 150 g Mehl (Type 405) und Speisestärke • 100 g gehäutete gemahlene Mandeln • 2 TL Backpulver
Für die Creme: je 125 g Butter und Zucker • 4 Eigelbe • abgeriebene Schale von 1 unbehandelten Zitrone • Saft von 2 Zitronen
Für den Guss: 1 Eiweiß • 250 g Puderzucker • 2 EL Zitronensaft
Außerdem: Butter für die Form • 30 g gehackte Pistazien und 16 kandierte Veilchen zum Garnieren

– Den Backofen auf 180° (Umluft 160°) vorheizen, die Form fetten. Für den Teig die Butter mit dem Zucker und dem Vanillezucker schaumig rühren, die Eier und 4 EL Wasser untermischen. Das Mehl mit der Speisestärke, den Mandeln und dem Backpulver unterziehen. Den Teig in die Form füllen und die Torte im Ofen (Mitte) 45 Min. backen. Auskühlen lassen.
– Für die Füllung die Butter schmelzen lassen, den Zucker und die Eigelbe zufügen. Die Zitronenschale und den Zitronensaft unterrühren. Im heißen Wasserbad cremig schlagen, danach abkühlen lassen.
– Den Tortenboden zweimal durchschneiden. 2 Böden mit der Zitronencreme bestreichen, alle Böden zusammensetzen. Das Eiweiß steif schlagen und mit dem Puderzucker und dem Zitronensaft verrühren. Die Torte mit dem Guss überziehen und garnieren.

345. Flockenschnitten

RAFFINIERT
Für 10–12 Schnitten
Zubereitungszeit: 1 Std.
Backzeit pro Backblech: 15 Min.

Für den Brandteig: 70 g Butter • 1/2 TL Salz • 1 TL Zucker • 200 g Mehl (Type 405) • 5 Eier
Für die Füllung: 300 g Himbeeren • 50 g Puderzucker • 1 EL Rum • 750 g Sahne • 80 g Zucker
Außerdem: Butter und Mehl für die Bleche • 1 EL Puderzucker zum Bestäuben

– Für den Teig 200 ml Wasser, die Butter und das Salz in eine Kasserolle geben und unter ständigem Rühren einmal aufkochen lassen. Das gesiebte Mehl auf einen Schlag in die kochende Flüssigkeit schütten, dabei ununterbrochen kräftig weiterrühren. So lange rühren, bis sich die Masse als Kloß vom Topf löst (abbrennt) und eine weiße Haut den Topfboden überzieht.
– Die Masse in eine Schüssel umfüllen, etwas abkühlen lassen, 1 Ei unterrühren, bis es sich völlig mit der Masse verbunden hat. Die restlichen Eier nacheinander zugeben, dabei darauf achten, dass jedes einzelne gut untergerührt ist, bevor das nächste folgt. Die Teigkonsistenz prüfen. Dafür den Kochlöffel anheben, die Masse soll glatt und glänzend sein und weich vom Löffel fallen.
– Den Backofen auf 250° (Umluft 230°) vorheizen. Zwei Backbleche leicht fetten und mit Mehl bestäuben. Je die Hälfte des Brandteigs dünn auf die vorbereiteten Bleche streichen. Im Ofen (Mitte) in 15 Min. hellbraun backen. Die beiden Teigplatten vorsichtig von den

Blechen lösen und erkalten lassen. Eine der beiden Platten in 3 Streifen von je 10 cm Breite schneiden. Die zweite Teigplatte mit einem langen Messer mit Sägeschliff in kleine, gleichmäßige Stücke beziehungsweise »Flocken« schneiden.
– Für die Füllung die Himbeeren säubern, mit dem Puderzucker bestäuben, mit dem Rum beträufeln und mit einer Gabel grob zerdrücken. Die Masse etwas durchziehen lassen.
– Die Sahne mit dem Zucker steif schlagen. Zwei Drittel von der Sahne mit der Himbeermasse vermischen. Auf einen Teigstreifen Sahne-Himbeer-Mischung geben, den zweiten Teigstreifen darauf setzen und auch mit Füllung bestreichen, zum Schluss den dritten Teigstreifen darauf setzen.
– Die mit der Himbeersahne zusammengesetzten Teigstreifen rundum, also auf der Oberfläche und an den Rändern, mit der restlichen Sahne einstreichen und mit den Flocken bestreuen. Die Oberfläche leicht mit Puderzucker bestäuben. Möglichst innerhalb der nächsten 2–3 Std. servieren, damit der Brandteig noch kross ist und nicht durchweicht.

TIPP

Die Flockenschnitten schmecken wirklich nur ganz frisch. Zum einen, weil die Sahne ohne Bindung nur begrenzt haltbar ist, zum anderen, weil die Brandteigstreifen, die im knusprigen Kontrast zur fruchtig-cremigen Sahne stehen sollten, leider sehr schnell weich werden.

346. Erdbeer-Rhabarber-Torte

ETWAS BESONDERES
Für 1 Springform (24 cm Ø)
Zubereitungszeit: 1 1/4 Std.
Backzeit pro Backblech: 20 Min.

Für den Brandteig: 125 g Butter • 1 Prise Salz • 1 Prise Zucker • 200 g Mehl (Type 405) • 5–6 Eier
Für die Rhabarber-Erdbeer-Füllung: 500 g Rhabarber • 500 g Erdbeeren • 6 Blatt rote Gelatine • 2 TL Speisestärke • 200 g Erdbeerkonfitüre • 1 TL abgeriebene Schale von 1 unbehandelten Orange
Für die Sahnefüllung: 4 Blatt weiße Gelatine • 750 g Sahne • 50 g Zucker • 4 cl Rum
Außerdem: Backtrennpapier für die Bleche • zum Garnieren 30 g gehobelte, geröstete Mandeln, 2 Erdbeeren, 4 Rhabarberstücke, 4 grüne Marzipanblättchen • Puderzucker zum Bestäuben

– 1/4 l Wasser, die Butter und das Salz in eine Kasserolle geben und unter ständigem Rühren einmal aufkochen lassen. Das gesiebte Mehl auf einen Schlag in die kochende Flüssigkeit schütten, dabei ununterbrochen kräftig weiterrühren. So lange rühren, bis sich die Masse als Kloß vom Topf löst (abbrennt) und eine weiße Haut den Topfboden überzieht.
– Die Masse in eine Schüssel umfüllen, etwas abkühlen lassen, 1 Ei unterrühren, bis es sich völlig mit der Masse verbunden hat. Die restlichen Eier nacheinander zugeben, dabei darauf achten, dass jedes einzelne gut untergerührt ist, bevor das nächste folgt. Die Teigkonsistenz prüfen. Dafür den Kochlöffel anheben, die Masse soll glatt und glänzend sein und weich vom Löffel fallen.
– Den Backofen auf 220° (Umluft 200°) vorheizen. Zwei Backbleche mit Backpapier auslegen, darauf mit einem Bleistift 3 Kreise von je 24 cm Ø aufzeichnen. Den Brandteig in einen Spritzbeutel mit Sterntülle Nr. 6 füllen und die Masse in die vorgezeichneten Kreise spritzen. Dabei von der Mitte aus beginnen und spiralförmig nach außen führen, bis der aufgezeichnete Kreis ausgefüllt ist. Zwischen den Strängen einen Abstand von etwa 1 cm einhalten, da der Teig stark aufgeht.
– Die Böden im Ofen (Mitte) in etwa 20 Min. hellbraun backen. Aus dem Ofen nehmen, vom Papier lösen, auf Kuchengittern auskühlen lassen.
– Für die Rhabarber-Erdbeer-Füllung den Rhabarber waschen, abziehen und in kleine Stücke schneiden. Die Erdbeeren putzen, waschen und halbieren. Die Gelatine in kaltem Wasser einweichen. Die Speisestärke mit wenig kaltem Wasser anrühren. In einer Kasserolle die Konfitüre aufkochen, die Rhabarberstücke zugeben und weich kochen. Die Erdbeeren unterrühren und die angerührte Speisestärke zugeben. Kurz aufkochen, die gut ausgedrückte Gelatine und die abgeriebene Orangenschale einrühren, abkühlen lassen.
– Für die Sahnefüllung die Gelatine kalt einweichen, ausdrücken und heiß auflösen. Inzwischen die Sahne steif schlagen, dabei den Zucker einrieseln lassen, die etwas abgekühlte Gelatine und den Rum zugeben. Vier Fünftel der Sahnemischung in einen Spritzbeutel mit großer Lochtülle füllen.
– Um die Torte zusammenzusetzen, auf 2 Böden je 3 dicke Sahneringe spritzen und die Zwischenräume mit

der Fruchtmischung ausfüllen. Diese Böden übereinander setzen und den dritten Boden darauf legen. Den Rand der Torte mit Sahne einstreichen und mit den Mandelblättchen bestreuen. Die restliche Sahne in einen Spritzbeutel mit Sterntülle füllen und einen Wellenrand aufspritzen. Die Torte mit Puderzucker besieben und mit den Früchten und Marzinblättchen dekorieren.

TIPP

Diese Fruchtmischung kommt bei einer Sahnetorte besonders gut zur Geltung, und die Böden aus luftigem Brandteig machen die Torte sehr locker. Sie darf nur nicht lange stehen, sonst werden die Böden weich und der angenehme Kontrast von Teig und Füllung geht verloren.

347. Brandteigkränze mit Erdbeersahne

MACHT EINDRUCK
Für 6 Kränze (10 cm Ø)
Zubereitungszeit: 55 Min.
Backzeit: 20 Min.

***Für den Teig:** 120 g Butter • 1 Prise Salz • 1 TL Zucker • 150 g Mehl (Type 405) • 4 Eier*
***Für die Füllung:** 500 g Erdbeeren • 1 EL Himbeersirup • 2 EL Puderzucker • 250 g Mascarpone • 200 g Sahne • 1 Päckchen Sahnesteif*
***Außerdem:** Backtrennpapier fürs Blech • Puderzucker zum Bestäuben*

– Den Backofen auf 220° (Umluft 200°) vorheizen. Ein Backblech mit Backpapier auslegen, mit Bleistift darauf 6 Kreise von 10 cm Ø aufzeichnen.
– 1/4 l Wasser mit der Butter, dem Salz und dem Zucker in einem Topf zum Kochen bringen. Vom Herd ziehen, das Mehl auf einmal hineinschütten, gut unterrühren. Wieder auf den Herd stellen und rühren, bis sich ein Kloß bildet. Vom Herd nehmen und die Eier nach und nach unter den Teig rühren. Dabei muss eine zäh vom Löffel reißende Masse entstehen.
– Den Teig in einen Spritzbeutel mit Sterntülle füllen. 6 Kränze von 10 cm Ø auf das Backblech spritzen. Die Kränze im Ofen (Mitte) in 20 Min. goldbraun backen. Ofen ausschalten. Brandteigkränze im leicht geöffneten Backofen noch 10 Min. nachziehen lassen. Herausnehmen und quer halbieren.
– Die Erdbeeren putzen, waschen, einige Erdbeeren für die Garnitur beiseite legen. Den Rest klein würfeln. In einer Schüssel mit 1 EL Himbeersirup vermischen.
– Puderzucker mit Mascarpone verrühren, die Sahne mit Sahnesteif aufschlagen. Mascarponecreme esslöffelweise unter Rühren zu der Sahne geben. Die klein geschnittenen Erdbeeren unterheben.
– Die Böden der Brandteigkränze mit der Erdbeercreme füllen, die Deckel aufsetzen. Die Kränze in Form eines Ringes auf eine Platte setzen und die Mitte ebenfalls mit Creme füllen. Mit den übrigen Erdbeeren garnieren. Mit Puderzucker bestäuben.

TIPP

Statt der Erdbeeren können Sie auch Rhabarber nehmen. Dazu 300 g Rhabarber putzen, waschen und in kleine Würfel schneiden. Mit 2 EL Johannisbeergelee in einen Topf geben, kurz aufkochen und abkühlen lassen. Das Rhabarberkompott unter die Creme rühren.

348. Saint-Honoré-Torte

FÜR FESTTAGE
Für 1 Springform (26 cm Ø)
Zubereitungszeit: 45 Min.
Kühlzeit: 30 Min.
Backzeit: 20 Min.

***Für den Mürbteig:** 80 g Butter • 40 g Zucker • 1 Eigelb • 160 g Mehl (Type 405)*
***Für den Brandteig:** 70 g Butter • 1 Prise Salz • 200 g Mehl • 4 Eier*
***Für die Füllung:** • 1/2 l Milch • Mark von 1 Vanilleschote • 5 Eigelbe • 180 g Zucker • 1 Päckchen Vanille-Puddingpulver (zum Kochen) • 5 Eiweiße*
***Außerdem:** Backtrennpapier fürs Blech • 100 g Aprikosenkonfitüre*

– Backofen auf 210° (Umluft 190°) vorheizen, Backblech mit Backpapier auslegen. Aus Butter, Zucker, Eigelb und Mehl einen Mürbteig kneten und zugedeckt 30 Min. im Kühlschrank ruhen lassen. Den Teig zu einer Platte von 26 cm Ø ausrollen und auf das Backblech legen.

– 1/4 l Wasser mit Butter und Salz zum Kochen bringen, das Mehl hineinschütten und rühren, bis sich der Teig als Kloß vom Topfboden löst. Teig vom Herd nehmen, die Eier einzeln unterrühren. Den Teig in einen Spritzbeutel füllen und einen dicken Ring auf den Rand des Mürbteigbodens spritzen, daneben 10 kleine Windbeutel setzen. Im Ofen (Mitte) 15–20 Min. backen.
– Die Milch mit der Vanille aufkochen. Die Eigelbe mit dem Zucker und dem Puddingpulver verquirlen und in die kochende Milch rühren. Die Eiweiße zu Schnee schlagen, unter die abgekühlte Creme heben. Vanillecreme in den Teigring füllen und die Windbeutel als Garnitur darauf setzen. Ring und Windbeutel mit der erhitzten Konfitüre bestreichen.

349. Kühle Lady

GELINGT LEICHT
Für 1 Torte mit Biskuitboden vom Bäcker (26 cm Ø)
Zubereitungszeit: 25 Min.
Kühlzeit: 1 Std.

3 EL Milch • 125 g Noisette-Schokolade • 125 g Butter • 4 Eigelbe • 50 g Zucker • 600 g Sahne • 2 EL Kakao
Außerdem: 1 Schokoladen-Biskuitboden (Fertigprodukt, 26 cm Ø)

– Milch erwärmen und die Schokolade darin auflösen, abkühlen lassen. Die Butter, die Eigelbe und den Zucker schaumig rühren und die erkaltete Schokomilch unterrühren. Die Sahne steif schlagen und unter die Schokoladencreme ziehen.
– Den fertigen Boden mit der Creme bestreichen. Die Torte 1 Std. in den Kühlschrank stellen und vor dem Servieren mit Kakao bestäuben.

TIPPS

• Bevor man die Torte mit Kakao bestäubt, eine Schablone (z. B. ein Herz) auf die Torte legen, dann mit dem Kakao bestäuben und die Schablone wieder entfernen. Das geht schnell, gelingt leicht und sieht super aus.
• Mit einem Fertig-Biskuitboden und diesem Rezept sind Sie immer gewappnet, wenn sich mal unvermutet Besuch zum Kaffee anmeldet. Denn die Zutaten hat man meist daheim.

350. Fürst-Pückler-Torte

KÜHLER KLASSIKER
Für 1 Torte mit Biskuitboden vom Bäcker (26 cm Ø)
Zubereitungszeit: 35 Min.
Kühlzeit: 1–2 Std.

je 1 heller Biskuitboden und Schokoladen-Biskuitboden (Fertigprodukt, 26 cm Ø)
Für die Füllung: 100 g Erdbeeren • 2 Blatt weiße Gelatine • 500–750 g Sahne • 50 g Zucker
Für die Verzierung: 16 kandierte Kirschen • 2 EL Schokoladenspäne • 4 EL geröstete Mandelblättchen

– Jeden der beiden Biskuitböden quer halbieren, die Erdbeeren waschen, putzen und pürieren. Die Gelatine in kaltem Wasser einweichen. Sahne mit dem Zucker steif schlagen. Ein Drittel davon mit dem Erdbeerpüree mischen. Gelatine gut ausdrücken, in wenig Wasser im Wasserbad auflösen und unter die Erdbeersahne rühren.
– Die beiden hellen Biskuitböden mit Sahne bestreichen und jeweils einen dunklen Boden darauf setzen. Einen der dunklen Böden mit der Erdbeersahne bestreichen, die anderen beiden geschichteten Böden darauf legen.
– Die Torte rundherum mit der Sahne überziehen. Mit der restlichen Sahne 16 Rosetten auf die Torte spritzen. Jede Rosette mit 1 Kirsche belegen. Die Schokoladenspäne in die Mitte der Torte streuen. Den Rand der Torte mit den Mandelblättchen bestreuen. Die Torte bis zum Servieren mindestens 1–2 Std. kühl stellen.

351. Zitronen-Himbeer-Torte

SCHNELL GEMACHT
Für 1 Torte mit Biskuitboden vom Bäcker (26 cm Ø)
Zubereitungszeit: 35 Min.

1 Schokoladen-Biskuitboden (Fertigprodukt, 26 cm Ø)
Für die Füllung: 750 g Sahne • 200 g Zucker • Saft und abgeriebene Schale von 1 unbehandelten Zitrone • 200 g Himbeeren
Für die Verzierung: 50 g Krokantstreusel • 2 Zitronen

– Den Tortenboden zweimal quer durchschneiden. Die Sahne mit dem Zucker steif schlagen, in drei Teile teilen und einen Teil mit Zitronensaft und Zitronenschale mischen. 16 Himbeeren beiseite stellen, die restlichen pürieren und mit dem zweiten Teil der Sahne verrühren.

– Die Zitronensahne und die Himbeersahne je in einen Spritzbeutel mit Lochtülle füllen. Auf zwei Tortenböden abwechselnd einen Ring Zitronen- und einen Ring Himbeersahne spritzen. Die beiden Böden übereinander legen.
– Mit dem Rest der Sahne die Torte bestreichen. Dann mit den Krokantstreuseln bestreuen. Aus der Mitte der Zitronen jeweils 8 dünne Scheiben schneiden. 16 Sahnerosetten auf die Torte spritzen und jede Rosette mit 1 Zitronenscheibe und 1 Himbeere belegen.

352. Pariser Flair

OHNE BACKEN
Für 1 Torte mit Biskuitboden vom Bäcker (26 cm Ø)
Zubereitungszeit: 1 Std.
Kühlzeit: 3 Std.

150 g Löffelbiskuits • 600 g Sahne • 2 Päckchen Sahnesteif • 2 EL Rum (nach Belieben) • 1 Schokoladen-Biskuitboden (Fertigprodukt, 26 cm Ø) • 3 EL Raspelschokolade • 1 Päckchen Aranca-Pudding

– Löffelbiskuits in einen Plastikbeutel geben, grob zerdrücken. 200 g Sahne mit 1 Päckchen Sahnesteif und nach Belieben mit Rum steif schlagen, die Löffelbiskuitbrösel unterheben. Den Biskuitboden auf eine Tortenplatte legen, die Sahne mit den Bröseln darauf verteilen.
– 200 g Sahne mit dem Sahnesteif steif schlagen, die Raspelschokolade unterheben. Die Schokostückchensahne als zweite Schicht auf der Bröselsahne verteilen.
– Den Pudding nach Packungsanleitung zubereiten (ohne Ei). Restliche Sahne steif schlagen und den Pudding unterheben. Als dritte Schicht auf dem Kuchen verteilen. Mit einer Gabel Wellenlinien als Verzierung auf dem Kuchen ziehen. Die Torte mindestens 3 Std. kühl stellen.

353. Mascarpone-Torte

BLITZREZEPT
Für 1 Springform (26 cm Ø)
Zubereitungszeit: 20 Min.
Kühlzeit: 3 Std.

2 Dosen Mandarinen (à 175 g Abtropfgewicht) • 500 g Mascarpone • 7 EL Puderzucker • Saft und etwas abgeriebene Schale von 1 unbehandelten Zitrone • 250 g Löffelbiskuits
Außerdem: Fett für die Form

– Die Springform fetten. Die Mandarinen abtropfen lassen, dabei den Saft auffangen.
– Den Mascarpone mit Puderzucker, Zitronensaft und Zitronenschale verquirlen. Etwa ein Viertel der Mandarinen zum Garnieren aufheben, den Rest zur Mascarponemasse geben und so lange rühren, bis die Mandarinen zerfallen sind und die Masse cremig ist.
– Die Hälfte der Löffelbiskuits in die Springform legen. Mit etwas Mandarinensaft beträufeln. Die Hälfte der Mascarponecreme darüberstreichen. Die restlichen Löffelbiskuits auf die Creme legen, wieder mit Mandarinensaft beträufeln und die restliche Mascarponecreme darauf verteilen.
– Die Torte mit den übrigen Mandarinenspalten garnieren und mindestens 3 Std. in den Kühlschrank stellen. Mit einem Messer am Rand entlang fahren und den Ring abnehmen.

TIPP

Wenn keine Kinder mitessen, können Sie die Löffelbiskuits statt mit Mandarinensaft mit Mandarinen- oder Orangenlikör beträufeln. Und rühren Sie auch ein Gläschen davon unter die Mascarponecreme.

354. Plätzchen-Torte

OHNE BACKEN
Für 1 Torte mit Biskuitboden vom Bäcker (26 cm Ø)
Zubereitungszeit: 25 Min.
Kühlzeit: 30 Min.

Biskuitboden (Fertigprodukt, 26 cm Ø) • 5 Blatt weiße Gelatine • 450 g Sahne • 130 ml Eierlikör • 150 g Doppelrahm-Frischkäse • 5 EL Zitronensaft • 16 kleine Schokoladenplätzchen • 4 EL Kakao

– Den Tortenboden auf eine Kuchenplatte legen. Die Gelatine in kaltem Wasser einweichen. Die Sahne steif schlagen.
– Den Eierlikör etwas erwärmen, die Gelatine ausdrücken und in dem Eierlikör auflösen. Frischkäse mit

Zitronensaft und Eierlikör verrühren, unter die Sahne heben. Eierlikörsahne kuppelartig auf den Tortenboden streichen und 30 Min. kühl stellen.
– Die Schokoladenplätzchen darauf setzen. Die Torte in der Mitte mit Kakao bestäuben.

355. Mohrenkopftorte

BLITZREZEPT | SCHMECKT KINDERN
Für 1 Torte mit Biskuitboden vom Bäcker (28 cm Ø)
Zubereitungszeit: 15 Min.

9 große Mohrenköpfe • 500 g Magerquark • Saft von 1 Zitrone • 300 g Sahne • 1 Päckchen Sahnesteif • 1 Biskuitboden (Fertigprodukt, 28 cm Ø) • 12 kleine Mohrenköpfe

– Die Waffelböden von den großen Mohrenköpfen abschneiden und klein würfeln. Den Schaum und Schokoüberzug zerdrücken.
– Den Quark mit Zitronensaft verrühren. Zerdrückte Mohrenköpfe und die klein gewürfelten Waffelböden unterheben. Die Sahne mit Sahnesteif steif schlagen und mit der Quarkmasse vermischen.
– Die Quarkmasse gleichmäßig auf dem Tortenboden verteilen und mit den kleinen Mohrenköpfen oder anderen Süßigkeiten verzieren. Die Mohrenkopftorte bis zum Verzehr in den Kühlschrank stellen.

356. Maronentorte

RAFFINIERT KOMBINIERT
Für 1 Torte mit Biskuitboden vom Bäcker (26 cm Ø)
Zubereitungszeit: 30 Min.

1 Schokoladen-Biskuitboden (Fertigprodukt, 26 cm Ø)
Für die Füllung: 440 g Maronenpüree (aus der Dose, Feinkostgeschäft) • 1 EL Zitronensaft • 6 EL Sahne • 7 EL Puderzucker
Für den Überzug: 1/2 Glas Aprikosenkonfitüre • 250 g Marzipan-Rohmasse • 150 g Puderzucker • 200 g Schokoladen-Fettglasur
Außerdem: Model zum Ausstechen

– Den Schokoladen-Biskuitboden zweimal quer durchschneiden. Das Maronenpüree mit dem Zitronensaft, der Sahne und dem gesiebten Puderzucker zu einer geschmeidigen Masse verrühren. Zwei der Biskuitböden mit dieser Creme bestreichen, dann alle drei Böden aufeinander setzen.
– Die Aprikosenkonfitüre unter Rühren erhitzen und die Tortenoberfläche damit bestreichen. Die Marzipan-Rohmasse mit dem gesiebten Puderzucker verkneten, dünn ausrollen und die Torte rundherum damit einhüllen. Überstehende Ränder abschneiden.
– Das restliche Marzipan etwa 1 cm dick ausrollen. Die Marzipanplatte auf ein Holzmodel legen, mit dem Wellholz einmal darüber rollen und mit einem spitzen Messer wieder aus dem Model lösen. Auf diese Weise 14 Figuren ausschneiden.
– Die Schokoladen-Fettglasur im Wasserbad schmelzen lassen und die Torte damit überziehen. Auf der Oberfläche 14 Stücke markieren, die Torte mit den Marzipanfiguren belegen.

357. Eierpunschtorte

SCHMECKT KINDERN
Für 1 Torte mit Biskuitboden vom Bäcker (26 cm Ø)
Zubereitungszeit: 35 Min.
Kühlzeit: 1 Std.

1 Biskuitboden (Fertigprodukt, 26 cm Ø)
Für die Füllung: 250 g weiche Butter • 5 Eigelbe • 4 EL Rum • 7 EL Schokoladenpulver • 25 g Kokosfett • 24 Löffelbiskuit • 6 EL Orangensaft
Für den Überzug: 400 g Sahne • 2 Päckchen Vanillezucker • 4 EL Schokostreusel

– Den Tortenboden auf eine Kuchenplatte legen und einen Tortenring oder Springformrand drumherumlegen. Die Butter mit den Eigelben, dem Rum und 5 EL Schokoladenpulver verrühren. Kokosfett schmelzen lassen und unter die Butter-Eimasse rühren. Die Hälfte der Creme auf dem Tortenboden verteilen.
– Die Löffelbiskuits in der Mitte des Kuchens so verteilen, dass der Rand frei bleibt. Die Biskuits mit dem Orangensaft beträufeln. Die restliche Creme darüber streichen. Die Eierpunschtorte 1 Std. in den Kühlschrank stellen.
– Die Sahne mit Vanillezucker steif schlagen. Den Tortenring entfernen. Die Sahne in einen Spritzbeutel mit großer Lochtülle füllen und die Torte nach Belieben verzieren. Anschließend mit Schokoladenpulver bestäuben und mit Schokostreuseln bestreuen.

358. Avon-Club-Torte

SCHNELL GEMACHT
Für 1 Torte (26 cm Ø)
Zubereitungszeit: 35 Min.
Kühlzeit: 2 Std.

250 g Löffelbiskuit • 160 g Butter • 160 g Zucker • 6 Blatt weiße Gelatine • 600 g Schmand • 1 Dose Ananas in Stücken (ca. 460 g Abtropfgewicht) • 400 g Sahne • 75 g gehackte Pistazien (Backregal)

– Tortenring auf eine Tortenplatte setzen und mit der Hälfte der Löffelbiskuits auslegen.
– Butter und Zucker schaumig schlagen. Gelatine in kaltem Wasser einweichen, ausdrücken und in einem Topf erwärmen. Aufgelöste Gelatine mit dem Schmand unter die Butter-Zucker-Mischung rühren.
– Ananas abtropfen lassen, ein paar Stückchen für die Dekoration zurücklegen, das restliche Obst unter die Creme heben. Die Sahne steif schlagen und ebenfalls unter die Creme ziehen. Die Hälfte der Creme auf die Löffelbiskuits streichen. Darüber den Rest Löffelbiskuits verteilen und darauf die restliche Creme geben.
– Torte mit den restlichen Ananasstücken und Pistazien verzieren, mindestens 2 Std. in den Kühlschrank stellen.

TIPP
Pistazien schmecken angenehm nussig. Sie sollten kühl und trocken gelagert werden, am besten in einem luftdurchlässigen Gefäß. Zum Backen werden in der Regel die ungesalzenen, grünen Kerne verwendet – als Dekoration oder zum Verfeinern des Teigs.

359. Philadelphia-Torte

OHNE BACKEN
Für 1 Springform (26 cm Ø)
Zubereitungszeit: 30 Min.
Kühlzeit: 3–4 Std.

150 g Löffelbiskuits • 125 g Butter • 600 g Philadelphia-Doppelrahmstufe • 300 g Joghurt • Saft von 1 großen Limette • 1 Päckchen klarer Tortenguss • 50 g Zucker • 2 Päckchen Vanillezucker
Außerdem: Backtrennpapier für die Form • frische Früchte zum Garnieren

– Die Form mit Backpapier auslegen. Die Löffelbiskuits in einen großen Gefrierbeutel füllen, den Beutel verschließen und den Inhalt mit einem Nudelholz oder den Händen vollständig zerbröseln.
– Die Butter schmelzen, mit den Bröseln vermischen und in die Form drücken. Frischkäse, Joghurt und Limettensaft kräftig verrühren.
– Tortenguss, Zucker, Vanillezucker und 150 ml Wasser in einem kleinen Topf aufkochen und unter die Creme rühren. In die Springform füllen und glatt streichen.
– Die Torte mindestens 3 Std. in den Kühlschrank stellen und vor dem Servieren nach Belieben mit ein paar frischen Früchten garnieren.

TIPP
Für eine sahnig-zitronige Frischkäsecreme 1 Päckchen Zitronen-Götterspeise mit 1 Tasse kaltem Wasser anrühren und 10 Min. stehen lassen. Dann 3 EL Zucker dazugeben, erhitzen (aber nicht kochen), auflösen und abkühlen lassen. 200 g Frischkäse mit 3 EL Zucker verrühren. Den Saft von 1 Zitrone unter den Käse rühren, Götterspeise dazugeben. 400 g Sahne steif schlagen und unter die Masse heben. Auf dem Kuchenboden verteilen und kühlen.

360. Cornflakes-Torte

ETWAS SCHWIERIG
Für 1 Springform (24 cm Ø)
Zubereitungszeit: 45 Min.
Kühlzeit: 1–2 Std.

100 g Butter • 150 g Zartbitter-Schokolade • 150 g Cornflakes • 6 Blatt weiße Gelatine • 2 Eigelbe • 100 g Zucker • Saft von 1 Zitrone • 250 g Magerquark • 400 g Sahne • 350 g entsteinte Süßkirschen
Außerdem: Backtrennpapier für die Form • Butter • 2 EL Borkenschokolade

– Die Butter mit der Schokolade schmelzen lassen, die Cornflakes untermischen. Ein Stück Backpapier mit Butter bestreichen, von der Cornflakesmasse 12 Häufchen abnehmen und darauf setzen. Den Boden und den Rand der Form mit Backpapier auslegen. Die übrige Cornflakesmasse einfüllen und fest andrücken. Die Plätzchen und die Springform etwa 1 Std. in den Kühlschrank stellen.

– Die Gelatine 10 Min. in kaltem Wasser einweichen. Die Eigelbe mit dem Zucker schaumig rühren, den Zitronensaft und den Quark untermischen. Die Sahne steif schlagen. Die Gelatine ausdrücken, in einem Töpfchen bei schwacher Hitze auflösen, einige EL Quarkmasse unter die flüssige Gelatine ziehen und diese mit der Schlagsahne unter die Quarkcreme heben.

– Ein Drittel der Creme auf den Cornflakesboden streichen. Die Kirschen darauf verteilen, die restliche Quarksahne darüber streichen. Die Torte mindestens 1 Std. in den Kühlschrank stellen.

– Die Torte mit den Plätzchen und mit der Borkenschokolade verzieren.

361. Piña-Colada-Torte

KOKOS-NUSSIG
Für 1 Springform (22 cm Ø)
Zubereitungszeit: 40 Min
Ruhezeit: 12–16 Std.

300 g Kokoszwieback • 100 g Butter • 1 Dose Ananasstücke (335 g Abtropfgewicht) • 7 EL Kokosraspel • 750 g Sahnequark • 12 Blatt weiße Gelatine • 7 EL weißer Rum • 100 ml Kokoscreme (gesüßt, aus der Dose, Asienladen) • 500 g Sahne
Außerdem: 1 Schüssel (ca. 2 l Inhalt, ca. 22 cm Ø) • Kokosraspel oder -chips zum Bestreuen

– Den Zwieback in einen Gefrierbeutel geben und mit dem Nudelholz oder einer Flasche zerbröseln. Die Butter in einem Topf schmelzen, über die Brösel geben und mit einer Gabel verkneten. In die Springform geben, gut auf dem Boden festdrücken und in den Kühlschrank stellen.

– Die Ananasstückchen in einem Sieb abtropfen lassen und mit den Kokosraspeln unter den Quark rühren.

– Die Gelatine ca. 5 Min. in kaltem Wasser einweichen. Dann ausdrücken, in einem Topf bei ganz schwacher Hitze auflösen. Den Rum und die Kokoscreme dazugeben, verrühren und unter die Quarkmasse rühren.

– Sobald die Creme fest wird, die Sahne steif schlagen und unterheben. Die Creme in die Schüssel geben, mit Frischhaltefolie abdecken und über Nacht in den Kühlschrank stellen.

– Den Rand von der Springform lösen. Die Schüssel mit der Creme kurz in heißes Wasser tauchen, dann auf den Zwiebackboden stürzen. Mit Kokosraspeln bestreuen.

362. Oblatentorte

MACHT WAS HER
Für 1 Torte
Zubereitungszeit: 40 Min.

Für die Füllung: 1/2 l Milch • 80 g Zucker • 1 Vanilleschote, längs aufgeschnitten • 2 Eigelbe • 40 g Speisestärke • 50 g Marzipan-Rohmasse • 250 g Butter • 60 g Puderzucker • 1 Schnapsglas brauner Rum (2 cl) • 160 g gehäutete gemahlene Mandeln
2 Pakete Karlsbader Oblaten (je 5 Stück)
Zum Garnieren: Kuvertüre für Schokoladenspäne • Puderzucker zum Besieben • Maraschinokirschen

– Für die Füllung Milch, Zucker und Vanilleschote zum Kochen bringen. Sobald die Milch einmal kräftig aufgekocht ist, die Vanilleschote herausheben. (Falls noch Mark in der Schote ist, herauskratzen und in die Milch geben.) Die Eigelbe mit der Speisestärke und 1–2 EL der heißen Milch verrühren. Die Eiercreme unter kräftigem Rühren mit dem Schneebesen in die Milch gießen und einige Male aufwallen lassen, bis die Creme gebunden ist. In eine Schüssel füllen und die Oberfläche mit etwas Puderzucker besieben, damit sich keine Haut bildet.

– Die Marzipan-Rohmasse mit der Hälfte der Butter verkneten. Die restliche Butter und den Puderzucker zugeben und mit dem Handrührgerät so lange verrühren, bis eine cremige Masse entstanden ist. Diese durch ein feines Sieb streichen. Zunächst den Rum, dann die Mandeln zufügen, alles gut miteinander vermischen.

– Die erkaltete Vanillecreme ebenfalls durch das Sieb streichen und unter die Marzipan-Butter-Mischung rühren. Die Oblaten gleichmäßig stark mit der Vanillecreme bestreichen und übereinander setzen. Die restliche Creme auf die Oberfläche streichen und mit einem Messer eine wellige Kontur entstehen lassen.

– Für die Schokoladenröllchen Kuvertüre hacken und im heißen Wasserbad schmelzen. Dann hauchdünn auf eine glatte Fläche, beispielsweise eine Marmorplatte, streichen und fast erstarren lassen. Mit einem Messer Streifen in der gewünschten Röllchenbreite einritzen.

Einen Spachtel in flachem Winkel ansetzen und die Röllchen abschaben. Die Torte reichlich mit den Schokoladenspänen bestreuen, mit dem Puderzucker besieben und mit den Kirschen belegen.

363. Eistorte

ETWAS BESONDERES
Für 1 Eisbombenform oder 1 Springform (20 cm Ø)
Zubereitungszeit: 25 Min.
Tiefkühlzeit: 5 Std.

2 Mangos • 100 g Puderzucker • 250 g Mascarpone • 250 g Sahne • 300 g Vanillejoghurt • Kokospralinen

– Die Mangos schälen und vom Stein schneiden. Etwas mehr als die Hälfte des Fruchtfleischs mit 80 g Puderzucker und Mascarpone pürieren. Sahne und Vanillejoghurt untermixen, Masse in eine Spring- oder Kuppelform füllen. Mindestens 5 Std. tiefkühlen.
– Die Eistorte etwa 15 Min. vor dem Servieren aus der Gefriertruhe nehmen. Das restliche Mangofruchtfleisch mit dem restlichen Puderzucker pürieren. Torte aus der Form lösen und auf einer Platte anrichten. Das Mangopüree über die Torte gießen. Die Torte mit den Kokospralinen garniert servieren.

364. Himbeer-Eistorte

BRAUCHT ETWAS ZEIT
Für 1 Springform (24 cm Ø)
Zubereitungszeit: 45 Min.
Backzeit: 30 Min.
Tiefkühlzeit: 4–5 Std.

3 Eier • 225 g Zucker • abgeriebene Schale von 1/2 unbehandelten Zitrone • 50 g Mehl (Type 405) • 50 g gemahlene Mandeln oder Haselnüsse • 500 g Himbeeren • 500 g Sahne • 4 EL Himbeergeist • 150 g Himbeermarmelade
Außerdem: Butter und Mehl für die Form • 500 g Himbeeren zum Garnieren • Pergamentpapier

– Den Backofen auf 175° (Umluft 160°) vorheizen. Die Form fetten und mit Mehl ausstäuben. Eier mit 100 g Zucker und der Zitronenschale schaumig aufschlagen. Das Mehl und die Mandeln oder Nüsse unterheben. Den Teig in der Form glatt streichen, im Ofen (unten) in 25–30 Min. goldgelb backen. Auskühlen lassen.
– Die Himbeeren mit 60 g Zucker mischen und fein pürieren. Die Sahne sehr steif schlagen, dabei den restlichen Zucker einrieseln lassen.
– Den Tortenboden einmal halbieren. Die Böden mit dem Himbeergeist tränken, mit der Marmelade füllen und zusammensetzen. In die Springform legen, den Rand mit Pergamentpapier auslegen. Das Himbeerpüree unter die feste Sahne ziehen. In die Form füllen, mit Himbeeren belegen, mindestens 4 Std. ins Gefrierfach stellen. 20 Min. vor dem Servieren herausnehmen.

365. Cappuccino-Eistorte

RAFFINIERT GEMACHT
Für 1 Springform (24 cm Ø)
Zubereitungszeit: 45 Min.
Backzeit: 35 Min.
Tiefkühlzeit: 6 Std.

Für den Teig: 3 Eier • 90 g Zucker • 75 g Mehl (Type 405) • 25 g Kakaopulver • 6 EL Mandellikör
Für die Eismasse: 4 Eigelbe • 100 g Zucker • 1/4 l Milch • 1 kräftige Prise gemahlener Zimt • 4 EL starker Espresso • 375 g Sahne • 15 g Kakaopulver • 150 g Amaretti
Außerdem: Backtrennpapier für die Form • Pergamentpapier • Puderzucker und gemahlener Zimt

– Den Backofen auf 190° (Umluft 170°) vorheizen. Die Form mit Backpapier auslegen. Die Eier mit dem Zucker schaumig aufschlagen, Mehl und Kakao unterheben. Den Teig in der Form glatt streichen, im Ofen (unten) 30–35 Min. backen. Auskühlen lassen.
– Biskuit quer halbieren, mit dem Likör tränken. Eigelbe mit Zucker cremig schlagen. Milch aufkochen, den Zimt und den Espresso unterrühren. Zur Eiercreme gießen, zurück in den Topf füllen. Die Masse unter ständigem Rühren erhitzen, bis sie leicht dicklich wird. Kalt rühren.
– Die Sahne steif schlagen, den restlichen Kakao unterheben. Sorgfältig unter die Creme ziehen. Die Amaretti in Stücke schneiden und untermischen. Den Rand der Form mit Pergamentpapier auslegen, einen Biskuitboden hineinlegen. Die Eismasse einfüllen, den anderen Boden auflegen. Die Torte in etwa 6 Std. im Gefrierfach fest werden lassen. Vor dem Servieren etwa 20 Min. antauen lassen. Mit Puderzucker und Zimt garnieren.

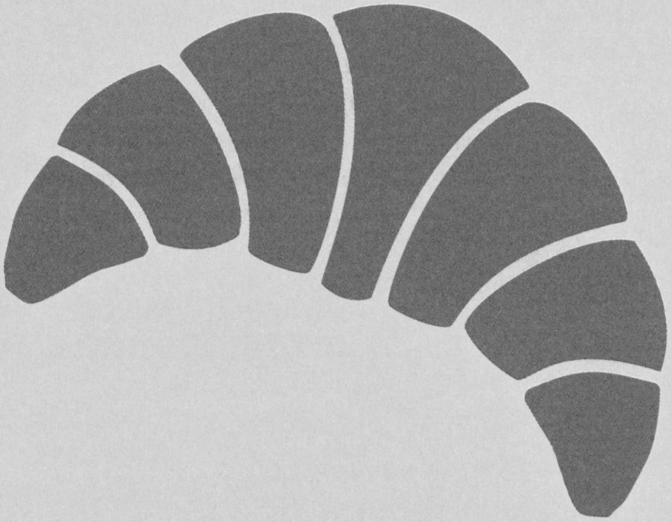

MUFFINS & TEILCHEN

Bagel, Beignets, Beugel, Beutel, Ecken, Eclairs, Hörnchen, Kipferl, Krapfen, Locken, Muffins, Nudeln, Petit Fours, Plunder, Röllchen, Schnecken, Schnitten, Stückchen, Taschen, Waffeln, Zungen – willkommen in der elementaren Welt des Backens. Hier fügen sich kleinste Teilchen zum feinen Frühstück, zur kleinen Teepause, zur großen Kaffeetafel oder zum süßen Abendbrot zusammen. Ganz, wie man sich's backt.

Trotz aller Modebäckereien und extravaganten Konditoreifantasien – würde die süße Welt des Backens nur aus Kuchen und Torten bestehen, fehlte ihr das Elementare: all die kleinen Teilchen und Stückchen, die es in jeder möglichen Form unter von Ort zu Ort verschiedenen Namen gibt – unser tägliches süßes Brot sozusagen. Wir holen sie uns morgens beim Bäcker, wir genießen sie tagsüber im Coffee-Shop, wir gönnen sie uns am Wochenende auch schon mal vom Zuckerbäcker und im besten Fall backen wir sie einfach selbst. Wie Muffins zum Beispiel.

Muffins – die süßen Burger

Es ist schon erstaunlich, was diese kleinen Gebäckstücke aus Amerika für eine Karriere bei uns gemacht haben. Ein bisschen erinnert das an jene Zeit, als wir den Hamburger entdeckten. Ein mit einem knusprig gebratenem Fleischküchlein, Tomaten, Salat und Käse belegtes „Sandwich" aus der Hand und eine große Cola dazu war für viele damals das erste Mahl, zu dem sie allein essen gingen. Die süße Fortsetzung wurde dann der Muffin, auch aus der Hand, und der Milchkaffee (heute: Caffè latte) dazu – das erste Mal, dass man ganz erwachsen „einen Kaffee trinken ging", ohne gleich als tantig zu gelten.

Anders als der Burger schaffte es der Muffin aber auch in unsere Küchen – obwohl er manchmal beim Backen ganz schön zicken kann und sich dabei dem Backblech wie der Kuchenform stur widersetzt. Aber das hat ja auch Charakter. Und so sind sie ein guter Einstieg in die Welt des Backens, denn mit ihnen lassen sich die Tücken und Glücksmomente des Teigrührens und Formen-in-den-Ofen-Schiebens im Kleinen erleben. Und bald wagt man sich dann an die größeren Stücke. Aber auch wenn man das nicht tut, ist das Selbstbacken von Muffins eine gute Sache – allein wegen der Dinger, die einem heute manche Bäcker unter diesem Namen andrehen wollen. Was nicht nur für Muffins gilt.

Wir backen unsere Teilchen selbst

Wer sich nicht gerne mit Tiefkühlteilen aus dem SB-Ofen abspeisen lässt, hat einen guten Grund fürs Backen der süßen Stücke im eigenen Ofen. Aber warum gerade diese, warum nicht gleich einen ganzen Kuchen, der meistens weniger Arbeit macht und für mehr reicht? Nun, wenn erst einmal alle Muffin-Formen gefüllt, die Krapfen ausgebacken und die Schnitten geschnitten sind, dann sind die Teilchen einfach praktischer: schon portioniert, gleich zu essen (problemlos ohne Teller und Gabel), gut zu transportieren und aufzubewahren, falls was übrig bleibt. Und da ist nämlich noch etwas Gutes an dem kleinen Gebäck: Man kann es schon vor dem Backen genau einteilen. Und das hat dann noch diesen ganz persönlichen Effekt, dass man jemandem sagen kann: „Diese Apfeltasche habe ich nur für dich gemacht."

Gleich auf der nächsten Doppelseite können Sie die Elementarteilchen in der Welt des Backens näher kennen lernen: die den großen Stücken sehr nahen Küchlein, die eher eigen geformten Hörnchen und Taschen sowie die ganz Besonderen von Krapfen bis Buchteln. Dazu ein „Who is who?" plus der wichtigsten Backtipps.

Was ist …

… ein Muffin? Ursprünglich Hefeteiggebäck, das man als Beilage oder zum Tee in England und in den USA aß. Heute vor allem bekannt als blitzschnell gemachtes Gebäck aus Rührteig mit Backpulver.

… ein Kipferl? Österreichisch für Hörnchen. Angeblich soll ein Wiener Bäcker sie nach dem türkischen Halbmond geformt haben. Ebenso angeblich soll das zum Inbegriff französischer Lebensart aufgestiegene Croissant eine Nachbildung dessen sein. Ein „Beugel" ist ein Hörnchen aus Hefeteig.

… ein Plunder? Kurz für „Plunderstückchen", also Kleingebäck aus Plunderteig, der ähnlich wie Blätterteig gemacht wird, nur dass hier ein Hefeteig mit Butter gefaltet und ausgerollt wird. Geht ebenso blättrig auf, ist aber zarter und haltbarer.

… ein Eclair? Längliche „Knochen" aus Brandteig, die nach dem Backen ähnlich wie Windbeutel mit Sahne oder Creme gefüllt werden. Oft sind sie zusätzlich auf der Oberfläche glasiert. Profiteroles sind kleine Windbeutel mit eingespritzter Füllung.

… ein Beignet? Frittiertes Gebäck. Steht heute vor allem für in Ausbackteig (meist mit Bier oder Wein zubereitet) gebackene Früchte wie Apfelbeignets. Der Teig kann aber auch solo als eine Art frittierter Pfannkuchen serviert werden. Ebenso lassen sich Spritzkuchen aus Brandteig oder Krapfen (siehe unten) als Beignets bezeichnen.

… ein Krapfen? Steht im Alpenraum für süßes Fettgebackenes, das zu vielen Festen (Silvester, Fasching) Tradition hat. Heute vor allem verwendet für faustgroßes Hefegebäck, das meist mit Konfitüre gefüllt und mit Zucker bestreut wird. Auch Berliner (Pfannkuchen) oder Kräppel (in Hessen) genannt.

Küchlein und Kekse

Sie sind die kleinen Kopien der großen Vorbilder, deren Namen in ihnen stecken. Speziell manche Küchlein sind so klein, dass der Schritt nicht groß ist zum Cookie oder zum Keks – der ohnehin die eingedeutschte Form von „cakes" (englisch für Kuchen) ist. Amerikaner, Nussecken oder Prasselkuchen aus Blätterteig sind solche Maxi-Plätzchen oder Mini-Kuchen in einem. Das populärste Küchlein ist aber ein richtiges: der Muffin, der aus Rührteig in kleinen Förmchen gebacken wird, die ursprünglich mal Tassen waren. Die Feinen unter den kleinen sind die Törtchen – in diesem Buch vor allem zu finden in dem Kapitel Obstkuchen (ab Seite 112).

Hörnchen und Taschen

Hierzu gehört erst einmal alles süße Kleingebäck, das eine besondere Form hat, oft einen speziellen Namen trägt und nicht selten typisch für ein Land oder eine Region ist – die gebogenen Hörnchen, Kipferl und Beugel, die gerollten Schnecken und Schweinsöhrchen (alles meistens aus Blätter- oder Plunderteig), die geschichteten Biskuit-Petit-Fours und die gefüllten Brandteig-Eclairs zum Beispiel. Eine Gruppe für sich sind die süßen Taschen. Die haben sich Hausfrauen und Bäcker in aller Welt ausgedacht, um besonders Zartes wie Quark oder Schokolade und Saftiges wie Äpfel oder Beeren in knuspriger Hülle schonend zu backen und transportfähig zu machen. Die Hülle ist oft aus Blätterteig (manchmal auch Quark-Öl-Teig) oder Plunderteig, einer Art Blätterteig auf Hefebasis.

Beignets und Buchteln

Zum Abschluss werden in diesem Kapitel die Mehlspeisen unter den Teilchen serviert, die man eher am Mittags- oder Abendtisch als auf der Kaffeetafel findet. So werden sie auch nicht immer in Ofen und Form gebacken, sondern im Fett wie Hefeteig-Krapfen und Bierteig-Beignets, im Extra-Gerät wie Waffeln aus Rührteig oder im Bräter wie Rohrnudeln und Buchteln aus Hefeteig. Dazu gibt es dann statt Sahne oft eine süße Sauce oder ein fruchtiges Kompott.

Kleines backen

Muffins machen

Das Wichtigste beim Herstellen von Muffins ist, dass der Teig so kurz wie möglich vermengt wird, sonst werden sie zäh. Daher die trockenen und flüssigen Zutaten getrennt mischen: zuerst das Mehl mit Backpulver, das in den USA oftmals durch Natron ergänzt oder ersetzt wird. Dazu kommen noch mögliche andere trockene Zutaten wie Nüsse oder Kakao. Damit der Zucker sich besser löst, kann er mit den flüssigen Zutaten verrührt werden. Klassisch sind das: Ei, Öl oder flüssige Butter und Buttermilch oder Joghurt, womit Muffins besser aufgehen als mit Milch. Nun trockene und flüssige Zutaten mit dem Kochlöffel nur so lange mischen, bis alles feucht ist – lieber ein paar Klumpen lassen, statt alles glatt zu rühren. Sofort den Teig in die gebutterte Form füllen, backen, kurz ausdampfen lassen und auf ein Gitter stürzen. Frisch genießen!

Früchte in Teigkruste machen

Bierteig ist eine Art Pfannkuchenteig, der mit Bier (Wein und Sekt gehen auch) statt mit Milch zubereitet wird. Das erzeugt eine Gärung im Teig, die ihn in heißem Fett schön plustrig aufgehen lässt. Ein solcher Ausbackteig wird meistens als Hülle um Obst (z. B. Apfel- oder Ananasringe) verwendet. Dazu werden Eigelbe mit Mehl (kann auch etwas Backpulver enthalten) glatt gerührt, dann kommt nach und nach das Bier dazu. Das Eiklar mit 1 Prise Salz steif schlagen, ein Drittel unterrühren, den Rest locker unterziehen. Nun die Früchte in Mehl wenden, dann in den Teig tauchen und ...

... im heißen Fett ausbacken

Wenn in der Backstube Teig frittiert wird, heißt das Ausbacken. Das Fett dazu muss Hitze gut vertragen und wenig Eigengeschmack haben, was für raffinierte Pflanzenöle oder gehärtetes Pflanzenfett gilt. Wichtig: Immer frisches Fett verwenden, da das Gebäck jeden Geschmack aufsaugt – wer mag schon Apfelbeignets, die wie Tintenfischringe schmecken? Das Fett nun in einer großen Fritteuse oder im weiten Topf (maximal zu drei Vierteln gefüllt) erhitzen, bis es 175° heiß ist oder an einem hineingesteckten Holzlöffelstiel viele Bläschen hochperlen. Nun das Auszubackende ins Fett geben. Nicht zu viele Stücke auf einmal, damit das Fett nicht zu stark abkühlt. Das Gebäck goldgelb frittieren und, falls nötig, dabei wenden. Mit einer Schaumkelle herausheben, abtropfen lassen und auf Küchenpapier das überflüssige Fett aufsaugen lassen. Ist das Ausbackfett wieder heiß genug, wird die nächste Ladung gebacken. Immer gut: Gebäck noch heiß mit Zucker bestreuen oder darin wälzen.

Der GU-Kummerkasten

Wo sind denn die Blätter in meinem Blätterteig? *Damit Blätterteig schön blättrig aufgeht, wird Butter in einen Mehl-Wasser-Teig eingeschlagen und dies immer wieder gefaltet und ausgerollt, bis jener berühmte „tausendblättrige Teig" entsteht. Das ist ziemlich kompliziert (mehr dazu auf Seite 415). Simpler und sicherer läuft das mit fertigem Blätterteig aus der Tiefkühltruhe. Aber auch der kann manchmal am Boden bleiben. So lässt sich das vermeiden: Teig immer gut verschlossen lagern (nach dem Anbrechen luftdicht in Folie oder Box) und nach dem Auftauen 15 Minuten ruhen lassen. Er geht schöner auf, wenn man alle aufgetauten Platten bis auf eine dünn mit Wasser oder flüssiger Butter bestreicht, aufeinander setzt (mit der blanken Platte als letzte) und nochmals dünn ausrollt – immer von oben nach unten und von links nach rechts, nie diagonal. Danach zuschneiden und weitere 15 Minuten ruhen lassen. Beim Bestreichen mit Eigelb darauf achten, dass nichts an die Kanten kommt, denn dann verklebt der Teig dort. Er sollte rasch und heiß (200–220°) gebacken werden.*

366. Schweinsöhrchen

SCHNELL | PREISWERT
Für etwa 40 Stück
Zubereitungszeit: 25 Min.
Auftauzeit: 15 Min.
Kühlzeit: 20 Min.
Backzeit: 20 Min.

300 g TK-Blätterteig • 1 1/2 EL Butter • 100 g Zucker • 1 Päckchen Vanillezucker
Außerdem: Zucker für die Arbeitsfläche

– Den Blätterteig auftauen lassen. Inzwischen die Butter schmelzen und wieder abkühlen lassen. Den Zucker mit dem Vanillezucker mischen.
– Die einzelnen Teigplatten leicht mit etwas Wasser bestreichen und wieder aufeinander legen. Die Arbeitsfläche mit etwas Zucker bestreuen und den Teig zu einem Quadrat (ca. 30 x 30 cm) ausrollen.
– Die Butter auf dem Teig verstreichen und mit der Hälfte des Zuckers bestreuen. Nun den Teig von beiden Seiten her gleichmäßig und fest zur Mitte hin einrollen und leicht aneinander drücken. Die Rolle 20 Min. im Kühlschrank ruhen lassen.
– Den Backofen auf 200° (Umluft 180°) vorheizen, das Backblech anfeuchten. Die Teigrolle in 1/2 cm dicke Scheiben schneiden und mit einer Seite in den restlichen Zucker drücken. Mit der gezuckerten Seite nach oben auf das Blech legen, im Ofen (Mitte) 15 Min. backen. Dann die Teile wenden, weitere 5 Min. backen, damit der Zucker goldbraun karamellisiert.

367. Teeblätter

GELINGEN LEICHT | SPEZIALITÄT
Für 16 Teeblätter
Zubereitungszeit: 30 Min.
Auftauzeit: 15 Min.
Ruhezeit: 15 Min.
Backzeit pro Backblech: 16 Min.

300 g TK-Blätterteig • 100 g Zucker • 100 g Vollmilch- oder Zartbitter-Kuvertüre
Außerdem: Zucker für die Arbeitsfläche

– Den Blätterteig auftauen lassen, dann auf einer gezuckerten Arbeitsfläche etwa 7 mm dick ausrollen.
– Den Backofen auf 220° (Umluft 200°) vorheizen. Das Backblech mit kaltem Wasser abspülen. Mit einer Ausstechform oder einem Glas von 6 cm Ø Scheiben ausstechen. Zucker auf einer Arbeitsfläche ausstreuen, die Teigscheiben mit einem Nudelholz in einer Richtung oval ausrollen, wenden und in der gleichen Richtung noch einmal ausrollen. Die ovalen Scheiben auf das Backblech legen und 15 Min. ruhen lassen.
– Die Teeblätter im Backofen auf der mittleren Schiene 8 Min. backen, dann wenden und in weiteren 8 Min. fertig backen. Die Teeblätter zum Abkühlen auf ein anderes Blech legen.
– Die Kuvertüre im Wasserbad schmelzen, jeweils die Enden der Teeblätter in die Kuvertüre tauchen. Die Teeblätter auf ein Kuchengitter legen, bis die Kuvertüre getrocknet ist.

TIPPS

• Genießen Sie die Teeblätter mit Sahne garniert, unter die Sie einige Esslöffel Eierlikör mischen.
• Gießen Sie Schokoladensauce in dünnem Strahl darüber. Dann brauchen Sie die Teeblätter aber nicht in Kuvertüre tauchen.

368. Sächsischer Prasselkuchen

KLEINE BERÜHMTHEITEN
Für 30 Stückchen
Zubereitungszeit: 30 Min.
Auftauzeit: 15 Min.
Backzeit: 15 Min.

300 g TK-Blätterteig • 200 g Mehl (Type 405) • 100 g Zucker • 125 g Butter • 1 Prise Salz
Für die Glasur: 2–3 EL Zitronensaft • 100 g Puderzucker • 1 EL zerlassenes Pflanzenfett
Außerdem: Mehl für die Arbeitsfläche

– Blätterteigscheiben nebeneinander auftauen lassen. Inzwischen aus Mehl, Zucker, Butter und Salz in einer Schüssel krümelige Streusel kneten.
– Für die Glasur Zitronensaft mit Puderzucker und zerlassenem, wieder abgekühltem Pflanzenfett verrühren.
– Jede Blätterteigplatte auf einer bemehlten Arbeitsfläche dünn ausrollen und Stücke von 6 x 10 cm aus-

schneiden (pro Platte 6 Stück). Mit einer Gabel jede Scheibe mehrfach einstechen und mit einem Kuchenpinsel mit wenig Wasser bestreichen.
– Den Backofen auf 225° (Umluft 200°) vorheizen, ein Backblech kalt abspülen. Die Teigstücke darauf legen und reichlich mit Streuseln belegen.
– Im Backofen (Mitte) in etwa 15 Min. hellgelb backen. Die Stückchen etwas abkühlen lassen und mit der Zitronenglasur bepinseln.

TIPPS

- **Ihren Namen haben die kleinen Blechkuchen, weil sie so knusprig sind, dass man es beim Hineinbeißen „Prasseln" hört.**
- **Prasselkuchen hält sich in einer Dose längere Zeit frisch. Er lässt sich auch gut einfrieren.**

369. Mürbe Brezen

SÜSSE KLASSIKER
Für etwa 30 Brezen
Zubereitungszeit: 30 Min.
Auftauzeit: 15 Min.
Kühlzeit: 2 Std.
Backzeit: 15 Min.

300 g TK-Blätterteig • 300 g Mehl (Type 405) • 2 Eigelbe • 100 g Zucker • 200 g Butter
Außerdem: Pergamentpapier • 1/2 Tasse Aprikosenkonfitüre zum Bestreichen

– Den Blätterteig bei Raumtemperatur auftauen lassen. Inzwischen das Mehl mit 1 Eigelb, dem Zucker und der Butter verkneten. Den Mürbteig in Pergamentpapier gewickelt 2 Std. im Kühlschrank ruhen lassen.
– Blätterteig und Mürbteig zu Platten von je 50 x 35 cm ausrollen. Mürbteigplatte mit übrigem Eigelb bestreichen, Blätterteigplatte darauf legen, etwas andrücken. Aus dem Teig 1 1/2 cm breite Streifen schneiden, spiralförmig drehen, sodass die Blätterteigseite außen ist, und zu Brezen formen. Die Enden gut zusammendrücken.
– Den Backofen auf 220° vorheizen, das Backblech kalt abspülen. Die Brezen auf das Blech legen und 15 Min. ruhen lassen. Brezen im Ofen (Mitte) 15 Min. backen. Die Konfitüre leicht erhitzen und die noch warmen Brezen damit bestreichen.

TIPP

Die Brezen eignen sich zum Einfrieren, dann entfällt allerdings das Glasieren mit der Konfitüre.

370. Schneckennudeln

BLITZREZEPT
Für 16 Stück
Zubereitungszeit: 10 Min.
Kühlzeit: 10 Min.
Backzeit: 20 Min.

60 g Butter • 100 g Sahne • 3 EL Ahornsirup • 100 g gehackte Mandeln • 2 TL gemahlener Zimt • 1 Paket Blätterteig (fertig ausgerollt aus dem Kühlregal, 30 x 20 cm) • 1 Päckchen Vanillezucker • 150 g Puderzucker
Außerdem: Backtrennpapier fürs Blech

– Die Butter schmelzen lassen. Sahne mit 2 EL Butter und 2 EL Ahornsirup erwärmen. Mandeln und Zimt unterrühren. Den Blätterteig entrollen, mit 1 EL Butter bestreichen. Die Mandelfüllung darauf verteilen, von der Längsseite her aufrollen. Rolle 10 Min. tiefkühlen.
– Backofen auf 220° (Umluft 200°) vorheizen, Backblech mit Backpapier auslegen. Die Rolle mit der restlichen Butter bestreichen, mit Vanillezucker bestreuen und in 16 Stücke schneiden. Den Teig auf das Blech legen, im Ofen (Mitte) in 15–20 Min. goldbraun backen.
– Puderzucker und restlichen Ahornsirup verrühren. Die Schnecken damit bestreichen.

371. Nusskämme

GELINGEN LEICHT
Für 10 Nusskämme
Zubereitungszeit: 30 Min.
Auftauzeit: 15 Min.
Backzeit: 20 Min.

300 g TK-Blätterteig • 150 g gemahlene Haselnüsse • 1 EL Butter • 1 Ei • 100 g Zucker
Außerdem: Mehl für die Arbeitsfläche

– Blätterteigscheiben nebeneinander auftauen lassen. Den Backofen auf 220° (Umluft 200°) vorheizen, das

Backblech mit kaltem Wasser abspülen. Die Teigscheiben halbieren und auf der bemehlten Arbeitsfläche zu Quadraten von etwa 10 x 10 cm ausrollen.
– Die gemahlenen Nüsse in der Butter leicht rösten und abkühlen lassen. Das Ei trennen, das Eiweiß zu Schnee schlagen. Den Zucker und die Nüsse untermengen. Das Eigelb mit 1 TL Wasser verquirlen.
– Die Haselnussmasse auf die Teigquadrate verteilen, großzügig Ränder frei lassen. Diese mit dem Eigelb bestreichen und die Teigquadrate zusammenklappen. Die Ränder festdrücken und auf einer Seite mit einem scharfen Messer mehrmals einschneiden.
– Die Nusskämme etwas nach außen gebogen auf das Backblech legen, mit dem restlichen Eigelb bestreichen und im Ofen (Mitte) in 15–20 Min. goldbraun backen.

372. Haselnussbeutel

SCHNELL GEMACHT
Für 10 Stück
Zubereitungszeit: 35 Min.
Auftauzeit: 15 Min.
Ruhezeit: 15 Min.
Backzeit: 20 Min.

300 g TK-Blätterteig • 100 g geröstete gemahlene Haselnüsse • 30 g Zucker • 1 Msp. gemahlener Zimt • 1 EL Honig • 2 EL Eiweiß • 2 Eigelbe • 100 g Puderzucker
Außerdem: Mehl für die Arbeitsfläche

– Den Blätterteig auftauen lassen. Die Teigscheiben auf einer bemehlten Fläche zu 5 Platten von 12 x 24 cm ausrollen. Aus jeder Platte 2 Quadrate von etwa 10 x 10 cm ausschneiden.
– Die Nüsse mit Zucker, Zimt, Honig und Eiweiß verrühren. Jeweils 1 Löffel der Füllung auf die Quadrate geben. Teigränder mit verquirltem Eigelb bestreichen, übereinander schlagen und gut zusammendrücken. Aus den übrigen Teigstreifen kleine Plätzchen ausstechen, ebenfalls mit Eigelb bestreichen, auf das Gebäck setzen.
– Den Backofen auf 230° (Umluft 210°) vorheizen, ein Backblech mit kaltem Wasser abspülen und die Haselnussbeutel darauf legen. Mit verquirltem Eigelb bestreichen und 15 Min. ruhen lassen.
– Das Gebäck im Ofen (Mitte) 15–20 Min. backen. Auf einem Kuchengitter abkühlen lassen. Dann mit einer Glasur aus Puderzucker und 1–2 EL Wasser überziehen.

373. Marzipanteilchen

LEICHT ZU MACHEN
Für 9 Stück
Zubereitungszeit: 30 Min.
Auftauzeit: 15 Min.
Ruhezeit: 15 Min.
Backzeit: 15 Min.

300 g TK-Blätterteig • 100 g Marzipan-Rohmasse • 1 Eiweiß • 1 Schnapsglas Kirschwasser (2 cl) • 50 g Zucker • 3 EL gemahlene Mandeln • 50 g gehackte kandierte Kirschen • 1 Eigelb • 2–3 EL Puderzucker

– Den Blätterteig bei Raumtemperatur auftauen lassen. Die Scheiben halbieren, sodass Quadrate entstehen. Ein Backblech mit kaltem Wasser abspülen und 9 Quadrate darauf legen.
– Die Marzipan-Rohmasse mit Eiweiß, Kirschwasser, Zucker, Mandeln und kandierten Kirschen mischen und auf den 9 Quadraten verteilen. Die Ränder der Teigquadrate mit verquirltem Eigelb bestreichen. Den Rest des Blätterteigs ausrollen und mit einem Teigrädchen in 1 cm breite Streifen schneiden. Die Teigstreifen kreuzweise auf die Quadrate legen, gut andrücken und ebenfalls mit Eigelb bestreichen.
– Das Blätterteiggebäck 15 Min. ruhen lassen. Den Backofen auf 220° (Umluft 200°) vorheizen. Das Gebäck im Ofen auf der zweiten Schiene von unten 15 Min. backen. Die Teilchen noch warm mit einer Glasur aus Puderzucker und 1 EL Wasser bestreichen.

374. Orangen-Windrädchen

ERFRISCHEND
Für 8 Stück
Zubereitungszeit: 30 Min.
Auftauzeit: 15 Min.
Ruhezeit: 15 Min.
Backzeit: 15 Min.

300 g TK-Blätterteig • 50 g Marzipan-Rohmasse • 2 EL Orangenmarmelade • 1 EL Orangenlikör • 2 EL gehäutete gemahlene Mandeln • 1 Eigelb • 50 g Puderzucker • 1 EL gehackte Pistazien

– Die Blätterteigscheiben auftauen lassen. 4 Scheiben zu je 1 Platte von 12 x 24 cm ausrollen und in je 2 Quadrate

teilen. Jede Ecke der Quadrate etwa 4 cm lang zur Mitte hin einschneiden.
– Das Marzipan mit der Marmelade, dem Likör und den Mandeln verrühren. In die Mitte jedes Quadrats 1 TL von der Marzipanmasse geben. Die eingeschnittenen Ecken zur Mitte hin einschlagen, sodass ein Windrad entsteht. Die Enden fest zusammendrücken und das Gebäck mit dem verquirlten Eigelb bestreichen.
– Fünfte Blätterteigscheibe ausrollen, 8 Plätzchen von 6 cm Ø ausstechen und auf die Mitte der Windrädchen legen, ebenfalls mit Eigelb bestreichen.
– Ein Backblech kalt abspülen, das Gebäck darauf legen und 15 Min. ruhen lassen. Den Backofen auf 220° (Umluft 200°) vorheizen. Die Windrädchen im Ofen auf der zweiten Schiene von unten 12–15 Min. backen.
– Die Windrädchen mit einer Glasur aus dem Puderzucker und 1 EL Wasser bestreichen und mit den gehackten Pistazien bestreuen.

375. Apfel-Quark-Taschen

SCHMECKT KINDERN
Für 6 Stück
Zubereitungszeit: 35 Min.
Auftauzeit: 15 Min.
Backzeit: 20 Min.

450 g TK-Blätterteig • 50 g Marzipan-Rohmasse • 3 EL Sahne • 2 Eigelbe • 5 EL Magerquark • 1 EL Zucker • 1/2 TL Speisestärke • 2 Äpfel
Außerdem: Backtrennpapier fürs Blech

– Den Blätterteig auftauen lassen. Den Backofen auf 180° (Umluft 160°) vorheizen. Das Backblech mit dem Backpapier auslegen.
– Das Marzipan zerkrümeln und mit der Sahne, 1 Eigelb, dem Quark, dem Zucker und der Stärke glatt rühren. Die Äpfel schälen, vierteln, das Kerngehäuse entfernen und die Äpfel in kleine Würfel schneiden. Unter den Quark mischen.
– Die Blätterteigscheiben halbieren. Die Quarkmasse gleichmäßig auf den Teigquadraten verteilen, diese diagonal zusammenklappen. Die Ränder gut festdrücken.
– Das restliche Eigelb verquirlen und die Taschen damit bestreichen. Das Gebäck auf das Backblech legen und im Ofen (Mitte) 20 Min. backen. Herausnehmen und auskühlen lassen. Die Taschen schmecken frisch am allerbesten.

376. Zimt-Apfel-Täschchen

SCHNELL | LEICHT ZU MACHEN
Für 10 Stück
Zubereitungszeit: 20 Min.
Auftauzeit: 15 Min.
Backzeit: 20 Min.

450 g TK-Blätterteig • 4 säuerliche Äpfel (z. B. Boskop, Braeburn) • Saft von 1 Zitrone • 1 EL gemahlener Zimt • 1 EL Zucker • 1 Eigelb • 2 EL Milch • 3 EL Mandelsplitter • Puderzucker (nach Belieben)
Außerdem: Backtrennpapier fürs Blech

– Blätterteig bei Zimmertemperatur auftauen lassen. Den Backofen auf 200° (Umluft 180°) vorheizen. Ein Blech mit Backpapier auslegen.
– Die Äpfel schälen, die Kerngehäuse entfernen und die Äpfel in Spalten schneiden. Sofort in einer Schüssel mit dem Zitronensaft mischen, damit sie nicht braun werden. Zimt und Zucker gut untermischen.
– Die Äpfel auf die 10 Blätterteigscheiben verteilen. Zu Dreiecken oder zu rechteckigen Päckchen zusammenklappen, die Ränder gut festdrücken, mit einer Gabel einkerben. Eigelb und Milch verrühren und damit das Gebäck bestreichen, mit den Mandelsplittern bestreuen.
– Im Ofen (Mitte) etwa 20 Min. backen, bis die Mandeln gebräunt sind. Aus dem Backofen nehmen und nach Belieben mit Puderzucker bestäuben.

TIPP

Statt der Mandeln können Sie auch gehackte Haselnüsse oder Walnüsse nehmen.

377. Mandeltörtchen

SCHNELL | LEICHT ZU MACHEN
Für 1 Muffin-Form (12 Vertiefungen)
Zubereitungszeit: 20 Min.
Auftauzeit: 15 Min.
Backzeit: 30 Min.

300 g TK-Blätterteig • 2 Eier • 100 g Zucker • 125 g weiche Butter • 150 g gemahlene Mandeln • 2 EL Amaretto • 2 Päckchen Vanille-Puddingpulver (zum Kochen) • 50 g gehackte Mandeln • 1–2 EL Zucker

– Den Teig auftauen lassen. Den Backofen auf 180° (Umluft 160°) vorheizen. Die Eier trennen, die Eiweiße steif schlagen. Die Eigelbe mit Zucker, Butter, den gemahlenen Mandeln, Amaretto und dem Puddingpulver verrühren. Den Eischnee unterheben.
– Den Blätterteig ausrollen und in 12 gleich große Quadrate schneiden. Die Vertiefungen der Form damit auslegen (die Form nicht fetten!), dann die Mandelmasse einfüllen. Überstehenden Teig über die Füllung klappen. Gehackte Mandeln mit Zucker mischen und auf den Teig streuen. Im Backofen (Mitte) 25–30 Min. backen. Auf dem Blech noch 5 Min. ruhen lassen, dann herausnehmen und auskühlen lassen.

TIPP

Statt TK-Blätterteig können Sie dafür auch Mürbteig verwenden: Verkneten Sie dazu 200 g Mehl, 100 g Zucker, 100 g kalte Butter und 1 Ei.

378. Vanilletörtchen

AUS PORTUGAL
Für 1 Muffin-Form (12 Vertiefungen)
Zubereitungszeit: 25 Min.
Auftauzeit: 15 Min.
Backzeit: 10 Min.

450 g TK-Blätterteig • 200 g Sahne • 2 TL Speisestärke • 1 Vanilleschote • 6 Eigelbe • 80 g Zucker • abgeriebene Schale von 1 unbehandelten Zitrone
Außerdem: Mehl für die Arbeitsfläche

– Blätterteig auftauen lassen. Backofen auf 225° (Umluft 200°) vorheizen. 4 EL Sahne mit Stärke verrühren. Restliche Sahne mit dem Mark der Vanilleschote, Eigelben, Zucker und Zitronenschale in einem Topf verquirlen.
– Die Eiersahne bei schwacher Hitze unter Rühren erwärmen. Stärke einrühren, unter Rühren weiter erhitzen, bis die Sahne andickt (nicht kochen oder zu stark erhitzen, sonst gerinnt das Eigelb). Vom Herd nehmen.
– Die Blätterteigplatten auf bemehlter Arbeitsfläche leicht ausrollen, pro Platte 2 Kreise von je 10 cm Ø ausschneiden. Muffin-Form mit kaltem Wasser ausspülen, Teig in die Mulden legen und andrücken. Die Sahnemasse hineingeben und im Ofen (Mitte) ca. 10 Min. backen. Lauwarm servieren.

379. Gefüllte Schuhsohlen

SCHMECKT KINDERN
Für 4 Stück
Zubereitungszeit: 45 Min.
Auftauzeit: 15 Min.
Backzeit: 15 Min.

300 g TK-Blätterteig • 4 EL Hagelzucker • 2 Blatt weiße Gelatine • 1/2 Päckchen Vanille-Puddingpulver (zum Kochen) • 200 ml Milch • 3 EL Zucker • 1 Eigelb • 100 g Sahne • 1 Päckchen Vanillezucker

– Den Blätterteig auftauen lassen. Den Backofen auf 220° (Umluft 200°) vorheizen. Das Backblech mit Wasser abspülen.
– Aus jeder Platte zwei Kreise von ca. 7 cm Ø ausstechen und diese zu ovalen Sohlen ausrollen. 4 Ovale mit dem Hagelzucker bestreuen, den Teig leicht eindrücken und mit einer Gabel mehrmals einstechen. Alle Sohlen auf das Backblech legen, die bestreuten Sohlen mit der Zuckerseite nach oben. Die Schuhsohlen im Ofen (Mitte) 15 Min. backen.
– Die Gelatine in kaltem Wasser einweichen. Den Vanillepudding mit Milch und Zucker nach Packungsanweisung kochen. Gelatine ausdrücken und unter den heißen gekochten Pudding rühren. Das Eigelb unterziehen und abkühlen lassen.
– Die Sahne mit dem Vanillezucker steif schlagen und unter den Pudding heben. Vier Sohlen (die ohne Hagelzucker) dick mit der Creme bestreichen und mit je einer Zuckersohle bedecken.

380. Schillerlocken Konditorenart

GEFÜLLTE KLASSIKER
Für 8 Schillerlocken-Formen
Zubereitungszeit: 45 Min.
Auftauzeit: 15 Min.
Ruhezeit: 15 Min.
Backzeit: 15 Min.

300 g TK-Blätterteig • 2 Eigelbe • 1 EL Milch • 50 g Mandelblättchen • 4 EL Puderzucker • 150 g Erdbeeren • 2 EL Zucker • 250 g Sahne • 1 Päckchen Vanillezucker
Außerdem: Mehl für die Arbeitsfläche • spezielle tütenartige Formen

– Den Blätterteig auftauen lassen. Den Backofen auf 220° (Umluft 200°) vorheizen. Die Formen mit Wasser abspülen. Blätterteig auf einer bemehlten Arbeitsfläche zu einer Platte von 30 x 16 cm ausrollen. Daraus mit einem Teigrädchen 8 Streifen von etwa 2 cm Breite schneiden. Die Teigstreifen 15 Min. ruhen lassen.
– Eigelbe und Milch verquirlen. Teigstreifen an einem Längsrand damit bestreichen. Streifen vom schmalen Ende her so auf die Formen rollen, dass der bestrichene Rand den unbestrichenen 1/2 cm überlappt. Das Gebäck mit dem restlichen Eigelb bestreichen, die Hälfte mit Mandelblättchen bestreuen.
– Im Ofen (Mitte) in 15 Min. goldgelb backen. Noch heiß von den Formen lösen und auf einem Kuchengitter auskühlen lassen. Die nicht mit Mandeln bestreuten Schillerlocken mit Puderzucker bestäuben.
– Die Erdbeeren waschen, entstielen und pürieren. Das Erdbeermus mit Zucker verrühren. Die Sahne mit Vanillezucker steif schlagen. Die Hälfte der Sahne in einen Spritzbeutel mit Sterntülle füllen und in die Puderzucker-Schillerlocken spritzen. Die andere Hälfte der Sahne mit dem Erdbeerpüree mischen und in die Mandel-Schillerlocken spritzen.

TIPP

Statt spezieller Schillerlocken-Formen können Sie sich aus fester Pappe entsprechende Rollen kleben und mit Alufolie überziehen. Da Alufolie die Hitze schlecht leitet, dauert die Backzeit 2–3 Min. länger. In diesen letzten Minuten die Schillerlocken mit Pergamentpapier abdecken, damit sie außen nicht zu dunkel werden, innen aber trotzdem gut durchgebacken sind.

381. Vanille-Muffins

SCHNELL GEMACHT
Für 1 Muffin-Form (12 Vertiefungen)
Zubereitungszeit: 30 Min.
Backzeit: 20 Min.

250 g Mehl (Type 1050) • 2 TL Backpulver • 1/2 TL Natron • 1 Ei • 140 g Zucker • 1 Päckchen Vanillezucker • 1 TL Vanillemark • 80 ml Sonnenblumen- oder Rapsöl • 150 g Buttermilch
Außerdem: Fett für die Form oder 12 Papierförmchen

– Den Backofen auf 180° (Umluft 160°) vorheizen. Die Vertiefungen einer Muffinform fetten bzw. die Papierförmchen hineinsetzen.
– Das Mehl mit Backpulver und Natron mischen. In einer zweiten Schüssel das Ei mit Zucker, Vanillezucker, Vanillemark, Öl und der Buttermilch gut verrühren. Die Mehlmischung rasch einrühren.
– Den Teig in die Vertiefungen bzw. Papierförmchen füllen und im Backofen (Mitte) in etwa 20 Min. goldbraun backen.

382. Johannisbeermuffins

SÜSSSAUER | MIT ALKOHOL
Für 15 Muffins
Zubereitungszeit: 30 Min.
Backzeit: 30 Min.

125 g rote Johannisbeeren • 275 g Mehl (Type 405) • 4 TL Backpulver • abgeriebene Schale von 1/2 unbehandelten Zitrone • 75 g gehackte Mandeln • 2 Eier • 130 g brauner Zucker • 3 TL Vanillezucker • 80 ml Sonnenblumenöl • 200 ml Eierlikör • 100 g saure Sahne
Außerdem: Fett für die Form oder 15 Papierförmchen • Puderzucker

– Die Vertiefungen der Muffin-Form fetten oder die Papierförmchen hineinsetzen. Den Backofen auf 175° (Umluft 160°) vorheizen.
– Die Johannisbeeren verlesen, waschen und abtropfen lassen. Mehl und Backpulver mischen, in eine Schüssel sieben. Zitronenschale und Mandeln untermischen.
– Die Eier mit dem Zucker, Vanillezucker, Öl, Eierlikör (wenn keine Kinder mitessen) und der sauren Sahne gut verrühren. Die Mehlmischung darauf schütten und rasch unterrühren, die Johannisbeeren unterheben.
– Den Teig in die Vertiefungen bzw. Papierförmchen füllen, im Ofen (Mitte) 25–30 Min. backen. Auskühlen lassen, dann mit Puderzucker bestreuen.

TIPPS

• Achten Sie beim Backen von Muffins darauf, dass Sie in jedem Fall nur so viel Teig einfüllen, dass etwa 1 cm Rand frei bleibt, da die Mini-Kuchen beim Backen noch aufgehen.

• Muffins backen Sie in speziellen Muffin-Formen oder -blechen. In diesem Fall lassen Sie die kleinen Kuchen nach dem Backen kurz abkühlen, lösen vorsichtig die Ränder mit einem spitzen Messer und nehmen die Muffins heraus.
• Wollen Sie sich das Fetten der Form sparen, stellen Sie in die Vertiefungen Papierförmchen.
• Falls Sie keine Muffin-Form besitzen: Einfach zwei Papierförmchen – für nur eines wäre der Teig zu schwer, er würde das Förmchen auseinander drücken – ineinander setzen und diese auf ein Backblech stellen.

383. Kirschmuffins

SCHMECKT KINDERN
Für 1 Muffin-Form (12 Vertiefungen)
Zubereitungszeit: 40 Min.
Backzeit: 20 Min.

300 g Kirschen • 150 g weiche Butter • 4 Eigelbe • 200 g Zucker • abgeriebene Schale und Saft von 1/2 unbehandelten Zitrone • 50 g Mehl (Type 405) • 50 g gemahlene Mandeln • 50 g Speisestärke • 1 TL Backpulver • 4 Eiweiße • 1 Prise Salz
Außerdem: 12 Papierförmchen

– Den Backofen auf 175° (Umluft 160°) vorheizen. In die Vertiefungen der Form die Papierförmchen stellen.
– Kirschen waschen, abtropfen lassen und entsteinen. Butter, Eigelbe und 150 g Zucker weißschaumig rühren. Zitronenschale, Zitronensaft sowie Kirschen unterheben. Mehl mit Mandeln, Speisestärke und Backpulver mischen und rasch unter die Eigelbmasse heben.
– Die Eiweiße mit dem Salz zu steifem Schnee schlagen und nach und nach den restlichen Zucker einrieseln lassen. Vom Eischnee 2 EL abnehmen und unter den Teig rühren. Dann den restlichen Eischnee unterheben.
– Den Teig in die Förmchen verteilen. Die Muffins im Ofen (Mitte) 20 Min. backen.

TIPP

Wichtig beim Backen der Muffins: Vermischen Sie alle Zutaten rasch und nicht zu gründlich miteinander.

384. Heidelbeer-Muffins

KLASSIKER | BLITZREZEPT
Für 1 Muffin-Form (12 Vertiefungen)
Zubereitungszeit: 15 Min.
Backzeit: 25 Min.

175 g Mehl (Type 405) • 2 TL Backpulver • 80 g Zucker • 1 Prise Salz • 1 Päckchen Vanillezucker • abgeriebene Schale von 1 unbehandelten Zitrone • 2 Eier • 50 g Butter • 175 ml Milch • 150 g Heidelbeeren (frisch, tiefgekühlt oder abgetropft aus dem Glas)
Außerdem: Puderzucker zum Bestreuen • Fett für die Form oder 12 Papierförmchen

– Den Backofen auf 200° (Umluft 180°) vorheizen. Die Vertiefungen der Muffin-Form fetten oder Papierförmchen hineinsetzen.
– Das Mehl in einer Schüssel mit Backpulver, Zucker, Salz, Vanillezucker und Zitronenschale mischen.
– In einer zweiten Schüssel die Eier verquirlen. Die Butter schmelzen lassen und mit der Milch unterrühren. Zuerst die Mehlmischung, dann die Heidelbeeren untermischen.
– Den Teig in die Vertiefungen füllen. Im Backofen (Mitte) in 25 Min. goldgelb backen. Leicht abkühlen lassen und mit Puderzucker bestreuen.

385. Heidelbeer-Quark-Muffins

BLITZRREZEPT
Für 1 Muffin-Form (12 Vertiefungen)
Zubereitungszeit: 20 Min.
Backzeit: 50 Min.

100 g weiche Butter • 150 g Zucker • 2 Eier • Mark von 1 Vanilleschote • 500 g Schichtkäse (20 % Fett) • 1 Päckchen Grieß-Puddingpulver (zum Kochen) • 250 g Heidelbeeren (frisch oder tiefgekühlt) • 75 g Mandelsplitter
Außerdem: Fett und Semmelbrösel für die Form

– Den Backofen auf 175° (Umluft 160°) vorheizen. Die Vertiefungen der Form fetten und mit Semmelbröseln ausstreuen. Butter und Zucker gut verrühren, Eier und Mark der Vanilleschote cremig unterrühren. Schichtkäse und Puddingpulver ganz kurz gut unterrühren.

– Die Heidelbeeren waschen, verlesen, trockentupfen und vorsichtig unter den Teig heben. Die Heidelbeer-Quark-Masse gleichmäßig in die Vertiefungen füllen und mit den Mandelsplittern bestreuen.
– Die Törtchen im Ofen (Mitte) in etwa 50 Min. goldbraun backen.

386. Apfel-Mohn-Muffins

BLITZREZEPT
Für 1 Muffin-Form (12 Vertiefungen)
Zubereitungszeit: 10 Min.
Backzeit: 20 Min.

3 Eier • 200 g Zucker • 200 g weiche Butter • 7 EL Apfelmus • 150 g Mehl (Type 405) • 50 g Weizenvollkornmehl • 1/2 Päckchen Backpulver • 100 g backfertige Mohnmischung (Backregal)
Außerdem: Fett für die Form oder 12 Papierförmchen

– Den Backofen auf 190° (Umluft 170°) vorheizen. Die Vertiefungen der Form fetten oder Papierförmchen hineinsetzen.
– Die Eier mit dem Zucker und der Butter verquirlen, das Apfelmus unterrühren. Das Mehl und das Backpulver nur kurz untermischen.
– Den Teig in die Vertiefungen füllen. Je 1 gehäuften TL Mohnmischung auf den Teig setzen und mit einem Holzstäbchen leicht unterrühren. Die Muffins im Backofen (Mitte) 20 Min. backen.

387. Aprikosen-Muffins

BLITZREZEPT
Für 1 Muffin-Form (12 Vertiefungen)
Zubereitungszeit: 15 Min.
Backzeit: 25 Min.

1 kleine Dose Aprikosen (225 g Abtropfgewicht) • 3 Eier • 150 g Zucker • 200 g weiche Butter • 100 g Vanillejoghurt • 200 g Mehl (Type 405) • 1/2 Päckchen Backpulver
Außerdem: Fett für die Form oder 12 Papierförmchen

– Den Backofen auf 200° (Umluft 180°) vorheizen. Die Vertiefungen der Muffin-Form fetten oder Papierförmchen hineinsetzen.
– Die Aprikosen abtropfen lassen und klein schneiden. Die Eier mit dem Zucker und der Butter verquirlen. Den Joghurt unterrühren. Die Aprikosen unterheben. Mehl und Backpulver nur kurz untermischen.
– Den Teig in die Vertiefungen füllen und die Muffins im Backofen (Mitte) 20–25 Min. backen.

388. Bananen-Muffins

BLITZREZEPT
Für 1 Muffin-Form (12 Vertiefungen)
Zubereitungszeit: 15 Min.
Backzeit: 20 Min.

2 vollreife Bananen • 3 Eier • 150 g Butter • 150 g Zucker • 50 g gehackte Haselnüsse • 150 g Mehl (Type 405) • 1/2 Päckchen Backpulver
Außerdem: Fett für die Form oder 12 Papierförmchen

– Den Backofen auf 200° (Umluft 180°) vorheizen. Die Vertiefungen der Muffin-Form fetten oder Papierförmchen hineinsetzen.
– Die Bananen mit einer Gabel zerdrücken. Eier, Butter und Zucker verquirlen. Erst die Bananen, dann die Nüsse unterrühren, zuletzt das Mehl und das Backpulver nur kurz untermischen.
– Den Teig in die Vertiefungen füllen und die Muffins im Backofen (Mitte) 15–20 Min. backen.

389. Ananas-Muffins

BLITZREZEPT | EXOTISCH
Für 16 Muffins
Zubereitungszeit: 20 Min.
Backzeit: 35 Min.

200 g Ananas (aus der Dose) • 100 g weiße Schokolade • 280 g Mehl (Type 405) • 2 1/2 TL Backpulver • 1/2 TL Natron • 1 Ei • 120 g Zucker • 125 g weiche Butter • 120 g Buttermilch • 150 g Sahnequark
Zum Verzieren: 120 g Puderzucker • 4 EL Zitronensaft • 16 Limettenscheiben
Außerdem: Fett für die Form oder 16 Papierförmchen

– Den Backofen auf 200° (Umluft 180°) vorheizen. Die Vertiefungen der Muffin-Form fetten und das Blech ins Gefrierfach stellen oder Papierförmchen hineinsetzen.

– Die Ananas in kleine Stücke schneiden, Schokolade in Stückchen hacken. Mehl, Schokostückchen, Backpulver und Natron mischen. In einer großen Schüssel das Ei leicht verquirlen. Zucker, Butter, Buttermilch und Quark dazugeben und alles gut verrühren. Die Mehlmischung zur Eimasse geben und nur so lange rühren, bis die trockenen Zutaten feucht sind.
– Den Teig in die Vertiefungen füllen. Im Backofen (Mitte) in 25–35 Min. backen. Die Muffins im Blech 5 Min. ruhen lassen, aus den Vertiefungen nehmen und auf einem Kuchengitter abkühlen lassen.
– Puderzucker mit Zitronensaft verrühren, die Muffins damit bestreichen. Mit je 1 Limettenscheibe verzieren.

390. Rhabarber-Muffins

BLITZREZEPT
Für 1 Muffin-Form (12 Vertiefungen)
Zubereitungszeit: 15 Min.
Backzeit: 25 Min.

150 g Rhabarber (ca. 1 dicker langer Rhabarber-Stiel) • 250 g Mehl (Type 405) • 50 g feine Haferflocken • 1/2 TL gemahlener Zimt • 2 1/2 TL Backpulver • 1/2 TL Natron • 1 Ei • 150 g Zucker • 125 g weiche Butter • 250 g Naturjoghurt
Außerdem: Fett für die Form oder 12 Papierförmchen

– Den Backofen auf 180° (Umluft 160°) vorheizen. Die Vertiefungen der Muffin-Form fetten oder Papierförmchen hineinsetzen.
– Den Rhabarber waschen, putzen, schälen und klein schneiden. Mehl, Rhabarber und Haferflocken mit Zimt, Backpulver und Natron gut vermischen.
– In einer anderen Schüssel das Ei leicht verquirlen. Den Zucker, die weiche Butter und den Joghurt dazugeben und gut verrühren. Die Mehlmischung zugeben, nur so lange rühren, bis die trockenen Zutaten feucht sind.
– Den Teig in die Vertiefungen der Form füllen. Im Backofen (Mitte) in 20–25 Min. goldbraun backen. Die Muffins im Blech 5 Min. ruhen lassen, herausnehmen und nach Belieben warm oder kalt servieren.

TIPP
Servieren Sie als „Beilage“ zu den Muffins doch einmal frische Erdbeeren mit Sahne.

391. Apple-Crumble-Muffins

BLITZREZEPT
Für 1 Muffin-Form (12 Vertiefungen)
Zubereitungszeit: 20 Min.
Backzeit: 30 Min.

400 g Äpfel (300 g geputzt) • 1 TL gemahlener Zimt • 2 EL Zitronensaft • 130 g Zucker • 100 g Mehl (Type 405) • 100 g gemahlene Mandeln • 100 g weiche Butter
Außerdem: 12 Papierförmchen

– Den Backofen auf 180° (Umluft 160°) vorheizen. Papierförmchen in die Vertiefungen setzen.
– Die Äpfel schälen, vierteln, die Kerngehäuse entfernen und die Apfelviertel würfeln. Mit Zimt, Zitronensaft und 2 EL Zucker mischen.
– Mehl mit Mandeln und übrigen Zucker mischen. Die Butter dazugeben, zu Streuseln verarbeiten.
– Die Hälfte der Streusel in die Förmchen füllen. Die Apfelwürfel darauf geben, mit den restlichen Streuseln bedecken. Im Backofen (Mitte) 25–30 Min. backen. Im Blech 5 Min. ruhen lassen, herausnehmen und auf einem Kuchengitter auskühlen lassen.

TIPP
Dazu passt Vanillesahne: Dafür 200 g Sahne steif schlagen und mit 150 g Vanillejoghurt verrühren. Wenn Sie es süßer mögen, geben Sie noch 1 TL Zucker dazu.

392. Hagebutten-Muffins

BLITZREZEPT
Für 1 Muffin-Form (12 Vertiefungen)
Zubereitungszeit: 15 Min.
Backzeit 25 Min.

250 g Mehl (Type 405) • 3 TL Backpulver • 50 g Mandelbättchen • 2 Eier • 120 g Zucker • 200 g Hagebuttenmus (Reformhaus oder Bioladen) • 2 TL Zitronensaft • 150 g Joghurt • 80 ml Öl • 1 TL Orgeat (Mandelsirup) • 100 g Puderzucker • 1 EL Zitronensaft
Außerdem: 12 Papierförmchen

– Die Papierförmchen in die Vertiefungen der Muffin-Form setzen. Den Backofen auf 180° (Umluft 160°) vorheizen.
– Mehl mit Backpulver und Mandelblättchen mischen. Eier mit Zucker, Hagebuttenmus (2 EL zurückbehalten), Zitronensaft, Joghurt und Öl verquirlen. Mehlmischung zügig unterrühren, den Teig in die Förmchen füllen.
– Im Backofen (Mitte) 20–25 Min. backen. Übriges Hagebuttenmus und Orgeat verrühren. Die Muffins aus dem Ofen nehmen und sofort damit bestreichen. Im Blech 10 Min. ruhen lassen, herausnehmen, auf einem Kuchengitter auskühlen lassen.
– Puderzucker und Zitronensaft zu einem Guss verrühren, eventuell 1 TL Hagebuttenmus unterrühren und die Muffins damit überziehen.

393. Brombeer-Eierlikör-Muffins

BLITZREZEPT
Für 1 Muffin-Form (12 Vertiefungen)
Zubereitungszeit: 15 Min.
Backzeit: 20 Min.

200 g möglichst kleine Brombeeren • 200 g Mehl (Type 405) • 1 Päckchen Vanille-Puddingpulver (zum Kochen) • 3 TL Backpulver • 2 Eier • 125 g Zucker • 100 ml Öl • 200 ml Eierlikör • 100 g Joghurt
Außerdem: Fett für die Form

– Brombeeren verlesen, möglichst nicht waschen. Mehl, Puddingpulver und Backpulver mischen. Den Backofen auf 180° (Umluft 160°) vorheizen. Die Muffin-Form fetten und in den Kühlschrank stellen.
– Eier mit Zucker, Öl, Eierlikör und Joghurt verquirlen. Die Brombeeren unterheben und die Mehlmischung zügig unterrühren.
– Den Teig in die Vertiefungen füllen. Im Ofen (Mitte) in 15–20 Min. goldbraun backen. Im Blech 5 Min. ruhen lassen, herausnehmen und abkühlen lassen.

TIPPS
- **Für eine alkoholfreie Variante ersetzen Sie den Eierlikör einfach durch die gleiche Menge Vanillejoghurt.**
- **Statt der Brombeeren eignen sich prima auch Himbeeren.**

394. Pflaumen-Schoko-Muffins

MACHEN WAS HER
Für 1 Muffin-Form (12 Vertiefungen)
Zubereitungszeit: 35 Min.
Backzeit: 25 Min.

6 rote Pflaumen • 1 EL Zucker • 200 g Mehl (Type 405) • 2 TL Backpulver • 2 Tassenportionen Instant-Cappuccino • 2 EL Kakaopulver • 2 Eier • 80 g Zucker • 80 ml Öl • 250 g Joghurt • 2 EL Hagelzucker
Außerdem: Fett für die Form

– Die Pflaumen waschen, halbieren, Kerne entfernen. In 150 ml Wasser mit 1 EL Zucker 5 Min. dünsten. Abkühlen lassen. Den Backofen auf 180° (Umluft 160°) vorheizen. Die Muffin-Form fetten und kalt stellen.
– Mehl, Backpulver, Cappuccinopulver und den Kakao mischen. Eier, Zucker, Öl und Joghurt verrühren, Mehlmischung zügig unterrühren.
– Teig in die Vertiefungen füllen. Je 1 Pflaumenhälfte mit der runden Seite nach oben darauf setzen, leicht eindrücken. Mit Hagelzucker bestreuen. Im Ofen (Mitte) 20–25 Min. backen. In der Form auskühlen lassen.

395. Piña-Colada-Muffins

BLITZREZEPT | MIT ALKOHOL
Für 1 Muffin-Form (12 Vertiefungen)
Zubereitungszeit: 20 Min.
Backzeit: 25 Min.

200 g Ananas (aus der Dose) • 80 g Kokosraspel • 250 g Mehl (Type 405) • 2 TL Backpulver • 2 Eier • 120 g Zucker • 75 ml Öl • 300 g Joghurt
Außerdem: 100 ml Kokosnusslikör zum Tränken (z. B. Batida de Coco) • Fett für die Form

– Den Backofen auf 180° (Umluft 160°) vorheizen. Die Muffin-Form fetten und in den Kühlschrank stellen.
– Die Ananas gut abtropfen lassen und klein schneiden. Kokosraspel, Mehl und Backpulver mischen.
– Eier mit Zucker, Öl und Joghurt verquirlen. Mehlmischung und Ananasstückchen zügig unterrühren.
– Den Teig in die Vertiefungen füllen. Im Ofen (Mitte) 20–25 Min. backen. Im Blech 5 Min. ruhen lassen, herausnehmen, leicht abkühlen lassen, einstechen und mit dem Kokosnusslikör tränken.

TIPPS

- **Wenn Sie die Muffins alkoholfrei haben möchten, können Sie sie mit Ananassaft tränken.**
- **Besonders gut schmecken diese Muffins, wenn Sie sie mit frischen Ananasspalten und Kokosnusslikörsahne servieren.**

396. Cappuccino-Muffins

BLITZREZEPT
Für 1 Muffin-Form (12 Vertiefungen)
Zubereitungszeit: 15 Min.
Backzeit: 25 Min.

200 g Doppelrahm-Frischkäse • 4 EL Preiselbeeren (aus dem Glas) • 280 g Mehl (Type 405) • 2 EL Kakaopulver • 2 1/2 TL Backpulver • 1 Ei • 120 g Zucker • 75 ml Sonnenblumenöl • 200 ml Milch • 50 ml doppelt starker kalter Espresso
Außerdem: 12 Papierförmchen

– Den Backofen auf 180° (Umluft 160°) vorheizen. Die Papierförmchen in die Vertiefungen der Muffin-Form setzen. Frischkäse mit den Preiselbeeren verrühren. Das Mehl mit Kakao- und Backpulver in einer Schüssel mischen.
– Ei verquirlen und mit Zucker, Öl, Milch und Espresso verrühren. Mehlmischung zugeben und unterrühren.
– Die Hälfte des Teigs in die Förmchen füllen. Je 1 TL Frischkäse darauf geben und mit dem übrigen Teig auffüllen. Im Ofen (Mitte) 20–25 Min. backen. Dann 10 Min. im Blech ruhen lassen und herausnehmen.

397. Mircas Apfel-Nuss-Muffins

BLITZREZEPT
Für 1 Muffin-Form (12 Vertiefungen)
Zubereitungszeit: 20 Min.
Backzeit: 25 Min.

250 g Mehl (Type 405) • 2 TL Backpulver • 1/2 TL Natron • 1 gehäufter TL gemahlener Zimt • 60 g gemahlene Haselnüsse • 2 säuerliche Äpfel (z. B. Boskop) • 2 TL Zitronensaft • 1 Ei • 125 g Rohrrohzucker (Reformhaus oder Bioladen) • 125 g weiche Butter • 250 g saure Sahne
Außerdem: Fett für die Form und/oder 12 Papierförmchen

– Den Backofen auf 180° (Umluft 160°) vorheizen. Die Vertiefungen der Form fetten oder die Papierförmchen hineinsetzen. Das Mehl mit dem Backpulver, dem Natron, dem Zimt und den Haselnüssen mischen.
– Die Äpfel schälen, entkernen und in kleine Stückchen schneiden. Mit ein paar Spritzern Zitronensaft beträufeln, damit sie sich nicht braun färben.
– Das Ei leicht verquirlen. Dann den Zucker, die Butter und die saure Sahne zugeben und gut verrühren. Die Mehlmischung zugeben und nur kurz unterrühren. Zum Schluss die Apfelstückchen vorsichtig unterheben.
– Den Teig in die Vertiefungen der Form füllen und im Ofen (Mitte) in 20–25 Min. backen. Noch 5 Min. in der Form ruhen lassen, dann aus den Förmchen nehmen.

398. Walnuss-Muffins

VOLLWERTIG
Für 20 Muffins
Zubereitungszeit: 25 Min.
Backzeit: 20 Min.

Für den Teig: je 100 g Roggen- und Weizenvollkornmehl • 2 TL Backpulver • 4 TL Kakaopulver • 2 Msp. gemahlene Vanille • abgeriebene Schale von 1/2 unbehandelten Orange • 100 g gemahlene Walnusskerne • 150 g weiche Butter • 150 g Honig • 75 g Zuckerrohrmelasse (Reformhaus) • 3 Eier
Für die Füllung: 50 g grob gehackte Walnusskerne • 1 TL Kakaopulver • 1 Msp. gemahlene Vanille • 25 g Honig • abgeriebene Schale von 1/2 unbehandelten Orange
Außerdem: 20 Papierförmchen

– Mehl, Backpulver, Kakao, Vanille, Orangenschale und gemahlene Nüsse mischen. Die Butter mit Honig und Melasse schaumig rühren. Die Mehlmischung und die Eier abwechselnd nach und nach untermengen. Den Teig gründlich rühren.
– Den Backofen auf 180° vorheizen. Die Förmchen in die Vertiefungen der Form setzen und den Teig in die Förmchen füllen.
– Für die Füllung die Nüsse mit Kakao, Vanille, Honig und Orangenschale mischen. Die Füllung in die Mitte der Muffins geben und etwas andrücken.

– Die Muffins im Ofen (Mitte) in 15–20 Min. goldbraun backen. Sie schmecken am nächsten Tag am besten, bleiben aber mindestens 5 Tage frisch.

399. Haselnussmuffins

BLITZREZEPT
Für 20 Muffins
Zubereitungszeit: 15 Min.
Backzeit: 35 Min.

160 g Zucker • 4 Eier • 120 g Mehl (Type 405) • 160 g Butter • 100 g gemahlene Haselnüsse • 50 g grob gehackte Haselnüsse • abgeriebene Schale von 1 unbehandelten Zitrone • 2 cl brauner Rum
Außerdem: Fett für die Form und/oder Papierförmchen • Puderzucker zum Bestreuen

– Den Backofen auf 180° (Umluft 160°) vorheizen. Die Vertiefungen der Form fetten oder Papierförmchen hineinsetzen.
– Den Zucker mit den Eiern weißschaumig rühren. Das Mehl darüber sieben, vorsichtig unterheben. Die Butter zerlassen, etwas abkühlen lassen und unterrühren. Die Haselnüsse unter den Teig heben, die Zitronenschale und den Rum untermischen.
– Den Teig in die Vertiefungen oder Papierförmchen füllen. Die Muffins im Ofen (Mitte) in 30–35 Min. goldbraun backen. Mit Puderzucker bestreuen.

400. Studentenfutter-Muffins

BLITZREZEPT
Für 1 Muffin-Form (12 Vertiefungen)
Zubereitung: 20 Min.
Backzeit: 20 Min.

200 g Studentenfutter • 150 g Mehl (Type 405) • 2 1/2 TL Backpulver • 100 g gemahlene Mandeln • 2 Eier • 75 ml Öl • 100 ml Ahornsirup • 300 g Buttermilch
Außerdem: Fett für die Form

– Die Nüsse aus dem Studentenfutter herauslesen und mit einem großen Messer oder im Mixer grob hacken. Mit Mehl, Backpulver, gemahlenen Mandeln und den Rosinen aus dem Studentenfutter mischen.
– Den Backofen auf 180° (Umluft 160°) vorheizen. Die Muffin-Form fetten und in den Kühlschrank stellen.
– Eier mit Öl, Ahornsirup und Buttermilch verquirlen. Die Mehlmischung zügig unterrühren.
– Den Teig in die Vertiefungen füllen. Im Ofen (Mitte) in 15–20 Min. goldbraun backen. Im Blech 5 Min. ruhen lassen, herausnehmen und auf einem Kuchengitter auskühlen lassen.

TIPP
Weiße Kuvertüre fein hacken, in einem kleinen Gefrierbeutel im heißen Wasser schmelzen. Eine winzige Ecke abschneiden und Gittermuster, Kreise oder Punkte auf die Muffins spritzen.

401. Nuss-Nougat-Muffins

BLITZREZEPT
Für 1 Muffin-Form (12 Vertiefungen)
Zubereitungszeit: 10 Min.
Backzeit: 20 Min.

3 Eier • 200 g Zucker • 200 g weiche Butter • 3 EL Nuss-Nougat-Creme • 1 EL Kakaopulver • 200 g Mehl (Type 405) • 1/2 Päckchen Backpulver
Außerdem: Fett für die Form oder Papierförmchen

– Den Backofen auf 190° (Umluft 170°) vorheizen. Die Vertiefungen der Muffin-Form fetten oder Papierförmchen hineinsetzen.
– Die Eier mit dem Zucker und der Butter schaumig schlagen. Die Nuss-Nougat-Creme und das Kakaopulver unterrühren. Das Mehl und das Backpulver untermischen.
– Den Teig in die Vertiefungen füllen und die Muffins im Backofen (Mitte) 15–20 Min. backen. Das Blech aus dem Ofen nehmen, 5 Min. ruhen lassen und erst dann die Muffins aus den Vertiefungen lösen.

TIPP
Besonders ansprechend sehen die Muffins aus, wenn Sie etwas weiße und braune Kuvertüre schmelzen und über die Nuss-Nougat-Muffins laufen lassen.

402. Stracciatella-Muffins

BLITZREZEPT
Für 1 Muffin-Form (12 Vertiefungen)
Zubereitungszeit: 20 Min.
Backzeit: 25 Min.

250 g Mehl (Type 405) • 2 TL Backpulver • 1 Ei • 90 g Zucker • 1 Päckchen Vanillezucker • 70 ml Pflanzenöl • 1/8 l Milch • 1 EL abgeriebene Schale von 1 unbehandelten Zitrone (ersatzweise 3 Tropfen Zitronenaroma) • 1 Prise Salz • 100 g Schokoraspel
Außerdem: Butter und Mehl für die Form oder 12 Papierförmchen

– Den Backofen auf 180° (Umluft 160°) vorheizen. Die Vertiefungen der Muffin-Form fetten und mit Mehl ausstäuben oder die Papierförmchen hineinsetzen.
– Das Mehl mit dem Backpulver mischen. Das Ei cremig schlagen, Zucker und Vanillezucker zufügen. Das Pflanzenöl, die Milch, die Zitronenschale und das Salz vorsichtig dazugeben. Nach und nach Mehl und die Schokoraspel unter die Masse heben.
– Die Vertiefungen der Form zu zwei Drittel mit Teig füllen. Im Backofen (Mitte) etwa 25 Min. backen. Die Muffins lauwarm servieren.

TIPP

Beim Abreiben von Zitronen- oder Orangenschale sollten Sie darauf achten, dass Sie das Weiße der Schale nicht mit abreiben – es schmeckt bitter.

403. Dattel-Schoko-Muffins

BLITZREZEPT
Für 1 Muffin-Form (12 Vertiefungen)
Zubereitungszeit: 20 Min.
Backzeit: 20 Min.

150 g Zartbitter-Schokolade • 120 g Butter • 150 g getrocknete Datteln • 150 g Mehl (Type 405) • 100 g gemahlene Haselnüsse • 2 1/2 TL Backpulver • 2 Eier • 130 g Zucker • 300 g Joghurt • 50 g gehackte Haselnüsse
Außerdem: Fett für die Form

– Schokolade mit der Butter schmelzen. Die Datteln entkernen und klein schneiden. Den Backofen auf 180° (Umluft 160°) vorheizen. Die Vertiefungen der Muffin-Form fetten, die Form kalt stellen.
– Mehl, gemahlene Haselnüsse und das Backpulver mischen. Die Eier mit 100 g Zucker und Joghurt verquirlen und zügig mit der Mehlmischung, der abgekühlten Schokoladenbutter und den Datteln verrühren. In die Vertiefungen der Form füllen.
– Haselnüsse mit übrigem Zucker mischen, auf den Teig streuen. Im Ofen (Mitte) 20 Min. backen. Im Blech 5 Min. ruhen lassen, herausnehmen, auskühlen lassen.

TIPP

Dazu passt Mangosauce: 1 Mango schälen, das Fruchtfleisch vom Kern schneiden. Mit 2 EL Mango-Chutney (aus dem Glas) oder mit heller Konfitüre und etwas Zitronensaft pürieren.

404. Pudding-Muffins

LEICHT ZU MACHEN | SCHNELL
Für 1 Muffin-Form (12 Vertiefungen)
Zubereitungszeit: 30 Min.
Abkühlzeit: 1 Std.
Backzeit: 20 Min.

1 Päckchen Vanille-Puddingpulver (zum Kochen) • 180 g Zucker • 1/2 l Milch • abgeriebene Schale und Saft von 1/2 unbehandelten Zitrone • 200 g Mehl (Type 405) • 2 TL Backpulver • 2 Eier • 250 g Joghurt • 70 ml Öl
Außerdem: Fett für die Form

– Den Pudding nach Packungsanleitung mit 4 EL Zucker und der Milch kochen, dabei die Zitronenschale unterrühren. Abkühlen lassen.
– Den Backofen auf 180° (Umluft 160°) vorheizen. Die Muffin-Form fetten, kalt stellen. Mehl und Backpulver mischen. Übrigen Zucker mit Eiern, Joghurt, Zitronensaft und Öl verquirlen. Die Mehlmischung zügig unterrühren. Den Teig in die Vertiefungen der Form füllen und jeweils eine Mulde hineindrücken.
– Je 1 EL Pudding in die Teigmitte setzen. Im Backofen (Mitte) in 20 Min. goldbraun backen. 5 Min. im Blech ruhen lassen, herausnehmen, auskühlen lassen.

405. Ingwer-Muffins

BLITZREZEPT | ORIGINELL
Für 1 Muffin-Form (12 Vertiefungen)
Zubereitungszeit: 20 Min.
Backzeit: 20 Min.

250 g Mehl (Type 405) • 2 TL Backpulver • abgeriebene Schale und Saft von 1 unbehandelten Zitrone • 150 g Butter • 2 Eier • 100 g Zucker • 125 g Sahne • 125 ml Milch • 100 g in Sirup eingelegter, gehackter Ingwer
Außerdem: Fett für die Form • 2 EL Orangenmarmelade zum Bestreichen

– Den Backofen auf 180° (Umluft 160°) vorheizen. Die Muffin-Form fetten und kalt stellen. Mehl, Backpulver und Zitronenschale mischen.
– Die Butter schmelzen. Die Eier mit dem Zucker, der Sahne, der Milch, dem Zitronensaft und der Butter verquirlen. Die Mehlmischung und den Ingwer zügig unter die Eiermasse rühren.
– Den Teig in die Vertiefungen der Form füllen. Im Backofen (Mitte) 15–20 Min. backen. 5 Min. im Blech ruhen lassen. Die Orangenmarmelade erhitzen und die Muffins damit bestreichen. Die Muffins herausnehmen und auf einem Kuchengitter auskühlen lassen.

TIPP

Dazu passt süßherbe Orangen-Joghurt-Sauce: 3 EL Orangenmarmelade mit 3 EL Orangensaft glatt rühren und mit 200 g cremigem Joghurt mischen.

406. Honig-Thymian-Muffins

BLITZREZEPT
Für 1 Muffin-Form (12 Vertiefungen)
Zubereitungszeit: 15 Min.
Backzeit: 20 Min.

150 g Mehl (Type 405) • 100 g gemahlene Mandeln • 1 1/2 TL Backpulver • 1 gestrichener TL getrockneter Thymian • 2 Eier • 150 g flüssiger Honig • 80 ml Öl • 300 g Buttermilch
Außerdem: Fett für die Form

– Den Backofen auf 180° (Umluft 160°) vorheizen. Die Vertiefungen der Form fetten, die Form kalt stellen.
– Mehl, Mandeln, Backpulver und Thymian mischen. Eier, Honig, Öl und Buttermilch verrühren. Mehlmischung zügig unter die Eimischung rühren.
– Den Teig in die Vertiefungen füllen, im Backofen (Mitte) 20 Min. backen. Im Blech 5 Min. ruhen lassen, herausnehmen und auskühlen lassen.

TIPPS

• Dazu passt Limettensahne oder eine fruchtige Aprikosensauce.
• Mit Wald- oder Kastanienhonig zubereitet, schmecken die Muffins besonders würzig. Einen milderen Geschmack bekommen sie mit Blüten- oder Akazienhonig.
• Am besten schmecken die Muffins, wenn sie nach dem Backen 1–2 Tage durchziehen.

407. Kürbis-Muffins

RAFFINIERT KOMBINIERT
Für 1 Muffin-Form (12 Vertiefungen)
Zubereitungszeit: 45 Min.
Garzeit: 40 Min.
Backzeit: 40 Min.

1 Kürbisspalte von 300 g • 1 TL brauner Zucker • etwas abgeriebene Schale von je 1 unbehandelten Zitrone und Orange • 1 kleine Stange Zimt • 1/4 TL gemahlene Nelken • 200 g Mehl (Type 405) • 250 g Zucker • je 1/2 TL gemahlener Zimt und Ingwer • je 1/4 TL gemahlene Nelken und geriebene Muskatnuss • 1/2 TL Natron • 1/4 TL Salz • 1 Ei • 125 g klein gewürfelter Apfel • 60 ml Pflanzenöl
Für die Streusel: 50 g Mehl (Type 405) • 35 g Zucker • 35 g Butter
Außerdem: Alufolie • 12 Papierförmchen

– Backofen auf 200° (Umluft 180°) vorheizen. Kürbis mit Zucker, Zitrusschale, Zimt und Nelken in Alufolie einschlagen. Im Ofen in 35–40 Min. weich garen. Herausnehmen, Kürbisfruchtfleisch auslösen (es sollten etwa 190 g sein) und ohne ausgetretenen Saft pürieren.
– Mehl, Zucker, Gewürze, Natron und Salz vermengen. In einer zweiten Schüssel das Ei verquirlen, Kürbis-

püree, Apfelwürfel und Öl untermischen. Die Mehlmischung einarbeiten und alles zu einem glatten Teig verarbeiten.
– In die Vertiefungen der Muffin-Form Papierförmchen setzen und diese jeweils zu zwei Drittel mit dem Teig füllen.
– Für die Streusel das Mehl mit Zucker und Butter zwischen den Fingern krümelig reiben und die Streusel auf der Oberfläche der Muffins verteilen. Diese bei 180 °C im Ofen (Mitte) 35–40 Min. backen.

TIPP
Die Kürbis-Muffins bekommen durch die Butterstreusel und durch bunte Papierförmchen noch einen zusätzlichen Pfiff.

408. Möhren-Muffins

BLITZREZEPT
Für 1 Muffin-Form (12 Vertiefungen)
Zubereitungszeit: 15 Min.
Backzeit: 25 Min.

250 g Möhren • abgeriebene Schale und Saft von 1 unbehandelten Orange • 150 g gemahlene Haselnüsse • 200 g Mehl (Type 405) • 1 TL Natron (ersatzweise Backpulver) • 1 Ei • 150 g brauner Zucker • 100 ml Öl • 200 g saure Sahne
Außerdem: Fett für die Form oder 12 Papierförmchen

– Den Backofen auf 175° (Umluft 160°) vorheizen. Die Vertiefungen der Muffin-Form fetten oder Papierförmchen hineinsetzen.
– Die Möhren putzen und fein reiben. Mit Orangenschale, Orangensaft und Haselnüssen mischen. Mehl mit Natron mischen. Das Ei mit dem Zucker schaumig rühren, Öl und saure Sahne zufügen. Die Möhrenmischung und das Mehl unterheben.
– Den Teig in die Vertiefungen füllen. Im Backofen (Mitte) in 20–25 Min. goldbraun backen.

TIPP
Die Muffins mit Puderzuckerglasur überziehen und mit kleinen Marzipanmöhren verzieren.

409. Venezianische Muffins

BLITZREZEPT
Für 1 Muffin-Form (12 Vertiefungen)
Zubereitungszeit: 15 Min.
Backzeit: 25 Min.

150 g Löffelbiskuits oder Kuchenbrösel • 125 g Butter • 3 Eier • 80 g Zucker • 1/2 TL gemahlener Zimt • 100 g gemahlene Mandeln • 50 g Schokoflocken • 2 EL Aprikosenkonfitüre • 50 g weiße Schokoladenglasur
Außerdem: 12 Papierförmchen

– Den Backofen auf 200° (Umluft 180°) vorheizen. Die Papierförmchen in die Vertiefungen der Form setzen.
– Die Biskuits oder Brösel fein zerreiben. Die Butter schmelzen lassen und mit den Bröseln vermischen. Die Eier mit dem Zucker schaumig rühren. Zimt, Brösel, Mandeln und Schokoflocken unterrühren.
– Den Teig in die Förmchen füllen. Die Muffins im Backofen (Mitte) in 25 Min. goldbraun backen. Herausnehmen und mit der erwärmten Aprikosenkonfitüre einpinseln.
– Die Schokoladenglasur schmelzen und in einen Gefrierbeutel füllen. Ein kleine Ecke abschneiden und die Muffins mit der Glasur verzieren.

410. Lebkuchen-Muffins

BLITZREZEPT | WEIHNACHTLICH
Für 1 Muffin-Form (12 Vertiefungen)
Zubereitungszeit: 20 Min.
Backzeit: 25 Min.

125 g Butter • 150 g Mehl (Type 405) • 2 1/2 TL Backpulver • 1 TL Lebkuchengewürz • 75 g Rosinen • 75 g Zitronat • 100 g gehackte Nüsse • 2 Eier • 80 g Zucker • 300 g Joghurt • 18 gehäutete Mandeln
Außerdem: Fett für die Form

– Butter schmelzen. Den Backofen auf 180° (Umluft 160°) vorheizen, die Vertiefungen der Muffin-Form fetten und kalt stellen.
– Mehl mit Backpulver, Lebkuchengewürz, Rosinen, Zitronat und gehackten Nüssen mischen. Eier, Zucker und Joghurt verquirlen. Zügig mit der Mehlmischung und der Butter verrühren. In die Vertiefungen der Form füllen. Sternförmig mit je 3 Mandelhälften belegen.

– Im Backofen (Mitte) 20–25 Min. backen. 5 Min. im Blech ruhen lassen, herausnehmen und auf einem Kuchengitter auskühlen lassen.

411. Kokos-Vollkorn-Muffins

VOLLWERTIG | MIT ALKOHOL
Für 20 Muffins
Zubereitungszeit: 30 Min.
Backzeit: 20 Min.

200 g ungehärtetes Kokosfett • 125 g grob geraspelte Kokosflocken • 200 g Weizenvollkornmehl • 50 g Buchweizenmehl • 25 g Maisstärkepuder oder Arrowroot (Pfeilwurzelmehl) • 2 TL Backpulver • abgeriebene Schale von 1/2 unbehandelten Zitrone • 3 Tropfen natürliches Zitronen-Backöl • je 50 g gewürfeltes Orangeat und Zitronat • 200 g Honig • 4 Eier • 3 Schnapsgläser Kokoslikör (Batida de Coco, 6 cl)
Außerdem: 20 Papierförmchen

– Den Backofen auf 180° (Umluft 160°) vorheizen. Die Förmchen in die Vertiefungen der Form setzen Das Kokosfett zerlassen und abkühlen lassen. Die Kokosflocken in einer trockenen Pfanne rösten, bis sie angenehm duften.
– Das gesamte Mehl mit Stärkepuder, Backpulver, Zitronenschale, Backöl, Orangeat und Zitronat mischen. Das Kokosfett mit dem Honig schaumig rühren, abwechselnd die Mehlmischung und die Eier sowie 100 g Kokosflocken unterrühren.
– Den Teig in die Förmchen füllen, mit den restlichen Kokosflocken bestreuen und im Backofen (Mitte) in 15–20 Min. goldgelb backen.
– Jedes Muffin mit 1 TL Kokoslikör beträufeln, kühl stellen und auf einer vorgekühlten Platte servieren.

412. Klassische Madeleines

KLASSIKER | FÜR GÄSTE
Für 20 Madeleine-Förmchen
Zubereitungszeit: 25 Min.
Kühlzeit: 1 Std.
Backzeit: 10 Min.

125 g Butter • 125 g Mehl (Type 405) • 125 g Zucker • 3 Eier • 1 Prise Salz • 60 g gemahlene Mandeln • 1 EL Orangenblütenwasser (Reformhaus) • 1/4 Vanilleschote
Außerdem: zerlassene Butter für die Förmchen

– Die Butter zerlassen und abkühlen lassen. Den Backofen auf 220° (Umluft 200°) vorheizen. Die Förmchen mit zerlassener Butter fetten.
– Das Mehl in eine Schüssel sieben, mit dem Zucker vermischen. Die Eier mit einem Teigspatel in die Mehl-Zucker-Mischung einarbeiten. Nach und nach die zerlassene Butter, Salz, Mandeln, Orangenblütenwasser sowie das ausgekratzte Mark der Vanilleschote zufügen. Den Teig dabei immer mit dem Spatel bearbeiten. Zugedeckt 1 Std. kühl ruhen lassen.
– Die Madeleine-Förmchen zur Hälfte mit Teig füllen und im Ofen etwa 10 Min. nach Sicht backen.

413. Amerikaner

KLASSIKER | SCHMECKT KINDERN
Für 10–12 Stück
Zubereitungszeit: 45 Min.
Backzeit: 20 Min.

100 g Butter oder Margarine • 100 g Zucker • 1 Prise Salz • abgeriebene Schale von 1 unbehandelten Zitrone • 2 Eier • 250 g Mehl (Type 405) • 2 TL Backpulver • 1 EL Rum (nach Belieben) • knapp 1/8 l Milch
Für den Guss: 100 g Zartbitter-Kuvertüre • 100 g Puderzucker • 1 EL Zitronensaft
Außerdem: Backtrennpapier fürs Blech

– Den Backofen auf 200° (Umluft 180°) vorheizen. Ein Backblech mit Backpapier auslegen.
– Butter oder Margarine mit Zucker, Salz, Zitronenschale und Eiern schaumig rühren. Das Mehl mit dem Backpulver dazusieben, Rum und so viel Milch untermengen, dass ein zähfließender Teig entsteht.
– Vom Teig kleine Teighäufchen in genügend Abstand auf das Blech setzen und im Ofen (Mitte) in 15–20 Min. goldgelb backen. Auf ein Kuchengitter legen und auskühlen lassen.
– Die Kuvertüre schmelzen lassen. Den Puderzucker mit Zitronensaft glatt rühren. Nun die flache Seite der Amerikaner nach Belieben bestreichen: jeweils nur mit einem Guss oder halb Zuckerguss, halb Schokolade. Amerikaner danach trocknen lassen.

TIPPS

- Amerikaner nennt man ein flaches, halbkugelförmiges Gebäck. Der Rührteig dafür ist ziemlich fest, trotzdem laufen die Küchlein stark auseinander. Deshalb Abstand dazwischen halten!
- Wenn Sie Amerikaner zu Ostern backen, dann rühren Sie unter etwas Zuckerguss gelbe Speisefarbe und setzen einen extra dicken und schönen runden Klecks (wie ein Eigelb) in die Mitte.
- Sie können aus dem Teig auch viele kleine „Mini-Amerikaner" backen – super für einen Kindergeburtstag!

414. Vollmilch-Quadrate

LEICHT ZU MACHEN | SCHNELL
Für 1 Backblech
Zubereitungszeit: 30 Min.
Backzeit: 20 Min.

Für den Teig: 200 g Vollmilch-Kuvertüre • 250 g weiche Butter • 125 g Zucker • 5 Eier • 1 Prise Salz • 200 g gemahlene Haselnüsse • 2 TL Backpulver • 100 g Mehl (Type 405) • 2 EL Rum
Für die Glasur: 100 g Haselnussglasur • 40 g gehackte Haselnüsse
Außerdem: Fett fürs Blech

– Den Backofen auf 180° (Umluft 160°) vorheizen, das Backblech fetten. Die Kuvertüre reiben oder fein hacken.
– Für den Teig die Butter, den Zucker, die Eier und das Salz in eine Schüssel geben. Alles mit den Schneebesen des Handrührgeräts schaumig rühren.
– Kuvertüre mit den Haselnüssen unter die schaumige Masse rühren. Das mit dem Backpulver gemischte Mehl darauf sieben und den Rum dazugießen. Alles mit den Knethaken des Handrührgeräts zu einem glatten Teig verarbeiten.
– Den Teig auf das Blech streichen und mit einem Teigschaber glatt streichen. Im Backofen (Mitte) 20 Min. backen, dann auskühlen lassen.
– Die Haselnussglasur in kleine Stücke hacken. In einem Töpfchen im heißen Wasserbad unter Rühren schmelzen lassen. Die Teigplatte gleichmäßig damit bestreichen. Dann mit den gehackten Haselnüssen bestreuen und 15 Min. trocknen lassen. Anschließend in Quadrate schneiden.

415. Nuss-Nougat-Ecken

SCHMECKT KINDERN
Für 1 Backblech
Zubereitungszeit: 45 Min.
Backzeit: 20 Min.

150 g weiche Butter • 150 g Zucker • 1 EL Vanillezucker • 3 Eier • 150 g Mehl (Type 405) • 75 g Speisestärke • 1 TL Backpulver • 25 g Kakaopulver • 100 g gemahlene Haselnüsse • 4 EL Milch • 20 Haselnusskerne • 200 g Nuss-Nougat-Masse • 200 g Schokoladen-Fettglasur
Außerdem: Backtrennpapier fürs Blech

– Den Backofen auf 200° (Umluft 180°) vorheizen. Ein Backblech mit Backpapier auslegen.
– Die Butter mit dem Zucker und dem Vanillezucker schaumig rühren. Die Eier nach und nach zufügen. Das Mehl mit der Speisestärke, dem Backpulver, dem Kakao und den gemahlenen Nüssen mischen, mit der Milch unter die Butter-Eier-Masse mengen. Den Teig auf das Backblech streichen und den Kuchen im Ofen (Mitte) 20 Min. backen. Den noch warmen Kuchen mit einem scharfen Messer in 8 cm große Quadrate schneiden. Das ergibt etwa 20 Stück.
– Die Nüsse in einer trockenen Pfanne rösten, die Schalen abreiben. Die Nougatmasse erwärmen, bis sie streichfähig ist. Die Schokoladenglasur im Wasserbad schmelzen lassen. Die Hälfte der Stücke mit der Nougatmasse bestreichen, die übrigen Quadrate darauf setzen.
– Die Kuchenstücke diagonal halbieren und mit der Schokoladenglasur überziehen. Die Nüsse in die warme Glasur drücken.

416. Dattelfinger

AUS DEM ORIENT
Für 1 Backblech
Zubereitungszeit: 50 Min.
Backzeit: 20 Min.

150 g weiche Butter • 80 g Zucker • 1 Päckchen Vanillezucker • 1 Msp. Salz • 3 Eier • 150 g Mehl (Type 405) • 1 TL Backpulver • 150 g gehackte Haselnüsse • 200 g frische oder getrocknete Datteln • 200 g Kakaoglasur
Außerdem: Fett fürs Blech

– Den Backofen auf 180° (Umluft 160°) vorheizen, das Backblech fetten.
– Butter, Zucker, Vanillezucker, Salz und die Eier in eine Schüssel geben. Alles mit den Schneebesen des Handrührgeräts schaumig rühren. Das Mehl und das Backpulver darauf sieben. Die Haselnüsse und 3 EL Wasser dazurühren.
– Die Datteln längs aufschneiden, entkernen und quer in kleine Streifen schneiden. Die Streifen unter den Teig rühren. Den Teig etwa 1 1/2 cm dick auf das Blech streichen und mit einem Messer glatt streichen.
– Im Backofen (Mitte) 15–20 Min. backen. Auf dem Blech abkühlen lassen. Teigplatte zuerst in 12–16 Vierecke schneiden, diese dann diagonal halbieren.
– Die Kakaoglasur in kleine Stücke hacken. In einer Schüssel im heißen Wasserbad unter Rühren schmelzen lassen. Die drei Spitzen der Dattelfinger nacheinander in die Kakaoglasur tauchen. Trocknen lassen.

417. Katzenzungen

SCHMECKT KINDERN
Für 1–2 Backbleche
Zubereitungszeit: 25 Min.
Backzeit pro Backblech: 15 Min.

1 Vanilleschote • 250 g weiche Butter • 200 g Puderzucker • 1 Msp. Salz • 1 Ei • 1 Eigelb • 250 g Mehl (Type 405) • 200 g Nougat
Außerdem: Butter fürs Blech

– Ein oder zwei Backbleche fetten. Den Backofen auf 200° (Umluft 180°) vorheizen.
– Die Vanilleschote mit einem spitzen Messer der Länge nach aufschlitzen und das Mark herauskratzen. Die Butter mit dem Puderzucker, dem Vanillemark und dem Salz schaumig rühren. Nacheinander das Ei und das Eigelb zugeben und zuletzt das gesiebte Mehl unterziehen. Den Teig in einen Spritzbeutel mit Lochtülle füllen und auf das Backblech Stangen von etwa 8 cm Länge spritzen. Zwischen den Stangen genügend Platz lassen, da der Teig beim Backen etwas auseinander läuft.
– Katzenzungen im Ofen (Mitte) 10–15 Min. backen, bis sie goldgelb sind. Dann etwas abkühlen lassen.
– Nougat im Wasserbad schmelzen lassen. Unterseite der Katzenzungen mit der Nougatmasse bestreichen und jeweils 2 Katzenzungen leicht zusammendrücken. Die Nougatfüllung fest werden lassen.

418. Rosinenschnecken

GELINGEN LEICHT
Für 20 Schnecken
Zubereitungszeit: 40 Min.
Kühlzeit: 1 Std.
Backzeit: 30 Min.

250 g Magerquark • 300 g kalte Butter • 1 Prise Salz • 1 TL Vanillezucker • 250 g Mehl (Type 405) • 1 TL Backpulver • 125 g Rosinen • 50 g gemahlene Haselnüsse • 1 TL gemahlener Zimt • 50 g Zucker • 150 g Puderzucker • 1–2 EL Zitronensaft
Außerdem: Mehl für die Arbeitsfläche • Folie

– Den Quark auf einem Sieb abtropfen lassen. 250 g Butter in Flöckchen mit dem Salz, dem Vanillezucker, dem Mehl und dem Backpulver unter den Quark mischen. Die Zutaten zuerst mit den Knethaken des Handrührgeräts verarbeiten, dann mit bemehlten Händen zu einem glatten Teig kneten. Den Teig in Folie gewickelt 1 Std. kühl stellen. Den Backofen auf 200° (Umluft 180°) vorheizen, ein Backblech fetten.
– Den Quarkteig auf einer bemehlten Arbeitsfläche zu einer Platte von 40 x 60 cm ausrollen. Die restliche Butter in einem Topf schmelzen, etwas abkühlen lassen. Den Teig damit bepinseln. Die Rosinen heiß waschen, abtrocknen, mit den gemahlenen Nüssen, dem Zimt und dem Zucker mischen und auf den Teig verteilen.
– Die Teigplatte von der schmalen Seite her aufrollen, mit einem in Wasser getauchten Messer in 20 Scheiben schneiden. Die Schnecken auf das Backblech legen und im Ofen (Mitte) in 25–30 Min. goldbraun backen.
– Puderzucker mit Zitronensaft zu einem zähflüssigen Guss verrühren. Die noch warmen Schnecken damit bepinseln. Auf einem Kuchengitter auskühlen lassen.

419. Apfeltaschen

BRAUCHEN ETWAS ZEIT
Für 15 Stück
Zubereitungszeit: 1 1/2 Std.
Backzeit: 20 Min

Für den Teig: 150 g Schichtkäse (20 % Fett, ersatzweise Speisequark) • 6 EL Öl • 5 EL Milch • 50 g Zucker • 2 EL Vanillezucker • 300 g Mehl (Type 405) • 2 TL Backpulver

Für die Füllung: 50 g Rosinen • 1 EL Rum • 500 g säuerliche Äpfel (z. B. Boskop) • 2 EL Zitronensaft • 75 g Zucker • 1/2 TL gemahlener Zimt
Für den Guss: 100 g Puderzucker • 1–2 EL Apfelkorn oder Zitronensaft
Außerdem: Butter fürs Blech

– Den Schichtkäse oder Quark gut abtropfen lassen oder auspressen.
– Für die Füllung die Rosinen heiß waschen, trockentupfen und mit dem Rum beträufeln. Die Äpfel schälen, vierteln, vom Kerngehäuse befreien, würfeln und mit dem Zitronensaft, dem Zucker und dem Zimt mischen. Die Apfelmasse unter Wenden 10 Min. dünsten.
– Den Schichtkäse oder Quark mit Öl, Milch, Zucker und Vanillezucker verrühren. Das Mehl mit dem Backpulver mischen, esslöffelweise unter den Quark ziehen, zuletzt unterkneten.
– Den Backofen auf 200° (Umluft 180°) vorheizen. Das Backblech fetten.
– Den Teig nicht zu dünn ausrollen und Kreise von 10 cm Ø ausstechen. Die Teigscheiben mit der erkalteten Apfelfarce füllen, zusammenklappen und die Ränder mit einer Gabel festdrücken. Die Apfeltaschen auf das Backblech legen, in 20 Min. (Mitte) goldgelb backen.
– Den Puderzucker mit dem Apfelkorn oder Zitronensaft verrühren und die noch warmen Apfeltaschen damit bepinseln.

420. Marzipan-Kokos-Ecken

MACHEN EINDRUCK
Für 1 Backblech
Zubereitungszeit: 1 Std.
Backzeit: 30 Min.

Für den Teig: 350 g Mehl (Type 405) • 1/2 Päckchen Backpulver • 6 EL Öl • 4–5 EL Milch • 50 g Zucker • 200 g gut abgetropfter Quark
Für den Belag: 200 g Marzipan-Rohmasse • 200 g Butter • 200 g Crème fraîche • 200 g Zucker • 2 EL Vanillezucker • 300 g Kokosflocken
Außerdem: Fett fürs Blech

– Das Backblech fetten, den Backofen auf 200° (Umluft 180°) vorheizen.
– Das Mehl mit Backpulver, Öl, Milch und Zucker verkneten, dabei löffelweise den Quark unterarbeiten.
– Teig auf das Blech streichen, im Ofen (Mitte) 15 Min. backen. Herausnehmen, den Ofen nicht abschalten.
– Für den Belag das Marzipan würfeln. Die Butter mit der Crème fraîche, dem Zucker und dem Vanillezucker erhitzen, vom Herd nehmen und das Marzipan unterrühren, bis es sich völlig aufgelöst hat.
– Kokosflocken unter die Butter-Marzipan-Mischung rühren. Die fertige Teigplatte gleichmäßig mit der Masse bestreichen, wieder in den Backofen geben und noch einmal 15 Min. backen. Herausnehmen und sofort in Dreiecke schneiden.

TIPP
Servieren Sie die Ecken möglichst sofort, denn frisch schmeckt Quark-Öl-Teig am allerbesten.

421. Süße Brezen

ETWAS SCHWIERIGER
Für etwa 30 Brezen
Zubereitungszeit: 30 Min.
Kühlzeit: 30 Min.
Backzeit: 30 Min.

500 g Mehl (Type 405) • 2 TL Backpulver • 2 TL Vanillezucker • 1 Msp. Salz • 125 g saure Sahne • 300 g kalte Butter • 1 Eiweiß • 100 g Hagelzucker
Außerdem: Backtrennpapier fürs Blech • Mehl für die Arbeitsfläche

– Mehl und das Backpulver auf ein Backbrett sieben. Vanillezucker und Salz darauf streuen, in eine Mulde die saure Sahne geben. Die kalte Butter in Flöckchen auf den Mehlrand geben und alle Zutaten mit einem breiten Messer gut durchhacken, mit kühlen Händen schnell zu einem glatten Teig verarbeiten. Den Teig 30 Min. zugedeckt im Kühlschrank ruhen lassen.
– Den Backofen auf 220° vorheizen. Ein Backblech mit Backpapier auslegen. Den Teig in 4 Portionen auf einer leicht bemehlten Arbeitsfläche etwa 3 mm dick zu einer 30 cm langen Platte ausrollen, 1–1 1/2 cm breite Streifen abschneiden und die Streifen vorsichtig drehen.
– Die Teigstreifen auf dem Backblech zu Brezen formen (siehe Seite 419). Das Eiweiß leicht verquirlen. Brezen damit bestreichen und mit dem Hagelzucker bestreuen. Die Brezen in 25–30 Min. (Mitte) goldgelb backen.

422. Mürbe Nussecken

KLASSIKER | SCHMECKT KINDERN
Für 1 Backblech
Zubereitungszeit: 45 Min.
Kühlzeit: 30 Min.
Backzeit: 35 Min.

***Für den Teig:** 300 g Mehl (Type 405) • 130 g kalte Butter oder Margarine • 100 g Zucker • 1 Päckchen Vanillezucker • 1 TL Backpulver • 2 Eier*
***Für den Belag:** 200 g Butter • 200 g Zucker • 200 g gehackte Haselnüsse • 200 g gehackte Mandeln • 2 Päckchen Vanillezucker • 6–7 EL Aprikosenkonfitüre*
***Außerdem:** Fett fürs Blech*

– Das Mehl auf die Arbeitsfläche häufen, die Butter in kleinen Stücken darauf geben. Zucker und Vanillezucker darüber streuen. Backpulver und Eier dazugeben, alles mit einem Messer bröselig hacken. Teig dann rasch mit den Händen zu einem festen Mürbteig verkneten. Diesen 30 Min. kühl stellen.
– Für den Belag die Butter in einem Topf bei schwacher Hitze zerlassen. Zucker einrühren, dann Haselnüsse, Mandeln, Vanillezucker und 4 EL Wasser dazugeben und unter Rühren leicht köcheln lassen.
– Den Backofen auf 175° (Umluft 160°) vorheizen, das Backblech fetten. Mürbteig direkt auf dem Blech dünn ausrollen. Mit der Aprikosenkonfitüre bestreichen, dann die Nuss-Mandel-Mischung aufstreichen. Die Nussplatte im Ofen (Mitte) in 35 Min. goldbraun backen. Auskühlen lassen. In 12–16 Vierecke schneiden. Die Vierecke in kleine Dreiecke schneiden.

423. Kokoskrokant-Schnitten

VOLLWERTIG
Für 20 Schnitten
Zubereitungszeit: 40 Min.
Ruhezeit: 10 Min.
Backzeit: 15 Min.

400 g Weizenvollkornmehl • 2 TL Backpulver • abgeriebene Schale von 1/2 unbehandelten Zitrone • 200 g kalte Butter • 100 g Honig • 4 Eier • 250 g Johannisbeergelee • 250 g Kokosflocken • 75 g Zuckerrohrgranulat
***Außerdem:** Butter fürs Blech • 4 EL Milch zum Bestreichen*

– Den Backofen auf 200° (Umluft 180°) vorheizen, das Backblech fetten.
– Das Mehl mit dem Backpulver und der Zitronenschale mischen, in die Mitte eine Mulde drücken, die Butter in Flöckchen, den Honig und 1 Ei hineingeben und alles gut verkneten. Den Teig 10 Min. ruhen lassen.
– Zwei Drittel des Teigs 3–4 mm dick ausrollen, auf das Blech legen und mit dem Gelee bestreichen. Den restlichen Teig ausrollen, in etwa 4 cm breite Streifen schneiden und diese in 5 cm breiten Abständen auf das Gelee legen. Die Teigstreifen mit Milch bestreichen.
– Die Kokosflocken in einer trockenen Pfanne unter Wenden rösten, bis sie angenehm duften, dann etwas abkühlen lassen und mit dem Zuckerrohrgranulat und den restlichen 3 Eiern verrühren. Die Kokosmasse auf das Gelee verteilen.
– Im Ofen (Mitte) in 15 Min. goldbraun backen. Teigplatte in der Mitte der Teigstreifen durchschneiden und quer dazu in etwa 5 cm breite Stücke schneiden.

MUFFINS & TEILCHEN

424. Mandelinos

SCHNELL GEMACHT | GANZ EINFACH
Für 1 Backblech
Zubereitungszeit: 25 Min.
Backzeit: 12 Min.

280 g Mehl (Type 405) • 200 g kalte Butter • 2 Päckchen Vanillezucker • 1 Eiweiß • 100 g Zucker • 100 g Mandelblättchen
***Außerdem:** Butter fürs Blech*

– Den Backofen auf 200° (Umluft 180°) vorheizen, das Backblech fetten.
– Das Mehl auf die Arbeitsfläche häufen. Die Butter in Stücken darauf geben, Vanillezucker darüber streuen. Das Eiweiß mit einer Gabel verquirlen und über die Butter gießen. Alle Zutaten mit einem Messer bröselig hacken. Dann rasch mit den Händen zu einem festen Mürbteig verkneten.
– Den Teig direkt auf dem Blech dünn ausrollen. Dann gleichmäßig mit Zucker und den Mandelblättchen bestreuen. Im Backofen (Mitte) in 10–12 Min. hell backen.
– Die Teigplatte sofort in kleine Dreiecke schneiden und diese abkühlen lassen.

425. Sfogliatelle
(Mürbteigtaschen mit Ricottafüllung)

SPEZIALITÄT AUS NEAPEL
Für 4 Personen
Zubereitungszeit: 1 Std.
Kühlzeit: 30 Min.
Backzeit pro Backblech: 20 Min.

Für den Teig: 350 g Mehl (Type 405) • 140 g Butter • 140 g Zucker
Für die Füllung: 150 g weicher Ricotta • 165 g Zucker • 1 Prise Salz • 150 g Grieß • 1/2 Vanilleschote • 1 gestrichener TL gemahlener Zimt • 1 Ei • je 25 g gehacktes Orangeat und Zitronat
Außerdem: Backtrennpapier fürs Blech • Mehl für die Arbeitsfläche • 2 Eigelbe zum Bestreichen • Puderzucker zum Bestreuen

– Für den Teig das Mehl mit der gewürfelten Butter, dem Zucker und etwa 6 EL Wasser glatt verkneten. Zugedeckt etwa 30 Min. kühl stellen.
– Inzwischen Ricotta und Zucker gut verrühren. 450 ml Wasser mit Salz zum Kochen bringen. Grieß einrieseln lassen und bei schwacher Hitze unter Rühren etwa 5 Min. garen. In eine Schüssel füllen, abkühlen lassen.
– Die Vanilleschote aufschlitzen und das Mark herauskratzen. Die Ricottacreme unter den abgekühlten Grieß mischen. Zimt, Vanillemark, Ei sowie Orangeat und Zitronat unterrühren.
– Den Backofen auf 180° (Umluft 160°) vorheizen. Ein Backblech mit Backpapier auslegen. Den Teig auf wenig Mehl knapp 1/2 cm dick ausrollen. Mit einem Glas runde Scheiben ausstechen. Die Hälfte der Scheiben auf das Blech legen, mit Füllung belegen (nicht ganz bis zum Rand) und mit einer zweiten Scheibe abdecken. Die Ränder gut zusammendrücken.
– Die Sfogliatelle mit Eigelb bepinseln und im Ofen (oben) 15–20 Min. backen, bis sie goldbraun sind. Aufpassen, dass sie nicht zu dunkel werden. Das Gebäck aus dem Ofen nehmen, leicht abkühlen lassen und mit Puderzucker bestreuen.

TIPPS
• Sfogliatelle sind ein Markenzeichen der Neapolitanischen Konditorkunst. Es gibt zwei Sorten, nämlich Sfogliatelle „Riccie“ (gekräuselt), aus Blätterteig und sehr kompliziert zu machen, und die »Frolle« (mürbe) aus Mürbteig, wie beschrieben.
• In Neapel kann man bei zwei traditionsreichen und besonders guten Adressen Sfogliatelle essen: Pintauro in der zentralen Via Roma (der Laden ist noch im alten Stil mit einer Marmortheke geschmückt) und Scaturchio an der Piazza S. Domenico Maggiore, im Herzen der Altstadt.

426. Leipziger Lerchen

KLEINE BERÜHMTHEITEN
Für 10 runde Backförmchen (6–8 cm Ø, 4 cm hoch)
Zubereitungszeit: 1 Std.
Kühlzeit: 30 Min.
Backzeit: 40 Min.

Für den Teig: 250 g Mehl (Type 405) • 125 g Butter • 125 g Zucker • 2 Eigelbe (2 Eiweiße aufheben!) • 1 EL Weinbrand • 1 Prise Salz
Für die Füllung: 125 g Butter • 150 g Puderzucker • 100 g gemahlene süße Mandeln • 10 g gemahlene bittere Mandeln (ersatzweise 2 Tropfen Bittermandelaroma) • 75 g Mehl (Type 405) • 3 Eiweiße (2 vom Teig!) • 50 g Zucker • 4 EL Aprikosenkonfitüre • 1 Eigelb
Außerdem: Butter für die Förmchen • Mehl für die Arbeitsfläche

– Das Mehl in eine Backschüssel sieben und in die Mitte eine Vertiefung drücken. Butter in Flöckchen auf den Mehlrand setzen. Zucker, Eigelb, Weinbrand und Salz in die Mulde geben. Alles rasch zu einem glatten Teig verkneten und mit einem Tuch zugedeckt etwa 30 Min. im Kühlschrank ruhen lassen.
– Für die Füllung die Butter und den Puderzucker cremig rühren. Nach und nach die Mandeln und das Mehl zugeben. Eiweiße mit dem Zucker steif schlagen und unter die Mandelmasse heben.
– Den Backofen auf 175° (Umluft 160°) vorheizen. Die Backförmchen fetten. Den Mürbteig auf einer bemehlten Arbeitsfläche etwa 1/2 cm dünn ausrollen. Die Förmchen mit Teig auslegen, etwas Teig zurückbehalten. Mit einer Gabel den Teig mehrmals einstechen.
– Die Teigförmchen mit erwärmter Aprikosenkonfitüre ausstreichen, die Mandelmasse einfüllen. Vom Restteig

schmale Streifen ausrädeln, je 2 Streifen kreuzweise auf die gefüllten Förmchen legen, mit Eigelb bepinseln.
– Die Förmchen auf das Gitter im Backofen (Mitte) stellen, in etwa 40 Min. hellbraun backen. Die etwas abgekühlten Lerchen aus den Förmchen lösen.

TIPP

Besonders lecker: Servieren Sie die Lerchen mit einer Fruchtjoghurtsauce oder Sahne.

427. Rabotes aux pommes

(Äpfel im Schlafrock)

GUT VORZUBEREITEN | SCHMECKT KINDERN
Für 4 Portionen
Zubereitungszeit: 15 Min.
Kühlzeit: 30–60 Min.
Backzeit: 1 Std.

Für den Teig (ersatzweise 400 g TK-Blätterteig): 300 g Mehl (Type 405) • 150 g Butter • 1 Prise Salz • 2 EL Rohrzucker • 2 Eigelbe (Größe S)
Für die Füllung: 4 kleine süßsaure Kochäpfel (je etwa 200 g, z. B. Reinette) • etwa 100 g Rohrzucker
Außerdem: Butter fürs Blech • 150 g Crème fraîche nach Belieben

– Für den Teig auf einer Arbeitsplatte Mehl, Butter, Salz und Zucker verkrümeln. Die Eigelbe und etwa 4 EL Wasser darunter kneten. Nur so viel Wasser nehmen, dass der Teig glatt ist. Den Teig 30–60 Min. kühl stellen.
– Für die Füllung die Äpfel waschen, die Kerngehäuse der Äpfel mit einem Apfelausstecher ausstechen. Dann die Äpfel schälen.
– Den Backofen auf 200° (Umluft 180°) vorheizen, das Backblech fetten. Den Teig etwa 5 mm dick ausrollen. Teigplatte mit dem Teigrädchen in vier Vierecke ausrädeln. Jeden Apfel auf ein Viereck stellen, Hohlraum der Äpfel mit Zucker füllen. Alle vier Ecken – in Form der Äpfel – über der Blütenseite zusammenschlagen.
– Äpfel im Teig umgedreht auf das Backblech stellen. Im Backofen (Mitte) in 50–60 Min. knusprig braun backen bis der Teig leicht aufplatzt. Warm mit (etwas aufgeschlagener) kalter Crème fraîche servieren. Die Äpfel nach Belieben mit den vorher entfernten Apfelstielen garnieren.

TIPP

Douillons aux poires (Birnen im Schlafrock): Den Teig mit den Zutaten, wie im Rezept angegeben, zubereiten. Die 4 Äpfel durch 4 reife Williams-Christ-Birnen ersetzen. Die Birnen mit einer Mischung aus 100 g Zucker und 1 TL gemahlenem Zimt füllen. Den Teig um den Birnenstiel zusammendrücken. Wie angegeben backen und servieren.

428. Schürzkuchen

ZUM AUSBACKEN | BRAUCHT ETWAS ZEIT
Für etwa 30 Schürzkuchen
Zubereitungszeit: 40 Min.
Kühlzeit: 30 Min.
Backzeit: 45 Min.

100 g weiche Butter • 100 g Zucker • 1 EL Vanillezucker • 1 Prise Salz • 3 Eier • 3 EL Milch • 500 g Mehl (Type 405) • 1 Päckchen Backpulver
Außerdem: 1 kg Kokosfett oder 1 l Öl zum Ausbacken • Mehl für die Arbeitsfläche • 2 EL Zucker zum Wenden

– Die Butter mit dem Zucker, dem Vanillezucker, dem Salz, den Eiern, der Milch, 3 EL Wasser, der Hälfte des Mehls und dem Backpulver in einer Schüssel 2 Min. mit den Schneebesen des elektrischen Handrührgeräts auf höchster Stufe verrühren. Das restliche Mehl zufügen und rasch mit den Händen unterkneten.
– Den Teig in 2 Portionen teilen, in Folie wickeln und 30 Min. im Kühlschrank ruhen lassen.
– Das Fett zum Ausbacken in der Fritteuse oder in einem Topf auf 175° erhitzen (die richtige Temperatur ist erreicht, wenn sich an einem in das Fett gehaltenen Holzlöffelstiel rasch Bläschen bilden).
– Die Teigstücke auf einer bemehlten Arbeitsfläche etwa 4 mm dick ausrollen, aus dem Teig mit einem Teigrädchen 4 x 10 cm lange Streifen ausschneiden. In die Mitte jedes Streifens einen etwa 4 cm langen Einschnitt rädeln. Jeweils ein Ende des Streifens durch den Einschnitt ziehen.
– Jeweils 4 Schürzkuchen in das heiße Fett geben und von beiden Seiten in 3–4 Min. goldbraun ausbacken.
– Die Schürzkuchen mit dem Schaumlöffel aus dem Fett heben und auf saugfähigem Papier abtropfen lassen, noch warm im Zucker wenden.

429. Löffelbiskuits

BLITZREZEPT
Für ca. 36 Stück
Zubereitungszeit: 20 Min.
Backzeit pro Backblech: 15 Min.

4 Eigelbe • 125 g Zucker • 4 Eiweiße • 50 g Speisestärke • 100 g Mehl (Type 405) • 4 EL Puderzucker
Außerdem: Backtrennpapier fürs Blech

– Ein bis zwei Backbleche mit Backpapier auslegen. Den Backofen auf 200° (Umluft 180°) vorheizen.
– Die Eigelbe mit einem Drittel des Zuckers schaumig rühren. Die Eiweiße zu steifem Schnee schlagen, den restlichen Zucker unterrühren und zuletzt die Speisestärke unterziehen. Die Eigelbmasse unter den Eischnee heben und das gesiebte Mehl unterrühren.
– Den sehr »steifen« Biskuitteig in einen Spritzbeutel mit großer Lochtülle füllen und mit genügend Abstand 8 cm lange Stangen auf das Backblech spritzen. Das ergibt etwa 36 Stück.
– Die Löffelbiskuits im Ofen (Mitte) in 12–15 Min. hellgelb backen. Die Löffelbiskuits auf dem Backblech erkalten lassen und anschließden mit dem Puderzucker bestreuen.

TIPP
Vom gleichen Teig können Sie auch runde Plätzchen auf das Backblech spritzen. Nach dem Erkalten je 2 Plätzchen mit geschmolzener Kuvertüre zusammensetzen und einseitig mit Kuvertüre überziehen.

430. Geröstetes Anisbrot

GUT ZUM FRÜHSTÜCK
Für 2 Kastenformen (35 cm Länge)
Zubereitungszeit: 20 Min.
Backzeit: 45 Min.
Ruhezeit: 2 Tage
Röstzeit: 10 Min.

10 Eier • 300 g Zucker • 380 g Mehl (Type 405) • 15 g gemahlener Anis
Außerdem: Butter oder Margarine für die Formen

– Zwei Kastenformen fetten. Den Backofen auf 180° (Umluft 160°) vorheizen.
– Die Eier trennen. Die Eigelbe mit 1/8 l Wasser und dem Zucker schaumig rühren. Das Mehl sieben und mit dem Anis unter die Eigelbmasse mischen. Die Eiweiße zu steifem Schnee schlagen und unter den Teig heben.
– Den Teig in die beiden Formen füllen, glatt streichen und im Ofen (unten) 40–45 Min. backen. Die Kuchen auf ein Kuchengitter stürzen und auskühlen lassen. Dann zwei Tage ruhen lassen.
– Den Backofen auf 200° (Umluft 180°) vorheizen. Die Kuchen in 1 cm dicke Scheiben schneiden, auf ein Backblech legen und von jeder Seite etwa 5 Min. rösten.

TIPP
Am besten schmeckt das geröstete Anisbrot mit Butter und Honig bestrichen.

431. Sahne-Omelettes

GELINGEN LEICHT
Für 2 Backbleche
Zubereitungszeit: 1 Std.
Backzeit pro Backblech: 10 Min.

4 Eiweiße • 80 g Zucker • 5 Eigelbe • 40 g Speisestärke • 50 g Mehl (Type 405) • 1 Prise Salz • 40 g geschmolzene lauwarme Butter • 375 g Sahne • 500 g beliebiges Beerenobst • 50 g Puderzucker
Außerdem: Backtrennpapier fürs Blech

– Zwei Backbleche mit Backpapier auslegen und mit einem Bleistift 12 Kreise von je 13 cm Ø auf das Papier zeichnen. Den Backofen auf 220° (Umluft 200°) vorheizen.
– Die Eiweiße mit der Hälfte des Zuckers steif schlagen. Die Eigelbe mit dem restlichen Zucker schaumig rühren. Die Stärke mit dem Mehl sieben und mit dem Salz und der Butter unter die Eigelbmasse heben. Zuletzt den Eischnee unterziehen.
– Den Biskuitteig in einen Spritzbeutel füllen und die aufgezeichneten Kreise damit bespritzen. Die Oberfläche glattstreichen und die Omelettes im Ofen (Mitte) 10 Min. backen.
– Die fertigen Omelettes auf ein Tuch oder Backbrett stürzen, das Backpapier mit kaltem Wasser befeuchten

und abziehen. Die Omelettes zusammenklappen und auskühlen lassen.
– Die Sahne steif schlagen, die Omelettes damit füllen und mit einigen Früchten belegen. Omelettes wieder zusammenklappen und gleichmäßig mit dem Puderzucker bestreuen.

432. Delizie al limone (Zitronenküchlein)

SPEZIALITÄT AUS ITALIEN
Für 1 Backblech
Zubereitungszeit: 55 Min.
Backzeit: 12 Min.

Für den Teig: 2 Eier • 50 g Zucker • 250 g Sahne • 140 g Mehl (Type 405) • 3–4 EL Limoncello
Für die Füllung: 2 Eier • 2 EL Zucker • abgeschnittene Schale von 1/2 unbehandelten (grünen) Zitrone • 1 gehäufter EL Mehl (Type 405) • 1/4 l Milch • 3–4 EL Limoncello • 250 g Sahne
Außerdem: Backtrennpapier fürs Blech • Zitronenschale in feinen Streifen und eventuell Zitronenblätter zum Dekorieren

– Den Backofen auf 180° (Umluft 160°) vorheizen. Das Backblech mit Backpapier auslegen.
– Für den Teig Eier und Zucker schaumig schlagen. Die Sahne steif schlagen. Mehl löffelweise unter die Eiermasse rühren, nach und nach die Sahne unterrühren. Teig in einen Spritzbeutel füllen, etwa 21 kleine Häufchen Teig im Abstand von 2–3 cm auf das Blech setzen. Im Ofen (Mitte) in etwa 12 Min. goldbraun backen.
– Für die Füllung Eier, Zucker und Zitronenschale verrühren. Das Mehl zufügen, weiterrühren und nach und nach die Milch hineingießen. Die Masse in einen Topf füllen und bei schwacher Hitze unter ständigem Rühren (immer in einer Richtung) erwärmen, bis die Creme eindickt. Nicht kochen lassen. Die Creme kalt werden lassen. Limoncello zugeben, Zitronenschale entfernen. Die Sahne schlagen und unterheben.
– Die gebackenen und abgekühlten Küchlein mit dem Limoncello benetzen. Ein Küchlein mit Creme bedecken und ein zweites Küchlein darauf setzen. Ebenfalls mit Creme bestreichen, ein drittes Küchlein darauf legen. Auf diese Weise alle Delizie zusammensetzen, auf einen Servierteller stellen und mit der restlichen Creme übergießen. Mit dünn geschnittenen Zitronenschalen und Zitronenblättern dekorieren.

TIPP

Diese Küchlein stammen ursprünglich aus Amalfi, wo sie „Suspirielli“ (kleine Seufzer) genannt werden, wahrscheinlich, weil sie zum Seufzen gut schmecken. Sie verbreiteten sich dann weiter nach Norden bis Sorrent, wo sie Delizie heißen. Inzwischen sind sie so populär, dass sie auch die Stadt Neapel erobert haben und in fast jeder Konditorei zu sehen sind.

433. Zitronenröllchen

ERFRISCHEND
Für 12 Röllchen
Zubereitungszeit: 35 Min.
Backzeit: 10 Min.

Für die Zitronencreme: 200 g Butter • 100 g Zucker • 2 Eigelbe • 150 ml Zitronensaft • abgeriebene Schale von 1/2 unbehandelten Zitrone
Für den Teig: 4 Eigelbe • 50 g Zucker • 3 Eiweiße • 60 g Mehl (Type 405)
Außerdem: Backtrennpapier fürs Blech • 4 EL Puderzucker • 6 kandierte Kirschen

– Ein Backblech mit Backtrennpapier auslegen. Den Backofen auf 220° (Umluft 200°) vorheizen.
– 100 g Butter zerlassen und mit dem Zucker, den Eigelben, dem Zitronensaft und der Zitronenschale verrühren, einmal aufkochen und erkalten lassen. Dann die restliche Butter schaumig rühren und die Zitronen-Butter-Mischung langsam unterrühren.
– Für den Teig die Eigelbe mit der Hälfte des Zuckers schaumig rühren. Die Eiweiße mit dem restlichen Zucker zu Schnee schlagen und unter die Eigelbmasse heben. Das Mehl darüber sieben und unter die Eimasse ziehen.
– Den Biskuitteig auf das mit Backpapier ausgelegte Blech streichen und im Ofen(Mitte) 8–10 Min. backen.
– Teig vom Blech stürzen, mit einem angefeuchteten Tuch bedecken und erkalten lassen. Das Backpapier abziehen.
– Die Zitronencreme gleichmäßig auf den Teig streichen. 12 Quadrate schneiden, jedes aufrollen und mit der »Naht« nach unten auf eine Platte legen. Die Röllchen mit dem Puderzucker besieben und mit je 1/2 kandierten Kirsche garnieren.

434. Mohrenköpfe

SCHMECKT KINDERN
Für etwa 20 Stück
Zubereitungszeit: 40 Min.
Backzeit: 8 Min.

***Für den Biskuitteig:** 5 Eigelbe • 70 g Zucker • 7 Eiweiße • 70 g Speisestärke • 60 g Mehl (Type 405)*
***Für die gekochte Schokoladenglasur:** 100 g Zartbitter-Kuvertüre • 300 g Zucker • 60 g Kakaopulver*
***Außerdem:** Backtrennpapier fürs Blech • erhitzte passierte Aprikosenkonfitüre • 500 g Sahne, mit 50 g Zucker steif geschlagen*

– Das Backblech mit Backpapier auslegen. Den Backofen auf 210° (Umluft 190°) vorheizen. Eigelbe mit dem Zucker schaumig schlagen. Eiweiße steif schlagen und auf die Schaummasse häufen. Stärke und Mehl mischen, darüber sieben und locker unterheben. In einen Spritzbeutel mit Lochtülle Nr. 12 füllen und auf die Bleche Halbkugeln von etwa 6 cm Ø spritzen. Im Ofen (Mitte) 5 Min. backen, dann die Hitze auf 180° (Umluft 160°) reduzieren und die Halbkugeln in etwa 3 Min. fertig backen, dabei die Ofentür einen Spalt offen lassen.
– Herausnehmen, abkühlen lassen. Oberseite der Halbkugeln mit Konfitüre bepinseln, antrocknen lassen.
– Für die Glasur die Kuvertüre fein hacken und mit Zucker, Kakao und 1/8 l Wasser gut vermischen. Zum Kochen bringen, dabei immer wieder mit einem nassen Pinsel den Topfrand abwischen. Vom Herd nehmen, mit einem Holzspatel immer am Rand des Topfes entlang rühren, bis die Glasur dickflüssig und glänzend ist. Teighalbkugeln mit der Oberseite nach unten eintauchen.
– Auf die flache Seite der Halbkugeln mit einem Spritzbeutel und Sterntülle Nr. 9 Sahnerosetten spritzen, jeweils eine zweite Halbkugel darauf setzen.

435. Petits Fours mit Buttercreme

KLASSIKER | FÜR GÄSTE
Für etwa 40 Stück
Zubereitungszeit: 45 Min.
Backzeit: 12 Min.

6 Eiweiße • 70 g Zucker • 60 g Speisestärke • 5 Eigelbe • abgeriebene Schale von 1/2 unbehandelten Zitrone • 1 Msp. Salz • 60 g Mehl (Type 405)
***Für die Buttercreme:** 300 g Butter • 1/2 Vanilleschote • 2 Eier • 3 Eigelbe • 180 g Zucker*
***Außerdem:** Backtrennpapier fürs Blech • 200 g erhitzte passierte Aprikosenkonfitüre • 400 g Fondant • 2 cl Rum • farbige Zuckerperlen*

– Den Backofen auf 190° (Umluft 170°) vorheizen. Das Backblech mit Backpapier auslegen.
– Für den Biskuit die Eiweiße mit 50 g Zucker zu einem schnittfesten Schnee schlagen. Die Speisestärke über den Eischnee sieben, mit einem Holzspatel vorsichtig untermengen. Die Eigelbe mit dem restlichen Zucker cremig rühren, Zitronenschale und Salz zufügen. Die Mischung über den Eischnee gießen und vorsichtig unterheben. Das Mehl darüber sieben und langsam untermengen, bis ein standfester Biskuit entsteht, der nicht zerläuft.
– Aus dem Teig Tupfen auf das Blech spritzen. Das sollte schnell gehen, damit der Teig nicht zusammenfällt. Im Ofen in 10–12 Min. (Mitte) hellbraun backen. Damit der Dampf abziehen kann, die Ofentür einen Spalt offen lassen. Auskühlen lassen.
– Die kleinen Biskuithalbkugeln innen aushöhlen. Von der Hälfte die gewölbte Seite gerade abschneiden, damit die Petits Fours nachher gerade stehen können.
– Für die Füllung die Butter und das ausgekratzte Mark der Vanilleschote schaumig rühren. Eier, Eigelbe und Zucker im warmen Wasserbad aufschlagen. Kalt schlagen und portionsweise unter die Butter rühren. Je 2 Halbkugeln mit Creme füllen und zusammensetzen. Im Kühlschrank fest werden lassen.
– Die Petits fours mit Konfitüre bestreichen. Fondant mit Rum verfeinern, Petits fours eintauchen, auf einem Gitter trocknen lassen, mit Zuckerperlen dekorieren.

436. Petits Fours mit Marzipan

ETWAS BESONDERES | BRAUCHEN ZEIT
Für 45 Stück
Zubereitungszeit: 1 Std.
Ruhezeit: 24 Std.
Backzeit pro Backblech: 10 Min.
Trockenzeit: 1–2 Std.

6 Eigelbe • 80 g Marzipan-Rohmasse • abgeriebene Schale von 1/2 unbehandelten Zitrone • 120 g Zucker • 5 Eiweiße • 120 g Mehl (Type 405)
***Für die Füllung:** 150 g Aprikosenkonfitüre • 75 g Puderzucker • 200 g Marzipan-Rohmasse*

Für die Glasur: 2 Eiweiße • 450–500 g Puderzucker • rote und gelbe Lebensmittelfarbe
Außerdem: Backtrennpapier für die Bleche • einige Pistazien und kandierte Veilchen und Rosenblätter

– Den Backofen auf 200° (Umluft 180°) vorheizen. Die Backbleche mit Backpapier auslegen.
– Eigelbe mit Marzipan, Zitronenschale und der Hälfte des Zuckers schaumig rühren. Die Eiweiße mit dem restlichen Zucker zu sehr steifem Schnee schlagen. Den Eischnee auf die Eigelbmasse gleiten lassen, das Mehl darüber sieben und alles vorsichtig unterheben.
– Die Masse auf den Blechen glatt streichen. Biskuitplatten nacheinander im Ofen (Mitte) in 10–12 Min. goldgelb backen.
– Die Biskuitplatten noch heiß von den Blechen stürzen, das Backpapier abziehen. Eine Platte gleichmäßig mit der Konfitüre bestreichen, die zweite Platte auflegen. Die doppelten Platten in 3 gleich breite Streifen schneiden. Auch diese mit der Aprikosenkonfitüre bestreichen und aufeinander setzen.
– Den Puderzucker mit der Marzipan-Rohmasse verkneten, ausrollen und passgenau auf den Biskuitblock legen. Abdecken, mit einem Holzbrett beschweren und 24 Std. ruhen lassen.
– Den Biskuitblock mit Hilfe eines Lineals und eines scharfen Messers nach Belieben in 4 x 4 cm große Quadrate oder 3 x 6 cm große Rechtecke schneiden.
– Zum Glasieren die Eiweiße mit dem Puderzucker verrühren. Ein Drittel mit roter, ein Drittel mit gelber Lebensmittelfarbe färben. Die Petit Fours in die Glasur tauchen und 1–2 Std. trocknen lassen. Dann aus Backpapier Spritztüten drehen (siehe Seite 423) und mit der übrigen Glasur beliebige Muster aufspritzen. Mit Pistazien, kandierten Blüten und Blättern verzieren.

437. Makronenschnitten

SCHNELL GEMACHT
Für 20 Schnitten
Zubereitungszeit: 35 Min.
Backzeit: 20 Min.

4 Eiweiße • 250 g Zucker • 250 g Mandelblättchen • 1/4 TL gemahlener Zimt • abgeriebene Schale von 1 unbehandelten Zitrone
Außerdem: 4 Oblaten im Format 19 x 11 1/2 cm • 50 g Schokoladen-Fettglasur

– Den Backofen auf 150° (Umluft 130°) vorheizen. Die Eiweiße halbsteif schlagen, den Zucker einrieseln lassen und kurz unter den Eischnee schlagen. Mandelblättchen, Zimt und Zitronenschale unterziehen. Die Eiweiß-Mandel-Masse in einem großen, flachen Topf bei mittlerer Hitze unter ständigem Rühren erhitzen.
– Die noch heiße Masse auf die vier Oblaten verteilen und glatt streichen. Oblaten in je 5 Schnitten schneiden. Die Schnitten auf ein Backblech legen und im Ofen (Mitte) 15–20 Min. backen.
– Die Schokoladenglasur im Wasserbad schmelzen lassen, die kalten Makronenschnitten an beiden Enden eintauchen. Auf einem Kuchengitter trocknen lassen.

TIPP

Wenn Sie die Makronenschnitten über eine leere Flasche legen und auf dieser backen, erhalten Sie wunderschöne »Mandelbögen«.

438. Pignoli-Kipferl

SPEZIALITÄT
Für 24 Kipferl
Zubereitungszeit: 35 Min.
Backzeit: 15 Min.

250 g gehäutete gemahlene Mandeln • 300 g Zucker • 4 Eiweiße • abgeriebene Schale von 1 unbehandelten Zitrone • 1 Eiweiß • 100 g Pinienkerne • 50 g Zucker • 1 Schnapsglas Rum (2 cl)
Außerdem: Butter oder Margarine fürs Blech

– Ein Backblech fetten. Den Backofen auf 190° (Umluft 170°) vorheizen.
– Die Mandeln mit Zucker, Eiweißen und Zitronenschale verrühren und alles bei schwacher Hitze unter Rühren erwärmen, bis eine formbare Masse entsteht.
– Den Teig abkühlen lassen und zu einer Rolle formen. Von der Rolle 24 gleich große Stücke abschneiden, aus jedem Stück ein Hörnchen (Kipferl) formen und mit dem verquirlten Eiweiß bestreichen. Die Pinienkerne über die Hörnchen streuen und etwas in den Teig drücken, damit sie beim Backen nicht abfallen.
– Die Hörnchen mit einem Spatel oder breiten Messer auf das Backblech legen und im Ofen (Mitte) in 15 Min. hellbraun backen.

– Den Zucker mit 1 EL Wasser verrühren und 2 Min. sprudelnd kochen lassen. Den Topf vom Herd nehmen, den Rum unter die Zuckermasse rühren und 5 Min. vor Ende der Backzeit die Hörnchen mit dem Rumguss bestreichen. Die Hörnchen nach dem Backen mit einem breiten Messer vorsichtig vom Backblech heben und auf einem Kuchengitter auskühlen lassen.

439. Bananenmeringen

FRUCHTIGER KLASSIKER
Für 12 Meringen
Zubereitungszeit: 40 Min.
Trockenzeit: 8 Std.

1/4 l Eiweiß (von etwa 8 Eiern) • 250 g Zucker • 150 g Puderzucker • 30 g Speisestärke • 500 g Sahne • 2 EL Kakaopulver • 100 g Schokoladen-Fettglasur • 6 Bananen • 50 g Krokantstreusel
Außerdem: Backtrennpapier fürs Blech

– Ein Backblech mit Backpapier auslegen. Den Backofen auf 100° (Umluft 80°) vorheizen.
– Eiweiße steif schlagen, 200 g Zucker einrieseln lassen. Den Puderzucker mit der Speisestärke darüber sieben und unterheben. Die Baisermasse in einen Spritzbeutel mit Lochtülle füllen, auf das Backblech 12 Bögen in Bananenform spritzen und diese 8 Std. im Ofen (Mitte) trocknen lassen; die Tür dabei einen Spalt offen halten.
– Das Papier abziehen, die Baisers abkühlen lassen. Die Sahne mit dem übrigen Zucker steif schlagen, mit dem gesiebten Kakaopulver verrühren und auf die Baisers spritzen. Schokoladenglasur im Wasserbad zerlassen. Die Bananen längs halbieren, auf die Sahne legen, mit der Schokoladenglasur überziehen und mit dem Krokant bestreuen.

440. Obers-Stanitzel (Gefüllte Hippentüten)

BERÜHMTES REZEPT
Für etwa 14 Stanitzel
Zubereitungszeit: 40 Min.
Backzeit pro Backblech: 7 Min.

100 g Marzipan-Rohmasse • 50 g gehäutete gemahlene Mandeln • 100 g Puderzucker • 1 Ei • 2 Eiweiße • 40 g Mehl (Type 405) • 2 EL Sahne • 1 Prise Salz • 1 Prise gemahlener Zimt • 375 g Sahne • 40 g Zucker • 1 Tasse abgetropfte Sauerkirschen(aus dem Glas) • 2 EL Schokoladenspäne
Außerdem: Backtrennpapier fürs Blech

– Ein Backblech mit Backpapier auslegen. Den Backofen auf 180° (Umluft 160°) vorheizen. Die Marzipan-Rohmasse mit Mandeln, gesiebtem Puderzucker, Ei und Eiweißen zu einer glatten Masse verkneten. Das gesiebte Mehl, Sahne, Salz und Zimt unterkneten.
– Aus Pappe einen Ring von 12 cm Ø (innen) schneiden. Die Schablone auf das Blech legen, etwas Teig in die Mitte geben und verstreichen. So verfahren, bis der Teig verbraucht ist. Teigscheiben im Ofen (Mitte) 5–7 Min. backen, noch heiß im Ofen zu Tüten aufrollen.
– Die Sahne mit dem Zucker steif schlagen, die Tüten zur Hälfte damit füllen. Die Kirschen darauf geben und mit je 1 Sahnerosette zuspritzen. Mit Schokoladenspänen garnieren.

441. Schlotfeger

BRAUCHEN ETWAS ZEIT
Für 18 Schlotfeger
Zubereitungszeit: 35 Min.
Kühlzeit: 12–14 Std.
Backzeit pro Backblech: 8 Min.

120 g Marzipan-Rohmasse • 100 g Puderzucker • 30 g Mehl (Type 405) • 4 Eiweiße • 1/2 TL gemahlener Zimt • abgeriebene Schale von 1/2 unbehandelten Zitrone • 4 EL Sahne
Außerdem: Butter und Mehl für die Bleche • 100 g Schokoladen-Fettglasur • 250 g Sahne

– Die Marzipan-Rohmasse mit dem gesiebten Puderzucker, dem gesiebten Mehl, den Eiweißen, dem Zimt und der Zitronenschale glatt rühren. Den Teig zugedeckt über Nacht im Kühlschrank ruhen lassen.
– Den Backofen auf 190° (Umluft 170°) vorheizen. Zwei Backbleche dünn fetten und mit Mehl bestäuben.
– Die Sahne unter den Marzipanteig rühren. Den Teig gleichmäßig dünn auf beide Backbleche streichen und nacheinander im Ofen (Mitte) in 3–4 Min. hellbraun backen. Die Platten mit einem Teigrädchen in Quadrate von 11 x 11 cm schneiden. Diese weiterbacken, bis sie knusprig braun sind. Dann nacheinander noch heiß vom Blech nehmen und jedes um einen dicken Holz-

löffelstiel legen. Die Enden zusammendrücken, die Rollen vom Holz schieben, erkalten lassen.
– Die Schokoladenglasur im Wasserbad zerlassen. Die Schlotfeger damit bestreichen und von beiden Seiten mit der geschlagenen Sahne füllen.

442. Panforte-Ecken

VOLLWERTIG | OHNE MEHL
Für 1 Backblech
Zubereitungszeit: 45 Min.
Backzeit: 30 Min.

400 g Haselnusskerne • 300 g Walnusskerne • 500 g gehäutete Mandeln • 300 g getrocknete Feigen • 300 g Orangeat • 300 g Zitronat • 200 g Kakaopulver • 2 TL gemahlener Zimt • je 1 TL geriebene Muskatnuss und gemahlene Nelken • 1 TL gemahlener Pfeffer • 300 g Puderzucker • 300 g Honig
Außerdem: Fett fürs Blech • 2 EL Puderzucker zum Bestreuen

– Die drei Nusssorten im Blitzhacker mittelfein hacken. Die Feigen, das Orangeat und das Zitronat klein würfeln mit den gehackten Nüssen, dem Kakaopulver und den Gewürzen mischen.
– Den Backofen auf 150° (Umluft 130°) vorheizen. Das Backblech gut fetten. Honig und Puderzucker in einem großen Topf erhitzen. Die Nussmischung unterrühren, etwa 6 EL Wasser untermengen. Den Teig mit feuchten Händen auf dem Blech flachdrücken.
– Im Backofen (Mitte) 30 Min. backen. Abkühlen lassen und mit Puderzucker bestreuen. Mit einem scharfen Messer in 12–16 Vierecke, diese wiederum in Dreiecke schneiden.

443. Makronenzwieback

BRAUCHT ETWAS ZEIT
Für 2 Rehrückenformen (35 cm Länge)
Zubereitungszeit: 40 Min.
Gehzeit: 1 1/4 Std.
Ruhezeit: 12–14 Std.
Backzeit: 50 Min.

500 g Mehl (Type 405) • 3/4 Würfel frische Hefe (30 g) • 1/4 l lauwarme Milch • 50 g Butter • 50 g Zucker • 1/2 TL Salz • abgeriebene Schale von 1/2 unbehandelten Zitrone • 2 Eier • 100 g Marzipan-Rohmasse • 80 g Puderzucker • 1 Eiweiß • 1 EL Rum
Außerdem: Butter für die Formen • Mehl für die Arbeitsfläche

– Das Mehl in eine Schüssel sieben, in die Mitte eine Vertiefung drücken, die Hefe hineinbröckeln und mit der Milch und etwas Mehl verrühren. Den Hefevorteig mit wenig Mehl bestäuben und zugedeckt an einem warmen Ort 15 Min. gehen lassen.
– Die Butter zerlassen. Den Zucker, das Salz, die Zitronenschale und die Eier mit der Butter verrühren, zum Hefevorteig geben und alles mit dem gesamten Mehl zu einem trockenen Hefeteig verarbeiten. Den Hefeteig so lange schlagen, bis er Blasen wirft, dann zugedeckt noch einmal 30 Min. gehen lassen.
– Die Rehrückenformen mit Butter ausstreichen. Den Backofen auf 220° (Umluft 200°) vorheizen.
– Auf der bemehlten Arbeitsfläche aus dem Teig zwei gleich große Rollen formen, diese in die Rehrückenformen legen und darin so lange gehen lassen, bis sich das Teigvolumen verdoppelt hat. Den Teig im Ofen (Mitte) 25–35 Min. backen, bis er goldgelb ist. Die beiden Kuchen auf ein Kuchengitter stürzen und über Nacht abkühlen lassen.
– Den Backofen auf 200° (Umluft 180°) vorheizen. Die erkalteten Kuchen in gleich dicke Scheiben schneiden, diese auf ein Backblech legen und im Ofen (Mitte) von einer Seite in etwa 5 Min. hellgelb rösten, dann erkalten lassen.
– Die Marzipan-Rohmasse mit dem gesiebten Puderzucker, dem Eiweiß und dem Rum zu einer streichfähigen Masse verrühren. Die Marzipanmasse auf die ungeröstete Seite der Zwiebackscheiben streichen und im Ofen so lange überbacken, bis sie sich leicht hellbraun färbt. Auf dem Kuchengitter auskühlen lassen.

TIPPS

- **Wenn Sie nur eine Rehrückenform haben, so können Sie die zweite Teigrolle auch in einer kleinen Kastenform backen.**
- **Oder Sie backen beide Kuchen nacheinander in der Rehrückenform. Bewahren Sie in diesem Fall aber den ungebackenen Teig bis zur Verwendung in Pergamentpapier gewickelt im Kühlschrank auf.**

444. Watruschki (Quarkteilchen)

AUS RUSSLAND
Für 40 Stück
Zubereitungszeit: 40 Min.
Gehzeit: 55 Min.
Backzeit: 20 Min.

Für den Teig: 500 g Mehl (Type 405) • 3/4 Würfel frische Hefe (30 g) • 200 ml lauwarme Milch • 50 g Zucker • 40 g Butter • 1 Ei • 1/2 TL Salz • abgeriebene Schale von 1 unbehandelten Zitrone
Für den Belag: 250 g abgetropfter Quark oder Schichtkäse • 2 Eigelbe • 40 g Zucker • 2 EL Zitronensaft • 40 g Orangeat • 50 g Korinthen
Außerdem: Fett fürs Backblech • Mehl für die Arbeitsfläche • 1 Eigelb zum Bestreichen

– Das Mehl in eine Schüssel sieben. In die Mitte eine Mulde drücken und die Hefe hineinbröckeln. Die Hefe mit etwas lauwarmer Milch und etwas Zucker auflösen und den Vorteig mit wenig Mehl vom Rand bestäuben. Mit einem Tuch zudecken und an einem warmen Ort etwa 15 Min. gehen lassen, bis die Oberfläche deutliche Risse zeigt.
– Die Butter zerlassen, mit übrigem Zucker, dem Ei, dem Salz und der Zitronenschale unter den Vorteig arbeiten. Den Teig so lange schlagen, bis er glänzt und sich gut von der Schüsselwand löst. Zudecken und erneut gehen lassen, bis der Teig sein Volumen verdoppelt hat.
– Den Quark oder Schichtkäse mit Eigelben, Zucker und Zitronensaft verrühren. Das Orangeat sehr fein würfeln und mit den Korinthen unter den Quark mischen.
– Das Backblech fetten. Den Backofen auf 200° (Umluft 180°) vorheizen.
– Den Teig auf einer bemehlten Arbeitsfläche zu einem dicken Teigstrang rollen. Diesen in etwa 40 gleich große Scheiben schneiden. Die Scheiben so flach drücken, dass »Böden« von 8–10 cm Ø mit einem Rand entstehen.
– Eigelb verquirlen und den Teigrand damit bestreichen. Die Watruschki mit einem Tuch zudecken und noch einmal kurz gehen lassen.
– Hefeteigböden auf das Backblech legen und jeweils mehrfach mit einer Gabel einstechen. Die Quarkfüllung gleichmäßig darauf verteilen und die Oberfläche glatt streichen.
– Im Ofen (Mitte) in 15–20 Min. hellbraun backen. Aus dem Ofen nehmen und auf einem Kuchengitter auskühlen lassen.

445. Böhmische Kolatschen

BERÜHMTES REZEPT
Für etwa 15 Stück
Zubereitungszeit: 50 Min.
Gehzeit: 55 Min.
Backzeit: 20 Min.

Für den Teig: 500 g Mehl (Type 405) • 1 Würfel frische Hefe (42 g) • 80 g Zucker • 1/4 l lauwarme Milch • 100 g Butter • 1 Prise Salz • abgeriebene Schale von 1/2 unbehandelten Zitrone • 2 Eier
Für den Mohnbelag: 1/4 l Milch • 250 g gemahlener Mohn • 80 g Zucker • 1 EL Semmelbrösel
Für den Quarkbelag: 2 Eier • 250 g Quark (20 % Fett) • 50 g Butter • 120 g Zucker • 1 EL Speisestärke • 1 EL Zitronensaft • 250 g Powidl (dickes Pflaumenmus)
Außerdem: Butter fürs Blech • Mehl für die Arbeitsfläche • 1 Eigelb zum Bestreichen

– Das Mehl in eine große Schüssel sieben, in die Mitte eine Mulde drücken. Die Hefe zerbröckeln und in der Mulde mit 1 TL Zucker, 2 EL Milch und etwas Mehl vom Rand verrühren, bis sie sich aufgelöst hat. Etwas Mehl darüber stäuben. Den Vorteig zugedeckt etwa 15 Min. an einem warmen Ort gehen lassen, bis die Oberfläche deutliche Risse zeigt.
– Die Butter in der restlichen Milch zerlassen und mit dem restlichen Zucker, dem Salz, der Zitronenschale und den Eiern zum Vorteig geben. Mit dem Mehl einen glatten Teig kneten, bis er sich vom Schüsselrand löst. Wenn nötig, noch etwas Milch dazugießen. Den Teig zugedeckt etwa 30 Min. an einem warmen Ort gehen lassen.
– Inzwischen für den Mohnbelag die Milch mit dem Mohn, dem Zucker und den Semmelbröseln einmal aufkochen lassen.
– Für den Quarkbelag die Eier trennen, die Eiweiße zu steifem Schnee schlagen. Den Quark mit der Butter, dem Zucker, den Eigelben, der Speisestärke und dem Zitronensaft verrühren. Die Eiweiße unterheben.
– Den Hefeteig in etwa 15 Stücke teilen. Die Hefestücke auf einer bemehlten Arbeitsfläche zu Kugeln formen, diese mit dem Handballen von innen nach außen flach drücken, sodass ein wulstiger Rand entsteht und die Kolatschen etwa 12 cm Ø haben.
– Ein Backblech fetten und die Kolatschen darauf legen. Das Eigelb verquirlen und die Ränder der Kolatschen

damit bestreichen. Mit einem Teelöffel je vier Häufchen von der Mohn- und der Quarkmasse auf die Kolatschen verteilen und in die Mitte jeweils 1 EL Powidl geben.
– Den Backofen auf 200° (Umluft 180°) vorheizen. Die Kolatschen auf dem Blech noch etwa 10 Min. gehen lassen. Dann im Backofen (Mitte) in etwa 20 Min. goldbraun backen und noch am selben Tag servieren.

TIPP

Tauser Kolatschen: Den Hefeteig wie oben beschrieben zubereiten und 2 große Kolatschen daraus formen. Den Mohnbelag, den Quarkbelag und den Powidl abwechselnd kreisförmig auf den Kolatschen verteilen. Den Mohnbelag noch zusätzlich mit 50 g gehäuteten Mandelhälften verzieren. Die fertigen Kolatschen wie Torten in Stücke schneiden.

446. Heidelbeertascherln

AUS ÖSTERREICH
Für 20 Stück
Zubereitungszeit: 40 Min.
Gehzeit: 55 Min.
Backzeit pro Backblech: 20 Min.

Für den Teig: 500 g Mehl (Type 405) • 1 Würfel frische Hefe (42 g) • 1/4 l lauwarme Milch • 80 g Zucker • 50 g zerlassene Butter • 1 Ei • 1 Vanilleschote • 1 Prise Salz
Für die Füllung: 50 g Butter • 250 g abgetropfter Magerquark • 75 g Zucker • 2 Eigelbe • 1 EL Vanille-Puddingpulver (zum Kochen) • abgeriebene Schale von 1/2 unbehandelten Zitrone • 250 g Heidelbeeren
Außerdem: Mehl für die Arbeitsfläche • Backtrennpapier fürs Blech • 1 Eigelb und 2 EL Milch zum Bestreichen

– Das Mehl in eine Schüssel sieben. In die Mitte eine Mulde drücken und die Hefe hineinbröckeln. Die Hefe mit etwas lauwarmer Milch und etwas Zucker auflösen und den Vorteig mit Mehl bestäuben. Mit einem Tuch zugedeckt an einem warmen Ort etwa 15 Min. gehen lassen, bis die Oberfläche deutliche Risse zeigt.
– Restliche Milch mit den übrigen Zutaten verrühren und unter den Vorteig arbeiten. Den Teig auf einer bemehlten Arbeitsfläche mindestens 5 Min. kräftig durchkneten. Zugedeckt an einem warmen Ort 30 Min. gehen lassen, bis der Teig sein Volumen verdoppelt hat.
– Butter für die Füllung zerlassen und wieder abkühlen lassen. Den Quark mit der Butter, dem Zucker, den Eigelben, dem Puddingpulver sowie der Zitronenschale verrühren. Die Heidelbeeren waschen und verlesen.
– Den Teig auf der bemehlten Arbeitsfläche 3–4 mm dick ausrollen. Sollte sich der Teig dabei wieder stark zusammenziehen, auf der Arbeitsfläche wenige Minuten ruhen lassen und anschließend weiter ausrollen.
– Die Backbleche mit Backpapier auslegen. Aus dem Teig 20 Quadrate von 10 x 10 cm ausschneiden. In die Mitte jedes Quadrats 1 EL Füllung und einige Heidelbeeren setzen. Jeweils die gegenüberliegenden Spitzen etwas lang ziehen und über der Füllung miteinander verdrehen, sodass kuvertartige Taschen entstehen. Auf die Backbleche setzen und zugedeckt noch einmal etwa 10 Min. gehen lassen.
– Inzwischen den Backofen auf 200° (Umluft 180°) vorheizen. Das Eigelb mit der Milch verquirlen und die Heidelbeertascherln damit bepinseln. Im Ofen (Mitte) in 15–20 Min. goldbraun backen.

447. Nusshörnchen

AUS DÄNEMARK
Für 12 Hörnchen
Zubereitungszeit: 30 Min.
Gehzeit: 1 1/4 Std.
Backzeit: 25 Min.

Für den Teig: 1/2 Würfel frische Hefe (21 g) • 1 TL Zucker • 1/8 l lauwarme Milch • 300 g Mehl (Type 405) • 1 Prise Salz • 1 Ei
Für die Füllung: 1 EL Butter • 100 g gemahlene Haselnüsse • 50 g Farinzucker (brauner Zucker) • 1 Prise gemahlener Zimt • 3 EL Kondensmilch • 100 g Puderzucker • 2 EL Rum
Außerdem: Butter fürs Blech • Mehl für die Arbeitsfläche

– Die Hefe mit dem Zucker und etwas warmer Milch verrühren, 15 Min. gehen lassen. Die Hälfte des Mehls in eine Schüssel geben, die restliche Milch, den Hefeansatz, das Salz und das Ei zufügen, alles zu einem geschmeidigen Teig vermengen und das restliche Mehl gut unterkneten. Den Teig 45 Min. zugedeckt gehen lassen.

– Die Butter schmelzen lassen, die Haselnüsse darin leicht rösten, den Zucker, den Zimt und die Kondensmilch untermischen.
– Das Backblech fetten. Den Hefeteig noch einmal durchkneten und auf einer bemehlten Arbeitsfläche zu einem Rechteck ausrollen. Längliche Dreiecke ausschneiden. Die Haselnusspaste in die Mitte streichen. Die Dreiecke zur Spitze hin aufrollen, zu Hörnchen biegen, auf das Backblech legen und zugedeckt 15 Min. gehen lassen.
– Den Backofen auf 200° (Umluft 180°) vorheizen. Die Hörnchen im Ofen (Mitte) in 20–25 Min. goldbraun backen. Den Puderzucker mit dem Rum verrühren. Die Hörnchen mit dem Guss bepinseln.

448. Mohnbeugel

KLASSIKER AUS WIEN
Für 10 Stück
Zubereitungszeit: 50 Min.
Kühlzeit: 30 Min.
Trockenzeit: 30 Min.
Backzeit: 30 Min.

Für den Teig: 1/2 Würfel frische Hefe (21 g) • 100 ml Milch • 3 EL Zucker • 250 g Mehl (Type 405) • 1 Eigelb • 100 g Butter
Für die Füllung: 50 g fein gehacktes Zitronat • 250 g Mohnback (Fertigprodukt) • 2 EL Crème fraîche • 1/2 TL gemahlener Zimt • 3 EL Rum (nach Belieben) • 3 EL Paniermehl
Außerdem: Backtrennpapier fürs Blech • Mehl für die Arbeitsfläche • 1 Ei zum Bestreichen

– Die Hefe zerbröckeln und mit zimmerwarmer Milch und 1 EL Zucker verrühren. Mehl und restlichen Zucker in einer Schüssel mischen. In die Mitte eine Mulde drücken und das Eigelb hineingeben, die zimmerwarme Butter in Flöckchen schneiden und am Rand verteilen.
– Den Hefeansatz zum Mehl geben und alles zügig zu einem glatten Teig verkneten. In eine bemehlte Schüssel legen, 30 Min. zugedeckt im Kühlschrank ruhen lassen.
– Das Zitronat mit der Mohnmasse, Crème fraîche, Zimt, Rum und Paniermehl vermengen.
– Den Backofen auf 180° (Umluft 160°) vorheizen. Das Backblech mit Backpapier auslegen. Den Teig auf einer bemehlten Arbeitsfläche gut durchkneten, dann in 10 Portionen teilen. Teigstücke zu Fladen von etwa 12 cm Länge ausrollen. Die Füllung portionsweise längs in die Mitte des Fladens geben und den Fladen von der Längsseite her zu einem Hörnchen aufrollen. Die Enden gut zusammendrücken. Die Beugel auf das Backblech legen.
– Das Ei verquirlen und die Beugel damit bestreichen, etwa 15 Min. antrocknen lassen, dann noch einmal mit Ei bestreichen und weitere 15 Min. trocknen lassen. Die Beugel im Backofen (Mitte) in 25–30 Min. goldbraun backen.

449. Osterhasen aus Hefeteig

SCHMECKT KINDERN
Für 6–8 Hasen
Zubereitungszeit: 40 Min.
Gehzeit: 1 Std.
Backzeit: 15 Min.

600 g Mehl (Type 405) • 1 Würfel frische Hefe (42 g) • 1/4 l lauwarme Milch • 100 g Butter • 2 Eier • 1 Prise Salz • 60 g Zucker • abgeriebene Schale von 1/2 unbehandelten Zitrone
Für die Dekoration: 1 Eiweiß • 40 g Puderzucker • nach Belieben rote Lebensmittelfarbe • Mandeln und Zuckerwerk
Außerdem: Butter fürs Blech • Schablonen für die Hasen • 1 Eigelb zum Bestreichen

– Das Mehl in eine Schüssel sieben, eine Mulde hineindrücken. Die Hefe hineinbröckeln und mit der Milch und etwas Mehl zu einem Vorteig verrühren. 15 Min. zugedeckt gehen lassen. Die Butter zerlassen und mit den Eiern, dem Salz, dem Zucker, der Zitronenschale, dem Vorteig und dem gesamten Mehl zu einem glatten Teig verkneten und 30 Min. gehen lassen.
– Den Backofen auf 210° (Umluft 190°) vorheizen, ein Backblech leicht fetten. Aus starker Pappe Schablonen für die Osterhasen ausschneiden. Den Teig 1 cm dick ausrollen, mit Hilfe der Schablonen Osterhasen ausschneiden und auf das Backblech legen. Das Eigelb verquirlen, die Hasen damit bestreichen und weitere 15 Min. gehen lassen.
– Die Osterhasen im Ofen (Mitte) 10–15 Min. backen. Aus dem Backofen nehmen und auskühlen lassen.
– Das Eiweiß mit dem Puderzucker verrühren, nach Belieben mit Lebensmittelfarbe färben. Die Osterhasen mit der Zuckerglasur und dem Zuckerwerk verzieren.

450. Kleine Osterenten

SCHMECKT KINDERN
Für 10 Enten
Zubereitungszeit: 35 Min.
Gehzeit: 45 Min.
Backzeit: 15 Min.

500 g Mehl (Type 405) • 3/4 Würfel frische Hefe (30 g) • 60 g Zucker • 1/4 l lauwarme Milch • 60 g Butter • 1 Ei • 1 Prise Salz • 2 Eigelbe • 200 g Erdbeerkonfitüre
Für die Verzierung: einige Korinthen • 2 EL Puderzucker • 3 TL Zitronensaft
Außerdem: Butter fürs Blech

– Das Mehl in eine Schüssel sieben, in die Mitte eine Vertiefung drücken, die zerbröckelte Hefe darin mit etwas Zucker, Mehl und der Milch zu einem Vorteig verrühren. Zugedeckt 15 Min. gehen lassen.
– Den restlichen Zucker, die geschmolzene Butter, das Ei und das Salz mit dem Vorteig verkneten. Den Teig schlagen, bis er Blasen wirft, und 15 Min. gehen lassen.
– Ein Backblech leicht fetten. Den Teig 4 mm dick ausrollen und 20 Kreise von 8 cm Ø ausstechen. Die Ränder der Kreise mit Eigelb bestreichen, in die Mitte Konfitüre geben und je 2 Plätzchen aufeinander drücken. Auf das Blech legen.
– Aus dem restlichen Teig Entenköpfe mit Schnäbeln formen. Beides mit Eigelb bestreichen und gut an die größeren Plätzchen drücken. Die Enten 15 Min. auf dem Backblech gehen lassen.
– Inzwischen den Backofen auf 220° (Umluft 200°) vorheizen. Die Enten nochmals mit Eigelb bestreichen und im Ofen (Mitte) 15 Min. backen. Die Korinthen mit Puderzuckerglasur als Augen aufkleben.

451. Babas mit Früchten

FÜR FREUNDE
Für 18 Savarin-Förmchen (8 cm Ø)
Zubereitungszeit: 45 Min.
Gehzeit: etwa 1 Std.
Backzeit: 30 Min.

Für den Teig: 350 g Mehl (Type 405) • 1/2 Würfel frische Hefe (21 g) • 1 Tasse lauwarme Milch • 4 Eier • 50 g Zucker • 1 Päckchen Vanillezucker • 1/2 TL Salz • 150 g Butter
Für den Belag: 150 g Zucker • abgeriebene Schale von 1 unbehandelten Zitrone • 3 Schnapsgläser Rum (6 cl) • 1/8 l Weißwein • 250 g Sahne • 1 TL Kakaopulver • 250 g Früchte (wie Ananas, Stachelbeeren, Kirschen, Kumquats, Kiwis) • 50 g Mandelblättchen
Außerdem: Butter und Mehl für die Förmchen

– Das Mehl in eine Schüssel sieben und eine Mulde in die Mitte drücken. Die Hefe hineinbröckeln und mit der Milch und etwas Mehl verrühren. Den Vorteig 15 Min. zugedeckt an einem warmen Platz gehen lassen.
– Die Eier mit dem Zucker schaumig rühren, den Vanillezucker und das Salz zugeben. Butter schmelzen, aber nicht heiß werden lassen. Zum Eiergemisch geben und mit dem Vorteig und dem gesamten Mehl zu einem fast flüssigen Hefeteig schlagen. Den Teig zugedeckt noch einmal 30 Min. gehen lassen.
– Die Savarin-Förmchen mit der Butter fetten und mit dem Mehl bestäuben. Die Förmchen zur Hälfte mit dem Hefeteig füllen. Noch einmal zugedeckt an einem warmen Ort 20 Min. gehen lassen. Inzwischen den Backofen auf 210° (Umluft 190°) vorheizen.
– Die Babas im Ofen (Mitte) 30 Min. backen. Auf ein Kuchengitter stürzen und auskühlen lassen.
– 1/4 l Wasser mit dem Zucker, der Zitronenschale, dem Rum und dem Weißwein unter Rühren so lang kochen lassen, bis sich der Zucker völlig aufgelöst hat. Dann die Babas mit der Unterseite nach oben auf eine Platte setzen und mit der Flüssigkeit tränken. Sie müssen ganz vollgesogen sein.
– Die Sahne steif schlagen und in zwei Hälften teilen. Eine Hälfte mit dem Kakaopulver verrühren. Die helle und die dunkle Sahne nacheinander in einen Spritzbeutel mit Sterntülle füllen und in die Mitte der Babas je einen Sahnetupfen spritzen.
– Die Früchte wenn nötig abtropfen lassen, eventuell auch klein schneiden und die Babas mit den Früchten und den Mandelblättchen garnieren.

TIPPS

• Wenn Sie keine 18 Savarin-Förmchen besitzen, so müssen Sie die Babas eventuell in zwei oder drei Partien backen.
• Sie können statt der Savarin-Förmchen aber auch konische Tortenförmchen verwenden oder selbst passende Förmchen aus extra starker oder doppelt gefalteter Alufolie herstellen.

452. Sirup-Bällchen

ORIENTALISCHER KLASSIKER
Für etwa 25 Bällchen
Zubereitungszeit: 35 Min.
Gehzeit: 1 Std. 10 Min.
Ausbackzeit pro Portion: 5 Min.

Für den Teig: 300 g Mehl (Type 405) • je 1 Prise gemahlener Zimt und Kardamom • 1 TL abgeriebene Schale von 1 unbehandelten Orange • 1/2 Würfel frische Hefe (21 g) • 1 TL Zucker • 50 g weiche Butter • 1 Ei
Für den Sirup: 200 g Zucker • 200 g Honig • 1 EL Orangenblütenwasser (ersatzweise Zitronensaft)
Außerdem: Öl oder Fett zum Frittieren • gehackte Pistazien zum Bestreuen

– Mehl, Gewürze und Orangenschale in eine Schüssel geben, in die Mitte eine Mulde drücken. Die Hefe zerbröckeln, mit Zucker und 1/8 l lauwarmem Wasser verrühren, in die Mulde geben. Die Butter in Flöckchen auf dem Rand verteilen. Zugedeckt ca. 30 Min. gehen lassen.
– Das Ei verquirlen, zum Vorteig geben und alles zu einem elastischen Teig verkneten (eventuell Wasser zugeben). Zugedeckt weitere 40 Min. gehen lassen. Für den Sirup Zucker, Honig und 150 ml Wasser 5 Min. einkochen. Blütenwasser einrühren, abkühlen lassen.
– Das Frittierfett erhitzen. Aus dem Teig ca. 25 Bällchen formen. Portionsweise im heißen Fett in 4–5 Min. goldgelb frittieren, dabei einmal wenden. Herausnehmen, auf Küchenpapier abtropfen lassen, warm stellen. Bällchen mit Sirup übergießen, mit Pistazien bestreuen.

453. Schmalznudeln

FRISCH AM BESTEN
Für 12–15 Stück
Zubereitungszeit: 2 Std.
Gehzeit: 55 Min.
Ausbackzeit pro Portion: 10 Min.

1/2 Würfel frische Hefe (ca. 20 g) • 2 EL Zucker • 1/4 l lauwarme Milch • 500 g Mehl (Type 405) • 2 Eier • 1 Prise Salz • 1 TL abgeriebene Schale von 1 unbehandelten Zitrone
Außerdem: Mehl für die Arbeitsfläche • etwa 200 g Butterschmalz zum Ausbacken • Puderzucker

– Die Hefe in eine Tasse krümeln, mit 1 TL Zucker und 3 EL Milch glatt rühren. Das Mehl in eine Schüssel geben, eine Vertiefung in die Mitte drücken und die angerührte Hefe hineingeben. Etwas Mehl darüber stäuben, den Vorteig zugedeckt 15 Min. gehen lassen.
– Die restliche Milch und übrigen Zucker, die Eier, das Salz und die Zitronenschale unterrühren und alles zu einem geschmeidigen Teig kneten. Zugedeckt in etwa 30 Min. zur doppelten Größe aufgehen lassen.
– Mit bemehlten Händen 12–15 kleine Bällchen formen, aufs Backbrett legen und mit einem Küchentuch bedecken. Noch einmal etwa 10 Min. gehen lassen.
– In einem breiten Topf oder in einer Pfanne mit hohem Rand reichlich Butterschmalz erhitzen. Die Bällchen flach drücken, in der Mitte jeweils möglichst dünn ausziehen, die Ränder aber als dicke Wülste stehen lassen.
– Die ausgezogenen Nudeln portionsweise ins heiße Butterschmalz geben, mit einem Löffel heißes Fett über die Ränder gießen. Die Nudeln in 8–10 Min. goldbraun backen, dabei einmal wenden. In der Mitte müssen die Schmalznudeln schön hell bleiben.
– Ein Kuchengitter mit Küchenpapier belegen. Fertige Schmalznudeln mit dem Schaumlöffel herausheben, auf dem Gitter gut abtropfen lassen. Mit Puderzucker bestreuen und möglichst frisch servieren.

TIPPS

- **Das Fett zum Ausbacken darf nicht zu heiß sein, damit die Ränder nicht zu dunkel werden.**
- **Ursprünglich wurden die Schmalznudeln, die auch „Aus'zogene“ oder „Kirchweihnudeln“ heißen, übers Knie in die richtige Form gezogen.**

454. Püfferchen

SCHMECKT KINDERN
Für etwa 30 Stück
Zubereitungszeit: 1 Std.
Gehzeit: 1 Std.
Ausbackzeit pro Portion: 5 Min.

1 Würfel frische Hefe (42 g) • 1/2 l lauwarme Milch • 130 g Zucker • 750 g Mehl (Type 405) • 40 g weiche Butter • 1 Prise Salz • 4 Eier • 1 Päckchen Vanillezucker • 125 g Rosinen • 1 TL gemahlener Zimt
Außerdem: etwa 1,5 kg Frittierfett

– Die Hefe in eine Schüssel bröckeln, mit der Milch und 1 TL Zucker verrühren, etwa 15 Min. zugedeckt an einem warmen Ort gehen lassen. Dann mit Mehl, 50 g Zucker, Butter, Salz, Eiern, Vanillezucker, Rosinen zu einem Teig verkneten. Zugedeckt 45 Min. gehen lassen.
– Das Frittierfett in einem großen Topf oder in einer Fritteuse erhitzen. Nach und nach mit zwei Esslöffeln kleine Nocken vom Teig abstechen und in das heiße Fett gleiten lassen. Die Püfferchen pro Seite in etwa 2 Min. goldbraun ausbacken. Mit einem Schaumlöffel herausheben, auf Küchenpapier abfetten lassen.
– In einem tiefen Teller den restlichen Zucker mit dem Zimt vermischen. Die heißen Püfferchen darin wenden.

455. Faschingskrapfen

TRADITIONELLER KLASSIKER
Für 12 Krapfen
Zubereitungszeit: 40 Min.
Gehzeit: 1 1/2 Std.
Ausbackzeit pro Portion: 10 Min.

1 Würfel frische Hefe (42 g) • 1/8 l lauwarme Milch • 100 g Zucker • 500 g Mehl (Type 405) • 1 Prise Salz • abgeriebene Schale von 1 unbehandelten Zitrone • 2 Eier • 75 g weiche Butter • 150 g Aprikosen-, Zwetschgen- oder Himbeermarmelade
***Außerdem:** Mehl für die Arbeitsfläche • 1 kg Kokosfett zum Ausbacken • 2 EL Puderzucker zum Bestreuen*

– Die Hefe in eine Schüssel bröckeln, mit der Milch und 1 TL Zucker verrühren, etwa 15 Min. zugedeckt gehen lassen. Dann die Hälfte des Mehls mit restlichem Zucker, Salz, Zitronenschale und Eiern unter den Hefeansatz mischen. Butter und übriges Mehl kräftig unterkneten und den Teig schlagen, bis er sich vom Schüsselrand löst. Den Hefeteig zugedeckt 45 Min. gehen lassen.
– Den Teig noch einmal kräftig durchkneten und auf einer bemehlten Arbeitsfläche 1 cm dick ausrollen. Mit einer Tasse (8 cm Ø) 24 Scheiben ausstechen. In die Mitte von 12 Teigscheiben jeweils 1 TL Marmelade oder Gelee setzen, die Ränder mit Wasser bepinseln, eine leere Teigscheibe darauf setzen, den Rand festdrücken.
– Krapfen auf der Arbeitsfläche mit einem Tuch bedeckt noch einmal 30 Min. gehen lassen. Inzwischen das Fett im Topf erhitzen. Krapfen darin portionsweise von jeder Seite in 4–5 Min. goldbraun backen, dann etwas abtropfen lassen und mit dem Puderzucker bestreuen.

456. Oreillettes

AUS DEN PYRENÄEN
Für 100–120 Stück
Zubereitungszeit: 20 Min.
Ruhezeit: 24–48 Std.
Ausbackzeit pro Portion: 6 Min.

1/4 Würfel frische Hefe (10 g) • 6 EL Milch • 2 Eier • 75 g weiche Butter • 2 EL Orangenblütenwasser • 1 Prise Salz • 75 g Zucker • 400–450 g Mehl (Type 405)
***Außerdem:** etwa 1/4 l Öl zum Ausbacken • Frischhaltefolie • je 4 EL Zucker und Puderzucker zum Bestreuen*

– Hefe in lauwarmer Milch auflösen. In einer großen Schüssel Hefemilch, Eier, Butter, Orangenblütenwasser, Salz und Zucker mit den Knethaken des Handrührgeräts gut glatt rühren. Nur so viel Mehl darunter kneten, dass der Teig nicht mehr klebt.
– Den Teig zur Kugel formen. Die Schüssel mit Frischhaltefolie bedecken und den Teig 24–48 Std. bei 12–15° ruhen lassen.
– Den Teig etwa 5 Min. kneten, dann auf der Arbeitsfläche 2 mm dünn ausrollen. Mit einem Teigrädchen Vierecke, Rechtecke (4 x 10 cm), Dreiecke oder Kreise ausschneiden.
– Zum Ausbacken in einer großen Pfanne dsas Öl stark erhitzen. Jeweils 7–10 Teigstücke bei mittlerer Hitze darin auf jeder Seite in 2–3 Min. goldbraun ausbacken. Herausnehmen, auf Küchenpapier legen. Noch warm mit Zucker und Puderzucker bestreuen.
– Ein Körbchen mit einer Stoffserviette auslegen und die Oreillettes hineinlegen. Sofort serviert, schmeckt Fettgebackenes aus Hefeteig am besten.

457. Kopenhagener Schnecken

AUS DÄNEMARK
Für etwa 20 Schnecken
Zubereitungszeit: 2 Std.
Gehzeit: 45 Min.
Kühlzeit: 45 Min.
Backzeit: 15 Min.

***Für den Hefeteig:** 500 g Mehl (Type 405) • 3/4 Würfel frische Hefe (30 g) • 75 g Zucker •*

1/4 l Milch • 2 Eigelbe • 75 g Butter • 1 Prise Salz • 1 Prise gemahlener Kardamom
Für den Butterteig: 75 g Mehl (Type 405) • 250 g kalte Butter
Für die Füllung: 100 g Korinthen • 150 g Marzipan-Rohmasse • 75 g Puderzucker • 1 Eiweiß • 1 TL gemahlener Zimt • 2 EL Zucker
Außerdem: Backtrennpapier fürs Blech und zum Ausrollen • 1 Eiweiß zum Bestreichen

– Das Mehl in eine Schüssel geben, die Hefe darin mit 1 TL Zucker und etwas Milch verrühren. An einem warmen Ort 15 Min. zugedeckt gehen lassen.
– Für den Butterteig das Mehl rasch mit der Butter verkneten, zwischen Backpapier eine etwa 1 cm dicke Platte ausrollen und in den Kühlschrank legen.
– Alle übrigen Zutaten für den Hefeteig unterkneten. Den Teig noch einmal 30 Min. gehen lassen, dann zu einem Rechteck von doppelter Größe wie die Butterteigplatte ausrollen. Die Butterteigplatte darauf legen, den Hefeteig darüber klappen. Die Teigplatte ausrollen, zweimal übereinander schlagen, 15 Min. in den Kühlschrank legen. Den Vorgang noch zweimal wiederholen.
– Den Backofen auf 220° (Umluft 200°) vorheizen. Das Backblech mit Backpapier auslegen. Die Korinthen einweichen. Das Marzipan mit dem Puderzucker und dem Eiweiß verrühren. Zimt und Zucker mischen. Die Teigplatte 40 x 55 cm groß ausrollen, mit dem Marzipan, den Korinthen und der Zimt-Zucker-Mischung bedecken, von den Längsseiten her zur Mitte hin aufrollen, 2 cm dicke Scheiben abschneiden, auf das Blech legen.
– Die Schnecken mit Eiweiß bestreichen und im Ofen (Mitte) in 12–15 Min. backen.

458. Franzbrötchen

NORDDEUTSCHE KLASSIKER
Für 10 Stück
Zubereitungszeit: 50 Min.
Gehzeit: 1 Std. 10 Min.
Kühlzeit: 45 Min.
Backzeit: 20 Min.

Für den Hefeteig: 500 g Mehl (Type 405) • 3/4 Würfel frische Hefe (30 g) • 45 g Zucker • 1/4 l lauwarme Milch • 50 g weiche Butter • 1 Ei • 1 Prise Salz
Für den Plunderteig: 200 g kalte Butter • 50 g Mehl (Type 405)
Für die Füllung: 150 g Zucker • 1 TL gemahlener Zimt • Butter
Außerdem: Mehl für die Arbeitsfläche • 1 Eigelb zum Bestreichen • Butter fürs Blech • Puderzucker zum Bestreuen

– Für den Hefeteig das Mehl in eine Schüssel sieben und in die Mitte eine Mulde drücken. Die Hefe, 1 TL Zucker und 1–2 EL Milch verrühren, in die Mulde gießen und mit wenig Mehl verrühren. Den Vorteig zugedeckt an einem warmen Ort 20 Min. gehen lassen.
– Die weiche Butter mit dem restlichen Zucker cremig rühren. Ei und Salz untermischen und alles mit dem Vorteig zu einem glatten Hefeteig verkneten. Wenn nötig, noch etwas lauwarme Milch zufügen. Den Teig zur Kugel formen und zugedeckt 30 Min. gehen lassen.
– Für den Plunderteig die kalte Butter rasch mit dem Mehl verkneten, zu einem Ziegel formen und 15 Min. kühlen. Den Hefeteig zu einer Platte von 20 x 25 cm ausrollen, den Butterziegel zu einer Platte von 15 x 15 cm ausrollen und in die Mitte der Hefeteigplatte legen. Die Ränder der Hefeteigplatte rundum mit etwas Wasser bestreichen und die Butterplatte vollständig einhüllen.
– Teigblock auf einer bemehlten Fläche gleichmäßig nach allen Seiten zu einer Platte von 30 x 20 cm ausrollen. Das linke Drittel der schmalen Teigseite über das mittlere Drittel klappen, das rechte Drittel darüber schlagen. So liegen 3 Schichten übereinander. Den Teig nach dieser ersten »einfachen Tour« mindestens 10 Min. im Kühlschrank ruhen lassen. Auf die gleiche Weise noch 2 Touren durchführen und immer wieder kühlen.
– Dann den Teig zu einer Platte von 50 x 25 cm ausrollen. Zucker und Zimt mischen. Den Teig mit 1–2 EL Wasser bepinseln und dick mit der Zimt-Zucker-Mischung bestreuen. Dabei an den langen Seiten einen etwa 2 cm breiten Streifen frei lassen. Diesen mit verquirltem Eigelb bestreichen.
– Das Backblech fetten. Die Teigplatte halbieren und jede Hälfte von der langen Seite ohne Rand her aufrollen. Die Rolle in 5 cm breite Stücke schneiden. Jedes Stück in der Mitte mit einem dicken, mit etwas Mehl bestäubten Kochlöffelstiel eindrücken. Die Teile auf das Blech legen und 20 Min. gehen lassen.
– Inzwischen den Backofen auf 200° (Umluft 180°) vorheizen. Die Franzbrötchen – übrigens eine typisch norddeutsche Spezialität – im Ofen (Mitte) 20 Min. backen. Das Plundergebäck einige Minuten auf dem Blech ruhen lassen, dann zum Auskühlen auf ein Kuchengitter legen. Danach mit Puderzucker bestreuen.

459. Quarktaschen

GUT ZUM FRÜHSTÜCK
Für 10 Stück
Zubereitungszeit: 55 Min.
Gehzeit: 1 Std. 10 Min.
Kühlzeit: 45 Min.
Backzeit: 30 Min.

***Für den Hefeteig:** 500 g Mehl (Type 405) • 3/4 Würfel frische Hefe (30 g) • 45 g Zucker • 1/4 l lauwarme Milch • 50 g weiche Butter • 3 TL Vanillezucker • 1 Ei • 1 Prise Salz • abgeriebene Schale von 1/2 unbehandelten Zitrone*
***Für den Plunderteig:** 200 g kalte Butter • 50 g Mehl (Type 405)*
***Für die Quarkfüllung:** 50 g weiche Butter • 1 Eigelb • 80 g Zucker • 3 TL Vanillezucker • abgeriebene Schale von 1/2 unbehandelten Zitrone • 200 g abgetropfter Quark • 50 g Rosinen*
***Außerdem:** Mehl für die Arbeitsfläche • Backtrennpapier fürs Blech • 1 Eiweiß zum Bestreichen*

– Für den Hefeteig das Mehl in eine Schüssel sieben und in die Mitte eine Mulde drücken. Die Hefe, 1 TL Zucker und 1–2 EL Milch verrühren, in die Mulde gießen und mit wenig Mehl verrühren. Den Vorteig zugedeckt 20 Min. gehen lassen.
– Die weiche Butter mit dem restlichen Zucker und dem Vanillezucker cremig rühren. Ei, Salz und Zitronenschale untermischen und alles mit dem Vorteig zu einem glatten Hefeteig verkneten. Wenn nötig, noch etwas lauwarme Milch zufügen. Teig zur Kugel formen und zugedeckt 30 Min. gehen lassen.
– Für den Plunderteig die kalte Butter rasch mit dem Mehl verkneten, zu einem Ziegel formen und 15 Min. kühlen. Den Hefeteig zu einer Platte von 20 x 25 cm ausrollen, den Butterziegel zu einer Platte von 15 x 15 cm ausrollen und in die Mitte der Hefeteigplatte legen. Die Ränder der Hefeteigplatte rundum mit wenig Wasser bestreichen und die Butterplatte vollständig einhüllen.
– Teigblock auf einer bemehlten Fläche gleichmäßig nach allen Seiten zu einer Platte von 30 x 20 cm ausrollen. Das linke Drittel der schmalen Teigseite über das mittlere Drittel klappen, das rechte Drittel darüber schlagen. So liegen 3 Schichten übereinander. Den Teig nach dieser ersten »einfachen Tour« mindestens 10 Min. im Kühlschrank ruhen lassen. Auf die gleiche Weise noch 2 Touren durchführen und immer wieder kühlen.
– Für die Füllung Butter Eigelb, Zucker, Vanillezucker und Zitronenschale cremig rühren. Den Quark sowie die gewaschenen, abgetropften Rosinen untermischen.
– Das Backblech mit Backpapier auslegen. Den Plunderteig zu einem Rechteck von 30 x 40 cm ausrollen und daraus 12 Quadrate von 10 x 10 cm ausschneiden. Etwas Quarkfüllung in die Mitte jedes Quadrats setzen. Die Teigecken mit Eiweiß bestreichen, über die Füllung schlagen und leicht aufeinander drücken. Die Taschen mit genügend Abstand auf das Blech setzen und noch einmal 20 Min. gehen lassen.
– Inzwischen den Backofen auf 190° (Umluft 170°) vorheizen. Die Taschen mit restlichem Eiweiß bestreichen und im Ofen (Mitte) etwa 30 Min. backen.

460. Schoko-Plunder

NICHT GANZ EINFACH
Für 15 Stück
Zubereitungszeit: 40 Min.
Kühlzeit: 3–4 Std.
Backzeit pro Backblech: 17 Min.

***Für den Hefeteig:** 900 g Mehl (Type 405) • 120 g Zucker • 20 g Salz • 1 Würfel frische Hefe (42 g) • 600 ml lauwarme Milch*
***Für den Plunderteig:** 600 g kalte Butter • 100 g Mehl (Type 405)*
***Außerdem:** Mehl für die Arbeitsfläche • Backtrennpapier fürs Blech • Schokolade nach Wahl • 1 Eigelb*

– Für den Hefeteig das Mehl auf eine Arbeitsfläche sieben und in die Mitte eine Mulde drücken. Den Zucker und das Salz hineingeben. Die Hefe zerbröckeln, in der lauwarmen Milch auflösen und in die Mulde gießen. Alle Zutaten mit der Hand zu einem glatten Teig kneten. In Folie gewickelt 2–3 Std. im Kühlschrank ruhen lassen.
– Für den Plunderteig die kalte Butter rasch mit dem Mehl verkneten, zu einem Ziegel formen und 15 Min. kühlen. Den Hefeteig zu einer Platte von 20 x 25 cm ausrollen, den Butterziegel zu einer Platte von 15 x 15 cm ausrollen und in die Mitte der Hefeteigplatte legen. Die Ränder der Hefeteigplatte rundum mit wenig Wasser bestreichen und die Butterplatte vollständig einhüllen.
– Den Teigblock auf einer bemehlten Fläche gleichmäßig nach allen Seiten zu einer Platte von 30 x 20 cm ausrollen. Das linke Drittel der schmalen Teigseite über

das mittlere Drittel klappen, das rechte Drittel darüber schlagen. So liegen 3 Schichten übereinander. Den Teig nach dieser ersten »einfachen Tour« mindestens 10 Min. im Kühlschrank ruhen lassen. Auf die gleiche Weise noch 2 Touren durchführen und immer wieder kühlen.
– Den Teig zu einer Platte von 27 x 60 cm ausrollen und in Rechtecke von 9 x 12 cm schneiden. Das Backblech mit Backpapier auslegen. Den Backofen auf 230° (Umluft 210°) vorheizen.
– Welche Art von Schokolade man für die Füllung wählt, bleibt ganz dem eigenen Geschmack überlassen: Es eignen sich dünne Riegel, 2–3 Stücke einer Tafelschokolade oder temperierte Kuvertüre, die dann mit dem Spritzbeutel in Streifen aufgespritzt wird. Die Schokolade an einer Schmalseite des Rechtecks auflegen oder aufspritzen und einrollen. Die Rollen auf das Blech setzen, kurz gehen lassen, mit Eigelb bestreichen und im Ofen (Mitte) 15–17 Min. backen.

461. Orangenteilchen

BRAUCHEN ZEIT | ETWAS SCHWIERIGER
Für 30 Stück
Zubereitungszeit: 55 Min.
Kühlzeit: 3–4 Std.
Gehzeit: 25 Min.
Backzeit: 18 Min.

***Für den Hefeteig:* 750 g Mehl (Type 405) • 50 g weiche Butter • 80 g Zucker • 1 TL Salz • 3 Eier • 1 Würfel frische Hefe (42 g) • 1/4 l lauwarme Milch**
***Für den Plunderteig:* 400 g Butter • 80 g Mehl (Type 405)**
***Für die Füllung:* 600 g Marzipan-Rohmasse • abgeriebene Schale von 1 1/2 unbehandelten Orangen • 12 cl Grand Marnier • 6 Eiweiße • 75 g fein gehacktes Orangeat • 90 g gemahlener Mandelkrokant**
***Außerdem:* Mehl für die Arbeitsfläche • Butter fürs Blech • 2 Eigelbe • 3 EL Milch • 250 g erhitzte passierte Aprikosenkonfitüre • 250 g Fondant**

– Für den Teig das Mehl auf eine Arbeitsfläche sieben und in die Mitte eine Mulde drücken. Die Butter, den Zucker, das Salz und die Eier hineingeben. Die Hefe zerbröckeln, in der lauwarmen Milch auflösen und in die Mulde gießen. Alle Zutaten mit der Hand zu einem glatten Teig kneten. In Folie gewickelt 2–3 Std. im Kühlschrank ruhen lassen.
– Für den Plunderteig die kalte Butter rasch mit dem Mehl verkneten, zu einem Ziegel formen und 15 Min. kühlen. Den Hefeteig zu einer Platte von 20 x 25 cm ausrollen, den Butterziegel zu einer Platte von 15 x 15 cm ausrollen und in die Mitte der Hefeteigplatte legen. Die Ränder der Hefeteigplatte rundum mit wenig Wasser bestreichen und die Butterplatte vollständig einhüllen.
– Den Teigblock auf einer bemehlten Fläche gleichmäßig nach allen Seiten zu einer Platte von 30 x 20 cm ausrollen. Das linke Drittel der schmalen Teigseite über das mittlere Drittel klappen, das rechte Drittel darüber schlagen. So liegen 3 Schichten übereinander. Den Teig nach dieser ersten »einfachen Tour« mindestens 10 Min. im Kühlschrank ruhen lassen. Auf die gleiche Weise noch 2 Touren durchführen und immer wieder kühlen.
– Die Zutaten für die Füllung gut vermischen. Den Teig dritteln, jedes Drittel auf 50 x 30 cm ausrollen. Die Orangen-Marzipanmasse gleichmäßig auf den Teigplatten verstreichen. Jede Teigplatte von der langen Seite her zu einer Rolle aufrollen und jeweils in 5 cm breite Stücke schneiden. In jedes Stück mit einem Kochlöffelstiel in der Mitte eine Vertiefung eindrücken.
– Das Backblech fetten. Die Plunderteilchen darauf legen und 20–25 Min. gehen lassen; das Volumen sollte sich in dieser Zeit sichtbar vergrößert haben.
– In der Zwischenzeit den Backofen auf 200° (Umluft 180°) vorheizen. Die Eigelbe mit der Milch verquirlen, die Orangenteilchen damit bestreichen. Im Ofen (Mitte) 5 Min. backen. Dann die Temperatur auf 175° (Umluft 160°) reduzieren und die Teilchen in 10–13 Min. fertig backen. Aus dem Ofen nehmen und auskühlen lassen. Dann zunächst mit der Konfitüre bestreichen und anschließend mit erwärmtem Fondant überziehen.

462. Windmühlen

VOLLWERTIG | BRAUCHEN ZEIT
Für 18 Windmühlen
Zubereitungszeit: 1 1/2 Std.
Gehzeit: 15 Min.
Ruhezeit: 13 Std.
Backzeit: 25 Min.

450 g sehr fein gemahlenes Weizenvollkornmehl • 1 Würfel frische Hefe (42 g) • 1 EL Honig • 1/4 l Milch • 1 Eigelb • 220 g Butter • 50 g fein gemahlenes Weizenvollkornmehl • 150 g gehäutete gemahlene Mandeln • 150 g Hagebuttenmus

Außerdem: Mehl für die Arbeitsfläche • Butter fürs Blech

– In die Mitte des sehr feinen Mehls die Hefe bröckeln; diese mit dem Honig, der Milch und etwas Mehl verrühren. Den Vorteig 15 Min. zugedeckt gehen lassen.
– Das Eigelb und 1 EL Butter zufügen, alles verkneten und den Hefeteig zugedeckt 12 Std. im Kühlschrank ruhen lassen.
– Für den Plunderteig 200 g kalte Butter rasch mit dem feinen Mehl verkneten, zum Ziegel formen und 15 Min. kühlen. Den Hefeteig zu einer Platte von 20 x 25 cm ausrollen, den Butterziegel zu einer Platte von 15 x 15 cm ausrollen und in die Mitte der Hefeteigplatte legen. Die Ränder der Hefeteigplatte rundum mit wenig Wasser bestreichen und die Butterplatte vollständig einhüllen.
– Den Teigblock auf einer bemehlten Fläche gleichmäßig nach allen Seiten zu einer Platte von 30 x 20 cm ausrollen. Das linke Drittel der schmalen Teigseite über das mittlere Drittel klappen, das rechte Drittel darüber schlagen. So liegen 3 Schichten übereinander. Den Teig nach dieser ersten »einfachen Tour« mindestens 10 Min. im Kühlschrank ruhen lassen. Auf die gleiche Weise noch 3 weitere Touren durchführen und immer wieder kühlen.
– Den Backofen auf 200° (Umluft 180°) vorheizen. Das Backblech fetten.
– Den Teig ausrollen, 12 x 12 cm große Quadrate ausschneiden (insgesamt ergibt es 18 Quadrate). Mandeln mit dem Hagebuttenmus mischen und in die Mitte der Quadrate füllen. Die Teigstücke einschneiden, zu Windmühlen formen und auf einem gefetteten Blech in 20–25 Min. goldbraun backen.

463. Windbeutel

KLASSIKER | FÜR GÄSTE
Für 15 Windbeutel
Zubereitungszeit: 1 Std.
Backzeit: 25 Min.

Für den Brandteig: 1 Päckchen Vanillezucker • 2 Prisen Salz • 60 g Butter • 100 g Mehl (Type 405) • 1 EL Speisestärke • 3 Eier
Für die Füllung: 300 g Sahne • 1 1/2 EL Puderzucker • 250 g gemischte Beeren (frisch oder TK)
Außerdem: Backtrennpapier fürs Blech • Puderzucker zum Bestreuen

– In einem Topf 1/4 l Wasser mit dem Vanillezucker, dem Salz und der Butter aufkochen.
– Mehl und Speisestärke sieben, mischen und auf einmal in das Butter-Wasser-Gemisch geben. Teig so lange rühren, bis er sich zu einem Kloß verbunden hat. Am Topfboden bildet sich eine weiße dünne Schicht. Den Topf vom Herd nehmen, die Eier einzeln untermischen.
– Den Backofen auf 200° (Umluft 180°) vorheizen. Das Backblech mit Backpapier auslegen. Den Teig in einen Spritzbeutel mit großer Sterntülle füllen und mit Abstand Rosetten auf das Blech spritzen. Die Windbeutel im Backofen (Mitte) in 20–25 Min. goldbraun backen (dabei nicht die Ofentür öffnen, sonst fällt das Gebäck zusammen!). Anschließend sofort mit einer Küchenschere einen Deckel abschneiden und die Windbeutel ausdampfen lassen.
– Für die Füllung die Sahne mit dem Puderzucker steif schlagen. Beeren putzen, größere nach Belieben teilen. Die Sahne in die untere Windbeutelhälfte füllen, einige Beeren leicht eindrücken und den Deckel darauf setzen. Mit Puderzucker bestäuben und sofort servieren, denn sie schmecken ganz frisch am besten!

TIPP

Schokofüllung für Windbeutel: 1 Päckchen Puddingpulver nach Packungsanweisung mit 1/2 l Milch und 50 g Zucker kochen. Pudding anschließend abkühlen lassen, dabei immer wieder umrühren, damit sich keine Haut bildet. Unter den kalten Pudding 2 EL Crème fraîche, 1 EL Schokoraspel und 1 Prise gemahlenen Zimt rühren. Füllung mit Spritzbeutel oder einfach mit einem Löffel in die Windbeutel füllen.

464. Preiselbeer-Windbeutel

ETWAS BESONDERES
Für 15 Windbeutel
Zubereitungszeit: 1 Std.
Backzeit: 25 Min.

Für den Brandteig: 60 g Butter • 1 Prise Salz • 125 g Mehl (Type 405) • 2–3 Eier
Für das Preiselbeerkompott: 180 g Preiselbeeren • 50 g Zucker • 1 Stück Zimtstange • 1 Gewürznelke • 30 ml Orangensaft

***Für die Sahnefüllung:* 500 g Sahne • 30 g Zucker • abgeriebene Schale von 2 unbehandelten Zitronen**
***Außerdem:* Butter fürs Blech • je 2 EL Kakao und Puderzucker**

– 1/8 l Wasser, die Butter und das Salz in eine Kasserolle geben und unter ständigem Rühren einmal aufkochen lassen. Das gesiebte Mehl auf einen Schlag in die kochende Flüssigkeit schütten, dabei ununterbrochen kräftig weiterrühren, bis sich die Masse als Kloß vom Topf löst (abbrennt) und eine weiße Haut den Topfboden überzieht. Die Masse in eine Schüssel umfüllen, etwas abkühlen lassen.
– 1 Ei unterrühren, bis es sich völlig mit der Masse verbunden hat. Die restlichen Eier nacheinander zugeben, dabei darauf achten, dass jedes einzelne gut untergerührt ist, bevor das nächste folgt. Die Teigkonsistenz prüfen. Dafür den Kochlöffel anheben, die Masse soll glatt und glänzend sein und weich vom Löffel fallen.
– Den Backofen auf 225° (Umluft 200°) vorheizen, ein Backblech fetten. Den Teig in einen Spritzbeutel mit Sterntülle Nr. 11 füllen und Rosetten auf das Blech spritzen, dabei genügend Abstand lassen. Im Ofen (Mitte) etwa 20 Min. backen. Die noch heißen Windbeutel quer teilen und auskühlen lassen.
– Die Preiselbeeren für das Kompott verlesen und waschen. Das Wasser mit dem Zucker, dem Zimt und der Nelke einige Minuten lang sprudelnd kochen. Dann abseihen, dabei die Flüssigkeit auffangen. In einen Topf füllen und mit dem geseihten Orangensaft sowie den Preiselbeeren 1–2 Min. kochen. Das Kompott abkühlen lassen.
– Die Sahne mit Zucker und Zitronenschale (dabei etwas Zitronenschale zum Dekorieren zurückbehalten) steif schlagen und in einen Spritzbeutel mit Sterntülle Nr. 12 füllen. Das Kompott mit einem Löffel auf die Böden der Windbeutel verteilen, Sahnerosetten aufspritzen, mit der restlichen Zitronenschale bestreuen und die Deckel aufsetzen. Mit Kakao und Puderzucker bestreuen.

TIPP
Zum Backen des Brandteigs empfiehlt es sich, zu Beginn des Backens 1 Tasse Wasser in den Ofen zu gießen, um Dampf zu erzeugen. Der Brandteig geht umso höher auf, je mehr er mit Dampf gebacken wird.

465. Windbeutelchen

DEKORATIVE KLASSIKER
Für 24 Stück
Zubereitungszeit: 40 Min.
Backzeit: 25 Min.

***Für den Brandteig:* 150 g Butter • 200 g Mehl (Type 405) • 1/2 TL Salz • 1 TL Zucker • 5 Eier**
***Für die Füllung:* 400 g Sahne • 200 g Zartbitter-Schokolade • 2 TL Kaffee (Instant) • 100 g Zucker**

– Die Butter in einem großen Topf zerlassen, 1/4 l Wasser dazugießen und aufkochen lassen. Die Temperatur reduzieren und auf einmal das ganze Mehl, das Salz und den Zucker in den Topf schütten. Alles so lange verrühren, bis sich ein dicker Kloß bildet, der sich vom Topfboden löst.
– Den Backofen auf 200° (Umluft 180°) vorheizen. Den Topf neben die Herdplatte stellen, die Masse kurz abkühlen lassen und dann nach und nach die Eier unterrühren.
– Ein Backblech mit kaltem Wasser abspülen. Den Teig in einen Spritzbeutel mit etwa 1 cm großer Tülle füllen und walnussgroße Teighäufchen auf das Blech spritzen. Teighäufchen im Ofen (Mitte) in 20–30 Min. goldbraun backen. Herausnehmen, jedes Windbeutelchen quer halbieren und die Hälften auf einem Kuchengitter auskühlen lassen.
– Sahne steif schlagen, in einen Spritzbeutel füllen und je 1 Windbeutelhälfte mit Sahne bespritzen, die obere Hälfte darüber klappen.
– Schokolade in Stückchen brechen, mit Kaffee, Zucker und 300 ml Wasser in einen Topf geben und unter Rühren erhitzen, bis sich der Zucker aufgelöst hat. Kurz aufkochen und 10 Min. köcheln lassen. Etwas abkühlen lassen, dann die Windbeutelchen mit der Schokosauce beträufeln.

TIPPS
• Stapeln Sie die Windbeutel zu einer Pyramide und übergießen Sie sie erst dann mit der Schokoladensauce.
• Aus dem Brandteig können Sie mit dem Spritzbeutel auch andere Formen spritzen, beispielsweise Brezen. Diese werden genauso halbiert und mit der Schlagsahne gefüllt.

466. Profiteroles mit Cremefüllung

NICHT GANZ EINFACH
Für etwa 30 Stück
Zubereitungszeit: 1 Std.
Backzeit: 20 Min.

Für den Brandteig: 100 g Mehl (Type 405) • 1/8 l Milch • 60 g Butter • 1 Prise Salz • 1/2 TL Zucker • 3–4 Eier
Für die Füllung: 50 g Zucker • 20 g Speisestärke • 2 Eigelbe • 1/4 l Milch • 1/4 Vanilleschote • Puderzucker • 300 g steif geschlagene Sahne
Außerdem: Butter fürs Blech

– Das Mehl auf ein Stück Papier sieben. In eine Kasserolle die Milch mit der Butter, dem Salz und dem Zucker geben und unter ständigem Rühren einmal aufkochen lassen. Das gesiebte Mehl auf einmal dazuschütten und die Masse bei mittlerer Hitze ständig in Bewegung halten. So lange kräftig weiterrühren, bis sich die Masse als Kloß vom Topf löst und eine weiße Haut den Boden überzieht. In eine Schüssel umfüllen und etwas abkühlen lassen.
– 1 Ei unter die Masse rühren und so lange rühren, bis es sich völlig mit dem Teig verbunden hat. Erst dann das nächste Ei unterrühren. In gleicher Weise nacheinander alle Eier einarbeiten. Der Teig soll glatt sein, glänzen und weich vom Löffel fallen.
– Den Backofen auf 220° (Umluft 200°) vorheizen, das Backblech fetten. Den Brandteig in einen Spritzbeutel mit Sterntülle Nr. 9 füllen und walnussgroße Rosetten mit genügend Abstand auf das Backblech spritzen. Im Ofen (Mitte) 15–20 Min. backen. Herausnehmen und auf einem Kuchengitter auskühlen lassen.
– Für die Füllung die Hälfte des Zuckers mit der Speisestärke, den Eigelben und einem Viertel der Milch mit dem Schneebesen sorgfältig verrühren. Die restliche Milch mit dem ausgekratzten Mark der Vanilleschote und dem übrigen Zucker in einem großen Topf zum Kochen bringen. Die angerührte Speisestärke noch einmal durchrühren, langsam und gleichmäßig in die kochende Milch gießen und gut unterrühren. Die Creme aufkochen, dabei gleichmäßig mit dem Schneebesen durchrühren. Vom Herd nehmen, in eine Schüssel umfüllen, die Oberfläche der Creme mit Puderzucker besieben und erkalten lassen. Danach durch ein Sieb streichen und die Sahne mit dem Schneebesen unterziehen.
– Die gebackenen Profiteroles mit einem spitzen Messer auf der Unterseite leicht einstechen und die Sahnecreme mit einem Spritzbeutel mit Lochtülle Nr. 5 einfüllen. Möglichst bald servieren.

TIPPS

• Ob zum Nachmittagskaffee mit sahniger Vanillecreme gefüllt oder als Dessert mit einer warmen Kaffeesauce serviert – diese luftigen Bällchen sind ein Genuss.
• Das Wort »Profiteroles« bedeutet eigentlich „kleine Profite“. In diesem Zusammenhang steht es für einen Teig, der sehr ergiebig ist, da er beträchtlich aufgeht.

467. Kaffee-Eclairs

MACHEN EINDRUCK
Für 20 Stück
Zubereitungszeit: 50 Min.
Backzeit: 20 Min.

Für den Brandteig: 60 g Butter • 1 Prise Salz • 200 g Mehl (Type 405) • 5–6 Eier
Für den Überzug: 150 g erhitzte passierte Aprikosenkonfitüre • 200 g Fondant • 2 TL Instant-Kaffeepulver
Für die Sahnefüllung: 750 g Sahne • 100 g Zucker • 2 TL Instant-Kaffeepulver
Außerdem: Butter fürs Blech

– 1/4 l Wasser, die Butter und das Salz in eine Kasserolle geben und unter ständigem Rühren einmal aufkochen lassen. Das gesiebte Mehl auf einen Schlag in die kochende Flüssigkeit schütten, dabei ununterbrochen kräftig weiterrühren. So lange rühren, bis sich die Masse als Kloß vom Topf löst (abbrennt) und eine weiße Haut den Topfboden überzieht. Die Masse in eine Schüssel umfüllen, etwas abkühlen lassen.
– 1 Ei unter die Masse rühren und so lange rühren, bis es sich völlig mit dem Teig verbunden hat. Die restlichen Eier nacheinander zugeben, dabei darauf achten, dass jedes einzelne gut untergerührt ist, bevor das nächste folgt. Die Teigkonsistenz prüfen. Dafür den Kochlöffel anheben, die Masse soll glatt und glänzend sein und weich vom Löffel fallen.

– Den Backofen auf 230° (Umluft 210°) vorheizen. Ein Backblech fetten. Den Teig in einen Spritzbeutel mit Lochtülle Nr. 11 füllen und 20 kurze Teigstreifen auf das Backblech spritzen. Die Eclairs im Ofen (Mitte) 15–20 Min. backen. Dabei zu Beginn der Backzeit am besten 1 Tasse Wasser in den Backofen gießen, denn Brandteig geht umso höher auf, je mehr er mit Dampf gebacken wird.
– Die Eclairs herausnehmen und noch warm mit der Konfitüre bestreichen, dann abkühlen lassen. Fondant mit dem in wenig heißem Wasser aufgelösten Kaffeepulver verrühren, die Eclairs damit glasieren und auf einem Kuchengitter trocknen lassen.
– Die Sahne mit dem Zucker steif schlagen, das Kaffeepulver unterziehen. Die Eclairs einmal quer durchschneiden. Mit Spritzbeutel und Sterntülle Nr. 11 die Sahne einfüllen. Eclairs zusammensetzen, servieren.

468. Spritzkuchen

BERÜHMT | ETWAS SCHWIERIGER
Für etwa 10 Spritzkuchen
Zubereitungszeit: 20 Min.
Ruhezeit: 30 Min.
Ausbackzeit pro Portion: 8 Min.

50 g Butter • 1 Prise Salz • 125 g Mehl (Type 405) • 3 Eier • 200 g Puderzucker • 2 EL Rum oder Zitronensaft
Außerdem: 1 kg Kokosfett oder 1 l Öl zum Ausbacken • Pergamtenpapier

– 1/4 l Wasser mit Butter und Salz in einem Topf aufkochen lassen. Das Mehl auf einmal hineinschütten und so lange unterrühren, bis sich der Teig zu einem Kloß geformt hat und sich vom Topfboden löst. Den Topf vom Herd nehmen, den Teig etwas abkühlen lassen, dann die Eier nacheinander untermischen. Das nächste Ei erst unterrühren, wenn das vorhergehende untergearbeitet ist. Der Teig soll glänzen und in langen Spitzen vom Rührlöffel hängen. Den Teig 30 Min. bei Raumtemperatur ruhen lassen.
– Das Fett in einer Fritteuse oder in einem Topf auf 175° erhitzen. Vier 8 cm breite Streifen Pergamentpapier durch das heiße Fett ziehen.
– Den Teig in einen Spritzbeutel mit großer Sterntülle füllen und jeweils einen Kranz von 6 cm Ø und 1/2 cm Höhe auf das Papier spritzen. Die Kränze mit der Oberseite nach unten in das Fett geben. Das Papier herausziehen, wenn die Teigkränze abgerutscht sind.
– Die Spritzkuchen portionsweise von jeder Seite in etwa 4 Min. goldbraun backen, dann mit dem Schaumlöffel aus dem Fett heben und auf saugfähigem Papier abtropfen lassen.
– Den Puderzucker mit 2 EL heißem Wasser und dem Rum oder dem Zitronensaft verrühren, die Spritzkuchen von einer Seite in den Guss tauchen und auf einem Kuchengitter auskühlen und trocknen lassen.

469. Pfitzauf mit Kompott
(Soufflé auf Schwäbische Art)

ZUM DESSERT
Für 8 Portionen
Zubereitungszeit: 45 Min.
Backzeit: 30 Min.

***Für die Pfitzauf:** 125 g Mehl (Type 405) • 1 Prise Salz • 1/4 l Milch • 2 Eier • 50 g Butter*
***Für das Kompott:** 150 g frische Preiselbeeren • 150 g frische Brombeeren • 50 g Zucker • 1 Päckchen Vanillezucker • 1 TL Zitronensaft*
***Außerdem:** 50 g Butter für die Förmchen • 200 g Sahne • Puderzucker zum Bestreuen*

– Den Backofen auf 200° (Umluft 180°) vorheizen. 8 kleine, feuerfeste Förmchen gründlich mit weicher Butter ausstreichen.
– Mehl mit dem Salz und der Milch zu einem glatten Teig rühren. Die Eier verquirlen und untermischen. Die Butter zerlassen, noch lauwarm und flüssig unter den Teig rühren. Die Förmchen zur Hälfte mit dem Teig füllen. Die Pfitzauf im Ofen (Mitte) in etwa 30 Min. wie kleine Soufflés aufgehen lassen. Backofentüre währenddessen nicht öffnen.
– In der Zwischenzeit das Kompott zubereiten. Dafür Beeren waschen und verlesen. Mit Zucker und Vanillezucker in einen Topf geben, 1/4 l Wasser angießen und kurz aufkochen. Die Beeren mit einem Schaumlöffel herausnehmen und abtropfen lassen, in eine Schüssel geben. Saft im Topf einköcheln lassen, mit Zitronensaft abschmecken und über die Beeren gießen.
– Die Sahne halbsteif schlagen. Die Soufflés aus dem Backofen nehmen und heiß auf Dessertteller stürzen, mit Puderzucker bestreuen. Kompott dazu anrichten, die Sahne extra servieren.

TIPP

Das Kompott bereiten Sie am besten je nach Jahreszeit aus Früchten der Saison zu. Sie können aber auch tiefgekühlte Beeren nehmen.

470. Feine Apfelbeignets

FRITTIERTE KLASSIKER
Für 16 Beignets
Zubereitungszeit: 25 Min.
Ruhezeit: 30 Min.
Backzeit pro Portion: 10 Min.

75 g Zucker • 1 TL gemahlener Zimt • 4 große mürbe Äpfel • 3 EL Rum • 125 g Mehl (Type 405) • 1/2 TL Backpulver • 1 Prise Salz • 2 Eigelbe • 1 1/2 EL Öl • 100 ml helles Bier • 2 Eiweiße • Außerdem: 1 l Öl für die Fritteuse • 1 Tasse Zimt-Zucker-Mischung zum Bestreuen

– Zucker mit Zimt mischen. Die Äpfel schälen, die Kerngehäuse mit einem Apfelausstecher entfernen, die Äpfel in 1 cm dicke Scheiben schneiden. Die Scheiben mit der Zimt-Zucker-Mischung bestreuen, mit Rum beträufeln und zugedeckt 30 Min. ziehen lassen. Die Äpfel während dieser Zeit mit dem sich bildenden Saft übergießen.
– Mehl mit Backpulver, Salz, Eigelben und Öl glatt rühren. Nach und nach das Bier unter den Teig rühren. Die Eiweiße zu steifem Schnee schlagen, unterheben.
– Das Fett in der Fritteuse auf 180° erhitzen. Die Apfelscheiben nacheinander in den Teig tauchen und im heißen Öl in 8–10 Min. goldgelb backen. Nach der halben Garzeit wenden und zuletzt auf Küchenpapier abtropfen lassen. Die Apfelbeignets noch heiß mit der Zimt-Zucker-Mischung bestreuen und warm servieren.

471. Saure-Sahne-Waffeln

FÜRS WAFFELEISEN
Für 6 Waffeln
Zubereitungszeit: 15 Min.
Ruhezeit: 15 Min.
Backzeit pro Portion: 3 Min.

5 Eier • 65 g Zucker • 1 Päckchen Vanillezucker • 1/2 Päckchen geriebene Zitronenschale • 1 Prise Salz • 150 g Mehl • 150 g Schmand • 5 EL flüssige Butter Außerdem: Fett für das Waffeleisen

– Eier mit Zucker sehr schaumig schlagen. Vanillezucker, geriebene Zitronenschale und Salz unterrühren.
– Das Mehl sieben und abwechselnd mit dem Schmand nach und nach unter die Ei-Zucker-Masse rühren. Zum Schluss die Butter dazugießen und mit dem Teig vermischen. Den Waffelteig 15 Min. ruhen lassen.
– Inzwischen das Waffeleisen vorheizen und einfetten. Etwas Teig einfüllen, 2–3 Min. backen und auf ein Kuchengitter legen, bis alle Waffeln gebacken sind. Sie können die Waffeln auch im 100° (Umluft 80°) heißen Backofen auf einem Gitter warm halten.

TIPPS

- **Nach Belieben können Sie die Waffeln mit Puderzucker bestäuben.**
- **Sehr gut schmecken zu den Saure-Sahne-Waffeln geschlagene Sahne und warmes Kirschkompott, eingekochte Preiselbeeren oder gezuckerte Erdbeeren.**

472. Gefüllte Sandwaffeln

BLITZREZEPT | FÜRS WAFFELEISEN
Für 9 rechteckige Waffeln
Zubereitungszeit: 15 Min.
Backzeit pro Portion: 5 Min.

Für den Waffelteig: 175 g Butter • 175 g Zucker • 1/2 Vanilleschote • 1 Prise Salz • 4 Eier • 1 EL Rum • 200 g Mehl (Type 405) • 1/2 TL Backpulver
Für die Füllung: 250 g Sahne • 30 g Puderzucker
Außerdem: Pflanzenöl zum Bepinseln • Puderzucker zum Bestreuen

– Die Butter mit dem Zucker, dem ausgekratzten Mark der Vanilleschote und dem Salz schaumig rühren. Nacheinander die Eier zufügen und jeweils gründlich untermischen. Den Rum einrühren. Das Mehl mit dem Backpulver mischen, über die Masse sieben und alles gut miteinander vermengen.
– Das Waffeleisen vorheizen und mit Öl bepinseln. Eine entsprechende Portion Teig einfüllen, glatt streichen, das Eisen schließen und die Waffeln in 4–5 Min. hell-

braun backen. Die fertig gebackenen Waffeln etwas abkühlen lassen und teilen.
– Die Sahne steif schlagen, den Puderzucker dabei einrieseln lassen. In einen Spritzbeutel mit Sterntülle Nr. 8 füllen und auf eine Waffel spritzen. Mit der zweiten Waffel abdecken, mit Puderzucker bestreut servieren.

473. Kakaowaffeln mit Schokoladensauce

FÜRS WAFFELEISEN
Für 8 Waffeln
Zubereitungszeit: 30 Min.
Backzeit pro Portion: 4 Min.

150 g Mehl (Type 405) • 1/2 Päckchen Backpulver • 3 EL Kakaopulver • 125 g Butter • 80 g Puderzucker • 1 Päckchen Vanillezucker • 1 Prise Salz • 3 Eier • 200 ml Milch
Für die Schokoladensauce: 150 g Zartbitter-Kuvertüre • 125 g Sahne • 1 Prise gemahlener Zimt • 1 TL Vanillezucker
Außerdem: Fett für das Waffeleisen

– Das Mehl mit dem Backpulver und dem Kakao in eine Schüssel sieben. Die Butter schmelzen lassen und mit dem Puderzucker, dem Vanillezucker, dem Salz, den Eiern und der Milch zum Mehl geben. Alles zu einem glatten Teig rühren.
– Das Waffeleisen geschlossen vorheizen, einfetten, dann jeweils einen Schöpfer Teig daraufgeben. Nach und nach in jeweils 3–4 Min. 8 Waffeln backen.
– Für die Schokoladensauce die Kuvertüre in kleine Stücke schneiden. Die Sahne mit dem Zimt und dem Vanillezucker aufkochen und unter ständigem Rühren die Kuvertüre darin schmelzen lassen.
– Über die fertigen Waffeln etwas Schokoladensauce träufeln. Dazu passt Sahne, die Sie mit etwas Zimt geschlagen haben.

TIPP

Für Haselnusswaffeln: 150 g weiche Butter mit 100 g Zucker und 1 Päckchen Vanillezucker verrühren. Mit 4 Eiern, 200 g Dinkelmehl, 1 TL Backpulver, 1 Prise Salz und 100 g gemahlenen Haselnüssen zu einem glatten Teig verarbeiten, eventuell noch etwas Milch dazugeben. Waffeln wie oben beschrieben im Waffeleisen backen.

474. Hefewaffeln

FÜRS WAFFELEISEN
Für etwa 20 rechteckige Waffeln
Zubereitungszeit: 30 Min.
Gehzeit: 40 Min.
Backzeit pro Portion: 7 Min.

Für den Waffelteig: 375 g Mehl (Type 405) • 1/2 Würfel frische Hefe (21 g) • 50 g Zucker • 1/4–3/8 l lauwarme Milch • 4 Eier • 125 g Butter • 1 Prise Salz • abgeriebene Schale von 1/2 unbehandelten Zitrone
Für die Füllung: 375 g Sahne • 3 EL Zucker
Außerdem: Öl für das Waffeleisen

– Das Mehl in eine Schüssel sieben und in die Mitte eine Vertiefung drücken. Die Hefe hineinbröckeln und mit 1 TL Zucker, 1/8 l Milch und etwas Mehl verrühren. Den Vorteig zugedeckt 15 Min. gehen lassen.
– Den restlichen Zucker, die restliche Milch, die Eier, die geschmolzene Butter, das Salz und die Zitronenschale zum Vorteig geben und mit dem gesamten Mehl zu einem lockeren Teig schlagen; 25 Min. gehen lassen.
– Das Waffeleisen vorheizen und mit Öl bestreichen. Für jede Waffel 3 EL Teig auf das Waffeleisen streichen und goldbraun backen. Das dauert je nach Temperatur des Waffeleisens 5–7 Min. Die Waffeln in 3 Stücke teilen.
– Sahne mit Zucker steif schlagen, in einen Spritzbeutel mit Sterntülle füllen. Die Hälfte der Waffeln damit bespritzen, die restlichen Waffeln daraufsetzen.

475. Gedrehte Rohrnudeln

OMIS KLASSIKER
Für 1 Springform (26 cm Ø)
Zubereitungszeit: 30 Min.
Gehzeit: 1 Std.
Backzeit: 30 Min.

500 g Mehl (Type 405) • 3/4 Würfel frische Hefe (30 g) • 100 g weißer Zucker • 1/4 l lauwarme Milch • 200 g Butter • 2 Eier • 1 TL Salz • abgeriebene Schale von

1/2 unbehandelten Zitrone • 8 EL Farinzucker • 75 g Rosinen

– Das Mehl in eine Schüssel sieben und eine Mulde in die Mitte drücken. Die zerbröckelte Hefe darin mit 2 TL weißem Zucker, der Milch und etwas Mehl verrühren. Den Vorteig zugedeckt an einem warmen Ort 15 Min. gehen lassen.
– 40 g Butter mit 50 g weißem Zucker, den Eiern, dem Salz, der Zitronenschale, dem Vorteig und dem gesamten Mehl verkneten. Erneut an einem warmen Ort zugedeckt 30 Min. gehen lassen. Restliche Butter schmelzen.
– Den Teig in 50-g-Stücke teilen, jedes Teigstück zu 8 x 20 cm großen Streifen ausrollen. Mit 6 EL Butter bestreichen und mit dem Farinzucker und den heiß gewaschenen Rosinen bestreuen. Die Teigstreifen der Länge nach zusammenklappen und von der Schmalseite her aufrollen.
– Den Backofen auf 190° (Umluft 170°) vorheizen. 4 EL Butter in eine Springform gießen und die Rohrnudeln hineinsetzen; noch einmal 15 Min. gehen lassen.
– Die Nudeln gleichmäßig mit der restlichen Butter beträufeln und mit dem übrigen weißen Zucker bestreuen und im Ofen auf der zweiten Schiene von unten 25–30 Min. backen. Noch warm zum Beispiel mit Vanillesauce servieren.

476. Buchteln

KLASSIKER AUS BÖHMEN
Für etwa 12 Stück
Zubereitungszeit: 1 1/2 Std.
Gehzeit: 1 Std. 5 Min.
Backzeit: 30 Min.

Für den Teig: 500 g Mehl (Type 405) • 1 Würfel frische Hefe (42 g) • 80 g Zucker • 1/4 l lauwarme Milch • 40 g Butter • 1 Prise Salz • 3 zimmerwarme Eigelbe
Für die Füllung: 200 g Powidl (dickes Pflaumenmus) • 2 EL Rum • 1 Prise gemahlener Zimt
Außerdem: Mehl für die Arbeitsfläche • Butter für die Form • 40 g Butter zum Bestreichen

– Das Mehl in eine große Schüssel sieben, in die Mitte eine Mulde drücken. Die Hefe zerbröckeln und in der Mulde mit 1 TL Zucker, 2 EL Milch und etwas Mehl vom Rand verrühren, bis sie sich aufgelöst hat. Etwas Mehl darüber stäuben.
– Den Vorteig zugedeckt etwa 15 Min. an einem warmen Ort gehen lassen, bis die Oberfläche Risse zeigt.
– Die Butter in der restlichen Milch zerlassen und mit dem restlichen Zucker, dem Salz und den Eigelben zum Vorteig geben. Mit dem Mehl daraus einen glatten Teig kneten, der sich vom Schüsselrand löst. Wenn nötig, noch etwas Milch dazugießen. Den Teig zugedeckt etwa 30 Min. an einem warmen Ort gehen lassen.
– Den Teig auf einer bemehlten Arbeitsfläche zu einer Rolle formen, diese in etwa 12 Scheiben schneiden. Die Scheiben flachdrücken.
– Den Powidl mit dem Rum und dem Zimt verrühren. Auf die Mitte jeder Scheibe 1 EL Powidlmasse geben. Die Teigränder nach oben ziehen und miteinander verbinden.
– Eine feuerfeste Form mit Butter ausstreichen. Die Buchteln mit der Nahtstelle nach unten nicht zu dicht nebeneinander in die Form setzen.
– Die Butter bei schwacher Hitze zerlassen und die Buchteln damit bestreichen. Die Buchteln zugedeckt noch etwa 20 Min. gehen lassen. Inzwischen den Backofen auf 200° (Umluft 180°) vorheizen.
– Die Form in den Backofen (unten) schieben und die Buchteln in etwa 30 Min. hellbraun backen. Die Buchteln entweder heiß servieren oder in der Form auskühlen lassen.

TIPPS

• Füllung mit Quark: 200 g Quark (20 % Fett) mit 1 Eigelb, 1 EL Zucker und etwas abgeriebener unbehandelter Zitronenschale verrühren.
• Füllung mit Mohn: 200 g fein gemahlenen Mohn mit 1/4 l Milch, 2 EL Zucker und 1 Msp. gemahlenem Zimt aufkochen lassen.
• Füllung mit Haselnüssen: 200 g gemahlene Haselnüsse mit 1/4 l Milch und 2 EL Zucker aufkochen lassen.
• Füllung mit Steinobst: 12 Pflaumen oder Aprikosen waschen und entsteinen. Statt des Steins jeweils 1 Stück Würfelzucker in die Frucht geben.
• Füllung mit Äpfeln: 300 g säuerliche Äpfel schälen, vierteln und von den Kerngehäusen befreien. Die Apfelstücke mit 50 g Zucker und 1 TL gemahlenem Zimt in ganz wenig Wasser in etwa 20 Min. weich dünsten. Durch ein Sieb streichen und mit 2 EL Semmelbrösel mischen.

PLÄTZCHEN & COOKIES

Sag' mir, was du naschst, und ich sag' dir, was du bist. Du schätzt eher Plätzchen? Dann gehörst du entweder zu den Romantikern und Nostalgikern oder du bist ein echter Gebäck-Kenner. Lieber ein Cookie? Dann magst du es ein wenig lockerer beim Kaffee und moderner im Café. Du magst beides? Dann bist du ein moderner Insider, für den Weihnachten und Coffee-Shop sich nicht ausschließen. Willkommen im Plätzchen-Cookie-Club.

Bei den Kuchen und Torten macht uns in der Welt keiner so schnell was vor: Für Dresdner Stollen, Wiener Sachertorte und Schwarzwälder Kirsch werden die Konditoren aus dem deutschen „Backraum" in allen Kontinenten sehr verehrt. Beim Kleinstgebäck sieht es schon etwas anders aus, zumindest im Alltag. Klar, da sind die Wonnen rund ums Weihnachtsfest, wenn es bei uns süß und lecker aus dem Ofen oder aus den Läden duftet. Und wer mal richtig gut und teuer essen geht, der kann sich auch bei uns auf die feine Auswahl an Teegebäck danach freuen. Trotzdem: gruseliger Waffelbruch aus der Tüte zum Milchkaffee oder die Keksdose mit Staubaroma beim Tantenbesuch wie bei der Teambesprechung waren bei uns lange Zeit die üblichere Gebäcknorm.

Als die Cookies kamen

Da geht es in der Plätzchenkultur anderer Länder schon entspannter und geschmackvoller zu: In Italien sind Amaretti süßer Standard (wenn auch nicht unbedingt zum „caffè"), Frankreich ist stolz auf seine Madeleines zum Tee und in Amerika, England oder Australien wird einem gern ein Cookie oder Bikkie (mehr dazu auf der nächsten Seite) angeboten, kaum dass man ein Haus betritt. Das finden auch wir schön und haben uns da gern was vormachen lassen. Beim Italiener entdeckten wir Amaretti und Cantuccini für uns, Coffee-Shops (mal wieder) und auch ganz normale junge Cafés stellten zu den Muffins noch Gläser mit Cookies und Bleche mit Brownies auf den Tresen – und sie haben sie bis heute nicht dort weggenommen. Und in der Folge von alledem entdecken wir sogar unsere eigenen Plätzchenschätze wieder.

Plätzchen sind wahre Schätzchen

Nichts gegen Cookies, die schmecken wunderbar, wenn sie gut gemacht sind, was eigentlich einfach ist – weswegen es wohl auch so viele von ihnen gibt. Recht vielseitig sind sie allerdings nicht: immer Rührteig, ofenbeige bis schokoladenbraun gebacken, durchsetzt mit was zum Beißen von der Nuss bis zum Chocolate Chip. Am Ende sind sie entweder rund, flach und knusprig oder rund, flach und buttrig. Da sind Plätzchen schon abwechslungsreicher – aus Mürb-, Rühr-, Makronen- oder anderem Teig ausgestochen, gerollt, gespritzt oder zusammengesetzt, oft vielfältig verziert. Allein Vanillekipferl oder Zimtsterne haben uns weltweit den Ruf als besonders kreative Zuckerbäcker beschert. Unsere wahren Stars sind aber die Lebkuchen, die als Symbol für Tradition und Brauchtum – vom Oktoberfest-Herz zum Umhängen bis Weihnachten – in viele Länder importiert werden und dazu richtig toll schmecken. Doch beginnen wir mit dem Naheliegenden.

Klassiker aus Mürbteig

Das klassische Plätzchen ist aus Mürbteig: Ausgestochenes wie Buttergebäck, Zusammengesetztes wie Marillenringe, Aufgeschnittenes wie Heidesand, in Formen Gebackenes wie Spekulatius und Spezielles aus gerührtem statt geknetetem Mürbteig (mehr auf Seite 412) wie Krachkuchen. Doch nicht nur im deutschen Sprachraum ist Klassikergebäck schön mürbe. Auch englisches Shortbread, schwedische Julkuchen und italienische Cantuccini macht man aus dem herrlich zarten Mehl-Butter-Gemisch, Mürb- oder Knetteig genannt.

Was ist …

… ein Plätzchen? Wie auch „der Platz“ stammt es von dem Wort „platt“ ab – somit dürften eigentlich nur die flachen unter den süßen Gebäcken so heißen. Aber auch Makronen gehen bei uns als Plätzchen durch, solange sie nur mit Weihnachten zu tun haben. Klassisches wie plattes Schwarzweißgebäck heißt eher Keks denn Plätzchen, wenn es nur zum Tee serviert wird.

… ein Keks? Er ist zwar stets so flach wie es ein Plätzchen immer sein sollte, steht aber im Namen dem „cookie“ näher – und noch näher dem „cake“. Der Erfinder des flachen deutschen Knusperkuchens mit gezahntem Rand und Butteraroma hat sich den Plural von „cake“ zum Vorbild genommen – und so wurde aus „cakes“ der „Keks“ bzw. der Butterkeks.

… ein Cookie? Wer meint, dass Cookie von „to cook“ kommt, muss erst beweisen, dass „Kuchen“ von „kochen“ kommt. Wie beim Keks ist der kleine „cake“ gemeint und wie beim Plätzchen ist das Platte typisch fürs Cookie – ein Batzen Rührteig, oft angereichert mit Nüssen, Früchten oder Schokostückchen, der in der Ofenhitze auf dem Blech zum flachen Kreis zerläuft und sich gut in Dosen oder Deckelgläsern stapeln lässt. So mag man sie nicht nur im englischen Sprachraum zu Tee und Kaffee.

… ein Bikkie? Englische Kurzform für „biscuit“, was für jede Form von süßem Knabbergebäck vom Cookie bis zum Plätzchen steht. Kommt netter Besuch, kommt in England oder Australien gern die „bikkie tin“ (Keksdose) auf den Tisch.

… eine Makrone? Luftig leichtes Eischneegebäck, in dem kein Mehl, sondern Kokosraspel, Nüsse, Mandeln, Marzipan usw. für Halt und Aroma sorgen. Wird meist auf Oblaten gebacken. Es gibt auch Eigelbmakronen (meist mit Marzipan).

Newcomer aus Rührteig

Wir sagen nur: Cookies & Brownies (und denken noch an Muffins). Auch wenn sie schon seit einiger Zeit bei uns zu haben sind, trennen sie immer noch sauber das Trend- vom Tantencafé – in Letzterem gibt es sie nämlich nicht. Viel besser passen die leckeren Popstars des gerührten Gebäcks zur zwanglosen Tasse zwischendurch. Doch aus Rührteig lässt sich auch Kleineres und Feineres machen wie Mini-Brötchen mit Früchten drin, die einfach aufs Blech gehäuft werden und natürlich Spritzgebäck. Mehr zum Rührteig: Seite 411.

Lebkuchen-Tradition

Wussten Sie, dass man Weihnachtsplätzchen eigentlich erst ab Weihnachten essen darf? Denn die Adventszeit ist Fastenzeit im Kirchenjahr, in der statt Buttrig-Schokoladigem nur Schlichtes wie Pfeffernuss und Magenbrot erlaubt ist. Dabei können Lebkuchen die reinste Wonne sein. Gebacken werden sie aus einem Honig-Mehl-Teig, der „exotisch“ gewürzt im Ofen aufgeht und nach dem Backen nochmals etwas Ruhe- und Reifezeit benötigt. Da heißt es früh beginnen, um sich den Advent traditionell zu versüßen. Die Alternative ist die weichere Lebkuchenmasse mit Eiweiß und vielen Kernen darin zum Beispiel für Elisenlebkuchen – damit geht es schneller. Das Ergebnis ist allerdings nicht unbedingt etwas zum Fasten. Mehr dazu ab Seite 416.

Luftiges mit Ei

Nicht sehr viel mehr als Eischnee steckt in den Makronen, die vor allem mit Kokos zu Weihnachten gebacken werden, aber auch als Ganzjahresgebäck taugen wie etwa die italienischen Amarettini. Ganz was Feines und Süßes sind Baisers (auch Meringues genannt), die aus purem Eischnee mit viel Zucker darin mehr getrocknet als gebacken werden, um sie dann oft noch mit einer Creme zusammenzusetzen oder mit einer Glasur zu überziehen. Mehr zum Backen mit luftigen Massen auf Seite 417.

Plätzchen machen

Plätzchen ausstechen und formen

Plätzchen immer direkt vor dem Backen formen, damit sie nicht austrocknen, zu weich werden oder das Backpulver seine Wirkung verliert. Für klassisch flache Plätzchen wird der Teig (meist Mürbteig) auf der mit Mehl bestäubten Arbeitsfläche ausgerollt. Bei festerer Makronenmasse wird statt mit Mehl mit dem trockenen Inhalt der Masse (zum Beispiel Nüsse bei Zimtsternen) ausgerollt. Zum Ausstechen die Förmchen öfters in Mehl (bei Makronenmasse in Puderzucker oder kaltes Wasser) tauchen. Die Plätzchen möglichst eng ausstechen, da neues Verkneten und Ausrollen den Teig nicht besser macht. Manche Plätzchen werden per Hand geformt wie die Vanillekipferl. Die Hände gut bemehlen und mit so wenigen Griffen wie möglich formen, da zu viel Wärme und Druck den Teig zu weich machen kann. Weiche Makronenmassen oder cremige Rührteige werden mit dem ab und zu in kaltes Wasser getauchten Löffel geformt und aufs Blech gesetzt oder mit einem Spritzbeutel aufgespritzt.

Plätzchen backen

Plätzchen immer auf kalte Bleche setzen, damit sie nicht schon außerhalb des Ofens garen oder weich werden. Die Bleche zuvor vorbereiten: mit Butter fetten (das gibt zusätzlich Geschmack) oder mit Backpapier auslegen (das ist sicherer). Bei Großbacktagen kann man robuste Plätzchensorten erst mal nur auf eine Lage Backpapier legen, bis wieder ein Blech frei ist und gesäubert sowie kalt abgespült worden ist, und dann damit aufs Blech heben. Gebacken wird – wenn nicht anders angegeben – im Ofen (Mitte). In Umluftöfen kann auf allen Etagen zugleich gebacken werden. Makronen und Baisers sollten allerdings ohne Gebläse mit Ober- und Unterhitze „getrocknet" werden. Bei der Backzeit von Plätzchen zählen Minuten. Bis zum Anbrennen dauert es zwar eine Weile, doch am Ende können 1–2 Minuten mehr oder weniger entscheiden, ob die Zimtsterne weich oder hart und die Vanillekipferl mürbe oder trocken werden. Unbedingt daran denken, dass Plätzchen außerhalb des Ofens noch nachgaren. Also lieber aus dem Ofen holen, wenn sie noch ein bisschen zu weich sind. Dann gleich vorsichtig (!) ohne Backpapier vom Blech auf ein Gitter setzen und gut auskühlen lassen: am besten über Nacht an einem relativ kühlen Ort frei von Zugluft und Gerüchen – also nicht auf dem Küchenschrank. Makronen- und anderes Eiweißgebäck sollte sogar noch einen weiteren Tag liegen, damit sie schön trocken in die Dose kommen.

Der gelbe GU-Kummerkasten

Luftig oder luftdicht, in Dose oder Glas – wie lagere ich die Plätzchen am besten? Und wie lang?

Das kommt ganz auf die Sorte der Plätzchen an. Manche schmecken frisch am allerbesten, andere erhalten erst nach einer gewissen Reifezeit ihre Bestform. Wichtig ist, dass empfindliches Gebäck behutsam aufbewahrt wird: zwischen Bögen von Pergamentpapier, in nicht zu hohen Gefäßen, in einem kühlen, trockenen Raum. Zu den einzelnen Sorten: Mürbteiggebäck ist in Blechdosen gut aufgehoben, da es nicht völlig luftdicht verpackt sein sollte. Nach dem Backen sollte es noch einige Tage bis zu 1 Woche reifen, dann schmeckt es 2–3 Wochen lang frisch und mürbe. Rührteiggebäck wird ebenso in Dosen aufbewahrt und schmeckt frisch am besten. Makronen und Baisers möglichst luftdicht in fest schließenden Plastikboxen oder (die weniger empfindlichen) in fest verschweißten Tüten aufbewahren und nach dem Öffnen etwas „Luft schöpfen" lassen. Biskuit ebenso luftdicht lagern und so frisch wie möglich genießen. Lebkuchen und Printen schmecken nach mehrwöchiger Reife in Dosen am besten. Ein Stück Apfel- oder Orangenschale schützt vor dem Austrocknen, kann aber verderben. Honigkuchen 3 Tage vorm Vernaschen rauslegen, damit sie schön weich werden. Plätzchen mit Cremefüllung oder Schokoladenüberzug recht kühl lagern, Empfindliches am besten im Kühlschrank.

477. Butterplätzchen

GELINGT LEICHT | PREISWERT
Für etwa 60 Stück
Zubereitungszeit: 45 Min.
Kühlzeit: 1 Std.
Backzeit pro Backblech: 10 Min.

250 g Mehl (Type 405) • 75 g Zucker • 1 Prise Salz • 2 TL Vanillezucker • 1 Ei • 125 g Butter
Zum Verzieren: 150 g Puderzucker • 2 EL Zitronensaft • 1 EL weißer Rum (ersatzweise Wasser) • 1 EL Kakaopulver • 2 EL Zuckerstreusel • 25 g klein gehacktes Zitronat
Außerdem: Butter fürs Blech

– Das Mehl mit Zucker, Salz, Vanillezucker, Ei und Butter rasch zu einem glatten Teig verkneten. Den Teig 1 Std. kühl stellen.
– Das Backblech mit Butter fetten. Den Backofen auf 200° (Umluft 180°) vorheizen. Den Teig portionsweise etwa 3 mm dick ausrollen und beliebig ausstechen. Die Plätzchen im Backofen (Mitte) 10 Min. backen.
– Eine Hälfte des Puderzuckers mit dem Zitronensaft, die andere Hälfte mit dem Rum und dem Kakao zu einer dickflüssigen Glasur verrühren.
– Jeweils eine Hälfte der Plätzchen mit einer der Glasuren bestreichen. Die dunklen Plätzchen mit Zuckerstreuseln, die hellen mit Zitronat bestreuen.

TIPP

Die Butterplätzchen schmecken noch besser, wenn Sie sie einige Tage in einer gut schließenden Dose aufbewahren. Dadurch kann sich das Aroma der Zutaten entfalten.

478. Shortbread (Englisches Mürbteiggebäck)

BERÜHMT | GANZ EINFACH
Für 4 runde Shortbreads
Zubereitungszeit: 35 Min.
Kühlzeit: 2 Std.
Backzeit pro Backblech: 20 Min.

300 g Butter (gesalzen oder 1 TL Salz) • 200 g Zucker • 500 g Mehl (Type 405)
Außerdem: Butter fürs Blech • 1 Eigelb • feiner Zucker zum Bestreuen

– Für die runden Shortbreads die Butter mit dem Zucker und (falls die Butter nicht gesalzen ist) mit dem Salz verrühren. Das Mehl sieben, zugeben und alles so schnell wie möglich zu einem Mürbteig kneten. 2 Std. im Kühlschrank ruhen lassen.
– Den Backofen auf 190° (Umluft 170°) vorheizen. Das Backblech leicht fetten. Den Teig ausrollen und 4 runde Fladen daraus formen. Mit einem Messerrücken rautenförmig einkerben, damit sich die Shortbreads nach dem Backen auseinander brechen lassen.
– Vor dem Backen mit Eigelb bepinseln. Auf das Backblech setzen und mehrmals mit einer Gabel einstechen. Im Ofen (Mitte) in 20 Min. hellbraun backen. Die Shortbreads noch warm mit Zucker bestreuen.

479. Shortbread-Fingers mit Walnüssen

ETWAS BESONDERES
Für 50 Stück
Zubereitungszeit: 45 Min.
Ruhezeit: 2 Std.
Backzeit pro Backblech: 25 Min.

300 g Butter (gesalzen oder 1 TL Salz) • 200 g Zucker • 450 g Mehl (Type 405) • 100 g Walnüsse, fein gehackt
Außerdem: Butter fürs Blech • feiner Zucker zum Wenden

– Für die Shortbread-Fingers die Butter mit dem Zucker und (falls die Butter nicht gesalzen ist) dem Salz verrühren. Das Mehl sieben und mit den gehackten Walnüssen zugeben und alles so schnell wie möglich zu einem Mürbteig verarbeiten. In Folie wickeln und 2 Std. im Kühlschrank ruhen lassen.
– Den Backofen auf 190° (Umluft 170°) vorheizen. Das Backblech leicht fetten. Den gekühlten Teig auf einer bemehlten Arbeitsfläche 1,5 cm dick ausrollen und auf das Backblech legen. Damit der Teig nicht überläuft, die offene Seite des Blechs mit einer Holzleiste oder einem gefalteten Streifen Alufolie abschließen.
– Die Teigplatte mit einer Gabel mehrmals einstechen und im Ofen (Mitte) in etwa 25 Min. hellbraun backen. Den noch heißen Teig in „Fingers“, also in Streifen von etwa 1,5 x 7 cm schneiden und sofort in Zucker wenden.

480. Honigtaler

VOLLWERTIG | GEHT SCHNELL
Für 36 Stück
Zubereitungszeit: 25 Min.
Kühlzeit: 2 Std.
Backzeit pro Backblech: 15 Min.

Für den Teig: 200 g Honig • 50 g Butter • 50 g Rosinen • 75 g Erdnüsse • 125 g Kokosraspel • 250 g Weizenvollkornmehl • 1/2 TL Anispulver • 1 Ei
Außerdem: 3 EL Sesamsamen zum Wälzen • Butter fürs Blech

– Den Honig mit der Butter bei schwacher Hitze unter Rühren kurz erwärmen, dann in eine Rührschüssel füllen und abkühlen lassen.
– Die Rosinen in einer Schüssel heiß waschen, dabei das Wasser mehrmals erneuern. Zum Trocknen kurz auf ein Küchentuch legen, dann klein schneiden. Die Erdnüsse schälen, klein hacken und mit den Kokosraspeln, dem Mehl und dem Anispulver mischen.
– Das Ei und die Rosinen unter die Honigmasse rühren. Dann nach und nach die Mehlmischung untermengen. Den Teig verkneten, dabei immer wieder die Hände befeuchten, da der Teig etwas klebrig bleibt.
– Die Sesamsamen auf die Arbeitsfläche streuen und den Teig darauf zu einer Rolle von etwa 4 cm Ø formen. Die Rolle in 2 Stücke teilen und diese zugedeckt etwa 2 Std. kühl stellen.
– Den Backofen auf 175° (Umuft 150°) vorheizen. Ein Backblech fetten. Mit einem scharfen Messer, das immer wieder in kaltes Wasser getaucht wird, die Teigrollen in etwa 1 cm dicke Scheiben schneiden. Die Scheiben auf das Blech legen und etwas flach drücken.
– Die Plätzchen im Ofen (Mitte) etwa 15 Min. backen. Mit einem breiten Messer auf ein Kuchengitter heben und abkühlen lassen.
– Die Honigtaler zum Aufbewahren in eine gut schließende Dose schichten.

481. Echter Heidesand

BERÜHMT | GELINGT LEICHT
Für etwa 70 Stück
Zubereitungszeit: 20 Min.
Kühlzeit: 12–14 Std.
Backzeit pro Backblech: 15 Min.

200 g Butter • 100 g Puderzucker • 50 g Marzipan-Rohmasse • 1 TL Vanillezucker • abgeriebene Schale von 1/2 unbehandelten Zitrone • 250 g Mehl (Type 405) • 1 Eigelb • 1 Tasse Zucker

– Die möglichst weiche Butter mit dem Puderzucker, dem Marzipan, dem Vanillezucker und der Zitronenschale verrühren. Das Mehl über die Buttermasse sieben und unterkneten. Aus dem Teig gleich große Rollen von etwa 5 cm Ø formen, die Rollen in Alufolie wickeln und über Nacht im Kühlschrank ruhen lassen.
– Den Backofen auf 190° (Umluft 170°) vorheizen. Die Teigstangen mit dem verquirlten Eigelb bestreichen und im Zucker rollen. 1/2 cm dicke Scheiben abschneiden, auf ein Backblech legen.
– Im Ofen (Mitte) 10–15 Min. backen. Die Plätzchen auf einem Kuchengitter erkalten lassen.

TIPP

Marzipan-Rohmasse kann man selbst herstellen: Im Mixer oder Blitzhacker 500 g abgezogene süße und 25 g bittere Mandeln pürieren, mit 500 g Puderzucker und 50 g Rosenwasser (in der Apotheke erhältlich) zu einer geschmeidigen Masse mischen.

482. Friesenkekse

VOLLWERTIG | LEICHT ZU MACHEN
Für 50 Stück
Zubereitungszeit: 25 Min.
Kühlzeit: 1–2 Std.
Backzeit pro Backblech: 15 Min.

400 g Weizenvollkornmehl • 2 TL Weinstein-Backpulver • 1/2 TL gemahlene Vanille • 100 g Zuckerrohrgranulat • 200 g kalte Butter • 4 EL Rum • 1 EL Honig • 1 EL Kakaopulver
Außerdem: 20 g Zuckerrohrgranulat zum Wenden • Butter fürs Blech

– Das Vollkornmehl mit dem Backpulver, der Vanille und dem Zuckerrohrgranulat auf einer Arbeitsfläche mischen. Die Butter in Flöckchen darüber schneiden, den Rum dazugeben und das Ganze zu einem glatten Teig verkneten.

– Den Teig halbieren, unter eine Hälfte den Honig und den Kakao mischen. 2 Rollen von je 3 cm Ø formen. Die Rollen rundherum in das Zuckerrohrgranulat drücken, in Folie wickeln und 1 Std. im Gefriergerät oder 2 Std. im Eiswürfelfach ruhen lassen.
– Den Backofen auf 190° (Umluft 170°) vorheizen. Das Backblech mit Butter bestreichen. Die Teigrollen in gut 1/2 cm dicke Scheiben schneiden, die Scheiben auf das Blech legen und im Ofen (Mitte) in etwa 15 Min. goldbraun backen.
– Die Kekse 5 Min. auf dem Backblech, dann auf einem Kuchengitter auskühlen lassen.

483. Orange-Almond-Cookies
(Orangen-Mandel-Plätzchen)

AMERIKANISCH | GANZ EINFACH
Für etwa 80 Stück
Zubereitungszeit: 20 Min.
Kühlzeit: 24 Std.
Backzeit pro Backblech: 10 Min.

250 g Butter • 250 g Farinzucker • 2 Eier • 325 g Mehl (Type 405) • 1 TL Backpulver • 1/2 TL Salz • abgeriebene Schale von 1 großen unbehandelten Orange • 75 g gehäutete gehackte Mandeln

– Die Butter mit dem Zucker schaumig rühren und nacheinander die Eier untermischen. Das Mehl mit dem Backpulver sieben und löffelweise mit dem Salz unter den Teig mengen. Zuletzt die Orangenschale und die Mandeln unterkneten. Den Teig zu einer etwa 6 cm dicken Rolle formen, in Alufolie einwickeln und 24 Std. im Kühlschrank ruhen lassen.
– Den Backofen auf 200° (Umluft 180°) vorheizen. Von der Teigrolle dünne Scheiben abschneiden, mit genügend Abstand auf ein Backblech legen und im Ofen (Mitte) 8–10 Min. backen.

TIPP
Diese leckeren Plätzchen können Sie statt mit gehackten Mandeln auch gut mit Kokosraspeln backen. Der Kokosgeschmack wird besonders intensiv, wenn Sie eine Kokosnuss frisch raspeln. Kokosnüsse bekommen Sie ganzjährig in gut sortierten Gemüsemärkten.

484. Julkuchen (Weihnachtsplätzchen)

SPEZIALITÄT AUS SCHWEDEN
Für etwa 45 Stück
Zubereitungszeit: 25 Min.
Kühlzeit: 24 Std.
Backzeit pro Backblech: 10 Min.

Für den Teig: 400 g Mehl (Type 405) • 250 g Butter • 120 g Zucker • 1/2 TL Salz • 1 Eigelb
Für den Belag: 100 g brauner Zucker • 1 TL gemahlener Zimt • 1 Eiweiß
Außerdem: Fett fürs Blech

– Das Mehl auf eine Arbeitsfläche sieben und in die Mitte eine Mulde drücken. Die Butter, den Zucker, das Salz und das Eigelb hineingeben und mit einer Gabel vermischen; dabei nach und nach das Mehl mit einarbeiten. Rasch zu einem glatten Mürbteig verarbeiten.
– Rollen von etwa 4 cm Ø formen, in Folie wickeln und 24 Std. kalt ruhen lassen, bis der Teig fest ist.
– Den Backofen auf 190° (Umluft 170°) vorheizen. Das Backblech fetten. Die Teigrollen in dünne Scheiben schneiden und diese mit genügend Abstand auf das Backblech legen. Den braunen Zucker mit dem Zimt vermischen. Die Plätzchen mit verquirltem Eiweiß bepinseln und mit der Zimt-Zucker-Mischung bestreuen. Im Ofen (Mitte) in 8–10 Min. hellbraun backen.

485. Bretonische Mandelplätzchen

ETWAS BESONDERES | GELINGT LEICHT
Für 90 Stück
Vorbereitungszeit: 50 Min.
Kühlzeit: 30 Min.
Backzeit pro Backblech: 10 Min.

300 g Mehl (Type 405) • 2 Eigelbe • 2 EL Calvados (Apfelbranntwein) • 150 g feiner Zucker • 2 TL Vanillezucker • 1 Prise Salz • 175 g Butter • 125 g abgezogene Mandeln
Außerdem: Backtrennpapier fürs Blech

– Das Mehl auf eine Arbeitsfläche sieben, in die Mitte eine Mulde drücken und die Eigelbe und den Calvados hineingeben. Zucker, Vanillezucker und Salz darüber streuen. Butter in Flöckchen über das Mehl schneiden und alles zu einem geschmeidigen Teig verkneten.

– Den Teig in Folie wickeln und 15 Min. in den Kühlschrank legen. Die Mandeln mittelfein hacken, unter den gekühlten Teig kneten und diesen erneut 15 Min. kühl stellen. Den Backofen auf 200° (Umluft 180°) vorheizen. Das Backblech mit Backpapier auslegen.
– Den Teig portionsweise auf einer bemehlten Arbeitsfläche knapp 1/2 cm dick ausrollen und Kreise von 4 cm Ø ausstechen. Die Kreise auf das Backblech legen und im Ofen (Mitte) in etwa 10 Min. goldgelb backen. Die Plätzchen auf einem Kuchengitter auskühlen lassen.

486. Cantuccini
(Toskanische Mandelkekse)

KLASSIKER AUS ITALIEN
Für etwa 60 Stück
Zubereitungszeit: 45 Min.
Kühlzeit: 30 Min.
Backzeit pro Backblech: 20 Min.

250 g Mehl (Type 405) • 1 TL Backpulver • 175 g Zucker • 1/2 Fläschen Bittermandelöl • 30 g Butter • 2 Eier • 2 EL Orangensaft • 200 g gehäutete Mandeln
Außerdem: Backtrennpapier fürs Blech

– Mehl mit Backpulver, Zucker und Bittermandelaroma auf die Arbeitsfläche geben. Die Butter in Flöckchen, Eier und Orangensaft hinzufügen. Alles mischen und zu einem glatten Teig verarbeiten, Mandeln unterkneten.
– Teig zu fünf gleichgroßen Rollen formen. Die Rollen mit Mehl bestäuben und 30 Min. kühl stellen.
– Den Backofen auf 200° vorheizen. Ein Backblech mit Backpapier auslegen. Die Rollen im Abstand von 5 cm auf das Backblech legen. Im Ofen (Mitte, Umluft 180°) 15 Min. backen. Die Rollen etwas abkühlen lassen, dann schräg in etwa 2 cm dicke Scheiben schneiden.
– Cantuccini wieder auf das Backblech legen und bei 160° nochmals 15 Min. trocknen. Dann auskühlen lassen und in gut verschließbaren Blechdosen aufbewahren.

487. Italienische Pangani

EXKLUSIV | GELINGT LEICHT
Für etwa 80 Stück
Zubereitungszeit: 35 Min.
Kühlzeit: 2 Std.
Backzeit pro Backblech: 15 Min.

200 g Butter • 300 g Zucker • 1 Päckchen Vanillezucker • 1 Ei • 3 EL Milch • je 1 Msp. gemahlener Kardamom und Zimt • abgeriebene Schale von 1 unbehandelten Zitrone • 3 gemahlene bittere Mandeln • 500 g Mehl (Type 405) • 100 g Blockschokolade oder Kuvertüre

– Die Butter in einer großen Schüssel mit dem Zucker und dem Vanillezucker verkneten. Das Ei, die Milch, den Kardamom, den Zimt, die Zitronenschale und die gemahlenen bitteren Mandeln zugeben und das gesiebte Mehl unter den Teig kneten. Aus dem Teig rechteckige Stangen formen. Die Stangen in Alufolie gewickelt 2 Std. im Kühlschrank ruhen lassen.
– Den Backofen auf 190° (Umluft 170°) vorheizen. Die Stangen in 1/2 cm dicke Scheiben schneiden, auf ein Blech legen, im Ofen (Mitte) in 15 Min. goldgelb backen.
– Die Plätzchen mit einem breiten Messer herunterheben und auf einem Kuchengitter abkühlen lassen. Die Blockschokolade oder die Kuvertüre im Wasserbad schmelzen lassen. Die Plätzchen so in die Schokolade tauchen, dass sie diagonal zur Hälfte damit überzogen sind. Auf Pergamentpapier trocknen lassen.

488. Schokoladenstangen

FÜR GÄSTE | BRAUCHT ETWAS ZEIT
Für 100 Stück
Zubereitungszeit: 1 1/2 Std.
Kühlzeit: 1 Stunde
Backzeit pro Backblech: 15 Min.

200 g Mehl (Type 405) • 1/2 Päckchen Backpulver • 50 g Zucker • 100 g Butter • 1 Ei • 100 g Zartbitter-Kuvertüre
Außerdem: Backtrennpapier fürs Blech

– Das Mehl mit dem Backpulver in eine Schüssel sieben und den Zucker darüber streuen. Die Butter in Flöckchen schneiden und mit dem Ei zum Mehl geben. Alle Zutaten mit den Händen zu einem festen, aber geschmeidigen Teig verkneten.
– Den Teig in Folie wickeln und 1 Std. im Kühlschrank ruhen lassen. Den Backofen auf 200° (Umluft 180°) vorheizen. Das Backblech mit Backpapier auslegen.
– Mit bemehlten Händen aus dem Teig etwa bleistiftdicke Rollen formen und diese in 5 cm lange Stücke schneiden.

– Die Stangen auf das Backblech legen und im Ofen (Mitte) in etwa 15 Min. goldgelb backen. Die Stangen auf einem Kuchengitter auskühlen lassen.
– Die Kuvertüre in einem kleinen Topf bei schwacher Hitze auf dem Herd oder im heißen Wasserbad schmelzen lassen. Die Stangen an beiden Enden in die Kuvertüre tauchen und auf Pergamentpapier trocknen lassen.

489. Holländische Zebras

RAFFINIERT GEMACHT
Für etwa 60 Stück
Zubereitungszeit: 35 Min.
Kühlzeit: 1 Std.
Backzeit pro Backblech: 15 Min.

250 g Butter • 200 g Zucker • 1/2 TL Salz • 4 Eigelbe • 250 g Mehl (Type 405) • 100 g Speisestärke • 1/2 Päckchen Backpulver • 3 EL Rum • 5 EL Kakaopulver • 3 EL Hagelzucker

– Die Butter mit dem Zucker und dem Salz schaumig rühren. Nacheinander die Eigelbe zugeben und glatt rühren. Das Mehl mit der Stärke und dem Backpulver sieben, zur Butter geben und einen festen Teig daraus kneten. Den Teig halbieren, eine Hälfte mit dem Rum, die andere mit dem Kakaopulver mischen. Den Teig zugedeckt mindestens 1 Std. im Kühlschrank ruhen lassen.
– Den Backofen auf 190° (Umluft 170°) vorheizen. Den hellen und den dunklen Teig getrennt auf einer bemehlten Fläche gut 1/2 cm dick ausrollen und jede Teigplatte halbieren. Helle und dunkle Teigplatten abwechselnd aufeinander setzen und gut zusammendrücken.
– Aus dem Teig 2 x 3 cm große Scheiben schneiden. Jede Scheibe mit Hagelzucker bestreuen und den Hagelzucker etwas festdrücken. Die Zebras im Ofen (Mitte) 10–15 Min. backen.
– Plätzchen mit einem Messer vom Backblech heben und auf einem Kuchengitter erkalten lassen.

490. Zimtspiralen

SCHNELL | PREISWERT
Für 20 Stück
Zubereitungszeit: 20 Min.
Kühlzeit: 20 Min.
Backzeit pro Backblech: 15 Min.

200 g weiche Butter • 100 g Puderzucker • 3 Eier • 300 g Mehl (Type 405) • 2 TL gemahlener Zimt • 50 g Zucker • 1 Päckchen Vanillezucker
Außerdem: Mehl für die Arbeitsfläche • Backtrennpapier fürs Blech

– Die Butter mit dem Puderzucker schaumig rühren. 2 Eier trennen, die Eigelbe und 1 ganzes Ei nach und nach einrühren. Das Eiweiß beiseite stellen. Das Mehl zur Buttermasse geben und alles schnell zu einem glatten Teig verarbeiten.
– Den Zimt mit dem Zucker und Vanillezucker vermischen. Den Teig in 2 Stücke teilen. Auf einer bemehlten Arbeitsfläche jedes Teigstück zu einem Rechteck von 25 x 35 cm ausrollen. Mit Eiweiß bestreichen. Den Zimtzucker darüber streuen und den Teig vorsichtig aufrollen.
– Die Rollen zugedeckt im Kühlschrank 20 Min. ruhen lassen. Den Backofen auf 175° (Umluft 160°) vorheizen. Das Backblech mit Backpapier auslegen.
– Die Rollen aus dem Kühlschrank nehmen. Jede Rolle in 10 Scheiben schneiden und auf das Blech setzen.
– Die Plätzchen im Ofen (Mitte) 12–15 Min. backen. Herausnehmen und gut auskühlen lassen. Die Plätzchen dann in Blechdosen aufbewahren.

491. Mandel-Gewürz-Schnitten

FÜR DIABETIKER GEEIGNET
Für 20 Stück
Zubereitungszeit: 30 Min.
Backzeit pro Backblech: 30 Min.

150 g Weizenmehl (Type 1050) • 1 gestrichener TL Backpulver • 100 g Zucker • 1/2 TL abgeriebene Schale von 1 unbehandelten Orange • je 1/2 TL gemahlener Ingwer und Koriander • Salz • 1 kleines Ei • 90 g kalte Butter • 2 EL Milch • 100 g Mandelblättchen • 50 g Edelbitter-Schokolade (75 % Kakaoanteil)
Außerdem: Backtrennpapier fürs Blech

– Das Mehl mit dem Backpulver, 50 g Zucker, der Orangenschale, dem Ingwer, dem Koriander und dem Salz mischen. Mit dem Ei und 60 g der in Stückchen geschnittenen Butter zu einem glatten Teig verkneten.
– Den Backofen auf 180° (Umluft 160°) vorheizen. Ein Backblech mit Backpapier auslegen, den Teig darauf zu

einem 20 x 30 cm großen Rechteck ausrollen. Im Backofen (Mitte) 20 Min. backen.
– Den übrigen Zucker mit der restlichen Butter und der Milch aufkochen lassen und die Mandelblättchen unterrühren. Die Masse auf den gebackenen Boden streichen und weitere 10 Min. backen. Abkühlen lassen und in 20 Rechtecke schneiden.
– Die Schokolade schmelzen und je 1 Seite der Schnitten hineintauchen. Die Plätzchen auf Pergamentpapier fest werden lassen.

492. Shrewsbury biscuits
(Englisches Teegebäck)

FÜR GÄSTE | GELINGT LEICHT
Für 90 Stück
Zubereitungszeit: 30 Min.
Kühlzeit: 2 Std.
Backzeit pro Backblech: 15 Min.

440 g Mehl (Type 405) • 150 g Zucker • 2 Eier • je 1 Msp. Salz und gemahlener Zimt • 200 g Butter
Außerdem: Folie • Backtrennpapier fürs Blech

– Das Mehl auf eine Arbeitsfläche sieben, in die Mitte eine Mulde drücken und den Zucker mit den Eiern hineingeben. Das Salz und den Zimt auf das Mehl streuen. Die Butter in Flöckchen auf den Mehlrand schneiden und alle Zutaten rasch zu einem Mürbteig verkneten.
– Den Teig in eine Folie wickeln und 2 Std. im Kühlschrank ruhen lassen. Den Backofen auf 200° (Umluft 180°) vorheizen. Das Backblech mit Backpapier auslegen. Den Teig auf einer leicht bemehlten Arbeitsfläche knapp 1 cm dick ausrollen und Plätzchen von 5 cm Ø ausstechen. Die Plätzchen auf das Backblech legen und im Ofen (Mitte) in etwa 15 Min. goldbraun backen.
– Die Shrewsbury biscuits vorsichtig mit einem Messer vom Blech abheben und auf einem Kuchengitter auskühlen lassen.

TIPP
Dieses leckere Teegebäck lässt sich in einer gut schließenden Blechdose an einem kühlen Ort etwa 3 Wochen aufbewahren.

493. Rosinenherzen

VOLLWERTIG
Für 60 Stück
Zubereitungszeit: 40 Min.
Quellzeit: 1 Std.
Ruhezeit: 30 Min.
Backzeit pro Backblech: 15 Min.

50 g Rosinen • 2 EL Rum • 250 g Weizenvollkornmehl • 20 g Buchweizenmehl • 20 g puderfeines Sojamehl • 80 g Zuckerrohrgranulat • 2 TL Weinstein-Backpulver • 1/2 TL gemahlene Vanille • abgeriebene Schale von 1/2 unbehandelten Orange • 200 g kalte Butter
Außerdem: Butter fürs Blech

– Die Rosinen heiß waschen, abtropfen lassen und grob hacken. Die Rosinen mit dem Rum vermengen und zugedeckt 1 Std. quellen lassen.
– Das gesamte Mehl auf eine Arbeitsfläche geben und mit dem Zuckerrohrgranulat, dem Backpulver, der Vanille und der Orangenschale mischen.
– Die Butter in Flöckchen über das Mehl schneiden und alles von außen nach innen zu einem glatten Teig verkneten. Dabei auch die Rosinen mit der Quellflüssigkeit unter den Teig arbeiten.
– Den Teig zugedeckt 30 Min. ruhen lassen. Den Backofen auf 190° (Umluft 170°) vorheizen. Das Backblech mit Butter fetten.
– Den Teig portionsweise knapp 1/2 cm dick ausrollen und etwa 60 Herzen ausstechen. Die Herzen auf das Backblech legen und im Ofen (Mitte) in etwa 15 Min. goldbraun backen. Rosinenherzen auf einem Kuchengitter auskühlen lassen.

494. Sahnekringel

GELINGT LEICHT
Für 40 Stück
Zubereitungszeit: 25 Min.
Kühlzeit: 1 Std.
Backzeit: 15 Min.

Für den Teig: 75 g weiche Butter • 50 g Puderzucker • 4 EL saure Sahne • 200 g Mehl (Type 405)
Außerdem: Butter fürs Blech • Mehl für die Arbeitsfläche • 1 Eigelb zum Bestreichen • 50 g Hagelzucker zum Bestreuen

– Die Butter mit dem Puderzucker schaumig rühren. Saure Sahne hinzufügen und das Mehl untermengen. Teig gut verkneten, etwa 1 Std. zugedeckt kühl stellen.
– Den Backofen auf 200° (Umluft 180°) vorheizen. Das Backblech fetten. Die Arbeitsfläche mit wenig Mehl bestäuben. Den Teig portionsweise etwa 1/2 cm dick ausrollen und Ringe ausstechen. Den restlichen Teig immer wieder zurück in den Kühlschrank legen.
– Die Kringel auf das Backblech legen. Das Eigelb verquirlen. Mit einem Pinsel die Plätzchen mit dem Eigelb bestreichen und mit dem Hagelzucker bestreuen.
– Die Plätzchen im Backofen (oben) in 12–15 Min. goldgelb backen. Mit einem breiten Messer auf ein Kuchengitter heben und auskühlen lassen. Die Sahnekringel zum Aufbewahren in eine Dose schichten.

495. Buttermilch-Pistazien-Plätzchen

RAFFINIERT KOMBINIERT
Für 120 Stück
Zubereitungszeit: 1 Std.
Kühlzeit: 12 Std.
Backzeit pro Backblech: 12 Min.

400 g Mehl (Type 405) • 400 g Butter • 1 Prise Salz • 1/8 l Buttermilch • 100 g Zucker • 2 Eigelbe • 150 g gehackte Pistazien
Außerdem: Backtrennpapier fürs Blech

– Das Mehl in eine Schüssel sieben. Die Butter in Flöckchen auf das Mehl schneiden. Das Salz, die Buttermilch und den Zucker zum Mehl geben, alles mit einem Rührlöffel mischen und den Teig zuletzt gut durchkneten.
– Den Teig zu einer Kugel formen, in Pergamentpapier oder Folie wickeln und 12 Std. im Gemüsefach des Kühlschranks ruhen lassen.
– Den Backofen auf 200° (Umluft 180°) vorheizen. Das Backblech mit Backpapier auslegen.
– Den Teig portionsweise auf einer leicht bemehlten Arbeitsfläche 1/2 cm dick ausrollen. Mit dem Teigrädchen Quadrate von 3 x 3 cm ausschneiden.
– Die Quadrate auf das Backblech legen. Die Eigelbe mit 1 EL Wasser verquirlen, die Plätzchen damit bestreichen und mit den Pistazien bestreuen.
– Die Plätzchen im Ofen (Mitte) in etwa 12 Min. goldgelb backen. Vom Blech heben und auf einem Kuchengitter auskühlen lassen.

496. Herbe Schoko-Orangen-Taler

ETWAS BESONDERES | GANZ EINFACH
Für etwa 70 Plätzchen
Zubereitungszeit: 45 Min.
Kühlzeit: 2 Std.
Backzeit: 10 Min.

100 g Zartbitter-Schokolade • 125 g Butter • 125 g Zucker • 1 Prise Salz • 1 Ei • abgeriebene Schale von 1 unbehandelten Orange • 200 g Mehl (Type 405) • 1 TL Backpulver • 100 g Puderzucker • 2–3 EL Orangensaft

– Die Schokolade grob raspeln. Die Butter mit dem Zucker, dem Salz, dem Ei und der Orangenschale verkneten. Das Mehl mit dem Backpulver darüber sieben, Schokolade zugeben und alles rasch zu einem geschmeidigen Teig verkneten. Den Teig zu einer Kugel formen, in Alufolie gewickelt 2 Std. im Kühlschrank ruhen lassen.
– Den Backofen auf 200° (Umluft 180°) vorheizen. Den Teig auf einer bemehlten Fläche 1/2 cm dick ausrollen und Plätzchen von 5 cm Ø ausstechen. Die Plätzchen mit genügend Abstand voneinander auf ein Backblech legen und im Ofen (Mitte) 8–10 Min. backen. Die Plätzchen mit einem breiten Messer vom Backblech heben und auf einem Kuchengitter auskühlen lassen.
– Den Puderzucker sieben, mit dem Orangensaft verrühren und die Plätzchen mit dieser Glasur überziehen. Die Orangen-Schokoplätzchen auf dem Kuchengitter völlig erkalten und den Guss gut trocknen lassen.

497. Kleine Gewürzschnitten

GELINGT LEICHT
Für etwa 50 Schnitten
Zubereitungszeit: 40 Min.
Kühlzeit: 2 Std.
Backzeit pro Backblech: 12 Min.

Für den Teig: 150 g Butter • 125 g Zucker • 1 Ei • je 1 Msp. gemahlener Zimt, gemahlene Gewürznelken und geriebene Muskatnuss • abgeriebene Schale von 1 unbehandelten Zitrone • 125 g Mehl (Type 405) • 125 g gemahlene Mandeln • 125 g Semmelbrösel
Für den Belag: 200 g Puderzucker • 3–4 EL Zitronensaft • je 30 g Zitronat und Orangeat
Außerdem: Backtrennpapier fürs Blech

– Die Butter mit dem Zucker schaumig rühren. Das Ei, die Gewürze und die Zitronenschale unterrühren. Das Mehl darüber sieben, die Mandeln und die Semmelbrösel nach und nach zugeben und alles zu einem glatten Mürbteig verkneten. Den Teig eingewickelt 2 Std. im Kühlschrank ruhen lassen.
– Den Backofen auf 200° (Umluft 180°) vorheizen. Das Backblech mit Backpapier auslegen. Aus dem Teig auf einer bemehlten Fläche 3 x 6 cm große Rechtecke ausschneiden. Die Schnitten mit genügend Abstand voneinander auf das Backblech legen und im Ofen (Mitte) 10–12 Min. backen.
– Den Puderzucker sieben, mit dem Zitronensaft glatt rühren und die etwas abgekühlten Schnitten damit dick überziehen. Das Zitronat und das Orangeat in feine Streifen schneiden und auf die noch weiche Glasur drücken.

498. Amerikanische Ingwerschnitten

ETWAS BESONDERES | SCHNELL
Für etwa 20 Schnitten
Zubereitungszeit: 35 Min.
Kühlzeit: 2 Std.
Backzeit pro Backblech: 15 Min.

6 kandierte Ingwerpflaumen • 150 g Butter • 100 g Zucker • 1 Ei • 1 Prise Salz • 1/2 TL gemahlener Ingwer • 300 g Mehl (Type 405) • 1 Eigelb

– 3 Ingwerpflaumen fein wiegen, die übrigen in kleine Würfel schneiden. Die Butter mit dem Zucker, dem Ei, dem Salz, dem Ingwerpulver und den gewiegten Ingwerpflaumen verkneten. Das Mehl darüber sieben und alles rasch zu einem glatten Mürbteig verkneten. Den Teig zu einer Kugel formen und in Alufolie oder Pergamentpapier gewickelt 2 Std. im Kühlschrank ruhen lassen.
– Den Backofen auf 200° (Umluft 180°) vorheizen. Den Teig in drei Teile teilen und portionsweise auf einer bemehlten Fläche etwa 1/2 cm dick ausrollen. Aus den Teigplatten Rechtecke von 4 x 7 cm Größe schneiden. Die Plätzchen auf ein Backblech legen. Das Eigelb mit etwas Wasser verquirlen. Plätzchen damit bestreichen, mit den Ingwerpflaumenwürfelchen bestreuen und im Ofen (Mitte) 15 Min. backen.
– Die Ingwerschnitten mit einem breiten Messer vom Backblech heben und auf einem Kuchengitter auskühlen lassen.

499. Zarte Mandelherzen

GANZ EINFACH
Für etwa 60 Herzen
Zubereitungszeit: 35 Min.
Kühlzeit: 2 Std.
Backzeit pro Backblech: 12 Min.

Für den Teig: 250 g Butter • 100 g Puderzucker • 1 Eigelb • 100 g gemahlene Mandeln • 350 g Mehl
Für den Belag: 1 Eigelb • 60 gehäutete Mandeln

– Die Butter mit dem gesiebten Puderzucker und dem Eigelb schaumig rühren. Die gemahlenen Mandeln und das gesiebte Mehl darüber geben und alles rasch zu einem festen Mürbteig verkneten. Den Teig zu einer Kugel formen und in Alufolie oder Pergamentpapier gewickelt 2 Std. im Kühlschrank ruhen lassen.
– Den Backofen auf 200° (Umluft 180°) vorheizen. Den Teig auf einer bemehlten Fläche 1/2 cm dick ausrollen, Herzen ausstechen und auf das Backblech legen. Das Eigelb verquirlen, die Herzen damit bestreichen und auf jedes Herz 2 Mandelhälften legen. Die Herzen im Ofen (Mitte) 10–12 Min. backen.
– Die Mandelherzen auf dem Backblech etwas abkühlen lassen, noch warm mit einem breiten Messer vom Blech heben und auf einem Kuchengitter vollständig auskühlen lassen.

500. Zitronenringe

FÜR GÄSTE | GELINGT LEICHT
Für etwa 60 Ringe
Zubereitungszeit: 45 Min.
Kühlzeit: 45 Min.
Backzeit pro Backblech: 15 Min.

Für den Teig: 150 g Mehl (Type 405) • 1 TL Backpulver • 100 g feines Maismehl • 100 g Butter • 100 g Zucker • 2 Eigelbe • abgeriebene Schale von 2 unbehandelten Zitronen
Für den Belag: 150 g Puderzucker • 1–2 EL Zitronensaft • 50 g gehackte Pistazien
Außerdem: Butter fürs Blech

– Ein bis zwei Backbleche fetten. Das Mehl mit dem Backpulver in eine Schüssel sieben und mit dem Maismehl mischen. Die Butter zerlassen, mit dem Zucker,

den Eigelben und der Zitronenschale verrühren und mit dem Mehl zu einem glatten Mürbteig verkneten. Den Teig zugedeckt 45 Min. im Kühlschrank ruhen lassen.
– Den Backofen auf 200° (Umluft 180°) vorheizen. Den Teig auf einer bemehlten Arbeitsfläche 2 mm dick ausrollen. Mit einem Ausstecher Ringe von 7,5 cm Ø ausstechen. Die Ringe auf das Backblech legen und im Ofen (Mitte) in 15 Min. goldgelb backen.
– Die Zitronenringe einige Minuten auf dem Blech abkühlen lassen, dann mit einem breiten Messer auf ein Kuchengitter heben. Puderzucker mit dem Zitronensaft verrühren und die Ringe damit bestreichen. Auf die noch weiche Glasur die gehackten Pistazien streuen. Auf einem Kuchengitter trocknen lassen.

501. Vanillekipferl

ZUM VERSCHENKEN
Für etwa 80 Stück
Zubereitungszeit: 45 Min.
Kühlzeit: 2 Std.
Backzeit pro Backblech: 12 Min.

100 g geschälte Mandeln • 275 g Mehl (Type 405) • 90 g Puderzucker • 1 Msp. Salz • Mark von 1 Vanilleschote • 200 g kalte Butter, in Stücken • 2 Eigelbe
Außerdem: Butter fürs Blech • 150 g Zucker • Mark von 1 Vanilleschote

– Die Mandeln sehr fein mahlen und mit dem Mehl, dem Puderzucker, dem Salz, dem Mark der Vanilleschote mischen und mit den kalten Butterstücken auf der Arbeitsplatte mit einem großen Messer durchhacken. Dann die Eigelbe zufügen und alles zu einem glatten Teig verkneten. Aus dem Teig 2 gleich große Rollen formen, in Folie wickeln und 2 Std. im Kühlschrank ruhen lassen.
– Beide Teigrollen mit dem Messer in etwa 80 gleich starke Scheiben schneiden. Die Teigscheiben auf der Arbeitsfläche zu Röllchen von etwa 6 cm Länge formen und die Enden jeweils spitz zulaufen lassen.
– Den Backofen auf 180° (Umluft 160°) vorheizen. Aus den Teigröllchen die typischen Hörnchen formen und auf ein gefettetes Backblech legen. Genügend Abstand halten, weil der Teig etwas auseinander läuft. Im Ofen (Mitte) in etwa 12 Min. hellbraun backen.
– Den Zucker und das Vanillemark mischen und die noch warmen Kipferln darin wälzen.

502. Schokokipferl

SCHMECKT KINDERN
Für 30 Stück
Zubereitungszeit: 15 Min.
Kühlzeit: 30 Min.
Backzeit: 10 Min.

125 g Mehl (Type 405) • 100 g gemahlene Mandeln • 100 g weiche Butter • 60 g Zucker • 1 Eigelb • 1 TL ungezuckertes Kakaopulver
Außerdem: Backtrennpapier fürs Blech

– Den Backofen auf 200° (Umluft 180°) vorheizen. Das Backblech mit Backpapier belegen.
– Das Mehl, die Mandeln, die Butter, den Zucker, das Eigelb und das Kakaopulver zu einem glatten Teig verkneten. 30 Min. kalt stellen.
– Vom Teig walnussgroße Stückchen abzupfen und zwischen den Handflächen zu Kipferl rollen. Die Kipferl auf das Blech legen und im Ofen (Mitte) 10 Min. backen.

TIPP
Sie erhalten ein edles Geschenk, wenn Sie die Spitzen der Kipferl in weiße Kuvertüre tauchen und die Kipferl auf einem Spiegel als Teller überreichen.

503. Nougatkipferl

EXKLUSIV | GANZ EINFACH
Für etwa 80 Kipferl
Zubereitungszeit: 45 Min.
Kühlzeit: 3–4 Std.
Backzeit pro Backblech: 15 Min.

100 g weiche Butter • 200 g Nougat • 1 Ei • 1 Päckchen Vanillezucker • 1 Msp. Salz • 300 g Mehl (Type 405) • 1/2 TL Backpulver • 50 g Schokoladen-Fettglasur

– Die möglichst weiche Butter mit dem Nougat gut verkneten. Das Ei, den Vanillezucker und das Salz zugeben und alles gut mischen. Das Mehl mit dem Backpulver sieben und nach und nach gründlich unter die Nougatmasse kneten.

– Den Teig zu einer Kugel formen und in Alufolie 3–4 Std. im Kühlschrank ruhen lassen. Den Backofen auf 190° (Umluft 170°) vorheizen.
– Den Teig zu einer langen, dünnen Rolle formen und diese in 80 etwa 6 cm lange Stücke schneiden. Kleine Hörnchen (Kipferl) daraus formen und auf ein Backblech legen. Die Kipferl im Ofen (Mitte) 12–15 Min. backen, bis sie hellbraun sind. Die Kipferl mit einem breiten Messer vorsichtig vom Backblech heben und auf einem Kuchengitter auskühlen lassen.
– Die Schokoladenglasur im Wasserbad schmelzen lassen und die Spitzen der Hörnchen in die Glasur tauchen. Die Kipferl auf ein Kuchengitter legen und die Schokoladenglasur gut trocknen lassen.

504. Cashew-Hörnchen

RAFFINIERT | GELINGT LEICHT
Für 20 Stück
Zubereitungszeit: 45 Min.
Kühlzeit: 1 Std.
Backzeit pro Backblech: 15 Min.

80 g Cashewkerne • 1 nussgroßes Stück kandierter Ingwer • 110 g Butter • 125 g Mehl (Type 405) • 80 g Zuckerrohrgranulat • 1 Prise Salz
Außerdem: Backtrennpapier fürs Blech

– Von den Cashewkernen 50 g fein reiben, 30 g hacken und beiseite stellen. Den Ingwer fein hacken.
– Die Butter in Flöckchen schneiden und mit dem Mehl, den geriebenen Nüssen, dem Zuckerrohrgranulat, dem Salz und dem Ingwer zu einem festen Teig verkneten.
– Aus dem Teig 4 gleich große Rollen formen, jede einzeln in Folie wickeln und 1 Std. im Kühlschrank ruhen lassen. Den Backofen auf 175° (Umluft 160°) vorheizen. Das Backblech mit Backpapier auslegen.
– Jede Teigrolle in gleich große Stücke schneiden und diese mit bemehlten Händen auf einer leicht bemehlten Arbeitsfläche zu Hörnchen formen. Darauf achten, dass beim Formen nicht zu viel Mehl in den Teig gelangt, da sonst die Nüsse nicht halten.
– Hörnchen mit der Oberseite leicht in die gehackten Cashewkerne drücken, auf das Blech legen und im Ofen (Mitte) in etwa 15 Min. goldgelb backen.
– Die Hörnchen auf dem Blech etwas abkühlen lassen, dann behutsam mit einem Spatel vom Blech heben. Die Hörnchen auf einem Kuchengitter kalt werden lassen.

505. Husaren-Krapferl

ZUM VERSCHENKEN
Für etwa 60 Krapferl
Zubereitungszeit: 45 Min.
Kühlzeit: 2 Std.
Backzeit: 15 Min.

Für den Teig: 1 Vanilleschote • 200 g Butter • 100 g Zucker • 2 Eigelbe • 1 Prise Salz • 300 g Mehl (Type 405) • 100 g gemahlene Haselnüsse
Für den Belag: 1/2 Tasse Puderzucker • 150 g Johannisbeermarmelade

– Die Vanilleschote der Länge nach aufschlitzen und das Mark herauskratzen. Die Butter mit dem Zucker, den Eigelben, dem Vanillemark und dem Salz auf einem Backbrett verkneten. Das Mehl darüber sieben, die gemahlenen Haselnüsse darüber streuen und alles zu einem Mürbteig verarbeiten. Den Teig in Alufolie gewickelt 2 Std. im Kühlschrank ruhen lassen.
– Den Backofen auf 200° (Umluft 180°) vorheizen. Aus dem Teig eine lange Rolle formen, gleichmäßige Scheiben davon abschneiden, diese zu Kugeln formen und in jede Kugel mit dem Kochlöffelstiel eine kleine Mulde drücken. Die Krapferl auf ein Backblech legen und im Ofen (Mitte) 12–15 Min. backen.
– Die Krapferl auf einem Kuchengitter erkalten lassen, dann mit dem Puderzucker besieben. Die Marmelade erhitzen, glatt rühren und sie in die Mulden der Krapferl füllen. Die Marmelade 1–2 Tage gut trocknen lassen, ehe die Krapferl in eine Dose geschichtet werden.

506. Norwegische Weihnachtsringe

GELINGT LEICHT
Für etwa 80 Stück
Zubereitungszeit: 40 Min.
Kühlzeit: 3 Std.
Backzeit pro Backblech: 12 Min.

1/2 Vanilleschote • 3 Eier • 2 Eigelbe • 150 g Puderzucker • 250 g weiche Butter • 350 g Mehl (Type 405) • 1 Tasse Hagelzucker

– Die Vanilleschote mit einem spitzen Messer längs aufschlitzen und das Mark herauskratzen. Eier 10–12 Min. kochen, kalt abschrecken und schälen. Die gekochten

Eigelbe durch ein feines Sieb streichen und mit 1 rohen Eigelb und gesiebten Puderzucker verrühren. Nach und nach die möglichst weiche Butter und das Vanillemark unterarbeiten. Zuletzt das Mehl zugeben und alles zu einem Mürbteig verkneten. Den Teig in Alufolie gewickelt 3 Std. im Kühlschrank ruhen lassen.
– Den Backofen auf 190° (Umluft 175°) vorheizen. Den Teig in walnussgroße Stücke aufteilen und jedes Stück zu etwa 10 cm Länge ausrollen. Teigstangen an beiden Enden mit verquirltem Eigelb bestreichen und dann zu Ringen formen. Die Ringe völlig mit Eigelb bestreichen und mit dem Hagelzucker bestreuen. Das Gebäck auf ein Blech legen und im Ofen (Mitte) 10–12 Min. backen.
– Die Weihnachtsringe mit einem breiten Messer oder Spatel vom Backblech heben und auf einem Kuchengitter erkalten lassen.

507. Allgäuer Butter-S

GANZ EINFACH | PREISWERT
Für etwa 50 Stück
Zubereitungszeit: 45 Min.
Kühlzeit: 1 Std.
Backzeit pro Backblech: 10 Min.

400 g Mehl (Type 405) • 250 g Butter • 125 g Zucker • 4 Eigelbe • 1 Prise Salz • abgeriebene Schale von 1/2 unbehandelten Zitrone • etwa 1/2 Tasse Hagelzucker
Außerdem: Butter fürs Blech

– Zwei Backbleche mit Butter fetten. Das Mehl in eine Schüssel sieben. Die Butter in Flöckchen über dem Mehl verteilen. In die Mitte des Mehls eine Vertiefung drücken und den Zucker, 3 Eigelbe, das Salz und die Zitronenschale hineingeben. Alle Zutaten zu einem glatten Teig verkneten.
– Den Teig in eine Teigspritze oder einen Spritzbeutel mit Lochtülle füllen und in gleichmäßigen Abständen S-Förmchen auf die Backbleche spritzen. Die Bleche mit den Butterplätzchen 1 Std. kalt stellen. Den Backofen auf 190° (Umluft 175°) vorheizen.
– Die Butterplätzchen mit dem restlichen verquirlten Eigelb bestreichen und mit Hagelzucker bestreuen. Hagelzucker, der auf das Blech fällt, mit einem Pinsel wieder entfernen, damit er nicht verbrennt. Plätzchen im Ofen (Mitte) in 8–10 Min. hellbraun backen.
– Die Plätzchen etwa 6 Min. auf dem Blech abkühlen lassen, dann mit einem breiten Messer vom Blech heben und auf einem Kuchengitter vollständig erkalten lassen.

508. Nikolaustaler

SCHMECKT KINDERN | ZUM VERSCHENKEN
Für 30 Stück
Zubereitungszeit: 30 Min.
Backzeit pro Backblech: 13 Min.

250 g Butter • 250 g Zucker • 1 Ei • 1 Fläschchen Bittermandel-Aroma • 125 g gemahlene Haselnüsse • 350 g Mehl (Type 405)
Außerdem: Backtrennpapier fürs Blech • 300 g Puderzucker • 7–8 EL Zitronensaft • rote Zuckerschrift (aus der Tube, Backregal)

– Den Backofen auf 200° (Umluft 180°) vorheizen. Das Backblech mit Backpapier auslegen.
– Die Butter mit dem Zucker, dem Ei und dem Bittermandel-Aroma verquirlen. Die Haselnüsse und das Mehl unterkneten und den Teig zu Rollen mit etwa 6 cm Ø formen. Von den Rollen etwa 1 cm dicke Taler abschneiden und aufs Blech legen. Im Ofen (Mitte) 13 Min. backen.
– Puderzucker mit dem Zitronensaft zu einem glatten Guss verrühren und die Plätzchen damit bestreichen. Den Guss trocknen lassen und mit Zuckerschrift Nikolausköpfe auf die Plätzchen malen.

TIPPS

• Die Haselnüsse können Sie durch Mandeln ersetzen, das Bittermandel-Aroma durch die abgeriebene Schale von 1 unbehandelten Zitrone, durch Rum-Aroma oder Vanille-Aroma.
• Statt der Nikolausköpfe kann man auch andere Weihnachtsmotive malen wie Tannenbäume, Engel, Glocken oder Tannenzweige. Oder Sie schreiben einfach Weihnachtsgrüße auf die Plätzchen.
• Wenn Sie gern Plätzchen ausstechen, dann stellen Sie den Teig für 1 Std. in den Kühlschrank. Danach lässt er sich – am besten zwischen zwei Lagen Backpapier oder Frischhaltefolie – gut ausrollen.

509. Kleine Spitzbuben

FÜR WEIHNACHTEN
Für etwa 60 Spitzbuben
Zubereitungszeit: 1 Std.
Kühlzeit: 2 Std.
Backzeit pro Backblech: 10 Min.

400 g Mehl (Type 405) • 200 g Butter • 3 Eigelbe • 100 g Zucker • 1 Päckchen Vanillezucker • abgeriebene Schale von 1 unbehandelten Zitrone • 50 g gemahlene Haselnüsse
Außerdem: 1/2 Tasse Erdbeermarmelade • Saft von 1 Zitrone • 1/2 Tasse Puderzucker

– Das Mehl auf ein Backbrett sieben und die Butter in Flöckchen geschnitten darauf verteilen. Die Eigelbe, den Zucker, den Vanillezucker, die Zitronenschale und die gemahlenen Nüsse in die Mitte geben und alles rasch zu einem Mürbteig verkneten. Den Teig in Alufolie gewickelt 2 Std. im Kühlschrank ruhen lassen.
– Den Backofen auf 200° (Umluft 180°) vorheizen. Den Teig portionsweise auf einer bemehlten Fläche dünn ausrollen und gleich viel Plätzchen und Ringe von 3,5 cm Ø ausstechen. Plätzchen und Ringe auf ein Backblech legen und im Ofen (Mitte) 10 Min. backen, bis sie goldgelb sind.
– Die Plätzchen vorsichtig vom Backblech heben und auf einem Kuchengitter auskühlen lassen. Die Marmelade mit dem Zitronensaft verrühren. Die Ringe mit dem Puderzucker besieben. Die runden Plätzchen mit der Marmelade bestreichen und jeweils 1 Ring darauf setzen. Die Spitzbuben trocknen lassen.

510. Marillenringe

BRAUCHT ETWAS ZEIT
Für etwa 50 Stück
Zubereitungszeit: 1 Std.
Kühlzeit: 2 Std.
Backzeit pro Backblech: 15 Min.

400 g Mehl (Type 405) • 120 g Zucker • 1 Prise Salz • abgeriebene Schale von 1 unbehandelten Zitrone • 1 Päckchen Vanillezucker • 1 Eigelb • 1 Schnapsglas Rum (2 cl) • 250 g Butter
Außerdem: 2 EL Puderzucker • 250 g Aprikosenkonfitüre (Marillenkonfiüre)

– Das Mehl auf ein Backbrett sieben. In die Mitte eine Vertiefung drücken, den Zucker, das Salz, die Zitronenschale, den Vanillezucker, das Eigelb und den Rum hineingeben. Die Butter in Flöckchen auf dem Mehl verteilen. Alle Zutaten zu einem Mürbteig verkneten. Den Teig in Alufolie gewickelt 2 Std. im Kühlschrank ruhen lassen.
– Den Backofen auf 180° (Umluft 175°) vorheizen. Den Teig auf einer bemehlten Fläche portionsweise 3 mm dick ausrollen. Aus dem Teig gleich viel runde Plätzchen und Ringe von 4 cm Ø ausstechen. Beide im Ofen (Mitte) 10–15 Min. backen.
– Das Gebäck mit einem breiten Messer oder Spatel vom Blech heben und auf einem Kuchengitter auskühlen lassen. Die Ringe mit dem Puderzucker besieben. Die Konfitüre bei schwacher Hitze glatt rühren, die runden Plätzchen damit bestreichen und die Ringe darauf setzen. In die Mitte der Ringe noch etwas von der Konfitüre geben. Die Marillenringe gut trocknen lassen, zum Aufbewahren in eine Dose schichten.

511. Terrassenplätzchen

FÜR GÄSTE | ZUM VERSCHENKEN
Für 48 Stück
Zubereitungszeit: 1 Std.
Kühlzeit: 2 Std.
Backzeit pro Backblech: 10 Min.

Für den Teig: 250 g weiche Butter • 1 Prise Salz • 125 g Zucker • 2 Päckchen Vanillezucker • 2 Eigelbe • abgeriebene Schale von 1 unbehandelten Zitrone • 400 g Mehl (Type 405)
Außerdem: Mehl für die Arbeitsfläche • Backtrennpapier fürs Blech • 4 EL Johannisbeergelee • 1 EL Cassis (Johannisbeerlikör) • 50 g Puderzucker

– Die Butter mit dem Salz, dem Zucker und dem Vanillezucker schaumig rühren. Die Eigelbe und die Zitronenschale hinzufügen. Nach und nach das Mehl untermischen. Den Teig gut kneten. Zugedeckt etwa 2 Std. kühl stellen.
– Den Backofen auf 200° (Umluft 180°) vorheizen. Die Arbeitsplatte mit wenig Mehl bestäuben und drei Backbleche mit Backpapier auslegen.
– Den Teig portionsweise etwa 3 mm dick ausrollen. Mit drei gleichen Förmchen in unterschiedlicher Größe Plätzchen ausstechen und auf die Backbleche legen.

Die Plätzchen im Ofen (Mitte) in 8–10 Min. goldgelb backen. Mit einem breiten Messer oder Spatel vom Backblech heben und auf einem Kuchengitter auskühlen lassen.

– Johannisbeergelee mit dem Cassis in einem kleinen Topf kurz erwärmen. Die größeren Plätzchen mit einem Pinsel damit bestreichen. Jeweils drei Plätzchengrößen zusammensetzen. Die fertigen Plätzchen mit Puderzucker besieben.

– Die Füllung 2–3 Std. trocknen lassen. Das Gebäck zum Aufbewahren in eine Dose schichten.

512. Linzer Kranzerl

ETWAS BESONDERES | FÜR GEÜBTE
Für etwa 50 Stück
Zubereitungszeit: 40 Min.
Kühlzeit: 2 Std.
Backzeit pro Backblech: 15 Min.

4 hart gekochte Eigelbe • 120 g Puderzucker • 200 g Butter • 2 Päckchen Vanillezucker • 1 Prise Salz • 300 g Mehl (Type 405) • 120 g Mandeln • 100 g Zucker • 2 Eigelbe • 1/2 Tasse Johannisbeergelee

– Die hart gekochten Eigelbe durch ein Sieb streichen und mit 80 g gesiebtem Puderzucker und der Butter schaumig rühren. Den Vanillezucker, das Salz und das gesiebte Mehl hinzufügen und alles gründlich verkneten. Den Mürbteig zu einer Kugel formen und in Alufolie oder Pergamentpapier gewickelt 2 Std. im Kühlschrank ruhen lassen.

– Die Mandeln mit kochend heißem Wasser überbrühen, die Haut abziehen und die Mandeln grob hacken. Die Mandelstücke mit dem Zucker mischen. Den Backofen auf 200° (Umluft 180°) vorheizen.

– Den Teig 4 mm dick ausrollen und Ringe von etwa 5 cm Ø ausstechen. Die rohen Eigelbe verquirlen, die Ringe einseitig damit bestreichen und mit der feuchten Seite in die Mandel-Zucker-Mischung drücken.

– Die Ringe mit der Mandelseite nach oben auf ein Backblech legen und im Ofen (Mitte) 10–15 Min. backen.

– Das Gebäck mit einem breiten Messer vom Backblech heben und auskühlen lassen. Die Unterseiten der Plätzchen mit Johannisbeergelee bestreichen, je zwei Ringe zusammensetzen und mit dem restlichen Puderzucker besieben.

513. Mandel-Himbeer-Schnitten

MACHT WAS HER | ETWAS SCHWIERIGER
Für etwa 40 Schnitten
Zubereitungszeit: 30 Min.
Kühlzeit: 1 Std.
Backzeit: 12 Min.

200 g weiche Butter • 120 g Puderzucker • abgeriebene Schale von 1/2 unbehandelten Zitrone • 1 Eigelb • 270 g Mehl (Type 405) • 175 g gemahlene Mandeln
Außerdem: 150 g Himbeerkonfitüre • 2 cl Himbeergeist • 250 g Zartitter-Kuvertüre • 50 g Pistazien

– Die Butter mit dem Puderzucker, der Zitronenschale und dem Eigelb verrühren. Das Mehl und die gemahlenen Mandeln unterkneten. Den Teig in Folie gewickelt mindestens 1 Std. im Kühlschrank ruhen lassen.

– Den Backofen auf 180° (Umluft 175°) vorheizen. Den Teig zu einer 3–4 mm dicken rechteckigen Platte ausrollen, mit Hilfe eines Lineals und eines Teigrädchens in 4,5 x 2,5 cm große Schnitten teilen, auf ein Blech setzen und im Ofen (Mitte) etwa 12 Min. backen.

– Die Konfitüre durch ein Sieb streichen, mit dem Himbeergeist verrühren, erwärmen und auf der Hälfte der Schnitten verteilen. Mandelschnitten zusammensetzen und mehrere Stunden trocknen lassen. Die Kuvertüre erwärmen, die Oberfläche der Schnitten eintauchen und mit gehackten Pistazien bestreuen.

TIPPS

- **Die Schnitten kann man relativ eng auf ein ungefettetes Blech setzen, da der Teig beim Backen nicht verläuft.**
- **Die Füllung lässt sich mit Hilfe einer Tüte aus Pergamentpapier (siehe Seite 423) einfach auf der Hälfte der Schnitten verteilen.**

514. Mandelkekse mit Nougatfüllung

EXKLUSIV | NICHT GANZ EINFACH
Für etwa 35 Stück
Zubereitungszeit: 40 Min.
Kühlzeit: 1 Std.
Backzeit pro Backblech: 15 Min.

200 g Mehl (Type 405) • 200 g gemahlene Mandeln • 200 g Butter, in Stücken • 150 g Puderzucker • 1 Ei • 1 Prise Salz • ausgeschabtes Mark von 1/2 Vanilleschote • abgeriebene Schale von 1/2 unbehandelten Zitrone • 1 Msp. gemahlener Zimt
Außerdem: 1 ovale, glatte Ausstechform von 3,5 cm Länge • Backtrennpapier fürs Blech • 120 g Mandelnougat • Zartbitter-Kuvertüre • 30–35 gehäutete halbierte Mandeln

– Das Mehl sieben, mit den Mandeln mischen und in die Mitte eine Mulde drücken. Die restlichen Zutaten hineingeben und alles zum Teig verkneten. In Folie gewickelt etwa 1 Std. kühl ruhen lassen.
– Den Backofen auf 150° (Umluft 130°) vorheizen. Den Teig 5 mm dick ausrollen, Ovale ausstechen, auf ein mit Backpapier ausgelegtes Blech legen und im Ofen (Mitte) in 15 Min. hellbraun backen. Gut auskühlen lassen.
– Den Nougat erwärmen. Die Hälfte der Plätzchen auf der Unterseite damit bestreichen und jeweils ein zweites Plätzchen aufsetzen. Die Kuvertüre über dem heißen Wasserbad schmelzen, etwas abkühlen lassen. Die gefüllten Ovale mit einer Trempiergabel (Pralinengabel mit drei langen dünnen Zinken) nacheinander kurz eintauchen, herausheben und die überschüssige Kuvertüre ablaufen lassen. Zum Trocknen auf Backpapier setzen.
– Zum Dekorieren die Trempiergabel in die noch flüssige Oberfläche drücken, leicht anheben und seitlich abziehen. Kuvertüre etwas anziehen lassen und jedes Plätzchen mit 1/2 Mandel garnieren.

515. Ananastörtchen

ETWAS BESONDERES
Für etwa 20 Stück
Zubereitungszeit: 55 Min.
Kühlzeit: 1 Std.
Backzeit pro Backblech: 10 Min.

Für den Teig: 150 g Mehl (Type 405) • 100 g Butter • 50 g Puderzucker • 1 Prise Salz • 1 Eigelb
Für die Füllung: 120 g dunkler Mandel- oder Nussnougat • 150 g Marzipan-Rohmasse • 80 g gesiebter Puderzucker • 200 g Ananaskonfitüre
Außerdem: 1 glatte, runde Ausstechform von 5 cm Ø • Backtrennpapier fürs Blech • Pergamentpapier • 1 glatte, runde Ausstechform von 3 cm Ø • 100 g Zartbitter-Kuvertüre, geschmolzen

– Die Zutaten für den Teig zum Mürbteig verkneten. In Folie wickeln und 1 Std. im Kühlschrank ruhen lassen.
– Den Backofen auf 190° (Umluft 170°) vorheizen. Den Teig auf einer bemehlten Arbeitsfläche etwa 3 mm dick ausrollen und mit dem größeren Ausstecher 40 Plätzchen ausstechen. Auf ein mit Backpapier belegtes Blech setzen und die Plätzchen im Ofen (Mitte) 8–10 Min. backen. Die Plätzchen etwas abkühlen lassen, vom Blech heben und auf einem Kuchengitter auskühlen lassen.
– Den Nougat auf dem warmen Wasserbad erwärmen und glatt rühren. Eine Spritztüte aus Pergamentpapier falten und den Nougat einfüllen. Die Hälfte der Mürbteigplätzchen umdrehen und jeweils einen Nougattupfen auf die Unterseite spritzen. Jeweils ein Plätzchen ohne Nougat mit der Unterseite darauf setzen.
– Die Marzipan-Rohmasse gründlich mit dem Puderzucker verkneten. Das Marzipan auf Backpapier 6 mm dick ausrollen und Ringe von 5 cm Außen- und 3 cm Innen-Ø ausstechen. Auf jedes Plätzchen einen dünnen Nougatring aufspritzen. Jeweils einen vorbereiteten Marzipanring darauf setzen und leicht andrücken. Jeden der Marzipanringe vollständig mit Ananaskonfitüre ausfüllen, die Oberfläche vorsichtig glatt streichen.
– Zum Dekorieren die temperierte Kuvertüre in eine Spritztüte aus Pergamentpapier füllen und die Plätzchen mit feinen Kuvertürelinien überziehen.

516. Eisenbahner

FÜR GÄSTE | NICHT GANZ EINFACH
Für etwa 60 Stück
Zubereitungszeit: 55 Min.
Kühlzeit: 1 Std.
Trockenzeit: 8 Std.
Backzeit pro Backblech: 12 Min.

450 g Mehl (Type 405) • 300 g kalte Butter, in Stücken • 150 g Puderzucker • 1 TL Vanillezucker • 1 Prise Salz • 1 Eigelb • 1 TL abgeriebene Schale von 1 unbehandelten Zitrone
Außerdem: 300 g passierte Aprikosenkonfitüre • 200 g Marzipan-Rohmasse • 40 g Honig • 30 g Puderzucker • 20 g Butter • 1 Eiweiß

– Den Backofen auf 180° (Umluft 160°) vorheizen. Aus den Zutaten einen Mürbteig zubereiten. In Frischaltefolie wickeln und 1 Std. kühl ruhen lassen. Mürbteig zu einer 3 mm dicken Platte in Blechgröße ausrollen und

mit Hilfe eines Nudelholzes auf das Blech legen. Im Ofen (Mitte) in 8–12 Min hellbraun backen. Den Teig noch heiß mit einem Messer der Länge nach in 4,5 cm breite Streifen schneiden; dann auskühlen lassen.
– Die Hälfte der passierten Aprikosenkonfitüre aufkochen. Die Hälfte der Mürbteigstreifen nebeneinander legen und mit der Aprikosenkonfitüre gleichmäßig bestreichen. Die andere Hälfte der Mürbteigstreifen auf die mit Konfitüre bestrichenen Streifen legen; dabei auseinander rücken.
– Für die Makronenmasse die Marzipan-Rohmasse, Honig, Puderzucker, Butter sowie das Eiweiß zu einer relativ festen, jedoch spritzfähigen Masse verrühren. Diese in einen Spritzbeutel mit Sterntülle Nr. 10 füllen. Oben an den Rändern jedes aufeinander gesetzten Mürbteigstreifens der Länge nach 2 Makronenstreifen aufspritzen und über Nacht etwas antrocknen lassen. Bei starker Oberhitze kurz backen, bis die Oberfläche leicht braun ist.
– Die restliche Konfitüre aufkochen. Mit einem Spritzbeutel mit Lochtülle Nr. 8 zwischen den Makronenstreifen verteilen. Die fertigen Makronenstreifen einige Stunden stehen lassen und erst dann in 2 cm breite Schnitten schneiden.

TIPP

Dieses Makronengebäck hält sich in dicht schließenden Dosen recht lange. Wenn Sie davon einen Vorrat bereithalten, sind Sie bestens vorbereitet, falls einmal ganz überraschend Gäste zum Kaffee auftauchen.

517. Orangenschnitten

ETWAS BESONDERES
Für 45 Stück
Zubereitungszeit: 1 Std.
Kühlzeit: 30 Min.
Backzeit pro Backblech: 20 Min.

250 g Mehl (Type 405) • 1 TL Backpulver • 70 g Zucker • 1 Ei • 125 g Butter • 100 g sehr fein gehackte Mandeln • 25 g Kokosflocken • abgeriebene Schale und Saft von 1 unbehandelten Orange
Außerdem: Backtrennpapier fürs Blech • 100 g Puderzucker • 3 EL Blutorangensaft

– Das Mehl mit Backpulver und Zucker mischen und in die Mitte eine Mulde drücken, das Ei hineingeben. Die Butter in Flöckchen auf den Mehlrand schneiden und alle Zutaten verkneten. Den Teig in Folie wickeln und 30 Min. kühl stellen.
– Die Mandeln mit den Kokosflocken und der Orangenschale mischen. So viel vom Orangensaft unterrühren, dass eine streichfähige Masse entsteht.
– Den Backofen auf 200° (Umluft 180°) vorheizen. Das Backblech mit Backpapier auslegen. Den Teig halbieren und zwei Platten von 30 x 30 cm ausrollen.
– Eine Platte auf das Backblech legen und mit der Mandelmischung bestreichen. Die zweite Platte darauf legen, die Ränder gut festdrücken und die Oberfläche mit einer Gabel mehrmals einstechen.
– Den Kuchen im Ofen (Mitte) in etwa 20 Min. goldgelb backen. Den noch heißen Kuchen in Streifen von etwa 2 x 5 cm schneiden.
– Den Puderzucker mit dem Blutorangensaft zu einer streichfähigen Glasur verrühren. Die Schnitten damit bestreichen.

518. Schwarz-Weiß-Gebäck

RAFFINIERT GEMACHT
Für etwa 80 Stück
Zubereitungszeit: 1 Std.
Kühlzeit: 2–3 Std.
Backzeit pro Backblech: 12 Min.

300 g Butter • 150 g Puderzucker • 1 Msp. Salz • ausgeschabtes Mark von 1/2 Vanilleschote • 400 g Mehl (Type 405) • 40 g Kakao
Außerdem: 1 Eigelb, mit 2 EL Milch verrührt

– Für den mürben Sandteig die Butter auf einer Arbeitsfläche mit dem Puderzucker, dem Salz und dem Vanillemark mit einem Löffel cremig verreiben. Das Mehl darüber sieben und so schnell wie möglich mit den Händen einen Teig daraus kneten.
– Sobald das Mehl halbwegs untergearbeitet ist, den Teig halbieren. Eine Hälfte ganz kurz weiterkneten, bis ein glatter Teig entsteht. Zur anderen Hälfte den Kakao dazusieben und möglichst schnell unterkneten. Aus beiden Teigen je eine Kugel formen, in Folie wickeln und im Kühlschrank 1–2 Std. durchkühlen lassen.
– Beide Teige jeweils halbieren. Je 1 helles und 1 dunkles Teigstück für das Einschlagen zurücklegen und bis zur

weiteren Verwendung wieder kühl stellen. Die beiden anderen zu Rechtecken formen.
– Jedes Rechteck zwischen zwei Holzleisten legen und gleichmäßig ausrollen. Beide Teige mit Hilfe einer Holzleiste in 1 cm breite Streifen schneiden. Helle und dunkle Teigstreifen jeweils mit dem verrührten Eigelb bestreichen und die Hälften im Schachbrettmuster zusammensetzen.
– Den Backofen auf 180° (Umluft 160°) vorheizen. Den hellen Teig für die Umhüllung etwa 2 mm dick ausrollen. Streifenblock auflegen, mit Eigelb bestreichen und mit der Teigplatte einschlagen. Leicht andrücken.
– Den Teigblock 1 Std. kühlen, dann in 4–5 mm starke Scheiben schneiden. Den ganzen Vorgang wiederholen. Zweiten Streifenblock mit dunklem Teig einschlagen.
– Die Gebäckscheiben mit etwas Abstand auf ein ungefettetes Blech legen. Im Ofen (Mitte) etwa 12 Min. backen. Das Gebäck soll hell bleiben, damit der Schwarz-Weiß-Effekt gut zur Geltung kommt.

519. Spekulatius

WEIHNACHTSKLASSIKER
Für etwa 50 Stück
Zubereitungszeit: 1 Std.
Kühlzeit: 1 Std.
Backzeit pro Backblech: 10 Min.

450 g Mehl (Type 405) • 250 g Zucker • 50 g gemahlene Mandeln • 1 TL gemahlener Zimt • 1 TL gemahlene Muskatblüte • 1 Prise Salz • 80 g kalte Butter • 1 Ei • 5 Tropfen Bittermandel-Aroma • 100 ml Milch
Außerdem: Butterschmalz fürs Blech • 150 g gehobelte Mandeln • Küchengarn • Spekulatiusmodel

– Das Mehl, den Zucker, die Mandeln, den Zimt, die Muskatblüte und das Salz in eine Schüssel geben. Die Butter klein schneiden und darauf verteilen. Das Ei, das Mandelaroma und die Milch zufügen. Alles zu einem glatten Teig verkneten und zugedeckt 1 Std. kühl stellen.
– Den Backofen auf 180° (Umluft 160°) vorheizen. Das Blech fetten und mit gehobelten Mandeln bestreuen. Den Teig portionsweise auf einen Spekulatiusmodel drücken und ein Stück Küchengarn zwischen Holz und Teig durchziehen. Den Teig aus der Form auf das Blech klopfen. Auf diese Weise den gesamten Teig verarbeiten.
– Die Spekulatius im Backofen (Mitte) in 10 Min. goldgelb backen.

TIPP

Die abgekühlten Spekulatius lagern Sie am besten in einem Karton, den Sie mit ein paar Luftlöchern versehen.

520. Mandel-Spekulatius

BRAUCHT ETWAS ZEIT
Für 40–80 Stück (je nach Größe der Modeln)
Zubereitungszeit: 1 Std.
Kühlzeit: 2 Std.
Backzeit pro Backblech: 10 Min.

250 g Butter • 300 g Zucker • 100 g Marzipan-Rohmasse • 1 Ei • 2 TL gemahlener Zimt • 1/2 TL gemahlener Kardamom • je 1 Msp. gemahlene Gewürznelken, gemahlene Muskatblüte und Salz • 500 g Mehl (Type 405)
Außerdem: Mehl für die Modeln und das Blech • 100 g Mandelblättchen

– Alle Modeln mit Mehl ausstäuben. Die Backbleche mit Mehl bestäuben und mit Mandelblättchen bestreuen.
– Die Butter mit dem Zucker und der Marzipan-Rohmasse verkneten. Das Ei, den Zimt, den Kardamom, das Nelkenpulver, die Muskatblüte, das Salz und das gesiebte Mehl unterkneten. Teig in ein Stück Alufolie wickeln und 2 Std. im Kühlschrank ruhen lassen.
– Den Backofen auf 200° (Umluft 180°) vorheizen. Kleine Teigstücke fest in die Holzmodeln drücken. Dann überstehenden Teig entlang der Model abschneiden, sodass nur die Vertiefungen ausgefüllt sind. Die Teigfiguren durch kräftiges Schlagen auf das Blech stürzen, im Ofen (Mitte) 10 Min. backen.

TIPPS

- **Spekulatius werden in besonderen Modeln gebacken. Diese können Sie in Spezial- oder gut sortierten Haushaltswarengeschäften kaufen.**
- **Sie können den Teig auch mit einer Spekulatiusrolle ausstechen.**
- **Oder Sie verwenden die üblichen Ausstechformen und drücken anschließend mit einem Stäbchen Linien in die Oberfläche. Dafür den Teig 5 mm dick ausrollen.**

521. Rheinische Muzen

AUSGEBACKENES ZUM KARNEVAL
Für etwa 50 Muzen
Zubereitungszeit: 25 Min.
Backzeit pro Portion: 5 Min.

Für den Teig: 80 g Butter • 50 g Zucker • 1 Ei • 2 EL Rum • 250 g Mehl (Type 405) • 5 EL Milch • 1 Prise Salz • 1/2 Tasse Puderzucker
Für die Fritteuse: 1 l Öl oder 1 kg Schmalz • Mehl für die Arbeitsfläche

– Die Butter schmelzen lassen, vom Herd nehmen und mit dem Zucker, dem Ei und dem Rum schaumig rühren. Das Mehl in eine Schüssel sieben, in die Mitte eine Vertiefung drücken und die Milch, das Salz und die Butter-Zucker-Masse hineingeben. Alles zu einem geschmeidigen Teig verkneten. Das Öl oder Schmalz in der Fritteuse auf 180° erhitzen.
– Den Teig auf einer bemehlten Fläche etwa 3 mm dick ausrollen und mit einem Teigrädchen Rauten von 6 cm Seitenlänge ausschneiden. Jeweils 6–8 Muzen auf einmal in das heiße Frittierfett geben und darin in 4–5 Minuten goldbraun backen; nach der halben Backzeit die Muzen mit dem Schaumlöffel umwenden.
– Die fertigen Muzen mit dem Schaumlöffel aus der Friteuse heben und auf Küchenpapier abtropfen lassen. Das noch warme Gebäck mit Puderzucker besieben.

522. Kartoffelmürbchen

BRAUCHT ETWAS ZEIT | RAFFINIERT
Für etwa 80 Stück
Zubereitungszeit: 1 1/4 Std.
Kühlzeit: 3 Std.
Backzeit pro Backblech: 12 Min.

125 g Butter • 1 Ei • 250 g Zucker • 250 g gekochte, geschälte Kartoffeln • 350 g Mehl (Type 405) • 1 Päckchen Backpulver • 1 Prise Salz • abgeriebene Schale von 1 unbehandelten Orange • 2 Eigelbe • 2 EL Orangenlikör • 60 g Kokosflocken
Außerdem: Backtrennpapier fürs Blech

– Die Butter in Stücke schneiden und mit dem Ei und dem Zucker schaumig rühren. Die gekochten Kartoffeln fein raspeln.
– Das Mehl mit dem Backpulver mischen und über die Buttermasse sieben. Das Salz, die Orangenschale und die geraspelten Kartoffeln dazugeben und alles verkneten. Den Teig zu Rollen formen, in Folie wickeln und 3 Std. kühl stellen.
– Den Backofen auf 200° (Umluft 180°) vorheizen. Das Backblech mit Backpapier auslegen. Aus dem Teig mit bemehlten Händen etwa 80 gleich große Kugeln formen, diese etwas flach drücken und auf das Backblech legen.
– Die Eigelbe mit dem Likör verquirlen, die Plätzchen damit bestreichen und mit den Kokosflocken bestreuen.
– Die Kartoffelmürbchen im Ofen (Mitte) in etwa 12 Min. goldgelb backen. Auf einem Kuchengitter auskühlen lassen. Möglichst frisch verzehren, da sie sonst an Aroma verlieren.

523. Orangen-Schoko-Cookies

AMERIKANISCH | SCHNELL
Für etwa 25 Stück
Zubereitungszeit: 25 Min.
Backzeit pro Backblech: 12 Min.

100 g Vollmilch-Schokolade • 100 g kandierte Orangenscheiben • 300 g Mehl (Type 405) • 1 TL Backpulver • 1 Prise Salz • 150 g Butter • 150 g Rohrzucker • 1 Ei • 4 EL frisch gepresster Orangensaft
Außerdem: Backtrennpapier fürs Blech

– Den Backofen auf 180° (Umluft 160°) vorheizen. Zwei Backbleche mit Backpapier belegen. Die Schokolade in nicht zu feine Stücke hacken. Die kandierten Orangenscheiben fein würfeln.
– Das Mehl sorgfältig mit dem Backpulver und dem Salz mischen. Die weiche Butter und den Zucker mit dem Handrührgerät cremig rühren. Dann das Ei möglichst rasch unterrühren.
– Das Mehl mit einem Löffel unter die Buttermasse rühren, Orangensaft, Schokoladen- und Orangenstücke zugeben und alles mit den Händen zügig zu einem glatten Teig kneten.
– Aus dem Teig etwa 25 Kugeln formen, leicht platt drücken und auf die zwei Bleche verteilen. Cookies auf den beiden Blechen nacheinander im Ofen (Mitte) 10–12 Min. backen, bis die Ränder der Cookies leicht gebräunt sind. Aus dem Ofen nehmen, erst 10 Min. auf dem Blech abkühlen lassen, dann auf ein Kuchengitter heben und vollständig auskühlen lassen.

524. Hirsesand

VOLLWERTIG | GANZ EINFACH
Für 40 Stück
Zubereitungszeit: 45 Min.
Ruhezeit: 20 Min.
Backzeit pro Backblech: 10 Min.

150 g Weizenvollkornmehl • 100 g fein gemahlene Hirse • 1/2 TL gemahlene Vanille • 180 g weiche Butter • 80 g Zuckerrohrgranulat • 2 Eigelbe • 2 EL Rum
Außerdem: Butter fürs Blech

– Das Weizenmehl und das Hirsemehl mit der Vanille mischen. Die Butter mit dem Zuckerrohrgranulat schaumig rühren. Nach und nach die Eigelbe, den Rum und die Mehlmischung darunter mengen und zuletzt gut durchkneten.
– Den Teig zugedeckt 20 Min. ruhen lassen. Den Backofen auf 200° (Umluft 180°) vorheizen. Das Backblech mit Butter bestreichen.
– Aus dem Teig Kugeln in der Größe kleiner Walnüsse formen, auf das Backblech legen und im Ofen (Mitte) in etwa 10 Min. hellgoldbraun backen. Die Plätzchen auf einem Kuchengitter auskühlen lassen.

525. Mandelhalbmonde

VOLLWERTIG | EXKLUSIV
Für 50 Stück
Zubereitungszeit: 45 Min.
Ruhezeit: 30 Min.
Backzeit pro Backblech: 15 Min.

100 g gehäutete Mandeln • 200 g Weizenvollkornmehl • 1 TL Weinstein-Backpulver • 1 Msp. gemahlene Vanille • 150 g weiche Butter • 50 g Zuckerrohrgranulat • 4 EL Ahornsirup • 2 EL Amaretto
Außerdem: 50 g gehäutete, fein geriebene Mandeln zum Bestreuen • Butter fürs Blech

– Die Mandeln reiben. Das Mehl mit dem Backpulver, den Mandeln und der Vanille in einer Schüssel mischen.
– Die Butter mit dem Zuckerrohrgranulat schaumig rühren. Die Mehlmischung nach und nach mit dem Ahornsirup und dem Likör unter die Buttermischung mengen. Den Teig zugedeckt 30 Min. ruhen lassen.
– Den Backofen auf 180° (Umluft 160°) vorheizen. Das Backblech mit Butter bestreichen. eig auf einer leicht bemehlten Arbeitsfläche etwa 1/2 cm dick ausrollen und mit einem Schnapsglas oder einem kleinen Ausstechförmchen Halbmonde ausstechen.
– Die Halbmonde auf das Backblech legen, mit den geriebenen Mandeln bestreuen und im Ofen (Mitte) in etwa 15 Min. goldbraun backen. Auf einem Kuchengitter auskühlen lassen.

526. Zitronen-Sandhäufchen

FÜR GÄSTE | BRAUCHT ETWAS ZEIT
Für 60 Stück
Zubereitungszeit: 1 Std. 20 Min.
Backzeit pro Backblech: 12 Min.

125 g weiche Butter • 100 g feiner Zucker • 2 Eier • 125 g Mehl (Type 405) • 125 g Speisestärke • 1 TL Backpulver • 2 EL Rum • 100 g Puderzucker • 2 EL Zitronensaft • abgeriebene Schale von 1 unbehandelten Zitrone
Außerdem: Backtrennpapier fürs Blech

– Butter und Zucker mit den Eiern schaumig rühren. Mehl, Stärke und Backpulver über die Schaummasse sieben, Rum hinzufügen und alles mit dem Rührlöffel mischen. Teig zuletzt mit den Händen durchkneten.
– Den Backofen auf 200° (Umluft 180°) vorheizen. Das Backblech mit Backpapier auslegen. Vom Teig etwa walnussgroße Kugeln formen und auf das Backblech legen. Die Kugeln etwas flach drücken und mit einem Kochlöffelstiel eine Mulde in die Mitte drücken.
– Die Plätzchen im Ofen (Mitte) in etwa 12 Min. goldgelb backen, dann auf ein Kuchengitter heben und auskühlen lassen.
– Den Puderzucker in eine Schüssel sieben. Den Zitronensaft und so viel heißes Wasser unterrühren, dass eine dickflüssige Glasur entsteht. Die Mulden der abgekühlten Plätzchen mit der Glasur füllen. Die Zitronenschale auf die noch weiche Glasur streuen.

TIPP

Statt mit Zitrone kann man die Glasur auch mit Orangensaft und mit abgeriebener Orangenschale herstellen.

527. Krachkuchen

RAFFINIERT | GELINGT LEICHT
Für 70 Stück
Zubereitungszeit: 40 Min.
Backzeit pro Backblech: 10 Min.

125 g weiche Butter • 1 Eigelb • 100 g feiner Zucker • 120 g Mehl (Type 405) • 100 g gehäutete Mandeln • 1 Ei • 5 EL Zuckerrohrgranulat
Außerdem: Butter fürs Blech

– Die Butter mit dem Eigelb verrühren. Den Zucker darüber streuen und alles schaumig rühren. Mehl über die Buttermasse sieben und nach und nach unterrühren.
– Den Backofen auf 200° (Umluft 180°) vorheizen. Das Backblech mit Butter fetten. Den Teig auf das Backblech geben und mit den Fingerspitzen sehr flach drücken. Er reicht aus, um das Blech gleichmäßig zu bedecken.
– Die Mandeln grob hacken. Das Ei verquirlen und den Teig damit bestreichen. Die Mandeln auf dem Teig verteilen und das Zuckerrohrgranulat durch ein Sieb über die Mandeln streuen.
– Krachkuchen im Ofen (Mitte) in etwa 10 Min. goldgelb backen. Den Kuchen noch heiß in etwa 3 x 4 cm große Rechtecke schneiden und auf einem Kuchengitter auskühlen lassen.

TIPP

Statt den Kuchen mit verquirltem Eigelb zu bestreichen, kann man ihn auch mit passierter Orangenkonfitüre überziehen und darauf die Mandeln verteilen.

528. Ingwerkugeln

RAFFINIERT | BRAUCHT ETWAS ZEIT
Für 100 Stück
Zubereitungszeit: 1 Std.
Backzeit pro Backblech: 12 Min.

250 g Butter • 200 g feiner Zucker • 1/2–1 TL gemahlener Ingwer • 2 Eier • 2 EL Rum • 500 g Mehl (Type 405) • 1 TL Backpulver • 100 g kandierter Ingwer
Außerdem: Backtrennpapier fürs Blech

– Die Butter in kleine Stücke schneiden und in eine Rührschüssel geben. Die Schüssel in heißes Wasser stellen, damit die Butter geschmeidig wird.
– Die Butter mit dem Zucker, dem gemahlenen Ingwer, den Eiern und dem Rum schaumig rühren. Das Mehl mit dem Backpulver über die Schaummasse sieben und unterkneten.
– Den Backofen auf 200° (Umluft 180°) vorheizen. Das Backblech mit Backpapier auslegen.
– Den kandierten Ingwer in knapp 1 cm große Würfel schneiden. Vom Teig walnussgroße Kugeln formen, in jede Kugel 1 Ingwerwürfel drücken und die Kugeln mit genügend Abstand voneinander auf das Backblech setzen. Die Kugeln im Ofen (Mitte) in etwa 12 Min. hellgelb backen.
– Die Ingwerkugeln auf einem Kuchengitter kalt werden lassen und möglichst frisch servieren.

529. Amsterdamer Pitmoppen

SPEZIALITÄT AUS HOLLAND
Für 60 Stück
Zubereitungszeit: 45 Min.
Kühlzeit: 1 Std.
Backzeit pro Backblech: 15 Min.

200 g weiche Butter • 200 g Zucker • 1 Prise Salz • 1 TL abgeriebene Schale von 1 unbehandelten Zitrone • 370 g Mehl (Type 405) • 1 Msp. Backpulver • 1 Ei • 1 Eiweiß • 1 Eigelb • 200 g gehäutete Mandeln
Außerdem: Butter fürs Blech

– Die Butter mit dem Zucker, dem Salz und der Zitronenschale geschmeidig rühren. Das Mehl mit dem Backpulver darüber sieben, das Ei und das Eiweiß dazugeben und alles zu einem glatten Teig verkneten. Teig zugedeckt 1 Std. kühl stellen.
– Den Teig portionsweise auf einer leicht bemehlten Arbeitsfläche etwa 4 mm dick ausrollen. Dabei den Teig mit einer Palette öfter von der Unterlage lösen.
– Den Backofen auf 200° (Umluft 180°) vorheizen. Das Backblech mit Butter fetten. Den Teig in 4 cm große Quadrate schneiden und auf das Backblech legen.
– Das Eigelb mit wenig Wasser verquirlen und die Plätzchen damit bestreichen. Die Mandeln längs halbieren und jeweils 4 Hälften davon kreuzförmig auf die Pitmoppen legen. Die Plätzchen im Ofen (Mitte) in etwa 15 Min. goldgelb backen. Auskühlen lassen.

530. Frankfurter Bethmännchen

WEIHNACHTSKLASSIKER
Für 50–60 Stück
Zubereitungszeit: 45 Min.
Backzeit pro Backblech: 10 Min.

400 g Marzipan-Rohmasse, grob zerkleinert • 100 g Puderzucker, gesiebt • 100 g gehäutete gemahlene Mandeln • 1 Eiweiß • 2 cl Rum • 1 Msp. Salz • 1 EL Speisestärke
Außerdem: Backtrennpapier fürs Blech • 1 Eigelb, mit 2 EL Milch verquirlt, zum Bestreichen • halbierte gehäutete Mandeln zum Dekorieren

– Die Marzipan-Rohmasse, den Puderzucker, Mandeln, das Eiweiß, den Rum, das Salz und die Speisestärke zu einem glatten Teig verkneten.
– Ein Backblech mit Backpapier belegen. Den Backofen auf 200° (Umluft 180°) vorheizen.
– Den Teig halbieren. Aus jeder Hälfte 1 Rolle von etwa 1,5 cm Ø formen und jeweils in 25–30 gleich große Stücke teilen. Daraus Kugeln formen und diese kegelförmig hochdrücken und auf das Blech setzten. Mit dem verquirlten Eigelb bestreichen. An jede Kugel seitlich 3 halbe Mandeln als Dekoration andrücken.
– Im Ofen (Mitte) 2 Min. backen, dann die Hitze auf 100° (Umluft 80°) reduzieren und die Bethmännchen nach Sicht goldgelb fertig backen.

531. Marzipan-Engel

FÜR WEIHNACHTEN
Für 15 Stück
Zubereitungszeit: 20 Min.
Backzeit pro Backblech: 5 Min.

200 g Marzipan-Rohmasse • 220 g Puderzucker • 3 EL Zitronensaft • Speisefarbe (Backregal)
Außerdem: Backtrennpapier fürs Blech und zum Ausrollen • Zuckerschrift, Streusel, Perlen etc. zum Verzieren (Backregal)

– Ein Backblech mit Backpapier belegen. Den Backofen auf 200° (Umluft 180°) vorheizen.
– Die Marzipan-Rohmasse mit 100 g Puderzucker verkneten und zwischen zwei Lagen Backpapier ausrollen. Engel aus dem Marzipan ausstechen und auf das Backblech legen. Im Ofen (Mitte) 5 Min. backen. Das Gebäck auskühlen lassen.
– Für den Guss den restlichen Puderzucker mit dem Zitronensaft glatt rühren. Nach Belieben mit Speisefarbe einfärben und die Engel damit bepinseln. Die Engel mit der Zuckerschrift, mit Streuseln, Perlen oder anderem Gebäckschmuck hübsch verzieren.

TIPPS

• Blitzvariante: Die Marzipanplätzchen sehen auch ohne Guss schön aus und sind dann blitzschnell fertig.
• Mit Pep: Setzen Sie einfache Mürbteigplätzchen und Marzipanplätzchen zu raffinierten Doppeldeckern zusammen. Dafür aus Mürbteig, beispielsweise aus dem Teig für die Spitzbuben (Rezept Nr. 509), und Marzipanteig die gleichen Motive ausstechen. Jeweils ein Marzipan- und ein Mürbteigplätzchen aufeinander setzen und backen. Sie können die Plätzchen auch erst backen, danach dünn mit Marmelade bestreichen und zusammensetzen.

532. Ischler Mandelschnitten

GANZ EINFACH | SCHNELL
Für etwa 40 Stück
Zubereitungszeit: 25 Min.
Backzeit pro Backblech: 20 Min.

125 g Rosinen • 125 g Korinthen • 8 Eier • 250 g Zucker • 2 Päckchen Vanillezucker • 1/4 TL gemahlener Zimt • 1/4 TL Piment • 250 g gemahlene Mandeln • 250 g gemahlene Haselnüsse
Außerdem: Butterschmalz fürs Blech

– Rosinen und Korinthen waschen und auf Küchenpapier trocknen. Das Backblech fetten, den Backofen auf 175° (Umluft 160°) vorheizen.
– Die Eier mit dem Zucker, dem Vanillezucker und den Gewürzen schaumig schlagen. Nach und nach die Mandeln und die Haselnüsse, die Rosinen und die Korinthen darunter rühren.
– Den Teig auf das Backblech streichen und im Backofen (Mitte) 20 Min. backen. Auf dem Backblech noch warm in Karos schneiden.

533. Feine Walnusswürfel

BLITZREZEPT
Für etwa 120 Stück
Zubereitungszeit: 20 Min.
Backzeit pro Backblech: 20 Min.

250 g weiche Butter • 125 g Zucker • 1 Päckchen Vanillezucker • 1 Prise Salz • 2–3 Tropfen Bittermandel-Aroma • 4 Eier • 250 g Mehl (Type 405) • 2 TL Backpulver • 125 g gemahlene Walnüsse
Außerdem: Butter fürs Blech • 300 g Puderzucker • 2 EL Kaffeesahnelikör • 250 g Walnusshälften (nach Belieben)

– Den Backofen auf 200° (Umluft 180°) vorheizen. Butter, Zucker, Vanillezucker, Salz und Bittermandel-Aroma verrühren, nach und nach die Eier unterschlagen. Mehl, Backpulver und die gemahlenen Nüsse mischen und unterrühren. Ein Blech fetten, den Teig darauf verstreichen und im Ofen (Mitte) knapp 20 Min. backen. Auskühlen lassen.
– Den Puderzucker mit dem Likör und 2 EL warmem Wasser verrühren; auf dem Gebäck verstreichen. Dieses in 3 x 3 cm große Würfel schneiden. Nach Belieben auf jeden zweiten Würfel 1 Walnusshälfte setzen. Den Guss trocknen lassen.

TIPP
Wenn Sie das Gebäck ohne Alkohol bevorzugen oder für Kinder backen, dann geben Sie in den Guss statt Kaffeesahnelikör 1 TL Instant-Kaffeepulver und 4 EL heißes Wasser.

534. Kokos-Schoko-Würfel

FÜR FREUNDE | GEHT SCHNELL
Für etwa 120 Stück
Zubereitungszeit: 30 Min.
Backzeit pro Backblech: 20 Min.

600 g weiche Butter • 400 g Zucker • 4 Eier • 2 EL Rum • 5 EL Kakaopulver • 300 g Kokosraspel • 500 g Mehl (Type 405)
Außerdem: Butter fürs Blech • 500 g Puderzucker • 8 EL Milch

– Den Backofen auf 180° (Umluft 160°) vorheizen. 500 g Butter mit dem Zucker verrühren. Nach und nach die Eier unterschlagen, den Rum einrühren. Dann 3 EL Kakao, 250 g Kokosraspel und das Mehl mischen und unter den Teig rühren.
– Ein Backblech fetten, den Teig darauf verstreichen. Im heißen Ofen (Mitte) etwa 20 Min. backen.
– Puderzucker und restlichen Kakao sieben, mit Milch und übriger Butter verrühren. Die Paste auf den warmen Kuchen streichen, mit übrigen Kokosraspeln bestreuen. Kuchen noch warm in Quadrate von 3 x 3 cm schneiden.

TIPP
Die Kokos-Schoko-Würfel können in einer fest schließenden Dose 2 Wochen aufbewahrt werden. So hat man einen Vorrat an feinen Häppchen für zwischendurch.

535. Glühweinschnitten

RAFFINIERT KOMBINIERT | SCHNELL
Für etwa 100 Schnitten
Zubereitungszeit: 25 Min.
Backzeit pro Backblech: 20 Min.

Für den Teig: 250 g weiche Butter • 125 g Zucker • 1 Päckchen Vanillezucker • 4 Eier • 250 g Mehl (Type 405) • 2 TL Backpulver • 150 g Schokolade • 1/8 l Glühwein
Für den Belag: 250 g Puderzucker • 4–5 EL Glühwein • 100 g gehäutete gehackte Mandeln
Außerdem: Backtrennpapier fürs Blech

– Den Backofen auf 180° (Umluft 160°) vorheizen. Das Backblech mit Backpapier belegen.
– Butter, Zucker, Vanillezucker und Eier in eine Schüssel geben und schaumig rühren. Mehl und Backpulver zur Teigmasse sieben, die Schokolade dazureiben und den Glühwein dazugießen. Alle Zutaten zu einem glatten Teig verarbeiten. Den Teig auf das Blech streichen und mit einem Teigschaber glatt streichen.
– Im Backofen (Mitte) 20 Min. backen. Auf dem Blech auskühlen lassen. Den Puderzucker mit dem Glühwein glatt rühren. Den Teig damit bestreichen und mit den Mandeln bestreuen. 1 Std. trocknen lassen. Dann in 3 x 4 cm große Schnitten schneiden.

536. Feine Feigenwürfel

VOLLWERTIG | BRAUCHT ETWAS ZEIT
Für 100 Stück
Quellzeit: 1 Std.
Zubereitungszeit: 1 Std.
Backzeit pro Backblech: 25 Min.

150 g getrocknete Feigen • je 2 EL Rum und Kirschwasser • 100 g Haselnusskerne • 200 g Weizenvollkornmehl • 1 TL Weinstein-Backpulver • 1/2 TL gemahlener Zimt • je 50 g gewürfeltes Zitronat und Orangeat • abgeriebene Schale von 1/2 unbehandelten Zitrone • 100 g weiche Butter • 3 1/2 EL flüssiger Honig • 2 Eier
Außerdem: Backtrennpapier fürs Blech • 50 g Zuckerrohrgranulat zum Überziehen • Saft von 1/2 Zitrone

– Die Feigen würfeln, mit dem Rum und dem Kirschwasser mischen und zugedeckt 1 Std. quellen lassen.
– Die Haselnüsse in einer trockenen Pfanne rösten, bis die Schalen platzen. Die Schalen zwischen einem Küchentuch abreiben. Die Nüsse dann in einer Mandelmühle grob mahlen.
– Den Backofen auf 190° (Umluft 170°) vorheizen. Das Backblech zur Hälfte mit Backpapier auslegen.
– Das Mehl mit dem Backpulver, den Nüssen, dem Zimt, dem Zitronat, dem Orangeat und der Zitronenschale mischen. Die Butter mit dem Honig schaumig rühren. Die Mehlmischung, die Eier und die Feigen mit der Quellflüssigkeit nach und nach unterrühren. Den Teig 1 cm dick auf das Backpapier streichen und im Ofen (Mitte) in 20–25 Min. goldbraun backen.
– Für die Glasur das Zuckerrohrgranulat mit dem Zitronensaft und etwas Wasser knapp 5 Min. sprudelnd kochen, etwas abkühlen lassen und auf die Teigplatte streichen. Die Teigpatte in 2 cm große Würfel schneiden und auf einem Kuchengitter völlig kalt werden lassen.

537. Schokostangen

SCHMECKT KINDERN | NICHT GANZ EINFACH
Für 60 Stück
Zubereitungszeit: 50 Min.
Backzeit pro Backblech: 25 Min.

250 g Mehl (Type 405) • 50 g schwach entöltes Kakaopulver • 1 TL Backpulver • 75 g weiche Butter • 1 Prise Salz • 1 TL Honig • 100 g Zucker • 1 Ei • 150 g Milch
Außerdem: Butter und Mehl fürs Blech • zum Überziehen 300 g Vollmilch-Kuvertüre • 200 g Kokosraspel

– Den Backofen auf 175° (Umluft 160°) vorheizen. Ein Backblech zur Hälfte fetten und mit Mehl bestäuben.
– Das Mehl mit dem Kakaopulver und dem Backpulver mischen. Die Butter mit dem Salz, dem Honig und dem Zucker schaumig rühren. Das Ei untermengen. Nach und nach die Mehl-Kakao-Mischung abwechselnd mit der Milch unterrühren.
– Den zähen Teig auf den gefetteten Teil des Backblechs geben und mit einem in kaltes Wasser getauchten breiten Messer verteilen und glatt streichen. Die Teigplatte im Backofen (Mitte) 20–25 Min. backen.
– Die Teigplatte etwas abkühlen lassen und in etwa 2 x 4 cm lange Stücke schneiden, dabei das Messer immer wieder in kaltes Wasser tauchen.
– Die Kuvertüre in kleine Stücke teilen und im warmen Wasserbad schmelzen lassen. Die Kokosraspel in eine Schüssel füllen. Die Plätzchen auf eine Gabel gelegt in die Kuvertüre tauchen, etwas abtropfen lassen, in den Kokosraspeln wälzen und auf ein Kuchengitter legen.
– Die Schokostangen an einem kühlen Platz etwa 1 Std. trocknen lassen.

538. Pekannuss-Brownies

SPEZIALITÄT AUS DEN USA
Für eine Backform 20 x 20 cm (für 16 Stück)
Zubereitungszeit: 25 Min.
Backzeit pro Backblech: 30 Min.

100 g Pekannusskerne • 150 g Zartbitter-Schokolade • 70 g Butter • 150 g Mehl (Type 405) • 1 1/2 TL Backpulver • 1 TL Lebkuchengewürz • 60 g Zucker • 2 EL Zuckerrübensirup • 2 EL Milch • 1 EL flüssiges Vanille-Aroma • 1 Ei
Außerdem: Backtrennpapier fürs Blech

– Den Backofen auf 180° (Umluft 160°) vorheizen. Die Nüsse grob hacken. Die Schokolade zerbröckeln und mit der Butter im Wasserbad schmelzen, dabei ab und zu umrühren. Das Mehl mit dem Backpulver, dem Lebkuchengewürz und den Nüssen mischen.
– Zucker, Zuckerrübensirup, Milch und Vanille-Aroma nacheinander unter die leicht abkühlte Schokoladen-

masse rühren. Zuletzt das Ei unterrühren. Die Mehlmischung löffelweise zugeben und gut verrühren.
– Die Form mit Backpapier auslegen, den Teig einfüllen und glatt streichen. Im vorgeheizten Ofen (Mitte) 25–30 Min. backen. In der Form auskühlen lassen, dann in 5 x 5 cm große Stücke schneiden.

539. Walnuss-Brownies

GELINGT LEICHT
Für 40 Stück
Zubereitungszeit: 25 Min.
Backzeit pro Backblech: 12 Min.

150 g Zartbitter-Schokolade • 80 g Butter • 2 Eier • 150 g Zucker • 1 Päckchen Vanillezucker • 100 g Mehl (Type 405) • 50 g Speisestärke • 100 g fein gehackte Walnusskerne • 150 g Puderzucker • 1–2 EL lauwarme Milch
Außerdem: Backtrennpapier fürs Blech

– Den Backofen auf 180° (Umluft 160°) vorheizen. Das Backblech mit Backpapier auslegen.
– Die Schokolade in Stücke brechen. Butter schmelzen, die Schokolade dazugeben und bei schwacher Hitze unter Rühren auflösen. Die Eier mit dem Zucker und dem Vanillezucker schaumig rühren. Die geschmolzene Schokolade einrühren.
– Mehl mit Stärke mischen und unter die Schokoladencreme rühren, Walnüsse zufügen. Mit zwei Teelöffeln kleine Häufchen auf das Backblech setzen. Im Ofen (Mitte) 10–12 Min. backen. Die Plätzchen sind dann noch weich. Herausnehmen, vorsichtig mit dem Papier vom Blech ziehen und gut auskühlen lassen.
– Für die Glasur den Puderzucker mit der lauwarmen Milch glatt rühren. Die Brownies damit verzieren.

TIPP

So bekommen Sie schnell die doppelte Menge: Zutaten für den Schokoladenteig verdoppeln, einen Teig bereiten und diesen auf ein mit Backpapier ausgelegtes Blech streichen. Etwa 12–15 Min. bei 180° backen. Herausnehmen, auskühlen lassen und die Teigplatte in kleine Rechtecke schneiden. Mit Puderzucker- oder Schokoladenglasur verzieren.

540. Rosinenplätzchen

GELINGT LEICHT | SCHNELL
Für etwa 50 Stück
Zubereitungszeit: 30 Min.
Backzeit pro Backblech: 10 Min.

100 g Rosinen • 3 EL Rum (ersatzweise heißes Wasser) • 125 g weiche Butter • 125 g Zucker • abgeriebene Schale von 1/2 unbehandelten Zitrone • 2 Eier • 200 g Mehl (Type 405) • 1/2 TL Backpulver • 50 g gemahlene Mandeln
Außerdem: Backtrennpapier fürs Blech

– Rosinen 15 Min. in Rum oder Wasser ziehen lassen. Die Butter schaumig schlagen, Zucker, Zitronenschale und die Eier zufügen und weiterschlagen.
– Mehl mit Backpulver mischen und unter die Creme heben. Dann die Mandeln und die Rosinen dazugeben.
– Den Backofen auf 180° (Umluft 160°) vorheizen. Das Backblech mit Backpapier auslegen. Mit zwei Teelöffeln walnussgroße Häufchen mit Abstand auf das Backblech setzen. Die Rosinenplätzchen im Backofen (Mitte) 10 Min. backen.

541. Orangenbrötchen

VOLLWERTIG | BRAUCHT ETWAS ZEIT
Für 60 Stück
Zubereitungszeit: 45 Min.
Ruhezeit: 30 Min.
Backzeit pro Backblech: 15 Min.

80 g Walnusskerne • 50 g Korinthen • 50 g Orangeat • 200 g Weizenvollkornmehl • 2 EL Kakaopulver • 2 TL Weinstein-Backpulver • 1 Msp. gemahlene Vanille • 125 g weiche Butter • 4 EL flüssiger Blütenhonig • abgeriebene Schale von 1 unbehandelten Orange • 2 Eier
Außerdem: Butter fürs Blech

– Die Walnüsse in einer trockenen Pfanne rösten, bis sie dunkler werden und angenehm duften. Die Nüsse abkühlen lassen und grob reiben.
– Die Korinthen heiß waschen, in einem Sieb abtropfen lassen und zusammen mit dem Orangeat mit einem Messer zerkleinern.
– Das Mehl mit dem Kakao, dem Backpulver, der Vanille, den zerkleinerten Früchten und den Nüssen

mischen. Die Butter mit dem Honig und der Orangenschale schaumig schlagen. Abwechselnd die Mehlmischung und die Eier unterrühren, bis ein geschmeidiger Teig entstanden ist. Den Teig 30 Min. zugedeckt ruhen lassen.
– Den Backofen auf 190° (Umluft 170°) vorheizen. Das Backblech mit Butter bestreichen. Vom Teig mit zwei Teelöffeln kleine Brötchen abstechen, diese auf das Backblech setzen und im Ofen (Mitte) in etwa 15 Min. goldbraun backen.

TIPP
Die Orangenbrötchen schmecken am besten, nachdem sie 2–3 Tage in einer verschlossenen Blechdose aufbewahrt wurden.

542. Korinthenbrötchen

LEICHT ZU MACHEN
Für 70 Stück
Zubereitungszeit: 1 Std.
Backzeit pro Backblech: 15 Min.

100 g Korinthen • 100 g Orangeat • 150 g weiche Butter • 3 Eier • 75 g feiner Zucker • 2 TL abgeriebene Schale von 1 unbehandelten Orange • 2 TL Orangensaft • 1 Prise Salz • 200 g Mehl (Type 405) • 50 g Speisestärke
Außerdem: Backtrennpapier fürs Blech

– Die Korinthen heiß waschen und abtropfen lassen. Das Orangeat sehr klein hacken.
– Die Butter in einer Schüssel geschmeidig rühren. Die Eier in Eigelbe und Eiweiße trennen. Die Eigelbe mit dem Zucker, der Orangenschale und dem Orangensaft unter die Butter rühren. Die Korinthen und das Orangeat unter die Buttermasse mengen.
– Die Eiweiße mit dem Salz zu steifem Schnee schlagen und über die Buttermasse füllen. Das Mehl und die Speisestärke darüber sieben und alles mit einem Rührlöffel unterheben.
– Den Backofen auf 180° (Umluft 160°) vorheizen. Das Backblech mit Backpapier auslegen. Vom Teig mit zwei Teelöffeln kleine Häufchen mit genügend Abstand voneinander auf das Backblech setzen; die Brötchen laufen beim Backen etwas auseinander.
– Die Plätzchen im Ofen (Mitte) in etwa 15 Min. goldgelb backen. Die Korinthenbrötchen auf einem Kuchengitter auskühlen lassen.

543. Kirschbrötchen

BRAUCHT ETWAS ZEIT | GELINGT LEICHT
Für 50 Stück
Zubereitungszeit: 1 Std.
Backzeit pro Backblech: 15 Min.

150 g rote Belegkirschen • 125 g weiche Butter • 2 Eier • 100 g feiner Zucker • 2 TL abgeriebene Schale von 1 unbehandelten Zitrone • 2 TL Zitronensaft • 1 Prise Salz • 200 g Mehl (Type 405)
Außerdem: Backtrennpapier fürs Blech

– Die Kirschen sehr klein würfeln. Die Butter in einer Rührschüssel geschmeidig rühren. Die Eier in Eigelbe und Eiweiße trennen. Die Eigelbe mit dem Zucker, der Zitronenschale, dem Zitronensaft und der Butter hellschaumig rühren.
– Die Eiweiße mit dem Salz zu steifem Schnee schlagen. Die Kirschen unter die Buttermasse mengen. Den Eischnee darüber häufen und das Mehl über den Eischnee sieben. Alles mit einem Rührlöffel unterheben.
– Den Backofen auf 180° (Umluft 160°) vorheizen. Das Backblech mit Backpapier auslegen. Vom Teig mit zwei Teelöffeln kleine Häufchen mit genügend Abstand voneinander auf das Backblech setzen; die Brötchen laufen beim Backen etwas auseinander.
– Die Plätzchen im Ofen (Mitte) in etwa 15 Min. goldgelb backen. Die Kirschbrötchen auf einem Kuchengitter auskühlen lassen.

544. Haferflocken-Mandel-Plätzchen

FRISCH AM BESTEN | GANZ EINFACH
Für 45 Stück
Zubereitungszeit: 1 Std.
Backzeit pro Backblech: 12 Min.

125 g Butter • 100 g Zucker • 2 Eier • 100 g gehäutete gehackte Mandeln • 130 g Haferflocken • 100 g Mehl (Type 405) • 2 EL Rum • 100 g kandierte Orangenscheiben
Außerdem: Backtrennpapier fürs Blech

– Die Butter in Stücke schneiden, in eine Schüssel geben und in heißes Wasser stellen, damit sie weich wird. Den Zucker und die Eier mit der Butter gut schaumig rühren. Die Mandeln und die Haferflocken, das Mehl und den Rum mit der Buttermasse zu einem formbaren Teig verrühren. Wenn nötig, noch 1–2 EL Haferflocken unterkneten.
– Den Backofen auf 190° (Umluft 170°) vorheizen. Das Backblech mit Backpapier auslegen. Die Orangenscheiben in 3 cm lange, dünne Streifen schneiden.
– Mit zwei Teelöffeln kleine Häufchen vom Teig abstechen und mit genügend Abstand voneinander auf das Backblech setzen. Auf jedes Plätzchen ein Kreuz aus Orangenstreifen legen.
– Die Plätzchen im Ofen (Mitte) in etwa 12 Min. goldgelb backen. Auf einem Kuchengitter auskühlen lassen und möglichst frisch servieren.

545. Schweizer Rosinenhöckerli

SPEZIALITÄT AUS DER SCHWEIZ
Für 60 Stück
Zubereitungszeit: 1 1/4 Std.
Backzeit pro Backblech: 12 Min.

100 g Butter • 150 g Rosinen • 100 g Zucker • 2 Eier • abgeriebene Schale von 1 unbehandelten Zitrone • 300 g Mehl (Type 405) • 100 g Puderzucker • 2 EL Zitronensaft
Außerdem: Backtrennpapier fürs Blech

– Die Butter in Stücke schneiden und in einer vorgewärmten Schüssel weich werden lassen. Die Rosinen heiß waschen und abtropfen lassen.
– Die Butter mit dem Zucker und den Eiern schaumig rühren, zuletzt die Zitronenschale untermischen. Die Rosinen mit dem Mehl mischen und nach und nach unter die Schaummasse rühren.
– Den Backofen auf 200° (Umluft 180°) vorheizen. Das Backblech mit Backpapier auslegen. Vom Teig mit zwei Teelöffeln kleine Häufchen auf das Backblech setzen. Dabei genügend Abstand halten, da die Plätzchen beim Backen breiter werden. Die Höckerli im Ofen (Mitte) in etwa 12 Min. goldbraun backen, dann auf ein Kuchengitter legen.
– Den Puderzucker sieben und mit dem Zitronensaft zu einer streichfähigen Glasur verrühren. Die warmen Plätzchen damit bestreichen.

546. Jamaika-Cookies

VOLLWERTIG | RAFFINIERT
Für 45 Stück
Quellzeit: 1 Std.
Zubereitungszeit: 45 Min.
Ruhezeit: 2 Std.
Backzeit pro Backblech: 10 Min.

100 g Sultaninen • 4 EL Rum • 50 g feine Kokosflocken • 100 g Weizenvollkornmehl • 100 g fein gemahlene Hirse • 1 TL Weinstein-Backpulver • 1 EL abgeriebene Schale von 1 unbehandelten Orange • 50 g weiche Butter • 3 1/2 EL Honig • 1 Ei • 100 ml Sahne
Außerdem: 30 g Kokosflocken zum Wenden • Butter fürs Blech

– Die Sultaninen heiß waschen, abtropfen lassen, fein hacken und mit Rum beträufeln. Die Kokosflocken dazugeben und alles zugedeckt 1 Std. quellen lassen.
– Beide Mehlsorten mit dem Backpulver und der Orangenschale mischen. Die Butter mit dem Honig schaumig rühren. Nach und nach die Mehlmischung, das Ei, die Sahne und die gequollenen Zutaten unterrühren. Den Teig zugedeckt 1 Std. ruhen lassen.
– Den Backofen auf 200° (Umluft 180°) vorheizen. Das Backblech mit Butter bestreichen.
– Die Kokosflocken auf eine Platte schütten. Aus dem Teig walnussgroße Kugeln formen, diese in den Kokosflocken wenden und im Ofen (Mitte) in etwa 15 Min. goldbraun backen. Cookies auf einem Kuchengitter auskühlen lassen.

547. Walnusskugeln

VOLLWERTIG | LEICHT ZU MACHEN
Für 40 Stück
Zubereitungszeit: 45 Min.
Ruhezeit: 30 Min.
Backzeit pro Backblech: 20 Min.

80 g Walnusskerne • 150 g Weizenvollkornmehl • 50 g Roggenvollkornmehl • 50 g Buchweizenmehl • 1 TL Weinstein-Backpulver • abgeriebene Schale von 1 unbehandelten Orange • 100 g weiche Butter • 100 g Zuckerrohrmelasse (Naturkostladen) • 50 g Zuckerrohrgranulat • 1 Ei
Außerdem: Butter fürs Blech

– Die Walnüsse in einer trockenen Pfanne unter Umwenden rösten, bis sie angenehm duften und etwas dunkler geworden sind. Die Nüsse abkühlen lassen und grob reiben.
– Die Mehlsorten mit dem Backpulver, der Orangenschale und den geriebenen Nüssen mischen. Die Butter mit der Zuckerrohrmelasse, dem Zuckerrohrgranulat und dem Ei schaumig rühren und die Mehlmischung nach und nach darunter ziehen. Den Teig zugedeckt 30 Min. ruhen lassen.
– Den Backofen auf 190° (Umluft 170°) vorheizen. Das Backblech mit Butter bestreichen. Aus dem Teig mit leicht bemehlten Händen Kugeln in der Größe kleiner Walnüsse formen, auf das Backblech legen und im Ofen (Mitte) in etwa 20 Min. goldbraun backen.
– Die Walnusskugeln auf einem Kuchengitter vollkommen auskühlen lassen.

548. Muskaziner

BRAUCHT ETWAS ZEIT
Für 70 Stück
Zubereitungszeit: 50 Min.
Ruhezeit: 2 Std.
Backzeit pro Backblech: 10 Min.

300 g Mandeln • 250 g Zucker • 3 Eier • 1 TL gemahlener Zimt • 2 Msp. frisch geriebene Muskatnuss • 200 g Mehl (Type 405)
Außerdem: Backtrennpapier fürs Blech

– Die Mandeln durch eine Mandelmühle drehen. Den Zucker mit den Eiern weißschaumig rühren. Den Zimt, den Muskat und die Mandeln untermischen.
– Das Mehl über die Schaummasse sieben und nach und nach unterrühren. Den Teig zugedeckt bei Raumtemperatur 2 Std. ruhen lassen.
– Den Backofen auf 180° (Umluft 160°) vorheizen. Das Backblech mit Backpapier auslegen.
– Aus dem Teig mit bemehlten Händen kirschgroße Kugeln formen und mit genügend Abstand voneinander auf das Backblech legen; die Muskaziner gehen beim Backen auf und laufen etwas auseinander. Die Kugeln etwas flach und oval drücken.
– Die Plätzchen im Ofen (Mitte) in etwa 10 Min. goldgelb backen.
– Die Muskaziner vom Blech heben und auf einem Kuchengitter auskühlen lassen.

549. Kokosspitzen

VOLLWERTIG | RAFFINIERT GEMACHT
Für 60 Stück
Zubereitungszeit: 45 Min.
Backzeit pro Backblech: 12 Min.

100 g feine Kokosflocken • 200 g weiche Butter • 5 EL flüssiger Blütenhonig • 1/2 TL gemahlene Vanille • 1 Ei • 200 g Weizenvollkornmehl • 50 g Buchweizenmehl • 2 TL Weinstein-Backpulver • 2 EL Kakaopulver
Außerdem: Butter fürs Blech

– Die Kokosflocken im Mixer fein zerkleinern. Die Butter mit dem Honig, der gemahlenen Vanille und dem Ei schaumig rühren.
– Das Weizenmehl und das Buchweizenmehl mit dem Backpulver mischen. Die Mehlmischung zusammen mit den Kokosflocken nach und nach unter die Buttermasse rühren.
– Den Backofen auf 180° (Umluft 160°) vorheizen. Das Backblech mit Butter bestreichen.
– Den Teig halbieren und eine Hälfte mit dem Kakaopulver mischen. Zuerst den hellen Teig in einen Spritzbeutel mit Sterntülle füllen und Spitzen auf das Backblech spritzen. Danach mit dem dunklen Teig ebenso verfahren.
– Die Kokosspitzen im Ofen (oben) in etwa 12 Min. hellbraun backen.

550. Spritzgebäck

GANZ EINFACH
Für 35 Stück
Zubereitungszeit: 25 Min.
Backzeit pro Backblech: 10 Min.

1 Ei • 2 Eigelbe • 125 g weiche Butter • 100 g Zucker • 2 Päckchen Vanillezucker • 1 Fläschchen Rum-Aroma • 80 g gemahlene Mandeln • 200 g Mehl (Type 405) • 1 1/2 TL Backpulver
Außerdem: Backtrennpapier fürs Blech

– Den Backofen auf 180° (Umluft 160°) vorheizen. Das Backblech mit Backpapier auslegen.
– Das Ei, die Eigelbe, die Butter, den Zucker, den Vanillezucker und das Rum-Aroma schaumig rühren. Die

gemahlenen Mandeln, das Mehl und das Backpulver unterrühren.
– Den Teig in einen Spritzbeutel mit Sterntülle füllen und daraus Kringel, Stäbchen oder andere Formen auf das Backblech spritzen. Das Spritzgebäck im Ofen (Mitte) 10 Min. backen.

551. Mandel-Spritzgebäck

GANZ EINFACH
Für 35 Stück
Zubereitungszeit: 25 Min.
Backzeit pro Backblech: 10 Min.

1 Ei • 2 Eigelbe • 125 g weiche Butter • 100 g Zucker • 2 Päckchen Vanillezucker • 1 Fläschchen Rum-Aroma • 80 g gemahlene Mandeln • 200 g Mehl (Type 405) • 1 1/2 TL Backpulver
Außerdem: Backtrennpapier fürs Blech

– Den Backofen auf 180° (Umluft 160°) vorheizen. Das Backblech mit Backpapier auslegen.
– Das Ei, die Eigelbe, die Butter, den Zucker, den Vanillezucker und das Rum-Aroma schaumig rühren. Die Mandeln, das Mehl und das Backpulver unterrühren.
– Den Teig in einen Spritzbeutel mit Sterntülle füllen und daraus Kringel, Stäbchen oder andere Formen auf das Backblech spritzen. Das Spritzgebäck im Ofen (Mitte) 10 Min. backen. Vorsichtig vom Blech heben und auf einem Kuchengitter auskühlen lassen.

TIPPS

• Das Spritzgebäck schmeckt leicht nach Marzipan, wenn Sie statt des Rum-Aromas 1 Fläschchen Bittermandel-Aroma unter den Teig rühren.
• Statt der gemahlenen Mandeln können Sie auch gemahlene Haselnüsse, Walnüsse oder Pekannüsse verwenden.
• Wenn Sie das Spritzgebäck lieber ohne Nüsse mögen, lassen Sie sie weg, nehmen aber dann nur 100 g Butter für den Teig und ziehen von der Zuckermenge 1–2 EL ab.
• Deko-Tipp: Schmelzen Sie weiße oder dunkle Schokolade oder Kuvertüre und tauchen Sie die Plätzchen zur Hälfte darin ein.

552. Orangenglacés

ETWAS BESONDERES | GELINGT LEICHT
Für 50 Stück
Zubereitungszeit: 1 1/4 Std.
Backzeit pro Backblech: 10 Min.

90 g weiche Butter • 75 g Zucker • 3 Eiweiße • 1 Prise Salz • 75 g Mehl (Type 405) • abgeriebene Schale von 2 unbehandelten Orangen • 6 EL Orangeat • 5 EL Puderzucker • 2–3 EL Orangensaft
Außerdem: Backtrennpapier fürs Blech

– Die Butter mit dem Zucker schaumig rühren. Die Eiweiße mit dem Salz zu steifem Schnee schlagen. Den Eischnee auf die Buttermasse geben, das Mehl darüber sieben, die Orangenschale darüber streuen und alles unter die Buttermasse heben.
– Den Backofen auf 200° (Umluft 180°) vorheizen. Das Backblech mit Backpapier auslegen.
– Teig in einen Spritzbeutel mit einer 1/2 cm großen, glatten Tülle füllen und walnussgroße Tupfen auf das Backblech spritzen; dabei genügend Abstand halten, da die Tupfen stark auseinander fließen.
– Die Plätzchen im Ofen (Mitte) etwa 10 Min. backen. Wenn der Rand beginnt, dunkel zu werden, sind sie fertig. Die Plätzchen auf einer glatten Fläche auskühlen lassen.
– Das Orangeat sehr klein würfeln. Den Puderzucker sieben. Den Orangensaft erwärmen und so viel davon mit dem Puderzucker mischen, dass eine nicht zu dünnflüssige Glasur entsteht.
– Die Plätzchen mit der Glasur bestreichen. Das Orangeat auf die noch feuchte Glasur streuen.

553. Gefüllte Nougatkugeln

EXKLUSIV | NICHT GANZ EINFACH
Für etwa 35 Stück
Zubereitungszeit: 45 Min.
Backzeit pro Backblech: 15 Min.

Für den Teig: 250 g weiche Butter • 140 g Puderzucker • 1 EL Zucker • Mark von 1/2 Vanilleschote • 1 Prise Salz • 2 Eier • 1 Eigelb • 230 g Mehl (Type 405)
Für die Nougatcreme: 60 g Zartbitter-Kuvertüre • 250 g Nougat • 80 ml Kondensmilch (7,5 %, ungezuckert)

Außerdem: Pergamentpapier für die Bleche • geschmolzene Zartbitter Kuvertüre zum Dekorieren

– Butter mit Puderzucker, Zucker, Vanillemark und Salz schaumig rühren. Eier und Eigelb nach und nach einarbeiten. Das Mehl portionsweise untermengen.
– Den Backofen auf 170° (Umluft 150°) vorheizen. Die Backbleche mit Pergamentpapier auslegen; kein Backpapier verwenden, der Teig würde beim Backen auseinander laufen. Den Teig in einen Spritzbeutel mit Lochtülle Nr. 8 füllen und in ausreichendem Abstand möglichst gleichmäßige Halbkugeln aufspritzen.
– Die Plätzchen im Ofen (Mitte) 12–15 Min. nach Sicht backen, das Gebäck soll nur wenig Farbe annehmen. Auf einem Kuchengitter auskühlen lassen, die Hälfte der Plätzchen umdrehen.
– Für die Creme die Kuvertüre im 40° warmen Wasserbad schmelzen, Nougat zufügen und auf 35° temperieren. Die Milch ebenfalls auf 35° erwärmen. Zunächst nur wenig Milch unter die Nougat-Kuvertüre-Mischung rühren, sie wird dadurch wieder fester. Weitere Milch einrühren, wobei die Masse gerinnt. Dann die restliche Milch langsam zugießen, dabei mit dem Schneebesen immer weiterrühren. Die Creme bekommt dann wieder eine glatte Konsistenz.
– Die Nougatcreme in einen Spritzbeutel mit Lochtülle Nr. 8 füllen und auf die umgedrehten Halbkugeln spritzen. Diese mit den restlichen Halbkugeln zu Kugeln zusammensetzen und mit Kuvertürestreifen dekorieren.

554. Baumkuchenecken

BERÜHMT | ZUM VERSCHENKEN
Für etwa 30 Stück
Zubereitungszeit: 2 Std.
Kühlzeit: 10 Std.
Backzeit pro Backblech: 25 Min.

Für die Füllung: 200 g Sahne • 1 EL Zucker • 100 g Zartbitter-Kuvertüre • 100 g Nougat • 1 EL Butter • 1 Eigelb
Für den Teig: 150 g weiche Butter • 70 g Speisestärke • 50 g Marzipan-Rohmasse • 1 Msp. gemahlene Muskatblüte • abgeriebene Schale von 1/2 unbehandelten Zitrone • 8 Eier • 170 g Zucker • 60 g Mehl (Type 405) • 1 Prise Salz
Außerdem: Backtrennpapier fürs Blech • 300 g Zartbitter-Kuvertüre • 40 g gehackte Pistazien

– Sahne und Zucker aufkochen, die Kuvertüre und das Nougat darin auflösen, Butter und Eigelb unterrühren. Die Füllung 8 Std. kühl stellen.
– Backofen auf 240° (Umluft 200°) vorheizen. Das Blech mit Backpapier auslegen. Für den Teig die Butter mit der Speisestärke verrühren. Das Marzipan klein schneiden, mit der Muskatblüte und der Zitronenschale zur Buttermasse geben. Alles schaumig rühren.
– Die Eier trennen. Die Eigelbe mit der Hälfte des Zuckers cremig aufschlagen, das Mehl unterrühren. Die Eiweiße mit Salz und dem restlichen Zucker zu Schnee schlagen. Butter- und Eigelbmasse mischen. Den Eischnee vorsichtig unterheben.
– Ein Fünftel des Teigs auf das Blech streichen und im Backofen (oben) in 5 Min. goldgelb backen. Das nächste Fünftel Teig auf die erste Schicht streichen und 5 Min. backen. Diesen Vorgang auf die gleiche Weise dreimal wiederholen.
– Den Baumkuchen auskühlen lassen, stürzen und das Papier abziehen. Den Kuchen in zwei Hälften schneiden.
– Die Füllung im Wasserbad schaumig rühren. Die Teigplatte mit der Füllung bestreichen, die andere Hälfte darauf setzen. Den Baumkuchen 2 Std. kühl stellen.
– Die Kuvertüre schmelzen. Den Kuchen in 5 x 5 cm große Quadrate schneiden und dann diagonal teilen. Mit Kuvertüre überziehen und mit Pistazien bestreuen.

TIPP

Die Baumkuchenecken eignen sich gut als Geschenk. Verpacken Sie sie in einer Pralinenschachtel, die Sie mit hellgrünem Seidenpapier ausgeschlagen haben.

555. Ballbäuschen

ZUM AUSBACKEN
Für etwa 80 Bäuschen
Zubereitungszeit: 20 Min.
Ausbackzeit pro Portion: 6 Min.

80 g weiche Butter • 75 g Zucker • abgeriebene Schale von 1/2 unbehandelten Zitrone • 1 Prise Salz • 4 Eier • 400 g Mehl (Type 405) • 1 TL Backpulver • 100 g Zucker • 2 TL gemahlener Zimt
Für die Fritteuse: 1 l Öl oder 1 kg Plattenfett oder Schmalz

– Die Butter mit dem Zucker schaumig rühren. Die Zitronenschale, das Salz und die Eier unter das Butter-Zucker-Gemisch rühren. Das Mehl mit dem Backpulver sieben und löffelweise unter den Teig rühren.
– Das Öl oder das Plattenfett in der Fritteuse auf 180° erhitzen. Vom Teig mit zwei bemehlten Teelöffeln kleine Bällchen abstechen und jeweils etwa 8 Stück auf einmal im heißen Fett goldbraun backen. Das dauert etwa 5–6 Min. Die Ballbäuschen nach der halben Backzeit mit einem Schaumlöffel im Fett wenden.
– Die fertigen Ballbäuschen herausheben und auf Küchenpapier abtropfen lassen. Den Zucker mit dem Zimt mischen und das noch warme Gebäck reichlich damit bestreuen.

556. Basler Leckerli

SPEZIALITÄT AUS DER SCHWEIZ
Für etwa 80 Stück
Zubereitungszeit: 30 Min.
Ruhezeit: 3–4 Std.
Backzeit pro Backblech: 20 Min.

350 g Honig • 350 g Zucker • je 100 g gehäutete Mandeln, Haselnüsse und Walnüsse • je 125 g Orangeat und Zitronat • 500 g Mehl (Type 405) • abgeriebene Schale von 1 unbehandelten Zitrone • 30 g gemahlener Zimt • 2 TL gemahlene Gewürznelken • 1 Msp. geriebene Muskatnuss • 2 TL Pottasche • 2 TL Hirschhornsalz • je 1 Schnapsglas Kirschwasser und Arrak (je 2 cl)
Außerdem: Butter fürs Blech

– Den Honig mit 250 g Zucker unter Rühren aufkochen lassen. Die Mandeln, die Hasel- und die Walnüsse, das Orangeat und das Zitronat klein hacken. Das gesiebte Mehl damit mischen. Die Zitronenschale, die Gewürze, die Pottasche und das Hirschhornsalz mit der Mehlmasse und dem heißen Honig-Zucker-Gemisch verrühren. Das Kirschwasser und den Arrak unterkneten, einen Laib formen und diesen zugedeckt 3–4 Std. bei Raumtemperatur stehen lassen.
– Den Backofen auf 200° (Umluft 180°) vorheizen. Das Backblech mit Butter fetten. Teig fingerdick ausrollen, auf das Backblech legen und im Ofen (Mitte) 20 Min. backen. Den restlichen Zucker mit wenig Wasser aufkochen, dick auf die noch warme Teigplatte streichen und diese in Rechtecke schneiden.

557. Aachener Printen

WEIHNACHTSKLASSIKER
Für 45 Stück
Zubereitungszeit: 40 Min.
Ruhezeit: 24 Std.
Backzeit pro Backblech: 18 Min.

50 g Zitronat • 250 g Honig • 200 g zerstoßener Kandiszucker • 50 g Butter • 1 EL gemahlener Zimt • je 1 TL gemahlene Gewürznelken, gemahlener Kardamom und Koriander • 500 g Mehl (Type 405) • 10 g Pottasche (knapp 1 TL) • 2 EL Milch
Außerdem: Butter fürs Blech

– Das Zitronat klein würfeln. Den Honig erwärmen, den Kandiszucker, die Butter und die Gewürze unterrühren und so lange erwärmen, bis die Butter geschmolzen ist. Das Zitronat darüber streuen und die Masse etwas abkühlen lassen. Das Mehl darüber sieben und alle Zutaten verkneten.
– Die Pottasche in der Milch auflösen und zuletzt unter den Teig kneten. Den Teig zugedeckt 24 Std. bei Raumtemperatur ruhen lassen.
– Den Backofen auf 180° (Umluft 160°) vorheizen. Das Backblech mit Butter bestreichen.
– Den Teig etwa 1/2 cm dick ausrollen und in 2 x 7 cm große Streifen schneiden. Die Streifen mit genügend Abstand voneinander auf das Backblech legen und im Backofen (Mitte) in etwa 18 Min. goldbraun backen. Auf einem Kuchengitter auskühlen lassen.

558. Magenbrot

ZUM VERSCHENKEN | LEICHT ZU MACHEN
Für 80 Stück
Zubereitungszeit: 45 Min.
Ruhezeit: 1 Std.
Backzeit pro Backblech: 20 Min.

200 g Honig • 50 g Butter • 100 g Farinzucker • 1 Ei • 500 g Mehl (Type 405) • 1 EL Kakaopulver • 1 TL gemahlener Zimt • je 1/2 TL gemahlene Gewürznelken und gemahlener Kardamom • 2 Msp. frisch geriebene Muskatnuss • 2 TL Pottasche • 3 EL Rosenwasser
Für die Glasur: 2 TL Instant-Kaffeepulver • 2 EL Rum • 20 g Kokosfett • 150 g Puderzucker
Außerdem: Butter fürs Blech

– Den Honig mit der Butter und dem Farinzucker unter Umrühren erwärmen, vom Herd nehmen und das Ei unterrühren. Das Mehl mit dem Kakaopulver und den Gewürzen mischen und nach und nach unter die Honigmasse rühren. Die Pottasche in dem Rosenwasser auflösen und unter den Teig kneten.
– Den Teig zugedeckt mindestens 1 Std. im Kühlschrank ruhen lassen. Den Backofen auf 200° (Umluft 180°) vorheizen. Das Backblech mit Butter bestreichen.
– Den Teig auf dem Backblech gleichmäßig dünn ausrollen und im Ofen (Mitte) im Backofen etwa 20 Min. backen.
– Den Kuchen noch heiß mit einem scharfen, in kaltes Wasser getauchten Messer in 2 x 4 cm große Rechtecke schneiden und vom Blech heben.
– Das Kaffeepulver in dem Rum und 3 EL heißem Wasser auflösen. Das Kokosfett zerlassen. Den Kaffee und das Fett mit dem Puderzucker verrühren und die Magenbrote damit bestreichen.

559. Brune Kager
(Skandinavische Gewürzplätzchen)

FÜR WEIHNACHTEN | GELINGT LEICHT
Für etwa 55 Stück
Zubereitungszeit: 20 Min.
Ruhezeit: 24 Std.
Backzeit pro Backblech: 10 Min.

250 g Butter • 200 g Zucker • 125 g heller Sirup • 75 g gehäutete gehackte Mandeln • 75 g gehacktes Zitronat • 1/2 TL gemahlene Gewürznelken • 2 TL gemahlener Zimt • 1/2 TL gemahlener Ingwer • 7 g Pottasche • 500 g Mehl (Type 405)
Außerdem: Backtrennpapier fürs Blech

– Die Butter mit dem Zucker und dem Sirup unter Rühren aufkochen, vom Herd nehmen, die Mandeln und die Gewürze unterrühren. Die Pottasche in etwas heißem Wasser auflösen, zuletzt unter die Mischung rühren und diese lauwarm abkühlen lassen.
– Das Mehl auf die Arbeitsfläche sieben, in die Mitte eine Mulde drücken und die lauwarme Buttermischung hineingießen. Das Mehl behutsam vom Rand nach innen schieben. Den Teig kneten, bis das Mehl vollständig untergearbeitet ist. Den glatten Teig zu 2 Rollen von etwa 4 cm Ø formen, in Folie wickeln und im Kühlschrank 24 Std. ruhen lassen.
– Den Backofen auf 200° (Umluft 180°) vorheizen. Die beiden Teigrollen nebeneinander legen und mit einem Messer mit steifer Klinge dünne – maximal 3 mm starke – Scheiben von den Rollen abschneiden. Die braunen Kekse mit genügend Abstand auf ein mit Backpapier ausgelegtes Backblech legen und im Ofen (Mitte) in etwa 8–10 Min. hellbraun backen.

560. Pfeffernüsse

WEIHNACHTSKLASSIKER
Für etwa 200 Pfeffernüsse
Zubereitungszeit: 30 Min.
Backzeit pro Backblech: 15 Min.

500 g Honig • 300 g Zucker • 3 Eier • 15 g Hirschhornsalz • 1 TL gemahlener Zimt • 1/2 TL gemahlene Gewürznelken • je 1 Msp. geriebene Muskatnuss, gemahlener Koriander und Ingwer, gemahlenes Piment und Kardamom oder 2 Päckchen gemischtes Lebkuchengewürz (Backregal) • knapp 1 TL weißer Pfeffer • 1 kg Mehl (Type 405) • 100 g Puderzucker
Außerdem: Butter fürs Blech

– Ein oder zwei Backbleche mit Butter fetten. Den Honig bei schwacher Hitze dünnflüssig werden lassen. Den Zucker, die Eier, das Hirschhornsalz und sämtliche Gewürze gut mit dem Honig verrühren. Das gesiebte Mehl nach und nach zuerst unterrühren, später unterkneten. Den Backofen auf 180° vorheizen.
– Aus dem Teig kleine Kugeln von etwa 2 cm Ø formen und in genügendem Abstand voneinander auf das Backblech legen. Pfeffernüsse im Ofen (Mitte) 10–15 Min. backen, bis sie goldgelb sind. Auf einem Kuchengitter auskühlen lassen.
– Den Puderzucker mit wenig Wasser unter Rühren aufkochen lassen und die Pfeffernüsse mit dieser Glasur bestreichen, auf ein Kuchengitter legen, und die Glasur gut trocknen lassen.

TIPP
Sie können sich die Arbeit, so viele Kugeln zu formen, erleichtern: Rollen Sie den Teig fingerdick aus und stechen Sie mit kleinen runden Förmchen Plätzchen aus. Diese setzen Sie auf das Blech und backen sie wie beschrieben.

561. Elisenlebkuchen

FÜR WEIHNACHTEN
Für etwa 50 Stück
Zubereitungszeit: 45 Min.
Backzeit pro Backblech: 20 Min.

300 g Puderzucker • 3 Eiweiße • 1 gehäufter TL gemahlener Zimt • abgeriebene Schale von 1 unbehandelten Zitrone • 75 g fein gewürfeltes Zitronat • 300 g gemahlene Mandeln
Außerdem: 50 Oblaten von 4 cm Ø • 100 g Vollmilch-Kuvertüre

– Den Puderzucker mit den Eiweißen in eine Schüssel füllen. Mit den Schneebesen des Handrührgeräts bei höchster Stufe mindestens 8 Min. schlagen, bis die Masse ganz hell und dickschaumig ist.
– Den Zimt, die Zitronenschale, das Zitronat und die Mandeln mit einem Rührlöffel sorgfältig unterarbeiten.
– Den Backofen auf 150° (Umluft 130°) vorheizen. Ein Backblech mit den Backoblaten auslegen. Jeweils 1 knappen Esslöffel Teig auf den Oblaten verstreichen.
– Die Lebkuchen im Backofen im Ofen (Mitte) in etwa 20 Min. hell backen. Dabei eventuell ein zweites Backblech dicht über die Lebkuchen schieben, damit die Oberhitze etwas reduziert ist und die Lebkuchen nicht zu dunkel werden. Die Lebkuchen auf Kuchengittern auskühlen lassen.
– Die Kuvertüre in grobe Stücke schneiden oder brechen und bei schwacher Hitze im Wasserbad schmelzen. Eine Gabel eintauchen, über die Lebkuchen ziehen und auf diese Weise kreuz und quer mit feinen Linien und einzelnen Tropfen verzieren. Gut trocknen lassen, dann in fest schließende Dosen verpacken.

562. Lebkuchen mit Trockenfrüchten

GELINGT LEICHT
Für 20 Stück
Zubereitungszeit: 30 Min.
Backzeit pro Backblech: 35 Min.

200 g getrocknete ungeschwefelte Feigen • 100 g getrocknete ungeschwefelte Aprikosen • 5 Eier • 130 g Zuckerrohrgranulat • je 1 Prise gemahlene Gewürznelken, gemahlener Kardamom und Muskatblüte • 1/2 TL gemahlener Zimt • 1 EL Carobpulver (Naturkostladen) • abgeriebene Schale von 1 unbehandelten Zitrone • 1 Prise Salz • je 175 g geriebene Haselnüsse und Mandeln
Außerdem: Butter fürs Blech

– Den Backofen auf 180° (Umluft 160°) vorheizen. Das Backblech mit Butter bestreichen.
– Die Trockenfrüchte sehr klein würfeln. Die Eier mit dem Zuckerrohrgranulat, den Gewürzen, dem Carobpulver, der Zitronenschale und dem Salz sehr schaumig rühren. Die Nüsse, die Mandeln und die Trockenfrüchte mit dem Schneebesen unter die Eiercreme heben.
– Vom Teig 20 Häufchen auf das Backblech setzen, diese etwas flach streichen und im Ofen (Mitte) in etwa 35 Min. goldbraun backen.
– Die Lebkuchen vom Blech lösen und auf einem Kuchengitter auskühlen lassen.

TIPP
Statt des Carobpulvers können Sie auch Kakaopulver nehmen. Dann brauchen Sie aber mehr Zuckerrohrgranulat, denn Kakao ist bitterer.

563. Schnelle Lebkuchen

BLITZREZEPT | SCHMECKT KINDERN
Für 20 Stück
Zubereitungszeit: 15 Min.
Backzeit pro Backblech: 20 Min.

2 Eier • 125 g Zucker • 1/2 TL gemahlener Zimt • 1/4 TL gemahlene Nelken • 1 Prise gemahlene Muskatnuss • 2 Tropfen Bittermandel-Aroma • 125 g gehacktes Zitronat • 200 g gemahlene Mandeln • 50 g gehackte Mandeln
Außerdem: Backtrennpapier fürs Blech • 150 g Puderzucker • 2 EL lauwarme Milch • bunter Streuzucker

– Die Eier mit dem Zucker schaumig schlagen. Die Gewürze und das Bittermandelöl zufügen. Das Zitronat und die Mandeln unter die Eimasse rühren.
– Das Backblech mit Backpapier auslegen. Mit Hilfe von 2 Teelöffeln kleine Häufchen auf das Backblech setzen.
– Den Backofen auf 180° (Umluft 160°) einstellen. Das Blech in den kalten Ofen (Mitte) schieben und die Lebkuchen 20 Min. backen.

– Für die Glasur den Puderzucker mit der Milch verrühren. Die Lebkuchen noch lauwarm mit der Glasur bestreichen und mit buntem Streuzucker verzieren.

564. Luisenlebkuchen

WEIHNACHTSKLASSIKER
Für etwa 30 Stück
Zubereitungszeit: 40 Min.
Ruhezeit: 1 Std.
Backzeit pro Backblech: 20 Min.

200 g Mandeln • 2 Eier • 200 g Zucker • 3 TL gemahlener Zimt • 1/2 TL gemahlener Kardamom • 1 Msp. gemahlene Nelken • 1/2 TL abgeriebene Schale von 1 unbehandelten Zitrone • 1 Prise Salz • 50 g klein gehacktes Orangeat • 100 g Mehl (Type 405) • 1/2 TL Backpulver
Außerdem: 30 Backoblaten von 4 cm Ø • 75 g Puderzucker • 1 EL Zitronensaft • 50 g Zartbitter-Kuvertüre • je 1 EL gehackte Mandeln und Pistazien

– Die Mandeln mahlen, Eier mit dem Zucker schaumig schlagen. Die Gewürze, die Zitronenschale, das Salz, die Mandeln und das Orangeat untermischen. Das Mehl und das Backpulver mit der Eimasse verrühren.
– Die Oblaten auf das Backblech legen. Teighäufchen darauf setzen und mit einem feuchten Messer kuppelartig streichen, 1 Std. ruhen lassen. Den Backofen auf 175° (Umluft 150°) vorheizen. Die Lebkuchen im Backofen (Mitte) 20 Min. backen.
– Puderzucker mit Zitronensaft verrühren, Kuvertüre schmelzen lassen. Jeweils die Hälfte der Lebkuchen mit einer der Glasuren bestreichen. Die dunklen Lebkuchen mit Mandeln, die hellen mit Pistazien bestreuen.

565. Walnuss-Lebkuchen

FÜR DIABETIKER GEEIGNET
Für 20 Stück
Zubereitungszeit: 30 Min.
Ruhezeit: 8–10 Std.
Backzeit: 20 Min.

4 EL Zucker • 30 g Butter • 1/2 TL Hirschhornsalz • 1 EL Rum • 1 Ei • 150 g Weizenmehl (Type 1050) • 75 g fein gehackte Walnüsse • je 1 Msp. gemahlener Zimt, gemahlene Gewürznelken, Muskatblüte, Piment und Kardamom • 1 TL abgeriebene Schale von 1 unbehandelten Zitrone • 1 Prise Salz
Außerdem: Mehl für die Arbeitsfläche • Backtrennpapier fürs Blech • 50 g Edelbitter-Schokolade (75 % Kakaoanteil) • 20 Walnusshälften

– Zucker und Butter verrühren. Das Hirschhornsalz mit dem Rum und dem Ei zur Buttermischung geben und verrühren. Mehl, Nüsse, Gewürze, Zitronenschale und Salz untermischen und alles verkneten. In Klarsichtfolie 8–10 Std., am besten über Nacht ruhen lassen.
– Teig zu einer Rolle formen, 20 Kugeln daraus formen und diese zu 1 cm dicken Talern ausrollen. Den Backofen auf 180° (Umluft 160°) vorheizen. Ein Blech mit Backpapier auslegen und die Lebkuchen darauf setzen. Im Ofen (Mitte) 15–20 Min. backen. Mit geschmolzener Schokolade und Walnüssen verzieren.

566. Honigkuchen vom Blech

SCHMECKT KINDERN | GELINGT LEICHT
Für 40 Honigkuchen
Zubereitungszeit: 45 Min.
Ruhezeit: 1 Std.
Backzeit pro Backblech: 45 Min.

500 g Honig • gut 1/8 l Öl • 250 g Zucker • 700 g Mehl (Type 405) • 1 Päckchen Backpulver • 250 g gehäutete gemahlene Mandeln • 2 TL gemahlener Zimt • 1 Msp. gemahlene Gewürznelken • 1/2 TL Piment • 1 Prise Salz • 3 Eier • je 100 g gehacktes Zitronat und Orangeat
Außerdem: Öl fürs Blech • 3 EL Dosenmilch • je 100 g abgezogene Mandeln, Zitronat und kandierte Kirschen

– Den Honig mit dem Öl und dem Zucker unter Rühren aufkochen und wieder abkühlen lassen. Mehl und Backpulver sieben und mit den Mandeln, Gewürzen, Salz, den Eiern, dem Zitronat und Orangeat mischen.
– Die Honig-Öl-Masse zu dem Mehlgemisch geben und alles gut verkneten. Sollte der Teig zu weich sein, noch etwas Mehl zufügen. Den Teig zugedeckt 1 Std. im Kühlschrank ruhen lassen.
– Ein Backblech einölen, den Backofen auf 200° (Umluft 180°) vorheizen. Den Teig mit bemehlten Händen auf das Backblech drücken, glatt streichen und mit Dosen-

milch bepinseln. In das Teigblatt mit einem großen Messer 6 x 6 cm große Quadrate leicht einschneiden. Jedes Quadrat mit Mandeln, Zitronatstücken und Kirschenhälften verzieren.
– Die Honigkuchen im Ofen (Mitte) in 35–45 Min. hellbraun backen, etwas abkühlen lassen und vom Backblech heben. In die markierten Quadrate teilen.

567. Großmutters Lebkuchen

GELINGT LEICHT
Für 25 Stück
Zubereitungszeit: 40 Min.
Ruhezeit: 1–2 Std.
Backzeit pro Backblech: 12 Min.

200 g Zuckerrübensirup • 50 g Honig • 100 g Schweineschmalz • 180 g Zucker • 500 g Mehl (Type 405) • 2 TL gemahlener Zimt • 1/2 TL gemahlener Kardamom • 1/2 TL gemahlene Gewürznelken • 1 Msp. Salz • 8 g Pottasche • 4–5 EL Milch
Außerdem: 50 g Zitronat im Stück • Butter fürs Blech • 1 verquirltes Eigelb zum Bestreichen • 200 g gehäutete Mandeln

– Zuckerrübensirup, Honig, Schweineschmalz und Zucker in einer Kasserolle bei schwacher Hitze erwärmen, einmal aufkochen und wieder abkühlen lassen.
– Das Mehl sieben, in die Mitte eine Mulde drücken. Gewürze, Salz und die Sirupmischung hineingeben und alles zu einem weichen Teig verkneten. Die Pottasche in der Milch auflösen und gut unterarbeiten. Den Teig zugedeckt 1–2 Std. ruhen lassen.
– Den Backofen auf 210° (Umluft 190°) vorheizen. Das Zitronat mit einem scharfen Messer in feine Scheiben schneiden. Den Teig zu einer 25 x 40 cm großen Platte ausrollen und in 5 x 8 cm große Rechtecke schneiden. Die Teigstücke auf ein gefettetes Blech legen, mit verquirltem Eigelb bestreichen und mit Mandeln sowie mit Zitronatscheiben dekorieren. Im Ofen (Mitte) in etwa 8–12 Min. – unbedingt nach Sicht – braun backen.

TIPP
Sie können die Lebkuchen auch mit einer Glasur aus 2 EL Zitronensaft, 2 cl weißem Rum und 100 g Puderzucker überziehen.

568. Mandel-Lebkuchen

ETWAS BESONDERES | GEHT SCHNELL
Für etwa 40 Lebkuchen
Zubereitungszeit: 30 Min.
Ruhezeit: 2 Std.
Backzeit pro Backblech: 20 Min.

4 Eier • 250 g Zucker • 500 g Mehl (Type 405) • 1 TL Backpulver • 400 g gemahlene Mandeln • je 50 g gehacktes Zitronat und Orangeat • 1 TL gemahlener Zimt • je 1 Msp. gemahlene Gewürznelken, geriebene Muskatnuss und gemahlenes Piment • 1 Eigelb • 80 gehäutete Mandeln
Außerdem: Butter fürs Blech

– Die Eier mit dem Zucker gut schaumig rühren. Mehl mit Backpulver sieben, mit den Mandeln, dem Zitronat, dem Orangeat, dem Zimt, dem Nelkenpulver, der Muskatnuss und dem Piment mischen und alles unter den Teig kneten. Den Teig in Alufolie oder Pergamentpapier gewickelt 2 Std. im Kühlschrank ruhen lassen.
– Den Backofen auf 180° (Umluft 160°) vorheizen. Den Teig auf einer bemehlten Fläche etwa 1 cm dick ausrollen, in 40 gleich große Rechtecke schneiden und auf ein gefettetes Backblech legen. Eigelb mit wenig Wasser verquirlen und die Rechtecke damit bestreichen. In jede Lebkuchenecke 1 Mandelhälfte drücken. Die Lebkuchen im Ofen (Mitte) 20 Min. backen, bis sie hellbraun sind, dann mit einem Messer vom Backblech heben und auf einem Kuchengitter auskühlen lassen.

569. Honigkuchen-Herzen

FÜR WEIHNACHTEN | GELINGT LEICHT
Für 120 Herzen
Zubereitungszeit: 45 Min.
Backzeit pro Backblech: 15 Min.

450 g Honig • 250 g Zucker • 100 g Butter • 2 Eier • 1 Prise Salz • je 50 g Zitronat und Orangeat • 1 TL gemahlener Zimt • 1/2 TL gemahlene Gewürznelken • 1 kg Mehl (Type 405) • 2 Päckchen Backpulver • etwa 100 g Johannisbeergelee • 200 g Zartbitter-Schokolade
Außerdem: Butter fürs Blech • Mehl fürs Backbrett

– Ein oder zwei Backbleche mit Butter fetten. Den Honig mit dem Zucker und der Butter unter Rühren

erhitzen, bis alles zu einer glatten Masse verschmolzen ist. Die Honigmasse vom Herd nehmen und weiterrühren, bis sie nur noch lauwarm ist.
– Die Eier mit dem Salz verquirlen. Das Zitronat und das Orangeat klein würfeln und mit den verquirlten Eiern, dem Zimt, dem Nelkenpulver und dem mit dem Backpulver gesiebten Mehl unter die Honigmasse ziehen. Den Teig gut durchkneten und auf einem bemehlten Backbrett etwa 1 cm dick ausrollen.
– Den Backofen auf 220° (Umluft 200°) vorheizen. Aus dem Teig Herzen ausstechen, auf die Bleche legen und im Ofen (Mitte) 15 Min. backen. Die Herzen noch warm auf der Unterseite mit dem Johannisbeergelee bestreichen. Jeweils zwei Herzen zusammensetzen.
– Die Schokolade im Wasserbad schmelzen lassen. Die Herzen zur Hälfte eintauchen. Gut auskühlen lassen.

570. Pflaumentäschchen

RAFFINIERT
Für 8 Stück
Zubereitungszeit: 1 Std.
Auftauzeit: 20 Min.
Quellzeit: 30 Min.
Backzeit pro Backblech: 20 Min.

300 g TK-Blätterteig (5 Scheiben) • 100 g Backpflaumen ohne Stein • 25 g Orangeat • 4 EL Armagnac oder Grapefruitsaft • 1 Ei • 100 g geriebene Mandeln
Außerdem: etwas Puderzucker zum Bestreuen

– Die Blätterteigscheiben auftauen lassen. Die Backpflaumen und das Orangeat würfeln und mit dem Armagnac oder dem Grapefruitsaft mischen, 30 Min. quellen lassen.
– Die Blätterteigscheiben halbieren und auf einer bemehlten Arbeitsfläche zu 10 Quadraten von 7 x 7 cm ausrollen. 2 der Quadrate in jeweils 4 kleine Quadrate schneiden.
– Den Backofen auf 200° (Umluft 180°) vorheizen. Das Backblech kalt abspülen.
– Das Ei trennen. Das Eiweiß mit den Mandeln, den Pflaumen und der Quellflüssigkeit im Mixer fein pürieren. Das Püree auf den größeren Teigquadraten verteilen. Die Ecken über die Füllung legen.
– Das Eigelb mit 1 TL Wasser verquirlen und die Oberflächen der Täschchen damit bestreichen. Die kleinen Quadrate in die Mitte legen und ebenfalls mit Eigelb bestreichen. Täschchen auf das feuchte Backblech legen und im Ofen (Mitte) in etwa 20 Min. goldgelb backen. Die Täschchen mit etwas Puderzucker bestreuen.

571. Streuselecken

PREISWERT | GELINGT LEICHT
Für 120 Stück
Zubereitungszeit: 1 Std.
Auftauzeit: 20 Min.
Backzeit pro Backblech: 15 Min.

300 g TK-Blätterteig (5 Scheiben) • 100 g Mehl (Type 405) • 75 g Zucker • 1 Msp. gemahlener Zimt • 1 Prise Salz • 100 g Butter • 5 EL Kondensmilch
Außerdem: Mehl für die Arbeitsfläche

– Die Blätterteigscheiben aus der Verpackung nehmen und bei Raumtemperatur auftauen lassen.
– Das Mehl mit dem Zucker, dem Zimt und dem Salz in einer Schüssel mischen. Die Butter in Flöckchen über das Mehl schneiden und alle Zutaten rasch mit den Fingern zu Streuseln verarbeiten.
– Den Backofen auf 220° (Umluft 200°) vorheizen. Das Backblech kalt abspülen und nicht abtrocknen.
– Den Blätterteig auf einer bemehlten Arbeitsfläche mit einer bemehlten Teigrolle etwa 3 mm dick ausrollen. Die Teigplatten mit einem scharfen Messer in Dreiecke von 3 cm Schenkellänge schneiden. Die Dreiecke mit der Kondensmilch bestreichen und auf das Backblech legen.
– Jedes Dreieck mit Streuseln belegen und andrücken. Im Ofen (Mitte) in etwa 15 Min. goldgelb backen. Streuselecken auf einem Kuchengitter auskühlen lassen.

572. Krokant-Dukaten

WAS BESONDERES | BRAUCHT ETWAS ZEIT
Für 70 Stück
Zubereitungszeit: 1 Std. 20 Min.
Auftauzeit: 20 Min.
Backzeit pro Backblech: 10 Min.

300 g TK-Blätterteig (5 Scheiben) • 75 g zarte Haferflocken • 50 g geriebene Mandeln • 75 g Zucker • 50 g Butter • 2 TL abgeriebene Schale von 1 unbehandelten Orange • 100 g Orangenkonfitüre

– Die Blätterteigscheiben aus der Verpackung nehmen und bei Raumtemperatur auftauen lassen; das dauert etwa 20 Min. Den Backofen auf 220° (Umluft 200°) vorheizen. Das Backblech kalt abspülen, nicht abtrocknen.
– Den Blätterteig zusammenkneten und auf einer leicht bemehlten Arbeitsfläche mit einer bemehlten Teigrolle 1/2 cm dick ausrollen. Kreise von 3 cm Ø ausstechen, auf das Backblech legen und im Ofen (Mitte) in etwa 10 Min. goldgelb backen.
– Die Haferflocken mit den Mandeln, dem Zucker, der Butter und der Orangenschale in einer großen Pfanne bei mittlerer Hitze unter ständigem Umwenden goldbraun braten. Dann auf einer Platte in kleine Krokantstücke zerteilen und abkühlen lassen.
– Die Orangenkonfitüre mit 2 EL Wasser erhitzen und durch ein Sieb streichen. Die fertigen Blätterteig-Dukaten etwas abkühlen lassen, mit der Konfitüre bestreichen und mit dem Krokant bestreuen.

TIPPS

• Bei diesem Rezept bleiben 4 Eiweiße übrig, aus denen Sie Baisers als Vorrat backen können. Die Eiweiße mit 180 g Zucker im Wasserbad steif schlagen. Mit zwei Teelöffeln oder einem Spritzbeutel kleine Tupfer auf ein mit Backpapier ausgelegtes Backblech setzen. Die Baisers im Backofen bei 110° (Umluft 90°) 40 Min. backen. Den Herd ausschalten und bei leicht geöffnetem Backofen über Nacht trocknen lassen. Die Baisers halten sich in einer gut verschlossenen Dose mehrere Wochen und eignen sich vorzüglich zum Verzieren von Torten und Desserts.
• Damit das Backpapier beim Aufspritzen der Baisers nicht verrutscht, kann man es mit etwas Eischnee unter den 4 Ecken auf dem Backblech festkleben.

573. Makronenringe

OHNE MEHL | SCHNELL
Für etwa 70 Stück
Zubereitungszeit: 30 Min.
Backzeit: 15 Min.

4 Eigelbe • 50 g Zucker • abgeriebene Schale von 1/2 unbehandelten Zitrone • 200 g gemahlene Mandeln • 250 g Marzipan-Rohmasse • 1 EL Rum
Außerdem: Backtrennpapier fürs Blech • 100 g Schokoladen-Fettglasur • 50 g gehackte Pistazien • 50 g Silberperlen

– Ein Backblech mit Backpapier auslegen. Den Backofen auf 190° (Umluft 170°) vorheizen.
– Die Eigelbe mit dem Zucker und der Zitronenschale schaumig rühren. Mandeln, Marzipan-Rohmasse und Rum unter die Eigelbmasse kneten und in einen Spritzbeutel mit Sterntülle füllen. Aus der Makronenmasse auf das Backpapier gleich große Ringe spritzen. Die Ringe im Ofen (Mitte) 10–15 Min backen.
– Das Backpapier mit etwas Wasser bestreichen, von den Makronenringen lösen und diese auf einem Kuchengitter abkühlen lassen.
– Die Schokoladen-Fettglasur im Wasserbad schmelzen lassen und die Ringe damit überziehen. In die noch weiche Glasur die Pistazien und Silberperlen drücken. Die Glasur auf einem Kuchengitter trocknen lassen.

574. Gianduja-Schäumchen

GANZ EINFACH
Für etwa 60 Stück
Zubereitungszeit: 45 Min.
Trockenzeit: 10 Std.

5 Eiweiße • 200 g Puderzucker • 1 Msp. Salz
Außerdem: Backtrennpapier • dunkler Nuss- oder Mandelnougat • geschmolzene Zartbitter-Kuvertüre • gehackte Pistazien oder Krokant zum Bestreuen

– Die Eiweiße mit dem Zucker und dem Salz auf einem warmen Wasserbad steif schlagen. Bei einer Temperatur von 40–50° vom Wasserbad nehmen und langsam kalt schlagen.
– Den Backofen auf 55° (Umluft 40°) vorheizen. Zwei Backbleche mit Backpapier auslegen und die Baisermasse mit Sterntülle Nr. 9 tropfenförmig aufspritzen. Im Ofen über Nacht trocknen, dabei die Tür einen Spalt offen lassen, damit die Feuchtigkeit entweichen kann.
– Nougat auf dem Wasserbad schmelzen, auf 30° abkühlen lassen und in einen Gefrierbeutel füllen, eine kleine Ecke abschneiden. Die Hälfte der Baisertropfen mit Nougat bespritzen, übrige Schäumchen darauf setzen.
– Die Gianduja-Schäumchen mit den Spitzen in die temperierte Kuvertüre tauchen, auf Backpapier setzen und mit den gehackten Pistazien oder mit dem Krokant dekorieren.

575. Rum-Canache-Zungen

MACHT WAS HER | ETWAS SCHWIERIGER
Für etwa 60 Stück
Zubereitungszeit: 40 Min.
Trockenzeit: 10 Std.

***Für die Baisermasse:** 5 Eiweiße • 200 g Puderzucker • 1 Msp. Salz*
***Für die Rum-Canache-Creme:** 200 g Vollmilch-Kuvertüre • 100 g Sahne • 20 g Glukosesesirup • 4 cl brauner Rum*
***Außerdem:** Backtrennpapier für die Bleche • geschmolzene Vollmilch-Kuvertüre zum Eintauchen*

– Die Eiweiße mit Zucker und Salz auf einem warmen Wasserbad steif schlagen. Bei einer Temperatur von 40–50° vom Wasserbad nehmen, langsam kalt schlagen.
– Den Backofen auf 55° (Umluft 40°) vorheizen. 2 Backbleche mit Backpapier auslegen und die Baisermasse mit Lochtülle Nr. 5 zungenförmig aufspritzen. Im Ofen über Nacht trocknen, dabei die Tür einen Spalt offen lassen, damit die Feuchtigkeit entweichen kann.
– Die Kuvertüre zerkleinern. Die Sahne in einer Kasserolle aufkochen und die Kuvertüre einrühren. Die Mischung glatt rühren und abkühlen lassen; dabei immer wieder umrühren, damit sich keine Haut bildet.
– Den Glukosesirup schaumig rühren, bis er die gleiche Konsistenz hat wie die Schokoladensahne, und unter die luftig aufgeschlagene Creme rühren. Nach und nach mit dem Rum schaumig rühren.
– Die Creme in einen Spritzbeutel mit Lochtülle Nr. 4 füllen. Auf die Hälfte der Zungen je einen Streifen aufspritzen. Übrige Zungen darauf setzen und die Füllung erstarren lassen. Schräg in die geschmolzene Kuvertüre eintauchen, auf Backpapier absetzen.

576. Kleine Sahnebaisers

FÜR BESONDERE ANLÄSSE | GANZ EINFACH
Für 25 Stück
Zubereitungszeit: 1 Std.
Backzeit: 2 Std.

2 Eiweiße • 1 Prise Salz • 150 g Zucker • 1 TL Vanillezucker • 200 g Sahne • 4 TL Instant-Kaffeepulver • 25 Schokoladen-Mokkabohnen
***Außerdem:** Backtrennpapier fürs Blech*

– Die Eiweiße mit dem Salz schaumig schlagen. 100 g Zucker und den Vanillezucker einrieseln lassen und weiterschlagen, bis der Eischnee steif ist und glänzt.
– Den Backofen auf 100° (Umluft 80°) vorheizen. Das Backblech mit Backpapier auslegen.
– Eischnee in einen Spritzbeutel mit Sterntülle füllen. Kreise mit kleinem Zackenrand von 4 cm Ø auf das Blech spritzen und diese im Ofen (Mitte) in 2 Std. mehr trocknen lassen als backen. Die Backofentür dabei durch einen hölzernen Kochlöffelstiel einen Spalt offen halten. Die Baisers mit einem Spatel vom Papier heben und auskühlen lassen.
– Die Sahne mit dem restlichen Zucker und dem Pulverkaffee steif schlagen, dann mit dem Spritzbeutel mit kleiner Sterntülle in die Baisers spritzen. Jedes Törtchen mit 1 Schokoladen-Mokkabohne belegen.

577. Mokkabohnen

ETWAS BESONDERES | OHNE MEHL
Für etwa 60 Stück
Zubereitungszeit: 40 Min.
Trockenzeit: 10 Std.

***Für die Baisermasse:** 5 Eiweiße • 200 g Puderzucker • 1 Msp. Salz • 1 cl Cognac • 2 TL Instant-Kaffeepulver*
***Für die Mokkacreme:** 120 g Sahne • 30 g Glukosesirup (beim Bäcker besorgen) • 2 EL Instant-Kaffeepulver • 160 g Kuvertüre • 2 cl Cognac*
***Außerdem:** Backtrennpapier für die Bleche • geschmolzene Vollmilch-Kuvertüre zum Überziehen*

– Die Eiweiße mit Puderzucker und Salz auf einem warmen Wasserbad steif schlagen. Bei einer Temperatur von 40–50° vom Wasserbad nehmen und langsam kalt schlagen. Das in Cognac aufgelöste Kaffeepulver einrühren.
– 2 Backbleche mit Backpapier auslegen. Den Backofen auf 55° (Umluft 40°) vorheizen. Die Baisermasse in einen Spritzbeutel mit Lochtülle Nr. 6 füllen und nierenförmige Bohnen aufspritzen. Im Ofen über Nacht trocknen, dabei die Tür einen Spalt offen lassen, damit die Feuchtigkeit entweichen kann.
– Für die Creme Sahne und Sirup aufkochen. Das Kaffeepulver einrühren, die Kuvertüre darin schmelzen, alles mit dem Mixstab verrühren und abkühlen lassen. Mit Cognac schaumig rühren. Die Creme mit Lochtülle Nr. 5 auf die Hälfte der Bohnen spritzen, restliche Bohnen darauf setzen und halb in die Kuvertüre tauchen.

578. Nussmakronen

SCHNELLE KLASSIKER
Für 30 Stück
Zubereitungszeit: 30 Min.
Kühlzeit: 3–4 Std.
Backzeit pro Backblech: 20 Min.

3 Eiweiße • 1 Prise Salz • 125 g Zucker • 200 g gemahlene Haselnüsse • 50 g gemahlene Mandeln • 1 gehäufter TL Instant-Kaffeepulver • 1/2 TL gemahlener Zimt • 1 Prise gemahlene Gewürznelken
Außerdem: 30 Oblaten (ca. 4,5 cm Ø) • 30 Haselnüsse

– Die Eiweiße mit dem Salz halbsteif schlagen. Den Zucker langsam einrieseln lassen und weiterschlagen, bis sich der Zucker völlig aufgelöst hat.
– Die gemahlenen Haselnüsse mit den Mandeln, dem Kaffeepulver und den Gewürzen mischen und mit einem breiten Kochlöffel unter den Eischnee heben.
– Ein Backblech mit 30 Oblaten auslegen. Mit zwei Teelöffeln, die vorher in kaltes Wasser getaucht werden, von der Nussmasse Nocken abstechen und diese auf die Oblaten setzen. Die ganzen Haselnüsse jeweils in die Mitte drücken.
– Die Makronen an einem kühlen Platz mindestens 3 Std. trocknen lassen.
– Den Backofen auf 175° (Umluft 160°) vorheizen. Die Nussmakronen im Ofen (Mitte) 15–20 Min. backen. Die Makronen mit einem breiten Messer auf ein Kuchengitter heben und auskühlen lassen.
– Die Nussmakronen zusammen mit einem halben Apfel in einer Dose aufbewahren. So bleiben sie während der Lagerzeit weich.

579. Schokoladenmakronen

LEICHT ZU MACHEN
Für etwa 40 Makronen
Zubereitungszeit: 30 Min.
Backzeit pro Backblech: 15 Min.

250 g Mandeln • 100 g Zartbitter-Schokolade • 4 Eiweiße • 200 g Zucker
Außerdem: 40 Oblaten (3 oder 4 cm Ø}

– Die nicht abgezogenen Mandeln in der Mandelmühle mahlen. Die Schokolade auf dem Reibeisen oder ebenfalls in der Mandelmühle reiben. Die Eiweiße zu steifem Schnee schlagen, am besten mit dem Handrührgerät. Den Zucker einrieseln lassen und den Schnee 10 Min. weiterschlagen. Mandeln und Schokolade unter den Eischnee heben.
– Den Backofen auf 180° (Umluft 160°) vorheizen. Zwei Backbleche mit kaltem Wasser abspülen. Die Backoblaten auf den Backblechen verteilen und mit zwei nassen Teelöffeln Teighäufchen darauf setzen.
– Die Makronen im Ofen (Mitte) 10–15 Min. backen. Nach 10 Minuten nachsehen, ob die Makronen nicht zu dunkel werden; Schokoladengebäck schmeckt dann nämlich leicht bitter. Die Makronen auf einem Kuchengitter abkühlen lassen.

TIPP
Wer Oblaten nicht mag, kann sie von den noch heißen Makronen abziehen. Sind sie bereits erkaltet, haften die Oblaten zu fest.

580. Orangenmakronen

ETWAS BESONDERES | GELINGT LEICHT
Für etwa 50 Stück
Zubereitungszeit: 30 Min.
Backzeit pro Backblech: 1 Std.

3 Eiweiße • 250 g Zucker • 1 Prise Salz • 3 TL Vanillezucker • 150 g gemahlene Mandeln • abgeriebene Schale von 3 unbehandelten Orangen • 1 TL Maraschino • 1/2 TL gemahlener Zimt
Außerdem: 50 Oblaten (ca. 4,5 cm Ø)

– Die Eiweiße in einer Schüssel schaumig schlagen. Nach und nach Zucker, Salz und Vanillezucker einrühren und alles zu einer cremigen Masse schlagen. Mandeln, Orangenschale, Likör und Zimt unterrühren.
– Den Backofen auf 120° (Umluft 100°) vorheizen. Mit zwei Teelöffeln, die immer wieder in kaltes Wasser getaucht werden, kleine Häufchen abstechen und auf die Oblaten setzen. Ein Blech leicht mit Mehl bestäuben, die Makronen im Abstand von etwa 2 cm darauf setzen.
– Im Ofen (unten) etwa 1 Std. backen, dabei nach Sicht kontrollieren, damit die Makronen nicht zu dunkel werden. Vom Blech nehmen und überstehende Oblatenränder abschneiden.

581. Haferflockenmakronen

FÜR DIABETIKER GEEIGNET
Für 32 Stück
Zubereitungszeit: 30 Min.
Backzeit pro Backblech: 12 Min.

60 g Butter • 100 g kernige Haferflocken • 1 Ei • 50 g Zucker • Mark von 1/2 Vanilleschote • 1 Msp. Salz • 1/2 TL gemahlener Zimt • 1/2 TL Kakao, leicht entölt • 50 g Weizenmehl (Type 1050) • 50 g ungesalzene Erdnusskerne
Außerdem: Backtrennpapier fürs Blech

– Den Backofen auf 200° (Umluft 180°) vorheizen. Die Butter in einem kleinen Topf aufschäumen lassen, die Haferflocken darin unter Rühren goldbraun anrösten. Abkühlen lassen. Das Ei mit Zucker, Vanillemark, Salz, Zimt und Kakaopulver schaumig schlagen. Das Mehl, die Haferflocken und die Erdnüsse unterrühren.
– Mit einem Teelöffel walnussgroße Portionen Teig in Abständen von 3–4 cm auf ein mit Backpapier ausgelegtes Backblech setzen. Die Makronen im Backofen (Mitte) in 10–12 Min. goldbraun backen.

TIPP
Statt der Erdnüsse können Sie auch gehackte Hasel- oder Walnüsse nehmen.

582. Pinienmakrönchen

RAFFINIERT KOMBINIERT
Für 70 Stück
Zubereitungszeit: 40 Min.
Backzeit pro Backblech: 50 Min.

150 g gehäutete gemahlene Mandeln • 250 g feiner Zucker • abgeriebene Schale von 1 unbehandelten Orange • 2 Eiweiße • 1 kräftige Prise Salz • 1 Eigelb • 150 g Pinienkerne • 70 runde Oblaten (3 cm Ø)

– Den Backofen auf 150° (Umluft 130°) vorheizen. Die gemahlenen Mandeln mit dem Zucker und der Orangenschale mischen.
– Die Eiweiße mit dem Salz zu sehr steifem Schnee schlagen. Unter ständigem Weiterschlagen die Mandel-Zucker-Mischung einrieseln lassen. Das Eigelb mit den Pinienkernen unter die Eiweißmasse heben.
– Die Oblaten auf dem Backblech verteilen und von der Makronenmasse kleine Häufchen darauf setzen.
– Die Makrönchen im Ofen (Mitte) mehr trocknen lassen als backen; das dauert gut 50 Min. Dabei die Backofentür mit Hilfe eines hölzernen Kochlöffelstiels einen Spaltbreit offen halten, damit die Feuchtigkeit abziehen kann.
– Die Pinienmakrönchen auf ein Kuchengitter setzen und auskühlen lassen.

583. Amarettini

SPEZIALITÄT AUS ITALIEN
Für ca. 25 Stück
Zubereitungszeit: 40 Min.
Kühlzeit: 12 Std.
Backzeit pro Backblech: 5 Min.

200 g gehäutete gemahlene Mandeln • 60 g Zucker • 2 Eiweiße • 1 EL Bittermandel-Aroma • 60 g Puderzucker
Außerdem: Backtrennpapier fürs Blech

– Die Mandeln mit dem Zucker mischen. 1 Eiweiß mit dem Bittermandel-Aroma verquirlen und zu den Mandeln geben. Alles mit den Händen zu einer marzipanähnlichen Masse kneten.
– Das übrige Eiweiß und den Puderzucker mit dem Handrührgerät cremig schlagen und unter die Mandelmasse arbeiten. Die Masse in eine Spritztülle geben und walnussgroße Häufchen auf ein mit Backpapier belegtes Blech spritzen. Mit einem Küchenhandtuch abgedeckt 12 Std. trocknen lassen.
– Den Ofen auf 225° (Umluft nicht geeignet) vorheizen. Die Amarettini im Ofen (Mitte) in 5 Min. leicht braun backen.

TIPPS
- **Im heißen Wasserbad etwa 200 g dunkle Kuvertüre schmelzen lassen und die Unterseite der Amarettini eintauchen.**
- **Sie können den Teig auch in Pralinenförmchen bis knapp unter den Rand füllen und die Amarettini mit je einer Mandel belegen.**

584. Mandelmakrönchen

BRAUCHT ETWA ZEIT
Für 90 Stück
Zubereitungszeit: 1 Std.
Backzeit pro Backblech: 50 Min.

500 g Mandeln • 375 g feiner Zucker • abgeriebene Schale von 1 unbehandelten Zitrone • 5 Eiweiße • 1 TL Zitronensaft
Außerdem: 90 runde Oblaten (4 cm Ø)

– Die Mandeln nach Wunsch mit kochend heißem Wasser überbrühen und 3 Min. darin ziehen lassen. Die Mandeln dann in einem Sieb kalt abschrecken. Die nun lockere braune Haut von den Mandeln streifen und die Mandeln zum Trocknen auf einem Tuch ausbreiten.
– Die Mandeln durch die Mandelmühle drehen oder im Mixer zerkleinern und mit dem Zucker und der Zitronenschale mischen.
– Den Backofen auf 150° (Umluft 130°) vorheizen. Die Eiweiße mit dem Zitronensaft zu steifem Schnee schlagen, über das Mandel-Zucker-Gemisch füllen und alles mit einem Rührlöffel locker mischen.
– Die Oblaten auf dem Backblech verteilen. Von der Makronenmasse kleine Häufchen auf die Oblaten setzen und die Makrönchen im Ofen (Mitte) in 50 Min. mehr trocknen lassen als backen. Dabei die Backofentüre mit Hilfe eines hölzernen Kochlöffelstiels einen Spaltbreit offen halten, damit die Feuchtigkeit gut abziehen kann.
– Die Makrönchen dann auf einem Kuchengitter auskühlen lassen.

585. Kokosmakronen

SCHMECKT KINDERN | GELINGT LEICHT
Für etwa 50 Stück
Zubereitungszeit: 40 Min.
Trockenzeit: 2–3 Std.
Backzeit pro Backblech: 20 Min.

3 Eiweiße • 300 g Puderzucker • etwas Kirschsaft oder rote Lebensmittelfarbe • etwa 300 g Kokosraspel
Außerdem: Backtrennpapier fürs Blech

– Die Eiweiße steif schlagen, dabei den Puderzucker langsam einrieseln lassen. Alles zu steifem Schnee schlagen. Vom Eischnee etwa 4 EL abnehmen und mit etwas Kirschsaft oder Lebensmittelfarbe zartrosa einfärben. Bis zur weiteren Verwendung beiseite stellen.
– Die Kokosraspel nach und nach unter den Eischnee heben, dabei immer wieder die Konsistenz der Masse überprüfen – sie darf nicht zu fest werden.
– Ein Blech mit Backpapier auslegen. Mit zwei nassen Teelöffeln kleine Häufchen abstechen und nebeneinander auf das Blech setzen. Mit einem Kochlöffelstiel jeweils eine Mulde in die Mitte drücken. Mit dem zurückbehaltenen eingefärbten Eischnee die Mulden der Makronen auffüllen. Die Makronen etwa 2–3 Std. trocknen lassen.
– Den Backofen auf 160° (Umluft 140°) vorheizen. Makronen im Ofen (Mitte) etwa 20 Min. backen. Sie sollten kaum Farbe, sondern eine krosse weiße Kruste bekommen, und innen noch weich sein.

586. Hagebuttenmakronen

ETWAS BESONDERES
Für etwa 100 Stück
Zubereitungszeit: 35 Min.
Trockenzeit: 2–3 Std.
Backzeit pro Backblech: 20 Min.

5 Eiweiße • 500 g Puderzucker • 1 kleine unbehandelte Zitrone • 80 g Hagebuttenmark • 600 g gehäutete gemahlene Mandeln
Außerdem: Backtrennpapier • 250 g Zartbitter-Kuvertüre

– Für die Baisermasse die Eiweiße schaumig rühren, dabei den gesiebten Puderzucker einrieseln lassen. Eine Tasse von dieser Masse abnehmen, mit Folie abdecken und für die spätere Verwendung beiseite stellen.
– Die Zitrone gründlich unter heißem Wasser abwaschen und gut trockenreiben. Von der Hälfte der Frucht die Schale sehr fein abreiben. Anschließend die Frucht halbieren und auspressen. Die abgeriebene Zitronenschale und den Zitronensaft behutsam mit einem Schneebesen unter die verbliebene Eiweißmasse heben. Das Hagebuttenmark und die Mandeln dazugeben und ebenfalls behutsam mit dem Schneebesen unterrühren.
– Nun drei Backbleche mit Backpapier belegen. Kleine, runde Makronen mit zwei nassen Teelöffeln von der Masse abstechen und auf die Bleche setzen oder mit Spritzbeutel und Lochtülle Nr. 8 auf die Bleche spritzen.

– Die Makronen etwa 2–3 Std. antrocknen lassen, bis sie eine dünne Kruste entwickeln. Die Hälfte der Makronen verzieren: Mit einem Kochlöffelstiel jeweils eine Vertiefung eindrücken und mit der beiseite gestellten Eiweiß-Spritzglasur auffüllen. Diese dafür in eine Papiertüte oder in einen Spritzbeutel mit kleiner Lochtülle füllen und in die Vertiefungen spritzen. Die andere Hälfte der Makronen bleibt, wie sie ist.
– Den Backofen auf 160° (Umluft 140°) vorheizen. Die Makronen etwa 20 Min. (Mitte) backen. Sie sollen nicht zu stark Farbe annehmen, sondern möglichst hell bleiben. Die Ofentür immer einen Spalt offen lassen, damit die überschüssige Feuchtigkeit entweichen kann.
– Die Makronen auf einem Kuchengitter auskühlen lassen. In der Zwischenzeit die Kuvertüre schmelzen. Die Makronen ohne Spritzglasur mit der Unterseite in die Kuvertüre tauchen, kurz abtropfen lassen und zum Trocknen auf Backpapier setzen.

TIPP

Für Himbeerschäumchen ersetzen Sie das Hagebuttenmark durch 100 g frische oder tiefgefrorene Himbeeren, die Sie mit 80 g Zucker etwa 10 Min. kochen. Erkalten lassen und durch ein Sieb passieren.

587. Dattel-Cookies

SCHNELL | GELINGT LEICHT
Für etwa 35 Stück
Zubereitungszeit: 25 Min.
Backzeit pro Backblech: 20 Min.

250 g entsteinte getrocknete Datteln • 125 g Butter • 250 g kernige Haferflocken • 2 Eier • 100 g Zucker • 1 TL abgeriebene Schale 1 unbehandelten Orange (oder 1 TL Orangenschalen-Fertigprodukt) • 1 TL Backpulver
Außerdem: Backtrennpapier fürs Blech

– Den Backofen auf 180° (Umluft 160°) vorheizen. Ein Backblech mit Backpapier auslegen.
– Die Datteln im Blitzhacker grob hacken. Die Butter in einer Pfanne schmelzen lassen. Die Haferflocken unterrühren und kurz anrösten. Pfanne vom Herd nehmen und die Haferflocken leicht abkühlen lassen.
– Die Eier mit dem Zucker, der Orangenschale und dem Backpulver schaumig rühren. Die Haferflocken und die Datteln unter die Eimasse heben.
– Den Teig mit Hilfe von zwei Teelöffeln als Häufchen auf das Backblech setzen. Die Cookies im Backofen (Mitte) 15–20 Min. backen.

TIPPS

• Statt mit Datteln schmecken die Cookies auch mit getrockneten Aprikosen sehr lecker.
• Wollen Sie die Cookies verschenken, tauchen Sie die Unterseite der Cookies in geschmolzene Schokolade!

588. Pflaumenmakronen

VOLLWERTIG | LEICHT ZU MACHEN
Für 60 Stück
Zubereitungszeit: 30 Min.
Quellzeit: 1 Std.
Backzeit pro Backblech: 30 Min.

150 g ungeschwefelte Backpflaumen ohne Steine • 4 EL Slibowitz • Saft und abgeriebene Schale von 1/2 unbehandelten Zitrone • 100 g Haselnusskerne • 30 g Weizenkleie • 3 Eiweiße • 2 1/2 EL flüssiger Blütenhonig • 30 g Zuckerrohrgranulat
Außerdem: 60 Backoblaten (4 cm Ø)

– Die Backpflaumen klein würfeln, mit dem Slibowitz, dem Zitronensaft und der Zitronenschale mischen und zugedeckt 1 Std. quellen lassen.
– Die Nüsse in einer trockenen Pfanne rösten, bis sie angenehm duften und die braunen Schalen platzen. Die Schalen dann zwischen einem Küchentuch abreiben. Die Nüsse fein reiben und mit der Weizenkleie mischen. Den Backofen auf 130° (Umluft 110°) vorheizen. Das Backblech mit den Oblaten belegen.
– Die Eiweiße halbsteif schlagen, den Honig und das Zuckerrohrgranulat unterrühren und alles zu sehr steifem Schnee schlagen. Die Nussmischung und die Backpflaumen mit der Quellflüssigkeit unter den Eischnee heben.
– Die Makronenmasse mit zwei Teelöffeln auf die Oblaten verteilen und im Ofen (Mitte) in 30 Min. mehr trocknen lassen als backen.

589. Pekannussmakronen

OHNE MEHL | ETWAS TEURER
Für etwa 100 Stück
Einweichzeit: 2 Std.
Zubereitungszeit: 45 Min.
Trockenzeit: 2 Std.
Backzeit pro Backblech: 20 Min.

60 g getrocknete Datteln • 100 g getrocknete Feigen • 60 g Zitronat im Stück • 2 cl brauner Rum • 500 g Pekannüsse • 5 Eiweiße • 500 g Puderzucker • abgeriebene Schale von je 1 unbehandelten Zitrone und Orange
Außerdem: kleine, runde Backoblaten

– Die Datteln mit einem kleinen Messer aufschneiden und die Kerne entfernen. Die Feigen, die entkernten Datteln und das Zitronat mit einem großen Messer sehr fein hacken, in eine entsprechend große Schüssel füllen, mit dem Rum übergießen und zugedeckt etwa 2 Std. ziehen lassen.
– Die Pekannüsse fein mahlen. Die Eiweiße mit dem gesiebten Puderzucker sehr schaumig schlagen. Die abgeriebene Schale der Zitrone und der Orange, die frisch gemahlenen Pekannüsse sowie die marinierten Früchte unterheben und alles mit einem Holzspatel vorsichtig vermengen.
– Die Oblaten gleichmäßig dicht auf Backblechen verteilen. Einen Kaffeelöffel in kaltes Wasser tauchen und von der Masse kleine Makronenhäufchen abstechen, auf die Oblaten setzen und gegebenenfalls mit angefeuchteten Fingern ein wenig nachformen. Die Makronen auf den Blechen etwa 2 Std. trocknen lassen.
– Den Backofen auf 150° (Umluft 130°) vorheizen. Die Makronen etwa 20 Min. (Mitte) backen, sie sollen kaum Farbe bekommen. Dabei die Ofentür einen Spaltbreit offen lassen, damit die Feuchtigkeit besser entweichen kann. Auf einem Kuchengitter auskühlen lassen. Die überstehenden Oblatenränder abschneiden.

TIPP
Ersetzen Sie die Pekannüsse einmal durch eine Mischung aus fein gehackten Walnüssen und Rosinen oder durch einen Mix aus gehackten Haselnüssen, Mandeln und klein geschnittenen Trockenpflaumen.

590. Orangen-Haselnuss-Cookies

SCHNELL GEMACHT
Für etwa 80 Stück
Zubereitungszeit: 35 Min.
Backzeit pro Backblech: 10 Min.

180 g fein gehackte Haselnüsse • 125 g Puderzucker • 40 g fein gehacktes Orangeat • abgeriebene Schale von 1/2 unbehandelten Orange • 3 Eiweiße • 30 g Mehl (Type 405)
Außerdem: Backtrennpapier • 250 g geschmolzene Zartbitter-Kuvertüre

– Den Backofen auf 175° (Umluft 160°) vorheizen. Die Zutaten für den Teig vermengen und glatt rühren. Von der Teigmasse mit einem Teelöffel kleine Häufchen abstechen. In genügendem Abstand auf das mit Backpapier belegte Blech setzen und mit einer Gabel flach drücken. Etwa 10 Min. im Ofen (Mitte) backen. Auskühlen lassen.
– Unterseite der Cookies mit der Kuvertüre bestreichen, auf Backpapier trocknen lassen. Ist die Kuvertüre fest, das Papier abziehen.

591. Zedernbrote

BERÜHMTES REZEPT
Für 34 Stück
Zubereitungszeit: 25 Min.
Kühlzeit: 5 Std.
Backzeit pro Backblech: 18 Min.

Für den Teig: 50 g Zitronat • 300 g gemahlene Mandeln • abgeriebene Schale von 1 unbehandelten Zitrone • 2 Eiweiße • 200 g Puderzucker
Außerdem: Butter fürs Blech • Mehl für die Arbeitsfläche • 50 g Puderzucker und 2 TL Zitronensaft für die Glasur

– Das Zitronat sehr fein hacken und mit den Mandeln und der Zitronenschale mischen.
– Die Eiweiße halbsteif schlagen. Den Puderzucker langsam hinzufügen und den Eischnee steif schlagen. Die Mandelmischung mit einem breiten Kochlöffel unterheben. Die Masse etwa 5 Std. kühl stellen.
– Den Backofen auf 175° (Umluft 160°) vorheizen. Ein Backblech fetten. Die Arbeitsfläche mit Mehl bestäuben.

– Die Mandelmasse portionsweise zu einer etwa 2 cm dicken Rolle drehen, etwa 3 cm lange Stücke abschneiden und ovale Laibchen daraus formen. Die Laibchen auf das Blech legen und jeweils dreimal einkerben.
– Die Zedernbrote im Backofen (Mitte) 15–18 Min. backen. Mit einem breiten Messer auf ein Kuchengitter heben und abkühlen lassen.
– Für die Glasur den Puderzucker mit dem Zitronensaft verrühren und die Zedernbrote mit einem Pinsel damit bestreichen. Die Glasur 1–2 Std. trocknen lassen. Die Plätzchen zum Aufbewahren in eine Dose schichten.

592. Lübecker Kokosmakrönchen

SPEZIALITÄT AUS NORDDEUTSCHLAND
Für etwa 60 Stück
Zubereitungszeit: 45 Min.
Backzeit pro Backblech: 20 Min.

250 g Kokosraspel • 5 Eiweiße • 250 g Puderzucker • 400 g Marzipan-Rohmasse • abgeriebene Schale von 1/2 unbehandelten Zitrone • 2 EL Rum
Außerdem: 1/2 Tasse Zucker • 100 g Schokoladen-Fettglasur

– Die Kokosraspel zwischen den Handflächen zerreiben, auf ein Backblech streuen und bei 100° im geöffneten Backofen 20 Min. trocknen lassen.
– Die Eiweiße zu steifem Schnee schlagen. Die Hälfte des gesiebten Puderzuckers mit der Marzipan-Rohmasse und dem Eischnee verrühren. Die Kokosraspel, den restlichen Puderzucker, die Zitronenschale und den Rum zufügen und alles zu einem grobflockigen, zähflüssigen Teig verarbeiten.
– Den Backofen auf 160° (Umluft 140°) vorheizen. Den Teig in einen Spritzbeutel mit runder Lochtülle füllen und walnussgroße Kugeln auf das Backblech spritzen.
– Die Makrönchen mit dem Zucker bestreuen und im Ofen (Mitte) 15–20 Min. backen; sie sollen außen eine braune Kruste haben, innen aber weich bleiben. Sie garen noch nach und werden beim Auskühlen auf einem Kuchengitter fester.
– Die Schokoladen-Fettglasur im Wasserbad schmelzen lassen und die Makrönchen zu einem Drittel eintauchen. Zum Trocknen der Glasur die Makrönchen auf ein Kuchengitter legen. In einer gut schließenden Dose möglichst kühl aufbewahren, dann halten sich die Makrönchen mindestens 4 Wochen frisch.

593. Orangenplätzchen

OHNE MEHL | SCHNELL
Für etwa 30 Stück
Zubereitungszeit: 30 Min.
Backzeit: 10 Min.

300 g Marzipan-Rohmasse • 180 g Puderzucker • 2–3 Eiweiße • 40 g Orangeat
Außerdem: 200 g Mandelblättchen zum Bestreuen • 200 g Orangenmarmelade • geschmolzene Kuvertüre • Backtrennpapier fürs Blech

– Die Marzipan-Rohmasse zerkleinern und in eine Schüssel füllen. Den Puderzucker sieben, mit den Eiweißen zur Marzipan-Rohmasse geben und alles zu einer leichten, lockeren und glatten Masse verkneten. Das Orangeat fein hacken und untermischen.
– Den Backofen auf 190° (Umluft 170°) vorheizen. Mit einem Teelöffel von der Masse Häufchen abstechen. Auf ein mit Backpapier belegtes Blech setzen, dicht mit Mandeln bestreuen und im Ofen (Mitte) in 8–10 Min. nach Sicht hellbraun backen. Auskühlen lassen.
– Die eine Hälfte der Plätzchen auf der flachen Seite mit der Marmelade bestreichen und je ein Plätzchen als Deckel aufsetzen.
– Einen Teil der gefüllten Plätzchen seitlich in die Kuvertüre tauchen und trocknen lassen.

594. Johannisbeermakronen

OHNE MEHL | GELINGT LEICHT
Für etwa 30 Stück
Zubereitungszeit: 45 Min.
Trockenzeit: 8 Std.
Backzeit pro Backblech: 15 Min.

Für die Makronenmasse: 50 g Zartbitter-Kuvertüre • 90 g Mandeln • 450 g Marzipan-Rohmasse • 400 g Zucker • 1/4 TL gemahlener Zimt • 5 Eiweiße
Für die Füllung: 150 g Johannisbeergelee • 2 TL Glukosesirup
Außerdem: Backtrennpapier • Zucker zum Bestreuen • geschmolzene Zartbitter-Kuvertüre • Papier-Backförmchen

– Die Kuvertüre mit einem scharfen, großen Messer sehr fein hacken. Die Mandeln in einer Nussmühle fein mahlen. Die Marzipan-Rohmasse mit dem Zucker, den Mandeln, dem Zimt und 1 Eiweiß in einer mittelgroßen Schüssel gründlich verkneten. Nach und nach die restlichen Eiweiße einarbeiten, bis eine vollkommen glatte, spritzfähige Masse entstanden ist. Erst dann die Kuvertüre untermischen.

– Die Masse in einen Spritzbeutel mit Lochtülle Nr. 8 einfüllen und Halbkugeln auf die mit Backpapier belegten Bleche spritzen; dabei genügend Zwischenraum lassen, denn die Makronen laufen etwas auseinander. Die Makronen mit wenig Zucker bestreuen und etwas antrocknen lassen, am besten über Nacht.

– Den Backofen auf 160° (Umluft 140°) vorheizen. Makronen im Ofen (Mitte) 12–15 Min. backen, dabei die Ofentür einen Spalt offen lassen, damit der Dampf entweichen kann. Herausnehmen und abkühlen lassen.

– Makronen samt Papier vom Blech nehmen, umdrehen und die Unterseite des Papiers mit Wasser bepinseln, so lassen sich die Makronen besser vom Backpapier lösen.

– Das Johannisbeergelee mit dem Glukosesirup in einem kleinen Topf unter Rühren aufkochen. Das Gelee etwas abkühlen lassen und in eine Spritztüte (siehe auch Seite 423) oder einen Gefrierbeutel füllen; davon eine nicht zu große Ecke abschneiden.

– Die Hälfte der Makronen mit der Unterseite nach oben auf ein mit Backpapier belegtes Blech legen und jeweils einen großen Tupfen Gelee aufspritzen. Die restlichen Makronen darauf setzen und gut andrücken. Vollständig auskühlen lassen.

– Die zusammengesetzten und ausgekühlten Johannisbeermakronen bis zur Hälfte in die temperierte Kuvertüre tauchen. Auf Backpapier trocknen lassen und nach Belieben in Papier-Backförmchen setzen.

595. Ingwerquadrate

RAFFINIERT | OHNE MEHL
Für etwa 100 Stück
Zubereitungszeit: 35 Min.
Ruhezeit: 1 Std.
Backzeit pro Backblech: 10 Min.

Für den Teig: 6 Eiweiße • 1 TL Zitronensaft • 500 g Puderzucker • 125 g in Sirup eingelegter Ingwer (Spezialitätenregal im Supermarkt, ersatzweise kandierter Ingwer) • 700 g ungeschälte, gemahlene Mandeln • 1/2 TL gemahlener Zimt • 1 TL gemahlener Ingwer

Für die Glasur: 3 Eiweiße • 280 g Puderzucker
Außerdem: 200 g gemahlene Mandeln • Backtrennpapier fürs Blech • in Sirup eingelegter Ingwer zum Dekorieren, abgetropft und in kleine Würfel geschnitten

– Für den Teig die Eiweiße mit dem Zitronensaft zu schnittfestem Schnee schlagen, dabei den Puderzucker langsam einrieseln lassen. Weiterschlagen, bis der Eischnee glänzt und Spitzen zieht.

– Den eingelegten Ingwer gut abtropfen lassen und mit einem großen Messer fein hacken. Die Mandeln mit dem Zimt und dem gemahlenem Ingwer vermischen. Die Mandelmischung unter den Eischnee mengen, den gehackten Ingwer behutsam unterrühren und alles zu einem leichten Teig verkneten; den Teig mindestens 1 Std. ruhen lassen.

– Für die Glasur Eiweiße etwas anschlagen, den Zucker langsam einrieseln lassen und weiterschlagen, bis der Eischnee schnittfest ist und sich der Zucker aufgelöst hat.

– Die Arbeitsfläche dünn mit Mandeln bestreuen und den Teig darauf gleichmäßig 1 cm dick ausrollen. Dünn mit der Eiweißglasur bestreichen und 15 Min. trocknen lassen. Die Platte mit einem Messer in 3 cm große Quadrate schneiden. Dabei die Klinge zwischendurch wiederholt in kaltes Wasser tauchen und kurz abtropfen lassen, damit die Glasur nicht daran kleben bleibt.

– Den Backofen auf 140° (Umluft 120°) vorheizen. Die Quadrate auf ein mit Backpapier ausgelegtes Blech setzen und jeweils mit 1 Ingwerwürfelchen dekorieren. Im Ofen (Mitte) 8–10 Min. backen. Dabei unbedingt darauf achten, dass die Glasur sehr hell bleibt.

596. Makronenschnitten mit Himbeergelee

OHNE MEHL | NICHT GANZ EINFACH
Für etwa 30 Stück
Zubereitungszeit: 45 Min.
Backzeit: 20 Min.

200 g Haselnüsse • 2 Eiweiße • 1 Prise Salz • 150 g Zucker • 3 TL Vanillezucker
Außerdem: Backtrennpapier fürs Blech • 150 g Himbeergelee • Pergamentpapier

– Die Haselnüsse fein mahlen. Die Eiweiße mit Salz in einer Schüssel leicht anschlagen; sie dürfen jedoch nicht

zu Schnee geschlagen sein. Die fein gemahlenen Haselnüsse, den Zucker und den Vanillezucker unterrühren. Die Masse mit nassen Händen auf einer Arbeitsfläche zu 3 cm dicken Rollen von je 20 cm Länge formen.
– Den Backofen auf 200° (Umluft 180°) vorheizen. Mit den Fingern quer zur Rolle etwa 1 cm tiefe Rillen eindrücken. An jedem Rollenende jeweils 1 cm Teig überstehen lassen. Die Rollen vorsichtig auf ein mit Backpapier belegtes Blech setzen und im Ofen (Mitte) ca. 20 Min. backen. Herausnehmen, die Gebäckrollen vorsichtig auf ein Kuchengitter legen und abkühlen lassen.
– Das Gelee unter gelegentlichem Rühren in einem Topf erwärmen, bis es dickflüssig ist.
– Aus Pergamentpapier eine spitz zulaufende Tüte drehen, die am schmalen Ende ein kleines Loch hat (siehe auch Seite 423). Die Tütenform gegebenenfalls mit einem Klebstreifen fixieren. Das Himbeergelee in diesen Spritzbeutel aus Pergamentpapier füllen und damit in jede Rille der vorbereiteten Gebäckrollen einen Streifen Himbeergelee einfüllen und fest werden lassen.
– Die Gebäckrollen jeweils mittig zwischen den Geleestreifen durch in kleine Schnitten teilen.

TIPP

Sie können die Makronenschnitten ganz nach Gusto wahlweise auch mit anderen Gelees füllen, die leicht säuerlich sind, etwa von Äpfeln, Brombeeren, Johannisbeeren oder auch Preiselbeeren.

597. Basler Brunsli

SPEZIALITÄT AUS DER SCHWEIZ
Für 40 Stück
Zubereitungszeit: 45 Min.
Kühlzeit: 5 Std.
Backzeit pro Backblech: 18 Min.

100 g Zartbitter-Schokolade • 300 g gemahlene Mandeln • 1 TL gemahlener Zimt • 2 Eiweiß • 1 Prise Salz • 100 g Zucker
Außerdem: Zucker für die Arbeitsfläche • Butter fürs Blech

– Die Schokolade mit dem Blitzhacker zerkleinern und mit den Mandeln und dem Zimt mischen.
– Die Eiweiße mit dem Salz halbsteif schlagen. Den Zucker langsam einrieseln lassen und weiterschlagen, bis sich der Zucker ganz aufgelöst hat. Die Mandelmischung mit einem breiten Kochlöffel unter den Eischnee ziehen. Die Masse verkneten, dabei die Hände einmal kurz in kaltes Wasser tauchen.
– Die Arbeitsfläche mit Zucker bestreuen. Den Teig darauf etwa 1/2 cm dick ausrollen, dabei den Teigroller gelegentlich mit Zucker bestreuen. Mit einem Förmchen Herzen ausstechen.
– Ein Backblech gut einfetten und die Plätzchen darauf setzen. Die Plätzchen mindestens 5 Std. trocknen lassen. Den Backofen auf 175° (Umluft 160°) vorheizen. Die Mandelherzen im Ofen (Mitte) 15–18 Min. backen.
– Die Basler Brunsli mit einem breiten Messer auf ein Kuchengitter heben und gut abkühlen lassen. Die Plätzchen zum Aufbewahren in eine Dose schichten.

TIPP

Im Originalrezept bleiben Basler Brunsli unverziert. Noch dekorativer werden die Mandelplätzchen jedoch mit zarter Schokoglasur. Dafür 100 g Zartbitter-Kuvertüre im warmen Wasserbad schmelzen lassen. Die flüssige Kuvertüre in eine kleine Spritztüte aus Pergament (siehe Seite 423) und Streifen oder Kringel auf die abgekühlten Mandelherzen spritzen. Die Mandelherzen auf einem Kuchengitter etwa 1 Std. trocknen lassen.

598. Bärentatzen

BERÜHMT | BRAUCHT ZEIT
Für etwa 40 Stück
Zubereitungszeit: 1 Std.
Ruhezeit: 12 Std.
Backzeit pro Backblech: 15 Min.

125 g Zartbitter-Schokolade • 250 g Mandeln oder je 125 g Mandeln und Haselnüsse • 3 Eiweiße • 250 g Zucker • 1/2 TL gemahlener Zimt • je 1 Prise gemahlene Nelken und Kardamom • 2 EL Kakao • abgeriebene Schale von 1/2 unbehandelten Zitrone
Außerdem: Zucker für Arbeitsfläche und Formen • Bärentatzenform • 100 g dunkle oder weiße Kuvertüre für die Glasur

– Schokolade in kleine Stücke brechen oder schneiden. In einer Schüssel mit den Mandeln (oder Mandeln mit Haselnüssen) vermischen.
– Nun die Mischung portionsweise durch eine Mandelmühle treiben oder im elektrischen Zerkleinerer fein mahlen. Nicht zu lange mahlen, da die Schokolade sonst zu warm wird und schmilzt.
– In einer Schüssel die Eiweiße mit dem Schneebesen des Handrührers (oder in der Küchenmaschine) steif schlagen. Ein Messerschnitt muss dabei im Eischnee sichtbar bleiben.
– Die gemahlene Mandel-Schokoladen-Mischung mit dem Zucker, den Gewürzen, dem Kakao und der Zitronenschale zum Eischnee geben. Mit einem Rührlöffel oder breiten Teigspatel gründlich unterrühren, sodass ein fester Teig entsteht.
– Die Arbeitsfläche mit Zucker bestreuen. Aus dem Teig gut walnussgroße Kugeln formen und rundum im Zucker wälzen. Die Bärentatztenform so gut es geht auszuckern. Nun Kugel für Kugel in die Form drücken und gleich wieder herauslösen. Den Teig eventuell ganz vorsichtig mit einem spitzen Messer lösen. Überstehende Ränder glatt schneiden.
– Das Backblech vorbereiten. Die Bärentatzen darauf verteilen und über Nacht trocknen lassen. Durch das Antrocknen springen die Bärentatzen beim Backen etwas hoch und bekommen ein „Füßchen".
– Am nächsten Tag Backofen auf 180° (Umluft 160°) vorheizen. Das Blech in den Ofen (Mitte) schieben und die Bärentatzen etwa 15 Min. backen. Auf einem Kuchengitter auskühlen lassen.
– Kuvertüre zerbröckeln und im Wasserbad schmelzen. Die Bärentatzen mit dem unteren Ende zu etwa einem Drittel eintauchen. Auf ein Kuchengitter setzen und trocknen lassen.

TIPPS

• Die Bärentatzenformen bekommen Sie aus Holz oder Metall in Haushaltswarenläden.
• Wenn der Zucker in den Formen nicht richtig hält, diese immer wieder ganz dünn mit Fett ausstreichen.
• Versuchen Sie die Bärentatzen einmal statt mit Mandeln und/oder Haselnüssen mit Walnüssen, Pekannüssen oder Macadamianüssen. Und die Zartbitter-Schokolade zur Hälfte mit Vollmilch-Schokolade mischen.

599. Zimtsterne

DIE WEIHNACHTSKLASSIKER
Für etwa 40 Stück
Zubereitungszeit: 1 Std.
Ruhezeit: 30 Min.
Backzeit pro Backblech: 25 Min.

3 Eiweiße • 200 g Puderzucker • 1 Päckchen Vanillezucker • 400 g gemahlene Mandeln • 2 TL gemahlener Zimt
Außerdem: Backtrennpapier fürs Blech

– Die Eiweiße steif schlagen, dabei den Puderzucker und den Vanillezucker nach und nach dazugegeben. Etwa 1 Tasse von dem Eischnee abnehmen und kühl stellen.
– Unter den restlichen Eischnee 300 g Mandeln und das Zimtpulver heben. Den Teig zugedeckt etwa 30 Min. kühl ruhen lassen.
– Das Backblech mit Backpapier auslegen. Den Backofen auf 150° (Umluft 130°) vorheizen.
– Arbeitsfläche mit den restlichen Mandeln bestreuen und den Teig darauf etwa 7 mm dick ausrollen. Einen Sternausstecher in kaltes Wasser tauchen, einen Stern damit ausstechen und auf das Backblech setzen. So fortfahren, bis der ganze Teig verbraucht ist. Die Sterne dünn mit dem restlichen Eischnee bestreichen.
– Die Zimtsterne im Backofen (Mitte) 25 Min. backen. Die abgekühlten Zimtsterne bewahren Sie am besten in einer gut schließenden Blechdose auf.

600. Gewürzplätzchen

SCHNELL | GELINGT LEICHT
Für etwa 30 Stück
Zubereitungszeit: 30 Min.
Backzeit pro Backblech: 20 Min.

2 Eier • 100 g Zucker • 2 EL Rum • je 1 TL frisch gemahlener Kardamom, gemahlene Gewürznelken und gemahlener Zimt • 150 g Mehl (Type 405)
Außerdem: reichlich Butter fürs Blech

– Den Backofen auf 210° (Umluft 190°) vorheizen. Das Backblech zur Hälfte großzügig mit Butter bestreichen.
– Die Eier mit dem Zucker, Rum und den Gewürzen weißschaumig rühren; das dauert mit dem Schneebesen 10 Min., mit dem elektrischen Rührgerät etwa 5 Min.

– Das Mehl über die Schaummasse sieben und mit einem Rührlöffel unterheben. Teig mit einem nassen Teigschaber auf den gefetteten Teil des Blechs streichen und im Ofen (Mitte) 10 Min. backen.
– Den Teig aus dem Backofen nehmen, in 3 x 5 cm große Rechtecke schneiden, wieder in den Backofen schieben und noch so lange backen, bis die Oberfläche kräftig gebräunt ist.
– Die Gewürzplätzchen dann auf einem Küchengitter abkühlen lassen. Nach Belieben mit etwas Puderzucker bestäuben.

601. Biskuit-Schokoladen-Plätzchen

SCHMECKT KINDERN
Für 80 Stück
Zubereitungszeit: 1 Std.
Backzeit pro Backblech: 8 Min.

3 Eier • 100 g Zucker • 150 g Mehl (Type 405) • 100 g Speisestärke • 50 g Instant-Schokoladenpulver • 1/2 TL Backpulver • 150 g Schokoladenstreusel
Außerdem: Backtrennpapier fürs Blech

– Den Backofen auf 180° (Umluft 160°) vorheizen. Das Backblech mit Backpapier auslegen.
– Die Eier in Eigelbe und Eiweiße trennen. Die Eiweiße zu sehr steifem Schnee schlagen. Die Eigelbe mit 3 EL heißem Wasser und dem Zucker schaumig rühren.
– Den Eischnee über die Schaummasse füllen. Das Mehl mit der Speisestärke, dem Schokoladenpulver und dem Backpulver mischen, über den Eischnee sieben und alles mit einem Rührlöffel vorsichtig vermengen.
– Mit zwei Teelöffeln kleine Häufchen in genügend Abstand voneinander auf das Backblech setzen und jedes Häufchen mit Schokoladenstreuseln bestreuen.
– Die Plätzchen im Ofen (Mitte) in etwa 8 Min. goldbraun backen. Die fertigen Plätzchen auf einem Kuchengitter auskühlen lassen.

602. Badener Chräbeli

LEICHT ZU MACHEN
Für etwa 40 Stück
Zubereitungszeit: 30 Min.
Ruhezeit: 10–12 Std.
Backzeit: 15 Min.

250 g Mehl (Type 405) • 250 g Zucker • 2 Eier • 1 EL Anissamen • abgeriebene Schale von 1/2 unbehandelten Zitrone
Außerdem: Butter und Mehl fürs Blech

– Zwei Backbleche mit Butter fetten und mit Mehl bestäuben. Backofen auf 190° (Umluft 170°) vorheizen.
– Das Mehl in eine Schüssel sieben. Den Zucker mit den Eiern schaumig rühren und das Mehl löffelweise unter den Teig mischen. Zuletzt die Anissamen und die Zitronenschale untermengen.
– Teig zu fingerdicken Rollen formen, in 5–6 cm lange Stücke schneiden und halbmondähnlich formen. Die Oberseite der kleinen Halbmonde mit einem dünnen, scharfen Messer dreimal schräg einschneiden. Chräbeli auf das Backblech legen und über Nacht bei Raumtemperatur ruhen lassen. Im Ofen (Mitte) 10–15 Min. backen.

TIPP
Die Halbmonde sind die typische Form für Chräbeli. Sie können aber auch die Rolle einfach in gleich dicke Scheiben schneiden, diese mit Einschnitten versehen und wie im Rezept angegeben weiter verarbeiten.

603. Anisplätzchen

GANZ EINFACH
Für etwa 60 Plätzchen
Zubereitungszeit: 30 Min.
Trockenzeit: 12 Std.
Backzeit pro Backblech: 30 Min.

150 g Puderzucker • 2 Eier • 1 Prise Salz • 1 Päckchen Vanillezucker • 150 g Mehl (Type 405) • 1 TL gemahlener Anis
Außerdem: Butter und Mehl fürs Blech

– 2 Backbleche mit Butter bestreichen und mit Mehl bestäuben.
– Den Puderzucker sieben und mit den Eiern, dem Salz und dem Vanillezucker am besten mit dem elektrischen Rührgerät im Wasserbad bei mittlerer Hitze schaumig rühren. Die Masse aus dem Wasserbad nehmen und wieder kalt rühren.

– Das gesiebte Mehl mit dem Anis unter die Schaummasse heben. Den Teig in einen Spritzbeutel mit Lochtülle füllen und auf die Backbleche runde Plätzchen mit 2,5 cm Ø spritzen. Die Plätzchen 12 Std. bei Raumtemperatur trocknen lassen.
– Den Backofen auf 140° (Umluft 120°) vorheizen. Die Plätzchen 20–30 Min. (Mitte) backen. Die Plätzchen sind fertig, wenn sie an der Unterseite leicht zu bräunen beginnen, die Häubchen aber noch fast weiß sind. Auf einem Kuchengitter auskühlen lassen.

TIPP

Bevor Sie die Anisplätzchen verzehren, sollten sie möglichst 2–3 Wochen kühl lagern. Dadurch werden die Plätzchen weicher.

604. Nussbiskuits mit Himbeer-Schokoladen-Glasur

FÜR GÄSTE | SCHNELL
Für etwa 60 Stück
Zubereitungszeit: 25 Min.
Backzeit pro Backblech: 15 Min.

4 Eigelbe • 80 g Zucker • Mark von 1/2 Vanilleschote • 4 Eiweiße • 20 g Speisestärke • 90 g Mehl (Type 405)
Außerdem: Backtrennpapier für die Bleche • 150 g fein gehackte Haselnüsse zum Bestreuen • 250 g passierte, erwärmte Himbeerkonfitüre • 500 g geschmolzene Zartbitter-Kuvertüre

– Den Backofen auf 160° (Umluft 140°) vorheizen. Die Eigelbe mit 20 g Zucker und Vanillemark weißschaumig rühren. Die Eiweiße mit dem restlichen Zucker steif schlagen. Die Hälfte unter die Eigelbmasse heben, den restlichen Eischnee darauf setzen.
– Das mit der Speisestärke vermischte Mehl vorsichtig unterheben. Die Masse in einen Spritzbeutel mit Lochtülle Nr. 8 füllen und etwa 5 cm lange „Löffel" auf die Bleche spritzen. Mit Haselnüssen bestreuen und in etwa 15 Min. (Mitte) goldbraun backen. Auskühlen lassen.
– Die Unterseite der gebackenen Biskuitplätzchen mit der erwärmten Konfitüre bestreichen und antrocknen lassen. Mit der bestrichenen Seite in die Kuvertüre tauchen, abtropfen und fest werden lassen.

605. Schwäbische Springerle

WEIHNACHTSKLASSIKER
Für etwa 60 Springerle
Zubereitungszeit: 1 Std.
Trockenzeit: 24 Std.
Backzeit pro Backblech: 30 Min.

500 g Puderzucker • 4 Eier • abgeriebene Schale von 1 unbehandelten Zitrone • 500 g Mehl (Type 405)
Außerdem: Butter, Mehl und Anis (Samen oder gemahlen) fürs Blech • Springerle-Holzmodeln

– Ein Backblech mit Butter fetten, mit Mehl bestäuben und mit Anis bestreuen. Den Puderzucker mit den Eiern schaumig rühren, am besten mit dem Handrührgerät. Die Zitronenschale und das gesiebte Mehl nach und nach unter die Schaummasse rühren.
– Den Teig durchkneten und auf der bemehlten Arbeitsfläche 1 cm dick ausrollen. Die Holzmodeln mit Mehl ausstäuben. Die Oberfläche der Teigplatte dünn mit Mehl bestäuben. Die Modeln auf die Teigplatte drücken die Kanten mit einem Messer glatt schneiden und den Teig wieder aus den Modeln klopfen. Das Mehl an der Teigoberfläche mit einem Pinsel entfernen. Springerle auf das Backblech legen und 24 Std. bei Raumtemperatur trocknen lassen.
– Den Backofen auf 160° (Umluft 140°) vorheizen. Die Springerle im Ofen (Mitte) 20–30 Min. bei leicht geöffneter Backofentür backen. Die Oberfläche der Springerle soll weiß bleiben, nur die Unterseite darf leicht bräunen. Die Springerle auf einem Kuchengitter auskühlen lassen.

TIPPS

- **Für Springerle brauchen Sie kleine Holzmodeln mit möglichst unterschiedlichen Mustern, die Sie in Haushaltswarenläden bekommen.**
- **Die Modeln müssen ganz trocken sein, sonst bleibt der Teig in ihnen kleben. Deshalb die Formen immer wieder mit Mehl bestäuben.**
- **Nach dem Backen sind die Springerle meist hart. Sie müssen 2–3 Wochen in einer gut schließenden Dose kühl lagern, dann werden sie weicher. Sie können auch ein Stück Apfel in die Dose legen.**

606. Schottische Haferplätzchen

BLITZREZEPT
Für etwa 30 Stück
Zubereitungszeit: 20 Min.
Backzeit pro Backblech: 12 Min.

125 g Butter • 125 g Zuckerrohrgranulat • 1 Prise Salz • je 100 g feine und grobe Haferflocken • 1 TL Backpulver • 2 EL Amaretto
Außerdem: Butter fürs Blech

– Die Butter mit dem Zuckerrohrgranulat und dem Salz in einem Topf unter ständigem Umrühren zerlassen. Beide Haferflockensorten mit dem Backpulver und dem Likör unter die Butter-Zucker-Mischung mengen und den Topf vom Herd nehmen.
– Den Backofen auf 200° (Umluft 180°) vorheizen. Das Backblech mit Butter fetten. Den Teig mit einem feuchten Teigschaber auf dem Backblech etwa 1 cm dick zu einem Rechteck verstreichen und im Ofen (Mitte) etwa 12 Min. hellgelb backen.
– Den Kuchen auf dem Blech abkühlen lassen, in 30 gleich große Rauten schneiden und diese auf einem Kuchengitter kalt werden lassen.

TIPPS

- **Amaretto ist ein italienischer Mandellikör von durchschnittlich 28 % Vol. Er verleiht Plätzchen, Konfekt und Desserts einen aromatischen, zartbitteren Geschmack.**
- **Am besten schmecken die schottischen Haferplätzchen, wenn sie noch frisch verzehrt werden.**

607. Florentiner

BLITZREZEPT
Für etwa 30 Stück
Zubereitungszeit: 20 Min.
Backzeit: 8 Min.

50 g Butter • 100 g gehackte Haselnüsse • 100 g Zucker • 45 g Mehl (Type 405) • 50 g Crème double
Außerdem: Backtrennpapier für die Backbleche • 200 g geschmolzene Halbbitter-Kuvertüre

– Die Butter langsam in einem kleinen Topf zerlassen, vom Herd nehmen und etwas abkühlen lassen. Die Haselnüsse mit dem Zucker und dem Mehl vermischen. Die flüssige Butter zugießen, Crème double einrühren und alles zu einer weichen Masse verrühren.
– Den Backofen auf 180° (Umluft 160°) vorheizen. Die Backbleche mit Backpapier auslegen. Die Masse in Häufchen von etwa 10 g, das entspricht ungefähr einem gestrichenen Esslöffel, in großem Abstand voneinander auf die Backbleche setzen. Es passen jeweils 6–7 Florentiner auf ein Blech. Im Ofen (Mitte) nacheinander nach Sicht in etwa 8 Min. goldbraun backen. Die Florentiner zum Auskühlen auf flache Teller legen.
– Die Unterseite der gebackenen Florentiner mit einem Pinsel mit der Kuvertüre bestreichen. Die Florentiner auf Backpapier trocknen lassen.

TIPP

Ganz nach Belieben können Sie mit einem Garnierkamm Wellenlinien in die noch weiche Kuvertüre ziehen.

608. Blitz-Kekse

BLITZREZEPT
Für 20 Stück
Zubereitungszeit: 15 Min.
Backzeit pro Backblech: 7 Min.

150 g gehobelte Haselnüsse • 80 g Zucker • 1 Msp. gemahlener Zimt • 4 EL Honig • 1 EL Butter • 125 g Sahne • 2 EL Mehl (Type 405)
Außerdem: Backtrennpapier fürs Blech

– Den Backofen auf 200° (Umluft 180°) vorheizen. Das Backblech mit Backpapier auslegen. Die Haselnüsse mit dem Zucker, dem Zimt und dem Honig in einem Topf so lange erhitzen, bis sich der Zucker vollständig aufgelöst hat. Die Butter und die Sahne dazugeben, die Masse einmal aufkochen und 2 Min. köcheln lassen.
– Das Mehl unterrühren und die Masse nochmals aufkochen. Den Topf vom Herd nehmen und die Masse etwas abkühlen lassen.
– Mit einem Esslöffel aus dem Teig kleine Häufchen mit Abstand auf das Backblech setzen. Die Kekse im Ofen (Mitte) 7 Min. backen.

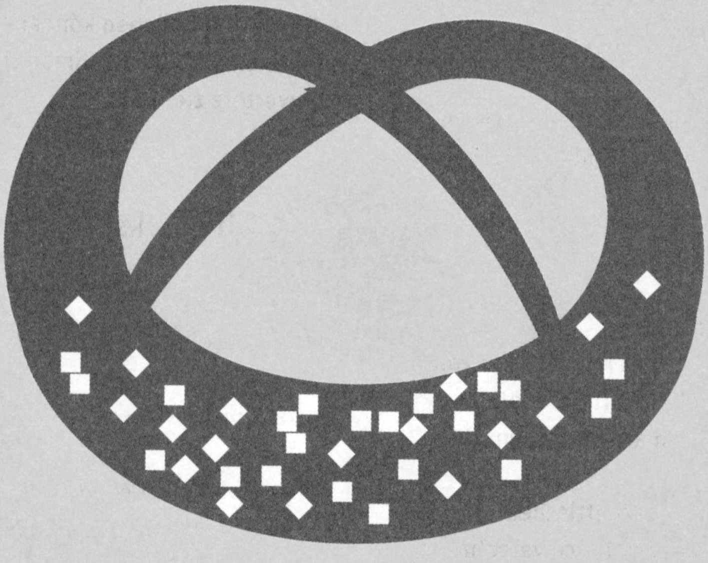

BROT & BRÖTCHEN

Brot war wahrscheinlich das erste Gebäck, das die Menschen gebacken haben – als Fladen aus Wasser und Mehl auf heißen Steinen. Und daraus ist dann ein wahres Universum entstanden mit Zentralgestirnen wie Roggen-Sauerteig-Brot und Weizenmischbrot, umkreist vom raktengleichen Baguette, der fliegenden Untertasse Pita und all den kleinen Monden und Meteoriten mit Namen Brötchen oder Bagel. Hier die Koordinaten dazu.

Kennen Sie (noch) Ulrich Klever? Ein Mann, der viel wusste und gut davon erzählen konnte, vor allem vom Kochen. Das tat er dann auch mit Hingabe in seinen Fernsehsendungen und Kochbüchern, von denen seit den Siebzigerjahren viele bei GU erschienen sind. Als einer der ersten in der Branche war er professionell und populär zugleich und ist bis heute damit ein Vorbild für alle TV-Köche und Kochbuchschreiber – wenn sie gut sein wollen. Schön, schön, aber was hat das jetzt alles mit Brot zu tun?

Gute Gründe fürs Brotbacken

Fürs Brotbacken hatte Klever eine eigene Leidenschaft und auch darüber viel Gutes geschrieben, unter anderem gemeinsam mit seiner Frau „Das große Buch vom Brotbacken", in dem schon vor mehr als 30 Jahren eigentlich alles stand, was dazu zu sagen ist: dass selber backen einen vor Fertigmischungen und Industriebackhilfen beim Abendbrot bewahrt (wobei damals die Auswahl an guten Bio-Bäckern mehr als gering war); dass man sich mit seinem Hausbrot ganz nach dem eigenen Geschmack richten kann; dass Brotbacken ein nützliches Hobby auch für Männer ist, die gern werkeln und tüfteln; und dass Brotbacken einen sogar zur Besinnung bringen kann. Doch lesen Sie selbst: „Denn durch die Kunst des Brotbackens kann man seinem Leben einen Teil der Ursprünglichkeit zurückgeben. Und wenn das heiße, köstlich duftende und wohl gelungene Brot aus dem Ofen kommt, hat man eine nur schwer zu beschreibende schöpferische Befriedigung."

Das klingt sehr heutig. Ein wenig Nostalgie ist natürlich auch dabei, Sehnsucht nach jener Zeit, als das Brotbacken noch fest im Wochenlauf verankert war und die Küche für Stunden in Beschlag nahm – es sei denn, man traf sich im Backhaus des Ortes, wie man es im Orient bis heute noch pflegt. Aus diesen Traditionen heraus ist Brot in der Welt ein kulinarisches Heiligtum, mit dem viele Bräuche und Riten verbunden sind.

Heilig und heikel zugleich

Aber: „Brotbacken ist nicht nur heilig", schreibt Klever, „es ist auch heikel." Und aufwändig dazu. Und eine Mühe, gerade wenn man es immer wieder tun muss. Andererseits kann diese Routine auch zu einem natürlichen Rhythmus in der Zeitgestaltung werden und das wöchentliche Brotbacken zu einer Übung in Konzentration und Körpergefühl. Denn wer sein Brot backt, lernt nicht nur etwas über Getreide und Teige, er kann auch ein Gespür für die richtige Konsistenz des Brotteigs zur richtigen Zeit, über das Verhalten von Bakterien und Hefen oder sogar über den Einfluss des Wetters aufs Backen entwickeln.

Wem das jetzt alles ein bisschen zu viel Arbeitsethik und Zen-Meditation ist, für den gibt es aber Trost: Denn viele der Brotrezepte in diesem Kapitel sind nämlich so simpel wie ein Hefezopf, selbst wenn Sauerteig mit im Spiel ist. Und egal, ob Hefe-Fladenbrot oder Roggen-Sauerteig-Brot – gelingt einem das, ist der Erfolg überwältigender als bei jeder Torte, für einen selbst und bei anderen. Oder um mit Klever zu schließen: „Wenn ich einen großen, runden Brotlaib in den Arm nehme, um mir eine Scheibe abzuschneiden, dann spüre ich im Bauch ein Glücksgefühl, und das Wasser läuft mir im Munde zusammen."

Was ist …

… ein Brötchen? Sprachlich wie räumlich die Verkleinerung des Brots. Vorteile: viel Kruste und Krume auf einen Griff; zwei Scheiben auf einen Schnitt, die leichter zu belegen, zusammenzuklappen und zu essen sind als Brot. Nachteile: oft Objekt von Backbetrügern, die für ungenießbare, aufgebackene Teile aus TK-Rohlingen zu viel Geld verlangen; müssen morgens geholt werden. In manchen Gegenden muss man dabei Semmel (rund um die Alpen), Rundstück (rund um die Alster), Schrippe (rund um Berlin), Weck, Kipf usw. sagen, um Brötchen zu bekommen. Weitere Formen: Kaiserbrötchen (mit geschwungenen Einschnitten bzw. Falten), Rosenbrötchen (mit schroffer Oberfläche), Vollkornbrötchen (mindestens 50% Vollkorngetreide), Roggenbrötchen (mindestens 90% Roggen).

… eine Breze(l)? Aus länglichem Hefeteigstück schwungvoll geformtes Brauchtumsgebäck, dessen Ursprung in den über der Brust gekreuzten Armen von Gläubigen liegen soll. Wird üblicherweise vor dem Backen in Natronlauge getaucht, was ihr die dunkel glänzende Kruste gibt. In Bayern immer nach „Breze“ oder „Brezn“ fragen. Rezept Nr. 712.

… ein Brioche? Kuchenähnliches lockeres Gebäck aus buttrigem, leicht süßem Hefeteig. Passt als „Brötchen“ zum Café au lait wie auch in Scheiben getoastet zur Leberpastete. Rezept Nr. 713.

… ein Bagel? Ringförmiges Hefeteiggebäck, das vor dem Backen in siedendes Wasser getaucht wird. Ursprünglich Brauchtumsgebäck aus Osteuropa, das über jüdische „Delis“ in den USA zum westlichen Trendgebäck wurde. Wird gern aufgeschnitten und bestrichen oder belegt. Rezepte Nr. 710, 711.

… ein Scone? Luftiges weiches Backpulverbrötchen, das mit „dicker“ Sahne und Marmelade zum englischen 5-Uhr-Tee serviert wird. Rezept Nr. 694.

Die Hausbrote

Damit ist das gemeint, was in den Häusern unseres deutschen Sprachraums noch als echtes Brot vom Korn auf den Tisch kommt: runde, ovale und kastenförmige Laibe, unter deren mal glänzend glatter, mal knusprigmehliger Kruste eine Krume von roggenbraun bis weizenweiß liegt, die nicht zu locker ist, damit man das Ganze gut in Scheiben schneiden, seine Butter darauf schmieren und Wurst oder Käse darüber legen kann. Brote also, die eher zu einer Mahlzeit werden als zu einer Mahlzeit gehören, wie es in den meisten anderen Ländern der Welt üblich ist. Die wichtigsten unter den Hausbroten sind die Mischbrote aus zwei Sorten Getreide, die fast immer Weizen und Roggen sind und deren Mischung je nach Land und Region unterschiedlich ausfällt. Mehrkornbrote enthalten mehrere Getreidesorten, Vollkornbrote müssen aus mindestens 90 % Vollkornmehl und/oder Vollkornschrot bestehen, Roggen- bzw. Weizenbrote jeweils aus mindestens 90 % ihres Getreides (mehr dazu in „KOCHEN! Das Gelbe von GU“ in den Kapiteln „Pizza & Brot“ und „Butterbrot & Toast“). Die meisten dieser Brote sind für einige Tage haltbar, erfordern aber oft ein wenig Erfahrung in der Herstellung.

Die Weltbrote

Viele dieser Brote sind auch bei unseren Bäckern inzwischen Standard – französiches Baguette, italienisches Ciabatta und türkisches Fladenbrot etwa. Brote also, die fast nur mit Weizenmehl und Hefe gebacken werden und als Beilage zu den für ihre Länder typischen Gerichten serviert werden, auch wenn wir daraus gern Sandwiches oder Canapés machen. Eigentlich sind sie auch Hausbrote, nur eben aus einer anderen Region. Frisch gebacken schmecken sie am besten. Da ist es gut, dass ihre Zubereitung meistens relativ simpel ist.

Von Brötchen bis Bagel

Hier geht es um die kleinen Vertreter der Haus- und Weltbrote, wie der Name Brötchen schon sagt. Oft weichen sie aber nicht nur in der Größe, sondern auch in der Form von ihren Vorbildern ab, wie die Breze(l) oder der Bagel. Dahinter kann ein alter Brauch, Hausfrauentradition oder Bäckerkreativität stecken – nicht selten all das zusammen. Mehr zu den einzelnen Stücken gleich links unter „Was ist …?“.

Brot mit Hefe backen

Den Teig ansetzen

Hefe wird vor allem für Weißbrote aus Weizenmehl als Treibmittel genutzt, aber auch dunklere und mit Sauerteig angesetzte Brote können durch Hefe beim Gehen und Gären unterstützt werden. Bäcker sprechen dabei von „Führung". Wird erst ein Vorteig angesetzt, heißt es indirekte Führung. Dazu wird die Hefe in etwas Wassers aufgelöst, oft mit Zucker oder Honig als Nahrung für die Hefepilze. Dazu kommt etwas Mehl, dann lässt man diesen Vorteig gehen – bei lauwarmem Wasser 15–30 Minuten, bei kaltem auch länger (empfiehlt sich für schwerere Misch- und vor allem Vollkornbrote). Er sollte dann zähflüssiger und blasig sein.

Den Teig kneten

Ist der Vorteig fertig, werden alle Zutaten miteinander verknetet. Fett, Eier und Salz kommen erst zum Schluss dazu. So ist es auch bei der „direkten Führung", bei der die gelöste Hefe gleich mit allen Zutaten verknetet wird. Ist der Teig glatt und löst er sich gut von der Schüssel, dann ist die Flüssigkeit aufgenommen, das Mehl genug gequollen und der Teig warm genug, um gut zu gehen. Weizenmehl kann länger als Roggenmehl geknetet werden. Und: Teige, die länger geknetet wurden, müssen nicht mehr so lange gehen.

Den Teig gehen lassen

Bäcker sprechen hier von der „Teigreife". Dabei quillt das Mehl weiter im Teig und nimmt Flüssigkeit auf (daher sind frisch geknetete Teige immer noch etwas feucht), zugleich reagieren die Hefepilze mit dem Zucker und der Flüssigkeit, gären und bilden Gase, die den Teig aufgehen lassen. An einem warmen Ort (26–28°) geht das rascher als an einem kühleren (20°), die kühle Teigführung wird daher vor allem für kürzer geknetete Misch- und Vollkornbrote empfohlen. Wichtig ist immer, dass keine Zugluft an den gärenden Teig kommt – also weg vom Fenster damit und ihn abdecken. Ist der Teig gut und gleichmäßig aufgegangen und hat er eine seidige Oberfläche, ist die „Gärreife" nahezu erreicht. Bleibt der Teig klein und kompakt und klebt er später beim Kneten, ist er nicht richtig aufgegangen. Ist er trocken, rissig und innen sehr locker und „bockt" er beim Kneten, ging er zu lange.

Das Brot formen

Profis machen das in zwei Arbeitsgängen: Zuerst wird der Teig nochmals richtig durchgeknetet, damit die Gase entweichen, dann werden daraus Rohlinge geformt – längliche für Weiß- und Kastenbrote, rundliche für Brotlaibe. Diese lässt man 15–20 Minuten zwischengären, bevor sie endgültig geformt werden. So backen sie gleichmäßiger. Fast immer müssen sie nach dem endgültigen Formen je nach Rezept erneut gehen. Sollen die Brote beim Backen nicht unkontrolliert aufplatzen (bei manchen rustikalen Sorten ist das erwünscht), werden sie nach dem Formen bzw. direkt vor dem Backen eingeschnitten – mal schräg wie das Baguette, mal der Länge nach wie ein Kastenbrot, mal über Kreuz wie manche runden Laibe.

Das Brot backen

Brote können „freigeschoben", also ohne Form auf einem Blech in den Ofen gegeben werden oder sie werden in einer Form gebacken. Bei mehreren Broten ist es wichtig, dass sie genug Abstand zueinander haben, sodass sie sich beim Aufgehen nicht stören oder bei Formen die Hitze nicht gleichmäßig wirken kann. Werden die Brote vor dem Backen mit Wasser bestrichen, gibt das mehr Glanz und Kruste, macht aber auch die Oberfläche dehnbarer und schützt sie so vor Rissen. Ebenso wirkt Dampf, „Schwaden" genannt, der außerdem das Brot im Ofen besser aufgehen lässt. Dazu eine Tasse Wasser 5 Minuten vor dem Einschieben des Brotes auf ein Backblech am Ofenboden gießen. Weitere Tipps zum Umgang mit Hefeteig sowie mit Sauerteig finden Sie auf den Seiten 413 und 416.

609. Einfaches Kastenweißbrot

SCHNELL | PREISWERT
Für 1 Kastenform (25 cm Länge)
Zubereitungszeit: 20 Min.
Gehzeit: 1 Std.
Backzeit: 1 Std. 10 Min.

1/2 l lauwarme Milch • 1 Würfel frische Hefe (42 g) • 1 TL Zucker • 1 EL Salz • 1 kg Mehl • 6 EL flüssige Butter
Außerdem: Butter für die Form

– Die Milch mit Hefe und Zucker verrühren, das Salz und das Mehl mischen. Die Hefemilch darüber gießen, mit etwas Mehl bestreuen und die Butter einrühren.
– Den Teig 10 Min. kneten und in einer abgedeckten Schüssel 30 Min. gehen lassen. Kastenform einfetten. Den Teig noch einmal durchkneten, in die Form legen und ein weiteres Mal abgedeckt 30 Min. gehen lassen.
– Den Backofen auf 190° (Umluft 170°) vorheizen. Die Teigoberfläche einmal längs einschneiden und mit lauwarmem Wasser bestreichen. Das Brot im Ofen (Mitte) 60–70 Min. backen.

TIPPS

• Aus diesem Teig können Sie auch einen Zopf flechten (siehe auch Seite 419), den Sie mit etwas Milch bestreichen und dann backen.
• Das Weißbrot schmeckt besonders saftig und würzig, wenn Sie einen festen Apfel zum Teig raspeln und zusätzlich noch 50 g gehackte Erdnüsse einarbeiten.

610. Toastbrot

GUT ZUM FRÜHSTÜCK
Für 1 Kastenform (30 cm Länge)
Zubereitungszeit: 25 Min.
Gehzeit: 1 1/2 Std.
Backzeit: 1 Std.

800 g Weizenmehl (Type 550) • 3 gestrichene TL Salz • 1/4 l lauwarme Milch • 1 Würfel frische Hefe (42 g) • 100 g weiche Butter
Außerdem: Butter für die Form

– Das Mehl in eine Schüssel sieben, mit dem Salz vermengen und in die Mitte eine Mulde drücken. 1/4 l lauwarmes Wasser mit der Milch vermischen und die Hefe darin auflösen. Die Hefelösung in die Mulde gießen. Die Butter in Stückchen schneiden und auf das Mehl setzen. Alle Zutaten zunächst mit einer Gabel verrühren und dann mit den Händen zu einem geschmeidigen Teig kneten.
– Teig zu einer Kugel formen und mit einem Küchentuch zugedeckt an einem warmen und zugfreien Ort etwa 30 Min. gehen lassen, bis sich sein Volumen verdoppelt hat.
– Den Backofen auf 200° (Umluft 180°) vorheizen, die Kastenform ausfetten. Den Teig auf einer bemehlten Arbeitsfläche erneut durchkneten. Zu einem Zopf flechten (siehe auch Seite 419) und in die Form legen. Die Form mit dem Tuch zudecken und den Teig nochmals 45–60 Min. gehen lassen, bis sich sein Volumen so vergrößert hat, dass die Form mit Teig ausgefüllt ist.
– Das Kastenbrot im Ofen (Mitte) 50–60 Min. backen. Wenn man das Brot 10 Min. vor Ende der Garzeit aus der Form nimmt und ohne Form fertig backt, erhält es rundum eine schöne Kruste.

611. Englisches Hausbrot

VOLLWERTIG | SCHNELL
Für 1 Kastenform (25 cm Länge)
Zubereitungszeit: 30 Min.
Gehzeit: 30 Min.
Backzeit: 45 Min.

500 g Weizen • 2 TL Meersalz • 1/2 Würfel frische Hefe (21 g) • 2 TL Honig
Außerdem: Butter für die Form

– Den Weizen mehlfein mahlen, in einer Schüssel mit Salz vermischen. Die Hefe zerbröckeln, mit Honig und 4 EL lauwarmem Wasser in einer Schüssel vermischen. 10 Min. zugedeckt an einem warmen Ort gehen lassen.
– 350 ml lauwarmes Wasser mit der Hefe vermischen, alles zum Mehl geben und zu einem glatten, weichen Teig verrühren. Die Form einfetten. Dann den Teig mit einem Löffel hineinfüllen und in den Backofen (unten) auf den Rost stellen.
– Den Backofen auf 50° einstellen und den Teig zugedeckt 20 Min. im Ofen gehen lassen. Dabei die Backofentür mit einem Kochlöffelstiel offen halten.

– Dann den Backofen auf 200° (Umluft 180°) einstellen und das Brot 45 Min. backen. (Die Klopfprobe machen, siehe auch Seite 420) und eventuell noch 10 Min. ohne Form weiterbacken. Das Brot aus der Form lösen und auf einem Kuchengitter gut auskühlen lassen.

TIPP

Das Brot schmeckt am besten, wenn Sie es erst nach einem Tag anschneiden und ungetoastet genießen. Ist es schon einige Tage alt, können Sie es als Toastbrot verwenden.

612. Französisches Baguette

KLASSIKER | GELINGT LEICHT
Für 2 Brote
Zubereitungszeit: 40 Min.
Gärzeit: 24 Std.
Gehzeit: 1 3/4 Std.
Backzeit pro Backblech: 30 Min.

650 g Weizenmehl (Type 550) • 50 g Roggenmehl (Type 1150) • 1 gestrichener EL Salz • 1/2 Würfel frische Hefe (21 g) • 1 EL Honig •
Außerdem: Mehl für die Arbeitsfläche • Backtrennpapier für die Bleche • Milch zum Bestreichen

– Für den Vorteig 50 g Weizenmehl mit 50 ml lauwarmem Wasser verrühren und mit Frischhaltefolie zugedeckt 24 Std. bei Zimmertemperatur gären lassen.
– Restliches Weizenmehl und das Roggenmehl mischen, in eine Schüssel sieben, Salz darüber streuen und eine Mulde hineindrücken. Hefe und Honig mit einem Schneebesen in 350 ml lauwarmem Wasser auflösen und mit dem Vorteig in die Mulde geben. Alles erst mit den Knethaken des elektrischen Handmixers, danach mit den Händen auf der bemehlten Arbeitsfläche 10 Min. kneten und schlagen. Den Teig zugedeckt an einem warmen Ort 45 Min. gehen lassen.
– Dann den Teig noch einmal 5 Min. kneten und schlagen und in zwei Portionen teilen. Jede Portion auf der bemehlten Arbeitsfläche zu einem Oval von etwa 50 x 30 cm ausrollen. Die Längsseiten zur Mitte hin einschlagen und den Teig noch einmal der Länge nach zusammenlegen. Zwei Backbleche mit Backpapier auslegen. Die Nähte der Baguettes gut zusammendrücken und die Brote mit den Nähten nach unten diagonal auf die Bleche legen. Zugedeckt an einem warmen Ort 1 Std. gehen lassen.
– Den Backofen auf 225° (Umluft 200°) vorheizen. Die Baguette-Oberflächen mit einem scharfen Messer mehrmals etwa 1/2 cm tief schräg einschneiden, mit Milch einpinseln und nacheinander im Ofen (Mitte) in 30 Min. goldgelb backen. Nach 10 Min. Backzeit 100 ml Wasser auf den Ofenboden gießen und die Tür sofort schließen. Die fertigen Brote auf einem Kuchengitter auskühlen lassen.

TIPPS

- **Aus dem gleichen Teig lassen sich auch Baguettebrötchen backen. Den Teig dafür in 10 Portionen teilen und auf 15 x 20 cm ausrollen. Die Backzeit verringert sich bei den Brötchen auf 25–30 Min.**
- **Wenn Sie das Brot gern noch dunkler mögen, verwenden Sie anstelle des Weizenmehls Type 550 ein Mehl Type 1050.**

613. Ciabatta (Italienisches Weißbrot)

BERÜHMT | GELINGT LEICHT
Für 3 Brote
Zubereitungszeit: 15 Min.
Gehzeit: 4–5 Std.
Backzeit: 35 Min.

3/4 Würfel frische Hefe (30 g) • 1 TL Zucker • 1 EL Salz • 600 g Mehl (Type 405) • 100 g Weizenvollkornschrot • 2 EL Olivenöl • 1 TL getrockneter Oregano
Außerdem: • Backtrennpapier fürs Blech •
2 EL Weizenvollkornschrot zum Bestreuen

– Die Hefe in 1/2 l lauwarmem Wasser mit dem Zucker auflösen. Alle Zutaten miteinander verkneten.
– Ein Backblech mit Backpapier auslegen. Teig dritteln und jeweils zu einer Kugel formen. Die Teigkugeln auf dem Backblech abgedeckt 4–5 Std. gehen lassen.
– Den Backofen auf 230° (Umluft 210°) vorheizen. Die Teigkugeln zu länglichen Broten auseinander ziehen, anfeuchten und mit dem Weizenschrot bestreuen. Die Brote im Backofen (Mitte) 10 Min. backen. Bei 210° (Umluft 190°) in weiteren 20–25 Min. fertig backen.

614. Focaccia mit Olivenöl
(Italienisches Fladenbrot)

SPEZIALITÄT | GUT VORZUBEREITEN
Für 2 Fladen
Zubereitungszeit: 30 Min.
Gehzeit: 4–5 Std.
Backzeit pro Backblech: 20 Min.

1 kg Mehl (Type 405) • 1 Würfel frische Hefe (42 g) • 4 EL Olivenöl • 2 TL Salz
Außerdem: Öl und Mehl für die Bleche • Mehl für die Arbeitsfläche • 100 ml natives Olivenöl extra • etwa 50 kleine schwarze Oliven • grobes Meersalz

– Das Mehl in eine Schüssel sieben, in die Mitte eine Mulde drücken. Die Hefe hineinbröckeln, mit 1/2 l lauwarmem Wasser auflösen und dabei etwas Mehl vom Rand mit untermischen. Den Ansatz mit Mehl bestäuben. Die Schüssel mit einem Tuch abdecken. Den Teig an einem warmen, zugfreien Ort gehen lassen, bis die Oberfläche Risse zeigt.
– Das Öl und das Salz mit dem Vorteig zu einem glatten Teig verkneten. Zu einer Kugel formen, in eine Schüssel legen und den Teig zugedeckt erneut gehen lassen, bis er das Doppelte seines Volumens erreicht hat.
– 2 Backbleche mit Öl fetten und leicht bemehlen. Den Backofen auf 200° (Umluft 180°) vorheizen.
– Den Teig durchkneten und halbieren. Auf einer bemehlten Arbeitsfläche 2 rechteckige Fladen von etwa 30 x 40 cm ausrollen. Die Fladen auf die vorbereiteten Backbleche legen und zugedeckt etwa 15 Min. an einem warmen Ort gehen lassen.
– In jeden Fladen mit Zeige- und Mittelfinger Vertiefungen in gleichmäßigem Abstand zueinander eindrücken. Pro Fladen insgesamt 50 ml Olivenöl in die Vertiefungen verteilen. Eines der Fladenbrote zusätzlich mit grobem Salz bestreuen, bei dem anderen 1 Olive in jede Vertiefung legen.
– Die Fladen im Ofen (Mitte) etwa 20 Min. backen. Auf einem Kuchengitter auskühlen lassen.

TIPPS

• Das Olivenöl, das in die Vertiefungen der Fladen gegossen wird, nimmt der Teig nicht vollständig auf. Aber gerade dadurch bleibt die Focaccia schön saftig.

• Reichen Sie die Focaccia noch ofenwarm, etwa zum Aperitif.

• Schwarze Oliven sind bei dieser Focaccia der besondere Clou. Als Auflage eignen sich vor allem die kleinen schwarzen Früchte gut, die zwar nicht viel Fruchtfleisch haben, dafür aber umso mehr Aroma mitbringen.

615. Türkisches Fladenbrot

SPEZIALITÄT | GELINGT LEICHT
Für 2 Fladen
Zubereitungszeit: 30 Min.
Gehzeit: 1 Std.
Backzeit: 20 Min.

500 g Mehl (Type 405) • 1 Päckchen Trockenhefe • je 1 TL Salz und Zucker • 100 ml Olivenöl • 2 EL Sesam
Außerdem: Mehl für die Arbeitsfläche • Öl fürs Blech

– Das Mehl mit der Trockenhefe, dem Salz, dem Zucker und dem Öl vermengen. Nach und nach 1/4 l lauwarmes Wasser untermischen. Den Teig zuletzt kneten, bis er glänzt und sich vom Schüsselrand löst, dann zugedeckt an einem warmen Platz 45 Min. gehen lassen.
– Den Hefeteig auf einer leicht bemehlten Arbeitsfläche kräftig durchkneten, zu 2 Kugeln formen und diese zu 1 cm dicken, ovalen Fladen ausrollen.
– Den Backofen auf 250° (Umluft 230°) vorheizen. Die Backbleche mit Öl fetten. Die Fladen auf das Backblech legen und zugedeckt 15 Min. gehen lassen.
– Die Fladen mit Wasser bepinseln, mit einer Gabel mehrmals einstechen, mit dem Sesam bestreuen und auf im Ofen (Mitte) in 15–20 Min. goldgelb backen.

616. Kräuter-Weißbrot

GELINGT LEICHT | SCHNELL
Für 1 Kastenform (30 cm Länge)
Zubereitungszeit: 20 Min.
Gehzeit: 1 Std.
Backzeit: 1 Std. 10 Min.

400 g Mehl (Type 405) • 1/2 Würfel frische Hefe (21 g) • 3/8 l lauwarme Milch • 1 TL Salz • 1 EL gehackte frische Kräuter (Dill, Schnittlauch, Thymian, Peter-

silie) • 1 TL grob gemahlener schwarzer Pfeffer
Außerdem: Butter oder Margarine und Mehl für die Form • lauwarme Milch zum Bestreichen

– Die Kastenform fetten und mit Mehl ausstäuben. Das Mehl in eine Schüssel sieben und in die Mitte eine Vertiefung drücken. Die Hefe hineinbröckeln und mit der Milch verrühren. Den Vorteig mit Mehl bestreut zugedeckt 15 Min. gehen lassen.
– Den Vorteig mit dem Salz und dem gesamten Mehl zu einem lockeren Hefeteig schlagen. Nochmals 20 Min. gehen lassen. Die Kräuter mit dem Pfeffer unterkneten. Den Teig in die Kastenform füllen, die Oberfläche kreuzweise mit einem scharfen Messer einschneiden. Das Brot in der Form zugedeckt weitere 20–25 Min. gehen lassen.
– Den Backofen auf 250° (Umluft 230°) vorheizen. Das Brot im Ofen (unten) 10 Min. backen. Dann die Oberfläche des Brotes mit lauwarmer Milch bestreichen. Die Hitze auf 180° (Umluft 160°) reduzieren und 1 Std. weiterbacken.

617. Dattelbrot

RAFFINIERT | GELINGT LEICHT
Für 1 Kastenform (25 cm Länge)
Zubereitungszeit: 45 Min.
Gehzeit: 1 Std.
Backzeit: 50 Min.

500 g Mehl (Type 405) • 1 TL gemahlener Ingwer • 1 EL gemahlener Zimt • je 1 Msp. gemahlene Muskatnuss und Nelken • 1/2 TL Salz • 1/4 l lauwarme Milch • 1 Würfel frische Hefe (42 g) • 50 g Rohrzucker • 75 g Butter • 1 Ei • 200 g frische oder getrocknete Datteln • 100 g Pekannüsse • 100 g Rosinen
Außerdem: je 1 EL Sonnenblumenöl und Paniermehl für die Form • Mehl für die Arbeitsfläche

– Das Mehl mit den Gewürzen und dem Salz in einer Schüssel vermischen. Die Milch mit Hefe und Zucker verrühren und unter die Mehlmischung rühren.
– Die Butter schmelzen, abkühlen lassen und mit dem Ei unter den Teig rühren, 10 Min. durcharbeiten, dann 30 Min. zugedeckt an einem warmen Ort gehen lassen.
– Die Datteln entsteinen, mit den Nüssen grob hacken. Die Form fetten und mit Paniermehl ausstreuen. Den Backofen auf 175° (Umluft 160°) vorheizen. Den Teig auf einer bemehlten Arbeitsfläche durchkneten und zu einer Kugel formen. Diese auseinander drücken. Die Rosinen, Nüsse und Datteln auf den Teig geben und hineindrücken.
– Den Teig zu einer länglichen Rolle zusammendrücken in die Kastenform legen und zugedeckt 30 Min. an einem warmen Ort gehen lassen. Dann im Ofen (Mitte) in 50 Min. hellbraun backen.

618. Rosinenzopf

GUT ZUM FRÜHSTÜCK
Für 1 Zopf
Zubereitungszeit: 45 Min.
Gehzeit: 1 Std. 10 Min.
Backzeit: 35 Min.

75 g kleine Rosinen • 500 g Mehl (Type 405) • 1/2 Würfel frische Hefe (21 g) • 1 TL Zucker • 1 TL Salz • 1 Ei • 5 EL Öl
Außerdem: Mehl für die Arbeitsfläche • Backtrennpapier fürs Blech • Milch zum Bestreichen • 3 EL Hagelzucker zum Bestreuen

– Die Rosinen waschen und in einer Tasse Wasser einweichen. Das Mehl in eine Schüssel geben, eine Mulde hineindrücken. Die Hefe in die Mulde bröckeln und mit dem Zucker und etwas lauwarmem Wasser verrühren. Leicht mit Mehl bestäuben und zugedeckt an einem warmen Ort 10 Min. gehen lassen.
– Knapp 1/4 l lauwarmes Wasser, das Salz, das Ei und das Öl zum Mehl geben und alles zu einem glatten Teig verkneten. Den Teig zugedeckt an einem warmen Ort 30 Min. gehen lassen.
– Die Rosinen gut abtropfen lassen und mit einem Küchentuch abtrocknen. Den Teig auf einer leicht bemehlten Arbeitsfläche noch einmal gründlich durchkneten und dabei die Rosinen unterkneten. Dann den Teig in 3 Portionen teilen, jede Portion zu einer etwa 30 cm langen Rolle formen und aus den Rollen einen Zopf flechten.
– Den Backofen auf 200° (Umluft 180°) vorheizen. Das Backblech mit Backpapier auslegen. Den Zopf auf das Blech setzen und zugedeckt noch 30 Min. bei Zimmertemperatur gehen lassen.
– Den Zopf mit Milch bestreichen und mit dem Hagelzucker bestreuen. Im Ofen (Mitte) 35 Min. backen.

TIPPS

- Statt der Rosinen können Sie auch gehackte Walnusskerne, Haselnüsse, Zitronat oder Orangeat unter den Teig kneten. So sorgen Sie für Abwechslung.
- Für Rosinenbrötchen formen Sie aus dem Teig eine Rolle und schneiden ihn in etwa 16 gleich große Teile. Daraus formen Sie runde Brötchen, setzen sie mit weitem Abstand auf ein gefettetes Backblech und schneiden sie mit einem Messer kreuzweise ein. Die Brötchen mit Milch bestreichen, mit Hagelzucker bestreuen und in 15–20 Min. goldbraun backen.

619. Orangenbrot

ETWAS BESONDERES
Für 1 Kastenform (30 cm Länge)
Zubereitungszeit: 45 Min.
Gehzeit: 1 Std. 40 Min.
Backzeit: 30 Min.

500 g Mehl (Type 550) • 1/2 Würfel frische Hefe (21 g) • 1 TL Zucker • 100 ml lauwarme Milch • 100 ml frisch gepresster Orangensaft • abgeriebene Schale von 1 unbehandelten Orange • 100 g Joghurt • 1 Ei • 50 g weiche Butter
Außerdem: Öl für die Form • Mehl für die Arbeitsfläche

– Das Mehl in eine Schüssel geben und eine Mulde hineindrücken. Die Hefe in die Mulde bröckeln und mit dem Zucker und etwas Milch verrühren. Leicht mit Mehl bestäuben und zugedeckt an einem warmen Ort 10 Min. gehen lassen
– Die restliche Milch, den Orangensaft, die Orangenschale, den Joghurt, das Ei und die Butter dazugeben und alles zu einem glatten Teig verkneten. Zugedeckt an einem warmen Ort 1 Std. gehen lassen.
– Den Backofen rechtzeitig auf 200° (Umluft 180°) vorheizen. Die Form mit Öl auspinseln. Den Teig auf der bemehlten Arbeitsfläche noch einmal durchkneten, zu einer langen Rolle formen und in die Form legen. Zugedeckt noch 30 Min. gehen lassen.
– Das Brot im Ofen (unten) in 30 Min. hellbraun backen. Kurz in der Form abkühlen lassen, dann auf ein Kuchengitter stürzen und auskühlen lassen.

TIPP

Aus dem Orangenbrot lässt sich leicht ein süßes Sonnenblumen-Rosinen-Brot zaubern. Dazu kneten Sie zusätzlich etwa 100 g Sonnenblumenkerne sowie 75 g kleine Rosinen unter den Teig. Diesen gut gehen lassen und wie beschrieben backen – in der Kastenform oder zu einem Laib geformt auf Backtrennpapier.

620. Mischbrot mit Gerste

LEICHT ZU MACHEN
Für 2 runde Brotfbackkörbchen (24 cm Ø) oder 2 ovale Körbchen (35 cm Länge)
Zubereitungszeit: 35 Min.
Gehzeit: 1 1/2 Std.
Backzeit: 1 Std.

250 g Weizenvollkornmehl • 950 g Weizenmehl (Type 550) • 125 g Gerstenmehl • 4 TL Salz • 1 1/2 Würfel frische Hefe (ca. 60 g)
Außerdem: Mehl zum Bestäuben des Blechs

– Das Weizenvollkornmehl in eine Schüssel füllen. Das helle Weizen- sowie das Gerstenmehl darüber sieben und alles mit dem Salz mischen.
– Die Hefe in 875 ml lauwarmes Wasser einrühren. Die Hefelösung zum Mehl gießen und den Schüsselinhalt zunächst mit einem Rührlöffel verrühren, dann mit den Händen zu einem geschmeidigen Teig verarbeiten. Sollte dieser kleben, noch etwas Mehl einarbeiten.
– Den Teig zu einer Kugel formen, wieder in die Schüssel legen und diese mit einem sauberen Tuch abdecken und an einen warmen, zugfreien Ort stellen. Den Teig dann 30–45 Min. gehen lassen, bis sich sein Volumen etwa verdoppelt hat.
– Den Teig durchkneten, halbieren und zwei runde Laibe formen, die etwas kleiner sind als die zu verwendenden Brotbackkörbchen. Die Brotlaibe zum Gehen in die Brotbackkörbchen legen, damit sie eine gleichmäßige Form erhalten. Zugedeckt an einem warmen Ort 30–45 Min. gehen lassen, bis sich das Volumen sichtbar vergrößert hat.
– Den Backofen auf 230° (Umluft 210°) vorheizen. Das Backblech leicht mit Mehl bestäuben.
– Die Brote auf das Backblech stürzen und im Ofen (Mitte) zunächst 10 Min. backen, dann die Temperatur

auf 200° (Umluft 180°) zurückschalten und die Brote in weiteren 40–50 Min. fertig backen. Auf einem Kuchengitter auskühlen lassen.

621. Haferflocken-Kräuter-Brot

GELINGT LEICHT
Für 1 Brot
Zubereitungszeit: 30 Min.
Gehzeit: 1 Std.
Backzeit: 40 Min.

400 g Mehl (Type 405) • 120 g kernige Haferflocken • 1 Päckchen Trockenhefe • 1 TL Zucker • 2 TL Selleriesalz • je 1 Bund Dill, Petersilie, Schnittlauch • 1/4 l lauwarme Milch • 1 EL Kondensmilch
Außerdem: Mehl für die Arbeitsfläche • Butter fürs Blech

– Das Mehl mit den Haferflocken, der Hefe, dem Zucker und dem Selleriesalz mischen.
– Die Kräuter abbrausen, trockentupfen und fein hacken. Die Kräuter mit der Milch gründlich unter die Mehlmischung kneten, bis sich der Teig vom Schüsselrand löst.
– Den Teig zugedeckt gehen lassen, bis er sein Volumen fast verdoppelt hat; das dauert etwa 40 Min.
– Den Teig dann auf einer leicht bemehlten Arbeitsfläche noch einmal kräftig durchkneten, einen länglichen Laib formen, mit nassen Händen glatt streichen. Das Backblech mit Butter bestreichen, den Laib darauf legen und zugedeckt 20 Min. gehen lassen.
– Den Backofen auf 200° (Umluft 180°) vorheizen. Das Brot viermal schräg etwa 1/2 cm tief einschneiden, mit der Kondensmilch bepinseln und im Ofen (Mitte) in 30–40 Min. goldbraun backen.

622. Finnisches Malzbrot

FRISCH AM BESTEN | GELINGT LEICHT
Für 3 Kastenformen (je 25 cm Länge)
Zubereitungszeit: 35 Min.
Gehzeit: 2 Std.
Backzeit: 1 1/2 Std.

300 g Paniermehl • 300 g Weizenkleie • 1 kg Mehl (Type 405) • 1 EL Salz • 1,1 l Sauermilch • 2 Würfel frische Hefe (je 42 g) • 300 g Gerstenmalz (Reformhaus)
Außerdem: Mehl für die Arbeitsfläche • 1 EL Öl und 3 EL Weizenkleie für die Formen • 100 g Zuckerrübensirup zum Bestreichen

– Alle Zutaten vor Backbeginn in der Küche Zimmertemperatur annehmen lassen. Das Paniermehl, die Weizenkleie, das Weizenmehl und das Salz in einer großen Schüssel mit den Händen gut vermischen und etwas lockern.
– In die Mitte eine Mulde drücken. In 1/4 l lauwarmer Sauermilch die Hefe und das Malz glatt rühren. Diese Milch in die Mulde gießen und mit Mehl verrühren, danach die restliche Sauermilch unterrühren.
– Den Teig 15 Min. mit den Knethaken des elektrischen Handrührgeräts oder mit einem Holzlöffel durcharbeiten. Dann auf einer gut bemehlten Arbeitsfläche 5 Min. durchkneten, zu einer Kugel formen und zurück in die Schüssel legen. Mit einem Tuch abdecken und an einem warmen Ort 1 1/2 Std. gehen lassen.
– Den Teig zusammenkneten, auf der bemehlten Arbeitsfläche zu einer Rolle formen und diese in 3 Teile teilen. Drei Kastenformen leicht einölen und mit Weizenkleie ausstreuen. Jede Form mit einem Teigstück füllen und zugedeckt an einem warmen Ort weitere 30 Min. gehen lassen. Den Backofen auf 175° (Umluft 160°) vorheizen.
– Die Brote im Ofen (Mitte) 1 1/2 Std. backen. Nach 1 Std. die Formen kurz aus dem Ofen nehmen und die Brote dick mit Sirup einpinseln. Die Brote fertig backen kurz abkühlen lassen, vorsichtig auf ein Kuchengitter stürzen und auskühlen lassen.

TIPPS

- **Das Brot nicht im Folienbeutel aufbewahren, denn dann wird die Sirup-Kruste weich und schmierig. Am besten hält es sich in einem Brotsäckchen oder eingewickelt in Brotpapier.**
- **Zum Einfrieren schneidet man das Brot am besten in Scheiben und gibt sie in Portionen in Gefrierbeutel. Dann lassen sie sich später auch schneller auftauen.**
- **In Finnland werden die Brote auch als längliche Laibe angeboten. Vor allem im Westen Finnlands fehlen sie bei keinem festlichen Anlass. Man isst sie zu Weihnachten zu Graved**

Lachs oder Schinken in Senfkruste und an Ostern natürlich zu hart gekochten Eiern, Rentierschinken und Salaten. Vor allem auch zum Johannisfest, einem der ganz großen Feste im Norden Europas, darf bei einem späten Essen mit Sommersalat und Frühkartoffeln das Malzbrot nicht fehlen.

623. Schwedisches Buchweizenbrot

ETWAS BESONDERES
Für 1 Kastenform (30 cm Länge)
Zubereitungszeit: 30 Min.
Einweichzeit: 5 Std.
Gehzeit: 1 1/2 Std.
Backzeit: 1 Std.

100 g Leinsamen • 200 g Buchweizenmehl • 200 g Weizenvollkornmehl • 100 g Sojamehl • 1 Päckchen Trockenhefe • 1 TL Meersalz • 1/8 l lauwarme Dickmilch
Außerdem: Butter für die Form • 1 EL Leinsamen zum Bestreuen

– Den Leinsamen 5 Std. in 375 ml lauwarmem Wasser einweichen. Das Buchweizen- und Weizenvollkornmehl mit dem Sojamehl, der Trockenhefe und dem Salz in einer Rührschüssel mischen.
– Den eingeweichten Leinsamen mit der Flüssigkeit und die Dickmilch in die Mehlmischung geben und alles zu einem geschmeidigen, feuchten Teig verkneten.
– Den Teig zugedeckt an einem warmen Ort 1 Std. gehen lassen, danach noch einmal kräftig durchkneten.
– Den Backofen auf 250° (Umluft 220°) vorheizen. Eine feuerfeste Schale mit kochend heißem Wasser hineinstellen. Die Form mit Butter fetten.
– Hefeteig in die Form füllen und glatt streichen. Ein scharfes Messer in kaltes Wasser tauchen und damit den Brotteig der Länge nach etwa 1 cm tief einschneiden. Den Teig noch einmal zugedeckt an einem warmen Ort 30 Min. gehen lassen.
– Den Brotteig mit lauwarmem Wasser bepinseln und mit dem Leinsamen bestreuen. Das Brot im Ofen (Mitte) 10 Min. backen, dann die Hitze auf 200° (Umluft 180°) zurückschalten und das Brot weitere 50 Min. backen. Das Brot anschließend noch 10 Min. im ausgeschalteten Ofen stehen lassen.

TIPPS

• Dieses besonders gesunde und köstliche Brot gibt es nicht zu kaufen. Die Leinsamen reichern das Brot mit Nähr- und Ballaststoffen an, was der Verdauung zugute kommt. Buchweizen enthält Lysin, eine essenzielle Aminosäure, die wichtig für den Fettstoffwechsel ist, und verleiht dem Brot einen zart nussigen Geschmack.
• Zum feinen Aroma des Brotes passt beinahe alles. Ganz stilecht können Sie es zu Graved Lachs essen, aber auch zu würzigem Schinken oder Käse schmeckt es prima.

624. Kümmel-Korbbrot

FRISCH AM BESTEN | SCHNELL
Für 1 rundes Brot (etwa 20 cm Ø)
Zubereitungszeit: 30 Min.
Gehzeit: 1 Std. 25 Min.
Backzeit: 45 Min.

350 g Weizenmehl (Type 1050) • 1/2 Würfel frische Hefe (21 g) • 1/2 TL Zucker • 2 TL Salz • 1 TL gemahlenes Brotgewürz • 4 EL Olivenöl
Außerdem: 1 Brotbackkörbchen (etwa 20 cm Ø) zum Formen • Mehl für die Arbeitsfläche • Backtrennpapier fürs Blech • 2 TL Kümmelsamen zum Bestreuen

– Das Mehl in eine Schüssel geben, eine Mulde hineindrücken. Die Hefe in die Mulde bröckeln und mit dem Zucker und etwas lauwarmem Wasser verrühren. Leicht mit Mehl bestäuben und zugedeckt an einem warmen Ort 10 Min. gehen lassen.
– 175 ml lauwarmes Wasser, das Salz, das Brotgewürz und das Öl dazugeben und alles zu einem geschmeidigen Teig verkneten. Zugedeckt an einem warmen Ort 30 Min. gehen lassen.
– Das Brotbackkörbchen gründlich mit Mehl ausstäuben. Den Hefeteig auf einer bemehlten Arbeitsfläche noch einmal durchkneten, zu einem Laib formen und ins Körbchen legen. Zugedeckt an einem warmen Ort noch einmal 45 Min. gehen lassen.
– Den Backofen auf 175° (Umluft 160°) vorheizen. Eine feuerfeste Schale mit kochend heißem Wasser hineinstellen. Ein Backblech mit Backpapier auslegen.
– Das Brot aus dem Körbchen auf das Blech stürzen, mit Wasser bepinseln und mit Kümmel bestreuen. Das Brot

im Ofen (Mitte) 45 Min. backen. Mit einem Tuch abgedeckt auf einem Kuchengitter auskühlen lassen.

625. Zwiebelbrot

GELINGT LEICHT
Für 1 ovales Brot
Zubereitungszeit: 20 Min.
Gehzeit: 3 Std.
Backzeit pro Backblech: 35 Min.

1 Würfel frische Hefe (42 g) • 1 TL Zucker • 1 EL Salz • 500 g Mehl (Type 405) • 1/8 l lauwarme Buttermilch • 50 g Röstzwiebeln (Fertigprodukt)
Außerdem: Backtrennpapier fürs Blech

– Die Hefe in 200 ml warmem Wasser mit dem Zucker auflösen. Das Salz und das Mehl mischen und die Buttermilch dazugeben. Das Hefewasser dazugießen. Alle Zutaten 10 Min. kneten und in einer abgedeckten Schüssel 1 Std. gehen lassen.
– Den gegangenen Teig noch einmal kräftig durchkneten und ein weiteres Mal in einer abgedeckten Schüssel 1 Std. gehen lassen.
– Ein Backblech mit Backpapier auslegen. Den Teig noch einmal kneten, die Röstzwiebeln unterkneten und den Teig zu einem ovalen, flachen Brot formen. Den Teig auf dem Backblech abgedeckt noch einmal 1 Std. gehen lassen.
– Den Backofen auf 250° (Umluft 230°) vorheizen. Das Brot mit warmem Wasser bestreichen und im Ofen (Mitte) 5 Min. backen. Die Temperatur auf 200° (Umluft 180°) reduzieren und das Brot in 25–30 Min. fertig backen.

626. Toskanisches Olivenbrot

SPEZIALITÄT | FRISCH AM BESTEN
Für 2 Fladen
Zubereitungszeit: 1 Std.
Gehzeit: 1 1/2 Std.
Backzeit pro Backblech: 40 Min.

450 g Weizenmehl (Type 550) • 1 TL Salz • 1/4 TL Pfeffer • 1/2 Würfel frische Hefe (21 g) • 7 EL kalt gepresstes Olivenöl • 250 g in Öl eingelegte schwarze Oliven • 2 EL frische Rosmarinnadeln
Außerdem: Mehl für die Arbeitsfläche • Backtrennpapier für die Bleche

– Das Mehl in eine Schüssel sieben, Salz und Pfeffer darüber streuen und eine Mulde hineindrücken. Die Hefe in 200 ml lauwarmem Wasser auflösen, in die Mulde gießen und mit Mehl vom Rand bestreuen. Zugedeckt an einem warmen, zugfreien Ort 10–15 Min. gehen lassen.
– Dann 5 EL Olivenöl dazugeben und mit den Knethaken des elektrischen Handmixers zu einem glatten Teig verkneten. Zugedeckt an einem warmen Ort noch einmal 30 Min. gehen lassen.
– Den Teig auf einer bemehlten Arbeitsfläche 5–10 Min. kräftig kneten und schlagen, zugedeckt weitere 30 Min. gehen lassen. Die Oliven abtropfen lassen, entsteinen und in kleine Stückchen schneiden. Den Rosmarin fein hacken. Beides zum Teig geben und gut unterkneten.
– Den Backofen auf 225° (Umluft 200°) vorheizen, zwei Backbleche mit Backpapier auslegen. Den Teig in 2 Portionen teilen. Jede Portion zu einem Fladen von 35–40 cm Ø ausrollen, auf die Bleche legen und zugedeckt weitere 15 Min. gehen lassen. Mit einem scharfen Messer rautenartig einschneiden und mit dem restlichen Öl bestreichen. Im Ofen (Mitte) nacheinander in 35–40 Min. goldbraun backen. Auf einem Kuchengitter etwas abkühlen lassen, warm servieren.

TIPP
Sehr gut schmeckt das Olivenbrot auch mit gehackten getrockneten Tomaten oder mit in Stücke geschnittenen, in Öl eingelegten Artischocken, die Sie anstelle der Oliven unter den Teig kneten.

627. Tomatenbrot

ETWAS BESONDERES | BRAUCHT ZEIT
Für 2 Laibe
Zubereitungszeit: 1 Std.
Marinierzeit: 3 Tage
Gehzeit: 2 Std. 10 Min.
Backzeit: 40 Min.

Für die eingelegten Tomaten: 120 g sonnengetrocknete Tomaten • 2 Chilischoten • 2 Knoblauchzehen •

2 Thymianzweige • 6–8 Basilikumblätter • etwa 200 ml Olivenöl
Für den Brotteig: 675 g Mehl (Type 405) • 3/4 Würfel frische Hefe (30 g) • 1/4 l lauwarme Milch • 120 g in Öl eingelegte getrocknete Tomaten • 75 ml natives Olivenöl extra • 1 Ei • 8 g Salz • 25 g Zucker • 100 g Zwiebeln • 1 EL Olivenöl • 1 TL gehackte Thymianblättchen
Außerdem: Mehl zum Bestäuben • grob geschroteter weißer Pfeffer • grobes Salz • Backtrennpapier

– Zunächst die Tomaten einlegen. Dazu die getrockneten Tomaten in ein entsprechend großes Glas schichten. Die Chilischoten halbieren, die Stielansätze, Samen und Scheidewände entfernen. Die Knoblauchzehen schälen und halbieren. Chilischoten, Knoblauch, Thymian und Basilikum auf die Tomaten legen. Mit Olivenöl übergießen, bis die Zutaten vollständig bedeckt sind. Das Glas verschließen und die Tomaten 3 Tage im Kühlschrank durchziehen lassen.
– Für das Brot das Mehl in eine Schüssel sieben und eine Mulde in die Mitte drücken. Die Hefe hineinbröckeln, mit der lauwarmen Milch auflösen und etwas Mehl vom Rand untermischen. Den Ansatz mit Mehl bestäuben, die Schüssel mit einem Tuch abdecken. Den Vorteig an einem warmen, vor Zug geschützten Ort gehen lassen, bis die Oberfläche Risse zeigt; das dauert etwa 20 Min.
– Eingelegte Tomaten aus dem gewürzten Öl nehmen und abtropfen lassen. 75 ml des Öls abmessen, mit dem Olivenöl und dem Ei verrühren. Mit dem Salz und dem Zucker unter den Vorteig mischen. Alles gut miteinander verkneten, bis der Teig glatt und glänzend ist. Zu einer Kugel formen, in eine Schüssel legen, mit einem Tuch abdecken und etwa 40 Min. gehen lassen, bis der Teig sein Volumen verdoppelt hat.
– Die Tomaten sehr klein würfeln. Die Zwiebeln schälen und fein hacken. In 1 EL Olivenöl glasig schwitzen, abkühlen lassen. Tomaten, Zwiebeln und Thymian unter den Teig kneten, diesen zugedeckt noch einmal 30 Min. gehen lassen.
– Den Backofen auf 200° (Umluft 180°) vorheizen. Aus dem Teig zwei Laibe von etwa 750 g formen, diese auf ein mit Mehl bestäubtes Blech legen und zugedeckt nochmals etwa 40 Min. gehen lassen. Die Tomatenbrote mit etwas Wasser bestreichen, mit Pfeffer und Salz bestreuen und im Ofen (Mitte) 35–40 Min. backen. Nach 20–25 Min. mit Backpapier abdecken, damit das Brot nicht zu dunkel wird. Die fertig gebackenen Brote auf einem Kuchengitter auskühlen lassen.

TIPPS

- **Für das Tomatenbrot müssen Sie die Tomaten natürlich nicht unbedingt selbst einlegen. Wenn Sie sich dennoch die Mühe machen, können Sie sicher sein, ein ganz besonders würziges Brot zu bekommen.**
- **Das Aroma des Thymians entwickelt sich auch bei hohen Temperaturen – er ist also ideal zum Mitbacken geeignet.**

628. Kürbisbrot

ETWAS BESONDERES | FRISCH AM BESTEN
Für 1 rundes Brot
Zubereitungszeit: 45 Min.
Gehzeit: 1 Std. 40 Min.
Backzeit: 35 Min.

250 g Kürbisfleisch (geputzt gewogen) • 2 EL Butter • 500 g Dinkelmehl • 1 Würfel frische Hefe (42 g) • 1 TL Zucker • 1/2 TL gemahlener Zimt • 1 TL gemahlener Ingwer • 2 TL Meersalz • 60 g Kürbiskerne
Außerdem: Dinkelmehl für die Arbeitsfläche • Backtrennpapier fürs Blech • 20 g Kürbiskerne zum Bestreuen

– Den Kürbis klein würfeln. In einem Topf die Butter zerlassen. Den Kürbis dazugeben und mit der Butter verrühren, mit 50 ml Wasser ablöschen. Den Kürbis im geschlossenen Topf 10 Min. dünsten.
– Inzwischen das Mehl in eine Schüssel geben und eine Mulde hineindrücken. Die Hefe in die Mulde bröckeln und mit dem Zucker und 50 ml Wasser verrühren. Leicht mit Mehl bestäuben und zugedeckt an einem warmen Ort 10 Min. gehen lassen.
– Den Kürbis im Topf mit einer Gabel fein zerkleinern. Mit Zimt, Ingwer und Salz zum Mehl in die Schüssel geben, alles gründlich verkneten. Wenn der Teig noch nicht geschmeidig genug ist, noch 2–3 EL Wasser dazugeben. Zuletzt die Kürbiskerne unterkneten. Den Teig zugedeckt an einem warmen Ort 45 Min. gehen lassen.
– Teig mit bemehlten Händen noch einmal gut durchkneten. Zu einem runden Laib formen, auf ein mit Backpapier belegtes Blech setzen. Mit etwas Wasser bepinseln und mit Kürbiskernen bestreuen. Kerne leicht andrücken und das Brot zugedeckt noch 45 Min. gehen lassen.

– Inzwischen den Backofen auf 200° (Umluft 180°) vorheizen. Eine feuerfeste Schale mit kochend heißem Wasser hineinstellen. Das Brot im Ofen (Mitte) in 35 Min. goldbraun backen.

629. Zucchinibrot

RAFFINIERT KOMBINIERT
Für 1 Kastenform (30 cm Länge)
Zubereitungszeit: 45 Min.
Gehzeit: 1 Std. 40 Min.
Backzeit: 40 Min.

500 g Weizenmehl (Type 1050) • 1 Würfel frische Hefe (42 g) • 1 TL Zucker • 250 g Zucchini • 75 g Walnusskerne • 2 TL Salz • 1 Ei
Außerdem: Mehl für die Arbeitsfläche • Öl für die Form • 1 Eigelb oder 3 EL Milch zum Bestreichen • 25 g Walnusskerne zum Bestreuen

– Das Mehl in eine Schüssel geben und eine Mulde hineindrücken. Die Hefe in die Mulde bröckeln und mit Zucker und etwas lauwarmem Wasser verrühren. Mit Mehl bestäuben und zugedeckt 10 Min. gehen lassen.
– Inzwischen die Zucchini waschen, putzen und grob raspeln, mit den Händen gut ausdrücken. Die Walnusskerne hacken. Das restliche Wasser, das Salz und das Ei zum Vorteig geben, alles gründlich verkneten und die Zucchini und die Walnüsse unterkneten. Den Teig zugedeckt 45 Min. an einem warmen Ort gehen lassen.
– Den Teig auf einer bemehlten Arbeitsfläche noch einmal gut durchkneten und mit bemehlten Händen zu einer langen Rolle formen. Die Form einfetten, Teig hineinlegen und zugedeckt an einem warmen Ort weitere 45 Min. gehen lassen.
– Den Backofen auf 200° (Umluft 180°) vorheizen. Die Walnusskerne zum Bestreuen hacken. Das Brot mit verquirltem Eigelb oder mit Milch bestreichen und mit den Walnusskernen bestreuen. Im Ofen (unten) in 40 Min. goldbraun backen. Kurz in der Form abkühlen lassen, dann auf einem Kuchengitter auskühlen lassen.

TIPP

Der Zucchinibrotteig ist anfangs recht fest. Geben Sie jedoch bitte keine zusätzliche Flüssigkeit dazu! Die Zucchini geben nämlich, während der Teig geht, Feuchtigkeit an diesen ab, er wird dadurch recht weich. Zum Formen deshalb den Teig und Ihre Hände immer mit Mehl bestäuben.

630. Walnussbrot

SCHNELL | GANZ EINFACH
Für 1 Brot
Zubereitungszeit: 15 Min.
Gehzeit: 1 1/4 Std.
Backzeit: 45 Min.

1 1/2 Würfel frische Hefe (ca. 60 g) • 1 TL Zucker • 250 g Weizenmehl (Type 405) • 250 g Roggenmehl • 1 EL Salz • 3 EL Olivenöl
Außerdem: Backtrennpapier fürs Blech • 200 g gehackte Walnüsse • 1 EL Roggenmehl

– Die Hefe mit dem Zucker in 1/4 l lauwarmem Wasser auflösen. Alle Zutaten mit der Hefemilch verkneten. Den Teig zugedeckt 45 Min. gehen lassen.
– Den Backofen auf 200° (Umluft 180°) vorheizen. Ein Backblech mit Backpapier auslegen. Den Teig mit den Walnüssen verkneten.
– Ein längliches Brot formen und auf dem Backblech 30 Min. gehen lassen. Die Oberfläche dreimal quer einschneiden, mit Wasser bestreichen und mit dem Roggenmehl bestreuen. Das Brot im Ofen (Mitte) 40–45 Min. backen.

631. Tahin-Brot

RAFFINIERT | FRISCH AM BESTEN
Für 1 Springform (24 cm Ø)
Zubereitungszeit: 30 Min.
Gehzeit: 50 Min.
Backzeit: 30 Min.

500 g Mehl (Type 405) • 1/2 TL Salz • 1 Würfel frische Hefe (42 g) • 2 EL Zucker • 220–240 ml lauwarme Milch • 20 g Butter • 4 EL Tahin (Sesampaste im Glas; türkischer Lebensmittelladen oder Reformhaus) • 3 EL Honig
Außerdem: Mehl für die Arbeitsfläche • Butter und 3 EL Sesamsamen für die Form • 3 EL Milch und 10 g zerlassene Butter zum Einpinseln

– Das Mehl in einer Schüssel mit dem Salz vermischen und eine Mulde hineindrücken. Die Hefe und den Zucker in einem Schüsselchen mit der Hälfte der Milch glatt rühren, in die Mulde gießen und mit etwas Mehl verrühren. Die restliche Milch nachgießen und unter das Mehl rühren.
– In einem kleinen Topf die Butter schmelzen und lauwarm dazugießen. Den Teig mit den Knethaken des elektrischen Handrührgeräts 3 Min. durcharbeiten. Auf einer ganz leicht bemehlten Arbeitsfläche mit den Händen 5 Min. kräftig durchkneten, dann in die Schüssel legen und zugedeckt 30 Min. an einem warmen, zugfreien Ort gehen lassen.
– Die Form fetten und mit Sesamsamen ausstreuen. Tahin im Glas gründlich durchrühren. Den Teig durchkneten und zu einer etwa 70 cm langen Rolle formen. Diese mit dem Teigroller auf eine Breite von 21 cm ausrollen. Den langen Teigstreifen zuerst mit der Sesampaste bestreichen, dann den Honig gleichmäßig darauf laufen lassen. Den Teigstreifen von beiden Seiten von der Breite her übereinander schlagen, sodass ein Streifen von 7 cm Breite entsteht.
– Den Teig von unten nach oben zu einer Schnecke aufrollen und in die Form legen. Es macht nichts, wenn die Schnecke die Form nicht ganz füllt, das geschieht dann beim Backen von selbst. Die Form zugedeckt 20 Min. an einen warmen Ort stellen und den Teig noch einmal gehen lassen.
– Den Backofen auf 200° (Umluft 180°) vorheizen. Die Oberfläche der Schnecke mit erwärmter Milch einpinseln, im Ofen (Mitte) in 30 Min. goldgelb backen. Sofort nach dem Backen das Tahinbrot mit zerlassener Butter einpinseln, kurz abkühlen lassen, aus der Form nehmen und auf einem Kuchengitter auskühlen lassen.

632. Anis-Marmorbrot

RAFFINIERT GEMACHT
Für 3 Brote
Zubereitungszeit: 30 Min.
Gehzeit: etwa 1 Std.
Backzeit: 40 Min.

Für den hellen Teig: 500 g Weizenmehl (Type 405) • 1 Würfel frische Hefe (42 g) • 1/8 l lauwarme Milch • 1 Prise Zucker • 50 g Butter • 2 Eier • 1/2 TL Salz
Für den dunklen Teig: 500 g Roggenmehl (Type 1150) • 1 Würfel frische Hefe (42 g) • 1/8 l lauwarme Milch • 1 Prise Zucker • 50 g Butter • 2 Eier • 1/2 TL Salz • 1/2 TL im Mörser zerstoßener Anissamen
Außerdem: Mehl fürs Blech • 1 gehäufter EL Anis

– Ein Backblech mit Mehl bestreuen. Das Weizenmehl in eine Schüssel sieben, in die Mitte eine Vertiefung drücken, die Hefe hineinbröckeln und mit wenig Mehl, der Milch und dem Zucker zu einem Vorteig verrühren. Mit Mehl bestreut zugedeckt 15 Min. gehen lassen.
– Die Butter zerlassen, mit den Eiern und dem Salz verrühren, zum Vorteig geben und alles mit dem gesamten Weizenmehl zu einem Teig verkneten. Den Teig schlagen, bis er Blasen wirft und sich vom Schüsselrand löst. Noch einmal zugedeckt 15 Min. gehen lassen.
– Das Roggenmehl mit der Hefe, der Milch, dem Zucker, der Butter, den Eiern, dem Salz und dem zerstoßenen Anis in derselben Weise verarbeiten wie das Weizenmehl. Den Teig zuletzt ebenfalls 15 Min. gehen lassen.
– Backofen auf 220° (Umluft 200°) vorheizen. Den hellen und dunklen Teig in je drei Stücke teilen und daraus Rollen formen. Jeweils eine helle und eine dunkle Rolle aufeinander legen und zu einem Laib zusammenwirken. Die Laibe auf das bemehlte Backblech legen und zugedeckt weitere 20 Min. gehen lassen. Die Brotlaibe mit Wasser bestreichen und mit den Anissamen bestreuen. Im Ofen (unten) 30–40 Min. backen.

633. Pikanter Hefezopf

FRISCH AM BESTEN | LEICHT ZU MACHEN
Für 2 Zopfbrote
Zubereitungszeit: 30 Min.
Gehzeit: 2 Std.
Backzeit: 40 Min.

750 g Weizenmehl (Type 550) • 1/2 Würfel frische Hefe (21 g) • 1 TL Zucker • 200 g gekochte Pellkartoffeln • 2 Eier • 1 1/2 TL Salz • 5 EL Maiskeimöl • 1 Eiweiß • je 2 EL Sesam- und Mohnsaat
Außerdem: Mehl für die Arbeitsfläche • Backtrennpapier fürs Blech

– Das Mehl in eine Schüssel sieben und eine Mulde hineindrücken. Die Hefe und den Zucker mit dem Schneebesen in 350 ml lauwarmem Wasser auflösen, in die Mulde gießen und mit etwas Mehl vom Rand bestreuen. Zugedeckt an einem warmen Ort 15 Min. gehen lassen.

– Kartoffeln pellen und durch ein feines Sieb streichen. Die Eier verquirlen, mit den Kartoffeln, dem Salz und Öl zum Vorteig geben. Alles mit den Knethaken des elektrischen Handrührgeräts 5 Min. kneten, bis ein kompakter Teig entstanden ist. Zugedeckt an einem warmen Ort 40 Min. gehen lassen.
– Den Teig auf einer bemehlten Arbeitsfläche 10 Min. kneten und schlagen, zu einer Kugel formen und weitere 45 Min. gehen lassen, bis sich sein Volumen verdoppelt hat. Ein Backblech mit Backpapier auslegen. Den Backofen auf 190° (Umluft 170°) vorheizen.
– Den Teig zusammenkneten und in 6 Portionen teilen. Je 3 Portionen zu etwa 40 cm langen Rollen formen und daraus einen Zopf flechten (siehe Seite 419). Beide Zöpfe mit gut 10 cm Abstand voneinander auf das Blech legen, zugedeckt 20 Min. gehen lassen.
– Die Zöpfe mit Eiweiß bepinseln, einen mit Sesam, den anderen mit Mohn oder beide mit einer Mohn-Sesam-Mischung bestreuen. Im Ofen (Mitte) 35–40 Min. backen, bis die Oberflächen goldgelb sind. Auf einem Kuchengitter auskühlen lassen.

TIPP

Möchten Sie eine weichere Kruste, dann stellen Sie während des Backens eine feuerfeste Schale mit heißem Wasser auf den Ofenboden.

634. Dreikornzopf mit Käse

SCHNELL | WÜRZIG
Für 1 Hefezopf
Zubereitungszeit: 30 Min.
Gehzeit: 1 Std. 25 Min.
Backzeit pro Backblech: 50 Min.

1 Würfel frische Hefe (42 g) • 1 TL Zucker • 375 g Weizenmehl (Type 405) • 250 g Roggenmehl (Type 1150) • 125 g Grünkernschrot • • 3 TL Salz • 5 EL Olivenöl • 250 g Gruyère (würziger Hartkäse)
Außerdem: Backtrennpapier fürs Blech • 1 Eiweiß zum Bestreichen • 1 EL Kümmelsamen zum Bestreuen

– Die Hefe mit dem Zucker in 350 ml lauwarmem Wasser auflösen. Die Mehlsorten und den Schrot mit dem Salz mischen. Das Hefewasser und das Öl dazugießen und alles 10 Min. kneten.
– Den Teig in einer Schüssel zugedeckt 30 Min. gehen lassen. Den Käse grob reiben. Den gegangenen Teig mit etwa 200 g geriebenem Käse verkneten und noch einmal zugedeckt 30 Min. gehen lassen.
– Den Backofen auf 190° (Umluft 170°) vorheizen. Ein Backblech mit Backpapier auslegen. Den Teig in drei gleich große Stücke teilen, zu etwa 30 cm langen Rollen formen und auf dem Backblech zu einem Zopf flechten.
– Den Käsezopf noch einmal zugedeckt 15 Min. gehen lassen. Im Ofen (Mitte) 30 Min. backen. Das Eiweiß mit einigen Tropfen Wasser verrühren. Den Zopf damit bestreichen, mit dem restlichen Käse und dem Kümmel bestreuen. Den Zopf in 15–20 Min. fertig backen.

635. Gerstenbrot mit Fenchel

GELINGT LEICHT | SCHNELL
Für 1 rundes Brot
Zubereitungszeit: 30 Min.
Gehzeit: 1 Std. 35 Min.
Backzeit: 40 Min.

300 g Weizenmehl (Type 550) • 1 Würfel frische Hefe (42 g) • 1/2 TL Zucker • 1 TL Fenchelsamen • 200 g mehlfein gemahlene Gerste • 50 g Gerstenflocken • 1–1 1/2 TL Salz • etwa 300 ml Bier
Außerdem: Mehl für die Arbeitsfläche • Backtrennpapier fürs Blech • 1 Eigelb zum Bestreichen • 2–3 EL Gerstenflocken zum Bestreuen

– Das Weizenmehl in eine Schüssel geben und eine Mulde hineindrücken. Die Hefe in die Mulde bröckeln und mit dem Zucker und 50 ml lauwarmem Wasser verrühren. Leicht mit Mehl bestäuben und zugedeckt an einem warmen Ort 10 Min. gehen lassen. Den Fenchelsamen im Mörser zerdrücken.
– Das Gerstenmehl, die Gerstenflocken, das Salz, den Fenchel und das Bier zum Vorteig geben, alles zu einem glatten Teig verkneten. Zugedeckt an einem warmen Ort 40 Min. gehen lassen.
– Den Teig auf einer bemehlten Arbeitsfläche noch einmal durchkneten, zu einem runden Laib formen und auf ein mit Backpapier belegtes Blech setzen. Mit einer Gabel mehrmals tief einstechen und zugedeckt noch 45 Min. gehen lassen.
– Den Backofen auf 200° (Umluft 180°) vorheizen. Eine feuerfeste Schale mit kochend heißem Wasser hineinstellen. Das Eigelb mit 2 EL Wasser verquirlen, das Brot

damit bestreichen und dann mit den Gerstenflocken bestreuen. Das Brot im Ofen (Mitte) in 35–40 Min. goldgelb backen. Gerstenbrot auf einem Kuchengitter auskühlen lassen.

TIPP

Für Gerstenbrötchen teilen Sie den Teig nach dem ersten Aufgehen in 12 Portionen und formen ihn zu runden oder länglichen Brötchen. Den Teig noch 20–30 Min. zugedeckt gehen lassen und bei 200° (Umluft 180°) 15 Min. wie beschrieben backen.

636. Vollkorn-Stangen

VOLLWERTIG | SCHNELL
Für 6 Stück
Zubereitungszeit: 25 Min.
Gehzeit: 1 Std. 10 Min.
Backzeit: 20 Min.

500 g Weizenvollkornmehl • 100 g Roggenvollkornmehl • 2 TL Rosmarinnadeln • 1 TL getrockneter Thymian • 1 Würfel frische Hefe (42 g) • 1/8 l Milch • 2 TL Meersalz • 1 EL Honig • 4 EL kalt gepresstes Sonnenblumenöl
Außerdem: Mehl für die Arbeitsfläche • Butter fürs Blech • je 2 EL Mohn- und Sesamsaat zum Bestreuen

– Das Weizen- und Roggenmehl in eine Schüssel geben. Die Rosmarinnadeln und den Thymian im Mörser zermahlen und dann mit dem Vollkornmehl vermischen. Die Hefe zerbröckeln und in 2 EL lauwarmem Wasser auflösen. Knapp 1/4 l lauwarmes Wasser mit Milch, Salz, Honig und Öl vermischen. Das Mehl mit den Kräutern unterkneten und alles zu einem saftigen geschmeidigen Teig verarbeiten. Den Teig zugedeckt 50 Min. bei Zimmertemperatur gehen lassen.
– Den Teig auf einer bemehlten Arbeitsfläche kurz durchkneten. Eine Rolle formen und in 6 gleich große Teile schneiden. Jedes Teigstück auf etwa 18 x 30 cm ausrollen. Dann längsseits aufrollen, sodass eine Rolle von 18 cm Länge und 4 cm Ø entsteht.
– Die Enden umschlagen und die Naht jeweils andrücken. Die Stangen einmal rollen und leicht nach außen ziehen, um ihnen Spannung zu geben. Ein Backblech fetten und die Stangen mit der Nahtseite nach unten darauf verteilen.
– Die Stangen mit Wasser bestreichen, abwechselnd mit Mohn- und mit Sesamsamen (oder einer Mischung aus beiden) bestreuen und zugedeckt 20 Min. gehen lassen. Inzwischen den Backofen auf 200° (Umluft 180°) vorheizen. Eine feuerfeste Schale mit kochend heißem Wasser hineinstellen. Die Vollkorn-Stangen im Backofen (Mitte) 20 Min. backen.

TIPP

Das Rezept eignet sich sehr gut für Vollkorn-Quinoa-Stangen: Dazu anstelle des Roggens Quinoa (südamerikanisches Getreide, im Reformhaus oder Naturkostladen erhältlich) mahlen und mit dem Weizen mischen. Den Thymian ersetzen Sie durch 1/2 TL Paprikapulver, edelsüß. Nach Belieben können Sie noch 100 g geriebenen Parmesan nach dem ersten Gehen einarbeiten.

637. Dinkel-Toastbrot

BRAUCHT ETWAS ZEIT
Für 1 Kastenform (27 cm Länge)
Zubereitungszeit: 1 Std.
Gehzeit: 1 1/2 Std.
Backzeit: 50 Min.

150 g fest kochende Kartoffeln • 500 g Dinkel • 1 Würfel frische Hefe (42 g) • 125 g Milch • 2 TL Meersalz • 2 TL Honig • 100 g feines Maismehl (Reformhaus) • 2 TL gemahlener Koriander
Außerdem: Butter für die Form

– Die Kartoffeln waschen und ungeschält in 25–30 Min. gar kochen. Abgießen und auskühlen lassen, dann pellen und pürieren. Den Dinkel mehlfein mahlen. Hefe in 2 EL lauwarmem Wasser auflösen. Dann mit der Milch, 120 ml Wasser, Salz und Honig in einer Rührschüssel vermischen. Dinkel- und Maismehl, Koriander und Kartoffelpüree dazugeben und alles zu einem glatten Teig verkneten. Zugedeckt bei Zimmertemperatur 1 Std. gehen lassen.
– Den Backofen auf 220° (Umluft 200°) vorheizen. Eine feuerfeste Schale mit kochend heißem Wasser hinein-

stellen. Den Teig noch einmal kurz kneten und zur Rolle formen. Die Form fetten, den Teig hineingeben und zugedeckt 20–30 Min. gehen lassen. Das Brot im Ofen (unten) 10 Min. backen. Dann auf 200° (Umluft 180°) zurückschalten und das Brot in 40 Min. fertig backen. Die Klopfprobe (siehe Seite 420) machen und eventuell noch einmal 5–10 Min. ohne Form nachbacken. Auf einem Kuchengitter auskühlen lassen.

638. Kürbis-Mais-Brot

ETWAS BESONDERES | FRISCH AM BESTEN
Für 1 Kastenform (25 cm Länge)
Zubereitungszeit: 35 Min.
Gehzeit: 1 1/4 Std.
Backzeit: 50 Min.

1 kleiner orangefarbener Muskat-Kürbis (etwa 600 g) • 250 g Weizenvollkornmehl • 175 g feines Maismehl (Reformhaus) • 1 Würfel frische Hefe (42 g) • 2 EL Honig • 200 ml lauwarme Milch • 50 g zerlassene Butter • 3 EL Zitronensaft
Außerdem: 1 EL Öl und 2 EL Maismehl für die Form

– Den Kürbis halbieren, Die Kerne und Fasern mit einem Löffel herausschaben, dann die Hälften schälen. Das Fleisch in grobe Stücke schneiden und knapp mit Wasser bedeckt bei mittlerer Hitze in 5 Min. weich dünsten. Das Kürbisfleisch abtropfen lassen, 200 g abwiegen und durch ein Sieb passieren. (Den Rest anders verwenden, beispielsweise für ein Kompott oder als Suppe).
– Die beiden Mehlsorten zusammen in eine Schüssel geben und eine Mulde hineindrücken. Die Hefe mit dem Honig in ein Schüsselchen geben. 100 ml Milch mit der Hefe und dem Honig verrühren, in die Mulde gießen und mit etwas Mehl vermischen. Die übrige Milch unterrühren.
– Die Butter mit dem Kürbispüree und dem Zitronensaft unter den Teig rühren. Diesen zugedeckt an einem warmen Ort 45 Min. gehen lassen.
– Den Backofen auf 175° (Umluft 160°) vorheizen. Die Form fetten und mit Maismehl ausstreuen. Den Teig einfüllen und 30 Min. mit einem Tuch zugedeckt gehen lassen. Das Brot im Ofen (unten) 50 Min. backen. Dann 5 Min. abkühlen lassen und auf ein Kuchengitter stürzen. Das Brot ganz auskühlen lassen und noch frisch anschneiden.

TIPPS

• Das Brot schmeckt besonders gut zum Frühstück oder am Nachmittag zum Tee oder Kaffee mit Butter und Honig.
• Den Muskat-Kürbis können Sie gut durch jeden anderen Kürbis ersetzen, wie Butter- oder Hokkaido-Kürbis. Letzterer hat sogar den Vorteil, dass Sie ihn nicht schälen müssen, denn die Schale ist essbar.

639. Molkebrot

GUT VORZUBEREITEN
Für 2 längliche Brote
Zubereitungszeit: 45 Min.
Gehzeit: 1 Std. 20 Min.
Backzeit pro Backblech: 50 Min.

1 Würfel frische Hefe (42 g) • 1 TL flüssiger Honig • 1/2 l Molke (Reformhaus) • 600 g Weizenvollkornmehl • 300 g Roggenvollkornmehl • 1 TL gemahlener Kümmel • 1 TL gemahlener Koriander • 1 EL Meersalz
Außerdem: Mehl für die Arbeitsfläche • Backtrennpapier fürs Blech • 4 EL Milch zum Bestreichen

– Die Hefe in eine Schüssel bröckeln, mit dem Honig, etwa 1/8 l Molke und etwas Weizenmehl verrühren und zugedeckt an einem warmen Ort 20 Min. gehen lassen.
– Das übrige Weizenmehl, das Roggenmehl, die restliche Molke, die Gewürze und das Salz zum Vorteig geben und alles zu einem geschmeidigen Teig verkneten. Eventuell etwas lauwarmes Wasser hinzufügen. Den Hefeteig zugedeckt bei Zimmertemperatur 30 Min. gehen lassen.
– Den Teig auf einer bemehlten Arbeitsfläche noch einmal gut durchkneten, in 2 gleich große Portionen teilen und längliche Laibe daraus formen. Ein Blech mit Backpapier bedecken, die Brote darauf legen und zugedeckt 30 Min. gehen lassen.
– Den Backofen auf 250° (Umluft 220°) vorheizen. Eine feuerfeste Schale mit kochend heißem Wasser hineinstellen. Die Brote mit Milch bepinseln und im Ofen (Mitte) 20 Min. backen. Den Ofen dann auf 200° (Umluft 180°) zurückschalten und die Brote in weiteren 30 Min. fertig backen. Die Brote unter einem Küchentuch auskühlen lassen.

TIPP

Besonders professionell sehen die Brote aus, wenn Sie den geformten Teig in bemehlten ovalen Körbchen gehen lassen und danach auf das Backblech stürzen.

640. Gewürztes Mischbrot

VOLLWERTIG | SCHNELL
Für 1 längliches Brot
Zubereitungszeit: 5 Min.
Gehzeit: 1 Std. 50 Min.
Backzeit: 1 1/4 Std.

750 g Weizenvollkornmehl • 500 g Roggenvollkornmehl • 1 EL gemahlener Koriander • 1 EL Kümmelsamen • 1 EL Fenchelsamen • 1 Msp. frisch geriebene Muskatnuss • 1 1/2 Würfel frische Hefe (63 g) • 1 EL flüssiger Honig • 2 TL Meersalz
Außerdem: Weizenvollkornmehl fürs Blech und die Arbeitsfläche • 4 EL lauwarme Milch zum Bestreichen • 1 EL Korianderkörner zum Bestreuen

– Beide Mehlsorten mit den Gewürzen mischen, in eine Schüssel geben und eine Mulde hineindrücken. Die Hefe in die Mulde bröckeln und mit dem Honig, 100 ml lauwarmem Wasser und etwas Mehl glatt rühren. Zugedeckt an einem warmen Ort 20 Min. gehen lassen.
– Das Salz mit 500 ml lauwarmem Wasser hinzufügen und den Teig kräftig kneten, bis er glatt und geschmeidig ist. Eventuell noch etwas Wasser zufügen. Den Teig zugedeckt an einem warmen Ort 1 Std. gehen lassen.
– Ein Backblech mit Mehl bestäuben. Den Teig auf einer leicht bemehlten Arbeitsfläche noch einmal durchkneten und zu einem länglichen Laib formen. Den Brotlaib aufs Blech legen und mit der Milch bepinseln. Korianderkörner darauf streuen und leicht andrücken. Den Brotlaib zugedeckt an einem warmen Ort 30 Min. gehen lassen.
– Den Backofen auf 220° (Umluft 200°) vorheizen. Eine feuerfeste Schale mit kochend heißem Wasser hineinstellen. Das Brot im Ofen (Mitte) 15 Min. backen. Den Ofen dann auf 180° (Umluft 160°) zurückschalten und das Brot noch 1 Std. backen.
– Die Klopfprobe (siehe Seite 420) machen und das Brot eventuell noch 5–10 Min. nachbacken. Dann sofort mit heißem Wasser bestreichen, damit es etwas glänzt, und mit einem Küchentuch bedeckt auf einem Kuchengitter auskühlen lassen.

TIPP

Statt frischer Hefe können Sie auch 2 Päckchen Trockenhefe verwenden.

641. Deutsches Hausbrot

GELINGT LEICHT | WÜRZIG
Für 1 Kastenform (30 cm Länge)
Zubereitungszeit: 30 Min.
Gehzeit: 1 1/2 Std.
Backzeit: 50 Min.

500 g Weizenvollkornmehl • 100 g Roggenvollkornmehl • 1/2 EL Kümmelsamen • 1 TL Fenchelsamen • 1/2 EL Korianderkörner • 1 Würfel frische Hefe (42 g) • 1/8 l Milch • 2 TL Meersalz • 1 EL Honig • 4 EL kalt gepresstes Sonnenblumenöl
Außerdem: Butter und Mehl für die Form • 1 EL Korianderkörner zum Bestreuen

– Das Weizen- und Roggenmehl zusammen in eine Schüssel geben. Den Kümmel, Fenchel und Koriander im Mörser zerstoßen und unter das Mehl mischen. Die Hefe zerbröckeln und in 1 EL lauwarmem Wasser auflösen. Mit 360 ml kaltem Wasser sowie der Milch, dem Salz und dem Honig in einer Rührschüssel vermischen.
– Das gewürzte Mehl, dann das Öl untermischen und rühren, bis ein saftiger, geschmeidiger Teig entsteht.
– Den Teig in der Schüssel bei Zimmertemperatur zugedeckt 1 Std. gehen lassen, bis sich das Teigvolumen verdoppelt hat und sich auf der Oberfläche Poren gebildet haben. Den Teig nochmals kurz mit der Maschine oder mit der Hand durchkneten.
– Die Form einfetten und mit Mehl ausstreuen. Den Teig zu einem länglichen Laib formen und in die Backform legen. Mit Korianderkörnern bestreuen, diese leicht andrücken und die Teigoberfläche schräg einschneiden.
– Das Brot mit einem Tuch bedecken und bei Zimmertemperatur 20–30 Min. gehen lassen. Inzwischen den Backofen auf 220° (Umluft 200°) vorheizen. Eine feuerfeste Schale mit kochend heißem Wasser hineinstellen.

– Das Brot im Ofen auf der unteren Schiene bei 200° (Umluft 180°) 50 Min. backen. Dann aus der Form lösen und die Klopfprobe (siehe Seite 420) machen. Bei Bedarf ohne Form auf dem Blech noch 5–10 Min. nachbacken. Das Brot auf einem Kuchengitter auskühlen lassen. Es eignet sich für alle Brotaufstriche.

TIPP

Hefeteig soll nach dem Kneten saftig und geschmeidig sein. Dafür ist das richtige Verhältnis zwischen Mehl und Wasser wichtig. Da Vollkornmehl aus den ganzen Getreidekörnern besteht, die ja ein Naturprodukt sind, kann je nach Ernte der Flüssigkeitsbedarf für den Teig schwanken. Wenn Ihr Brotteig also nach Zugabe der im Rezept angegebenen Menge Wasser zu fest ist, müssen Sie noch etwas mehr Wasser untermengen. Ist er dagegen zu weich, kneten Sie einfach noch etwas Mehl darunter.

642. Helles Sonnenblumenbrot

VOLLWERTIG | GELINGT LEICHT
Für 2 runde Brote
Zubereitungszeit: 50 Min.
Gehzeit: 1 Std. 20 Min.
Backzeit: 1 Std.

1 EL Meersalz • 1 EL Weißweinessig • 1 Würfel frische Hefe (42 g) • 1/4 l lauwarme Milch • 100 g Nackthafer • 1 TL Kümmelsamen • 1 TL Fenchelsamen • 125 g Sonnenblumenkerne • 600 g Weizenvollkornmehl • 200 g Roggenvollkornmehl • 50 g zerlassene Butter
Außerdem: 2 Brotbackkörbe • Backtrennpapier fürs Blech • 1 Ei zum Bestreichen

– Das Salz in 300 ml lauwarmem Wasser auflösen und den Essig zufügen. Hefe zerbröckeln und mit der Milch glatt rühren. Nackthafer mit Gewürzen mehlfein mahlen. 100 g Sonnenblumenkerne im Blitzhacker grob hacken.
– Das Weizen- und Roggenvollkornmehl mit dem Salz-Essig-Wasser, der Hefemilch und dem gemahlenen Hafer, den gehackten Sonnenblumenkernen und der zerlassenen Butter mischen. Alles gut verkneten, bis ein geschmeidiger Teig entsteht. Den Hefeteig im Backofen bei 50° zugedeckt 50 Min. gehen lassen. Dabei die Backofentür mit Hilfe eines Kochlöffelstiels einen Spaltbreit offen lassen.
– Den Teig nochmals gut durchkneten, halbieren und zu runden Laiben formen. Die Brotlaibe in zwei runde Brotbackkörbe legen und zugedeckt bei Zimmertemperatur 30 Min. gehen lassen.
– Den Backofen auf 220° (Umluft 200°) vorheizen. Eine feuerfeste Schale mit kochend heißem Wasser hineinstellen. Ein Blech mit Backpapier auslegen und die Brote darauf stürzen. Das Ei mit etwas Wasser verquirlen und die Brote damit bepinseln. Die ganzen Sonnenblumenkerne darüber streuen und etwas andrücken. Die Brote im Ofen (Mitte) 20 Min. backen, danach den Ofen auf 200° (Umluft 180°) herunterschalten und die Brote in 40 Min. fertig backen.
– Die ofenfrische Brote in Küchentücher wickeln und auskühlen lassen. Am besten erst am nächsten Tag anschneiden.

643. Mandel-Sesam-Brot

RAFFINIERT KOMBINIERT
Für 1 längliches Brot
Zubereitungszeit: 45 Min.
Gehzeit: 1 Std. 25 Min.
Backzeit: 50 Min.

300 g Weizenvollkornmehl • 100 g Sojamehl • 100 g mehlfein gemahlene Hirse • 1 Würfel frische Hefe (42 g) • 1 TL Zucker • 1/4 l lauwarme Milch • 100 g gehäutete gemahlene Mandeln • 40 g gehackte Mandeln • 1 Ei • 1 TL Meersalz
Außerdem: Mehl für die Arbeitsfläche und das Blech • 4 EL Milch zum Bestreichen • 4 EL Sesamsamen zum Bestreuen

– Für den Vorteig das Weizen- und Sojamehl mit dem Hirsemehl in einer Schüssel vermischen und eine Mulde hineindrücken. Die Hefe in die Mulde bröckeln, mit Zucker, etwas Milch und etwas Mehl verrühren. Den Vorteig mit etwas Mehl bestäuben und an einem warmen Ort 15 Min. gehen lassen.
– Die gemahlenen und die gehackten Mandeln mit dem Ei und dem Salz in die Schüssel geben, alles mit dem Vorteig und der restlichen Milch vermengen. Den Teig kneten, bis er geschmeidig ist. Zugedeckt an einem warmen Ort 40 Min. gehen lassen.

– Den Teig auf einer bemehlten Arbeitsfläche noch einmal gut durchkneten, einen länglichen Laib formen, diesen dreimal schräg etwa 1/2 cm tief einschneiden, mit Milch bepinseln und mit Sesam bestreuen. Die Samen leicht andrücken. Das Brot auf ein bemehltes Blech legen und 30 Min. zugedeckt gehen lassen.
– Den Backofen auf 200° (Umluft 180°) vorheizen. Eine feuerfeste Schale mit kochend heißem Wasser hineinstellen. Das Brot im Ofen (Mitte) 50 Min. backen. Auf einem Kuchengitter, mit einem Küchentuch bedeckt, auskühlen lassen.

TIPP

Sojamehl gibt es im Reformhaus als Vollsojamehl und entfettetes Sojamehl. Zum Brotbacken eignet sich vor allem das entfettete Mehl. Es verleiht dem Brot nicht nur einen kräftigen Geschmack, sondern reichert es zudem mit Nährstoffen wie Eiweiß und Eisen an.

644. Kräuter-Bauernbrot

VOLLWERTIG
Für 2 längliche Laibe
Zubereitungszeit: 30 Min.
Gehzeit: 1 1/2 Std.
Backzeit: 40 Min.

200 g Roggenvollkornmehl • 400 g Weizenvollkornmehl • 1 Würfel frische Hefe (42 g) • 1/8 l Milch • 2 TL Meersalz • 1 EL Honig • je 1/2 Bund Petersilie, Schnittlauch, Dill • 3 EL kalt gepresstes Olivenöl
Außerdem: Butter und Weizenmehl fürs Blech • 1 Eigelb zum Bestreichen • 1 EL Dill-samen zum Bestreuen

– Das Roggen- und Weizenmehl in eine Schüssel geben. Die Hefe in einer Rührschüssel zerbröckeln, in 2 EL lauwarmem Wasser auflösen und dann mit 240 ml lauwarmem Wasser, mit Milch, Salz und Honig vermischen. Unter das Mehl rühren und alles gut verkneten, bis ein geschmeidiger Teig entsteht. Den Teig zugedeckt bei Zimmertemperatur 1 Std. gehen lassen, bis sich das Volumen verdoppelt hat.
– Die Kräuter waschen und klein schneiden. Den Teig noch einmal kurz durchkneten und Olivenöl, Petersilie, Schnittlauch und Dill unterarbeiten. Auf einer leicht bemehlten Arbeitsfläche aus dem Teig zwei gleich große Kugeln formen, mit der Hand rollen und dabei zu einem länglichen Laib von 22 cm Länge ziehen, sodass die Oberfläche Spannung erhält.
– Ein Backblech fetten und mit etwas Mehl bestreuen. Die Laibe auf das Blech legen. Die Brote in der Mitte der Länge nach mit einem scharfen Messer etwa 1/2 cm tief einschneiden. Das Eigelb mit 1 EL Wasser verquirlen und die Brote damit bestreichen. Die Brote mit Dillsamen bestreuen, den Dillsamen etwas andrücken. Kräuterbrote gut zugedeckt 20–30 Min. bei Zimmertemperatur gehen lassen.
– Den Backofen auf 220° (Umluft 200°) vorheizen. Eine feuerfeste Schale mit kochend heißem Wasser hineinstellen. Die Brote im Ofen (Mitte) 30–40 Min. backen. Die Klopfprobe (siehe Seite 420) machen und die Brote eventuell noch 5–10 Min. nachbacken. Dann auf ein Kuchengitter legen und auskühlen lassen.

645. Vollkorn-Zwiebelbrot

VOLLWERTIG | GELINGT LEICHT
Für 1 runde Brotform (20–24 Ø)
Zubereitungszeit: 30 Min.
Gehzeit: 1 Std.
Backzeit: 55 Min.

400 g Weizenvollkornmehl • 100 g Roggenvollkornmehl • 1 EL Kümmelsamen • 1 Msp. frisch gemahlener schwarzer Pfeffer • 2 TL Meersalz • 1 Würfel frische Hefe (42 g) • 2 TL flüssiger Honig • 250 g saure Sahne • 250 g Zwiebeln • 4 EL Sonnenblumenöl
Außerdem: Butter für die Form

– Das Weizen- und Roggenmehl in einer Schüssel mit dem Kümmel, Pfeffer und Salz mischen. In die Mitte des Mehls eine Mulde drücken, die Hefe hineinbröckeln, den Honig darüber träufeln und 2 Min. warten, bis sich die Hefe verflüssigt hat.
– Die saure Sahne mit 100 ml heißem Wasser mischen, auf die Hefe gießen und mit wenig Mehl vom Mehlrand zu einem dünnen Vorteig verrühren. Hefevorteig mit etwas Mehl bestäuben und zugedeckt an einem warmen Ort gehen lassen, bis das Mehl auf dem Vorteig feine Risse zeigt; das dauert etwa 20 Min.
– Die Zwiebeln schälen, fein würfeln und in dem Öl goldgelb braten. Etwas abkühlen lassen.

– Das gesamte Mehl mit dem Vorteig verrühren und kräftig durchkneten. Den Teig erneut zugedeckt etwa 20 Min. gehen lassen. Danach noch einmal kräftig durchkneten und dabei die Zwiebeln mit dem Bratfett unterarbeiten. Sollte der Teig zu fest sein, noch etwas Wasser dazugießen, ist er zu weich und löst sich nicht vom Schüsselrand, fügt man noch etwas Mehl hinzu.
– Die Brotform mit Butter ausstreichen. Den Teig auf einer leicht bemehlten Arbeitsfläche zu einer Kugel formen, diese in die Form legen und etwas flach drücken.
– Den Teig erneut ca. 20 Min. gehen lassen, bis er sein Volumen etwa um ein Drittel vergrößert hat.
– Den Backofen auf 200° (Umluft 180°) vorheizen. Das Brot im Backofen (Mitte) in 45–55 Min. goldbraun backen. Das Brot aus der Form stürzen, auf ein Kuchengitter legen, von allen Seiten mit etwas kaltem Wasser besprühen oder bepinseln und auskühlen lassen.

TIPP

Wenn Sie keine runde Brotbackform besitzen, können Sie aus dem Teig auch einen länglichen Laib formen und diesen auf einem gefetteten Backblech backen. Die Backzeit verkürzt sich dann um ungefähr 10 Min.

646. Sizilianischer Gewürzfladen

ITALIENISCHE SPEZIALITÄT
Für 1 Backblech
Zubereitungszeit: 1 1/2 Std.
Einweichzeit: 10 Std.
Gehzeit: 1 Std.
Backzeit: 30 Min.

50 g Gerstenkörner • 500 g Weizenvollkornmehl • 1 Würfel frische Hefe (42 g) • 1 TL Zucker • je 50 g grüne und schwarze Oliven • 50 g getrocknete Tomaten, in Öl eingelegt • 1 TL Fenchelsamen • 1 Knoblauchzehe • 1 EL Kapern • 1 TL Meersalz • je 1 TL getrockneter Oregano und Salbei • 1 EL Pinienkerne • 50 g Schweineschmalz • 1 EL Olivenöl Außerdem: Mehl für die Arbeitsfläche • Olivenöl zum Bestreichen und fürs Blech

– Gerstenkörner in 1/4 l lauwarmem Wasser 8–10 Std. einweichen. Das Einweichwasser abgießen und die Körner in 1/2 l frischem Wasser 45 Min. kochen, dann abgießen und lauwarm abkühlen lassen.
– Das Weizenmehl in eine Schüssel geben und eine Mulde hineindrücken. Die Hefe in die Mulde bröckeln, mit dem Zucker bestreuen und mit 100 ml lauwarmem Wasser und etwas Mehl zu einem Vorteig verrühren. Zugedeckt an einem warmen Ort 20 Min. gehen lassen.
– Die Oliven entsteinen, die Tomaten abtropfen lassen, beides klein schneiden. Die Fenchelsamen im Mörser zerstoßen, den Knoblauch schälen und durch die Presse drücken. Die Kapern abtropfen lassen.
– Die vorbereiteten Zutaten mit dem Salz, den getrockneten Kräutern, den Pinienkernen, dem Schmalz und dem Olivenöl auf den Mehlrand geben. 150 ml lauwarmes Wasser zufügen und alles zu einem geschmeidigen Teig verkneten. Bei Bedarf noch 50 ml Wasser mehr unterarbeiten.
– Den Teig zugedeckt 30 Min. gehen lassen, dann auf einer gut bemehlten Arbeitsfläche etwa 1 cm dick ausrollen. Ein Backblech einölen und mit dem Teig belegen. Die Oberfläche mit Olivenöl bepinseln und mit einer Gabel mehrmals einstechen. Die Teigplatte zugedeckt 10 Min. gehen lassen. Den Backofen auf 200° (Umluft 180°) vorheizen. Den Gewürzfladen im Ofen (Mitte) in 25–30 Min. goldbraun backen.

TIPP

Sie zaubern italienisches Flair auf Ihre Tafel, wenn Sie den noch ofenwarmen Gewürzfladen zu Parmaschinken, Schafskäse und Oliven servieren.

647. Amerikanisches Hirsebrot

VOLLWERTIG | ETWAS BESONDERES
Für 1 Kastenform (25 cm Länge)
Zubereitungszeit: 35 Min.
Quellzeit: 12 Std.
Gehzeit: 40 Min.
Backzeit: 1 Std.

100 g Hirse • 400 g Weizenvollkornmehl • 100 g feines Maismehl • 1 1/3 Würfel frische Hefe (ca. 50 g) • 1/8 l Milch • 2 TL Meersalz • 1 EL Honig • 1 EL Rosmarinnadeln • 1/2 TL Paprikapulver, rosenscharf • 1 EL kalt gepresstes Olivenöl

Außerdem: Butter und Maismehl für die Form • Mehl für die Arbeitsfläche

– Die Hirse heiß waschen, mit 130 ml gerade nicht mehr kochendem Wasser übergießen und über Nacht bei Zimmertemperatur quellen lassen.
– Das Weizen- und Maismehl in eine Schüssel geben. Die Hefe zerbröckeln und in 2 EL lauwarmem Wasser anrühren. In einer Schüssel mit der Milch, 100 ml Wasser, Salz und Honig vermischen und unter das Mehl mengen.
– Die Rosmarinnadeln klein schneiden. Dann die gequollene Hirse (das Wasser vorher abschütten), den Rosmarin, das Paprikapulver und das Öl unter den Teig kneten. Den Teig gut zugedeckt bei Zimmertemperatur 20 Min. gehen lassen.
– Die Form fetten und mit Maismehl ausstreuen. Den Teig noch einmal kurz mit bemehlten Händen durchkneten und in die Form legen. Zugedeckt 20 Min. gehen lassen, dann mit Wasser bestreichen.
– Den Backofen auf 200° (Umluft 180°) vorheizen. Eine feuerfeste Schale mit kochend heißem Wasser hineinstellen. Das Brot im Ofen (unten) 1 Std. backen. Brot aus der Form lösen, die Klopfprobe (siehe Seite 420) machen und bei Bedarf auf dem Backblech ohne Form noch 5–10 Min. nachbacken. Auf einem Kuchengitter auskühlen lassen.

648. Mehrkornbrot

VOLLWERTIG
Für 1 Kastenform (30 cm Länge)
Zubereitungszeit: 30 Min.
Gehzeit: 2 1/4 Std.
Backzeit: 50 Min.

300 g Weizenvollkornmehl • 150 g Hafermehl • 200 g Weizenmehl (Type 550) • 20 g Mohnsamen • je 30 g Leinsamen, geschälte Sesamsamen, Sonnenblumenkerne und Kürbiskerne • knapp 1 Würfel Hefe (35 g) • 3 TL Meersalz • 1 EL Olivenöl
Außerdem: Butter für die Form • Mehl für die Arbeitsfläche • beliebige Samen und Kerne zum Bestreuen

– Die drei Mehlsorten in einer Schüssel mit den Samen und Kernen vermischen. Die Hefe in 550 ml lauwarmem Wasser auflösen und mit dem Salz und dem Öl in die Schüssel gießen. Alles zunächst mit einem Löffel verrühren und dann mit den Händen oder in der Küchenmaschine zu einem glatten Teig verkneten. Der Teig darf noch feucht sein, denn Vollkornmehl nimmt beim Gehen noch viel Wasser auf. Die Schüssel mit einem sauberen Tuch abdecken und den Teig bei Zimmertemperatur etwa 1 1/2 Std. gehen lassen, bis sich sein Volumen verdoppelt hat.
– Die Kastenform fetten. Den Teig für das Mehrkornbrot auf einer bemehlten Arbeitsfläche gut durchkneten, zu einer etwa 30 cm langen Rolle formen und in die Kastenform legen.
– Die Teigoberfläche mit einem scharfen Messer mehrmals quer einschneiden, mit Wasser bestreichen und mit beliebigen Samen und Kernen bestreuen. Mit einem Tuch abdecken und den Teig an einem warmen Ort noch einmal gehen lassen, bis sich sein Volumen deutlich vergrößert hat; das dauert etwa 45 Min.
Den Backofen auf 200° (Umluft 180°) vorheizen. Das Brot in der Form im Ofen (Mitte) 45–50 Min. backen.

TIPP

Sie können anstelle eines Kastenbrots aus dem Teig auch Mehrkorn-Brötchen backen. Dazu den Teig in 18 Stücke von je 75 g teilen und diese zu Kugeln formen. Mit genügend Abstand zueinander auf ein gefettetes Backblech setzen, etwas flach drücken und in der Mitte mit einem scharfen Messer kreuzweise einschneiden. Die Brötchen mit etwas Wasser bepinseln und mit beliebigen Samen und Kernen bestreuen. Die Brötchen mit einem Tuch abdecken und an einem warmen Ort 30–40 Min. gehen lassen, bis sich ihr Volumen deutlich vergrößert hat. Bei 200° (Umluft 180°) im vorgeheizten Ofen etwa 20 Min. backen.

649. Blumentopf-Brote

RAFFINIERT GEMACHT
Für 3 Blumentöpfe aus Ton (12 cm Höhe)
Zubereitungszeit: 30 Min.
Gehzeit: 1 3/4 Std.
Backzeit: 50 Min.

1 Würfel frische Hefe (42 g) • 1 EL Zucker • 300 g Weizenmehl (Type 550) • je 250 g Weizen- und

Roggenvollkornmehl • 3 TL Salz • 1 TL gemahlener Koriander • je 1/2 TL gemahlener Kümmel- und Fenchel
Außerdem: Butter und Alufolie für die Blumentöpfe

– Die zerbröckelte Hefe mit dem Zucker in 100 ml lauwarmem Wasser auflösen und zugedeckt 15 Min. gehen lassen. Alle Mehle mischen und mit Hefeansatz, 400 ml lauwarmem Wasser, dem Salz und den Gewürzen gut verkneten. Den Hefeteig zugedeckt 1 Std. gehen lassen.
– Die Blumentöpfe mit Butter fetten und die Bodenlöcher mit Alufolie verschließen. Den Teig noch einmal kräftig durchkneten, in 3 Stücke teilen, in die Blumentöpfe geben und zugedeckt 30 Min. gehen lassen.
– Den Backofen auf 230° (Umluft 210°) vorheizen. Ein feuerfestes Gefäß mit kaltem Wasser auf den Boden des Backofens stellen. Die Brote im Ofen (unten) 40 Min. backen, nach 10 Min. das Wasser herausnehmen und die Temperatur auf 200° (Umluft 180°) zurückschalten.
– Die Brote aus den Töpfen stürzen und noch 10 Min. im abgeschalteten Backofen nachbacken.

650. Karamellisiertes Walnuss-Schrot-Brot

ETWAS BESONDERES
Für 1 länglichen Laib
Zubereitungszeit: 45 Min.
Gehzeit: 1 1/2 Std.
Backzeit: 45 Min.

200 g grob gehackte Walnüsse • 100 g grober Weizenschrot • 2 TL Puderzucker • 300 g Weizenmehl (Type 550) • 200 g Roggenmehl (Type 1370) • 1 Würfel frische Hefe (42 g) • 1 EL brauner Zucker • 3/8 l lauwarme Milch • 3 TL Salz
Außerdem: Mehl fürs Blech

– Die Walnüsse in einer beschichteten Pfanne ohne Fettzugabe unter ständigem Wenden rösten, bis sie angenehm duften. Die Nüsse aus der Pfanne nehmen.
– Den Weizenschrot in der Pfanne ebenfalls unter Rühren leicht anrösten. Die Walnüsse untermischen. Den Puderzucker darüber streuen und unter Rühren karamellisieren lassen. Die Mischung in eine Schüssel füllen und etwas abkühlen lassen.
– Das Weizen- und Roggenmehl mischen und über die Nussmasse sieben. In die Mitte eine Mulde drücken. Die Hefe hineinbröckeln und den braunen Zucker zufügen. Etwas Milch in die Mulde gießen und die Hefe darin unter Rühren auflösen, dabei etwas Mehl vom Rand mit untermischen. Den Ansatz mit Mehl bestäuben, die Schüssel mit einem sauberen Tuch bedecken und an einen warmen, zugfreien Ort stellen. Den Ansatz etwa 15 Min. gehen lassen, bis die Oberfläche Risse zeigt.
– Das Salz auf den Mehlrand streuen. Die restliche Milch in die Schüssel gießen und, von der Mitte aus beginnend, alle Zutaten miteinander verrühren. Dann mit den Händen zu einem geschmeidigen Teig verkneten. Erneut abdecken und etwa 30 Min. gehen lassen, bis sich das Volumen deutlich vergrößert hat.
– Das Backblech mit wenig Mehl bestäuben. Den Teig durchkneten und zu einem länglichen Laib formen. Auf das bemehlte Backblech legen, die Oberfläche mit Mehl bestäuben und mit einem Tuch bedeckt erneut etwa 45 Min. gehen lassen. Den Backofen auf 200° (Umluft 180°) vorheizen.
– Das Brot im Ofen (Mitte) etwa 45 Min. backen. Auf einem Kuchengitter auskühlen lassen.

TIPPS

• Ganz hervorragend schmeckt dieses Mischbrot frisch gebacken zum Frühstück, mit Butter und beispielsweise einer zartbitteren Orangenmarmelade bestrichen.
• Die Walnüsse knacken Sie am besten unmittelbar vor dem Backen und prüfen sie sorgfältig, denn schon ein einziger ranziger Kern kann den Geschmack des ganzen Brotes verderben.

651. Weizenvollkornbrot

VOLLWERTIG
Für 1 Brot
Zubereitungszeit: 45 Min.
Gehzeit: 1 1/2 Std.
Backzeit: 1 Std. 10 Min.

1 Würfel frische Hefe (42 g) • 300 ml lauwarme Buttermilch • 1 TL Zucker • 1 EL Salz • 400 g Weizenvollkornmehl • 100 g Weizenvollkornschrot • 2 EL Zuckerrübensirup • 4 EL Öl
Außerdem: 2 EL Weizenvollkornschrot zum Bestreuen • Backtrennpapier fürs Blech

– Die Hefe in der lauwarmen Buttermilch mit dem Zucker auflösen. Das Salz, das Weizenvollkornmehl und den Weizenvollkornschrot in einer Schüssel mischen. Die Hefemilch, den Sirup und das Öl dazugeben.
– Alles 10 Min. kneten. Den Teig in einer Schüssel zugedeckt 30 Min. gehen lassen. Dann noch einmal durchkneten und zugedeckt weitere 30 Min. gehen lassen.
– Den Backofen auf 220° (Umluft 200°) vorheizen. Ein Backblech mit Backpapier auslegen. Den Teig noch einmal kneten, zu einem runden Laib formen und auf dem Backblech zugedeckt wieder 30 Min. gehen lassen.
– Den Teig einmal kreuzweise einschneiden, mit lauwarmem Wasser bestreichen und mit dem Vollkornschrot bestreuen. Das Brot im Ofen (Mitte) 10 Min. vorbacken, dann bei 200° (Umluft 180°) in 50–60 Min. fertig backen.

652. Weizen-Quark-Brot

VOLLWERTIG | GELINGT LEICHT
Für 1 Laib
Zubereitungszeit: 30 Min.
Gehzeit: 1 Std.
Backzeit: 50 Min.

300 g Weizenvollkornmehl • 300 g mittelfeiner Weizenschrot • 1 Würfel frische Hefe (42 g) • 1 EL flüssiger Honig • 2 TL Meersalz • 500 g Magerquark • 2 EL Sonnenblumenöl
Außerdem: Butter fürs Blech

– Das Weizenmehl und den Weizenschrot in einer großen Rührschüssel mischen. In die Mitte des Mehls eine Mulde drücken, die Hefe hineinbröckeln und den Honig auf die Hefe träufeln. Dann etwa 2 Min. warten, bis sich die Hefe verflüssigt hat.
– 100 ml lauwarmes Wasser dazugießen und mit der Hefe und etwas Mehl zu einem dünnen Vorteig verrühren. Wenig Mehl über den Vorteig streuen. Den Hefevorteig zugedeckt an einem warmen Ort gehen lassen, bis sich auf dem Mehl feine Risse zeigen; das dauert etwa 20 Min.
– Das Salz, den Quark und das Öl zum Vorteig geben und alle Zutaten mit dem gesamten Mehl zu einem geschmeidigen Hefeteig verkneten. Den Teig zugedeckt erneut an einem warmen Ort 20 Min. gehen lassen.
– Das Backblech mit Butter bestreichen. Den Backofen auf 200° (Umluft 180°) vorheizen.
– Den Teig noch einmal kräftig durchkneten. Sollte er zu fest sein, etwas Wasser dazugeben, ist er zu weich, etwas Weizenvollkornmehl unterarbeiten. Den Teig zu einer Kugel formen, auf das Backblech legen und zu einem flachen Brot von ungefähr 20 cm Ø drücken. Den Laib zugedeckt noch einmal 20 Min. gehen lassen, er soll sein Volumen dabei um etwa ein Drittel vergrößern.
– Den Brotlaib im Ofen (Mitte) in ungefähr 40 Min. goldbraun backen und noch 10 Min. im abgeschalteten Backofen ruhen lassen.
– Das Brot auf ein Kuchengitter legen, rundherum mit etwas kaltem Wasser besprühen und auskühlen lassen.

TIPPS

• Das Weizen-Quark-Brot kann schon nach einigen Stunden angeschnitten werden. Es schmeckt am besten frisch, mit Butter und mit Honig oder Konfitüre bestrichen oder mit mildem Käse belegt.
• Vollkornbrote, deren Oberfläche nie so glatt ist, wie die von Broten aus Auszugsmehlen, sollte man vor dem Abkühlen stets mit Wasser besprühen oder bepinseln. Früher verwendeten die Bäcker dafür einen großen kompakten Pinsel, Brotbesen genannt. Zu Hause eignet sich seiner feinen Düsen wegen ein Blumenbestäuber hervorragend. Man kann das Wasser aber auch mit einem Kuchenpinsel auf das Brot streichen. Das Besprühen oder Bepinseln mit kaltem Wasser bewirkt, dass sich das Brot nach dem Auskühlen gut schneiden lässt. Außerdem glänzt es besonders schön goldbraun.

653. Grahambrot

LEICHT ZU MACHEN
Für 2 längliche Brote
Zubereitungszeit: 50 Min.
Gehzeit: 1 Std. 50 Min.
Backzeit: 45 Min.

2/3 Würfel frische Hefe (30 g) • 1 TL Rohrzucker • 500 g Weizenschrot • 200 g Weizenmehl (Type 405) • 3 TL Meersalz • 3 EL zerlassene Butter
Außerdem: Mehl für die Arbeitsfläche und das Blech • 4 EL Milch zum Bestreichen

– Die Hefe zerbröckeln und in einer Schüssel mit dem Zucker und etwas lauwarmem Wasser glatt rühren. Zugedeckt an einem warmen Ort 10 Min. gehen lassen. Den Weizenschrot mit dem Mehl und dem Salz mischen. Den Hefevorteig, 350 ml Wasser und 1 EL zerlassene Butter dazugeben. Alles gut verkneten, bis ein geschmeidiger Teig entsteht. Bei Bedarf noch bis zu 50 ml mehr Wasser unterarbeiten.

– Den Teig zugedeckt 1 Std. gehen lassen, bis sich sein Volumen fast verdoppelt hat. Dann noch einmal durchkneten, in 2 gleich große Stücke teilen und längliche Laibe formen. Ein Backblech mit Mehl bestreuen. Die Brote darauf legen, mit der übrigen Butter bepinseln und zugedeckt weitere 40 Min. gehen lassen.

– Den Backofen auf 200° (Umluft 180°) vorheizen. Die Brote im Ofen (Mitte) in 40–45 Min. goldgelb backen. Die heißen Brote mit Milch bepinseln und unter einem Küchentuch auskühlen lassen.

TIPPS

• Grahambrot nach Geschmack vor dem Backen mit Sesam bestreuen. Es passt gut zu deftigen Wurstsorten und würzigem Käse.

• Wenn die Brotscheiben hauptsächlich mit Butter bestrichen werden, können Sie den Teig auch mit 1 TL gemahlenem Kardamom und 1/2 TL frisch geriebener Muskatnuss würzen. Das Brot bekommt dann einen viel würzigeren Eigengeschmack.

• Seinen Namen hat das Brot von dem amerikanischen Arzt Graham. Gebäck mit dem Namen „Graham“ enthält immer Weizenschrot.

654. Sojaschrotbrot

VOLLWERTIG | GELINGT LEICHT
Für 1 runden Laib
Zubereitungszeit: 25 Min.
Gehzeit: 1 Std.
Backzeit: 40 Min.

400 g Weizenvollkornmehl • 200 g Roggenvollkornmehl • 200 g geschrotete Sojabohnen • 1 Würfel frische Hefe (42 g) • 1 EL flüssiger Honig • 2 TL Meersalz
Außerdem: Butter fürs Blech • 30 g ungeschälter Sesamsamen für die Arbeitsfläche

– Die Weizen- und die Roggenkörner fein mahlen und mit dem Sojaschrot in einer Schüssel mischen.

– In die Mitte eine Mulde drücken, die Hefe hineinbröckeln, den Honig darüber träufeln und 2 Min. warten, bis sich die Hefe verflüssigt hat.

– 1/2 l lauwarmes Wasser mit der Hefe und wenig Mehl zu einem Vorteig verrühren, diesen zugedeckt 15 Min. gehen lassen.

– Das Salz zum Vorteig geben. Alles zu einem geschmeidigen Teig verkneten, diesen zugedeckt erneut 15 Min. gehen lassen. Dann noch einmal durchkneten und, wenn nötig, noch etwas Wasser oder Weizenmehl unterarbeiten.

– Das Backblech mit Butter bestreichen. Den Sesam auf eine Arbeitsfläche streuen. Den Teig darauf zu einer Kugel formen, dabei den Sesam gut andrücken.

– Die Teigkugel auf das Backblech legen, flach drücken und zugedeckt gehen lassen, bis sich das Volumen um etwa ein Drittel vergrößert hat. Den Backofen auf 220° (Umluft 200°) vorheizen.

– Das Brot im Ofen (Mitte) in etwa 30 Min. goldbraun backen und weitere 10 Min. im abgeschalteten Backofen ruhen lassen. Anschließend das Sojaschrotbrot mit kaltem Wasser besprühen, auf ein Kuchengitter geben und auskühlen lassen.

655. Dinkel-Gewürzbrot

FÜR GEÜBTE | BRAUCHT ETWAS ZEIT
Für 2 ovale Brote
Zubereitungszeit: 1 Std.
Einweichzeit: 12 Std.
Gehzeit: 1 Std. 10 Min.
Backzeit: 1 Std.

100 g grob geschroteter Dinkel • 1 kg Dinkelvollkornmehl • 1 Würfel frische Hefe (42 g) • 1 EL Birnendicksaft • 3/4 l lauwarme Buttermilch • je 1 EL Anissamen, Fenchelsamen, Kümmel • 1 EL Meersalz
Außerdem: Mehl für die Arbeitsfläche • Butter fürs Blech

– Den Dinkelschrot in eine Glas- oder Keramikschüssel füllen, mit 1/8 l lauwarmem Wasser übergießen und zugedeckt 12 Std. einweichen.

– Das Dinkelmehl in eine große Schüssel geben und eine Mulde hineindrücken. Die Hefe in die Mulde bröckeln, mit dem Birnendicksaft, etwas Mehl und 1/8 l lau-

warmer Buttermilch verrühren. Den Vorteig zugedeckt an einem warmen Ort 20 Min. gehen lassen.
– Die Anis-, Fenchel- und Kümmelsamen im Mörser zerstoßen. Die Gewürzmischung mit der restlichen Buttermilch, dem Salz und dem eingeweichten Schrot in die Schüssel zum Vorteig geben und alles zu einem geschmeidigen Teig verkneten. Den Hefeteig zugedeckt an einem warmen Ort 30 Min. gehen lassen.
– Den Teig noch einmal kräftig auf einer bemehlten Arbeitsfläche durchkneten, in zwei Hälften teilen und daraus ovale Laibe formen. Ein Backblech fetten, die Laibe darauf legen und 20 Min. zugedeckt gehen lassen.
– Den Backofen auf 240° (Umluft 220°) vorheizen. Eine feuerfeste Schale mit kochend heißem Wasser hineinstellen. Die Brote mit Wasser bestreichen und im Ofen (Mitte) 20 Min. backen. Die Temperatur dann auf 180° (Umluft 160°) zurückschalten und die Brote in weiteren 40 Min. fertig backen. Mit Küchentüchern bedeckt auf einem Kuchengitter auskühlen lassen.

TIPPS

• Streuen Sie Anis-, Fenchel- und Kümmelsamen auf das Mehl auf der Arbeitsfläche und kneten darauf den Teig durch. Die Samen festdrücken und das Brot wie beschrieben backen.

• Das Rezept können Sie leicht zu einem Dinkel-Walnuss-Brot variieren: Dazu bereiten Sie den Teig wie beschrieben vor, würzen ihn aber nur mit je 1 TL gemahlenem Anis und Fenchel und lassen den Kümmel weg. Stattdessen mischen Sie 150 g grob gehackte Walnusskerne unter den Teig und backen wie beschrieben.

656. Kürbiskernbrot

VOLLWERTIG | GELINGT LEICHT
Für 1 Kastenform (30 cm Länge)
Zubereitungszeit: 45 Min.
Gehzeit: 1 Std. 25 Min.
Backzeit: 1 Std.

1 Würfel frische Hefe (42 g) • 1 TL Rohrzucker • 250–375 ml lauwarme Buttermilch • 300 g Weizenvollkornmehl • 130 g Kürbiskerne • 100 g Roggenschrot • 100 g feines Maismehl (Reformhaus) • 2 EL Kürbiskernöl • 1 gehäufter TL Meersalz
Außerdem: Mehl für die Arbeitsfläche • Butter für die Form • 3 EL Milch zum Bestreichen

– Die Hefe in eine Schüssel bröckeln, mit Zucker bestreuen und mit etwas Buttermilch und etwas Weizenmehl glatt rühren. Den Vorteig zugedeckt an einem warmen Ort 15 Min. gehen lassen.
– Von den Kürbiskernen 100 g grob hacken, mit dem restlichen Weizenmehl, dem Roggenschrot und dem Maismehl mischen. Den Hefevorteig mit der übrigen Buttermilch, dem Öl und dem Salz vermengen und die Mehl-Kürbiskern-Mischung unterrühren. Den Teig kneten, bis er geschmeidig glänzt. Dann zugedeckt an einem warmen Ort 40 Min. gehen lassen.
– Den Teig auf einer bemehlten Arbeitsfläche nochmals gut durchkneten. Form fetten und den Teig einfüllen. Die Oberfläche glatt streichen, mit Milch bepinseln und die restlichen Kürbiskerne darüber streuen, etwas andrücken. Das Brot zugedeckt 30 Min. gehen lassen.
– Den Backofen auf 200° (Umluft 180°) vorheizen. Eine feuerfeste Schale mit kochend heißem Wasser hineinstellen. Das Kürbiskernbrot im Ofen (Mitte) 15 Min. backen. Die Hitze dann auf 180° (Umluft 160°) zurückschalten und das Brot in weiteren 45 Min. goldbraun backen.
– Das Kürbiskernbrot in der Form 5 Min. ruhen lassen, dann stürzen und auf einem Kuchengitter, mit einem Küchentuch bedeckt, auskühlen lassen.

657. Roggenknäcke

FÜR GEÜBTE | SPEZIALITÄT
Für 20 Stück
Zubereitungszeit: 1 Std.
Gehzeit: 1 Std.
Backzeit pro Backblech: 8 Min.

1/2 Würfel frische Hefe (21 g) • 250 g Roggenvollkornmehl • 175 g Weizenmehl (Type 405) • 2 TL Salz
Außerdem: Backtrennpapier fürs Blech • Mehl für die Arbeitsfläche

– Die Hefe in ein Schälchen bröckeln und mit etwas Wasser glatt rühren. Die beiden Mehlsorten mit dem Salz in einer großen Schüssel mischen, 1/4 l lauwarmes Wasser und die angerührte Hefe dazugeben. Alles gründlich verkneten und zugedeckt an einem warmen Ort 1 Std. gehen lassen.

– Den Backofen auf 250° (Umluft 220°) vorheizen. Zwei Backbleche mit Backpapier auslegen. Den Teig (er ist durch den hohen Roggenanteil noch ein wenig klebrig) auf der bemehlten Arbeitsfläche kneten, bis er elastisch ist. Zu einer dicken Rolle formen und in 20 gleich große Stücke teilen.

– Jedes Teigstück auf einer bemehlten Arbeitsfläche zu einem dünnen Fladen von etwa 12 cm Ø ausrollen und mit einer Gabel häufig (!) einstechen. Die Fladen dann auf die Bleche verteilen und nacheinander im Ofen (Mitte) 7–8 Min. backen.

– Die fertigen Knäckebrote auf einem Kuchengitter offen auskühlen lassen, damit sie knusprig werden.

TIPP

Für Roggenbrötchen kneten Sie den Teig nach dem Aufgehen gründlich durch und teilen ihn in 10 Portionen. Jedes Teigstück zu einem runden oder länglichen Brötchen formen und zugedeckt noch einmal 20–30 Min. gehen lassen. Die Oberfläche mit einem Messer einschneiden. Die Brötchen dann bei 200° (Umluft 180°) im Ofen (Mitte) knapp 15 Min. backen.

658. Kräftiges Roggenbrot

PREISWERT | GELINGT LEICHT
Für 1 runden Brotlaib
Zubereitungszeit: 30 Min.
Gehzeit: etwa 17 Std.
Backzeit: 2 Std.

50 g Sauerteig (Bäcker) • 750 g Roggenschrotmehl (Reformhaus) • 250 g Weizenmehl (Type 405) • 2 TL Salz
Außerdem: Alufolie fürs Blech

– Den Sauerteig mit 1/2 l lauwarmem Wasser in einer Schüssel gut verrühren. Das Roggenschrotmehl und das Weizenmehl zusammen in eine gut vorgewärmte Schüssel schütten. In die Mitte des Mehls eine Vertiefung drücken und den Sauerteig hineingießen.

– Nach und nach etwa die Hälfte des Mehls mit dem Sauerteig verrühren, bis ein dickflüssiger Teig entstanden ist. Die Schüssel mit Tüchern zudecken und an einem warmen Ort über Nacht gehen lassen.

– Am nächsten Tag 1/4 l lauwarmes Wasser und das Salz zum Teig geben. Das gesamte Mehl mit dem Sauerteig verrühren und den Teig so lange kneten, bis er fest ist und nicht mehr auseinander läuft. Den Teig zu einer Kugel formen, in eine gut angewärmte und mit Mehl ausgestäubte Schüssel geben, mit Tüchern zudecken und 3 Std. an einem warmen Ort gehen lassen.

– Das Backblech mit Alufolie auslegen. Mit bemehlten Händen aus dem Teig einen runden, nicht zu hohen Laib formen, auf das Backblech legen und bei Zimmertemperatur noch einmal 1 1/2–2 Std. gehen lassen. Während dieser Zeit die Oberfläche des Brotes 3- bis 4-mal mit lauwarmem Wasser bestreichen, damit sich keine Risse bilden.

– Den Backofen auf 200° (Umluft 180°) vorheizen. Den gegangenen Brotlaib mit einem scharfen Messer karoförmig einschneiden und auf der unteren Schiene 2 Std. backen.

– Den Backofen ausschalten, das Brot herausnehmen, mit kaltem Wasser bestreichen und zum Trocknen nochmals einige Minuten in den ausgeschalteten, aber noch warmen Backofen schieben.

TIPP

Den Sauerteig bestellen Sie am besten einen Tag vor dem Backen bei Ihrem Bäcker.

659. Erdnussbrot

ETWAS BESONDERES
Für 1 rundes Brotbackkörbchen (20 cm Ø)
Zubereitungszeit: 45 Min.
Gehzeit: 2 Std. 20 Min.
Backzeit: 55 Min.

350 g Roggenmehl (Type 997) • 150 g Weizenmehl (Type 1050) • 1/2 Würfel frische Hefe (21 g) • 75 g Sauerteig (Bäcker) • 3 EL Ahornsirup • 1 EL Salz • 100 g frische Erdnüsse in der Schale
Außerdem: Fett und Mehl fürs Blech

– Beide Mehlsorten in eine Schüssel sieben und in die Mitte eine Mulde drücken. Die Hefe in 75 ml Wasser auflösen, die Flüssigkeit in die Mulde gießen und mit etwas Mehl vom Rand verrühren. Den Ansatz mit Mehl bestäuben, mit einem sauberen Tuch abdecken und den

Teig an einem warmen, zugfreien Ort etwa 20 Min. gehen lassen, bis die Oberfläche Risse zeigt.
– Den Sauerteig mit 225 ml lauwarmem Wasser, dem Ahornsirup und dem Salz verrühren und diese Mischung zum Vorteig geben. Alles zu einem glatten Teig verkneten. Den Teig zu einer Kugel formen, in die Schüssel geben und erneut zugedeckt 1 Std. gehen lassen, bis er sein Volumen verdoppelt hat.
– In der Zwischenzeit die Erdnüsse schälen und grob hacken. Eine beschichtete Pfanne ohne Fett erhitzen und die Erdnüsse darin unter Rühren goldgelb rösten. Herausnehmen und etwas abkühlen lassen.
– Die Erdnüsse in den Teig einarbeiten und diesen zu einer Kugel formen. Das Brotbackkörbchen mit Mehl ausstäuben und die Teigkugel hineinlegen. Zugedeckt 1 Std. gehen lassen.
– Den Backofen auf 210° (Umluft 190°) vorheizen. Ein Backblech fetten und mit Mehl bestreuen. Den gegangenen Teig aus dem Körbchen auf das Blech stürzen. Das Brot im Ofen (Mitte) etwa 55 Min. backen. Auf einem Kuchengitter abkühlen lassen.

660. Bauernstange

VOLLWERTIG | LEICHT ZU MACHEN
Für 4 Stangen
Zubereitungszeit: 45 Min.
Gehzeit: 1 1/2 Std.
Backzeit: 40 Min.

1 Würfel frische Hefe (42 g) • 1 EL Meersalz • 1 Päckchen flüssiger Natursauerteig (150 g, Reformhaus) • 750 g Weizenvollkornmehl • 4 EL kalt gepresstes Olivenöl • 2 EL Kräuter der Provence
Außerdem: Mehl für die Arbeitsfläche und fürs Blech • Mohn und Sesamsamen zum Bestreuen

– Die Hefe in 2 EL lauwarmem Wasser auflösen. In einer Schüssel mit 450 ml lauwarmem Wasser, Salz, Sauerteig und Mehl verkneten, bis sich der Teig vom Schüsselrand löst. Den Teig auf einer bemehlten Arbeitsfläche noch einmal durchkneten. Bei Bedarf etwas Wasser oder Mehl dazugeben. Mit Mehl bestreuen und in der Schüssel mit einem feuchten Tuch bedeckt 1 Std. an einem warmen Ort gehen lassen.
– Das Backblech mit Mehl bestäuben. Den Teig mit dem Öl und den Kräutern verkneten. In vier gleich große Stücke teilen, zu Stangen formen und nebeneinander auf das Backblech legen. Jede Stange mit einem Messer oben mehrmals schräg einschneiden, mit Wasser bepinseln und mit Mohn und Sesamsamen bestreuen. Unter einem feuchten Tuch an einem warmen Ort 30 Min. gehen lassen.
– Den Backofen auf 200° (Umluft 180°) vorheizen. Eine feuerfeste Schale mit kochend heißem Wasser hineinstellen. Die Brote im Ofen (Mitte) 30 Min. backen; dann die Temperatur auf 170° (Umluft 150°) zurückschalten und die Bauernstangen in 10 Min. fertig backen. Auf einem Kuchengitter auskühlen lassen.

661. Roggen-Zwiebel-Stangen

VOLLWERTIG | LANGE HALTBAR
Für 2 Stangen
Zubereitungszeit: 25 Min.
Gehzeit: 1 Std. 10 Min.
Backzeit: 30 Min.

250 g Roggenvollkornmehl • 500 g Weizenvollkornmehl • 1 Würfel frische Hefe (42 g) • 1 TL Rohrzucker • 1 Päckchen flüssiger Natursauerteig (150 g, Reformhaus) • 1 EL Salz • 1 TL gemahlenes Brotgewürz • 100 g Röstzwiebeln (Fertigprodukt) • 3 EL Olivenöl
Außerdem: Backtrennpapier fürs Blech

– Die beiden Mehlsorten mischen, eine Mulde hineindrücken. Die Hefe in die Mulde bröckeln und mit dem Zucker und etwas lauwarmem Wasser verrühren. Mit Mehl bestäuben und den Vorteig zugedeckt an einem warmen Ort 10 Min. gehen lassen.
– Den Sauerteig, 450 ml lauwarmes Wasser, Salz, Brotgewürz, Zwiebeln und das Öl zum Vorteig geben. Alles zu einem glatten, geschmeidigen Teig verkneten und mit einem Tuch bedeckt an einem warmen Ort 30 Min. gehen lassen.
– Ein Backblech mit Backpapier auslegen. Den Teig noch einmal gut durchkneten. Mit bemehlten Händen halbieren. Jede Hälfte zu einer etwa 30 cm langen Stange formen. Auf das Backblech setzen und zugedeckt noch 30 Min. gehen lassen.
– Den Backofen rechtzeitig auf 200° (Umluft 180°) vorheizen. Eine feuerfeste Schale mit kochend heißem Wasser hineinstellen. Die Brote mit einer Gabel mehrmals tief einstechen und leicht mit Wasser einpinseln. Im Ofen (Mitte) 30 Min. backen. Auf einem Kuchengitter auskühlen lassen.

TIPPS

- **Sie können den Teig für die Roggen-Zwiebel-Stangen auch nur aus Roggenvollkornmehl bereiten oder 1/3 des Mehls durch nicht zu groben Schrot ersetzen. In beiden Fällen müssen Sie aber eine längere Gehzeit einplanen.**
- **Statt des Brotgewürzes können Sie auch verschiedene Kräuter verwenden.**

662. Kartoffelbrot

RAFFINIERT KOMBINIERT
Für 1 runden Laib
Zubereitungszeit: 30 Min.
Gehzeit: 2 Std.
Backzeit: 1 Std. 10 Min.

1 kg Weizenmehl (Type 405) • 1 Würfel frische Hefe (42 g) • 1 TL Zucker • 1 Päckchen flüssiger Natursauerteig (150 g, Reformhaus) • 3/8 l lauwarme Milch • 2 EL Salz • 1 Ei • 300 g gekochte Pellkartoffeln • frisch geriebene Muskatnuss • 1/4 Tasse kalter Kaffee • 1 TL Fenchelsamen
Außerdem: Backtrennpapier fürs Blech

– Das Mehl in eine Schüssel geben und in die Mitte eine Mulde drücken. Die Hefe hineinbröckeln, den Zucker darüber streuen und mit etwas Milch verrühren. Den Vorteig zugedeckt 10 Min. gehen lassen.
– Den Beutel mit dem Sauerteig 10 Min. in warmes Wasser legen. Den gegangenen Hefevorteig mit etwas Mehl bestäuben. Den Sauerteig, einen Großteil der Milch, das Salz und das Ei dazugeben. Die Kartoffeln pellen, darüber reiben und alles zu einem glatten Teig verkneten. Den Teig mit Muskatnuss würzen. Alle Zutaten noch 10 Min. kneten.
– Den Teig zugedeckt in einer Schüssel 50 Min. gehen lassen. Ein Backblech mit Backpapier auslegen. Den Teig noch einmal durchkneten und zu einem runden Laib formen. Auf das Backblech legen und zugedeckt 1 Std. gehen lassen.
– Den Backofen auf 250° (Umluft 230°) vorheizen. In der Mitte des gegangenen Brots einen etwa 6 cm großen Kreis einschneiden. Von dort das Brot strahlenförmig einschneiden. Die Oberfläche mit Kaffee bestreichen, die Fenchelsamen in die Mitte des Kreises streuen und gut andrücken.
– Das Brot in den Ofen (Mitte) schieben und sofort eine Tasse Wasser auf den Ofenboden gießen. Nach 10 Min. die Temperatur auf 200° (Umluft 180°) reduzieren und das Brot in 50–60 Min. fertig backen. Noch einmal mit Kaffee bestreichen und auf einem Kuchengitter auskühlen lassen.

663. Türkisches Bauernbrot

GELINGT LEICHT | GEHT SCHNELL
Für 1 Springform (26 cm Ø)
Zubereitungszeit: 35 Min.
Gehzeit: 1 1/4 Std.
Backzeit: 1 Std.

375 g Roggenvollkornmehl • 375 g Weizenvollkornmehl • 1 Würfel frische Hefe (42 g) • 1 TL Honig • 1 Päckchen flüssiger Natursauerteig (150 g, Reformhaus) • 100 g stichfester, zimmerwarmer Joghurt • 1 gestrichener EL Meersalz
Außerdem: Öl für die Form • Mehl für die Arbeitsfläche • 2 EL kalt gepresstes Olivenöl zum Bestreichen

– Das Roggen- und Weizenmehl in einer Schüssel mit den Händen mischen. In die Mitte eine Mulde hineindrücken. Die Hefe in einem Schüsselchen zerbröckeln, mit Honig und 5–6 EL Wasser glatt rühren und in die Mulde gießen. 15 Min. zugedeckt an einem warmen Ort gehen lassen, bis die Hefe schaumig wird.
– Dann 380 ml lauwarmes Wasser, den Sauerteig, den Joghurt und das Salz unterrühren. Den Teig gut durchkneten oder mit dem Holzlöffel kräftig schlagen, bis er Blasen wirft. Den Teig zugedeckt 30 Min. an einem warmen Ort gehen lassen.
– Die Springform fetten. Den recht weichen Teig mit bemehlten Händen zusammenkneten, zu einer Kugel formen, in die Form legen und flach drücken. Zugedeckt 30 Min. gehen lassen. Den Backofen auf 200° (Umluft 180°) vorheizen. Eine feuerfeste Schale mit kochend heißem Wasser hineinstellen.
– Die Form mit dem Teig vorsichtig, ohne Erschütterung, in den Ofen (Mitte) setzen. Das Brot 1 Std. im Ofen (Umluft 130°) backen. Dann herausnehmen und die Oberfläche sofort mit Olivenöl einpinseln. Den Rand der Form lösen und das Brot auch rundum einpinseln. Nach 10 Min. das Brot umgedreht auf ein Backgitter legen. Den Formboden abnehmen und das Brot gut auskühlen lassen.

TIPP
Zum Servieren empfiehlt es sich, das Brot zu vierteln und dann von jedem Viertel schmale Scheiben abzuschneiden.

664. Französisches Landbrot

GELINGT LEICHT
Für 1 rundes Brot
Zubereitungszeit: 30 Min.
Gehzeit: 2 Std.
Backzeit: 1 1/4 Std.

700 g Weizenkörner • 50 g Roggenkörner • 1 Würfel frische Hefe (42 g) • 1 EL Meersalz • 1 Päckchen flüssiger Natursauerteig (150 g, Reformhaus) • 2 EL kalt gepresstes Olivenöl • 2 TL Korianderkörner
Außerdem: Mehl für die Arbeitsfläche und fürs Blech

– Die Weizen- und Roggenkörner mehlfein mahlen. Die Hefe zerbröckeln und in 2 EL lauwarmem Wasser auflösen. In einer Rührschüssel mit 450 ml lauwarmem Wasser und Salz vermischen. Den Sauerteig unterrühren und alles mit dem Mehl verkneten, bis sich der Teig vom Schüsselrand löst.
– Dann den Teig auf der bemehlten Arbeitsfläche kurz durchkneten, bis ein elastischer Teig entsteht. Bei Bedarf noch etwas Mehl oder etwas Wasser zufügen. Den Teig zu einer Kugel formen und in eine Schüssel legen. Mit etwas Mehl bestreuen und mit einem feuchten Tuch bedeckt an einem warmen, zugfreien Ort 1 1/2 Std. gehen lassen.
– Den Teig nochmals kurz durchkneten und dabei das Öl und den Koriander unterkneten. Das Brot mit bemehlten Händen zu einer Kugel formen. Das Backblech mit Mehl bestreuen. Das Brot darauf legen und mit Wasser bestreichen. Die Oberfläche gitterartig einritzen und mit etwas Mehl bestreuen. Noch einmal mit einem Tuch bedeckt 30 Min. gehen lassen.
– Den Backofen auf 220° (Umluft 200°) vorheizen. Eine feuerfeste Schale mit kochend heißem Wasser hineinstellen. Das Brot im Ofen (Mitte) 30 Min. backen; dann die Hitze auf 170° (Umluft 150°) zurückschalten und das Brot in 45 Min. fertig backen. Das Brot aus dem Backofen nehmen, die Klopfprobe (siehe Seite 420) machen und bei Bedarf noch 5–10 Min nachbacken. Herausnehmen und auf einem Kuchengitter auskühlen lassen.

665. Bauernbrot

KLASSIKER
Für 1 Brot
Zubereitungszeit: 20 Min.
Gehzeit: 1 1/2 Std.
Backzeit: 1 Std. 10 Min.

400 g Roggenvollkornmehl • 325 g Weizenvollkornmehl • 1 Würfel frische Hefe (42 g) • 1 TL Zucker • 1 Päckchen flüssiger Natursauerteig (150 g, Reformhaus) • 4 EL Zuckerrübensirup • 3 TL Salz
Außerdem: Backtrennpapier fürs Blech • 1 EL Roggenvollkornmehl

– Die Mehlsorten in einer Schüssel mischen. Mit einem Löffel eine Mulde hineindrücken und die Hefe hineinbröckeln. Den Zucker und etwas lauwarmes Wasser dazugeben und die Hefe mit etwas Mehl glatt rühren. Den Vorteig zugedeckt 10 Min. gehen lassen.
– Den Beutel mit dem Sauerteig 10 Min. in warmes Wasser legen. Den gegangenen Hefevorteig mit etwas Mehl bestreuen. Den Sauerteig, 3/8 l lauwarmes Wasser, den Sirup und das Salz hinzufügen und alle Zutaten 10 Min. gründlich kneten. Den Teig zugedeckt in einer Schüssel 45 Min. gehen lassen.
– Ein Backblech mit Backpapier auslegen. Den Teig kneten und ein längliches Brot formen. Auf das Backblech legen und zugedeckt 35 Min. gehen lassen.
– Inzwischen den Backofen auf 230° (Umluft 210°) vorheizen. Die Oberfläche des gegangenen Brotes mehrmals kreuzweise einritzen, mit Wasser bestreichen und mit dem restlichen Mehl bestreuen. Das Brot in den Ofen schieben und sofort eine Tasse Wasser auf den Ofenboden gießen. Das Brot im Ofen (Mitte) 10 Min. backen, dann die Temperatur auf 200° (Umluft 180°) reduzieren und in 50–60 Min. fertig backen.

TIPP
Lieben Sie ein besonders kerniges Brot, dann nehmen Sie statt des Weizenvollkornmehls einen mittelfeinen Weizenvollkornschrot.

666. Fränkisches Bauernbrot

GELINGT LEICHT | SCHNELL
Für 1 rundes Brot
Zubereitungszeit: 30 Min.
Gehzeit: 1 1/2 Std.
Backzeit: 1 Std.

je 1 EL Kümmel- und Anissamen • 600 g Roggenvollkornmehl • 150 g Weizenvollkornmehl • 1 Würfel frische Hefe (42 g) • 2 TL Salz • 1 Päckchen flüssiger Natursauerteig (150 g, Reformhaus)
Außerdem: Mehl für die Arbeitsfläche • Butter fürs Blech • 2 TL Korianderkörner zum Bestreuen

– Die Kümmel- und Anissamen im Mörser zerstoßen und in einer Schüssel unter das Vollkornmehl mischen. Die Hefe zerbröckeln und in 1 EL lauwarmem Wasser auflösen. In einer Rührschüssel mit 450 ml lauwarmem Wasser und dem Salz vermischen. Den Sauerteig unterrühren und das Ganze unter das gewürzte Mehl mengen.
– Alles zu einem glatten, saftigen Teig verkneten. Bei Bedarf noch etwas Mehl oder Wasser dazugeben. Den Teig in der Schüssel zugedeckt an einem warmen Ort 1 Std. gehen lassen.
– Den Teig auf deiner bemehlten Arbeitsfläche noch einmal kräftig durchkneten und zu einem runden Laib formen. Ein Backblech fetten, den Laib darauf legen und mit einem scharfen Messer in die Oberfläche ein versetztes Doppelkreuz einschneiden. Das Brot mit Wasser bestreichen und mit den Korianderkörnern bestreuen. Die Körner etwas andrücken. Das Brot zugedeckt noch einmal 30 Min. gehen lassen.
– Den Backofen auf 220° (Umluft 200°) vorheizen. Eine feuerfeste Schale mit kochend heißem Wasser hineinstellen. Das Brot im Ofen auf der unteren Schiene 1 Std. backen. Dann aus dem Ofen nehmen, die Klopfprobe (siehe Seite 420) machen und nach Bedarf noch 5–10 Min. weiterbacken. Das Brot herausnehmen und auf einem Kuchengitter auskühlen lassen.

TIPPS

• Das Bauernbrot passt gut zur zünftigen Brotzeit mit Wein oder Bier.
• Statt das Brot mit Roggen und Weizen zuzubereiten, können Sie für ein Mehrkornbrot eine Mehlmischung aus 200 g Roggen, 200 g Gerste und 350 g Weizen verwenden.
• Kleinere Mengen Getreide lassen sich auch bei Zimmertemperatur einige Wochen lagern. Das Getreide muss aber absolut trocken bleiben. Ob die Körner trocken genug sind, können Sie ganz einfach überprüfen, indem Sie ein Korn mit einem Löffel auf einer harten Unterlage zerdrücken. Knackt es hörbar und springt es weg, ist das Korn gut trocken. Lässt es sich zu einer Flocke zerdrücken oder schmiert es, ist es zu feucht. In diesem Fall den Backofen 10 Min. auf 50° vorheizen, den Ofen ausschalten und die auf einem Blech ausgebreiteten Körner 1 Std. trocknen lassen.

667. Schwäbisches Kastenbrot

RAFFINIERT GEMACHT
Für 1 Kastenform (30 cm Länge)
Zubereitungszeit: 30 Min.
Gehzeit: 3 1/2 Std.
Backzeit: 1 Std.

1/4 Würfel frische Hefe (10 g) • 450 ml lauwarmes Weizenbier • 1 EL Meersalz • 1 Päckchen flüssiger Natursauerteig (150 g, Reformhaus) • 340 g Roggenvollkornmehl • 340 g Weizenvollkornmehl • 70 g Weizenmehl (Type 550) • 1 EL Kümmelsamen • 2 TL Anissamen • 1 TL Fenchelsamen
Außerdem: Butter und Mehl für die Form • 1 EL Haferflocken zum Bestreuen

– Die Hefe zerbröckeln und in 2 EL lauwarmem Wasser auflösen. Das Weizenbier in eine Rührschüssel gießen und mit der Hefe und dem Salz vermischen. Den Sauerteig unterrühren. Das Roggen- und das Weizenvollkornmehl ebenfalls unterrühren, dann das Weizenmehl mit dem Kümmel, dem Anis und dem Fenchel untermengen.
– Alles zu einem glatten, saftigen Teig verkneten. Den Teig zu einer Kugel formen und in der Schüssel von einem feuchten Tuch bedeckt an einem warmen Ort 3 Std. gehen lassen.
– Den Teig noch einmal kurz durchkneten. Die Form fetten und mit Mehl ausstreuen. Den Teig einfüllen und mit einem angefeuchteten Spatel wellenförmig formen.

Das Brot noch einmal zugedeckt an einem warmen Ort 30 Min. gehen lassen.
– Den Backofen auf 220° (Umluft 200°) vorheizen. Eine feuerfeste Schale mit kochend heißem Wasser hineinstellen. Das Brot im Ofen (unten) 50 Min. backen, dann herausnehmen, rasch mit etwas Wasser bestreichen und mit Haferflocken bestreuen. Das Brot zurück in den Backofen schieben und weitere 10 Min. backen.
– Das Brot aus der Form lösen und die Klopfprobe (siehe Seite 420) machen. Bei Bedarf ohne Form auf dem Backblech noch 5–10 Min. nachbacken. Dann auf ein Kuchengitter geben und auskühlen lassen.

668. Krustenbrot aus dem Tontopf

VOLLWERTIG | RAFFINIERT GEMACHT
Für 1 Tontopf (Römertopf, 30 x 17 cm)
Zubereitungszeit: 30 Min.
Gehzeit: 2 Std.
Backzeit: 4 Std.

1 kg Roggenvollkornmehl • 400 g Weizenvollkornmehl • 4 TL Kümmelsamen • 2 TL Korianderkörner • 1 TL Fenchelsamen • 1/2 Würfel frische Hefe (21 g) • 4 TL Meersalz • 3 Päckchen Sauerteig-Extrakt (je 15 g, Reformhaus)
Außerdem: Butter, Sesamsamen und Weizenmehl für den Tontopf • 2 EL Sonnenblumenkerne

– Den Tontopf wässern, dafür den Deckel und den Topf mit Wasser füllen. Inzwischen das Roggen- und das Weizenmehl in eine Schüssel geben. Den Kümmel, den Koriander und den Fenchel im Mörser zerstoßen und dann unter das Vollkornmehl mischen.
– Die Hefe zerbröckeln und in 1 EL lauwarmem Wasser auflösen. In einer Schüssel mit ca. 900 ml kaltem Wasser, Salz, dem Sauerteig-Extrakt und dem Mehl zu einem geschmeidigen, festen Teig verkneten. Den Teig zu einer Kugel formen und in der Schüssel mit einem feuchten Tuch bedeckt an einem warmen Ort 1 Std. gehen lassen.
– Das Wasser aus dem Tontopf gießen. Etwas Butter zerlassen und den Topf damit auspinseln. Dann mit Sesamsamen und Mehl ausstreuen. Den Teig noch einmal gut durchkneten, zu einem passenden Laib formen und in den Tontopf legen. Auf der Oberseite ein Gittermuster einschneiden. Mit Sonnenblumenkernen bestreuen und diese fest andrücken. Den Deckel aufsetzen und das Brot noch einmal 1 Std. an einem warmen Ort gehen lassen.
– Das Brot in den kalten Ofen (unten) schieben und zugedeckt bei 150° (Umluft 120°) 3 Std. backen. Den Deckel abnehmen und das Brot bei 200° (Umluft 180°) 50–60 Min. weiterbacken. Dann das Brot aus der Form lösen und an der Unterseite die Klopfprobe (siehe Seite 420) machen. Bei Bedarf 5–10 Min. nachbacken. Das Brot auf ein Kuchengitter zum Auskühlen legen.

TIPPS

• Sauerteig geht bei einer Temperatur von 28° optimal. Sie sollte jedoch nicht unter 25° fallen. Diese Temperatur erreichen Sie am besten im geschlossenen Backofen bei eingeschalteter Backofenleuchte.
• Sie können den Teig auch halbieren und hintereinander zwei Brote im Tontopf backen. Diese Brote werden zwar nicht so hoch, bekommen aber eine besonders knusprige Kruste. Die Backzeit bleibt gleich.

669. Tiroler Roggenbrot

GELINGT LEICHT | WÜRZIG
Für 1 Fladen
Zubereitungszeit: 40 Min.
Gehzeit: 3 1/2 Std.
Backzeit: 40 Min.

gut 1/2 Würfel frische Hefe (25 g) • 2 TL Meersalz • 1/2 TL Honig • 1/2 TL gemahlener Kümmelsamen • 2 TL gemahlener Anissamen • 1 Päckchen Sauerteig-Extrakt (15 g, Reformhaus) • 350 g Roggenvollkornmehl • 150 g Weizenvollkornmehl
Außerdem: Mehl für die Arbeitsfläche und fürs Blech

– Die Hefe zerbröckeln und in 2 EL lauwarmem Wasser auflösen. In eine Rührschüssel 350 ml lauwarmes Wasser, Hefe, Salz, Honig, Kümmel, Anis, Sauerteig-Extrakt und Roggenmehl geben und alles so lange verkneten, bis sich der Teig vom Schüsselrand löst.
– Das Weizenmehl zufügen und auf der bemehlten Arbeitsfläche zu einem elastischen, saftigen Teig verkneten. Zu einer Kugel formen, mit etwas Wasser bepinseln und in einer Schüssel mit einem feuchten Tuch zugedeckt 3 Std. an einem warmen Ort gehen lassen.

– Den Teig auf einer bemehlten Arbeitsfläche noch einmal gut durchkneten und zu einem Fladen von der Größe eines Backblechs ausrollen. Den Fladen auf ein bemehltes Backblech legen und den Teig mit den Fingern von der Mitte aus zum Rand drücken, damit der Fladenrand etwas dicker wird. Mit Wasser bestreichen, mit einer Gabel mehrmals einstechen und mit einem Messer ein Muster einritzen. Den Teig mit einem feuchten Tuch bedeckt an einem warmen Ort noch einmal 30 Min. gehen lassen.
– Den Backofen auf 250° (Umluft 220°) vorheizen. Eine feuerfeste Schale mit kochend heißem Wasser hineinstellen. Den Fladen im Ofen (Mitte) in 30–40 Min. hellbraun backen. Auf einem Kuchengitter auskühlen lassen und in kuchenähnliche Stücke schneiden.

TIPPS

• Der Fladen passt gut zu Eintöpfen, aber auch zu Käse und Wein.
• Am besten schmeckt der Fladen, wenn er schon 2–3 Tage alt ist. Bewahren Sie ihn in der Zwischenzeit in Frischhaltebeuteln auf. Sie können ihn aber auch bereits nach einem halben Tag essen.
• Für eine glänzende Oberfläche bestreichen Sie den Fladen mit Milch statt mit Wasser.

670. Nordisches Windrad

MACHT EINDRUCK
Für 1 Brot
Zubereitungszeit: 30 Min.
Gehzeit: 10–12 Std.
Backzeit: 25 Min.

1 kg Roggenmehl (Type 997) • 100 g Sauerteig (vom Bäcker) • 1/2 Würfel frische Hefe (21 g) • 2 gehäufte EL Salz • je 2 TL Kümmel-, Fenchel- und Anissamen • etwas Milch
Außerdem: Mehl fürs Blech

– Ein Backblech mit Mehl bestäuben. Die Hälfte des Roggenmehls in eine Schüssel sieben. Den Sauerteig mit dem Wasser und der zerbröckelten Hefe verrühren und alles unter das Mehl mischen. Zugedeckt an einem warmen Ort über Nacht stehen lassen.
– Das Salz, die Hälfte der Gewürze und das restliche gesiebte Mehl unter den angesäuerten Teig kneten. Den Teig in drei gleich große Stücke teilen. Aus zwei Stücken je vier gleich große Teile schneiden. Das ungeteilte Teigstück zu einer Rolle formen, schneckenartig aufrollen und in die Mitte des bemehlten Backblechs legen. Die kleineren Stücke zu je 20 cm langen Rollen formen, wie Strahlen um die große Schnecke legen und die Enden jeweils in entgegengesetzter Richtung leicht einrollen. Das Windrad zugedeckt 1 Std. gehen lassen.
– Den Backofen auf 250° (Umluft 230°) vorheizen. Die Oberfläche des Brots mit der Milch bestreichen und mit den restlichen Gewürzen bestreuen. Das Brot im Ofen (unten) 25 Min. backen. Herausnehmen und auf einem Kuchengitter auskühlen lassen.

671. Landbrot

LANGE HALTBAR | GELINGT LEICHT
Für 1 längliches Brot
Zubereitungszeit: 45 Min.
Gehzeit: 2 Std. 40 Min.
Backzeit: 1 Std.

250 g Weizenvollkornmehl • 175 g Weizenmehl (Type 1050) • 1 Würfel frische Hefe (42 g) • 1 TL Rohrzucker • 330 ml Bier • 1 EL Salz • 1 TL gemahlenes Brotgewürz • 1 Päckchen flüssiger Natursauerteig (150 g, Reformhaus) • 50 g Weizenflocken • 50 g Weizenkeime • 300 g Roggenschrot
Außerdem: Weizenvollkornmehl für die Arbeitsfläche • Backtrennpapier fürs Blech

– Die beiden Weizenmehlsorten in einer Schüssel vermischen. Eine Mulde hineindrücken, die Hefe in die Mulde bröckeln und mit 1/8 l lauwarmem Wasser und dem Zucker verrühren. Leicht mit Mehl bestäuben und den Vorteig zugedeckt an einem warmen Ort 10 Min. gehen lassen.
– Bier, Salz, Brotgewürz, Natursauerteig, Weizenflocken, Weizenkeime sowie Roggenschrot dazugeben und alles gründlich verkneten. Den Teig zugedeckt an einem warmen Ort 1 Std. gehen lassen.
– Den Teig auf einer bemehlten Arbeitsfläche nochmals kräftig durchkneten. Zu einem länglichen Laib formen und auf ein mit Backpapier belegtes Blech setzen.
– Das Brot mit einem scharfen Messer diagonal mehrmals etwa 1 cm tief einschneiden und mit einem

Tuch bedeckt bei Zimmertemperatur noch 1 1/2 Std. gehen lassen.
– Den Backofen rechtzeitig auf 225° (Umluft 200°) vorheizen. Eine feuerfeste Schale mit kochend heißem Wasser hineinstellen. Das Brot im Ofen (Mitte) 15 Min. backen, dann die Hitze auf 175° (Umluft 160°) zurückschalten und das Brot in 45 Min. fertig backen. Das Brot zum Auskühlen fest in ein sauberes Küchentuch wickeln und darin einen Tag ruhen lassen.

672. Fladenbrot

SCHNELL | PREISWERT
Für 2 Brote
Zubereitungszeit: 20 Min.
Gehzeit: 1 Std. 40 Min.
Backzeit pro Backblech: 40 Min.

400 g Roggenmehl (Type 1150) • 1 Würfel frische Hefe (42 g) • 1 TL Zucker • 1 Päckchen flüssiger Natursauerteig (150 g, Reformhaus) • 300 g Roggen-Backschrot (Type 1800) • 100 g groben Roggenvollkornschrot • 3 TL Salz • 2 EL Sonnenblumenöl • je 1 TL Kümmel- und Fenchelsamen • 1 EL Anissamen
Außerdem: Backtrennpapier fürs Blech • 2 EL groben Roggenvollkornschrot

– Das Roggenmehl in eine Schüssel geben und in die Mitte eine Mulde drücken. Die Hefe hineinbröckeln, den Zucker darüber streuen und die Hefe mit etwas Wasser und Mehl glatt rühren. Den Vorteig zugedeckt 10 Min. gehen lassen.
– Den Beutel Sauerteig 10 Min. in warmes Wasser legen. Den Backschrot mit dem Vollkornschrot, mit 3/8 l lauwarmem Wasser, Salz, Öl, Kümmelsamen, Fenchelsamen, 1/2 EL Anissamen und Sauerteig mischen. Das Roggenmehl mit dem Hefevorteig zufügen und alle Zutaten 10 Min. gründlich kneten.
– Den Teig bedeckt in einer Schüssel mit einem Tuch 1 Std. gehen lassen. Inzwischen den Backofen auf 220° (Umluft 200°) vorheizen. Zwei Backbleche mit Backpapier auslegen.
– Den Teig noch einmal durchkneten, halbieren und auf jedem Backblech einen Brotfladen formen. Zugedeckt 30 Min. gehen lassen. Mit Wasser bestreichen, mit Vollkornschrot und mit den restlichen Anissamen bestreuen. Im Ofen (Mitte) 35–40 Min. backen. Auf einem Kuchengitter auskühlen lassen.

TIPP

Anstelle der Gewürze können Sie den Brotteig auch mit 75 g kross gebratenen Speckwürfeln und 100 g gut ausgedrücktem Sauerkraut würzen. Diese Krautfladen dann mit Kümmelsamen bestreuen.

673. Sechskornbrot

VOLLWERTIG | NICHT GANZ EINFACH
Für 1 Laib
Zubereitungszeit: 1 Std.
Gehzeit: 14 Std.
Quellzeit: 6 Std.
Backzeit: 1 Std. 20 Min.

250 g Roggenvollkornmehl • 750 g Weizenvollkornmehl • 60 g Sauerteig (vom Bäcker) • 1 TL Trockenhefe • 50 g Weizenkörner • 50 g Dinkelkörner • 50 g Gerstenkörner • 50 g Hirsekörner • 50 g Buchweizenkörner • 2 TL Salz • 40 g grobe Haferflocken
Außerdem: Backtrennpapier • 1 EL grobe Haferflocken zum Bestreuen

– Das Roggen- und Weizenmehl in einer großen Schüssel mischen und in die Mitte eine Mulde drücken. 1/4 l lauwarmes Wasser mit dem Sauerteig und der Hefe in einer kleinen Schüssel verrühren, in die Mulde gießen und mit der Hälfte des Mehls vermengen. Den Vorteig 12 Std. zugedeckt bei etwa 22° gehen lassen.
– Die Weizen-, Dinkel- und Gerstenkörner mischen und in Wasser (sie sollen bedeckt sein) 6 Std. quellen lassen. Anschließend die gequollenen Körner 1 Std. bei schwacher Hitze köcheln lassen, nach Bedarf noch etwas Wasser hinzufügen.
– Die Hirse- und Buchweizenkörner in Wasser (sie sollen bedeckt sein) 3 Std. quellen und danach bei schwacher Hitze 30 Min. köcheln lassen. Alle Körner in einem Sieb abtropfen und gut abkühlen lassen.
– Den Vorteig mit dem Salz, 1/4 l lauwarmem Wasser und dem gesamten Mehl zu einem festen Teig verkneten. Bei Bedarf noch etwas Wasser zufügen. Die Haferflocken mit den gegarten Körnern gründlich unter den Teig kneten.
– Ein Backblech mit Backpapier auslegen. Den Teig zu einem runden Laib formen und auf das Backblech

legen. Einen Springformrand um den Teig geben. Den Teig mit einem Tuch bedeckt noch einmal 2 Std. an einem warmen Ort gehen lassen.
– Den Backofen auf 220° (Umluft 200°) vorheizen. Die Oberseite des Brots rautenförmig einschneiden. Die Teigoberfläche mit etwas Wasser bepinseln und mit den Haferflocken bestreuen.
– Das Brot mit Backpapier bedeckt in den Ofen (unten) schieben. Kaltes Wasser in einer kleinen feuerfesten Schüssel auf den Boden des Backofens stellen, die Tür sofort schließen und das Brot 40 Min. backen. Danach das Backpapier entfernen und das Brot in weiteren 40 Min. fertig backen. Das Brot auf einem Kuchengitter auskühlen lassen.

TIPPS

- **Das Brot sollte mindestens 8 Std. ruhen, bevor Sie es anschneiden.**
- **Wenn Sie einen Dampfdrucktopf besitzen, reduziert sich die Kochzeit der gequollenen Getreidekörner auf 12 bzw. 6 Min.**
- **Wollen Sie aufs Einweichen und Kochen der Körner verzichten, sollten Sie sie geschrotet zum Brotteig geben.**

674. Walnussbrot mit Dinkel

ETWAS TEURER | BRAUCHT ZEIT
Für 1 breite Kastenform (35 cm Länge)
Zubereitungszeit: 1 Std.
Ruhezeit: 13–14 Std.
Backzeit: 1 Std.

500 g Weizenvollkornmehl • 250 g geschroteter Weizen • 250 g Dinkelmehl • 60 g Sauerteig (vom Bäcker) • 1 TL Trockenhefe • 2 TL Salz • 1/2 TL Zucker • 250 g Walnusskerne • 100 g Weizenmehl
Außerdem: Butter oder Öl für die Form

– Das Weizenmehl, den Weizenschrot und das Dinkelmehl in einer Schüssel mischen und in die Mitte eine Mulde drücken. Den Sauerteig mit der Hefe in die Mulde geben und mit 300 ml lauwarmem Wasser und etwas Mehl verrühren.
– Das Salz und den Zucker in 450 ml Wasser auflösen und mit dem Vorteig und dem Mehl in der Schüssel zu einem geschmeidigen Teig verkneten. Den Teig zugedeckt an einem warmen Ort 12 Std. gehen lassen.
– 50 g der Walnusskerne durch eine Mandelmühle drehen, die übrigen Nüsse grob hacken.
– Die Kastenform mit Butter oder Öl fetten. Den Teig noch einmal kräftig durchkneten und dabei das Weizenmehl sowie die gemahlenen und die gehackten Nüsse unterarbeiten.
– Den Teig zu einem Laib formen, in die Form legen und zugedeckt gehen lassen, bis er sein Volumen um etwa ein Drittel vergrößert hat; das dauert 1–2 Std.
– Den Backofen inzwischen auf 220° (Umluft 200°) vorheizen. Das Brot im Ofen (unten) etwa 1 Std. backen. Aus dem Ofen nehmen und auf einem Kuchengitter auskühlen lassen.

675. Roggenbrot aus der Bratfolie

BRAUCHT ZEIT
Für 1 Laib
Zubereitungszeit: 40 Min.
Ruhezeit: 13–14 Std.
Backzeit: 1 1/2 Std.

500 g geschroteter Roggen • 1,2 kg Roggenmehl (Type 997) • 120 g Sauerteig (Bäcker) • 1 Päckchen Trockenhefe (7 g) • 1 EL Salz • 1 TL Zuckerrübensirup oder Honig • je 1/2 TL zerstoßener Anis- und Fenchelsamen sowie zerstoßene Korianderkörner • 6 EL Sonnenblumenkerne
Außerdem: 1 EL geschroteter Roggen zum Bestreuen • 1/2 EL zerstoßene Gewürze wie Anissamen, Fenchelsamen und Korianderkörner

– Den Roggenschrot mit 350 g Roggenmehl, dem Sauerteig, der Trockenhefe und 1 l lauwarmem Wasser in einer Schüssel verrühren.
– Das restliche Roggenmehl in eine große Schüssel geben, in die Mitte eine Mulde drücken und die Sauerteigmischung hineingeben.
– Den Vorteig zugedeckt an einem warmen Platz mindestens 12 Std. gehen lassen.
– Das Salz, den Sirup oder Honig, die Gewürze und die Sonnenblumenkerne zum Vorteig geben und alles zu einem geschmeidigen Teig verkneten. Nach Bedarf noch etwas lauwarmes Wasser untermischen. Den Teig zu einer Kugel formen, wieder in die Schüssel legen und

mit einem Tuch bedeckt an einem warmen Ort etwa 1 1/2 Std. gehen lassen. Der Teig soll dabei gären und feine Bläschen bilden.

– Den Backofen auf 230° (Umluft 210°) vorheizen. Den Teig noch einmal kräftig durchkneten und mit nassen Händen zu einem länglichen Laib formen. Die Oberfläche einmal längs 1/2 cm tief einschneiden und mit etwas Wasser bestreichen. Den Roggenschrot mit den Gewürzen mischen und den Laib damit bestreuen.

– Den Laib in einen ausreichend großen Beutel Bratfolie schieben. Den Beutel verschließen und die Oberfläche mit einer Nadel mehrmals einstechen, damit der Dampf abziehen kann. Das Brot auf das kalte Backblech legen und im Backofen (unten) 1 1/2 Std. backen. Das Brot aus dem Beutel nehmen und auskühlen lassen.

TIPPS

- **Das Brot sollte vor dem Anschneiden mindestens 12 Std. lagern, damit sich das Aroma der Gewürze voll entfalten kann.**
- **Wenn Sie keine genügend große Bratfolie bekommen, formen Sie aus dem Teig 2 kleinere Laibe, die in die Folie passen, und backen diese nebeneinander. Die Backzeit verringert sich dadurch um etwa 15 Min.**
- **Statt in der Folie können Sie das Brot auch in einer geölten Kastenform backen.**
- **Dieses Brot lässt sich auch aus frisch gemahlenem Vollkornmehl herstellen. Beachten Sie dabei jedoch, dass der Teig feucht und klebrig sein muss. Man erhöht daher die angegebene Flüssigkeitsmenge entsprechend.**

676. Korianderbrot

FÜR GEÜBTE | WÜRZIG
Für 1 runden Laib
Zubereitungszeit: 1 Std.
Gärzeit: 12 Std.
Gehzeit: 7 Std.
Backzeit: 1 1/2 Std.

1 Päckchen flüssiger Natursauerteig (150 g, Reformhaus) • 1,2 kg Roggenvollkornmehl • 450 g Weizenvollkornmehl • 1 1/2 EL Meersalz • 4 EL Korianderkörner • 2 EL Honig • 1 1/2 Würfel frische Hefe (63 g)

Außerdem: Frischhaltefolie • Mehl für die Arbeitsfläche und fürs Blech • 1 Brotbackkörbchen (24 cm Ø) • 2 EL Korianderkörner zum Bestreuen

– Den Sauerteig mit 1/2 l lauwarmem Wasser verrühren, 400 g Roggenmehl unterrühren und mit Frischhaltefolie zugedeckt 12 Std., am besten über Nacht, an einem warmen Ort gären lassen.

– Am nächsten Tag das restliche Roggenmehl mit dem Weizenmehl, Salz und dem grob zerstoßenen Koriander in einer großen Schüssel vermischen. Honig und Hefe mit einem Schneebesen in 3/4 l lauwarmem Wasser auflösen und mit dem Sauerteig zum Mehl geben. Alles gut durchkneten, bis ein geschmeidiger Teig entsteht. Den Teig mit Mehl bestäuben und zugedeckt an einem warmen Ort 5–6 Std. gehen lassen. Zwischendurch einmal durchkneten und mit Mehl bestäuben. Zum Schluss noch einmal 10 Min. durchkneten.

– Das Brotbackkörbchen gut mit Mehl ausstreuen, den Teig hineingeben und zugedeckt an einem warmen Ort 1 Std. gehen lassen. Ein Backblech mit Mehl bestreuen. Den Backofen auf 250° (Umluft 220°) vorheizen. Eine feuerfeste Schale mit kochend heißem Wasser hineinstellen.

– Den Teig auf das Blech stürzen, die Korianderkörner darüber streuen und andrücken. Das Brot im Ofen (unten) 20 Min. backen, dann die Hitze auf 190° (Umluft 170°) zurückschalten und das Brot in 1 Std. fertig backen. Die Klopfprobe (siehe Seite 420) machen und nach Bedarf noch 5–10 Min. weiterbacken. Ofen ausschalten und das Brot noch 10 Min. bei Resthitze ruhen lassen. Herausnehmen und mit Wasser besprengen. Auf einem Kuchengitter 12 Std. auskühlen lassen.

TIPPS

- **Sie können statt des runden Brotbackkorbs genauso gut auch einen länglichen Korb verwenden, denn er soll bei diesem Brot lediglich die dekorative Oberfläche formen.**
- **Aber auch ohne einen Brotbackkorb können Sie das Korianderbrot backen. Lassen Sie den rund geformten Laib einfach direkt auf dem mit Mehl bestäubten Blech aufgehen.**
- **Sie können aus dem Teig natürlich auch 2 kleinere Brote formen. Dann empfiehlt es sich aber, die Klopfprobe schon nach 30 Min. Backzeit zu machen.**

677. Oliven-Baguette

FÜR GEÜBTE | BRAUCHT ZEIT
Für 8 Baguette
Zubereitungszeit: 1 Std.
Gärzeit: 2 1/2 Tage
Gehzeit: 5 Std.
Backzeit pro Backblech: 1 Std. 10 Min.

***Für den Sauerteigansatz:* 250 g Weizenvollkornmehl**
***Für den Vorteig:* 250 g Weizenvollkornmehl**
***Für den Hauptteig:* 3/4 Würfel frische Hefe (30 g) • 2 EL Meersalz • 500 g Weizenvollkornmehl • 200 g schwarze oder grüne Oliven • 5 EL kalt gepresstes Olivenöl • 1 EL gehackte Rosmarinnadeln**
***Außerdem:* Mehl für die Arbeitsfläche und für die Backbleche • Mehl und Rosmarin zum Bestreuen**

– Für den Sauerteigansatz das Weizenmehl mit 250 ml lauwarmem Wasser vermischen und 48 Std. an einem warmen Ort (Joghurtbereiter oder Backofen mit eingeschalteter Backofenleuchte) gären lassen, bis ein breiiger, angenehm säuerlich riechender Teig entstanden ist.
– Für den Vorteig das Weizenmehl mit dem Sauerteigansatz und 200 ml lauwarmem Wasser vermischen. Mit Mehl bestreuen und 12–14 Std. auf dieselbe Weise wie den Sauerteig gären lassen.
– Für den Hauptteig die Hefe in 2 EL lauwarmem Wasser auflösen. Den Vorteig in einer Schüssel mit 200 ml lauwarmem Wasser, Salz und Hefe mischen. Mit dem Mehl zu einem saftigen Teig verkneten. Den Teig zugedeckt 3 Std. gehen lassen.
– Die Oliven entsteinen und grob hacken. Den Teig durchkneten und dabei Oliven, Öl und Rosmarin unterarbeiten. Ist der Teig zu fest, etwas Wasser zugeben, ist er zu weich, etwas Mehl hinzufügen.
– Aus dem Teig 8 Kugeln formen. Auf der bemehlten Arbeitsfläche zu etwa 1/2 cm dünnen Rechtecken ausrollen, diese längsseits aufrollen und dabei mit den Händen nach außen ziehen, um dem Teig Spannung zu geben. Die Stangen auf die Länge des Backblechs ziehen.
– Die Backbleche mit Mehl bestäuben. Die Naht der Teigstangen andrücken und die Enden unterschlagen. Die Stangen auf die Backbleche mit der Nahtseite nach unten legen. Auf der Oberseite mit einem Messer mehrmals schräg einschneiden, mit Wasser bestreichen und mit gehacktem Rosmarin und Mehl bestreuen. Mit einem feuchten Tuch zugedeckt 2 Std. an einem warmen Ort gehen lassen.
– Den Backofen auf 220° (Umluft 200°) vorheizen. Eine feuerfeste Schale mit heißem Wasser hineinstellen. Die erste Portion Brote im Ofen (Mitte) 30 Min. backen; dann die Temperatur auf 180° (Umluft 160°) zurückschalten und in 30–40 Min. fertig backen. Mit der zweiten Portion genauso verfahren.

678. Finnisches Loch- oder Ringbrot

FÜR GEÜBTE | SPEZIALITÄT
Für 8 Brote
Zubereitungszeit: 1 Std.
Gärzeit: 24–48 Std.
Gehzeit: 3 1/2 Std.
Backzeit pro Backblech: 30 Min.

***Für den Sauerteigansatz:* 3 Scheiben altbackenes Natur-Roggensauerteigbrot (150 g) • 500 g frisch gemahlenes Roggenvollkornmehl**
***Für den Teig:* 1 Würfel frische Hefe (42 g) • 3 EL Gerstenmalz (Reformhaus) • 2 EL Meersalz • 1,5 kg Roggenvollkornmehl**
***Außerdem:* 100 g Weizenkleie und 100 g Roggenmehl für die Arbeitsfläche • Öl für die Bleche**

– Für den Sauerteigansatz das Brot entrinden. In einer großen Schüssel fein zerkrümeln, 1 l lauwarmes Wasser dazugießen, einweichen und das Brot mit den Händen zerreiben und auflösen. Das Mehl (im Messbecher abmessen) mit einem Schneebesen unterrühren. Den Sauerteigansatz mit einem Tuch zudecken und 24 Std., besser 48 Std. an einen warmen Ort stellen, bis der Ansatz Blasen wirft und gut säuerlich riecht.
– Die Haut mit einer Gabel vom Sauerteigansatz abnehmen und wegwerfen Die Hefe zerbröckeln, mit dem Malz in 100 ml lauwarmem Wasser auflösen, mit Salz unter den Sauerteigansatz rühren. Das Roggenmehl mit 200 ml lauwarmem Wasser unterarbeiten. Den zähen, weichen Teig mit den Knethaken des elektrischen Handrührgeräts oder dem Holzlöffel 15 Min. durcharbeiten. Den Teig auf einer gut bemehlten Arbeitsfläche zu einer Kugel formen, in der Schüssel 3 Std. zugedeckt an einem warmen Ort gehen lassen.
– Den Teig zusammenkneten, in 8 gleich große Stücke teilen. Die Weizenkleie und Roggenmehl vermischen und auf die Arbeitsfläche streuen. Jedes Teigstück darauf zu einer Kugel formen und mit den Handballen zu flachen, runden Fladen von 18–20 cm Ø drücken. Zwei

Bleche fetten, auf jedes zwei Fladen legen. Mit einem Glas von 5 cm Durchmesser in der Fladenmitte ein Loch ausstechen. Die Fladen mit der Gabel mehrmals einstechen. Zugedeckt 30 Min. gehen lassen. Die übrigen Fladen zugedeckt liegen lassen, bis wieder Backbleche frei werden.
– Den Backofen auf 200° (Umluft 180°) vorheizen. Eine feuerfeste Schale mit kochend heißem Wasser hineinstellen. Die Brote im Ofen (Mitte) 30 Min. backen. Dann auf ein Kuchengitter legen und sofort mit einem scharfen, langen Messer quer in zwei Scheiben schneiden. Diese ausdampfen und erkalten lassen, dann wieder zusammenlegen. Mit den restlichen Fladen verfahren wie beschrieben.

679. Gewürzbrot

FÜR GEÜBTE | BRAUCHT ZEIT
Für 1 rundes Brot
Zubereitungszeit: 1 Std.
Gärzeit: 3–5 Tage
Gehzeit: 5 Std.
Backzeit: 1 Std. 20 Min.

Für den Sauerteig: 1/4 Würfel frische Hefe (10 g) • 150 g Roggenschrot • 1 EL Roggenvollkornmehl
Für den Brotteig: 1 Würfel frische Hefe (42 g) • 1 TL flüssiger Honig • 250 g Roggenschrot • 250 g Roggenvollkornmehl • 400 g Weizenvollkornmehl • 1 EL Meersalz • 1 TL gemahlene Korianderkörner • 1 TL gemahlene Anissamen • 1 TL gemahlene Kümmelsamen
Außerdem: Mehl für die Arbeitsfläche und fürs Blech

– Für den Sauerteig die Hefe zerbröckeln, mit 1/4 l lauwarmem Wasser und dem Roggenschrot mischen, mit Roggenmehl bestäuben und zugedeckt bei Zimmertemperatur 3–5 Tage gären lassen. Das Mehl muss Risse zeigen und der Teig angenehm säuerlich riechen.
– Für den Brotteig in einer großen Schüssel die Hefe zerbröckeln, mit 100 g des Sauerteigansatzes, dem Honig, 1/2 l lauwarmem Wasser, dem Roggenschrot, dem Roggen- und dem Weizenmehl, dem Salz und den Gewürzen zu einem geschmeidigen Teig verkneten. Anschließend zugedeckt an einem warmen Ort 4 Std. gehen lassen.
– Den Teig auf einer bemehlten Arbeitsfläche noch einmal kräftig durchkneten und zu einem runden Laib formen. Ein Backblech mit Mehl bestreuen. Den Laib darauf setzen und zugedeckt bei Zimmertemperatur 1 Std. gehen lassen.
– Den Backofen auf 220° (Umluft 200°) vorheizen. Eine feuerfeste Schale mit kochend heißem Wasser hineinstellen. Das Brot mit Wasser bestreichen und im Ofen (Mitte) 10 Min. backen. Dann die Hitze auf 200° (Umluft 180°) zurückschalten, das Brot weitere 10 Min. backen. Die Hitze dann auf 180° (Umluft 160°) zurückschalten und das Brot in 1 Std. fertig backen.
– Das ofenfrische Brot mit Wasser bepinseln und auf einem Kuchengitter auskühlen lassen. Erst am nächsten Tag anschneiden.

TIPP
Der übrige Sauerteig lässt sich bis zu 3 Wochen im Kühlschrank in einem Schraubdeckelglas aufbewahren.

680. Roggen-Kartoffel-Brot

VOLLWERTIG | BRAUCHT ETWAS ZEIT
Für 1 Kastenform (30 cm Länge)
Zubereitungszeit: 40 Min.
Gärzeit: etwa 24 Std.
Gehzeit: 1–2 Std.
Backzeit: 1 Std. 5 Min.

Für den Vorteig: 200 g Roggenvollkornmehl • 2 TL Backfermentpulver • 2 TL flüssiger Honig
Für den Brotteig: 500 g mehlig kochende Kartoffeln • 350 g Weizenvollkornmehl • 50 g puderfeines Vollsojamehl • je 1 TL Kümmelsamen, Meersalz und getrockneter Majoran
Außerdem: Butter für die Form

– Für den Vorteig das Roggenmehl mit dem Backfermentpulver, 400 ml lauwarmem Wasser und dem Honig verrühren.
– Den Vorteig mit einem Tuch zugedeckt mindestens 24 Std. an einem warmen Ort bei 24° gären lassen. Danach sollte die Gärung deutlich zu erkennen sein: Der Vorteig sieht wie heller, lockerer Schaum aus.
– Am Backtag die Kartoffeln unter fließendem Wasser bürsten und mit der Schale in 30–35 Min. garen. Die fertigen Kartoffeln sofort schälen und noch heiß durch

eine Kartoffelpresse drücken oder auf einer Rohkostreibe fein reiben.
– Den Kartoffelschnee unter den Vorteig mischen. Das Weizen- mit dem Sojamehl, 200 ml lauwarmem Wasser, dem Kümmel, dem Salz und dem zerriebenen Majoran zum Vorteig geben. Alle Zutaten zu einem geschmeidigen Teig verkneten.
– Die Form mit Butter ausstreichen, Teig hineinfüllen und mit einem Teigspatel glatt streichen. Den Teig an einem warmen Ort gehen lassen, bis er sein Volumen um etwa ein Drittel vergrößert hat; das dauert 1–2 Std.
– Den Backofen auf 200° (Umluft 180°) vorheizen. Die Form in den Ofen (unten) schieben und das Brot in etwa 50 Min. goldbraun backen. Im abgeschalteten Backofen noch 15 Min. ruhen lassen.
– Das Roggen-Kartoffel-Brot aus der Form stürzen, die Oberseite mit kaltem Wasser besprühen und das Brot auf einem Kuchengitter auskühlen lassen.

TIPPS

- **Das Brot sollte noch 24 Std. ruhen, ehe Sie es anschneiden.**
- **Wenn das Roggen-Kartoffel-Brot nicht so schnell aufgebraucht wird und länger gelagert werden muss, schmeckt es getoastet ebenfalls sehr gut.**
- **Experimentierfreudige Bäcker probieren das Brot auch einmal mit geraspelten Zucchini, roten Beten oder Möhren. Sie können die gleiche Menge nehmen, die für die Kartoffeln angegeben ist, nämlich 500 g. Eventuell verändert sich der Flüssigkeitsbedarf geringfügig.**

681. Osterkranz

GUT ZUM FRÜHSTÜCK
Für 1 Kranz
Zubereitungszeit: 15 Min.
Backzeit: 20 Min.

200 g Magerquark • 6 EL Milch • 6 EL Öl • 1 Ei • 80 g Zucker • 1 Päckchen Vanillezucker • 400 g Mehl • 1 Päckchen Backpulver
Außerdem: Fett fürs Blech • Mehl für die Arbeitsfläche • 1 EL Milch und 1 Eigelb zum Bestreichen • 3 EL Sesamsamen zum Bestreuen

– Den Quark mit der Milch, dem Öl, dem Ei, dem Zucker und dem Vanillezucker verrühren. Das Mehl mit dem Backpulver mischen. Die Hälfte des Mehls unterrühren, dann das restliche Mehl unterkneten.
– Den Backofen auf 180° (Umluft 160°) vorheizen. Das Backblech fetten.
– Den Teig in 3 gleich große Portionen teilen. Die Teigstücke auf einer bemehlten Arbeitsfläche zu 50 cm langen Rollen formen. Die Rollen zu einem Zopf flechten (siehe Seite 419), anschließend zu einem Kranz zusammenlegen und auf das Backblech legen.
– Das Eigelb mit der Milch verrühren, den Kranz damit einpinseln, mit Sesamsamen bestreuen und im Ofen (Mitte) in 20 Min. goldbraun backen. Auf einem Kuchengitter auskühlen lassen.

682. Buntes Gemüsebrot

RAFFINIERT | FRISCH AM BESTEN
Für 1 Kastenform (30 cm Länge)
Zubereitungszeit: 30 Min.
Backzeit: 1 Std. 10 Min.

1 Möhre • 100 g Brokkolistiele • 1 kleine rote Paprikaschote • 5 Eier • 100 ml kalt gepresstes Olivenöl • 1 TL Salz • 1 Msp. Safranpulver • 300 g Weizenvollkornmehl • 1 Päckchen Backpulver • 1/2 TL getrockneter Thymian • 50 g gehackte Pistazien
Außerdem: Butter für die Form

– Die Möhre und die Brokkolistiele schälen und putzen. In einem Topf in sprudelnd kochendem Wasser 3 Min. blanchieren, dann in Eiswasser tauchen, abgießen und abtropfen lassen.
– Die Paprikaschote waschen, halbieren, putzen und mit der Möhre und dem Brokkoli in etwa 1/2 cm kleine Würfel schneiden.
– Die Eier mit dem Öl, dem Salz und dem Safran verquirlen. Das Mehl mit dem Backpulver, dem Thymian und den Pistazien vermengen. Das Mehl und das vorbereitete Gemüse unter die Eiermasse rühren, sodass ein zähflüssig-klebriger Teig entsteht.
– Den Backofen auf 200° (Umluft 180°) vorheizen. Die Form gut fetten. Den Teig in die Form füllen und mit einem Teigspatel glatt streichen. Das Brot im Ofen (Mitte) 20 Min. backen. Dann die Hitze auf 180° (Umluft 160°) zurückschalten und das Brot in weiteren 50 Min. fertig backen.

– Das Brot in der Form 5 Min. abkühlen lassen, dann auf ein Kuchengitter stürzen und noch völlig auskühlen lassen.

TIPP

Aus den übrig gebliebenen Brokkoliröschen können Sie eine Suppe kochen. Statt mit Brokkolistielen und Möhre schmeckt das Brot auch mit je 1/2 grünen und gelben Paprikaschote gut.

683. Kräuterbrot mit Parmesan

GELINGT LEICHT | KRÄUTERWÜRZIG
Für 1 Kastenform (30 cm Länge)
Zubereitungszeit: 35 Min.
Backzeit: 1 1/4 Std.

50 g Pinienkerne • 1 Bund Petersilie • 1 Bund Schnittlauch • 1/2 Bund Dill • 300 g Weizenvollkornmehl • 100 g fein gemahlene Hirse • 1/2 TL getrockneter Thymian • 1 TL abgeriebene Schale von 1 unbehandelten Zitrone • 1 Päckchen Backpulver • 60 g frisch geriebener Parmesan • 6 Eier • 1/8 l Olivenöl • 1 TL Meersalz
Außerdem: Butter für die Form

– Die Pinienkerne in einer trockenen Pfanne unter ständigem Rühren goldbraun rösten und abkühlen lassen. Die Kräuter waschen und die Blättchen nicht zu klein schneiden.
– Das Weizen- und das Hirsemehl, den Thymian, die Zitronenschale, das Backpulver und den Käse vermengen. Die Eier mit dem Öl und dem Salz schaumig rühren und nach und nach die Mehlmischung unterrühren. Die frischen Kräuter und die Pinienkerne unter den Teig ziehen.
– Den Backofen auf 200° (Umluft 180°) vorheizen. Die Form gut mit weicher Butter auspinseln. Den Teig einfüllen und mit einem Teigspatel glatt streichen. Das Brot im Ofen (Mitte) 50 Min. backen. Den Ofen dann auf 180° (Umluft 160°) zurückschalten und das Brot in weiteren 25 Min. fertig backen.
– Das Kräuterbrot etwas abkühlen lassen, dann aus der Form stürzen und auf einem Kuchengitter auskühlen lassen.

TIPPS

- **Bevor Sie das Brot anschneiden, sollten Sie es 3 Std. ruhen lassen.**
- **Sie können auch halb Weizenvollkornmehl und halb Mehl Type 405 verwenden oder das Brot nur mit raffiniertem Weizenmehl und Hirse backen.**
- **Das Kräuterbrot schmeckt gut zu einer Käseplatte oder zu Suppen und Eintöpfen.**
- **Trinken Sie dazu einen trockenen Rotwein aus Italien, zum Beispiel einen Chianti.**

684. Bananenbrot

FÜR GÄSTE | RAFFINIERT
Für 1 Kastenform (30 cm Länge)
Zubereitungszeit: 50 Min.
Backzeit: 1 Std. 10 Min.

300 g Dinkelvollkornmehl • 3 TL Weinstein-Backpulver • 1 Prise Meersalz • 1 TL gemahlener Zimt • 1 Prise Bourbon-Vanille • abgeriebene Schale von 1/4 unbehandelten Orange • 2 Eier • 150 g weiche Butter • 80 g Akazienhonig • 2 reife Bananen • 70 g Joghurt • 3 EL Milch nach Bedarf • 100 g Kokosflocken

– Die Dinkelkörner mehlfein mahlen und abkühlen lassen. Das Mehl mit Backpulver, Salz, Zimt, Vanille und Orangenschale vermischen. Die Eier trennen.
– In einer Rührschüssel die Butter schaumig rühren und den Honig unter Rühren in kleinen Portionen darunter arbeiten. Die Eigelbe nacheinander untermengen. Die Masse hellschaumig schlagen.
– Die Bananen zerkleinern. Den Joghurt und die Bananen unterrühren und das mit den Gewürzen vermischte Mehl untermischen. Die Milch nach Bedarf unterrühren. Es soll ein cremiger Teig entstehen.
– Den Backofen auf 170° (Umluft 160°) vorheizen. Die Kokosflocken gründlich unter den Teig rühren. Die Eiweiße steif, aber nicht schnittfest schlagen und unterziehen.
– Die Form fetten und den Teig hineinfüllen. Im Ofen (Mitte) 1 Std. 10 Min. backen. Das Brot noch 15 Min. in der Form ruhen lassen, dann zum Auskühlen auf ein Kuchengitter stürzen.

685. Tostados (Mexikanisches Fladenbrot)

AUS MEXIKO | GUT VORZUBEREITEN
Für 10 Fladen
Zubereitungszeit: 10 Min.
Ruhezeit: 1 Std.
Backzeit: 25 Min.

250 g Masa harina (siehe Tipps) • Salz
Außerdem: Fett zum Ausbacken • Koriandergrün

– Die Masa harina in einer Schüssel mit 350 ml lauwarmem Wasser und Salz zu einem feuchten, elastischen Teig verrühren. Den Teig zugedeckt 1 Std. ruhen lassen.
– Den Teig kurz durchkneten, zu einer Rolle formen und in 10 Stücke teilen. Jedes zu einer Kugel formen und zwischen Klarsichtfolie zu Teigfladen von maximal 16 cm Ø ausrollen.
– Eine hohe Pfanne 2 cm hoch mit Öl füllen, dieses erhitzen und die Fladen darin auf jeder Seite in etwa 1 Min. zu goldbraunen, knusprigen Tostados ausbacken.

TIPPS

• Um den Geschmack der echten Tostados nachzuempfinden, ist es unerlässlich, ein bestimmtes Mehl zu verwenden. Es wird aus getrockneten Maiskörnern hergestellt, die zuvor in Kalkwasser gekocht wurden. Sie bekommen es bei uns in speziellen Geschäften unter dem Namen „Masa harina" oder „Minsa".
• Der klassische Belag für Tostados besteht aus einem Mus aus getrockneten schwarzen Bohnen, Hühnerfleisch, Salat, Tomaten, Zwiebeln, Avocado, Käse und feurigen Chilischoten.

686. Zwiebel-Fladenbrot

FRISCH AM BESTEN
Für 16 Fladen
Zubereitungszeit: 1 Std.
Ruhezeit: 1 Std.
Backzeit pro Fladen: 5 Min.

250 g weiße Zwiebeln • 100 g Butter • 1 TL Salz • 400–500 g Weizenmehl (Type 1050)
Außerdem: Mehl zum Arbeiten • Frischhaltefolie

– Die Zwiebeln schälen und in feine Würfel schneiden. 20 g Butter in einer Pfanne erhitzen, die Zwiebeln darin unter Rühren goldbraun braten, vom Herd nehmen und abkühlen lassen.
– Die restliche Butter schmelzen und etwas abkühlen lassen. Mit 1/4 l lauwarmem Wasser, Salz und den Zwiebeln vermischen.
– Dann soviel Mehl portionsweise übersieben und mit den Händen unterarbeiten, dass ein gut knetbarer, glatter Teig entsteht, der nur noch leicht klebt. Den Teig zu einer Kugel formen, in Frischhaltefolie wickeln und 1 Std. bei Zimmertemperatur ruhen lassen. Den Backofen auf 50° (Umluft 40°) vorheizen.
– Dann den Teig zu einer Rolle formen und in 16 gleich große Portionen teilen. Jedes Stück auf einer leicht bemehlten Arbeitsfläche zu einer Kugel formen und zu einem dünnen Fladen von 12–15 cm Ø ausrollen.
– Eine beschichtete Pfanne ohne Fett erhitzen. Die Fladen darin bei mittlerer Hitze unter mehrmaligem Wenden 4–5 Min. backen, bis sie stellenweise braun werden, jedoch nicht verbrennen. Im Backofen warm halten, warm servieren.

687. Chapatis (Indisches Fladenbrot)

BLITZREZEPT | AUS INDIEN
Für 10 Chapatis
Zubereitungszeit: 15 Min.
Quellzeit: 10 Min.
Backzeit: 5 Min.

125 g Chapati Ata (siehe Tipps) oder Weizenvollkornmehl • 1/2 TL Salz • 1 TL zerlassenes Ghee oder Pflanzenöl

– Das Mehl und das Salz in einer Schüssel mischen, 100 ml Wasser sowie das Fett mit einem Löffel unterrühren, dann alles mit den Händen zu einem weichen Teig kneten. 10 Min. zum Quellen stehen lassen, dann in 5 Min. zu einem glatten Teig verkneten. Diesen in 10 Portionen teilen, jedes Teigstück zu einem dünnen Fladen von 15 cm Ø ausrollen.
– Eine gusseiserne Pfanne ohne Fettzugabe stark erhitzen. Dann jeweils einen Teigfladen in die heiße Pfanne legen, bis sich die ersten braunen Flecken zeigen, dann wenden und auf der anderen Seite bräunen. Eventuell die Ränder mit einem Pfannenwender herunterdrücken.

– Die Fladen am besten mit einem Tuch bedeckt im Backofen warm halten.

TIPPS

• Chapati Ata ist eine spezielle Mischung aus Weizenmehl und Weizenschrot. Sie erhalten es im Asienladen.
• Die Fladen isst man im Norden Indiens zu Currygerichten, etwa einem Gemüsecurry. Damit man die Sauce gut mit dem Fladenbrot aufnehmen kann, sollte das Curry recht sämig sein.
• Zum Warmhalten kann man die Chapatis zuvor noch mit Öl oder zerlassener Butter bestreichen.

688. Phulkas (Indisches Brot)

PFANNENBROT AUS INDIEN
Für 12 Stück
Zubereitungszeit: 15 Min.
Ruhezeit: 1 Std.
Backzeit pro Stück: 6 Min.

125 g Chapati Ata (Asienladen) • Salz nach Belieben • 1 TL Ghee oder Pflanzenöl
Außerdem: Frischhaltefolie • Mehl für die Arbeitsfläche

– Mehl auf eine Arbeitsfläche häufen, in die Mitte eine Mulde drücken. 75–80 ml lauwarmes Wasser hineingießen, salzen. Alles zu einem glatten Teig verrühren.
– Ghee oder Öl unterarbeiten und den Teig 8–10 Min. kneten, damit er elastischer wird. Den Teig zu einer Kugel formen, in Frischhaltefolie wickeln und etwa 1 Std. bei Zimmertemperatur ruhen lassen.
– Den Teig in 12 Stücke (ca. 16 g) teilen. Jedes Teigstück auf einer leicht bemehlten Arbeitsfläche flach drücken und zu einem dünnen Fladen von 15 cm Ø ausrollen.
– Für die Phulkas eine Pfanne ohne Fettzugabe stark erhitzen und die Fladen darin nacheinander zubereiten. Dafür den Teig auf einer Seite backen, bis sich die ersten braunen Flecken zeigen, dann wenden und auf der anderen Seite ebenfalls bräunen. Sollten sich die Fladen wölben, die Ränder mit einem Löffel herunterdrücken.
– Die Phulkas aus der Pfanne nehmen und beidseitig über einer offenen Flamme rösten. Dabei gehen sie auf, und die Blasen werden noch stärker gebräunt.

TIPP

Aus dem gleichen Teig kann man auch Pooris herstellen. Dazu 12 Fladen aus dem Teig wie für die Phulkas beschrieben zubereiten. Öl in einer Pfanne oder Fritteuse auf 180 °C erhitzen. Die Fladen nacheinander einlegen und auf beiden Seiten kross ausbacken. Dabei blähen sie sich auf.

689. Weizenfladen (Tostadas aus den USA)

GELINGT LEICHT
Für 4 Fladen
Zubereitungszeit 20 Min.
Ruhezeit: 30 Min.
Backzeit pro Fladen: 3 Min.

125 g Mehl (Type 405) • 1 Msp. Backpulver • 1 Prise Salz
Außerdem: Mehl für die Arbeitsfläche • Pflanzenöl zum Ausbacken

– Für den Teig das Mehl in eine Schüssel sieben, mit dem Backpulver, dem Salz und 75 ml Wasser vermengen und alles zu einem glatten Teig verkneten. In Folie wickeln und 30 Min. ruhen lassen.
– Den Teig erneut durchkneten und in vier Stücke teilen. Auf einer bemehlten Arbeitsfläche zu runden Fladen von je 20 cm Ø ausrollen. Mit einem Finger jeweils ein kleines Loch in die Mitte drücken, damit die Fladen beim Frittieren nicht zerplatzen. Das Fett in einer hohen Pfanne oder in einer Friteuse erhitzen und die Teigfladen bei mittlerer Hitze portionsweise darin in 2–3 Min. von beiden Seiten ausbacken, bis sie sich goldbraun färben und aufblähen. Mit einem Schaumlöffel herausnehmen und auf Küchenpapier abtropfen lassen.

TIPP

• Diese Tostadas sind genau genommen in Fett ausgebackene Tortillas, die dann als „Teller“ für üppige Beläge dienen.
• Während sie in Mexiko meist nur mit Maismehl zubereitet werden, ist es im Süden und Südwesten der USA durchaus üblich, sie aus Weizenmehl mit Backpulver herzustellen.

690. Pita (Fladenbrot aus Israel)

BERÜHMTES REZEPT
Für 16 Fladen
Zubereitungszeit: 15 Min.
Gehzeit: 30 Min.
Backzeit pro Backblech: 15 Min.

1,2 kg Mehl (Type 405) • 14 g Trockenhefe • 3 TL Zucker • 3 TL Salz • 3 EL Olivenöl
Außerdem: Mehl für die Arbeitsfläche

– Das Mehl sieben und mit Hefe, Zucker, Salz, Öl und 550 ml lauwarmem Wasser zu einem glatten Teig verkneten. Zugedeckt gehen lassen, bis sich das Teigvolumen verdoppelt hat.
– Erneut durchkneten und den Teig in 16 Stücke von je etwa 130 g teilen. Jedes der 16 Teigstücke auf einer bemehlten Arbeitsfläche zu einer Kugel rollen. Jede Kugel mit der Handfläche – bei Bedarf bemehlen – ein wenig flach drücken. Anschließend jedes Teigstück zu einem kreisrunden Fladen von 15 cm Ø ausrollen.
– Den Ofen auf 220°C (Umluft 200°) vorheizen, dabei das Backblech im Ofen lassen. Die Fladen auf das heiße Backblech legen und im Ofen (Mitte) 10–15 Min. backen. Auf einem Kuchengitter auskühlen lassen.

691. Arabisches Fladenbrot

FRISCH AM BESTEN
Für 14 runde Brote
Zubereitungszeit: 45 Min.
Gehzeit: 1 3/4 Std.
Backzeit pro Backblech: 15 Min.

1 kg Weizenmehl (Type 550) • 1 EL Salz • 2 Würfel frische Hefe (je 42 g) • 1 EL Schwarzkümmel (türkisches Lebensmittelgeschäft)
Außerdem: Mehl für die Arbeitsfläche • Backtrennpapier fürs Blech • 100 g Weizenschrot zum Arbeiten

– Das Mehl in eine Schüssel sieben, mit Salz vermischen und eine Mulde hineindrücken. Hefe mit einem Schneebesen in 700 ml lauwarmem Wasser auflösen, in die Mulde gießen und mit Mehl vom Rand bestreuen. Zugedeckt 10 Min. an einem warmen Ort gehen lassen.
– Dann alles zu einem glatten Teig verkneten. Zugedeckt an einem warmen Ort 40 Min. gehen lassen. Den Kümmel im Blitzhacker fein zerkleinern, dann zum Teig geben und auf der leicht bemehlten Arbeitsfläche mit den Händen 10 Min. kräftig kneten und schlagen. Zugedeckt weitere 40 Min. gehen lassen, bis sich das Teigvolumen verdoppelt hat.
– Den Teig noch einmal kräftig kneten und in 14 gleich große Portionen teilen. Jedes Teigstück einzeln auf der mit Weizenschrot bestreuten Arbeitsfläche zu einem Fladen von 14 cm Ø ausrollen.
– Die Fladen auf 2 mit Backpapier belegte Bleche legen und zugedeckt 15 Min. gehen lassen. Inzwischen den Backofen auf 250° (Umluft 220°) vorheizen. Eine feuerfeste Schale mit kochend heißem Wasser hineinstellen. Die Fladen im Ofen (Mitte) in 10–15 Min. goldgelb backen. Auf einem Kuchengitter auskühlen lassen.

TIPP
Die Fladen bilden beim Backen große Luftblasen, die auch nach dem Abkühlen bleiben. Dadurch eignen sich diese Brote gut zum Füllen, etwa mit kleinen, scharf gewürzten Frikadellen oder mit arabischen Falafel (frittierte Kichererbsenbällchen). Bei Tisch werden die Brote als Beilage zu Fleisch- oder Fischragouts serviert.

692. Sauerteigfladen, in der Pfanne gebacken

AUS TUNESIEN
Für 2 Stück
Zubereitungszeit: 15 Min.
Gehzeit: 1 1/2 Std.
Backzeit pro Fladen: 10 Min.

450 g Mehl (Type 405) • 1 TL Salz • 1/2 Würfel frische Hefe (21 g) • 80 g Sauerteig (vom Bäcker) • 2 EL Olivenöl
Außerdem: Mehl für die Arbeitsfläche

– Das Mehl in eine Schüssel sieben und mit Salz vermischen. Die Hefe in 1/4 l lauwarmem Wasser auflösen und mit dem Sauerteig zum Mehl geben.
– Alles zu einem glatten Teig verkneten. Sollte er kleben, noch etwas Mehl unterarbeiten. Den Ansatz mit etwas Mehl bestäuben. Die Schüssel mit einem Tuch zudecken, an einen warmen, zugfreien Ort stellen und den

Teig etwa 1 Std. gehen lassen, bis sich sein Volumen verdoppelt hat. Den Teig erneut durchkneten und halbieren. Auf einer bemehlten Arbeitsfläche zu 2 runden Fladen von etwa 18 cm Ø ausrollen. Auf ein bemehltes Tuch legen und weitere 30 Min. gehen lassen.
– 1 EL Olivenöl in einer Pfanne erhitzen und die Fladen nacheinander bei mittlerer Hitze von jeder Seite 8–10 Min. backen. Herausheben und auskühlen lassen.

693. Quarkbrötchen

BLITZREZEPT | LEICHT ZU MACHEN
Für 12 Stück
Zubereitungszeit: 15 Min.
Backzeit: 20 Min.

150 g Magerquark • 7 EL Milch • 6 EL Öl • 1/2 TL Salz • 1 EL geschälte Sesamsamen • 1 EL Leinsamen • 1 EL Sonnenblumenkerne • 300 g Weizenmehl (Type 405) • 1 Päckchen Backpulver
Außerdem: Backtrennpapier fürs Blech • 1 EL Milch • Sesam- und Leinsamen zum Bestreuen

– Den Backofen auf 200° (Umluft 180°) vorheizen. Das Backblech mit Backpapier belegen.
– Quark mit 7 EL Milch, Öl und Salz cremig schlagen. Sesamsamen, Leinsamen und Sonnenblumenkerne unterrühren. Das Mehl mit dem Backpulver mischen und unter den Quark kneten.
– Den Teig zur Rolle formen und in 12 Stücke teilen. Die Stücke zu Kugeln rollen und auf das Blech legen. Die Brötchen mit einem Messer kreuzweise einritzen. Mit Milch bestreichen. Sesam- und Leinsamen darüber streuen. Die Brötchen im Ofen (Mitte) 15–20 Min. backen. Auf einem Kuchengitter auskühlen lassen.

694. Scones (Frühstücksbrötchen)

GELINGT LEICHT | PREISWERT
Für 8 Stück
Zubereitungszeit: 30 Min.
Kühlzeit: 15 Min.
Backzeit: 20 Min.

250 g Weizenmehl (Type 405) • 3 TL Backpulver • 50 g Butter • 150 ml Milch • 1 TL Zucker • 1 Prise Salz
Außerdem: Fett fürs Blech • 1 Eigelb zum Bestreichen

– Das Mehl mit dem Backpulver in eine Schüssel sieben. Die Butter klein schneiden und mit der Milch, dem Zucker und dem Salz dazugeben. Mit den Knethaken des elektrischen Handrührgeräts alles zu einem geschmeidigen Teig verarbeiten. Den Teig anschließend mit den Händen gründlich durchkneten und zu einer etwa 16 cm langen Rolle formen. Die Rolle etwa 15 Min. zugedeckt kühl stellen.
– Den Backofen auf 220° (Umluft 200°) vorheizen. Das Backblech fetten. Teigrolle in 8 gleich große Scheiben schneiden. Die Scheiben zu Kugeln formen und auf das Blech setzen. Das Eigelb verquirlen und die Brötchen damit bestreichen. Die Brötchen im Ofen (Mitte) in etwa 20 Min. goldbraun backen.

TIPP
Diese Brötchen reicht man in England nicht nur zum Frühstück, sondern auch zum Nachmittagstee. Sie schmecken am besten ganz frisch mit Butter und Marmelade.

695. Panini (Kleine italienische Brote)

GELINGT LEICHT | PREISWERT
Für 8 Stück
Zubereitungszeit: 30 Min.
Gehzeit: 2 3/4 Std.
Backzeit: 12 Min.

350 g Weizenmehl (Type 405) • 1 1/2 Würfel frische Hefe (60 g) • 1 TL Zucker • 2 TL Salz
Außerdem: Backtrennpapier fürs Blech • Mehl für die Arbeitsfläche

– Das Mehl in eine Schüssel geben, eine Mulde hineindrücken, die Hefe hineinbröckeln und mit dem Zucker und etwas Wasser verrühren. Mit Mehl bestäuben und zugedeckt an einem warmen Ort 10 Min. gehen lassen.
– 200 ml lauwarmes Wasser und das Salz dazugeben und alles zu einem glatten Teig verkneten. Zugedeckt bei Zimmertemperatur 2 Std. gehen lassen.
– Das Backblech mit Backpapier auslegen. Den Teig auf einer leicht bemehlten Arbeitsfläche noch einmal

durchkneten. Zu einer Rolle formen und in 8 gleich große Portionen teilen. Jede Portion zu einem länglichen Brötchen formen, den Teig nach Belieben ein wenig verdrehen. Die Brötchen auf das Blech setzen und zugedeckt noch 35 Min. gehen lassen.
– Den Backofen rechtzeitig auf 200° (Umluft 180°) vorheizen. Die Brötchen im Ofen (Mitte) 12 Min. backen.

696. Sesamkringel

FRISCH AM BESTEN | BRAUCHT ETWAS ZEIT
Für 8 Stück
Zubereitungszeit: 45 Min.
Gehzeit: 1 Std. 20 Min.
Backzeit pro Backblech: 30 Min.

500 g Mehl (Type 405) • 1 Würfel frische Hefe (42 g) • 50 g Butter • 1 TL Salz
Außerdem: Sonnenblumenöl für Hände und Backbleche • 1 Ei zum Bestreichen • 100 g Sesamsamen zum Bestreuen

– Das Mehl in eine Schüssel geben und mit den Händen auflockern. Eine Mulde hineindrücken. Hefe in 1/8 l lauwarmem Wasser auflösen und in die Mulde gießen. Mit etwas Mehl vom Rand vermischen und 10 Min. zugedeckt an einen warmen Ort stellen, bis die Hefe zu schäumen beginnt.
– Die Butter schmelzen und abkühlen lassen. Das Salz auf den Mehlrand streuen, die Butter zufügen. Alles verrühren, dabei noch 1/8 l Wasser dazugießen. Den Teig mit den Knethaken des elektrischen Handrührgeräts 8–10 Min. durcharbeiten. Dann die Hände einölen und den Teig gut durchkneten. Zugedeckt an einem warmen Ort noch einmal 1 Std. gehen lassen.
– Zwei Backbleche einfetten. Eine Schüssel mit warmem Wasser bereitstellen. Den Teig noch einmal durchkneten, zu einer Rolle formen und in 8 gleich große Portionen teilen. Diese zu 30–35 cm langen Rollen formen, zu Kringeln zusammenlegen und die Enden gut zusammendrücken. Den Backofen rechtzeitig auf 225° (Umluft 200°) vorheizen.
– Die Kringel nacheinander mit beiden Händen kurz in das Wasser tauchen, abtropfen lassen und auf die Bleche verteilen. Ei verquirlen und die Oberseite der Kringel damit einpinseln, dann dick mit Sesam bestreuen. Die Kringel 10 Min. gehen lassen. Dann nacheinander im Ofen (Mitte) in 25–30 Min. hellbraun backen.

697. Milchbrötchen

PREISWERT | GELINGT LEICHT
Für 12 Stück
Zubereitungszeit: 15 Min.
Gehzeit: 1 Std.
Backzeit: 30 Min.

1/2 Würfel frische Hefe (21 g) • 1 TL Zucker • 1/4 l lauwarme Milch • 1 TL Salz • 500 g Mehl • 50 g weiche Butter • 1 Ei
Außerdem: Backtrennpapier fürs Blech

– Hefe und Zucker in der Milch auflösen. Alle Zutaten zu einem glatten Teig verkneten. Den Teig zugedeckt in einer Schüssel 45 Min. gehen lassen.
– Den Backofen auf 200° (Umluft 180°) vorheizen. Ein Backblech mit Backpapier auslegen. Den Teig noch einmal durchkneten, 12 Brötchen formen, auf das Backblech legen und zugedeckt 15 Min. gehen lassen.
– Teigoberfläche mit lauwarmem Wasser bestreichen und die Brötchen in den Ofen schieben. Eine Tasse Wasser auf den Herdboden gießen. Die Brötchen im Ofen (Mitte) 25–30 Min. backen.

698. Rosenbrötchen

GUT VORZUBEREITEN | GELINGT LEICHT
Für 8 Stück
Zubereitungszeit: 30 Min.
Gehzeit: 1 Std. 40 Min.
Backzeit: 15 Min.

350 g Weizenmehl (Type 550) • 1 Würfel frische Hefe (42 g) • 1 TL Zucker • 1/4 l lauwarme Milch • 50 g Speisestärke • 1 1/2 TL Salz
Außerdem: Mehl für die Arbeitsfläche • Backtrennpapier fürs Blech • 1 Eigelb zum Bestreichen • 3 EL Sesamsamen zum Bestreuen

– Das Mehl in eine Schüssel geben, eine Mulde hineindrücken. Die Hefe in die Mulde bröckeln und mit dem Zucker und etwas Milch verrühren. Leicht mit Mehl bestäuben und zugedeckt an einem warmen Ort 10 Min. gehen lassen.
– Die restliche Milch, die Stärke und das Salz dazugeben und zu einem glatten, geschmeidigen Teig verkneten. Zugedeckt an einem warmen Ort 45 Min. gehen lassen.

– Das Backblech mit Backpapier auslegen. Den Teig noch einmal durchkneten und in 8 gleich große Portionen teilen. Jede Portion zu runden Brötchen formen und auf das Blech setzen.
– In jedes Brötchen auf der Oberfläche von der Mitte beginnend sternförmig fünf etwa 1 cm tiefe Einschnitte mit einem scharfen Messer machen. Die Brötchen zugedeckt 45 Min. gehen lassen.
– Den Backofen rechtzeitig auf 225° (Umluft 200°) vorheizen. Die Einschnitte auf den Brötchen noch einmal nachschneiden. Das Eigelb mit 2 EL Wasser verquirlen, die Brötchen damit bestreichen und mit Sesam bestreuen. Den Sesam etwas festdrücken. Die Brötchen im Ofen (Mitte) in 12–15 Min. goldgelb backen. Auf einem Kuchengitter auskühlen lassen.

699. Buttermilchbrötchen

LEICHT ZU MACHEN
Für 6 Brötchen
Zubereitungszeit: 30 Min.
Ruhezeit: 45 Min.
Backzeit: 20 Min.

200 g Weizenmehl (Type 1050) • 50 g Sojamehl • 1/2 TL Salz • 125 g Buttermilch • 1 TL Zucker • 1/2 Würfel frische Hefe (21 g) • 50 g Diät-Margarine
Außerdem: Backtrennpapier fürs Blech • etwas Milch zum Bestreichen

– Beide Mehlsorten in eine Schüssel geben, mit Salz vermischen und in die Mitte eine Mulde drücken. Die Hälfte der Buttermilch erwärmen, den Zucker einrühren, die Hefe hineinbröckeln und auflösen lassen. Die Hefemischung in die Mulde geben und zugedeckt an einem warmen Ort 15 Min. gehen lassen.
– Die restliche Buttermilch und die Diät-Margarine in Flöckchen dazugeben, mit den Knethaken des Handrührgeräts vermischen. Dann mit den Händen zu einem glatten Teig verkneten. Den Teig zugedeckt 15 Min. gehen lassen. Den Backofen auf 200° (Umluft 180°) vorheizen. Ein Backblech mit Backpapier auslegen.
– Den Teig in 6 gleich große Stücke teilen, jeweils zu kleinen Kugeln formen und auf das Backblech legen. Noch einmal zugedeckt 15 Min. gehen lassen. Die Brötchen oben schräg mit einem Messer einritzen, mit Milch bestreichen und im Backofen (Mitte) 20 Min. backen, bis die Brötchen goldbraun sind.

700. Süße Safranstangen

FRISCH AM BESTEN | RAFFINIERT
Für 15 Stangen
Zubereitungszeit: 45 Min.
Gehzeit: 1 Std. 25 Min.
Backzeit: 12 Min.

500 g Weizenmehl (Type 405) • 1 Würfel frische Hefe (42 g) • 3 EL Zucker • 150 ml lauwarme Milch • 2 Tütchen gemahlener Safran • 75 g weiche Butter • 125 g Buttermilch • 1 TL Salz
Außerdem: Backtrennpapier fürs Blech • Mehl für die Arbeitsfläche • 1 Eigelb zum Bestreichen

– Das Mehl in eine Schüssel geben, eine Mulde hineindrücken, die Hefe hineinbröckeln und mit etwas Zucker und etwas Milch verrühren. Leicht mit Mehl bestäuben, zugedeckt an einem warmen Ort 10 Min. gehen lassen.
– Den Safran mit etwas Milch glatt rühren, mit der übrigen Milch, dem restlichen Zucker, der Butter, der Buttermilch und dem Salz zum Vorteig geben. Alles gründlich verkneten und zugedeckt an einem warmen Ort 45 Min. gehen lassen.
– Das Backblech mit Backpapier auslegen. Den Teig auf einer leicht bemehlten Arbeitsfläche noch einmal durchkneten. In 15 gleich große Portionen teilen. Jede Portion zu einer etwa 15 cm langen Stange formen und auf das Blech setzen. Zugedeckt bei Zimmertemperatur noch einmal 30 Min. gehen lassen.
– Inzwischen den Backofen auf 225° (Umluft 200°) vorheizen. Die Safranstangen mit verquirltem Eigelb bestreichen und im Ofen (Mitte) 10–12 Min. backen.

701. Joghurt-Walnuss-Brötchen

SCHNELL | LEICHT ZU MACHEN
Für 6 Brötchen
Zubereitungszeit: 30 Min.
Ruhezeit: 1 1/2 Std.
Backzeit: 35 Min.

1/2 Würfel frische Hefe (21 g) • 1/2 TL Zucker • 250 g Weizenmehl (Type 1050) • 1/2 TL Salz • 1 TL Backpulver • 125 g Magermilch-Joghurt • 70 g Walnusskerne
Außerdem: Backtrennpapier fürs Blech • Mehl für die Arbeitsfläche

– Die Hefe in eine Tasse bröckeln und darin mit 100 ml lauwarmem Wasser und Zucker verrühren. Zugedeckt 10 Min. gehen lassen.
– Das Mehl, das Salz, das Backpulver und den Joghurt in eine Rührschüssel geben und die Hefe dazugeben. Alles mit den Knethaken des Handrührgeräts zu einem geschmeidigen Hefeteig verkneten. Den Teig zugedeckt an einem warmen Ort 50 Min. gehen lassen.
– Ein Backblech mit Backpapier auslegen. Die Walnusskerne grob hacken und unter den Hefeteig kneten. Diesen in 6 gleich große Stücke teilen, zu länglichen Brötchen formen und auf das Backblech setzen. Zugedeckt 30 Min. gehen lassen.
– Den Backofen auf 175° (Umluft 160°) vorheizen. Die Brötchen mit Salzwasser bestreichen und im Backofen (Mitte) 30–35 Min. backen. Auf einem Kuchengitter auskühlen lassen.

TIPP

Statt der Walnusskerne können Sie die Brötchen auch mit Kürbiskernen zubereiten. Sehr schön sehen sie aus, wenn Sie sie vor dem Backen noch mit einigen gehackten Nüssen bestreuen.

702. Macadamia-Brötchen

ETWAS BESONDERES | ETWAS TEURER
Für 15 Brötchen
Zubereitungszeit: 30 Min.
Gehzeit: 1 Std. 10 Min.
Backzeit: etwa 20 Min.

500 g Weizenmehl (Type 550) • 1 1/2 TL Salz • 1/8 l lauwarme Milch • knapp 1 Würfel frische Hefe (35 g) • 100 g weiche Butter • 200 g gesalzene Macadamianüsse
Außerdem: Backtrennpapier fürs Blech • 1 Eigelb, mit 1 EL Milch verquirlt, zum Bestreichen • grobes Salz

– Das Mehl in eine Schüssel sieben und mit dem Salz vermischen. Die Milch mit der gleichen Menge lauwarmem Wasser mischen und die Hefe darin auflösen.
– Die Hefelösung und die Butter zum Mehl geben und alles zu einem geschmeidigen Teig verarbeiten. Die Schüssel mit einem Tuch zudecken, an einen warmen Ort stellen und den Teig etwa 30 Min. gehen lassen.
– Die Macadamianüsse grob hacken. Mit Hilfe eines groben Durchschlags die größeren Nussstücke von den kleinen Bröseln trennen. Die Brösel und so viel der gehackten Nüsse zum Bestreuen der Brötchen beiseite stellen, dass zwei Drittel der Nussstücke für den Teig übrig bleiben.
– Den Teig erneut gut durchkneten und dabei die größeren Nussstücke mit einarbeiten. Dann den Teig zudecken und noch einmal 10 Min. gehen lassen, damit er sich später besser formen lässt.
– Das Backblech mit Backpapier auslegen. Aus dem Teig 15 runde Brötchen formen, auf das Backblech setzen, mit einem sauberen Tuch zudecken und noch einmal 30 Min. gehen lassen, bis sich ihr Volumen deutlich vergrößert hat.
– Den Backofen auf 200° (Umluft 180°) vorheizen. Die Oberfläche eines jeden Brötchens mit verquirltem Eigelb bestreichen. Die restlichen Nüsse mit dem Salz vermischen und über die Brötchen streuen. Im Ofen (Mitte) etwa 20 Min. backen.

703. Sesambrötchen

SCHNELL | PREISWERT
Für 12 Brötchen
Zubereitungszeit: 15 Min.
Ruhezeit: 45 Min.
Backzeit: 35 Min.

1 Würfel frische Hefe (42 g) • 1/4 l lauwarmer Kefir • 1 TL Zucker • 1 TL Salz • 250 g Weizenmehl (Type 405) • 250 g Roggenmehl (Type 997) • 4 EL Öl
Außerdem: Backtrennpapier fürs Blech • 4 EL Sesamsamen zum Bestreuen

– Die Hefe im Kefir mit dem Zucker auflösen. Das Salz mit den beiden Mehlsorten in einer Schüssel mischen. Den Kefir mit der aufgelösten Hefe einrühren.
– Das Öl zum Mehl geben und alle Zutaten 10 Min. kneten. Den Teig in einer zugedeckten Schüssel 30 Min. gehen lassen.
– Den Backofen auf 190° (Umluft 170°) vorheizen. Ein Backblech mit Backpapier auslegen. Den gegangenen Teig noch einmal kneten, 12 runde Brötchen formen und auf dem Backblech abgedeckt 15 Min. gehen lassen.
– Die Teigoberfläche sternförmig mit einem Messer einschneiden. Mit lauwarmem Wasser bestreichen und mit Sesam bestreuen. Im Ofen (Mitte) 30–35 Min. backen.

704. Müslibrötchen

KERNIG | GELINGT LEICHT
Für 15 Brötchen
Zubereitungszeit: 15 Min.
Gehzeit: 1 Std.
Backzeit: 30 Min.

500 g Weizenmehl (Type 1050) • 200 g ungesüßtes Müsli • 3 EL kernige Haferflocken • 2 Päckchen Trockenhefe • 1 TL Zucker • 1 TL Salz • 1 EL Sonnenblumenöl
Außerdem: Backtrennpapier fürs Blech • 2 EL kernige Haferflocken zum Bestreuen

– Alle Zutaten mit 3/8 l lauwarmem Wasser mischen und 10 Min. kneten. Bei Bedarf noch etwas mehr Wasser hinzufügen. Den Teig in einer zugedeckten Schüssel 45 Min. gehen lassen.
– Den Backofen auf 200° (Umluft 180°) vorheizen. Ein Backblech mit Backpapier auslegen. Den Teig nochmals kneten und 15 gleich große Brötchen formen. Brötchen auf dem Backblech abgedeckt 15 Min. gehen lassen.
– Oberfläche der Brötchen kreuzweise einschneiden, mit lauwarmem Wasser bestreichen und mit Haferflocken bestreuen. Im Ofen (Mitte) 25–30 Min. backen.

705. Mehrkornhörnchen

GUT ZUM FRÜHSTÜCK
Für 8 Hörnchen
Zubereitungszeit: 30 Min.
Gehzeit: 1 Std. 10 Min.
Backzeit: 15 Min.

300 g Weizenmehl (Type 1050) • 1 Würfel frische Hefe (42 g) • 1 TL Zucker • 100 g Mehrkornflocken (z. B. Hafer, Weizen, Roggen, Gerste) • 1 TL Salz • 3 EL Öl
Außerdem: Backtrennpapier fürs Blech • Mehl für die Arbeitsfläche • 3 EL Sesamsamen zum Bestreuen

– Das Mehl in eine Schüssel geben, eine Mulde hineindrücken. Die Hefe in die Mulde bröckeln und mit dem Zucker und etwas Wasser verrühren. Leicht mit Mehl bestäuben, zugedeckt an einem warmen Ort 10 Min. gehen lassen.
– 1/4 l lauwarmes Wasser, die Flocken, das Salz und das Öl dazugeben. Alles zu einem glatten Teig verkneten und zugedeckt an einem warmen Ort noch einmal 30 Min. gehen lassen.
– Das Backblech mit Backpapier auslegen. Den Teig auf einer bemehlten Arbeitsfläche noch einmal durchkneten, zu einer Rolle formen und in 8 gleich große Portionen teilen. Jedes Teigstück wieder zu einer dicken Rolle formen, diese zu Hörnchen biegen und auf das Backblech setzen. Zugedeckt noch 30 Min. gehen lassen.
– Den Backofen rechtzeitig auf 200° (Umluft 180°) vorheizen. Die Hörnchen mit Wasser einpinseln und mit Sesam bestreuen, im Ofen (Mitte) 15 Min. backen. Auf einem Kuchengitter auskühlen lassen.

706. Grünkernbrötchen

FRISCH AM BESTEN | GANZ EINFACH
Für 8 Brötchen
Zubereitungszeit: 40 Min.
Gehzeit: 1 Std. 10 Min.
Backzeit: 18 Min.

300 g Weizenmehl (Type 1050) • 1 Würfel frische Hefe (42 g) • 1 TL Zucker • 100 g Grünkernschrot • 1 TL Salz • 3 EL Öl
Außerdem: Backtrennpapier fürs Blech • Mehl für die Arbeitsfläche

– Das Mehl in eine Schüssel geben, eine Mulde hineindrücken, die Hefe hineinbröckeln, mit dem Zucker und etwas Wasser verrühren. Leicht mit Mehl bestäuben und zugedeckt an einem warmen Ort 10 Min. gehen lassen.
– 1/4 l lauwarmes Wasser, Schrot, Salz und das Öl dazugeben, alles zu einem glatten Teig verarbeiten. Zugedeckt an einem warmen Ort 30 Min. gehen lassen.
– Das Backblech mit Backpapier auslegen. Den Teig auf einer leicht bemehlten Arbeitsfläche noch einmal durchkneten. Zu einer Rolle formen und in 8 gleich große Portionen teilen. Diese zu länglichen Brötchen formen, auf das Blech setzen. Zugedeckt 30 Min. gehen lassen.
– Den Backofen auf 200° (Umluft 180°) vorheizen. Die Brötchen im Ofen (Mitte) 15–18 Min. backen.

TIPP
Statt mit Grünkernschrot können Sie die Brötchen auch mit einer Schrotmischung aus verschiedenen Getreidesorten backen.

707. Party-Brötchen

FÜR GÄSTE
Für 56 Brötchen
Zubereitungszeit: 1 Std.
Gehzeit: 1 Std. 20 Min.
Backzeit pro Backblech: 30 Min.

Für den Teig: 2 TL Korianderkörner • 2 TL Kümmelsamen • 400 g Roggenvollkornmehl • 800 g Weizenvollkornmehl • 2 1/2 Würfel frische Hefe (100 g) • 360 ml Buttermilch • 3 EL Meersalz • 1 EL Honig • 8 EL kalt gepresstes Olivenöl
Für die Füllung: 50 g schwarze Oliven • 50 g Walnüsse • 30 g Haselnüsse • 20 g Pinienkerne • 1 kleine Zwiebel • 1/2 EL kalt gepresstes Olivenöl • 1 Knoblauchzehe • 3 Zweige glatte Petersilie • 1/2 Zweig Rosmarin • 30 g sonnengetrocknete Tomaten • 2 Zweige Dill • 1/2 TL getrockneter Thymian • 1/2 TL getrockneter Salbei • 50 g Sonnenblumenkerne • 60 g frisch geriebener Parmesan
Außerdem: Mehl für die Arbeitsfläche • Butter fürs Blech • 1 EL Mohn zum Bestreuen

– Für den Teig die Gewürze im Mörser zerstoßen und unter das Vollkornmehl mischen. Die Hefe zerbröckeln und in 2 EL lauwarmem Wasser auflösen. In einer Rührschüssel mit 350 ml lauwarmem Wasser, Buttermilch, Salz und Honig vermischen. Das Mehl unterarbeiten und zu einem geschmeidigen, saftigen Teig verkneten. Bei Bedarf noch etwas Mehl oder Wasser dazugeben. Den Teig zugedeckt 1 Std. bei Zimmertemperatur gehen lassen.
– Inzwischen für die Füllung die Oliven entsteinen und klein schneiden. Nüsse und Pinienkerne getrennt voneinander grob hacken. Die Zwiebel schälen und klein schneiden. 1/2 EL Öl bei mittlerer Hitze in einer Pfanne heiß werden lassen und die Zwiebel darin goldgelb dünsten; dann in einem Schüsselchen abkühlen lassen.
– Den Knoblauch schälen, durch die Knoblauchpresse drücken. Petersilie und Rosmarin waschen, die Blättchen fein hacken. Den Knoblauch und die gehackten Kräuter unter die Zwiebel mischen.
– Getrocknete Tomaten in kleine Würfel schneiden. Den Dill waschen, die Blättchen kleinschneiden. Dill, Thymian und Salbei vermischen.
– Teig noch einmal auf einer bemehlten Arbeitsfläche kurz durchkneten, das Öl unterarbeiten. Den Teig zu einer Rolle formen und in 8 gleich große Stücke teilen. Das erste Teigstück mit den Oliven verkneten, das zweite mit den Walnüssen, das dritte mit den Haselnüssen und Pinienkernen, das vierte mit den Sonnenblumenkernen, das fünfte mit der Hälfte der Zwiebel-Kräuter-Masse, das sechste mit der zweiten Hälfte der Zwiebel-Kräuter-Masse und den sonnengetrockneten Tomaten, das siebte mit der Hälfte der Dill-Salbei-Mischung und das achte mit der restlichen Dill-Salbei-Mischung und 30 g Parmesan verkneten. Die Teigstücke, die gerade nicht bearbeitet werden, mit einem Tuch bedecken.
– Die 8 Teigstücke erneut einzeln zu Rollen formen, in jeweils 7 gleich große Stücke teilen und daraus runde Brötchen formen. Ein Backblech fetten und die Brötchen daraufsetzen, mit Wasser bestreichen und oben längs, gitter- oder sternförmig einschneiden. Die Dill-Salbei-Brötchen mit Mohn und die Käse-Kräuter-Brötchen mit dem restlichen Parmesan bestreuen.
– Alles zugedeckt 15–20 Min. bei Zimmertemperatur gehen lassen. Inzwischen den Backofen auf 200° (Umluft 180°) vorheizen und die Brötchen portionsweise im Ofen (Mitte) 20–30 Min. backen. Auf einem Kuchengitter auskühlen lassen.

TIPPS

- **Wenn Sie die Brötchen vorbereiten, aber dennoch zur Party heiß servieren möchten, dann backen Sie sie am Vortag nur etwa 10 Min. vor. Vor Partybeginn zum Fertigbacken für 10 Min. bei 200° (Umluft 180°) in den vorgeheizten Backofen geben.**
- **Die Brötchen passen zu Prosecco, Wein und Bier und als Beilagenbrötchen zum kalten wie zum warmen Büfett.**

708. Grissini (Knusprige Stäbchen aus Italien)

FÜR GÄSTE | ZUM KNABBERN
Für 60 Grissini
Zubereitungszeit: 40 Min.
Ruhezeit: 1 Std.
Backzeit: 15 Min.

500 g Mehl (Type 405) • 1 TL Salz • 1 1/4 Würfel frische Hefe (50 g) • 1 TL Zucker • 6 EL Olivenöl
Außerdem: Butter oder Olivenöl fürs Blech • Milch zum Bestreichen

– Das Mehl mit dem Salz in einer Schüssel mischen. In die Mitte eine Vertiefung drücken, die Hefe hineinbröckeln und mit knapp 200 ml lauwarmem Wasser, dem Zucker und etwas Mehl verrühren. Den Vorteig bei Zimmertemperatur zugedeckt 20 Min. gehen lassen.
– Den Hefevorteig mit dem gesamten Mehl und dem Olivenöl zu einem glatten Teig verkneten, der sich gut vom Schüsselrand löst. Zugedeckt an einem warmen Ort 30 Min. gehen lassen.
– Den Teig auf einer leicht bemehlten Arbeitsplatte etwa 2 cm dick ausrollen und in 10 cm lange Streifen schneiden. Streifen zu 20–25 cm langen Rollen formen.
– Das Backblech fetten. Den Backofen auf 220° (Umluft 200°) vorheizen. Die Grissini auf das Blech legen, zugedeckt 10 Min. gehen lassen, dann mit Milch bepinseln. Im Ofen (oben) in 15 Min. goldgelb backen. Auf einem Kuchengitter auskühlen lassen.

709. Hamburger Buns

GELINGT LEICHT
Für 20 Brötchen
Zubereitungszeit: 30 Min.
Gehzeit: 1 1/2 Std.
Backzeit: 15 Min.

70 g Butter • 70 g Instant-Magermilchpulver • 40 g Zucker • 1 Würfel frische Hefe (42 g) • 1 Ei • 1 Eigelb • 800 g Mehl (Type 405) • 1 1/2 TL Salz
Außerdem: Öl und Mehl fürs Blech • 1 Ei, mit etwas Wasser verquirlt • geschälte Sesamsamen nach Belieben

– Die Butter in einer kleinen Pfanne zerlassen und auskühlen lassen. In einer Schüssel das Milchpulver, den Zucker und die Hefe in 350 ml lauwarmem Wasser auflösen. Die Butter einrühren und alles bei Zimmertemperatur etwa 10 Min. gehen lassen.
– Das Ei mit dem Eigelb verquirlen und unter den Vorteig rühren. Das Mehl darüber sieben und das Salz zufügen. Alles mit einem Holzlöffel, dann mit den Händen rasch zu einem glatten, geschmeidigen Teig verkneten. Zu einer Kugel formen und zugedeckt 1 Std. gehen lassen.
– Den Teig erneut durchkneten, halbieren und auf einer bemehlten Arbeitsfläche zu zwei Platten von 1 cm Dicke ausrollen. Etwa 8 Min. ruhen lassen. Zwei Backbleche dünn mit Öl bepinseln und mit Mehl bestäuben.
– Den Backofen auf 200° (Umluft 180°) vorheizen. Aus dem ausgerollten Teig 10 Kreise von je 9,5 cm Ø ausstechen und auf die Backbleche legen. Die Teigstücke 10 Min. gehen lassen, dann gleichmäßig mit dem verquirlten Eigelb bestreichen. Nach Belieben die Oberfläche der Brötchen mit geschälten Sesamsamen bestreuen und etwas festdrücken.
– Die Brötchen im Ofen (Mitte) etwa 15 Min. backen. Herausnehmen und auf einem Kuchengitter auskühlen lassen.

710. Bagels (Süße Hefekringel)

FRISCH AM BESTEN
Für 14 Bagels
Zubereitungszeit: 40 Min.
Gehzeit: 1 1/2 Std.
Backzeit pro Backblech: 35 Min.

500 g Weizenmehl (Type 550) • 1/2 Würfel frische Hefe (21 g) • 3 EL Zucker • 60 ml Maiskeimöl • 1 TL Salz • 1 verquirltes Ei
Außerdem: Backtrennpapier für die Bleche • 1 Eiweiß • je 1 EL Sesamsamen und Mohn

– Das Mehl in eine Schüssel sieben, eine Mulde hineindrücken. Die Hefe mit dem Zucker in 250 ml lauwarmem Wasser auflösen, in die Mulde gießen und mit Mehl vom Rand bestreuen. Zugedeckt an einem warmen Ort 15 Min. gehen lassen.
– Dann das Öl, das Salz und das Ei dazugeben und den Teig gut verkneten. Zugedeckt an einem warmen Ort 30 Min. gehen lassen. Anschließend mit den Händen 10 Min. kneten und schlagen. Zugedeckt erneut 30 Min. gehen lassen.
– Den Teig zusammenkneten und in 14 gleich große Portionen teilen. Jede Portion zu einem dicken, 15 cm langen Strang formen. Jeden Strang zum Kringel formen und die Enden gut zusammenfügen. Zugedeckt 15 Min. gehen lassen. Den Backofen auf 200° (Umluft 180°) vorheizen. Eine feuerfeste Schale mit heißem Wasser hineinstellen. Zwei Backbleche mit Backpapier auslegen.
– Die Kringel nacheinander 1 Min. in siedendes Wasser geben, abtropfen lassen und auf die Backbleche setzen. Mit Eiweiß bepinseln und mit Sesam und Mohn bestreuen. Im Ofen (Mitte) in 30–35 Min. goldbraun backen. Herausnehmen und auf einem Kuchengitter auskühlen lassen.

711. Vollkorn-Bagels

SCHNELL | LEICHT ZU MACHEN
Für 16 Bagels
Zubereitungszeit: 30 Min.
Gehzeit: etwa 1 Std.
Backzeit pro Backblech: 25 Min.

400 g Weizenmehl (Type 405) • 200 g Weizenvollkornmehl • 200 g zarte Haferflocken • 1 Würfel frische Hefe (42 g) • 2 EL Zucker • 2 TL Salz
Außerdem: Backtrennpapier fürs Blech • 1 Eiweiß zum Bestreichen • beliebige Samen und Kerne zum Bestreuen

– Alle Zutaten mit 600 ml lauwarmem Wasser zu einem elastischen Teig verarbeiten. 1 Std. gehen lassen, bis er sein Volumen verdoppelt hat. Teig in 6 Stücke teilen und zu Kugeln formen. Mit einem Kochlöffelstiel jeweils ein Loch in die Mitte drücken und dieses durch kreisende Bewegungen des Stiels vergrößern, bis gleichmäßige Ringe entstanden sind. 5 Min. gehen lassen.
– Das Backblech mit Backpapier auslegen. Einen Topf zu drei Viertel mit Wasser füllen und aufkochen. Die Bagels nacheinander mit der Oberseite nach unten hineinlegen, 30 Sek. ziehen lassen, dann umdrehen und weitere 30 Sek. ziehen lassen. Mit einem Schaumlöffel herausheben, abtropfen lassen und auf das Blech legen.
– Backofen auf 200° (Umluft 180°) vorheizen. Bagels mit Eiweiß einstreichen, mit Samen und Kernen bestreuen. Im Ofen (Mitte) in 20–25 Min. hellbraun backen.

712. Laugenbrezen

BERÜHMTES REZEPT
Für 10 Brezen
Zubereitungszeit 30 Min.
Ruhezeit: 1 1/4 Std.
Backzeit: 30 Min.

1/2 Würfel frische Hefe (21 g) • 1 EL Zucker • 500 g Mehl (Type 405) • 1 TL Salz • 15 g Natron • 2 EL Hagelsalz
Außerdem: Butter fürs Blech

– Die Hefe mit dem Zucker in wenig lauwarmem Wasser auflösen und zugedeckt bei Raumtemperatur 15 Min. gehen lassen.
– Den Hefeansatz mit Mehl, 120 ml lauwarmem Wasser und dem Salz verrühren. Den Teig gut durchkneten und zugedeckt an einem warmen Ort 1 Std. gehen lassen.
– Den Teig noch einmal kräftig durchkneten und in 10 gleich große Stücke teilen. Aus jedem Teigstück eine 50 cm lange Rolle formen, deren Mitte etwa daumendick und deren Enden bleistiftdünn sind. Aus diesen Strängen Brezen bilden und die Enden auf dem dickeren Teil andrücken (siehe auch Seite 419).
– Das Backblech mit Butter fetten. Den Backofen auf 225° (Umluft 200°) vorheizen.
– Das Natron in 1 l Wasser auflösen und zum Kochen bringen. Dabei sehr vorsichtig mit der Lauge umgehen; sie soll nicht mit Aluminium und mit der Haut in Berührung kommen, da sie ätzend wirkt.
– Jeweils 2 Brezen 30 Sek. lang in die kochende Lauge tauchen; die Brezen dabei öfter umdrehen. Danach kurz abtropfen lassen, auf das Backblech legen und mit dem Hagelsalz bestreuen. Im Ofen (Mitte) in 30 Min. goldbraun backen. Die Brezen am besten ofenfrisch verzehren.

713. Brioches
(Hefebrötchen aus Frankreich)

GUT ZUM FRÜHSTÜCK | ETWAS BESONDERES
Für 20 Brioche-Förmchen (8 cm Ø)
Zubereitungszeit: 1 Std.
Gehzeit: 1 3/4 Std.
Backzeit: 20 Min.

750 g Mehl (Type 405) • 1 Würfel frische Hefe (42 g) • 50 g Puderzucker • 1/8 l lauwarme Milch • 200 g Butter • 5 Eier • 1 TL Salz
Außerdem: Butter für die Förmchen • 2 Eigelbe zum Bestreichen

– Das Mehl in eine Schüssel sieben, eine Mulde hineindrücken und die Hefe hineinbröckeln. Die Hälfte vom Puderzucker, wenig Milch und etwas Mehl mit der Hefe verrühren und den Vorteig bei Zimmertemperatur zugedeckt 15 Min. gehen lassen.
– Die Butter schmelzen und wieder abkühlen lassen. Die Eier mit dem übrigen Puderzucker, der restlichen Milch, dem Salz und der Butter verrühren, auf den Mehlrand verteilen und alles mit dem Vorteig kräftig verkneten.
– Den Teig zugedeckt 1 Std. gehen lassen; der Teig soll sein Volumen verdoppeln.

– Die Förmchen mit Butter ausstreichen. Den Backofen auf 220° (Umluft 200°) vorheizen.
– Teig noch einmal durchkneten, zu einer Rolle formen und diese in 20 Stücke teilen. Aus jedem Teigstück je 1 große und 1 kleine Kugel drehen. Die großen Kugeln in die Förmchen setzen, eine Mulde hineindrücken und die kleinen Kugeln darauf drücken.
– Die Eigelbe mit 1 EL Wasser verquirlen, die Brioches damit bestreichen und zugedeckt 30 Min. gehen lassen.
– Die Brioches anschließend noch einmal mit dem restlichen Eigelb bestreichen und im Ofen (Mitte) in 15–20 Min. goldbraun backen.

714. Croissants (Blätterteighörnchen)

FRANZÖSISCH | ETWAS SCHWIERIGER
Für 15 Hörnchen
Zubereitungszeit: 1 1/2 Std.
Gehzeit: 1 Std. 50 Min.
Ruhezeit: 2 1/4 Std.
Backzeit: 25 Min.

500 g Mehl (Type 405) • 1/2 TL Salz • 3/4 Würfel frische Hefe (30 g) • 1 EL Zucker • knapp 1/4 l lauwarme Milch • 300 g Butter • 1 Ei
***Außerdem:** Butter fürs Blech • 1 Eigelb zum Bestreichen • 1 EL Sahne*

– Das Mehl in einer Schüssel mit dem Salz mischen, in die Mitte eine Mulde drücken, die Hefe hineinbröckeln und mit dem Zucker, der Milch und etwas Mehl verrühren. Den Hefevorteig mit Mehl bestäuben und zugedeckt an einem warmen Ort etwa 20 Min. gehen lassen, bis das Mehl auf der Oberfläche Risse zeigt.
– Ein Viertel der Butter schmelzen und wieder abkühlen lassen. Die übrige feste Butter auf einer bemehlten Arbeitsfläche mit Mehl bestäuben, zu einem Quadrat von 15 x 15 cm ausrollen und auf Pergamentpapier in den Kühlschrank legen.
– Die zerlassene Butter und das Ei auf den Mehlrand geben und mit dem Mehl und dem Vorteig vermengen. Den Teig etwa 20 Min. lang kneten und schlagen, bis er geschmeidig glänzt und Blasen wirft. Den Teig zugedeckt bei Zimmertemperatur 45 Min. gehen lassen.
– Teig noch einmal durchkneten und auf einer bemehlten Arbeitsfläche etwa 20 x 35 cm groß ausrollen. Die Butterplatte darauf legen, den Teig darüber schlagen und 15 Min. in den Kühlschrank legen.
– Teig danach 30 x 40 cm groß ausrollen, von beiden Schmalseiten her zweimal übereinander schlagen und erneut 30 Min. in den Kühlschrank legen. Diesen Vorgang noch dreimal wiederholen; in der Fachsprache nennt man das „tournieren".
– Die Teigplatte zuletzt zu einem 25 x 80 cm langen Streifen ausrollen, in Abständen von 10 cm mit einem scharfen Messer Markierungen anbringen und Dreiecke von 25 cm Seitenlänge ausschneiden. Die 10 cm lange Schmalseite der Dreiecke in der Mitte 3 cm tief einschneiden, damit sich die Hörnchen besser biegen lassen. Die Dreiecke zur Spitze hin aufrollen und zu Hörnchen biegen.
– Das Backblech mit Butter bestreichen, die Croissants mit etwas Abstand zueinander darauf legen und zugedeckt gehen lassen, bis sich ihr Volumen fast verdoppelt hat; das dauert ungefähr 45 Min.
– Den Backofen auf 220° (Umluft 200°) vorheizen. Das Eigelb mit der Sahne verquirlen, die Croissants damit bestreichen und im Ofen (Mitte) in 20–25 Min. goldbraun backen.

715. Hafer-Pistazien-Brötchen

GELINGT LEICHT | MACHT WAS HER
Für 12 Brötchen
Zubereitungszeit: 30 Min.
Gehzeit: 1 Std. 5 Min.
Backzeit: 25 Min.

300 g Pistazien ohne Schale • 200 g blütenzarte Haferflocken • 200 g Weizenvollkornmehl • 300 g Roggenvollkornmehl • 1 TL Salz • 1 Würfel frische Hefe (42 g) • 1 Packung Fertig-Sauerteig
***Außerdem:** Backtrennpapier fürs Blech • 2 EL Haferflocken zum Bestreuen*

– Die Pistazien grob hacken. Die Hälfte davon mit den Haferflocken, den beiden Mehlsorten und dem Salz in einer großen Schüssel mischen. In die Mitte eine Mulde drücken und die Hefe hineinbröckeln. 4 EL lauwarmes Wasser dazugeben und die Hefe mit etwas Mehl vom Rand zu einem Vorteig verrühren. Zugedeckt 5 Min. gehen lassen.
– Den Fertig-Sauerteig und knapp 1/2 l lauwarmes Wasser zum Vorteig geben und alles mit den Knethaken des Handrührgeräts glatt verkneten. Weitere 3 Min. kräftig durchkneten. Den Teig zugedeckt an einem

warmen Ort 45 Min. gehen lassen, bis sich das Volumen verdoppelt hat.
– Zwei Backbleche mit Backpapier auslegen. Den Teig noch einmal 3 Min. kräftig durchkneten. Aus dem Teig 12 kleine Brötchen formen. Die Oberseiten kreuzweise einschneiden, mit Wasser bestreichen und mit den restlichen Pistazien und Haferflocken bestreuen, diese fest andrücken.
– Den Backofen auf 220° (Umluft 200°) vorheizen. Die Brötchen noch einmal zugedeckt 15 Min. gehen lassen. Dann im Backofen (Mitte) 20–25 Min. backen. Auf einem Kuchengitter auskühlen lassen.

716. Roggen-Sesam-Brötchen

VOLLWERTIG | GELINGT LEICHT
Für 14 Brötchen
Zubereitungszeit: 20 Min.
Gehzeit: 1 3/4 Std.
Backzeit: 25 Min.

500 g Roggenvollkornmehl • 250 g Weizenvollkornmehl • 1 Würfel frische Hefe (42 g) • 1 Prise Zucker • 1 EL Meersalz • je 1 Msp. weißer Pfeffer und geriebene Muskatnuss • 150 g Sauerteig (vom Bäcker)
Außerdem: Butter fürs Backblech • 3 EL ungeschälter Sesam zum Bestreuen

– Beide Mehlsorten in einer Schüssel mischen. In die Mitte eine Mulde drücken, die Hefe hineinbröckeln, mit 100 ml Wasser, dem Zucker und wenig Mehl verrühren. Den Vorteig zugedeckt an einem warmen Ort 15 Min. gehen lassen.
– Das gesamte Mehl mit dem Vorteig, 1/2 l lauwarmem Wasser, dem Salz, den Gewürzen und dem Sauerteig zu einem glatten Teig verkneten und diesen zugedeckt gehen lassen, bis sich sein Volumen verdoppelt hat; das dauert etwa 1 Std.
– Das Backblech mit Butter bestreichen. Den Backofen auf 220° (Umluft 200°) vorheizen.
– Den Teig noch einmal kräftig durchkneten, 14 gleich große Kugeln daraus formen, etwas flach drücken, auf das Backblech legen und zugedeckt 30 Min. gehen lassen. Die Brötchen mit kaltem Wasser bepinseln, kreuzweise leicht einschneiden, mit Sesam bestreuen und die Samen andrücken.
– Die Roggen-Sesam-Brötchen im Ofen (Mitte) in etwa 25 Min. goldbraun backen.

717. Vintschgauer

VOLLWERTIG | BERÜHMT
Für 8 Vintschgauer
Zubereitungszeit: 50 Min.
Gärzeit: 5 Std.
Gehzeit: 1 1/4 Std.
Backzeit: 35 Min.

1 Päckchen flüssiger Natur-Sauerteig (150 g, Reformhaus) oder 3 EL Sauerteig aus eigenem Ansatz • 300 g Roggenvollkornmehl • 1/2 Würfel frische Hefe (21 g) • 200 g Weizenvollkornmehl • je 1 TL gemahlener Kümmel, Fenchel und Koriander • 2 TL Salz
Außerdem: Weizenvollkornmehl für die Arbeitsfläche • Backtrennpapier fürs Blech • 1 TL Salz zum Bestreichen

– Den Sauerteig mit 200 g Roggenmehl und 200 ml lauwarmem Wasser verrühren und zugedeckt 5 Std. gären lassen. Danach 3 EL Sauerteig wegnehmen und für das nächste Brot in einem Schraubdeckelglas gut verschlossen im Kühlschrank aufbewahren (der Sauerteig hält etwa 3 Wochen).
– Die Hefe mit etwas Weizenmehl und etwas lauwarmem Wasser verrühren und zugedeckt an einem warmen Ort 15 Min. gehen lassen.
– Den Sauerteig mit dem Hefevorteig, mit 200 ml lauwarmen Wasser, dem übrigen Roggen- und Weizenmehl sowie den Gewürzen und dem Salz vermengen und alles zu einem geschmeidigen Teig verkneten. Den Teig zugedeckt bei Zimmertemperatur 30 Min. gehen lassen.
– Den Teig noch einmal gründlich durchkneten. Auf einer gut bemehlten Arbeitsfläche zu einer Rolle formen und in 8 gleich große Stücke teilen. Jedes Teigstück mit den Handballen zu einem runden, flachen Fladen drükken. Ein Backblech mit Backpapier auslegen. Die Vintschgauer auf das Blech legen, mit einer Gabel mehrmals einstechen und zugedeckt unter einem Küchentuch 30 Min. gehen lassen.
– Den Backofen auf 220° (Umluft 200°) vorheizen. Eine feuerfeste Schale mit kochend heißem Wasser hineinstellen. Die Fladen im Ofen (Mitte) 15 Min. backen. Dann den Backofen auf 180° (Umluft 160°) zurückschalten und die Vintschgauer in weiteren 20 Min. fertig backen.
– Zum Bestreichen das Salz in 1/8 l heißen Wasser auflösen. Die ofenfrischen Vintschgauer damit bepinseln und unter einem Küchentuch auskühlen lassen.

718. Sprossenbrot

FÜRS PICKNICK
Für 1 Brot
Zubereitungszeit: 15 Min.
Einstellung: Weißbrot oder Normal
Timer: möglich

2 TL Salz • 50 ml Essig • frisch gemahlener Pfeffer • 450 g Weizenmehl (Type 1050) • 1 1/2 TL Trockenhefe • 100 g Sprossenmix

– 350 ml Wasser sowie die restlichen Zutaten bis auf das Sprossenmix in der angegebenen Reihenfolge in die Backform des Brotbackautomaten geben. Bitte die Bedienungsanleitung des Geräts beachten.
– 30 Min. nach dem Start bzw. nach dem Signalton das Sprossenmix in die Backform geben.
– Bevor Sie das Brot anschneiden, lassen Sie es etwa 1 Std. auskühlen.

719. Italienisches Tomatenbrot

FÜRS PICKNICK
Für 1 Brot
Zubereitungszeit: 25 Min.
Einstellung: Normal
Timer: möglich

80 g Mozzarella • 1 TL frischer Thymian und/oder Basilikum • 300 g Tomaten • 2 TL Salz • 1 TL Pesto (aus Basilikum, selbst gemacht oder aus dem Glas) • 500 g Weizenmehl (Type 550) • 2 TL Trockenhefe • 3 TL zerstoßene Chilischoten (nach Belieben)

– Den Mozzarella sehr klein würfeln. Die Kräuter waschen und klein hacken. Die Tomaten kreuzweise einschneiden, mit kochendem Wasser überbrühen, häuten, halbieren und entkernen. Die Stielansätze entfernen und das Tomatenfleisch klein hacken, 200 g abwiegen.
– 130 ml Wasser, alle Zutaten in der Reihenfolge Salz, Kräuter, Pesto, Mozzarella, Mehl, Hefe, Chilis und Tomaten in die Backform des Brotbackautomaten geben.
– Nach 20 Min. unbedingt eine Teigkontrolle machen, da die Saftigkeit des Tomatenfleischs variieren kann. Daher je nach Bedarf etwas Wasser oder Mehl dazugeben. Der Teig sollte sich leicht klebrig anfühlen (Fingerprobe) und einen Kloß bilden.

720. Sonnenblumenbrot

GUT FÜRS FRÜHSTÜCK
Für 1 Brot
Zubereitungszeit: 15 Min.
Einstellung: Normal
Timer: möglich

3 TL Salz • 50 g Sauerteigpulver • 100 g Roggenmehl (Type 997) • 350 g Weizenmehl (Type 550) • 150 g Sonnenblumenkerne • 1 TL Trockenhefe

– 370 ml Wasser sowie die restlichen Zutaten, bis auf die Sonnenblumenkerne, in der angegebenen Reihenfolge in die Backform des Brotbackautomaten geben.
– Die Kerne erst nach etwa 30 Min. in die Backform geben. Bitte Bedienungsanleitung des Geräts beachten.

TIPP
Backen Sie ein Sojabrot: Verwenden Sie statt der Sonnenblumenkerne geröstete Sojakerne.

721. Dinkel-Vollkornbrot

VOLLWERTIG | SCHNELL
Für 1 Brot
Zubereitungszeit: 15 Min.
Einstellung: Vollkorn oder Französisch (falls Ihre Maschine keinen Vollkornzyklus besitzt). Wenn der erste Knetzyklus fertig ist, brechen Sie das Programm ab und starten erneut mit dem Programm Französisch. Bei Vollkornteigen ist dieser zusätzliche Knetzyklus wichtig.
Timer: möglich, aber nur bei Vollkorn-Programm

Für 750 g: 1 1/2 Tassen Wasser • 1 1/2 TL Salz • 3 Tassen Dinkelvollkornmehl • 1 Tasse Weizenmehl (Type 550) • 2 TL Trockenhefe • 1–2 TL Brotgewürz (Koriander, Fenchel, Kümmel, Anis) nach Belieben

Für 1500 g: 2 Tassen Wasser • 3 TL Salz • 4 1/2 Tassen Dinkelvollkornmehl • 1 Tasse Weizenmehl (Type 550) • 3 TL Trockenhefe • 2 TL Brotgewürz (Koriander, Fenchel, Kümmel, Anis) nach Belieben

– Geben Sie die Zutaten in der angegebenen Reihenfolge in die Backform des Brotbackautomaten.

TIPP

Zu diesem Brot passen ideal etwa 3 EL Sonnenblumenkerne. Weil die Kerne Wasser absorbieren, vergessen Sie nicht die Teiglingkontrolle nach etwa 10 Min.!

722. Schnelles Walnussbrot

FÜRS BÜFETT
Für 1 Brot
Zubereitungszeit: 20 Min.
Einstellung: Weißbrot
Timer: nicht möglich

60 g Walnusskerne • 1 TL Salz • 3 EL Walnussöl • 320 g Weizenmehl (Type 1050) • 110 g Roggenmehl (Type 997) • 50 g Sauerteigpulver • 1 TL Trockenhefe

– Die Walnüsse hacken. 350 ml Wasser sowie die restlichen Zutaten bis auf die Walnüsse in der Reihenfolge in die Backform des Brotbackautomaten geben. Bitte die Bedienungsanleitung des Geräts beachten.
– Die gehackten Walnüsse nach 30 Min. bzw. nach dem Signalton dazugeben.

723. Weizen-Dinkel-Semmeln

GELINGT LEICHT
Für 8–12 bzw. 18 Semmeln
Zubereitungszeit: 25 Min.
Einstellung: Teig
Timer: möglich
Gehzeit: 20 Min.
Backzeit: 30 Min.

Für 8 große oder 12 kleine Semmeln: 1 1/2 Tassen Wasser • 1 1/2 TL Salz • 2 EL Zucker • 2 Tassen Weizenmehl (Type 550) • 1 1/2 Tassen Dinkelvollkornmehl • 1 1/2 EL Trockensauerteig • 2 TL Trockenhefe

Für 18 Semmeln: 2 1/4 Tassen Wasser • 3 TL Salz • 3 EL Zucker • 3 Tassen Weizenmehl (Type 550) • 2 1/2 Tassen Dinkelvollkornmehl • 2 1/2 EL Trockensauerteig • 3 TL Trockenhefe

– Geben Sie die Zutaten in der angegebenen Reihenfolge in die Backform des Brotbackautomaten. Bei Programmende nehmen Sie den fertigen Teig heraus.
– Backofen auf 200 ° (Umluft 180°) vorheizen. Teig kurz durchkneten und in 8 bzw. 12 (18) gleiche Portionen teilen. Brötchen formen und auf ein mit Backpapier ausgelegtes Backblech legen (bei 18 Portionen zwei Backbleche). Teig 20 Min. gehen lassen, Oberfläche kreuzweise einschneiden. Im Ofen (Mitte) 30 Min. backen.

TIPP

Sie können auch Mohn, Sesam, Schinkenwürfel, Sojaflocken oder Kräuter in den Teig geben. 2–3 (5–6) EL davon zusätzlich verträgt der Teig ohne Probleme. Trotzdem: Teiglingkontrolle!

724. Frühstückshörnchen

GELINGT LEICHT
Für 8/16 bzw. 12/24 Stück
Zubereitungszeit: 20 Min.
Einstellung: Teig
Timer: nicht möglich
Gehzeit: 20 Min.
Backzeit: 25 Min.

Für 8 große oder 16 kleine Hörnchen: 3/4 Tasse Wasser • 4 EL Zucker • 1 1/2 TL Salz • 2 EL Trockenmilch • 5 EL weiche Butter • 1 Ei • 3 Tassen Weizenmehl (Type 550) • 1 1/2 TL Trockenhefe

Für 12 große oder 24 kleine Hörnchen: 1 3/4 Tassen Wasser • 6 EL Zucker • 2 1/4 TL Salz • 3 EL Trockenmilch • 8 EL weiche Butter • 1 Ei • 5 Tassen Weizenmehl (Type 550) • 2 1/2 TL Trockenhefe

– Die Zutaten in der angegebenen Reihenfolge in den Brotbackautomaten geben. Bei Programmende nehmen Sie den fertigen Teig heraus.
– Den Backofen auf 175° (Umluft 160°) vorheizen. Teig kurz durchkneten, ausrollen, in längliche Dreiecke aufteilen und von der Breitseite her aufrollen (siehe auch Seite 419). Mit dem Endstück nach unten auf ein mit Backpapier ausgelegtes Blech legen und 20 Min. gehen lassen. Im Ofen (Mitte) in 20–25 Min. backen, bis sie gebräunt sind. Noch heiß mit flüssiger Butter bestreichen.

PIZZA & HÄPPCHEN

Der Backofen ist nicht nur für Zucker- und für Brotbäcker da. Auch wer sich und seinen Gästen mal ein paar Kleinigkeiten zum Knabbern oder etwas Richtiges zum Essen machen will, schiebt sich gern was ins heiße Rohr. Knuspriges Käsegebäck, leckere Fingerhäppchen oder würzige Muffins zum Beispiel. Und dann natürlich Pizzas, Wähen, Quiches oder Strudel, belegt und gefüllt mit allem, was pikant ist und sich backen lässt.

Was hatten die Menschen wohl als Nächstes gebacken, nachdem sie das Brot, also jenen Teigfladen erfunden hatten, der auf heißen Steinen in der Sonne oder am Feuer gegart wurde? Etwas Süßes wird es wohl noch nicht gewesen sein, denn dazu fehlte ihnen der Zucker und die Finesse. Wahrscheinlicher ist, dass sie vorm Backen Kräuter, würzige Samen sowie Nüsse und Kerne, vielleicht auch etwas Zwiebel in den Teig mischten – womit ein erster Vorläufer fürs pikante Gebäck entstanden sein könnte. Der nächste Schritt: Wildgemüse (nun könnten wohl auch Früchte ins Spiel gekommen sein) im Fladen einschlagen oder -rollen und garen – fertig waren die Teigtasche oder das Röllchen. Oder eine Form wurde mit Teig ausgekleidet, damit noch etwas mehr hineingeht – Eier zum Beispiel und Milch, auch Käse. Für diese Vorstufe der Quiche brauchte es dann aber schon einen Ofen. Bekam das Ganze noch einen Deckel, war es eine Pastete oder eine Pie. Bis dann die Tomate aus Amerika kam, die cleveren Italiener sich wieder aufs Urbrot besannen und daraus die Pizza mit Tomaten und Käse darauf entwickelten. So könnte das alles gewesen sein. Und auch wenn nicht – die wichtigsten pikanten Gebäckarten haben wir nun jedenfalls kennengelernt.

Zum Naschen und Knabbern

Ursprünglich war die Pizza das, was viele der pikanten Gebäcke bis heute sind: ein Imbiss für zwischendurch oder später am Tag wie auch die Teigtaschen und Pastetchen. Diese hatten jedoch dazu noch den Nutzen, dass man sie gut transportieren und aus der Hand essen konnte, weswegen sie gern als Wegproviant oder Mittagsration fürs Feld mitgenommen wurden. Als Fingerfood auf Kellerpartys und Cocktailempfängen sind sie dann bei uns zu neuer Ehre gekommen. Dort findet man auch die kleinste Form des würzigen Knabberzeugs, etwa die Käsestangen und Zwiebelplätzchen, die ebenso gern als feinere Alternative zu Chips und Flips auf den Tisch gestellt werden – zum Wein oder zum Bier oder auch einfach nur zum Fernsehen.

Zum Einladen und Sattessen

Haben sich Gäste mit mehr Appetit angesagt, kommen die größeren Stücke unter den pikanten Gebäcken aus dem Ofen. Was ziemlich praktisch ist: Alles kann gut vorbereitet werden, und sind die Gäste dann da, hat man auch Zeit für sie – denn backen tut es ja von allein. Zudem braucht es zur Quiche oder Pizza nicht viel dazu, denn rund um solch ein Essen erwartet niemand eine ausgetüftelte Menüfolge. Und dann ist es ja so, dass in diesen pikanten Gebäckstücken wie auch in der Wähe oder im Strudel alles drinstecken kann, was zu einem „ordentlichen" Essen gehört: Gemüse, Fleisch, Fisch, dazu Ei, Käse und Milch, womit sich die Sauce meistens auch schon erledigt hat.

Manchmal aber kann eine Extra-Sauce das Ganze auch etwas aufpeppen und leichter machen – ganz besonders übrigens, wenn es eine kalte Sauce ist. Womit wir beim Salat wären. Und der ist eigentlich nie falsch, weder zur Pizza noch zur Pie, weil er den Appetit anregt (davor) oder den Magen leichter macht (danach). Am besten ist ein schlichter, leichter Blattsalat mit einer eher säuerlichen Marinade, in der nicht zu viel Öl, Sahne oder Mayonnaise steckt.

Was ist …

… eine Pizza? Dünner, bei starker Hitze knusprig gebackener Hefeteigfladen, der klassisch nur mit etwas Tomatensauce bestrichen wird. So boten sie Bäcker in Süditalien (vor allem Neapel) handgroß als Imbiss abends auf der Straße an. Am berühmtesten ist die Pizza Margherita in den italienischen Farben Tomatenrot, Mozzarellaweiß und Basilikumgrün (Rezept Nr. 780).

… eine Quiche? Ein klassischer französischer „Kuchen", für den Mürbteig in der Form zuerst „blindgebacken", dann gefüllt, mit Eiersahne aufgegossen und fertig gebacken wird. Berühmt ist die Quiche Lorraine (Nr. 832).

… eine Wähe? Halb Pizza (Hefeteig) und halb Quiche (gefüllt mit Eiersahne), ist die Wähe doch ein ganz eigenes Schweizer Gebäck, das in einer runden Form gebacken wird (Käsewähe Nr. 835).

… eine Pie? Warm servierte Pastete, bei der die oft eher „flüssige" Füllung – Fleisch, Fisch oder Gemüse mit reichlich Sauce – unter einem Teigdeckel in einer Form im Ofen gegart wird. Die hand- bis esstellergroße Form kann, muss aber nicht mit Teig ausgekleidet sein – wenn nicht, wird die Pie einfach herausgelöffelt (Spoon Pie). Stammt aus England.

… eine Empanada? Pikante, oft sehr würzige Teigtasche aus Spanien und den übrigen spanisch sprachigen Ländern dieser Welt, die mit verschiedenen Teigen zubereitet gebacken, gebraten oder frittiert werden kann (Tunfisch-Empanadas Nr. 742).

… eine Pirogge? Meist halbmondförmige Hefeteigtasche aus Osteuropa, die mit Fleisch, Fisch, Gemüse oder Käse gefüllt und gebacken, gebraten oder frittiert wird.

Häppchen und Plätzchen

Dies sind die kleinen Gebäckstücke, die mit ein wenig Gewürz oder Käse sowie Speck und Zwiebel im oder auf dem Teig pikant gemacht und am liebsten nebenbei geknabbert werden. Auf dem Buffet oder zum Empfang bei einem Essen machen sie sich ebenfalls gut. Dazu passt ein kühles Bier oder ein kraftvoller Wein. Gebacken werden sie meistens aus dem schön aufgehenden Blätterteig oder aus knusprigem bis saftigem Mürbteig.

Taschen und Hörnchen

Blätterteig (manchmal Hefeteig) ist auch oft Basis für die kleinen gefüllten Gebäckstückchen, Teigtaschen genannt. Sie können quadratisch oder dreieckig, rund oder halbmondförmig sein und mit allem, was nicht zu flüssig ist, gefüllt werden: mit den verschiedensten Sorten Gemüse (meistens vorgegart), Käse aller Art, Wurst, Speck und Schinken, Hackfleisch, frischem oder geräuchertem Fisch, Eingelegtem in jeder Form. Nur zu fad sollte die Füllung nicht schmecken, damit sie sich gegen die Teighülle behaupten kann. Die kann auch zum Hörnchen geformt werden oder aus feinem, oft mehrblättrigem Yufka- oder Filoteig bestehen, der oft zu Röllchen geformt wird.

Pizza und Quiche

Bei der Pizza ist die Aufteilung klar – unten möglichst ein dünner Hefeteig, darauf ein Sugo plus Belag, zum Abschluss Käse, dann das Ganze sehr heiß auf dem Blech backen – fertig zum Sofortgenuss. Auch die „türkische Pizza" mit Hackfleisch oder die provençalische Pissaladière mit Zwiebeln funktioniert ähnlich. Anders die Quiche: Sie wird länger und sanfter in der Form gebacken, wobei die Füllung im Inneren langsam stockt.

Von Pie bis Strudel

Hier ist die Füllung rundum von Teig geschützt – Mürb- oder Pastetenteig bei in der Form gebackenen Pies und Pasteten, dünn ausgezogener Strudelteig beim aufs Blech oder in den Bräter gelegten Strudel. Manchmal kann es aber auch Blätter-, Yufka- oder Filoteig sein. Der Lohn ist immer der Gleiche: ein saftiges, zartes Inneres in knuspriger Hülle.

Pizza machen

Teig formen

Wie Pizza- bzw. Hefeteig zubereitet wird, steht in den Rezepten ab Nr. 779 bzw. auf Seite 413. Geformt wird er auf einer bemehlten Arbeitsfläche, auch die Hände sollten mit Mehl bestäubt sein. Nun das Teigstück mit den Handflächen flach und rund drücken. Dabei das Teigstück auf der Arbeitsfläche mit aufgelegten Händen drehen, wobei diese unter leichtem Druck den Teig nach außen ziehen, sodass sich ein dünner Fladen mit gewölbtem Rand bildet. Ansonsten mit dem bemehlten Nudelholz gleichmäßig ausrollen und das Teigstück immer ein bisschen weiter drehen, am Ende den Rand mit den Fingern zusammendrücken. Wahre Profis schleudern den Teig in die Höhe und fangen ihn mit gespreizter Hand auf, sodass Schwung und Drehung ihn dünn und rund werden lassen.

Teig belegen

Ist der Teig geformt, wird er sofort belegt. Pizza soll nicht aufgehen wie ein Brot, sondern schnell, knusprig und blasig im Ofen garen. Klassisch wird sie dünn mit mild gewürztem, nicht zu flüssigem Sugo bestrichen. Darauf kommt der Belag – Dinge, die in starker und trockener Hitze schnell gar werden, ohne dabei zu verbrennen oder wegzufließen. Wichtig: Besonders wenn schnell, heiß und knusprig gegart werden soll, darf die Pizza nicht zu beladen sein. Umgekehrt gilt: Bei üppigem Belag die Pizza nicht so heiß und dafür länger backen. Die letzte Schicht besteht immer aus Käse – traditionell Scheiben vom Mozzarella (am besten vom Büffel), meistens aber grob geraspelter Schnittkäse (am besten selbst gerieben), auch davon jeweils nicht zu viel. Darauf dann noch ein wenig Olivenöl und ab in den Ofen damit.

Pizza backen

Für eine echte Pizza wie vom Italiener braucht es einen richtig heißen Ofen. Dazu die höchste bzw. im Rezept verlangte Stufe einstellen und ordentlich vorheizen, auch den Umluftofen. Die 300–400° eines Steinofens werden so zwar nicht erreicht, aber dafür sind unsere Rezepte auch nicht ausgelegt. Wird das Backblech auf den Ofenboden gelegt und mit aufgeheizt (ersatzweise Alufolie oder auch gar kein Blech nehmen), bekommt die Pizza einen schön knusprigen Boden. In diesem Fall zum Einschieben den Pizzateig auf Backpapier auswellen, belegen und mit Hilfe des Papiers und eines großen Pizzatellers oder eines Einlegers auf das Blech im Ofen ziehen. Die ideale Pizza hat einen hell- bis dunkelbraunen und knusprigen Boden und Rand, dazu wölbt sie sich unterm Belag blasig auf. Sie wird sofort in Viertel oder Achtel geschnitten und direkt aus der Hand gegessen.

GU-Kummerkasten

Was tun, damit meine Teigtaschen nicht immer auslaufen? *Wichtig ist, dass die aufeinander gelegten Teigränder gut und gleichmäßig festgedrückt werden, damit weder eine Öffnung bleibt noch ein Loch gerissen wird. Die Füllung nicht zu stramm einpacken bzw. nicht zu groß bemessen, da sonst die Tasche platzen kann. Auch sollte sie nicht zu saftig sein, damit der Teig beim Backen nicht aufweichen kann. Achtung: Beim Erhitzen wird die Füllung flüssiger! Und die Ränder sollten vor dem Zusammenklappen ganz frei von der Füllung sein, damit der Teig dort richtig klebt. Ein gleichmäßiges Festdrücken mit den Zinken einer Gabel, speziellen Ausstechern oder Teigtaschen-Formern sorgt da für Nachdruck. Ein wenig Eigelb, Eiklar oder mit Wasser verrührte Stärke (bei Filo- oder Yufkateig bzw. bei frittierten Taschen) wirkt als Kleber zwischen den Teigschichten. Beim Blätterteig darauf achten, dass nichts vom Ei auf die Kanten kommt, sonst geht er dort nicht gleichmäßig auf. Und generell: Nur gleichmäßig und nicht zu dünn ausgerollter Teig ist eine gute Hülle für Füllungen.*

725. Käsestangen

FÜR GÄSTE
Für etwa 50 Stangen
Auftauzeit: 20 Min.
Zubereitungszeit: 45 Min.
Backzeit: 15 Min.

900 g TK-Blätterteig • 3 Eigelbe • 450 g Gouda, frisch gerieben • Mohn- und Sesamsamen zum Bestreuen

– Den Blätterteig antauen lassen, dann die Scheiben quer in etwa 2 cm breite Streifen schneiden.
– Ein Backblech kalt abspülen. Den Backofen auf 220° (Umluft 200°) vorheizen.
– Die Blätterteigstreifen mit den Eigelben bestreichen, im Käse wälzen und mit den Mohn- oder Sesamsamen bestreuen. Die Käsestangen auf das Backblech legen und im Backofen (Mitte) etwa 15 Min. goldgelb backen.

726. Käsespiralen

WÜRZIG | NICHT GANZ EINFACH
Für etwa 25 Spiralen
Zubereitungszeit: 45 Min.
Backzeit: 10 Min.

250 g Mehl (Type 405) • 200 g Butter • 1/2 TL Salz • 200 g Hartkäse, gerieben • 4 Eigelbe • frisch gemahlener Pfeffer • Kümmel

– Das Mehl auf eine Arbeitsfläche sieben und eine Mulde in die Mitte drücken. Die in Stücke geschnittene Butter auf den Rand legen und das Salz darüber streuen. 110 ml Wasser vorsichtig in die Mulde gießen. Wasser und Mehl mit der Hand verrühren, bis ein zäher Teig entstanden ist. Die Butter schnell unterkneten, aber nicht vollständig einarbeiten.
– Den Teig zu einem Rechteck ausrollen. Ein Drittel über das andere schlagen und das letzte Drittel darüber klappen, sodass 3 Teigschichten übereinander liegen. Den Teig wieder ausrollen, von beiden Seiten bis zur Mitte einschlagen und in der Mitte zusammenklappen – diesmal liegen 4 Teigschichten übereinander. Die beiden Prozeduren in der gleichen Reihenfolge wiederholen.
– Den Backofen auf 220° (Umluft 200°) vorheizen. Ein Backblech mit Wasser benetzen. Den Käse reiben, die Eigelbe mit etwas Wasser verquirlen.
– Den Teig halbieren, jede Hälfte auf 30 x 30 cm ausrollen. Eigelb, Käse und Gewürze auf die Hälfte jeder Teigplatte geben. Die andere Hälfte darüber schlagen. Mit dem Nudelholz darüber rollen, um alles gut miteinander zu verbinden.
– Mit einem Teigrädchen in etwa 1 cm breite Streifen schneiden. Die Streifen vorsichtig (den Teig dabei nicht drücken) mehrmals in sich drehen, auf das Blech legen. Die Käsespiralen gleichmäßig mit dem restlichen Eigelb bestreichen und nach Belieben mit Kümmel bestreuen. Im Ofen (Mitte) in 10 Min. goldbraun backen.

727. Pastetchen

FÜR BESONDERE ANLÄSSE
Für etwa 20 Pastetchen
Zubereitungszeit: 45 Min.
Kühlzeit: 55 Min.
Backzeit: 35 Min.

550 g Mehl (Type 405) • 10 g Salz • 500 g Butter
Außerdem: 1 Ei zum Bestreichen

– 500 g Mehl auf eine Arbeitsfläche sieben, in die Mitte eine Mulde drücken, das Salz und 1/4 l kaltes Wasser hineingeben. Wasser und Mehl von innen nach außen vermischen. Immer mehr Mehl vom Rand in die Mitte schieben. Alles zu einem glatten, glänzenden Teig verkneten. Teig zu einer Kugel formen, in Folie wickeln und 15 Min. im Kühlschrank ruhen lassen.
– Inzwischen die Butter in Würfel schneiden und das restliche Mehl darüber sieben. Rasch verkneten, damit die Butter nicht zu weich wird. Die Butter-Mehl-Mischung zu einer Platte von 40 x 35 cm ausrollen, sie sollte die gleiche Konsistenz haben wie der Teig.
– Den Teig zu einem Rechteck von 45 x 75 cm, die Butter-Mehl-Platte in die Mitte der Teigplatte legen. Die Teigränder mit Wasser bestreichen, die Butter in den Teig einschlagen. Ränder an den Seiten zusammendrücken. In zwei Richtungen zu einer Platte von etwa 45 x 75 cm ausrollen, abwechselnd von vorn nach hinten und von links nach rechts.
– Den Teig 20 Min. kühlen. Ein Drittel des Teigs über das mittlere Teigdrittel klappen. Das letzte Drittel darüber klappen, im Kühlschrank 20 Min. ruhen lassen.
– Den Teig erneut 1/2 cm dick ausrollen. 60 Plätzchen von 8 cm Ø ausstechen. 40 Plätzchen davon zu Ringen formen durch Ausstechen kleinerer Plätzchen. Diese

dienen als Pastetendeckel. Den Rand der großen Plätzchen in Breite der Teigringe mit Wasser bestreichen, Teigring darauf legen und leicht andrücken. Den Rand wieder mit Wasser bestreichen und den zweiten Teigring darauf legen und mit Wasser bestreichen.

– Den Backofen auf 220° (Umluft 200°) vorheizen. Den Rand der obersten Teigringe mit Eigelb bestreichen. Pastetchen auf ein nasses Backblech setzen und in 20–25 Min. (Mitte) goldgelb backen. Dabei den Backofen in den ersten 10 Min. nicht öffnen.

– Pastetendeckelchen auf ein zweites Backblech setzen, mit Eigelb bestreichen und bei 210° (Umluft 190°) in 8–10 Min. goldgelb backen.

– Pastetchen füllen, Deckel aufsetzen, heiß servieren.

728. Würzige Kartoffelplätzchen

GELINGT LEICHT | PREISWERT
Für etwa 40 Plätzchen
Zubereitungszeit: 40 Min.
Garzeit: 40 Min.
Backzeit: 30 Min.

1 kg mehlig kochende Kartoffeln • 2 Knoblauchzehen • 1 Bund Schnittlauch • 1 TL Salz • je 1 Msp. geriebene Muskatnuss und schwarzer Pfeffer • 1 TL getrockneter Majoran • 1 Ei • 100 g Mehl (Type 405) • 100 g frisch geriebener mittelalter Goudakäse • 120 g gehackte Sonnenblumenkerne
Außerdem: 6 EL Öl fürs Blech und zum Beträufeln

– Die Kartoffeln in 30–40 Min. garen, pellen und heiß durch die Kartoffelpresse oder ein Sieb drücken. Den Knoblauch schälen und fein hacken. Den Schnittlauch waschen, trockenschütteln und in Röllchen schneiden.

– Den ausgekühlten Kartoffelschnee mit Knoblauch, Muskat, Pfeffer, zerriebenem Majoran, Schnittlauch, Ei, Mehl und Käse rasch zu einem flaumigen, formbaren Teig verkneten. Eventuell noch etwas Mehl hinzufügen.

– Das Backblech gut mit Öl bepinseln. Den Backofen auf 220° (Umluft 200°) vorheizen.

– Den Teig mit bemehlten Händen in etwa 40 Portionen teilen und runde, flache Plätzchen daraus formen. Die Plätzchen beidseitig in den Sonnenblumenkernen wenden und diese leicht andrücken.

– Die Kartoffelplätzchen auf das Blech legen, mit Öl beträufeln und im Backofen (Mitte) 25–30 Min. backen. Die Plätzchen ofenfrisch genießen.

729. Zwiebel-Speck-Plätzchen

ETWAS SCHWIERIGER
Für 50 Plätzchen
Zubereitungszeit: 1 Std.
Kühlzeit: 1 1/2 Std.
Backzeit pro Backblech: 15 Min.

125 g kalte Butter • 250 g Mehl (Type 405) • 1 Ei • 1 Prise Salz • 1 Prise gemahlener Kümmel • 1 Zwiebel • 100 g durchwachsener Speck • 1 EL Öl • je 1 Prise schwarzer Pfeffer und geriebene Muskatnuss • 1 Eigelb • 2 TL Kümmelsamen
Außerdem: Alufolie • Backtrennpapier fürs Blech

– Die Butter in Flöckchen über das Mehl schneiden, mit Ei, Salz und Kümmel verkneten. Den Teig in den Kühlschrank legen und etwa 30 Min. ruhen lassen.

– Die Zwiebel schälen und fein hacken. Den Speck von der Schwarte befreien und in winzige Würfel schneiden. Den Speck im Öl ausbraten, dann die Zwiebel hinzufügen und glasig braten.

– Die Speck-Zwiebel-Mischung abtropfen und abkühlen lassen, dann mit dem Pfeffer und dem Muskat unter den Teig kneten. Den Teig zu einer 4 cm dicken Rolle formen, in Alufolie wickeln und 1 Std. in den Kühlschrank legen.

– Das Backblech mit Backpapier auslegen Den Backofen auf 200° (Umluft 180°) vorheizen. Die Teigrolle mit einem scharfen Messer in 50 Scheiben schneiden. Die Plätzchen auf das Backblech legen. Das Eigelb mit 1 EL Wasser verquirlen, die Plätzchen damit bestreichen und mit den Kümmelsamen bestreuen.

– Die Plätzchen im Ofen (Mitte) in 15 Min. goldgelb backen. Frisch aus dem Ofen schmecken sie am besten.

730. Delikate Käseplätzchen

BRAUCHT ETWAS ZEIT
Für 80 Plätzchen
Zubereitungszeit: 1 1/2 Std.
Kühlzeit: 1 Std.
Backzeit pro Backblech: 10 Min.

je 60 g mittelalter Gouda, Sbrinz und Camembert • 250 g Mehl (Type 405) • 1 TL Backpulver • 200 g kalte Butter • 1 Ei • je 1 Msp. weißer Pfeffer, geriebene Muskatnuss und edelsüßes Paprikapulver

Zum Bestreichen und Bestreuen: 1 Eigelb • 1 EL Sahne • je 1 EL gehackte Erdnüsse und Pistazien • je 1 EL Kümmel-, Mohn- und Sesamsamen
Außerdem: Backtrennpapier fürs Blech

– Den Gouda und den Sbrinz fein reiben, den Camembert durch ein Sieb streichen. Das Mehl mit dem Backpulver auf eine Arbeitsfläche sieben. Die 3 Käsesorten über das Mehl streuen. Butter in Flöckchen über das Mehl schneiden. Das Ei in die Mitte der Mehl-Käse-Mischung geben und die Gewürze darüber streuen. Alle Zutaten zerhacken und dann rasch zu einem glatten Mürbteig verkneten.
– Den Teig zugedeckt 1 Std. in den Kühlschrank legen. Das Backblech mit Backpapier auslegen. Den Backofen auf 220° (Umluft 200°) vorheizen.
– Den Teig in 2 Portionen auf einer leicht bemehlten Arbeitsfläche 1/2 cm dick ausrollen und beliebige, etwa 3 cm große Plätzchen ausstechen oder den Teig mit einem Teigrädchen in kleine Rauten schneiden.
– Das Eigelb mit der Sahne verquirlen. Die erste Portion der Plätzchen auf das Backblech legen, mit der Eigelb-Sahne bestreichen und abwechselnd mit den Nüssen, den Pistazien und den Samen bestreuen.
– Die Käseplätzchen im Ofen (oben) in etwa 10 Min. goldgelb backen.

731. Cashew-Plätzchen

ETWAS SCHWIERIGER
Für etwa 70 Plätzchen
Zubereitungszeit: 1 1/2 Std.
Kühlzeit: 1 Std.
Backzeit pro Backblech: 15 Min.

150 g gesalzene Cashewkerne • 150 g Mehl (Type 405) • 100 g kalte Butter • 1 TL Currypulver • 1 Msp. Salz • 1 EL Crème fraîche • 2 Eigelbe • 2–3 EL geriebener Parmesankäse
Außerdem: Backtrennpapier fürs Blech • Klarsichtfolie zum Ausrollen

– Die Nüsse mahlen und mit dem Mehl mischen. Die Butter in Flöckchen über das Mehl schneiden, Curry und Salz darüber streuen und in die Mitte die Crème fraîche und 1 Eigelb geben. Alle Zutaten zerhacken und dann rasch zu einem glatten Mürbteig verkneten. Den Teig zugedeckt 1 Std. in den Kühlschrank stellen.
– Das Backblech mit Backpapier auslegen. Den Backofen auf 200° (Umluft 180°) vorheizen. Den Teig in 2 Portionen zwischen Klarsichtfolie etwa 3 mm dick ausrollen. Beliebige, etwa 4 cm große Plätzchen aus dem Teig ausstechen oder den Teig mit einem Teigrädchen in Rauten schneiden.
– Das übrige Eigelb mit 2 EL Wasser verquirlen. Die Plätzchen auf das Backblech legen, jeweils mit Eigelb bestreichen, mit Parmesan bestreuen und im Ofen (Mitte) in 15 Min. goldgelb backen.

732. Gougères (Französische Käsebällchen)

FÜR GÄSTE | FÜR GEÜBTE
Für 40–45 Stück
Zubereitungszeit: 45 Min.
Backzeit: 25 Min.

125 g Butter • 1 Prise Salz • 250 g Weizenmehl (Type 405) • 7–8 Eier • 175 g Gruyère • 150 g gekochter Schinken
Außerdem: Butter fürs Blech • 1 Ei zum Bestreichen

– Für den Brandteig 275 ml Wasser mit der Butter und dem Salz in einem entsprechend großen Topf unter ständigem Rühren aufkochen. Das gesiebte Mehl auf einmal in die kochende Flüssigkeit schütten, dabei ununterbrochen kräftig weiterrühren. So lange rühren, bis sich die Masse als Kloß vom Topf löst – diesen Vorgang nennt man »abbrennen«, daher rührt auch der Name des Teigs: Brandteig – und eine weiße Haut den Topfboden überzieht. Die Masse dann in eine große Schüssel umfüllen und vor dem Weiterverarbeiten etwas abkühlen lassen.
– Unter die abgekühlte Masse 1 Ei rühren, bis es sich völlig mit ihr verbunden hat. Die anderen Eier nacheinander unterrühren, jedoch das nächste immer erst dann zugeben, wenn das vorherige vollständig eingearbeitet ist. Es sollte dabei eine glänzende und geschmeidige Masse entstehen. Den Käse sowie den Schinken in 3 mm große Würfel schneiden. Beides unter die Brandteigmasse rühren.
– Ein Blech fetten. Den Backofen auf 220° (Umluft 200°) vorheizen. Mit einem Löffel Teighäufchen abnehmen, auf das Blech setzen und mit dem schaumig geschlagenen Ei bestreichen. Im Ofen (Mitte) 20–25 Min. backen Währenddessen die Ofentür nicht öffnen, damit das Gebäck nicht zusammenfällt.

TIPPS

- Aus einer Weingegend – nämlich aus dem Burgund – kommt das lockere, kugelförmige Käsegebäck, das es in verschiedenen Versionen gibt.
- Sie können den Teig gut variieren, indem Sie neben den Käsewürfeln auch noch Kräuter mit in den Teig füllen.
- Probieren Sie das Käsegebäck auch einmal mit einer Füllung aus einer leichten Käsecreme. Dafür verrühren Sie je 150 g Ziegen- und Doppelrahm-Frischkäse sowie 60 g geriebenen Gruyère mit etwas gehackter Petersilie, Salz und Pfeffer. Dann nach und nach 250 g geschlagene Sahne unterheben und die Käsecreme in die Bällchen füllen.

733. Bierstangen

FÜR FREUNDE | ZUM KNABBERN
Für 20 Stück
Zubereitungszeit: 30 Min
Gehzeit: 50 Min.
Backzeit: 10 Min.

320 g Mehl Type (405) • 1/2 Würfel frische Hefe (20 g) • 1/8 l lauwarme Milch • 120 g weiche Butter • 1/2 TL Salz • frisch gemahlener Pfeffer • frisch geriebene Muskatnuss
Außerdem: 1 Eigelb, mit etwas Milch verquirlt • grobes Salz und Kümmelsamen zum Bestreuen

– Das Mehl sieben, in die Mitte eine Mulde drücken. Die Hefe hineinbröckeln, mit der Milch auflösen. Mit etwas Mehl bestäuben und den Vorteig mit einem Tuch bedeckt 15 Min. gehen lassen.
– Die Butter in Stücken sowie die Gewürze zufügen und alles zu einem glatten Teig verkneten. Mit einem Tuch bedeckt 25–30 Min. bis zum Doppelten seines Volumens gehen lassen.
– Den Backofen auf 220° (Umluft 200°) vorheizen. Den Teig noch einmal durchkneten und in 20 Stücke von je 30 g teilen, zu runden Kugeln formen und diese zu dünnen Stangen von etwa 30 cm Länge rollen. Auf ein Backblech legen und erneut etwas gehen lassen.
– Mit Eigelb bestreichen und mit Salz und Kümmelsamen bestreuen. Im Ofen (Mitte) nach Sicht etwa 10 Min. backen.

734. Fingerhäppchen

FÜR GÄSTE | SCHNELL
Für 16 Stück
Zubereitungszeit: 15 Min.
Auftauzeit: 15 Min.
Backzeit: 20 Min.

360 g TK-Blätterteig (8 quadratische Scheiben) • 1/2 Kugel Mozzarella (ca. 60 g) • 1 kleine Tomate • Salz • Pfeffer • 8 Basilikumblätter • 4 Oliven ohne Stein • 16 kleine, in Öl eingelegte Schafkäsewürfel (aus dem Glas)
Außerdem: Backtrennpapier fürs Blech

– Das Backblech mit Backpapier auslegen. Blätterteig darauf legen und auftauen lassen. Den Ofen auf 200° (Umluft 180°) vorheizen.
– Die Blätterteigscheiben halbieren. Den Mozzarella in kleine Würfel schneiden. Tomate waschen, den Stielansatz entfernen und das Fruchtfleisch fein würfeln. Mozzarella und Tomaten auf 8 Teigstücke geben. Mit Salz und Pfeffer würzen und mit je 1 Basilikumblatt belegen.
– Die Oliven halbieren. Je 1/2 Olive und 2 Schafkäsewürfel auf die anderen 8 Teigstücke geben.
– Jedes Teigstück zusammenklappen und die Ränder festdrücken. Im Ofen (Mitte) 20 Min. backen.

735. Erdnuss-Schnecken

BLITZREZEPT
Für 28 Stück
Zubereitungszeit: 10 Min.
Auftauzeit: 15 Min.
Backzeit: 20 Min.

360 g TK-Blätterteig (4 rechteckige Scheiben) • 8 EL gesalzene Erdnüsse • 4 EL Schmand oder Crème fraîche • Currypulver • einige Basilikumblätter
Außerdem: Backtrennpapier fürs Blech

– Ein Backblech mit Backpapier auslegen. Die Blätterteigplatten nebeneinander darauf legen und bei Zimmertemperatur auftauen lassen. Den Backofen auf 200° (Umluft 180°) vorheizen.
– Die Erdnüsse grob hacken. Jede Blätterteigplatte mit 1 EL Schmand oder Crème fraîche bestreichen und die

Erdnüsse darauf verteilen. Mit etwas Currypulver bestreuen und mit Basilikumblättchen belegen. Die Blätterteigplatten von der kurzen Seite her aufrollen, jede Platte mit einem scharfen Messer in 7 Schnecken schneiden. Im Backofen (Mitte) 20 Min. backen.

TIPPS

• Wer es gern feurig mag, mischt etwas fein gehackte Peperoni, Cayennepfeffer oder 1 Msp. Currypaste aus dem Asienladen unter die Nüsse. Damit sich die Schärfe gleichmäßig verteilt, verrührt man die Paste am besten mit dem Schmand oder der Crème fraîche und mischt sie dann unter die Nüsse. Egal für welches »Feuer« Sie sich entscheiden: immer sparsam dosieren!

• Statt der Erdnüsse können Sie auch gehackte Haselnüsse, Walnüsse oder Mandeln verwenden. Besonders lecker sind auch Cashew-, Sonnenblumen- oder Pinienkerne. Bei ungesalzenen Nüssen oder Kernen empfiehlt es sich, etwas Salz darüber zu streuen.

• Statt Basilikum eignen sich auch fein gehackte Petersilie, statt Schmand oder Crème fraîche auch Schmelzkäse.

736. Käsetaschen mit Aprikosen

SCHNELL GEMACHT
Für 8 Stück
Zubereitungszeit: 10 Min.
Auftauzeit: 20 Min.
Backzeit: 20 Min.

360 g TK-Blätterteig (8 quadratische Scheiben) • Salz • Pfeffer • Kräuter der Provence, getrocknet • 250 g Camembert • 4 Aprikosen
Außerdem: Backtrennpapier fürs Blech

– Das Backblech mit Backpapier auslegen. Die Blätterteigquadrate darauf legen und bei Zimmertemperatur auftauen lassen. Den Backofen auf 200° (Umluft 180°) vorheizen.
– Blätterteig mit Salz, Pfeffer und Kräutern bestreuen. Vom Camembert die Rinde wegschneiden und den Käse in 8 Scheiben schneiden. Diese in die Mitte der Teigquadrate legen.
– Die Aprikosen waschen, halbieren und vom Stein lösen. Je 1 Hälfte auf die Camembertscheiben legen. Alle Ecken der Blätterteigquadrate zur Mitte klappen und die Nahtstellen gut zusammendrücken. Die Käsetaschen mit Kräutern der Provence bestreuen und im Ofen (Mitte) 20 Min. backen.

TIPPS

• Blätterteiggebäck schmeckt am besten frisch aus dem Ofen. Wenn einmal etwas übrig bleibt, kann man es vor dem Servieren für ein paar Minuten im auf 200° (Umluft 180°) vorgeheizten Backofen aufbacken.

• Statt der Aprikosen kann man auch andere Früchte wie Birnen, Ananas, Mangos oder Pfirsiche verwenden.

• Den Camembert können Sie durch Ihren Lieblingskäse ersetzen.

737. Pastetchen mit drei Füllungen

FÜR GÄSTE | SCHNELL
Für 15 Stück
Zubereitungszeit: 35 Min.
Auftauzeit: 20 Min.
Backzeit: 10 Min.

450 g TK-Blätterteig (10 Scheiben) • 1 Eigelb • 2 EL Milch
Für die Lachscreme: 100 g Räucherlachs • 50 g Meerrettich-Frischkäse • 1 EL gehackter Dill • Zitronensaft • weißer Pfeffer
Für die Schinkencreme: 100 g Parmaschinken • 1/2 Bund Rucola • 50 g Ricotta (ersatzweise Frischkäse) • schwarzer Pfeffer
Für die Gorgonzolacreme: 120 g Sahne-Gorgonzola • 3 EL gehackte Walnüsse
Außerdem: Backtrennpapier fürs Blech

– Die Blätterteigscheiben bei Zimmertemperatur nebeneinander auftauen lassen. Den Backofen auf 200° (Umluft 180°) vorheizen. Ein Backblech mit Backpapier auslegen.
– Je 2 Scheiben Blätterteig aufeinander legen und sanft andrücken. Mit einem scharfen Messer jeweils zweimal quer schneiden, sodass 3 gleich große Rechtecke ent-

stehen. Mit etwas Abstand aufs Backblech setzen. Eigelb und Milch verrühren und die Oberfläche damit so bestreichen, dass nichts herunterläuft und die Teigschichten verklebt. Im Ofen (Mitte) 10 Min. backen, bis die Oberfläche goldbraun ist. Auskühlen lassen.
– Inzwischen die Füllungen vorbereiten: Den Räucherlachs fein hacken und mit Meerrettich-Frischkäse und Dill verrühren. Mit Zitronensaft und weißem Pfeffer würzig abschmecken.
– Den Schinken in sehr feine Streifen schneiden. Rucola waschen (dicke Stiele entfernen), trockenschütteln und die Blättchen fein hacken. Beides mit Ricotta verrühren und mit schwarzem Pfeffer würzen. Sahne-Gorgozola mit einer Gabel zerdrücken und die gehackten Walnüsse unterheben.
– Die Pastetchen quer halbieren, je 15 untere Hälften mit einer Füllung bestreichen und die oberen Teile wieder aufsetzen.

738. Blätterteigecken mit Tomate und Avocado

LEICHT ZU MACHEN
Für 6 Stück
Zubereitungszeit: 15 Min.
Auftauzeit: 20 Min.
Backzeit: 20 Min.

150 g TK-Blätterteig (3 quadratische Scheiben) • frischer oder getrockneter Thymian • 1 reife Avocado • 2 Tomaten • Salz • Pfeffer • etwas Balsamico-Essig (am besten weißer)
Außerdem: Backtrennpapier fürs Blech

– Das Backblech mit Backpapier auslegen. Die Blätterteigscheiben darauf nebeneinander auftauen lassen. Den Backofen auf 200° (Umluft 180°) vorheizen.
– Die Blätterteigquadrate zu Dreiecken schneiden. Mit etwas Thymian bestreuen. Im Ofen (Mitte) 20 Min. backen. Auskühlen lassen.
– Die Avocado halbieren, vom Stein lösen und schälen. Das Fruchtfleisch in kleine Würfel schneiden und in eine Schüssel geben. Die Tomaten waschen, Stielansätze entfernen und das Fruchtfleisch fein würfeln. Zur Avocado geben. Mit Salz, Pfeffer, Balsamico und Thymian abschmecken.
– Die Blätterteigecken quer einschneiden und mit der Avocado-Tomaten-Masse füllen.

TIPP
Reichen Sie die Blätterteigtaschen zum Aperitif oder mit einem Tomaten- oder Blattsalat.

739. Spinat-Mozzarella-Ecken

GELINGT LEICHT
Für 10 Stück
Zubereitungszeit: 20 Min.
Auftauzeit: 20 Min.
Backzeit: 25 Min.

450 g TK-Blätterteig (10 quadratische Scheiben) • 450 g TK-Blattspinat • 3 EL Pinienkerne • 1 Zwiebel • 1 Knoblauchzehe • 1 EL Olivenöl • 1 Bund Basilikum • 125 g Mozzarella • Salz • Pfeffer
Außerdem: Backtrennpapier fürs Blech • 1 Eigelb und 2 EL Milch zum Bestreichen

– Die Blätterteigscheiben bei Zimmertemperatur nebeneinander auftauen lassen. Den Spinat auftauen lassen. Den Backofen auf 200° (Umluft 180°) vorheizen. Ein Backblech mit Backpapier auslegen.
– Pinienkerne in einer Pfanne ohne Fett goldbraun rösten. Zwiebel und Knoblauch schälen, fein hacken, in einer Pfanne im Öl glasig anbraten, abkühlen lassen.
– Das Basilikum waschen, trockenschütteln, die Blätter in feine Streifen schneiden. Mozzarella fein würfeln. Den aufgetauten Spinat sehr gut ausdrücken und grob hacken. Mit Salz und Pfeffer kräftig würzen und mit der Zwiebel-Knoblauch-Mischung, Pinienkernen, Basilikum und Mozzarella vermengen.
– Die Füllung auf die 10 Teigquadrate verteilen. Jeweils eine Ecke diagonal über die Füllung schlagen, sodass Dreiecke entstehen. An den Rändern gut andrücken und mit einer Gabel fest einkerben, damit die Füllung beim Backen nicht auslaufen kann. Die Spinatecken mit etwas Abstand auf das Backblech setzen, das Eigelb mit der Milch verrühren und damit die Spinatecken bestreichen. Im Ofen (Mitte) in 25 Min. goldgelb backen.

TIPP
Ersetzen Sie Mozzarella, Basilikum und Pinienkerne durch 150 g Schafskäse und 1 Bund in Ringe geschnittene Frühlingszwiebeln.

740. Hirse-Pilz-Taschen

GELINGT LEICHT | PREISWERT
Für 20 Taschen
Zubereitungszeit: 45 Min.
Auftauzeit: 20 Min.
Backzeit: 20 Min.

300 g TK-Blätterteig • 3 Frühlingszwiebeln • 200 g Egerlinge • 1 EL Zitronensaft • 1 EL Öl • 1 TL gehackter Thymian • 4 Tomaten • 150 g gegarte Hirse • 50 g frisch geriebener Parmesankäse • 1/2 TL Salz • 1 Prise weißer Pfeffer
Außerdem: Mehl für die Arbeitsfläche • 1 Eigelb

– Die Blätterteigscheiben auftauen lassen. Den Backofen auf 230° (Umluft 210°) vorheizen.
– Frühlingszwiebeln putzen, waschen und samt Grün in dünne Ringe schneiden. Pilze putzen, waschen, blättrig schneiden, mit dem Zitronensaft beträufeln und in dem Öl bei starker Hitze unter Umwenden braten, bis die Flüssigkeit verdampft ist. Zwiebelringe und Thymian kurz mitbraten, die Pfanne vom Herd nehmen.
– Die Tomaten waschen und würfeln. Die Hirse mit den Pilzen, den Tomaten und dem Käse mischen, die Farce mit Salz und Pfeffer abschmecken.
– Die Teigplatten übereinanderlegen und auf einer leicht bemehlten Fläche dünn ausrollen. Den Teig in 20 gleich große Quadrate schneiden, die Füllung darauf verteilen, die Ränder mit Wasser bepinseln, die Quadrate zusammenklappen und die Ränder festdrücken. Mit Eigelb bestreichen.
– Das Backblech kalt abbrausen. Die Teigtaschen darauf legen; in 20 Min. goldgelb backen.

741. Kürbistäschchen

RAFFINIERT
Für 10 Stück
Zubereitungszeit: 30 Min.
Auftauzeit: 20 Min.
Backzeit: 25 Min.

450 g TK-Blätterteig (10 quadratische Scheiben) • 400 g Hokkaido-Kürbisfleisch • 2 Schalotten (ersatzweise 1 Zwiebel) • 2 rote Chilischoten • 8 getrocknete Tomaten (in Öl eingelegt) • Salz • 1 Bund Oregano • 4 EL geröstete Pinienkerne • 100 g Schafskäse
Außerdem: Backtrennpapier fürs Blech • 1 Eigelb und 2 EL Milch zum Bestreichen

– Den Backofen auf 200° (Umluft 180°) vorheizen. Ein Backblech mit Backpapier belegen. Die Teigscheiben nebeneinander bei Zimmertemperatur auftauen lassen.
– Das Kürbisfleisch (ohne Schale, Fasern und Kerne) klein würfeln. Die Schalotten abziehen, fein würfeln. Die Chilischoten waschen, aufschneiden und die Kerne und Häutchen entfernen, fein hacken.
– Die getrockneten Tomaten durch ein Sieb abgießen, 2 EL von dem Tomatenöl in einer Pfanne auffangen. Darin Schalotten und Chilis anbraten, den Kürbis dazugeben und etwa 3 Min. sanft schmoren lassen. Leicht salzen und abkühlen lassen. Die getrockneten Tomaten fein würfeln. Die Oreganoblättchen abzupfen und fein schneiden. Beides mit den Pinienkernen und dem fein zerbröselten Schafskäse unter den Kürbis mischen.
– Die Füllung auf die Teigquadrate verteilen. Je eine Ecke diagonal darüber schlagen, sodass Dreiecke entstehen, und an den Rändern festdrücken. Mit einer Gabel rundum einkerben.
– Die Täschchen mit etwas Abstand auf das Backblech setzen. Eigelb und Milch verrühren und die Kürbistäschchen damit bestreichen. Im Ofen (Mitte) in 25 Min. goldgelb backen.

TIPP

Außerhalb der Kürbis-Saison schmoren Sie mit der Schalotte und der Chilischote eine fein gewürfelte rote Paprikaschote und mischen sie mit der doppelten Menge an Schafskäse und getrockneten Tomaten.

742. Tunfisch-Empanadas

LEICHT ZU MACHEN
Für 20 Stück
Zubereitungszeit: 20 Min.
Auftauzeit: 20 Min.
Backzeit: 25 Min.

450 g TK-Blätterteig (10 Scheiben) • 1 Zwiebel • 1 gelbe Paprikaschote • 1/2 Bund Petersilie • 1 Dose Tunfisch (in Öl; 185 g) • Salz • 1 Msp. getrocknete Chilischote

Außerdem: Backtrennpapier fürs Blech • 1 Eigelb und 2 EL Milch zum Bestreichen

– Ein Backblech mit Backpapier auslegen. Die Blätterteigscheiben nebeneinander bei Zimmertemperatur auftauen lassen. Den Backofen auf 200° (Umluft 180°) vorheizen.
– Die Zwiebel schälen und fein hacken. Die Paprikaschote waschen, halbieren, putzen und klein würfeln. Die Petersilie waschen und trockenschütteln, die Blättchen hacken.
– Den Tunfisch durch ein Sieb abtropfen lassen, 2 EL Tunfischöl in einer Pfanne auffangen. Das Öl erhitzen und die Zwiebel darin glasig anbraten. Tunfisch und Paprikawürfel dazugeben und 2 Min. unter Rühren weiterbraten. Petersilie hinzufügen und mit Salz und Chilischote würzig abschmecken. Abkühlen lassen.
– Die Teigscheiben halbieren, sodass 20 Rechtecke entstehen. Jeweils auf die vordere Hälfte 1 TL Füllung geben, den Teig darüber klappen und an den Rändern festdrücken. Mit einer Gabel rundherum einkerben. Sie können den Teig auch rund ausschneiden und zu Halbkreisen zusammenklappen.
– Die Empanadas mit etwas Abstand auf das Backblech setzen. Eigelb und Milch verrühren und die Oberfläche damit bestreichen. Im Ofen (Mitte) in etwa 25 Min. goldbraun backen.

TIPP

„Empanada“ bedeutet spanisch schlicht „in Brot Eingebackenes“, es gibt also unzählige Varianten. Sie können die Empanadas ganz nach Geschmack mit Gemüse, Meeresfrüchten oder Hackfleisch füllen.

743. Brokkoli-Lachs-Taschen

RAFFINIERT KOMBINIERT
Für 6 Stück
Zubereitungszeit: 20 Min.
Auftauzeit: 20 Min.
Backzeit: 25 Min.

450 g TK-Blätterteig (6 rechteckige Scheiben) • 300 g Brokkoli • Salz • 150 g Räucherlachs • 1 Ei • 1 TL Sesamöl (nach Belieben) • Cayennepfeffer

Außerdem: Backtrennpapier fürs Blech • 1 Eigelb und 2 EL Milch zum Bestreichen

– Den Backofen auf 200° (Umluft 180°) vorheizen. Ein Backblech mit Backpapier auslegen. Die Blätterteigscheiben nebeneinander bei Zimmertemperatur auftauen lassen.
– Die Brokkoliröschen abschneiden (ergibt etwa 250 g), den Strunk anderweitig, z. B. für eine Gemüsesuppe, verwenden. Röschen in kochendem Salzwasser 2 Min. blanchieren, abgießen und in Eiswasser abschrecken, damit der Brokkoli seine schöne Farbe behält. In einem Sieb gut abtropfen lassen.
– Den Lachs in Streifen schneiden. Das Ei mit einer Gabel verschlagen, mit Sesamöl, Salz und Cayennepfeffer würzen. Lachs und Brokkoli unterrühren.
– Aus den Blätterteigscheiben 12 Kreise (ca. 8 cm Ø) ausstechen. 6 Kreise mit der Brokkoli-Lachs-Masse belegen, die übrigen als Deckel aufsetzen. An den Rändern gut andrücken und mit einer Gabel fest einkerben, damit die Füllung nicht auslaufen kann. Die Täschchen mit etwas Abstand auf das Backblech setzen. Das Eigelb mit der Milch verrühren und die Täschchen damit bestreichen. Im Ofen (Mitte) etwa 25 Min. backen, bis die Oberfläche goldbraun ist.

TIPP

Falls Sie keinen passenden Ausstecher besitzen, können Sie den Teig auch eckig belassen oder mit einer Schablone und einem Messer arbeiten.

744. Schinken-Rucola-Hörnchen

FÜR GÄSTE
Für 15 Stück
Zubereitungszeit: 15 Min.
Auftauzeit: 20 Min.
Backzeit: 25 Min.

450 g TK-Blätterteig (10 Scheiben) • 150 g luftgetrockneter Schinken (z. B. Serrano; ersatzweise roh geräucherter Schinken) • 2 Bund Rucola • 20 g Butter • 100 g Ricotta • Pfeffer • Salz
Außerdem: Backtrennpapier fürs Blech • Mehl für die Arbeitsfläche • 1 Eigelb und 2 EL Milch zum Bestreichen • getrockneter Thymian

– Ein Backblech mit Backpapier auslegen. Die Blätterteigscheiben nebeneinander bei Zimmertemperatur auftauen lassen. Den Backofen auf 200° (Umluft 180°) vorheizen.
– Den Schinken klein schneiden. Rucola waschen, die Blätter grob hacken. Die Butter in einer Pfanne erhitzen. Den Rucola darin in 2 Min. unter Rühren zusammenfallen lassen. Abkühlen lassen.
– Ricotta, Schinken und Rucola verrühren und pfeffern. Vorsichtig salzen, weil der Schinken schon Salz enthält.
– Jeweils 2 Blätterteigscheiben aufeinander legen und auf einer bemehlten Arbeitsfläche zu einem Rechteck von 12 x 24 cm ausrollen. Den Teig mit zwei Schnitten in drei spitze Dreiecke schneiden (jeweils von einer Ecke zur Mitte der gegenüberliegenden Längsseite). Je 1 gehäuften TL Füllung in die Mitte geben, von der Längsseite zur Spitze hin nicht zu eng aufrollen und Hörnchen formen. Auf das Backblech setzen. Das Eigelb mit der Milch verrühren, die Hörnchen bestreichen. Mit Thymian bestreuen, im Ofen (Mitte) 25 Min. backen.

TIPP

Für eine deftige Füllung 150 g Speck- und 250 g Zwiebelwürfel goldbraun braten. Kräftig mit Pfeffer und Kümmel würzen. Die Hörnchen vor dem Backen mit Kümmel bestreuen.

745. Hackfleischmonde

FÜRS BÜFETT | SCHMECKT WARM UND KALT
Für 10 Stück
Auftauzeit: 20 Min.
Zubereitungszeit: 20 Min.
Backzeit: 20 Min.

450 g TK-Blätterteig (10 Scheiben) • 1 Bund Frühlingszwiebeln • 1 Knoblauchzehe • 1 EL Öl • 400 g Lammhackfleisch (ersatzweise Rinderhackfleisch) • 1 TL gemahlener Kreuzkümmel • 1 TL gemahlener Koriander • 1/2 TL gemahlener Zimt • Cayennepfeffer • Salz • 6 Kirschtomaten • 1/2 Bund Petersilie
Außerdem: Backtrennpapier fürs Blech • 1 Eigelb und 2 EL Milch zum Bestreichen

– Ein Backblech mit Backpapier auslegen. Die Blätterteigscheiben nebeneinander bei Zimmertemperatur auftauen lassen. Den Backofen auf 200° (Umluft 180°) vorheizen. Aus dem Blätterteig 10 Kreise von 10 cm Ø ausstechen.
– Die Frühlingszwiebeln waschen, putzen und mit dem zarten Grün schräg in Ringe schneiden. Den Knoblauch schälen und fein hacken. Das Öl erhitzen, Knoblauch und Hackfleisch darin etwa 3 Min. unter Rühren krümelig braten. Frühlingszwiebeln und Gewürze 2 Min. mitbraten, abkühlen lassen.
– Die Kirschtomaten waschen und grob würfeln. Die Petersilie waschen und trocken schütteln, die Blätter in feine Streifen schneiden. Beides unter das Hackfleisch mischen.
– Die Füllung auf eine Hälfte der Teigplatten legen, die andere Hälfte darüber klappen und an den Rändern gut andrücken. Die Halbkreise zu Halbmonden formen und aufs Backblech setzen. Das Eigelb mit der Milch verquirlen, mit etwas Cayennepfeffer würzen und die Hackfleischmonde damit bestreichen. Im Ofen (Mitte) 25 Min. backen und warm oder kalt servieren.

TIPP

Die Hackfleischmonde schmecken auch provenzalisch gewürzt: Rinderhack mit Zwiebeln, Knoblauch und 1 EL Tomatenmark braten und mit Thymian und Oregano (frisch oder auch getrocknet) würzen. Die backfertigen Monde mit getrockneten Kräutern bestreuen.

746. Käse-Kräuter-Ecken

BLITZREZEPT
Für 25 Stück
Zubereitungszeit: 20 Min.
Backzeit: 30 Min.

50 g Camembert • 100 g Ziegenfrischkäse • 1 EL Crème fraîche • 1/2 Bund Petersilie • 1/2 Bund Dill • Salz • Cayennepfeffer • 40 g Butter • etwa 250 g Filo-Teigblätter (griechischer Lebensmittelladen)
Außerdem: Backtrennpapier fürs Blech • 1 Eigelb zum Bestreichen • 2 EL Sesamsamen zum Bestreuen

– Den Backofen auf 180° (Umluft 160°) vorheizen. Ein Backblech mit Backpapier belegen. Den Camembert klein würfeln, mit dem Ziegenfrischkäse und der Crème

fraîche verrühren. Kräuter waschen und trockenschütteln, Blättchen fein hacken. Unter die Käsecreme rühren und mit Salz und Cayennepfeffer würzig abschmecken.
– Die Butter schmelzen und mit 2 EL heißem Wasser verrühren. Den Teig mit einer Küchenschere in ca. 8 cm breite Streifen schneiden, Sie brauchen jeweils 2 Streifen für 1 Pastetchen. 1 Teigstreifen mit der Butter bestreichen, einen zweiten darauf legen und ebenfalls bestreichen. 1 TL Käsecreme auf den Anfang des Teigstreifens setzen. Den freien Teil des Teigstreifens diagonal so über die Füllung schlagen, dass eine Dreiecksform vorgegeben ist. Dann jeweils gegenläufig weiterwickeln, bis ein dreieckiges Pastetchen entstanden ist.
– Die Käse-Kräuter-Ecken mit der Nahtstelle nach unten auf das Blech setzen. Das Eigelb mit 1 EL kaltem Wasser verrühren und die Pastetchen damit bestreichen. Mit Sesamsamen bestreuen und 30 Min. im Ofen (Mitte) backen.

747. Gefüllte Teigröllchen (Sigara Börğei)

AUS DER TÜRKEI
Für 32 Stück
Zubereitungszeit: 1 Std.
Backzeit pro Teigröllchen: 2 Min.

2 Zwiebeln • 1 EL Butter • 250 g Rinderhackfleisch • 2 EL frisch gehackte Petersilie • Salz • Pfeffer • 1 TL rosenscharfes Paprikapulver • 2 Yufka-Teigblätter (türkischer Lebensmittelladen) • Öl zum Braten

– Für die Füllung die Zwiebeln schälen und reiben. Die Butter in einer Pfanne zerlassen und die Zwiebeln darin andünsten. Das Hackfleisch zugeben und 5 Min. durchschmoren lassen. Die Petersilie unterrühren und mit Salz, Pfeffer und dem Paprikapulver abschmecken. Dann abkühlen lassen.
– Den Teig auf einer Arbeitsfläche auseinander klappen, zuerst in Viertel schneiden und diese nochmals mit zwei diagonalen Schnitten in 4 Dreiecke zerteilen. Jeweils auf die Seite, die der Spitze der Dreiecke gegenüber liegt, etwas Hackfleischfüllung verteilen und den Teig von dieser Seite aus zur Spitze hin wie eine Zigarre aufrollen. Die Spitze kurz in kaltes Wasser tauchen, damit sich das Röllchen nicht öffnet.
– In einer Pfanne reichlich Öl erhitzen und die Teigröllchen von allen Seiten darin goldbraun ausbacken. Auf Küchenpapier abtropfen lassen und servieren.

TIPP

Statt des Hackfleischs kann man die gleiche Menge zerdrückten Schafskäse verwenden und ihn mit Paprikapulver, frisch gehackter Petersilie und frisch gehacktem Dill würzen.

748. Gemüsepiroggen

SPEZIALITÄT | BRAUCHT ETWAS ZEIT
Für 25 Piroggen
Zubereitungszeit: 2 Std.
Kühlzeit: 30 Min.
Backzeit: 30 Min.

250 g trockener Magerquark • 250 g Mehl (Type 405) • 250 g Butter • 1 TL Salz • 1 Prise gemahlener Kümmel • je 250 g Möhren und Zucchini • 2 Stangen Staudensellerie • 1 Zwiebel • 1 Bund Schnittlauch • 2 EL Olivenöl • 2 EL Crème fraîche • 3 EL geriebener Parmesan • 1 TL schwarzer Pfeffer • 1/2 TL edelsüßes Paprikapulver • 1 Msp. Cayennepfeffer • 1 Eiweiß
Außerdem: Backtrennpapier fürs Blech • 2 Eigelbe zum Bestreichen

– Den Quark mit dem Mehl, der Butter, dem Salz und dem Kümmel verkneten. Den Teig zugedeckt 30 Min. in den Kühlschrank legen.
– Die gewaschenen und geschabten Möhren mit den Zucchini fein raspeln. Den Sellerie waschen, putzen und klein würfeln. Die Zwiebel schälen und fein hacken. Den Schnittlauch klein schneiden.
– Die Zwiebel im Öl glasig braten, die Gemüseraspel 5 Min. mitbraten, nach 3 Min. die Selleriewürfel zugeben. Das Gemüse vom Herd nehmen, mit dem Schnittlauch, der Crème fraîche, dem Parmesan und den Gewürzen mischen.
– Das Backblech mit Backpapier auslegen. Den Backofen auf 180° (Umluft 160°) vorheizen.
– Den Teig messerrückendünn ausrollen, 25 Kreise von 8 cm Ø ausstechen und die Gemüsefarce darauf geben.
– Die Ränder mit verquirltem Eiweiß bepinseln, die Kreise zusammenklappen. Die Piroggen mit einer Gabel einmal einstechen.
– Die Eigelbe verquirlen. Die Piroggen damit bestreichen, auf das Backblech legen und im Ofen (Mitte) in 25–30 Min. goldgelb backen.

749. Safran-Halbmonde

ETWAS TEURER | FÜR GÄSTE
Für 40 Halbmonde
Zubereitungszeit: 1 Std.
Kühlzeit: 45 Min.
Backzeit: 20 Min.

220 g Mehl (Type 405) • 220 g Butter • 220 g Magerquark • 2 Prisen Salz • 1 Döschen gemahlener Safran • 1 Stange Lauch (Porree) • 2 EL Butter • 1/2 TL schwarzer Pfeffer • 100 g Sahne-Gorgonzola • 1 Eigelb
Außerdem: Backtrennpapier fürs Blech • 1 Eigelb zum Bestreichen

– Das Mehl mit der Butter, dem Quark, 1 Prise Salz und dem Safran verkneten. Den Teig zugedeckt 45 Min. in den Kühlschrank legen.
– Den Lauch putzen, waschen und in dünne Ringe schneiden, 5 Min. in der Butter braten, dann salzen, pfeffern und abkühlen lassen. Mit dem Gorgonzola und dem Eigelb vermengen.
– Das Backblech mit Backpapier auslegen. Den Backofen auf 200° (Umluft 180°) vorheizen.
– Den Teig 1/2 cm dünn ausrollen und 40 Kreise von 7 cm Ø ausstechen. Die Füllung darauf verteilen. Die Kreise zusammenklappen, die Ränder festdrücken und die Oberflächen mit einer Gabel einmal einstechen.
– Eigelb mit 1 EL Wasser verquirlen. Die Halbmonde damit bepinseln, auf das Backblech legen und im Ofen (Mitte) in 15–20 Min. goldgelb backen. Möglichst noch warm servieren.

750. Teigtaschen mit Geflügelfüllung

RAFFINIERT GEFÜLLT
Für 4 Taschen
Zubereitungszeit: 25 Min.
Backzeit: 30 Min.

Für die Füllung: 500 g Hähnchenbrustfilet • Salz • Paprikapulver • Currypulver • 1/3 Stange Lauch • 1/2 kleine rote Paprikaschote • 1 EL Öl • 1 Ei • 2 EL geriebener Käse (z. B. Emmentaler)
Für den Teig: 150 g Quark • 7 EL Olivenöl • 1 Ei • Salz • 300 g Mehl (Type 405) • 3 TL Backpulver
Außerdem: Backtrennpapier zum Ausrollen

– Die Hähnchenbrust waschen, trockentupfen und in kleine Stücke schneiden. Mit Salz, Paprika- und Currypulver würzen. Lauch längs vierteln, waschen, putzen und klein schneiden. Die Paprikaschote waschen, putzen und klein schneiden.
– Die Hähnchenbrust mit dem Lauch und der Paprikaschote im Öl 5 Min. anbraten. Die Pfanne vom Herd nehmen. Das Ei mit dem Käse verquirlen und unter die Hähnchenmasse rühren. Nach Belieben nachwürzen.
– Den Quark mit dem Olivenöl, dem Ei und dem Salz mit den Rührbesen des Handrührgeräts verquirlen. Das Mehl und das Backpulver mit den Knethaken des Handrührgeräts unterkneten.
– Den Backofen auf 180° (Umluft 160°) vorheizen. Den Teig vierteln, jedes Teigstück zwischen zwei Lagen Backpapier zu einem Rechteck ausrollen. Die Hähnchenfüllung auf eine Hälfte des Teigs geben und die andere Hälfte darüber klappen. Die Ränder mit einer Gabel fest zusammendrücken. Die Teigtaschen im Ofen (Mitte) 30 Min. backen. Sie schmecken warm oder kalt.

TIPP

Für die Füllung eignet sich alles, was Sie zu Hause haben: Gemüse aller Art, frischer oder Räucherfisch, Puten- oder Schweinefleisch.

751. Lammtaschen

FÜR GEÜBTE
Für 10 Stück
Zubereitungszeit: 1 Std.
Ruhezeit: 40 Min.
Garzeit: 25 Min.
Backzeit: 25 Min.

Für den Teig: 300 g Mehl (Type 405) • 1 Eiweiß • Saft von 1/2 Zitrone • 1/2 TL Salz • 250 g Butter
Für die Füllung: 300 g Lammfleisch aus der Keule • 150 g weiße Zwiebeln • 1 Knoblauchzehe • 80 g Möhren • 3 EL Olivenöl • 80 g ausgepalte Erbsen • Salz • frisch gemahlener Pfeffer • 1 TL rosenscharfes Paprikapulver • 1 gestrichener TL gemahlener Kreuzkümmel • 1/8 l Lammfond • 2 EL gehackte Petersilie
Außerdem: Mehl für die Arbeitsfläche • 1 Eigelb zum Bestreichen • Fett fürs Blech

– Für den Teig das Mehl auf eine Arbeitsfläche sieben und in die Mitte eine Mulde drücken. Eiweiß, 1/8 l Wasser, Zitronensaft und Salz hineingeben und alles schnell zu einem Teig verarbeiten. Den Teig mit einem feuchten Tuch bedecken und 10 Min. ruhen lassen.
– Die Butter zerlassen. Den Teig auf einer leicht bemehlten Arbeitsfläche dünn ausrollen und mit der Butter begießen. Die Teigplatte von allen Seiten zusammenschlagen, ausrollen und wieder zusammenschlagen. Diesen Vorgang dreimal wiederholen. Den Teig zur Kugel formen und im Kühlschrank weitere 10 Min. ruhen lassen.
– Für die Füllung das Fleisch in 1/2 cm große Würfel schneiden. Zwiebeln und Knoblauch schälen und fein hacken. Möhren schälen und fein würfeln.
– Das Öl in einer Pfanne erhitzen, das Fleisch darin anbraten. Zwiebeln und Knoblauch kurz mitbraten. Möhren und Erbsen zufügen, die Gewürze einstreuen und den Lammfond angießen. Die Hitze reduzieren und alles 20–25 Min. köcheln lassen. Am Ende der Garzeit sollte die Flüssigkeit vollständig verdampft sein. Die Füllung mit Petersilie bestreuen, abkühlen lassen.
– Den Backofen auf 180° (Umluft 160°) vorheizen. Den Teig zu einer Platte von 30 x 50 cm ausrollen und 10 Kreise von 12 cm Ø ausstechen. In die Mitte der Kreise jeweils ein Zehntel der Füllung setzen. Mit beiden Händen den Teig so über die Füllung schlagen, dass die Ränder genau aufeinander treffen und Halbkreise entstehen. Mit einem Messerrücken die Ränder gut zusammendrücken, dadurch entsteht auch ein dekoratives Muster. Die Oberfläche mehrmals einstechen und mit Eigelb bestreichen.
– Aus dem restlichen Teig 10 kleine Blumen ausstechen und auf die Teigtaschen setzen. Die Teigtaschen auf ein gefettetes Backblech legen und 20 Min. ruhen lassen. Im Ofen (Mitte) 20–25 Min. backen.

752. Olivenschnecken

FÜRS BÜFETT
Für 24 Schnecken
Zubereitungszeit: 1 Std.
Gehzeit: 1 3/4 Std.
Backzeit: 30 Min.

1/2 Würfel Hefe (21 g) • 1 Prise Zucker • 300 g Mehl (Type 405) • 1 TL Salz • 2 Eier • 6 EL Olivenöl • 100 g Mandeln • 150 g schwarze Oliven • 1 Bund Basilikum • 1 Knoblauchzehe • 200 g Magerquark
Außerdem: Backtrennpapier fürs Blech • 1 Ei zum Bestreichen

– Die Hefe mit dem Zucker in 1/8 l lauwarmem Wasser auflösen und 15 Min. zugedeckt bei Raumtemperatur gehen lassen. Mehl, Salz, 1 Ei und Öl mit dem Hefeansatz verkneten, bis der Teig nicht mehr klebt. Den Teig mit Mehl bestäuben und etwa 1 Std. zugedeckt gehen lassen, bis er sein Volumen verdoppelt hat.
– Die Mandeln mit kochend heißem Wasser überbrühen und aus den Häuten drücken. Die Oliven entsteinen, mit den Mandeln fein hacken.
– Das Basilikum waschen, trockenschütteln und mit der geschälten Knoblauchzehe klein schneiden. Den Quark mit der Mandel-Oliven-Masse, 1 Ei und der Kräutermischung verrühren.
– Den Backofen auf 200° (Umluft 180°) vorheizen. Das Backblech mit Backpapier auslegen.
– Den Teig 40 x 40 cm groß ausrollen, den Quark darauf streichen, an einer Seite 2 cm frei lassen. Den Teig fest aufrollen und mit einem scharfen, bemehlten Messer in 24 Scheiben schneiden. Die Schnecken auf dem Backblech leicht flach drücken.
– Das restliche Ei verquirlen, die Schnecken damit bepinseln und zugedeckt 30 Min. gehen lassen. Die Schnecken 25–30 Min. backen.

753. Kleine Lachspiroggen

RAFFINIERT | ETWAS TEURER
Für 25 Piroggen
Zubereitungszeit: 1 Std.
Gehzeit: 45 Min.
Garzeit: 20 Min.
Backzeit: 30 Min.

Für den Teig: 400 g Mehl (Type 405) • 1/2 Würfel Hefe (21 g) • 1/4 l lauwarme Milch • 1 TL Zucker • 1/2 TL Salz • 100 g weiche Butter
Für die Füllung: 1 Bund Suppengrün • 1 Zwiebel • 6 EL trockener Weißwein • 1 Lorbeerblatt • je 1 TL getrockneter Estragon und weiße Pfefferkörner • 1 TL Salz • 300 g Lachskoteletts • 150 g Champignons • 2 Schalotten • 1 EL Butter • 2 EL klein geschnittener Dill • 1 Ei
Außerdem: Butter fürs Blech

– Das Mehl auf die Arbeitsfläche sieben, eine Mulde hineindrücken, die Hefe hineinbröckeln, mit 4 EL Milch und dem Zucker verrühren und zugedeckt bei Raumtemperatur 15 Min. gehen lassen. Das gesamte Mehl mit dem Salz, 7 EL Milch, der Butter und dem Hefeansatz verkneten. Den Teig zugedeckt 30 Min. gehen lassen.
– Das Suppengrün putzen und mit der geschälten Zwiebel, dem Wein, den Gewürzen und dem Salz zum Kochen bringen und 10 Min. ziehen lassen. Den Lachs in dem Sud in 10 Min. garen, danach abkühlen lassen.
– Die Champignons putzen, mit den geschälten Schalotten fein hacken, in der Butter anbraten. Den Lachs zerpflücken, mit dem Dill unter die Pilze mischen.
– Das Blech einfetten. Den Backofen auf 200° (Umluft 180°) vorheizen. Den Teig dünn ausrollen, 25 Kreise von 9 cm Ø ausstechen, die Füllung daraufgeben, die Kreise zusammenklappen, Ränder festdrücken.
– Die restliche Milch mit dem Ei verquirlen, die Lachspiroggen damit bestreichen. Im Ofen (Mitte) etwa 30 Min. backen.

TIPP

Die Lachspiroggen am besten noch warm servieren. Sie schmecken als Snack zum kühlen Bier oder Weißwein, eignen sich aber auch mit einem kleinen Blattsalat als Vorspeise.

754. Zwiebelpiroggen

GELINGT LEICHT | PREISWERT
Für 6 Stück
Zubereitungszeit: 45 Min.
Gehzeit: etwa 1 Std.
Backzeit: 35 Min.

Für den Teig: 300 g Weizenmehl (Type 550) • 1/2 TL Salz • 1/3 Würfel frische Hefe (15 g) • 1 Ei • 1 EL Öl
Für die Füllung: 200 g durchwachsener, geräucherter Speck • 400 g Zwiebeln • 1 Knoblauchzehe • 1 EL Sonnenblumenöl • frisch gemahlener Pfeffer • Salz
Außerdem: 1 Eigelb, verquirlt mit 2 EL Milch zum Bestreichen • Butter fürs Blech

– Das Mehl in eine Schüssel sieben und das Salz untermischen. Die Hefe in etwa 1/8 l lauwarmem Wasser auflösen und mit dem Ei und dem Öl unter das Mehl mischen. Alles zu einem geschmeidigen Teig verarbeiten; sollte er kleben, noch etwas Mehl unterkneten. Zur Kugel formen und den Teig zugedeckt an einem warmen Ort gehen lassen, bis er sein Volumen verdoppelt hat. Das dauert etwa 45 Min.
– Für die Füllung den Speck klein würfeln. Zwiebeln schälen und fein hacken, den Knoblauch schälen. Das Öl erhitzen und die Speckwürfel darin anbraten. Die Zwiebeln zufügen, den Knoblauch durch die Presse dazudrücken und beides glasig anschwitzen. Pfeffern und salzen, abkühlen lassen.
– Den Teig noch einmal durchkneten und in 6 Stücke teilen. Zu Kugeln formen und diese zu ovalen Platten von etwa 15 x 30 cm ausrollen. Die Ränder mit verquirltem Ei bestreichen.
– Den Backofen auf 200° (Umluft 180°) vorheizen. Ein Backblech fetten. Jeweils 1/6 der Füllung auf einer Teigplatte verteilen, dabei den mit Eigelb bestrichenen Rand aussparen. Die Platte mit Hilfe einer Palette von der Längsseite her aufrollen und an den Enden zusammendrücken. Die Rolle in der Mitte abknicken und die beiden Teighälften umeinander schlingen.
– Die Piroggen auf das Blech legen, 15–20 Min. gehen lassen. Mit dem restlichen Eigelb bestreichen. Im Ofen (Mitte) 30–35 Min. backen.

755. Schinkenhörnchen

BERÜHMTES REZEPT
Für 16 Hörnchen
Zubereitungszeit: 1 Std.
Gehzeit: 1 Std.
Backzeit: 15 Min.

Für den Teig: 500 g Mehl (Type 405) • 1/2 Würfel frische Hefe (21 g) • 1 TL Zucker • 1 TL Salz
Für die Füllung: 2 Zwiebeln • 250 g magerer roher Schinken • 2 EL Butter • 2 EL gehackte Petersilie • 1 Msp. weißer Pfeffer • 1 Ei
Außerdem: Backtrennpapier fürs Blech • 1 Eigelb und 3 EL Milch zum Bestreichen

– In das Mehl eine Mulde drücken, die Hefe hineinbröckeln und mit dem Zucker, etwas Mehl und wenig lauwarmem Wasser verrühren. Den Hefeansatz mit einem Tuch bedeckt bei Raumtemperatur 15 Min. gehen lassen.

– Das Salz und knapp 1/4 l lauwarmes Wasser zum Mehl geben und alles zu einem glatten Teig verkneten. Den Teig zugedeckt 30 Min. gehen lassen.
– Die Zwiebeln schälen und fein hacken. Den Schinken klein würfeln. Die Butter erhitzen, die Zwiebeln darin glasig braten, den Schinken und die Petersilie kurz mitbraten. Die Mischung vom Herd nehmen, mit dem Pfeffer würzen und mit dem verquirlten Ei binden.
– Den Backofen auf 220° (Umluft 200°) vorheizen. Das Backblech mit Backpapier auslegen.
– Den Hefeteig zu 2 Kreisen von 36 cm Ø ausrollen. Die Kreise in je 8 Dreiecke schneiden, die Füllung darauf verteilen und die Dreiecke zu Hörnchen rollen und formen (siehe Seite 419). Die Hörnchen auf das Backblech legen und 15 Min. ruhen lassen.
– Das Eigelb mit der Milch verquirlen, die Hörnchen damit bestreichen und im Ofen (Mitte) etwa 15 Min. backen.

756. Zweierlei gefüllte Fladenbrote

AUS DER TÜRKEI
Für 10 Stück
Zubereitungszeit: 1 Std.
Gehzeit: 50 Min.
Garzeit: 30 Min.
Backzeit: 25 Min.

Für den Teig: 350 g Weizenmehl (Type 550) • 1/2 TL Salz • 1/2 TL Zucker • 1/2 Würfel frische Hefe (21 g) • 175 ml lauwarme Milch • 1 Ei
Für die Käsefüllung: 250 g Schafskäse • 2 EL gehackter Dill • 1 TL rosenscharfes Paprikapulver
Für die Fleischfüllung: 300 g Rindfleisch aus der Keule • 80 g Zwiebeln • 2 Knoblauchzehen • 60 g hellgrüne türkische Paprikaschoten • 1 türkische Peperoni • 3 EL Olivenöl • Salz • frisch gemahlener Pfeffer • 1 TL edelsüßes Paprikapulver • 1/8 l Rinderfond • 2 EL grob gehackte Petersilie • 100 g grob geriebener Kaşar peyniri (türkischer Käse, türkischer Lebensmittelladen)
Außerdem: Öl fürs Blech • Mehl für die Arbeitsfläche • 1 Eigelb, verquirlt

– Das Mehl in eine Schüssel sieben und mit Salz und Zucker vermischen. Die Hefe in der Milch auflösen und das Ei verschlagen. Beides zum Mehl geben und aus allen Zutaten einen geschmeidigen Teig kneten. Den Teig zugedeckt etwa 30 Min. gehen lassen, bis sich sein Volumen verdoppelt hat.
– Für die Käsefüllung den Schafskäse mit einer Gabel zerkrümeln. Dill und Paprikapulver untermischen.
– Für die Fleischfüllung das Fleisch 5 mm groß würfeln. Zwiebeln schälen und fein würfeln. Knoblauch schälen und mit dem Messerrücken zerdrücken. Fruchtfleisch von Paprika und Peperoni sehr fein würfeln. Das Öl erhitzen, das Fleisch anbraten. Zwiebeln und Knoblauch zufügen und glasig schwitzen. Paprika- und Peperoniwürfel untermischen, kurz mitbraten. Mit Salz, Pfeffer und Paprikapulver würzen. Den Fond angießen, alles 15–20 Min. schmoren lassen, bis die Flüssigkeit fast verdampft ist. Petersilie untermischen. Abkühlen lassen.
– Den Backofen auf 200° (Umluft 180°) vorheizen. Das Backblech fetten. Den Teig erneut durchkneten und in 10 Stücke von je etwa 60 g teilen. Auf leicht bemehlter Arbeitsfläche in 10–12 cm lange, 4–5 mm dicke Ovale ausrollen. Die Füllung in die Mitte setzen, das Fleisch zusätzlich mit geriebenem Käse bestreuen. Die Längsseiten des Teigs so über die Füllung zur Mitte hin einschlagen, dass die Füllung als Streifen sichtbar bleibt.
– Die Fladenbrote auf das Backblech legen und noch einmal 15–20 Min. gehen lassen. Mit verquirltem Eigelb bestreichen. Im Ofen (Mitte) 20–25 Min. backen.

757. Frittierte Käsetaschen

NICHT GANZ EINFACH
Für 48 Taschen (24 runde, 24 halbmondförmige)
Zubereitungszeit: 45 Min.
Gehzeit: 40 Min.
Garzeit pro Portion: 4 Min.

Für den Teig: 450 g Mehl (Type 405) • 2/3 Würfel frische Hefe (30 g) • 1 EL Zucker • 3 Eier • 1 EL Salz • 50 g weiche Butter
Für die Mozzarella-Ricotta-Füllung: 125 g Mozzarella • 125 g Ricotta • 2 Eigelbe • 1 EL gehacktes Basilikum • 30 g Weißbrotbrösel • Salz • frisch gemahlener Pfeffer • 24 Basilikumblättchen
Für die Speck-Ricotta-Füllung: 100 g durchwachsener Räucherspeck • 100 g Zwiebeln • 1 EL Olivenöl • 1 EL gehackte Petersilie • 150 g Ricotta • Salz • frisch gemahlener Pfeffer
Außerdem: Mehl für die Arbeitsfläche • 1 Eigelb, mit 2 EL Wasser verquirlt zum Bestreichen • Pflanzenöl zum Frittieren

– Das Mehl in eine Schüssel sieben. Die Hefe in 5 EL lauwarmem Wasser auflösen und zusammen mit Zucker, Eiern, Salz und Butter zum Mehl geben. Alles zu einem glatten, geschmeidigen Teig verkneten. Zugedeckt an einem warmen Ort etwa 30 Min. gehen lassen.
– Für die Mozzarella-Füllung den Mozzarella im Mixer pürieren. In einer Schüssel mit Ricotta, Eigelben, gehacktem Basilikum und Bröseln vermischen, salzen und pfeffern.
– Für die Speck-Füllung den Speck klein würfeln. Die Zwiebeln schälen und fein hacken. Öl erhitzen und die Zwiebeln darin hell anschwitzen. Den Speck 3–4 Min. mitbraten, die Petersilie unterrühren, abkühlen lassen. Den Ricotta untermischen, salzen und pfeffern.
– Den Teig halbieren. Beide Teighälften auf einer bemehlten Arbeitsfläche zu 2 mm dünnen Platten ausrollen. Aus der einen Platte 24 Kreise von je 8 cm Ø ausstechen. Je 1 TL der Mozzarella-Füllung in die Mitte der 24 Teigkreise platzieren.
– Auf die Mozzarella-Füllung jeweils 1 kleines Basilikumblättchen legen und die Ränder mit Eigelb bestreichen. Die mit Eigelb bestrichenen Kreise zusammenklappen. Ränder gut festdrücken, noch 10 Min. gehen lassen. Die Teigtaschen im 180° heißen Öl in 3–4 Min. unter Wenden ausbacken.
– Aus der zweiten Platte 48 Kreise von je 6 cm Ø ausstechen Auf der Hälfte davon je 1 TL Speckfüllung verteilen, die Ränder mit Eigelb bestreichen, die übrigen Kreise darauf setzen, die Ränder gut festdrücken. 10 Min. gehen lassen. Ebenfalls im 180° heißen Öl in 3–4 Min. ausbacken.

758. Tomatentörtchen

SCHNELL ZU MACHEN
Für 8 Tortelettförmchen (12 cm Ø)
Zubereitungszeit: 30 Min.
Auftauzeit: 20 Min.
Backzeit: 15 Min.

300 g TK-Blätterteig • 10 kleine Tomaten • 150 g Mozzarella • 1 EL frisch geriebener mittelalter Gouda • 3 Eier • 4 EL Crème fraîche • je 1/2 TL Salz, frisch gemahlener schwarzer Pfeffer, getrockneter Oregano • 2 Bund Basilikum

– Den Blätterteig auftauen lassen. Den Backofen auf 220° (Umluft 200°) vorheizen.
– 8 Tomaten überbrühen, häuten und achteln. Den Mozzarella klein würfeln. Den geriebenen Käse mit den Eiern und der Crème fraîche verquirlen, mit Salz, Pfeffer und Oregano würzen. Basilikum abbrausen, trockenschleudern, 8 schöne Blättchen beiseite legen, die restlichen Blättchen grob hacken und unter die Eiermasse mischen.
– Die Förmchen kalt ausspülen. Den Blätterteig messerrückendünn ausrollen, die Förmchen damit auslegen und die Ränder hochziehen. Die Tomatenachtel sternförmig in die Förmchen legen, den Mozzarella darüber streuen, die Eiermasse darauf verteilen.
– Die Törtchen auf dem Backblech im Ofen (unten) 5 Min. backen. Die Temperatur auf 200° reduzieren und die Törtchen im Ofen (Mitte) in weiteren 8–10 Min. goldbraun backen.
– Die restlichen Tomaten in Scheiben schneiden. Die Törtchen mit den Basilikumblättern und Tomatenscheiben garnieren; warm oder kalt servieren.

759. Schnittlauchtörtchen

PREISWERT | GANZ EINFACH
Für 8 Tortelettförmchen (8 cm Ø)
Zubereitungszeit: 40 Min.
Kühlzeit: 30 Min.
Backzeit: 20 Min.

Für den Teig: 200 g Mehl (Type 405) • 80 g kalte Butter • 1 Eigelb • 1 Prise Salz
Für die Schnittlauchcreme: 3 Bund Schnittlauch • 250 g Sahnequark • 1 Ei • 1 Eigelb • je 1 Prise Salz und frisch geriebene Muskatnuss • 1/2 TL frisch gemahlener weißer Pfeffer
Außerdem: Butter für die Förmchen

– Das Mehl mit der Butter in Flöckchen, dem Eigelb, dem Salz und 2–3 EL kaltem Wasser zu einem glatten Teig verkneten. Den Teig zugedeckt 30 Min. in den Kühlschrank legen.
– Den Schnittlauch waschen, trockenschütteln und in Röllchen schneiden. Den Quark mit dem Ei und dem Eigelb verrühren, mit dem Salz, dem Muskat und dem Pfeffer würzen, den Schnittlauch untermischen.
– Den Backofen auf 200° (Umluft 180°) vorheizen. Die Förmchen mit Butter ausstreichen.
– Den Teig messerrückendünn ausrollen und die Förmchen damit auskleiden. Die Teigböden mehrmals

mit einer Gabel einstechen und im Ofen (unten) etwa 5 Min. backen, dann herausheben.
– Die Törtchen mit der Schnittlauchcreme füllen und im Ofen (Mitte) weitere 15 Min. backen.

TIPP
Die Törtchen können Sie ofenwarm als Vorspeise servieren. Sie schmecken aber auch abgekühlt als Snack vorzüglich.

760. Brokkoli-Schinken-Käse-Törtchen

SCHNELL | GELINGT LEICHT
Für 4 Torteletttförmchen (10–12 cm Ø)
Zubereitungszeit: 35 Min.
Backzeit: 25 Min.

Für den Teig: 100 g Mehl (Type 405) • 1/2 TL Salz • 100 g kalte Butter • 100 g Magerquark
Für den Belag: 300 g Brokkoli • 2 EL Öl • 60 g gekochter Schinken (2 Scheiben) • 100 g Sahne • 1 Ei • 1 Prise Salz • 1 Prise geriebene Muskatnuss • Pfeffer • 30 g geriebener Hartkäse (Provolone oder Pecorino)
Außerdem: Fett für die Förmchen • Mehl für die Arbeitsfläche

– Die Förmchen einfetten. Das Mehl auf die Arbeitsfläche geben, das Salz, die Butter in Flöckchen und den Quark dazugeben und alles rasch zu einem glatten Teig verarbeiten. Den Teig auf wenig Mehl ausrollen. 4 Kreise etwas größer als die Förmchen ausradeln und in die Förmchen legen. Die Förmchen bis zum Gebrauch in den Kühlschrank stellen.
– Den Backofen auf 200° (Umluft 180°) vorheizen. Den Brokkoli waschen, putzen und die groben Stiele entfernen, den Brokkoli in Röschen teilen. Die Brokkolistiele fein würfeln. Das Öl in einer Pfanne erhitzen, die Stiele darin andünsten, die Brokkoliröschen dazugeben und kurz mitdünsten. Den Schinken in Streifen schneiden.
– Die Sahne steif schlagen, dann das Ei unterrühren und alles mit dem Salz, der Muskatnuss und dem Pfeffer abschmecken. Geriebenen Käse unterheben, Brokkoli und gekochten Schinken in die Förmchen geben. Die Eiersahne gleichmäßig darüber verteilen. Im Ofen (Mitte) 20–25 Min. backen.

TIPP
Statt des Mürbteigs können Sie auch TK-Blätterteig verwenden. Lassen Sie 4 Blätterteigplatten kurz antauen. Rollen Sie sie in Größe der Förmchen aus und legen Sie sie in die mit Wasser ausgespülten Förmchen. Die Brokkoli-Schinken-Füllung hineingeben und backen.

761. Russische Käsetörtchen

SPEZIALITÄT AUS DEM KAUKASUS
Für 25 Törtchen (10 cm Ø)
Zubereitungszeit: 1 Std.
Gehzeit: 1 Std.
Backzeit: 25 Min.

Für den Teig: 500 g Mehl (Type 405) • 1 Päckchen Trockenhefe • 1 Prise Zucker • 1 TL Salz • knapp 1/4 l lauwarme Milch
Für den Belag: 125 g Brie • 125 g Schafskäse • 250 g Magerquark • 1 EL Butter • 1 Ei
Außerdem: Butter fürs Blech • Mehl für die Arbeitsfläche • 1 Eigelb zum Bestreichen • 1 Bund Petersilie

– Das Mehl mit der Hefe, dem Zucker, dem Salz und der Milch zu einem geschmeidigen Teig verkneten. Den Teig mit etwas Mehl bestäuben und zugedeckt an einem warmen Platz gehen lassen, bis sich sein Volumen verdoppelt hat; das dauert ungefähr 45 Min.
– Den Brie und den Schafskäse pürieren, mit dem Quark, der Butter und dem Ei verrühren.
– Das Backblech mit Butter bestreichen. Den Backofen auf 200° (Umluft 180°) vorheizen.
– Den Hefeteig noch einmal durchkneten, auf einer bemehlten Arbeitsfläche etwa 4 mm dünn ausrollen und 25 Kreise von 10 cm Ø ausstechen. Die Käsemischung darauf verteilen, die Teigränder 1 cm breit über die Füllung ziehen.
– Die Törtchen auf das Backblech legen. Das Eigelb verquirlen und die Teigränder damit bestreichen. Die Törtchen zugedeckt 15 Min. gehen lassen.
– Die Törtchen im Ofen (Mitte) in 20–25 Min. goldgelb backen. Die Petersilie waschen, trockenschütteln und fein hacken. Die Törtchen noch warm mit der Petersilie bestreut servieren. Dazu passt ein kühles Bier oder ein spritziger Weißwein.

762. Mini-Pizzen

SCHNELL | SCHMECKT KINDERN
Für 8 Mini-Pizzen
Zubereitungszeit: 25 Min.
Gehzeit: 30 Min.
Backzeit: 15 Min.

Für den Teig: 250 g Mehl (Type 405) • 1 Päckchen Trockenhefe • 3 EL Olivenöl • 1 Prise Salz
Für den Belag: 2 EL Olivenöl • 1 TL Oregano • 1 Päckchen Tomaten in Stücken (Tetrapack, 370 g Inhalt) • 100 g gekochter Schinken in Scheiben • 250 g Mozzarella • 1 Bund Basilikum
Außerdem: Backtrennpapier fürs Blech • Mehl für die Arbeitsfläche • Olivenöl zum Bepinseln

– Mehl mit Trockenhefe mischen. Olivenöl, Salz und 70 ml lauwarmes Wasser zugeben und zu einem glatten Teig verarbeiten. Zugedeckt 30 Min. gehen lassen.
– Inzwischen für den Belag das Olivenöl erhitzen, Oregano und Tomatenstücke dazugeben. Unter Rühren köcheln lassen, bis die Flüssigkeit verdampft ist.
– Den Schinken in Streifen schneiden. Den Mozzarella würfeln. Basilikum waschen und streifig schneiden. Die Zutaten mit den vorbereiteten Tomaten mischen.
– Den Backofen auf 220° (Umluft 200°) vorheizen. Das Backblech mit Backpapier belegen. Den Hefeteig auf der bemehlten Arbeitsfläche erneut kneten, in 8 Stücke teilen. Etwas Mehl auf die Arbeitsfläche geben und die Teigstücke zu kleinen Fladen formen. Die Ränder sollten etwas dicker sein. Die Ränder mit Olivenöl einpinseln. Den Belag auf den Pizzen verteilen. Im Ofen (Mitte) 12–15 Min. backen, bis sie gebräunt sind.

763. Grüne Muffins

BLITZREZPET | SCHMECKT KINDERN
Für 1 Muffin-Form (12 Vertiefungen)
Zubereitungszeit: 20 Min.
Backzeit: 20 Min.

abgeriebene Schale und Saft 1 unbehandelten Zitrone • 250 g TK-Erbsen • 100 g Frischkäse • 250 g Mehl (Type 405) • 2 1/2 TL Backpulver • 1 1/2 TL Salz • 2 TL Currypulver • 2 Eier • 80 ml Öl • 200 g Buttermilch • 12 Petersilienblätter
Außerdem: Fett für die Form

– Muffin-Form fetten und kalt stellen. Den Backofen auf 180° (Umluft 160°) vorheizen. Zitronenschale, 3 EL Zitronensaft, 50 g Erbsen und Frischkäse pürieren.
– Mehl, Backpulver, Salz und Curry mischen. Eier, Öl, Buttermilch und Frischkäsemasse verrühren, mit der Mehlmischung und 200 g Erbsen verrühren.
– Teig in die Vertiefungen füllen. Je 1 Petersilienblatt darauf legen. Muffins im Ofen (Mitte) 20 Min. backen, in der Form noch 5 Min. ruhen lassen.

764. Käse-Oliven-Muffins

BLITZREZEPT
Für 1 Muffin-Form (12 Vertiefungen)
Zubereitungszeit: 20 Min.
Backzeit: 20 Min.

200 g Manchego (spanischer Hartkäse) • 100 g entsteinte grüne Oliven • 2 Zweige Rosmarin • 250 g Mehl (Type 405) • 2 TL Backpulver • 2 Eier • 250 g Joghurt • 2 TL Salz • 75 ml Öl
Außerdem: Fett für die Form

– Die Muffin-Form fetten und kalt stellen. Backofen auf 180° (Umluft 160°) vorheizen. Den Manchego entrinden und klein würfeln. Oliven in Scheiben schneiden. Rosmarinnadeln abstreifen, hacken. Mehl, Backpulver, Manchego, 75 g Oliven und Rosmarin mischen.
– Die Eier, den Joghurt, das Salz und das Öl verrühren, die Mehlmischung unterrühren. Den Teig in die Vertiefungen füllen, mit den restlichen Olivenscheiben verzieren. Im Backofen (Mitte) 20 Min. backen, 5 Min. ruhen lassen.

765. Zucchini-Muffins

SAFTIGES BLITZREZEPT
Für 1 Muffin-Form (12 Vertiefungen)
Zubereitungszeit: 20 Min.
Backzeit: 30 Min.

50 g Sonnenblumenkerne • 250 g Zucchini • 1 Zwiebel • 100 g getrocknete Tomaten in Öl • 250 g Mehl (Type 405) • 2 1/2 TL Backpulver • 2 TL Salz • frisch gemahlener Pfeffer • 2 Eier • 2 EL Olivenöl • 300 g Joghurt • 6 Cocktailtomaten
Außerdem: Fett für die Form

– Die Muffin-Form fetten und kalt stellen. Den Backofen auf 180° (Umluft 160°) vorheizen. Die Sonnenblumenkerne in einer Pfanne ohne Fett rösten, abkühlen lassen. Zucchini putzen und in Streifen hobeln. Die Zwiebel schälen, die Tomaten abtropfen lassen. Zwiebel und Tomaten fein würfeln.
– Das Mehl mit dem Backpulver, den Sonnenblumenkernen, dem Salz und dem Pfeffer mischen. Die Eier, das Olivenöl und den Joghurt verrühren, zügig mit der Mehlmischung, den Zucchini, Zwiebeln und Tomaten verrühren.
– Den Teig in die Vertiefungen der Form füllen. Die Cocktailtomaten waschen, halbieren und mit der Schnittfläche nach oben in den Teig drücken. Die Muffins im Ofen (Mitte) 25–30 Min. backen, in der Form noch 5 Min. ruhen lassen. Die Muffins warm oder kalt servieren.

766. Scharfe Möhren-Muffins

DELIKATE BEILAGE
Für 1 Muffin-Form (12 Vertiefungen)
Zubereitungszeit: 40 Min.
Backzeit: 25 Min.

300 g Möhren • 2 kleine Zwiebeln • 2 Knoblauchzehen • 90 ml Öl • 6 TL Zitronensaft • 3 TL Salz • 2 Prisen Zucker • 1 TL Cayennepfeffer • 1 Bund glatte Petersilie • 250 g Mehl (Type 405) • 2 TL Backpulver • 2 Eier • 250 g Joghurt
Außerdem: Fett für die Form

– Die Muffin-Form fetten und kalt stellen. Den Backofen auf 180° (Umluft 160°) vorheizen. Die Möhren putzen, schälen und in dünne Scheiben schneiden. Die Zwiebeln und den Knoblauch schälen und fein hacken. 1 EL Öl erhitzen, die Zwiebeln darin glasig dünsten. Die Möhren und den Knoblauch dazugeben, kurz anbraten und mit Zitronensaft und 3 EL Wasser ablöschen. Mit 1 TL Salz, Zucker und Cayennepfeffer würzen. Die Möhren zugedeckt in 10 Min. bissfest dünsten. Die Petersilie waschen, trockenschütteln und hacken, unter die Möhren rühren und abkühlen lassen.
– Mehl und Backpulver mischen. Eier, Joghurt, restliches Salz und Öl verquirlen. Die Möhren-, dann die Mehlmischung unterrühren. Teig in die Vertiefungen füllen. Muffins im Ofen (Mitte) 20–25 Min. backen. 5 Min. in der Form ruhen lassen, warm oder kalt servieren.

767. Ziegenkäse-Muffins

BLITZREZEPT | VEGETARISCH
Für 1 Muffin-Form (12 Vertiefungen)
Zubereitungszeit: 20 Min.
Backzeit: 25 Min.

250 g Mehl (Type 405) • 2 TL Backpulver • 3 große Tomaten • 2 Knoblauchzehen • 2 Eier • 250 g Joghurt • 2 TL Salz • 75 ml Öl • 1 Päckchen gemischte TK-Kräuter • 150 g Ziegenfrischkäse
Außerdem: Fett für die Form

– Die Muffin-Form fetten und kalt stellen. Den Backofen auf 180° (Umluft 160°) vorheizen.
– Das Mehl und Backpulver mischen. Die Tomaten waschen, die Stielansätze entfernen, die Tomaten in je 4 Scheiben schneiden. Enden anderweitig verwenden.
– Knoblauchzehen schälen und fein hacken. Eier, Joghurt, Salz, Öl, Knoblauch und Kräuter verquirlen, Mehlmischung unterrühren. Je 1 EL Teig in jede Blechvertiefung füllen, darauf 1 TL Frischkäse geben, restlichen Teig darüber verteilen. Auf jeden Muffin 1 Tomatenscheibe legen und leicht andrücken.
– Im Backofen (Mitte) 20–25 Min. backen. 5 Min. in der Form ruhen lassen, lauwarm oder kalt servieren.

768. Kürbis-Oliven-Muffins

WÜRZIG | GEHT SCHNELL
Für 1 Muffin-Form (12 Vertiefungen)
Zubereitungszeit: 30 Min.
Backzeit: ca. 25 Min.

250 g Mehl (Type 405) • 2 TL Backpulver • 2 TL gekörnte Brühe • 3/4 TL Currypulver • 1 1/2 TL Kräuter der Provence • 250 g Kürbis (geputzt und ohne Schale; z. B. Moschuskürbis) • 100 Cheddar-Käse am Stück • 80 g in Öl eingelegte schwarze Oliven (mit Stein) • 2 Eier • 75 ml Öl • 300 g saure Sahne
Außerdem: Fett für die Form

– Die Muffin-Form fetten und kalt stellen. Den Backofen auf 180° (Umluft 160°) vorheizen. Mehl, Backpulver, Brühe, Currypulver und Kräuter mischen. Den Kürbis fein reiben. Den Käse entrinden und fein reiben. Die Oliven entkernen und grob hacken. Alles mit der Mehlmischung mischen.

– Eier mit Öl und saurer Sahne verquirlen. Die Mehl-Kürbis-Mischung zügig unterrühren.
– Den Teig in die Vertiefungen füllen. Im Backofen (Mitte) 20–25 Min. backen. In der Form 5 Min. ruhen lassen, lauwarm oder kalt servieren.

769. Spinat-Feta-Muffins

GELINGT LEICHT
Für 1 Muffin-Form (12 Vertiefungen)
Zubereitungszeit: 30 Min.
Backzeit: 20 Min.

150 g TK-Spinat (fein gehackt) • 200 g Feta-Käse • 250 g Mehl (Type 405) • 3 TL Backpulver • 1 TL Salz • 2 Eier • 80 ml Olivenöl • 300 g Buttermilch
Außerdem: Fett für die Form

– Die Muffin-Form fetten und kalt stellen. Den Backofen auf 180° (Umluft 160°) vorheizen. Den Spinat auftauen lassen. Feta in kleine Würfel schneiden.
– Mehl, Backpulver und Salz mischen. Eier mit Öl, Buttermilch und Spinat verquirlen. Die Mehlmischung zügig unterrühren. Die Fetawürfel unterheben. Teig in die Vertiefungen füllen. Im Ofen (Mitte) 15–20 Min. backen. In der Form 5 Min. ruhen lassen, servieren.

770. Gorgonzola-Birnen-Muffins

BLITZREZEPT | WÜRZIG
Für 1 Muffin-Form (12 Vertiefungen)
Zubereitungszeit: 20 Min.
Backzeit: 25 Min.

2 kleine Birnen (etwa 250 g) • 150 g Mehl (Type 405) • 100 g Mandeln • 2 TL Backpulver • 150 g Gorgonzola • 100 g Butter • 2 Eier • 250 g Joghurt • 2 TL Salz
Außerdem: 12 Papier-Backförmchen

– Den Backofen auf 180° (Umluft 160°) vorheizen. Die Papier-Backförmchen in die Vertiefungen der Muffin-Form setzen.
– Birnen waschen, vierteln, entkernen und würfeln. Mehl, Mandeln, Backpulver und Birnen vermengen.
– Den Gorgonzola mit einer Gabel zerdrücken. Butter schmelzen. Mit Eiern, Joghurt, Gorgonzola und Salz verquirlen. Die Mehlmischung zügig unterrühren.
– Den Teig in die Förmchen füllen. Im Backofen (Mitte) 25 Min. backen. In der Form 5 Min. ruhen lassen, herausnehmen und warm oder ausgekühlt servieren.

771. Sauerkraut-Muffins

HERZHAFT | SCHNELL
Für 1 Muffin-Form (12 Vertiefungen)
Zubereitungszeit: 30 Min.
Backzeit: ca. 25 Min.

1 Dose Sauerkraut (285 g Abtropfgewicht) • 1/4 TL Kümmelsamen • 1 Zwiebel • 2 EL Speckwürfel • 100 g gekochtes Kasseler am Stück • 200 g Weizenvollkornmehl • 2 TL Backpulver • 3/4 TL Salz • Pfeffer • 2 Eier • 75 ml Öl • 300 g saure Sahne
Außerdem: Fett für die Form

– Die Muffin-Form fetten und kalt stellen. Den Backofen auf 180° (Umluft 160°) vorheizen. Sauerkraut in einem Sieb abtropfen lassen. Kümmelsamen hacken. Die Zwiebel schälen und fein würfeln.
– Den Speck in einer Pfanne anbraten, Zwiebel zugeben und glasig werden lassen. Sauerkraut und Kümmel untermischen und vom Herd nehmen.
– Das Kasseler fein würfeln, mit Mehl, Backpulver, Salz und etwas Pfeffer mischen.
– Eier mit Öl und saurer Sahne verquirlen. Die Mehlmischung und Sauerkraut zügig unterrühren.
– Den Teig in die Vertiefungen füllen. Im Backofen (Mitte) 20–25 Min. backen. In der Form 5 Min. ruhen lassen, herausnehmen und lauwarm oder kalt servieren.

772. Kartoffel-Lachs-Muffins

FÜRS BÜFETT
Für 1 Muffin-Form (12 Vertiefungen)
Zubereitungszeit: 30 Min.
Backzeit: 25 Min.

150 g Räucherlachs • 100 g Crème fraîche • abgeriebene Schale und Saft 1 unbehandelten Zitrone • 200 g Mehl (Type 405) • 50 g Kartoffelpüreeflocken (Fertigprodukt) • 1 TL Salz • 2 TL getrockneter Dill • 2 1/2 TL Backpulver • 2 Eier • 80 ml Öl • 300 g Buttermilch
Außerdem: Fett für die Form

– Die Muffin-Form fetten und kalt stellen. Den Backofen auf 180° (Umluft 160°) vorheizen. Lachs würfeln. Crème fraîche mit 2 EL Zitronensaft und der Hälfte der Lachswürfel verrühren.
– Mehl, Kartoffelpüreeflocken, Salz, Dill, Zitronenschale und Backpulver mischen. Eier, Öl und Buttermilch verquirlen, zügig mit der Mehlmischung und dem restlichen Lachs verrühren. Die Hälfte des Teigs in die Vertiefungen der Form füllen. Je 1 EL Lachssahne darauf setzen und mit dem restlichen Teig bedecken.
– Im Ofen (Mitte) 20–25 Min. backen. In der Form 5 Min. ruhen lassen, warm oder kalt servieren.

773. Wasabi-Forellen-Muffins

BLITZREZEPT | FÜRS BÜFETT
Für 1 Muffin-Form (12 Vertiefungen)
Zubereitungszeit: 20 Min.
Backzeit: 25 Min.

3 TL Wasabipulver (siehe Tipp rechts oben) • 200 g Doppelrahm-Frischkäse • 125 g geräuchertes Forellenfilet • 250 g Mehl (Type 405) • 2 1/2 TL Backpulver • 1 TL Salz • 1 Apfel (etwa 250 g) • 2 Eier • 50 ml Öl • 200 g saure Sahne • 100 g Buttermilch
Außerdem: Fett für die Form

– Die Muffin-Form fetten und kalt stellen. Den Backofen auf 180° (Umluft 160°) vorheizen. Wasabipulver mit 1–2 EL Wasser zu einer dicken Paste verrühren und mit dem Frischkäse mischen. Die Forellenfilets in 12 Stücke teilen. Mehl, Backpulver und Salz mischen.
– Apfel waschen, abtrocknen, mit Schale grob raspeln. Eier mit Öl, saurer Sahne, Buttermilch und Apfelraspel verrühren. Die Mehlmischung zügig unterrühren.
– Die Hälfte des Teigs in die Vertiefungen füllen. Je 1 Stück Forellenfilet und 1 gehäuften TL Frischkäse darauf setzen. Mit dem restlichen Teig auffüllen. Im Backofen (Mitte) 20–25 Min. backen. In der Form 5 Min. ruhen lassen, herausnehmen und auskühlen lassen.

TIPPS

• Den restlichen angerührten Frischkäse können Sie mit Buttermilch cremig rühren, bei Bedarf mit Wasabi nachschärfen und als Dip zu den Muffins servieren.

• Wasabi ist der sehr scharfe japanische Meerrettich. Er ist bei uns als Pulver oder Paste in Asienläden erhältlich. Das Pulver kann mit Wasser angerührt werden oder mit europäischem Meerrettich vermischt werden.

774. Krabben-Muffins

BLITZREZEPT | FÜRS BÜFETT
Für 1 Muffin-Form (12 Vertiefungen)
Zubereitungszeit: 15 Min.
Backzeit: 20 Min.

350 g Mehl (Type 405) • 3 TL Backpulver • 1 TL Salz • 1 TL gemahlener Ingwer • 1/2 TL getrockneter Oregano • 1 EL Currypulver • 200 g gekochte Pellkartoffeln • 150 g Joghurt • 80 ml Öl • 1 Ei • 125 g Pazifik-Krabben, gekocht und geschält
Außerdem: Fett für die Form

– Die Muffin-Form fetten und kalt stellen. Den Backofen auf 180° (Umluft 160°) vorheizen.
– Das Mehl mit Backpulver, Salz, Ingwerpulver, Oregano und Currypulver mischen. Die Kartoffeln pellen und durch die Kartoffelpresse drücken oder fein reiben. Mit Joghurt, Öl und Ei verrühren. Die Mehlmischung zügig unterrühren, die Krabben unterkneten.
– Den Teig in die Vertiefungen füllen. Im Ofen (Mitte) 15–20 Min. backen. Die Krabben-Muffins in der Form noch 5 Min. ruhen lassen. Herausnehmen und warm servieren.

775. Hühnchen-Muffins

INDISCH | RAFFINIERT
Für 1 Muffin-Form (12 Vertiefungen)
Zubereitungszeit: 30 Min.
Backzeit: 25 Min.

200 g Hähnchenbrustfilet • 150 g Ananas (frisch oder aus der Dose) • 100 g gesalzene, geröstete Cashewkerne • 1 Knoblauchzehe • 75 ml Öl • Salz • Pfeffer • 250 g Mehl (Type 405) • 2 TL Backpulver • 1 TL gekörnte Brühe • 2 Eier • 300 g Joghurt • 2 TL Tandoori-Gewürzpulver (ersatzweise Tandoori-Paste)
Außerdem: Fett für die Form

– Die Muffin-Form fetten und kalt stellen. Den Backofen auf 180° (Umluft 160°) vorheizen. Fleisch in feine Streifen schneiden. Ananas klein würfeln. Cashewkerne hacken. Knoblauch schälen. 2 EL Öl erhitzen. Fleisch darin rundherum anbraten, Knoblauch dazupressen, kurz weiterbraten, salzen, pfeffern, abkühlen lassen.
– Mehl, Backpulver, Brühe, Fleisch, Ananas und die Cashewkerne mischen. Eier, Öl, Joghurt und Tandoori-Gewürzpulver verquirlen. Die Mehlmischung zügig unterrühren, den Teig einfüllen. Im Backofen (Mitte) 20–25 Min. backen. In der Form 5 Min. ruhen lassen, herausnehmen und warm oder kalt servieren.

TIPP

Wichtig für alle Muffin-Rezepte: Verrühren Sie die trockenen und die feuchten Zutaten getrennt voneinander, erst dann mischen. Anschließend den Teig schnell vermengen und nie zu lang und zu gründlich verrühren.

776. Bärlauch-Schinken-Muffins

BLITZREZEPT | FÜRS BÜFETT
Für 1 Muffin-Form (12 Vertiefungen)
Zubereitungszeit: 20 Min.
Backzeit: 25 Min.

100 g gekochter Schinken, in Scheiben • 200 g Ricotta • 4 EL Bärlauchpaste • Salz • Pfeffer • 250 g Mehl (Type 405) • 2 TL Backpulver • 2 Eier • 60 ml Öl • 150 g Buttermilch
Außerdem: Fett für die Form

– Die Muffin-Form fetten und kalt stellen. Den Backofen auf 180° (Umluft 160°) vorheizen. Den Schinken ohne Fettrand in kleine, feine Streifen schneiden. 150 g Ricotta mit der Bärlauchpaste verrühren und mit Salz und Pfeffer abschmecken.
– Mehl, Backpulver und 3/4 TL Salz mischen. Eier mit Öl, Buttermilch und übrigem Ricotta verquirlen. Die Mehlmischung zügig unterrühren.
– Die Hälfte des Teigs in die Vertiefungen füllen. Die Ricotta-Bärlauch-Creme gleichmäßig darauf geben und mit dem übrigen Teig abdecken. Im Backofen (Mitte) 20–25 Min. backen. In der Form 5 Min. ruhen lassen, herausnehmen und lauwarm oder kalt servieren.

777. Kräuterwaffeln

BLITZREZEPT | VEGETARISCH
Für 6 Waffeln
Zubereitungszeit: 20 Min.
Backzeit pro Waffel: 4 Min.

1 Bund gemischte Kräuter (z. B. Petersilie, Basilikum, Dill) • 4 Eier • Salz • 180 g weiche Butter • 150 g Joghurt • Zitronenpfeffer • 180 g Mehl (Type 405) • 1 TL Backpulver
Außerdem: Öl für das Waffeleisen

– Die Kräuter waschen und fein hacken. Die Eier trennen. Die Eiweiße mit 1 Prise Salz steif schlagen. Die Butter mit den Eigelben und dem Joghurt verrühren. Mit 1 Prise Salz und Zitronenpfeffer abschmecken. Das Mehl mit dem Backpulver mischen und unter die Masse rühren. Den Eischnee unterheben.
– Das Waffeleisen heiß werden lassen. Dünn mit Öl bestreichen. Jeweils 1–2 EL Teig einfüllen und die Waffeln in 3–4 Min. goldbraun backen. Die Waffeln nacheinander backen und warm stellen.

TIPPS

- **150 g Crème fraîche mit 1/2 TL Senf und 1 EL gehackten Kräutern verrühren. Mit Salz und Pfeffer abschmecken. Den Dip zu den Waffeln servieren.**
- **Gut schmecken die Waffeln auch, wenn sie mit Weizenvollkornmehl gebacken werden. Dann zusätzlich noch 40 g geriebenen Hartkäse unter den Teig mischen.**

778. Kartoffelwaffeln

HERZHAFT | SCHNELL
Für 8 Waffeln
Zubereitungszeit: 35 Min.
Backzeit pro Waffel: 4 Min.

200 g Mehl (Type 405) • 1/2 Würfel Hefe (21 g) • 1/4 TL Zucker • 1/8 l lauwarme Milch • 800 g mehlig kochende Kartoffeln • 3 Eier • Salz • frisch gemahlener schwarzer Pfeffer • frisch geriebene Muskatnuss • 100 g durchwachsener Speck mit Schwarte • 1 Zwiebel

– Das Mehl in eine Schüssel geben, die Hefe mit dem Zucker und 3–4 EL Milch glatt rühren. In der Schüssel mit etwas Mehl zum Vorteig mischen. Die Schüssel zugedeckt an einen warmen Ort stellen und den Vorteig kurz gehen lassen.
– Die Kartoffeln waschen, schälen und grob raspeln. Eier trennen. Den Vorteig mit Mehl, Milch und den 3 Eigelben verrühren. Kartoffeln untermischen, mit Salz, Pfeffer und Muskat kräftig würzen. Warm stellen.
– Den Speck in kleine Würfel schneiden, die Schwarte aufheben. Die Zwiebel schälen, fein hacken. Den Speck in einer Pfanne auslassen und knusprig braten, das Fett abgießen. Die Zwiebeln kurz anbraten.
– Die 3 Eiweiße mit einer Prise Salz steif schlagen. Speckwürfel und Zwiebeln unter den Kartoffelteig rühren, danach den Eischnee unterziehen.
– Das Waffeleisen mit der Speckschwarte einfetten und erhitzen. Nacheinander 1–2 EL Teig einfüllen und in 3–4 Min. backen, dazwischen das Eisen immer wieder mit der Speckschwarte einfetten.

779. Pizzabrot

ITALIENISCH | GANZ EINFACH
Für 4 Stück
Zubereitungszeit: 30 Min.
Gehzeit: 1 Std.
Backzeit: 12 Min.

200 g Mehl (Type 405) • 1 TL Salz • 1/4 Würfel frische Hefe (10 g) • 4 EL Olivenöl • 2 geschälte Tomaten (aus der Dose oder 2 EL gehackte Tomaten aus dem Tetrapack – Rest einfrieren oder eine Sauce daraus kochen) • 2 Knoblauchzehen • 2–3 Zweige Rosmarin • grob gemahlener schwarzer Pfeffer
Außerdem: Olivenöl fürs Blech • Mehl für die Arbeitsfläche

– Das Mehl mit dem Salz verrühren. Die Hefe zerkrümeln und in ungefähr 100 ml lauwarmem Wasser gut verrühren. Mit 2 EL Olivenöl zum Mehl schütten und gut durchkneten. Den Teig zudecken und ungefähr 1 Std. an einen warmen Platz stellen. Er soll doppelt so groß aufgehen.
– Dann den Backofen auf 250° (Umluft 220°) vorheizen. Das Backblech mit Öl auspinseln. Die Tomaten würfeln, den Knoblauch schälen und sehr fein hacken. Die Rosmarinnadeln abzupfen und ebenfalls fein hacken. Die Tomaten mit dem Knoblauch und dem Rosmarin mischen, salzen und pfeffern.
– Den Teig nochmal gut durchkneten, auf wenig Mehl zu vier runden dünnen Fladen ausrollen, die Ränder sollen ein bisschen dicker sein. Die Fladen aufs Blech legen, mit der Tomatenmasse bestreichen und mit dem übrigen Öl beträufeln. Pizzabrot im Ofen (Mitte) ungefähr 12 Min. backen. In Tortenstücke schneiden, mit der Hand essen!

780. Pizza Margherita

BERÜHMTER KLASSIKER
Für 2 Stück
Zubereitungszeit: 30 Min.
Gehzeit: 1 1/2 Std.
Backzeit pro Backblech: 22 Min.

Für den Teig: 300 g Mehl (Type 405) • 1/2 Würfel frische Hefe (21 g) • 1/2 TL Salz • 2 EL Olivenöl
Für den Belag: 1 große Dose geschälte Tomaten (850 g Abtropfgewicht) • 2 Kugeln Mozzarella • Salz • frisch gemahlener Pfeffer • 20 Basilikumblätter • 1/8 l Olivenöl
Außerdem: Öl für die Backbleche • Mehl für die Arbeitsfläche

– Für den Teig das Mehl in eine Schüssel sieben und in die Mitte eine Mulde drücken. Die Hefe hineinbröckeln mit 1/8 l lauwarmem Wasser auflösen und dabei etwas Mehl vom Rand untermischen. Den Ansatz mit Mehl bestäuben. Die Schüssel abdecken und den Teig an einem warmen Ort 30 Min. gehen lassen, bis die Oberfläche Risse zeigt. Salz und Öl zum Vorteig geben, alles zu einem glatten Teig verkneten. Den Teig zu einer Kugel formen und erneut 1 Std. gehen lassen, bis er das Doppelte seines Volumens erreicht hat.
– Den Backofen auf 220° (Umluft 200°) vorheizen. Zwei Backbleche mit Öl fetten. Den Teig erneut durchkneten, halbieren und auf einer bemehlten Arbeitsfläche zu Kugeln formen. Diese zu runden, dünnen Teigplatten ausrollen und auf die Backbleche legen. Die Teigböden mehrmals mit einer Gabel einstechen.
– Für den Belag die Tomaten in einem Sieb abtropfen lassen, grob zerkleinern, auf den Teigböden verteilen, dabei einen Rand freilassen. Den Mozarella in Scheiben schneiden und gleichmäßig auf den Tomaten verteilen. Mit Salz und Pfeffer würzen.

– Die Basilikumblätter darüber legen. Die Pizza noch einmal 10–15 Min. gehen lassen, dann das Öl darüber träufeln. Jede Pizza im Ofen (Mitte) 18–22 Min. backen.

TIPP

Für eine Pizza „Eigenkreation" nimmt man denselbe Teig wie für die Margherita. Man belegt diesen dann ganz nach Gusto, z. B. mit Zucchini, Champignons, Zwiebeln, Schinken, Krabben ...

781. Zwiebelpizza

AUS APULIEN
Für 4 Stücke
Zubereitungszeit: 45 Min.
Gehzeit: 1 1/2 Std.
Backzeit: 25 Min.

Für den Teig: 1/4 Würfel Hefe (10 g) • 1 Prise Zucker • 200 g Mehl (Type 405) • 1/2 TL Salz • 2 EL Olivenöl
Für den Belag: 4 EL Olivenöl • 250 g milde weiße Zwiebeln • 100 g frisch geriebener Pecorino • 1 TL frischer oder 1/2 TL getrockneter Oregano (bei Bedarf)
Außerdem: Mehl für die Arbeitsfläche • Öl fürs Blech • Salz • frisch gemahlener Pfeffer

– Für den Teig die Hefe mit dem Zucker und 2 EL lauwarmem Wasser verrühren. 2 EL Mehl untermischen. Restliches Mehl in eine Schüssel geben, eine Mulde hineindrücken. Hefemischung in die Mitte träufeln, leicht mit Mehl bestäuben und zugedeckt an einem warmen Ort 30 Min. gehen lassen.
– Das Salz und Olivenöl zum Mehl geben, nach und nach mit 1/8 l lauwarmem Wasser zu einem glatten Teig kneten. Auf einem Backbrett oder auf der Arbeitsfläche kräftig durchwalken, dann den Teig wieder in die Schüssel geben. Mit einem Tuch bedeckt an einem warmen Ort 1 Std. gehen lassen, bis das Teigvolumen sich verdoppelt hat.
– Backofen auf 225° (Umluft 200°) vorheizen. Ein rundes, flaches Blech (26 cm Ø) fetten. Teig auf einer leicht bemehlten Arbeitsfläche kräftig durchkneten. Aufs Blech geben und mit den Händen gleichmäßig flach drücken. Teigoberfläche rnit 1 EL Olivenöl bestreichen.
– Für den Belag die Zwiebeln in sehr feine Ringe aufschneiden. Die Zwiebeln auf dem Teig verteilen, mit frisch geriebenem Pecorino und eventuell Oreganoblättchen bestreuen. Restliche 3 EL Olivenöl darüber träufeln. Die Pizza im Ofen (Mitte) 25 Min. backen.
– Knusprig gebackene Pizza mit wenig Salz und reichlich frisch gemahlenem Pfeffer würzen, sofort servieren.

TIPP

Es kommt nicht darauf an, eine Pizza mit üppigem Belag aufzublähen – am besten schmeckt's mit überschaubaren Zutaten.

782. Sfincione (Sizilianische Zwiebelpizza)

HERZHAFT | SCHMECKT WARM UND KALT
Für 4 Fladen
Zubereitungszeit: 40 Min.
Gehzeit: 40 Min.
Backzeit pro Fladen: 30 Min.

Für den Teig: 500 g Mehl (Type 405) • 3/4 Würfel frische Hefe (30 g) • 1/4 l lauwarme Milch • 1 Ei • 1/2 TL Salz
Für den Belag: 400 g Tomaten • 3 Knoblauchzehen • 1 kg Zwiebeln • 3 EL Tomatenmark • 1 TL Salz • 4 EL Olivenöl • 20 schwarze Oliven • 200 g Caciocavallo • 1 TL Oreganoblättchen
Außerdem: Olivenöl für die Bleche

– Das Mehl in eine Schüssel sieben und in die Mitte eine Mulde drücken. Hefe in der Milch auflösen, in die Mulde gießen. Mit Ei und Salz zu einem lockeren Teig schlagen. Zur Kugel formen, zugedeckt etwa 40 Min. gehen lassen.
– Für den Belag die Tomaten blanchieren, häuten, den Stielansatz und die Samen entfernen. Das Fruchtfleisch in kleine Stücke schneiden. Knoblauch und Zwiebeln schälen, fein würfeln und mit Tomaten, Tomatenmark, Salz und 2 EL Öl mischen.
– Den Backofen auf 200° (Umluft 180°) vorheizen. Zwei Backbleche mit Öl einfetten. Teig durchkneten und vierteln. 4 dicke Fladen mit breiten Rändern daraus formen und auf die Bleche legen. Die Tomatenmischung auf den Teigstücken verteilen. Oliven halbieren und entsteinen, den Käse in etwa 1 cm große Würfel schneiden. Oliven, Käse und Oregano auf die Tomaten streuen. Das restliche Öl darüber träufeln und die Fladen nacheinander im Ofen (Mitte) 25–30 Min. backen.

TIPPS

- In Sizilien zählt dieser belegte Teigfladen zur „cucina povera", also zur „Küche der Bauern und Hirten" – kommt er doch ganz ohne teure Zutaten aus und ist dennoch ein komplettes, sättigendes und vor allem köstliches Essen.
- Möchten Sie es gern etwas Herzhafter, können Sie ein paar Sardellen klein hacken und unter die Tomaten-Zwiebel-Masse mischen.
- Die Sfincione schmeckt auch kalt sehr gut und eignet sich als Snack zum Bier.

783. Bärlauch-Pizza mit Pecorino

MACHT WAS HER | SCHNELL
Für 2 Personen
Zubereitungszeit: 20 Min.
Gehzeit: 1 Std.
Backzeit: 8 Min.

Für den Teig: 1/2 Würfel frische Hefe (21 g) • 1 TL Zucker • 250 g Mehl (Type 405) • 1/2 TL Salz • 2 EL Olivenöl
Für den Belag: 350 g Tomaten • 80 g Bärlauch • 200 g Schmand • frisch gemahlener Pfeffer • 70 g Pecorino
Außerdem: Olivenöl fürs Blech • Mehl für die Arbeitsfläche

– Hefe mit Zucker und 75 ml lauwarmem Wasser verrühren. Mehl in eine Schüssel geben, in die Mitte eine Mulde drücken, Hefemischung hineingießen. Zugedeckt an einem warmen Ort 15 Min. gehen lassen. Dann mit Salz, Öl und etwa 75 ml lauwarmem Wasser zu einem elastischen Teig verkneten. Zugedeckt 45 Min. gehen lassen.
– Den Backofen auf 250° (Umluft 220°) vorheizen. Das Backblech mit Öl einpinseln. Die Tomaten waschen und in dünne Scheiben schneiden, den Stielansatz entfernen. Den Bärlauch abbrausen, trockenschleudern und in etwa 1 cm breite Streifen schneiden.
– Den Teig auf einer bemehlten Arbeitsfläche dünn ausrollen und auf das Blech legen. Mit dem Schmand bestreichen, mit den Tomaten belegen. Mit Salz und Pfeffer würzen. Im Ofen (unten) 6–8 Min. backen.
– Den Pecorino grob raspeln oder in hauchdünne Späne hobeln. Mit dem Bärlauch über die Pizza streuen. Noch warm servieren.

784. Pizza mit Pesto und Ricotta

VEGETARISCH | BRAUCHT ETWAS ZEIT
Für 2 Personen
Zubereitungszeit: 1 1/4 Std.
Gehzeit: 1 Std.
Backzeit: 10 Min.

Für den Teig: 1/2 Würfel frische Hefe (21 g) • 1 TL Zucker • 250 g Mehl (Type 405) • 1/2 TL Salz • 2 EL Olivenöl
Für den Belag: 300 g Kirschtomaten • 200 g weicher Ricotta • frisch gemahlener Pfeffer
Für das Pizza-Pesto: 25 g Basilikum • 50 g Petersilie • je 10 g gehobelte Mandeln und Pinienkerne • 25 g Parmesan • 1 geschälte Knoblauchzehe • Saft und abgeriebene Schale von 1/2 unbehandelten Zitrone • 100 ml Olivenöl
Außerdem: Olivenöl fürs Blech

– Hefe mit Zucker und 75 ml lauwarmem Wasser verrühren. Mehl in eine Schüssel geben, in die Mitte eine Mulde drücken, Hefe hineingießen. Zugedeckt 15 Min. gehen lassen. Dann mit Salz, Öl und etwa 75 ml lauwarmem Wasser verkneten. Zugedeckt 45 Min. gehen lassen.
– Backofen auf 250° (Umluft 220°) vorheizen. Das Blech mit Öl einpinseln. Die Tomaten waschen und halbieren.
– Für das Pesto die Blätter des Basilikums und der Petersilie abzupfen, zusammen mit Mandeln, Pinienkernen, frisch geriebenem Parmesan, Knoblauch, Saft und der Schale der Zitrone und dem Olivenöl im Mixer pürieren.
– Den Teig dünn ausrollen und mit Pesto bestreichen. Mit Tomaten belegen und Ricotta in nicht zu kleinen Flocken darüber streuen. Mit Salz und Pfeffer würzen. Im Ofen (unten) etwa 10 Min. backen.

785. Pizza mit geräuchertem Forellenfilet

MACHT WAS HER | GELINGT LEICHT
Für 2 Personen
Zubereitungszeit: 20 Min.
Gehzeit: 1 Std.
Backzeit: 10 Min.

Für den Teig: 1/2 Würfel frische Hefe (21 g) • 1 TL Zucker • 250 g Mehl (Type 405) • 1/2 TL Salz • 2 EL Olivenöl

Für den Belag: 1 rote Zwiebel • 300 g Tomaten • 1 Kugel Mozzarella (125 g) • 250 g geräuchertes Forellenfilet (ohne Haut) • frisch gemahlener Pfeffer
Für die Tomatensalsa: 1 kleine Dose Pizza-Tomaten (400 g Abtropfgewicht) • 2 Knoblauchzehen • 2–4 EL Olivenöl • 1 TL getrockneter Thymian • Salz • Pfeffer, frisch gemahlen • Zucker • Chili und Zitronensaft (bei Bedarf)
Außerdem: Olivenöl fürs Blech

– Die Hefe mit Zucker und 75 ml lauwarmem Wasser verrühren. Das Mehl in eine Schüssel geben, in die Mitte eine Mulde drücken, die Hefe hineingießen. Abgedeckt 15 Min. gehen lassen. Dann mit Salz, Öl und etwa 75 ml lauwarmem Wasser zu einem elastischen Teig verkneten. Zugedeckt 45 Min. gehen lassen.
– Den Backofen auf 250° (Umluft 220°) vorheizen. Das Backblech mit Öl einpinseln. Die Zwiebel schälen, die Tomaten waschen. Beides fein würfeln, bei den Tomaten dabei den Stielansatz entfernen. Mozzarella in dünne Scheiben schneiden, Forellenfilet grob zerpflücken.
– Für die Tomatensalsa die Pizza-Tomaten in einem Sieb sehr gut abtropfen lassen, dabei immer wieder durchrühren. Die Knoblauchzehen schälen und dazupressen, Olivenöl unterrühren. Mit Thymian, Salz, Pfeffer, Zucker, bei Bedarf mit Chili und Zitronensaft würzen.
– Den Teig dünn ausrollen und auf das Backblech legen. Mit der Salsa bestreichen. Mit der Zwiebel, den Tomaten, der Forelle und dem Mozzarella belegen. Mit Salz und Pfeffer würzen. Im Ofen (unten) etwa 10 Min. backen.

786. Pizza al tonno

PREISWERT | WÜRZIG
Für 2 Personen
Zubereitungszeit: 20 Min.
Gehzeit: 1 Std.
Backzeit: 10 Min

Für den Teig: 1/2 Würfel frische Hefe (21 g) • 1 TL Zucker • 250 g Mehl (Type 405) • 1/2 TL Salz • 2 EL Olivenöl
Für den Belag: 1 Dose Tunfisch im eigenen Saft (200 g Abtropfgewicht) • 1 große rote Zwiebel • 1 Kugel Mozzarella (125 g) • 4 eingelegte Peperoni • frisch gemahlener Pfeffer
Für die Tomatensalsa: 1 kleine Dose Pizza-Tomaten (400 g Abtropfgewicht) • 2 Knoblauchzehen • 2–4 EL Olivenöl • 1 TL getrockneter Thymian • Salz • Pfeffer, frisch gemahlen • Zucker • Chili und Zitronensaft (bei Bedarf)
Außerdem: Olivenöl fürs Blech

– Die Hefe mit dem Zucker und 75 ml lauwarmem Wasser verrühren. Das Mehl in eine Schüssel geben, in die Mitte eine Mulde drücken, die Hefe hineingießen. Zugedeckt an einem warmen Ort 15 Min. gehen lassen. Dann mit Salz, Öl und etwa 75 ml lauwarmem Wasser zu einem elastischen Teig verkneten. Zugedeckt noch einmal 45 Min. gehen lassen.
– Den Backofen auf 250° (Umluft 220°) vorheizen. Das Backblech mit Öl einpinseln. Den Tunfisch abtropfen lassen und grob zerpflücken. Die Zwiebel schälen und in nicht zu feine Ringe oder grobe Würfel, den Mozzarella in dünne Scheiben schneiden.
– Für die Tomatensalsa die Pizza-Tomaten in einem Sieb sehr gut abtropfen lassen, dabei immer wieder durchrühren. Die Knoblauchzehen schälen und dazupressen, das Olivenöl unterrühren. Mit getrocknetem Thymian, Salz, Pfeffer, Zucker, bei Bedarf Chili und Zitronensaft würzen.
– Den Teig dünn ausrollen und mit der Salsa bestreichen. Mit Zwiebel, Tunfisch, Peperoni und Mozzarella belegen. Mit Salz und Pfeffer würzen. Im Ofen (unten) etwa 10 Min. backen.

787. Pizza calabrese

GELINGT LEICHT | WÜRZIG
Für 2 Personen
Zubereitungszeit: 20 Min.
Gehzeit: 1 Std.
Backzeit: 10 Min.

Für den Teig: 1/2 Würfel frische Hefe (21 g) • 1 TL Zucker • 250 g Mehl (Type 405) • 1/2 TL Salz • 2 EL Olivenöl
Für den Belag: 1 Dose Tunfisch (200 g Abtropfgewicht) • 4 Sardellenfilets in Salz • 1 Zwiebel • 1 Kugel Mozzarella (125 g) • Tomatensalsa • 40 g schwarze Oliven • 2 EL Kapern • frisch gemahlener Pfeffer
Für die Tomatensalsa: 1 kleine Dose Pizza-Tomaten (400 g Abtropfgewicht) • 2 Knoblauchzehen • 2–4 EL Olivenöl • 1 TL getrockneter Thymian • Salz •

frisch gemahlener Pfeffer • Zucker • Chili und Zitronensaft (bei Bedarf)
Außerdem: Olivenöl fürs Blech

– Die Hefe mit Zucker und 75 ml lauwarmem Wasser verrühren. Das Mehl in eine Schüssel geben, in die Mitte eine Mulde drücken, die Hefe hineingießen. Zugedeckt 15 Min. gehen lassen. Dann mit Salz, Öl und etwa 75 ml lauwarmem Wasser zu einem elastischen Teig verkneten. Zugedeckt erneut 45 Min. gehen lassen.
– Den Backofen auf 250° (Umluft 220°) vorheizen. Das Backblech mit Öl einpinseln. Den Tunfisch abtropfen lassen und grob zerpflücken. Die Sardellenfilets kalt abbrausen und dritteln. Die Zwiebel schälen und in feine Ringe schneiden, den Mozzarella in dünne Scheiben schneiden.
– Für die Tomatensalsa die Pizza-Tomaten in einem Sieb sehr gut abtropfen lassen, dabei immer wieder durchrühren. Knoblauchzehen schälen und dazupressen, das Olivenöl unterrühren. Mit Thymian, Salz, Pfeffer, Zucker, bei Bedarf mit Chili und Zitronensaft würzen.
– Den Teig dünn ausrollen und mit der Salsa bestreichen. Mit Tunfisch, Sardellen, Zwiebel, Oliven, Kapern und Mozzarella belegen. Mit Salz und Pfeffer würzen. Im Ofen (unten) etwa 10 Min. backen.

788. Pizza frutti di mare

FÜR FESTTAGE
Für 2 Personen
Zubereitungszeit: 20 Min.
Marinier-/Auftauzeit: 2–3 Std.
Gehzeit: 1 Std.
Backzeit: 10 Min.

Für den Belag: 2 Knoblauchzehen • 400 g tiefgekühlte gemischte Meeresfrüchte • Saft von 1 Zitrone • 2 EL Olivenöl • Salz • frisch gemahlener Pfeffer • 1 Kugel Mozzarella (125 g) • Tomatensalsa
Für den Teig: 1/2 Würfel frische Hefe (21 g) • 1 TL Zucker • 250 g Mehl (Type 405) • 1/2 TL Salz • 2 EL Olivenöl
Für die Tomatensalsa: 1 kleine Dose Pizza-Tomaten (400 g Abtropfgewicht) • 2 Knoblauchzehen • 2–4 EL Olivenöl • 1 TL getrockneter Thymian • Salz • frisch gemahlener Pfeffer • Zucker • Chili und Zitronensaft (bei Bedarf)
Außerdem: Olivenöl fürs Blech

– Den Knoblauch schälen und durch die Presse zu den Meeresfrüchten drücken. Mit Zitronensaft, Öl, Salz und Pfeffer mischen und zugedeckt marinieren und auftauen lassen.
– Die Hefe mit Zucker und 75 ml lauwarmem Wasser verrühren. Das Mehl in eine Schüssel geben, in die Mitte eine Mulde drücken, die Hefe hineingießen. Zugedeckt 15 Min. gehen lassen. Dann mit Salz, Öl und etwa 75 ml lauwarmem Wasser zu einem elastischen Teig verkneten. Zugedeckt erneut 45 Min. gehen lassen.
– Den Backofen auf 250° (Umluft 220°) vorheizen. Das Backblech mit Öl bepinseln. Den Mozzarella in dünne Scheiben schneiden.
– Für die Tomatensalsa die Pizza-Tomaten in einem Sieb sehr gut abtropfen lassen, dabei immer wieder durchrühren. Knoblauchzehen schälen und dazupressen, das Olivenöl unterrühren. Mit Thymian, Salz, Pfeffer, Zucker, bei Bedarf mit Chili und Zitronensaft würzen.
– Teig dünn ausrollen und mit der Salsa bestreichen. Mit den Meeresfrüchten und dem Mozzarella belegen. Mit Salz und Pfeffer würzen. Im Ofen (unten) etwa 10 Min. backen.

789. Pizza Capricciosa

HERZHAFT | GELINGT LEICHT
Für 2 Personen
Zubereitungszeit: 20 Min.
Gehzeit: 1 Std.
Backzeit: 10 Min.

Für den Teig: 1/2 Würfel frische Hefe (21 g) • 1 TL Zucker • 250 g Mehl (Type 405) • 1/2 TL Salz • 2 EL Olivenöl
Für den Belag: 200 g Champignons • 4 Scheiben gekochter Schinken (ca. 100 g) • 6 Sardellenfilets in Salz • 1 Kugel Mozzarella (125 g) • Tomatensalsa • 40 g Kräuter-Oliven • frisch gemahlener Pfeffer
Für die Tomatensalsa: 1 kleine Dose Pizza-Tomaten (400 g Abtropfgewicht) • 2 Knoblauchzehen • 2–4 EL Olivenöl • 1 TL getrockneter Thymian • Salz • frisch gemahlener Pfeffer • Zucker • Chili und Zitronensaft (bei Bedarf)
Außerdem: Olivenöl fürs Blech

– Die Hefe mit Zucker und 75 ml lauwarmem Wasser verrühren. Das Mehl in eine Schüssel geben, in die Mitte eine Mulde drücken, die Hefe hineingießen. Zugedeckt

15 Min. gehen lassen. Dann mit Salz, Öl und etwa 75 ml lauwarmem Wasser zu einem elastischen Teig verkneten. Zugedeckt erneut 45 Min. gehen lassen.
– Den Backofen auf 250° (Umluft 220°) vorheizen. Das Backblech mit Öl einpinseln. Champignons trocken abreiben und die Stielenden abschneiden. Die Pilze in feine Scheiben schneiden. Den Schinken in grobe Stücke zupfen. Die Sardellenfilets kalt abbrausen und quer halbieren. Den Mozzarella in dünne Scheiben schneiden.
– Für die Tomatensalsa die Pizza-Tomaten in einem Sieb gut abtropfen lassen, dabei immer wieder durchrühren. Den Knoblauch schälen und dazupressen, das Olivenöl unterrühren. Mit getrocknetem Thymian, Salz, Pfeffer, Zucker, bei Bedarf mit Chili und Zitronensaft würzen.
– Teig dünn ausrollen und mit der Salsa bestreichen. Mit Schinken, Champignons, Sardellen, Oliven und Mozzarella belegen. Mit Salz und Pfeffer würzen. Im Ofen (unten) etwa 10 Min. backen.

TIPP

Wenn Sie gern Pizza essen, können Sie die Tomatensalsa auch auf Vorrat bereiten. Die im Rezept angegebene Menge ergibt etwa 200 ml. Die Salsa in ein Glas füllen und verschließen. Sie hält sich im Kühlschrank 2–3 Tage.

790. Pizza mit Rucola und Serrano

FÜR GÄSTE | GELINGT LEICHT
Für 2 Personen
Zubereitungszeit: 20 Min.
Gehzeit: 1 Std.
Backzeit: 8 Min.

Für den Teig: 1/2 Würfel frische Hefe (21 g) • 1 TL Zucker • 250 g Mehl (Type 405) • 1/2 TL Salz • 2 EL Olivenöl
Für den Belag: 200 g Tomaten • 2 Hand voll Rucola • 4 Scheiben Serrano-Schinken (ca. 40 g) • 30 g Parmesan • Tomatensalsa • frisch gemahlener Pfeffer
Für die Tomatensalsa: 1 kleine Dose Pizza-Tomaten (400 g Abtropfgewicht) • 2 Knoblauchzehen • 2–4 EL Olivenöl • 1 TL getrockneter Thymian • Salz • frisch gemahlener Pfeffer • Zucker • Chili und Zitronensaft (bei Bedarf)
Außerdem: Olivenöl fürs Blech

– Die Hefe mit Zucker und 75 ml lauwarmem Wasser verrühren. Das Mehl in eine Schüssel geben, in die Mitte eine Mulde drücken, die Hefe hineingießen. Zugedeckt 15 Min. gehen lassen. Dann mit Salz, Olivenöl und etwa 75 ml lauwarmem Wasser zu einem elastischen Teig verkneten. Zugedeckt noch einmal 45 Min. gehen lassen.
– Den Backofen auf 250° (Umluft 220°) vorheizen. Das Backblech mit Öl einpinseln. Die Tomaten waschen und grob würfeln. Den Rucola verlesen, waschen und trockenschleudern. Den Schinken grob zerzupfen, den Parmesan in dünne Späne hobeln.
– Für die Tomatensalsa die Pizza-Tomaten in einem Sieb abtropfen lassen, dabei immer wieder durchrühren. Den Knoblauch schälen und dazupressen, das Olivenöl unterrühren. Mit getrocknetem Thymian, Salz, Pfeffer, Zucker, bei Bedarf mit Chili und Zitronensaft würzen.
– Teig dünn ausrollen und mit der Salsa bestreichen. Mit den Tomaten belegen, mit Salz und Pfeffer würzen. Im Ofen (unten) etwa 8 Min. backen.
– Dann Rucola, Serrano-Schinken und den Parmesan darüber verteilen.

791. Pizza quattro stagioni

GELINGT LEICHT
Für 2 Personen
Zubereitungszeit: 20 Min.
Gehzeit: 1 Std.
Backzeit: 10 Min.

Für den Teig: 1/2 Würfel frische Hefe (21 g) • 1 TL Zucker • 250 g Mehl (Type 405) • 1/2 TL Salz • 2 EL Olivenöl
Für den Belag: 150 g Champignons • 200 g eingelegte Artischockenherzen • 4 Scheiben gekochter Schinken (ca. 100 g) • 1 Kugel Mozzarella (125 g) • Tomatensalsa • 100 g schwarze Oliven • 4 eingelegte Peperoni • frisch gemahlener Pfeffer
Für die Tomatensalsa: 1 kleine Dose Pizza-Tomaten (400 g Abtropfgewicht) • 2 Knoblauchzehen • 2–4 EL Olivenöl • 1 TL getrockneter Thymian • Salz • frisch gemahlener Pfeffer • Zucker • Chili und Zitronensaft (bei Bedarf)
Außerdem: Olivenöl fürs Blech

– Die Hefe mit Zucker und 75 ml lauwarmem Wasser verrühren. Das Mehl in eine Schüssel geben, in die Mitte eine Mulde drücken, die Hefe hineingießen. Zugedeckt

15 Min. gehen lassen. Dann mit Salz, Öl und etwa 75 ml lauwarmem Wasser zu einem elastischen Teig verkneten. Abgedeckt 45 Min. gehen lassen.
– Den Backofen auf 250° (Umluft 220°) vorheizen. Das Backblech mit Öl einpinseln. Die Champignons trocken abreiben und die Stielenden abschneiden. Pilze in feine Scheiben schneiden. Die Artischockenherzen vierteln. Schinkenscheiben in grobe Würfel, den Mozzarella in dünne Scheiben schneiden.
– Für die Tomatensalsa die Pizza-Tomaten in einem Sieb sehr gut abtropfen lassen, dabei immer wieder durchrühren. Knoblauchzehen schälen und dazupressen, das Olivenöl unterrühren. Mit Thymian, Salz, Pfeffer, Zucker, bei Bedarf mit Chili und Zitronensaft würzen.
– Teig dünn ausrollen und mit der Salsa bestreichen. Je ein Viertel des Teiges mit Champignons, Artischocken, Schinken oder Oliven und Peperoni belegen. Den Mozzarella darauf verteilen, mit Salz und Pfeffer würzen. Im Ofen (unten) etwa 10 Min. backen.

792. Pizza Hawaii

FRUCHTIG | PREISWERT
Für 2 Personen
Zubereitungszeit: 20 Min.
Gehzeit: 1 Std.
Backzeit: 10 Min.

Für den Teig: 1/2 Würfel frische Hefe (21 g) • 1 TL Zucker • 250 g Mehl (Type 405) • 1/2 TL Salz • 2 EL Olivenöl
Für den Belag: 150 g Ananasstücke (aus der Dose) • 4 Scheiben gekochter Schinken (ca. 100 g) • 1 Kugel Mozzarella (125 g) • Tomatensalsa • frisch gemahlener Pfeffer • 1 EL Olivenöl
Für die Tomatensalsa: 1 kleine Dose Pizza-Tomaten (400 g Abtropfgewicht) • 2 Knoblauchzehen • 2–4 EL Olivenöl • 1 TL getrockneter Thymian • Salz • frisch gemahlener Pfeffer • Zucker • Chili und Zitronensaft (bei Bedarf)
Außerdem: Olivenöl fürs Blech

– Die Hefe mit Zucker und 75 ml lauwarmem Wasser verrühren. Das Mehl in eine Schüssel geben, in die Mitte eine Mulde drücken, die Hefe hineingießen. Zugedeckt 15 Min. gehen lassen. Dann mit Salz, Öl und etwa 75 ml lauwarmem Wasser zu einem elastischen Teig verkneten. Zugedeckt erneut 45 Min. gehen lassen.
– Den Backofen auf 250° (Umluft 220°) vorheizen. Das Blech mit Öl einpinseln. Die Ananas in einem Sieb abtropfen lassen. Schinken in etwa 1 cm breite Streifen schneiden. Mozzarella in dünne Scheiben schneiden.
– Für die Tomatensalsa die Pizza-Tomaten in einem Sieb abtropfen lassen, dabei immer wieder durchrühren. Die Knoblauchzehen schälen und dazupressen, das Olivenöl unterrühren. Mit getrocknetem Thymian, Salz, Pfeffer, Zucker, bei Bedarf mit Chili und Zitronensaft würzen.
– Teig dünn ausrollen und mit Salsa bestreichen. Mit Schinken, Ananas, Mozzarella belegen. Mit Öl beträufeln, salzen, pfeffern. Im Ofen (unten) 10 Min. backen.

793. Pizza mit Bacon und Salami

HERZHAFT | GELINGT LEICHT
Für 2 Personen
Zubereitungszeit: 20 Min.
Gehzeit: 1 Std.
Backzeit: 10 Min.

Für den Teig: 1/2 Würfel frische Hefe (21 g) • 1 TL Zucker • 250 g Mehl (Type 405) • 1/2 TL Salz • 2 EL Olivenöl
Für den Belag: 6 Scheiben Bacon (Frühstücksspeck, ca. 90 g) • 1 Fleischtomate • 80 g Gouda • Tomatensalsa • 1 EL Tomatenmark • 8 Scheiben Salami (40 g) • 40 g schwarze Oliven • frisch gemahlener Pfeffer
Für die Tomatensalsa: 1 kleine Dose Pizza-Tomaten (400 g Abtropfgewicht) • 2 Knoblauchzehen • 2–4 EL Olivenöl • 1 TL getrockneter Thymian • Salz • frisch gemahlener Pfeffer • Zucker • Chili und Zitronensaft (bei Bedarf)
Außerdem: Olivenöl fürs Blech

– Die Hefe mit Zucker und 75 ml lauwarmem Wasser verrühren. Das Mehl in eine Schüssel geben, in die Mitte eine Mulde drücken, die Hefe hineingießen. Zugedeckt 15 Min. gehen lassen. Dann mit Salz, Öl und etwa 75 ml lauwarmem Wasser zu einem elastischen Teig verkneten. Zugedeckt erneut 45 Min. gehen lassen.
– Den Backofen auf 250° (Umluft 220°) vorheizen. Das Backblech mit Öl einpinseln.
– Die Baconscheiben quer halbieren und 2–3 Min. bei starker Hitze in einer Pfanne auslassen und bräunen. Die Tomate waschen und in sehr dünne Scheiben schneiden, dabei den Stielansatz entfernen. Den Gouda grob raspeln.

– Für die Tomatensalsa die Pizza-Tomaten in einem Sieb sehr gut abtropfen lassen, dabei immer wieder durchrühren. Die Knoblauchzehen schälen und dazupressen, 2–4 EL Olivenöl unterrühren. Mit 1 TL Thymian, Salz, Pfeffer, Zucker, bei Bedarf mit Chili und Zitronensaft würzen. Das Tomatenmark untermischen.
– Teig dünn ausrollen und mit der Salsa bestreichen. Mit Tomate, Salami, Oliven, Bacon und dem Gouda belegen. Salzen und pfeffern. Im Ofen (unten) etwa 10 Min. backen.

794. Pizza diavolo

SCHARF | GELINGT LEICHT
Für 2 Personen
Zubereitungszeit: 20 Min.
Gehzeit: 1 Std.
Backzeit: 10 Min

Für den Teig: 1/2 Würfel frische Hefe (21 g) • 1 TL Zucker • 250 g Mehl (Type 405) • 1/2 TL Salz • 2 EL Olivenöl
Für den Belag: 1 Zwiebel • 1 Kugel Mozzarella (125 g) • Tomatensalsa • 70 g scharfe Salami, in möglichst dünnen Scheiben • 12 eingelegte scharfe Peperoni
Für die Tomatensalsa: 1 kleine Dose Pizza-Tomaten (400 g Abtropfgewicht) • 2 Knoblauchzehen • 2–4 EL Olivenöl • 1 TL getrockneter Thymian • Salz • frisch gemahlener Pfeffer • Zucker • Chili und Zitronensaft (bei Bedarf)
Außerdem: Olivenöl fürs Blech

– Die Hefe mit Zucker und 75 ml lauwarmem Wasser verrühren. Das Mehl in eine Schüssel geben, in die Mitte eine Mulde drücken, die Hefe hineingießen. Zugedeckt an einem warmen Ort 15 Min. gehen lassen. Dann mit dem Salz, dem Olivenöl und etwa 75 ml lauwarmem Wasser zu einem elastischen Teig verkneten. Zugedeckt noch einmal 45 Min. gehen lassen.
– Backofen auf 250° (Umluft 220°) vorheizen. Backblech mit Öl einpinseln. Die Zwiebel schälen und in feine Ringe, den Mozzarella in dünne Scheiben schneiden.
– Für die Tomatensalsa die Pizza-Tomaten in einem Sieb sehr gut abtropfen lassen, dabei immer wieder durchrühren. Die Knoblauchzehen schälen und dazupressen, das Olivenöl unterrühren. Mit getrocknetem Thymian, Salz, Pfeffer, Zucker, bei Bedarf mit Chili und Zitronensaft würzen.
– Teig dünn ausrollen und mit der Salsa bestreichen. Mit der Zwiebel, der Salami, den Peperoni und dem Mozzarella belegen. Mit wenig Salz würzen. Im Ofen (unten) etwa 10 Min. backen.

TIPP
Wenn es schnell gehen soll, können Sie statt des selbst gemachten Teigs auch einen Pizzateig aus dem Kühlregal verwenden. Die Qualität der Fertigteige ist sehr gut.

795. Große Familienpizza

SCHMECKT KINDERN
Für 1 Backblech
Zubereitungszeit: 45 Min.
Gehzeit: 1 Std.
Backzeit: 35 Min.

Für den Teig: 500 g Mehl (Type 405) • 1 Würfel frische Hefe (42 g) • 1/4 l lauwarme Milch • 1 TL Salz • 100 g Margarine
Für den Belag: 300 g Champignons • 250 g Jagdwurst am Stück • 125 g Salami am Stück • 3 Zwiebeln • 2 EL Butter • Pfeffer • 500 g Tomaten • 1 gelbe Paprikaschote • 8 EL Ketchup • 1 EL getrockneter Oregano • 300 g Emmentaler in Streifen
Außerdem: Fett fürs Blech

– Das Mehl in eine Schüssel geben. Hefe in der Milch auflösen, mit Salz und der Margarine in Stückchen zum Mehl geben. Einen glatten Teig kneten, zum Kloß formen und 1 Std. an einem warmen Platz gehen lassen.
– Die Pilze putzen und in Scheiben schneiden. Die Wurst in Würfel schneiden. Die Zwiebeln schälen und in Ringe schneiden. Die Butter erhitzen, Pilze und Zwiebeln darin kurz andünsten. Mit Salz und Pfeffer würzen.
– Die Tomaten waschen und in Scheiben schneiden. Paprikaschoten putzen und in Streifen schneiden.
– Den Backofen auf 240° (Umluft 220°) vorheizen. Das Backblech fetten. Teig nochmals durchkneten, auf dem Blech ausrollen und die Ränder etwas hochdrücken. Mit dem Ketchup bestreichen, die Wurstwürfel darauf verteilen und mit Oregano bestreuen. Pilze und Zwiebeln darauf verteilen, die Tomaten und Paprika darüber

legen. Alles noch einmal würzen und die Pizza im Ofen (Mitte) 10 Min. backen. Die Hitze auf 200° (Umluft 180°) reduzieren und die Pizza weitere 20 Min. backen. Mit dem Käse bestreuen und in 5 Min. goldbraun fertig backen.

TIPP

Pizza ist ein herliches Gericht für Kinder, denn hier können sie ihren Belag ohne großen Aufwand selbst bestimmen. Lecker schmecken auch gekochter Schinken, Räucherspeck, Austernpilze, Fenchel oder Gemüsezwiebeln.

796. Calzone mit Ricotta und Salami

GELINGT LEICHT
Für 4 Stück
Zubereitungszeit: 40 Min.
Gehzeit: 30 Min.
Backzeit: 20 Min.

Für den Teig: 450 g Mehl (Type 405) • 1/2 Würfel frische Hefe (20 g) • 1/4 TL Salz • 2 EL Olivenöl
Für die Füllung: 200 g Ricotta (italienischer Frischkäse) • 2 Eier • 1 TL getrockneter Oregano • 50 g geriebener Parmesan • Salz • Pfeffer • 100 g grüne Oliven ohne Stein • 100 g Salami in Scheiben
Außerdem: 4 EL Olivenöl zum Bestreichen • Backtrennpapier fürs Blech • Mehl für die Arbeitsfläche

– Das Mehl in eine Schüssel sieben, in die Mitte eine Mulde drücken. Die Hefe zerbröckeln, mit 200 ml lauwarmem Wasser verrühren und in die Mulde gießen. Mit dem Mehl, Salz und Olivenöl rasch zu einem glatten, geschmeidigen Teig verkneten. Zugedeckt an einem warmen Ort 30 Min. gehen lassen.
– Für die Füllung Ricotta mit den Eiern, Oregano und Parmesan verrühren. Mit Salz und Pfeffer abschmecken Oliven vierteln und Salami in Streifen schneiden.
– Den Backofen auf 220° (Umluft 200°) vorheizen. Das Backblech mit Backpapier belegen.
– Den Hefeteig auf einer bemehlten Arbeitsfläche noch einmal durchkneten und vierteln. Die Viertel zu Kugeln formen und zu runden Fladen ausrollen. Die Fladen mit dem Olivenöl bestreichen. Ricottafüllung auf den Fladen verteilen, Salami und Oliven darüber streuen. Die Fladen zusammenklappen, die Ränder fest andrükken. Die Calzone auf das Backblech legen. Im Ofen (Mitte) 20 Min. backen. Herausnehmen und noch warm servieren.

TIPP

• Calzone, gefüllte Pizzataschen, sind wie die Pizza ein Klassiker der italienischen Küche. In den Füllungen verstecken sich die unterschiedlichsten Zutaten.
• Ersetzen Sie die Salami durch gekochten Schinken und rühren Sie Kapern und 1 EL gehackte Petersilie unter die Ricottafüllung.

797. Calzone mit Zwiebeln und Tomaten

AUS SIZILIEN | HERZHAFT
Für 1 große Calzone
Zubereitungszeit: 30 Min.
Gehzeit: 50 Min.
Backzeit: 30 Min.

Für den Teig: 400 g Mehl (Type 550 oder 405) • 1 TL Salz • 3/4 Würfel frische Hefe (30 g) • 3 EL Olivenöl
Für die Füllung: 300 g Zwiebeln • 100 g schwarze Oliven mit Stein • 6 Sardellenfilets • 1 EL Kapern • 300 g kleine Tomaten • 1 Bund Petersilie • 5 EL Olivenöl • getrockneter Oregano • Salz • frisch gemahlener Pfeffer • 150 g junger Pecorino
Außerdem: Öl fürs Blech • 1 Ei zum Bestreichen

– Das Mehl in eine Schüssel sieben und mit dem Salz vermischen. Die Hefe in 1/4 l lauwarmem Wasser auflösen und mit dem Öl zum Mehl geben. Alles zu einem geschmeidigen Teig verkneten. Den Teig zur Kugel formen, in einer Schüssel mit Mehl bestäuben. Mit einem sauberen Küchentuch bedecken und den Teig an einem warmen Ort etwa 30 Min. gehen lassen, bis er sein Volumen verdoppelt hat.
– Für die Füllung die Zwiebeln schälen und in Ringe schneiden. Die Oliven entsteinen und fein hacken. Die Sardellenfilets und die Kapern ebenfalls klein hacken. Die Tomaten blanchieren, häuten, Stielansätze und Samen entfernen und das Fruchtfleisch würfeln. Die Petersilie fein hacken.

– Das Öl in einer Pfanne erhitzen und die Zwiebelringe darin zugedeckt bei schwacher Hitze weich dünsten. Oliven, Sardellen, Kapern, Tomaten und Petersilie untermischen Mit Oregano, Salz sowie Pfeffer würzen und die Mischung abkühlen lassen. Käse grob raspeln und unter die ausgekühlte Zwiebelmasse rühren.
– Den Backofen auf 200° (Umluft 180°) vorheizen. Das Backblech mit Öl bepinseln. Teig erneut durchkneten und auf einer bemehlten Arbeitsfläche zu einem ovalen Fladen von 1/2 bis 1 cm Dicke ausrollen. Das Ei trennen.
– Die Zwiebelmasse auf einer Teighälfte verteilen, dabei einen fingerbreiten Rand frei lassen. Diesen mit Eiweiß bestreichen. Die andere Teighälfte über die Füllung klappen und den Rand gut festdrücken. Den äußeren Rand ebenfalls mit Eiweiß bestreichen und nach innen klappen. Die Calzone umdrehen, auf das Backblech legen und den nun entstandenen dickeren Rand mit einem Messerrücken eindrücken. Die Calzone zugedeckt noch etwa 20 Min. gehen lassen.
– Die Oberfläche mit dem verquirlten Eigelb bestreichen. Die Calzone im Ofen (Mitte) in 25–30 Min. goldgelb backen.

TIPP

Die Füllung dieser Calzone ist angenehm würzig: In Salz eingelegte Kapern, schwarze Oliven, Sardellen und Kräuter sind dafür verantwortlich. Aufpassen sollte man allerdings beim Salzen, damit das Ganze nicht zu salzig wird.

798. Türkische Pizza (Lahmacun)

GELINGT LEICHT | PREISWERT
Für 2 Pizzen
Zubereitungszeit: 45 Min.
Gehzeit: 20 Min.
Backzeit: 25 Min.

Für den Teig: 500 g Mehl (Type 405) • 1/4 Würfel frische Hefe (10 g) • 4–6 EL Milch • 2 Eier • Salz • 2 TL Zucker • 4 EL Butter
Für den Belag: 2 Zwiebeln • 1 kleine Tomate • 2 EL Petersilie oder Dill, frisch gehackt • 2 EL Butter • 1 kg Rinderhackfleisch • schwarzer Pfeffer • rosenscharfes Paprikapulver • Salz
Außerdem: Butter für die Backbleche

– Für den Teig das Mehl in eine Schüssel geben und eine Mulde hineindrücken. Hefe, Milch, Eier, Salz, Zucker und Butter hineingeben und alles gut durchkneten. Den Teig in Hühnerei große Stücke teilen und unter einem feuchten Tuch etwa 10 Min. gehen lassen.
– Für den Belag die Zwiebeln schälen und sehr klein schneiden. Die Tomate mit kochend heißem Wasser kurz überbrühen und die Haut abziehen. Die Tomate klein schneiden. Die Zwiebeln, die Tomate und die Petersilie oder den Dill mit der Butter und dem Hackfleisch mischen. Mit Pfeffer, Paprikapulver und Salz abschmecken.
– Den Backofen auf 180° (Umluft 160°) vorheizen. Die Backbleche fetten.
– Die Teigstücke rund und 1/2 cm dick ausrollen. Auf zwei gebutterte Backbleche geben. Die Fleischmischung mit einem Löffel auf die Pizzas streichen, dann nochmals 5–10 Min. gehen lassen. Die Pizzas im Ofen (Mitte) 20–25 Min. backen.

799. Paprikabrot

AUS SPANIEN | RAFFINIERT
Für 1 Backblech (35 x 43 cm)
Zubereitungszeit: 45 Min.
Gehzeit: 30 Min.
Backzeit: 20 Min.

Für den Teig: 500 g Mehl (Type 405) • 1/2 Würfel frische Hefe (20 g) • 1 Prise Zucker • 150 ml frisch gepresster Orangensaft • 1 Ei • 50 g weiches Schweineschmalz • 1/4 TL abgeriebene Schale von 1 unbehandelten Orange • 1 TL Salz
Für den Belag: 1 kg rote Paprikaschoten • 3 Knoblauchzehen • Salz • frisch gemahlener Pfeffer • 100 g schwarze Oliven
Außerdem: Schmalz fürs Blech • Mehl für die Arbeitsfläche • 80 ml Olivenöl zum Beträufeln

– Den Backofen auf 220° (Umluft 200°) vorheizen. Das Backblech mit Schmalz fetten.
– Aus Mehl, Hefe, Zucker und 100 ml lauwarmem Wasser einen Vorteig rühren, gehen lassen. Orangensaft durch ein Sieb gießen und erwärmen. Ei und Schmalz verkneten, mit Orangensaft, Orangenschale und Salz zum Vorteig geben. Alles zu einem glatten Teig verkneten, gehen lassen, bis sich sein Volumen verdoppelt hat. Das dauert ungefähr 30 Min.

– Die Paprikaschoten im Ofen backen, bis die Haut Blasen wirft. Herausnehmen, in eine Plastiktüte legen und »schwitzen« lassen. Die Haut abziehen. Die Stielansätze und Samen entfernen, das Fruchtfleisch in 1/2 cm breite Scheiben schneiden. Knoblauch schälen und in Scheibchen schneiden.
– Die Backofentemperatur auf 200° (Umluft 180°) reduzieren. Den Teig auf einer bemehlten Arbeitsfläche ausrollen und auf das Blech legen. Die Paprikastücke auf dem Teig anordnen, den Knoblauch dazwischen verteilen, salzen und pfeffern. Das Paprikabrot im Ofen (Mitte) 15 Min. backen. Dann die Oliven auflegen und das Brot weitere 5 Min. backen. Das Brot herausnehmen und mit dem Olivenöl beträufeln.

800. Brot mit Huhn und Gemüse

AUS SPANIEN | FÜR GÄSTE
Für 1 Pieform (28 cm Ø)
Zubereitungszeit: 45 Min.
Gehzeit: 40 Min.
Backzeit: 25 Min.

Für den Teig: 250 g Mehl (Type 405) • 1/4 Würfel frische Hefe (10 g) • 1 kleine Prise Zucker • 75 ml frisch gepresster Orangensaft • 1 Eigelb • 25 g weiches Schweineschmalz • etwas abgeriebene Schale von 1 unbehandelten Zitrone • 1/2 TL Salz
Für den Belag: 250 g Hähnchenfleisch ohne Knochen (Brust, Keule) • Salz • frisch gemahlener Pfeffer • 80 g Aubergine • 150 g Zucchini • 70 g Zwiebeln • 2 Knoblauchzehen • 1 rote Chilischote • 40 g schwarze Oliven • 5 EL Olivenöl • 1 EL gehackte Petersilie
Außerdem: Olivenöl für die Form

– Mehl in eine Schüssel geben, in die Mitte eine Mulde drücken. Hefe, Zucker und 50 ml lauwarmes Wasser hineingeben und mit etwas Mehl einen Vorteig rühren. An einem warmen Ort etwa 10 Min. gehen lassen.
– Den Orangensaft durch ein Sieb gießen und erwärmen. Das Eigelb mit dem Schweineschmalz verkneten und mit dem Orangensaft, der Zitronenschale und dem Salz zum Vorteig geben. Alles zu einem glatten Teig verkneten, gehen lassen, bis sich sein Volumen verdoppelt hat. Das dauert etwa 30 Min.
– Das Hähnchenfleisch waschen, trockentupfen und würzen. In 2 EL Öl von jeder Seite 1–2 Min. anbraten, in Scheiben schneiden.
– Die Stielansätze der Aubergine und der Zucchini entfernen. Die Aubergine längs halbieren und quer in 2 mm dicke Scheiben schneiden. Die Zucchini längs in 2 mm dicke Scheiben schneiden. Die Zwiebel und den Knoblauch schälen. Die Chilischote längs aufschlitzen und die Samen entfernen. Zwiebeln und Chilischote in dünne Ringe schneiden.
– Den Backofen auf 200° (Umluft 180°) vorheizen. Die Form mit Öl bepinseln. Den Teig ausrollen, in die mit Öl gefettete Form geben, mit Fleisch und Gemüse belegen. Knoblauch fein hacken, mit dem restlichen Öl vermischt auf dem Brot verteilen. Im Ofen (Mitte) 20 Min. backen, dann die Oliven auflegen und weitere 5 Min. backen. Aus dem Ofen nehmen, mit Petersilie bestreuen und noch warm servieren.

801. Kümmelfladen

AUS POLEN | WÜRZIG
Für 6 Stück
Zubereitungszeit: 20 Min.
Gehzeit: 1 Std. 10 Min.
Backzeit: 20 Min.

Für den Teig: 400 g Weizenmehl (Type 405) • 100 g Roggenmehl (Type 997) • 3/4 Würfel frische Hefe (30 g) • 1/4 l lauwarme Milch • 1/2 TL Salz
Für den Belag: 1/4 l saure Sahne (10 % Fett) • 2 Eier • 1/2 TL Salz • 2 Msp. edelsüßes Paprikapulver • 3 TL Kümmelsamen • 3 EL Schnittlauchröllchen
Außerdem: Fett für die Backbleche • Mehl für die Arbeitsfläche

– Beide Mehlsorten in eine Schüssel sieben, in die Mitte eine Mulde drücken, die Hefe hineinbröckeln und mit der Milch auflösen, dabei etwas Mehl vom Rand unterarbeiten. Den Ansatz mit Mehl bestäuben. Den Vorteig mit einem Tuch bedeckt etwa 10 Min. an einem warmen Ort gehen lassen, bis die Oberfläche Risse zeigt.
– Das Salz zum Vorteig geben, alle Zutaten zu einem glatten Teig verarbeiten. Teig zu einer Kugel formen, in die Schüssel legen und zugedeckt 30 Min. gehen lassen. Den Teig erneut durchkneten und weitere 30 Min. gehen lassen.
– Den Backofen auf 200° (Umluft 180°) vorheizen. Die Bleche fetten. Den Teig durchkneten und zu einer Rolle formen. In 6 gleich große Stücke teilen, jedes Stück auf einer bemehlten Arbeitsfläche zu daumendicken Fladen

von etwa 20 cm Ø ausrollen. Die Fladen auf die Bleche legen, die Oberflächen mit einer Gabel einstechen.
– Für den Belag saure Sahne mit den Eiern verrühren. Mit Salz und Paprikapulver würzen. Die Kümmelsamen und Schnittlauchröllchen untermischen. Die Masse auf die Fladen streichen, dabei jeweils ringsum einen kleinen Rand frei lassen. Die Fladen im Ofen (Mitte) 15–20 Min. backen. Auskühlen lassen.

TIPP
Kümmel wird vor allem in Mittel- und Osteuropa sehr geschätzt. Die kleinen unscheinbaren Samen können aber noch mehr als würzen: Sie wirken appetitanregend und magenberuhigend.

802. Würziger Käsekuchen

GUT VORZUBEREITEN
Für 1 Tortenform (24 cm Ø)
Zubereitungszeit: 1 Std.
Trockenzeit: 1 Std.
Gehzeit: 1 Std.
Backzeit: 45 Min.

Für den Teig: 3 EL Milch • 1/4 Würfel frische Hefe (10 g) • etwa 150 g Mehl (Type 405) • 1–2 Prisen Zucker • 1 kleines Ei • 80 g weiche gesalzene Butter
Für den Belag: 250 g Quark (40 % Fett i. Tr.) • etwa 400 g Maroilles-Käse • 75 g Crème fraîche • 2 kleine Eier • weißer Pfeffer
Außerdem: Fett für die Form

– Quark etwa 1 Std. auf Küchenpapier trocknen lassen, bis er etwa 100 g wiegt. Die Form fetten.
– Milch erwärmen. In einer Schüssel Hefe zerbröckeln, mit der Milch verrühren. Mit 100 g Mehl, Zucker, Ei und Butter verrühren. Noch so viel Mehl (etwa 50 g) unterkneten, dass der Teig nicht mehr klebt. Teig zu etwa 30 cm Ø ausrollen, in die Form legen, Rand etwas andrücken. Zugedeckt etwa 1 Std. gehen lassen.
– Backofen auf 200° (Umluft 180°) vorheizen. Käse entrinden und in dünne Scheiben schneiden. Die Hälfte des Käses auf dem Teig verteilen. Restlichen Käse mit der Gabel zerkleinern, mit Quark, Käse, Crème fraîche und den restlichen Eier cremig schlagen. Mit Pfeffer würzen.
– Käsecreme auf dem Teig glatt streichen. Im Backofen (Mitte) 35–45 Min. backen, bis der Käsebelag doppelt so hoch aufgegangen ist. Etwa 20 Min. bei offener Backofentür auskühlen lassen. Warm servieren.

803. Elsässer Flammkuchen

BERÜHMTER KLASSIKER
Für 2 große Bleche
Zubereitungszeit: 1 Std.
Gehzeit: 2 Std.
Backzeit pro Backblech: 15 Min.

Für den Teig: 1 Würfel frische Hefe (42 g) • 1 Prise Zucker • etwa 500 g Mehl (Type 405) • 1 TL Salz
Für den Belag: 4 große Zwiebeln • 2–3 EL Butter • 300–400 g Frühstücksspeck, ohne Schwarte • 2–3 EL Crème fraîche
Außerdem: Fett für die Bleche

– Für den Teig die Hefe zerbröckeln und mit 1/4 l lauwarmem Wasser, dem Zucker, 250–300 g Mehl und dem Salz in einer großen Schüssel zu einem flüssigen Teig rühren. Mit etwas Mehl bestäuben. Die Schüssel abdecken und den Teig an einem warmen Ort etwa 30 Min. gehen lassen.
– Dann das Restmehl unter den Vorteig rühren. Den Teig etwa 10 Min. mit bemehlten Händen kneten. Der Teig sollte nicht mehr kleben. Teig erneut zudecken. Bei Raumtemperatur weitere 1 1/2 Std. gehen lassen, bis der Teig sein Volumen verdoppelt hat.
– Backofen auf 250° (Umluft 230°) vorheizen. Zwei Backbleche einfetten. Den Teig halbieren, kneten und auf den Blechen ausrollen. Den Teig eventuell im Ofen (unten) 5 Min. vorbacken, herausnehmen.
– Für den Belag Zwiebeln schälen und in dünne Ringe schneiden. In einer Pfanne Butter erhitzen. Zwiebeln darin bei schwacher Hitze in 5–10 Min. glasig dünsten, Pfanne vom Herd nehmen. Frühstücksspeck in schmale Streifen schneiden (bei Bedarf 2 Min. auskochen). Teig mit Crème fraîche bestreichen. Speck und Zwiebeln darauf verteilen.
– Die Flammenkuchen nacheinander in 10–15 Min. im Backofen (unten) knusprig backen. Danach unterm Grill einige Minuten »abflammen«. Sobald die ersten Zwiebeln dunkel sind, Blech aus dem Ofen nehmen. Flammenkuchen sofort in Portionsstücke schneiden und servieren.

TIPP

Der Flammenkuchen passt hervorragend zum Wein. Dazu schmecken ein Silvaner, ein Riesling oder ein Pinot Blanc.

804. Zwiebelkuchen

BERÜHMTES REZEPT
Für 1 Backblech
Zubereitungszeit: 1 1/4 Std.
Gehzeit: 1 1/2 Std.
Backzeit: 40 Min.

Für den Teig: 300 g Mehl (Type 405) • 1/2 TL Salz • 1/2 Würfel frische Hefe (21 g) • 1/8 l lauwarme Milch • 50 g Butter • 1 Prise Zucker
Für den Belag: 800 g Zwiebeln • 150 g durchwachsener Räucherspeck • 2 EL Öl • 1/4 l saure Sahne • 3 Eier • 1/4 TL Salz • frisch gemahlener Pfeffer • 1/2 TL Kümmelsamen • 1/2 TL rosenscharfes Paprikapulver
Außerdem: Fett fürs Blech • Mehl für die Arbeitsfläche

– Das Mehl in eine Schüssel sieben, mit Salz vermischen und in die Mitte eine Vertiefung drücken. Die Hefe in die Mulde bröckeln, mit der Hälfte der warmen Milch vermengen, etwas Mehl darüber häufeln. Zugedeckt an einem warmen Ort 20 Min. gehen lassen.
– In der restlichen Milch die Butter schmelzen lassen und mit 1 Prise Zucker an den Teig gießen. Mit den Knethaken des Handrührgeräts zu einem glatten Teig verarbeiten und mit den Händen eine Kugel formen. Wieder zudecken und die Schüssel an einem warmen Ort etwa 1 Std. gehen lassen, bis sich der Teig ums Doppelte vergrößert hat.
– Inzwischen die Zwiebeln schälen und in dünne Ringe schneiden. Den Speck in kleine Würfel schneiden, mit dem Öl in eine Pfanne geben und das Speckfett ausbraten. Die Speckwürfel herausnehmen und das Bratfett in der Pfanne zurücklassen. Die Zwiebeln darin glasig andünsten und abkühlen lassen.
– Den Backofen auf 220° (Umluft 200°) vorheizen. Ein großes Backblech fetten.
– Den Hefeteig auf einer bemehlten Arbeitsfläche noch einmal durchkneten, ausrollen und auf das Blech legen. Die Ränder etwas hochziehen und den Teig mit einer Gabel mehrmals einstechen. Zwiebeln und Speckwürfel gleichmäßig auf dem Teig verteilen.
– Die saure Sahne mit den Eiern verquirlen und mit Salz, Pfeffer, Kümmel und Paprikapulver würzen. Die Mischung über den Zwiebelkuchen gießen. Im Ofen (Mitte) 35–40 Min. backen.

TIPPS

- **Zwiebelkuchen schmeckt warm vom Blech am besten! Bleiben Stücke übrig, können Sie sie einfach im Ofen wieder aufbacken.**
- **Der Zwiebelkuchen lässt sich auch sehr gut portionsweise einfrieren.**

805. Pissaladière (Zwiebel-Sardellen-Kuchen)

SPEZIALITÄT AUS DER PROVENCE
Für 1 Blech
Zubereitungszeit: 1 Std.
Gehzeit: 1 Std.
Backzeit: 20 Min.

Für den Teig: 350 g Mehl (Type 405) • 1/2 Würfel frische Hefe (21 g) • Salz • 2 EL Olivenöl
Für den Belag: 1,2 kg Zwiebeln • 5–6 Zweige Thymian • 2–3 Zweige Bohnenkraut • 6 EL Olivenöl • Salz • Pfeffer • 20 Sardellenfilets (Anchovis) in Öl • 50 g kleine schwarze Oliven
Außerdem: Öl fürs Blech

– Für den Teig das Mehl in eine Schüssel geben. Hefe zerkrümeln und mit 180 ml lauwarmem Wasser verrühren. Hefe mit Salz und Olivenöl zum Mehl geben und alles kräftig durchkneten, bis ein glatter, geschmeidiger Teig entstanden ist. Den Teig in der Schüssel zugedeckt an einem warmen Ort ca. 1 Std. gehen lassen, bis sich sein Volumen verdoppelt hat.
– Inzwischen für den Belag Zwiebeln schälen, halbieren und in Streifen schneiden. Die Kräuter waschen. Blättchen von den Stielen streifen. Zwiebeln im Öl kurz andünsten. Kräuter untermischen. Die Zwiebeln bei schwacher Hitze ca. 30 Min. garen, bis sie weich sind. Dabei immer mal wieder durchrühren.
– Den Backofen auf 220° (Umluft 200°) vorheizen. Ein Backblech oder großes Pizzablech fetten. Den Teig durchkneten und auf dem Blech ausrollen. Rundherum einen Rand formen. Die Zwiebeln leicht salzen, pfeffern und auf dem Teig verteilen. Die Sardellenfilets abtropfen

lassen und mit den Oliven dekorativ auf dem Zwiebelbelag anordnen. Die Pissaladière im heißen Ofen (Mitte) in ca. 20 Min. knusprig backen. Sie schmeckt warm oder lauwarm.

806. Spinatpastete

KLASSIKER AUS DER TÜRKEI
Für 1 Auflaufform (ca. 20 x 30 cm)
Zubereitungszeit: 30 Min.
Backzeit: 45 Min.

1 kg Spinat • Salz • 1 Bund Frühlingszwiebeln • 70 g Butter • 4 Eier • 400 g Schafskäse • Pfeffer • frisch geriebene Muskatnuss
Außerdem: Fett für die Form • 500 g Yufkateig (türkischer Lebensmittelladen)

– Den Spinat gründlich waschen, eventuell harte Stiele entfernen. Spinat tropfnass in einen Topf geben, salzen. Bei geschlossenem Deckel und großer Hitze in etwa 3 Min. zusammenfallen lassen. Durch ein Sieb abgießen, abkühlen lassen.
– Die Frühlingszwiebeln waschen und putzen, mit dem zarten Grün schräg in dünne Ringe schneiden. 20 g Butter in einer Pfanne erhitzen. Die Frühlingszwiebeln darin 1 Min. anbraten, abkühlen lassen.
– In einer Schüssel die Eier mit dem zerbröselten Schafskäse verschlagen. Den Spinat ausdrücken, grob hacken, mit den Frühlingszwiebeln sorgfältig untermischen. Mit Pfeffer, Salz und Muskatnuss würzig abschmecken.
– Den Backofen auf 180° (Umluft 160°) vorheizen. Eine Auflaufform (ca. 20 x 30 cm) ausfetten. Die restliche Butter schmelzen und mit 2 EL heißem Wasser verrühren. Die Hälfte der Teigblätter so in die Form legen, dass sie am Rand überlappen und man sie später etwas über die Füllung schlagen kann. Jedes Teigblatt dabei mit der flüssigen Butter bepinseln. Die Spinat-Käse-Füllung hineingeben und gleichmäßig verstreichen. Den Teig am Rand darüber schlagen.
– Die restlichen Teigblätter auf die Größe der Auflaufform zuschneiden (geht am besten mit einer Küchenschere). Mit Butter bepinseln und auf die Füllung legen, am Rand etwas andrücken. So weiter verfahren, bis alle Teigblätter aufgebraucht sind. Die Oberfläche mit Butter einpinseln und die Pastete im Ofen (Mitte) 45 Min. backen. Sie schmeckt warm, lauwarm oder kalt gleichermaßen gut.

807. Spinat-Schafskäse-Kuchen

LEICHT ZU MACHEN
Für 1 Springform (26 cm Ø)
Zubereitungszeit: 40 Min.
Backzeit: 45 Min.

1 runde Blätterteigplatte (Kühlregal) • 450 g TK-Blattspinat • 1 Zwiebel • 2 Knoblauchzehen • 3 EL Olivenöl • Salz • Pfeffer • 1 Prise frisch geriebene Muskatnuss • 250 g Schafskäse • 2 Eier • 200 g Sahne • 50 g geriebener Gratinkäse • 30 g Pinienkerne
Außerdem: Fett für die Form

– Den Backofen auf 200° (Umluft 180°) vorheizen. Die Form fetten und die Blätterteigplatte in die Form legen. Den Spinat antauen lassen.
– Die Zwiebel und Knoblauchzehen schälen und in kleine Würfel schneiden. Olivenöl erhitzen, Zwiebel und Knoblauch darin glasig dünsten. Spinat dazugeben. Bei mittlerer Hitze unter Rühren auftauen lassen. Mit Salz, Pfeffer und Muskat würzen. Den Schafskäse fein zerbröckeln und mit dem Spinat mischen.
– Die Eier mit Sahne und Gratinkäse verrühren. Die Spinatmischung in der Form verteilen. Die Eiersahne darüber gießen. Den überstehenden Blätterteig nach innen rollen und andrücken.
– Den Kuchen im Ofen (Mitte) 30 Min. backen. Die Pinienkerne auf der Oberfläche verteilen. Den Kuchen in 15 Min. fertig backen.

808. Ligurische Spinattorte

GUT VORZUBEREITEN
Für 1 Springform (26 cm Ø)
Zubereitungszeit: 1 Std.
Auftauzeit: 20 Min.
Backzeit: 50 Min.

300 g TK-Blätterteig (4 Scheiben) • 1 kg Blattspinat • Salz • frisch geriebene Muskatnuss • 6 EL Olivenöl • 8 Eier • 500 g Ricotta (ersatzweise Magerquark) • 50 g frisch geriebener Parmesan • 2 EL Semmelbrösel
Außerdem: Öl für die Form • Mehl für die Arbeitsfläche

– Blätterteigscheiben nebeneinander auftauen lassen. Spinat putzen, waschen und in kochendem Wasser kurz blanchieren. Den abgekühlten Spinat auspressen, fein

hacken und in einer Schüssel mit Salz, Muskat und 2 EL Öl vermischen.
– 2 Eier mit Ricotta und Parmesan verrühren. Den Spinat unterheben, noch einmal abschmecken. 6 Eier in 7 Min. nicht ganz hart kochen. Kalt abschrecken und schälen.
– Den Backofen auf 180° (Umluft 160°) vorheizen. Die Backform dünn mit Öl bestreichen. Je 2 Teigscheiben aufeinanderlegen und etwas größer als die Form auf bemehlter Arbeitsfläche dünn ausrollen. 1 Scheibe in die Form geben (sie sollte über den Rand hinausstehen), mit Öl bestreichen und mit Semmelbröseln ausstreuen.
– Die Füllung in die Form geben und die gekochten Eier hineinsetzen. Mit der restlichen Teigscheibe die Füllung abdecken. Die überlappenden Ränder nach innen rollen, andrücken und mit Öl bestreichen. Mit einem Zahnstocher kleine Löcher in die Teigoberfläche stechen. Im Ofen (Mitte) 50 Min. backen. Abkühlen lassen.

809. Spargel-Quiche mit Lachs

RAFFINIERT KOMBINIERT
Für 1 feuerfeste Form (28 cm Ø)
Zubereitungszeit: 30 Min.
Auftauzeit: 20 Min.
Backzeit: 45 Min.

300 g TK-Blätterteig (4 Scheiben)
Für den Belag: 1/2 EL Salz • 1 TL Zucker • 500 g grüner Spargel • 150 g Räucherlachs • 1/2 Bund Dill • 1/2 Bund Petersilie • 1 EL Zitronensaft • frisch gemahlener weißer Pfeffer
Für den Guss: 4 Eier • 100 g Sahne • 100 g Crème fraîche • Salz • frisch gemahlener weißer Pfeffer
Außerdem: Mehl für die Arbeitsfläche

– Die Blätterteigscheiben nebeneinander legen und bei Zimmertemperatur auftauen lassen.
– In einem breiten Topf reichlich Wasser mit dem Salz und dem Zucker zum Kochen bringen. Den Spargel waschen. Die Stangen im unteren Drittel schälen und in etwa 4 cm lange Stücke schneiden. Die Stücke im sprudelndem Wasser etwa 1 Min. blanchieren. In einer Schüssel mit eiskaltem Wasser abschrecken und in einem Sieb abtropfen lassen.
– Den Lachs in Streifen schneiden. Den Dill und die Petersilie waschen, trockenschütteln und ohne die groben Stiele fein hacken. Dann mit dem Lachs mischen. Mit Zitronensaft und Pfeffer abschmecken.
– Die Eier mit der Sahne und der Crème fraîche verrühren und mit Salz und Pfeffer abschmecken.
– Den Backofen auf 180° (Umluft 160°) vorheizen. Die Form kalt ausspülen, aber nicht abtrocknen. Die Blätterteigscheiben auf etwas Mehl in Größe der Form ausrollen und den Teig in die Form legen, dabei einen Rand von etwa 3 cm hochziehen. Teigboden mit der Hälfte des Spargels auslegen, darauf den Lachs verteilen, darüber den restlichen Spargel geben. Eiersahne darüber gießen. Im Ofen (unten) in etwa 45 Min. goldbraun backen. Vor dem Anschneiden 10 Min. ruhen lassen.

TIPPS
• Lauwarm kommt der Geschmack dieser edlen Quiche am besten zur Geltung.
• Anstelle von Lachs können Sie auch geräucherte Forellenfilets nehmen.

810. Quiche mit Meeresfrüchten

EXKLUSIV | FÜR GÄSTE
Für 1 feuerfeste Form (28 cm Ø)
Auftauzeit: 10 Min.
Zubereitungszeit: 30 Min.
Marinierzeit: 20 Min.
Backzeit: 45 Min.

300 g TK-Blätterteig (4 Scheiben)
Für den Belag: 500 g gemischte küchenfertige Meeresfrüchte (zum Beispiel Tintenfisch, Muschelfleisch, Krabben, ersatzweise tief gefroren) • 3 EL Zitronensaft • Salz • frisch gemahlener weißer Pfeffer • 3–4 Knoblauchzehen • 1 Bund Petersilie
Für den Guss: 200 g Sahne • 3 Eier • Salz • frisch gemahlener weißer Pfeffer
Außerdem: Mehl für die Arbeitsfläche

– Die Blätterteigscheiben nebeneinander legen und bei Zimmertemperatur auftauen lassen.
– Die Meeresfrüchte kalt abspülen und abtropfen lassen (tiefgefrorene Meeresfrüchte nach Packungsvorschrift auftauen lassen). In einer Schüssel mit dem Zitronensaft vermischen und leicht salzen und pfeffern. Den Knoblauch schälen und ganz fein hacken. Die Petersilie

waschen, trockenschütteln und ohne die groben Stiele klein schneiden. Petersilie mit dem Knoblauch unter die Meeresfrüchte mischen und alles zugedeckt etwa 20 Min. ziehen lassen.
– Für den Guss die Sahne mit den Eiern verrühren, salzen und pfeffern.
– Den Backofen auf 200° (Umluft 180°) vorheizen. Die Form kalt ausspülen, aber nicht abtrocknen. Den Blätterteig auf etwas Mehl in Größe der Form ausrollen. Den Teig in die Form legen, dabei einen Rand von etwa 4 cm hochziehen.
– Die Meeresfrüchte auf dem Teig verteilen. Die Eiersahne darüber gießen. Die Quiche im Backofen (Mitte) in 40–45 Min. goldbraun backen. Vor dem Anschneiden etwa 10 Min. ruhen lassen.

TIPP

Sie können die Quiche auch in kleinen Förmchen als Vorspeise servieren. Reichen Sie dazu einen bunt gemischten Blattsalat.

811. Heilbutt-Quiche mit Basilikumsauce

SCHNELL | GELINGT LEICHT
Für 1 feuerfeste Form (24 cm Ø)
Zubereitungszeit: 30 Min.
Auftauzeit: 20 Min.
Backzeit: 45 Min.

300 g TK-Blätterteig (4 Scheiben)
Für den Belag: 500 g geräucherte Heilbuttkoteletts • 2 EL Zitronensaft • Pfeffer • Cayennepfeffer • Salz • 1/8 l Milch • 4 Eier • 150 g Crème fraîche • frisch geriebene Muskatnuss
Für die Sauce: 2 Bund Basilikum • 2 EL Zitronensaft • 1/4 TL Zucker • 1 TL Senf (mittelscharf) • Salz • Pfeffer • 200 g Joghurt
Außerdem: Mehl für die Arbeitsfläche • Basilikumblättchen zum Garnieren

– Blätterteigscheiben nebeneinander legen und zugedeckt auftauen lassen. Die Haut vom Heilbutt ablösen, die Gräten sorgfältig herauslösen, dann das Fischfleisch zerpflücken und mit Zitronensaft, Pfeffer und etwas Cayennepfeffer würzen. Eventuell leicht salzen.
– Den Backofen auf 180° (Umluft 160°) vorheizen. Die Form kalt ausspülen, aber nicht abtrocknen. Den Teig leicht überlappend auf Mehl ausrollen. In die Form legen, dabei einen 2–3 cm hohen Rand andrücken.
– Die Milch mit den Eiern und Crème fraîche verquirlen, mit Muskat, etwas Salz und Pfeffer abschmecken. Den Heilbutt auf dem Teig verteilen und mit der Eiermischung begießen. Die Quiche im Ofen (Mitte) in etwa 45 Min. goldgelb backen.
– Für die Sauce Basilikum kurz abspülen, die Blättchen abzupfen und mit dem Zitronensaft, dem Zucker, dem Senf, Salz und Pfeffer im Blitzhacker pürieren. Den Joghurt unterziehen und die Sauce in kleine Schälchen verteilen. Mit je 1 Basilikumblättchen garnieren, zur Quiche servieren.

TIPP

Blätterteig soll beim Backen so richtig schön locker aufgehen, damit Kuchen – ob salzig oder süß – wirklich gut schmecken. Besonders gut gelingen Blätterteigkuchen in einer Pizzaform mit gelochtem Boden, denn darin bekommt der Teig auch von unten genug Luft und Auftrieb.

812. Hähnchen-Tomaten-Quiche

SCHNELL | GANZ EINFACH
Für 1 feuerfeste Form (24 cm Ø)
Zubereitungszeit: 30 Min.
Auftauzeit: 20 Min.
Backzeit: 30 Min.

180 g TK-Blätterteig (3 Scheiben)
Für den Belag: 2 Fleischtomaten • 2 Frühlingszwiebeln • 1 gegrilltes Hähnchen • 4 Eier • 200 ml Milch • 200 g Sahne • Salz • schwarzer Pfeffer • 1 TL gemahlener Koriander
Außerdem: Mehl für die Arbeitsfläche

– Die Blätterteigscheiben nebeneinander legen und bei Zimmertemperatur auftauen lassen. Die Tomaten häuten und vierteln, dann entkernen und in kleine Würfel schneiden. Die Frühlingszwiebeln putzen, waschen und in schmale Ringe schneiden. Das Hähnchenfleisch von den Knochen und der Haut befreien und in kleine Würfel schneiden.

– Den Backofen auf 200° (Umluft 180°) vorheizen. Die Form kalt ausspülen. Blätterteigscheiben aufeinander legen, auf einer leicht bemehlten Arbeitsfläche ausrollen und die Form mit dem Teig auskleiden, überstehenden Teig abschneiden.
– Die Tomaten, Frühlingszwiebeln und das Hähnchenfleisch auf den Teig geben. Die Eier mit der Milch und der Sahne verquirlen, mit Salz, Pfeffer und Koriander würzen und darüber verteilen. Die Quiche im Ofen (Mitte) 30 Min. backen.

813. Hackfleisch-Quiche

BRAUCHT ETWAS ZEIT
Für 1 feuerfeste Form (28 cm Ø)
Zubereitungszeit: 1 1/2 Std.
Auftauzeit: 20 Min.
Backzeit: 50 Min.

450 g TK-Blätterteig (6 Scheiben)
Für den Belag: 1 Brötchen vom Vortag • 200 g Champignons • 60 g durchwachsener Räucherspeck • 1 große Zwiebel • 2 Knoblauchzehen • 1 Bund Petersilie • 1 1/2 EL Butter • 600 g gemischtes Hackfleisch • 2 Eier • Salz • frisch gemahlener schwarzer Pfeffer • je 1/4 TL gemahlener Kümmel, Oregano und Majoran • Streuwürze
Außerdem: Mehl für die Arbeitsfläche • 1 Eigelb zum Bestreichen

– Die Blätterteigscheiben nebeneinander legen und bei Zimmertemperatur auftauen lassen. Das Brötchen in heißem Wasser einweichen.
– Die Champignons putzen und in Scheiben schneiden. Den Speck klein würfeln. Die Zwiebel und den Knoblauch schälen und klein hacken. Die Petersilie waschen und fein hacken. In einer Pfanne die Butter erhitzen. Den Speck und die Zwiebel darin bei mittlerer Hitze unter Rühren anbraten. Die Champignons, die Petersilie und den Knoblauch dazugeben, mit Salz und Pfeffer würzen und so lange dünsten, bis alle Flüssigkeit verdampft ist.
– Das Brötchen ausdrücken. Mit dem Hackfleisch, den Eiern und den Pilzen vermischen. Mit Salz, Pfeffer, dem Kümmel, dem Oregano, dem Majoran und der Streuwürze kräftig würzen.
– Den Backofen auf 200° (Umluft 180°) vorheizen. Die Form kalt ausspülen, aber nicht abtrocknen. 300 g Blätterteig auf etwas Mehl in Größe der Form ausrollen. Den Teig in die Form legen, dabei einen Rand von etwa 3 cm hochziehen. Den Belag auf dem Teig verteilen.
– Den restlichen Blätterteig in Größe der Form ausrollen und über den Belag legen. Die Teigränder etwas zusammendrücken. In den Deckel ein Loch schneiden. Den Deckel mit dem Eigelb bestreichen. Im Ofen (Mitte) in etwa 50 Min. goldbraun backen.

814. Flammkuchen mit Pilzen

HAUCHDÜNN | KNUSPRIG
Für 6 Personen
Zubereitungszeit: 2 Std.
Kühlzeit: 1 Std.
Backzeit pro Backblech: 20 Min.

Für den Teig: 130 g Schweineschmalz • 375 g Mehl (Type 405) • 3/4 TL Salz
Für den Belag: 200 g Zwiebeln • 1 EL Butter • 150 g roher Schinken • 200 g Crème fraîche • 125 g saure Sahne • 3 Eier • Salz • frisch gemahlener schwarzer Pfeffer • frisch geriebene Muskatnuss • 200 g Champignons
Außerdem: 20 g Schmalz fürs Blech • Mehl zum Ausrollen

– Für den Teig etwa 130 g Schmalz mit knapp 200 ml Wasser in einem Töpfchen erhitzen. Das Schmalz unter Rühren auflösen, vom Herd nehmen. Das Mehl mit dem Salz in eine Schüssel geben. Nach und nach das flüssige Fett einrühren, zu einem glatten Teig kneten. Zur Kugel formen und zugedeckt im Kühlschrank etwa 1 Std. ruhen lassen.
– Für den Belag die Zwiebeln schälen und sehr fein hacken. Die Butter in einer Pfanne schmelzen, die Zwiebeln darin andünsten, vom Herd nehmen. Den Schinken in feine Streifen schneiden und untermischen.
– Die Crème fraîche mit der sauren Sahne und den Eiern gründlich verquirlen. Die Zwiebel-Schinken-Mischung unterrühren, mit Salz, Pfeffer und Muskat würzen.
– Den Backofen auf 200° (Umluft 180°) vorheizen. Zwei große Backbleche mit dem Schmalz fetten. Den Teig in 2 Portionen teilen und auf einer bemehlten Arbeitsfläche jeweils hauchdünn ausrollen. Bleche damit belegen.
– Die vorbereitete Eier-Sahne-Mischung aufstreichen. Die Champignons putzen und in hauchdünne Blättchen

schneiden. Über die Flammkuchen streuen und die Flammkuchen nacheinander im Ofen (Mitte) in 15–20 Min. knusprig backen. Sehr heiß direkt aus dem Ofen servieren.

815. Tarte Tatin aux tomates
(Gestürzte Tomatentarte)

AUS FRANKREICH | RAFFINIERT
Für 1 Tarte-Form (30 cm Ø)
Zubereitungszeit: 35 Min.
Ruhezeit: 1 Std.
Backzeit: 25 Min.

Für den Teig: 250 g Mehl (Type 405) • Salz • 80 ml Olivenöl • 1 Ei
Für den Belag: 700 g feste, reife Tomaten • 4 Knoblauchzehen • 4 Zweige Thymian • 2 Zweige Rosmarin • 4 getrocknete Tomaten in Öl • 4 EL Olivenöl • 2 EL schwarze Oliven • Salz • Pfeffer • 1 EL Puderzucker
Außerdem: Frischhaltefolie • Olivenöl zum Bestreichen

– Für den Teig Mehl mit 1 kräftigen Prise Salz, Olivenöl, 2 EL lauwarmem Wasser und Ei gründlich zu einem glatten Teig verkneten. Zur Kugel formen, in Folie gewickelt 1 Std. bei Zimmertemperatur ruhen lassen.
– Den Backofen auf 220° (Umluft 200°) vorheizen. Für den Belag die Tomaten waschen und quer halbieren. Knoblauch schälen und in feine Stifte schneiden. Kräuter waschen und trockenschütteln, die Blättchen und Nadeln abzupfen. Die getrockneten Tomaten abtropfen lassen, in Streifen schneiden.
– Den Teig noch einmal durchkneten und zwischen zwei Lagen Frischhaltefolie rund und dünn ausrollen.
– Das Olivenöl für den Belag in der Tarteform auf dem Herd erhitzen. Knoblauch und Kräuter darin kurz anbraten. Getrocknete Tomaten und Oliven untermischen. Die frischen Tomaten kräftig salzen und pfeffern, die Schnittflächen mit Puderzucker bestäuben. Tomaten mit den Schnittflächen nach unten in die Form geben, kurz mitbraten, dann die Form vom Herd ziehen.
– Den Teig auf die Tomaten in der Tarteform legen, am Rand nach innen festdrücken. Mit Olivenöl bepinseln und im heißen Ofen (Mitte) ca. 25 Min. backen, bis der Teig knusprig ist. Tarte vom Rand der Form lösen und stürzen. In Tortenstücke schneiden, heiß oder lauwarm servieren. Dazu schmecken Blattsalat und Baguette.

816. Curry-Lauch-Fladen

VEGETARISCH | GELINGT LEICHT
Für 1 Fladen (30 cm Ø)
Zubereitungszeit: 50 Min.
Kühlzeit: 30 Min.
Backzeit: 35 Min.

Für den Teig: 150 g Magerquark • 4 EL Milch • 6 EL Öl • 1/2 TL Salz • 300 g Mehl (Type 405) • 2 TL Backpulver
Für den Belag: 4 dicke Stangen Lauch • 4 Eier • 500 g Quark (20 %) • 100 g frisch geriebener Emmentaler • 2 TL Currypulver • Salz • Pfeffer
Außerdem: Mehl für die Arbeitsfläche • Öl fürs Blech

– Magerquark in einem Tuch auspressen, mit Milch, Öl und 1/2 TL Salz verrühren. Mehl und Backpulver zugeben und zu einem glatten Teig verkneten. Zugedeckt 30 Min. kühl stellen.
– Lauch waschen, putzen, in 1 cm dicke Ringe schneiden. In kochendem Salzwasser ca. 2 Min. blanchieren, in ein Sieb geben und kalt überbrausen. Eier schaumig rühren, Quark und je die Hälfte Käse und Lauch unterrühren, mit Curry, Salz und Pfeffer abschmecken.
– Backofen auf 200° (Umluft 180°) vorheizen. Teig nochmals durchkneten und auf wenig Mehl zu einem Fladen (ca. 30 cm Ø) ausrollen. Auf ein geöltes Blech legen. Rand etwas hochdrücken.
– Quarkmasse, restlichen Lauch und Käse darauf verteilen. Curry-Lauch-Fladen im Ofen (Mitte) in etwa 35 Min. knusprig backen. Dazu passt ein kräftiger Weißwein, z. B. Pinot Grigio.

817. Apfel-Zwiebel-Quiche mit Speck

RAFFINIERT KOMBINIERT
Für 1 feuerfeste Form (26 cm Ø)
Zubereitungszeit: 50 Min.
Kühlzeit: 30 Min.
Backzeit: 30 Min.

Für den Quarkteig: 150 g Mehl (Type 405) • 150 g Magerquark • 150 g weiche Butter • 1 Prise Salz
Für den Belag: 500 g Zwiebeln • 500 g Äpfel (z. B. Cox Orange, Elstar) • 2 EL Zitronensaft • 150 g durchwachsener Räucherspeck • 2 EL Butter • Salz •

Pfeffer • 1 TL getrockneter Majoran • 2 Eier • 250 g Crème fraîche • 80 g frisch geriebener Appenzeller
Außerdem: Fett für die Form • Mehl für die Arbeitsfläche

– Das Mehl in eine Schüssel füllen. Den Quark in einem Tuch auspressen, dann mit der Butter und dem Salz zum Mehl geben. Alles mit den Knethaken des Handrührgeräts zu einem geschmeidigen Teig verkneten und zugedeckt mindestens 30 Min. kühl stellen.
– Die Zwiebeln schälen und in feine Ringe schneiden. Die Äpfel schälen, achteln, vom Kernhaus befreien und in Scheiben schneiden. Mit Zitronensaft beträufeln, damit sie sich nicht verfärben.
– Den Speck in kleine Würfel schneiden und mit der Butter in einer breiten Pfanne mischen. Den Speck bei schwacher Hitze ausbraten. Die Zwiebeln dazugeben und bei mittlerer Hitze 3 Min. dünsten. Die Apfelscheiben dazugeben, alles weitere 5 Min. dünsten. Mit Salz, Pfeffer und Majoran würzen und immer wieder umrühren. Die Pfanne vom Herd nehmen. Die Eier mit der Crème fraîche und dem Käse verrühren.
– Den Backofen auf 200° (Umluft 180°) vorheizen. Die Form fetten. Den Teig auf wenig Mehl rund ausrollen, in die Form legen und einen 3 cm hohen Rand hochziehen. Apfel-Zwiebel-Mischung gleichmäßig auf dem Teig verteilen und mit der Eiercreme übergießen. Die Quiche im Backofen (Mitte) 30 Min. backen.

TIPPS

- **Wenn Ihnen der Speck zu fett ist, können Sie stattdessen auch geräucherte Puten-, Enten- oder Gänsebrust nehmen.**
- **Zur Quiche passt Bier oder Mineralwasser.**

818. Sauerkraut-Quiche

FÜR DIE GROSSE RUNDE
Für 1 Backblech
Zubereitungszeit: 1 Std.
Kühlzeit: 30 Min.
Backzeit: 30 Min.

Für den Quark-Öl-Teig: 200 g Magerquark • 6 EL Sonnenblumenöl • 1/2 TL Salz • 350 g Weizenvollkornmehl • 2 TL Backpulver
Für den Belag: 2 Zwiebeln • 100 g durchwachsener Räucherspeck • 1 EL Butterschmalz • 500 g Sauerkraut • 2 Wacholderbeeren • 1 Lorbeerblatt • 300 ml Apfelsaft oder Cidre • Salz • schwarzer Pfeffer • 2 Äpfel • 1 mehlig kochende Kartoffel
Für den Guss: 200 g Schmand (ersatzweise Crème fraîche) • 100 g Sahne • 2 Eier • 1 EL frisch gehackter Majoran • 50 g frisch geriebener Bergkäse
Außerdem: Fett fürs Blech • Mehl für die Arbeitsfläche

– Den Quark in einem Tuch auspressen, dann mit 6 EL Wasser, Öl und Salz verrühren. Das Mehl mit dem Backpulver mischen. Die Hälfte des Mehls nach und nach unter die Quarkmasse rühren. Das restliche Mehl mit dem Backpulver unterkneten. Den Teig zugedeckt 30 Min. kühl stellen.
– Inzwischen die Zwiebeln schälen und fein würfeln. Den Speck in kleine Würfel schneiden. Das Butterschmalz in einem Topf zerlassen und den Speck und die Zwiebeln darin andünsten. Das Sauerkraut, die zerdrückten Wacholderbeeren, das Lorbeerblatt und den Apfelsaft oder Cidre in die Pfanne geben. Das Ganze salzen und pfeffern. Zugedeckt bei schwacher Hitze 15 Min. schmoren.
– Die Äpfel schälen, vierteln, vom Kerngehäuse befreien und quer in dünne Scheiben schneiden. Die Kartoffel schälen und fein reiben. Beides zum Sauerkraut geben, weitere 10 Min. schmoren. Den Backofen auf 200° (Umluft 175°) vor heizen. Ein Backblech fetten.
– Den Teig auf wenig Mehl in Größe des Backblechs ausrollen, auf das Blech legen und dabei einen Rand formen.
– Den Schmand mit der Sahne und den Eiern verrühren. Den Majoran und den Käse unterheben, mit Salz und Pfeffer würzen. Die Sauerkrautmasse gleichmäßig auf dem Teig verteilen. Den Guss darüber gießen. Die Quiche im Ofen (Mitte) 30 Min. backen.

819. Tomaten-Tarte

MEDITERRAN | BRAUCHT ETWAS ZEIT
Für 1 Tarte-Form (28 cm Ø)
Zubereitungszeit: 1 1/4 Std.
Kühlzeit: 1 Std.
Backzeit: etwa 1 Std.

Für den Teig: 250 g Mehl (Type 405) • 100 g weiche Butter • 1 TL Salz

Für die Füllung: 200 g getrocknete, in Öl eingelegte Tomaten • 1 Bund Frühlingszwiebeln • 1/2 Bund Thymian • 4 Eier • 3 EL Speisestärke • 500 g Ricotta • 250 g Kirschtomaten • Salz • Pfeffer
Außerdem: Fett für die Form • Mehl für die Arbeitsfläche • Backtrennpapier und Hülsenfrüchte zum Blindbacken

– Mehl, Butter in Stückchen, Salz und 6–8 EL kaltes Wasser zu einem glatten Teig verkneten, zugedeckt 1 Std. kalt stellen.
– Getrocknete Tomaten abtropfen lassen, Öl auffangen. Tomaten würfeln. Zwiebeln putzen, in Ringe schneiden. In 2 EL Tomatenöl 2 Min. dünsten. Thymianblättchen abzupfen, ein Drittel beiseite legen, den Rest mit Tomatenwürfeln und Zwiebeln mischen. Backofen auf 200° (Umluft 180°) vorheizen. Form fetten.
– Den Teig auf wenig Mehl etwas größer als die Form ausrollen, in die Form geben, dabei einen Rand formen. Den Teig mit der Gabel mehrfach einstechen, mit Backpapier und Hülsenfrüchten belegen. Im Ofen (unten) 15 Min. vorbacken.
– Eier trennen. Eigelbe, Stärke, Ricotta und Zwiebel-Tomaten-Mischung verrühren, salzen, pfeffern. Eiweiße steif schlagen, unterheben. Papier und Hülsenfrüchte aus der Form entfernen, Füllung daraufgeben, 20 Min. backen. Tomaten waschen, vierteln und auf die Füllung geben, salzen, pfeffern. Mit Thymian bestreuen und weitere 30 Min. backen. Abgekühlt servieren.
– Dazu passen Rucolasalat und fruchtiger Weißwein, z. B. italienischer Soave.

820. Champignon-Quiche

AUS FRANKREICH | BRAUCHT ETWAS ZEIT
Für 1 Springform (26 cm Ø)
Zubereitungszeit: 1 Std. 35 Min.
Kühlzeit: 30 Min.
Backzeit: 45 Min.

Für den Teig: 250 g Mehl (Type 405) • 125 g Butter • 2 EL Sahne (ersatzweise Wasser) • 1–2 Prisen Salz
Für den Belag: 500 g kleine Champignons • 2 EL Butter • Salz • Pfeffer • 125 g Bleu d'Auvergne (ersatzweise Roquefort) • 100 g Cantal (ersatzweise Gruyère) • 3 frische Eier • 150 g Crème fraîche
Außerdem: Mehl für die Arbeitsfläche • Butter für die Form

– Mehl mit Butter, Sahne und Salz zu einem glatten Teig verarbeiten. Auf einer bemehlten Arbeitsfläche etwa 5 mm dick ausrollen. Die Backform fetten, Teig hineingeben. Teigrand etwas hochziehen, Teig mit einer Gabel einstechen. Bis zum Backen etwa 30 Min. kühl stellen.
– Inzwischen Champignons putzen, die Stiele kürzen, die Pilze evtl. waschen und sehr gut trockentupfen. Die Champignons mit dem Eierschneider oder einem scharfen Messer in Scheibchen schneiden. Backofen auf 200° (Umluft 180°) vorheizen.
– Butter in einer großen Pfanne bei mittlerer Hitze schmelzen lassen. Champignons darin offen unter Schütteln 3–4 Min. anbraten. Salzen und pfeffern, vom Herd nehmen, etwas abkühlen lassen. Teig im Backofen (Mitte) 5–10 Min. vorbacken.
– Inzwischen den Bleu d'Auvergne in eine Schüssel zerbröckeln. Cantal grob reiben, dazugeben. Eier und Crème fraîche verrühren, pfeffern und mit dem Käse vermischen. Den Tortenboden aus dem Backofen nehmen, die Champignons darauf verteilen. Die Käsecreme darüber gießen. Die Tarte in den Backofen (Mitte) schieben, in etwa 45 Min. goldbraun backen. Aus der Form nehmen und warm servieren.

821. Möhren-Lauch-Tarte

VEGETARISCH | GELINGT LEICHT
Für 1 feuerfeste Form (26 cm Ø)
Zubereitungszeit: 20 Min.
Kühlzeit: 30 Min.
Backzeit: 30 Min.

Für den Mürbteig: 200 g Mehl (Type 405) • 1 Ei • 1 Prise Salz • 100 g kalte Butter
Für den Belag: 500 g Möhren • 250 g Lauch • Salz • Pfeffer • 1 Prise Cayennepfeffer • 200 g Sahne • 3 Eier • 2 EL Pinienkerne
Außerdem: Mehl für die Arbeitsfläche

– Das Mehl auf die Arbeitsfläche geben, eine Mulde formen. Das Ei und das Salz hineingeben. Die Butter in Flöckchen am Rand verteilen. Mit einem Messer durchhacken, dann rasch verkneten. Zu einer Kugel formen und zugedeckt mindestens 30 Min. im Kühlschrank ruhen lassen.
– Die Möhren schälen und in dünne Scheiben hobeln. Den Lauch putzen, waschen und schräg in schmale Ringe schneiden. In kochendem Salzwasser die Möhren

4 Min. und die Lauchringe 1 Min. blanchieren, eiskalt abschrecken, gut abtropfen lassen. Beides mischen.
– Den Backofen auf 200° (Umluft 180°) vorheizen. Den Teig auf wenig Mehl rund ausrollen, in die Form legen und einen Rand von 3 cm formen.
– Möhren und Lauch mit Salz, Pfeffer und Cayennepfeffer würzen, auf dem Teig verteilen. Sahne mit Eiern verrühren, würzen und darüber gießen, mit den Pinienkernen bestreuen. Im Ofen (Mitte) 30 Min. backen.

822. Exotische Tarte mit Hühnerbrust

FÜR GÄSTE
Für 1 feuerfeste Form (30 cm Ø)
Zubereitungszeit: 45 Min.
Kühlzeit: 30 Min.
Backzeit: 30 Min.

Für den Mürbteig: 250 g Mehl (Type 405) • 1 Ei • Salz • 1/4 TL gemahlener Ingwer • 125 g Butter
Für den Belag: 5 EL Sonnenblumenöl • 1 TL Currypulver • 250 g Hühnerbrustfilet • Salz • 100 g Staudensellerie • 1 nussgroßes Stück frischer Ingwer • 200 g Physalis (Kapstachelbeeren) • 50 g gehackte Mandeln • 2 Eier • 250 g Sahne • 2 EL Mangochutney (aus dem Glas) • Zitronenpfeffer
Außerdem: Mehl für die Arbeitsfläche

– Das Mehl auf eine Arbeitsfläche sieben, eine Mulde formen. Ei mit Salz, Ingwer und 1 EL Wasser hineingeben, Butter in Flöckchen auf dem Rand verteilen. Alles mit einem Messer hacken, dann rasch zu einem glatten Teig verkneten. Den Teig in Klarsichtfolie wickeln und mindestens 30 Min. kühl stellen.
– Inzwischen 3 EL Öl in einer Pfanne erwärmen. Curry einrühren. Hühnerbrustfilets darin von beiden Seiten kräftig anbraten. Dann bei schwacher Hitze 10 Min. weitergaren. Mit Salz würzen, beiseite stellen.
– Den Staudensellerie waschen, die Enden abschneiden. Die Stangen quer in feine Streifen schneiden. Den Ingwer schälen, winzig klein würfeln. Von den Physalis die Hülsen entfernen, die Früchte kurz abbrausen. Die Mandeln in einer Pfanne ohne Fett kurz anrösten, herausnehmen und das restliche Öl erhitzen. Ingwer und Staudensellerie im Öl andünsten.
– Den Backofen auf 200° (Umluft 175°) vorheizen. Für den Guss die Eier mit der Sahne und dem Mangochutney verrühren. Die Filets quer zur Faser in dünne Scheiben schneiden. Den Teig auf wenig Mehl rund ausrollen und die Quiche-Form damit auslegen. Staudensellerie, Mandeln, Huhn und Physalis darauf verteilen. Mit Salz und Zitronenpfeffer bestreuen. Guss darüber gießen. Die Tarte im Ofen (Mitte) 30 Min. backen.

TIPP

Dazu schmeckt Bier, grüner Tee oder Milch, mit Kokosmilch aus der Dose vermischt.

823. Zucchinitorte

AUS ITALIEN
Für 1 Pie-Form (30 cm Ø)
Zubereitungszeit: 50 Min.
Kühlzeit: 1 Std.
Backzeit: 55 Min.

Für den Teig: 200 g Mehl (Type 405) • 125 g Butter • 1 Prise Salz
Für den Belag: 800 g Zucchini • Salz • 350 g Champignons • 25 g Butter • 70 g geschälte, fein gewürfelte Zwiebel • 220 g Doppelrahm-Frischkäse (70 % Fett i. Tr.) • 220 g Sahne • 2 Eigelbe • 1 Ei • frisch gemahlener Pfeffer • 1 EL gehackte Kräuter (Salbei und Thymian) • 50 g mittelscharfer Senf • 250 g frisch geriebener Käse
Außerdem: Folie • Mehl für die Arbeitsfläche • Backtrennpapier und Hülsenfrüchte zum Blindbacken

– Das Mehl auf eine Arbeitsplatte sieben, die Butter in kleinen Stücken zufügen und beides mit den Händen mischen, bis sich alles grob miteinander verbindet und eine krümelige, ungleichmäßige Masse entsteht.
– In die Masse eine Mulde drücken, das Salz und 60 ml kaltes Wasser zuschütten. Zunächst die Flüssigkeit unter einen Teil des Mehl-Butter-Gemischs arbeiten, dann von außen nach innen den Teig zusammendrücken, rasch zu einem Kloß formen und kräftig kneten, sodass sich alle Zutaten gut verbinden. In Folie gewickelt 1 Std. im Kühlschrank ruhen lassen.
– Den Backofen auf 220° (Umluft 200°) vorheizen. Den Teig auf einer bemehlten Arbeitsfläche 5 mm dick ausrollen. In die Form legen. Mit einer Teigkugel den Rand andrücken, die überstehenden Ränder abschneiden. Den Boden mehrmals mit einer Gabel einstechen. Das

Backpapier und die Hülsenfrüchte einlegen und den Boden im Ofen (Mitte) 10 Min. blindbacken.
– Zucchini waschen, putzen, grob raspeln, salzen und 10 Min. ziehen lassen. Pilze putzen, in dickere Scheiben schneiden. 20 g Butter zerlassen und die Champignons darin 2–3 Min. unter Wenden anbraten. In einer separaten Pfanne die restliche Butter zerlassen und die Zwiebel darin anschwitzen. Zucchini in einem Sieb kräftig ausdrücken und mit der Zwiebel vermischen.
– Frischkäse, Sahne, Eigelbe und Ei glatt rühren und mit Salz, Pfeffer sowie den Kräutern würzen. Backpapier und Hülsenfrüchte aus der Form entfernen. Teigboden gleichmäßig mit Senf bestreichen, die Pilze darauf auslegen und mit der Hälfte des Käses bestreuen. Darauf die Zucchini-Zwiebel-Masse verteilen und mit der Frischkäsemasse bedecken. Im Ofen bei 180° (Mitte) 40–45 Min. backen. Mit übrigem Käse bestreuen.

824. Frühlings-Quiche

SCHNELL | GELINGT LEICHT
Für 1 feuerfeste Form (30 cm Ø)
Zubereitungszeit: 40 Min.
Backzeit: 50 Min.

Für den Teig: 250 g Mehl (Type 405) • 150 g Butter • 1 Ei • 1/4 TL Salz
Für den Belag: 400 g Frischkäse • 150 g Kräuter-Crème fraîche • 3 Eier • 2 Bund gemischte Kräuter (Basilikum, Petersilie, Dill, Rosmarin) • 1 Bund Rucola • 1 Bund Frühlingszwiebeln • Salz • Pfeffer • 40 g geriebener Parmesan
Außerdem: Fett für die Form

– Für den Teig das Mehl auf eine Arbeitsfläche sieben. Butter in Flöckchen, das Ei und Salz dazugeben. Schnell zu einem glatten Teig verarbeiten. Wenn nötig noch 1 EL kaltes Wasser hinzufügen.
– Die Form fetten. Den Teig ausrollen und die Form damit auskleiden. Form kühl stellen. Backofen auf 200° (Umluft 180°) vorheizen.
– Frischkäse mit Crème fraîche und Eiern verrühren. Kräuter und Rucola waschen, ohne die groben Stiele fein hacken. Frühlingszwiebeln putzen, waschen, in feine Ringe schneiden. Kräuter und Frühlingszwiebeln unter die Frischkäsecreme rühren. Mit Salz und Pfeffer abschmecken. Parmesan dazugeben. Creme auf den Teig geben. Im Ofen (Mitte) 50 Min. backen.

TIPPS

• Vor dem Servieren die Quiche mit frischer Kresse bestreuen oder Rucolablättchen in Streifen schneiden und diese auf der Quiche verteilen.
• Zusätzlich noch geröstete Sonnenblumenkerne in die Frischkäsecreme rühren.
• Ersetzen Sie den Rucola durch würzige Bärlauchblätter.

825. Garnelen-Quiche mit Currysahne

FÜR GÄSTE
Für 1 feuerfeste Form (26 cm Ø)
Zubereitungszeit: 50 Min.
Kühlzeit: 30 Min.
Backzeit: 30 Min.

Für den Teig: 100 g Butter • 5 EL Weißwein • 200 g Mehl (Type 405) • 1 TL Salz
Für den Belag: 250 g ungegarte, geschälte Tiefseegarnelen • 2 EL Zitronensaft • 1 Bund Petersilie • 1 kleines Bund Koriandergrün • Salz • Pfeffer • 2 Schalotten • 1 EL Butter • 2 Eier • 1 gehäufter EL Currypulver • 250 g Sahne
Außerdem: Mehl für die Arbeitsfläche

– Butter in einem Topf bei schwacher Hitze schmelzen. Den Topf vom Herd nehmen und den Weißwein dazugießen. Das Mehl und das Salz untermischen und mit den Knethaken des Handrührgeräts zu einem geschmeidigen Teig verarbeiten. Zugedeckt 30 Min. in den Kühlschrank stellen.
– Inzwischen die Tiefseegarnelen in eine Schüssel geben und mit dem Zitronensaft beträufeln. Die Petersilie und den Koriander waschen, einige Blättchen beiseite legen, den Rest fein hacken. Beides zu den Garnelen geben, mit Salz und Pfeffer würzen und gut mischen.
– Die Schalotten schälen und fein hacken. Die Butter in einer Pfanne erhitzen und die Schalotten darin glasig dünsten. Vom Herd nehmen. Die Eier in eine Schüssel aufschlagen, den Curry und die Sahne dazugeben, gut verrühren und mit Salz und Pfeffer würzen. Den Backofen auf 200° (Umluft 180°) vorheizen.
– Den Teig auf wenig Mehl rund und etwas größer als die Form ausrollen. In die Form legen und einen 3 cm hohen Rand formen. Die Garnelen und die Schalotten

auf dem Teig verteilen und mit der Eiermischung übergießen. Die Quiche im Ofen (Mitte) 30 Min. backen. Mit den Kräuterblättchen garnieren. Dazu passt ein kühler spritziger Weißwein.

826. Räucherfisch-Quiche

SCHNELL | RAFFINIERT
Für 1 feuerfeste Form (30 cm Ø)
Zubereitungszeit: 25 Min.
Backzeit: 35 Min.

2 geräucherte Forellenfilets (250 g) • 1/8 l Milch 250 g Mehl (Type 405) • Salz • 125 g Butter • 2 Eier • 200 g Crème fraîche • Pfeffer • Muskatnuss
Außerdem: Fett für die Form • Dill

– Die Forellenfilets in 3 cm breite Streifen schneiden. Die Milch erwärmen, die Forellenfilets in der Milch bis zum Gebrauch ziehen lassen. Den Backofen auf 200° (Umluft 180°) vorheizen. Die Form fetten.
– Das Mehl auf eine Arbeitsfläche geben, das Salz und die Butter in Flöckchen untermischen, 4–5 EL kaltes Wasser zufügen und alles schnell zu einem glatten Teig verkneten. Den Teig ausrollen und in die Form legen, dabei einen Rand formen.
– Die Forellenfilets auf ein Sieb schütten, dabei die Milch auffangen. Die Milch mit den Eiern und der Crème fraîche verrühren. Mit Salz, Pfeffer und Muskat würzen. Die Forellenfilet-Stücke in der Form verteilen. Den Eierguss darüber gießen. Die Quiche im Ofen (Mitte) 35 Min. backen. Aus dem Ofen nehmen und in der Form abkühlen lassen. Die Quiche mit Dill garnieren und servieren.

TIPPS

• Statt der Forellenfilets eignen sich auch geräucherte Makrelen- oder Heilbuttfilets. 1 kleines Bund Frühlingszwiebeln waschen, klein schneiden, mit 1 EL Öl vermischen, mit dem Fisch auf dem Boden verteilen. Den Guss darüber gießen.
• Sie können die Quiche auch in kleinen Förmchen als Vorspeise servieren. Dann einen kleinen Blattsalat oder Tomatensalat dazureichen.
• Einen exotischen Touch bekommt die Quiche, wenn Sie Ananas zu den Forellen geben.

827. Quiche mit scharfem Curryhähnchen

BRAUCHT ETWAS ZEIT
Für 1 feuerfeste Form (26 cm Ø)
Zubereitungszeit: 1 Std.
Kühlzeit: 30 Min.
Backzeit: 1 Std.

Für den Teig: 200 g Mehl (Type 405) • 1 Ei • 2 Prisen Salz • 5 EL Milch • 80 g kalte Butter
Für den Belag: 400 g Hähnchenbrustfilet • Pfeffer • Cayennepfeffer • Salz • Saft und abgeriebene Schale von 1/2 unbehandelten Zitrone • 2 Knoblauchzehen • 1 walnussgroßes Stück frischer Ingwer • 1/2 Bund Frühlingszwiebeln • 200 g kleine Champignons • 1 EL Butterschmalz • 1/2 Bund frisch gehackte Petersilie • 2 EL Currypulver • 1/4 l Geflügelfond (Glas) • 1 EL Speisestärke • 250 g saure Sahne • 3 Eier
Außerdem: Mehl für die Arbeitsfläche

– Das Mehl auf die Arbeitsfläche sieben, in die Mitte eine Mulde drücken. Das Ei, 2 Prisen Salz und die Milch hineingeben. Die Butter in kleinen Flöckchen auf dem Rand verteilen, alles mit einem großen Messer bröselig hacken. Dann zu einem glatten Teig verkneten und auf wenig Mehl in Größe der Form ausrollen. In die Form legen, einen Rand von 3 cm formen und mindestens 30 Min. kühl stellen.
– Inzwischen das Hähnchenfleisch in Streifen schneiden. Mit dem Pfeffer, dem Cayennepfeffer, dem Salz, dem Zitronensaft und der Zitronenschale würzen. Den Knoblauch und den Ingwer schälen, durch die Presse dazudrücken. Frühlingszwiebeln und Pilze putzen und klein schneiden.
– Das Butterschmalz in einer Pfanne erhitzen, das Fleisch darin 3 Min. bei mittlerer Hitze braten. Zur Seite schieben, Zwiebeln und Pilze ebenfalls anbraten, dann alles durchmischen. Die Petersilie und 1 1/2 EL Currypulver unterrühren, mit dem Fond ablöschen und aufkochen lassen. Die Speisestärke in 2 EL kaltem Wasser anrühren, untermischen und alles weitere 2 Min. kochen lassen.
– Den Backofen auf 200° (Umluft 180°) vorheizen. Die saure Sahne mit den Eiern verquirlen, mit dem übrigen Curry, dem Salz und Pfeffer würzen. Das Hähnchenfleisch auf dem Teig verteilen und mit der Sahnemischung begießen. Die scharfe Quiche im Ofen (Mitte) 1 Std. backen.

828. Quiche mit Brokkoli und Schinken

NICHT GANZ EINFACH
Für 1 feuerfeste Form (32 cm Ø)
Zubereitungseit: 45 Min.
Kühlzeit: 1 Std.
Backzeit: 45 Min.

Für den Teig: 250 g Mehl (Type 405) • 100 g Butterschmalz • 1/2 TL Salz
Für den Belag: 300 g Brokkoli • Salz • 80 g Zwiebeln • 1 Knoblauchzehe • 160 g gekochter Schinken • 2 EL Öl • 200 ml Milch • 200 g Sahne • 1 Ei • 4 Eigelbe • frisch geriebene Muskatnuss • Salz • frisch gemahlener Pfeffer • 90 g frisch geriebener Emmentaler
Außerdem: Mehl für die Arbeitsfläche • Backtrennpapier und Hülsenfrüchte zum Blindbacken

– Für den Teig das Mehl auf eine Arbeitsfläche sieben und in die Mitte eine Mulde drücken. Das Butterschmalz, das Salz sowie 90 ml Wasser zufügen und alles schnell zu einem glatten Teig verarbeiten. Dafür mit einer Palette oder einem großen Messer alles zu feinen Krümeln hacken. Dann mit den Händen weiterarbeiten und die Krümel schnell zusammenkneten, bis ein glatter Teig entsteht. Jedoch dabei darauf achten, dass der Teig nicht zu lange bearbeitet wird, sonst wird das Fett warm und der Teig „kurz“, also brüchig. Zu einer Kugel formen, in Folie wickeln und etwa 1 Std. im Kühlschrank ruhen lassen.
– Den Backofen auf 200° (Umluft 180°) vorheizen. Den Teig auf einer bemehlten Arbeitsfläche 3 mm dick ausrollen, in die Quiche-Form legen und den Rand leicht andrücken. Den überstehenden Teigrand mit einem Messer abschneiden. Den Boden mit Backpapier auslegen und mit den Hülsenfrüchten beschweren. Im Ofen (Mitte) 15 Min. blindbacken, damit der Teigrand stehen und der Boden flach bleibt. Aus dem Ofen nehmen, auskühlen lassen und die Hülsenfrüchte sowie das Papier entfernen.
– Inzwischen für den Belag den Brokkoli waschen, putzen und in kleine Röschen teilen. In sprudelnd kochendem Salzwasser blanchieren, herausheben, kalt abspülen und auskühlen lassen.
– Zwiebeln und Knoblauch schälen und fein hacken. Den Schinken in Streifen schneiden. Das Öl in einer Pfanne erhitzen und die Zwiebel- und Knoblauchwürfel sowie die Schinkenstreifen darin hell anschwitzen. Die Pfanne von der Kochstelle nehmen und den Inhalt auskühlen lassen.
– Milch, Sahne, Ei und Eigelbe in einer Schüssel verquirlen. Mit Muskatnuss, Salz und Pfeffer würzen. Den Käse einrühren. Die Schinken-Zwiebel-Mischung und die Brokkoliröschen unterheben. Die Füllung auf dem vorgebackenen Teigboden verteilen und glatt streichen. Im Ofen (Mitte) in 40–45 Min. fertig backen.

TIPPS

- **Emmentaler mit seinem milden Aroma ist der Hartkäse der Wahl für den Belag dieses pikanten Kuchens, denn er ergänzt Gemüse wie Schinken gleichermaßen gut. Dazu trinkt man auch gern ein Glas gut gekühlten, trockenen Weißwein, etwa einen Riesling.**
- **Statt in einer großen Form können Sie die Quiche auch in Portionsförmchen backen.**
- **Für die Quiche eignet sich auch Blätterteig aus dem Kühlregal oder aus der Tiefkühltheke.**

829. Austernpilz-Schinken-Quiche

SCHMECKT WARM UND KALT
Für 1 feuerfeste Form (28 cm Ø)
Zubereitungszeit: 50 Min.
Kühlzeit: 30 Min.
Backzeit: 35 Min.

Für den Teig: 250 g Mehl (Type 405) • 1 Ei • Salz • 125 g Butter
Für den Belag: 4 Schalotten • 100 g gekochter Schinken (in Scheiben) • 800 g Austernpilze • 5 EL Sonnenblumenöl • 1 EL helle Sojasauce • Salz • schwarzer Pfeffer • 150 g Crème fraîche • 1 EL Sherry • 1 EL frisch gehackte Petersilie • 100 g Sahne • 100 g frisch geriebener Bergkäse
Außerdem: Frischhaltefolie • Mehl für die Arbeitsfläche

– Das Mehl auf eine Arbeitsfläche häufen, in der Mitte eine Mulde formen. Ei, Salz und 1 EL Wasser hineingeben. Die Butter in Flöckchen auf dem Rand verteilen. Alles rasch zu einem glatten Teig verkneten. Den Teig in Frischhaltefolie wickeln und mindestens 30 Min. zugedeckt kühl stellen.
– Inzwischen die Schalotten schälen und in kleine

Würfel schneiden. Den Schinken in 1 cm breite Streifen schneiden. Die Austernpilze mit Küchenpapier abreiben, die harten Stiele entfernen. Die Pilze in 2 cm breite Streifen schneiden.
– Das Öl in einer Pfanne erhitzen. Die Schalotten darin glasig dünsten. Den Schinken und die Austernpilze dazugeben und bei mittlerer Hitze unter Rühren dünsten, bis die Flüssigkeit verdampft ist. Mit Sojasauce, Salz und Pfeffer würzen.
– Crème fraîche mit Sherry, Petersilie und Sahne verrühren. Den Käse unterheben.
– Den Backofen auf 200° (Umluft 175°) vorheizen. Den Teig auf wenig Mehl rund ausrollen und in die Form legen, dabei einen 3 cm hohen Rand formen. Die Austernpilzmischung auf den Teigboden geben. Die Käsecreme darüber verteilen. Die Quiche im Backofen (Mitte) 35 Min. backen.

TIPPS

• Austernpilze gibt es das ganze Jahr über zu kaufen, denn sie werden auf Strohballen gezüchtet. Das ist auch der Grund dafür, dass die Pilze sauber sind und nur mit einem feuchten Tuch abgerieben werden müssen. Die meist zähen Stiele werden abgeschnitten. Nur bei ganz jungen Pilzen können Sie sie mitverwenden, denn dann sind sie noch zart.

• Statt der Austernpilze können Sie auch Shiitake-Pilze (Asienladen) oder Champignons bzw. Egerlinge verwenden.

830. Möhren-Speck-Quiche

SCHMECKT WARM UND KALT
Für 1 feuerfeste Form (28 cm Ø)
Zubereitungszeit: 50 Min.
Kühlzeit: 30 Min.
Backzeit: 50 Min.

Für den Teig: 350 g Mehl (Type 405) • 1 Ei • 1 Eigelb • 2 Prisen Salz • 1 Prise Zucker • 3 EL Milch • 150 g Butter
Für den Belag: 800 g junge Möhren • Salz • 100 g durchwachsener Räucherspeck • 1 Zwiebel • 2 Knoblauchzehen • 1 TL Korianderkörner • 1/2 TL Kümmelsamen • 2 EL Butter • Pfeffer • Streuwürze nach Belieben • 200 g Sahne • 100 g saure Sahne • 3 Eier • frisch geriebene Muskatnuss • etwa 1/2 Bund Koriandergrün
Außerdem: Mehl für die Arbeitsfläche

– Für den Mürbteig das Mehl auf eine Arbeitsfläche sieben. In die Mitte eine Mulde drücken, das Ei, das Eigelb, Salz und Zucker sowie die Milch hineingeben. Die Butter in kleinen Flöckchen auf dem Rand verteilen. Alles mit einem großen Messer bröselig hacken und rasch zu einem glatten Teig verkneten. Den Teig auf wenig Mehl dünn ausrollen, in die Form legen und mit den Daumen einen Rand von 3 cm hochdrücken. Den Teigboden mehrmals mit einer Gabel einstechen und mindestens 30 Min. kühl stellen.
– Inzwischen die Möhren putzen, schälen und in 1/2 cm dicke Scheiben schneiden. Reichlich Salzwasser zum Kochen bringen, die Möhren darin 4 Min. blanchieren. Kalt abschrecken und abtropfen lassen.
– Den Speck in kleine Würfel schneiden. Die Zwiebel und den Knoblauch schälen und fein würfeln. Koriander und Kümmel im Mörser fein zerstoßen. Die Butter in einer großen Pfanne erhitzen, den Speck darin bei mittlerer Hitze anbraten. Die Zwiebel und den Knoblauch zufügen und mitdünsten. Die Möhren untermischen und alles mit etwas Salz, Pfeffer, den zerstoßenen Gewürzen und eventuell Streuwürze pikant abschmecken. Die Möhren etwas abkühlen lassen.
– Den Backofen auf 200° (Umluft 180°) vorheizen. Für den Guss die süße und die saure Sahne mit den Eiern verquirlen, mit Muskat, Pfeffer und etwas Salz würzen. Den frischen Koriander abspülen, die Hälfte davon klein schneiden und unter die Sahnemischung rühren. Die Möhren auf dem Teigboden verteilen, die Eiersahne darüber gießen und die Quiche im Ofen (Mitte) in 50 Min. goldbraun backen. Quiche 10 Min. abkühlen lassen, dann mit dem restlichen Koriander garnieren.

831. Kürbis-Speck-Quiche

FÜR GÄSTE
Für 1 feuerfeste Form (26 cm Ø)
Zubereitungszeit: 45 Min.
Kühlzeit: 30 Min.
Backzeit: 55 Min.

Für den Teig: 200 g Mehl (Type 405) • 1 Ei • 2 Prisen Salz • 5 EL Milch • 80 g kalte Butter

Für den Belag: 500 g Kürbisfleisch (geschält und entkernt, etwa 750 g ungeputzt) • 300 g Tomaten • 1 rote Chilischote • Salz • Pfeffer • Cayennepfeffer • 1 walnussgroßes Stück frischer Ingwer • 200 g durchwachsener Räucherspeck • 200 g Crème fraîche • 4 Eier • 1 TL Currypulver • 1 Bund Petersilie • 2 EL Kürbiskerne
Außerdem: Mehl für die Arbeitsfläche • Pergamentpapier und Hülsenfrüchte zum Blindbacken

– Das Mehl auf eine Arbeitsfläche sieben, in die Mitte eine Mulde drücken. Ei, Salz und Milch hineingeben. Die Butter in kleinen Flöckchen auf dem Rand verteilen und alles mit einem Messer bröselig hacken. Rasch zu einem glatten Teig verkneten und auf wenig Mehl rund ausrollen. Den Teig in die Form legen, einen Rand hochdrücken. Den Teig mindestens 30 Min. kühl stellen.
– Inzwischen das Kürbisfleisch in Stücke schneiden. Die Tomaten häuten und grob hacken. Die Chilischote waschen, entkernen und in feine Streifen schneiden. Kürbis mit Tomaten und Chili in einen Topf geben und zugedeckt bei schwacher Hitze 40 Min. köcheln lassen. Noch heiß grob zerdrücken und auf einem feinen Sieb abtropfen lassen. Das Kürbismus mit Salz, Pfeffer und Cayennepfeffer kräftig abschmecken. Ingwer schälen und durch die Presse dazudrücken.
– Den Backofen auf 200° (Umluft 180°) vorheizen. Den Speck würfeln und leicht ausbraten. Crème fraîche und Eier mit dem Currypulver verrühren. Den Teigboden mit Papier und Hülsenfrüchten belegen und im heißen Ofen (Mitte) 10 Min. blindbacken. Dann Papier und Hülsenfrüchte entfernen.
– Die Petersilie fein hacken. Mit den Speckwürfeln und der Eiermischung unter das Kürbismus mischen. Die Masse auf dem Teigboden verteilen und mit den Kürbiskernen bestreuen. Weitere 45 Min. backen.

832. Quiche Lorraine
(Lothringer Speckkuchen)

BERÜHMTES REZEPT
Für 1 feuerfeste Form (28 cm Ø)
Zubereitungszeit: 1 Std.
Kühlzeit: 30 Min.
Backzeit: 50 Min.

Für den Teig: 250 g Mehl (Type 405) • 125 g Butter • 2 EL Sahne • 2 Prisen Salz
Für den Belag: 200 g geräucherter Speck, mager ohne Schwarte • 1/4 l Milch • 250 g Sahne • 4 Eier • Salz • frisch gemahlener Pfeffer • etwas frisch geriebene Muskatnuss
Außerdem: Butter für die Form

– Das Mehl mit der Butter, der Sahne und 2 Prisen Salz rasch zu einem glatten Teig kneten. Die Form einfetten, den Teig in die Form kneten, dabei einen etwa 3 cm hohen Rand formen. Den Teig mehrmals mit der Gabel einstechen. Mindestens 30 Min. in den Kühlschrank stellen. Nach etwa 15 Min. Backofen auf 175° (Umluft 160°) vorheizen.
– Den Teig 10–15 Min. im Ofen (Mitte) vorbacken, dann aus dem Backofen nehmen. Inzwischen den geräucherten Speck in dünne Streifen schneiden und (bei Bedarf) etwa 2 Min. in heißem Wasser auskochen und herausnehmen.
– In einem Topf Milch mit der Sahne bei schwacher Hitze erwärmen, Topf vom Herd nehmen. Eier mit dem Milch-Sahne-Gemisch verquirlen. Mit Salz, Pfeffer und Muskatnuss abschmecken. Speckstreifen auf dem Teig verteilen. Eier-Milch-Masse darüber gießen.
– Die Backofentemperatur auf 200° (Umluft 180°) erhöhen. Die Quiche in 30–40 Min. (Mitte) goldbraun backen, bis der Guss gestockt ist. Etwa 10 Min. im ausgeschalteten Backofen ruhen lassen. Dann in Stücke schneiden. Lauwarm servieren.

833. Schinkentorte

GELINGT LEICHT | BRAUCHT ETWAS ZEIT
Für 1 Tarte-Form (36 cm Ø)
Zubereitungszeit: 50 Min.
Kühlzeit: 1 Std.
Backzeit: 55 Min.

Für den Teig: 200 g Weizenmehl (Type 405) • 100 g Butter • 1 Eigelb • 1/2 TL Salz
Für die Füllung: 200 g gekochter Schinken • 150 g Tomaten • 50 g Frühlingszwiebeln • 50 g Möhre • 50 g Butter • 2 EL gehackte Kräuter (Petersilie, Schnittlauch) • Salz • frisch gemahlener Pfeffer
Für den Guss: 2 Eier • 250 g Sahne • Salz • frisch gemahlener Pfeffer • 100 g Emmentaler oder anderer Hartkäse
Außerdem: Folie • Mehl für die Arbeitsfläche • Backtrennpapier und Hülsenfrüchte zum Blindbacken

– Das Mehl auf eine Arbeitsfläche sieben und in die Mitte eine Mulde drücken. Die Butter in Stücken, das Eigelb, 2 EL kaltes Wasser und das Salz hineingeben und alles schnell zu einem glatten Teig verkneten. Den Teig zur Kugel formen, in Folie wickeln und 1 Std. im Kühlschrank ruhen lassen.
– Den Backofen auf 200° (Umluft 180°) vorheizen. Den Teig auf einer bemehlten Arbeitsfläche etwa 4 mm dick ausrollen, in die Form legen und den Teigrand fest andrücken. Den überstehenden Teig mit einem Messer abschneiden. Den Teig sorgfältig mit Backpapier abdecken und die Form mit Hülsenfrüchten (zum Blindbacken) auffüllen.
– Die Torte im Ofen (Mitte) 15–20 Min. backen. Aus dem Ofen nehmen, auskühlen lassen, die Hülsenfrüchte und das Papier vorsichtig wieder entfernen.
– Für die Füllung Schinken in feine Streifen schneiden. Die Tomaten blanchieren, häuten und vierteln, die Stielansätze und die Samen entfernen und das Fruchtfleisch in kleine Würfel schneiden. Die Frühlingszwiebeln putzen und mit dem Grün fein hacken. Die Möhre schälen und fein würfeln.
– Die Butter in einer Pfanne zerlassen und die Schinkenstreifen darin anbraten. Die Frühlingszwiebeln und die Möhrenwürfel zugeben und kurz mitbraten. Die Tomatenwürfel, die Petersilie und den Schnittlauch untermischen, mit Salz und Pfeffer würzen, alles 1–2 Min. braten. Die Pfanne vom Herd nehmen und den Inhalt abkühlen lassen.
– Die Füllung in der vorbereiteten Form verteilen. Für den Guss die Eier mit der Sahne, Salz und Pfeffer verquirlen. Den Käse reiben und untermischen. Den Guss gleichmäßig über die Füllung gießen. Die Schinkentorte im Ofen (Mitte) weitere 35–40 Min. backen. Herausnehmen und noch warm servieren.

834. Lachs-Pie

BRAUCHT ETWAS ZEIT
Für 1 feuerfeste Form (25 cm Ø)
Zubereitungszeit: 1 1/2 Std.
Kühlzeit: 1 Std.
Backzeit: 40 Min.

Für den Teig: 300 g Mehl (Type 405) • 1 1/2 TL Salz • 1 Ei • 125 g kalte Butter
Für die Füllung: 2 Schalotten • 1 TL Öl • 600 g TK-Spinat • Salz • schwarzer Pfeffer • 150 g Räucherlachs • 3 Frühlingszwiebeln • 300 g Crème fraîche • 3 Eier
Außerdem: Butter für die Form • Mehl für die Arbeitsfläche • Alufolie • Dillspitzen zum Garnieren

– Das Mehl auf eine Arbeitsfläche geben, eine Mulde formen. Salz, Ei und 3 EL eiskaltes Wasser hineingeben, Butter in Flöckchen am Rand verteilen. Alles mit einem großen Messer hacken, rasch verkneten. Den Teig zur Kugel formen, zugedeckt mindestens 1 Std. kühl stellen.
– Die Schalotten schälen und klein würfeln. Das Öl in einem breiten Topf leicht erhitzen, die Schalotten darin glasig werden lassen. Den Spinat dazugeben und unter häufigem Rühren bei schwacher Hitze zugedeckt auftauen lassen. Den Spinat dann offen bei starker Hitze einige Minuten köcheln lassen, damit Feuchtigkeit verdampfen kann. Salzen und pfeffern, abkühlen lassen.
– Den Backofen auf 200° (Umluft 180°) vorheizen. Die Pie-Form fetten. Den Teig auf wenig Mehl rund ausrollen und die Form damit auskleiden. Überstehenden Teig abschneiden und beiseite legen.
– Den Teigrand mit einem schmalen Streifen Alufolie am Rand der Form befestigen. Den Teigboden mit einer Gabel mehrfach einstechen. Die Torte im Ofen (Mitte) 10 Min. vorbacken.
– Den Lachs klein schneiden. Die Frühlingszwiebeln putzen, waschen und in sehr feine Ringe schneiden. Beides zum Spinat geben. Den abgeschnittenen Teig erneut dünn ausrollen, 1 cm breite Streifen mit einem Teigrädchen ausschneiden. Mit einem Ausstecher ein rundes Teigstück ausstechen.
– Die Pie aus dem Ofen nehmen, die Alufolie entfernen. Die Spinatmischung auf den Teig geben. Crème fraîche mit 2 Eiern, Salz und Pfeffer verquirlen und darüber träufeln. Mit den Teigstreifen in einem Gittermuster belegen. Das dritte Ei verquirlen, die Pie damit bestreichen und im Ofen (Mitte) noch 30 Min. backen. Mit Dillspitzen garniert servieren.

TIPP

Mürbteig muss gekühlt werden, darf aber nicht zu fest werden, damit er noch geschmeidig genug ist, um sich gut ausrollen zu lassen. Wollen Sie Mürbteig Stunden vor dem Belegen und Backen vorbereiten, rollen Sie ihn gleich zwischen zwei Lagen Klarsichtfolie aus, legen ihn in die Form und stellen ihn so kühl.

835. Käsewähe

LEICHT ZU MACHEN
Für 1 runde Form (25 cm Ø)
Zubereitungszeit: 30 Min.
Gehzeit: 1 1/2 Std.
Backzeit: 30 Min.

Für den Teig: 400 g Mehl (Type 405) • 1/2 Würfel frische Hefe (20 g) • 1/2 TL Salz • 75 g Butter
Für den Belag: 80 g Zwiebeln • 1 EL Butter • 300 g frisch geriebener Käse (Emmentaler, Greyerzer) • 3 Eier • 150 g Sahne • 1 TL Salz • frisch gemahlener Pfeffer
Außerdem: Butter für die Form

– Das Mehl auf eine Arbeitsfläche sieben, in die Mitte eine Mulde drücken. Die zerbröckelte Hefe, das Salz, die Butter und 1/4 l lauwarmes Wasser hineingeben und rasch einen Hefeteig bereiten. Den Teig zugedeckt an einem warmen Ort etwa 1 Std. gehen lassen. Sein Volumen sollte sich verdoppeln. Die Form buttern. Den Teig 1 cm dick ausrollen, in die Form legen und einen Rand formen. Noch einmal 30 Min. gehen lassen.
– Den Backofen auf 220° (Umluft 200°) vorheizen. Die Zwiebeln schälen, fein hacken und in der zerlassenen Butter glasig schwitzen. Mit dem frisch geriebenen Käse, den Eiern, Sahne, Salz und Pfeffer vermischen. Die Masse auf dem Teig verstreichen und die Käsewähe im Ofen (Mitte) etwa 30 Min. backen.

836. Torte mit viererlei Käse

WÜRZIG | BRAUCHT ETWAS ZEIT
Für 1 runde Form (30 cm Ø)
Zubereitungszeit: 1 Std.
Gehzeit: 30 Min.
Backzeit: 40 Min.

Für den Teig: 300 g Weizenmehl (Type 405) • 150 g Weizenvollkornmehl • 3/4 Würfel Hefe (30 g) • 1 Ei • 1 TL Salz • 3 EL Olivenöl
Für die Füllung: 175 g Feta • 175 g mittelalter Gouda • 175 g Kernhem • 175 g Sahnequark • 30 g Butter • 150 g Sahne • 3 Eier • 1/2 Bund glatte Petersilie • 1 EL gehackter Dill • frisch gemahlener Pfeffer • Salz (nach Bedarf)
Außerdem: 1 Eigelb zum Bestreichen

– Beide Mehlsorten in einer Schüssel mischen und in die Mitte eine Mulde drücken. Die Hefe hineinbröckeln und mit 200 ml lauwarmem Wasser auflösen, dabei etwas Mehl vom Rand mit untermischen. Den Ansatz mit Mehl bestäuben. Die Schüssel mit einem sauberen Tuch abdecken und den Teig an einem warmen Ort gehen lassen, bis die Oberfläche Risse zeigt. Das dauert etwa 30 Min.
– Das Ei, Salz und das Olivenöl zum Vorteig geben, alles zu einem festen, geschmeidigen Teig verarbeiten. Zu einer Kugel formen und zugedeckt stehen lassen, bis die Füllung fertig ist.
– Für die Füllung den Feta zerbröckeln, den Gouda und den Kernhem grob zerkleinern. Alle Käsesorten mit dem Quark mischen. Die Butter, die Sahne und die Eier hinzufügen und alles im Mixer zu einer cremigen Masse verarbeiten. Die Petersilie hacken und zusammen mit dem Dill unter die Masse heben. Die Käsecreme mit Pfeffer und Salz würzen.
– Den Backofen auf 220° (Umluft 200°) vorheizen. Den Teig durchkneten. Zwei Drittel davon ausrollen und die Form so damit auslegen, dass der Rand 1 cm übersteht. Den Boden mit einer Gabel mehrmals einstechen. Die Käsecreme einfüllen und gleichmäßig verteilen, Oberfläche mit einer angefeuchteten Palette glatt streichen. Den Teigrand mit verquirltem Eigelb bestreichen.
– Den restlichen Teig ausrollen und auf die Füllung legen. Den Rand mit Daumen und Zeigefinger fest zusammendrücken, die überstehenden Teigreste abschneiden. Aus den Resten nach Belieben Ornamente ausstechen. Die Oberfläche der Torte mit dem Eigelb bestreichen und die Teigornamente auflegen. In der Mitte ein Loch für den Dampfabzug ausstechen und um das Loch ebenfalls Ornamente legen. Die Verzierungen mit Eigelb bestreichen. Die gefüllte Käsetorte im Ofen (Mitte) 35–40 Min. backen.

837. Gemüsestrudel

FÜR FORTGESCHRITTENE
Für 1 Strudel
Zubereitungszeit: 40 Min.
Ruhezeit: 30 Min.
Backzeit: 40 Min.

Für den Teig: 300 g Mehl (Type 405) • 4 EL Öl • Salz
Für die Füllung: 300 g Brokkoli • 2 Bund Suppengemüse • 1 Stange Lauch • 150 g Butter • 2 EL

gehackte Petersilie • 100 g Crème fraîche • 150 g geriebener Käse • frisch gemahlener Pfeffer • 50 g Semmelbrösel • 2 EL Sonnenblumenkerne
Außerdem: Fett fürs Blech

– Das Mehl auf eine Arbeitsfläche sieben, in die Mitte eine Mulde drücken. Das Öl, Salz und etwa 80 ml lauwarmes Wasser zugeben und alles rasch zu einem glatten Teig verarbeiten. In einen Gefrierbeutel geben und 30 Min. ruhen lassen.
– Den Brokkoli waschen, in Röschen zerteilen, die Stiele schälen und in Würfel schneiden. Das Suppengemüse waschen, putzen und klein würfeln. Die Lauchstange putzen, gründlich waschen und mit dem zarten Grün in Ringe schneiden.
– 50 g Butter erhitzen, das Gemüse darin 5 Min. dünsten, 1 EL Petersilie, die Crème fraîche und den Käse untermischen. Mit Salz und Pfeffer würzen. Die Semmelbrösel und die restliche Petersilie in 30 g Butter kurz anrösten und beiseite stellen. Die Sonnenblumenkerne ohne Fett anrösten.
– Den Strudelteig auf einem bemehlten Küchentuch hauchdünn ausrollen. Semmelbrösel darauf streuen und die Gemüsemischung darauf verteilen. Dabei den Rand frei lassen. Sonnenblumenkerne darüber streuen.
– Den Backofen auf 200° (Umluft 180°) vorheizen. Das Blech fetten. Den Strudel seitlich etwas einschlagen und mit Hilfe des Tuchs längs aufrollen und auf das Blech legen. Die übrige Butter zerlassen. Den Strudel mit der Butter einpinseln.
– Den Gemüsestrudel im Ofen (Mitte) 40 Min. backen. Ab und zu mit der übrigen zerlassenen Butter einpinseln. Den Strudel aus dem Ofen nehmen, etwas abkühlen lassen, in Scheiben schneiden und noch warm servieren.

838. Krautstrudel

FÜR GEÜBTE | PREISWERT
Für 1 Strudel
Zubereitungszeit: 1 Std.
Ruhezeit: 1 Std.
Backzeit: 40 Min.

Für den Teig: 150 g Mehl (Type 405) • 1/4 TL Salz • 1 kleines Ei • 1 1/2 EL Öl
Für die Füllung: 500 g Weißkohl • 80 g durchwachsener, roh geräucherter Speck • 100 g Zwiebeln • 1 Knoblauchzehe • 50 g Butter • 1/4 l Fleischbrühe • 1/4 l trockener Weißwein • 1 TL Salz • frisch gemahlener Pfeffer • 1 EL gehackte Petersilie
Außerdem: Öl für den Teig und das Blech • Mehl für die Arbeitsfläche • 1 Eigelb zum Bepinseln

– Das Mehl auf eine Arbeitsfläche sieben, in die Mitte eine Mulde drücken. Das Salz, das Ei, das Öl und 50 ml Wasser hineingeben und alles zu einem glatten, geschmeidigen Teig kneten. Bei Bedarf noch etwas Wasser zugießen. Den Teig zur Kugel formen, die Oberfläche mit Öl bestreichen und den Teig zugedeckt 1 Std. ruhen lassen.
– In der Zwischenzeit den Weißkohl halbieren, vom Strunk befreien und in dünne Streifen schneiden oder hobeln. Den Speck in kleine Würfel schneiden. Die Zwiebeln schälen und fein hacken. Die Knoblauchzehe ebenfalls schälen.
– Den Speck in der heißen Pfanne auslassen, das Fett abgießen und die Butter zufügen. Die Zwiebeln darin angehen lassen, den Knoblauch durch die Presse dazudrücken, beides glasig schwitzen. Den Weißkohl hinzufügen, mit der Fleischbrühe und dem Weißwein ablöschen. Den Kohl salzen, pfeffern und die Petersilie einstreuen. Den Deckel auflegen und den Kohl etwa 20 Min. garen, eventuell die überschüssige Flüssigkeit einkochen lassen.
– Den Backofen auf 200° (Umluft 180°) vorheizen. Das Blech fetten. Den Strudelteig auf einer bemehlten Arbeitsfläche sehr dünn ausrollen. Über beiden Handrücken vorsichtig so dünn wie möglich ausziehen. Den Strudelteig auf einem bemehlten, großen Tuch ausbreiten. Der Länge nach so mit der Füllung belegen, dass die Teigfläche zu drei Viertel bedeckt ist und entlang der Längsseite ein breiter Streifen frei bleibt. Das Tuch von der belegten Längsseite her hochheben und dabei den Strudel aufrollen. Den freien Rand mit verquirltem Eigelb bestreichen und gut festdrücken.
– Den Krautstrudel auf das Blech legen und im Ofen (Mitte) etwa 40 Min. backen.

TIPP

Beim Ausziehen über beide Handrücken Strudelteig vorsichtig dehnen und ziehen. Sollte er dennoch reißen, einfach wieder gut zusammendrücken. Durch den papierdünnen Teig sollte man am Ende „eine Zeitung lesen" können.

KAFFEE & TEE

Nun haben wir es geschafft: Alle Teige sind geknetet, alle Kuchen gebacken und alle Torten verziert. Jetzt können wir uns setzen und genießen. Am besten bei einer guten Tasse Kaffee. Oder bei einem schönen Tee. Vielleicht bei einer herrlichen heißen Schokolade? Und wenn Jahreszeit und Temperatur stimmen, sogar bei einem Punsch? Nur wer macht das jetzt? Und wie? Also gut, dann geben wir uns kurz noch mal Mühe. Umso süßer ist der Lohn.

So wie es zum Gekochten Wein oder Wasser gibt, so gehört zum Gebackenen Kaffee oder Tee. Gut, da sind ein paar Ausnahmen (grüner Tee zu Dim Sum und schwarzer zu Piroggen, Weißwein zum Zwiebelkuchen oder gar zum Gugelhupf). Aber eines ist zumindest in unseren Breiten klar: Wenn man sich zum Kaffeetrinken trifft, dann heißt das auch Kuchen essen, und dazu gibt es – na eben Kaffee. Oder auch mal einen Tee oder sogar eine echte heiße Schokolade.

Doch so hoch her wie im Coffee-Shop mit seinem Latte-Latein geht es an der heimischen Kaffeetafel nicht, denn da ist beim Kuchen wie beim Trinken immer noch Tradition gefragt. Zwar kommt man heute als GastgeberIn am Cappuccino oder an der Latte macchiato zum Gebäck nicht mehr vorbei, auch wenn die Italiener unsere Kaffee-und-Kuchen-Sitte so nicht kennen. Aber darüber wollen wir hier jetzt nicht streiten, und ebenso wenig über die einzig richtige Tageszeit für „den Cappo“ oder „die Latte“. Denn erlaubt ist, was uns schmeckt und gefällt. Wobei es da schon etwas gibt, das uns ein bisschen besser mundet.

Zum Kuchen? Am besten Filterkaffee

Wir finden nämlich, dass ein richtiger Filterkaffee mit heißer Milch ohne Schaum (wer's mag, darf sogar Kaffeesahne oder Dosenmilch nehmen) immer noch am besten zu Marmorkuchen oder Frankfurter Kranz passt. Weil er einfach „länger“ ist und sich im Hintergrund hält. Und wir finden es auch besser, wenn ein solcher Kaffee in einer großen Kanne mitten auf der Tafel steht, von uns aus sogar in einer Thermoskanne. Denn das ist immer noch gelungener, als die ständige Rennerei zum lärmenden Espressoautomaten wegen jeder einzelnen Tasse. Denn auch Kaffeetrinken hat etwas mit Ruhe und Genuss zu tun.

Beim Tee? Ruhig ein bisschen spielen

Beim Tee ist das alles sowieso ein bisschen anders. Denn auch wenn die Kafferöster sich jetzt alle Mühe machen, ihr Produkt ähnlich diffizil und hochklassig (und damit auch hochpreisig) wie edlen Wein darzustellen – so fein wie Tee wird Kaffee nie werden. Beim Tee hat die Unterscheidung nach Lagen, Blättern und Sorten Tradition und ist auch sinnvoller, denn das beeinflusst den zarten Geschmack des Tees überaus. Genauso ist es bei der Zubereitung: Die richtige Hitze und die richtige Zeit können einen Durchschnitts-Tee klar über einen zu lange und zu heiß gebrühten Edeltee erheben; ein Filterkaffee verzeiht schon eher mal ein bisschen Lässigkeit beim „Kochen“. Und während er als Volksgetränk nicht viele Alternativen neben sich duldet (wer trinkt schon Malzkaffee?), macht der schwarze Tee sich sogar selbst kreative Konkurrenz mit dem aus der gleichen Pflanze stammenden grünen Tee (mehr dazu unter „Was ist …?“). Und dann sind da noch Rooibos, Mate, Lapacho …

Ist es da ein Wunder, dass handgebrühter Tee eher als Getränk für geduldige Freidenker gilt, der Kaffee aus der Maschine dagegen lieber den tüftelnden Machern zugerechnet wird? Doch vielleicht ist das auch nur eine sehr gewagte Unterscheidung. Womöglich hilft es viel weiter, nicht nach dem Was zu fragen, sondern nach dem Wie: Wie nimmst du deinen Kaffee oder Tee? Pur, reich oder bunt? Mehr dazu auf der nächsten Seite.

Was ist …

… Arabica? Gegenüber Robusta die feinere der beiden Bohnensorten, aus denen man Kaffee brüht. Der aus Äthiopien stammende Ur-Kaffee besitzt mehr Aroma, weniger Säure und Koffein, ist aber empfindlicher und damit teurer als Robusta. In den puren und kurzen Kaffees wie Espresso oder Mokka steckt fast immer 100 % Arabica.

… Robusta? Vor knapp 150 Jahren in Ostafrika entdeckt, schmeckt diese Sorte robuster als Arabica, weshalb sie vor allem in günstigen Massenkaffees steckt. Aber es gibt auch gute Qualitäten, die mit Arabica gemischt und mit viel Milch genossenen Kaffee runder machen können als reiner Arabica.

… schwarzer Tee? Nur wenn er aus den Blättern des Teestrauchs gebrüht wird, darf sich Tee „Tee" nennen. Die ersten Blätter, die gepflückt werden, gelten als die Feinsten und sind begehrt, besonders wenn sie aus Indien (Darjeeling, Assam) stammen. Von dort kommt meist schwarzer Tee, dessen Blätter vor dem Trocknen durch Vergärung veredelt (fermentiert) werden. Gern getrunken: in Teilen Asiens, in Russland, Indien, Europa und im Orient.

… grüner Tee? Tee, dessen Blätter ohne Fermentierung getrocknet wurden und der so reicher an gesunden Inhaltsstoffen ist. Wird in Teilen Asiens (z. B. Japan) und des Orients (z. B. Marokko) geschätzt und auch bei uns immer beliebter.

… Oolong-Tee? Liegt zwischen schwarzem und grünem Tee, da nur kurz fermentiert.

… Kakao? Ursprünglich stand dieser Begriff für das aus ungesüßt-purem entöltem Kakaopulver zubereitete Getränk, das heute eher „heiße Schokolade" heißt – während ein „Kakao" meist aus gezuckertem Instantpulver angerührt wird.

Die Puren

Das sind die Basic-Zubereitungen, die in ihren Herkunftsländern zugleich oft Volksgetränk sind: Wie der Becher Kaffee bei uns, das Tässchen „caffè" in Italien (bei uns Espresso genannt), die Schale grüner Tee in Japan, das Glas schwarzer Tee in der Türkei, der Pfefferminztee in Marokko. Auch Rooibos- oder Matetee werden aus nichts als heißem Wasser und dem jeweiligen Grundprodukt gewonnen. Aber auch eine klassische Grundzubereitung wie die des Kakaos oder Minztees macht ein Getränk „pur", selbst wenn noch Milch oder Zucker dazukommen – solange der Trinker das selbst macht und das Tradition ist.

Die Reichen

Eigentlich müsste es heißen: die Angereicherten. Das sind Tees und Kaffees, die bei der Zubereitung mit Milch, Zucker, Aromen oder auch einem Schuss Alkohol angereichert werden. So wie der Cappuccino und der Caffè Latte, die Melange, der Pharisäer oder der Irish Coffee (mehr dazu im Rezeptteil). Aber auch einen Vanille-Tee, einen Icetea oder einen Lumumba (Kakao mit Rum) zählen wir hier dazu – nicht aber den Punsch. Womit wir bei der dritten Gruppe wären:

Die Bunten

Das sind jene Heißgetränke zum Kuchen, bei deren Zubereitung es schon recht bunt zugeht dank diverser Säfte, Weine und Sirupe und noch ein paar anderer Zutaten, hinter denen das eigentliche Grundgetränk in den Hintergrund rückt – wie der Tee beim Punsch zum Beispiel. Die Bunten erkennt man meistens auch daran, dass ihre Zutatenliste wie Zubereitungsschritte schon ein richtiges Rezept ergeben und dass sie dann auch recht bunt (und nicht selten süß) schmecken. Ob ein Yogi-Tee oder ein Früchtetee nun pur (klassisch zubereitet), reich (mit diversen Zusätzen) oder bunt (größeres Rezept) ist, mag jeder selbst herausfinden – am besten bei einer guten Tasse von demselben.

Kaffee kochen

Der Kaffee

Wichtig ist die Art der Zubereitung: Je länger Wasser und Kaffee miteinander in Berührung kommen, desto gröber muss das Pulver gemahlen sein. Am gröbsten ist es für den in der Presskanne ziehenden Kaffee, dann folgen der Reihe nach der hand- und maschinengefilterte Kaffee und der im Kännchen sowie in der Maschine zubereitete Espresso. Ausnahme: türkischer Mokka, für den sehr feiner Kaffee im Kännchen verkocht wird. Kaffeepulver bleibt luftdicht und kühl (z.B. im Kühlschrank) aufbewahrt bis zu 2 Wochen lang wirklich frisch.

Das Aufbrühen

Für handgebrühten Filterkaffee den Filter anfeuchten, Pulver hineingeben (je 150-ml-Tasse 1 Kaffee-Messlöffel, ab 4 Tassen noch einen zusätzlich „für die Kanne“) und nur einen Schluck kochendes Wasser darauf geben, sodass es etwas quellen kann. Nun den Filter mit kochend heißem Wasser füllen, durchlaufen lassen und wieder füllen. Für die Maschine ebenso vorbereiten und darauf achten, dass das Wasser zügig durchläuft (regelmäßig entkalken!). In der Presskanne Kaffee aufbrühen und vor dem Pressen 2–5 Minuten ziehen lassen. Frisch genießen.

Tee kochen

Das Aufbrühen

Je Tasse wird 1 TL Teeblätter (ab 4 Tassen einen mehr) in die mit heißem Wasser vorgewärmte Kanne oder in den eingehängten Stoff- oder Papierfilter gegeben. Tee braucht Platz, um sich zu entfalten und mag kein Metall, weswegen ein Tee-Ei oder ein ähnliches Gerät tabu ist. Für schwarzen Tee frisch gezapftes oder gefiltertes kaltes Wasser aufkochen und sofort aufbrühen, für grünen Tee Wasser erst auf 80–90° abkühlen lassen (10 Minuten).

Das Ziehen

Grüner Tee zieht 2–3 Minuten (anregend), schwarzer kann bis 5 Minuten im Wasser sein (dann beruhigt er, ist aber nicht zu bitter). Zog er in der Kanne, wird er durch ein Sieb in eine zweite vorgewärmte Kanne abgegossen. Die Blätter im Sieb wie auch im Filter gut ausdrücken. Den Tee rasch genießen und am besten nicht warm halten.

GU-Kummerkasten

Caffè coretto, macchiato, ristretto – ich blicke nicht mehr durch. Was ist das alles genau? *Fangen wir vorne an:* **Caffè** *sagen die Italiener zum kleinen Tässchen mit starkem Kaffee, das wir Espresso nennen. Ist es ein kurzer mit weniger Wasser, ist es ein* **Caffè ristretto**. *Wird er mit mehr Wasser gebrüht, ist es ein* **Caffè lungo**. *Und bei einem* **Caffè americano** *wird nachträglich heißes Wasser zugegossen. Ein doppelter Espresso ist in Italien ein* **Caffè doppio**. *Kommt in die Tasse noch ein Schuss Grappa oder Weinbrand entsteht ein* **Caffè coretto**. *Dann folgen die mit Milch Aufgegossenen: Der „Kleinste“ ist der* **Caffè macchiato**, *ein mit einem Tupfen Milchschaum gekrönter Espresso. Kommen Kaffee und frisch mit der Dampfdüse erhitzte Milch samt Schaum (alles zu jeweils einem Drittel) in eine größere Tasse, ist das ein* **Cappuccino**, *der noch mit Kakaopulver bestreut wird. Für einen* **Latte macchiato** *wird ein Espresso in ein Glas voll heißer, leicht geschäumter Milch gegossen, ein* **Caffè latte** *ist ein eher längerer Espresso aufgegossen mit heißer Milch (4/5) – zu deutsch „Milchkaffee“.*

839. Cappuccino

KLASSIKER AUS ITALIEN
Für 1 Portion
Zubereitungszeit: 10 Min.

75 ml Milch (möglichst fettarme Milch, Vollmilch überdeckt den Kaffeegeschmack) • 1 Tasse frisch aufgebrühter Espresso

– Die Milch in einem Topf erhitzen und dann mit dem Milchaufschäumer oder notfalls mit dem Schneebesen schaumig schlagen.
– Die Milch zügig auf dem Espresso verteilen. Nach Wunsch mit Kakaopulver bestäuben.

TIPP

Cappuccino besteht zu gleichen Teilen aus Espresso und aufgeschäumter Milch. Den besten Schaum erhält man mit der Dampfdüse der Espressomaschine.

840. Latte macchiato

KLASSIKER AUS ITALIEN
Für 2 Portionen
Zubereitungszeit: 10 Min.

400 ml fettarme Milch • 150 ml heißer Espresso • 4 TL Zucker (nach Belieben) • Kakaopulver zum Bestreuen

– Die Milch in einem Topf erhitzen, nicht kochen lassen. Mit dem Mixer oder Milchaufschäumer aufschäumen.
– Den Espresso nach Belieben mit Zucker süßen. Die heiße Milch in 2 hohe Gläser füllen. Den Espresso über den Rücken eines Teelöffels langsam am Rand des Glases in die Milch laufen lassen (so ergeben sich zwei dekorative Schichten). Wer will, bestäubt die Milchhaube mit Kakao. Die Latte macchiato sofort servieren.

TIPPS

Latte macchiato lässt sich variieren, indem man die Milch unterschiedlich aromatisiert:

- **Die Milch mit dem ausgekratzten Mark von 1 Vanilleschote und 1 Päckchen Vanillezucker erhitzen. Vom Herd nehmen, 2 Std. ziehen lassen, erneut erhitzen, dann die Vanilleschote herausfischen und die Milch aufschäumen.**
- **Die Milch mit 5 aufgeschlitzten Kardamomkapseln, 1 Zimtstange und 2 EL Honig erhitzen. Vom Herd nehmen, 2 Std. ziehen lassen, erneut erhitzen, durch ein Sieb gießen, aufschäumen.**
- **Die Milch einfach zusätzlich mit Sirupen, beispielsweise Mandel- oder Karamellsirup oder fertig gekauften Sirupen aromatisieren.**

841. Café au lait

KLASSIKER AUS FRANKREICH
Für 1 Portion
Zubereitungszeit: 10 Min.

1 gehäufter ML stark geröstetes Kaffeepulver (etwa 10 g) • 150 ml Milch

– Kaffeepulver in einer Presskanne mit 150 ml siedend heißem Wasser überbrühen und 3–5 Min. ziehen lassen, dann den Filterkolben nach unten drücken.
– Die Milch erhitzen, aber nicht kochen lassen. Kaffee und Milch gleichzeitig in die Tasse gießen.

TIPPS

- **Für den französischen Morgenkaffee werden Kaffee und Milch im gleichen Mengenverhältnis in die typische Trinkschale gegossen. Dazu den Kaffee in der Glasfilterkanne zubereiten.**
- **Mehr Aroma gibt's, wenn Sie etwas Zichorie oder Getreidekaffee zum Kaffeepulver geben.**

842. Wiener Melange

KLASSIKER | AUS ÖSTERREICH
Für 1 Portion
Zubereitungszeit: 10 Min.

1 gehäufter ML kräftig geröstetes Kaffee- oder Espressopulver (etwa 10 g) • ca. 150 ml heiße Milch

– Aus 150 ml Wasser und dem kräftig gerösteten Kaffee- oder Espressopulver einen Kaffee brühen.
– In eine Tasse geben und die heiße, aber nicht kochende Milch darauf gießen.

TIPPS

• Bei der Wiener Melange handelt es sich um eine Mischung aus Kaffee mit heißer Milch. Die durch das jeweilige Mischungsverhältnis bestimmte Farbe der Melange war in Wien Anlass beinahe philosophischer Diskussionen, und jedes Kaffeehaus hat sein eigenes Rezept.
• Die Grundlage der Wiener Melange ist eine spezielle Kaffeeröstung, bei der der Kaffee zusammen mit Zucker geröstet wird.

843. Türkischer Kaffee (Mokka)

KLASSIKER | ETWAS BESONDERES
Für 1 Portion
Zubereitungszeit: 12 Min.

2 TL Zucker • 2 gehäufte TL fein gemahlenes Kaffeepulver (Mokka)

– Etwa 1/8 l kaltes Wasser mit 2 TL Zucker in einen kleinen Topf oder türkischen „Vezve“ (schmales Messingtöpfchen mit langem Griff) geben und verrühren.
– Das fein gemahlene Kaffeepulver dazugeben und unter Rühren erhitzen (es soll sich leichter Schaum auf der Oberfläche bilden).
– Sobald der Kaffee brodelnd zu kochen beginnt, ein Drittel davon in die Tasse abgießen. Vorgang wiederholen, dann den Rest in die Tasse gießen. Jetzt noch das Kaffeepulver absetzen lassen und heiß genießen.

844. Wiener Schokoladenkaffee

RAFFINIERT KOMBINIERT
Für 2 Portionen
Zubereitungszeit: 10 Min.

70 g Zartbitterschokolade • je 1 Prise gemahlener Zimt und gemahlener Kardamom • 100 g Sahne • 350 ml heißer Kaffee • 1 EL Honig • 1 TL Zucker
***Außerdem:** gemahlener Zimt und gemahlener Kardamom zum Bestreuen*

– Die Zartbitterschokolade in einen kleinen Topf geben und bei schwächster Hitze unter Rühren langsam schmelzen. Den Zimt, den Kardamom und 4 EL Sahne mit dem Schneebesen gründlich unter die Schokolade rühren. Den heißen Kaffee mit dem Honig süßen und zur Schokolade gießen. Mit dem Schneebesen gut verrühren.
– Die restliche Sahne mit dem Zucker steif schlagen. Den Schokoladenkaffee in 2 Tassen gießen und die Sahne darauf verteilen. Mit Zimt- und Kardamompulver bestäuben.

845. Weiße Schoko-Latte

SAHNIG | MILD
Für 2 Portionen
Zubereitungszeit: 10 Min.

75 g weiße Kuvertüre • 300 ml Milch • 1 Vanilleschote • 1 EL Ahornsirup • 1/8 l heißer Espresso • 2 EL Espressosirup (ersatzweise fertig gekaufte Schokoladensauce)
Außerdem: Schokoladenspäne zum Bestreuen

– Die Kuvertüre grob zerbröckeln und mit der Milch in einen kleinen Topf geben. Die Vanilleschote mit einem scharfen Messer aufschlitzen und das Mark herauskratzen. Schote und Mark zur Milch geben.
– Die Kuvertüre unter Rühren bei schwacher Hitze schmelzen. Den Ahornsirup unterrühren, vom Herd nehmen. Die Vanilleschote herausfischen, die Schokomilch kräftig aufschäumen und in Gläser füllen.
– Den Espresso mit dem Sirup mischen und im Zickzackmuster über die Milch gießen. Mit Schokospänen bestreuen und servieren.

TIPP

Schoko-Latte schmeckt auch kalt. Dazu die Milch und den Kaffee abkühlen lassen, die kalte Milch kräftig aufschäumen und mit je 2 Kugeln Schoko- oder Mokkaeis auf Gläser verteilen. Den Kaffee darüber gießen und mit Schokospänen verzieren.

846. Mokkaschaum

CREMIG | ZUM LÖFFELN
Für 2 Portionen
Zubereitungszeit: 10 Min.

2 EL Kakaopulver • 350 ml fettarme Milch • 1 EL Zucker • 1/8 l Espresso, frisch gekocht
Außerdem: 1 EL Schokoladensirup zum Beträufeln

– Den Kakao mit wenig kalter Milch oder auch Wasser anrühren. Die restliche Milch in einem Topf erhitzen, aber nicht kochen lassen. Die Hälfte davon mit dem angerührten Kakao und dem Zucker vermischen.
– Die pure Milch und die Kakaomilch jeweils mit dem Milchaufschäumer aufschäumen. Erst die pure Milch, dann den Kakao und zum Schluss den Espresso vorsichtig in hohe Tassen oder Gläser füllen. Die Flüssigkeiten sollen sich nicht vermischen. Mit dem Sirup beträufeln.

847. Macchiato Corretto

MIT ALKOHOL | FÜR GÄSTE
Für 2 Portionen
Zubereitungszeit: 15 Min.

300 ml Milch • 1/8 l Espresso, frisch gekocht • 1 1/2 EL Espressosirup (ersatzweise 1 EL Zucker) • 2 EL Sambuca (Anislikör) • 6 Kaffeebohnen

– Die Milch im Topf erhitzen, aber nicht kochen lassen. In Gläser füllen und mit dem Milchaufschäumer aufschäumen.
– Den Espresso mit dem Sirup und dem Sambuca verrühren und im Zickzack-Muster in die Milch laufen lassen. Mit den Kaffeebohnen garnieren.

848. Mandel-Kaffee

CREMIG | MILD
Für 2 Portionen
Zubereitungszeit: 10 Min.
Ruhezeit: 2 Std.

200 ml fettarme Milch • 2 EL Mandelmus (aus dem Glas) • 1 Prise gemahlener Zimt • 3 TL Mandelsirup • 200 ml heißer Kaffee • 3 cl Amaretto (nach Belieben)

– Die Milch mit dem Mandelmus und Zimt in einen Topf geben und gut verrühren. Die Milch unter Rühren heiß werden lassen, aber nicht kochen. Vom Herd nehmen und 2 Std. ziehen lassen.
– Die Mandelmilch nochmals erhitzen. Mandelsirup, Kaffee und Amaretto einrühren, mit dem Mixer kräftig aufschäumen und auf 2 große Becher verteilen.

849. Schwarzwälder Kirschkaffee

FRUCHTIG | ETWAS BESONDERES
Für 2 Portionen
Zubereitungszeit: 15 Min.

50 g Sahne • 1 TL Kakaopulver • 200 ml Milch • 50 g Zartbitter-Schokolade • 2 TL Kirschwasser (nach Belieben) • 6 EL Kirschsirup • 250 ml heißer starker Kaffee
Außerdem: Amarenakirschen und Schokoladenspäne

– Die Sahne steif schlagen. Kakaopulver mit 3 EL kalter Milch anrühren. Die Schokolade zerbröckeln und mit der restlichen Milch unter Rühren schmelzen lassen. Den Kakao unterrühren.
– Das Kirschwasser und 4 EL Kirschsirup auf 2 Tassen verteilen. Die Schokomilch und den Kaffee vermischen, in die Tassen gießen und verrühren. Etwas Sahne auf den Kaffee geben und mit einigen Kirschen, dem restlichen Sirup und den Schokospänen dekorieren.

850. Irish Coffee

KLASSIKER | MIT ALKOHOL
Für 2 Portionen
Zubereitungszeit: 10 Min.

75 g Sahne • 2 TL brauner Zucker • 8 cl irischer Whiskey • 400 ml heißer starker Kaffee • 1 TL Kakaopulver
Außerdem: Irish-Coffee-Gläser

– Zum Vorwärmen die Kaffeegläser mit heißem Wasser füllen. Die Sahne nur leicht, nicht ganz steif schlagen.
– Das Wasser aus den Gläsern gießen. Zucker, Whiskey und Kaffee in die Gläser geben. Rühren, bis sich der Zucker aufgelöst hat. Die Sahne darauf verteilen und mit Kakaopulver bestäuben.

TIPP
Für Irish Coffee gibt es spezielle Rechauds. Das Glas wird in einem Ständer über eine Flamme gehalten und der Kaffee durch Drehen des Glases erhitzt.

851. Spanischer Kaffee

FRUCHTIG | WÄRMEND
Für 2 Portionen
Zubereitungszeit: 15 Min.

1 unbehandelte Orange • 4 Nelken • 80 g Sahne • 3 EL Zucker • 4 EL Cream Sherry • 300 ml heißer starker Kaffee • 1 TL Kakaopulver

– Die Orange gründlich heiß waschen, halbieren, 2 Scheiben abschneiden und mit je 2 Nelken spicken. Von 1 Orangenhälfte die Schale abreiben. Den Saft beider Hälften auspressen. Die Sahne steif schlagen.
– Zucker und Orangenscheiben im Topf hellbraun karamellisieren. Mit dem Orangensaft ablöschen, 2–3 Min. köcheln lassen. Vom Herd nehmen, Sherry unterrühren.
– Kaffee und Kakao verrühren. Je 1 Orangenscheibe und die Hälfte Sirup in 1 Tasse geben, Kaffee darüber gießen, Sahne darauf verteilen, mit Orangenschale bestreuen.

852. Café brulôt

KLASSIKER | MIT ALKOHOL
Für 2 Portionen
Zubereitungszeit: 10 Min.

1 Zimtstange • 2 Nelken • Schale von 1/2 unbehandelten Orange • Schale von 1/2 unbehandelten Zitrone • 4 TL Zucker • 4 cl Cognac • 2 cl Orangenlikör (z.B. Cointreau) • 1/4 l heißer starker Kaffee

– Zimtstange, Nelken, Orangen- und Zitronenschale mit Zucker, Cognac und Orangenlikör in einen Topf geben und verrühren, bis sich der Zucker aufgelöst hat.
– Die Gewürz-Alkoholmischung mit einem Streichholz anzünden. Wenn die Flamme zu erlöschen beginnt, den Kaffee nach und nach vorsichtig zugießen. Durch ein Sieb in Tassen gießen. Nach Belieben auch mit geschlagener Sahne servieren.

853. Pharisäer

AUS FRIESLAND | MIT ALKOHOL
Für 2 Portionen
Zubereitungszeit: 20 Min.

4 Messlöffel grob gemahlener mild gerösteter Kaffee (ca. 25 g) • 60 g halb steif geschlagene Sahne • 2–4 Stück Würfelzucker • 4 EL brauner Rum

– Knapp 1/2 l frisches Wasser aufkochen. Eine Kanne vorwärmen. Das Kaffeepulver direkt in die Kanne geben und mit dem heißen, nicht mehr kochenden Wasser aufgießen. 5 Min. ziehen lassen.
– Zwei große Tassen heiß ausspülen, je 1–2 Stück Zucker hineingeben und mit Rum beträufeln. Den Kaffee durch ein Sieb zugießen und je ein Häubchen Sahne darauf setzen.

854. Rüdesheimer Kaffee

KLASSIKER | MIT ALKOHOL
Für 2 Portionen
Zubereitungszeit: 15 Min.

50 g Sahne • 1 Tütchen Vanillezucker • 6 Stück Würfelzucker • 8 EL Weinbrand • 300 ml heißer Kaffee Außerdem: 2 TL Schokoladenspäne • 2 Becher für Rüdesheimer Kaffee (ersatzweise hohe Becher)

– Die Sahne mit dem Vanillezucker steif schlagen. Je 3 Stück Würfelzucker in die Becher geben.
– Den Weinbrand in einem Topf erhitzen, über den Zucker gießen und mit einem Streichholz anzünden. Sobald die Flamme erloschen ist, den Kaffee vorsichtig darüber gießen.
– Die Sahne auf dem Kaffee verteilen und mit Schokospänen bestreuen.

855. Kaiser-Melange

KLASSIKER | GEHALTVOLL
Für 2 Portionen
Zubereitungszeit: 10 Min.

4 EL Sahne • 2 Eigelbe • 2 TL Zucker • 1/4 l heißer starker Kaffee • 2 cl Cognac (nach Belieben)

– Die Sahne mit den Eigelben und dem Zucker mit dem Schneebesen schaumig rühren.
– Die Eiermischung auf 2 Tassen verteilen. Den Kaffee nach Belieben mit dem Cognac mischen und auf die Eiermischung gießen.

856. Orient-Kaffee

EXOTISCH | MIT ALKOHOL
Für 4 Portionen
Zubereitungszeit: 20 Min.

1 unbehandelte Orange • 1 Zimtstange • 10 grüne Kardamomkapseln • 5 EL Zucker • 1/4 l Weinbrand • 6 cl Orangenlikör oder Blue curaçao • 200 g Sahne • 1/2 l frisch gebrühter starker Kaffee (evtl. Mokka) • 1 EL gehackte Pistazien

– Die Schale der Orange ganz fein abreiben, ca. 1/4 TL davon beiseite stellen, den Rest in einen Metalltopf geben. Die Zimtstange zerbrechen, die Kardamomsamen aus den Kapseln lösen, mit dem Mörser oder einer Flasche zerdrücken und in den Topf geben. Den Zucker, den Weinbrand und den Likör ebenfalls in den Topf geben.
– Die Sahne mit dem Handrührgerät steif schlagen. Die Gewürz-Alkohol-Mischung auf dem Herd erhitzen und den Zucker durch Rühren vollständig auflösen.
– Den Topf vom Herd nehmen und das Alkoholgemisch mit einem Streichholz flambieren. Kurz brennen lassen, dann den Kaffee vorsichtig dazugießen, die Flamme sollte dabei möglichst nicht erlöschen.
– Nach Erlöschen der Flamme den Kaffee durch ein Sieb in vier Tassen gießen. Jeweils 1 Klecks Sahne darauf verteilen und mit Pistazien und der restlichen Orangenschale bestreuen.

857. Mexican-Coffee

SCHARF | RAFFINIERT
Für 2 Portionen
Zubereitungszeit: 20 Min.

1 getrocknete Chilischote • 3 Stangen Zimt • 4 EL brauner Zucker • 6 TL gemahlener Espresso oder Mokkakaffee • 2 Stücke Zartbitterschokolade • 2 EL Kaffeelikör (nach Belieben)

– Die Chilischote anritzen und mit 1 Stange Zimt und dem Zucker in einen Topf geben. Den Zucker karamellisieren lassen, mit 50 ml Wasser ablöschen und ca. 5 Min. sprudelnd kochen lassen.
– Den Zuckersirup mit 400 ml Wasser aufgießen, Kaffee zugeben, aufkochen, vom Herd nehmen und zugedeckt 5 Min. ziehen lassen.
– Je 1 Stück Schokolade in 1 Tasse geben. Den Kaffee durch ein Sieb darauf gießen. Nach Belieben den Likör hineinrühren. Mit je 1 Stange Zimt zum Umrühren servieren.

858. Eiskaffee

FÜR GÄSTE | SAHNIG
Für 2 Portionen
Zubereitungszeit: 10 Min.

100 g Sahne • 1 EL Vanillezucker • 4 Kugeln Vanilleeis • 300 ml möglichst gut gekühlter Kaffee
Außerdem: Schokospäne zum Garnieren

– Die Sahne mit dem Vanillezucker steif schlagen. Das Vanilleeis auf 2 Gläser oder Eispokale verteilen. Den Kaffee über das Eis gießen.
– Die Sahne auf dem Kaffee verteilen oder mit der Spritztülle ein Häubchen darauf spritzen. Mit Schokospänen bestreuen.

TIPP
Sie können den Kaffee zusätzlich mit Sirup (z.B. Karamell- oder Vanillesirup) aromatisieren oder etwas Kaffee- oder Schokoladenlikör über die Sahne träufeln.

859. Iced Cappuccino

KLASSIKER | ERFRISCHEND
Für 4 Portionen
Zubereitungszeit: 20 Min.
Kühlzeit: 2 Std.

6 Portionen starker, frisch zubereiteter Espresso • 2–3 EL Zucker • 8 Eiswürfel • 150 ml Milch (1,5 % Fett)

– Espresso für ca. 2 Std. kühlen. Kaffee, Zucker und Eiswürfel im Shaker kräftig schütteln, bis das Eis etwas geschmolzen ist. Milch zugeben und schaumig schütteln.

860. Espresso-Eis-Shake

ERFRISCHEND | LEICHT
Für 2 Portionen
Zubereitungszeit: 10 Min.
Gefrierzeit: 4 Std.

1/8 l heißer starker Espresso • 1 Päckchen Bourbon-Vanillezucker • 1 TL Kakaopulver • 1 Kugel Vanilleeis • 300 ml Milch

– Den Espresso mit Vanillezucker und dem Kakaopulver mischen. Abkühlen lassen, dann für etwa 4 Std. ins Gefrierfach stellen. Immer mal wieder durchrühren. Die letzten 10 Min. die Gläser mit tiefkühlen.
– Das Espressoeis mit dem Vanilleeis und der Milch im Mixer kurz aufmixen und in die Gläser füllen.

861. Heiße Schokolade

SCHMECKT KINDERN | SAHNIG
Für 4 Portionen
Zubereitungszeit: 15 Min.

50 g Vollmilchschokolade • 1/2 l Milch • 100 g Sahne • 1/2 TL Vanillezucker

– Die Schokolade in einem Topf bei schwacher Hitze mit 2 EL heißem Wasser unter Rühren schmelzen. Nach und nach die Milch hinzufügen, die Mischung erhitzen und etwa 2 Min. kräftig mit dem Schneebesen schlagen.
– Die Sahne mit dem Vanillezucker steif schlagen. Die Schokolade in 4 Becher füllen, mit der Sahne krönen.

862. Echte Trinkschokolade

SCHMECKT KINDERN | GEHALTVOLL
Für 4 Portionen
Zubereitungszeit: 5 Min.

120 g Zartbitterschokolade • 900 ml Milch • 1 Prise Salz • 1 EL Zucker • 2 TL Schokoladenstreusel

– Die Schokolade fein reiben oder im Blitzhacker zerkleinern und in 100 ml heißem Wasser glatt rühren.
– Die Milch mit dem Salz erhitzen, jedoch nicht kochen lassen. Die aufgelöste Schokolade und den Zucker in die Milch einrühren. Den Topf vom Herd ziehen und den Inhalt mit dem Schneebesen schaumig aufschlagen.
– Die Trinkschokolade in vorgewärmte Tassen füllen, mit Schokostreuseln bestreuen und sofort servieren. Dazu Amarettini reichen.

TIPPS

- **Für eine Punsch-Schokolade die Milch mit je 2 Msp. Zitronen- und Orangenschale erhitzen, außer Schokolade und Zucker für Erwachsene auch 6 EL Rum dazugeben und das Ganze mit Ingwerpulver abschmecken.**
- **Für eine Russische Schokolade wird das Ganze mit 6 EL Cognac oder Weinbrand angereichert.**
- **Für eine italienische Schokolade gießen Sie noch einen kleinen, starken Espresso und 1 EL Amaretto in jede Tasse.**
- **Für Eisschokolade rühren Sie die heiße Trinkschokolade mit 4 EL geschlagener Sahne schaumig und gießen alles in hohe Gläser mit je 2 Kugeln Vanilleeis.**

863. Heißer Kakao

CREMIG | MILD
Für 2 Portionen
Zubereitungszeit: 10 Min.

25 g Kakaopulver • 2 EL Zucker • 1/2 l Milch • 2 EL Sahne, steif geschlagen
Außerdem: Kakaopulver zum Bestäuben • 4 Mokkabohnen zum Dekorieren

– Das Kakaopulver mit dem Zucker mischen und mit 2 EL kalter Milch gut verrühren.
– Die Milch in einen Topf gießen und erhitzen, aber nicht kochen lassen. Den angerührten Kakao mit dem Schneebesen unterschlagen.
– Den Kakao in hohe Tassen füllen und nach Belieben mit dem Milchaufschäumer aufschäumen. Mit je 1 EL Sahne garnieren, mit dem übrigen Kakaopulver bestäuben und mit den Mokkabohnen verzieren.

TIPPS

• Die heiße Schokolade können Sie mit etwas Alkohol anreichern. Gut passen Orangenlikör und ein wenig abgeriebene Orangenschale oder Whisk(e)y, ein Sahnehäubchen und Schokoladenspäne.

• Der Kakao kann ebenfalls mit Alkohol verfeinert werden – oder aber mit 1 EL Haselnuss- oder Mandelmus, einem Sahneklecks und geriebenen, leicht gerösteten Nüssen.

• Vanille passt zum heißen Kakao. Dazu die Vanilleschote längs aufschlitzen und das Mark herauskratzen. Beides in der Milch mitkochen.

864. Heißer Lumumba

KLASSIKER | MIT ALKOHOL
Für 1 Portion
Zubereitungszeit: 5 Min.

3 TL Kakaopulver • 2 TL Zucker • 4 cl brauner Rum • 100 ml heiße Milch • 1 EL Sahne (nach Belieben) • 1 TL Schokostreusel (nach Belieben)

Kakaopulver mit Zucker und braunem Rum verrühren, mit heißer Milch aufgießen und verrühren. In eine Tasse geben. Nach Wunsch 1 EL geschlagene Sahne und 1 TL Schokostreusel darauf geben.

TIPP

Für kalten Lumumba 4 cl braunen Rum, 100 ml Milch, 3 TL gesüßtes Kakaopulver mit Eiswürfeln im Shaker mixen und in ein Longdrinkglas seihen. Mit Strohhalm servieren. 1 EL geschlagene Sahne und 1 TL Schokostreusel darauf geben.

865. Englischer Tee

FÜR DIE TEA-TIME
Für 1 Portion
Zubereitungszeit: 10 Min.

1 TL Ceylontee oder Englische Mischung (+ 1 TL für die Kanne) • 50 ml Vollmilch • 1–2 TL brauner Zucker

– 150 ml Wasser aufkochen. Die Teeblätter mit dem sprudelnd kochenden Wasser übergießen und 3–5 Min. ziehen lassen, anschließend den Tee in eine Servierkanne abseihen.

– Milch erwärmen, in die Tasse gießen und je nach Geschmack braunen Zucker dazugeben. Heißen Tee darüber gießen und umrühren.

866. Ostfriesentee

KRÄFTIG | SAHNIG
Für 1 Portion
Zubereitungszeit: 10 Min.

1 TL Assamtee oder Ostfriesische Mischung • 1–2 große Stücke Kandiszucker (Kluntjes) • 1 TL flüssige Sahne

– 150 ml Wasser aufkochen. Die Teeblätter mit so viel sprudelnd kochendem Wasser übergießen, dass sie gerade bedeckt sind. 3 Min. ziehen lassen, dann das restliche Wasser nachgießen. Den Tee in eine Servierkanne abseihen.

– Kandiszucker in die Tasse geben und den Tee darüber gießen. Die Sahne ringförmig auf den Tee gießen. Den Tee keinesfalls umrühren.

867. Russischer Tee

FÜR DEN SAMOWAR
Für 1 l Teekonzentrat
Zubereitungszeit: 15 Min.

15–20 TL Russische Teemischung
Außerdem: Konfitüre oder eingelegte Früchte

– Wasser im Samowar zum Kochen bringen. Inzwischen das Teekonzentrat herstellen. Dazu gut 1 l Wasser aufkochen. Den Tee mit dem sprudelnd kochenden Wasser übergießen, 3–5 Min. ziehen lassen, dann in die Samowar-Teekanne abseihen.

– Die Teegläser jeweils zu einem Viertel mit dem Teekonzentrat füllen und mit heißem Wasser aus dem Samowar auffüllen.

– Vor dem Trinken 1 TL Konfitüre oder eingekochte Früchte in den Mund nehmen, dann den Tee langsam darüber laufen lassen.

868. Irischer Tee

MIT ALKOHOL
Für 1 Portion
Zubereitungszeit: 10 Min.

1 gehäufter TL Kenia-Tee • 4 cl Irish Whiskey • 1–2 TL Zucker • 1–2 EL leicht geschlagene Sahne

– Gut 150 ml Wasser aufkochen, den Tee damit übergießen und 3–5 Min. ziehen lassen. Dann abseihen.
– Den Whiskey in eine Teetasse geben. Mit dem Zucker verrühren und anzünden. Mit dem heißen Tee aufgießen. Je 1–2 EL Sahne darauf geben.

869. Japanischer Tee

ETWAS BESONDERES
Für 1 Teeschale (300–400 ml)
Zubereitungszeit: 20 Min.

3–4 g Matcha-Grünteepulver

– Die Matcha-Schale mit heißem Wasser vorwärmen. 300–400 ml Wasser kochen und auf 60° (mind. 10 Min.) abkühlen lassen. Wasser aus der Matcha-Schale gießen.
– Das Pulver in die Schale geben, mit heißem Wasser übergießen. Mit dem Teebesen verquirlen, bis sich feiner Schaum bildet. In vorgewärmten Tassen servieren.

TIPP

Zur Zubereitung des Tees brauchen Sie neben dem Matcha-Tee eine spezielle Matcha-Teeschale und einen kleinen Bambusbesen. Die Zutaten gibt's in Teegeschäften und Japanläden.

870. Marokkanischer Minztee

KLASSIKER
Für 2 Teegläser
Zubereitungszeit: 10 Min.

2 TL Gunpowdertee • 2 Zweige frische Minze • 2–4 TL Zucker
Außerdem: Minzeblätter zum Garnieren

– Gut 400 ml Wasser aufkochen und etwas abkühlen lassen. Den Tee in einer vorgewärmten Kanne mit dem heißen Wasser (90°) übergießen, 1–2 Min. ziehen lassen.
– Inzwischen die Minze waschen, trockenschütteln und in eine zweite Kanne geben. Zucker nach Belieben darüber streuen. Einige Minzeblätter mit einem Löffel etwas zerquetschen.
– Den Tee über die Minze und den Zucker abseihen, noch einmal 3 Min. ziehen lassen und in Teegläser abgießen. Mit etwas frischer Minze garnieren.

TIPPS

- **Dem original „Thé a la menthe“ verleiht krause Minze, die die Araber „nanah“ nennen, einen erfrischenden Geschmack.**
- **Traditionell wird Minztee mit chinesischem Grüntee zubereitet.**

871. Indischer Gewürztee

KLASSIKER | WÄRMEND
Für 2 Teegläser
Zubereitungszeit: 20 Min.

1/2 Zimtstange • 1 TL Kardamomsamen • 2 Gewürznelken • 1 Msp. gemahlener Ingwer • 1 EL Honig • 200 ml Milch • 2 TL Assam- oder Nilgiritee

– Gut 200 ml Wasser mit den Gewürzen in einem Topf aufkochen und 10 Min. zugedeckt köcheln lassen. Den Honig einrühren, bis er sich auflöst. Die Milch dazugießen und alles noch einmal aufkochen.
– Den Topf vom Herd nehmen, den Tee einrühren und 4 Min. ziehen lassen. Dann durch ein feines Sieb in die Teegläser abseihen und sofort servieren.

872. Matetee

AUS SÜDAMERIKA
Für 5 Portionen
Zubereitungszeit: 20 Min.

5 gestrichene TL Matetee • Zitronensaft (nach Belieben) • Ahornsirup

– 1 l Wasser zum Kochen bringen. Den Tee in die Kanne geben, für einen milderen Tee nur 4 TL nehmen. Mit dem Wasser aufgießen.
– Den Tee 5–10 Min. ziehen lassen. Je länger er zieht, desto kräftiger wird sein Geschmack. Die anregende Wirkung lässt dagegen zugleich nach.
– Den Tee durch ein feines Sieb in eine zweite vorgewärmte Kanne schütten. Den Tee pur oder mit einem Spritzer Zitronensaft und auch ein wenig Ahornsirup genießen.

873. Lapachotee

AUS SÜDAMERIKA
Für 5 Portionen
Zubereitungszeit: 32 Min.

1–2 EL Lapachotee

– 1 l Wasser in einem ausreichend großen Topf zum Kochen bringen. Den Tee mit ins Wasser geben und alles bei schwacher Hitze zugedeckt 5 Min. köcheln lassen.
– Topf von der Platte ziehen und weitere 15–20 Min. ziehen lassen.
– Den Tee durch ein feines Sieb in eine vorgewärmte Kanne gießen.

TIPPS

- **Beim Abgießen dürfen keine Rindenteilchen im Tee bleiben, sie würden ihn bitter machen. Eventuell einen Kaffeefilter ins Sieb legen.**
- **Wichtig: Bitte verwenden Sie für die Zubereitung kein Gefäß aus Zinn oder Aluminium. Das schadet der Wirkung und dem Geschmack des Tees. Besser sind Materialien wie Gusseisen, Stahl, Glas, Porzellan, Ton oder Kunststoff.**

874. Rooibostee

AUS SÜDAFRIKA
Für 5 Portionen
Zubereitungszeit: 8 Min.

6 gehäufte TL Rooibostee • nach Belieben Sahne oder Milch

– 1 l Wasser zum Kochen bringen. Den Tee in die Kanne geben. Mit dem Wasser aufgießen.
– Den Tee 2–3 Min. ziehen lassen. Den Tee durch ein feines Sieb in eine zweite, vorgewärmte Kanne gießen. Einfach so oder mit einem Schuss süßer Sahne oder Milch genießen. Nach Wunsch noch süßen.

TIPP

Lassen Sie den Tee abkühlen und mischen Sie ihn mit Fruchtsaft. Besonders gut schmeckt er mit Rhabarber-, Pflaumen-, Kirsch- oder naturtrübem Apelsaft.

875. Ayurveda-Tee

ENERGETISIEREND
Für 6 Portionen
Zubereitungszeit: 10 Min.

6 gehäufte TL Ayurveda-Tee (fertige Teemischung, Reformhaus, Teeläden, Naturkostläden)

– 1 l Wasser aufkochen. Den Tee in die Kanne geben. Mit dem sprudelnden Wasser aufgießen und 3–5 Min. ziehen lassen.
– Den Tee durch ein feines Sieb in eine zweite, vorgewärmte Kanne gießen. Ohne weitere Zugaben trinken.

876. Yogi-Tee

INDISCH | WÄRMEND
Für 6 Portionen
Zubereitungszeit: 45 Min.

1 gestrichener TL Yogi-Tee (fertige Gewürzmischung, Teeläden, Reformhaus, Naturkostläden) • 1/4 l Milch oder 1 l Fruchtsaft • brauner Zucker (nach Bedarf)

– 1 l Wasser in einem Topf zum Kochen bringen. Die Gewürzmischung dazugeben und nach Packungsaufschrift im geschlossenen Topf 10–25 Min. köcheln.
– Topf vom Herd nehmen und den Tee nach Bedarf zugedeckt 15 Min. ziehen lassen.
– Den Tee durch ein Sieb gießen. Mit der Milch oder dem Fruchtsaft mischen. Nach Wunsch süßen.

877. Glühwein rot

KLASSIKER FÜR DIE ADVENTSZEIT
Für 4 Portionen
Zubereitungszeit: 20 Min.

3/4 l Rotwein • Schale von 1/2 unbehandelten Zitrone • 75 g Zucker • 2 Zimtstangen • 6 Gewürznelken • 1/8 l Portwein oder Cointreau

– Alle Zutaten bis auf den Portwein oder Cointreau in einen Kochtopf geben. Auf dem Herd bei schwacher Hitze ganz langsam erhitzen, bis sich Schaum bildet (nicht kochen lassen!).
– Den Topf vom Herd nehmen und den Portwein oder Cointreau dazugeben und noch 3–5 Min. bei geschlossenem Deckel ziehen lassen, dann in Punsch- oder Teegläser füllen.

878. Glühwein weiß

KLASSIKER | FÜR GÄSTE
Für 4 Portionen
Zubereitungszeit: 20 Min.

3/4 l Weißwein • Saft und Schale von 2 unbehandelten Zitronen • 2 Zimtstangen • 2 Sternanis • 100 g brauner Zucker • 1/8 l weißer Rum

– Alle Zutaten bis auf den Rum in einen Topf geben. Auf dem Herd bei niedriger Temperatur ganz langsam erhitzen, bis sich Schaum bildet (nicht kochen lassen).
– Den Topf vom Herd nehmen und den Rum dazugeben. Weitere 3–5 Min. bei geschlossenem Deckel ziehen lassen, dann in Punsch- oder Teegläser füllen.

879. Tee-Gewürz-Punsch

WÜRZIG | FÜR FREUNDE
Für 4 Portionen
Zubereitungszeit: 20 Min.

1/2 l frisch gebrühter starker Schwarztee • 3/8 l Apfelsaft • 1 Stück frischer Ingwer (2 cm) • 1/2 unbehandelte Zitrone • 2 Sternanis • 2 Zimtstangen • 4 Pimentkörner • 1/4 l brauner Rum • 100 g Kandiszucker

– Tee und Apfelsaft in einen Topf geben. Den Ingwer schälen und in dünne Scheiben, die Zitrone in 1/2 cm dicke Scheiben schneiden und mit den Gewürzen in den Topf geben. Bei schwacher Hitze langsam erwärmen. Bevor der Punsch anfängt zu kochen, den Rum zugeben und mit erhitzen. Die Gewürze eventuell herausfischen.
– Inzwischen den Kandiszucker auf 4 Teegläser verteilen und den Punsch heiß darüber gießen. Mit Löffeln servieren, damit man den Kandis umrühren kann.

880. Asia-Punsch

EXOTISCH | ETWAS BESONDERES
Für 4 Portionen
Zubereitungszeit: 25 Min.

1/2 l Birnensaft • 2 Stangen Zitronengras • 1 Stück frischer Ingwer (3 cm) • 1/2 unbehandelte Limette • 3 Sternanis • 400 ml Pflaumenwein

– Den Birnensaft in einen Topf geben. Vom Zitronengras die äußerste Schicht Blätter entfernen, das Gras waschen, in 2 cm lange Stücke schneiden und diese mit einem Nudelholz oder einer Flasche leicht andrücken.
– Ingwer schälen und in dünne Scheibchen schneiden. Die Limette heiß waschen und mit Schale in dünne Scheiben schneiden.
– Das Zitronengras, den Ingwer, die Limette und den Sternanis zum Birnensaft geben, bei schwacher Hitze erwärmen und gut 15 Min. ziehen lassen (aber nicht kochen lassen).
– Herdplatte abschalten, den Pflaumenwein in die Saftmischung gießen und noch ca. 5 Min. ziehen lassen. Nach Belieben durch ein Sieb in Gläser gießen.

881. Hagebuttenpunsch

SCHMECKT KINDERN | VITAMIN-C-REICH
Für 4 große Gläser
Zubereitungszeit: 10 Min.

1 l Hagebuttentee • Schale von 1 unbehandelten Orange • 4 EL fruchtiger Honig

– Den Hagebuttentee mit der Orangenschale kochen.
– Den Tee abgießen und mit Honig süßen. Den Punsch heiß servieren.

882. Glühwürmchen

SCHMECKT AUCH KINDERN | WÜRZIG
Für 4 Portionen
Zubereitungszeit: 8 Min.

2 Beutel Früchtetee • 1 Zimtstange • 1 Gewürznelke • 2 Orangen • 4 TL Honig
Außerdem: Zitronensaft • Farinzucker (brauner Zucker) zum Eintauchen

– Den Früchtetee, die Zimtstange und die Gewürznelke mit 1/2 l kochendem Wasser überbrühen, etwa 5 Min. ziehen lassen, dann abgießen.
– Die Orangen auspressen. Den Saft und den Honig mit dem Tee erhitzen.
– Die Ränder von 4 Porzellanbechern in Zitronensaft und dann in Farinzucker tauchen. Den Glühwein nicht zu heiß einfüllen.

883. Kombucha

SELBST GEBRAUT | ERFRISCHEND
Für 2 Flaschen (je 1/2 l)
Zubereitungszeit: 10 Min.
Ruhezeit: 10–12 Tage

1 l stilles Mineralwasser oder Heilwasser • 1–2 gehäufte TL frische Teeblätter (Schwarz-, Grün-, Mate-, Kräuter- oder Früchtetee) • 90 g Zucker • 1 Kombucha-Pilz mit 100 ml alter Nährflüssigkeit
Außerdem: Gefäß von 2 l Inhalt • Aufbewahrungsgefäß für den Pilz

– Das Wasser aufkochen, den Tee einstreuen und etwa 10 Min. ziehen lassen. Den Tee durch ein feines Sieb abseihen. Für Grüntee das Wasser 5 Min. abkühlen lassen und erst dann den Tee dazugeben, nur 2–3 Min. ziehen lassen.
– Den Zucker dazugeben und so lange rühren, bis er sich aufgelöst hat. Den Tee lauwarm werden lassen. Dann in ein gut gereinigtes Glas- oder Porzellangefäß von etwa 2 l Inhalt und sehr weiter Öffnung geben.
– Den Kombucha-Pilz samt Nährflüssigkeit vorsichtig dazugeben. Das Gefäß mit einem Mulltuch abdecken und mit einem Gummi oder Küchengarn festbinden. Keine Folie oder Ähnliches zum Abdecken nehmen, denn der Pilz muss atmen können.
– An einen dunklen und warmen (23° sind ideal) Ort stellen, wo der Pilz Ruhe hat. Direkte Sonne, Bewegung und Zug mag er nicht. Dem Pilz jetzt 10–12 Tage Ruhe gönnen, längeres Reifen macht ihn sauer.
– Den Pilz und 1 Tasse Flüssigkeit herausholen, in ein sauberes Aufbewahrungsgefäß geben, verschließen. Restliche Flüssigkeit abseihen, in saubere Flaschen abfüllen.

TIPPS

• Kombucha, eigentlich ein Pilz oder besser gesagt eine gallertartige Flechte mit einer Vielzahl von Hefen und Bakterien, wird in Kombination mit Tee zum Kombucha-Getränk. Seinen Ursprung hat es, sagt man, in China. Dort gilt das Getränk wegen seiner vitalisierenden Wirkung als regelrechter Jungbrunnen. Über Asien, Russland und den Balkan kam der vergorene Tee schließlich Anfang des 19. Jahrhunderts nach Europa.
• Der Kombucha-Pilz potenziert die Wirkung des Tees, aus dem das Getränk zubereitet wird. Traditionell wird in China dabei grüner, bei uns sehr gerne schwarzer Tee genommen. Aber auch die Wirkstoffe von Mate-, Lapacho-, Rooibos-, Kräuter- oder Früchtetee können sich entfalten und genutzt werden.
• Wollen Sie sicher gehen, dass Sie einen reinen Kombucha-Pilz bekommen, dann bestellen Sie ihn bei einem spezialisierten Züchter. Adressen gibt's im Reformhaus oder Naturkostladen.

884. American Icetea

KLASSIKER | OHNE ALKOHOL
Für 2 Longdrinkgläser
Zubereitungszeit: 15 Min.

4 TL Ceylontee • 1 unbehandelte Zitrone • 1 Schale Eiswürfel • 2 TL Zucker
Außerdem: Eiswürfel für die Gläser

– Gut 1/4 l Wasser sprudelnd aufkochen und den Tee damit übergießen. 3–5 Min. ziehen lassen. In der Zwischenzeit die Zitrone heiß abwaschen und mit einem Sparschäler spiralförmig abschälen. Die Zitrone halbieren und auspressen.

– Die Eiswürfel in eine kleine Kanne geben. Den heißen Tee darauf abseihen und mit den Eiswürfeln verrühren, sodass es die doppelte Menge Tee ergibt. Mit dem Zitronensaft und dem Zucker mischen.
– Je 1/2 Zitronenspirale und 2–3 Eiswürfel in Longdrinkgläser füllen und den kalten Tee darauf gießen.

885. Kinderpunsch

SCHMECKT KINDERN | VITAMIN-C-REICH
Für 4 Portionen
Zubereitungszeit: 5 Min.

300 ml schwacher, schwarzer Tee • 300 ml Holundersaft • 150 ml Orangensaft • 1 kleines Stück Zimtstange

– Tee mit Holundersaft, Orangensaft und der Zimtstange in einem Topf erhitzen und 1 Min. ziehen lassen.
– Zimtstange herausnehmen, den Kinderpunsch nach Belieben mit Zucker und Honig süßen. In Becher füllen.

886. Heißer Apfelsaft

SCHMECKT KINDERN IM WINTER
Für 4 Portionen
Zubereitungszeit: 5 Min.

1 Stück Zimtstange • 2 Nelken • 1 Scheibe einer unbehandelten Orange • 600 ml naturtrüber Apfelsaft

– In einen Teefilterbeutel die Zimtstange, die Nelken und die Orangenscheibe geben.
– Den Apfelsaft und den Teebeutel in einen Topf geben und erhitzen. Einige Minuten ziehen lassen.
– Den Teebeutel mit den Gewürzen herausnehmen und den Saft auf 4 hitzebeständige Gläser verteilen.

887. Klassischer Früchtetee

SCHMECKT WARM UND KALT
Für 2 Longdrinkgläser
Zubereitungszeit: 10 Min.

1 kleine unbehandelte Orange • 1 gehäufter TL Hibiskusblüten • 2 TL Hagebuttenschalen • Eiswürfel • Mineralwasser nach Belieben

– Gut 1/2 l Wasser aufkochen. Inzwischen die Orange heiß abwaschen, abtrocknen. Die Schale grob abreiben, den Saft auspressen.
– Hibiskusblüten, Hagebuttenschalen und Orangenschalen mit sprudelnd kochendem Wasser übergießen, 5 Min. ziehen lassen. Dann abseihen.
– Im Sommer: kalten Tee auf Eiswürfeln und nach Belieben mit einem Schuss Mineralwasser servieren.

TIPPS

• Wenn Sie keine Orange zur Hand haben, können Sie den Früchtetee auch mit Pfirsichnektar und Mineralwasser vermischen oder Apfel-, Johannisbeer- oder roten Traubensaft nehmen.
• Der Früchtetee erfrischt eiskalt getrunken und liefert reichlich Vitamin C.

888. Exotiktee

RAFFINIERT | OHNE ALKOHOL
Für 2 Longdrinkgläser
Zubereitungszeit: 10 Min.

2 TL Keemuntee • 1 Schale Eiswürfel • 1 Spritzer Zitronensaft • 2 EL Mangosirup • 200 ml gekühlter Maracujasaft
Außerdem: Eiswürfel für die Gläser • 2 Scheiben Karambole zum Garnieren

– Gut 150 ml Wasser aufkochen und den Tee damit übergießen. 3 Min. ziehen lassen. Eine Kanne mit Eiswürfeln füllen, den Tee hineingießen, sodass es die doppelte Menge Tee ergibt. Den Zitronensaft dazugeben.
– Zum Servieren je 1–2 Eiswürfel in die beiden Longdrinkgläser geben. Je 1 EL Mangosirup und 100 ml Maracujasaft darüber gießen. Mit dem kalten Tee auffüllen, dabei durch ein feines Sieb gießen, und umrühren. Die Karambolescheiben einschneiden und an den Glasrand stecken.

TIPP

Mal ausprobieren: 1 Stange Zitronengras in sehr feine Ringe schneiden, zum Tee geben, mit dem Wasser überbrühen und ziehen lassen.

BACKEN! FÜR ALLE FÄLLE

Backen ist so eine Sache, heißt es. Beim Kochen kann man hier und da ein bisschen mogeln und kleine Fehler wieder zurechtbiegen. Beim Backen aber, nein, da geht das nicht! Da müssen für ein perfektes Ergebnis die Zutaten, die Mengen, der Teig und die Zubereitung einfach stimmen.

Warum das (größtenteils) so ist und was Sie beachten sollten, können Sie auf den nachfolgenden Seiten nachlesen. Und dann sind Sie gerüstet, um die wunderbare Welt des Backens zu entdecken und feinste Torten, saftigste Obstkuchen, knusprigste Teilchen und vieles mehr problemlos zu zaubern.

Sollte doch einmal etwas nicht gelingen, gibt es auch beim Backen Tricks und Kniffe, die einem aus der Patsche helfen – alles nachzulesen in der Pannen- und Backhilfe am Ende dieses Kapitels.

DIE ZUTATEN

Wer will guten Kuchen machen, der muss haben sieben Sachen ... Und damit das Gebäck so richtig fein wird, kommt dann dies und das noch dazu. Warum also doch ein paar mehr Lebensmittel im Schrank stehen sollten, erfahren Sie gleich auf den nächsten Seiten. Lesen Sie nach, welche Inhaltsstoffe das Mehl hat und was sie im Gebäck bewirken. Informieren Sie sich über Butter- und Milchsorten, Backtriebmittel, Trockenfrüchte, Schokolade und mehr.

Getreidekörner & Mehl

Ohne Getreide läuft heute nicht nur beim Backen nichts. Weizen & Co. werden mittlerweile auf rund 80 % der Weltackerfläche angebaut und die Produkte aus den kleinen Körnern liefern den Menschen rund um den Globus etwa die Hälfte der benötigten Nahrungsenergie – auch in Form von Brot, Brötchen, Torten und Kuchen.

Getreide-Sortiment

Weizen steht gern im Mittelpunkt – und das mit Recht. Denn aufgrund seines relativ hohen Gehalts an Klebereiweiß (ein Protein, das das Mehl quellen lässt, den Teig elastisch macht und in Verbindung mit Backtriebmittel fürs Aufgehen des Teiges zuständig ist) entsteht aus Weizenmehl wunderbar feinporiges und lockeres Gebäck. Gebacken wird mit Weichweizen, der zwar einen etwas geringeren Kleberanteil hat als Hartweizen, dafür aber wenig ausgemahlen (siehe weiter unten) ein schön weißes und etwas stärkehaltigeres Mehl liefert. Hartweizenmehl hat dagegen etwas mehr „Griff", nimmt Wasser langsamer auf und ist bestens für Nudelteige geeignet. **Dinkel**, eine anspruchslose Weizenart, kann zwar einen noch höheren Klebergehalt aufweisen, seine Backqualität ist allerdings etwas geringer als die des Weizens. Dafür bindet der Dinkelkleber reichlich Wasser, sodass die aus Dinkelmehl entstandenen Brote länger frisch und weich bleiben. **Grünkern**, die noch grünen und weichen Körner des Dinkels, wird frühzeitig geerntet, getrocknet (= gedarrt), über Buchenholzfeuer geräuchert und von den Spelzen befreit, und kann wie Dinkel verwendet werden. **Roggen** wird meistens mit Weizen kombiniert, da seine Eiweiße keinen Kleber bilden können und durch die Mischung die Backeigenschaft optimiert wird. Aber auch solo verwendet, lässt sich mit Roggenmehl ganz gut backen. Wie? Einfach einen Sauerteig ansetzen (siehe Seite 416), auf diese Weise eine Milchsäuregärung hervorrufen und die dabei entstehenden Mikroorganismen wirken lassen. Diese schließen die Stärke und Eiweiße des Roggenmehls so auf, dass eine Verkleisterung eintritt. Die gleiche Wirkung erzielt man mit Backferment, einem Vorteig auf Vollkornbasis, der ähnlich wie ein Sauerteigansatz gezüchtet wird.

Nicht alle Getreide haben perfekte Backeigenschaften, werden aber trotzdem gern – als Mehl, Grieß, Schrot, Flocken oder ganze Körner – in Weizen-, Dinkel- oder Roggenteig gemischt, da sie voller guter Nährstoffe sind oder ein spezielles Aroma liefern. Zu solch einem Getreide zählen zum Beispiel die **Gerste** oder der **Reis**. Auch das Mehl aus **Hafer** ist nicht backfähig, weswegen dessen entspelzte ungeschälte Körner gedämpft, auf Walzen gequetscht und als Haferflocken verwendet werden. Mit Mehl aus **Mais** kann man gerade mal Fladen (Tortillas) zubereiten. Teig aus purem Maismehl würde sehr speckig backen, deswegen muss es mit einem anderen Mehl vermischt werden. Das gleiche gilt für die nah mit dem Mais verwandte **Hirse** und für die Pseudo-Getreide, die stärkehaltigen Früchte von Nicht-Getreidepflanzen. Dazu zählen **Amaranth** (eine alte indianische Kulturpflanze), **Quinoa** aus Südamerika und der aus Mittelasien stammende **Buchweizen**, dessen Früchte zu rotbraunen, dreikantigen Nüsschen wachsen, die an Bucheckern erinnern. Ebenfalls gern gesehene Mitmischer sind: **Sojabohnen**. Vollsojamehl aus hitzebehandelten Sojabohnen sorgt für eine verbesserte Schnittfestigkeit und Struktur der Krume, längere Haltbarkeit und peppt den Geschmack auf.

Bearbeitung & Angebotsformen

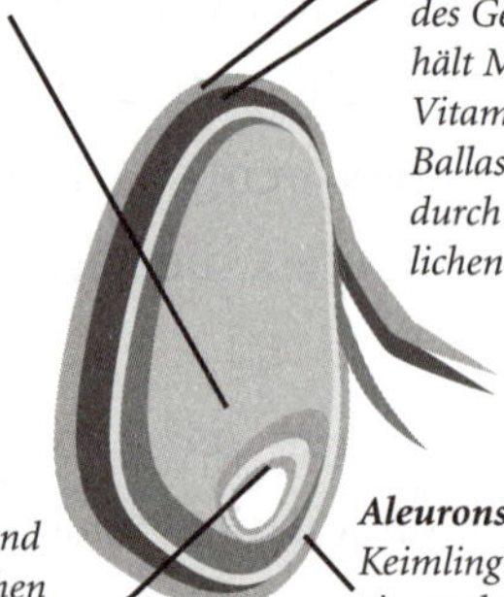

Ganz am Anfang der Bearbeitung steht das Dreschen oder Schälen, durch das die Getreidekörner von den Spelzen befreit werden, anschließend wird gründlich gereinigt. Dann geht es aber auch schon an die Weiterverarbeitung – ans Ausmahlen (der Mehlkörper wird von Aleuronschicht, Frucht- und Samenschale und/oder Keimling befreit) und Vermahlen (Zerkleinerung der Getreidekörner). Beides bestimmt die Eigenschaft des Mehls wesentlich, was sich wiederum auf den ernährungsphysiologischen Wert, das Backverhalten und die Qualität der Backwaren auswirkt.

Generell gilt: Je höher der **Ausmahlungsgrad**, desto weniger der äußeren Getreidehüllen (diese Anteile gibt es dann im Handel gesondert als „Weizenkleie" zu kaufen) und des

Einkaufen & aufbewahren

- Weizenmehl Type 405, 550, 812, 1050 und Weizenvollkornmehl sowie Roggenmehl Type 610 und 1150 bekommt man in jedem gut sortierten Supermarkt. Für alle anderen Mehle, Schrot, Körner & Co. muss man in den Naturkostladen oder ins Reformhaus gehen.
- Wer gern selbst mahlt, kauft Getreidekörner und lagert sie in einem trockenen, luftigen, kühlen und dunklen Raum; dort halten sie sich mindestens 1 Jahr. Wer den nicht hat, nimmt kleine Mengen und verbraucht sie innerhalb von 2–3 Monaten. Die Körner aber immer in Jute- oder Leinensäckchen aufhängen, da das Getreide Luft zum Atmen braucht (Plastik ist tabu!).
- Auch Mehl trocken, kühl, dunkel und luftig aufbewahren und immer das Haltbarkeitsdatum im Auge behalten (steht auf der Originalverpackung; wer das Mehl gern aus der Tüte in Vorratsbehälter umfüllt, sollte das Datum extra notieren). Generell gilt: Je höher die Mehltype und je frischer gemahlen das Mehl ist, desto mehr Nährstoffe sind enthalten und desto rascher verdirbt es auch.

Keimes werden entfernt und desto dunkler, nährstoff- und ballaststoffreicher ist das aus diesen Körnern gemahlene Mehl. Für Vollkornmehl wird das Getreide zum Beispiel nur entspelzt, gereinigt und dann gemahlen. Je geringer der Ausmahlungsgrad, desto stärkereicher und heller sind die Mehle und desto besser ist ihre Backfähigkeit. Um den Ausmahlungsgrad sofort erkennen zu können, sind auf den Packungen **Typenzahlen** angegeben, die sich nach dem Mineralstoffgehalt (in mg) richten, der sich nach dem völligen Verbrennen von 100 g wasserfreiem Mehl aus der verbleibenden Asche berechnen lässt. Zusammengefasst: Je höher die Typenzahl, desto höher ist auch der Ausmahlungsgrad. Je kleiner die Typenzahl, desto geringer ist der Ausmahlungsgrad. Bei Weizen sind die Typen 405 (weißes Auszugsmehl, gibt es in jedem Supermarkt), 550, 630, 812, 1050, 1200, 1600 und 1700 (= Vollkornmehl oder -backschrot, ersteres wird oft unter Grahammehl angeboten) gängig. Bei Roggen kann man die Typen 610, 815, 997, 1150, 1370, 1590, 1740, 1800 (= Vollkornmehl oder -backschrot) bekommen.

Der **Feinheitsgrad** bezeichnet dagegen, wie stark die Getreidekörner zerkleinert bzw. vermahlen sind. Vom ganzen Korn geht es über Schrot, Grieß und Dunst bis zum Mehl. Bei Letzterem kann man zudem zwischen griffigem Mehl (hauptsächlich aus Hartweizen, feinkörnige Struktur, das Mehl ist rieselfähig und quillt besonders gut, optimal für Nudel- oder Spätzleteig), doppelgriffigem Mehl (etwas gröbere Körnung als beim griffigen Mehl, nimmt Flüssigkeit langsamer, dafür aber gleichmäßiger und stärker auf, Teig wird besonders elastisch, bestens für Strudel- und Hefeteige geeignet) und sehr feinem, glattem Mehl unterscheiden.

Hühnereier

Sie sind eine unentbehrliche Backhilfe und verleihen dem Gebäck maßgeblich seinen Charakter. Was wäre ein Biskuit ohne den Eischnee? Oder ein Käsekuchen ohne Eigelb?

Das Angbot

Ob man braune oder weiße Hühnereier in den Korb packt, ist für das Backergebnis unbedeutend und bleibt jedem selbst überlassen. Das Gleiche gilt für die **Haltungsform** und das **Herkunftsland**, also ob die Eier aus dem ökologischen Landbau (Bio), aus Freiland-, Boden- oder Käfighaltung stammen, vom Bauern aus Deutschland oder vom Hof in Italien kommen. Und da bei uns im Handel sowieso nur Eier der **Güteklasse** A (unverletzt, sauber, frisch, höchstens 6 mm hohe Luftkammer) oder auch mal „A extra" (Luftkammer misst weniger als 4 mm, Bezeichnung bis zum 9. Tag nach dem Legen möglich) angeboten werden – die B-Ware ist für die Industrie bestimmt –, ist auch das nicht wirklich ein Auswahlkriterium.

Sehr wichtig dagegen ist das **Legedatum** oder **Mindesthaltbarkeitsdatum** (siehe auch Kasten), denn nur mit 1–2 Wochen alten Eiern erzielt man beste Backergebnisse. Ebenso von Bedeutung ist, aus welcher **Gewichtsklasse** die Eier stammen. Das Angebot geht von kleinen Eiern in der Gewichtsklasse S, über mittlere (M), große (L) oder sehr große (XL) Eier. Dabei schwankt das Gewicht von unter 53 g bis über 73 g, was bei falscher Wahl und Verwendung den Teig durchaus schon mal viel zu trocken oder flüssig machen und ihn „sitzen lassen" kann.

Einkaufen & aufbewahren

- Standard-Eier, die es so gut wie überall gibt, haben die Größe M. Sie werden auch in den Rezepten dieses Buches verwendet, außer es ist etwas anderes angegeben.
- Keine alten Eier kaufen! Also unbedingt aufs Mindesthaltbarkeitsdatum (MHD) achten und die Frische errechnen:
MHD – 28 Tage = Legetag
MHD – 21 Tage = 1 Woche alt
MHD – 14 Tage = 2 Wochen alt
- Ganz frische Eier direkt vom Hof bis zum 3. Tag nach dem Legen „reifen" lassen, vorher sind sie nicht gut zu verarbeiten und schmecken fade.
- Die Eier unbedingt mit der Spitze nach unten (verhindert, dass der Dotter auf der Luftkammer liegt und antrocknet) luftdicht verschlossen im Kühlschrank lagern, sie nehmen gern Fremdgerüche (Fisch!) an.
- Bleiben einmal Eigelbe oder Eiweiße übrig, zusammen oder getrennt in Glas oder Dose verschließen. Im Kühlschrank halten sie sich so gut 1 Woche.

Aufbau & Wirkungsweise

Grob berechnet kann man sagen, dass das Ei zu zwei Dritteln aus durchsichtigem, wässrigem, proteinhaltigem **Eiklar** (Eiweiß) und zu einem Drittel aus gelbem, fett- und proteinhaltigem **Eidotter** (Eigelb) besteht. Der Dotter ermöglicht aufgrund seiner Emulsionfähigkeit die gleichmäßige und feinste Verteilung der Zutaten im Teig, was ausschlaggebend für eine saftige, feinporige, weiche Krume und eine schöne Färbung und Bräunung ist. Dagegen hat das Eiklar andere Aufgaben. Es sorgt für wunderbare Luftigkeit. Seine Proteine vermögen die beim Aufschlagen mit dem Schneebesen eindringenden Luftbläschen in der Flüssigkeit des Eiklars einzuschließen und sie durch teilweises Gerinnen zu fixieren. Ein

Spritzer Säure (milder Essig oder Zitronensaft) oder eine Prise Salz unterstützen das Ganze, ein Hauch Eigelb oder Fett dagegen verhindern es.
Nach und nach verwandelt sich also das zähflüssige, durchscheinende Eiweiß in einen matt-weißen, äußerst stabilen Schaum, den **Eischnee**. Wann man mit dem Schlagen aufhören darf, der Schnee also steif genug ist, kann man ganz leicht testen: den Schneebesen unter Drehen herausnehmen, bleibt dabei Eischnee haften, ist er fertig. Und Vorsicht: auch ein Überschlagen ist möglich. Dann „perlt" der Eischnee, er trennt sich und zerfällt in einen festen und einen flüssigen Teil. Was übrigens auch bei längerem Stehenlassen der Fall ist.

Speisefette und -öle

Sie dienen als Bindemittel, sorgen für Geschmeidigkeit und leichtere Formbarkeit und geben Geschmack und Aroma, sind aber nicht für jeden Teig ein Muss. Bestes Beispiel: Biskuit.

Herstellung & Angebot

Um **Süßrahmbutter** zu gewinnen, wird Kuhmilch zentrifugiert oder geschlagen, sodass sie sich in Rahm und Magermilch trennt. Dann erhitzt man den Rahm, lässt ihn reifen und abkühlen und „verbuttert" (mechanische Bearbeitung) ihn anschließend zu einer formbaren Masse, wobei sich Buttermilch abtrennt. Diese Fettmasse wird gewaschen, geknetet und hauptsächlich in die uns bekannten 250-g- oder 125-g-Stücke geformt und verpackt. Für **Sauerrahmbutter** gibt man zu Beginn der Reifung eine Mischkultur von Milchsäurebakterien und von Aromabildnern zu. Bei **mild gesäuerter Butter** wurden in Süßrahmbutter nachträglich Milchsäurebakterien eingearbeitet. Steht „gesalzen" auf der Packung, ist die Butter zusätzlich mit Salz gewürzt. Je nach **Handelsklasse** (hier werden Geruch, Geschmack, Textur, Aussehen, Streichfähigkeit und Wasserverteilung nach einem Punktesystem bewertet) gibt es „Deutsche Markenbutter" (beste Qualität, mindestens je 4 Punkte pro Kriterium) und „Deutsche Molkereibutter" (mindestens je 3 Punkte) zu kaufen. Daneben erhält man schlicht „Butter", die nicht nach den nationalen Handelsklassen-Qualitätsnormen bewertet wird, oder „Landbutter", die im landwirtschaftlichen Betrieb aus nicht erhitzten Rohstoffen hergestellt wird. Handelsklassen-Butter, die in jeder Kategorie nur 1 Punkt bekommt, muss zu **Butterschmalz** verarbeitet werden. Dafür wird die Butter geschmolzen und das sich absetzende Wasser und Eiweiß entfernt (die Butter wird geklärt). Übrig bleibt gelbes, pures Fett, das Butterschmalz. Dieses lässt sich ohne Spritzen hoch erhitzen und ist deswegen auch gut zum Ausbacken bzw. Frittieren geeignet.
Margarine wird überwiegend aus Pflanzenölen und -fetten (bei mindestens 98 % heißt sie **Pflanzenmargarine**) hergestellt. Daneben enthält sie Sauermolke oder gesäuerte Magermilch, Emulgatoren, Vitamine, Aromastoffe, Karotin als Farbstoff und teilweise Konservierungsstoffe. Während der vollautomatischen Herstellung ist es möglich, auf den Verwendunsgzweck einzugehen und ihr entsprechend verschiedene Eigenschaften wie Streichfähigkeit oder ein gutes Backverhalten zu geben (verbindet sich aufgrund seiner Cremigkeit rasch mit anderen Teigzutaten). **Haushaltsmargarine** muss mindestens 80 % Fett enthalten, fettreduzierte Margarine etwa 60–40 %, dafür kommt mehr Wasser dazu, weswegen sie zum Backen und Braten nicht geeignet ist (steht auf der Packung!).
Durch Ausschmelzen aus dem Fettgewebe gewinnt man **Schweine-** und **Gänseschmalz**. Beide Schmalzsorten haben eine weißliche Farbe, sind weich und leicht verstreichbar. Zum Backen nimmt man sie kaum noch, nur wenn das Gebäck nach einem besonderen Aroma verlangt. Sehr gern und oft wird zum Beispiel in Spanien, Mexiko, Mittel- und Osteuropa und im Norden und Südwesten Frankreichs mit Schweineschmalz gekocht und gebacken. In Südfrankreich und Ungarn ist Gänseschmalz äußerst beliebt.
Für **Kokosfett** presst man das Öl aus frischem oder getrocknetem Kokosnussfleisch und härtet es. Das weißliche Fett hat einen hohen Schmelzpunkt, weswegen man es bestens zum Ausbacken bzw. Frittieren nehmen kann. Da es dazu noch einen zarten, nussigen Geschmack hat, kommt das gerade süßem Ausgebackenem wie Apfelbeignets oder Krapfen zugute. Außerdem hat es beim Schmelzen im Mund einen kühlenden Effekt, den man sich bei Schokoladenglasuren gern zu Nutze macht.
Ab und zu ersetzen **Pflanzenöle** Butter und Margarine im Teig (zum Beispiel beim Quark-Öl-Teig oder im Rührteig für Muffins). Diese Öle werden aus Samen, Kernen und Fruchtfleisch gepresst. Geschieht das durch mechanischen Druck ohne starke Hitze (Kaltpressung), bleiben fast alle Vitamine, Mineralstoffe und Aromen erhalten. Wichtigste Vertreter: Olivenöl, Kürbiskernöl, Nussöl – alle verleihen dem Gebäck ein spezielles Aroma. Sonnenblumen- oder Rapsöl sind geschmacksneutral.

Einkaufen & aufbewahren

- Generell gilt: alle Fette dunkel, kühl und trocken lagern – am besten im Kühlschrank. Öle lieber in die dunkle kühle Speisekammer stellen, notfalls aber auch in den Kühlschrank (falls das Öl dabei fest wird, keine Sorge, es „taut" bei Raumtemperatur ganz schnell wieder auf).
- Butter hat ihr volles Aroma 6–8 Tage nach der Herstellung erreicht. Danach hält sie sich in der ungeöffneten Orginalverpackung (speziell beschichtete Alufolie oder Pergamentpapier) noch etwa 4 Wochen ohne Geschmacksverlust frisch, geöffnet 2 Wochen. Friert man sie ein, können daraus 6–8 Monate werden. Das Gleiche gilt für Margarine.
- Weiches Schweine- und Gänseschmalz kann man im Kühlschrank etwa 1 Monat aufbewahren, tiefgekühlt 1 Jahr. Harte Fette wie Butterschmalz oder Kokosfett sind sogar im Kühlschrank 3–4 Jahre haltbar.
- Öle halten ungeöffnet 6–12 Monate, offen 6–8 Wochen. Dabei gilt: kalt gepresste Öle und Nussöle werden schneller ranzig, raffinierte (gereinigte) Öle können länger verwendet werden.

Wirkungsweise

Jede Teigart ist eigen und stellt ihre ganz speziellen Anforderungen an das Backfett. Bei Rührteig zum Beispiel hat es neben Hühnereiweiß, der im Mehl enthaltenen Stärke und

Emulgatoren die Funktion des Gerüstbildners und sorgt für eine lockere Krume und einen zarten Biss. Den Hefeteig macht Fett stabiler und leichter formbar. Hefeteiggebäck wird dadurch innen mürber und bekommt außen eine zartsplittrige Kruste. Außerdem bleibt es länger frisch als fettloses Gebäck. Hier wichtig: zimmerwarme Butter oder Margarine nehmen, Öle und geschmolzene Fette wirken nicht so gut. Bei Blätterteig dagegen sorgt das Fett fürs Aufgehen des Teigs. Wie das? Der ausgerollte Teig besteht aus zahlreichen, sich abwechselnden hauchdünnen Teig- und Fettschichten. Beim Backen kann nun das Wasser aus den Teigschichten, die zwischen dem Fett eingeschlossen sind, verdampfen. Vorausgesetzt, die Fettschichten sind unversehrt, sonst würde der Dampf durch die Löcher entweichen und der Teig nicht aufgehen.

Süßungsmittel – Zucker, Sirup & Co.

Die Vorliebe für Süßes ist angeboren, doch erst vor rund 200 Jahren schaffte der Zucker den Weg vom Luxusgut zur Massenware und ist damit zu einem wichtigen Energiespender für Arme wie Reiche geworden. Mittlerweile können Süßschnäbel nicht nur mit Zucker aus Zuckerrohr und -rübe ihr Selbstgebackenes versüßen, sondern auch mit Honig, Sirup oder Süßstoffen.

Herstellung & Angebot

Die **Raffinade** und der **Weißzucker** sind die gängigsten Zuckersorten zum Backen. Beides wird hauptsächlich aus Zuckerrüben und -rohr gewonnen. Um Zucker zu erhalten, wird der Rohsaft von Rübe oder Rohr in mehreren Schritten gereinigt, eingedickt und von der Melasse (sirupartiger Rückstand) befreit. Während Raffinade – auch als „Raffinierter Zucker" im Handel – von besonderer Qualität sein muss, ist Weißzucker (Haushaltszucker) etwas weniger rein und dadurch besonders preiswert. Diesen Kristallzucker gibt es in verschiedenen Korngrößen – von etwas gröber bis sehr fein. Je nach Hersteller fällt die Bezeichnung dafür auf der Packung anders aus. Feinst vermahlene Raffinade ergibt **Puderzucker**, der überwiegend für Glasuren, zarte Cremes oder zum Bestäuben von Gebäck dient. Granulierte Raffinade hingegen ist als **Hagelzucker** im Handel; er behält während des Backens gut seine Form und wird deshalb gern zum Verzieren genommen. Durch langsames Abkühlen einer konzentrierten klaren Zuckerlösung entsteht grob kristallisierter **weißer Kandiszucker**, wurde die Lösung zuvor teilweise karamellisiert, **brauner Kandiszucker**. Hinter dem Begriff **brauner Zucker** verbergen sich zahlreiche verschiedene Produkte. Während **Farinzucker** aus karamellhaltigem Zuckersirup entsteht, erhält **Rohzucker** (auch Roh-Rohrzucker oder Rohr-Rohzucker) seine braune Farbe durch das Anhaften von Melasseresten. Die dunkelste Farbe hat **Vollzucker**, für den der Saft von Zuckerrüben oder -rohr eingedickt, getrocknet und gemahlen wird. Dadurch besitzt er deutlich mehr Mineralstoffe als andere Zuckerprodukte. Da der karamellartige Geschmack des Vollzuckers leicht dominiert, eignet er sich vor allem für kräftiges, würziges Gebäck oder Vollkornbackwaren. Hauptsächlich zum Tränken von Gebäck dient **Zuckersirup** – auch **Läuterzucker** genannt –, den jeder leicht durch Kochen einer Mischung von Zucker und Wasser selbst herstellen kann (siehe Kasten). Durch längeres Kochen von Zuckersirup oder das trockene Erhitzen und Schmelzen von Zucker entsteht bernsteinfarbenes bis dunkelbraunes **Karamell**. Die Backindustrie sowie Bäcker und Konditoren greifen häufig zum preiswerten **Glukose-** bzw. **Stärkesirup**, für den Stärke in ihre Grundbausteine aufgespalten wird. Der Sirup verlängert die Haltbarkeit der Produkte und hält Cremes sowie Füllungen saftig und sämig. Wer allerdings Glukosesirup im Haushalt verwenden möchte, muss ihn sich über den Fachhandel besorgen – normale Lebensmittelgeschäfte führen ihn nicht. **Traubenzucker** (auch als „Dextrose" oder „Glukose" bezeichnet) wird industriell aus Stärke hergestellt und von vielen als schneller Energielieferant geschätzt. Beim Backen hingegen spielt er kaum eine Rolle, man kann ihn jedoch wie Puderzucker zum Bestäuben einsetzen. Für Diabetiker gibt es als **Zuckeraustauschstoffe** zum Backen **Fruchtzucker** (auch „Fruktose") und **Sorbit**, die als weißes, kristallines Pulver oder als Sirup erhältlich sind. Während Fruchtzucker und Sorbit nahezu

Selbst gemacht: Zuckersirup

Für einen einfachen Zuckersirup 1 l Wasser und 600 g feinen Kristallzucker in einem Topf (am besten aus Kupfer) langsam erhitzen, dabei gelegentlich umrühren. Sobald sich der Zucker gelöst hat, nicht mehr rühren und die Lösung zum Kochen bringen, bis die Oberfläche mit Bläschen bedeckt ist.

Selbst gemacht: Karamell

Für Karamell aus Zuckersirup den gerade hergestellten Sirup rasch aufkochen, dann die Hitze reduzieren und bis zur gewünschten Färbung weiterkochen. Zwischendurch den Topf hin und her schwenken, jedoch nicht rühren – der Zucker kristallisiert sonst.

Für Karamell aus trockenem Zucker feinsten Kristallzucker dünn und gleichmäßig in einen unbeschichteten Topf mit möglichst schwerem Boden streuen. Bei mittlerer Hitze unter Rühren schmelzen lassen. Dann bis zur gewünschten Färbung kochen.

Einkaufen & aufbewahren

- Bis auf Dicksäfte, die es im Reform- und Naturkosthandel gibt, sind alle Süßungsmittel problemlos in Supermärkten erhältlich.
- Trocken gelagert hält sich der Zucker auch bei Temperaturschwankungen nahezu unbegrenzt. Angebrochene Dicksäfte und Sirupe hingegen sollten im Kühlschrank aufbewahrt und innerhalb des auf der Packung angegebenen Zeitraums aufgebraucht werden. Für Zuckeraustauschstoffe sowie Süßstoffe gelten ebenfalls die Angaben auf der Verpackung.
- Honig ist wie Zucker trocken und lichtgeschützt fast unbegrenzt lagerfähig. Er kann jedoch auskristallisieren und fest werden, lässt sich aber im warmen Wasserbad wieder verflüssigen.

in jedem größeren Lebensmittelgeschäft für den Hausgebrauch erhältlich sind, bleiben die weiteren Zuckeraustauschstoffe Mannit, Isomalt, Maltit, Laktit oder Xylit hauptsächlich der Lebensmittelindustrie vorbehalten. Kalorienbewusste Menschen greifen gern zu Süßstoffen, bei denen es sich um synthetisch hergestellte oder natürliche Verbindungen handelt. Derzeit zugelassen sind acht verschiedene **Süßstoffe**, die der Handel in Tabletten- oder Flüssigform sowie als Streusüße anbietet. Allen gemeinsam ist die extrem hohe Süßkraft – kleinste Mengen genügen, damit ein Lebensmittel richtig zuckersüß schmeckt. Schon aus diesem Grund können sie in Gebäck andere Süßungsmittel nur schwer ersetzen, da sie nicht das nötige Volumen in den Teig bringen. Einige Süßstoffe sind zudem nicht hitzestabil; auf der Packung ist deshalb der Verwendungszweck vermerkt. Für süßes Gebäck sorgen auch der fruchtig-aromatische **Zuckerrübensirup** und der milde bis aromatische **Ahornsirup**. Dafür dampfen die Hersteller entweder den Saft von Zuckerrübenschnitzeln oder den Saft des Zuckerahorns ein. Genauso werden **Dicksäfte** durch das Eindampfen von Fruchtsäften produziert. **Apfel-, Birnen-** oder **Agavendicksaft** sind in Naturkostläden erhältlich. **Honig**, ein natürliches Süßungsmittel, das schon die Menschen der Steinzeit zu schätzen wussten, ist vor allem in der traditionellen Weihnachtsbäckerei und in der Vollkornbackstube beliebt. Die Hauptarbeit in der Herstellung nehmen uns die Honigbienen ab, die Blütennektar, Pflanzensäfte oder Honigtau sammeln, mit ihren eigenen enzymhaltigen Sekreten anreichern und in den Honigwaben reifen lassen. Der Mensch muss nur noch die Erntearbeit übernehmen. Je nach Sorte (mild: Obstblüten-, Klee- oder Akazienhonig; würzig: Tannen-, Kastanien- oder Thymianhonig; Anhaltspunkt: je dunkler die Farbe, desto intensiver das Aroma) verleiht Honig dem Gebäck seinen charakteristischen Geschmack. Soll er nicht dominieren, muss der Teig einfach mit einer milden Honigsorte bestückt werden.

Wirkungsweise

Zucker, Honig oder Sirup sorgt in vielen Teigen nicht nur für Süße, sondern auch für eine schöne Bräunung sowie Volumen und eine feinporige, elastische Struktur. Biskuit, Rührkuchen und Baiser können aus diesem Grund nur schlecht mit Süßstoffen zubereitet werden, da die Menge des Süßungsmittels hier entscheidend zum Gelingen beiträgt. Teige wie Mürb-, Hefe-, Strudel- oder Blätterteig sind meist ohnehin gar nicht oder nur schwach gesüßt und benötigen auch für die gewünschte Struktur keine größeren Mengen an Süßungsmitteln. Für ihre Zubereitung sind deshalb auch hitzebeständige Süßstoffe geeignet.

Backtriebmittel

Locker und luftig – so wünschen wir uns Kuchen, Kleingebäck, Brot und Brötchen. Sicher gelingt dies mit Hilfe eines Backtriebmittels, das entweder aus chemischen Substanzen oder Mikroorganismen besteht.

Einkaufen & aufbewahren

- Chemische Backtriebmittel wie Backpulver, Natron, Pottasche und Hirschhornsalz müssen unbedingt trocken aufbewahrt werden. Ist die Umgebung feucht, beginnen diese Triebmittel während der Lagerung zu arbeiten und verlieren ihre Wirkung. Am besten in ein gut verschließbares Glas stecken.
- Frische Hefe hält sich im Kühlschrank etwa 10 Tage. Ist sie zu alt, verliert sie an Triebkraft (Mindesthaltbarkeitsdatum!). Sie kann aber auch gut eingefroren werden und lässt sich so bestimmt 2 Monate lagern. Alternativ zur frischen Hefe gibt es Trockenhefe, die sich ungeöffnet mehrere Jahre lagern lässt.
- Fertig gekaufter Flüssigsauerteig, Trockensauerteig oder Backferment (gibt es im Reformhaus und Naturkostladen, flüssigen Sauerteig auch im Supermarkt) sind entsprechend der Packungsangaben haltbar. Ist flüssiger Sauerteig geöffnet, kann er im Kühlschrank etwa 1 Woche gebrauchsfähig gehalten werden. Sauerteig ist auch bestens zum Tiefkühlen geeignet. Haltbarkeit: etwa 6 Monate.

Angebot & Verwendung

Erst vor rund 100 Jahren eingeführt, hat **Backpulver** rasch Platz eins bei der Lockerung von Teigen übernommen. Ein Kohlendioxidträger, zum Beispiel Natron, wird mit einem Säureträger, zum Beispiel Phosphat oder Weinstein (**Weinstein-Backpulver**), sowie einem Trennmittel wie Stärke vermischt. Das Trennmittel verhindert ein vorzeitiges Arbeiten des Triebmittels. Unter Einwirkung von Feuchtigkeit und Wärme wird während des Backvorgangs Kohlendioxid freigesetzt, was den Teig lockert. Deswegen Backpulver nicht zu früh dazugeben. Am besten unters trockene Mehl mischen, das zuletzt unter den Teig gearbeitet wird. Und: Teige und Massen mit Backpulver nicht lange stehen lassen, sondern sofort backen, da dieses Triebmittel bereits ohne Hitze zu wirken beginnt. Auch **Natron** allein eignet sich als Lockerungsmittel, hat allerdings eine geringere Triebwirkung und einen ganz leicht laugigen Geschmack, wenn nicht genügend Säure im Teig ist, mit deren Hilfe dieses Triebmittel abgebaut wird. Damit **Pottasche** ihre Arbeit tut, muss ebenfalls Säure mit im Spiel sein, da nur diese wie beim Natron der Pottasche ihr treibendes Gas entlockt. Im Lebkuchenteig ist das zum Beispiel der Fall. Hier bilden Zucker, reichlich Honig und Gewürze Säuren, die die Pottasche zersetzen, sodass unter anderem Kohlendioxid frei wird. Auch entsteht dabei ein Kaliumsalz, das den Teig aufweicht und ihn statt in die Höhe in die Breite treibt. Pottasche wird deswegen nur für flache Backwaren genommen. **Hirschhornsalz** setzt man ebenfalls nur für flaches und – ganz wichtig – vor allem trockenes Gebäck ein. Es besteht aus Ammoniumkarbonaten, die beim Backen Kohlendioxid und Ammoniakgas freisetzen. Der beißende Ammoniakgeruch verfliegt während des Backens. Bei feuchtem Gebäck würde sich das Gas mit Wasser verbinden und es entstünde giftiger Salmiakgeist, der die Backwaren laugig schmecken lässt. Äußerst vielfältig ist **Hefe**, die sowohl süßes als auch herzhaftes Gebäck, vor allem Brot und Brötchen, lockert und ihm einen sehr feinen, leicht säuerlichen Geschmack verleiht. Die Hefepilze brauchen eine gewisse Zeit, um sich zu vermehren. Während dieses Gärvorgangs ernähren sie sich von Zucker und Stickstoffverbindungen. Dabei bildet sich Kohlendioxid, das den Teig aufgehen lässt. Wie lange ein Teig zum Aufgehen benötigt, hängt unter anderem von der Temperatur, dem Vorhandensein von Zucker und der Feuchtigkeit ab. Das älteste Triebmittel für Brot ist **Sauerteig**. Dazu wird Roggenmehl mit Wasser verrührt und bei etwa 30° stehen gelassen. Milchsäurebakterien und Hefen, die natürlicherweise im Mehl vorkommen, beginnen nun zu arbeiten, und der Teig braucht viel Zeit zum Gären. Der Teig wird noch zweimal mit Mehl und Wasser verlängert und zum Gären gestellt. So dauert es etwa drei Tage bis zum fertigen Sauerteig. Einfacher ist es, einen flüssigen **Fertigsauerteig** oder **getrockneten Sauerteig** zu verwenden. Ähnlich dem Sauerteig lockert auch **Backferment** hauptsächlich Brotteige. Es basiert auf der Grundlage von Honig und Getreide und ist getrocknet im Handel erhältlich. Viele Menschen vertragen es besser als Sauerteig oder Hefe.

Milch & Milchprodukte

Milch oder Milchprodukte sorgen nicht nur für die richtige Konsistenz von Rühr- und Hefeteigen, sondern runden das Gebäck auch geschmacklich ab. Als Grundlage für Füllungen sind sie ebenfalls kaum aus der Backstube wegzudenken.

Angebot

Als Flüssigkeit für Kuchenteige spielt **Kuhmilch** die wichtigste Rolle. Ob **Magermilch** (max. 0,3 % Fett), **fettarme Milch** (1,5–1,8 % Fett) oder **Vollmilch** (mind. 3,5 % Fett) in den Teig kommt, ist für das Backergebnis unwesentlich – wer auf die Kalorien achten muss, sollte eine fettarme Sorte wählen. Fürs Backen ebenfalls unerheblich ist, ob **Rohmilch, pasteurisierte** oder **ultrahocherhitzte Milch** verwendet wird. Rohmilch darf nur unter strengen Auflagen direkt ab Hof verkauft werden. Sie birgt zwar eine erhöhtes Risiko mit Krankheitserregern belastet zu sein, diese werden jedoch von der Backhitze abgetötet. Die im Handel erhältliche Frischmilch wurde meist bei Temperaturen zwischen 72–75° für 15–30 Sekunden pasteurisiert. Ultrahocherhitzte Milch (H-Milch) muss für eine Sekunde eine Temperatur von 135–150° über sich ergehen lassen. Während H-Milch immer **homogenisiert** ist, das Milchfett also einheitlich in der Milch verteilt ist und nicht mehr aufrahmt, gibt es pasteurisierte Milch auch in der nicht homogenisierten Variante. Für **Kondensmilch** dampfen die Hersteller die Hälfte bis ein Drittel des Wassers der Milch ein. Sie wird dadurch steril und schmeckt leicht karamellartig. Es gibt sie in drei verschiedenen Fettstufen: 4 %, 7,5 % oder 10 %. Beim Entrahmen von Milch entsteht **Sahne**. Die zwei Hauptsorten sind **Kaffeesahne** (mind. 10 % Fett) und **Schlagsahne** (mind. 30 % Fett), die oft auch als süße Sahne bezeichnet wird. Im Gegensatz zu dieser lässt sich **saure Sahne** nicht aufschlagen. Sie zählt ebenso wie **Schmand** (24 % Fett), **Crème fraîche** (mind. 30 % Fett), **Dickmilch, Kefir** und **Joghurt** zu den Sauermilchprodukten. **Buttermilch** hingegen hat trotz ihres säuerlichen Geschmacks nichts mit Sauermilcherzeugnissen zu tun, sie fällt beim Verbuttern von Milch oder Rahm an. Sauermilchprodukte und Buttermilch werden in zahlreichen Gebäcksorten wie Milch als Flüssigkeit eingesetzt, sind aber gleichzeitig auch wegen ihres säuerlichen und typischen Aromas beliebt und unterstützen das Triebmittel beim Lockern des Teigs. Beliebte Backzutaten aus Milch sind auch verschiedene **Frischkäse**, die meist zu Kuchenbelag verarbeitet werden. Der leicht säuerliche **Quark** stellt dabei das Allround-Talent unter den Frischkäsesorten dar und ist bei großen wie kleinen Naschkatzen der Klassiker in Form von Käsekuchen oder Quarksahnetorten. Mit ihm kann jedoch auch Quark-Öl-Teig oder ein fettarmer Mürbteig zubereitet werden. Es gibt ihn als Magerquark mit weniger als 10 % Fett sowie mit 10, 20 und 40 % Fett in der Trockenmasse (Fett i. Tr.). Kuchenfüllungen auf Basis von **Doppelrahm-Frischkäse** sind die modernere Variante der Käsekuchenklassiker und recht problemlos in der Zubereitung. Und wer es besonders trendy mag, greift zu den Italienern unter den Frischkäsen, nämlich **Ricotta** und **Mascarpone**, die sich gut für cremige Kuchenbeläge eignen.

Einkaufen & aufbewahren

- Achten Sie schon beim Einkauf auf das Haltbarkeitsdatum: Vor allem frische Milch und Milchprodukte verderben schnell. Zum Beispiel hält frische Milch im Kühlschrank nur etwa 4 Tage.
- Lagern Sie alles unbedingt im Kühlschrank und brauchen Sie angebrochene Ware rasch auf. Auch H-Milch hält sich geöffnet nur etwa 3–5 Tage – ein Verderb macht sich bei ihr nur nicht so leicht bemerkbar.
- Milch und Milchprodukte nehmen leicht fremde Gerüche an. Deshalb angebrochene Packungen möglichst dicht verschließen.
- Schimmlige oder übel riechende Milchprodukte auf alle Fälle entsorgen! Pilzsporen und Krankheitskeime haben in feuchten Nahrungsmitteln leichtes Spiel und breiten sich auch rasch bis in tiefere Schichten aus.

Wirkungsweise & Verwendung

Der Laktosegehalt (Milchzucker) in der Milch trägt mit zu einer schönen Bräunung des Gebäcks bei. Sahne mit hohem Fettgehalt lässt sich auch ohne Sahnefestiger stabil steif schlagen und eignet sich deshalb gut für Tortenfüllungen. Und Magerquark kann zum Beispiel auch einen Teil des Fetts in Mürbteig ersetzen und ihn dadurch etwas leichter machen.

Nüsse & Samen

Ob süßes oder herzhaftes Gebäck – ohne die kleinen Kraftpakete würde in der Backstube einfach etwas fehlen. Und ganz nebenbei liefern Nüsse und Samen jede Menge gesunde Fette, Eiweiß, Vitamine, Mineralstoffe und Ballaststoffe. Durch ihren hohen Gehalt an B-Vitaminen werden sie unter anderem gern als Nerven- und Gehirnnahrung geknabbert.

Sorten

Mit ganz vorn in der Gunst der Verbraucher liegen **Mandeln**. Sie stammen vorwiegend aus den Mittelmeerländern und Kalifornien. Es handelt sich fast immer um **süße Mandeln**,

Einkaufen & aufbewahren

- Mandeln und Haselnüsse finden sich ganz, gemahlen oder gehackt in der Backwarenabteilung des Supermarkts. Mandeln gibt es zudem noch gehobelt und gestiftelt, gehäutet und ungehäutet. Walnüsse werden als geschälte Kerne angeboten – nicht jedoch zerkleinert, da sie extrem schnell ranzig werden. Auch erhält man bei den Backzutaten getrocknete Kokosnussraspel, gehackte Pistazienkerne sowie Mohnsamen und fertige Mohnfüllungen bzw. -backmischungen. Relativ leicht zu bekommen sind ebenso Pinienkerne, Sesamsamen, Leinsamen, Sonnenblumenkerne und Kürbiskerne – meist in der Bio-Ecke des Supermarkts. Für die etwas exotischeren Nüsse und Samen wie Pekan- oder Macadamianüsse, Esskastanien und Hanfsamen muss das Geschäft gut sortiert oder ein Fein- oder Naturkostladen sein. Nüsse in der Schale gibt es vorwiegend in den Wintermonaten.
- Nüsse schimmeln schnell und werden wegen des hohen Ölgehalts leicht ranzig. Wichtig ist deshalb eine kühle, trockene und luftige Lagerung – am besten von ganzen Nüssen und Samen, die erst kurz vor der Verarbeitung zerkleinert werden.
- In ihrer harten Schale halten sich Nüsse am längsten. Wer den Aufwand nicht scheut, knackt die Früchte selbst.
- Geruchsintensive Lebensmittel nicht zusammen mit Nüssen und Samen lagern, da diese rasch Fremdgerüche annehmen.

nur ein kleiner Prozentsatz gelangt als **Bittermandeln** und **Krachmandeln** in den Handel. Bittermandeln enthalten giftige Blausäure und werden deshalb nur in sehr kleinen Mengen als Gewürz verwendet. Krachmandeln haben eine dünne, poröse Schale und sind hauptsächlich Bestandteil von weihnachtlichen Nussmischungen mit Schale. Auch die angebotenen **Haselnüsse** stammen meist aus den Mittelmeerländern. Sie schmecken etwas herber als Mandeln. Man unterscheidet zwischen den rundlichen und den etwas aromatischeren länglichen Sorten. Und wieder sind es die Mittelmeerländer und Kalifornien, die uns hauptsächlich mit **Walnüssen** beliefern, deren Qualität überwiegend nach der Größe beurteilt wird – je größer die Nüsse, desto teurer. Besonders günstig hingegen sind **Erdnüsse**, die sich sowohl in der süßen als auch in der herzhaften Bäckerei vielfältig einsetzen lassen. Die USA sind die größten Produzenten der Hülsenfrüchte, und dort haben auch die mittlerweile bei uns so beliebten Rezepte mit Erdnüssen ihren Ursprung. Eine deutlich geringere Rolle beim Backen spielen Pistazienkerne, Pinienkerne, Pekannüsse, Cashewkerne, Paranüsse sowie Macadamianüsse. Sie werden meist in kleinen Mengen oder für Spezialitäten, zum Beispiel Pekannusskuchen aus den USA, eingesetzt. Überwiegend die Mittelmeerländer beliefern den Markt mit den grünen (selten gelben) **Pistazienkernen** sowie den kleinen, länglichen **Pinienkernen**, die beide angenehm mandelartig schmecken. Eng mit der Walnuss verwandt ist die **Pekannuss**, die meist aus den USA, aus Brasilien oder Australien kommt. Ihr Kern ist etwas milder und fester als der Walnusskern. **Cashewkerne, Paranüsse** und **Macadamianüsse** stammen aus den Tropen. Sie zeichnen sich durch einen feinen, milden und leicht süßlichen Geschmack aus. Ebenfalls zu den Exoten zählt die **Kokosnuss**. Die große Frucht der Kokosnusspalme hat eine harte Steinschale, die das Fruchtfleisch und das milchige Kokoswasser umschließt. In Backrezepten aus der Mittelmeerküche findet sich auch häufig die **Esskastanie** (Marone). Während diese Früchte roh mehlig und herb schmecken, sind sie nach dem Kochen von angenehmer Süße. Im Gegensatz zu anderen Nüssen enthalten die Esskastanien nur wenig Eiweiß und Fett, dafür jedoch sehr viele Kohlenhydrate. Sie werden deshalb entweder als Püree für Füllungen verwendet oder kommen zu Mehl verarbeitet in Teige. **Mohnsamen, Sesamsamen, Leinsamen, Sonnenblumenkerne, Kürbiskerne** und **Hanfsamen** werden auch als Ölsaaten bezeichnet, sind von den Inhaltsstoffen jedoch ähnlich wie Nüsse zu bewerten. Bis auf Mohn dienen die Samen hauptsächlich zur Anreicherung von Brot- und Brötchenteigen sowie deren Verzierung. Vermahlene und in Flüssigkeit gequollene Mohnsamen sind häufig die Grundlage für traditionelle süße Kuchen- und Strudelfüllungen.

Verwendung

Gemahlene Nüsse und Samen können in Kuchenteigen teilweise, manchmal auch ganz das Mehl ersetzen und dem Gebäck so ihr ganz spezielles Aroma verleihen. Mit weiteren Zutaten wie Zucker, Rosinen und/oder Milchprodukten vermischt, ergeben die Kerne saftige Füllungen für Kuchen und Kleingebäck. Grob zerkleinert hingegen bringen sie Biss in Kuchen, Kekse und Brot oder sind karamellisiert ein köstlicher Belag. Fast alle Nüsse und Samen entfalten ihr Aroma am besten, wenn sie vor der Verarbeitung kurz in der Pfanne oder im Backofen geröstet wurden. Durch Rösten lassen sich auch die braunen Häutchen von Haselnüssen leicht mit den Fingern entfernen. Um Mandeln von den Häutchen zu befreien, muss man sie einige Minuten mit kochendem Wasser überbrühen.

Trockenfrüchte & kandierte Früchte

Früher war die Trocknung von Früchten eine sichere Methode, sich auch über den Winter mit Vitaminen und Mineralstoffen zu versorgen. Importware gab es noch nicht. Heute ist Trockenobst eine beliebte Nascherei oder Backzutat. Den Früchten wird das Wasser bis auf eine Restfeuchtigkeit von 18–25% entzogen, der dadurch bedingte höhere Zuckeranteil schützt vor mikrobiellem Verderb. Durch das Kandieren, also das Durchtränken von Früchten oder Fruchtschalen mit Zuckersirup, wird im Prinzip die gleiche Wirkung erzielt.

Angebot

Die Favoriten unter den Trockenfrüchten sind ohne Zweifel **Rosinen**, für die Weintrauben getrocknet werden. Je nach Weintraubensorte unterscheidet man bei den getrockneten Früchten zwischen den großen, weichen **Sultaninen** und den kleinen, festen **Korinthen**. Sultaninen sind meist aus der Türkei im Handel, Korinthen aus Griechenland. Während Rosinen ganzjährig zahllose Gebäckstücke versüßen, kommen getrocknete **Aprikosen, Pflaumen, Datteln** oder **Feigen** hauptsächlich zur Weihnachtszeit in Plätzchen und Früchte-

> **Einkaufen & aufbewahren**
>
> - Schon beim Einkauf unbedingt aufs Haltbarkeitsdatum achten und transparente Verpackungen auf Schädlinge kontrollieren.
> - Oft werden Trockenfrüchte, vor allem Aprikosen, zur längeren Haltbarmachung oder zum Erhalt der Farbe geschwefelt (muss auf der Packung stehen). Wer die Schwefelung nur schlecht verträgt, sollte daher ungeschwefelte Früchte kaufen.
> - Zitronat und Orangeat ist meist gewürfelt im Handel, seltener auch als große Stücke. Zitronat läuft auch unter der Bezeichnung Sukkade.
> - Die Früchte (getrocknet oder kandiert) in gut schließenden Gefäßen trocken sowie kühl lagern und regelmäßig auf Schädlings- sowie Schimmelbefall kontrollieren.

kuchen zum Einsatz oder werden gern in der Vollwertbäckerei verwendet. Alle Trockenfrüchte liefern reichlich Kohlenhydrate, Vitamine, Mineralstoffe sowie Ballaststoffe. Im Gegensatz zu den Trockenfrüchten stammt der hohe konservierende Zuckeranteil bei **Orangeat, Zitronat** und **Belegkirschen** nicht aus der Frucht selbst, sondern wird durch Kochen oder Tränken von Bitterorangenschalen, Zitronenschalen oder Kirschen mit konzentrierter Zuckerlösung und anschließendem Trocknen erzielt.

Verwendung

An Trockenfrüchten haften oftmals Verunreinigungen, weswegen man sie vor der Weiterverarbeitung erst mal waschen sollte. Je nach Rezept werden die Früchte in Wasser, Fruchtsaft oder Alkohol eingeweicht oder kommen direkt ganz oder in kleinen Stücken in den Teig. Bei Rührkuchen empfiehlt es sich, die Früchte mit Mehl zu bestäuben, bevor sie in den Teig gegeben werden – so bleiben sie gleichmäßig im Teig verteilt und sinken nicht auf den Boden der Backform.

Gewürze

Kaum ein Gebäckstück kommt ohne eine würzende Zutat aus. Aus der unendlichen Vielfalt an Gewürzen haben sich im Lauf der Zeit einige Favoriten fürs Backen ganz klar an die Spitze gesetzt.

Angebot & Verwendung

Zweifelsohne zählt die **Vanille** mit ihrem feinen, süßlichen Aroma zu den beliebtesten Gewürzen für süße Backwaren. Als Vanilleschote ist die fermentierte Samenkapsel einer Orchideenart im Handel, die heute überwiegend in Indonesien und Madagaskar angebaut wird. Neben den ganzen Schoten, von denen meist das ausgekratzte **Vanillemark** verwendet wird, gibt es noch **gemahlene Vanille** aus den ganzen, getrockneten Schoten. Aufgrund der arbeitsintensiven Produktion ist Vanille sehr teuer. Der für das Aroma hauptverantwortliche Inhaltsstoff, das Vanillin, wird deshalb auch künstlich hergestellt und für den Haushalt meist in Form von Vanillinzucker angeboten. Die **Bourbon-Vanille** stammt übrigens von der Insel Réunion, die früher „Bourbon" hieß. Südasien ist die Heimat des tropischen Zimtbaums, dessen abgeschälte, fermentierte und getrocknete Rindenstücke entweder als **Zimtstangen** oder als **gemahlener Zimt** verkauft werden. Auf dem europäischen Markt werden überwiegend die Sorten „Kassiezimt", „Ceylonzimt" und „Padangzimt" gehandelt. Während Hobby- und Profibäcker ihr Weihnachtsgebäck gern reichlich mit dem leicht scharfen, wärmenden Zimt würzen, wird es sonst eher sparsam verwendet. Vor allem in Kombination mit Äpfeln harmoniert Zimt jedoch zu jeder Jahreszeit bestens. Zu den typischen Gewürzen der Weihnachtsbäckerei zählen auch Gewürznelken, Ingwer, Kardamom, Muskatnuss, Mazis, Sternanis und Piment. **Gewürznelken** sind die ungeöffneten, getrockneten Blütenknospen des Nelkenbaums, der in Südasien wächst. Sie sehen wie kleine Nägel aus und haben ein erfrischendes Aroma. Ebenfalls aus Südasien stammt **Ingwer**, von dem die geweihartige Wurzel mit ihrem scharfen Geschmack frisch oder getrocknet Vor-, Haupt- und Nachspeisen würzt. In Gebäck kommt fast ausschließlich getrockneter, gemahlener Ingwer zum Einsatz. Zwar zählt auch **Kardamom** zu den Ingwergewächsen, doch dienen nicht die Wurzeln der Pflanze, sondern die grünen Samenkapseln als Aromageber. Die ätherischen Öle, die für den süßlichen, brennenden Geschmack verantwortlich sind, befinden sich zum Großteil in den schwarzen Samen. Vom Muskatnussbaum werden zwei Bestandteile als Gewürz angeboten: die **Muskatnuss** und **Mazis** (auch „Muskatblüte"). Bei der Muskatnuss handelt es sich um den großen Samenkern, bei Mazis um den leuchtend roten Samenmantel, der sich während des Trocknens orange färbt und hart wird. Für Backwerk wird gern Mazis verwendet, das ein etwas feineres Aroma aufweist als die Muskatnuss. Mit beidem sparsam würzen, da größere Mengen (ab etwa 5 g) zu Vergiftungserscheinungen führen können. In kleinen Mengen dagegen hilft der Inhaltsstoff Myristicin bei Übelkeit, Blähungen und Durchfall. **Sternanis** ist zwar nicht mit Anis verwandt, riecht und schmeckt aber ähnlich süßlich und lakritzartig. Ein richtiges Allround-Talent ist **Piment** (auch „Nelkenpfeffer"). Die fermentierten, getrockneten Beeren des Pimentbaums vereinen

> **Einkaufen & aufbewahren**
>
> - Kaufen Sie Gewürze möglichst immer ungemahlen, da sie so am intensivsten schmecken. Nach dem Mahlen verfliegt rasch ein Teil der aromagebenden ätherischen Öle.
> - Trocken, dunkel und kühl – so aufbewahrt behalten ganze Gewürze etwa 1 Jahr ihr typisches Aroma. Besonders empfindlich ist Safran, der deshalb meist sowohl in Papier als auch in einem Döschen doppelt verpackt wird.
> - Jedes Gewürz gehört separat in ein aromadichtes Gefäß, damit sich die Aromen nicht gegenseitig durchmischen.
> - Gute Gewürznelken geben etwas Öl ab, wenn man sie mit dem Fingernagel drückt.
> - Die klassischen Gewürze für die Weihnachtsbäckerei werden auch in Form von Lebkuchengewürzmischungen angeboten, ebenso gibt es die Brotgewürze als Mischungen. Je nach Hersteller unterscheidet sich die Zusammensetzung der Mischungen, hier muss jeder sein Lieblingsprodukt selbst entdecken.

in sich den Geschmack von Nelke, Pfeffer, Zimt und Muskat. Die Samen von **Kümmel, Anis, Koriander** und **Fenchel** haben sich als klassische Gewürze für Brot und Brötchen bewährt. Da sie in Europa beheimatet sind, haben sie in der Küche schon eine lange Tradition. Dabei sorgen sie nicht nur für einen würzigen, herzhaften Geschmack, sondern machen vor allem Roggenbrot leichter verdaulich. Anis und Koriander spielen daneben noch eine wichtige Rolle in der Weihnachtsbäckerei. Das teuerste Gewürz der Welt ist **Safran**, der hauptsächlich in den Mittelmeerländern angebaut wird. Es handelt sich um eine Krokusart, von der die roten Narbenfäden der Blüte von Hand geerntet werden. Neben dem herben, leicht bitteren Geschmack kann die intensiv färbende Wirkung der Safranfäden zum Beispiel in Rührteigen eine Rolle spielen.

Salz

Einst war es rar, kostbar und Anlass für Kriege – das „Weiße Gold“, wie Salz früher auch genannt wurde. Heutzutage ist Salz für jedermann ein preiswertes Würzmittel. Und egal, auf welche Weise es gewonnen wird, der Hauptbestandteil ist immer eine Verbindung aus den chemischen Elementen Natrium und Chlorid. Für **Meersalz** wird Meerwasser eingetrocknet, zurück bleiben 98% Natriumchlorid und kleine Mengen Mineralstoffe. **Steinsalz** stammt aus unterirdischen Salzlagern und wird in Bergwerken gefördert. Es ist fast reines Natriumchlorid. **Siede-** und **Salinensalz** wird durch unterirdische Wasservorkommen oder künstliche Wassereinleitung mit Hilfe von Bohrungen an die Erdoberfläche befördert, das Wasser wird anschließend verdampft. Neben dem reinen Salz sind auch **Jodsalz, Jod-Fluor-Salz** oder in zahlreichen Variationen **Gewürz-** und **Kräutersalze** im Handel.

Wirkungsweise

Wussten Sie, dass eine Prise Salz in jedes süße Gebäck gehört? Salz wirkt nämlich wie ein Geschmacksverstärker und hebt die Aromen der anderen Zutaten sowie die Intensität der Süße hervor. Außerdem sorgt Salz für elastischere Teige, weil es den Kleber stabilisiert. Vor allem kleberarme Getreidesorten wie Roggen oder Gerste lassen sich so einfacher verarbeiten.

Einkaufen & aufbewahren

- Salz wird von fein- bis grobkörnig angeboten. Grob eignet es sich für Salzmühlen oder zum Bestreuen von Brötchen und Brezeln.
- Da Deutschland zu den Jodmangelgebieten zählt, empfehlen Experten die Verwendung von Jodsalz. Vor allem Menschen, die viel selbst backen, können so ihre Jodversorgung erheblich verbessern. Die Verwendung von fluoridiertem Salz kann zur Kariesvermeidung beitragen, ist aber nur sinnvoll, wenn Fluorid nicht bereits über Trinkwasser, Mineralwasser oder Fluortabletten aufgenommen wird.
- Lagern Sie Salz unbedingt trocken, da es reichlich Wasser binden kann und dann klumpt. Damit es rieselfähig bleibt, setzen viele Anbieter ihrem Salz deshalb auch Trennmittel zu. Im Salzstreuer halten ein paar Reiskörner das Salz trocken und streufähig.

Aromen & Essenzen

Weniger ist mehr, so lautet die Devise beim Zugeben von besonders aromatischen Zutaten. Sie können den Geschmack eines Gebäcks nur dezent abrunden oder aber dominieren.

Angebot & Verwendung

Abgeriebene **Zitrusfruchtschalen** geben vor allem Rühr- und Hefeteiggebäck den letzten Schliff. Sie kommen entweder frisch oder getrocknet in den Teig. In kleinen Tütchen gibt es **Zitronen-** oder **Orangenschalenaroma** zu kaufen, das wie frisch geriebene Schale verwendet wird. Es enthält neben der Zitrusfruchtschale noch weitere Zutaten wie Aromen, Trennmittel und Zitronensäure. **Vanillezucker** und **Vanillinzucker** zählen neben den Zitrusschalen zu den gängigsten Aroma gebenden Zutaten. Während Vanillezucker eine Mischung aus weißem Zucker und echter zerriebener Vanille oder Vanilleextrakt ist, besteht Vanillinzucker aus weißem Zucker und dem synthetisch hergestellten Vanillin. Als flüssige **Backaromen** in kleinen Fläschchen werden Bittermandelaroma, Zitronenaroma, Rumaroma und Vanillearoma angeboten. Ein Fläschchen reicht meist für 500 g Teig oder 500 ml Flüssigkeit. Die Aromen lassen sich leicht dosieren und problemlos längere Zeit lagern. So kann zum Beispiel auf die Verwendung von echten Bittermandeln, die giftige Blausäure enthalten, verzichtet werden. **Rosenwasser** ist häufig Bestandteil von Marzipan oder Backwaren orientalischen Ursprungs. Es ist eine Essenz, die als Nebenprodukt bei der Gewinnung von **Rosenöl** anfällt, wird heute jedoch meist durch Verdünnen von Rosenöl mit Wasser hergestellt. Auch Rosenöl selbst ist vor allem in Backwaren des Mittelmeerraums eine beliebte Zutat. Es ist das ätherische Öl aus Rosenblüten, das durch Destillation gewonnen wird. **Orangenblütenwasser** entsteht als Nebenprodukt bei der Destillation der ungeöffneten Knospen der Orangenblüten. Zum Aromatisieren von Teigen und Füllungen eignen sich auch viele hochprozentige alkoholische Getränke sehr gut. Am beliebtesten sind dafür **Branntweine**

Einkaufen & aufbewahren

- Für das Abreiben bzw. Abziehen von Zitrusfruchtschalen mit der Reibe oder dem Zestenreißer (siehe Seite 427) nur unbehandelte Früchte verwenden und diese zuvor mit heißem Wasser abwaschen und anschließend gut trockenreiben.
- Vanillezucker ist geschmacklich und qualitativ hochwertiger als Vanillinzucker, allerdings wegen des hohen Rohstoffpreises für Vanilleschoten auch um ein Vielfaches teurer. Beide Zuckerarten trocken lagern.
- Rosen- und Orangenblütenwasser erhält man am einfachsten und günstigsten in orientalischen Lebensmittelgeschäften, aber auch teurer in gut sortierten Supermärkten und in Naturkostläden. Rosenöl gibt es in der Apotheke. Die Herstellung ist aufwändig und das Öl darum nicht ganz billig. Die ätherischen Öle, die ihnen ihr Aroma verleihen, verfliegen schnell. Deshalb müssen diese Aromabringer immer gut verschlossen, dunkel und kühl aufbewahrt werden. Haltbarkeit nach dem Öffnen: etwa 1 Jahr.

wie Arrak (aus Reismaische und Zuckerrohrmelasse), Rum, Kirschwasser, Whisk(e)y oder Liköre. **Wein** oder **Bier** werden manchen Teigen hingegen in größeren Mengen als eine Hauptzutat zugegeben, wie zum Beispiel in den Rührteig für Rotweinkuchen oder auch in den Bierteig für ausgebackenes Gemüse.

Verdickungs- & Geliermittel

Schnittfeste Gelees, standhafte Sahnetorten oder sämige Cremefüllungen – für jede gewünschte Konsistenz und Festigkeit gibt es das richtige Verdickungs- und Geliermittel. Während Verdickungsmittel für Sämigkeit sorgen, bilden Geliermittel eine gelartige Masse. Je nach Einsatzmenge sind die Übergänge jedoch fließend.

Angebot & Verwendung

Für die Herstellung von Gebäckfüllungen und -belägen sind Gelatine und Speisestärke die klassischen Verdickungs- und Geliermittel. **Gelatine**, die aus tierischem Eiweiß besteht, lässt man in kaltem Wasser quellen und löst sie unter Wärmezufuhr auf. Mit den weiteren Zutaten vermischt, lassen sich schon mit einer geringen Menge schnittfeste Gelees oder zarte, jedoch standfeste Tortenfüllungen zubereiten. Bis zum Festwerden der Masse vergehen jedoch einige Stunden. Einige rohe Früchte wie Kiwis oder Ananas verhindern durch bestimmte eiweißspaltende Enzyme das Festwerden von Gelatine, was sich aber bereits durch kurzes Aufkochen des Obstes beheben lässt. **Speisestärke** wird meist aus Mais, Weizen oder Kartoffeln gewonnen und besitzt kaum Eigengeschmack. Eine geringe Rolle spielen **Reisstärke**, **Tapioka** (aus der Maniokwurzel) oder **Pfeilwurzelmehl**, die vor allem in der Vollwertbäckerei eingesetzt werden. Stärke wird zwar mit kaltem Wasser angerührt, quillt aber erst bei Temperaturen zwischen 60–70° auf und ergibt eine Art Brei. Neben der reinen Stärke finden auch Produkte auf Stärkebasis vielfach Verwendung beim Backen: **Puddingpulver, Käsekuchenhilfe, Sahnesteif** oder viele **Tortengüsse** basieren im wesentlichen auf Stärke – meist in modifizierter Form, das heißt vom Hersteller den jeweiligen gewünschten Eigenschaften angepasst. Daneben enthalten diese Halbfertigprodukte noch weitere Zutaten wie Aromen, Trennmittel oder Zucker. Wichtig: Stärkeprodukte dürfen nach dem Erhitzen nicht mehr mit Speichel in Berührung kommen – dieser enthält stärkeabbauende Enzyme, durch die sich Cremes wieder verflüssigen. In der alternativen Küche kommt häufig auch **Agar-Agar** zum Einsatz, ein aus Meeresalgen gewonnenes weißes Pulver. Es dient wie Speisestärke zum Binden von Gelees, Cremes und Tortenguss und ist wichtiger vegetarischer Ersatz für Gelatine. Agar-Agar muss immer einige Minuten in Flüssigkeit aufgekocht werden, bindet oder geliert jedoch sofort nach dem Abkühlen. Im Gegensatz dazu bindet **Johannisbrotkernmehl (Biobin)** Cremes und Saucen schon kalt und verleiht diesen eine cremige oder sämige Konsistenz. Das Mehl aus der Frucht des Johannisbrotbaums wird ebenfalls hauptsächlich in der alternativen und vegetarischen Küche eingesetzt.

Einkaufen & aufbewahren

- **Gelatine in Blatt- oder Pulverform und Speisestärke sowie die daraus hergestellten Halbfertigprodukte finden Sie in jedem Lebensmittelgeschäft. Die exotischeren Verdickungs- und Geliermittel wie Pfeilwurzelmehl, Tapioka, Agar-Agar und Johannisbrotkernmehl erhalten Sie in Reformhäusern und Naturkostläden. Tipp: Agar-Agar gibt es besonders günstig auch in jedem Asia-Shop.**
- **Trocken gelagert sind die Produkte mindestens 1 Jahr haltbar, genaue Auskunft gibt jedoch das Mindesthaltbarkeitsdatum auf der Packung.**

Schokolade & Kakao

Der Rohstoff für Kakaopulver und die daraus hergestellten Produkte sind die Samen des Kakaobaums (Kakaobohnen), der ausschließlich in den Tropen wächst. Im 16. Jahrhundert gelangte die Kakaobohne mit den spanischen Eroberern von Südamerika nach Europa, doch erst im Jahr 1756 wurde die erste Schokoladenfabrik in Deutschland gegründet – so war eine Süßigkeit geboren, die sich im Lauf der Zeit zum Liebling ganzer Nationen entwickelte. Es gibt kaum jemanden, der beim Gedanken an Schweizer Schokolade oder Belgische Pralinen nicht ins Schwärmen gerät!

Herstellung & Angebot

Für **Kakao** rösten die Hersteller die Bohnen und befreien sie von den Schalen. Durch anschließendes feines Mahlen und Walzen des Kerns macht die enthaltene Kakaobutter die Masse flüssig. Durch Pressen unter Druck wird die Kakaobutter abgepresst, zurück bleibt der Presskuchen, die Rohmasse für Kakaopulver. Je nach abgepresster Fettmenge kommt das fertige Pulver als **schwach entöltes Kakaopulver** (mind. 20 % Kakaobutter) oder fettarmes, also **stark entöltes Kakaopulver** (8–20 % Kakaobutter) in den Handel. Fettarmer Kakao ist etwas herber im Geschmack. Vermischt mit Zucker wird **Schokoladenpulver** (mind. 32 % Kakaopulver) und **Haushaltsschokoladenpulver** (mind. 25 % Kakaopulver) angeboten. Den weitaus größeren Marktanteil haben jedoch die **kakaohaltigen Getränkepulver**, die sich durch eine Spezialbehandlung im Gegensatz zum normalen Kakaopulver leicht in Flüssigkeit auflösen. Sie enthalten neben dem Kakao bis zu 80 % Zucker und weitere Zusätze wie Emulgatoren und Vitamine. Die Herstellung von **Schokolade** erfolgt ebenfalls durch Mahlen und Walzen der Kakaobohnen, allerdings entfällt das Abpressen der Kakaobutter. Die Kakaomasse wird mit Zucker und weiteren Zutaten wie Milch zur gewünschten Schokoladenmasse vermischt. Neben der Qualität der Zutaten spielt für ein zartschmelzendes Schokoladenergebnis die Dauer des Walzens (Conchieren) eine entscheidende Rolle – je länger, desto feiner. Die gängigsten Grundsorten, die in Tafelform angeboten werden, sind **Milch-Schokolade** (ab 25 % Kakaomasse), **Vollmilch-Schokolade** (ab 30 %), **Zartbitter-Schokolade** (ab 43 %), **Halbbitter-Schokolade** (ab 50 %) und **Bitter-Schokolade** (ab 60 %). **Weiße Schokolade** enthält als Bestandteil der Kakaobohnen nur die Kakaobutter. **Block-**

Schokolade bezeichnet Schokolade in einfacher Qualität, die in Blöcken statt Tafeln angeboten wird. Zum Überziehen von Gebäck mit Schokolade gibt es **Kuvertüre**, die sich durch ihren hohen Kakaobutteranteil von mindestetens 31 % gut verflüssigen und damit leicht verarbeiten lässt. Nicht damit zu Verwechseln sind **Kakao-Fettglasuren**, die neben Kakaobutter und Milchfett auch andere Fette enthalten. Sie sind qualitativ minderwertiger, allerdings auch preiswerter und noch einfacher zu verarbeiten als Kuvertüre. Für eine ansprechende Optik von Kuchen & Co. bietet der Handel reichlich **Schokoladenfertigprodukte** zum raschen Dekorieren an, zum Beispiel Schokoladenraspel, -streusel, -tropfen und geformte Dekorationselemente. Allergiker aufgepasst: Wer auf Nickel allergisch reagiert, verzichtet besser auf Kakao und Schokolade, da die Produkte relativ viel von diesem Allergen aufweisen. Ersatzweise eignen sich dann **Carob** und **Carob-Schokolade**, die aus der Frucht des Johannisbrotbaums hergestellt werden. Achtung auch, wer auf Ölsamenfrüchte wie zum Beispiel Haselnüsse, Mandeln, Kokosnüsse oder Pinienkerne allergisch reagiert. Oftmals werden diese Früchte in gemahlener Form der Schokolade zugesetzt und sind optisch nicht zu erkennen. Allerdings muss auf der Verpackung stehen, was und wie viel davon enthalten ist, und kann nachgelesen werden. Ebenfalls ist zu beachten: Bei Milch- oder Vollmilch-Schokolade wird Milch- oder Sahnepulver beigemischt.

Einkaufen & aufbewahren

- Kakao und Schokolade gibt es in jedem Lebensmittelgeschäft nahezu für jeden Geldbeutel und in allen Sorten. Für einen einfachen Rührkuchen reicht auch eine einfache, preiswerte Sorte aus, eine festliche Schokoladentorte verlangt hingegen nach einer etwas edleren Schokolade mit hohem Kakaoanteil.
- Schokolade mag keine Temperaturschwankungen; austretende Kakaobutter zeigt sich dann als weißlich-grauer Belag (= Fettreif) auf der Schokolade. Bei zu feuchter Lagerung hingegen bildet sich der ebenfalls weiße Zuckerreif. Im Kühlschrank gelagerte Schokolade weist häufig einen solchen weißen Film auf.
- Sowohl Kakao als auch Schokolade am besten kühl bei etwa 16°, trocken und vor Fremdgerüchen geschützt lagern.

Verwendung & Verarbeitung

Stark entöltes Kakaopulver eignet sich besser zum Backen als schwach entöltes. Zu viel Fett macht die Teige schwer und verhindert das optimale Aufgehen. Raspeln oder Hacken von Schokolade geht leichter, wenn sie vorher kurz gekühlt wurde. Auch die Hände oder Arbeitsgeräte sollten möglichst kühl sein. Zum Schmelzen von Schokolade eignet sich klassisch das warme Wasserbad, aber auch die Mikrowelle oder der Backofen (schwache Hitze). Die Schokolade darf auf keinen Fall zu heiß werden, da sie sonst anbrennt und klumpt. Kommt geschmolzene Schokolade mit Wasser oder Wasserdampf in Berührung wird sie zu einer zähen Paste. Durch Zugabe von etwas Kakaobutter oder Pflanzenfett kann man sie wieder verflüssigen.

Selbst gemacht: Krokant

250 g Nüsse oder Kerne (zum Beispiel Haselnüsse, Mandeln, Walnüsse, Pekannüsse, Kürbiskerne) – ganz, gehackt, gestiftelt oder gemahlen – auf einem Backblech im 200° heißen Ofen (Umluft 180°) erwärmen. Inzwischen 250 g Zucker gleichmäßig dünn in eine Pfanne streuen und bei mittlerer bis schwacher Hitze zu einem hellbraune Karamell schmelzen lassen.

Die heißen Nüsse oder Kerne unter das Karamell rühren und die Masse sofort auf einem gefetteten Backblech verteilen, auskühlen lassen. Dann mit einem großen Messer hacken oder im Mixer fein zerkleinern.

Selbst gemacht: Marzipan

Für die Marzipan-Rohmasse 300 g Mandeln einige Minuten mit kochend heißem Wasser überbrühen, abschrecken und enthäuten. Anschließend portionsweise mit 150 g Zucker im Mixer oder in der Küchenmaschine mit Schneideaufsatz möglichst fein zerkleinern. In einer großen Pfanne bei mittlerer bis schwacher Hitze unter Rühren kurz rösten. Auf der Arbeitsfläche (gut: Marmorplatte) flach ausbreiten und auskühlen lassen.

Dann mit 250–450 g Puderzucker, ein paar Esslöffel Alkohol wie Rum oder Orangenlikör und etwas Rosenwasser und Bittermandelöl mit den Händen zu einer gut formbaren Masse verkneten. In Folie gewickelt, ist das Marzipan an einem kühlen Ort einige Wochen haltbar.

Backfertigprodukte

Ohne Fertigprodukte geht es auch beim Selberbacken häufig nicht. Die Herstellung einiger wichtiger Grundzutaten überlässt man besser einem Profi, der die dafür nötigen Geräte hat und so gleich bleibende Qualität garantieren kann. Dies ist zum Beispiel bei der beliebten Backzutat **Marzipan-Rohmasse** der Fall. Dafür werden geschälte süße Mandeln mit 35 % Zucker fein zerrieben und bei etwa 90° geröstet. Durch Verkneten mit Puderzucker und eventuell Rosenwasser entsteht daraus Marzipan. Wird für die Rohmasse und das Marzipan anstelle von Zucker Honig verwendet, erhält man **Honigmarzipan**. Die Backwarenindustrie greift gern auf **Persipan** zurück, einen preiswerten Marzipanersatz aus Aprikosen- und Pfirsichkernen. Dies muss entsprechend gekennzeichnet sein. Persipan ist nur über den Fachhandel erhältlich. Ebenfalls nur schwer im Haushalt zuzubereiten ist **Nougatmasse**, für die enthäutete Nüsse unter Zusatz von Zucker und Kakaoerzeugnissen sehr fein zerkleinert werden. **Oblaten**, die hauptsächlich aus Stärke und Wasser hergestellt sind, erleichtern das Backen von feuchten Teigen oder das Belegen von zum Beispiel Biskuit- oder Mürbteigböden mit sehr saftigem Obst, indem sie als Unterlage dienen. Unter anderem schützen sie Lebkuchen und Makronen vor dem Austrocknen. Daneben gibt es zahlreiche Fertigprodukte, die das Dekorieren von Gebäck erleichtern. Dazu zählen **Krokant, Lebensmittelfarbe, Dekor aus Zuckerguss, Zuckerschrift, kandierte Früchte** und **Blüten**.

TEIGE & MASSEN

Jetzt geht's in die Praxis, es darf geknetet, gerüht und geschlagen werden. Wichtige Infos und Tipps fürs Gelingen von Teigen (sind knet- und formbar) und Massen (hier müssen die Schneebesen des Handrührgeräts ans Werk) finden Sie gleich im Anschluss – meistens inklusive eines einfachen Grundrezepts für süße Sachen. Soll das Gebäck pikant werden, einfach den Zucker weglassen, mehr Salz nehmen und vielleicht auch Kräuter und Gewürze. Und hier schon eines vorab: Das Sieben des Mehls war früher notwendig, um Verunreinigungen und Klümpchen zurückzuhalten. Heutzutage ist die Mehlqualität allerdings so gut, dass dieser Arbeitsschritt getrost entfallen kann.

Rührteig

– Bei der Zubereitung des Teigs ist es wichtig, dass die Zutaten zügig verrührt werden. Deswegen sollte alles, was gebraucht wird, griffbereit und abgewogen am Arbeitsplatz stehen. Fett und Eier rechtzeitig aus dem Kühlschrank nehmen, sie müssen Zimmertemperatur haben. Vergessen? Die Eier ins warme Wasser legen, Butter würfeln und auf die Heizung stellen.
– Trockene Zutaten wie Mehl, Backpulver, gemahlene Nüsse, Gewürze am besten miteinander mischen. Werden zum Beispiel marinierte Früchte oder geschmolzene Schokolade gebraucht, diese Arbeitsgänge noch vorher erledigen.
– Der Zucker sollte feinkörnig sein, damit er sich gut in die Masse einbindet. Je höher die Anzahl der Eier, desto weniger Backpulver und Flüssigkeit wird gebraucht. Beides kann man eventuell sogar ganz weglassen. Die Flüssigkeit immer kalt dazugeben, damit das Backpulver nicht zu früh zu wirken beginnt. Wie viel vom Pulver gebraucht wird, hängt ab von der Fett- und Eiermenge sowie von der Mehlqualität (Quellfähigkeit!). Hat man zu viel Flüssigkeit genommen, kann der Teig während des Backens zusammenfallen. Kommen weniger Eier in den Teig, diesen lieber etwas fester halten.
– Früher wurden die Zutaten für den Rührteig (vor allem für Sandkuchen) nach dem Gewicht der Eier berechnet, was dem Teig auch den Namen Eischwerteig einbrachte. Man legte die Eier in eine Schale der Waage und wog in der anderen Schale nach und nach die gleiche Menge an Mehl, Butter, Zucker ab.
➤ **Den Teig bereiten** – hier gibt es für die Herstellung drei Möglichkeiten:
– Für einen leichten Rührteig (Kastenkuchen, Gugelhupf) die Butter schmelzen und lauwarm werden lassen. Eier mit Zucker und Salz hellschaumig aufschlagen, Butter und Flüssigkeit unterrühren. Mehl oder Mehlmischung mit den Schneebesen des Handrührgeräts unter die Masse ziehen. Den Teig in die vorbereitete Form füllen und backen.
– Bei einem einfachen mittelfesten Rührteig (es kommen weniger Fett, Zucker und Eier in den Teig; für Kuchenböden und Blechkuchen) rüht man klassisch die weiche Butter, Zitronenschale oder Vanillemark cremig und gibt dabei nach und nach die Hälfte des Zuckers dazu. Weiterrühren, bis der Zucker ganz aufgenommen ist. Je länger man rührt, desto mehr Luft wird eingeschlossen und desto heller wird die Butter. Die Eier trennen und die Eigelbe (oder die ganzen Eier) nach und nach sorgfältig unter die Butter arbeiten. Dann Mehl oder Mehlmischung zügig untermengen, da zu langes Rühren den Teig klebrig und zäh macht. Nach Bedarf jetzt die Flüssigkeit untermischen. Zum Schluss die Eiweiße mit Salz und eventuell übrigem Zucker zu steifem Schnee schlagen. Wenig Eischnee mit dem Kochlöffel oder Teigschaber unter den Teig rühren, um ihn gefügiger zu machen, dann übrigen Eischnee mit einem stabilen Schneebesen locker unterheben.
– Ganz schnell geht's so: Wer eine kräftige Küchenmaschine hat, kann alle zimmerwarmen Zutaten auf einmal in die Rührschüssel geben und zu einem Teig verarbeiten.
➤ **Den Teig aufbewahren:** In kleinen Mengen kann Rührteig gut eingefroren werden, zum Beispiel bei Muffins. Muffin-Form mit Papierförmchen auskleiden, Muffin-Teig einfüllen und durchfrieren lassen. Dann aus der Form nehmen und in Gefrierbeuteln luftdicht verpacken. Haltbarkeit: mind. 6 Monate. Bei Bedarf wieder in die Form setzen und im vorgeheizten Backofen, wie im Rezept angegeben, backen. Die Backzeit verlängert sich um etwa 10 Minuten.

Grundrezepte

Leichter Rührteig

Für 1 Gugelhupfform (20–22 cm Ø) oder 1 Kastenform (30 cm Länge)

Zutaten: 250 g Butter oder Margarine • 4–6 Eier • 250 g Zucker • 1 Prise Salz • 2–6 EL Milch, Buttermilch oder saure Sahne • 500 g Mehl (Type 405) • 1–1 1/2 TL Backpulver • nach Belieben: etwas abgeriebene Zitronenschale oder Vanillemark • 1 Päckchen Vanillezucker nach Belieben

„Echter" feiner Biskuit (Torten-/Obstkuchenboden)

Für 1 Blech oder 1 Springform (24–26 cm Ø)

Zutaten: 5 Eier • 1 Prise Salz • 125 g Zucker • 125 g Mehl (Type 405)

Biskuitmasse

– Die Frische der Eier sind hier von besonderer Wichtigkeit, denn sie sind die Basis des Biskuits und sorgen für die Standfestigkeit von Eischnee und Schaummasse und somit für die Lockerung des Biskuits. Mit Weizenmehl der Type 405 gelingt der Biskuit am besten – gern auch mit Stärkemehl vermischt, was ihn besonders feinporig macht. Grobkörniger Zucker ist ungeeignet, er muss möglichst fein sein.
– Ergiebiger wird der Biskuit, wenn man pro Ei noch 1 EL heißes Wasser (= Wasserbiskuit, Rum oder Likör sind auch fein) mit der Schaummasse aufschlägt. Dann reichen nur 4 Eier (aufs Grundrezept bezogen). Allerdings sollten dem Mehl 1 TL Backpulver zufügt werden, das erleichtert die Lockerung.
– Für eine Wiener Masse (frz. Génoise) rührt man noch 1 EL geschmolzene (geklärte) Butter pro Ei nach dem Mehl unter. Das macht den Biskuit saftiger und hält ihn länger frisch.

– Die fertige Masse immer sofort backen, da sonst die gerade eingeschlagene Luft verpufft.

➤ **Die Masse bereiten** – hier gibt es drei Möglichkeiten auf kaltem und eine auf warmem Weg:

– Für einen Biskuit, der hoch aufgehen soll, die Eier trennen. Eiweiße mit Salz sehr steif schlagen, dabei nach und nach ein Drittel des Zuckers einrieseln lassen. Die Eigelbe mit übrigem Zucker zu einer hellen, fast weißen Schaummasse rühren. Eischnee aufhäufen, Mehl darüber geben und beides mit dem Schneebesen per Hand ganz locker unter die Schaummasse heben. In der Form oder auf dem Blech verteilen und backen.

– Soll der Biskuit weniger hoch aufgehen, die Eiweiße mit dem Salz sehr steif schlagen und nach und nach die ganze Zuckermenge dazurieseln lassen. Eigelbe miteinander verrühren und locker mit dem Mehl unter den Eischnee heben.

– Die schnelle Variante: Eier mit Salz und Zucker hellschaumig schlagen, Mehl unterheben, fertig. Um bei dieser Methode ein optimales Ergebnis zu erhalten, müssen die Eier wirklich lang genug (mind. 10 Minuten) geschlagen werden. Dafür eine Küchenmaschine verwenden oder ein Handrührgerät (Elektroquirl), das wirklich Power hat. Tipp: Nimmt man das Handrührgerät, die Quirle unbedingt leicht schräg und nicht gerade in die Masse halten, auch wenn es vielleicht spritzt. Nur so wird die Masse wirklich richtig luftig!

– Bei letzterer Methode nimmt man auch gern etwas Hitze zu Hilfe, diese begünstigt die Schaumbildung. Dafür die Rührschüssel (aus Metall) in ein heißes Wasserbad stellen und die Eier und den Zucker kräftig schlagen. Nach etwa 10 Minuten die Schüssel in ein kaltes Wasserbad stellen und die Masse weiterschlagen, bis sie abgekühlt ist.

➤ **Die Masse aufbewahren:** Biskuitmasse ist nicht zum Aufbewahren wie zum Beispiel Einfrieren geeignet.

Mürbteig

– Bei Mürbteig ist die Qualität der Butter und deren verwendete Menge wichtig, sie ist verantwortlich für den Geschmack und die Konsistenz des Gebäcks. Je mehr Butter im Teig enthalten ist, desto mürber und auch brüchiger wird er und muss deshalb besonders sorgfältig behandelt werden.

– Möglichst feinen Zucker verwenden, grobkörniger lässt das Gebäck schnell brechen und bildet braune Punkte. Je mehr Zucker enthalten ist, desto rascher bräunt der Teig. Also beim Backen auf Zeit und Temperatur achten.

– Leichter kneten und verarbeiten lässt sich der Teig, wenn Eier zu den Zutaten zählen, denn sie binden alles gut zusammen. Nimmt man nur Eiweiße, wird der Teig knuspriger, nur Eigelbe machen ihn mürber. Teige ohne Ei benötigen Flüssigkeit oder mehr Fett und bräunen schwerer.

– Wichtig, um die Zutaten gut verkneten zu können: sie müssen kalt sein (Ausnahme: gerührter Mürbteig, siehe weiter unten). Außerdem zügig arbeiten, zu langes Kneten macht das Gebäck hart. Den Teig dann vor der Weiterverarbeitung in Folie gewickelt im Kühlschrank für mindestens 30 Min. ruhen lassen, damit sich der Teig leichter verarbeiten lässt und das Backergebnis optimal wird. Oder den Teig nach dem Kneten gleich auswellen, Form oder Förmchen damit auskleiden und den Teig so kühlen und ruhen lassen.

➤ **Den Teig bereiten** – auch hier gibt es verschiedene Arten der Zubereitung:

– Klassisch und bestens für den 1-2-3-Mürbteig geeignet: Mehl auf die Arbeitsfläche häufen und in der Mitte eine Mulde formen, die kalte Butter in kleinen Flöckchen mit Zucker, Ei und Salz in die Mulde geben. Alles mit einer Palette oder einem großen Messer fein durchhacken, dabei vom Rand her zur Mitte hin arbeiten. Dann alles mit den Händen rasch zu einem glatten Teig verkneten, kühlen.

– Gut geeignet für Mürbteige ohne Ei (stattdessen kommt oft kaltes Wasser, Milch oder saure Sahne dazu, gern für pikante Varianten mit etwas mehr Salz und ohne Zucker genommen) ist folgende Methode: Mehl mit Zucker, Salz und kalter Butter in Flöckchen in eine Schüssel geben. Mit den Finger verreiben, bis eine feinkrümelige Mischung entstanden ist. Dann alles mit der Hand zur Kugel formen.

– Mürbteig mit hohem Fettanteil (hat eine sehr weiche Konsistenz) sollte gerührt werden, da auf diese Weise der geringere Mehlanteil zügig und gleichmäßig unters Fett kommt. Dafür die Butter weich werden lassen und mit Zucker und Salz mit den Knethaken des Handrührgeräts cremig rühren. Das Ei untermischen, Mehl auf einmal dazugeben und rasch einarbeiten (niedrigste Stufe!). Mit bemehlten Händen zur Kugel kneten.

Generell gilt: Soll der Mürbteig ein bisschen aufgehen, zum Mehl 1 Msp. Backpulver geben. Verbinden sich die Teigzutaten nicht gut, zum Schluss esslöffel- bzw. teelöffelweise gerade nur so viel eiskaltes Wasser unterkneten, bis der Teig geschmeidig ist.

Hefeteigarten – ihre Charakteristika und was daraus werden kann

	leichter Hefeteig	feiner/mittelschwerer Hefeteig		schwerer Hefeteig	
	z.B. Hefekranz oder -zopf, Blechkuchen	Brioche	Krapfen	Christstollen	Wiener Gugelhupf
Mehl (Type 405)	500 g	500 g	500 g	500 g	500 g
Hefe	40 g	20 g	40 g	60 g	60 g
Milch	250 ml	75 ml	115 ml	400 ml	240 ml
Zucker	50 g	75–100 g	75–100 g	20 g	180 g
Eier	1–2 Eigelbe o. 1 Ei + 1 Eigelb	3–4 Eier	3 Eier + 3 Eigelbe	5 Eigelbe	2 Eier + 6–7 Eigelbe
Butter	50 g	300 g	100 g	170 g	200 g

(Je nach Rezept können zu diesen Hauptzutaten noch Früchtemischungen, Alkohol, Marzipan, Nüsse, Aromen oder anderes untergeknetet werden.)

Grundrezepte

Feiner Mürbteig 1-2-3

Für 1 Springform (26 cm Ø), Teigboden mit hohem Rand

Zutaten: 300 g Mehl • 200 g Butter • 100 g Zucker • 1 Ei • 1 Prise Salz • nach Belieben etwas abgeriebene Schale 1 unbehandelten Zitrone oder Vanillemark

Quark-Öl-Teig

Für 1 Blech

Zutaten: 150 g Quark • 6 EL Öl • 1 Ei • 80 g Zucker • 1 Prise Salz • 1/2–1 Päckchen Backpulver • 300 g Mehl • bei Bedarf: 1–3 EL Milch oder Mehl • nach Belieben: etwas abgeriebene Zitronen- oder Orangenschale, 1 Päckchen Vanillezucker, Mark von 1 Vanilleschote

➤ **Den Teig aufbewahren:** Mürbteig in einem Gefrierbeutel luftdicht verpacken, dabei größere Mengen vorher eventuell in Portionen teilen, sodass man später auch kleinere Rationen verwenden kann, und tiefkühlen. Haltbarkeit: mind. 2–3 Monate. Im Kühlschrank hält sich der Teig bis zu 1 Woche.

Hefeteig

– Hefeteig zuzubereiten ist eigentlich nicht schwer, wichtig für ein feines Backergebnis sind nur ein paar Dinge: möglichst kleberreiches Mehl (zum Beispiel Weizenmehl Type 405 oder 550; ein wenig Salz verbessert das Quellvermögen des Klebers noch), beste frische Hefe, ausreichend Flüssigkeit, ein wenig Zucker (gibt Extra-Power) sowie Luft, Wärme und Zeit. Nur dann kann sich die Hefe (ein lebender Pilz) vermehren und gären, wobei Kohlendioxid und Alkohol entstehen, die den Teig mit kleinen Luftblasen oder Poren in die Höhe treiben.
– Zudem ist zu beachten: Die pure Hefe mag keine direkte Berührung mit Salz, Fett oder großen Alkohol- oder Zuckermengen. Temperaturen zwischen 25–38° sind optimal für die Hefe: Kühlschrankkälte verzögert, Gefrierkälte stoppt die Gärtätigkeit und Hitze ab 60 °C tötet die Hefezellen ab.
– Fett verleiht den Teigen Geschmeidigkeit und hält das Gebäck länger frisch. Wird reichlich davon genommen (mehr als ein Drittel der Mehlmenge sollte es aber nicht sein), macht das den Teig schwer, er geht viel langsamer auf und braucht deswegen mehr Hefe. Eier liefern Geschmack und Farbe und sorgen für eine gute Bindefähigkeit. Je mehr Eier im Teig sind, desto weicher darf er sein. Hat das Mehl gute Kleberqualität, braucht es keine Eier (wie beim Pizza-Teig, siehe ab Seite 353).
➤ **Den Teig bereiten** – ganz fachmännisch gesagt, kann man Hefeteig per direkter oder indirekter Führung kalt oder warm herstellen. Klingt kompliziert, ist aber ganz simpel:
– Bei der direkten Hefeteigführung wird alles auf einmal verknetet, am besten mit einer leistungsstarken Küchenmaschine: Zerbröckelte frische Hefe (oder Trocken- bzw. Instanthefe) mit etwas Zucker in lauwarmer Flüssigkeit auflösen und mit den restlichen Zutaten zu einem glatten, glänzenden Teig verkneten. Sehr gern wird bei dieser Methode auch „kalt gearbeitet", die Flüssigkeit also kalt verwendet. Auf diese Weise fängt die Hefe erst beim Backen an zu treiben und in dem Gebäck bilden sich schöne Schichten (siehe auch Plunderteig, Seite 415). Profis kombinieren diese kalte Teigverarbeitung auch gern mit einer besonders langen Gehzeit. Dafür frieren sie den Hefeteig ein (was zugleich eine optimal Vorratshaltung ist, auch im privaten Haushalt) und lassen ihn dann bei Bedarf im Kühlschrank antauen und schließlich bei Raumtemperatur geschmeidig werden. Etwas einfacher ist es, den Teig einige Stunden (am besten über Nacht) im Kühlschrank gehen zu lassen. So haben Kleber und Stärke reichlich Zeit zum Quellen, die Hefe arbeitet verstärkt und es entsteht ein Gebäck mit sehr feiner Porung, das lange frisch hält.
– Bei der indirekten Hefeteigführung wird „warm" und mit einem Vorteig (Hefeansatz, auch Dampferl oder Dämpferl) gearbeitet: Ein Drittel der lauwarmen Flüssigkeit mit wenig Zucker, der Hefe und etwas Mehl vermengen, mit Mehl bestäuben und mit einem feuchten Tuch bedeckt an einem warmen Ort gut 15 Minuten gehen lassen – optimal sind der kurz aufgeheizte und wieder ausgeschaltete Backofen oder das Fensterbrett über der Heizung (ohne Zugluft!). Dann den reifen, großporigen Vorteig mit den übrigen Zutaten glatt verkneten und wieder gehen lassen, anschließend nochmals kneten, formen und eventuell erneut gehen lassen. Bei dieser Methode läuft die Hefe zu Hochtouren auf, bevor gärhemmende Zutaten wie zum Beispiel Fett in größeren Mengen dazu kommen. Der Teig wird durch das abwechselnde Gehen und Kneten bestens gelockert und es entsteht ein Gebäck mit feinsten Poren.
– Achtung! Kommt reichlich Fett in den Teig, muss dieser länger gerührt bzw. geknetet werden, da es ein bisschen dauert, bis sich alle Zutaten miteinander verbunden haben. Und: Die Fett-, Zucker- und Eiermenge bestimmt, um welche Hefeteigart es sich handelt (siehe Kasten links unten).
➤ **Den Teig aufbewahren:** Wer den Teig gern am Vortag kneten mag, kann ihn in direkter Teigführung mit kalter Flüssigkeit verarbeiten und im Kühlschrank über Nacht gehen lassen. Zum längeren Aufbewahren den Teig am besten in Portionen teilen (so können später auch kleinere Mengen verarbeitet werden), in Gefrierbeuteln luftdicht verpacken und tiefkühlen. Haltbarkeit: mind. 2–3 Monate.

Quark-Öl-Teig

– Dieser Teig ist in Geschmack und Konsistenz dem mittelschweren Hefeteig sehr ähnlich, aber viel schneller und ohne großen Aufwand zubereitet. Optimaler Einsatz: Blechkuchen mit Streuseln, Äpfeln oder Zwetschgen sowie Nusskranz, Quarktaschen oder Schnecken.
– Zu beachten ist eigentlich nur: Wenn der Quark sehr feucht ist, wird der Teig klebrig. Solchen Quark vorher in einem Küchentuch kräftig auspressen.
– Gebäck aus Quark-Öl-Teig schmeckt frisch am allerbesten! Also unbedingt am gleichen Tag essen, die Reste einfrieren (siehe Kasten auf Seite 425).
➤ **Den Teig bereiten** – das geht einfach und ist im Handumdrehen geschehen:
– Den Quark mit dem Öl, dem Ei, Zucker, Salz und dem mit Backpulver gemischten Mehl zu einem glatten, elastischen Teig verkneten.
– Ist der Teig zu fest, etwas Milch zugeben, ist er zu klebrig noch Mehl (nicht mehr als 50 g) unterkneten.

➤ **Den Teig aufbewahren:** Quark-Öl-Teig in einem Gefrierbeutel luftdicht verpacken, dabei größere Mengen vorher in Portionen teilen, sodass man später kleinere Rationen verwenden kann, und tiefkühlen. Haltbarkeit: mind. 2–3 Monate.

Strudelteig

– Das A und O bei Strudelteig ist das papierdünne Ausziehen des Teigs. Damit das geht, muss das verwendete Mehl unbedingt einen hohen Kleberanteil besitzen (vor allem Weizenmehl Type 550, aber auch Type 405), der den Teig wunderbar elastisch macht. Kommen Eier oder Eigelbe in den Teig, erhält dieser etwas Farbe und bräunt besser.
– Lauwarme Flüssigkeit und Butter (beides nicht kalt zugeben!) sowie kräftiges und langes Kneten und Schlagen sind notwendig, damit sich der Kleber im Mehl entfalten kann. Man kann richtig merken, wie sich der Kleber dabei verwandelt. Nach und nach wird der Teig immer weniger klebrig, dafür stetig seidiger, glatter und elastischer. Trick: Ein kleiner Spritzer Essig oder Zitronensaft im Teig hilft dabei, den Kleber zu aktivieren.
➤ **Den Teig bereiten** – so geht's:
– Mehl, Öl oder Butter, Salz und so viel Wasser (oder Wasser mit Ei oder Eigelben verrührt) mit den Knethaken des Handrührgeräts verarbeiten, bis alle Zutaten gut miteinander verbunden sind.
– Dann den weichen Teig kräftig mit der Hand kneten und auf die Arbeitsplatte schlagen, bis er glatt, zart und elastisch ist. Nun in zwei Portionen teilen (wenn es kleinere Strudel werden sollen, in drei Portionen), zu Kugeln formen und rundum mit Öl einpinseln.
– Zuletzt den Teig unter einer umgestülpten feuchtwarmen Schüssel (mit kochend heißem Wasser ausschwenken) rund eine halbe Stunde, gern auch länger ruhen lassen. Auf diese Weise trocknet der Teig nicht an, verliert seine Spannung, verstärkt die Dehnbarkeit und lässt sich später leichter ausrollen und ausziehen.
➤ **Den Teig aufbewahren:** Strudelteig in einem Gefrierbeutel luftdicht verpacken und tiefkühlen. Halbarkeit: 2–3 Monate.

Brandteig

– Der Brandteig nimmt einen besonderen Platz bei den Teigen ein – er wird gleich zwei mal „gegart", zuerst durch „Abbrennen" (daher auch sein Name) im Topf auf der Herdplatte, dann im heißen Backofen oder Fett.
– Die Teiglockerung geschieht hier durch die zahlreichen Eier (unbedingt frische Eier nehmen!) und vor allem durch die Verdunstung des im Teig enthaltenen Wassers. Beim Backen im Backofen geht der Teig um das Zwei- oder Dreifache seines Ursprungsvolumens auf, dabei bilden sich große Hohlräume (perfekt fürs Füllen mit Sahne oder Cremes). Damit diese auch tatsächlich entstehen, ist Genauigkeit beim Arbeiten wichtig!
– Die Teigkonsistenz und die Backtemperatur müssen passen. Die Eier und der Kleber des Mehls als Gerüstbildner müssen sofort aktiv werden (also die Teigwände der Hohlräume fest werden), nachdem das Gebäck aufgegangen ist. Ist die Backtemperatur zu schwach, fällt das Gebäck später zusammen. Ist die Backhitze zu stark, bildet sich zu früh eine Kruste und der Teig kann nicht richtig aufgehen.

Grundrezepte

Strudelteig
Für 2 kleine Strudel (mit je 750–1000 g Füllung)

Zutaten: 250 g Mehl (Type 405 oder 550, am besten doppelgriffig) • 1–2 EL geschmacksneutrales Öl oder geschmolzene Butter • 1 Prise Salz • etwa 150 ml Wasser (alternativ: 1 Ei oder 2 Eigelbe und 100 ml Wasser) • geschmacksneutrales Öl zum Bestreichen

Brandteig
Für etwa 20 Windbeutel, Eclairs oder Profiteroles

Zutaten: 1/4 l Wasser • 1 Prise Salz • 125 g Butter • 200 g Mehl (Type 405) • 5–6 Eier • nach Belieben: 1 EL Zucker, 1 Msp. Backpulver

Blitzblätterteig
Für etwa 40 lange Knusperstangen

Zutaten: 500 g Mehl (Type 405) • 1 TL Salz • 225 ml Wasser • 400 g Butter

– Auch reagiert der Teig empfindlich auf Erschütterungen und kalte Luft. Die Backofentür also nicht während der ersten Hälfte der Backzeit öffnen. Das Backergebnis wird bei Umluft nicht ganz so gut wie bei Ober- und Unterhitze.
➤ **Den Teig bereiten** – notwendig dafür sind ein weiter, möglichst schwerer Topf und ein Kochlöffel:
– Zuerst einmal in dem Topf das Wasser mit Salz und Butter rasch einmal aufkochen und die Butter darin schmelzen lassen. Topf vom Herd nehmen, Mehl hineinschütten (unbedingt auf einmal, damit die Flüssigkeit völlig gleichmäßig aufgesogen wird und die Stärke quellen kann) und mit dem Kochlöffel kräftig einrühren. Den Topf wieder auf die heiße Herdplatte stellen und den Teig rühren („abbrennen"), bis er sich zum Kloß formt und sich am Boden eine weißliche Schicht gebildet hat. In eine Schüssel geben und etwas abkühlen lassen.
– Nun die Eier dazugeben und kräftig unterarbeiten. Dafür genügend Zeit einräumen, damit auch reichlich Luft in den Teig gearbeitet wird. Ob man dabei die Eier auf einmal oder nach und nach (wie es immer wieder in Rezepten heißt) unterrührt, macht für das Backergebnis keinen Unterschied, wichtig ist nur, dass man lange genug rührt.
– Wie viele Eier in den Teig kommen, hängt von zwei Dingen ab: Zum einen wie groß die Eier sind (S, M, L oder XL), zum anderen wie lange der Teig „abgebrannt" wurde und wie viel Flüssigkeit dabei verdampft ist. Gute Prüfmöglichkeit: Ist der Teig glatt und glänzt, und fällt er schwer reißend mit langen Spitzen vom Löffel, ist die Konistenz richtig und die zugefügte Eiermenge passt.
– Den Teig erkalten lassen, dann formen und backen. Tipp: Wer die Teiglockerung unterstützen mag, kann noch etwas Backpulver mit unter den kalten Teig arbeiten. Zucker in größeren Mengen lässt den Teig nicht so gut aufgehen, deswegen ist es besser, nur sehr wenig zu verwenden.
➤ **Den Teig aufbewahren:** Brandteig ist nicht zum Aufbewahren geeignet.

Blätterteig

– Das herrlich luftig-blättrige Aufgehen ist das Markenzeichen dieses Teigs und es ist der Grund für seinen Namen (frz. mille-feuille = tausend Blätter). Wie diese einmalige Struktur zustande kommt? In einen Grundteig wird reichlich Butter so eingearbeitet, dass hauchfeine Fett- und Teigschichten sowie auch feine Luftschichten entstehen. Wichtig sind dabei Sorgfalt und zwischendurch immer wieder lange Ruhepausen.

– Neben dem akuraten Arbeiten sind für ein gutes Gelingen ebenso ausschlaggebend: feines Mehl mit reichlich Kleber von guter Qualitat (zum Beispiel Weizenmehl Type 405) sowie frische, nicht zu wasserreiche, ungesalzene Butter. Keinesfalls sollte der Teig Zucker enthalten, denn der würde ihn beschweren und seine Beschaffenheit verändern.

– Beim Backen nun schmilzt das Fett der Butter und wird von den Teigschichten aufgenommen. Gleichzeitig verdampft das in der Butter und in den Teigschichten enthaltene Wasser und treibt zusammen mit der sich ausdehnenden Luft den Teig Schicht für Schicht in die Höhe.

➤ **Den Teig bereiten** – für den echten, klassischen oder auch deutschen Blätterteig muss zuerst ein Fettziegel hergestellt werden. Dafür wird wenig Mehl in eine große Menge Butter eingearbeitet, zu einem 1–2 cm hohen Rechteck geformt (gut geht das zwischen Frischhaltefolie) und kalt gestellt. Dann knetet man aus Mehl, Wasser, Salz und etwas Butter einen glatten Teig, deckt ihn ab und lässt ihn 30 Minuten ruhen.

– Dieser Grundteig wird nun ebenfalls zu einem Rechteck ausgerollt – in etwa doppelt so groß wie der Fettziegel, so dass dieser gut in den Teig eingeschlagen werden kann. (Für französischen Blätterteig schlägt man den Teig ins Fett ein.)

– Das Butterstück mit den Händen etwas weicher kneten, in die Mitte des Teiges legen und wie bei einem Briefumschlag straff einschlagen. Jetzt den Teig einfach oder doppelt tourieren – auf bestimmte Weise zusammenklappen (siehe Abbildungen rechts oben) und auswellen, dabei bei jeder Tour (oder jedem Durchgang) den Teig um jeweils 90° zur vorangegangenen Tour drehen, damit sich die Teigschichten gleichmäßig ausrichten können.

– Immer wichtig: Den Teig nie diagonal auswellen, immer senkrecht oder waagerecht (Profis sagen in Kreuzform), sonst geht er nicht auf. Dabei möglichst wenig Mehl verwenden und vorsichtig arbeiten, damit die einzelnen Schichten gut erhalten bleiben.

– Deswegen auch den Teig nicht kneten, sondern zum Ausrollen nur aufeinander legen. Und: Gibt man 1–2 EL Essig oder Zitronensaft zum Grundteig, wird die Wirkung des Klebers unterstützt. 1 Eigelb gibt Farbe und hilft beim Bräunen. Tourierten Teig vor der endgültigen Verwendung am besten mehrere Stunden im Kühlschrank ruhen lassen.

– Der Standard ist: zwei einfache Touren schlagen, dann zwei doppelte (siehe rechts oben). Nach jeder einfachen Tour den Teig 10 Minuten kühlen und ruhen lassen, nach der doppelten 20 Minuten, damit die Butter wieder fest wird und sich der Kleber im Mehl entspannt. Dabei den Teig stets abdecken.

– Etwas schneller ist der Blitzblätterteig oder auch holländische Blätterteig hergestellt (geht allerdings nicht ganz so hoch auf wie der klassische): Mehl, Salz und Wasser locker verarbeiten. Die eiskalte Butter in kleine Flöckchen schneiden und flüchtig untermischen. Dann alles sofort zweimal einfach und zweimal doppelt tourieren.

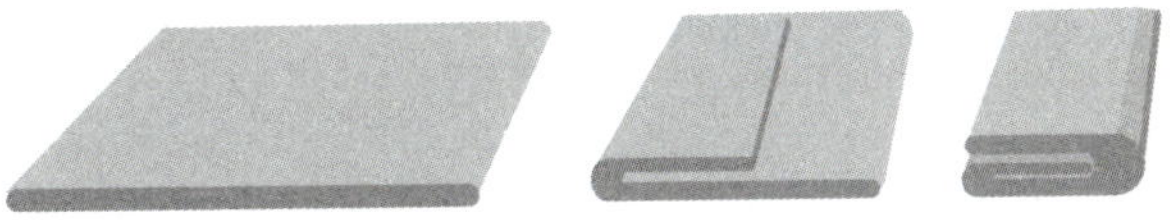

Einfache Tour *– Teig zu einem Rechteck (etwa 2 cm dick) ausrollen und gleichmäßig in drei Lagen übereinander klappen.*

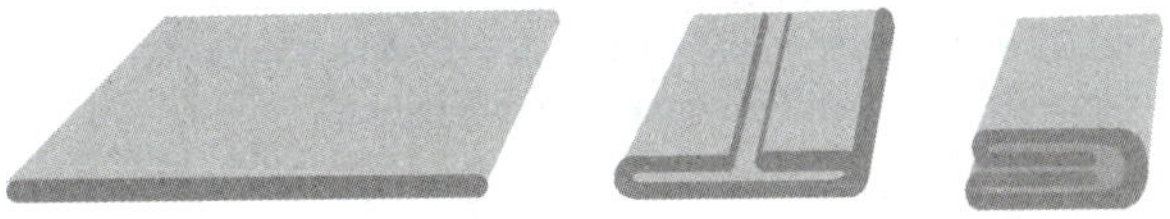

Doppelte Tour *– Teig zu einem Rechteck (etwa 2 cm dick) ausrollen, dabei in der Querrichtung zur vorhergegangenen Tour arbeiten. In vier Lagen gleichmäßig übereinander klappen.*

➤ **Den Teig aufbewahren:** Den Teig zu gleichgroßen Platten auswellen, nebeneinander in den Tiefkühler geben, anfrieren lassen, dann im Gefrierbeutel luftdicht verpacken, tiefkühlen. Haltbarkeit: mind. 2–3 Monate. Im Kühlschrank: 2–4 Tage.

Plunderteig

– Man könnte sagen, dass Plunderteig eine äußerst gelungene Kombination aus Hefe- und Blätterteig ist. Dem direkt und kalt geführten Hefeteig (siehe Seite 413) als Grundteig wird wie beim klassischen Blätterteig reichlich Butter (es müssen immer mindestens 25 % von der Menge des Grundteigs sein) in drei einfachen Touren oder je einer einfachen und einer doppelten Tour eingearbeitet.

– Dabei dürfen Teig wie Butter nicht zu hart, aber auch nicht zu weich sein. Sie sollen sich zwar auswellen lassen, aber nicht miteinander verbinden, sodass die Teig- und Fettschichten erhalten bleiben. Haben beide die gleiche Konsistenz, ist das fürs Arbeiten optimal. Auch sollte der Plunderteig bis zur endgültigen Weiterverarbeitung nicht Aufgehen, deswegen möglichst in einem kühlen Raum und rasch arbeiten.

– Somit ist der Plunderteig ein Glückskind. Zum einen profitiert das Gebäck von der Hefe, die ihm Volumen und eine feine Krume liefert, zum anderen bekommt es dank der Butterschichten zusätzlich Luftigkeit und bäckt herrlich knusprig. Das beste Beispiel dafür sind französische Croissants.

➤ **Den Teig bereiten** – siehe Hefeteig (Seite 413) und Blätterteig (auf dieser Seite) .

➤ **Den Teig aufbewahren:** Plunderteig in einem Gefrierbeutel luftdicht verpacken, dabei größere Mengen vorher eventuell in Portionen teilen, sodass man später auch kleinere Rationen verwenden kann, und tiefkühlen. Haltbarkeit: mind. 2–3 Monate.

Teige mit Sauerteig

– Manche Getreidesorten, zum Beispiel Roggen, können kein Klebereiweiß bilden. Dieses ist aber notwendig, um den Teig dehnbar und elastisch zu machen und die durch die Triebmittel entstehenden Gase „festzuhalten".

– Mischt man nun Säure unter einen Roggenteig, verbessert sich das Backverhalten. Das Mehl quillt intensiver auf, der Teig

Grundrezepte

Roggen-Sauerteig
Für 1 großes Brot oder 3 kleine Brote

Zutaten: 1 kg Roggenmehl (Type 997) • 200 g Weizenmehl (Type 630) • 1 Päckchen Trockenhefe • 3/4 l heißes Wasser • 350 g Sauerteig (selbstgemacht oder fertig gekauft) • 2 EL Salz • nach Belieben: 1 EL Anis, Kümmel, Koriander oder Fenchel – gemahlen oder ganz

Honig-Lebkuchenteig
Für 20–30 Lebkuchenfiguren (Nikolaus, Tannenbäume, Herzen, Baumbehänge usw.)

Zutaten: 300 g Zucker • 200 ml Wasser • 300 g Honig • 2 Eier (Größe L) • 25 g Hirschhornsalz mit 3–4 EL Wasser angerührt • 50 g Lebkuchengewürz • 500 g Weizenmehl (Type 405) • 600 g Roggenmehl (Type 997) • nach Belieben: etwas Milch zum Bestreichen

Lebkuchenmasse
Für etwa 20 Oblatenlebkuchen

Zutaten: 285 g Marzipan-Rohmasse • 285 g Zucker • 3 Eiweiße • 100 g gemahlene Mandeln • je 50 g fein gehacktes Zitronat und Orangeat • 2–3 TL Lebkuchengewürz • 1 gestrichener TL Backpulver • 60 g Mehl • 1 Prise Salz • etwa 20 Oblaten (80 mm Ø)

Einfache Baisermasse
Für etwa 10 Baisers (6–8 cm Ø) oder 1 Tortenboden (24 cm Ø)

Zutaten: 2 Eiweiße • einige Tropfen Zitronensaft • 50–75 g feinster Zucker • 50–75 g Puderzucker • 1 TL Speisestärke • nach Belieben: Mark von 1/2 Vanilleschote, etwas abgeriebene Schale von 1 unbehandelten Zitrone oder Orange, einige Tropfen Rum- oder Bittermandelaroma

wird trockener und leichter formbar, Gebäck wie zum Beispiel Brot erhält eine feinere Struktur und einen leicht säuerlichen Geschmack. Was ebenfalls zur Verbesserung der Backeigenschaft beiträgt: Roggenmehl mit kleberreichem Mehl wie Weizenmehl kombieren.

– Um den Teig zu säuern, gibt es mehrere Möglichkeiten. Das älteste und bekannteste Mittel ist ein Sauerteigansatz – optimal in einer zeit- und arbeitsaufwändigen 3-Stufen-Methode hergestellt, mit einer vorgegärten Roggenmehl-Wasser-Mischung als Ausgangsprodukt. Die einfachste Variante für den Hausgebrauch ist ein relativ flüssiger Sauerteigansatz mit Hefe (siehe Kasten oben rechts). Dieser kann direkt unter den Teig gearbeitet werden – gern aber auch mit einem zusätzlichen Vorteig (wie beim Hefeteig). Noch einfacher: einen bereits fertigen flüssigen Natursauerteig nehmen, den man in jedem Supermarkt, aber auch im Reformhaus und Naturkostladen kaufen kann.

– Immer wichtig: Für ein Backergebnis von bester Qualität muss der Sauerteigansatz unbedingt in der richtigen Reife und Menge untergeknetet werden. Ist er zu jung oder zu alt, kommt zu viel oder zu wenig dazu, beeinflusst das den Teig negativ.

Selbst gemacht: Flüssiger Sauerteigansatz mit Hefe
Für 3–4 Brote aus je 1 kg Mehl

15 g frische Hefe in eine große Schüssel (am besten aus Steingut) bröckeln und mit 1/4 l lauwarmem Wasser und 1 EL Zucker verrühren. 125 g Weizenmehl (Type 405 oder 550) und 125 g Roggenmehl (Type 1150) mischen und die Hälfte davon glatt unters Hefewasser rühren. Abdecken, 24 Stunden an einem warmen Ort stehen lassen.

Dann 1/4 l lauwarmes Wasser und übriges Mehl untermengen. Abdecken und weitere 24–48 Stunden an einen warmen Ort stellen. Jetzt ist der Sauerteig gebrauchsfertig.

Sauerteig in ein gut verschließbares Gefäß füllen. Haltbarkeit: 8–10 Tage im Kühlschrank. Ist die Hälfte vom Sauerteig verbraucht, 1/4 l lauwarmes Wasser und 125 g Mehl unterrühren. Für 24 Stunden an einen warmen Ort, dann wieder in den Kühlschrank stellen. Auf diese Weise kann der Teig 2–3 Monate lang immer wieder ergänzt werden.

➤ **Den Teig bereiten** – das ist ein Kapitel für sich. Je nach Zusammensetzung der Zutaten (unterschiedliche Mehlsorten in unterschiedlichen Mengen und mit variierenden Zerkleinerungsgraden, Verwendung von Backferment, Triebmitteln usw.) wird der Teig in diversen Stufen, Methoden, Geh- und Reifezeiten zubereitet. Auch hier die simpelste Zutaten-Kombination und die schnellste Art den Teig herzustellen:

– Für einen Roggenteig mit Sauerteig die Zutaten am besten in der Küchenmaschine auf der ersten Stufe etwa 6 Minuten, dann auf der zweiten Stufe 2 Minuten verarbeiten.

– Nun den Teig entweder zugedeckt 30 Minuten an einem warmen Ort gehen lassen, ihn dann formen und backen. Oder den Teig über Nacht an einem kühlen Ort gehen lassen. Am nächsten Tag erneut kräftig durchkneten (rund 20 Minuten wäre gut), an einem warmen Ort 1 Stunde gehen lassen, gut durcharbeiten und nochmals 30 Minuten gehen lassen. Teig erneut durcharbeiten, dann formen und backen.

➤ **Den Teig aufbewahren:** Teige mit Sauerteig sind (im Vergleich zum Sauerteigansatz) nicht zum Aufbewahren geeignet.

Lebkuchenteig und -masse

– Wer kennt sie nicht, die Lebkuchen zur Weihnachtszeit – ein Dauergebäck, das durch Gewürze wie Zimt, Muskat, Nelken, Kardamom, Piment, Anis, Ingwer seinen Charakter in Aroma und Farbe erhält. Gebacken werden sie oftmals aus Honig(kuchen)teig, den man nach dem Kneten ausrollt und in beliebigen Formen aussticht oder -schneidet. Aber auch aus weichen Massen (dem Makronenteig sehr ähnlich) gibt es zahlreiche Lebkuchen; der bekannteste seiner Art ist der Elisenlebkuchen. Hier wird der Lebkuchen-Makronenteig ganz typisch auf runde oder eckige Oblaten gestrichen.

– Als Triebmittel nimmt man bei diesem flachen Dauergebäck gern Pottasche, Hirschhornsalz und Natron, die einen schweren, festen Honig-Lebkuchenteig genauso in die Höhe treiben wie einen leichteren gewürzreichen Lebkuchen-Makronenteig. Aber auch Backpulver kommt zum Einsatz.

– Damit Lebkuchen weicher werden und an Aroma gewinnen, diese etwa 2–4 Wochen vor dem Verzehr herstellen und in dieser Zeit liegen und ziehen lassen.

➤ **Den Teig bereiten** – je nachdem ob es Lebkuchenteig oder -masse ist, geht man jeweils anders vor:

– Für einen mittelfesten (Honig-)Lebkuchenteig Zucker mit Wasser aufkochen, den Honig darin auflösen, lauwarm werden lassen. Dann Eier mit angerührtem Hirschhornsalz und Gewürzen schaumig rühren. Mit Mehl und Honigmischung verkneten. Nicht zu dünn ausrollen, Formen ausstechen, backen.

– Für eine Lebkuchenmasse Marzipan zerkleinern, mit Zucker und Eiweißen schaumig rühren. Übrige Zutaten trocken miteinander vermengen, unterheben und die Masse mit dem Löffel auf die Oblaten häufen, dabei einen kleinen Rand frei lassen. Vor dem Backen etwa 3 Stunden antrocknen lassen.

➤ **Den Teig aufbewahren:** Lebkuchenteig wie -masse sind nicht zum Aufbewahren geeignet.

Baisermasse

– Die Baiser- oder Meringuemasse ist wohl die Masse mit den wenigsten Zutaten. Hauptbestandteile sind schlicht Eiweiß (Eiklar) und Zucker. Dazu können dann diverse Aromen wie abgeriebene Zitrusschale, Vanille oder Gewürze kommen – oder wenig Speisestärke, die der Masse zusätzlichen Halt gibt.

– Hebt man noch etwas Mehl, geriebene Mandeln oder Haselnüsse unter, verwandelt sich die einfache Baisermasse zur Esterházy- oder Japonaismasse (für Tortenböden u. a.).

– Damit die Masse gelingt, unbedingt frische Eiweiße nehmen (wichtig für reichlich Volumen) und mit absolut sauberen und fettfreien Geräten (Schüssel, Schneebesen usw.) arbeiten, da sonst das Eiweiß sitzen bleibt. Außerdem Zucker mit feinster Körnung verwenden, der sich gut und schnell löst und mit dem Eischnee verbindet. Puderzucker sieben, damit es keine Klümpchen gibt.

➤ **Den Teig bereiten** – Baisermasse kann kalt oder warm geschlagen werden:

– Bei der ersten Möglichkeit (gut für Meringues, Schalen für Törtchen, Baiserböden für Torten) die Eiweiße steif schlagen, dann unter weiterem Schlagen zuerst Zitronensaft und feinsten Zucker, dann Puderzucker einrieseln lassen. Zum Schluss die Stärke und nach Belieben Vanillemark, Zitrusschale, Rum- oder Bittermandelaroma sanft unterheben. Auf diese Weise zubereitet, wird das Baisergebäck besonders mürbe.

– Bei der zweiten Möglichkeit (gut für Buchstaben, Figuren, Deko) Eiweiße mit Zitronensaft und beiden Zuckerarten in einer Schlagschüssel aus Metall im heißen Wasserbad so lange kräftig schlagen, bis sich der Zucker aufgelöst hat und die Masse handwarm und steif ist. Dann im kalten Wasserbad kalt schlagen. Stärke kommt keine dazu, aber nach Belieben die Aromen. So wird die Baisermasse äußerst zart und cremig und lässt sich auch ganz dünn aufspritzen, ohne zu reißen.

– Immer gilt: Die Eiweiße bei schwacher bis mittlerer Stufe des Handrührgeräts oder der Küchenmaschine schlagen, damit sie genügend Zeit haben ihr Volumen zu entwickeln. Und: Sobald die Baisermasse eine matte Oberfläche bekommt und Spitzen zieht, wenn man die Schneebesen herauszieht, ist sie fertig. Glänzt sie, ist sie bereits zu lange geschlagen worden.

➤ **Den Teig aufbewahren:** Die Baisermasse sofort verarbeiten und backen.

Fertigteige

Einige Teige kann man fertig kaufen – optimal, wenn es mal schnell gehen muss oder wenn das Selbstherstellen viel zu kompliziert und aufwändig ist.

➤ **Angebot:** In der Gefriertruhe des Supermarkts gibt es zum Beispiel **Blätterteig** in der 450-g-Packung (6 Scheiben, 4 extra große Scheiben oder 10 kleinere Scheiben) und **Hefeteig** in der 450-g-Packung (3 Scheiben). In der Kühltheke sind **Strudelteig** (120 g, 4-mal 38 x 40 cm / 100 g, 32 x 42 cm), **Blätterteig** (540 g, 2-mal 24 x 42 cm / 275 g, 25 x 42 cm / 230 g, 32 cm Ø), **Mürbteig** (270 g, 24 x 38 cm), **Pizzateig** (400 g, 25 x 37 cm / 230 g, 32 cm Ø), **Plunderteig** (400 g, 25 x 37 cm) zu finden – jeweils dünn ausgewellt. Im türkischen bzw. griechischen Lebensmittelgeschäft und gut sortierten Feinkostladen bekommt man **Yufkateig** (400 g, 5-mal 45 x 55 cm (oval) / 350 g, 24-mal Dreiecke mit 26 cm Kantenlänge) und **Filoteig** (400 g, 3-mal 55 cm Ø), beides dünne strudelteigähnliche Teigblätter.

Backen in kleinen Formen: einfach die Grundrezepte für 2 Personen umrechnen

Teigart	Springform (24-26 cm Ø), Kastenform (25 cm Länge)	Springform (14-16 cm Ø), Kastenform (15 cm Länge)
Biskuitteig (Tortenboden)	5 Eier • 5 EL Wasser • 200 g Zucker 200 g Mehl (Type 405) oder 100 g Mehl + 100 g Speisestärke • 1 gestr. TL Backpulver	2 Eier • 2 EL Wasser • 75 g Zucker 75 g Mehl (Type 405) oder 40 g Mehl + 40 g Speisestärke • 1/4 TL Backpulver
Mürbteig (für Kuchenboden mit kleinem Rand)	200 g Mehl (Type 405) • 1 Prise Salz 75 g Zucker • 100 g Butter oder Margarine 1 Ei oder 3 EL Milch	75 g Mehl (Type 405) • 1 Prise Salz 25 g Zucker • 40 g Butter oder Margarine 3 TL Milch
Rührteig	250 g Butter • 1 Prise Salz • 250 g Zucker 5 Eier • 500 g Mehl (Type 405) 1 Päckchen Backpulver • etwa 125 ml Milch	75 g Butter • 1 Prise Salz • 75 g Zucker 2 Eier • 150 g Mehl (Type 405) 1 gestr. TL Backpulver • 2–3 EL Milch

VORBEREITEN & FORMEN

Der Teig ist fertig geknetet, die Masse fertig geschlagen, jetzt kann es weitergehen. Aber wie welle ich am besten den Mürbteig aus? Und wie bringe ich ihn unversehrt in die Springform? Wie ziehe ich den Strudelteig so dünn aus, dass ich auch wirklich eine Zeitung dadurch lesen kann (so habe ich es jedenfalls gehört)? Ja und wie zaubere ich aus einem Kloß Hefeteig Brezen, die auch als solche zu erkennen sind? Das alles und noch mehr erfahren Sie hier.

Backform oder -blech vorbereiten

Damit sich das Gebäck gut vom Blech oder aus der Form löst, müssen beide behandelt werden:

– Alte und bewährte Methode: Form oder Blech mit Butter, Öl oder Margarine mit einem Pinsel ausfetten und dann mit Mehl, Semmelbröseln oder gemahlenen Nüssen oder Mandeln fein ausstäuben. Dies muss gründlich gemacht werden, damit wirklich nichts hängen bleibt.

– Antihaft-Garantie: Backtrennpapier nehmen. Form oder Blech mit etwas Fett ausstreichen (dient als „Klebstoff") und mit dem Papier auslegen. Dieses vorher nach Bedarf zuschneiden.

– Gut für Bleche und Vielbäcker: Bleche mit hitzebeständigen Backmatten oder Dauerbackfolie auslegen.

Teig ausrollen

– Für eine ausreichend große und stabile Arbeitsfläche sorgen, damit es sich gut und bequem arbeiten lässt.

– Zum Ausrollen (auch: Auswellen) Nudelholz und Arbeitsfläche mit Mehl bestäuben. Dabei nicht zu viel und zu wenig nehmen, damit die Teigkonsistenz nicht verfälscht wird, der Teig aber nicht anklebt. Den Teig immer wieder mit einer langen Palette oder einem Messer von der Arbeitsplatte lösen.

– Mürbteig kann ganz ohne Mehl auch sehr gut zwischen zwei großen Lagen Frischhaltefolie ausgerollt werden. Wer's stabiler mag, schneidet große Gefrierbeutel auf und nimmt diese statt der Frischhaltefolie.

– Aufgetaute Blätterteigscheiben aufeinander legen und immer in Kreuzform, also waagerecht und senkrecht, ausrollen. Nie die Scheiben miteinander verkneten und/oder den Teig kreuz und quer auswellen. So würden die Teig- und Fettschichten nicht mehr getrennt bleiben (siehe auch Blätterteig, Seite 415) und der Teig beim Backen nicht mehr aufgehen.

Backform und -blech mit Teig auskleiden

– Um Form oder Blech mit einer unversehrten Teigplatte auszukleiden, diese entweder nach dem Auswellen locker über das Nudelholz rollen und über der Form bzw. dem Blech wieder entrollen. Oder für Blechkuchen den Teig gleich auf dem Backblech auswellen. Steckt der Teig zwischen der Folie, die obere Lage abziehen, die Teigplatte mit Hilfe der verbliebenen Folie in die Form oder aufs Blech stürzen und ebenfalls abziehen.

– Zum Schluss mit den bemehlten Händen den nötigen Feinschliff geben, also den Teig exakt andrücken und den Rand formen. Ist der Teigrand unförmig oder steht er über den Springform- oder Backblechrand, mit einem Messer oder dem Teigrädchen oben gerade schneiden. Für flache Kuchen wie Obstkuchen oder Tartes zuerst die benötigte Randhöhe (zum Beispiel 3–4 cm) rundum abmessen und markieren, dann entlang dieser Markierungen abschneiden.

– Ist der Teig sehr mürbe und bricht leicht, am besten die Springform leicht auf den ausgewellten Teig drücken und die Bodengröße markieren. Dann ausschneiden und mit Hilfe eines Einlegers (das sind flache, runde Metallplatten, die gern von Profis benutzt werden) oder eines großen Tellers in die Form gleiten lassen. Aus den Teigresten den Rand formen.

Blätterteig richtig schneiden

Damit der Teig schön aufgeht, muss auf einen scharfen Schnitt geachtet werden. Immer mit scharfkantigen Ausstechern, einem scharfen Messer oder Teigrädchen in Form bringen. Nur so verkleben die Teigschichten nicht und das Gebäck kann wunderbar aufgehen. Deswegen auch beim Einstreichen mit Ei dieses nicht über die Ränder laufen lassen.

Streusel herstellen

Um Streusel zu erhalten, dürfen die Zutaten nicht fest miteinander verknetet werden. Stattdessen Mehl, Zucker und Gewürze wie Zimt in einer Schüssel mischen. Butter zerlassen und noch lauwarm ganz langsam zur Mehlmischung laufen lassen. Dabei immer mit einer Gabel rühren, sodass kleine Klümpchen entstehen. Auskühlen lassen. Standardmenge: 200 g Mehl, 150 g Zucker, 1 TL gemahlener Zimt, 150 g Butter.

Vor dem Backen: Laugen oder Brühen

– Damit Brezen & Co. eine glänzende, kupferbraune Oberfläche bekommen, werden sie vor dem Backen kurz „gebadet" – und zwar in einer 4%igen Natronlauge. Diese reagiert mit Stärke und Eiweißstoffen des Mehls, wodurch sich der Teig beim Bad gelblich färbt und beim Backen intensiv bräunt. Das Gebäck wird zudem außen herrlich rösch und bleibt innen feucht.

– Möchte man selbst laugen, in der Apotheke Natronlauge kaufen und falls nötig mit Wasser auf 4% verdünnen. Dann in einem Topf (nicht aus Aluminium, da die Natronlauge damit reagiert) aufkochen. Wenig Gebäckstücke mit einem Schaumlöffel ins Wasser geben, 1/2 Minute schwimmend sieden lassen, dabei immer wieder untertauchen. Herausheben, auf einem Küchentuch kurz abtropfen lassen und aufs Backblech geben. Sofort mit Salz bestreuen und gleich backen.

– Da Natronlauge stark ätzend wirkt, vorsichtig damit arbeiten (Schürze, Brille und Handschuhe tragen). Und die Lauge nach Gebrauch sofort entsorgen (zum Beispiel in Flaschen füllen, gut verschließen und zum Wertstoffhof bringen). Kann man Laugengebäck dann ohne Bedenken essen? Klar, die gesundheitsgefährdende Wirkung verliert sich beim Backen völlig.

– Bagels, eine Spezialität aus den USA, dürfen vor dem Backen ebenfalls wie beschrieben ein Bad nehmen. Sie tauchen allerdings statt in Lauge in Salzwasser. Dafür 2 EL Salz in 3 l Wasser auflösen. Diesen Vorgang nennt man Brühen.

Teige und Massen formen – jetzt wird's konkret

Wie man Plätzchen mit entsprechenden Formen aussticht, ist wohl kein Geheimnis und muss nicht näher erklärt werden. Wie aber forme ich ganz professionell Zöpfe, Stollen, Brezen, Croissants und mehr? Hier die wichtigsten und nicht ganz einfachen Gebäckformen:

Croissants

- *Aus dem ausgerollten Blätter- oder Plunderteig mit einem scharfen Messer oder dem Teigrad spitze Dreiecke (12x20 cm) schneiden.*
- *Die Schmalseite etwa 3 cm tief halbrund einschneiden und zur Spitze hin straff aufrollen. Die Spitze soll zum Schluss unten liegen.*
- *Zum Hörnchen formen.*

Stollen

- *Zuerst den Teig länglich formen, dann mit einem Rundholz oder dem Teigroller der Länge nach eindrücken und etwas auswellen, sodass an den beiden Längsseiten dickere Teigwülste entstehen.*
- *Das Teigstück in der Mitte zusammenschlagen und die Wülste aufeinander legen.*
- *Zum Schluss die flachere Seite mit dem Rundholz andrücken.*

Strudel

- *Strudelteig so dünn wie möglich mit dem Nudelholz ausrollen. Dann mit den Händen ausziehen, dabei den Teig über die Handrücken legen.*
- *Auf ein leicht bemehltes Küchentuch legen und mit der flachen Hand sehr dünn ausziehen.*
- *Die Füllung auf dem ausgezogenen Teig verteilen, die Längsseiten leicht einschlagen, von der Schmalseite her mit Hilfe des Küchentuchs aufrollen und in die Bratreine oder aufs Backbleck rollen lassen. Die Naht soll dabei unten sein.*

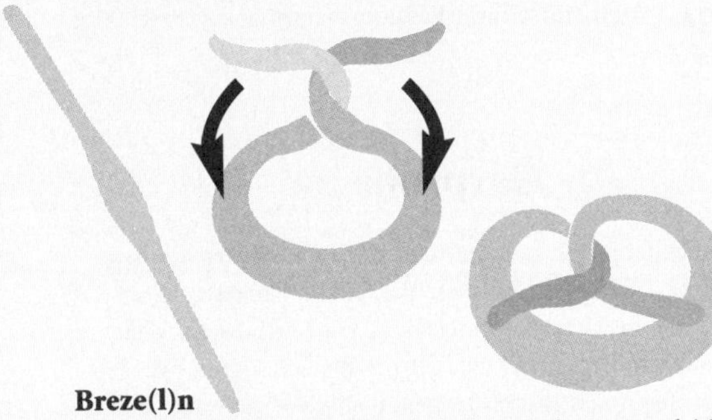

Breze(l)n

- *Teig zu langen Strängen rollen – für bayerische Brezen gleichmäßig dick, für schwäbische Brezeln in der Mitte mit „Bauch".*
- *Die beiden Enden nach oben ziehen, miteinander verschlingen und wie abgebildet nach unten klappen.*
- *Die Enden am dickeren Teil andrücken.*

Zopf (dreisträngig)

- *Teig zu drei gleich dicken und langen Strängen rollen und nebeneinander legen, an den oberen Enden zusammendrücken.*
- *Dann die drei Stränge miteinander verflechten.*
- *Zum Schluss die Enden der beiden äußeren Stränge unter dem des mittleren zusammendrücken.*

Baisers

- *Spritztülle in Stern- oder Lochform in den Spritzbeutel setzen. Spritzbeutel in eine Hand nehmen und den oberen Rand weit darüber schlagen. Baisermasse einfüllen.*
- *Die Masse auf das Blech spritzen (damit die Baisers die gleiche Form bekommen, zuvor eventuell mit einer Schablone Umrisse aufzeichnen). Dabei mit einer Hand das Ende des Spritzbeutels zusammendrehen und die Masse herausdrücken, mit der anderen Hand die Tülle führen.*

DAS BACKEN

Die Plätzchen liegen auf dem Blech, der Rührteig ist in der Form – jetzt muss gebacken werden. Standardmäßig kommen Teige und Massen dazu in den Backofen (Näheres siehe Tabelle rechts), wo sie durch Hitze aufgehen, „garen“ und bräunen. Aber auch ein Bad in heißem Fett kann das erledigen, wie es bei Schmalzgebäck der Fall ist. Und bei Broten übernimmt das Garen ganz modern und unkompliziert der Backautomat. Alles Wichtige zum Backen ist hier nachzulesen.

Vor- oder Blindbacken

– Wenn Mürbteig zum Beispiel mit einer sehr saftigen Obstfüllung (weicht den Teig leicht auf und lässt ihn nicht knusprig backen) in den Backofen kommt oder mit einer Cremefüllung getoppt werden soll, ist es sinnvoll bzw. notwendig ihn blindzubacken.

– Dafür die mit dem Teig ausgekleidete Form sorgfältig mit Backtrenn- oder Pergamentpapier auslegen und getrocknete Hülsenfrüchte, zum Beispiel Linsen oder Erbsen, einfüllen. Im 180–190° heißen Backofen (Mitte) in 10–15 Minuten hellgelb backen. Dann Hülsenfrüchte (fürs nächste Blindbacken gut verschlossen aufbewahren) und Papier entfernen und je nach Bedarf pur im Backofen bräunen und leicht abgekühlt mit der Creme füllen oder das Obst darauf geben und alles zusammen fertig backen.

Im Fett ausbacken

– Povesen, Faschingskrapfen, Doughnuts und so manches mehr werden nicht im Backofen, sondern in heißem Fett oder Öl (geschmacksneutral und hitzebeständig, zum Beispiel Kokosnussfett oder Butterschmalz) gebacken. Wichtig dabei ist die Temperatur! Ist sie zu hoch, verbrennt das Gebäck außen und bleibt innen roh. Ist sie zu niedrig, saugt sich das Gebäck voller Fett und bleibt hell. Gut sind 160–180°. Am besten mit einem Küchenthermometer nachmessen. Alternativ ein Holzstäbchen hineinhalten. Tummeln sich daran sofort kleine Bläschen, passt die Hitze.

– Jetzt die geformten Teigstücke so einlegen, dass sie locker im Fett schwimmen können. Brandteig auf Pergamentpapier aufspritzen und mit Hilfe des Papiers ins heiße Fett halten (Teig löst sich dann vom Papier). Keinesfalls zu viele Stücke auf einmal hineingeben, da sonst die Fetttemperatur zu stark absinkt.

– Während des Ausbackens immer wieder mit einer Schaumkelle untertauchen. Ist die untere Seite gebräunt, wenden. Am besten das Gebäck dann nochmals von jeder Seite ausbacken, das macht es stabiler und es fällt nach dem Abkühlen nicht zusammen. Gebäck mit der Schaumkelle aus dem heißen Fett heben und zum Abtropfen und Entfetten auf mehrere Blätter Küchenpapier legen.

Brotbackautomaten

– Brotbacken auf die einfachste Art: Backform des Automaten herausnehmen, alle Zutaten (sie sollten Raumtemperatur haben!) nach Anweisung hineingeben (es gibt extra Rezepte für Brotbackautomaten, siehe Seite 326/327), die Form zurück ins Gerät setzen, passendes Programm wählen und den Startknopf betätigen. Das war's – nach etwa 3 Stunden ist das Kastenbrot fix und fertig.

– Und der Clou, wenn der Automat einen Timer hat: abends den Automaten befüllen und programmieren und morgens vom frischen Brotduft wecken lassen. Achtung: Nicht jedes Brot ist Timer-geeignet, es sollten keine leicht verderblichen Zutaten wie Eier, Milch oder Schinken mit von der Partie sein. Der Automat kann auch nur zum Teigkneten verwendet werden, sodass man dann runde Brotlaibe mit reichlich Kruste, Brötchen oder Pizza im Backofen backen kann. Immer wichtig: die Angaben des Geräteherstellers beachten!

– Das Angebot an Brotbackautomaten ist groß. Die Unterschiede liegen im Preis (bis über 100 Euro sind möglich), in der Programmanzahl (Normal, Schnell, Teig usw.) und Programmdauer, in der Anzahl der Knethaken und der Kapazität. Entscheiden Sie am besten ganz nach Ihren Bedürfnissen. **Tipp:** 1-kg-Brote reichen für 2–4 Personen und werden in Geräten mit einem Fassungsvermögen von 1000 g gebacken.

Garprobe

Auch Stäbchenprobe genannt. Um zu testen ob der Kuchen fertig gebacken ist, sticht man mit einem längeren Holzstäbchen tief ins Gebäck – bereits kurz vor Ende der Backzeit, um auf Nummer sicher zu gehen. Bleiben daran weder klebriger Teig noch Brösel hängen, nichts wie raus aus dem Ofen mit dem guten Stück. Ansonsten weiter backen und immer wieder prüfen. Bei flachen Honigkuchen oder Biskuit kann man auch mit dem Finger auf die Oberfläche drücken. Bleibt kein sichtbarer Fingerabdruck zurück, sind sie gar. Bei Plätzchen orientiert man sich am besten an der Farbe des Gebäcks: ist es hell- bis goldgelb, ist es durchgebacken. Bei Brot und Brötchen kann man auch die Klopfprobe machen: mit dem Fingerknöchel auf deren Unterseite klopfen – Vorsicht: heiß! Klingt das hohl, sind sie durchgebacken.

* Alle Temperatur- und Zeitangaben in der Tabelle sind Richtwerte und stark von Teiginhalt und -menge, Formgröße usw. abhängig.

Bei allen Elektroherden kann es zu herstellerbedingten Abweichungen der Backtemperatur kommen. Dadurch kann die Backdauer etwas länger oder kürzer sein als angegeben. Deswegen ist es empfehlenswert, eine Garprobe (Stäbchenprobe) schon kurz vor Ende der Garzeit zu machen. Wenn die Backzeit zu lang wird, dann eine höhere Temperatur wählen. Wenn umgekehrt der Kuchen oben schon richtig braun wird und droht zu verbrennen, innen aber noch teigig ist, den Kuchen mit Alufolie bedecken und die Hitze leicht reduzieren.

Die Temperaturen bei Gasherden variieren von Hersteller zu Hersteller. Welche Stufe Ihres Herdes der jeweils angegebenen Temperatur entspricht, entnehmen Sie bitte der Gebrauchsanweisung Ihres Geräts.

Die Angaben der Firmen über die Einschubhöhe sind zu beachten.

Im Backofen backen (*)

Teigart	Backform/Gebäckart	Temperatur E-Herd: Ober-/Unterhitze in °C	Temperatur E-Herd: Umluft in C°	Einschubhöhe	Backzeit ca. in Min.	Besonderheiten
Rührteig	in hohen und mittelhohen Formen (z. B. Gugelhupf, Kastenkuchen)	170 –200	150 –180	unten	30–60	Damit die Oberfläche z.B. beim Kastenkuchen schön aufreißt, nach etwa der Hälfte der Backzeit mit einem spitzen Messer einritzen.
	auf Backblech und in Springform, mit und ohne Belag	160 –190	180 –170	Mitte	30–60	
	Kleingebäck (z. B. Muffins, Spritzgebäck)	180 –200	160 –180	Mitte	10–20	
Biskuitteig	auf Backblech (z. B. für Biskuitrollen, Cremeschnitten)	200 –220	180 –200	Mitte	10–15	• Form oder Blech mit Backtrennpapier auslegen, dann bleibt der Teig wirklich nicht haften!
	in Springform (z. B. für Torten- und Kuchenböden)	175 –200	155 –180	unten	20–50	• Küchentuch auf ein Kuchengitter legen, dünn mit Zucker bestreuen. Biskuit nach dem Backen daraufstürzen. Papier mit nassem Schwamm abtupfen und entfernen. Biskuit auskühlen lassen.
	Kleingebäck (z. B. Löffelbiskuits, Mohrenköpfe)	175–200	155 –180	Mitte	10–30	• Für Biskuitrolle den Biskuit „leer" mit dem Küchentuch aufrollen, auskühlen lassen und dann weiterverarbeiten. So behält sie ihre Form.
Mürbteig	Kleingebäck (z. B. Plätzchen)	180–200	160–180	Mitte	10–15	Ausgestochene Plätzchen und Teig in der Form (wenn er vor dem Ausrollen noch nicht im Kühlschrank war) vor dem Backen ca. 30 Min. kühl stellen. Der Teig behält seine Form besser (besonders gut bei Plätzchen!) und bäckt mürber.
	Kuchenboden, Springform und Törtchen, ohne Belag	180–220	160–200	Mitte	10–20	
	Kuchenboden, Blech, Springform, mit Belag	180–200	160–180	Mitte, unten	30–60	
Hefeteig	Kleingebäck (z. B. kleine Brioches, Hörnchen, Babas, Quarktaschen)	180–200	160–180	Mitte	10–30	• Bestreicht man den Teig vor dem Backen mit geschmolzener Butter, verhindert das ein Trockenwerden. Kommt danach reichlich Obst darauf, dringt dessen Flüssigkeit nicht in den Teig ein und der Kuchen bleibt herrlich saftig.
	auf Backblech, mit Füllung oder Belag	200-220	180 –200	Mitte	15–40	• Ist der Teig gut gegangen, muss er unbedingt in den vorgeheizten Backofen (auch Umluft!) geschoben werden. Ist er nicht oder nicht ausreichend gegangen, in den kalten Ofen geben. Der Teig geht dann während der Aufheizphase.
	in Formen (z. B. Gugelhupf, Rosenkuchen, Wähen, große Brioches)	180–200	160 –180	unten	25–70	
	Kränze, Zöpfe, Stollen, Strudel auf Backblech	180–200	160 –180	unten	30–60	
Quark-Öl-Teig	siehe Hefeteig					
Strudelteig	Strudel	180–220	160–200	Mitte	30–60	Den Strudel mit der „Nahtstelle" nach unten auf das Blech oder in die Reine geben.
Brandteig	Kleingebäck (z. B. Windbeutel, Eclairs), Tortenböden	200–220	180–200	unten	20–40	Keinesfalls die Ofentür während der ersten Hälfte der Backzeit öffnen! Brandteig ist äußerst empfindlich gegenüber Erschütterung und Zugluft.
Blätterteig	Kleingebäck (z. B. Nusskörbchen, Zuckerbrezen, Schweinsöhrchen)	200–220	180–200	Mitte	10–30	Teig nach dem Formen (Ausstechen, Ausschneiden usw.) und vor dem Backen etwa 20 Min. im Kühlschrank ruhen lassen.
Plunderteig	Kleingebäck (z. B. Croissants, Apfeltaschen, Mohnschnecken)	200	180	Mitte	15–20	siehe Hefeteig
	Strudel und Zöpfe auf Backblech	180–200	160–180	unten	20–50	
Teig mit Sauerteig	Kleingebäck (z. B. Brötchen)	250, auf 190 abfallend	230, auf 170 abfallend		20–25	• Soll das Brot glänzen, vor und sofort nach dem Backen mit Wasser (eventuell auch mit etwas Speisestärke vermischt) einpinseln.
	Brote	250, auf 180–200 abfallend	230, auf 160–180 abfallend		30–90	• Für eine schöne Kruste: Gebäck in Backofen geben und sofort eine Tasse Wasser auf den Ofenboden schütten. Nach etwa 2 Min. die Ofentür für etwa 5 Min. öffen.
Lebkuchenteig/-masse	auf Backblech	175–180	155–160	Mitte	15–40	• Honigteig nicht zu heiß backen, da durch den hohen Zuckergehalt das Gebäck leicht von unten her verbrennt
	Kleingebäck (z. B. Lebkuchenherzen, Elisenlebkuchen)	160–180	155–160	Mitte	10–20	• Damit die Oberfläche glatt wird, Honigteig vor dem Backen mit Milch bestreichen.
Baisermasse	Baisers, Meringues, Japonaisböden	50–150	30–130	Mitte	10–360	• Wenn das Gebäck ganz hell bzw. weiß bleiben soll, niedrige Temperatur wählen und langsam trocknen lassen. Ist eine leichte Bräunung erwünscht, eine höhere Temperatur wählen. • Für eine spezielle Bräunung, die Baisers kurz unter den Grill schieben.

DAS FINISH

Der Endspurt in der Backstube: Damit Kuchen & Co. nicht nur auf der Zunge zergehen, sondern auch optisch auf Platz eins landen, sollte die geschichtete Torte nicht trocken oder windschief sein. Wir wünschen uns alles in schönster Form, kunstvoll mit Sahne bespritzt, mit Karamellfäden verziert und mit zuckrigen Blüten gekrönt. Glänzt auch der Schokoüberzug oder schimmern die Früchte durch einen feinen Guss, können die Gäste ruhig kommen – und gern mit „Ahs" und „Ohs" und der Bitte um noch ein Stück ihre Bewunderung zum Ausdruck bringen.

Vom Biskuitboden zur geschichteten Torte

1. Biskuitboden waagerecht schneiden

– Am besten geht das mit einem Messer, dessen Klinge fein gezahnt, dünn und um mindestens 5 cm länger als der Durchmesser des Biskuits ist.
– Am Biskuitbodenrand rundum markieren, auf welcher Höhe man schneiden möchte (einmal, zweimal oder sogar dreimal). Dann den Boden vorsichtig durchschneiden, dabei das Messer hin und her bewegen (nicht nur drücken!) und den Boden leicht drehen, um die Markierungen nicht zu verpassen.
– Einfacher geht das Schneiden so: Den Draht eines Biskuitschneiders auf die Höhe spannen, auf der man den Biskuitboden durchschneiden möchte. Dann den Schneider mit den beiden „Füßen" auf die Arbeitsplatten stellen, an einer Biskuitbodenseite ansetzen und durch Hin- und Herbewegung den Biskuit durchschneiden.

2. Böden saftiger machen

– Alle Böden auf die Arbeitsplatte legen. Wir gehen von drei aus, da die Torte üppig werden soll.
– Den unteren und mittleren Boden dünn mit einem Backpinsel, einer Teigkarte oder einer Palette mit Konfitüre bestreichen. Diese am besten vorher mit etwas Fruchtsaft, Likör, Rum oder Obstbrand verfeinern und gleichzeitig auch ein wenig flüssiger und somit streichfähiger machen.
– Alternativ beide Böden einfach mit dem Alkohol oder Fruchtsaft beträufeln.

3. Torten füllen und zusammensetzen

– Den unteren Biskuitboden auf die Tortenplatte legen. Vier breite, lange Streifen Back- oder dickes Pergamentpapier so darunter legen, dass die Streifen reichlich unter dem Boden hervorschauen, die Platte aber gut damit bedeckt ist. Um den Boden einen Tortenring (gut aus Metall und flexibel verstellbar, alternativ den Springformrand nehmen) legen und eng an die Bodengröße anpassen.
– Die Hälfte der Füllung (zum Beispiel Fruchtcreme mit Gelatine oder aromatisierte Sahne) gleichmäßig darauf verteilen. Einen Einleger (siehe Seite 426) unter den mittleren Biskuitboden schieben und auf die Füllung in den Tortenring gleiten lassen. Leicht andrücken. Die übrige Füllung darauf verteilen, oberen Boden auflegen und andrücken.
– Zum Schluss abdecken, zum Beispiel mit dem Einleger, und im Kühlschrank fest werden und ziehen lassen.

Kuvertüre schmelzen

Die Kuvertüre möglichst klein hacken, in eine Metallschüssel geben und diese in einen entsprechend großen Topf mit warmem bis heißem Wasser (nicht kochen lassen!) hängen. Der Schüsselboden soll etwa 2–3 cm in Wasser getaucht sein. Kuvertüre in diesem Wasserbad unter sanftem Rühren (sonst entstehen unerwünschte Bläschen) langsam bis auf 30–33° schmelzen lassen. Mit dieser Temperatur kann sie sofort und optimal weiterverarbeitet werden. Unter 30° beginnt die Kuvertüre fest zu werden und lässt sich nicht mehr richtig verarbeiten. Kommt sie mit über 33° aufs Gebäck, dauert das Festwerden zu lange und die Oberfläche wird grau. Am besten mit einem Digital-Thermometer immer wieder nachmessen. Wird die Kuvertüre beim Schmelzen aber doch einmal etwas heißer (bei mehr als 50° wird sie nicht mehr schön), sofort weitere gehackte Kuvertüre unterrühren, um alles wieder auf die optimale Verarbeitungstemperatur zurückzubringen.

Und Achtung: kein Wasser in die Kuvertüre bringen! Bereits ein Spritzer reicht aus, um die Konsistenz völlig zu verändern! Ein glattes Überziehen ist nicht mehr möglich.

Auch sehr wichtig: die richtige Raum- und Gebäcktemperatur (20–23°) sowie geringe Luftfeuchtigkeit. Stimmen sie nicht, kühlt die Kuvertüre zu langsam oder zu schnell und wird unansehnlich und glanzlos, fettig oder grau.

Rundum schön machen

A. Mit Sahne einhüllen

– Sahne steif schlagen, nach Belieben mit Vanillezucker. Damit die Sahne später gut hält, auch wenn die Torten, der Kuchen oder die Windbeutel länger auf dem Tisch stehen, etwas Sahnesteif oder besser pulverisierte Gelatine beim Schlagen einstreuen. Achtung: Sahne, Schüssel und Schneebesen des Handrührgeräts müssen unbedingt kalt sein, sonst wird die Sahne nicht fest. Und nicht zu lange schlagen, da die Sahne sonst zuerst kleine „Körnchen" bekommt und schließlich zu Butter wird.
– Die geschlagene Sahne mit einer Teigkarte oder einer Palette rundum auftragen (falls nötig, vorher den Tortenring entfernen). Dabei Torte oder Kuchen immer wieder drehen, um zu prüfen, ob die Umhüllung nicht schief wird. Nach Belieben mit einer Teigkarte mit kleinen „Zähnen" über die Sahne streichen, und ihr ein Muster geben. Auch sehr schön: die Sahne mit einem Esslöffel wolkenartig auftragen.

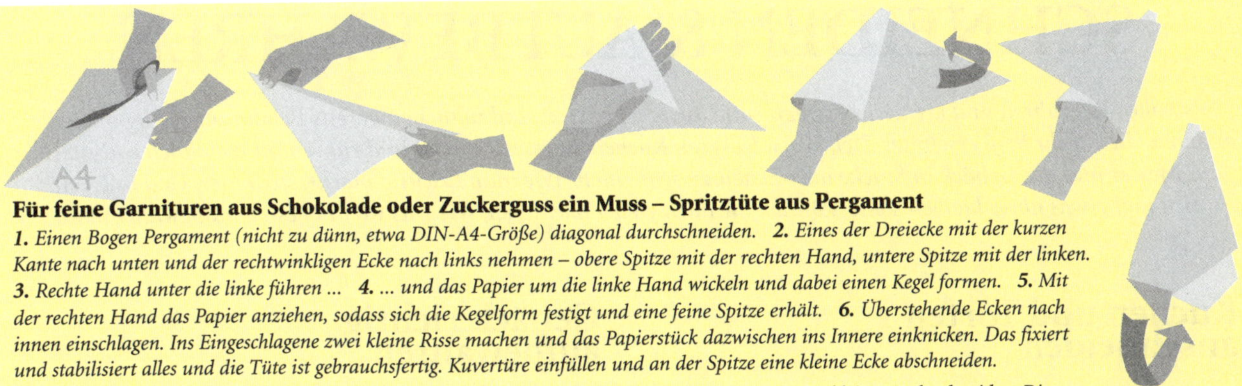

Für feine Garnituren aus Schokolade oder Zuckerguss ein Muss – Spritztüte aus Pergament

1. Einen Bogen Pergament (nicht zu dünn, etwa DIN-A4-Größe) diagonal durchschneiden. 2. Eines der Dreiecke mit der kurzen Kante nach unten und der rechtwinkligen Ecke nach links nehmen – obere Spitze mit der rechten Hand, untere Spitze mit der linken. 3. Rechte Hand unter die linke führen … 4. … und das Papier um die linke Hand wickeln und dabei einen Kegel formen. 5. Mit der rechten Hand das Papier anziehen, sodass sich die Kegelform festigt und eine feine Spitze erhält. 6. Überstehende Ecken nach innen einschlagen. Ins Eingeschlagene zwei kleine Risse machen und das Papierstück dazwischen ins Innere einknicken. Das fixiert und stabilisiert alles und die Tüte ist gebrauchsfertig. Kuvertüre einfüllen und an der Spitze eine kleine Ecke abschneiden.

➤ ***Einfache, schnelle Alternative:*** *einen Gefrierbeutel nehmen und in eine geschlossene Ecke ein kleines Loch schneiden. Die Pergamenttüte ist allerdings wesentlich stabiler, gibt mehr Halt und kann gerade bei sehr feinen und kunstvollen Linien exakter geführt werden.*

B. Mit Früchten und Tortenguss toppen

– Geht nur, wenn der Kuchenboden einen kleinen, überstehenden Rand hat, wie ein fertiger Biskuitboden für Obstkuchen. Oder wenn der Tortenring ausreichend hoch über die Torte hinausragt (beim Füllen und Zusammensetzen darauf achten).
– Zuerst eine Fruchtmischung zusammenstellen (Beeren, Kiwi, Mango, Trauben), waschen, putzen und in Stücke oder Scheiben teilen. Auf dem Kuchenboden (vielleicht vorher etwas Sahne oder Creme darunter geben) oder der Torte arrangieren.
– Den Tortenguss mit Wasser, Fruchtsaft, Wein oder einer Mischung daraus nach Packungsanweisung zubereiten. Dabei nicht zu heftig und keinesfalls mit dem Schneebesen rühren, um eine Ansammlung von Luftbläschen zu vermeiden, die die „Sicht trüben" würden.
– Guss kurz abkühlen lassen, damit gegebenenfalls Sahne oder Creme nicht schmelzen, und gleichmäßig über den Früchten verteilen. So trocknen sie nicht aus und bleiben schön frisch. Tortenguss fest werden lassen, falls nötig Tortenring entfernen.

C. Mit Kuvertüre überziehen

– Damit der Überzug schön gleichmäßig und glatt wird, den Kuchen oder die Torte vorher aprikotieren und mit Marzipan ummanteln. Dafür etwa 200 g Aprikosenkonfitüre mit 2–5 EL Flüssigkeit (Wasser, Rum, Aprikosenlikör) aufkochen, durch ein Sieb streichen und noch heiß den Kuchen rundum damit bestreichen. Marzipan auf wenig Puderzucker hauchdünn auswellen (Größe: 1 x Kuchendurchmesser + 2 x Kuchenhöhe). Mit Hilfe eines Einlegers auf den Kuchen gleiten lassen, rundum andrücken. Überstehendes Marzipan am unteren Rand abschneiden. Den Kuchen auf ein Kuchengitter setzen.
– Jetzt die geschmolzene Kuvertüre (siehe oben) von der Mitte aus auf den Kuchen gießen. Mit einer Palette so verteilen, dass auch die Ränder überzogen werden. Trocknen lassen.

D. Mit Puderzuckerglasur Glanz geben

– Für eine einfache Glasur 250 g Puderzucker in eine Schüssel sieben und mit etwas Zitronensaft und so viel warmem Wasser (esslöffelweise zugeben) verrühren, bis die gewünschte Konsistenz erreicht ist. Je höher der Flüssigkeitsanteil ist, desto durchscheinender und weniger fest wird die Glasur.
– Die Glasur wie die Kuvertüre auf dem Kuchen aufbringen und trocknen lassen.

Kunstvolle Deko für obendrauf

Schokoröllchen, -späne und -linien

– Für Schokoröllchen die geschmolzene Kuvertüre mit einer Palette dünn auf eine glatte Arbeitsfläche (sehr gut ist eine Marmorplatte) streichen, fast fest werden lassen. Dann einen Spachtel schräg ansetzen und Röllchen abschaben, dabei hält eine Hand den Griff, die andere drückt auf das Metallblatt. Mit dem Schaben aufhören, wenn das Röllchen die gewünschte Dicke erreicht hat.
– Für Späne mit einer breiten Messerklinge mit Druck über die glatte Seite des Kuvertüreblocks oder der Schokoladentafel fahren und feine Späne abziehen.
– Für Schokolinien die geschmolzene Kuvertüre ins Pergamenttütchen (siehe oben) füllen und das offene Ende zusammendrehen oder umknicken. An der Spitze eine kleine Ecke abschneiden und dünne Schokolinien in beliebiger Form (Graffiti, Schachbrettmuster, Herzen) auf das Gebäckstück malen.

Karamellfäden spinnen

– Etwa 250 g Zucker dünn und gleichmäßig auf einen Topfboden streuen und bei mittlerer Hitze schmelzen und goldgelb werden lassen.
– Vom Herd nehmen und abkühlen lassen, dabei mit einer Gabel immer wieder mal umrühren und testen, ob der Karamell zäh wird. Ist das der Fall, die Gabel sofort über das Gebäck halten und die Gabel kreisen lassen und so ein Nest darum spinnen. Dabei mit den Fingern nachhelfen, der Karamell lässt sich jetzt wie ein Kaugummi ziehen. Achtung: Er ist eventuell noch sehr heiß!
– Falls der Karamell zu fest wird, nochmals kurz auf die Herdplatte stellen und erwärmen.

Kandierte Blüten und geeiste Beeren

– Für kandierte Blüten (z.B. Rosenblätter, Veilchenblüten) 1 Eiweiß mit 1 EL Wasser verrühren und die Blütenblätter damit dünn einpinseln. Mit Zucker bestreuen und an einem warmen Ort trocknen lassen.
– Für geeiste Früchte Erdbeeren, Himbeeren, Johannisbeerrispen ebenfalls dünn mit Eiweiß oder mit Zitronensaft bepinseln und mit Zucker bestreuen. Trocknen lassen.

SCHNEIDEN & AUFBEWAHREN

Lustvolles Teigrühren und kreatives Kuchen- und Tortenverzieren sind manchen bereits Belohnung genug. Für alle anderen, die für ihr heiß ersehntes Ziel, einen leckeren Kuchen zu essen, kneten und rühren, ist es endlich soweit: Ran ans Messer und das Gebäck in Stücke oder Scheiben schneiden. Wie man's richtig macht, steht hier. Und falls wirklich mal etwas übrig bleiben sollte, können Sie auch gleich nachlesen, wie was wo am besten aufbewahrt wird.

Kuchen und Torten anschneiden

– Um bei runden Kuchen gleichgroße Stücke zu erhalten, halbiert man den Kuchen und schneidet ihn dann senkrecht dazu noch einmal durch. So entstehen vier gleichgroße Viertel. Jedes dieser Viertel teilt man wiederum bei engagierten Kuchenessern in drei oder in vier Stücke. Werden weniger Gäste erwartet oder isst man den Kuchen allein, so ist es ratsam, nur eine Hälfte oder gar nur ein Viertel des Kuchens aufzuschneiden. Der Rest bleibt dann länger frisch.

– Mit oder ohne Tortenteiler? Bei Obst- oder Rührkuchen ist es nicht wirklich entscheidend, ob die Kuchenstücke gleichmäßig groß sind. Bei hohen Torten jedoch kann es ganz schön eng werden, wenn einzelne Stücke zu schmal geraten. Dann passiert es bisweilen, dass die luftigen, weichen Massen an der Kuchenstückspitze kaum mehr zu schneiden sind, sehr dünn und damit kippelig werden. Garantiert gleichgroße Kuchenstücke bekommt man mit einem professionellen Torteneinteiler. Er ist aus Kunststoff, hat Tortengröße, zwei Haltegriffe und oben und unten Einteilungen für eine unterschiedliche Anzahl von Kuchenstücken. Meist sind es 12 und 18 oder 14 und 16 Stücke. Man drückt den Torteneinteiler einfach senkrecht auf die Kuchenoberfläche und erhält so Markierungen, an denen entlang man hinterher mit dem Messer die Stücke schneidet.

– Längliche Kuchen wie Kastenkuchen, Hefezöpfe und Biskuitrouladen schneidet man einfach Scheibe für Scheibe kürzer.

– Das richtige Messer: Hefegebäck sägt man mit einem Brotmesser in Stücke. Mit einem großen, glatten, scharfen Messer tut man sich leicht beim Schneiden von Obstkuchen, Torten und Rührkuchen. Bleibt von dem cremigen oder sahnigen Kuchenbelag oder der Tortenfüllung was am Messer hängen, so wischt man es zwischendurch mit einem feuchten Tuch ab oder lässt kurz kaltes Wasser drüberlaufen. Damit Schokoglasuren beim Schneiden nicht unschön splittern, hält man das Messer vorher einige Zeit unter oder in heißes Wasser. Das heiße (abgetrocknete) Messer macht die Schokoschicht an der Schnittstelle weich und das Messer gleitet mühelos in den Kuchen.

– Und zu guter letzt müssen, möglichst ohne Verlust, die Torten- oder Kuchenstücke und Gebäckscheiben von der Platte auf den Teller gebracht werden. Hiefür am besten den Tortenheber nehmen. Findet man den gerade nicht, hilft ein breites Messer aus der Not. Wer stolzer Besitzer einer Gebäckzange ist, kann damit stilvoll kleine Teilchen wie Windbeutel oder Quarktaschen aber auch Hefezopfstücke, Krapfen oder sogar Plätzchen verteilen.

Gebäck richtig aufbewahren

Ein paar Tage

Nach dem Backen und Auskühlen wollen alle Gebäcke nur noch eines: am liebsten kühl und keinesfalls in der Sonne stehen. Wenn's in der Küche eng werden sollte und sonst kein anderer (nasch-)sicherer Raum für den Kuchen zur Verfügung steht, ist der ausgeschaltete und mittlerweile wieder kalte Back-ofen ein guter Aufbewahrungsort. Die meisten Kuchen brauchen jedoch noch eine Umhüllung, die sie vor dem Austrocknen schützt.

– **Rührteigkuchen:** gut in Frischhalte- oder Alufolie verpacken. Mit Puderzucker- oder Schokoglasur überzogene Kuchen haben bereits einen Schutzmantel, der sie vor dem Austrocknen bewahrt. Sie werden am besten in einer Kuchenbox oder in Frischhalte- bzw. Alufolie aufbewahrt. Wichtig: Die Glasur muss wirklich richtig fest und trocken sein, sonst haftet sie nicht mehr am Kuchen, sondern an der Folie.

Biskuitteige: gut in Folie oder in einer Kuchenbox verpacken.

Sahne-/Cremetorten, Obsttorten: am besten unter einer Tortenglocke in den Kühlschrank stellen.

Mürbteigkuchen, Strudel, Hefe-, Brandteig-, Blätterteig-, Quark-Öl-Teig-, Plunderteiggebäck: am Backtag nur locker mit einem Tuch bedecken, danach entweder in eine Kuchenbox stecken bzw. in Frischhalte- oder Alufolie hüllen. Das Gebäck wird dann jedoch weich, behält dafür aber die Feuchtigkeit. Nach Belieben im Backofen aufbacken (außer Mürbteigkuchen), am besten mit Umluft oder unter dem Grill, was alles wieder knusprig macht.

Plätzchen: am besten in Blechdosen lagern. Sehr harte Plätzchen aus Lebkuchen- oder Honigteig schätzen die Gesellschaft von ein paar Apfelstückchen und/oder ein wenig Orangen- oder Zitronenschale, das macht sie schneller weich.

Brot: helles Hefebrot und Weißbrot am Backtag nur locker mit einem Tuch bedecken, danach in Gefrierbeuteln aufbewahren. Die Kruste verliert dabei zwar an Knusprigkeit, aber das Brot behält dafür seine Feuchtigkeit. Kurzes Aufbacken unterm Grill oder im Toaster macht es wieder kross. Sauerteigbrot am besten im geschlossenen Brotkasten oder in einem speziellen Brot-Tontopf lagern. Wichtig ist regelmäßiges Auswaschen des Brotbehälters mit Essigwasser, damit sich keine Schimmelpilze einnisten.

Brötchen: am Backtag locker mit einem Tuch bedecken, danach in Gefrierbeutel geben. Die weich gewordene Kruste erhält durch kurzes Aufbacken unterm Grill oder auf dem Brötchenaufsatz des Toasters wieder Knusprigkeit.

Wann schmeckt welcher Kuchen am besten?

Gebäck aus	am Backtag	am Tag danach	nach ein paar Tagen	nach Wochen oder Monaten
Rührteig (Nusskuchen)	o.k., aber noch nicht so aromatisch	am besten	immer noch gut, schwere Kuchen sogar noch besser	kühl 1 Woche bis 1 Monat; tiefgekühlt 4–6 Monate
Biskuitteig (Obsttorte)	perfekt, vor allem mit Obst-/ Sahnefüllung	ideal zum Schneiden in Böden; saftige Füllungen/Beläge können durchweichen	trocken und bröselig bzw. von saftigem Belag/Füllung durchgeweicht	ganz frisch eingefroren hält Biskuit 4–6 Monate (ohne Füllung/Belag)
Mürbteig (Apfelkuchen)	am besten	gut, Füllung/Belag kann jedoch durchweichen	durchgeweicht, schmeckt pappig	am besten rohen Teig einfrieren (2–3 Monate); fertige Kuchen verlieren durchs Tiefkühlen ihre Knusprigkeit
Hefeteig, leicht (Hefezopf)	am besten	noch gut	schmeckt trocken	ganz frisch einfrieren (3 Monate)
Hefeteig, schwer (Gugelhupf, Stollen)	nicht optimal	ganz gut (Guglhupf)	perfekt (Guglhupf)	Stollen schmeckt erst nach 3–4 Wochen richtig aromatisch; tiefgekühlt halten Guglhupf & Co. 2–3 Monate
Quark-Öl-Teig (Obst-Blechkuchen)	am besten	noch gut	trocken	ganz frisch einfrieren (3 Monate)
Strudelteig (Apfelstrudel)	am besten	schon durchgeweicht, Rettung: aufbacken	vollkommen durchgeweicht	am besten rohen Teig einfrieren (2–3 Monate)
Brandteig (Windbeutel)	am besten	schon zäh und aufgeweicht	gänzlich trocken und krümelig	ganz frisch einfrieren (3 Monate)
Blätterteig (Quarktaschen)	am besten	trocken, nicht mehr knusprig	vollkommen trocken	am besten rohen Teig einfrieren (3 Monate)
Plunderteig (Nussschnecken)	am besten	etwas trocken	vollkommen trocken	am besten rohen Teig einfrieren (3 Monate)
Sauerteig (Brot)	(sehr) gut	sehr gut	immer noch gut	ganz frisch einfrieren (4–6 Monate)

Tiefkühlen

Ob wider Erwarten bei der Kuchenschlacht was übrig geblieben ist oder ob man ein vorausschauender Mensch ist und auf Vorrat backt – auf Eis gelegte Kuchen sind ein wahrer Schatz, wenn überraschend Besuch kommt oder man einfach zwischendurch Lust auf ein Stück Kuchen bekommt. Zum Einfrieren eignen sich fast alle Gebäcke. Lediglich mit Sahne gefüllte oder bestrichene Torten und Kuchen mit Baiserhauben überstehen das Einfrieren und Auftauen nicht ohne Schäden. Man kann einen Kuchen im Ganzen einfrieren oder in Einzelstücken. Wichtig ist, dass er luftdicht in Plastikdosen oder in Gefrierbeuteln lagert. Damit die Einzelstücke nicht aneinander kleben und man sie auch einzeln entnehmen kann, empfiehlt es sich, einen Streifen Butterbrotpapier oder Frischhaltefolie zwischen die Kuchenstücke zu legen, egal, ob man sie nebeneinander oder übereinander einfriert. Ist der Belag sehr feucht, etwa bei Obstkuchen, kann man die Stücke auf einem Blech oder Brett mit etwas Abstand dazwischen vorfrieren und erst anschließend verpacken. So kann man sie gut übereinander stapeln (Blechkuchen) und garantiert mühelos einzeln entnehmen.

Am schonendsten taut Kuchen bei Zimmertemperatur auf. Aber das dauert. Deshalb stellt man ihn bei spontaner Kuchenlust dann doch lieber in den Backofen (bei 50 °C, vorzugsweise Umluft) oder gleich in die Mikrowelle (auf kleiner Stufe). Sehr fetthaltige Teige wie Blätter- oder Plunderteig bekommen durch kurzes Zuschalten des Grills wieder etwas von ihrer früheren Knusprigkeit zurück.

BACKHELFER VON A–Z

Ausstechförmchen aus Blech oder Kunststoff werden vor allem für die Weihnachtsbäckerei in Figurenform benötigt. Daneben leisten runde Formen mit glattem oder gewelltem Rand in unterschiedlichen Größen das ganze Jahr über gute Dienste - wer nur selten backt, kann jedoch genausogut auch umgedrehte Gläser oder Becher verwenden.

Backbretter aus Holz (oder eine Marmorplatte) erleichtern durch ihre glatte Oberfläche das Ausrollen von Teigen sowie Marzipan und lassen sich schnell beiseite stellen, wenn die Arbeitsfläche zwischendurch anderweitig benötigt wird. Auf Marmor kann auch gut mit Schokolade gearbeitet werden.

Backformen für Kuchen, Obstböden, Tartes und Kleingebäck gibt es in nahezu allen Formen und Größen. Springformen mit abnehmbarem Rand und verschiedenen Bodeneinsätzen sowie Kastenformen sind die Klassiker und sollten in der Grundausstattung nicht fehlen. Außerdem ist eine flache Obstkuchenform und eine Tarteform empfehlenswert. Einige Kuchen, wie Angel Cake, Margarethenkuchen, Pannettone, Rehrücken, Frankfurter Kranz, Rodonkuchen oder Gugelhupf erfordern spezielle Formen, um ihrem Namen gerecht zu werden. Und auch Brioche, Madeleines, Babas bzw. Savarins oder Torteletts werden in ihren eigenen Formen gebacken. Die Formen sind je nach Hersteller aus Weißblech, Schwarzblech, antihaftbeschichtetem Blech oder Stahl, Aluminium, Keramik, Porzellan, Glas, Silikon oder Papier erhältlich. Das Material beeinflusst die Backdauer und das Backergebnis entscheidend mit: Schwarzblech leitet die Hitze besser als Weißblech oder Aluminium und sorgt deshalb für eine kürzere Backzeit sowie eine gleichmäßigere Bräunung des Gebäcks. Keramik, Porzellan und Glas leiten die Hitze am schlechtesten und eignen sich deshalb für Gebäckstücke, die an der Oberfläche rasch bräunen, etwa flache Tartes. Mit antihaftbeschichteten Formen und Silikonformen lassen sich die gleichmäßigsten Backergebnisse erzielen. Papierformen eignen sich wegen ihrer geringen Stabilität am besten für Kleingebäck wie Muffins. Während mit Formen aus Weißblech, Aluminium, Keramik, Porzellan oder Glas die besten Ergebnisse bei Ober- und Unterhitze erzielt werden, eignen sich die anderen Formen auch gut zum Backen mit Umluft. Spezielle Brotbackformen für runde Laibe und Kastenbrote sollten säurebeständig sein, um darin auch Sauerteigbrote backen zu können.

Backtrennpapier, gern auch Backpapier, erspart durch seine spezielle Imprägnierung das Einfetten von Blechen und Formen. Ist es nicht stark durchs Backen verkrustet, kann es mehrmals verwendet werden. Alternativ dazu gibt es hitzebeständige Backmatten aus Kunststoff (meist Silikon) und Dauerbackfolie, die gereinigt und immer wieder verwendet werden können.

Backpinsel aus Naturhaar, Kunsthaar oder Silikon sind zum gleichmäßigen Bestreichen mit Flüssigkeiten vor, während und nach dem Backen unentbehrlich. Der Vorteil der neuartigen Silikonbackpinsel: sie sind sehr hitzebeständig und lassen sich leicht reinigen, auch in der Spülmaschine.

Brotbackkörbchen aus Peddigrohr oder Kunststoff in unterschiedlichen Größen bringen runde und längliche Brote während der letzten Gehzeit des Teigs in eine ansprechende Form. Die Körbchen werden nur mit Mehl ausgestreut, das sich nach dem Stürzen des Brotes ausklopfen lässt. Das Brot wird nicht in den Körbchen gebacken!

Einleger, dünne, runde Metallplatten (gibt es in diversen Größen), helfen dabei, Teigplatten, Biskuitböden und anderes von der Arbeitsfläche abzunehmen und zu „transportieren".

Frischhaltefolie kann gut zum Einwickeln von Teigen, die ruhen müssen, verwendet werden. Eine prima Hilfe ist sie auch beim Ausrollen dünner Mürbteig- oder Marzipanplatten: einfach den Teig zwischen zwei Folienstücke legen. Die Platte lässt sich hinterher leicht umheben, die Folie kann leicht abgezogen werden.

Gebäckspritzen mit Druckhebel und verschiedenen Formscheiben sowie Tüllenaufsätzen eignen sich für die rasche Herstellung von Keksen, Spritzgebäck oder zum Garnieren.

Gitterschneider zaubern durch das Rollen über eine Teigplatte rasch ein dekoratives Gitter auf Strudel sowie Kuchen aus Mürb-, Hefe- oder Blätterteig. Für runde Teigplatten gibt es alternativ die Gitterstanze.

Handrührgeräte ersetzen die Muskelkraft beim Rühren und Kneten von leichten bis mittelschweren Teigen und Massen. Zur Grundausstattung gehören Schneebesen und Knethaken.

Kuchengitter dienen als Ablage während des Abkühlens von Gebäck, damit dieses nicht schwitzt und klebrig wird. Mindestens ein Gitter sollte möglichst engmaschig sein, damit auch kleine Kekse problemlos darauf abgelegt werden können und nicht durchrutschen.

Küchenmaschine, lohnt sich für Leute, die viel backen. Sie übernimmt nicht nur das Rühren und Kneten von Teigen, sondern kann mit ihrem Zubehör auch Zutaten wie Nüsse oder Schokolade reiben, raspeln und hacken.

Küchenwaagen sind mechanisch oder digital erhältlich. Wichtig ist nur, dass die Waage auf mindestens 5 g genau und mindestens 1 kg abwiegen kann. Außerdem sollte das Gerät über eine Zuwiegefunktion verfügen.

Messbecher dienen zum exakten Abmessen von Flüssigkeiten oder Grundzutaten wie Mehl und Zucker. Wichtig ist eine feine Maßeinteilung, am besten in verschiedenen Einheiten. Hohe Messbecher eignen sich auch gut zum Schlagen von Sahne und Eischnee.

Modeln aus Holz kommen in der Weihnachtsbäckerei bei Spekulatius und Springerle zum Einsatz. Aus Holzstücken herausgeschnitzte Figuren und Bilder ergeben filigrane Abdrücke auf dem Teig.

Nudelhölzer (auch Teigrollen) zum gleichmäßigen Ausrollen von Teig bietet der Handel aus Holz, Kunststoff, Marmor oder Edelstahl an. Am preiswertesten sind die Rollen aus Holz, die anderen Materialien haben jedoch den Vorteil, weniger am Teig haften zu bleiben. Ideal ist eine kugelgelagerte Rolle, die fast von selbst über den Teig gleitet.

Paletten aus Stahl zum Glattstreichen von Cremes, Glasuren oder Teigen haben ein elastisches, langes und glattes Blatt. Gekröpfte Paletten dienen zum Lösen und Herausheben von Kuchen und Tortenböden und zum Aufsetzen von Böden.

Schlagkessel mit rundem Boden, die mit Hilfe eines Stellrings rutschfest auf der Arbeitsfläche stehen, ermöglichen das problemlose Aufschlagen von Cremes und Sahne oder das Rühren von Teigen. Meist sind diese Schüsseln aus Edelstahl. Die Variante aus Kupfer wird von Profis gern zum Schlagen von Eischnee verwendet, der darin besonders gut gelingt.

Schneebesen sorgen beim Backen hauptsächlich dafür, dass luftige Biskuitteige und Füllungen sowie zarte Cremes gelingen. Elastische Edelstahlschlaufen sind an einem Stiel befestigt und ermöglichen je nach Dicke, Abstand und Anordnung der Schlaufen unterschiedliche Einsatzmöglichkeiten. So kann mit einem Ballonbesen besonders viel Luft untergeschlagen werden, der etwas robustere Schlagbesen dient zum Verrühren von festeren Cremes und mit dem klassischen Schneebesen gelingt das Schaumig-Schlagen von Flüssigkeiten oder Aufschlagen von Sahne und Eischnee gut.

Schüsseln aus Kunststoff oder Metall sollten in verschiedenen Größen vorhanden sein. Ein feuchtes Tuch als Unterlage sorgt beim Rühren für sicheren Stand. Eine Metallschüssel, die sich gut in einen Topf einhängen lässt, dient als Wasserbadschüssel.

Spritzbeutel mit verschiedenen Tüllenaufsätzen braucht man zum Garnieren von Torten oder für die Herstellung von Spritz- oder Brandteiggebäck sowie Baiser. Sie sind aus beschichtetem Stoff und sollten sich auskochen lassen. Für Tortenkünstler lohnt sich zusätzlich die Anschaffung eines speziellen Spritzbeutelständers, in dem sich der gefüllte Beutel abstellen lässt.

Teigrädchen mit scharfem glattem oder gezacktem Rand gleiten rasch durch den Teig und ergeben gleichmäßig schöne Ränder.

Teigschaber aus Kunststoff oder dünnem, flexiblem Edelstahl erleichtern das Auskratzen der Teigschüssel und das Glattstreichen von Teigen, Cremes und Füllungen in der Form. Auch für die Fertigstellung und Dekoration von Torten sind sie nützlich.

Thermometer sind vor allem für Backanfänger hilfreich. So kann mit einem Teigthermometer zum Beispiel festgestellt werden, ob der Hefeteig die ideale Temperatur zum Gehen hat, oder mit einem Zuckerthermometer die nach dem Abkühlen zu erwartende Konsistenz einer gekochten Zuckermasse bestimmt werden.

Tortenringe gibt es mit festem Durchmesser oder variabel verstellbar in Kunststoff- oder Metallausführung. Der Ring wird eng um den Tortenboden gelegt und verhindert so das Weglaufen einer Füllung. Nach dem Festwerden der Füllung lässt sich der Ring problemlos entfernen. Besser ist ein verstellbarer Ring, da der Kuchen genau angepasst werden kann. Beim Kauf auch darauf achten, dass der Verstellmechanismus leicht zu handhaben ist.

Zestenreißer, ein Spezialmesser, mit dem sich ganz leicht dünne Streifen von Zitrusfruchtschalen abschneiden lassen. Ersatzweise wird die Schale mit einem scharfen Messer dünn von der Frucht abgeschält und dann in ganz feine Streifen geschnitten.

Maße und Gewichte – Umrechnungstabellen

kg (Kilogramm)	**g** (Gramm)	**Pfd.** (Pfund)	**Dag** (Dekagramm) **Österreich**
1	1000	2	100
3/4 (0,75)	750	1,5	75
1/2 (0,5)	500	1	50
1/4 (0,25)	250	0,5	25
1/8 (0,125)	125	0,25	12,5

l (Liter)	**ml** (Milliliter) **ccm** (Kubikzentimeter)	**cl** (Zentiliter)	**dl** (Deziliter)	**TL** (Teelöffel)	**EL** (Esslöffel)
1	1000	100	10	--	--
3/4 (0,75)	750	75	7,5	--	--
1/2 (0,5)	500	50	5	--	--
3/8 (0,375)	375	37,5	3,75	--	--
1/4 (0,25)	250	25	2,5	--	--
1/8 (0,125)	125	12,5	1,25	--	--
1/10 (0,1)	100	10	1	--	6
--	20	2 (= 1 Schnapsglas)	--	4	2
--	15	1,5	--	3	1
--	5	0,5	--	1	--

Löffel- und Tassenmaße

	1 TL (5 ml), in Gramm	**1 EL** (15 ml), in Gramm	**1 Tasse** (150 ml), in Gramm **Europa**	**1 cup** (250 ml), in Gramm **USA & GB**
Backpulver	3	9	--	--
Butter	4	12	--	--
dünnflüssige Zutaten (Milch, Sahne, Wasser, Saft, Wein)	5	15	150	250
Honig	6	20	200	330
Kakaopulver	3	9	90	150
Konfitüre	6	20	200	330
Nüsse, Mandeln, gemahlen	2	7	70	120
Öl	4	12	120	200
Puderzucker	3	10	100	170
Salz	5	15	--	--
Speisestärke	3	9	90	150
Weizenmehl (Type 405)	3	10	100	170
Zucker	5	15	150	250

(TL und EL sind jeweils gestrichen)

GLOSSAR VON A–Z

Aachener Printen sind rechteckige braune Lebkuchen mit Mandeln, Haselnüssen, Walnüssen, Gewürzen und Kandiszucker, die knusprig hart oder saftig weich sein können.

Agar-Agar heißt das rein vegetarische Geliermittel, das man aus verschiedenen Rotalgenarten gewinnt, die im Pazifischen und Indischen Ozean vorkommen. Es wird in Pulverform angeboten und erst in etwas Flüssigkeit aufgelöst, bevor man es unter die zu gelierende Masse zieht.

Abbrennen beschreibt eine Technik beim Brandteig-Rühren. Dabei wird das Mehl auf einmal in eine kochende Flüssigkeit gegeben und auf der heißen Herdpaltte gerührt („abgebrannt"), bis sich der Teig als Kloß vom Topfboden löst und sich auf diesem eine weißliche Schicht bildet.

Amaretti, was wörtlich übersetzt „Bitterchen" bedeutet, sind Mandelplätzchen aus süßen und bitteren Mandeln, die hübsch in Papier verpackt in Italien angeboten werden. Ein Zuckerbäcker am Hofe von Savoyen kreierte sie Mitte des 17. Jahrhunderts. Die berühmtesten, „Amaretti di Saronno" werden in der Emilia-Romagna hergestellt.

Amarettini sind winzig kleine italienische Mandelmakronen, die zum Capuccino oder Espresso gereicht werden.

Amaretto heißt der italienische Likör aus süßen und bitteren Mandeln. „Amaretto di Saronno" wird allerdings aus Aprikosenkernen hergestellt. Amaretto genießt man zum Dessert oder Espresso und rührt ihn gerne unter Teige, Massen und Cremes.

Amerikaner, rundes, halbkugeliges Rührteiggebäck mit Backpulver. Die flache Oberseite wird entweder ganz mit Puderzuckerglasur oder halbe-halbe mit Puderzucker- und Schokoladenglasur bestrichen.

Anziehen lassen, einen Überzug erkalten lassen, bis er beginnt fest zu werden. Erst dann sollte man eine zweite Schicht auftragen.

Aprikotieren bedeutet einen Kuchen oder Kuchenböden mit heißer, passierter Aprikosenkonfitüre zu bestreichen.

Baba liebt man besonders in Frankreich, obwohl dieser mit Sirup oder Rum getränkte Hefenapfkuchen mit Rosinen ursprünglich aus Polen stammt. Er kann heiß oder abgekühlt gegessen werden und wird meist mit viel Sahne und Früchten serviert.

Bagels sind der Morgen- oder Zwischendurch-Snack in den USA. Den Brotkringel aus Hefeteig, der vor dem Backen in kochendes Wasser getaucht wird (siehe Brühen, Seite 418), brachten jüdische Einwanderer aus Polen mit in ihre neue Heimat. Aufgeschnitten und üppig belegt, machte er dort eine rasante Karriere.

Baguette gehört in Frankreich zu jedem Essen dazu. Frisch aus der Bäckerei genießt man dort die lange, knusprige Weißbrotstange schon am Morgen.

Baiser besteht nur aus Eischnee und Zucker und wird im Backofen mehr getrocknet als gebacken. Die Mischung kann als feine Baiserhaube auch so manchen Obstkuchen veredeln.

Baumkuchen bezeichnet man auch gerne als den „König der Kuchen". Das feine Gebäck, das in Salzwedel erstmals gebacken wurde, wird in dünnen Schichten aus Biskuitteig aufgebaut, originalgetreu auf sich drehenden Buchenholzwalzen. Ein Muss ist die Glasur entweder aus weißer oder dunkler Schokolade.

Beignets nennt man im Teig Ausgebackenes, etwa Obst, wie in Ringe geschnittene Äpfel oder exotische Früchte. Schmecken heiß und dick mit Puderzucker bestäubt am besten.

Bestäuben, das feine Bestreuen von Kuchen und Torten, etwa mit Puderzucker, Kakaopulver oder auch Zimt.

Bethmännchen, kugelrundes Marzipangebäck. Es ist nach der Frankfurter Bankiersfamilie Bethmann benannt. Die drei halbierten Mandeln sollen die drei überlebenden von einst vier Nachkommen symbolisieren.

Bienenstich heißt der beliebte Hefekuchen, der mit einer „Bienenstichmasse" aus Honig und Mandelblättchen gebacken, quer durchgeschnitten und mit einer Vanillecreme gefüllt wird.

Binden, mit einem Bindemittel, zum Beispiel Speisestärke, andicken.

Blanchieren, Früchte oder Mandeln mit kochend heißem Wasser überbrühen und kurz kalt abschrecken, damit sie sich besser häuten lassen.

Blindbacken ist das kurze Vorbacken eines Teigbodens in der Form. Damit der Boden nicht hochsteigt oder „abrutscht", wird er mit Backpapier abgedeckt und mit getrockneten Hülsenfrüchten beschwert (siehe auch Seite 420).

Böden schneiden, Tortenböden aus Biskuitmasse zu mehreren „Schichten" (meist zwei oder drei) quer durchschneiden. Dazu den Boden entweder mit einem Messer oder mit einem Biskuitschneider teilen (siehe auch Seite 422). Oder den Biskuitboden mit einem starken Faden, der möglichst auf gleichbleibender Höhe um den gesamten Bodenrand gelegt wird, durchtrennen.

Bomben haben ihren Namen von der halbrunden Kuppelform, die mit Biskuitteig ausgelegt und mit einer feinen Butter- oder Sahnecreme gefüllt wird. Die Füllung deckt man mit einer Biskuitteigplatte ab, stellt die Bombe ein paar Stunden kühl, bevor sie gestürzt, nach Belieben dekoriert und serviert wird.

Breze nennen die Bayern das kunstvoll verschlungene Hefegebäck, das vor dem Backen in Natronlauge gelegt (siehe auch Seite 418), als Laugenbreze bei keinem Weißwurstessen fehlen darf. Mit Butter bestrichen schmecken Brezen zum Frühstück, pur beim zünftigen Kneipenabend oder im Biergarten.

Brioches, kleines, lockeres und nur wenig gesüßtes Hefegebäck, das in runden Briocheformen gebacken wird, soll es in Frankreich schon seit dem 15. Jahrhundert geben. Das besondere Kennzeichen der Brioches ist der kleine Teighubbel, der das Gebäck krönt.

Brownies sind das Mitbring-Gebäck auf Partys in den USA. Die gehaltvollen Kuchenschnitten mit viel Schokolade, Nüssen oder – der Fantasie sind keine Grenzen gesetzt – sogar Marshmallows sind unwiderstehlich saftig, schwer, leicht klebrig und ruckzuck verputzt.

Buchteln sind eine böhmische Spezialität aus Hefeteig. Der Teig wird zu Knödeln geformt, die traditionell mit Powidl (dickes Pflaumenmus) gefüllt werden, aber auch mit einer Quark-, Steinobst- oder Apfelfüllung schmecken. Sie werden im Backofen gebacken und schmecken warm oder kalt.

Calzone, was wörtlich übersetzt „Hose" heißt, nennt man in Italien die zusammengeklappte Pizza, die mit köstlichen Füllungen von Fleisch, über Meeresfrüchte, Gemüse bis Käse aufwartet.

Canache, eine Creme aus Sahne und Kuvertüre, die noch mit Butter, Nougat, Mandeln, Nüssen und Alkohol variiert wird.

Cantuccini, italienisches Mandelgebäck, das man mit Vin Santo, einem goldfarbenen Dessertwein, genießt, in den man das Gebäck tunkt. Die Kekse lassen sich in Blechdosen lange aufbewahren.

Chapatis, indisches Fladenbrot aus Weizenvollkornmehl und Salz, das in der Pfanne gebacken wird.

Charlotten zeichnen sich durch einen geringeren Biskuitanteil aus als Torten. Sie können in einer Kuppel- oder Briocheform hergestellt werden, oder auch in Tortenringen. Die Cremefüllung besteht meist aus einer mit Gelatine gebundenen Sahnecreme, die auch Früchte enthalten kann.

Ciabatta, italienisches Weißbrot.

Cookies, gehaltvolle, mürbe amerikanische Kekse.

Croissant, sichelförmiges Frühstückshörnchen aus Blätter- oder Plunderteig, dessen Name sich von „croissant de lune", zunehmender Mond, herleitet. In Frankreich genießt man es morgens in Milchkaffee getaucht.

Crumble, wörtlich übersetzt „Krümel", beschreibt einen Streuselkuchen ohne Boden. Man füllt Früchte in eine Auflaufform und bestreut und backt sie mit Streuseln aus Mehl, Nüssen, Zimt und Zucker.

Dampferl/Dämpferl siehe Vorteig, Seite 432.

Dobostorte ist eine feine Biskuittorte mit Schokoladencreme und Karamellglasur, die entweder der ungarische Kochkünstler József C. Dobos 1884 erfunden haben soll oder der 1924 verstorbene Zuckerbäcker Lajos Dobos.

Donauwellen, ein Rührteigkuchen mit Kirschen, bei dem sich heller und dunkler Teig wellenartig mischen. Er bekommt nach dem Backen einen Buttercreme-Belag und wird mit einer Schokoladenglasur überzogen.

Dörrobst oder Backobst nennt man bei über 100° in einem speziellen Dörrofen oder an der Luft oder Sonne getrocknete Früchte, die dabei ein besonderes Aroma entwickeln. Dörrobst immer luftig und trocken aufbewahren. Es lässt sich, gut verpackt, auch bis zu 6 Monate tiefkühlen.

Doublieren beschreibt das Zusammensetzen von zwei Gebäckstücken.

Eclairs werden auch als Blitzkuchen oder Liebesknochen bezeichnet. Die lufigen Stangen aus Brandteig können nach dem Backen aufgeschnitten und mit Sahne oder Creme gefüllt, mit Schokoladen- oder einer anderen Glasur überzogen werden.

Eierschecke, eine sächsische Blechkuchenspezialität aus Hefeteig, die üppig mit einer Mischung aus Quark, Eigelb, Mandeln und Rosinen sowie einer Puddingmasse belegt ist und nach dem Backen mit flüssiger Butter bestrichen und mit Zucker bestreut wird.

Eischnee nennt man das zu steifem Schaum aufgeschlagene Eiweiß (siehe auch Seite 401). Beim Trennen von Eiweiß und Eigelb darauf achten, dass kein Eigelb ins Eiweiß gelangt. Das Eiweiß sollte möglichst kühl in einer fettfreien Schüssel mit fettfreien Quirlen geschlagen werden.

Empanada bedeutet auf Spanisch „in Brot Eingebackenes". Der Teig kann Brot- oder Blätterteig sein, die Füllung ist beliebig variabel und reicht von Fisch, Fleisch und Gemüse bis zu Obst.

Filetieren, bei Zitrusfrüchten die Fruchtfleischsegmente aus den Trennhäuten schneiden. Am besten über einer Schale oder einem Teller arbeiten und austretenden Fruchtsaft auffangen.

Filieren bedeutet im Bäckerfachjargon Torten und Gebäck mit dünnen Fäden Kuvertüre oder Marmelade zu dekorieren.

Flämmen nennt man es, wenn Baiser- oder Makronenmasse durch kurzes Überbacken bei starker Oberhitze oder unter dem Grill Farbe gegeben wird.

Flammkuchen, dünner flacher Hefebrotteig, der mit Crème fraîche und Eigelb bestrichen, geriebenem Käse, Speckwürfel und Zwiebelringen belegt und im Ofen gebacken wird.

Florentiner, flache Knuspertaler aus Mandeln oder Haselnüssen, Butter, Sahne, Honig, Zucker, Orangeat, Zitronat und Gewürzen. Ihre Unterseite wird mit Schokolade überzogen.

Focaccia, knuspriger Hefeteigfladen, der verschiedene Beläge von pikant, kräuterduftend bis süß verträgt.

Fondant ist eine dick eingekochte Zuckerlösung aus Zucker, Wasser und Glukosesirup. Mit der meist weißen, geschmacksneutralen Schmelzmasse überzieht oder überglänzt man Torten und Konfekt.

Frankfurter Kranz, kranzförmiger Kuchen aus Biskuitteig, mit mehreren Schichten Buttercreme und Konfitüre gefüllt, außen mit einem Buttercreme-Nusskrokant-Mantel.

Franzbrötchen, vor allem in Norddeutschland bekanntes knuspriges Plundergebäck aus Hefeteig, Butter, Zucker und Zimt.

Frittieren, in heißem Fett – bei einer Temperatur zwischen 170-180° – schwimmend ausbacken. Das Frittiergut immer portionsweise ins Fett geben und nach dem Herausheben warten, bis das Fett wieder die optimale Temperatur erreicht hat. Das Frittierte am besten auf dicken Lagen Küchenpapier abtropfen (abfetten) lassen.

Garprobe, mit ihr lässt sich testen, ob ein Kuchen bzw. Gebäck schon durchgebacken ist (siehe Seite 420).

Gâteau, französisch für Kuchen oder Gebäck.

Gehen lassen muss man Hefeteig und das auch meist noch mehrmals. Zunächst lässt man den Hefeansatz (Vorteig) an einem warmen Ort zugedeckt ruhen, er darf keine Zugluft bekommen. Dann verknetet man ihn mit den übrigen Zutaten und lässt den Teig wieder gehen, bis er das doppelte Volumen erreicht hat. Je nach Rezept und Schwere des Teigs kann man ihn dann erneut kräftig verkneten und noch ein- bis zweimal 15–40 Minuten gehen lassen.

Gianduja ist eine form- und schnittfeste Masse aus Mandeln, Nüssen oder Kernen, manchmal auch getrockneten Früchten, Kuvertüre oder Kakaobutter.

Glasieren, Torten, Früchte und vieles mehr werden mit Überzügen zum Beispiel aus Schokolade, Puderzuckerglasur, Gelee oder Fondant umhüllt.

Gratinieren, Speisen mit Käse, Butter, Käsesauce, Schaumsauce, einem Brösel-Butter-Gemisch oder anderem im Backofen überkrusten oder überbacken.

Grillage, österreichisch für Krokant.

Gugelhupf ist der Klassiker unter den Napfkuchen. Hefe macht ihn fein und luftig, Rosinen, gehackte Mandeln und Zitronenschale geben ihm sein Aroma.

Hagelzucker, grober weißer Zucker, mit dem man Gebäck dekorieren kann.

Heidesand, sehr mürbe Plätzchen, die aus gebräunter Butter, Zucker, Vanillezucker, Sahne und Salz gerührt werden. Nach dem Backen wälzt man sie in Kristallzucker.

Hippen werden aus dünn aufs Blech gestrichener Hippenmasse (mit Hilfe von Schablonen) hergestellt und nach dem Backen gebogen (mit Hilfe von Formen). Sie können unterschiedlich gefüllt oder mit Schokolade überzogen werden.

Japonais, eine Torte oder ein Törtchen aus Baisermasse mit leicht gerösteten, fein geriebenen Mandeln oder Haselnüssen, die mit einer Buttercreme gefüllt oder mit Gianduja doubliert werden kann.

Kalter Hund, Schichtkuchen aus Butterkeksen und Kakaocreme, der im Kühlschrank seine Vollendung findet.

Karamell entsteht in der letzten Phase des Zuckerkochens, wenn sich der Zucker verflüssigt und verfärbt (siehe auch Seite 403). Beim Abkühlen wird aus dem flüssigen Karamell eine harte, recht brüchige Masse.

Karamellisieren, meint das Schmelzen und Bräunen von Zucker sowie das Überziehen von Nahrungsmitteln wie zum Beispiel Obst, Gemüse oder Nüsse mit Karamell und das Bestreichen oder Mischen damit.

Karlsbader Oblaten, eine hauchdünne Waffel mit Vanillecreme oder einer anderen süßen Füllung.

Kletzen sind gedörrte Birnenhälften, die dem Kletzenbrot aus Weizen-Roggen-Hefeteig und verschiedenen Gewürzen ihr Aroma und seinen Namen geben.

Kolatschen, Hefegebäck mit Quark-, Mohn-, Powidl- oder Himbeerkonfitürefüllung.

Kombucha, ein leicht alkoholhaltiges, erfrischendes Getränk, das in einem Gärungsprozess aus schwarzem Tee, Zucker und der Zugabe eines Kombuchapilzes gewonnen wird (siehe auch Seite 396).

Korinthen, kräftig aromatische Rosinen, klein, dunkel und kernlos; entstielt und ungeschwefelt im Handel.

Krapfen heißen in manchen Gegenden auch Berliner oder Pfannkuchen, werden am besten in Butterschmalz oder aber in Öl ausgebacken und gehören zu den beliebtesten Hefegebäcken. Sie werden verschieden gefüllt, mit Aprikosen- oder Beerenmarmelade, Powidl (Pflaumenmus) oder Vanille- oder Nougatcreme.

Krokant besteht aus karamellisiertem Zucker und klein gehackten Nüssen (siehe auch Seite 410). Es eignet sich zum Beispiel zum Dekorieren von Torten oder Kuchen wie etwa Frankfurter Kranz.

Krume bezeichnet das weiche, lockere Innere von Brot und Kuchen.

Kruste nennt man die äußere, feste Rinde von Brot.

Kuchenform einfetten, dafür entweder ein Stückchen weiche Butter oder Margarine in die Form geben und mit dem Backpinsel auf der Innenseiten der Form gründlich verstreichen. Oder feste Butter mit einem Stück Back- oder Küchenpapier verreiben. Je nach Rezept kann die Form noch mit Semmel- oder Keksbröseln, Mehl, Grieß oder gemahlenen Mandeln ausgestreut werden, damit sich der Kuchen nach dem Backen gut aus der Form löst.

Kuvertüre heißt die Schokoladenüberzugsmasse für Kuchen und Torten. Zum Überziehen von Backwaren hackt man die Kuvertüre klein, gibt sie in eine Schüssel und lässt sie auf einem Wasserbad unter sanftem Rühren schmelzen. Siehe auch Seite 410 und 422.

Läuterzucker, siehe Zuckersirup, Seite 432.

Leipziger Lerchen heißt ein Mürbteiggebäck, das 1880 nach dem Jagdverbot auf Feldlerchen in Leipzig erfunden wurde. Es ist mit einer Mischung aus geriebenen süßen und bitteren Mandeln, Butter, Mehl, Eiweiß und Aprikosenkonfitüre gefüllt.

Madeleines, kleine Sandkuchen, die mit Orangenblütenwasser, Vanille oder Zitrone parfümiert sein können und im 18. Jahrhundert im französischen Commercy von Madeleine, der Köchin des Herzogs von Lothringen, kreiert worden sein sollen.

Mascarpone, ein sahniger, streichfähiger Doppelrahm-Frischkäse aus Italien, mit einem Fettgehalt von mindestens 80 % in der Trockenmasse. Er wird für Backwerk, süße Cremes, aber auch pikante Zubereitungen eingesetzt.

Maskieren, ein Gebäck mit einem essbaren Überzug, etwa Marzipan, verkleiden.

Melieren nennt man das vorsichtige Unterziehen oder Vermischen von Zutaten unterschiedlicher Konsistenz mit einem Teigspatel.

Meringue, französisch für Baiser.

Mohrenköpfe, kugeliges Biskuitgebäck mit Schokoladenglasur.

Muffins wurden ursprünglich in England als Hefegebäck hergestellt. In Amerika nahm man einen einfachen Rührteig mit Backpulver und peppte ihn mit verschiedenen Beigaben, wie Schokolade, Nüssen, Rosinen, Früchten und Beeren, auf. Locker leicht und saftig werden die Muffins, wenn man die trockenen und feuchten Zutaten erst getrennt voneinander vermischt und dann nur ganz kurz miteinander vermengt. Durch zu langes Rühren würde der Teig zäh. Muffins werden in speziellen Muffin-Formen oder backfesten kleinen Papierformen gebacken.

Nach Sicht backen ist nötig bei Gebäck, das nur kurz in den Backofen muss oder/und relativ schnell bräunt und vor der angegebenen Backzeit fertig sein kann, wie etwa bei Baiser oder Florentiner. Dann unbedingt in Nähe des Backofens bleiben und immer wieder nachsehen, ob es schon herauskann. Bei manchen Backwaren, wie etwa Brandteig, darf der Backofen aber erst nach der Hälfte der Backzeit geöffnet werden, sonst fällt das Backgut zusammen.

Oblaten, ein hauchdünnes weißes Dauergebäck aus Mehl oder Speisestärke (siehe auch Seite 410).

Orangeat ist eine Backzutat, die aus den ungefärbten und unbehandelten Schalenstücken der Pomeranze, einer Zitrusfrucht, hergestellt wird (siehe auch Seite 407). Die kandierten Stücke, auch Sukkade genannt, haben ihren großen Auftritt bei der Weihnachtsbäckerei und als Dekor.

Panettone wird in Italien traditionell zu Weihnachten und Ostern aus einem Hefeteig mit Sultaninen und kandierten Orangen in Zylinderform gebacken. Das Gebäck soll von dem Mailänder Bäcker Antonio Cova erfunden worden sein.

Panforte di Siena, eine Art Honigpfefferkuchen mit vielen Gewürzen, ist seit Jahrhunderten eine Spezialität der toskanischen Stadt Siena und ein beliebtes Mitbringsel.

Panini nennen die Italiener kleine Weizenbrötchen mit Hefe, die herrlich knusprig gebacken werden.

Passieren, Früchte, Quark, Topfen oder Cremes durch ein feinmaschiges Sieb oder ein Leinentuch gießen, streichen oder drücken oder rohe oder gekochte Zutaten durch ein Sieb oder Tuch streichen, um Fasern, Kerne, Schalen oder auch beim Zubereiten eventuell entstandene Klümpchen zu entfernen.

Petits Fours sind appetitlich mundgerechte Dessertkuchen, die gerne bei Partys oder auf dem Büffet angeboten werden. Man stellt sie aus verschiedenen Teigen her (oftmals Biskuit), schneidet sie in mundgerechte, kleine Stücke oder sticht sie aus und füllt sie mit Cremes, Konfitüren, Nougat oder Marzipan. Besonders schön sehen sie mit farbigem Fondant überzogen und Schokoladenornamenten oder frischen Früchten garniert aus.

Pfitzauf nennt sich eine Auflaufspezialität aus Baden-Württemberg. Sie wird aus Mehl, Eiern und Milch schaumig aufgeschlagen und in speziellen Pfitzaufförmchen, man kann auch Muffin-Formen benutzen, gebacken. Nach dem Backen stürzt man die Pfitzauf, bestreut sie mit Puderzucker und serviert sie mit Kompott. Ohne Zucker schmecken sie als kleines Hauptgericht zu grünem Salat.

Phulkas, indisches Fladenbrot, das zuerst in der Pfanne gebacken und dann noch einmal über offenem Feuer geröstet wird, wobei es weiter aufgeht.

Pie, Teigpastete aus England, die entweder pikant mit Fleisch und Gemüse oder süß mit verschiedenen Früchten gefüllt sein kann. Besonderes Merkmal der Pie, jedenfalls des englischen „Originals", ist ihr Teigdeckel, der zum Schluss auf die Füllung gesetzt und in der Mitte rund eingeschnitten wird, damit der Dampf, der sich beim Backen entwickelt, entweichen kann.

Piroggen, kleine gebackene, manchmal auch frittierte Pasteten aus Hefe-, Blätter oder Mürbteig, die in Russland und Polen zu den Traditionsgerichten gehören. Sie werden zum Beispiel mit Hackfleisch, Geflügel, Spinat, Pilzen, Eiern oder Quark gefüllt und dann zu Dreiecken oder Halbmonden geformt.

Pissaladière, ein Zwiebelkuchen aus Hefeteig, der vor allem in Ligurien und der Provence auf den Tisch kommt. Neben Zwiebeln kommen noch Sardellenpaste und schwarze Oliven auf den Fladen.

Pita heißt Fladenbrot nicht nur in Griechenland, sondern auch in Israel. Es wird aus Weizenmehl, Hefe, Öl, Wasser, Zucker und Salz geknetet und im Ofen gebacken.

Plunder, ein blättriges, knuspriges Gebäck aus Hefeteig, in den ähnlich wie bei Blätterteig beim mehrfachen Ausrollen Butter eingearbeitet wird. Durch die Hefe geht das Plundergebäck schön auf und erhält eine feine Krume, durch die Butter wird es schön luftig und knusprig (siehe auch Seite 415).

Powidl nennt man in Österreich, Ungarn und Böhmen dick eingekochtes Zwetschgen- oder Pflaumenmus.

Profiteroles sind Mini-Windbeutel aus Brandteig, die meist mit süßer Creme, Sahne und Früchten gefüllt werden, aber auch pikante Creme- oder Püreefüllungen vertragen.

Puderzucker, in Österreich und der Schweiz auch Staubzucker genannt, ist sehr fein zermahlener Zucker (siehe auch Seite 403), der sich schneller auflöst als normaler Zucker und sich daher für alle feinen Cremes, Kuchen oder Glasuren sowie auch zum Karamellisieren eignet.

Pürieren, aus rohen oder gekochten Zutaten durch Zerkleinern, Zerdrücken, Zerstampfen mit Mixer, Pürier- oder Schneidstab eine breiige Masse herstellen.

Quellen, in Flüssigkeit einweichen lassen, zum Beispiel Blattgelatine oder Gelatinepulver in kaltem Wasser.

Quiche kommt ursprünglich aus Lothringen („Quiche Lorraine") und wurde aus Hefeteig und mit einem Guss aus Eiern, Crème fraîche, Milch und Sahne gebacken. Heute darf es auch ein Mürb- oder Blätterteig sein und der Guss mit Speck, Schinken, Zwiebeln oder allerlei anderen leckeren Zutaten angereichert werden.

Raumtemperatur, liegt um die 20 °C. Zutaten für Rühr- oder Hefeteig, die im Kühlschrank waren, sollen sie annehmen, bevor sie zusammen verarbeitet werden.

Rehrücken heißt ein Schokoladen-Mandel-Kuchen, der in einer speziellen Rehrückenform gebacken, nach dem Abkühlen mit Schokoladenglasur überzogen und mit Mandelstiften gespickt wird.

Rheinische Muzen sind eine typisches Karnevalsgebäck im Rheinland. Der mit Rum aromatisiserte Mürbteig wird ausgerollt und in Rauten geschnitten, in Schmalz oder Öl ausgebacken und noch warm mit Puderzucker bestreut.

Rohrnudeln oder Ofennudeln nennt man Klöße aus süßem Hefeteig, die mit ganzen Pflaumen oder Zwetschgen oder Pflaumen- und Zwetschgenmus gefüllt und im offenen Topf im Backofen gebacken werden. Dazu reicht man Vanillesauce oder Kompott.

Sachertorte ist eine Schokoladentorte, die in der Mittellage mit Marillenkonfitüre gefüllt und rundum mit zartbitterer Schokoglasur überzogen ist. Sie wurde 1832 vom Österreicher Franz Sacher erfunden und ist bis heute ein Renner, nicht nur im Hotel Sacher in Wien.

Savarin, ringförmig gebackener Hefeteig, der nach dem Abkühlen mit Kirschwasser und Rum getränkt, dann im Inneren mit Sahne oder Creme und Früchten gefüllt wird.

Schlotfeger, ein Hippengebäck aus einem Marzipanteig, das mit Schokoladenglasur überzogen und mit geschlagener Sahne gefüllt wird.

Schmalznudeln, in Bayern auch „Aus'zogne" genannt, ist ein Hefeteiggebäck, das rund ausgewellt, dünn ausgezogen (früher über das Knie) und in Fett ausgebacken wird. Noch heiß wälzt man es in feinem Kristall- oder Puderzucker.

Scones genießt man in England gerne zum „Cream Tea" am Nachmittag. Die leichten Weizenbrötchen schmecken mit „clotted cream", die dem Mascarpone ähnelt, geschlagener Sahne und Erdbeer- oder Himbeermarmelade.

Shortbread, flaches, sehr mürbes und buttriges Gebäck, das in Großbritannien gerne zum Tee gereicht wird.

Spekulatius, knuspriges Mürbteiggebäck mit zahlreichen gemahlenen Gewürzen, darunter Gewürznelken, Muskatblüten, Kardamom und Zimt, das zur Weihnachtszeit in Holzmodeln mit verschiedenen Motiven gebacken wird.

Spitzbuben, Kleingebäck aus zwei Mürbteigplatten, die mit Johannisbeer-, Himbeer- oder Aprikosenmarmelade bestrichen und zusammengesetzt werden.

Springerle sind ein Weihnachtsgebäck, das in Holzmodeln gebacken wird. Den Teig aus Mehl, Ei und Zucker würzt man mit Anis.

Stollen, ein längliches, brotlaibähnliches Gebäck aus feinem, schwerem Hefeteig, das vor allem als Dresdner Stollen gerne in der Weihnachtszeit gegessen wird. Der Teig ist traditionell mit Trockenfrüchten und kandierten Früchten angereichert und kann mit Marzipan, Persipan, Nougat oder anderem gefüllt sein. Nach dem Backen wird der Stollen mit Butter bestrichen und dick mit Puderzucker bestreut. Es gibt auch andere Zubereitungen als Quark-, Butter-, Christ-, Mandel- oder Mohnstollen.

Strudel, eine Mehlspeise aus hauchdünn ausgezogenem Strudelteig, der mit Äpfeln oder anderen Früchten belegt, mit Quark, Topfen, Marmelade oder einer Mohnmischung bestrichen, mit Nüssen oder Rosinen bestreut, aufgerollt und dann gebacken wird. Es gibt auch pikant gefüllte Strudel.

Stuten, ein feines Hefeteiggebäck, das mit oder ohne Rosinen oder anderen Trockenfrüchten hergestellt wird. An St. Martin formt man in Westfalen aus dem Teig die so genannten „Stutenkerle“ als leckeres Geschenk für Kinder.

Sultaninen, kernlose, an der Luft getrocknete Weinbeeren der Sultana- oder Thompsontraube. Diese Rosinen sind entstielt und ungeschwefelt im Handel (siehe auch Seite 406).

Schnittfest schlagen, Eiweiß so lange aufschlagen, bis ein Schnitt mit einem Messer sichtbar im Eiweiß stehen bleibt (siehe auch Seite 402).

Tablieren, gekochten Zucker für Fondant auf einer Marmorplatte rühren und reiben, bis er weiß wird.

Tahin, eine Paste aus gerösteten und zerstoßenen oder gemahlenen Sesamsamen. Tahin wird gesalzen oder ungesalzen und aus heller, milder sowie dunkler, im Geschmack kräftigerer Sesamsaat angeboten.

Tarte, nennt man in Frankreich flache, meist runde Blechkuchen, die süß oder salzig belegt sein können.

Tarte Tatin heißt die wohl berühmteste Tarte aus Frankreich. Der gestürzte Kuchen besteht aus dünnem Mürbteig und saftigen, in Butter karamellisierten Äpfeln. Er ist nach den Schwestern Tatin benannt, die ihn in der Nähe von Paris in ihrem Restaurant servierten.

Tartelett oder auch **Tortelett** bezeichnet ein rundes oder ovales kleines Törtchen aus Mürb- oder Blätterteig, das blindgebacken und danach mit Früchten, süßen Cremes, aber auch mit pikanten Zutaten belegt wird.

Temperieren, das Schmelzen, Abkühlen lassen und Wiedererwärmen von Schokolade oder Kuvertüre.

Tortenguss, ein mit Wasser und/oder Fruchtsaft oder Wein angerührtes Geleepulver, mit dem zumeist Obsttorten oder -törtchen überzogen werden.

Tourieren oder auch **Touren geben**, Teige, in die Butter eingearbeitet wird, wie bei Blätter- oder Plunderteig, mehrfach zusammenlegen und wieder ausrollen (siehe auch Seite 415).

Tränken, Beträufeln eines Gebäcks mit Fruchtsaft, Zuckersirup, Alkohol oder anderen aromatischen Flüssigkeiten.

Überziehen, Gebäck mit einem Guss, Kuvertüre oder Torte mit Sahne oder Creme bestreichen.

Unterheben, Schlagsahne oder Eischnee werden mit einem Schneebesen oder einem Rührlöffel oder Teigspatel vorsichtig unter eine Masse oder einen Teig gehoben, dabei wird immer wieder etwas Masse oder Teig auf die Sahne oder den Eischnee gehäuft. Unterrühren würde die feinen Luftbläschen in der geschlagenen Sahne und dem Eischnee zerstören und eine Lockerung verhindern.

Vintschgauer oder **Vintschgerl** ist ein Roggengebäck aus zwei zusammenhängenden runden Fladen, eine Spezialität aus Südtirol.

Vorheizen ist bei Elektrobacköfen mit ausschließlich Ober- und Unterhitze für die meisten Teige und Massen ein Muss. Wird Umluft verwendet, kommt es auf die Backzeit und die Gebäckart an, ob ein Vorheizen nötig ist. Den Backofen dazu 10–20 Minuten bevor man Kuchen & Co. hineingeben will, auf die angegebene Temperatur einstellen. Je nach Hersteller und natürlich gewünschter Hitze braucht der Ofen zum Aufheizen unterschiedlich lang.

Vorteig (auch Dampferl oder Dämpferl) nennt man den Ansatz aus Hefe, Wasser oder Milch (beides lauwarm), Zucker und etwas Mehl. In dieser Mischung, die an einem warmen Ort ruht, können sich die Hefepilze optimal vermehren und ihre treibende Kraft entfalten.

Wähe, ein dünnes flaches Gebäck aus (Brot-)Teig, entweder pikant mit Käse, Kartoffeln, Lauch, Speck oder süß mit Obst, Nüssen und einer Eiercreme belegt.

Wasserbad, dafür wird in einem Topf Wasser erhitzt und eine passende Schüssel (möglichst aus Metall) so hineingehängt, dass sie fest sitzt und mit dem Boden knapp ins Wasser taucht. In die Schüssel kommt Empfindliches, das geschmolzen oder schaumig gerührt werden soll. Darauf achten, dass das Wasser immer knapp unter dem Siedepunkt bleibt und kein Wasser in die Schüssel spritzt.

Windbeutel, Brandteiggebäck, das quer aufgeschnitten und mit Sahne oder Creme gefüllt wird.

Zesten sind die mit einem Zestenreißer (siehe Seite 427) von einer unbehandelten Zitrusfrucht abgezogenen oder mit einem sehr scharfen Messer hauchdünn abgeschälten und in feinste Streifen geschnittenen Schalenstücke.

Zitronat, Backzutat aus der Schale der Zedrat-Zitrone, die kandiert wurde. Sie wird mit Zucker glasiert oder unglasiert, im Stück und gewürfelt angeboten (siehe auch Seite 407).

Zuckersirup oder Läuterzucker aus Weißzucker und Wasser gekocht. Die Dichte des Zuckersirups hängt von dem Verhältnis der Zucker- und Wassermenge ab. Kann auf Vorrat hergestellt und zum Tränken von Gebäck, Pochieren von Obst, fürs Glasieren und zum Verdünnen von Fondant verwendet werden.

Zur Rose abziehen, nennt man es, wenn man eine Creme soweit erhitzt, bis sie leicht angedickt auf einem Kochlöffel haften bleibt und sich beim Darüberpusten leicht kräuselt und „eine Rose“ bildet.

Zwetschgendatschi, Hefeblechkuchen, der im Herbst in Süddeutschland Hochkonjunktur hat, wenn die Zwetschgen reif sind.

PANNENHILFE & BACKTIPPS VON A–Z

Backpapier verrutscht auf dem Backblech nicht, wenn man die Ecken des Blechs fettet und erst dann das Papier auflegt.

Baiser kann auf Vorrat gebacken werden. Er hält sich in einer gut verschlossenen Dose mehrere Wochen.

Baiser bricht beim Schneiden: Lässt sich verhindern, wenn man das Messer vorher dünn mit etwas Öl einreibt.

Berliner ziehen beim Ausbacken zu viel Fett: Das passiert, wenn das Ausbackfett zu kalt ist, also die Temperatur erhöhen.

Biskuitrolle beim Aufrollen gebrochen: Der Biskuit kann zum Schichten von Trifles oder Tiramisu verwendet werden.

Biskuit ist nach dem Backen zu festporig: Der Teig darf beim Zubereiten nicht zu stark gerührt werden, dann fällt das Eiweiß in sich zusammen. Die Masse sollte auch nicht zu lange stehen bleiben, bevor sie in den Backofen kommt, sondern möglichst sofort hineingegeben werden.

Biskuit beim Lösen aus der Springform gerissen: Die gerissenen Stellen mit etwas Eiweiß einpinseln und zusammendrücken. Das Eiweiß verklebt die Risse.

Biskuitboden weicht beim Belegen stark durch: Boden am Vortag backen, dann kann er länger auskühlen und bekommt eine festere Konsistenz. Oder ihn vor dem Belegen leicht mit geschlagener Sahne oder erwärmter und durch ein Sieb gestrichener Aprikosenmarmelade bestreichen, mit Oblaten belegen oder mit gemahlenen Nüssen oder Mandeln bestreuen.

Blätterteig wird nicht luftig und blättrig: Das passiert, wenn sie ihn aus der Tiefkühltruhe direkt in die Mikrowelle zum Auftauen geben. Er geht beim Backen wunderbar auf, wenn er vorher mit kaltem Wasser bestrichen wird.

Blätterteig zieht sich beim Backen zusammen, wenn er auf einem gefetteten Blech gebacken wird. Blätterteig immer nur auf einem mit Wasser benetzten Backblech backen oder Backtrennpapier benutzen.

Blätterteigreste gehen schön blättrig auf, wenn man sie nicht zusammenknetet, sondern übereinander legt und dann wieder kreuzweise ausrollt.

Blockschokolade enthält weniger Kakaobutter als Kuvertüre, daher zerfließt sie beim Backen weniger und kann geraspelt prima den Kuchenteig bereichern.

Brandteig wird zu fest: Noch ein Ei unter den Teig rühren, das macht ihn lockerer.

Brandteiggebäck fällt beim Backen zusammen: Entweder wurde der Backofen zu früh geöffnet (nicht in der ersten Hälfte der Backzeit!) oder der Teig wurde bereits auf dem Herd nicht lange genug „abgebrannt".

Brandteiggebäck wird beim Backen flach und breit: Beim Rühren der Brandteigmasse ist allzuviel Luft in den Teig gekommen, wodurch sich der Dampfdruck erhöht. In Brandteig soll zwar reichlich Luft eingearbeitet, aber er sollte dabei möglichst nicht schaumig gerührt werden.

Brotteig geht schön auf, wenn man beim Backen eine Tasse heißes Wasser mit in den Ofen stellt.

Buttercreme droht zu gerinnen: Die Creme in einer Schüssel (am besten aus Metall) sofort ins heiße Wasserbad setzen und mit einem Schneebesen gut durchrühren. Alternativ kann man auch etwas Sahnesteif oder tropfenweise wenig geschmolzenes Kokosfett dazugeben.

Creme gerinnt, was kann ich tun? Siehe Kummerkasten, Seite 121.

Eischnee wird nicht fest: Das kann daran liegen, dass Quirle und Schüssel nicht absolut fettfrei sind, oder etwas Eigelb mit ins Eiweiß geraten ist. Einzige Abhilfe: neue Eier trennen und diese Eiweiße steif schlagen.

Fettgebackenes bekommt eine lockerere Konsistenz, wenn man statt ganzer Eier nur Eigelbe in den Teig gibt.

Florentiner schmecken bitter: Sie wurden entweder zu lange oder bei zu niedriger Temperatur gebacken.

Fondantglasur ist klebrig: Entweder war das Gebäck oder die Glasur zur kalt, die Glasur beim Auftragen zu dünn, das Gebäck oder seine Füllung zu feucht.

Fondantglasur ist stumpf und matt: Vermutlich war die Glasur beim Auftragen zu warm oder das Gebäck noch zu heiß oder die Glasur wurde zu oft aufgewärmt.

Gelatineklümpchen in einer Creme lösen sich auf, wenn man sie im heißen Wasserbad glatt rührt.

Gugelhupf geht nicht aus der Form: Er muss nach dem Backen zunächst 30–60 Minuten in der Kuchenform abkühlen. Erst dann lässt er sich gut auf ein Kuchengitter stürzen und kann komplett auskühlen.

Hefeteig fällt beim Backen zusammen: Das kann passieren, wenn der Teig vor dem Backen zulange aufgegangen ist. Er muss möglichst rasch nachdem sich sein Volumen verdoppelt hat (Rezeptangabe beachten), weiterverarbeitet werden.

Hefeteig geht nicht (richtig) auf, wenn entweder die Hefe zu alt ist, sie beim Gehen zu hohe Temperaturen (50–60°) abbekommen hat, oder wenn sie zu viel oder einen zu schweren Teig stemmen muss.

Hefeteig schlingt sich beim Rühren um die Knethaken: Die Knethaken vor dem Rühren dünn mit Öl einstreichen.

Hefeteigboden weicht schnell durch: Den Boden vor dem Belegen mit saftigen Früchten mit leicht verquirltem Eiweiß bestreichen und dünn mit Semmelbröseln oder Löffelbiskuitkrümeln bestreuen.

Käsekuchen fällt nach dem Backen zusammen: Das passiert nicht so leicht, wenn man ihn mit Gelierzucker statt mit normalem Zucker und Schichtkäse statt Quark zubereitet. Nach dem Backen den Käsekuchen in jedem Fall noch 5–10 Minuten im ausgeschalteten Backofen belassen.

Kakao verteilt sich im Kuchenteig besser, wenn man ihn siebt und mit einem Teil des Mehls vermengt, bevor er mit allen anderen Zutaten verarbeitet wird.

Kakao löst sich schlecht in Milch, aber sehr gut in Sahne auf.

Kuchen angebrannt: Die angebrannten Stellen entweder mit einem Reibeisen vorsichtig abreiben oder mit einem Messer wegschneiden. Den Kuchen dann aprikotieren und mit einer Schokoglasur überziehen oder einfach dick mit Puderzucker überstäuben oder mit Zuckerstreuseln bestreuen.

Kuchen geht beim Backen nicht richtig auf: Ist er trotzdem einigermaßen locker in seiner Konsistenz, einfach einmal quer durchschneiden und mit einer luftigen Creme und/oder Früchten füllen.

Kuchen geht nicht aus der Form: Kuchenform mit einem feuchten Küchentuch umwickeln oder die Form umdrehen und mit dem feuchten Küchentuch abdecken.

Kuppeltorten, die später gestürzt werden sollen, können auch sehr gut in einem großen Salatsieb zubereitet werden, das mit Klarsichtfolie ausgelegt ist.

Kuvertüre bröckelt vom Kuchen ab: Das kann man verhindern, indem man den Kuchen vorher aprikotiert, also mit erwärmter, durch ein Sieb gestrichener Aprikosenkonfitüre gleichmäßig einstreicht.

Kuvertüre bricht beim Anschneiden des Kuchens: Das passiert nicht so leicht, wenn man 1 EL Naturjoghurt unter die geschmolzene Kuvertüre rührt. Oder das Messer, das zum Schneiden benützt wird, in heißes Wasser tauchen, trocknen und die Kuchenstücke zurechtschneiden.

Kuvertüre ist zähflüssig: Möglicherweise ist Kondenswasser in die geschmolzene Kuvertüre geraten. Am besten frische Kuvertüre hacken und schmelzen.

Makronen werden beim Backen zu fest: Es ist nicht genug Eiweiß verwendet worden.

Makronen zerlaufen beim Backen: Es ist zu viel Eiweiß im Teig.

Makronen reißen beim Backen oben auf: Der verwendete Zucker war nicht fein genug.

Mohn sollte immer ungeschält und in kleinen Mengen gekauft werden, da er durch seinen hohen Ölgehalt schnell ranzig wird. Am besten in einer speziellen Mohnmühle mahlen oder in der elektrischen Kaffeemühle zerkleinern.

Muffins gehen in die Breite statt in die Höhe, wenn der Teig zu flüssig ist. Dann diesem etwas weniger Milchprodukte oder Fett zugeben oder die Mehlmenge leicht erhöhen.

Muffins gehen nicht richtig auf und werden schwer: Entweder wurde der Teig zu lange gerührt oder stehen gelassen, zu wenig Triebmittel verwendet oder der Backofen hatte nicht die richtige Temperatur. Auch kann es sein, dass der Teig nicht die perfekte Konsistenz hatte. Er darf nicht zu flüssig, nicht zu fest, sondern er muss mittelfest sein.

Muffins lösen sich leichter aus der Form, wenn diese vor dem Befüllen mit Teig gefettet und für 10–15 Min. in den Gefrier- oder Kühlschrank gestellt wurde. Kommten Papierförmchen in die Mulden des Blechs, ist das Kühlen nicht nötig.

Muffins mit Backpulver oder Natron lockern? In den USA werden Muffins gerne mit Baking Soda (Natron) gebacken, damit sie in die Höhe gehen. Da der Muffin-Teig meistens ausreichend Säure durch Milchprodukte wie Buttermilch oder saure Sahne aber auch Honig oder Melasse enthält, kann das Natron gut abgebaut werden. Ist allerdings zu wenig Säure enthalten, bleibt zum einen der Teig sitzen und zum anderen schmeckt das Gebäck später laugig (siehe auch Backtriebmittel, Seite 404). Backpulver treibt den Teig genauso (oder sogar besser) in die Höhe und kann ohne möglichen „Beigeschmack" in jedem Teig verwendet werden. Zudem gibt es dieses Backtriebmittel in jedem Supermarkt zu kaufen.

Muffins ohne Blechform backen, indem man zwei oder drei Papierförmchen für Muffins ineinander setzt, zu zwei Dritteln mit dem Teig befüllt und in den vorgeheizten Backofen schiebt. Auf diese Weise gebacken erhalten Muffins nicht unbedingt ihre typische Form. Je nach Festigkeit der Papierförmchen, dehnen sich diese beim Aufgehen des Teigs und er kann nicht richtig in die Höhe gehen. **Tipp:** Sollte einmal zu viel Teig für die Blechform gerührt worden sein, kann der Rest sehr gut in Papierförmchen gebacken werden.

Mürbteig ist krümelig: Wenig eiskaltes Wasser unterkneten oder den Teig mit leicht angefeuchteten Händen zügig durchkneten, das macht ihn geschmeidig.

Mürbteig lässt sich gut einfrieren: Am besten portionsweise in einen Gefrierbeutel geben und flach drücken, da er so am schnellsten einfriert und auch fixer wieder auftaut.

Mürbteig reißt beim Ausrollen: Dann ist ihm zu heiß. In möglichst kühler Umgebung und mit kalten Händen arbeiten, eventuell Hände zwischendurch immer wieder mit Wasser abkühlen und abtrocknen. Vor dem Ausrollen das Nudelholz im Gefrierfach des Kühlschranks eiskalt werden lassen.

Mürbteig zerfließt beim Backen: Der Fettanteil im Rezept ist möglicherweise zu hoch.

Plätzchen backen ungleichmäßig braun: Kann an schiefem Backofen liegen. Das Blech mit den Plätzchen nach der Hälfte der Backzeit mit Topflappen aus dem Ofen nehmen, drehen und wieder hineinsetzen.

Quark-Öl-Teig klebt beim Ausrollen: Dann ist ihm vermutlich zu warm geworden. Am besten zum Abkühlen kurz in den Kühlschrank stellen, herausnehmen und zügig weiterverarbeiten.

Rosinen sinken beim Backen auf den Kuchenboden: Rosinen leicht mit Mehl bestäuben und erst dann in den Teig rühren.

Rührteig gerinnt: Die Schüssel, in der sich die Schaummasse für Rührteig befindet, ins heiße Wasserbad stellen und die Masse anwärmen und dann stark durchrühren.

Rührkuchen hat eine „klitschige" Krume: Er wurde vermutlich bei zu hoher Temperatur zu kurz gebacken. Die Temperatur reduzieren.

Rührkuchen ist zu trocken geworden: Rührteig sollte direkt nach der Herstellung gebacken werden und nicht lange stehen. In den zu trockenen Kuchen mit einem Holzstäbchen kleine Löcher stechen und ihn mit Fruchtsaft, zum Beispiel Orangensaft, oder dünnem Zuckersirup beträufeln.

Rührkuchen lösen sich leichter aus der Form, wenn man die Form einfettet, 30 Minuten ins Gefrierfach stellt und erst dann den Teig einfüllt.

Sahne wird nicht steif: Ist sie noch nicht geronnen, einfach in eine Metallschüssel umfüllen und im Kühlschrank gut durchkühlen lassen. Danach langsam weiterschlagen.

Sahne wird schneller steif, wenn man den Zucker erst zum Schluss einrieseln lässt. Am besten nimmt man Puderzucker, der sich besonders schnell auflöst.

Sahnecreme mit Gelatine schmeckt leimig: Gelatine darf nur aufgelöst, aber keinesfalls gekocht werden, sonst verleiht sie Cremes einen unangenehmes Aroma.

Schokoguss im Eilverfahren: Einfach den noch heißen Kuchen mit Schokoladenflocken oder -raspeln bestreuen und schmelzen lassen.

Spritzgebäck verliert beim Ausbacken seine feinen Konturen: Möglicherweise ist nicht genug Mehl im Teig, noch ein wenig dazugeben und dann nochmals testen.

Strudelteig reißt beim Ausziehen leicht: Schon in den Teig 1 EL Essig mit einkneten, das macht ihn elastischer. Ansonsten den Teig während des Knetens mehrmals richtig heftig auf die Arbeitsfläche werfen, sodass sich „kleine Zungen" bilden.

Teig bleibt am Nudelholz hängen: Nudelholz entweder mit Mehl bestäuben oder alternativ mit wenig Öl einstreichen.

Teig bleibt an der Arbeitsfläche kleben: Arbeitsfläche mit Mehl bestäuben oder den Teig zwischen zwei Lagen Frischhaltefolie ausrollen.

Tortenguss wird aromatischer, wenn man ihn statt mit Wasser mit Fruchtsaft oder mit Fruchtsaft vermischtem Fruchtpüree oder mit Alkohol wie Wein anrührt.

Vanillemark klumpt in einer Creme zusammen: Das Mark zuerst mit etwas Zucker mischen und erst dann unter die Creme rühren.

Vanilleschoten, auch ausgekratzte, eignen sich gut zum Aromatisieren von Zucker. Die halbierte Schote mit Zucker in ein Schraubglas füllen. Bereits nach wenigen Tagen hat dieser das feine Vanillearoma angenommen und kann wie handelsüblicher Vanillezucker verwendet werden.

Waffeln bleiben am Waffeleisen hängen: Entweder ist das Waffeleisen nicht genug eingefettet oder es wurde zu früh geöffnet und die Waffeln sind noch nicht fertig gebacken.

Waffeln werden lockerer, wenn der Teig statt mit Milch mit Sprudelwasser (mit reichlich Kohlensäure) zubereitet wird. Oder die Hälfte der Milch durch das spritzige Mineralwasser ersetzen.

Waffeln werden nach dem Backen weich: Die Waffeln immer zunächst gut auskühlen lassen und erst dann übereinander stapeln.

Windbeutel sind fertig gebacken, wenn sie bei leichtem Draufklopfen hohl klingen.

Zuckerguss wird besonders weiß,wenn man ihn mit Milch statt mit Wasser anrührt.

Zuckerguss glänzt mehr und wird streichfähiger, wenn man 1 TL Butter mit einrührt.

Zuckerguss wird besonders glatt, wenn man ihn in zwei Schichten aufträgt. Bevor man die zweite Schicht aufstreicht, die erste gut trocknen lassen.

A

DAS GROSSE REGISTER VON A–Z

Zum Gebrauch

In diesem Register sind die Rezepte wie üblich alphabetisch geordnet. Zusätzlich eingegliedert finden Sie als Stichwort beliebte und häufig verwendete Zutaten wie etwa **Äpfel** oder **Schokolade** aber auch Gebäckstücke wie beispielsweise **Becherkuchen** oder **Pizza** – ebenfalls alphabetisch geordnet und **halbfett** gedruckt – über den entsprechenden Rezepten.

Alle Rezepttitel ohne Rezept-Nummer dahinter stehen in den TIPP-Kästen auf der jeweils angegebenen Seite.

Begriffe mit **halbfetter Seitenzahl** informieren auf der entsprechenden Seite zum jeweiligen Thema.

Weitere Stichworte finden Sie im Glossar ab Seite 428 – hier werden Fachausdrücken wie **Abbrennen** oder **Melieren**, Zutaten wie **Dörrobst** oder **Powidl** sowie Gebäckarten wie **Charlotten** oder **Madeleines** kurz für Sie beschrieben.

A–B

B | C

F

G

K

K | L | M

M

S

!

BLITZREZEPTE VON A–Z

Soll es mal richtig schnell gehen? Das Rezept einfach sein und die Zutatenliste schön übersichtlich? Und sollen die Zutaten im besten Fall im Vorrat zu finden sein? Für alle Spontan-Bäcker, denen es beim Backen nicht schnell genug gehen kann, haben wir hier die Rezepte aufgelistet, die – ratzfatz – in nicht mehr als 20 Minuten gemacht sind (= Zubereitungszeit). Dazu kommen nur noch die Backzeit und die Auskühlzeit und dem Genuss von Selbstgebackenem, ob süß oder pikant, steht nichts mehr im Wege ...

Impressum

Herausgeber:
Sebastian Dickhaut und
Christina Kempe

Idee zur Reihe:
Sebastian Dickhaut

Christina Kempe hat ihre Leidenschaft fürs Kochen, Backen (hier macht ihr keiner so schnell was vor) und fürs Kreative im Beruf vereint und arbeitet seit etlichen Jahren als freie Autorin, Redakteurin und Foodstylistin in München. Zuvor war sie nach dem Studium der Ernährung und Hauswirtschaft in mehreren namhaften Verlagen, Fotostudios und in einer Food-PR-Agentur tätig. Bei GU sind bereits einige Kochbücher von ihr erschienen. Jetzt hat sie – immer zu neuen Backtaten bereit – für BACKEN! DAS GELBE VON GU die Rezeptauswahl getroffen, ihre längjährige Backerfahrung in einem umfangreichen Theorieteil in Worte gefasst und zudem dieses Buch Seite für Seite in Form gebracht.

Sebastian Dickhaut lebt im Raum München als Autor, Journalist und Konzepte-Entwickler mit dem Schwerpunkt Kochen & Essen. Er war mehrere Jahre in exklusiven Restaurants als Koch tätig, bevor er zum Schreiben kam. Heute arbeitet er für Food-Zeitschriften und hat bei GU zahlreiche Kochbücher veröffentlicht. So entwickelte er die Bestseller-Reihe „Basic cooking" mit und ist einer der Herausgeber dieser Reihe. Für BACKEN! DAS GELBE VON GU hat er die Einstiegstexte verfasst und die Rezeptauswahl mit begleitet – mit großer Freude. Denn als geborener Hesse mag er Kuchen von Kind auf, als gewordener Österreicher schätzt er guten Kaffee von Haus aus.

Programmleitung:
Doris Birk

Leitende Redakteurin:
Birgit Rademacker

Redaktion:
Monika Greiner

Lektorat und Satz:
Redaktionsbüro
Christina Kempe, München
redaktionsbuero.kempe@t-online.de

Gestaltung, Umschlag, Piktogramme, Illustrationen:
engels zahm + partner,
agentur für Kommunikation,
Thomas Jankovic, Maria Adam
(www.engelszahm.de)

Schlusskorrektur:
Petra Bachmann

Herstellung:
Markus Plötz

Repro:
Repro Ludwig, Zell am See

Druck und Bindung:
MOHN Media Mohndruck,
GmbH, Gütersloh

DAS ORIGINAL · GU · MIT GARANTIE

Das Original mit Garantie

Ihre Meinung ist uns wichtig. Deshalb möchten wir Ihre Kritik, gerne aber auch Ihr Lob erfahren, um als führender Ratgeberverlag für Sie noch besser zu werden. Darum: Schreiben Sie uns! Wir freuen uns auf Ihre Post und wünschen Ihnen viel Spaß mit Ihrem GU-Ratgeber.

Unsere Garantie: Sollte ein GU-Ratgeber einmal einen Fehler enthalten, schicken Sie uns bitte das Buch mit einem kleinen Hinweis und der Quittung innerhalb von sechs Monaten nach dem Kauf zurück. Wir tauschen Ihnen den GU-Ratgeber gegen einen anderen zum gleichen oder ähnlichen Thema um.

Ihr Gräfe und Unzer Verlag
Kochen & Genießen
Postfach 86 03 25
81630 München
Fax: 089/41981-113
e-mail: leserservice@graefe-und-unzer.de

ISBN (10): 3-7742-8796-1
ISBN (13): 978-3-7742-8796-9

Auflage	4.	3.	2.	1.
Jahr	2008	2007	2006	2005

GRÄFE UND UNZER

Ein Unternehmen der
GANSKE VERLAGSGRUPPE